①

# Reference Data

## RV32I BASE INTEGER INSTRUCTIONS, in alphabetical order

| MNEMONIC | FMT | NAME | DESCRIPTION (in Verilog) | NOTE |
|---|---|---|---|---|
| `add` | R | ADD | R[rd] = R[rs1] + R[rs2] | |
| `addi` | I | ADD Immediate | R[rd] = R[rs1] + imm | |
| `and` | R | AND | R[rd] = R[rs1] & R[rs2] | |
| `andi` | I | AND Immediate | R[rd] = R[rs1] & imm | |
| `auipc` | U | Add Upper Immediate to PC | R[rd] = PC + {imm, 12'b0} | |
| `beq` | SB | Branch EQual | if(R[rs1]==R[rs2)<br>PC=PC+{imm,1b'0} | |
| `bge` | SB | Branch Greater than or Equal | if(R[rs1]>=R[rs2)<br>PC=PC+{imm,1b'0} | |
| `bgeu` | SB | Branch ≥ Unsigned | if(R[rs1]>=R[rs2)<br>PC=PC+{imm,1b'0} | 2) |
| `blt` | SB | Branch Less Than | if(R[rs1]<R[rs2) PC=PC+{imm,1b'0} | |
| `bltu` | SB | Branch Less Than Unsigned | if(R[rs1]<R[rs2) PC=PC+{imm,1b'0} | 2) |
| `bne` | SB | Branch Not Equal | if(R[rs1]!=R[rs2) PC=PC+{imm,1b'0} | |
| `csrrc` | I | Cont./Stat.RegRead&Clear | R[rd] = CSR;CSR = CSR & ~R[rs1] | |
| `csrrci` | I | Cont./Stat.RegRead&Clear Imm | R[rd] = CSR;CSR = CSR & ~imm | |
| `csrrs` | I | Cont./Stat.RegRead&Set | R[rd] = CSR; CSR = CSR \| R[rs1] | |
| `csrrsi` | I | Cont./Stat.RegRead&Set Imm | R[rd] = CSR; CSR = CSR \| imm | |
| `csrrw` | I | Cont./Stat.RegRead&Write | R[rd] = CSR; CSR = R[rs1] | |
| `csrrwi` | I | Cont./Stat.Reg Read&Write Imm | R[rd] = CSR; CSR = imm | |
| `ebreak` | I | Environment BREAK | Transfer control to debugger | |
| `ecall` | I | Environment CALL | Transfer control to operating system | |
| `fence` | I | Synch thread | Synchronizes threads | |
| `fence.i` | I | Synch Instr & Data | Synchronizes writes to instruction stream | |
| `jal` | UJ | Jump & Link | R[rd] = PC+4; PC = PC + {imm,1b'0} | |
| `jalr` | I | Jump & Link Register | R[rd] = PC+4; PC = R[rs1]+imm | |
| `lb` | I | Load Byte | R[rd] =<br>{24'bM[](7),M[R[rs1]+imm](7:0)} | 3)<br>4) |
| `lbu` | I | Load Byte Unsigned | R[rd] = {24'b0,M[R[rs1]+imm](7:0)} | |
| `lh` | I | Load Halfword | R[rd] =<br>{16'bM[](15),M[R[rs1]+imm](15:0)} | |
| `lhu` | I | Load Halfword Unsigned | R[rd] = {16'b0,M[R[rs1]+imm](15:0)} | 4) |
| `lui` | U | Load Upper Immediate | R[rd] = {imm, 12'b0} | |
| `lw` | I | Load Word | R[rd] = {M[R[rs1]+imm](31:0)} | |
| `or` | R | OR | R[rd] = R[rs1] \| R[rs2] | |
| `ori` | I | OR Immediate | R[rd] = R[rs1] \| imm | 4) |
| `sb` | S | Store Byte | M[R[rs1]+imm](7:0) = R[rs2](7:0) | |
| `sh` | S | Store Halfword | M[R[rs1]+imm](15:0) = R[rs2](15:0) | |
| `sll` | R | Shift Left | R[rd] = R[rs1] << R[rs2] | |
| `slli` | I | Shift Left Immediate | R[rd] = R[rs1] << imm | |
| `slt` | R | Set Less Than | R[rd] = (R[rs1] < R[rs2]) ? 1 : 0 | |
| `slti` | I | Set Less Than Immediate | R[rd] = (R[rs1] < imm) ? 1 : 0 | |
| `sltiu` | I | Set < Immediate Unsigned | R[rd] = (R[rs1] < imm) ? 1 : 0 | |
| `sltu` | R | Set Less Than Unsigned | R[rd] = (R[rs1] < R[rs2]) ? 1 : 0 | |
| `sra` | R | Shift Right Arithmetic | R[rd] = R[rs1] >> R[rs2] | 2) |
| `srai` | I | Shift Right Arith Imm | R[rd] = R[rs1] >> imm | 2) |
| `srl` | R | Shift Right (Word) | R[rd] = R[rs1] >> R[rs2] | 5) |
| `srli` | I | Shift Right Immediate | R[rd] = R[rs1] >> imm | 5) |
| `sub, subw` | R | SUBtract (Word) | R[rd] = R[rs1] − R[rs2] | |
| `sw` | S | Store Word | M[R[rs1]+imm](31:0) = R[rs2](31:0) | |
| `xor` | R | XOR | R[rd] = R[rs1] ^ R[rs2] | |
| `xori` | I | XOR Immediate | R[rd] = R[rs1] ^ imm | |

*Notes: 1) Operation assumes unsigned integers (instead of 2's complement)*

*2) The least significant bit of the branch address in jalr is set to 0*

*3) (signed) Load instructions extend the sign bit of data to fill the 32-bit register*

*4) Replicates the sign bit to fill in the leftmost bits of the result during right shift*

*5) Multiply with one operand signed and one unsigned*

*6) The Single version does a single-precision operation using the rightmost 32 bits of a 64-bit F register*

*7) Classify writes a 10-bit mask to show which properties are true (e.g., −inf, -0, +0, +inf, denorm, ...)*

*8) Atomic memory operation; nothing else can interpose itself between the read and the write of the memory location*

*The immediate field is sign-extended in RISC-V*

②

## ARITHMETIC CORE INSTRUCTION SET

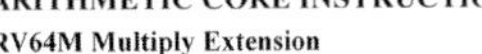

### RV64M Multiply Extension

| MNEMONIC | FMT | NAME | DESCRIPTION (in Verilog) | NOTE |
|---|---|---|---|---|
| `mul` | R | MULtiply | R[rd] = (R[rs1] * R[rs2])(63:0) | |
| `mulh` | R | MULtiply High | R[rd] = (R[rs1] * R[rs2])(127:64) | |
| `mulhsu` | R | MULtiply High Unsigned | R[rd] = (R[rs1] * R[rs2])(127:64) | 2) |
| `mulhu` | R | MULtiply upper Half Unsigned | R[rd] = (R[rs1] * R[rs2])(127:64) | 6) |
| `div` | R | DIVide | R[rd] = (R[rs1] / R[rs2]) | |
| `divu` | R | DIVide Unsigned | R[rd] = (R[rs1] / R[rs2]) | 2) |
| `rem` | R | REMainder | R[rd] = (R[rs1] % R[rs2]) | |
| `remu` | R | REMainder Unsigned | R[rd] = (R[rs1] % R[rs2]) | 2) |

### RV64F and RV64D Floating-Point Extensions

| MNEMONIC | FMT | NAME | DESCRIPTION (in Verilog) | NOTE |
|---|---|---|---|---|
| `fld,flw` | I | Load (Word) | F[rd] = M[R[rs1]+imm] | |
| `fsd,fsw` | S | Store (Word) | M[R[rs1]+imm] = F[rd] | |
| `fadd.s,fadd.d` | R | ADD | F[rd] = F[rs1] + F[rs2] | 7) |
| `fsub.s,fsub.d` | R | SUBtract | F[rd] = F[rs1] − F[rs2] | 7) |
| `fmul.s,fmul.d` | R | MULtiply | F[rd] = F[rs1] * F[rs2] | 7) |
| `fdiv.s,fdiv.d` | R | DIVide | F[rd] = F[rs1] / F[rs2] | 7) |
| `fsqrt.s,fsqrt.d` | R | SQuare RooT | F[rd] = sqrt(F[rs1]) | 7) |
| `fmadd.s,fmadd.d` | R | Multiply-ADD | F[rd] = F[rs1] * F[rs2] + F[rs3] | 7) |
| `fmsub.s,fmsub.d` | R | Multiply-SUBtract | F[rd] = F[rs1] * F[rs2] - F[rs3] | 7) |
| `fmnsub.s,fmnsub.d` | R | Negative Multiply-ADD | F[rd] = −(F[rs1] * F[rs2] − F[rs3]) | 7) |
| `fmnadd.s,fmnadd.d` | R | Negative Multiply-SUBtract | F[rd] = −(F[rs1] * F[rs2] + F[rs3]) | 7) |
| `fsgnj.s,fsgnj.d` | R | SiGN source | F[rd] = { F[rs2]<63>,F[rs1]<62:0>} | 7) |
| `fsgnjn.s,fsgnjn.d` | R | Negative SiGN source | F[rd] = { (~F[rs2]<63>), F[rs1]<62:0>} | 7) |
| `fsgnjx.s,fsgnjx.d` | R | Xor SiGN source | F[rd] = {F[rs2]<63>^F[rs1]<63>, F[rs1]<62:0>} | 7) |
| `fmin.s,fmin.d` | R | MINimum | F[rd] = (F[rs1] < F[rs2]) ? F[rs1] : F[rs2] | 7) |
| `fmax.s,fmax.d` | R | MAXimum | F[rd] = (F[rs1] > F[rs2]) ? F[rs1] : F[rs2] | 7) |
| `feq.s,feq.d` | R | Compare Float EQual | R[rd] = (F[rs1]== F[rs2]) ? 1 : 0 | 7) |
| `flt.s,flt.d` | R | Compare Float Less Than | R[rd] = (F[rs1]< F[rs2]) ? 1 : 0 | 7) |
| `fle.s,fle.d` | R | Compare Float Less than or = | R[rd] = (F[rs1]<= F[rs2]) ? 1 : 0 | 7) |
| `fclass.s,fclass.d` | R | Classify Type | R[rd] = class(F[rs1]) | 7,8) |
| `fmv.s.x,fmv.d.x` | R | Move from Integer | F[rd] = R[rs1] | 7) |
| `fmv.x.s,fmv.x.d` | R | Move to Integer | R[rd] = F[rs1] | 7) |
| `fcvt.d.s` | R | Convert from SP to DP | F[rd] = single(F[rs1]) | |
| `fcvt.s.d` | R | Convert from DP to SP | F[rd] = double(F[rs1]) | |
| `fcvt.s.w,fcvt.d.w` | R | Convert from 32b Integer | F[rd] = float(R[rs1](31:0)) | 7) |
| `fcvt.s.l,fcvt.d.l` | R | Convert from 64b Integer | F[rd] = float(R[rs1](63:0)) | 7) |
| `fcvt.s.wu,fcvt.d.wu` | R | Convert from 32b Int Unsigned | F[rd] = float(R[rs1](31:0)) | 2,7) |
| `fcvt.s.lu,fcvt.d.lu` | R | Convert from 64b Int Unsigned | F[rd] = float(R[rs1](63:0)) | 2,7) |
| `fcvt.w.s,fcvt.w.d` | R | Convert to 32b Integer | R[rd](31:0) = integer(F[rs1]) | 7) |
| `fcvt.l.s,fcvt.l.d` | R | Convert to 64b Integer | R[rd](63:0) = integer(F[rs1]) | 7) |
| `fcvt.wu.s,fcvt.wu.d` | R | Convert to 32b Int Unsigned | R[rd](31:0) = integer(F[rs1]) | 2,7) |
| `fcvt.lu.s,fcvt.lu.d` | R | Convert to 64b Int Unsigned | R[rd](63:0) = integer(F[rs1]) | 2,7) |

### RV64A Atomic Extension

| MNEMONIC | FMT | NAME | DESCRIPTION (in Verilog) | NOTE |
|---|---|---|---|---|
| `amoadd.w,amoadd.d` | R | ADD | R[rd] = M[R[rs1]],<br>M[R[rs1]] = M[R[rs1]] + R[rs2] | 9) |
| `amoand.w,amoand.d` | R | AND | R[rd] = M[R[rs1]],<br>M[R[rs1]] = M[R[rs1]] & R[rs2] | 9) |
| `amomax.w,amomax.d` | R | MAXimum | R[rd] = M[R[rs1]],<br>if (R[rs2] > M[R[rs1]]) M[R[rs1]] = R[rs2] | 9) |
| `amomaxu.w,amomaxu.d` | R | MAXimum Unsigned | R[rd] = M[R[rs1]],<br>if (R[rs2] > M[R[rs1]]) M[R[rs1]] = R[rs2] | 2,9) |
| `amomin.w,amomin.d` | R | MINimum | R[rd] = M[R[rs1]],<br>if (R[rs2] < M[R[rs1]]) M[R[rs1]] = R[rs2] | 9) |
| `amominu.w,amominu.d` | R | MINimum Unsigned | R[rd] = M[R[rs1]],<br>if (R[rs2] < M[R[rs1]]) M[R[rs1]] = R[rs2] | 2,9) |
| `amoor.w,amoor.d` | R | OR | R[rd] = M[R[rs1]],<br>M[R[rs1]] = M[R[rs1]] \| R[rs2] | 9) |
| `amoswap.w,amoswap.d` | R | SWAP | R[rd] = M[R[rs1]], M[R[rs1]] = R[rs2] | 9) |
| `amoxor.w,amoxor.d` | R | XOR | R[rd] = M[R[rs1]],<br>M[R[rs1]] = M[R[rs1]] ^ R[rs2] | 9) |
| `lr.w,lr.d` | R | Load Reserved | R[rd] = M[R[rs1]],<br>reservation on M[R[rs1]] | |
| `sc.w,sc.d` | R | Store Conditional | if reserved, M[R[rs1]] = R[rs2],<br>R[rd] = 0; else R[rd] = 1 | |

## CORE INSTRUCTION FORMATS

| | 31 27 26 25 | 24 20 | 19 15 | 14 12 | 11 7 | 6 0 |
|---|---|---|---|---|---|---|
| **R** | funct7 | rs2 | rs1 | funct3 | rd | Opcode |
| **I** | imm[11:0] | | rs1 | funct3 | rd | Opcode |
| **S** | imm[11:5] | rs2 | rs1 | funct3 | imm[4:0] | opcode |
| **SB** | imm[12\|10:5] | rs2 | rs1 | funct3 | imm[4:1\|11] | opcode |
| **U** | imm[31:12] | | | | rd | opcode |
| **UJ** | imm[20\|10:1\|11\|19:12] | | | | rd | opcode |

## PSEUDO INSTRUCTIONS ③

| MNEMONIC | NAME | DESCRIPTION | USES |
|---|---|---|---|
| beqz | Branch = zero | if(R[rs1]==0) PC=PC+{imm,1b'0} | beq |
| bnez | Branch ≠ zero | if(R[rs1]!=0) PC=PC+{imm,1b'0} | bne |
| fabs.s,fabs.d | Absolute Value | F[rd] = (F[rs1]< 0) ? –F[rs1] : F[rs1] | fsgnx |
| fmv.s,fmv.d | FP Move | F[rd] = F[rs1] | fsgnj |
| fneg.s,fneg.d | FP negate | F[rd] = –F[rs1] | fsgnjn |
| j | Jump | PC = {imm,1b'0} | jal |
| jr | Jump register | PC = R[rs1] | jalr |
| la | Load address | R[rd] = address | auipc |
| li | Load imm | R[rd] = imm | addi |
| mv | Move | R[rd] = R[rs1] | addi |
| neg | Negate | R[rd] = –R[rs1] | sub |
| nop | No operation | R[0] = R[0] | addi |
| not | Not | R[rd] = ~R[rs1] | xori |
| ret | Return | PC = R[1] | jalr |
| seqz | Set = zero | R[rd] = (R[rs1]== 0) ? 1 : 0 | sltiu |
| snez | Set ≠ zero | R[rd] = (R[rs1]!= 0) ? 1 : 0 | sltu |

## OPCODES IN NUMERICAL ORDER BY OPCODE

| MNEMONIC | FMT | OPCODE | FUNCT3 | FUNCT7 OR IMM | HEXADECIMAL |
|---|---|---|---|---|---|
| lb | I | 0000011 | 000 | | 03/0 |
| lh | I | 0000011 | 001 | | 03/1 |
| lw | I | 0000011 | 010 | | 03/2 |
| lbu | I | 0000011 | 100 | | 03/4 |
| lhu | I | 0000011 | 101 | | 03/5 |
| fence | I | 0001111 | 000 | | 0F/0 |
| fence.i | I | 0001111 | 001 | | 0F/1 |
| addi | I | 0010011 | 000 | | 13/0 |
| slli | I | 0010011 | 001 | 0000000 | 13/1/00 |
| slti | I | 0010011 | 010 | | 13/2 |
| sltiu | I | 0010011 | 011 | | 13/3 |
| xori | I | 0010011 | 100 | | 13/4 |
| srli | I | 0010011 | 101 | 0000000 | 13/5/00 |
| srai | I | 0010011 | 101 | 0100000 | 13/5/20 |
| ori | I | 0010011 | 110 | | 13/6 |
| andi | I | 0010011 | 111 | | 13/7 |
| auipc | U | 0010111 | | | 17 |
| sb | S | 0100011 | 000 | | 23/0 |
| sh | S | 0100011 | 001 | | 23/1 |
| sw | S | 0100011 | 010 | | 23/2 |
| add | R | 0110011 | 000 | 0000000 | 33/0/00 |
| sub | R | 0110011 | 000 | 0100000 | 33/0/20 |
| sll | R | 0110011 | 001 | 0000000 | 33/1/00 |
| slt | R | 0110011 | 010 | 0000000 | 33/2/00 |
| sltu | R | 0110011 | 011 | 0000000 | 33/3/00 |
| xor | R | 0110011 | 100 | 0000000 | 33/4/00 |
| srl | R | 0110011 | 101 | 0000000 | 33/5/00 |
| sra | R | 0110011 | 101 | 0100000 | 33/5/20 |
| or | R | 0110011 | 110 | 0000000 | 33/6/00 |
| and | R | 0110011 | 111 | 0000000 | 33/7/00 |
| lui | U | 0110111 | | | 37 |
| beq | SB | 1100011 | 000 | | 63/0 |
| bne | SB | 1100011 | 001 | | 63/1 |
| blt | SB | 1100011 | 100 | | 63/4 |
| bge | SB | 1100011 | 101 | | 63/5 |
| bltu | SB | 1100011 | 110 | | 63/6 |
| bgeu | SB | 1100011 | 111 | | 63/7 |
| jalr | I | 1100111 | 000 | | 67/0 |
| jal | UJ | 1101111 | | | 6F |
| ecall | I | 1110011 | 000 | 000000000000 | 73/0/000 |
| ebreak | I | 1110011 | 000 | 000000000001 | 73/0/001 |
| CSRRW | I | 1110011 | 001 | | 73/1 |
| CSRRS | I | 1110011 | 010 | | 73/2 |
| CSRRC | I | 1110011 | 011 | | 73/3 |
| CSRRWI | I | 1110011 | 101 | | 73/5 |
| CSRRSI | I | 1110011 | 110 | | 73/6 |
| CSRRCI | I | 1110011 | 111 | | 73/7 |

## REGISTER NAME, USE, CALLING CONVENTION ④

| REGISTER | NAME | USE | SAVER |
|---|---|---|---|
| x0 | zero | The constant value 0 | N.A. |
| x1 | ra | Return address | Caller |
| x2 | sp | Stack pointer | Callee |
| x3 | gp | Global pointer | -- |
| x4 | tp | Thread pointer | -- |
| x5-x7 | t0-t2 | Temporaries | Caller |
| x8 | s0/fp | Saved register/Frame pointer | Callee |
| x9 | s1 | Saved register | Callee |
| x10-x11 | a0-a1 | Function arguments/Return values | Caller |
| x12-x17 | a2-a7 | Function arguments | Caller |
| x18-x27 | s2-s11 | Saved registers | Callee |
| x28-x31 | t3-t6 | Temporaries | Caller |
| f0-f7 | ft0-ft7 | FP Temporaries | Caller |
| f8-f9 | fs0-fs1 | FP Saved registers | Callee |
| f10-f11 | fa0-fa1 | FP Function arguments/Return values | Caller |
| f12-f17 | fa2-fa7 | FP Function arguments | Caller |
| f18-f27 | fs2-fs11 | FP Saved registers | Callee |
| f28-f31 | ft8-ft11 | R[rd] = R[rs1] + R[rs2] | Caller |

## IEEE 754 FLOATING-POINT STANDARD

$(-1)^S \times (1 + \text{Fraction}) \times 2^{(\text{Exponent - Bias})}$

where Half-Precision Bias = 15, Single-Precision Bias = 127, Double-Precision Bias = 1023, Quad-Precision Bias = 16383

**IEEE Half-, Single-, Double-, and Quad-Precision Formats:**

S | Exponent | Fraction
15 14 10 9 0

S | Exponent | Fraction
31 30 23 22 0

S | Exponent | Fraction ...
63 62 52 51 0

S | Exponent | Fraction ...
127 126 112 111 0

## MEMORY ALLOCATION

## STACK FRAME

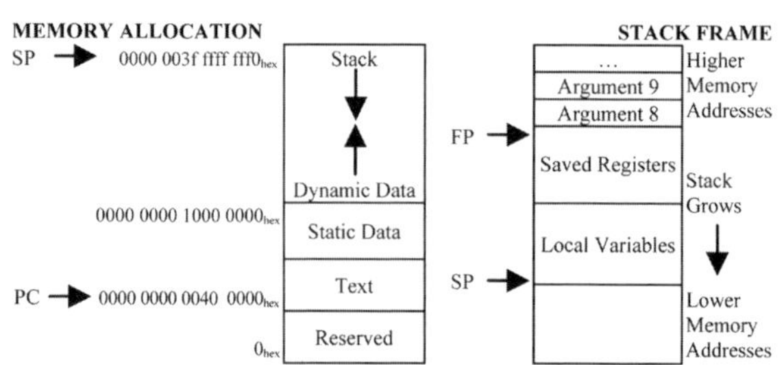


## SIZE PREFIXES AND SYMBOLS

| SIZE | PREFIX | SYMBOL | SIZE | PREFIX | SYMBOL |
|---|---|---|---|---|---|
| $1000^1$ | Kilo- | K | $2^{10}$ | Kibi- | Ki |
| $1000^2$ | Mega- | M | $2^{20}$ | Mebi- | Mi |
| $1000^3$ | Giga- | G | $2^{30}$ | Gibi- | Gi |
| $1000^4$ | Tera- | T | $2^{40}$ | Tebi- | Ti |
| $1000^5$ | Peta- | P | $2^{50}$ | Pebi- | Pi |
| $1000^6$ | Exa- | E | $2^{60}$ | Exbi- | Ei |
| $1000^7$ | Zetta- | Z | $2^{70}$ | Zebi- | Zi |
| $1000^8$ | Yotta- | Y | $2^{80}$ | Yobi- | Yi |
| $1000^9$ | Ronna- | R | $2^{90}$ | Robi- | Ri |
| $1000^{10}$ | Quecca- | Q | $2^{100}$ | Quebi- | Qi |
| $1000^{-1}$ | milli- | m | $1000^{-5}$ | femto- | f |
| $1000^{-2}$ | micro- | μ | $1000^{-6}$ | atto- | a |
| $1000^{-3}$ | nano- | n | $1000^{-7}$ | zepto- | z |
| $1000^{-4}$ | pico- | p | $1000^{-8}$ | yocto- | y |
| | | | $1000^{-9}$ | ronto- | r |
| | | | $1000^{-10}$ | quecto- | q |

RISC-V EDITION

# COMPUTER ORGANIZATION AND DESIGN

## The Hardware/Software Interface

SECOND EDITION

**David A. Patterson**
University of California, Berkeley
Google, Inc.

**John L. Hennessy**
Stanford University

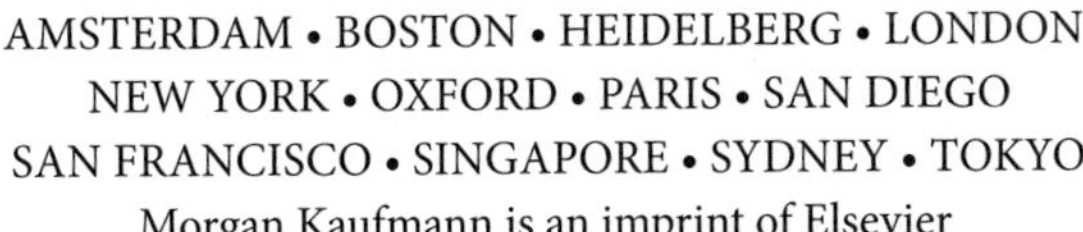

AMSTERDAM • BOSTON • HEIDELBERG • LONDON
NEW YORK • OXFORD • PARIS • SAN DIEGO
SAN FRANCISCO • SINGAPORE • SYDNEY • TOKYO
Morgan Kaufmann is an imprint of Elsevier

Computer Organization and Design RISC-V Edition
by David A. Patterson and John L. Hennessy



ISBN: 9780128203316

Publisher's note: Elsevier takes a neutral position with respect to territorial disputes or jurisdictional claims in its published content, including in maps and institutional affiliations.

RISC-V Second Edition

# 컴퓨터 구조 및 설계 | 하드웨어 / 소프트웨어 인터페이스 |

Computer Organization and Design RISC-V Edition

The Hardware / Software Interface

**발행일** 2022년 04월 25일 1쇄
2024년 07월 22일 2쇄
**지은이** David A. Patterson · John L. Hennessy
**옮긴이** 박명순 김병기 하순회 장훈
**펴낸이** 김준호
**펴낸곳** 한티미디어 | **주 소** 경기도 고양시 덕양구 청초로 66, 덕은리버워크 B동 1707호
**등 록** 제 15-571호 2006년 5월 15일
**전 화** 02)332-7993~4 | **팩 스** 02)332-7995
**ISBN** 978-89-6421-438-1 (93000)
**정 가** 37,000원

**마케팅** 노호근 김택균
**관 리** 김지영
**디자인** 디자인드림

이 책에 대한 의견이나 잘못된 내용에 대한 수정정보는 한티미디어 홈페이지나 이메일로 알려주십시오.
독자님의 의견을 충분히 반영하도록 늘 노력하겠습니다.

**홈페이지** www.hanteemedia.co.kr | **이메일** hantee@hanteemedia.co.kr

SECOND EDITION

COMPUTER ORGANIZATION AND DESIGN RISC-V EDITION

The Hardware/Software Interface

# 컴퓨터 구조 및 설계

## 하드웨어/소프트웨어 인터페이스

David A. Patterson · John L. Hennessy 지음

**박명순 김병기 하순회 장 훈** 옮김

## | 역자소개 |


**박명순 교수** myongsp@korea.ac.kr

| | |
|---|---|
| 1975.2 | 서울대학교 전자공학과 학사 |
| 1975.3~1980.9 | 국방과학연구소 연구원 |
| 1980.9~1982.6 | Univ. of Utah 전자공학과 석사 |
| 1982.8~1985.8 | Univ. of Iowa 컴퓨터공학과 박사 |
| 1985.8~1987.1 | Marquette Univ. 전기공학 및 컴퓨터공학과 조교수 |
| 1987.2~1988.2 | 포항공대 전자전기공학과 조교수 |
| 1988.3~현재 | 고려대학교 정보대학 컴퓨터학과 교수, 명예교수 |

**김병기 교수** bgkim@ssu.ac.kr

| | |
|---|---|
| 1977.2 | 서울대학교 전자공학과 학사 |
| 1979.2 | 한국과학기술원 전산학과 석사 |
| 1997.2 | 한국과학기술원 전산학과 박사 |
| 1979.3~1982.2 | 경북대학교 전자공학과 전임강사 |
| 1982.3~현재 | 숭실대학교 IT대학 컴퓨터학부 교수, 명예교수 |

**하순회 교수** sha@snu.ac.kr

| | |
|---|---|
| 1985.2 | 서울대학교 전자공학과 학사 |
| 1987.2 | 서울대학교 전자공학과 석사 |
| 1992.2 | U.C. Berkeley EECS 전기공학과 박사 |
| 1992.6~1993.5 | U.C. Berkeley EECS post-doc |
| 1993.7~1994.2 | 현대전자산업주식회사 산업전자연구소 선임연구원 |
| 1994.3~현재 | 서울대학교 컴퓨터공학과 교수 |

**장훈 교수** hoon@ssu.ac.kr

| | |
|---|---|
| 1987.2 | 서울대학교 전자공학과 학사 |
| 1989.2 | 서울대학교 전자공학과 석사 |
| 1993.8 | Univ. of Texas at Austin 컴퓨터공학 박사 |
| 1993.6~1993.12 | AMCU Design Center, Motorola, Inc. |
| 1994.3~현재 | 숭실대학교 IT대학 컴퓨터학부 교수 |

# 머리말

*The most beautiful thing we can experience is the mysterious.*
*It is the source of all true art and science.*

**Albert Einstein, *What I Believe*, 1930**

## 이 책에 대하여

컴퓨터 과학과 컴퓨터 공학에서의 지식 습득은 컴퓨팅을 발전시키는 원리뿐만 아니라 그 분야의 최신 기술도 반영해야 된다고 믿는다. 또한 컴퓨팅의 독자가 어느 컴퓨팅 분야의 전문가라도 컴퓨터 시스템의 능력, 성능, 에너지뿐만 아니라 궁극적으로는 성공 여부를 결정짓는 구조적 패러다임을 잘 이해할 필요가 있다고 믿는다.

현대의 컴퓨터 기술은 컴퓨팅 전 분야의 전문가로 하여금 하드웨어와 소프트웨어 둘 다 이해할 것을 요구한다. 여러 수준에서의 하드웨어와 소프트웨어 사이의 상호작용은 컴퓨팅의 기본 원리를 이해하는 근간을 제공한다. 여러분의 주 관심 분야가 하드웨어이든 소프트웨어이든 간에, 컴퓨터 과학이든 전기 공학이든 간에 컴퓨터 구성과 설계에서의 중심 아이디어는 같다. 따라서 이 책에서는 하드웨어와 소프트웨어 사이의 관련성을 보여 주고 현대 컴퓨터의 기본이 되는 개념들에 대해 관심을 집중시키려 한다.

최근의 단일프로세서에서 멀티코어 마이크로프로세서로의 변천은 우리가 초판 이래 견지해 온 이러한 관점이 옳았다는 것을 확인시켜 주었다. 프로그래머들이 이러한 충고를 귀담아 듣지 않아도 컴퓨터 설계자, 컴파일러 작성자, 반도체 기술자들 덕택에 프로그램을 고칠 필요도 없이 더 빠르고 더 에너지효율적으로 실행시킬 수 있는 시절도 있었지만 이제 그런 시대는 끝났다. 더 빠르게 실행되기 위해서는 프로그램이 병렬적이어야 한다. 프로그래머들이 자기가 프로그래밍하고 있는 하드웨어의 기저에 있는 병렬 특성을 몰라도 되게 하는 것이 많은 연구자들의 목표이지만, 이것이 실현되려면 긴 기간이 걸릴 것이다. 우리의 생각으로는 최소 다음 10년 동안은 병렬 컴퓨터에서 프로그램을 효율적으로 실행하기 위해서는 프로그래머들이 하드웨어/소프트웨어 인터페이스를 이해해야 할 것으로 보인다.

어셈블리 언어와 논리 설계에 지식이 있으면서 컴퓨터를 어떻게 설계하는지, 시스템이 어떻게 동작하는지, 왜 그 정도의 성능을 내는지를 알고 싶어 하는 사람은 물론이고, 기본적인 컴퓨터 구조에 대한 이해가 필요하지만 어셈블리 언어나 논리 설계의 경험이 거의 없는 사람도 이 책의 독자가 될 수 있다.

## 다른 책에 대하여

이미 *Computer Architecture: A Quantitative Approach*를 잘 알고 있는 독자들도 있을 것이다. 그 책을 쓴 동기는 튼튼한 엔지니어링 기초 원리와 정량적인 가격 대 성능비 사이의 장단점을 사용하여 컴퓨터 구조 원리를 설명하는 것이었다. 상업용 시스템에 기반을 둔 예제와 측정을 혼합하는 접근방법을 사용하여 실제적인 설계 경험을 제공하였다. 우리의 목표는 컴퓨터 구조를 서술적 방법 대신에 정량적 방법론을 사용하여 배울 수 있다는 것을 보여 주는 것이었다. 그 책은 컴퓨터에 대한 구체적인 이해를 원하는 진지한 컴퓨팅 전문가들을 위한 것이었다.

이 책의 대다수 독자들이 컴퓨터 설계자가 될 계획을 갖고 있지는 않을 것이다. 그러나 미래 소프트웨어 시스템의 성능과 에너지 효율성은 소프트웨어 설계자들이 시스템에서 작동하는 기본 하드웨어 기술을 얼마나 잘 이해하느냐에 많은 영향을 받을 것이다. 따라서 컴파일러 작성자, 운영체제 설계자, 데이터베이스 프로그래머 및 대부분의 다른 소프트웨어 엔지니어들은 이 책에서 제공하는 원리들을 잘 이해할 필요가 있다. 마찬가지로 하드웨어 설계자들은 그들의 작업이 소프트웨어 응용에 어떤 영향을 미치는지를 분명히 이해해야 한다.

따라서 이 책이 *Computer Architecture* 책에 있는 내용의 부분집합이 아닌 훨씬 커다란 무엇인가가 되어야 한다고 생각했고, 두 책의 독자가 서로 다르다는 점을 고려하여 상당히 많은 부분을 개정하였다. *Computer Architecture*의 개정판에서는 기초적인 내용의 대부분을 빼 버릴 수 있어서 매우 만족스럽다. 따라서 두 책의 최신판은 초판보다 중복되는 부분이 훨씬 적다.

## 왜 RISC-V 판인가?

어떤 명령어 집합 구조를 선택하느냐의 문제는 컴퓨터 구조 교재의 교수법에 결정적인 영향을 미친다. 아무리 많이 사용되는 명령어 집합이라도 불필요하게 화려한 특성들을 서술해야 하는 명령어 집합을 처음 접하는 명령어 집합으로 제시하고 싶지는 않았다. 이상적인 첫 번째 명령어 집합은 모범적이어야 한다. 첫사랑처럼 말이다. 놀랍게도 사람들은 위 두 가지에 애착을 느낀다.

*Computer Architecture: A Quantitative Approach*의 초판을 쓸 당시에는 너무 선택의 여지가 많았기 때문에, 차라리 새로운 RISC 타입 명령어 집합을 만들어서 사용하였다. 그런데 MIPS 명령어 집합의 높은 인기와 또 단순하면서도 우아함 때문

에 이 책의 초판과 위에 언급한 책의 개정판에서는 MIPS 명령어 집합을 택하게 되었다. MIPS는 우리들에게도 또 우리 독자들에게도 큰 도움이 되었다.

이 같은 선택을 한 후 수십 년이 지나서 MIPS를 사용하는 칩 수십억 개가 지속적으로 팔리고 있는데, 대부분은 명령어 집합이 거의 보이지 않는 임베디드 장치에서 사용되고 있다. 따라서 독자가 MIPS 프로그램을 다운로드하고 실행할 수 있는 실제 컴퓨터를 찾기가 어려워진 지 오래되었다.

좋은 소식은 RISC 원칙을 충실히 고수하는 개방형 명령어 집합이 최근에 세상에 나와서 급속히 추종자를 늘려 가고 있는 중이라는 것이다. UC Berkeley에서 최초로 개발된 RISC-V는 MIPS 명령어 집합의 어색한 부분들을 떼어 냈을 뿐만 아니라 2020년의 명령어 집합은 어떻게 생겨야 하는지에 대한 단순하면서도 고상하고 현대적인 답을 제시하고 있다.

더구나 이 RISC-V는 독점 소유가 아니기 때문에 RISC-V용 오픈 소스 시뮬레이터, 컴파일러, 디버거 등등이 쉽게 이용 가능하며 하드웨어 기술 언어로 쓰여진 RISC-V 오픈 소스 구현도 이용 가능하다. 2020년에는 RISC-V 기반의 저가 보드들도 등장했다. 이것은 라즈베리 파이(Raspberry Pi)와 대등한 컴퓨터들인데 MIPS에는 이런 것이 없다. 독자들은 이러한 RISC-V 설계를 공부함으로써 여러 가지를 배울 수 있을 뿐만 아니라 이 설계를 수정하고 구현 과정을 경험해 봄으로써 가상적인 변화가 성능, 다이 크기 및 에너지에 미치는 영향을 이해할 수 있을 것이다.

이것은 컴퓨터 산업뿐만 아니라 컴퓨터 교육에도 흥미진진한 기회이기 때문에 이 책을 쓰는 이 순간에 300개가 넘는 회사들이 RISC-V 재단에 합류하였다. 이 스폰서 리스트에는 Alibaba, Amazon, AMD, Google, Hewlett Packard Enterprise, IBM, Microsoft, NVIDIA, Qualcomm, 삼성, Western Digital 등 ARM과 Intel을 제외한 거의 모든 주요 회사들이 포함되어 있다.

이런 이유로 이 책의 RISC-V 판을 쓰게 되었으며, *Computer Architecture: A Quantitative Approach*도 RISC-V로 교체하였다.

이 RISC-V 판에서는 64비트 RV64를 32비트 RV32로 교체하였다. 교수님들이 64비트 명령어 집합이 더 복잡하기 때문에 학생들이 어려워한다는 것을 알게 되었기 때문이다. RV32는 핵심 구조에서 ld, sd, lwu, addw, subw, addwi, sllw, srlw, sllwiw, srliw 10개의 명령어를 뺐으며, 64비트 레지스터의 하위 32비트 연산도 이해할 필요가 없도록 하였다. 또한 이 교재에서는 더블워드를 거의 다 빼 버리고 워드만을 사용하였다. 이 개정판에서는 이상하게 보이는 SB와 UJ 형식을 4장이 될 때까지는 숨기기로 하였다. 데이터패스 하드웨어를 설명하는 4장에 가서야 SB와 UJ 형식의 수치 필드가 비트 순서를 이상하게 꼬아서 하드웨어를 절약하는 것을 설명하였다. MIPS 6판처럼 이 개정판에서도 다중 클럭 사이클 구현을 설명하는 온라인 절을 추가하였는데, 내용은 RISC-V에 맞추어 수정하였다. 교수님에 따라서는 단일 사이클 구현에서 파이프라이닝으로 들어가기 전에 다중 사이클 구현을 거치는 것을 선호하기도 하기 때문이다.

MIPS에서 RISC-V로 바뀌면서 달라지는 것은 명령어 집합의 변경과 관련된 부분뿐이다. 2장, 3장, 5장의 가상 메모리 부분, 6장의 짧은 VMIPS 예제가 주로 영향을 받았다. 4장에서는 RISC-V 명령어로 바꾸고 그림 서너 장을 교체하였으며 "고난도" 몇 개를 추가하였다. 그러나 우리가 염려했던 것보다는 바뀐 부분이 많지 않았다. 1장과 부록의 대부분은 실제로 거의 바뀐 부분이 없다. RISC-V의 방대한 온라인 문서와 거대한 크기는 MIPS 버전의 부록 A(MIPS 6판의 "어셈블러, 링커 및 SPIM 시뮬레이터")를 대체하기 어렵게 만들었다. 대신에 이 책에서 자세히 다루는 코어 RISC-V 명령어에 포함되지 않는 수백 개의 RISC-V 명령어를 2, 3, 5장에서 짧게 개괄적으로 다루고 있다.

현재의 계획으로는 2020년에 했던 것처럼 이 책의 MIPS 버전과 RISC-V 버전 모두를 계속적으로 개정할 예정이다.

## 2차 개정판에서의 변화

5차 개정판을 낸 후에 컴퓨터 구조 기술과 사업에서의 변화가 1판부터 5판까지의 변화보다 훨씬 더 컸는데 이들 변화는 다음과 같다.

- **Moore의 법칙의 속도 감속.** 2년마다 칩당 트랜지스터 수가 2배로 증가한다는 Moore의 법칙이 50년이 지난 지금에는 더 이상 적용되지 않는다. 반도체 기술이 계속적으로 향상되고는 있으나 과거에 비해 속도가 느려졌고 예측하기가 어렵다.
- **도메인에 특화된 구조(domain specific architecture, DSA)의 부상.** 한편으로는 Moore의 법칙의 속도 감속에 기인하고 또 한편으로는 Dennard 스케일링(역주: 트랜지스터가 작아져도 전력 밀도는 일정하다는 법칙; 논문 저자 Dennard의 이름을 따서 이렇게 불림) 법칙이 더 이상 적용되지 않음에 기인하여 범용 프로세서는 1년에 겨우 몇 퍼센트밖에 향상이 되지 않고 있다. 더욱이 Amdahl의 법칙이 칩당 프로세서의 개수를 증가시켜서 얻는 실제 이득도 제한하고 있다. 2020년에 가장 유망한 방법은 DSA라는 믿음이 널리 퍼져 있다. 범용 프로세서처럼 모든 것을 다 잘 실행하려고 하는 대신, 한 가지 도메인의 프로그램을 기존 CPU보다 잘 실행하는 것에 초점을 맞추고 있다.

| Chapter or Appendix | Sections | Software focus | Hardware focus |
|---|---|---|---|
| 1. Computer Abstractions and Technology | 1.1 to 1.12 | Read carefully | Read carefully |
| | 1.13 (History) | Read for culture | Read for culture |
| 2. Instructions: Language of the Computer | 2.1 to 2.14 | Read carefully | Review or read |
| | 2.15 (Compilers & Java) | Read if have time | |
| | 2.16 to 2.23 | Read carefully | Review or read |
| | 2.24 (History) | Read for culture | Read for culture |
| D. RISC Instruction-Set Architectures | D.1 to D.6 | Read if have time | |
| 3. Arithmetic for Computers | 3.1 to 3.5 | Review or read | Review or read |
| | 3.6 to 3.8 (Subword Parallelism) | Read carefully | Read carefully |
| | 3.9 to 3.10 (Fallacies) | Review or read | Review or read |
| | 3.11 (History) | Read for culture | Read for culture |
| A. The Basics of Logic Design | A.1 to A.13 | | Review or read |
| 4. The Processor | 4.1 (Overview) | Read carefully | Read carefully |
| | 4.2 (Logic Conventions) | | Read carefully |
| | 4.3 to 4.4 (Simple Implementation) | Review or read | Read carefully |
| | 4.5 (Multicycle Implementation) | | Read if have time |
| | 4.6 (Pipelining Overview) | Read carefully | Read carefully |
| | 4.7 (Pipelined Datapath) | Review or read | Read carefully |
| | 4.8 to 4.10 (Hazards, Exceptions) | | Read carefully |
| | 4.11 to 4.13 (Parallel, Real Stuff) | Read carefully | Read carefully |
| | 4.14 (Verilog Pipeline Control) | | Read if have time |
| | 4.15 to 4.16 (Fallacies) | Read carefully | Read carefully |
| | 4.17 (History) | Read for culture | Read for culture |
| C. Mapping Control to Hardware | C.1 to C.6 | | Read if have time |
| 5. Large and Fast: Exploiting Memory Hierarchy | 5.1 to 5.10 | Read carefully | Read carefully |
| | 5.11 (Redundant Arrays of Inexpensive Disks) | Read if have time | Read if have time |
| | 5.12 (Verilog Cache Controller) | | Read if have time |
| | 5.13 to 5.17 | Read carefully | Read carefully |
| | 5.18 (History) | Read for culture | Read for culture |
| 6. Parallel Process from Client to Cloud | 6.1 to 6.9 | Read carefully | Read carefully |
| | 6.10 (Clusters) | Read if have time | Read if have time |
| | 6.11 to 6.15 | Read carefully | Read carefully |
| | 6.16 (History) | Read for culture | Read for culture |
| B. Graphics Processor Units | B.1 to B.11 | Reference | Reference |

Read carefully　Read if have time　Reference
Review or read　Read for culture

■ 보안 공격 표층으로서의 마이크로구조. Spectre는 추정 비순차 실행과 하드웨어 멀티스레딩이 시간에 기반한 부채널 공격을 실현 가능하게 해 준다는 것을 보여 주었다. 더구나 이 같은 공격은 고칠 수 있는 버그에 기인하는 것이 아니므

로 이런 스타일의 프로세서 설계에 대한 근본적인 도전이 된다.

- **개방형 명령어 집합과 오픈 소스 구현.** 오픈 소스 소프트웨어가 주는 기회와 영향력은 컴퓨터 구조에까지 미치게 되었다. RISC-V 같은 개방형 명령어 집합은 다양한 기관들로 하여금 라이선스 협상 없이 자신들 고유의 프로세서를 만들 수 있게 해 준다. 그 결과 RISC-V의 고유한 구현은 물론 무료로 다운로드하고 사용할 수 있는 공유 오픈 소스 구현도 가능하게 되었다. 오픈 소스 소프트웨어와 하드웨어는 학생들이 산업 현장의 강력한 기술을 직접 보고 고칠 수 있게 하므로 학문적 연구와 교육에 큰 도움이 된다.
- **IT 산업의 재수직화.** 클라우드 컴퓨팅은 모든 사람이 사용하는 컴퓨팅 인프라를 고작 대여섯 개 회사가 독점하게 만들었다. 이 회사들은 60~70년대의 IBM과 흡사하게 그들이 제공하는 소프트웨어 스택과 하드웨어를 모두 자기들이 결정한다. 위와 같은 변화는 이런 초대형 규모 사업자의 일부가 자신의 클라우드에 사용할 DSA와 RISC-V 칩을 직접 개발하도록 이끌었다.

이번 2차 개정판은(RISC-V 버전의) 이러한 최근의 변화를 반영하여 모든 예제와 그림을 업데이트하고 교수님들의 요구사항에 부응하였으며 손주들의 수학 과목을 돕기 위해 사용했던 교재에서 영감을 얻은 개선된 교수법을 추가하였다.

- 모든 장에서 "더 빠르게" 절을 볼 수 있다. 1장에서는 Python 버전으로 시작하지만 성능에 문제가 있으므로 2장에서는 C를 배워 C를 사용하여 행렬 곱셈을 다시 작성하도록 하였다. 나머지 장들에서는 데이터 수준 병렬성, 명령어 수준 병렬성, 스레드 수준 병렬성을 활용하고 최신 서버의 메모리 계층구조에 맞추어 메모리 접근을 조정함으로써 행렬 곱셈의 성능을 향상시켰다. 이 최신 서버는 512비트 SIMD 연산, 추정 비순차 실행, 3단계 캐시 및 48개 코어를 갖고 있다. 네 가지 최적화를 모두 다 적용해도 C 코드로 21줄밖에 추가되지 않지만 행렬 곱셈 성능이 약 50,000배 향상되기 때문에 Python으로 6시간가량 걸리던 것이 최적화 C 코드로는 1초 이내에 실행된다. 만약 내가 다시 학생이 된다면 실제 실행되는 이 예제로부터 영감을 얻어 C를 사용하고 이 책의 근본적인 하드웨어 개념을 배우려 할 것 같다.
- 모든 장에 새롭게 추가된 "자습" 절에서는 사고력을 촉발하는 문제들을 접할 수 있으며, 답이 제공되어 독자적으로 이 책을 따라가는 사람이 스스로 평가할 수 있게 도와준다.
- Moore의 법칙과 Dennard 스케일링 법칙이 더 이상 적용되지 않는다는 것을

설명하는 외에도 5판에서 두드러져 보였던 변화 에이전트로서의 Moore의 법칙을 덜 강조하였다.

- 2장에는 이진 데이터가 원래부터 고유한 의미를 갖고 있는 것이 아니고 프로그램이 데이터 타입을 결정한다는 것을 강조하기 위하여 좀 더 많은 자료를 실었다. 하지만 초보자가 이해하기에는 쉽지 않은 개념이다.
- 2장에서는 RISC-V와 대비되는 명령어 집합으로 MIPS를 짧게 설명하였다. 아울러 ARMv7, ARMv8, x86에 대해서도 설명하였다. (RISC-V 대신에 MIPS에 기반한 이 책의 자매 버전이 있고, 이 책도 다른 변화에 맞추어 갱신하는 중이다.)
- 2장의 벤치마크 예제는 SPEC2006에서 SPEC2017로 업그레이드되었다.
- 교수님들의 요구로 RISC-V의 다중 사이클 구현이 4장의 온라인 절로 복원되었는데 단일 사이클 구현과 파이프라인 구현 사이에 있다. 이 같은 세 단계를 거치는 것이 파이프라이닝을 가르치기가 좀 더 쉽다고 생각하는 교수님들이 있었다.
- 4장에서 "실례" 절의 예제들이 최신 ARM A53 마이크로구조와 인텔 i7 6700 Skylake 마이크로구조로 갱신되었다.
- 5장과 6장의 "오류 및 함정" 절에는 Row Hammer와 Spectre의 하드웨어 보안 공격에 대한 함정들을 추가하였다.
- 6장에는 Google의 TPU(Tensor Processing Unit) v1을 사용하는 DSA를 소개하는 새로운 절을 추가하였다. 6장의 "실례" 절은 Google의 TPUv3 DSA 수퍼컴퓨터와 NVIDIA Volta GPU 클러스터와 비교하는 것으로 갱신되었다.

마지막으로 모든 연습문제를 갱신하였다.

많은 요소를 업데이트한 한편 지난 판본들에서 유용한 것들은 그대로 유지하려고 하였다. 이 책이 용어의 기준을 제시하는 역할을 할 수 있도록 새로운 용어가 처음 나올 때마다 왼쪽 또는 오른쪽의 여백에 그 정의를 제시하였다. "프로그램 성능의 이해"는 독자들이 자기 프로그램의 성능을 이해하고 성능의 개선방법을 알 수 있도록 도와준다. 마찬가지로 "하드웨어/소프트웨어 인터페이스"는 하드웨어와 소프트웨어의 경계 부분에서 일어나는 절충을 이해하도록 돕는다. 또한 "요점정리"도 그대로 두어서 독자들이 나무만 보고 숲을 보지 못하는 일이 없도록 하고 있다. "스스로 점검하기"에서는 책 내용의 이해도를 그때그때 확인할 수 있으며 각 장의 맨 끝에 답이 제공되어 있다. 이번 개정판에도 IBM System/360의 "Green Card"에서 영감을 받은 녹색 RISC-V Reference Card를 계속 포함시켰다. 이 카드는 RISC-V 어셈블리 언어 프로그램을 작성할 때 손쉽게 참조할 수 있을 것이다.

## 교수님들을 위한 지원

우리는 수많은 자료를 수집하여 교수님들이 이 책을 사용하여 강의할 때 도움을 주려 하였다. 연습문제에 대한 해답집, 이 책의 그림들, 강의 슬라이드, 기타 자료가 이 책을 교재로 선택한 교수님들께 출판사로부터 제공된다. 아래의 웹 사이트는 RISC-V 소프트웨어(무료임)에 대한 링크를 제공하고 있다. 더 많은 정보를 위해서는 다음 출판사 웹 사이트를 참조하라.

*https://textbooks.elsevier.com/web/manuals.aspx?isbn=9780128203316*

## 마지막 언급

독자들은 우리가 에러를 정정하기 위해 많은 노력을 기울여 왔다는 것을 알 수 있을 것이다. 책이 여러 번 인쇄되기 때문에 정정할 기회는 많다. 아직도 남아 있는 에러나 버그를 찾게 되면 출판사에 알려 주기 바란다.

이 개정판은 1989년에 시작하여 오랫동안 유지해 온 Hennessy와 Patterson 사이의 협력 관계가 네 번째로 깨어짐을 기록하게 되었다. Hennessy 총장이 세계에서 가장 큰 대학 중 하나를 운영하게 됨에 따라 일이 많아져서 더 이상 새로운 개정판을 만드는 데 큰 기여를 할 수 없게 되었다. Patterson은 또다시 안전망 없이 줄타기하는 사람 같은 기분을 느꼈다. 따라서 다른 많은 분들과 UC Berkeley의 동료 교수들이 이 책의 내용을 가다듬는 데 큰 역할을 하였다. 그럼에도 불구하고 이 책에 대한 비판은 혼자서 감당하려고 한다.

# 역자 머리말

이번에 Patterson과 Hennessy 교수의 책 *Computer Organization and Design: The Hardware/Software Interface, RISC-V Edition second edition*의 번역서를 출간하게 되었다. 이 책은 RISC 구조 연구의 양대 산맥을 이루고 있는 두 사람이 힘을 합쳐 저술했다는 사실만으로도 큰 의미가 있는 책이다. 그뿐만 아니라 오랫동안의 연구와 교육 경험에서 우러나온 해박한 지식으로 컴퓨터 구조를 이해하기 쉽게 설명하고 있다. 특히 컴퓨터 설계와 관련된 새로운 기술을 충실하게 소개하고 있으며, 이러한 기술들이 실제로 어떻게 사용되는가를 최신 제품을 예로 들어 설명하고 있다. 이것은 독자들의 이해를 도울 뿐만 아니라 흥미 유발에도 큰 기여를 할 것이다. 역자들은 원서의 이러한 장점을 최대한 살리고자 노력하였다.

저자들이 이 책을 처음 쓸 때에 선택한 명령어 집합은 MIPS였다. MIPS는 지금도 수십억 개의 칩이 팔리고 있지만 대부분 임베디드 디바이스 안으로 들어가 버려 프로그래머 입장에서는 MIPS 프로그램을 다운로드하고 실행시킬 컴퓨터를 찾기 어려워졌다. 최근에 RISC 원칙을 고수하는 개방형 명령어 집합 RISC-V가 선보여 인기를 끌고 있다. 이 RISC-V는 개방형 명령어 집합이라 시뮬레이터, 컴파일러, 디버거 등을 쉽게 사용할 수 있게 되었다. 이에 저자들은 이 RISC-V 역시 교육용으로 괜찮다고 판단하여 이 책의 RISC-V 개정판을 내게 되었다. 역자들은 이 RISC-V 명령어 집합이 RISC의 원칙을 충실히 따르고 있을 뿐만 아니라 시뮬레이터, 컴파일러, 디버거 등을 무료로 사용할 수 있다는 환경 때문에 이 개정판 또한 번역하는 것이 좋겠다고 판단하였다.

역자들은 이 책의 개정판이 나올 때마다 계속적으로 번역에 참여해 왔다. 번역 후 매년 이 책을 사용하면서 느꼈던 점들을 반영하여 개정판이 나올 때마다 새롭게 번역하려고 노력하였다. 즉, 어떤 경우는 너무 풀어 쓰다 보니 용어가 너무 길고, 또 어떤 경우는 우리말에서는 마땅한 말이 없는 것을 짧게 번역하여 뜻이 제대로 통하지 않는 경우도 있었다. 또 어떤 경우는 우리말로 표현하는 것이 뜻도 잘 통하고 훨씬 부드러운데도 영어의 표현 방식을 그대로 따르다 보니 문맥이 매끄럽지 못했었다. 따라서 이번 번역도 이러한 우리의 경험을 살리기 위해 2판과 3판, 4판, 5판 및 6판 번역에 참여했던 그 번역자들만으로 팀을 구성하였고, 2판에서는 너무 과감하게 우리말화하려 했던 경험과 3판에서 그 일부는 다시 좀 더 부드러운 용어로 바꾸었던 경험을 모두 살려 이번에는 좀 더 표준화되고 보편화된 용어들을 사용하려고 노력하였으며, 5판 이후 새로 등장한 용어들에 대해서는 역자들이 논의하여 용어를 선택하였다. 또한 직역보다는 되도록이면 우리말 표현 방식을 따르려고 노력하였다. 그리고 각 절에 들어 있던 격언 등은 번역하면 문화의 차이 때문에 의미 전달이 잘 되지 않는다고 판단하여 번역하지 않고 그대로 실었다. 또한 편집을 하면서 많은 오류를 일으킨 부분이 그림을 그리면서 발생하였기에 그림 부분은 그 안의 텍스트도 번역 없이 그대로 실었다. 우리 역자들은 독자들이 이 정도는 충분히 이해할 수 있을 거라는 판단하에, 또 오류 없이 출판하고 싶다는 판단하에 이러한 결정을 내렸다.

읽기에 부담스럽지 않도록 직역은 피하고 자연스러운 문장으로 만들기 위해 많은 노력을 하였으나 역자들의 능력 부족으로 아직도 남아 있는 매끄럽지 않은 표현에 대해서는 독자 여러분의 너그러운 이해를 바란다. 그 외에도 부족함이 많은 이 책을 완성시키는 것은 오로지 독자 제현의 질책과 관심에 의해서만 가능할 것이다. 거의 6개월에 걸친 작업 끝에 나온 이 책이 컴퓨터 설계 기술을 이해하는 데 조금이나마 도움이 된다면 역자들에게는 더없는 보람일 것이다.

끝으로, 이 책이 나올 수 있도록 애써 주신 한티미디어의 김준호 사장님과 편집부 여러분의 노고에 깊은 감사를 보낸다.

2022년 4월 15일

역자 일동

# 차례

## 4 프로세서 276



## 5 메모리 계층구조 426

## APPENDIX

### The Basics of Logic Design A-2



## ONLINE CONTENT

### Graphics and Computing GPUs B-2



---

부록 A는 한티미디어 홈페이지 자료실을 통해 다운로드할 수 있습니다.
http://www.hanteemedia.co.kr

부록 B, C, D와 가 있는 절은 아래 사이트를 통해 다운로드할 수 있습니다.
https://www.elsevier.com/books-and-journals/book-companion/9780128203316

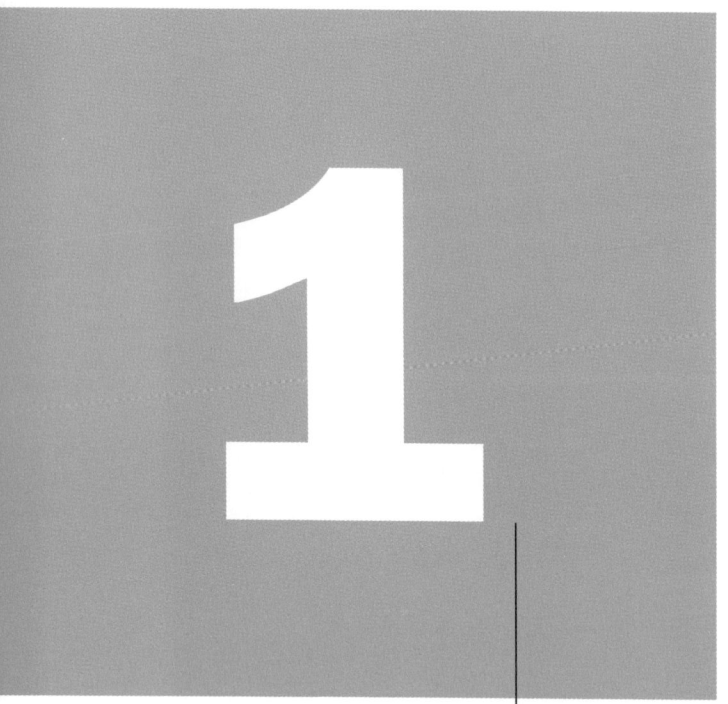

# 컴퓨터 추상화 및 관련 기술

*Civilization advances by extending the number of important operations which we can perform without thinking about them.*

**Alfred North Whitehead,**
*An Introduction to Mathematics,* 1911

## 1.1 서론

짜릿한 즐거움으로 충만한 컴퓨터 시스템의 세계를 소개하게 된 것을 매우 기쁘게 생각하며, 이 책의 독자가 된 여러분을 진심으로 환영하는 바이다. 컴퓨터 세계는 발전 속도가 더디고 참신한 아이디어는 무시되는 그런 삭막하고 무미건조한 곳이 절대 아니다. 컴퓨터는 믿을 수 없을 정도로 활기찬 정보기술 산업의 산물로서, 오늘날 미국 전체 GNP의 거의 10%를 관련 산업이 책임지고 있으며, 국가의 경제는 빠르게 발전하고 있는 정보기술에 상당 부분 의존하고 있다. 이 비범한 산업은 숨가쁜 속도로 기술 혁신을 거듭하고 있다. 지난 40년간 컴퓨터 산업에 일대 혁명을 일으키며 등장했던 기종이 여러 가지 있었지만, 그들이 얼마 견디지 못하고 사라진 이유는 곧 누군가가 이를 뛰어넘는 더 우수한 컴퓨터를 만들어 냈기 때문이다.

1940년대 후반에 전자식 컴퓨터가 처음 등장한 이래 계속되고 있는 기술 혁신 경쟁은 다른 분야에서는 전례가 없는 빠른 진보를 이루어 내고 있다. 만일 운수 산업이 컴퓨터 산업과 같은 속도로 발전했다면, 오늘날 뉴욕에서 런던까지 여행하는 데 1초밖에 걸리지 않을 것이며 그 요금은 겨우 몇 센트에 불과할 것이다. 이러한 발전이 세상을 어떻게 바꿀 수 있는가를 생각해 본다면—예를 들면 타히티에 살면서 샌프란시스코로 출퇴근하고 저녁때는 모스크바에서 볼쇼이 발레를 즐기는 생활이 가능할 것이다—이 변화가 의미하는 바를 이해할 수 있을 것이다.

컴퓨터는 농업 혁명과 산업 혁명에 이은 정보 혁명을 일으킴으로써 인류 문명에 제3의 혁명을 가져왔다. 그 결과 인류의 지적 능력이 그 깊이와 너비에서 크게 확장되면서 우리의 일상생활에 근본적인 영향을 미침은 물론, 새로운 지식을 탐구하는 방법도 변화시키고 있다. 기존의 이론 및 실험 과학자에 새로이 계산 과학자가 합류하여 천문학, 생물학, 화학, 물리학 등의 첨단 영역에서 같이 연구함으로써, 과학 연구의 새로운 영역을 개척해 가고 있는 것이다.

컴퓨터 혁명은 아직도 계속되고 있는 중이다. 계산 비용이 10배 낮아지면 컴퓨터를 사용할 수 있는 기회도 그만큼 늘어나서, 과거에는 경제적인 이유로 불가능해 보이던 일들이 현실이 되어 나타난다. 다음과 같은 응용 분야는 얼마 전까지만 해도 공상 과학 소설에서나 가능했던 일들이다.

- 자동차를 제어하는 컴퓨터: 1980년대 초 마이크로프로세서가 가격과 성능 면에서 놀라운 발전을 이루기 전까지는 컴퓨터가 자동차를 제어한다는 것은 터무니없는 이야기같이 들렸다. 그러나 오늘날에는 컴퓨터가 엔진을 제어해서 공해를 줄이고 연료 효율을 높이고 있으며, 충돌 사고를 감지하여 에어백을 터뜨리고 자율운전 기술을 적용함으로써 자동차의 안전성을 높이고 있다.
- 휴대전화: 세상 거의 모든 곳에서 개인 간의 통신을 가능하게 하는 휴대전화를 지구 인구의 절반이 사용할 수 있을 정도로 컴퓨터 시스템이 발달하리라고 누가 상상이나 하였겠는가?
- 인간 게놈 프로젝트: 지금은 수억 달러만 있으면 인간의 DNA 순서를 분석하고 그 지도를 작성하는 데 필요한 컴퓨터 장비를 갖출 수 있다. 15~25년 전처럼 컴퓨터 가격이 지금보다 10배 내지 100배 비싸다면 아직도 연구할 엄두조차 내지 못했을 것이다. 게다가 비용이 계속 떨어지고 있으므로 언젠가는 여러분 스스로의 게놈을 확인해서 맞춤형 치료를 받을 수 있는 날이 올 것이다.
- WWW(World Wide Web): 이 책의 초판이 출간될 당시만 해도 존재하지 않았던 웹이 지금은 세상을 바꾸고 있다. 많은 사람들에게 웹은 도서관과 신문을 대신하고 있다.
- 검색 엔진: 웹 콘텐츠의 양과 가치가 증가하면서 적절한 정보를 찾는 일이 더욱 중요해지고 있다. 오늘날 많은 사람들이 삶의 여러 부분에서 검색 엔진을 사용하고 있어서, 이제는 검색 엔진이 없다면 많은 어려움이 있을 것이다.

이러한 기술의 발전은 우리 사회의 거의 모든 분야에 영향을 미치고 있다. 하드웨어의 발전으로 프로그래머는 매우 유용한 소프트웨어를 만들 수 있게 되었으며, 그 덕택에 도처에서 컴퓨터를 사용할 수 있게 되었다. 오늘날의 공상과학은 미래의 경이적인 응용이 무엇이 될지 암시하고 있다. 증강 현실 안경, 현금이 필요 없는 사회, 무인 자동차 등은 이미 가시화되고 있다.

## 전통적인 컴퓨터 응용 분야의 종류와 그 특성

스마트 가전제품이나 휴대전화에 내장되는 컴퓨터에서부터 초대형 수퍼컴퓨터에 이르기까지 기본이 되는 하드웨어 기술(1.4절과 1.5절에서 설명)은 같지만, 응용 분야에 따라서 설계 요구사항과 핵심적인 하드웨어 기술을 사용하는 방법은 각기 다르다. 개괄적으로 말해서 컴퓨터는 크게 세 가지 다른 응용 분야에서 사용된다.

노트북 형태의 **개인용 컴퓨터**(personal computer, PC)는 아마도 가장 잘 알려진 컴퓨터 종류로 독자 여러분들도 많이 사용하고 있을 것이다. 개인용 컴퓨터는 낮은 가격으로 단일 사용자에게 좋은 성능을 제공하는 것을 중요시하며 제3자(third-party) 소프트웨어를 실행하기 위해 주로 사용된다. 이 분야가 여러 가지 컴퓨팅 기술의 발전을 주도했다는 것은 40년밖에 안 된 역사를 생각해 볼 때 놀라운 일이 아닐 수 없다.

**서버**(server)는 과거 대형 컴퓨터로 불리던 것의 현대적 형태로서 보통 네트워크를 통해서만 접근된다. 서버는 대개 대형 작업 수행에 이용된다. 대형 작업은 과학이나 공학 분야의 복잡한 응용 프로그램 1개일 수도 있고, 대규모 웹 서버에서처럼 작은 작업 여러 개로 구성될 수도 있다. 이러한 응용 프로그램은 다른 회사가 개발한 소프트웨어(데이터베이스나 시뮬레이션 시스템 같은)를 이용하기는 하나, 특정한 기능을 수행하도록 변형되거나 맞추어지는(customized) 경우가 많다. 서버는 개인용 컴퓨터와 같은 기술로 제작되지만, 연산과 입출력 용량의 확장성이 훨씬 더 크다. 서버가 고장 나면 단일 사용자 PC와는 비교할 수 없이 큰 손해가 발생되므로, 일반적으로 서버는 신용도(dependability)를 매우 강조한다.

서버는 가격과 성능의 폭이 매우 넓다. 저사양 서버는 화면과 키보드가 없는 개인용 컴퓨터와 다를 바가 없으며 가격은 천 달러 정도에 불과하다. 이런 저사양 서버는 파일 저장이나 중소기업 업무 또는 간단한 웹 서비스용으로 사용된다. 이와 반대쪽 극단에는 **수퍼컴퓨터**(supercomputer)가 있다. 오늘날의 수퍼컴퓨터는 가격이 수천만 내지 수억 달러로, 수십만 개의 프로세서와 수 **TB**(terabyte)의 메모리를 가지고 있다. 수퍼컴퓨터는 일기 예보, 석유 탐사, 단백질 구조 결정 등 대형 과학 및 공학 계산에 주로 사용된다. 이러한 수퍼컴퓨터가 처리 능력에서는 최정상의 자리에 있지만, 양적으로는 서버의 작은 부분을 차지할 뿐이며 컴퓨터 시장 전체 판매 금액 중에서도 얼마 되지 않는다.

가장 많이 사용되고 있는 것은 **임베디드 컴퓨터**(embedded computer)이다. 그만

**개인용 컴퓨터(PC)** 개인적인 이용을 위해 설계된 컴퓨터. 그래픽 디스플레이, 키보드, 마우스 등을 가지고 있는 것이 보통이다.

**서버** 여러 사용자를 위해서 대형 프로그램 여러 개를 동시에 실행하는 데 사용하며, 주로 네트워크를 통해서 접근된다.

**수퍼컴퓨터** 성능과 가격이 가장 높은 컴퓨터 종류. 서버로 구성되는 것이 보통이며, 가격은 수천만 달러에서 수억 달러 정도이다.

**TB** 통신이나 보조 기억장치 분야에서 1,000,000,000,000($10^{12}$) 바이트로 정의하기도 하지만, 원래는 1,099,511,627,776($2^{40}$) 바이트이다. 혼란을 방지하기 위해서 $2^{40}$ 바이트는 TiB(tebibyte)로 표시하여 $10^{12}$ 바이트를 의미하는 TB(terabyte)와 구분하도록 한다. 그림 1.1에 십진수와 이진수 단위에 대한 명칭과 값을 정리하였다.

**임베디드 컴퓨터** 다른 장치에 포함되어 있어서 미리 정해진 한 가지 일이나 몇 가지 소프트웨어만 실행하는 컴퓨터.

| Decimal term | Abbreviation | Value | Binary term | Abbreviation | Value | % Larger |
|---|---|---|---|---|---|---|
| kilobyte | KB | $10^3$ | kibibyte | KiB | $2^{10}$ | 2% |
| megabyte | MB | $10^6$ | mebibyte | MiB | $2^{20}$ | 5% |
| gigabyte | GB | $10^9$ | gibibyte | GiB | $2^{30}$ | 7% |
| terabyte | TB | $10^{12}$ | tebibyte | TiB | $2^{40}$ | 10% |
| petabyte | PB | $10^{15}$ | pebibyte | PiB | $2^{50}$ | 13% |
| exabyte | EB | $10^{18}$ | exbibyte | EiB | $2^{60}$ | 15% |
| zettabyte | ZB | $10^{21}$ | zebibyte | ZiB | $2^{70}$ | 18% |
| yottabyte | YB | $10^{24}$ | yobibyte | YiB | $2^{80}$ | 21% |
| ronnabyte | RB | $10^{27}$ | robibyte | RiB | $2^{90}$ | 24% |
| queccabyte | QB | $10^{30}$ | quebibyte | QiB | $2^{100}$ | 27% |

**그림 1.1 $2^X$와 $10^Y$ 바이트의 모호함을 해결하기 위해서 동일한 용어의 이진수 표기법을 덧붙였다.** 표의 마지막 열에는 이진수 용어가 십진수 용어에 비해 얼마나 큰지를 나타냈다. 아래로 내려갈수록 두 값의 차이가 더 커지는 것을 알 수 있다. 바이트뿐 아니라 비트도 접두사를 이용하여 구분을 하는데 예를 들어 Gb(gigabit)는 $10^9$을 나타내고 Gib(gibibit)는 $2^{30}$을 나타낸다. 십진수 접두사는 미터법을 관장하는 단체에서 만들었는데, 마지막 두 접두사는 전 세계 저장 시스템의 총량을 예측하여 2019년에 새롭게 제안된 것이다. 1000의 거듭제곱을 나타내는 접두사의 모든 이름은 라틴어에 기원을 두고 있다.

큼 응용 분야와 성능도 매우 다양하다. 자동차에 들어 있는 마이크로프로세서와 디지털 텔레비전 등에서 사용되는 컴퓨터, 현대식 비행기나 화물선을 제어하는 프로세서 네트워크 등이 여기에 포함된다. 인터넷상에서 무선으로 통신하는 많은 수의 작은 기기들을 의미하는 사물인터넷(Internet of things, IoT)도 오늘날 친숙하게 접하는 용어이다. 임베디드 컴퓨팅 시스템은 한 가지 응용을 수행하거나 서로 연관된 일련의 프로그램을 실행하도록 설계되어 있다. 보통 임베디드 컴퓨터는 다른 하드웨어와 한 덩어리로 묶인 단일 시스템으로 공급되기 때문에 도처에 깔려 있어도 대부분의 사용자는 자기가 컴퓨터를 사용하고 있다는 사실조차 인식하지 못한다.

임베디드 응용은 최소한의 성능만 유지하면서 가격과 소모 전력은 엄격히 제한해야 하는 독특한 요구사항을 갖는 경우가 많다. mp3 플레이어를 예로 들어 보자. 프로세서는 제한된 기능을 처리할 수 있을 정도만 빠르면 되지만, 정작 더 중요한 문제는 가격과 전력 소모를 최소화하는 것이다. 임베디드 컴퓨터는 가격이 싸더라도 약간의 고장 감내 기능을 갖추고 있는 경우도 있다. 고장이 나면 단순히 사람을 당황하게 하는 정도에 그치는 수도 있지만(새로 산 텔레비전이 동작을 안 할 때) 큰 재난을 일으키는 경우도 있기 때문이다(비행기나 화물선에 있는 컴퓨터가 고장 났을 때). 디지털 가전제품 같은 소비자 지향형 임베디드 응용에서는 주로 단순함으로 신용도를 확보한다. 여기서 단순함이란 단 한 가지 기능만을 최대한 완벽하게 수행하는 것에 초점을 맞추는 것이다. 대형 임베디드 시스템은 서버급에서 자주 사용되는 여유분(redundancy) 기술로 고장 감내 기능을 구현하는 경우가 많이 있다. 이 책

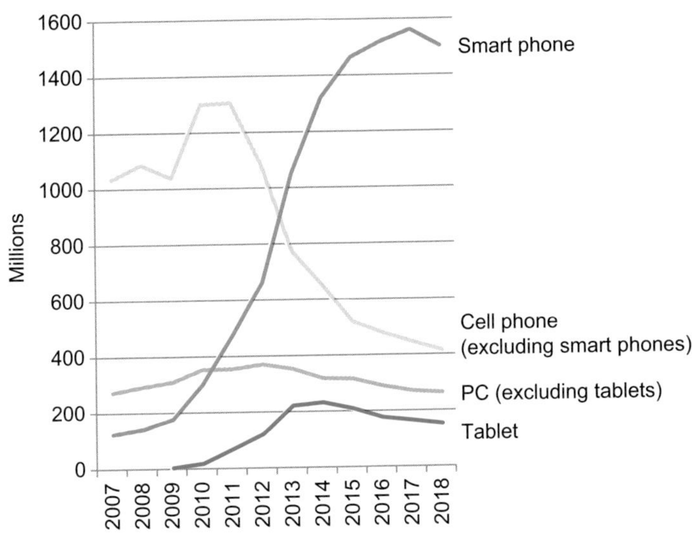


**그림 1.2 포스트 PC 시대를 대표하는 태블릿과 스마트폰의 연간 생산량과 개인용 컴퓨터와 전통적인 휴대전화의 비교.** 스마트폰은 휴대전화 업체의 최근 성장 동향을 대표하는 것으로, 2011년에 이미 PC를 앞질렀다. PC와 태블릿, 전통적인 휴대전화는 감소하고 있다. 휴대전화는 2011년, PC는 2013년, 태블릿은 2014년에 최고치를 기록하였다. PC는 2007년에 전체의 20%를 차지하다가 2018년에는 10%로 떨어졌다.

은 주로 범용 컴퓨터에 초점을 맞추어 설명하고 있지만, 소개하는 대부분의 개념이 있는 그대로 또는 약간만 수정하면 임베디드 컴퓨터에도 적용 가능하다.

**고난도: "고난도"**는 관심의 대상이 될 수 있는 특정 주제를 좀 더 자세히 다루는 짧은 학습란이다. 이후의 내용과는 연관이 없기 때문에 관심 없는 사람은 생략해도 상관없는 부분이다.

임베디드 프로세서 설계에는 **프로세서 코어**(processor core)가 많이 이용된다. 프로세서 코어란 Verilog나 VHDL 같은(4장 참조) 하드웨어 기술 언어(hardware description language) 형태로 제작된 프로세서 버전이다. 코어를 사용하면 특수한 응용에 특화된(application-specific) 하드웨어와 CPU를 합쳐서 한 칩으로 만드는 일이 쉬워진다.

## 포스트 PC 시대

기술의 끊임없는 발전은 IT 산업을 통째로 뒤흔드는 컴퓨터 하드웨어의 세대적인 변화를 일으키고 있다. 4판을 쓴 이후 우리는 이러한 변화를 또 겪고 있는데 이것은 40년 전에 개인용 컴퓨터로 무게 중심이 옮겨진 것만큼이나 중요한 변화이다. 개인용 컴퓨터가 **개인 휴대용 기기**(personal mobile device, PMD)로 대치되고 있다. PMD는 배터리로 동작하며, 무선으로 인터넷에 연결되고, 보통 수백 달러로 구매가 가능하다. 또 PC와 같이 소프트웨어("앱")를 다운로드해서 수행할 수 있다. 그러

**개인 휴대용 기기(PMD)** 무선으로 인터넷에 연결되는 소형 기기로 배터리로 작동되며 앱을 다운로드해서 소프트웨어를 설치한다. 스마트폰과 태블릿이 잘 알려진 예이다.

나 PC와 달리 키보드와 마우스가 없고 터치스크린을 사용하는 것이 보통이며 음성 인식을 사용하기도 한다. 오늘날 PMD라고 하면 스마트폰이나 태블릿을 떠올리지만, 향후 전자 안경이 이에 포함될 수 있을 것이다. 그림 1.2는 PC나 전통적인 휴대전화와 비교해서 태블릿과 스마트폰이 얼마나 가파르게 성장을 하고 있는지를 보여준다.

**클라우드 컴퓨팅** 인터넷을 통해 서비스를 제공하는 서버들의 집합. 일부 공급자들은 서버의 수를 필요한 만큼 임대해 주기도 한다.

**서비스로서의 소프트웨어(SaaS)** 소프트웨어와 데이터를 서비스의 일환으로 인터넷을 통해 제공한다. 설치 과정이 필요하고 모든 실행이 설치한 기기에서 이루어지는 이진 코드 대신에, 브라우저처럼 로컬 클라이언트 기기에서 실행되는 가벼운 프로그램을 사용한다. 웹 검색과 소셜 네트워킹이 좋은 예이다.

전통적인 서버도 **창고 규모의 컴퓨팅**(warehouse-scale computing, WSC)으로 알려진 거대 규모의 데이터센터를 이용하는 **클라우드 컴퓨팅**(cloud computing)으로 전환되고 있다. Amazon이나 Google과 같은 회사들은 50,000개 이상의 서버들을 가진 WSC를 구축하고, 그 일부를 다른 회사에 빌려주고 있다. 그러면 이 회사들은 자체적으로 WSC를 구축할 필요 없이 PMD에 필요한 서비스를 제공할 수 있다. 실제로 PMD와 WSC가 하드웨어 산업에 혁명을 일으키고 있듯이 클라우드를 통해 제공되는 **서비스로서의 소프트웨어**(Software as a Service, SaaS)가 소프트웨어 산업에 혁명을 일으키고 있다. 요즈음에는 응용의 일부만 PMD가 수행하고 나머지는 클라우드에서 수행되도록 소프트웨어를 개발하기도 한다.

## 이 책에서는 어떤 것을 배울 수 있는가

성공적인 프로그래머들은 항상 자기가 작성한 프로그램의 성능에 신경을 써 왔다. 널리 사용되는 소프트웨어 작성에서 중요한 문제는 사용자가 원하는 결과를 빨리 얻을 수 있게 하는 것이기 때문이다. 1960년대와 70년대에 컴퓨터 성능을 제약하던 가장 큰 요소는 컴퓨터 메모리의 용량이었다. 그러므로 프로그래머들은 "프로그램을 빠르게 하려면 메모리 사용을 최소화하라"라는 단순한 경구를 금과옥조로 삼았다. 그러나 지난 20년간 컴퓨터 설계와 메모리 분야의 기술이 눈부시게 발전하면서 임베디드 시스템을 제외한 대부분의 응용에서 메모리 사용을 최소화해야 할 필요성은 크게 줄어들었다.

오늘날 성능에 관심이 있는 프로그래머라면 1960년대의 단순한 메모리 모델을 사라지게 만든 두 가지 이슈, 메모리의 계층성과 프로세서의 병렬성을 이해해야 한다. 3장부터 6장까지 어떻게 C 프로그램의 성능을 200배 향상시킬 수 있는지를 보임으로써 이것의 중요성을 입증할 것이다. 게다가 1.7절에서 설명하는 바와 같이 오늘날의 프로그래머는 PMD나 클라우드에서 수행되는 프로그램의 에너지 효율성을 신경 써야 한다. 이를 위해서는 코드 아래의 계층에서 무슨 일이 벌어지는지를 잘 이해할 필요가 있다. 따라서 경쟁력 있는 소프트웨어를 개발하고자 하는 프로그래머라면 컴퓨터 구조에 대한 지식을 늘려 나갈 필요가 있다.

우리는 프로그램 밑에서 작동되고 있는 소프트웨어와 컴퓨터 케이스 안에 들어 있는 하드웨어를 하나씩 들추어 가면서 이 혁신적인 기계의 내부에는 과연 무엇이 있는가를 설명하는 기회를 갖게 된 것을 영광으로 여긴다. 이 책을 다 읽고 나면 다음 문제에 답할 수 있는 능력을 갖추게 될 것으로 믿는다.

- C나 Java 같은 상위 수준 언어로 작성된 프로그램이 어떻게 하드웨어 언어로 번역되며, 하드웨어는 번역된 프로그램을 어떻게 실행하는가? 이 개념들을 잘 파악하면 프로그램 성능에 영향을 미치는 하드웨어와 소프트웨어 양쪽의 특성을 이해할 수 있을 것이다.
- 소프트웨어와 하드웨어 사이의 인터페이스는 무엇이며, 소프트웨어는 어떻게 필요한 일을 하드웨어에게 지시하는가? 이 개념은 여러 종류의 소프트웨어 작성 방법을 이해하는 데 중요하다.
- 프로그램의 성능을 결정하는 요소는 무엇이며, 프로그래머는 어떻게 성능을 개선할 수 있는가? 이 문제는 소스 프로그램, 프로그램 번역 소프트웨어, 프로그램을 실행하는 하드웨어 효율성 모두와 관련이 있다.
- 성능 개선을 위해 하드웨어 설계자는 어떤 기술을 사용할 수 있는가? 이 책은 현대 컴퓨터 설계와 관련된 기본 개념만을 소개하고 있다. 이 책의 상급판인 *Computer Architecture: A Quantitative Approach*에서는 더 많은 기술을 심도 있게 다루고 있으니 참고하기 바란다.
- 에너지 효율성을 개선하기 위해 하드웨어 설계자는 어떤 기술을 사용할 수 있는가? 프로그래머가 에너지 효율을 높이는 것을 어떻게 돕거나 방해할 수 있는가?
- 순차적인 처리에서 병렬 처리로 넘어가는 이유는 무엇이며 그 결과는 어떠한가? 이 책은 이러한 변화의 동기를 설명하고 병렬성을 지원하는 하드웨어 기법들을 소개하며, **"멀티코어" 마이크로프로세서**(multicore microprocessor)(6장 참조)가 이끄는 새로운 세대를 개략적으로 살펴본다.
- 1951년에 최초로 컴퓨터가 시판된 이후 컴퓨터 구조 분야의 어떤 위대한 아이디어들이 현대 컴퓨팅의 기초를 닦았는가?

**멀티코어 마이크로프로세서** 한 칩에 다수의 프로세서("코어")를 집적한 마이크로프로세서.

위 문제에 대한 해답을 가지고 있지 못하면 최신 컴퓨터에서 수행되는 프로그램의 성능을 개선하거나 컴퓨터 간의 상대적 성능 차이의 원인을 밝혀내는 작업이 통찰과 분석에 기초한 과학적 절차에 따라 이루어지지 못하고 시행착오를 반복하면서 어렵게 진행될 수밖에 없다.

1장은 이 책의 나머지 부분을 위한 기초에 해당한다. 기본적 개념과 정의를 소개하고, 소프트웨어와 하드웨어의 주요 구성 요소를 설명하며, 성능과 전력을 평가하는 방법과 컴퓨터 혁명의 추진력에 해당하는 집적회로 기술, 그리고 멀티코어로의 변천을 소개한다.

처음 보는 단어 또는 어디서 들어 본 것 같은데 확실히 그 뜻을 모르는 단어들을 앞으로 이 책 도처에서 만나게 될 것이다. 하지만 걱정할 필요는 없다. 실제로 현대 컴퓨터를 설명하는 데 사용되는 전문용어가 굉장히 많기는 하지만, 그 용어들은 설명하고자 하는 기능이나 특성을 정확히 나타낼 수 있기 때문에 큰 도움이 된다. 컴퓨터 설계자(저자들을 포함해서)는 전문용어 외에도 약자(acronym)를 즐겨 쓰는 버릇이 있다. 처음에는 약자의 의미를 알기 어렵지만 일단 한번만 알고 나면 그다음부터는 이해가 매우 쉬울 것이다. 용어를 잘 기억하고 찾을 수 있도록 용어가 처음 나올 때마다 파란색으로 강조하고 본문 옆에 그 정의를 표기하였다. 전문용어가 처음에는 어색하겠지만 조금만 지나면 곧 익숙해질 것이다. BIOS, CPU, DIMM, DRAM, PCIe, SATA 등의 용어를 능란하게 구사하는 것을 친구들이 본다면 당신의 박식함에 깜짝 놀라게 될 것이다.

약자 각 단어의 첫 글자만 따서 만든 단어. 예를 들면 RAM은 Random Access Memory, CPU는 Central Processing Unit의 약자이다.

프로그램 실행에 사용되는 하드웨어와 소프트웨어가 성능에 미치는 영향을 강조하기 위하여 "**프로그램 성능의 이해**"라는 특별한 섹션을 포함시켰는데, 여기서는 프로그램 성능에 대한 중요한 사항을 요약하고 있다. 다음은 첫 번째 프로그램 성능의 이해이다.

## 프로그램 성능의 이해

프로그램의 성능은 사용된 알고리즘의 효율성, 프로그램을 생성하고 기계어로 번역하는 데 사용된 소프트웨어 시스템과 번역된 명령어를 실행하는 컴퓨터의 효율성에 의해 결정된다. 컴퓨터의 기능에는 입출력(I/O) 작업이 포함된다. 다음 표는 하드웨어와 소프트웨어가 어떻게 성능에 영향을 미치는가를 요약한 것이다.

| 하드웨어 또는 소프트웨어 구성 요소 | 성능에 미치는 영향 | 관련 부분 |
|---|---|---|
| 알고리즘 | 소스 프로그램 문장 수와 입출력 작업 수를 결정 | 다른 책 |
| 프로그래밍 언어, 컴파일러, 컴퓨터 구조 | 각 소스 프로그램 문장에 해당하는 기계어 명령어 수 결정 | 2, 3장 |
| 프로세서와 메모리 시스템 | 명령어의 실행 속도 결정 | 4, 5, 6장 |
| 입출력 시스템(하드웨어 및 운영체제) | 입출력 작업의 실행 속도 결정 | 4, 5, 6장 |

## 스스로 점검하기

"**스스로 점검하기**"는 각 장에서 소개한 주요 개념을 잘 파악하고 있는지, 그리고 이 개념이 함축하고 있는 바를 이해하고 있는지를 독자 스스로 평가할 수 있도록 도와주기 위하여 만든 섹션이다. "**스스로 점검하기**"의 문항 중에는 답이 간단히 구해지는 것도 있고, 집단적 토론이 필요한 것도 있다. 문제의 답은 각 장의 끝에 있다. "스스로 점검하기" 문제는 각 절의 끝부분에 있으며, 내용을 잘 이해하고 있다고 확신하는 사람은 어렵지 않게 생략할 수 있다.

1. 매년 판매되는 임베디드 프로세서의 수는 PC는 물론 포스트 PC 프로세서의 수보다도 훨씬 많다. 당신의 경험상 이를 확인하거나 부인할 수 있는가? 당신 집안에 있는 임베디드 프로세서를 세어 보라. 집 안에 있는 전통적인 컴퓨터의 수와 비교하면 어떠한가?
2. 앞에서 언급한 바와 같이 소프트웨어와 하드웨어 모두 프로그램 성능에 영향을 미친다. 다음 각각이 성능의 병목이 되는 경우의 예를 제시하라.

- 선택된 알고리즘
- 프로그래밍 언어 또는 컴파일러
- 운영체제
- 프로세서
- 입출력 시스템 및 입출력 장치

## 1.2 컴퓨터 구조 분야의 일곱 가지 위대한 아이디어

이제 우리는 지난 60년의 컴퓨터 역사 가운데 컴퓨터 구조 분야에서 발명된 7개의 위대한 아이디어를 소개하고자 한다. 이 아이디어를 채용한 컴퓨터가 처음 나온 지 매우 오래된 지금까지도 이를 모방한 기종이 계속 만들어지는 것을 보면 이 아이디어들이 얼마나 위대한가를 알 수 있다. 이 위대한 아이디어들은 예와 함께 본서의 내용을 엮어 나갈 주제가 될 것이다. 아이디어의 영향력을 보이기 위해 이 절에서 각 아이디어의 아이콘과 강조 문구를 도입하고, 이 아이디어를 사용하는 100곳 가까운 부분에 아이콘과 강조 문구를 붙여서 식별이 가능하도록 하겠다.

### 설계를 단순화하는 추상화

컴퓨터 설계자와 프로그래머는 자원의 수가 급격히 증가함에 따라 설계 시간이 길어지는 것을 방지하기 위해서 생산성을 높이기 위한 기술을 개발해야 했다. 하드웨어와 소프트웨어의 생산성을 높이는 핵심 기술 중 하나는 여러 수준에서 설계를 명시하는 **추상화**(abstraction)를 사용하는 것이다. 하위 수준의 상세한 사항을 안 보이게 함으로써 상위 수준 모델을 단순화한다. 이 첫 번째 위대한 아이디어를 상징하는 아이콘으로는 추상화 그림을 사용할 것이다.

### 자주 생기는 일을 빠르게

COMMON CASE FAST

**자주 생기는 일을 빠르게**(common case fast) 만드는 것이 드물게 생기는 일을 최적화하는 것보다 성능 개선에 도움이 된다. 아이러니하게도 자주 생기는 일은 드물게 생기는 일보다 단순하여 성능을 개선하기 쉬운 경우가 많다. 이 말은 자주 생기는 일이 무엇인지 미리 알고 있다는 것을 가정하고 있지만, 실제로는 세심한 실험과 측정을 거쳐야만 알 수 있는 법이다(1.6절 참조). 차를 운행할 때 대부분 한 명이나 두 명만 타고 다니며, 빠른 미니밴을 만드는 것보다는 빠른 스포츠카를 만드는 것이 훨씬 쉬우므로, 자주 생기는 일을 빠르게 하라는 아이콘으로 스포츠카를 사용하도록 한다.

### 병렬성을 통한 성능 개선

PARALLELISM

컴퓨팅의 여명기부터 컴퓨터 설계자들은 연산을 병렬적으로 실행하여 성능을 높이는 설계를 해 왔다. 앞으로 이 책에서 병렬성의 예를 여러 가지 보게 될 것이다. 우리는 여러 개의 제트 엔진을 장착한 비행기를 **병렬성**(parallelism)의 아이콘으로 사용할 것이다.

### 파이프라이닝을 통한 성능 개선

PIPELINING

**파이프라이닝**(pipelining)은 컴퓨터 구조에서 많이 볼 수 있는 병렬성의 특별한 형태이다. 예를 들어 소방차가 없는 시대의 카우보이 영화를 보면 악당이 불을 질렀을 때 사람들이 길게 늘어서서 양동이로 물을 나르는 것과 같다. 사람들이 인간 사슬을 구성하면 각자 양동이를 들고 왔다 갔다 하는 것보다 훨씬 빨리 물을 나를 수 있다. 파이프라인 아이콘으로는 짧은 파이프들을 연결한 그림을 사용할 것이다. 파이프들은 파이프라인의 각 단계에 해당된다.

### 예측을 통한 성능 개선

PREDICTION

허락을 구하는 것보다 용서를 구하는 것이 낫다는 말이 있다. 결정이 될 때까지 아무것도 안 하고 기다리는 것보다는 무엇이라도 하고 잘못되면 그때 뒷수습을 하는 것이 더 낫다는 뜻이다. 무언가를 하려면 앞날을 **예측**(prediction)해야 한다. 이것이 다섯 번째 위대한 아이디어이다. 예측이 틀렸을 때 이를 복구하는 비용이 비싸지 않고 예측이 맞을 확률이 비교적 높은 경우, 확실해질 때까지 기다리는 것보다 추측해서 일단 시작하는 것이 평균적으로 빠를 수 있다. 예측 아이콘으로 마법사의 수정 구슬을 사용한다.

## 메모리 계층구조

프로그래머는 빠르고 크고 값싼 메모리를 원한다. 메모리의 속도가 성능을 좌우하고, 메모리의 크기가 풀 수 있는 문제의 크기를 제한하며, 메모리 가격이 오늘날 컴퓨터 가격에서 차지하는 비중이 높기 때문이다. 컴퓨터 설계자들은 이렇게 상충되는 요구를 **메모리 계층구조**(hierarchy of memories)로 해결하고 있다. 최상위 계층에는 가장 빠르고, 가장 작고, 비트당 가격이 제일 비싼 메모리를 사용하고, 최하위 계층에는 느리지만 크고 비트당 가격이 제일 싼 메모리를 사용한다. 자세한 것은 5장에서 설명하겠지만, 캐시를 사용하면 프로그래머에게 최상위 계층만큼 빠르고 최하위 계층만큼 크면서 싼 메인 메모리가 있는 것처럼 보이게 할 수 있다. 계층화된 삼각형을 메모리 계층구조의 아이콘으로 사용한다. 삼각형 모양이 속도와 가격과 크기를 나타낸다. 위로 갈수록 빠르고 비싸며, 아래로 갈수록 크다.

## 여유분을 이용한 신용도 개선

컴퓨터는 빠르기만 해서는 안 되고, 신뢰할 수 있어야 한다. 모든 물리 소자는 장애가 발생할 수 있으므로, 장애를 감지하고 장애가 난 소자를 대치할 수 있도록 여유분을 준비하면 컴퓨터의 **신용도**(dependability)를 개선할 수 있다. 뒤 차축 양쪽에 타이어를 2개씩 장착하여 타이어 하나에 펑크가 나도 운전을 지속할 수 있도록 만든 화물 트럭을 이에 대한 아이콘으로 사용한다. (타이어에 펑크가 나면 아마도 운전자는 즉시 수리 센터로 차를 몰고 가서 펑크가 난 타이어를 수리하고, 여유분을 원래 상태로 복원할 것이다.)

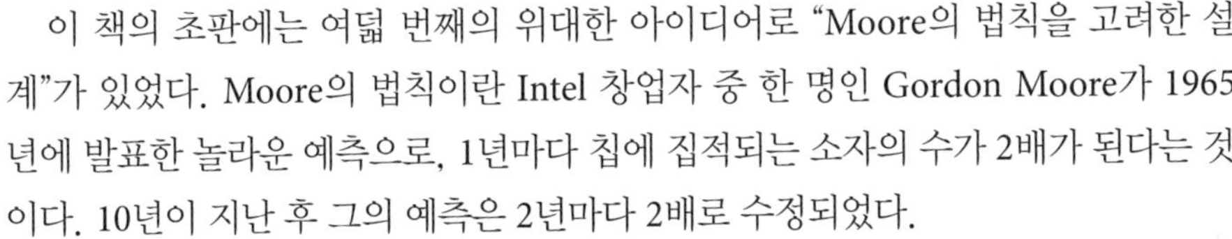

이 책의 초판에는 여덟 번째의 위대한 아이디어로 “Moore의 법칙을 고려한 설계”가 있었다. Moore의 법칙이란 Intel 창업자 중 한 명인 Gordon Moore가 1965년에 발표한 놀라운 예측으로, 1년마다 칩에 집적되는 소자의 수가 2배가 된다는 것이다. 10년이 지난 후 그의 예측은 2년마다 2배로 수정되었다.

Moore의 법칙의 예상은 정확했기 때문에 50년 동안 컴퓨터 구조 발전의 근간을 이루어 왔다. 컴퓨터를 설계하는 데에는 여러 해가 소요되기 때문에 프로젝트를 시작해서 끝나는 기간 동안 칩에 집적되는 소자(트랜지스터)는 2배 내지 3배 증가할 것이다. 컴퓨터 설계자는 프로젝트 시작 시점의 기술이 아니라 종료 시점의 기술에 초점을 맞추어야 한다.

안타깝게도 지수함수적인 성장이 영원히 계속될 수는 없어서 Moore의 법칙이 이제는 잘 맞지 않는다. 오랫동안 Moore의 법칙을 지렛대로 삼았던 컴퓨터 설계자들은 Moore의 법칙이 둔화되고 있는 현실에 충격을 받고 있다. 많은 증거들이 있음에도 불구하고 여전히 어떤 사람들은 Moore의 법칙이 끝났다는 것을 믿으려 하지 않는다. 그렇게 생각하는 이유는 2년마다 2배가 된다는 Moore의 예측과 반도체 기술이 더 이상 개선되지 않는다는 주장을 혼동하기 때문이다. 반도체 기술은 앞으로도 계속 개선될 것이지만 개선 속도는 과거보다 더딜 것이다. 6판부터는 Moore의 법칙의 둔화가 어떤 영향을 미치는지에 대한 논의를 포함시킬 예정인데, 특히 6장에서 이 문제를 많이 다룰 것이다.

**고난도:** Moore의 법칙의 전성기 때에는 공정 기술의 세대가 바뀔 때마다 칩 소자당 단가가 떨어졌다. 그런데 최신 기술 동향을 살펴보면 세대가 바뀔 때마다 소자당 단가가 변함이 없거나 오히려 **올라가고** 있다. 이는 고가의 새로운 장비가 필요하고, 최소 배선폭(feature size)이 가늘어진 칩을 제대로 동작시키기 위해 공정이 정교해질 뿐 아니라, 최첨단 기술에 투자할 수 있는 회사가 줄어들기 때문이다. 경쟁이 줄어들면 가격이 올라가는 것은 자연스러운 일이다.

*In Paris they simply stared when I spoke to them in French; I never did succeed in making those idiots understand their own language.*

Mark Twain, *The Innocents Abroad*, 1869

## 1.3 프로그램 밑의 세계

시스템 소프트웨어 공통적으로 필요한 서비스를 제공하는 소프트웨어. 운영체제, 컴파일러, 로더, 어셈블러가 이에 속한다.

운영체제 실행 프로그램을 위해서 컴퓨터 내의 자원을 관리하는 감독 프로그램.

워드 프로세서나 대형 데이터베이스 시스템 같은 전형적인 응용은 수백만 줄의 코드로 구성될 뿐만 아니라, 응용 프로그램이 필요로 하는 여러 가지 기능을 구현하는 복잡한 소프트웨어 라이브러리를 사용하게 된다. 하지만 컴퓨터 하드웨어는 아주 단순한 저수준의 명령어를 실행할 수 있을 뿐이다. 복잡한 응용에서 출발해서 단순한 명령어까지 내려가려면 높은 수준의 작업을 단순한 컴퓨터 명령어로 번역 또는 해독하는 여러 겹의 소프트웨어가 필요하다. 이것이 **추상화**라고 하는 위대한 아이디어의 한 예이다.

이러한 소프트웨어들은 계층적으로 구성된다. 그림 1.3과 같이 응용 프로그램이 가장 바깥쪽에 위치하며, 여러 가지 시스템 소프트웨어(systems software)가 하드웨어와 응용 소프트웨어 사이에 존재한다.

시스템 소프트웨어에는 여러 가지가 있으나, 오늘날 모든 컴퓨터 시스템에서 핵심이 되는 두 가지는 운영체제와 컴파일러이다. 운영체제(operating system)는 사용자 프로그램과 하드웨어 간의 인터페이스 역할을 하면서 각종 서비스와 감독 기능을 제공한다. 다음과 같은 것들이 가장 중요한 기능에 속한다.

- 기본적 입출력 작업의 처리
- 보조기억장치 및 메모리 할당
- 컴퓨터를 동시에 사용하는 여러 응용들 간의 컴퓨터 공유 방법 제공

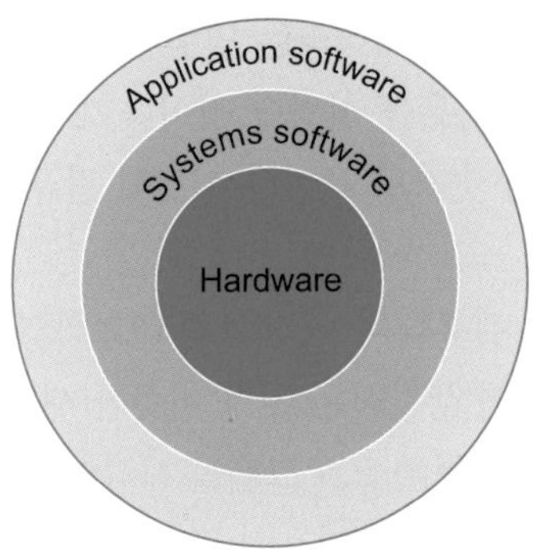


그림 1.3 하드웨어와 소프트웨어를 계층으로 단순화한 그림. 각 계층을 동심원으로 나타냈는데, 하드웨어(hardware)가 중심에 있고 응용 소프트웨어(application software)는 가장 바깥쪽에 있다. 복잡한 응용의 경우는 응용 소프트웨어 자체가 여러 층으로 구성될 수 있다. 예를 들면, 응용을 지원하는 데이터베이스 시스템이 시스템 소프트웨어 위에서 실행되고, 응용 소프트웨어는 다시 데이터베이스 위에서 실행된다.

오늘날 사용되고 있는 운영체제의 예로는 Windows, Linux, iOS, Android 등이 있다.

컴파일러(compiler)는 C, C++, Java, Visual Basic 같은 상위 수준 언어로 작성된 프로그램을 하드웨어가 실행할 수 있는 명령어로 번역하는 중요한 일을 한다. 현대 프로그래밍 언어의 복잡성과 하드웨어가 실행하는 명령어의 단순함을 고려해 볼 때, 상위 수준 언어 프로그램을 하드웨어 명령어로 번역하는 일은 지난한 작업임을 알 수 있을 것이다. 다음에 이 과정을 간략히 설명하고 2장에서 이 문제를 더 심도 있게 논의할 예정이다.

컴파일러 상위 수준 언어 문장을 어셈블리 언어 문장으로 번역하는 프로그램.

## 상위 수준 언어에서 기계어까지

전자 기기와 직접 대화를 하기 위해서는 전기 신호를 보내야 한다. 기계가 이해할 수 있는 가장 쉬운 신호는 온(on)과 오프(off)이다. 따라서 기계 언어는 단 두 종류의 문자로 되어 있다. 알파벳이 26개밖에 안 되어도 쓸 수 있는 단어가 무한히 많은 것과 똑같이 두 종류의 문자로 표현할 수 있는 가짓수도 무한히 많다. 이 두 종류의 문자를 나타내는 기호는 0과 1이다. 그러므로 보통 기계어는 기수(base 또는 radix) 2인 숫자, 즉 이진수라고 생각한다. 각 문자를 이진 자릿수(binary digit) 또는 비트(bit)라고 부른다. 컴퓨터는 우리의 지시에 따라서 일하는 종이라 볼 수 있는데, 이 지시를 명령어(instruction)라고 한다. 명령어는 컴퓨터가 이해할 수 있는 비트들의 집합에 불과하므로, 이것도 역시 숫자로 생각할 수 있다. 예를 들어 다음 비트들

이진 자릿수 비트라고도 부른다. 1과 0으로만 구성된다.

명령어 컴퓨터 하드웨어가 이해하고 실행하는 명령.

1001010100101110

이 어떤 컴퓨터에게는 두 숫자를 더하라는 명령이 된다. 2장에서 왜 명령어와 데이터를 숫자로 표시하는지 그 이유를 설명할 것이다. 2장에 가면 자세히 설명하겠지만, 우선 명령어와 데이터를 숫자로 표현하는 것이 컴퓨터의 기초라는 점만을 지적해 둔다.

초창기 프로그래머들은 컴퓨터와 이진수로 대화하였으나, 이것은 매우 지겨운 작업이었기 때문에 곧 사람이 생각하는 것과 비슷한 새로운 표시 방법을 고안했다. 처음에는 이 표시 방법으로 표현된 프로그램을 사람이 일일이 이진수로 번역했으나 이것 또한 지루한 작업이었다. 이런 기호식 표현을 이진수로 바꾸는 소프트웨어를 발명한 선구자들이 나타나서, 컴퓨터에 프로그램하는 것을 컴퓨터 자신이 도와주도록 만들었다. 이런 프로그램을 **어셈블러**(assembler)라 불렀다. 이 프로그램은 기호로 된 명령어를 이진수로 바꾸어 준다. 예를 들어 프로그래머가

어셈블러 기호로 된 명령어(어셈블리 언어)를 이진수 프로그램으로 번역하는 프로그램.

```
add A,B
```

라고 쓰면, 어셈블러가 이것을

```
1001010100101110
```

으로 바꾼다. 이 명령어는 컴퓨터에게 두 숫자 A와 B를 더하라고 지시하는 것이다. 이러한 기호 형태의 언어에 붙여진 이름이 **어셈블리 언어**(assembly language)이며 이 용어는 오늘날에도 계속 사용되고 있다. 이와 비교하여 기계가 이해하는 언어를 **기계어**(machine language)라고 한다.

어셈블리 언어 기계 명령어를 기호 형태로 표현한 것.

기계어 기계 명령어의 이진 표현.

어셈블리 언어가 많이 개선되기는 했지만 아직도 불편한 점이 많다. 예를 들어 과학자가 유체의 흐름을 표현하는 데 사용하는 표기법이나 회계사가 대차대조표를 정리하는 데 사용하는 표기법과는 거리가 멀다. 어셈블리 언어는 컴퓨터가 실행할 명령어를 한 줄에 하나씩 써야 하기 때문에 프로그래머에게 기계식 사고방식을 강요한다.

상위 수준 언어 C, C++, Java, Visual Basic과 같이 단어와 수식으로 구성되는 이식성 있는 언어. 컴파일러가 어셈블리 언어로 번역할 수 있다.

프로그램은 고성능 언어로 작성하고 나중에 이것을 컴퓨터 명령어로 번역할 수 있다는 사실을 깨달은 것은 컴퓨터 역사 초창기에 있었던 획기적 진전 중의 하나이다. 오늘날 프로그래머가 정신 건강을 잃지 않으면서도 높은 생산성을 유지할 수 있는 것은 **상위 수준 언어**(high-level programming language)와 이것을 기계어로 번역하는 컴파일러가 있기 때문이다. 그림 1.4는 프로그램과 언어 간의 이러한 관계를 보여 주는데 이것이 **추상화**의 위력을 보여 주는 또 다른 예이다.

컴파일러 덕택에 프로그래머는 다음과 같은 상위 수준 언어 수식을 작성할 수 있는 것이다.

```
A + B
```

컴파일러는 이것을 번역해서 다음과 같은 어셈블리 언어 문장으로 바꾼다.

```
add A,B
```

앞에서 보인 바와 같이 어셈블러는 이 문장을 두 숫자 A와 B를 더하라는 이진 명령어로 바꾼다.

상위 수준 언어에는 몇 가지 중요한 장점이 있다. 첫째로, 프로그래머가 영어 단

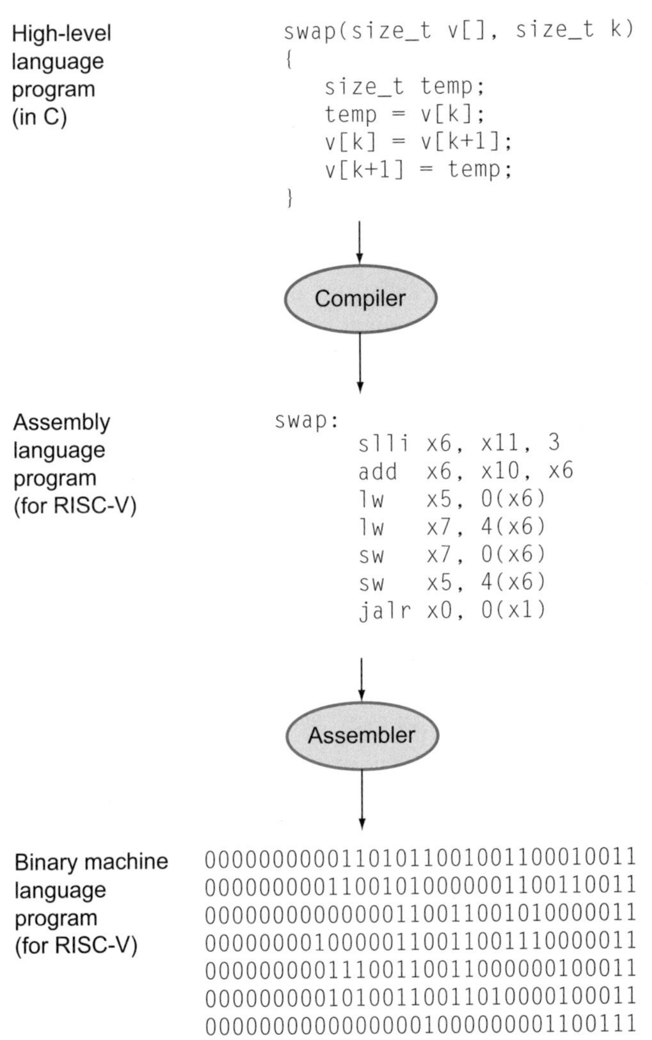


그림 1.4 **C 프로그램과 이를 어셈블리 언어로 컴파일한 프로그램 및 이를 다시 이진 기계어로 어셈블한 프로그램.** 번역 과정을 두 단계로 보였지만, 중간 부분을 없애고 컴파일러가 직접 이진 기계어 프로그램을 생성하기도 한다. 이러한 언어와 프로그램에 대해서는 2장에서 더 자세히 설명한다.

어와 수학 기호를 사용해서 자연스러운 언어로 생각할 수 있게 하며, 작성된 프로그램도 이상한 부호로 된 표 형태보다 일반 문장과 훨씬 비슷한 읽기 좋은 모양이 된다(그림 1.4 참조). 게다가 사용 목적에 적합한 언어가 다양하게 설계될 수 있다. 예를 들어 포트란(Fortran)은 과학 계산용으로, 코볼(Cobol)은 업무 자료 처리용으로, 리스프(Lisp)는 기호 조작용으로 설계된 언어이다. 또한 소수의 사용자 그룹이 사용하는, 전문 분야에 특화된 언어들도 존재하는데, 예를 들면 기계학습 전문가들이 사용하는 언어가 이에 해당한다.

상위 수준 언어의 두 번째 장점은 프로그래머의 생산성을 높여 준다는 점이다. 소프트웨어 개발에 관하여 대부분의 사람이 수긍하는 점 중 하나는 어떤 아이디어를 표현하기 위해 필요한 문장 수가 적으면 적을수록 개발 기간이 단축된다는 것이다. 간결성이야말로 상위 수준 언어가 어셈블리 언어에 비해 명백히 좋은 점 중의 하나이다.

마지막 장점은 프로그램을 개발한 기종과 상관없이 어느 컴퓨터에서든 실행이 가능하다는 점이다. 그 이유는 컴파일러나 어셈블러가 상위 수준 언어 프로그램을 어떤 컴퓨터의 기계어로도 번역할 수 있기 때문이다. 위의 세 가지 장점들 때문에 이제는 어셈블리 언어로 프로그램하는 사람은 거의 볼 수 없다.

## 1.4 케이스를 열고

이제까지 당신이 작성한 프로그램 밑에서 동작하는 소프트웨어를 살펴보았으니, 이제는 컴퓨터 케이스를 열고 그 아래에 있는 하드웨어에 대해 알아보자. 모든 컴퓨터의 하드웨어는 데이터 입력, 데이터 출력, 데이터 처리, 데이터 저장의 네 가지 기본 기능을 수행한다. 이 기능을 수행하는 방법에 대한 내용이 이 책의 가장 중요한 주제이다. 다음 장부터는 이 네 가지 기능의 각 부분을 다루게 된다.

독자들이 절대 잊지 말아야 할 만큼 중요한 사항이 있을 때, "**요점정리**"라는 항목으로 그 내용을 정리하여 강조한다. 이 책에는 대략 12개 정도의 요점정리가 있는데, 그 첫 번째는 데이터의 입력, 출력, 처리, 저장 기능을 소개하는 컴퓨터의 5대 구성 요소에 관한 것이다.

컴퓨터의 주요 구성 요소 중에는 마이크 같은 입력장치(input device)와 스피커 같은 출력장치(output device)가 있다. 이름이 의미하는 바대로 입력장치는 컴퓨터에 데이터를 공급하고, 출력장치는 사용자에게 계산 결과를 보여 주는 역할을 한다. 그 외에 무선 네트워크와 같이 입력과 출력을 겸하는 장비도 있다.

입력장치 키보드나 마우스 같이 컴퓨터에 정보를 공급하는 장치.

출력장치 연산의 결과를 사용자나 다른 컴퓨터에 보내 주는 장치.

이제부터 컴퓨터 하드웨어를 간략히 둘러보는데, **입출력장치**부터 시작하기로 한다.

컴퓨터의 고전적 구성 요소 다섯 가지는 입력, 출력, 메모리, 데이터패스(datapath), 제어 유닛이다. 이 중 뒤의 2개를 합쳐서 프로세서라고 부르기도 한다. 그림 1.5는 컴퓨터의 표준 구성을 보여 주는 그림이다. 이 구성은 하드웨어 기술과는 독립적이다. 이제까지 존재한 어느 컴퓨터의 어떤 부분이라도 이 다섯 가지 요소 중 하나에 대응시킬 수 있다. 독자들이 이러한 관점에서 이 책의 내용을 이해할 수 있도록, 다음 장부터는 각 장의 첫 페이지에 다섯 가지 구성 요소를 그림으로 보이고, 그 장의 내용과 관련이 있는 부분은 강조하여 표시한다.

요점정리

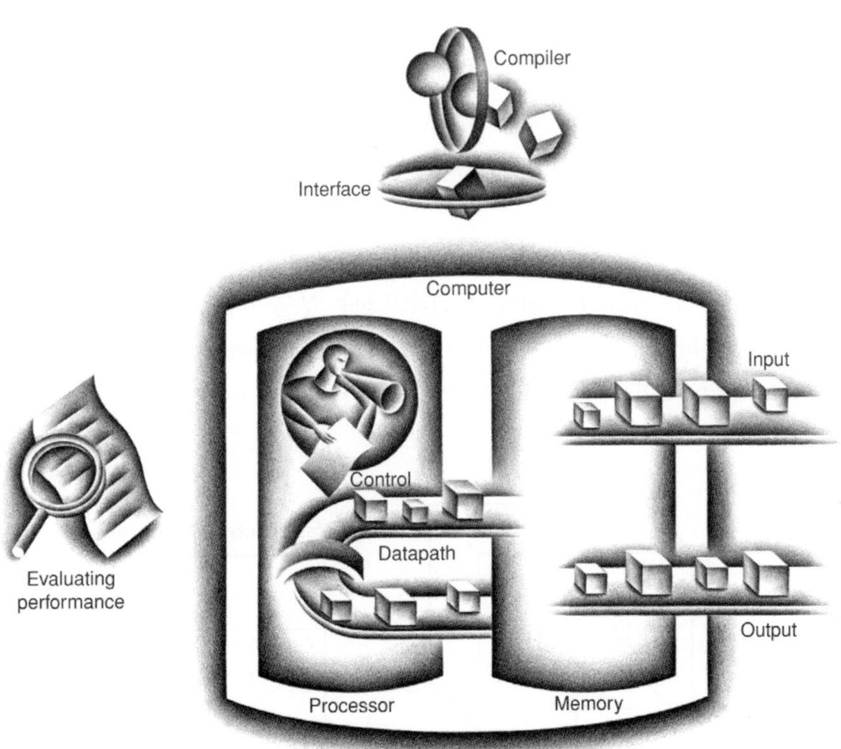


**그림 1.5 컴퓨터의 구조. 고전적인 5대 구성 요소를 보여 준다.** 프로세서는 메모리에서 명령어와 데이터를 읽는다. 입력장치는 메모리에 데이터를 쓰고, 출력장치는 메모리에서 데이터를 읽는다. 제어 유닛은 데이터패스, 메모리, 입력장치, 출력장치의 동작을 결정하는 신호를 내보낸다.

## 디스플레이

**LCD** 액상 중합체를 얇은 층으로 만들어서 빛을 통과시키거나 차단하는 디스플레이 기술. 빛의 통과 여부는 전기로 제어된다.

**능동 행렬** 트랜지스터를 이용해서 각 화소의 빛 통과 여부를 제어하는 액정 디스플레이.

**화소** 영상을 구성하는 제일 작은 원소. 화면은 수십만에서 수백만 개의 화소가 행렬 모양으로 배열된 것이다.

입출력장치 중에서 가장 매혹적인 것은 아마도 그래픽 디스플레이일 것이다. 대부분의 개인 휴대용 기기들은 얇고 전력 소모가 적은 **LCD**(liquid crystal display)를 사용한다. LCD는 스스로 빛을 내는 대신 통과하는 빛을 제어한다. 전형적인 LCD에는 액체 상태의 막대 모양 분자가 있어서 디스플레이에 들어오는 빛을 굴절시킨다. 빛은 보통 디스플레이 뒤쪽의 광원에서 보내지며, 이보다 흔하지는 않지만 반사광을 이용하는 경우도 있다. 이 막대들이 보통 때는 꼬인 나선 모양으로 배열되어서 빛을 굴절시키다가 전류를 흘리면 똑바로 펴져서 빛을 통과시킨다. 90°로 편광된 두 스크린 사이에 액정 물질을 넣기 때문에 빛이 꺾이지 않는 한 통과할 수 없다. 오늘날 대부분의 LCD는 매 화소 위치마다 작은 트랜지스터를 배치하여 전류를 정밀하게 제어하는 **능동 행렬**(active matrix)을 사용하므로 더욱 선명한 이미지를 제공한다. 매 화소마다 빨강-초록-파랑 마스크가 있어서 각 원색의 강도를 결정한다. 따라서 컬러 능동 행렬 LCD에는 화소마다 3개의 트랜지스터 스위치가 있다.

각 화상은 **화소**(pixel)의 행렬로 구성되며, 이것은 **비트맵**(bit map)이라 부르는 비트들의 행렬로 표현된다. 디스플레이 행렬은 스크린의 크기와 해상도에 따라 1024 × 768에서 2048 × 1536개의 화소로 구성된다. 컬러 디스플레이는 빛의 삼원색(빨강, 파랑, 초록) 각각마다 8비트씩, 모두 24비트를 사용하여 수백만 가지의 색을 표시할 수 있다.

*Through computer displays I have landed an airplane on the deck of a moving carrier, observed a nuclear particle hit a potential well, flown in a rocket at nearly the speed of light and watched a computer reveal its innermost workings.*

Ivan Sutherland, the "father" of computer graphics, *Scientific American*, 1984

그래픽을 지원하는 하드웨어의 중심이 되는 것은 비트맵을 기억하는 **프레임 버퍼**(frame buffer 또는 raster refresh buffer)라고 하는 부분이다. 그래픽 하드웨어는 스크린에 표시될 화상을 프레임 버퍼에 저장하였다가, 기억된 각 화소의 비트 패턴을 재생 속도에 맞추어 그래픽 디스플레이로 보낸다. 그림 1.6은 화소당 4비트를 사용

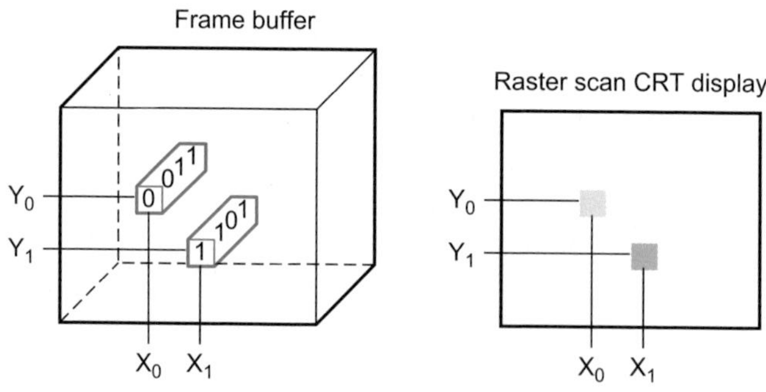


**그림 1.6 왼쪽 그림에서 프레임 버퍼 각 좌표의 값은 오른쪽 래스터 스캔(raster scan) CRT 디스플레이에서 해당 좌표의 밝기를 결정한다.** 화소 ($X_0$, $Y_0$)의 값은 0011이고 ($X_1$, $Y_1$)의 값은 1101이므로 화면에 ($X_1$, $Y_1$)이 더 진하게 표시된다.

하도록 설계된 간단한 프레임 버퍼의 구조이다.

비트맵의 목적은 스크린에 있는 화상을 충실히 나타내는 것이다. 그래픽 시스템의 난제들은 모두 인간의 눈이 예민하기 때문에 생기는 것들이다. 사람의 눈은 화면상의 미세한 변화도 아주 잘 감지하기 때문이다.

## 터치스크린

PC가 LCD를 사용하는 반면, 포스트 PC 시대의 태블릿과 스마트폰은 키보드와 마우스 대신 터치를 감지하는 디스플레이를 사용하고 있다. 이 놀라운 사용자 인터페이스는 자신이 원하는 부분을 마우스를 이용해서 간접적으로 가리키는 대신 사용자가 직접 가리키도록 한다.

터치스크린(touchscreen)을 구현하는 방법은 여러 가지가 있는데 오늘날의 많은 태블릿은 정전용량 감지 기법을 사용한다. 유리 같은 절연체 위에 투명한 도체를 코팅하면, 사람이 손을 댔을 때 손에 전기가 통하기 때문에 스크린의 정전기장이 찌그러지면서 정전용량이 변하게 된다. 이 기술은 여러 군데 동시에 손을 대는 것도 허용하며, 손의 동작까지 감지해서 멋진 사용자 인터페이스를 만들 수 있게도 한다.

## 상자를 열고

그림 1.7은 Apple iPhone XS Max 스마트폰의 내용물을 보여 주고 있다. 컴퓨터의 고전적인 5대 구성 요소 중 입출력장치가 이 스마트폰에서 차지하는 비중이 큰 것은 놀라운 일이 아니다. 입출력장치로는 정전용량식 멀티터치 LCD 디스플레이, 전면 카메라, 후면 카메라, 마이크, 헤드폰 잭, 스피커, 가속도계, 자이로스코프, Wi-Fi 네트워크와 블루투스 네트워크가 있다. 데이터패스, 제어 유닛, 메모리는 구성 요소 중의 작은 부분을 차지하고 있다.

그림 1.8의 작은 사각형 안에는 **집적회로**(integrated circuit, IC) 또는 **칩**(chip)이라 불리는 장치들이 있는데, 이것들이 진보하는 기술을 이끌어 가는 원동력이다. 그림 1.8의 중앙부에 있는 A12 패키지에는 2.5 GHz의 클럭으로 구동되는 2개의 큰 ARM 프로세서와 4개의 작은 ARM 프로세서가 있다. **프로세서**는 프로그램의 지시대로 일을 하는 부분으로 보드 내에서 가장 역동적인 부분이다. 숫자를 더하고, 검사하고, 입출력장치에 신호를 보내 작동을 지시하는 것 등이 프로세서가 하는 일이다. 프로세서를 **CPU**(central processor unit)라는 더 관료적 느낌의 용어로 부르기도 한다.

그림 1.9는 하드웨어 계층을 한 단계 더 내려가서 마이크로프로세서를 자세하게 보여 준다. 프로세서는 논리적으로 데이터패스와 제어 유닛의 두 부분으로 구성된다. 각각은 프로세서의 근육과 두뇌에 해당한다. **데이터패스**(datapath)는 연산을 수

집적회로 칩이라고도 부른다. 수천만 개의 트랜지스터가 결합된 부품.

CPU 프로세서라고도 부른다. 데이터패스와 제어 유닛으로 구성된 컴퓨터의 핵심 부분으로, 숫자를 더하거나 검사하고, 입출력장치에 신호를 보내 활성화하는 일을 한다.

데이터패스 산술 연산을 수행하는 프로세서 구성 요소.

**그림 1.7** Apple iPhone XS Max 스마트폰의 구성 요소. 왼쪽에는 정전용량식 멀티터치 스크린과 LCD 디스플레이가 있다. 그다음에 배터리가 있고, 맨 오른쪽에 있는 것은 LCD를 iPhone 뒤판에 부착하는 철제 프레임이다. 가운데 둥그렇게 배치된 작은 구성 요소들이 우리가 생각하는 컴퓨터에 해당된다. 케이스 안쪽으로 배터리 옆을 빽빽이 채울 수 있도록 이 부품들은 단순한 직사각형이 아니고 조금 복잡한 모양으로 만들어졌다. 그림 1.8은 철제 케이스의 왼쪽에 위치한 보드를 확대한 것인데, 이것이 프로세서와 메모리를 탑재한 인쇄회로 기판이다(TechInsights 제공, www.techInsights.com).

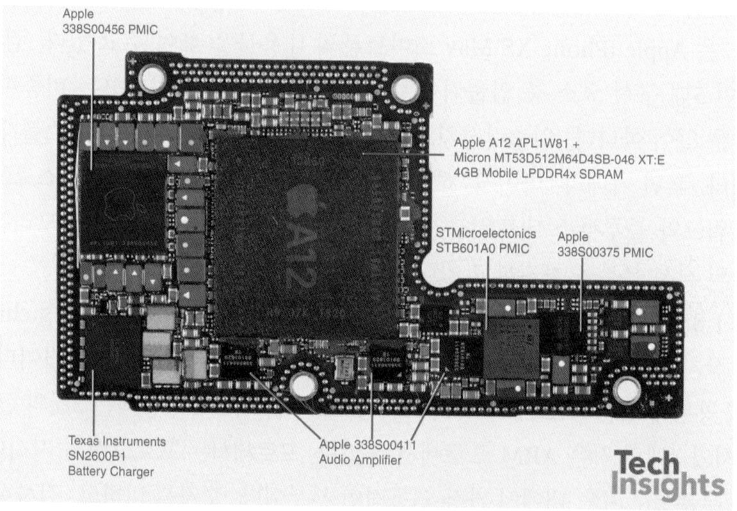


**그림 1.8** 그림 1.7에 보인 Apple iPhone XS Max의 논리 보드. 가운데 있는 가장 큰 집적회로는 Apple A12 칩으로, 2.5 GHz로 동작하는 2개의 큰 ARM 프로세서 코어와 4개의 작은 ARM 프로세서 코어, 그리고 4 GiB 메인 메모리를 내부에 포함하고 있다. 그림 1.9는 A12 패키지에 포함되어 있는 프로세서 칩의 사진이다. 뒤쪽에 있는 대칭형 보드에는 거의 같은 크기의 칩이 있는데, 이것은 비휘발성 저장 장치인 64 GiB 플래시 메모리 칩이다. 이 보드에는 전력 관리 제어 칩과 오디오 증폭기 칩 외에 다른 칩들이 포함되어 있다(TechInsights 제공, www.techInsights.com).

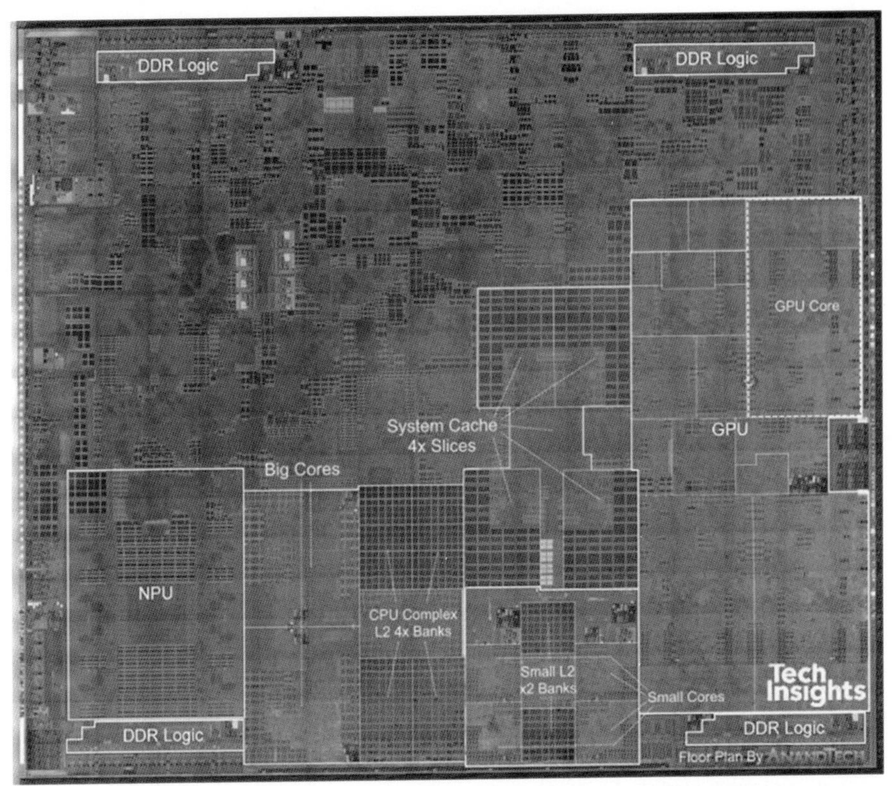


**그림 1.9** A12 패키지 안에 있는 프로세서 집적회로. 이 칩의 크기는 8.4 × 9.91 mm이고 처음에는 7 nm 공정으로 제작되었다(1.5절 참조). 칩의 가운데 아래 부분에 2개의 동일한 큰 ARM 프로세서(혹은 코어)가 있다. 오른쪽 아래 부분에는 4개의 작은 ARM 프로세서가 있고, 맨 오른쪽에는 그래픽 프로세서 유닛(6.6절 참조)이 있다. 맨 왼쪽에는 NPU라고 하는 신경망 전용 가속기(6.7절 참조)가 있고, 가운데에는 큰 코어와 작은 코어를 위한 2차 캐시 메모리(5장 참조)가 있다. 칩의 위와 아래 부분에는 메인 메모리(DDR DRAM)와의 인터페이스가 있다(TechInsights 제공, www.techInsights.com; AnandTech 제공, www.anandtech.com).

행하고, 제어 유닛(control unit)은 명령어가 뜻하는 바에 따라 데이터패스, 메모리, 입출력장치가 할 일을 지시한다. 4장에서 고성능 설계의 데이터패스와 제어 유닛에 대하여 설명할 것이다.

그림 1.8의 iPhone XS Max 패키지에는 32 Gib(4 GiB) 메모리 칩이 포함되어 있다. 메모리(memory)는 실행 중인 프로그램과 프로그램이 필요로 하는 데이터를 기억한다. 그림 1.8에서 메모리는 작은 기판 2개로 되어 있다. 메모리는 DRAM 칩으로 구성되어 있는데, **DRAM은 dynamic random access memory**의 약자이다. DRAM 여러 개를 한데 묶어서 프로그램의 명령어와 데이터를 기억하는 데 사용한다. DRAM에서 RAM이란 말은 자기 테이프 같은 순차 접근 메모리와는 반대로 메모

제어 유닛 프로그램의 명령어에 따라 데이터패스, 메모리, 입출력장치에 지시를 하는 프로세서 구성 요소.

메모리 실행 중인 프로그램과 프로그램 실행에 필요한 데이터의 저장소.

DRAM 집적회로로 만든 메모리의 일종. 어떤 위치든지 임의로 접근할 수 있다. 접근시간은 50 ns 정도이고, 2020년 현재 GB당 가격은 3~6달러.

캐시 메모리 느리고 큰 메모리의 버퍼로 동작하는 작고 속도 빠른 메모리.

SRAM 집적회로로 만들어지는 것은 같지만, DRAM보다 빠르면서 집적도가 낮은 메모리.

명령어 집합 구조 구조라고도 부른다. 하드웨어와 최하위 계층 소프트웨어 사이의 인터페이스. 명령어, 레지스터, 메모리 접근, 입출력 등을 포함해서 정확히 작동하는 기계어 프로그램을 작성하기 위해서 알아야 하는 모든 정보.

ABI 명령어 집합 중 사용자 부분과 응용 프로그래머가 사용하는 운영체제 인터페이스를 합친 것. 컴퓨터 간 이진 이식성의 표준을 정의한다.

구현 구조 추상화를 준수하는 하드웨어.

리의 어떤 부분을 읽든지 같은 시간이 걸린다는 것을 의미한다.

하드웨어 구성 요소를 하나라도 깊숙이 살펴보면 컴퓨터를 보는 통찰력을 얻을 수 있다. 프로세서 내부에는 또 다른 종류의 메모리가 있는데 이것을 캐시 메모리라 한다. **캐시 메모리**(cache memory)는 DRAM의 버퍼 역할을 하는 작고 빠른 메모리이다. (비전문적인 용어로 **캐시**는 물건을 숨겨 두기에 안전한 장소라는 뜻이다.) 캐시는 **SRAM**(static random access memory)이라는 다른 메모리 기술을 이용한다. SRAM은 DRAM보다 빠르지만 집적도가 낮아서 가격이 비싸다(5장 참조). SRAM과 DRAM은 **메모리 계층구조**의 두 계층을 구성한다.

앞서 말한 바와 같이 추상화는 설계를 개선하는 위대한 아이디어의 하나이다. 제일 중요한 **추상화** 중 하나는 하드웨어와 최하위 소프트웨어 간의 인터페이스이다. 소프트웨어는 하드웨어와 어휘를 통해 통신을 한다. 어휘를 구성하는 단어들을 명령어라고 하고, 어휘 자체는 **명령어 집합 구조**(instruction set architecture) 또는 단순히 **구조**(architecture)라고 한다. 명령어 집합 구조에는 제대로 작동하는 이진 기계어 프로그램 작성을 위해 프로그래머가 알아야 하는 것—예를 들면 명령어, 입출력장치 등—이 모두 포함된다. 입출력 작업, 메모리 할당 및 기타 저수준 시스템 기능의 세부 사항은 운영체제가 감추어서 응용 프로그래머가 이러한 세세한 부분을 걱정하지 않아도 되도록 해 주는 것이 일반적이다. 응용 프로그래머에게 제공되는 기본 명령어 집합과 운영체제 인터페이스를 합쳐서 **ABI**(application binary interface)라 한다.

명령어 집합 구조는 컴퓨터 설계자로 하여금 실행 하드웨어와 독립적으로 컴퓨터의 기능을 생각할 수 있게 해 준다. 예를 들면 디지털 시계의 기능(항상 현재 시각을 유지하며, 시각을 표시하고, 알람을 설정하는)을 클럭 하드웨어(수정 발진자, LED 디스플레이, 플라스틱 버튼 등)와 따로 구별해서 생각할 수 있다. 이와 같은 선상에서 컴퓨터 설계자는 구조와 구조의 **구현**(implementation)을 분리해서 생각한다. 구현이란 구조 추상화를 준수하는 하드웨어를 의미한다. 이 개념을 또 다른 요점정리로 나타내면 다음과 같다.

**요점정리**

하드웨어와 소프트웨어는 모두 추상화를 이용하여 계층적으로 구성되며, 각 하위 계층의 세세한 부분이 상위 계층에서는 보이지 않도록 한다. 여러 계층의 추상화 중에서 가장 중요한 것은 하드웨어와 하위 계층 소프트웨어 간의 인터페이스인 **명령어 집합 구조**이다. 이렇게 인터페이스를 추상화함으로써 같은 소프트웨어를 실행하지만 가격과 성능이 다른 여러 가지 컴퓨터를 **구현**할 수 있다.

## 데이터의 안전한 저장소

이제까지 데이터를 입력하고 계산하여 그 결과를 표시하는 방법에 대해 알아보았다. 그러나 컴퓨터 안에 기억된 내용은 전원이 끊어지면 다 없어진다. 왜냐하면 컴퓨터 내부의 메모리는 휘발성 메모리(volatile memory)이기 때문이다. 즉 전원이 끊기면 모든 기억이 지워진다. 반면에 DVD에 기록된 영화는 DVD 플레이어의 전원을 꺼도 지워지지 않는다. DVD는 비휘발성 메모리(nonvolatile memory) 기술의 일종이기 때문이다.

실행되는 동안 데이터와 프로그램을 기억하는 휘발성 메모리와 다음번 실행 때까지 데이터와 프로그램을 저장하는 비휘발성 메모리를 구분하기 위해, 전자를 메인 메모리(main memory 또는 primary memory)라고 하고 후자를 보조기억장치(secondary memory)라고 한다. 보조기억장치는 **메모리 계층구조**에서 메인 메모리보다 한 단계 아래 계층에 해당한다. 1975년 이래 DRAM이 메인 메모리의 주종을 이루고 있으며, 자기 디스크(magnetic disk)는 그 전부터 보조기억장치의 주종이 되었다. 개인 휴대용 기기는 크기와 모양의 제약 때문에 자기 디스크 대신 비휘발성 반도체 메모리인 플래시 메모리(flash memory)를 사용한다. 그림 1.8에 iPhone XS에서 사용하는 64 GiB 플래시 메모리 칩이 보인다. 플래시 메모리는 DRAM보다 느리지만 DRAM보다 훨씬 싸고 비휘발성이라는 장점이 있다. 디스크보다 비트당 단가는 비싸지만, 작고 튼튼하며 전력 소모가 적고 훨씬 소용량으로 생산될 수 있다. 그래서 플래시 메모리는 PMD의 표준 보조기억장치로 사용된다. 하지만 DRAM이나 자기 디스크와 달리 플래시 메모리는 100,000번 내지 1,000,000번 쓰기를 한 후에는 못 쓰게 된다. 그러므로 파일 시스템은 쓰기의 횟수를 파악하여 저장 기능이 상실되는 것을 피하도록 많이 사용되는 데이터를 이동시키는 등의 정책을 사용하여야 한다. 5장에서 디스크와 플래시 메모리를 자세히 설명한다.

## 컴퓨터 간의 통신

지금까지 데이터의 입력, 계산, 출력, 저장 방법을 설명했는데 아직도 설명에서 빠진 부분이 하나 있다. 그것은 컴퓨터 네트워크이다. 그림 1.5에서 프로세서가 메모리와 입출력장치에 연결되듯이, 컴퓨터 네트워크를 통해서 컴퓨터 전체가 서로 연결되어 사용자의 계산 능력을 확장시켜 준다. 네트워크는 현대 컴퓨터 시스템의 중추가 될 만큼 널리 보급되었다. 새로 발표되는 개인 휴대용 기기나 서버에 네트워크 인터페이스가 없다면 웃음거리가 될 것이다. 네트워크로 컴퓨터들을 연결하면 다음과 같은 장점이 있다.

휘발성 메모리　DRAM과 같이 전원이 공급되는 동안만 데이터를 기억하는 기억장치.

비휘발성 메모리　전원 공급이 끊어져도 데이터를 계속 기억하는 기억장치로, 다음 실행 때까지 프로그램을 저장하는 데 사용된다. DVD 디스크는 비휘발성 메모리의 예이다.

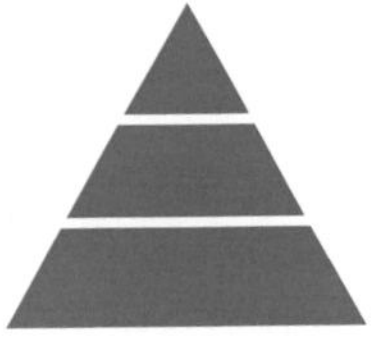

HIERARCHY

메인 메모리　1차 메모리라고도 한다. 실행 중인 프로그램을 저장하는 휘발성 메모리. 오늘날의 컴퓨터는 대개 DRAM을 사용한다.

보조기억장치　실행 중이 아닌 프로그램과 데이터를 저장하는 비휘발성 메모리. 오늘날 PMD에서는 대개 플래시 메모리를 쓰고, 서버 컴퓨터는 자기 디스크를 쓴다.

자기 디스크　하드 디스크라고도 한다. 자성 기록 매체가 코팅된 회전 원반으로 구성된 비휘발성 메모리. 회전하는 기계적인 장치이므로 접근시간은 5~20 ms 정도이며, 2020년 현재 GB당 가격은 0.01~0.02달러.

플래시 메모리　비휘발성 반도체 메모리. DRAM보다 싸지만 느리고, 자기 디스크보다는 비싸고 빠르다. 접근시간은 5~50 μs 정도이고, 2020년 현재 GB당 가격은 0.06~0.12달러.

■ 통신: 컴퓨터끼리 고속으로 정보를 주고받을 수 있다.
■ 자원 공유: 컴퓨터마다 입출력장치를 따로따로 갖출 필요 없이 네트워크상의 모든 컴퓨터가 입출력장치를 공유할 수 있다.
■ 원격 접근: 컴퓨터들을 연결하면 멀리 떨어져 있는 컴퓨터도 쉽게 이용할 수 있다.

네트워크의 연결 거리와 성능은 여러 가지이나, 통신 속도가 빨라지거나 전송 거리가 멀어질 때 통신비용이 상승하는 것은 어느 경우에도 공통이다. 아마도 네트워크 중에서 가장 널리 알려진 것은 이더넷(Ethernet)일 것이다. 이더넷으로 연결할 수 있는 거리는 대략 1 Km 정도이고, 초당 100 Gb를 전송할 수 있다. 이런 정도의 길이와 속도는 한 건물의 같은 층에 있는 컴퓨터들을 연결하는 데 유용하다. 그러므로 이더넷은 근거리 네트워크(local area network, LAN)의 일종이다. 라우팅 서비스와 보안을 제공하는 스위치를 사용하면 LAN들을 서로 연결할 수 있다. 원거리 네트워크(wide area network, WAN)는 여러 대륙을 연결하여 웹(World Wide Web)을 지원하고 있는 인터넷(Internet)의 근간을 이룬다. 이런 네트워크는 보통 광섬유(optical fiber)로 구성하며 통신회사에서 임대해 준다.

근거리 네트워크(LAN) 지리적으로 제한된 지역—예를 들면 한 건물 내—에서 데이터를 주고받도록 설계된 네트워크.

원거리 네트워(WAN) 대륙 전체를 연결할 수 있는 수백 km 이상의 네트워크.

네트워크는 지난 40년 동안 더 유비쿼터스화 되고 성능이 크게 개선되어 컴퓨팅의 면모를 일신하는 데 기여하였다. 1970년대만 해도 전자우편을 쓸 수 있는 사람은 극히 한정되어 있었고, 인터넷이나 웹도 없어서 서로 떨어진 두 장소 사이에 대량의 데이터를 주고받는 주된 방법은 자기 테이프를 소포로 보내는 것이었다. LAN은 거의 없었으며 그나마 몇 개 안 되는 원거리 네트워크는 용량이 작고 접근이 아주 제한적이었다.

네트워킹 기술이 발달하면서 가격이 매우 싸지고 용량도 크게 증대되었다. 예를 들어 40년 전에 등장한 최초의 표준 LAN은 최대 용량(대역폭이라고도 부른다)이 10 Mbps(megabits per second) 정도에 불과한데, 이것을 백 대까지는 아니더라도 수십 대의 컴퓨터가 나누어서 사용하였다. 오늘날의 LAN은 1 Gbps에서 100 Gbps까지의 용량을 제공하고, 이것을 컴퓨터 단 몇 대가 공유해서 사용한다. 광통신 기술로 원거리 네트워크도 같은 속도로 발전하여 용량이 수백 Kbps에서 Gbps 수준으로 증가하였고, 불과 수백 대의 컴퓨터만 연결하던 것이 이제는 수백만 대의 컴퓨터를 연결하는 전 세계적 네트워크가 되었다. 네트워크 보급이 급속히 확산되고 용량이 증대되면서 네트워크 기술은 지난 30년 동안 있었던 정보 혁명의 중심이 되었다.

지난 15년간 네트워킹에 또 다른 신기술이 등장하여 컴퓨터 통신이 새로운 국면을 맞이하게 되었다. 그것은 무선 기술로서 이 기술이 널리 보급되면서 포스트 PC 시대가 가능하게 되었다. 메모리나 마이크로프로세서와 똑같이 값싼 반도체 기술

(CMOS)을 사용해서 무선 장비를 만들 수 있게 되면서 가격이 급속히 하락하고 무선망 보급이 폭발적으로 늘어났다. 현재 쓰이고 있는 무선 기술인 IEEE 802.11ac 표준은 1~1300 Mbps의 속도로 데이터를 전송할 수 있다. 인접한 장소에 있는 사용자는 모두 같은 방송 전파를 이용하므로 무선 기술은 유선과는 많이 다르다.

스스로 점검하기

반도체 DRAM과 플래시 메모리, 디스크 저장장치는 크게 다르다. 이들을 휘발성, 접근시간, 가격의 측면에서 DRAM과 비교하라.

## 1.5 프로세서와 메모리 생산 기술

컴퓨터 설계자들이 경쟁에서 이기기 위해 최신 전자 기술을 최대한 많이 사용하려고 노력한 결과, 프로세서와 메모리는 믿기 어려울 정도로 빨리 개선되어 왔다. 그림 1.10은 그동안 사용된 기술과 각 기술의 상대적인 가격 대 성능비를 보여 준다. 이러한 기술은 컴퓨터가 어떤 일을 할 수 있으며 얼마나 빨리 발전할 것인가를 결정짓는 요소이기 때문에, 컴퓨터 전문가라면 집적회로에 대한 기초적인 내용을 알고 있어야 한다고 생각한다.

트랜지스터(transistor)는 한 마디로 전기로 제어되는 온/오프 스위치이다. **집적회로**는 수십, 수백 개의 트랜지스터를 칩 하나에 집적시킨 것이다. Gordon Moore가 자원의 수가 계속 2배가 될 것이라고 말했을 때 그가 의미한 바는 칩 안에 집적되는 트랜지스터 개수가 그렇게 늘어날 것이라는 예상이었다. 트랜지스터 숫자가 수백 개에서 수백만 개까지 늘어난 경이적인 증가를 표현하기 위하여 **초대규모**(very large scale)라는 형용사를 덧붙여 초대규모집적회로(very large scale integrated circuit, VLSI)라는 용어를 만들었다.

트랜지스터 전기 신호로 제어되는 on/off 스위치.

초대규모집적회로(VLSI) 수십만 내지 수백만 개의 트랜지스터를 포함하고 있는 장치.

집적회로의 집적도는 매우 일정한 속도로 증가하고 있다. 그림 1.11은 1977년 이

| Year | Technology used in computers | Relative performance/unit cost |
|---|---|---|
| 1951 | Vacuum tube | 1 |
| 1965 | Transistor | 35 |
| 1975 | Integrated circuit | 900 |
| 1995 | Very large-scale integrated circuit | 2,400,000 |
| 2020 | Ultra large-scale integrated circuit | 500,000,000,000 |

**그림 1.10 시간이 흐름에 따라 컴퓨터에 사용된 기술의 단위 비용당 상대적인 성능.** (출처: Computer Museum, Boston, 2020년의 데이터는 저자가 추론한 것임. 1.13절 참조.)

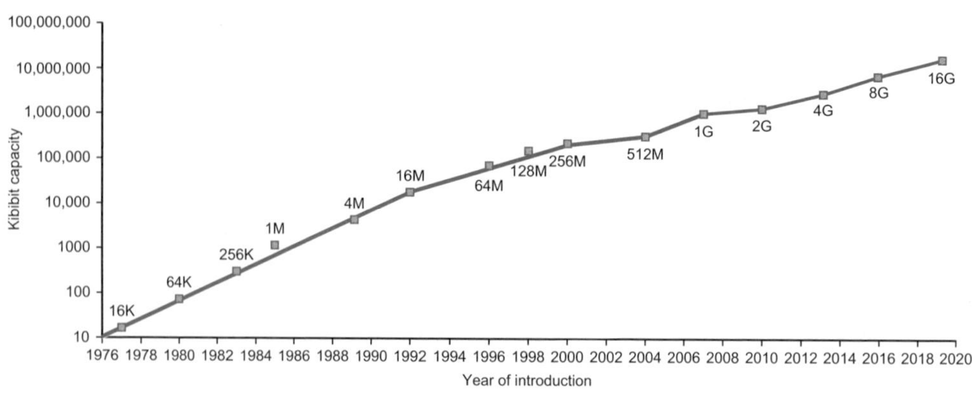


**그림 1.11 DRAM 칩 용량의 변화.** $y$축의 단위는 Kib($2^{10}$ 비트)이다. DRAM의 용량은 3년에 4배, 즉 매년 60%의 증가를 20년 동안 지속해 왔다. 최근에는 성장 속도가 다소 둔화되어 3년에 2배 증가에 접근하고 있다. 그 이유는 Moore의 법칙이 둔화되고, 3차원 구조에서 까다로운 길이 비에 맞추어 작은 DRAM 셀을 생산하는 안정된 기술 확보가 어렵기 때문이다.

래 DRAM 용량의 증가 추세를 보여 준다. 35년 동안 3년에 4배씩 꾸준히 용량이 증가하여 16,000배 이상 증가하였다. 또한 그림 1.11은 Moore의 법칙이 둔화됨에 따라 최근에는 용량이 4배 증가하는 데 6년이 걸리는 것을 보여 준다.

어떻게 집적회로를 만드는지를 이해하기 위해서 맨 처음부터 시작하도록 하자. 집적회로 칩의 생산은 모래의 구성 성분인 실리콘에서부터 출발한다. **실리콘**(silicon)은 전기를 통하기는 하는데 썩 잘 통하는 편은 아니어서 **반도체**(semiconductor)라고 부른다. 특수한 화학적 처리를 거쳐 불순물을 첨가하면 실리콘의 작은 부분을 다음 세 가지 중 하나로 바꿀 수 있다.

실리콘 반도체 천연 원소.

반도체 전기를 썩 잘 통하지 않는 물질.

- 전기의 양도체(초소형 구리나 알루미늄 전선)
- 전기 절연체(플라스틱 피복이나 유리 같은)
- 조건에 따라 도체가 되기도 하고 절연체가 되기도 하는 물질(스위치)

트랜지스터는 마지막 종류에 속한다. VLSI 회로는 수십억 개의 도체, 절연체, 스위치를 작은 패키지 하나에 만들어 넣은 것이다.

집적회로 제조 공정은 칩 가격에 심각한 영향을 미치기 때문에 컴퓨터 설계자에게도 중요한 문제이다. 그림 1.12는 집적회로 제조 과정을 보여 준다. 공정은 큰 소시지같이 생긴 **실리콘 결정 괴**(silicon crystal ingot)에서부터 시작된다. 오늘날 주로 사용되는 실리콘 괴의 직경은 8~12인치, 길이는 12~24인치 정도이다. 이 덩어리를 0.1인치 이하의 두께로 얇게 잘라 **웨이퍼**(wafer)를 만든다. 이렇게 잘라진 웨이퍼는 화학 물질을 첨가하여 부분 부분을 트랜지스터, 도체, 절연체로 바꾸는 일련

실리콘 결정 괴 직경이 8~12인치, 길이가 12~24인치 정도인 막대 모양의 실리콘 결정.

웨이퍼 실리콘 괴를 두께 0.1인치 이내로 얇게 자른 것. 칩을 만드는 데 사용.

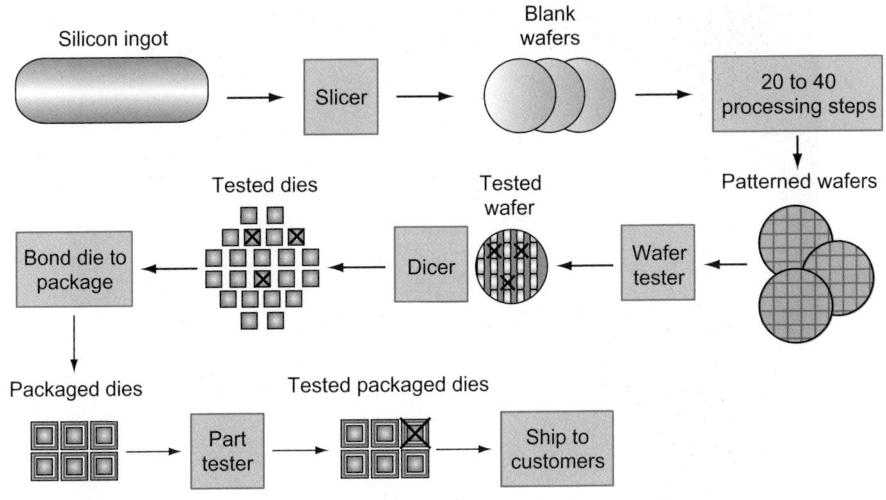


**그림 1.12 칩 생산 공정.** 실리콘 괴를 자른 후 20 내지 40 단계의 공정을 거쳐 빈 웨이퍼에 패턴이 새겨진다(그림 1.13 참조). 패턴이 새겨진 웨이퍼를 웨이퍼 검사기로 검사해서 불량 부분에 표시를 한다. 그런 다음 이 웨이퍼를 잘라서 다이를 만든다(그림 1.9 참조). 이 그림에서는 한 웨이퍼에서 20개의 다이가 만들어지고 그중 17개만이 검사를 통과하였다. (× 표시가 된 것은 불량 다이이다.) 이 경우 다이의 수율은 17/20, 즉 85%이다. 검사를 통과한 다이는 패키지에 붙이고, 납품하기 전에 다시 한번 검사를 거친다. 이 그림에서는 최종 검사에서 1개가 더 불량 판정을 받았다.

의 공정을 거치게 된다. 오늘날의 집적회로에서 트랜지스터는 한 층으로 배치되지만, 금속 도체는 2~8개의 계층을 구성할 수 있다. 각 계층의 도체는 절연체 층으로 분리된다.

웨이퍼 자체에 미세한 흠집이 있었거나 여러 공정 중에 어느 한 부분에서라도 흠집이 생기면 웨이퍼의 그 부분은 못 쓰게 된다. 이러한 **결함**(defect) 때문에 완벽한 웨이퍼를 만든다는 것은 거의 불가능하다. 불완전성에 대처하기 위해서 여러 가지 방법이 사용되지만, 그중 가장 간단한 방법은 한 웨이퍼에 독립적인 컴포넌트를 여러 개 만드는 것이다. 그런 다음 웨이퍼를 컴포넌트별로 자르는데 이것을 **다이**(die) 또는 칩이라 한다. 그림 1.13은 마이크로프로세서를 포함하는 웨이퍼를 자르기 전의 모습이다. 앞의 그림 1.9에서 마이크로프로세서 다이 하나를 보인 바 있다.

**결함** 처리 전에 웨이퍼에 있던 미세한 흠집이나 패턴 작업 중에 생긴 흠집. 결함이 포함된 다이는 사용할 수 없다.

**다이** 웨이퍼에서 잘라낸 개개의 사각형. **칩**이라고도 부름.

이렇게 여러 조각으로 나누면 웨이퍼에 결함이 생겼을 때 웨이퍼 전체를 버리는 대신 해당 다이만 버리면 된다. 이 개념은 **수율**(yield)로 계량화할 수 있다. 수율은 웨이퍼상의 전체 다이 중 정상 다이의 비율로 정의된다.

**수율** 웨이퍼상의 전체 다이 중 양호한 다이의 비율.

다이 크기가 커지면 웨이퍼에 넣을 수 있는 다이가 적어지고 수율이 떨어지므로 집적회로 가격이 급속히 증가한다. 차세대 프로세스를 이용해서 트랜지스터와 연결

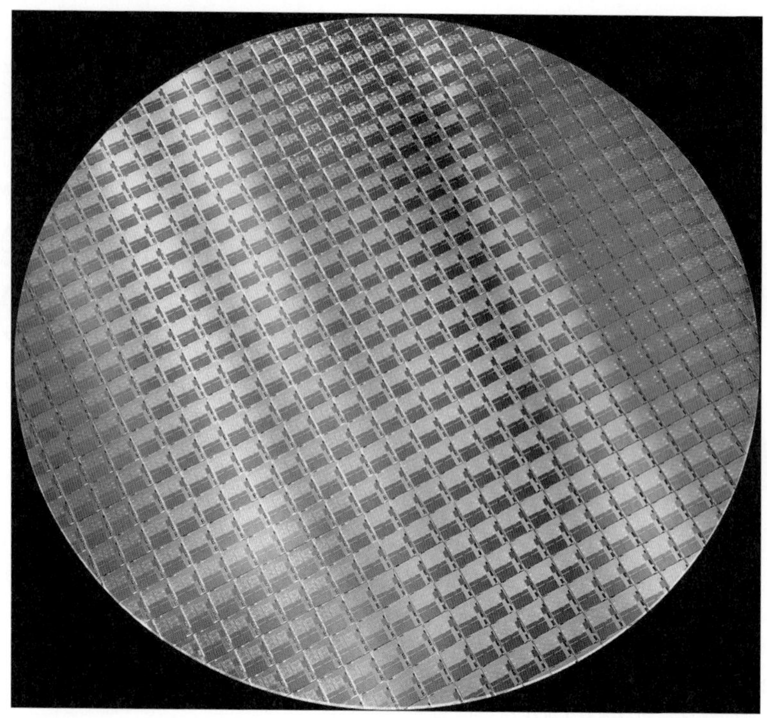

**그림 1.13 직경 12인치(300 mm)짜리 웨이퍼. 이 10 nm 웨이퍼는 10세대 Intel® Core™ 프로세서(코드 네임 "Ice Lake")를 담고 있다(Intel 제공).** 수율 100%일 때 300 mm 웨이퍼에서는 506개의 다이가 만들어진다. AnandTech[1]사에 의하면 각 Ice Lake 다이의 크기는 11.4 × 10.7 mm이다. 웨이퍼 경계 부분에 걸쳐 있는 수십 개의 곡선면을 가진 다이는 못 쓰는 것이다. 사용할 수 없음에도 불구하고 포함시키는 이유는 그렇게 하면 패턴을 새길 마스크 만들기가 더 쉬워지기 때문이다. 이 다이는 10 nm 공정을 사용하고 있다. 이 말은 가장 작은 트랜지스터의 크기가 10 nm라는 뜻이다. 하지만 트랜지스터는 실제 최소 배선폭보다 더 작은 것이 보통이다. 최소 배선폭이란 최종 생산된 트랜지스터의 크기가 아니라 마스크에 그려진 크기를 뜻하는 것이다.

선의 크기를 줄임으로써 큰 다이를 축소시켜 원가 절감을 꾀하기도 한다. 이렇게 하면 수율과 웨이퍼당 다이 개수가 개선된다. 2020년의 최첨단 공정은 7 nm 공정인데 이것은 다이에서 구현할 수 있는 최소 배선폭이 7 nm라는 것을 의미한다.

결함이 없는 다이는 패키지의 입출력 핀과 연결하는데 이 과정을 **본딩**(bonding)이라고 한다. 패키징 과정에서 잘못되는 경우도 있으므로 패키지가 끝난 것들에 대해 최종 검사를 시행해서 통과된 것들만 고객에게 납품된다.

칩의 원가를 논할 때 원가와 가격은 구별되어야 한다. 회사는 투자 대비 수익을

[1]Ian Cutress, "I Ran Off with Intel's Tiger Lake Wafer. Who Wants a Die Shot?" January 13, 2020, https://www.anandtech.com/show/15380/i-ran-off-with-intels-tiger-lake-wafer-who-wants-a-die-shot

극대화하기 위해 시장이 감당할 수 있는 가장 높은 가격을 책정한다. 여기에는 회사의 연구 개발비, 마케팅과 판매, 생산 장비 유지비, 건물 임대료, 금융 비용, 세전 이익과 세금 등의 원가가 다 포함된다. DRAM처럼 여러 회사에 의해 공급되는 상품보다는 마이크로프로세서와 같이 한 회사에서 독점적으로 공급되는 칩의 경우 수익이 더 높을 것이다. 가격은 수요와 공급에 따라 변동되는데, 여러 회사가 칩을 만드는 경우 시장이 요구하는 것보다 더 많은 칩을 만들기 쉽다.

**고난도:** 집적회로의 가격은 다음 세 가지 간단한 식으로 표현할 수 있다.

$$\text{다이 원가} = \frac{\text{웨이퍼당 가격}}{\text{웨이퍼당 다이의 수} \times \text{수율}}$$

$$\text{웨이퍼당 다이의 수} \approx \frac{\text{웨이퍼의 면적}}{\text{다이의 면적}}$$

$$\text{수율} = \frac{1}{(1 + (\text{면적당 결함의 수} \times \text{다이 면적}))^{N}}$$

첫 번째 식은 바로 유도할 수 있다. 두 번째 식은 둥근 웨이퍼에서 사각형의 다이를 만들 수 없는 경계 부분의 면적을 빼지 않았기 때문에 근사식이다(그림 1.13 참조). 마지막 식은 집적회로 공장에서 수율을 경험적으로 관찰한 값에 근거한 것인데 지수항은 핵심적인 처리 단계의 수와 관련이 있다.

이와 같이 원가는 결함의 비율이나 다이와 웨이퍼의 크기에 따라 달라지기 때문에, 일반적으로 다이 크기에 선형으로 비례하지는 않는다.

**스스로 점검하기**

집적회로 원가를 결정하는 중요한 인자 중 하나는 수량이다. 다음 중 대량으로 생산하면 칩 원가가 싸지는 이유에 해당하는 것들은 무엇인가?

1. 대량으로 생산하면 생산 공정을 특정 설계에 맞추어 조정할 수 있으므로 수율이 높아진다.
2. 소량 부품보다는 대량 부품을 설계할 때 작업량이 줄어든다.
3. 칩 제작에 사용되는 마스크가 비싸기 때문에, 대량으로 생산하면 칩당 단가가 낮아진다.
4. 기술 개발 비용은 매우 크면서 수량과는 무관한 특성이 있다. 그러므로 대량으로 생산하면 다이당 개발 비용이 낮아진다.
5. 대량 생산 부품은 보통 소량 부품보다 다이 크기가 작으므로, 웨이퍼당 수율이 높아진다.

## 1.6 성능

시스템의 성능을 측정하는 것은 간단한 일이 아니다. 현대의 소프트웨어는 규모가 크고 복잡하며, 하드웨어는 성능 개선을 위한 여러 가지 기법을 사용하고 있기 때문에 성능 평가가 더욱 어렵다.

기종을 선택하고자 할 때 성능은 항상 중요한 고려 사항이다. 각 기종의 성능을 정확히 측정하고 평가하는 것이 구매자에게는 매우 중요한 문제이며 따라서 설계자에게도 중요한 문제이다. 컴퓨터를 파는 사람들은 이 점을 잘 알고 있다. 그래서 영업 사원들은 종종 자기가 파는 컴퓨터에 가장 유리한 방법으로 성능을 비교한다. 그런데 이 방법은 구매자의 요구를 전혀 반영하지 못하는 경우가 대부분이다. 따라서 어떻게 성능을 측정하는 것이 가장 좋은 방법이며 성능 측정 방법의 한계는 무엇인지를 확실히 이해하는 것이 기종 선정에 매우 중요하다.

이 절의 나머지 부분에서는 성능을 결정하는 여러 가지 방법을 설명한다. 성능 측정에 사용되는 척도를 컴퓨터 사용자와 설계자의 양쪽 관점에서 살펴본다. 또한 이러한 성능 척도들이 어떤 상호 연관성을 갖고 있는지를 살펴보고, 고전적인 프로세서 성능식을 제시한다. 이 성능식은 이 교재에서 계속 사용하게 될 것이다.

### 성능의 정의

어떤 컴퓨터가 다른 컴퓨터보다 성능이 좋다는 것은 과연 무엇을 뜻하는 것일까? 매우 단순한 문제인 것처럼 보일지 모르지만 다음 여객기 비유를 보면 성능에 관한 문제가 얼마나 미묘한 것인지를 느낄 수 있을 것이다. 그림 1.14는 대표적인 여객기의 항속, 비행 거리, 탑승 인원을 보여 준다. 이 중에서 어떤 비행기의 성능이 가장 좋은지를 알아내려면 먼저 성능을 정의해야 한다. 예를 들어 속도 면에서는 (2003년도에 단종이 된) Concorde가 가장 좋고, 비행 거리 면에서는 Boeing 777-200LR이 가장 좋으며, 수송 능력 면에서는 Airbus A380-800이 가장 좋다.

속도의 관점에서 성능을 정의한다고 가정하자. 그래도 두 가지 정의가 있을 수 있다. 가장 빠른 비행기는 최고 항속의 비행기, 즉 승객 1명을 한 장소에서 다른 장소로 가장 신속히 이동시킬 수 있는 비행기라고 정의할 수 있을 것이다. 그러나 만약 승객 500명을 한 장소로부터 다른 장소로 수송하는 경우라면 그림의 마지막 열에서 보인 바와 같이 승객 처리량이 가장 큰 Airbus A380-800이 가장 빠르다고 해야 할 것이다. 컴퓨터의 성능도 이렇게 여러 가지 방법으로 정의할 수 있다.

| Airplane | Passenger capacity | Cruising range (miles) | Cruising speed (m.p.h.) | Passenger throughput (passengers × m.p.h.) |
|---|---|---|---|---|
| Boeing 737 | 240 | 3000 | 564 | 135,360 |
| BAC/Sud Concorde | 132 | 4000 | 1350 | 178,200 |
| Boeing 777-200LR | 301 | 9395 | 554 | 166,761 |
| Airbus A380-800 | 853 | 8477 | 587 | 500,711 |

**그림 1.14 여러 여객기의 탑승 인원, 비행 거리, 속도.** 마지막 열에는 단위 시간당 수송 가능한 승객의 수, 즉 탑승 인원 × 비행 속도(단, 비행 거리 및 이 · 착륙 시간은 무시한다)를 보였다.

두 데스크톱 컴퓨터에서 같은 프로그램을 실행시키는 경우에는 먼저 끝나는 쪽이 더 빠른 컴퓨터라고 할 수 있을 것이다. 그러나 여러 대의 서버를 가지고 여러 사용자의 작업을 처리하는 데이터센터를 운영할 때에는 하루 동안 더 많은 작업을 처리하는 컴퓨터가 더 빠른 컴퓨터일 것이다. 컴퓨터 사용자 개인의 입장에서는 응답시간(response time)—작업 개시에서 종료까지의 시간—즉 실행시간(execution time)이 중요할 것이다. 그러나 데이터센터 관리자에게는 처리량(throughput), 혹은 대역폭(bandwidth)—일정한 시간 동안 처리하는 작업의 양—이 더 중요하다. 그러므로 응답시간이 더 중요한 개인 휴대용 기기와 처리량이 더 중요한 서버의 성능을 평가할 때는 대부분 다른 응용 프로그램과 다른 성능 척도를 사용한다.

응답시간 실행시간이라고도 한다. 컴퓨터가 태스크를 완료하기까지의 총 소요 시간으로 디스크 접근, 메모리 접근, 입출력 작업, 운영체제 오버헤드 및 CPU 시간을 다 포함한다.

처리량 대역폭이라고도 한다. 단위 시간당 완료하는 태스크의 수를 나타내는 또 다른 성능 척도.

## 처리량과 응답시간

예제

다음과 같이 변경을 하면 컴퓨터 시스템의 처리량을 증대시키는가, 응답시간을 단축시키는가? 아니면 양쪽 모두인가?

1. 컴퓨터의 프로세서를 더 빠른 버전으로 바꾼다.
2. 여러 개의 프로세서가 각기 다른 태스크—예를 들면 웹 탐색 같은—를 담당하는 시스템에 프로세서를 하나 추가한다.

답

응답시간을 단축시키면 거의 대부분 처리량은 좋아진다. 그러므로 1번의 경우는 응답시간과 처리량이 모두 개선된다. 2번의 경우 특정 태스크의 실행시간이 단축되는 것은 아니므로 처리량만이 개선된다.

그러나 2번의 경우에 처리에 대한 요구가 처리량보다 커지면 일부는 큐에 넣어 기다리게 해야 할 것이다. 이 경우 처리량이 커지면 큐에서 기다리는 시간이 짧아지므로 응답시간도 개선된다. 이와 같이 대부분의 실제 컴퓨터에서 실행시간이나 처리량 중 하나가 변하면 다른 쪽에도 영향을 미치게 된다.

이 책의 전반부에서 컴퓨터의 성능을 논할 때 우리는 주로 응답시간에 초점을 맞출 것이다. 성능을 최대화하기 위해서는 어떤 태스크의 응답시간 또는 실행시간을 최소화해야 한다. 따라서 어떤 컴퓨터 X의 성능과 실행시간의 관계를 다음과 같이 표시할 수 있다.

$$\text{성능}_X = \frac{1}{\text{실행시간}_X}$$

그러므로 두 컴퓨터 X와 Y에 대해 X의 성능이 Y의 성능보다 좋다면

$$\text{성능}_X > \text{성능}_Y$$

$$\frac{1}{\text{실행시간}_X} > \frac{1}{\text{실행시간}_Y}$$

$$\text{실행시간}_Y > \text{실행시간}_X$$

가 된다. 즉 X가 Y보다 빠르다면 Y에서의 실행시간이 X에서의 실행시간보다 길다.

컴퓨터 설계에 관해 설명할 때는 두 컴퓨터의 성능을 정량적으로 비교해야 하는 경우가 생긴다. 다음과 같은 경우를 정량적으로 표현하면 "X가 Y보다 $n$배 빠르다"고 말한다.

$$\frac{\text{성능}_X}{\text{성능}_Y} = n$$

X가 Y보다 $n$배 빠르다면 Y에서의 실행시간이 $n$배 길 것이다.

$$\frac{\text{성능}_X}{\text{성능}_Y} = \frac{\text{실행시간}_Y}{\text{실행시간}_X} = n$$

예제

### 상대 성능

같은 프로그램이 컴퓨터 A에서 10초, B에서는 15초 걸린다면 A는 B보다 얼마나 빠른가?

답

A가 B보다 $n$배 빠르다면

$$\frac{\text{성능}_A}{\text{성능}_B} = \frac{\text{실행시간}_B}{\text{실행시간}_A} = n$$

이므로, 성능비는

$$\frac{15}{10} = 1.5$$

이다. 즉 A가 B보다 1.5배 빠르다.

위의 예에서

$$\frac{\text{성능}_A}{\text{성능}_B} = 1.5$$

즉

$$\text{성능}_B = \frac{\text{성능}_A}{1.5}$$

이므로 B는 A보다 1.5배 **느리다**고도 말할 수 있다.

혼동을 피하기 위하여 컴퓨터 성능을 정량적으로 비교할 때는 "**...보다 빠르다**"라는 용어만 사용하기로 한다. 성능과 실행시간은 역관계이므로, 성능을 증가시키면 실행시간은 감소한다. **증가**와 **감소** 사이에서 야기될지 모르는 혼동을 피하기 위해 "성능이 증가한다", "실행시간이 감소한다" 대신 "성능이 개선된다", "실행시간이 개선된다"라고 표현하기로 한다.

## 성능의 측정

시간은 컴퓨터 성능의 가장 기본적인 척도이다. 같은 작업을 최단 시간에 실행하는 컴퓨터가 가장 빠른 컴퓨터이다. 여기서 프로그램 **실행시간**은 프로그램을 처리하는 데 걸린 시간을 초 단위로 표시한 것이다. 그러나 시간은 우리가 재는 방법에 따라 여러 가지로 정의할 수가 있다. 제일 쉽게 생각할 수 있는 것은 **벽시계 시간**(wall-clock time), **응답시간**, 또는 **경과시간**(elapsed time)이라 부르는 것이다. 이것은 한 작업을 끝내는 데 필요한 전체 시간을 뜻하는 것으로 디스크 접근, 메모리 접근, **입출력** 작업, 운영체제 오버헤드 등 모든 시간을 다 더한 것이다.

컴퓨터를 공유하는 경우, 프로세서 하나가 여러 프로그램을 동시에 실행하는 경우가 많이 있다. 이런 환경에서는 특정 프로그램의 경과시간을 최소화하는 것보다는 처리량을 최적화하는 것이 중요할 수 있다. 그러므로 경과시간과 구분해서 프로세서가 순수하게 이 프로그램을 실행하기 위해 소비한 시간을 계산할 필요가 있다. 이 시간을 **CPU 실행시간**(CPU execution time) 또는 단순히 **CPU 시간**(CPU time)이라고 하는데, 입출력에 걸린 시간이나 다른 프로그램을 실행하는 데 걸린 시간은 여기 포함되지 않는다. (그러나 사용자가 느끼는 응답시간은 CPU 시간이 아니라 경과시간임에 유의하라.) CPU 시간은 실제로 사용자 프로그램 실행에 소요된

**CPU 실행시간** CPU 시간이라고도 한다. 특정 작업의 실행을 위해 CPU가 소비한 실제 시간.

**사용자 CPU 시간** 프로그램 자체에 소비된 CPU 시간.

**시스템 CPU 시간** 프로그램의 실행을 위해서 운영체제가 소비한 CPU 시간.

**사용자 CPU 시간**(user CPU time)과 운영체제가 이 프로그램을 위한 작업을 수행하기 위해 소비한 **시스템 CPU 시간**(system CPU time)으로 다시 나눌 수 있다. 그러나 운영체제의 각 작업이 어떤 프로그램을 위해서 수행되고 있는가를 명확히 가려내는 것이 어렵고 운영체제 간의 기능 차이도 있기 때문에 시스템 CPU 시간과 사용자 CPU 시간을 정확히 구하는 것은 쉽지 않다.

논의의 일관성을 위하여 경과시간을 기준으로 한 성능과 CPU 시간을 기준으로 한 성능을 구분하는 것이 좋겠다. 다른 부하가 없는 시스템에서의 경과시간으로 계산한 것을 **시스템 성능**, 사용자 CPU 시간으로 계산한 것을 **CPU 성능**이라고 부르기로 한다. 이 장에서는 CPU 성능에 초점을 맞춘다. 그러나 뒤에 나올 성능 종합 방법에 대한 설명은 CPU 시간뿐 아니라 경과시간에도 동일하게 적용할 수 있다.

## 프로그램 성능의 이해

응용에 따라서 컴퓨터 시스템의 성능 중 민감하게 영향을 받는 부분이 서로 다르다. 많은 응용들, 특히 서버에서 수행되는 것들은 입출력 성능의 영향을 많이 받는데, 입출력 성능은 다시 하드웨어와 소프트웨어 모두의 영향을 받는다. 이 경우 시계로 잰 전체 경과시간이 중요하다. 응용에 따라서 사용자의 관심사는 처리량이 될 수도 있고, 응답시간이 될 수도 있으며, 이 둘의 복잡한 조합(예를 들면 최악 응답시간 이내의 최대 처리량)이 될 수도 있다. 프로그램의 성능을 개선하기 위해서는 어떤 성능 척도들이 중요한지를 먼저 명확히 정의한 다음, 프로그램을 수행시키면서 성능을 측정함으로써 병목이 될 가능성이 있는 부분을 조사하여 정확한 성능 병목 지점을 찾아야 한다. 후속되는 장들에서 병목을 찾아내는 방법과 시스템 각 부분의 성능을 개선하는 방법에 대하여 설명할 것이다.

**클럭 사이클** 틱, 클럭 틱, 클럭 주기, 클럭, 사이클이라고도 부른다. 일정한 속도를 가지고 동작하는 프로세서 클럭 한 주기 동안의 시간.

**클럭 주기** 각 클럭 사이클의 길이.

사용자의 입장에서는 주로 시간에 관심을 갖게 되지만, 컴퓨터의 세세한 부분을 평가할 때는 다른 성능 척도를 사용하는 것이 편리할 때가 있다. 특히 컴퓨터 설계자는 하드웨어가 기본 함수를 얼마나 빨리 처리할 수 있는지와 관련된 성능 척도를 필요로 한다. 거의 모든 컴퓨터는 하드웨어 이벤트가 발생하는 시점을 결정하는 클럭을 이용하여 만들어진다. 이 클럭의 시간 간격을 **클럭 사이클**(clock cycle)(또는 **틱, 클럭 틱, 클럭 주기, 클럭, 사이클**)이라 한다. **클럭 주기**(clock period)는 한 **클럭 사이클**에 걸리는 시간(예를 들면 250 picosecond 즉 250 ps)이나 **클럭 속도**(예를 들면 4 gigahertz 즉 4 GHz)로 표시한다. 클럭 속도는 클럭 주기의 역수이다. 다음 절에서는 하드웨어 설계자가 비교 기준으로 사용하는 클럭 주기와 컴퓨터 사용자가 사용하는 성능 척도인 실행시간 간의 관계를 공식화한다.

스스로 점검하기

1. 개인 휴대용 기기와 클라우드를 사용하는 응용 프로그램은 네트워크의 성능에 좌우된다고 하자. 다음과 같이 변경을 하였을 때, 처리량만 개선되는지, 응답시간과 처리량이 모두 개선되는지, 아니면 두 척도에 아무런 개선이 없는지를 말하라.
   a. PMD와 클라우드 사이에 네트워크 채널을 하나 추가하여, 전체 네트워크의 처리량을 증대시키고 네트워크 접근시간을 단축시켰다(2개의 채널을 사용함으로써).
   b. 네트워크 소프트웨어를 개선하였다. 그 결과 네트워크 통신 지연시간은 단축되었지만 네트워크 처리량은 증대되지 않았다.
   c. 컴퓨터에 메모리를 추가하였다.
2. 컴퓨터 C의 성능이 컴퓨터 B의 성능보다 4배가 좋다. B가 주어진 응용을 28초에 수행하였다면 C는 얼마나 빨리 수행할 수 있겠는가?

## CPU 성능과 성능 인자

컴퓨터의 성능을 표시하는 데 사용자가 사용하는 척도와 설계자가 사용하는 척도가 서로 다른 경우가 많이 있다. 이때 서로 다른 척도 간의 상관관계를 구할 수 있다면, 설계상의 변화가 사용자가 느끼는 성능에 얼마나 영향을 미치는지 평가할 수 있을 것이다. 당분간은 CPU 성능에만 관심을 갖기로 했으므로 궁극적인 성능 척도는 CPU 시간이다. 가장 기본적인 척도인 클럭 사이클 수와 클럭 사이클 시간으로 CPU 시간을 표시하면 다음과 같다.

$$\text{프로그램의 CPU 실행시간} = \text{프로그램의 CPU 클럭 사이클 수} \times \text{클럭 사이클 시간}$$

클럭 속도와 클럭 사이클 시간은 역수 관계이므로

$$\text{프로그램의 CPU 실행시간} = \frac{\text{프로그램의 CPU 클럭 사이클 수}}{\text{클럭 속도}}$$

가 된다. 이 공식을 보면 클럭 사이클의 길이를 줄이거나 프로그램 실행에 필요한 클럭 사이클 수를 줄이면 성능을 개선할 수 있음을 알 수 있다. 후속 장들에서 설명이 되겠지만, 이 둘 중 하나를 감소시키면 다른 하나가 증가하는 경우가 자주 발생한다. 예를 들어 클럭 사이클 수를 줄이는 기법 중에는 클럭 사이클 시간을 증가시키는 것들이 많이 있다.

### 성능 개선

**예제**

2 GHz 클럭의 컴퓨터 A에서 10초에 실행되는 프로그램이 있다. 이 프로그램을 6초 동안에 실행할 컴퓨터 B를 설계하고자 한다. 클럭 속도는 얼마든지 빠르게 만들 수 있는데, 이렇게 하면 CPU 다른 부분의 설계에 영향을 미쳐 같은 프로그램에 대해 A보다 1.2배 많은 클럭 사이클이 필요하게 된다고 한다. 컴퓨터 B의 클럭 속도는 얼마로 해야 하겠는가?

**답**

우선 A에서 프로그램을 실행하는 데 필요한 클럭 사이클 수를 구해 보자.

$$\text{CPU 시간}_A = \frac{\text{CPU 클럭 사이클 수}_A}{\text{클럭 속도}_A}$$

$$10\text{초} = \frac{\text{CPU 클럭 사이클 수}_A}{2 \times 10^9 \frac{\text{사이클}}{\text{초}}}$$

$$\text{CPU 클럭 사이클 수}_A = 10\text{초} \times 2 \times 10^9 \frac{\text{사이클}}{\text{초}} = 20 \times 10^9 \text{사이클}$$

이 값을 이용하면 B에 대한 CPU 시간을 구할 수 있다.

$$\text{CPU 시간}_B = \frac{1.2 \times \text{CPU 클럭 사이클 수}_A}{\text{클럭 속도}_B}$$

$$6\text{초} = \frac{1.2 \times 20 \times 10^9 \text{사이클}}{\text{클럭 속도}_B}$$

$$\text{클럭 속도}_B = \frac{1.2 \times 20 \times 10^9 \text{사이클}}{6\text{초}} = \frac{0.2 \times 20 \times 10^9 \text{사이클}}{\text{초}}$$

$$= \frac{4 \times 10^9 \text{사이클}}{\text{초}} = 4\ \text{GHz}$$

결국 컴퓨터 B의 클럭은 A보다 2배 빨라야 한다.

## 명령어 성능

앞의 예에서 사용한 수식에는 프로그램 실행에 필요한 명령어 개수에 관한 사항이 포함되어 있지 않다. 그러나 컴파일러가 실행할 명령어를 생성하고 컴퓨터는 이 명령어를 실행해야 하기 때문에, 실행시간은 프로그램의 명령어 수와 관련이 있다. 이런 관점에서 실행시간을 실행 명령어 수에 명령어의 평균 실행시간을 곱한 값으로 계산할 수도 있다. 그러므로 프로그램 실행에 필요한 클럭 사이클 수는 다음과 같다.

$$\text{CPU 클럭 사이클 수} = \text{명령어 수} \times \text{명령어당 평균 클럭 사이클 수}$$

**명령어당 클럭 사이클 수**(clock cycles per instruction)는 **CPI**로 줄여 쓰기도 한다. 명령어마다 실행시간이 다르므로 CPI는 프로그램이 실행한 모든 명령어에 대해 평균한 값을 사용한다. 명령어 집합 구조가 같으면 프로그램에 필요한 명령어 수가 같으므로, CPI는 서로 다른 구현을 비교하는 한 가지 기준이 될 수 있다.

**명령어당 클럭 사이클 수 (CPI)** 프로그램 전체 혹은 일부에서 명령어 하나 실행에 필요한 평균 클럭 사이클 수

## 성능식의 이용

**예제**

같은 명령어 집합 구조를 구현한 컴퓨터 두 종류가 있다. 컴퓨터 A의 클럭 사이클 시간은 250 ps이고 어떤 프로그램에 대한 CPI는 2.0이며, 컴퓨터 B의 클럭 사이클 시간은 500 ps, CPI는 1.2이다. 이 프로그램에 관해서는 어떤 컴퓨터가 얼마나 더 빠른가?

**답**

두 컴퓨터가 실행해야 하는 명령어의 개수는 서로 같을 것이다. 이것을 *I*라 하자. 먼저 각 컴퓨터에서 소요되는 프로세서 클럭 사이클 수를 계산하자.

$$\text{CPU 클럭 사이클 수}_A = I \times 2.0$$
$$\text{CPU 클럭 사이클 수}_B = I \times 1.2$$

다음으로 각 컴퓨터의 CPU 시간을 계산하자.

$$\text{CPU 시간}_A = \text{CPU 클럭 사이클 수}_A \times \text{클럭 사이클 시간}_A$$
$$= I \times 2.0 \times 250\text{ ps} = 500 \times I\text{ ps}$$
$$\text{CPU 시간}_B = I \times 1.2 \times 500\text{ ps} = 600 \times I\text{ ps}$$

A가 빠른 것은 자명하다. 그러면 얼마나 빠른지를 계산해 보자.

$$\frac{\text{CPU 성능}_A}{\text{CPU 성능}_B} = \frac{\text{실행시간}_B}{\text{실행시간}_A} = \frac{600 \times I\text{ ps}}{500 \times I\text{ ps}} = 1.2$$

그러므로 A가 B보다 1.2배 빠르다고 결론지을 수 있다.

## 고전적인 CPU 성능식

**명령어 개수** 프로그램이 실행한 명령어의 수.

이제 성능식을 **명령어 개수**(프로그램이 실행한 명령어의 개수), CPI, 클럭 사이클 시간으로 표현하자.

$$\text{CPU 시간} = \text{명령어 개수} \times \text{CPI} \times \text{클럭 사이클 시간}$$

클럭 속도는 클럭 사이클 시간의 역수이므로,

$$\text{CPU 시간} = \frac{\text{명령어 개수} \times \text{CPI}}{\text{클럭 속도}}$$

이 식은 CPU 시간을 성능에 영향을 미치는 세 가지 핵심 인자로 표현하였기 때문에 매우 유용하다. 이 공식을 이용하여 두 가지 서로 다른 구현을 비교할 수 있다. 또한 어떤 설계 대안이 이 세 인자에 미치는 영향을 알 수 있다면 이 설계 대안을 평가하는 것도 가능하다.

**예제**

### 코드의 비교

컴파일러 설계자가 같은 컴퓨터를 위해 생성된 두 가지 코드 1과 2 중 하나를 선택하려 한다. 하드웨어 설계자가 제공한 사실은 다음과 같다.

| | 명령어 유형별 CPI | | |
|---|---|---|---|
| | A | B | C |
| CPI | 1 | 2 | 3 |

컴파일러 작성자가 어떤 상위 수준 언어 문장을 다음과 같은 두 가지 코드로 변환하는 방법을 고려하고 있다.

| 코드 | 실행 명령어 개수 | | |
|---|---|---|---|
| | A | B | C |
| 1 | 2 | 1 | 2 |
| 2 | 4 | 1 | 1 |

어떤 코드가 더 많은 명령어를 실행하는가? 어느 것이 더 빠른가? 각 코드의 CPI는 얼마인가?

**답**

코드 1은 2 + 1 + 2 = 5 명령어를 실행한다. 코드 2는 4 + 1 + 1 = 6 명령어를 실행한다. 그러므로 코드 1이 더 적은 명령어를 실행한다.

명령어의 개수와 CPI를 사용하여 CPU 클럭 사이클 수를 계산하는 다음 공식을 이용하면 각각의 코드에 대하여 클럭 사이클 수를 계산할 수 있다.

$$\text{CPU 클럭 사이클 수} = \sum_{i=1}^{n}(\text{CPI}_i \times \text{C}_i)$$

$$\text{CPU 클럭 사이클 수}_1 = (2 \times 1) + (1 \times 2) + (2 \times 3) = 2 + 2 + 6 = 10\text{사이클}$$
$$\text{CPU 클럭 사이클 수}_2 = (4 \times 1) + (1 \times 2) + (1 \times 3) = 4 + 2 + 3 = 9\text{사이클}$$

그러므로 코드 2가 비록 명령어는 하나 더 실행하지만 실행 속도는 더 빠르다. 코드 2의 경우 필요한 클럭 사이클 수는 적으면서 명령어는 더 많이 실행하므로 CPI가 낮다. CPI는 다음과 같이 구할 수 있다.

$$\text{CPI} = \frac{\text{CPU 클럭 사이클 수}}{\text{명령어 개수}}$$

$$\text{CPI}_1 = \frac{\text{CPU 클럭 사이클 수}_1}{\text{명령어 개수}_1} = \frac{10}{5} = 2.0$$

$$\text{CPI}_2 = \frac{\text{CPU 클럭 사이클 수}_2}{\text{명령어 개수}_2} = \frac{9}{6} = 1.5$$

요점정리

그림 1.15는 컴퓨터의 성능을 결정하는 기본 구성 요소와 각각의 측정에서 얻어지는 값을 보여 준다. 이 인자들로부터 프로그램의 실행시간을 구할 수 있다.

$$\text{시간} = \frac{\text{초}}{\text{프로그램}} = \frac{\text{명령어 수}}{\text{프로그램}} \times \frac{\text{클럭 사이클 수}}{\text{명령어}} \times \frac{\text{초}}{\text{클럭 사이클}}$$

컴퓨터 성능에 대한 완벽하고 믿을 만한 척도는 실행시간밖에 없음을 잊지 말자. 예를 들어 명령어 개수를 줄이기 위해 명령어 집합을 바꾸었을 때 클럭 속도가 느려지거나 CPI가 커져서 오히려 성능이 더 나빠질 수도 있다. 마찬가지로 CPI는 실행되는 명령어 종류에 따라 달라지므로 실행 명령어 수가 적은 코드가 항상 가장 빠른 것은 아니다.

그러면 성능식의 세 가지 인자 값은 어떻게 구할까? CPU 실행시간은 실제 프로그램을 실행시켜서 얻을 수 있고, 클럭 사이클 시간은 보통 컴퓨터의 하드웨어 매뉴얼에 기록되어 있다. 그러나 명령어 개수와 CPI는 구하기가 조금 어렵다. 물론 클

| Components of performance | Units of measure |
|---|---|
| CPU execution time for a program | Seconds for the program |
| Instruction count | Instructions executed for the program |
| Clock cycles per instruction (CPI) | Average number of clock cycles per instruction |
| Clock cycle time | Seconds per clock cycle |

그림 1.15 성능을 결정하는 기본 구성 요소 및 각 요소의 측정치.

럭 속도와 CPU 실행시간을 알 때, 명령어 개수나 CPI 중 하나를 알면 다른 하나는 계산으로 구할 수 있다.

명령어 개수는 실행 과정을 추적하는 소프트웨어 도구나 컴퓨터 구조의 시뮬레이터를 이용해서 측정할 수 있다. 그 외에 하드웨어 카운터—이제는 대부분의 프로세서에 장착되어 있다—를 사용하면 실행 명령어 수나 평균 CPI, 심지어는 성능 저하의 원인까지 찾아낼 수 있다. 명령어 개수는 구조에 따라서 결정될 뿐 구현 방법과는 상관이 없으므로 자세한 구현 내용은 몰라도 구할 수 있다. 그러나 CPI는 프로그램 실행에 사용되는 명령어 배합뿐 아니라 메모리 시스템과 프로세서 구조(4, 5장에서 설명)를 포함하는 여러 가지 컴퓨터 세부 설계에 따라 달라진다. 따라서 CPI는 명령어 집합이 같더라도 구현 방식에 따라서 달라질 뿐 아니라 응용 프로그램에 따라서도 달라진다.

위의 예는 한 가지 인자(명령어 개수)만으로 성능을 평가하는 일이 얼마나 위험한가를 보여 준다. 두 컴퓨터를 비교할 때는 실행시간에 영향을 미치는 세 가지 인자를 모두 고려해야 한다. 어떤 인자(위 예의 경우 클럭 속도)가 같으면 다른 인자들을 비교해서 성능을 평가해야 한다. CPI는 **명령어 배합**(instruction mix)에 따라 달라지므로 클럭 속도가 같더라도 명령어 개수와 CPI는 반드시 비교해야 한다. 이 장의 끝부분에 있는 연습문제에는 클럭 속도, CPI, 명령어 개수에 영향을 미치는 컴파일러와 컴퓨터 개선 방법 여러 가지를 평가하는 문항이 포함되어 있다. 1.11절에서는 많이 쓰이는 성능 측정 방법 중에서 여러 요소를 모두 포함시키지 못하여 사람들을 오도할 수 있는 척도에 대해 알아본다.

**명령어 배합** 하나 또는 여러 개의 프로그램에서 수행된 명령어들의 동적 빈도수에 대한 척도.

**프로그램 성능의 이해** 프로그램의 성능은 알고리즘, 언어, 컴파일러, 컴퓨터 구조, 그리고 실제 하드웨어의 영향을 받는다. 다음 표에 이러한 요소들이 CPU의 성능식의 인자에 어떤 영향을 미치는지를 요약하였다.

| 하드웨어 또는 소프트웨어 구성 요소 | 영향을 끼치는 인자 | 어떻게? |
|---|---|---|
| 알고리즘 | 명령어 개수, CPI | 알고리즘은 소스 프로그램이 실행할 명령어의 수, 결국 프로세서가 실행할 명령어의 수를 결정한다. 알고리즘이 빠른 명령어를 선호하느냐 느린 명령어를 선호하느냐에 따라 CPI에 영향을 미칠 수도 있다. 예를 들어 나눗셈을 많이 하는 알고리즘은 높은 CPI를 갖게 될 것이다. |
| 프로그래밍 언어 | 명령어 개수, CPI | 프로그래밍 언어로 표현된 문장은 프로세서 명령어로 변환되기 때문에 확실히 명령어 개수에 영향을 미치게 된다. 또 언어의 어떤 특성 때문에 언어가 CPI에도 영향을 미칠 수 있다. 예를 들어 Java같이 데이터 추상화를 많이 사용하는 언어는 함수의 간접 호출(indirect call)을 필요로 하는데, 이는 CPI가 높은 명령어를 사용하게 된다. |
| 컴파일러 | 명령어 개수, CPI | 컴파일러는 소스 언어를 컴퓨터 명령어로 변환하는 역할을 하므로 얼마나 효율적인가에 따라 명령어 개수와 CPI가 영향을 받는다. 컴파일러의 기능이 매우 복잡한 만큼 CPI에 다양한 방식으로 영향을 끼친다. |
| 명령어 집합 구조 | 명령어 개수, 클럭 속도, CPI | 명령어 집합 구조는 어떤 기능을 수행하기 위해 필요한 명령어의 수, 각 명령어당 사이클의 수, 그리고 프로세서의 클럭 속도에 영향을 미치므로 CPU 성능의 세 인자에 모두 영향을 끼친다. |

**고난도:** CPI의 최소값이 1.0일 것이라고 추측하겠지만, 4장에서 알 수 있는 바와 같이 어떤 프로세서는 매 클럭 사이클마다 여러 개의 명령어를 인출하고 실행한다. 이런 방식을 반영하기 위하여 어떤 설계자는 CPI의 역수인 **IPC**(instructions per clock cycle, **클럭 사이클당 명령어 수**)를 이야기한다. 어떤 프로세서가 클럭 사이클당 평균 2개의 명령어를 실행한다면 IPC는 2가 되고, CPI는 0.5가 되는 것이다.

**고난도:** 전통적으로 클럭 사이클 시간은 고정값을 사용해 왔지만, 오늘날의 프로세서는 에너지를 절약하거나 일시적으로 성능을 높이기 위해서 클럭 속도를 변경시키기도 하므로 프로그램에 대한 **평균** 클럭 속도를 사용할 필요가 있다. 예를 들어 Intel Core i7은 칩이 너무 뜨거워지기 전까지 한시적으로 클럭 속도를 10% 정도 올린다. Intel은 이것을 **터보 모드**(Turbo mode)라고 부른다.

**스스로 점검하기**

Java로 작성된 어떤 응용 프로그램이 데스크톱 프로세서에서 15초 걸려 실행되었다. 새로운 Java 컴파일러가 발표가 되었는데 이전 컴파일러에 비하여 명령어 개수의 비율을 0.6으로 줄였다. 하지만 CPI는 1.1배 커졌다. 새로운 컴파일러를 사용하면 이 응용 프로그램을 얼마나 빨리 실행할 수 있겠는가? 다음 셋 중에서 하나를 선택하라.

a. $\frac{15 \times 0.6}{1.1} = 8.2$초

b. $15 \times 0.6 \times 1.1 = 9.9$초

c. $\frac{15 \times 1.1}{0.6} = 27.5$초

## 1.7 전력 장벽

그림 1.16은 Intel 프로세서가 9세대를 진화한 지난 36년간 클럭 속도와 소비 전력이 어떻게 증가했는지를 보여 준다. 클럭 속도와 소비 전력은 오랫동안 빠르게 증가하다가 최근에 주춤해지거나 감소하였다. 속도와 전력이 같이 증가하는 이유는 둘이 서로 연관되어 있기 때문이고, 최근에 성장이 정체된 이유는 상용 마이크로프로세서의 냉각 문제 때문에 실제로 사용할 수 있는 전력이 한계에 도달하였기 때문이다.

전력이 냉각의 한계를 정하기는 하지만, 포스트 PC 시대에서 실제 더 중요한 자원은 에너지이다. 개인 휴대용 기기에서는 배터리 수명이 성능보다 더 중요할 수 있으며, 창고 규모의 컴퓨터를 설계하는 사람에게는 50,000개의 서버에 전력을 공급하고 냉각하는 비용을 줄이는 것이 중요한 문제일 것이다. MIPS(1.11절 참조)같이 처리 속도를 나타내는 수치보다 실행시간을 초 단위로 측정하는 것이 더 좋은 성능 측정 방법인 것처럼, 에너지 척도인 줄(joule)이 단위 시간당 에너지(joule/sec)에 해당하는 전력을 나타내는 와트(watt)보다 더 나은 척도이다.

집적회로의 주된 기술인 CMOS(complementary metal oxide semiconductor)가

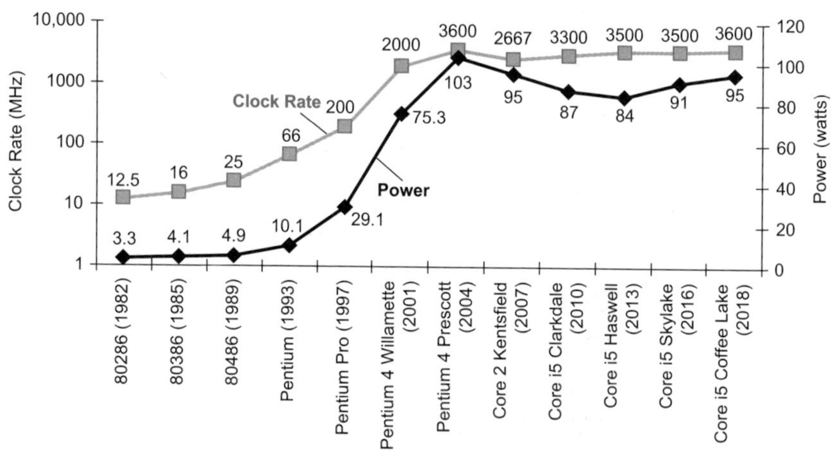


**그림 1.16 지난 36년간 Intel x86 마이크로프로세서의 9세대가 겪은 클럭 속도와 소비 전력의 변화.** Pentium 4는 클럭 속도와 소비 전력에 있어서 획기적인 증가를 가져왔으나 성능은 그렇지 못하였다. Prescott 칩의 열문제로 인해 Pentium 4 생산은 중단되었다. Core 2는 클럭 속도를 낮추고 파이프라인을 단순화시킨 구조로 회귀하는 대신 칩에 복수의 프로세서를 장착하였다. Core i5 파이프라인은 이 추세를 따르고 있다.

에너지를 소비하는 주원인은 동적 에너지(dynamic energy)이다. 동적 에너지란 트랜지스터가 0에서 1로 혹은 그 반대로 스위칭하는 동안에 소비되는 에너지를 말한다. 동적 에너지는 각 트랜지스터의 용량성 부하와 인가되는 전압에 의해 결정된다.

$$\text{에너지} \propto \text{용량성 부하} \times \text{전압}^2$$

이 식은 $0 \rightarrow 1 \rightarrow 0$ 혹은 $1 \rightarrow 0 \rightarrow 1$로 논리값이 두 번 바뀔 때 소모하는 에너지이다. 한 번 바뀔 때 소모되는 에너지는 다음과 같다.

$$\text{에너지} \propto 1/2 \times \text{용량성 부하} \times \text{전압}^2$$

트랜지스터 하나가 소비하는 전력은 한 번 바뀔 때 소모되는 에너지와 시간당 논리값이 바뀌는 빈도수의 곱이다.

$$\text{전력} \propto 1/2 \times \text{용량성 부하} \times \text{전압}^2 \times \text{스위칭 빈도}$$

스위칭 빈도는 클럭 속도의 함수이다. 트랜지스터의 용량성 부하는 출력 단자에 연결된 트랜지스터의 개수[팬아웃(fanout)이라고 한다]와 공정 기술의 함수이다. 공정 기술은 도선과 트랜지스터의 용량(capacitance)을 결정한다.

그림 1.16에서, 전력이 고작 30배 증가하는 동안 클럭 속도는 어떻게 1000배가 빨라질 수 있었을까? 새로운 공정 기술이 나올 때마다 전압은 낮아졌고, 전력은 전압의 제곱에 비례하기 때문에 소비 전력이 낮아질 수 있었다. 공정 기술 세대가 바뀔 때마다 대략 15%씩 전압이 줄어들었다. 20년 동안 전압은 5 V에서 1 V로 줄어들었는데, 이것이 전력이 고작 30배밖에 증가하지 않은 이유이다.

### 상대 전력

**예제**

복잡한 구형 프로세서와 비교하여 용량성 부하가 85%밖에 되지 않는 간단한 신형 프로세서를 개발하였다고 가정하자. 또한 신형 프로세서에는 가변 전압 기능이 있어서 구형에 비하여 전압을 15% 줄일 수 있었고 따라서 주파수도 15% 낮추었다면 동전력에는 어떤 영향을 미쳤겠는가?

**답**

$$\frac{\text{전력}_{new}}{\text{전력}_{old}} = \frac{(\text{용량성 부하} \times 0.85) \times (\text{전압} \times 0.85)^2 \times (\text{스위칭 빈도} \times 0.85)}{\text{용량성 부하} \times \text{전압}^2 \times \text{스위칭 빈도}}$$

그러므로 전력비는

$$0.85^4 = 0.52$$

이다. 따라서 신형 프로세서는 소비 전력이 구형의 절반 정도이다.

오늘날의 문제는 전압을 더 이상 낮추면 트랜지스터 누설 전류가 너무 커진다는 것인데, 이는 꽉 잠기지 않는 수도꼭지의 문제와 같다. 서버 칩에서 현재 이미 40%의 전력이 누설 전류에 의해 소모되고 있다. 트랜지스터의 누설이 더 증가한다면 공정 전체가 통제 불능 상태가 될 것이다.

전력 문제 해결을 위해 설계자들은 이미 냉각이 잘 되도록 큰 장치를 부착해 놓았으며, 클럭 사이클 단위로 사용하지 않는 부분을 꺼 버리는 방법을 쓰고 있다. 칩을 냉각시키기 위해 더 비싼 방법을 사용한다면 전력을 300 W까지 증가시킬 수도 있지만, 개인 휴대용 기기는 말할 것도 없고 개인용 컴퓨터나 서버 컴퓨터에서조차 사용하기에 너무 비싸다.

컴퓨터 설계자들이 전력 장벽에 부딪쳤기 때문에 앞으로 나아가기 위해서는 새로운 방법이 필요하였다. 그래서 초창기 30년 동안 마이크로프로세서를 설계하였던 것과는 다른 방식을 선택하였다.

**고난도:** 동적 에너지가 CMOS 에너지 소모의 주요인이기는 하지만 트랜지스터가 꺼져 있을 때도 흐르는 누설 전류 때문에 정적 에너지 소모가 존재한다. 서버에서 전체 에너지 소모의 40%는 누설 전류에 의한 것이다. 이와 같이 트랜지스터가 많아지면 비록 그것이 항상 꺼져 있더라도 전력 소모가 늘어나게 된다. 누설 전류 제어를 위해 다양한 설계 기법과 기술 혁신이 실제로 적용되고 있으나 전압을 더 낮추는 것은 어려운 일이다.

**고난도:** 전력은 다음 두 가지 이유로 집적회로의 골치 아픈 문제이다. 첫째, 전력을 외부에서 가져와서 칩 전체에 전달하여야 한다. 현대의 마이크로프로세서는 전력과 접지를 위해 수백 개의 핀을 사용한다. 마찬가지로 칩 상호연결 중 여러 층이 오로지 전력과 접지의 분배만을 위해 사용되고 있다. 둘째, 전력이 열로 바뀌어 발산되는데 이 열을 식히는 것이 문제이다. 서버 칩은 100 W 이상의 전력을 소모하므로, 창고 규모의 컴퓨터에서는 칩과 주변 시스템의 냉각 비용이 전체 비용의 상당한 부분을 차지한다(6장 참조).

*Up to now, most software has been like music written for a solo performer; with the current generation of chips we're getting a little experience with duets and quartets and other small ensembles; but scoring a work for large orchestra and chorus is a different kind of challenge.*

Brian Hayes, *Computing in a Parallel Universe*, 2007.

## 1.8 현저한 변화: 단일프로세서에서 멀티프로세서로의 변화

전력 한계 문제는 마이크로프로세서 설계에 극적인 변화를 가져왔다. 그림 1.17은 데스크톱 마이크로프로세서의 프로그램 응답시간 개선 추세를 보여 준다. 개선 속도가 2002년부터는 매년 1.5배에서 1.03배로 둔화된 것을 알 수 있다.

2006년에 모든 데스크톱과 서버 회사는 단일프로세서에서 한 프로그램의 응답

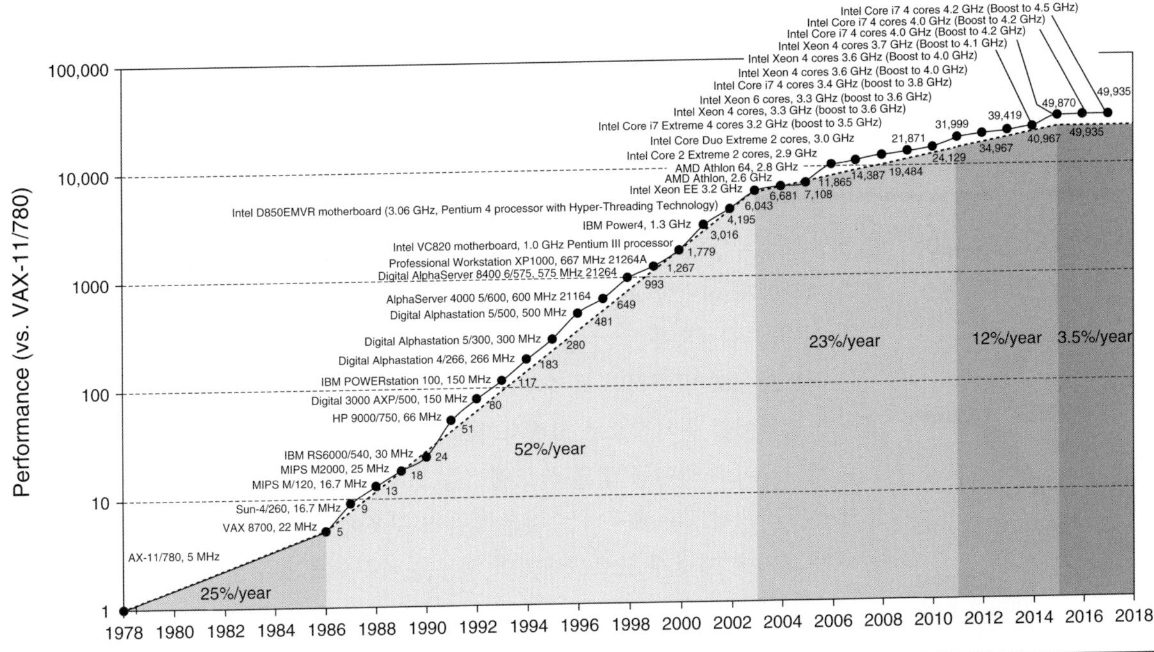


**그림 1.17 1980년대 중반 이래 프로세서 성능의 향상.** 이 그래프는 SPECint 벤치마크(1.9절 참조)로 측정된 값을 VAX 11/780 기준의 상대 성능으로 나타낸 것이다. 1980년대 중반 이전의 프로세서 성능 증가는 주로 공정 기술 발전의 덕이었으며, 발전 속도는 평균적으로 연간 25% 정도였다. 그 이후 컴퓨터 구조와 조직의 발전에 기인하여 매년 약 52%의 증가를 보이게 된다. 그 결과 2002년의 성능은 25%의 성장 속도를 유지하는 경우보다 7배나 더 좋아졌다. 2002년 이후 전력의 제약, 명령어 수준 병렬성의 제약, 긴 메모리 지연시간 등의 이유로 단일프로세서의 성능 개선은 둔화되어 최근에는 연간 3.5% 정도에 머물고 있다. (그림 출처: Hennssey JL, Patterson DA, *Computer Architecture: A Quantitative Approach*, ed. 6, Waltham MA, 2017, Elsevier)

시간을 줄여 나가는 대신 마이크로프로세서 칩 하나에 여러 개의 프로세서를 집적하는 방식으로 전환하였는데, 이 방법은 응답시간보다 처리량 개선에 더 효과가 있다. 프로세서와 마이크로프로세서 두 용어 사이의 혼란을 줄이기 위하여 회사들은 프로세서를 "코어"라고 부르고 그러한 마이크로프로세서를 멀티코어 마이크로프로세서라고 불렀다. 그러므로 "쿼드코어" 마이크로프로세서는 4개의 프로세서 즉 4개의 코어를 포함한 칩이다.

과거에는 프로그래머가 코드를 한 줄도 안 바꾸고 하드웨어와 컴퓨터 구조, 그리고 컴파일러의 혁신에만 의존하여도 매 18개월마다 2배씩의 성능 개선을 누릴 수 있었다. 하지만 오늘날에는 응답시간을 현저히 개선하려면 다중 프로세서의 장점을 살리도록 프로그램을 재작성해야 한다. 나아가 새로운 마이크로프로세서에서 더 빠르게 실행되는 이득을 누리기 위해서는 코어의 수가 증가될 때마다 코드의 성능을 지속적으로 개선해 나가야 할 것이다.

소프트웨어와 하드웨어 시스템이 어떻게 협조하는가에 대한 추가 설명을 위해서

이 책에 "하드웨어/소프트웨어 인터페이스"라고 하는 특별한 섹션을 포함시켰다. 이 섹션은 이 인터페이스에 대한 중요한 통찰을 요약해 놓은 것이다. 그 첫 번째가 다음에 있다.

**하드웨어/소프트웨어 인터페이스**

PARALLELISM

PIPELINING

**병렬성**은 컴퓨팅의 성능에 늘 중대한 역할을 하였으나 대개 드러나지 않고 숨어 있었다. 4장에서 설명할 **파이프라이닝**은 명령어의 실행을 중첩시켜서 프로그램을 빠르게 실행시키는 훌륭한 기술로, **명령어 수준 병렬성**의 한 예이다. 파이프라이닝에서는 하드웨어의 병렬적인 특성이 드러나지 않아서 프로그래머와 컴파일러는 하드웨어가 명령어를 순차적으로 실행시키는 것으로 여길 수 있다.

프로그래머로 하여금 병렬 하드웨어를 인지하고 그에 따라 명시적으로 병렬 프로그램을 작성하도록 요구하는 것은 컴퓨터 구조에서 늘 "제3의 선택"이었었다. 왜냐하면 과거에 이렇게 프로그래머의 행동을 바꾸도록 요구한 회사는 실패해 왔기 때문이다(🌐 6.16절 참조). 이러한 역사적인 관점에서 보면, IT 산업계 모두가 미래에는 결국 프로그래머들이 명시적으로 병렬 프로그래밍을 하게 될 것이라고 예측하고 있다는 사실이 놀라울 따름이다.

프로그래머가 명시적 병렬 프로그램을 작성하는 것이 왜 이렇게 어려운 일인가? 첫 번째 이유는 병렬 프로그래밍은 정의상 성능을 중시하는 프로그래밍이고 이것이 프로그래밍의 어려움을 가중시킨다는 점이다. 프로그램이 정확하고, 중요한 문제를 해결하며, 그 프로그램을 사용하는 사용자나 다른 프로그램에 편리한 인터페이스를 제공하는 것만으로는 충분하지 않고, 그 위에 실행시간이 빨라야 하기 때문이다. 고성능이 필요하지 않다면 그냥 순차 프로그램을 작성하면 되지 굳이 병렬 프로그램을 작성할 이유가 없는 것이다.

둘째 이유는 병렬 하드웨어에서 빠르게 실행된다는 것은 각 프로세서가 대략 비슷한 양의 일을 동시에 실행하도록 응용을 분할해야 하고 병렬성으로부터 얻을 수 있는 잠재적인 성능의 이득을 침해하지 않도록 분할된 일을 스케줄링하고 조정하는 오버헤드가 작아야 함을 의미하기 때문이다.

비유컨대 신문 기사를 작성하는 일을 생각해 보자. 한 뉴스에 8명의 기자를 투입해서 동시에 일하게 한다면 8배 빨리 끝낼 수 있는 잠재성이 있다. 그러나 이렇게 개선된 속도를 얻기 위해서는 누군가가 태스크를 잘 분할하여 모든 기자가 동시에 유용한 일을 하도록 해야 한다. 그리고 나누어진 서브태스크들을 **스케줄링**해야 한다. 만약 무언가 잘못되어 기자 1명이 다른 7명보다 시간을 많이 소비한다면 8명을 투입한 이점이 줄어들 것이다. 이와 같이 원하는 속도 개선을 얻기 위해서는 **부하를 공평하게 분배**하여야 한다. 또 하나의 위험은 기자들이 자신들이 맡은 부분을 작성하기 위해 다른 사람들과 이야기를 나누느라 너무 오랜 시간을 소비해야 할지도 모른다는 것이다. 결론부처럼 다른 모든 부분들이 끝나기 전에는 쓸 수 없는 부분이 있다면 이 또한 성능 미진의 이유가 될 수 있다. 그러므로 **통신 및 동기화 오버헤드를 줄이기 위한** 각별한 주의가 요구된다. 이 비유나 병렬 프로그래밍이나 모두 스케줄링, 부하 균형, 동기화 시간, 참여자들 간의 통신 오버헤드를 줄이는 것이 어려운 문제이다. 기사 하나에 더 많은 기자가 참여하거나 병렬 프로그래밍에 더 많은 프로세서가 사용된다면 어려움이 가중되리라는 것은 짐작할 수 있는 바이다.

최근 산업계에서 일어나고 있는 현저한 변화를 반영하여 이 책에서는 각 장마다 병렬 혁명과 연관된 내용에 대한 절을 포함시켰다.

- 2.11절: 병렬성과 명령어: 동기화. 독립적인 병렬 태스크들도 조정이 필요한 경우가 있다. 예를 들면 언제 작업을 끝냈는지를 알려 주어야 할 때가 있다. 이 장에서는 멀티코어 프로세서들이 태스크를 동기화하는 데 사용하는 명령어들을 설명한다.
- 3.6절: 병렬성과 컴퓨터 연산: 서브워드 병렬성. 아마 가장 간단한 형태의 병렬성은 2개의 벡터를 곱하는 연산처럼, 원소들에 대한 연산을 병렬로 수행하는 과정에서 나타날 것이다. 서브워드 병렬성은 연산 장치의 폭을 넓혀서 동시에 여러 값을 처리하는 것이다.

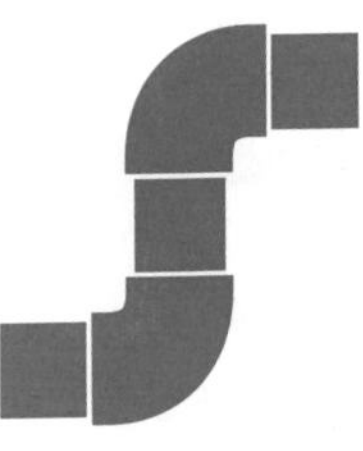


- 4.11절: 명령어를 통한 병렬성. 명시적인 병렬 프로그래밍이 어렵기 때문에 1990년대에는 하드웨어와 컴파일러로 **파이프라이닝**과 같은 기법을 사용하여 암시적인 병렬성을 얻고자 하는 노력이 많이 있었다. 이 장에서는 이러한 의욕적인 기술 중의 일부를 설명한다. 여러 명령어들을 동시에 인출하여 실행하고, 분기의 결과를 **예측**하여 실행 여부가 확실치 않은 명령어를 미리 실행하는 등의 기술이 포함된다.

- 5.10절: 병렬성과 메모리 계층구조: 캐시 일관성. 통신 비용을 줄이는 한 가지 방법은 모든 프로세서가 같은 주소공간을 사용하게 하여, 어느 프로세서라도 아무 데이터나 읽고 쓸 수 있도록 만드는 것이다. 오늘날 모든 프로세서에 캐시가 있어서 프로세서 가까이에 있는 빠른 메모리에 데이터의 복사본을 갖도록 하고 있다. 만약 각 프로세서에 딸린 캐시들의 공유 데이터 값이 모두 같지 않다면 병렬 프로그래밍이 훨씬 어려워질 것임은 쉽게 상상할 수 있다. 이 장에서는 모든 캐시에 있는 데이터가 일관성을 갖도록 하는 기법을 설명한다.

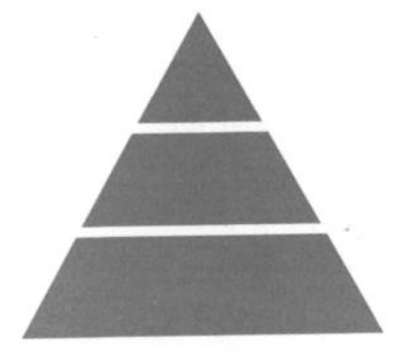


- 5.11절: 병렬성과 메모리 계층구조: RAID. 이 절에서는 많은 수의 디스크를 사

용하여 저장장치의 처리량을 크게 개선시키는 기술인 RAID(Redundant Arrays of Inexpensive Disks)를 설명한다. 성능을 개선하는 것이 RAID의 원래 목적이었지만, RAID가 널리 사용된 진짜 이유는 여유분의 디스크를 적절한 수만큼 가지고 있음으로 해서 신뢰성이 크게 개선된다는 점이었다. 이 절에서는 다른 수준의 RAID들이 성능과 비용, 그리고 신뢰성의 측면에서 어떤 차이가 있는지 설명한다.

이러한 절들에 덧붙여서 병렬 처리에 대한 별도의 장으로 6장이 있다. 여기서는 병렬 프로그래밍의 어려움에 대하여 더 자세히 설명한다. 대비되는 두 가지 방식—공유 주소를 사용하여 통신하는 방식과 명시적인 메시지 전달 방식—을 설명하고, 프로그램을 용이하게 하기 위한 병렬성의 제한된 모델을 설명한다. 또한 병렬 프로세서를 벤치마킹하기 어려운 이유를 설명하고 멀티코어 마이크로프로세서를 위한 새로우면서도 간단한 성능 모델을 소개하며, 이 성능 모델을 이용하여 4개의 멀티코어 마이크로프로세서를 평가한다.

앞서 언급한 바와 같이 3장부터 6장까지 행렬-벡터 곱셈의 예를 사용하여 각 종류의 병렬성이 성능을 얼마나 개선하는지 살펴볼 것이다.

PARALLELISM

🌐 부록 B에서는 데스크톱 컴퓨터에 포함되어 점점 널리 사용되는 하드웨어 구성요소인 **그래픽 처리 유닛**(graphics processing unit, GPU)을 설명한다. GPU가 처음에는 그래픽 처리를 빠르게 하기 위해서 발명되었지만, 이제는 그 자체가 하나의 프로그래밍 플랫폼이 되고 있다. 여러분들의 예상대로 GPU는 **병렬성**에 의존한다.

NVIDIA GPU를 설명하고 이를 위한 병렬 프로그래밍 환경의 일부분을 집중 조명하는 부분도 🌐 부록 B에 포함되어 있다.

*I thought [computers] would be a universally applicable idea, like a book is. But I didn't think it would develop as fast as it did, because I didn't envision we'd be able to get as many parts on a chip as we finally got. The transistor came along unexpectedly. It all happened much faster than we expected.*

J. Presper Eckert, coinventor of ENIAC, speaking in 1991

## 1.9 실례: Intel Core i7 벤치마킹

본서에는 각 장마다 "실례(Real Stuff)"라는 절이 있는데, 이 절은 본문에서 소개한 개념이 실제 컴퓨터에서 어떻게 적용되고 있는지를 설명한다. 이 절들은 최신 컴퓨터에 적용되고 있는 기술들에 대하여 다룬다. 첫 번째 "실례"는 Intel Core i7을 예로 들어서 성능 및 전력의 측정 방법을 설명한다.

### SPEC CPU 벤치마크

같은 프로그램들을 매일 반복해서 실행시키는 사용자가 있다면 이 사람이야말로 컴퓨터의 성능을 평가하기 위한 완벽한 조건을 갖춘 사람일 것이다. 실행시키는 프로그램들의 집합이 바로 작업부하(workload)가 될 수 있다. 따라서 두 컴퓨터 시스템을 평가하려면 두 컴퓨터에서 같은 작업부하의 실행시간만 비교하면 된다. 그러나 대부분의 사용자는 이런 상황에 있지 않다. 그러므로 새로운 성능 평가 방법을 만들어 이 방법이 자기 작업부하에 대한 컴퓨터의 성능을 잘 반영하기를 기대하면서 쓸 수밖에 없다. 보통은 성능을 측정하기 위해 선택된 프로그램의 집합, 즉 벤치마크(benchmark)를 사용해서 성능을 평가한다. 벤치마크는 사용자의 실제 작업부하에 대한 성능을 잘 반영할 것으로 생각되는 프로그램들로 구성된 작업부하이다. 앞서 지적한 바와 같이 **자주 생기는 일을 빠르게** 하기 위해서는 어떤 일이 자주 생기는지를 정확하게 예측할 필요가 있으며, 따라서 벤치마크는 컴퓨터 구조에서 매우 중요한 역할을 한다.

작업부하 사용자가 실제로 실행하는 응용 프로그램들의 모음 또는 그러한 모음과 유사한 특성을 갖도록 실제 프로그램에서 발췌하여 구성한 프로그램들의 집합. 전형적인 작업부하는 프로그램 목록과 각 프로그램의 상대적인 실행 빈도를 같이 표시한다.

벤치마크 컴퓨터의 성능을 비교하기 위해 선택된 프로그램.

COMMON CASE FAST

SPEC(System Performance Evaluation Cooperative)은 최신의 컴퓨터 시스템을 위한 표준 벤치마크를 만들기 위하여 여러 컴퓨터 회사가 자금을 대고 지원한 결과 만들어졌다. 1989년에 프로세서 성능에 초점을 맞춘 벤치마크(오늘날 SPEC89라고 부른다)를 처음 만들었는데, 이것이 다섯 세대를 거치며 진화해 왔다. 가장 최근에 발표된 것은 SPEC CPU2017로, 정수 벤치마크 10개(SPECspeed 2017 Integer)와 부동 소수점 벤치마크 13개(SPECspeed 2017 Floating Point)로 구성되어 있다. 정수 벤치마크는 C 컴파일러의 일부분에서부터 체스 프로그램이나 양자 컴퓨터 시뮬레이션에 이르기까지 다양하다. 부동 소수점 벤치마크는 유한요소 모델링을 위한 정렬격자(structured grid) 코드, 분자 역학을 위한 입자법(particle method) 코드, 그리고 유체 역학을 위한 희소 선형대수 코드 등을 포함한다.

그림 1.18은 SPEC 정수형 벤치마크 프로그램과 Intel Core i7에서 이 프로그램들의 실행시간을 보여 준다. 아울러 실행시간을 결정하는 요소인 명령어 개수, CPI와 클럭 사이클 시간을 함께 보여 준다. 프로그램에 따라 CPI가 4배 이상 차이가 남에 주목하라.

컴퓨터 마케팅을 간단하게 하기 위해서 SPEC은 정수형 벤치마크 10개의 결과를 숫자 하나로 요약하기로 결정하였다. 기준 프로세서의 실행시간을 측정하려는 컴퓨터의 실행시간으로 나누어 실행시간을 정규화한다. 이렇게 정규화한 결과를 SPEC ratio라고 한다. SPECratio가 클수록 성능이 더 좋은 컴퓨터이다. 즉, SPECratio는 실행시간의 역수이다. 마지막으로 SPECratio를 기하평균해서 SPECspeed 2017의 요약값을 구한다.

**고난도:** SPECratio를 이용하여 2개의 컴퓨터를 비교할 때, 기하평균을 사용하라. 그러면 정

| Description | Name | Instruction Count x $10^9$ | CPI | Clock cycle time (seconds x $10^{-9}$) | Execution Time (seconds) | Reference Time (seconds) | SPECratio |
|---|---|---|---|---|---|---|---|
| Perl interpreter | perlbench | 2684 | 0.42 | 0.556 | 627 | 1774 | 2.83 |
| GNU C compiler | gcc | 2322 | 0.67 | 0.556 | 863 | 3976 | 4.61 |
| Route planning | mcf | 1786 | 1.22 | 0.556 | 1215 | 4721 | 3.89 |
| Discrete Event simulation - computer network | omnetpp | 1107 | 0.82 | 0.556 | 507 | 1630 | 3.21 |
| XML to HTML conversion via XSLT | xalancbmk | 1314 | 0.75 | 0.556 | 549 | 1417 | 2.58 |
| Video compression | x264 | 4488 | 0.32 | 0.556 | 813 | 1763 | 2.17 |
| Artificial Intelligence: alpha-beta tree search (Chess) | deepsjeng | 2216 | 0.57 | 0.556 | 698 | 1432 | 2.05 |
| Artificial Intelligence: Monte Carlo tree search (Go) | leela | 2236 | 0.79 | 0.556 | 987 | 1703 | 1.73 |
| Artificial Intelligence: recursive solution generator (Sudoku) | exchange2 | 6683 | 0.46 | 0.556 | 1718 | 2939 | 1.71 |
| General data compression | xz | 8533 | 1.32 | 0.556 | 6290 | 6182 | 0.98 |
| Geometric mean | – | – | – | – | – | – | 2.36 |

**그림 1.18 1.8 GHz Intel Xeon E5–2650L에서 실행된 SPECspeed 2017 Integer 벤치마크.** 1.6절의 성능식에서 설명한 바와 같이 실행시간은 표의 세 가지 인자—명령어 개수, 명령어당 클럭 수(CPI), 클럭 사이클 시간—의 곱이다. SPECratio는 SPEC이 제공하는 기준 시간을 측정된 실행시간으로 나눈 값이다. SPECratio들의 기하평균을 SPECspeed 2017 Integer라고 부른다. SPECspeed 2017은 perlbench, gcc, x264, xz 벤치마크를 위한 여러 입력 파일을 가지고 있다. 이 표의 실행시간과 총 클럭 사이클 수는 모든 입력에 대한 이들 프로그램의 실행값을 합한 것이다.

규화에 사용한 컴퓨터가 무엇인지에 관계없이 동일한 상대적인 답을 제공한다. 만약 정규화된 실행시간의 산술평균을 구한다면, 그 값은 어떤 컴퓨터를 기준으로 선정하느냐에 따라 달라진다.

기하평균 공식은 다음과 같다.

$$\sqrt[n]{\prod_{i=1}^{n} (\text{실행시간의 비})_i}$$

여기서 $(\text{실행시간의 비})_i$는 전체 $n$개의 작업부하 중 $i$번째 프로그램의 실행시간을 기준 컴퓨터로 정규화한 값이다. 그리고

$$\prod_{i=1}^{n} a_i \text{는 곱 } a_1 \times a_2 \times \ldots \times a_n \text{을 의미한다.}$$

## SPEC 전력 벤치마크

에너지와 전력의 중요성이 증대함에 따라 SPEC은 전력을 측정하기 위한 벤치마크를 추가하였다. 이것은 일정 시간 동안 작업부하를 10%씩 증가시키면서 서버의 전

| Target Load % | Performance (ssj_ops) | Average Power (watts) |
|---|---|---|
| 100% | 4,864,136 | 347 |
| 90% | 4,389,196 | 312 |
| 80% | 3,905,724 | 278 |
| 70% | 3,418,737 | 241 |
| 60% | 2,925,811 | 212 |
| 50% | 2,439,017 | 183 |
| 40% | 1,951,394 | 160 |
| 30% | 1,461,411 | 141 |
| 20% | 974,045 | 128 |
| 10% | 485,973 | 115 |
| 0% | 0 | 48 |
| Overall Sum | 26,815,444 | 2,165 |
| ∑ssj_ops / ∑power = | | 12,385 |

**그림 1.19 192 GiB의 DRAM과 80 GB SSD 디스크를 장착한 듀얼 소켓 2.2 GHz Intel Xeon Platinum 8276L에서 SPECpower_ssj2008을 실행한 결과.**

력 소모를 측정한다. 그림 1.19는 Intel Nehalem을 사용한 서버에서 측정한 결과를 보여 준다.

SPECpower는 Java 비즈니스 응용을 위한 SPEC 벤치마크(SPECJBB2005)로부터 시작하였는데, 이 벤치마크는 프로세서와 캐시, 메인 메모리를 사용할 뿐 아니라 Java 가상 머신, 컴파일러, 가비지 컬렉터(garbage collector), 운영체제의 일부를 작동시킨다. 이 벤치마크에서 성능은 처리량으로 측정되며 단위는 초당 실행하는 비즈니스 연산이다. CPU 벤치마크에서와 같이 컴퓨터 마케팅을 간단히 하기 위하여 SPEC은 이 값들을 "전체 ssj_ops/watt"라는 숫자 하나로 요약한다. 이렇게 요약되는 척도에 대한 식은 다음과 같다.

$$\text{전체 ssj\_ops/watt} = \left(\sum_{i=0}^{10} \text{ssj\_ops}_i\right) \Bigg/ \left(\sum_{i=0}^{10} \text{power}_i\right)$$

여기서 $\text{ssj_ops}_i$는 10%씩 증가될 때마다의 성능이고 $\text{power}_i$는 각 성능 수준에서 소비되는 전력이다.

## 1.10 더 빠르게: Python으로 작성한 행렬 곱셈 프로그램

본서의 여러 아이디어가 성능에 미치는 영향을 보여 주기 위하여 모든 장에는 행렬과 벡터를 곱하는 프로그램의 성능을 향상시키는 "더 빠르게"라는 절이 있다. 시작은 다음 Python 프로그램이다.

```
for i in xrange(n):
    for j in xrange(n):
        for k in xrange(n):
            C[i][j] += A[i][k] * B[k][j]
```

프로그램은 Google 클라우드 엔진의 n1-standard-96 서버에서 실행한다. 이 서버에는 2개의 Intel Skylake Xeon 칩이 있고, 각 칩은 24개의 프로세서(코어)를 가지고 Python 버전 3.1을 수행한다. 행렬의 크기가 960 × 960인 경우 Python 2.7을 사용하면 대략 5분이 걸린다. 부동 소수점 연산이 행렬 차원의 3제곱만큼 증가하므로 행렬의 크기가 4096 × 4096이라면 실행시간은 대략 6시간이 될 것이다. Python을 사용하면 프로그램 작성을 빨리 할 수는 있지만, 답을 얻는 데 이렇게 오랜 시간을 기다리고 싶은 사람이 누가 있을까?

2장에서는 행렬 곱셈의 Python 버전을 C 버전으로 바꾸어서 성능을 200배 정도 개선시킬 것이다. Python보다 C 프로그램의 추상화 수준이 하드웨어에 훨씬 가깝기 때문에 본서에서는 C 버전을 프로그래밍 예제로 사용한다. 추상화의 간격을 줄임으로써 Python보다 훨씬 좋은 성능을 얻는다[Leiserson, 2020].

- 데이터 수준 병렬성: C intrinsic을 통해 서브워드(subword) 병렬성을 사용하면 대략 8배 성능이 개선됨을 3장에서 보인다.
- 명령어 수준 병렬성: 다중 명령어 내보내기와 비순차 실행 하드웨어를 활용하기 위해서 순환문 펼치기를 사용하면 추가로 2배가량 성능이 개선됨을 4장에서 보인다.
- 메모리 계층 최적화: 캐시 블로킹(cache blocking)을 이용하면 큰 행렬의 경우 약 1.5배 추가로 성능이 개선됨을 5장에서 보인다.
- 스레드 수준 병렬성: OpenMP의 parallel for 순환문을 써서 멀티코어 하드웨어를 활용하면 성능이 다시 12~17배 개선됨을 6장에서 보인다.

끝의 네 단계는 최신 마이크로프로세서에서 하드웨어의 실제 동작을 더 잘 이해하게 해 주는데, 겨우 21줄의 C 코드만으로 이 기술을 다 구현할 수 있다. 그림 1.20은 최초 Python 프로그램보다 거의 50,000배 속도가 개선된 것을 로그 스케일로 보여 준다. 거의 6시간을 기다리는 대신 1초도 안 되어 답을 얻을 수 있을 것이다!

**고난도:** 프로그래머들은 Python의 실행 속도를 빠르게 하기 위해서 Python만으로 코드를

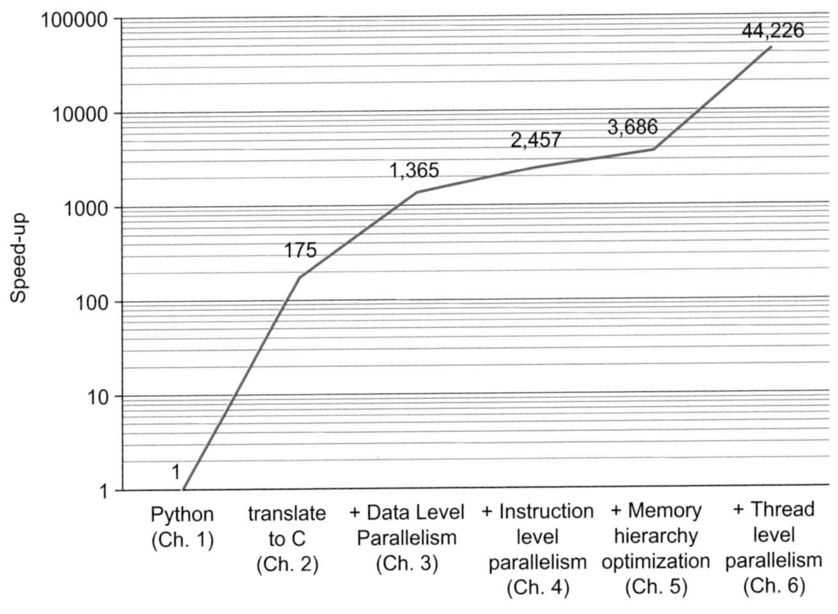


**그림 1.20** 이 책의 다음 5개 장에서 보여 줄 Python으로 작성된 행렬 곱셈 프로그램의 최적화.

작성하는 대신 고도로 최적화된 라이브러리 호출을 사용한다. 여기서는 Python과 C의 본질적인 속도 차이를 보이기 위해 순수하게 Python으로 작성된 행렬 곱셈 프로그램을 사용하였다. 만약 NumPy 라이브러리를 사용한다면 960 × 960 행렬 곱셈은 5분이 아니라 1초도 안 걸릴 것이다.

# 1.11 오류 및 함정

본서에는 각 장마다 "오류 및 함정"이라는 절이 있는데, 이 절에서는 많은 사람들이 공통적으로 잘못 알고 있는 부분을 설명한다. 이런 오해를 **오류**라고 부르기로 한다. 오류를 설명할 때는 가능한 한 반례를 제시할 계획이다. 또 흔히 저지르기 쉬운 실수는 **함정**이라는 이름으로 설명하려 한다. 함정 중에는 특정 조건에서만 성립하는 원리를 성급하게 일반화한 것들이 많이 있다. 이 절의 목적은 독자들이 컴퓨터를 설계하거나 사용할 때 이런 실수를 피할 수 있도록 도와주기 위함이다. 가격 대 성능비에 관련된 오류와 함정은 우리들을 포함하여 수많은 컴퓨터 구조 기술자들을 괴롭혀 왔다. 따라서 이 절에서 소개할 수 있는 실례는 수없이 많지만, 그중 여러 설계

*Science must begin with myths, and with the criticism of myths.*

Sir Karl Popper, *The Philosophy of Science*, 1957

자의 발목을 잡았던 함정이면서 동시에 컴퓨터 설계에 있어 중요한 상호 관계를 보여 주는 예 하나를 먼저 소개한다.

함정: 컴퓨터의 한 부분만 개선하고 그 개선된 양에 비례해서 전체 성능이 좋아지리라고 기대하는 것.

COMMON CASE FAST

**자주 생기는 일을 빠르게** 하라는 위대한 아이디어에 필연적으로 따라오는 사실 하나가 하드웨어 설계자와 소프트웨어 설계자 모두를 괴롭혀 왔다. 성능을 개선하려는 노력이 얼마나 효과가 있는지는 그 사건이 얼마나 많이 발생하는지와 관련이 있다는 것이다.

간단한 설계 문제로 이것을 설명해 보자. 어떤 컴퓨터에서 100초 걸리는 프로그램이 있는데, 그중 80초는 곱하기 계산에 소요된다고 가정하자. 이 프로그램이 5배 빠르게 실행되게 하려면 곱셈 속도를 얼마나 개선해야 할까?

**Amdahl의 법칙** 어떤 개선책으로부터 얻을 수 있는 성능의 증가는 개선된 부분이 얼마나 많이 사용되느냐에 따라 제한된다는 법칙. 수확체감의 법칙의 정량적 버전으로 볼 수 있다.

개선 후의 프로그램 실행시간은 **Amdahl의 법칙**(Amdahl's law)으로 알려진 다음 식으로 표현할 수 있다.

$$\text{개선 후 실행시간} = \frac{\text{개선에 의해 영향을 받는 실행시간}}{\text{개선의 크기}} + \text{영향을 받지 않는 실행시간}$$

이 문제의 경우

$$\text{개선 후 실행시간} = \frac{80\text{초}}{n} + (100 - 80\text{초})$$

이다. 5배의 성능 개선을 원하므로 개선 후 실행시간은 20초가 되어야 한다.

$$20\text{초} = \frac{80\text{초}}{n} + 20\text{초}$$

$$0 = \frac{80\text{초}}{n}$$

그러므로 곱셈이 전체 부하의 80%인 경우, 곱셈을 아무리 빠르게 하더라도 전체 성능을 5배로 증가시킬 수는 없다. 일부분의 성능 개선으로 얻을 수 있는 전체 시스템 성능 증가는 개선된 부분이 얼마나 많이 사용되느냐에 달려 있다. 우리가 일상생활에서 수확 체감의 법칙이라고 부르는 것도 이 개념에서 나온 것이다.

어떤 함수에 소비되는 시간을 알고 이의 잠재적인 속도 개선을 안다면, Amdahl의 법칙으로 전체 성능 개선을 예측할 수 있다. Amdahl의 법칙은 CPU 성능식과 함께 잠재적 성능 개선율을 평가하는 편리한 도구이다. 연습문제에서 Amdahl의 법칙을 더 자세히 다루게 될 것이다.

Amdahl의 법칙은 병렬 프로세서 개수의 실용적 한계에 관한 문제에도 적용될 수 있다. 이 문제는 6.14절 "오류 및 함정"에서 검토될 것이다.

오류: 이용률이 낮은 컴퓨터는 전력 소모가 작다.

서버는 작업부하가 가변적이기 때문에 이용률이 낮을 때의 전력 효율이 중요하다. 예를 들어 Google WSC에서의 서버는 CPU 이용률이 대부분 10%와 50% 사이이고 이용률 100%인 경우는 전체 시간의 1%도 되지 않는다. SPECpower 벤치마크를 효율적으로 실행하는 방법을 연구할 시간이 13년이나 있었음에도 불구하고 2020년에 가장 좋은 결과가 나오도록 특별히 제작된 컴퓨터도 작업부하가 겨우 10%일 때 최대 전력의 33%나 소비한다. SPECpower에 최적화되지 않은 일반 컴퓨터의 경우 상황은 훨씬 나쁠 것이 자명하다.

서버의 부하가 작을 때에도 최대 전력의 상당 부분을 사용하고 있기 때문에, Luiz Barroso와 Urs Hölzle(2007)은 "에너지에 비례하는 컴퓨팅"을 달성하기 위해 하드웨어를 재설계하여야 한다고 주장한다. 예를 들어 서버가 10% 부하일 때 최대 전력의 10%만 사용할 수 있다면, 데이터센터의 전기요금이 절약될 것이고 $CO_2$ 배출량을 줄이는 데도 도움이 될 것이다.

오류: 성능에 초점을 둔 설계와 에너지 효율에 초점을 둔 설계는 서로 무관하다.

에너지는 전력을 시간에 대해 적분한 것이므로, 어떤 하드웨어나 소프트웨어 최적화 기술이 에너지를 더 소비하더라도 실행시간을 줄여서 전체 에너지를 절약하기도 한다. 그 이유 중 하나는 프로그램이 실행되는 동안 최적화와 관련 없는 다른 부분이 에너지를 소모하기 때문에 실행시간이 짧아지면 시스템의 전체 에너지가 절약된다.

함정: 성능식의 일부분을 성능의 척도로 사용하는 것.

이미 앞에서 우리는 클럭 속도나 명령어 개수, 또는 CPI 하나만 가지고 성능을 예측하는 방법의 위험에 대하여 경고한 바 있다. 빈번하게 발생하는 또 하나의 오류는 세 가지 인자들 중에서 2개만을 사용하여 성능을 비교하는 것이다. 제한된 상황에서는 세 인자 중에 2개를 사용하는 것이 타당한 경우도 있지만, 이 방법은 오용 가능성이 너무 크다. 실제로 실행시간 대신 성능 척도로 사용하자고 제안된 거의 모든 대안이 결국은 왜곡된 결과나 엉뚱한 주장 또는 틀린 해석을 유발하였다.

**MIPS** 프로그램의 실행 속도를 백만 개의 명령어 단위로 나타내는 척도. MIPS는 실행한 명령어 개수를 실행시간 × $10^6$으로 나누어 계산된다.

실행시간 대신에 쓸 수 있는 척도 중 하나로 **MIPS(million instructions per second)**가 있다. 특정 프로그램에 대한 MIPS 값은 다음과 같이 간단히 정의된다.

$$\text{MIPS} = \frac{\text{명령어 개수}}{\text{실행시간} \times 10^6}$$

MIPS는 명령어 실행 속도이므로 실행시간의 역수로 성능을 표시한다. 따라서 빠른 컴퓨터일수록 높은 MIPS 값을 갖는다. MIPS의 좋은 점은 이해하기 쉽다는 것이다. 빠를수록 MIPS 값이 크므로 우리의 직관과도 잘 들어맞는다.

그러나 컴퓨터의 성능을 비교하는 기준으로 MIPS를 사용하는 데는 세 가지 문제가 있다. 첫째로 MIPS는 단순히 명령어를 실행하는 속도를 나타낼 뿐이지, 그 명령어 하나가 얼마나 많은 일을 수행하는지는 반영하지 못한다. 명령어 집합이 다르면 명령어 개수가 달라지기 때문에 단순히 MIPS 값으로만 성능을 비교할 수는 없다. 둘째로 같은 컴퓨터에서도 어떤 프로그램을 실행하느냐에 따라 MIPS 값은 달라진다. 그러므로 컴퓨터의 MIPS 값은 하나가 아니다. 실행시간에 성능식을 대입하여 MIPS와 클럭 속도, CPI 간의 관계를 살펴보자.

$$\text{MIPS} = \frac{\text{명령어 개수}}{\dfrac{\text{명령어 개수} \times \text{CPI}}{\text{클럭 속도}} \times 10^6} = \frac{\text{클럭 속도}}{\text{CPI} \times 10^6}$$

그림 1.18에서 보인 것처럼 Intel Xeon에서 SPECspeed 2017 Integer를 실행할 때 CPI가 4배나 차이가 났던 것을 생각하면, MIPS도 그렇다는 것을 알 수 있다. 마지막이자 가장 중요한 점은 많은 명령어를 실행하지만 빠른 명령어를 사용하는 프로그램으로 바꾸는 경우, 컴퓨터 성능과는 반대로 MIPS 값이 작아진다는 점이다.

**스스로 점검하기** 어느 프로그램에 대한 다음 예제를 살펴보자.

| 측정값 | 컴퓨터 A | 컴퓨터 B |
|---|---|---|
| 명령어 개수 | 100억 | 80억 |
| 클럭 속도 | 4 GHz | 4 GHz |
| CPI | 1.0 | 1.1 |

a. 어느 컴퓨터가 더 높은 MIPS 값을 갖는가?

b. 어느 컴퓨터가 실제로 더 빠른가?

*Where … the ENIAC is equipped with 18,000 vacuum tubes and weighs 30 tons, computers in the future may have 1,000 vacuum tubes and perhaps weigh just 1½ tons.*

Popular Mechanics, March 1949

## 1.12 결론

미래의 컴퓨터가 어느 정도의 가격 대 성능비를 가질지 정확히 예측하기는 어렵지만, 현재보다 훨씬 좋아질 것만은 틀림없다. 컴퓨터 설계자나 프로그래머가 이러한 발전에 동참하기 위해서는 다양한 주제를 이해하고 있어야 한다.

하드웨어 설계자나 소프트웨어 설계자 모두 계층적으로 컴퓨터 시스템을 만들고 있다. 이 방법은 하위 계층의 세부 사항이 상위 계층에서는 보이지 않도록 한다. 이 **추상화**의 위대한 아이디어는 오늘날의 컴퓨터 시스템을 이해하는 데 필수적이다. 하지만 이것이 설계자는 한 가지 계층만 알면 된다는 뜻은 아니다. 아마 가장 중요한 추상화의 예는 하드웨어와 하위 소프트웨어 간의 인터페이스일 것이다. 이것을 **명령어 집합 구조**라 부른다. 명령어 집합 구조를 고정시키면 동일한 소프트웨어를 실행시키면서도 가격과 성능이 서로 다른 여러 가지 구현이 가능하다. 반면에 이 인터페이스의 변경이 필요한 신기술은 받아들이기 어렵게 만드는 역효과도 있다.

실제 프로그램의 실행시간을 척도로 사용하면 믿을 만한 성능 판정 및 보고가 가능하다. 실행시간은 다음과 같이 다른 중요한 척도들과 연관되어 있다.

$$\frac{\text{초}}{\text{프로그램}} = \frac{\text{명령어 수}}{\text{프로그램}} \times \frac{\text{클럭 사이클 수}}{\text{명령어}} \times \frac{\text{초}}{\text{클럭 사이클}}$$

이 식과 이 식의 구성 요소들은 앞으로 여러 번 사용될 것이다. 하지만 어떤 요소 하나가 개별적으로 성능을 결정하는 것이 아님을 잊지 말기 바란다. 전체의 곱인 실행시간만이 유일하게 믿을 수 있는 성능 척도이다.

요점정리

실행시간만이 흠잡을 데 없이 유효한 성능 척도이다. 다른 많은 척도들이 제안되었지만 모두 허점이 있었다. 이 중에는 실행시간을 제대로 반영하지 못하기 때문에 애초부터 틀린 것도 있었고, 특정 조건에서만 유효한 척도를 조건이 안 맞는 환경에 억지로 확대 적용하거나 필요한 조건을 확실히 하지 않고 남용한 경우도 있었다.

현대의 프로세서 관련 핵심 하드웨어 기술은 실리콘이다. 실리콘 반도체가 급속한 하드웨어 발전의 원동력이 되는 한편, 컴퓨터 구조상의 새로운 아이디어는 가격 대 성능비를 개선하는 역할을 한다. 그중 중요한 것 두 가지는 프로그램이 가지고 있는 병렬성을 이용하는 것(오늘날 멀티프로세서가 전형적인 예이다)과 **메모리 계층구조**에 대한 접근 지역성(locality)을 이용하는 것(예를 들면 캐시 메모리)이다.

마이크로프로세서 설계에서 가장 중요한 자원이 전에는 다이 면적이었는데 이제는 에너지 효율로 바뀌었다. 전력 소모를 늘리지 않고 성능을 증가시키기 위해서 하드웨어 업체들은 멀티코어 마이크로프로세서로 방향을 전환하였다. 이에 따라서 소

PARALLELISM

프트웨어 업체들도 병렬 하드웨어를 프로그래밍하는 쪽으로 방향을 전환할 수밖에 없게 되었다. 이제 성능을 위해서는 **병렬성**이 요구된다.

컴퓨터 설계의 우수성은 에너지, 신용도, 소유 비용, 확장성 등의 다른 중요한 요소와 아울러 가격과 성능으로 평가된다. 이 장에서는 가격, 성능, 에너지에만 초점을 맞추었지만, 최선의 설계는 모든 요소들 간의 균형을 가장 잘 맞춘 것이 될 것이다.

## 이 책의 구성

컴퓨터 추상화의 최하위 단계는 데이터패스, 제어 유닛, 메모리, 입력, 출력의 다섯 가지 고전적 요소로 구성되어 있다(그림 1.5 참조). 이 책은 아래와 같이 이 다섯 요소를 중심으로 구성되어 있다.

- 데이터패스: 3, 4, 6장과 부록 B
- 제어 유닛: 4, 6장과 부록 B
- 메모리: 5장
- 입력: 5, 6장
- 출력: 5, 6장

앞에서 언급한 바와 같이 4장은 프로세서가 어떻게 암시적인 병렬성을 이용하는가를 설명하고, 6장은 병렬 혁명의 핵심을 이루고 있는 명시적 병렬 멀티코어 프로세서를 설명하며, 부록 B는 고단위 병렬 그래픽 프로세서 칩을 설명한다. 5장에서는 메모리 계층구조가 지역성을 어떻게 이용하는가를 설명한다. 2장에서는 컴파일러와 컴퓨터 사이의 인터페이스인 명령어 집합을 설명하고, 특히 명령어 집합의 기능을 효율적으로 이용하기 위한 컴파일러와 프로그래밍 언어의 역할을 강조한다. 3장에서는 컴퓨터가 어떻게 산술 데이터를 다루는지를 설명한다. 부록 A에서는 논리 설계를 소개한다.

*An active field of science is like an immense anthill; the individual almost vanishes into the mass of minds tumbling over each other, carrying information from place to place, passing it around at the speed of light.*

Lewis Thomas, "Natural Science," in *The Lives of a Cell*, 1974

## 역사적 고찰 및 참고문헌

각 장마다 역사적 측면을 고찰하는 절이 있는데 이 부분은 이 책에 딸린 온라인 사이트에서 찾을 수 있다. 어떤 아이디어가 발달해 온 과정을 일련의 컴퓨터를 통해 추적하기도 하고, 역사적으로 중요한 의미를 갖는 프로젝트를 소개하기도 하며, 더 깊이 알고 싶은 사람을 위해 참고문헌을 제시하기도 한다.

이 절에서는 1장에서 소개한 주요 개념들에 대한 역사적 배경을 설명한다. 그 목적은 기술적 발전 뒤에 숨어 있는 인간의 이야기를 소개하고, 역사적 맥락에서 그 성과를 평가하기 위함이다. 과거를 공부하면 미래의 컴퓨터 형태에 영향을 미칠 원동력을 더 잘 이해할 수 있을 것이다. 역사적 고찰 부분 다음에는 **"Further Reading"**이 있어서 참고문헌 목록을 제공한다. **1.13절**의 나머지 부분은 온라인 사이트에서 찾을 수 있다.

## 1.14 자습

2판부터는 각 장마다 독자들이 내용을 잘 습득하고 있는지를 스스로 점검해 볼 수 있도록 사고를 자극하는 문제와 그 답을 제공하는 절을 추가 수록하였다.

**컴퓨터 구조의 위대한 아이디어를 실생활에 매핑하기.** 컴퓨터 구조의 일곱 가지 위대한 아이디어 중 아래에 열거된 실생활의 예와 가장 가까운 아이디어는 무엇인가?

a. 이전 세탁물을 건조하면서 다음 세탁물을 세탁하여 세탁 시간을 단축하기

b. 현관 열쇠를 분실할 경우를 대비해서 예비 열쇠를 숨겨 놓기

c. 긴 겨울 여행을 할 경로를 결정할 때 운전해서 지나갈 도시의 일기 예보를 확인하기

d. 식료품점의 10개 이하 품목을 위한 빠른 계산대

e. 대도시 도서관 시스템의 분관

f. 네 바퀴 모두 전기 모터로 구동되는 자동차

g. 셀프 주차 및 내비게이션 옵션을 구매해야 하는 자율 주행 모드 옵션

**가장 빠른 컴퓨터.** 동일한 명령어 집합을 실행하는 3개의 서로 다른 프로세서 P1, P2, P3가 있다. P1의 클럭 사이클 시간은 0.33 ns이고 CPI는 1.5이며, P2의 클럭 사이클 시간은 0.40 ns이고 CPI는 1.0이다. P3의 클럭 사이클 시간은 0.25 ns이고 CPI는 2.2이다.

a. 클럭 속도가 가장 빠른 프로세서는 무엇이고, 그 값은 얼마인가?

b. 가장 빠른 컴퓨터는 무엇인가? 답이 (a)의 답과 다른 경우 이유를 설명하라. 또 어느 것이 가장 느린가?

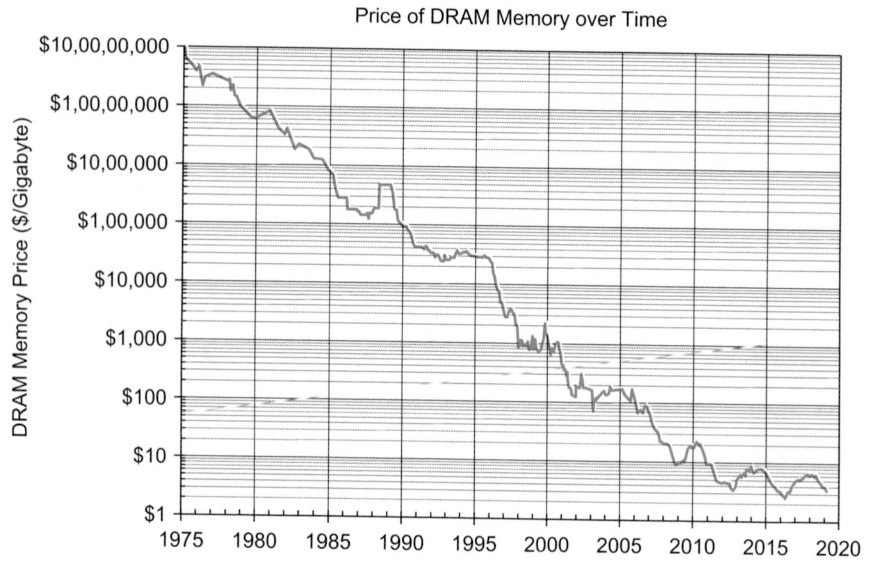


그림 1.21 **1975~2020년의 GiB당 메모리 가격.** (출처: https://jcmit/net/memoryprice.htm)

c. 벤치마크의 중요성을 (a)와 (b)의 답으로부터 어떻게 설명할 수 있는가?

**Amdahl의 법칙과 형제애.** Amdahl의 법칙은 기본적으로 수확 체감의 법칙으로, 컴퓨터 구조뿐 아니라 투자에도 적용된다. 당신의 형제가 스타트업에 참여했는데, 확실한 투자라고 하면서 당신 저축의 일부를 투자하라고 당신을 설득하고 있다고 하자.

a. 저축액의 10%를 투자하기로 결정하였다. 스타트업이 당신의 유일한 투자라고 가정할 때 스타트업에 대한 투자 수익이 얼마나(투자 금액의 몇 배) 커야 전체 자산을 2배로 늘릴 수 있는가?

b. 스타트업 투자로 (a)에서 계산한 수익을 얻었다고 하자. 전체 수익률이 이 스타트업 투자 수익률의 90%가 되게 하려면 저축의 몇 %를 투자해야 하는가? 95%가 되려면 몇 %를 투자해야 하는가?

c. 이런 결과는 컴퓨터에 대한 Amdahl의 관찰과 어떤 관련이 있는가? 형제애에 대해서는 무엇을 말하고 있는가?

**DRAM의 가격과 원가.** 그림 1.21은 1975년부터 2020년까지의 DRAM 칩의 가격을 보여 주며, 그림 1.11은 같은 기간 동안의 DRAM 칩당 용량을 보여 준다. 이들 그림은 용량이 1,000,000배 증가하고(16 Kb에서 16 Gb로) GiB당 가격이 25,000,000배 감소한(1억 달러에서 4달러) 것을 보여 준다. GiB당 가격은 시간이

지남에 따라 오르락내리락하는 반면 칩당 용량은 부드러운 성장 곡선을 보이는 것에 주목하자.

a. 그림 1.21에서 Moore의 법칙이 둔화된다는 증거를 볼 수 있는가?

b. 칩당 용량보다 가격이 25배 더 많이 개선된 이유는 무엇일까? 칩 용량 증가 외에 다른 어떤 이유가 있어서 그럴까?

c. GiB당 가격이 3~5년의 주기로 변동하는 이유는 무엇이라고 생각하는가? 1.5절의 칩 원가 공식과 어떤 관계가 있는가? 아니면 시장의 다른 요인과 관련이 있는가?

## 자습 해답

### 컴퓨터 구조의 위대한 아이디어를 실생활에 매핑하기

a. 파이프라이닝을 통한 성능 개선

b. 여유분을 이용한 신용도 개선(병렬성을 통한 성능 개선이라고 주장할 수도 있음)

c. 예측을 통한 성능 개선

d. 자주 생기는 일을 빠르게

e. 메모리 계층구조

f. 병렬성을 통한 성능 개선(여유분을 이용한 신용도 개선이라고 주장할 수도 있음)

g. 설계를 단순화하는 추상화

### 가장 빠른 컴퓨터

a. 클럭 속도는 클럭 사이클 시간의 역수이다. P1 = 1/(0.33 × $10^{-9}$초) = 3 GHz; P2 = 1/(0.40 × $10^{-9}$초) = 2.5 GHz; P3 = 1/(0.25 × $10^{-9}$초) = 4 GHz. P3의 클럭 속도가 가장 빠르다.

b. 모두 동일한 명령어 집합을 갖고 있기 때문에 프로그램을 수행하기 위한 명령어 수는 모두 같다. 따라서 명령어당 클럭 사이클 수(CPI)와 클럭 사이클 시간을 곱해서 성능을 측정할 수 있으며, 이 값은 한 명령어의 평균 실행시간이 된다.

- P1 = 1.5 × 0.33 ns = 0.495 ns(CPI/{클럭 속도}를 이용해서 명령어의 평균 실행시간을 계산할 수도 있다. 즉 1.5/3.0 GHz = 0.495 ns)

- P2 = 1.0 × 0.40 ns = 0.400 ns(또는 1.0/2.5 GHz = 0.400 ns)
- P3 = 2.2 × 0.25 ns = 0.550 ns(또는 2.2/4.0 GHz = 0.550 ns)

P2가 가장 빠르고 P3가 가장 느리다. P3는 클럭 속도가 가장 빠름에도 불구하고 평균적으로 클럭 사이클을 더 많이 필요로 해서 빠른 클럭 속도의 장점을 잃어버렸다.

c. CPI는 벤치마크 프로그램들을 실행해서 구한다. 사용된 벤치마크가 실제 작업부하를 대표하는 것이라면 성능 평가의 결과가 실제 성능을 잘 반영하겠지만, 벤치마크가 비현실적인 경우는 그렇지 않을 것이다. 클럭 속도처럼 광고에 써먹기 쉬운 단순한 값들이 실제 성능을 잘 반영하지 못한다는 사실은 좋은 벤치마크의 개발이 중요하다는 것을 강조한다.

### Amdahl의 법칙과 형제애

a. 투자의 수익률이 11배라야 전체 자산이 2배가 된다.

90% × 1 + 10% × 11 = 2.0

b. 전체 수익률이 이 스타트업 투자 수익률의 90%가 되려면 전 자산의 89%를 투자해야 한다.

90% of 11x = 9.9x이고 11% × 1 + 89% × 11 = 9.9

전체 수익률이 이 스타트업 투자 수익률의 95%가 되려면 전 자산의 94.5%를 투자해야 한다.

95% of 11x = 10.45x이고 5.5% × 1 + 94.5% × 11 = 10.45

c. 스타트업의 수익률이 아무리 높더라도 투자하지 않은 부분이 전체 투자 수익을 제한하는 것처럼, 컴퓨터도 일부분이 아무리 빨라진다 해도 빨라지지 않은 나머지 부분 때문에 전체 속도 향상은 제한될 수밖에 없다. 특히 스타트업의 90%가 성공하지 못하기 때문에, 당신이 얼마나 투자할지는 당신이 형제의 판단을 얼마나 신뢰할 수 있느냐에 영향을 받는다.

### DRAM의 가격과 원가

a. 가격은 변동이 있었지만 2013년 이후로는 가격이 정체된 것처럼 보이는데 이는 Moore의 법칙이 둔화되는 것과 일치한다. 예를 들어 2013년, 2016년, 2019년 계속 DRAM 가격은 4달러/GB이었다. 과거에는 이렇게 오랜 기간 정체된 적이 없었다.

b. 두 그림 모두 DRAM 칩의 양을 언급하지 않았는데, 이것으로 가격이 칩당 용량보다 더 많이 향상되는 이유를 설명할 수 있다. 일반적으로 판매량이 10배

증가할 때마다 원가가 2배 감소하는 제조 공정의 학습 곡선이 있다. 아울러 이렇게 오랜 기간 동안 원가를 낮추고 따라서 가격을 낮출 수 있게 한 칩 패키징의 혁신도 있었다.

c. DRAM은 같은 제품을 제조하는 회사가 여러 개 존재하는 상품이기 때문에 시장 압력에 따라 가격이 변동하게 된다. 수요가 공급을 초과하면 가격이 오르고, 그 반대의 경우에는 가격이 떨어진다. 기업은 DRAM 수익성이 매우 높은 시기에 생산 라인을 증설하는데 결국 공급 과잉이 되어 가격이 떨어지게 되고, 그러면 새로운 생산 라인을 축소하는 일이 반복된다.

## 1.15 연습문제

각 문제를 푸는 데 걸릴 것으로 예상되는 시간을 [ ] 안에 상대적인 값으로 표시하였다. [10]으로 표시된 문제는 [5]로 표시된 문제보다 2배 정도 시간이 더 걸릴 것이다. 각 문제를 풀기 위해 미리 읽어야 할 부분이 있는 경우에는 〈 〉 속에 표시하였다. 예를 들어 〈§1.4〉는 이 문제를 풀기 위해서는 1.4절 "케이스를 열고" 부분을 읽는 것이 도움이 될 것이라는 뜻이다.

**1.1** [2] 〈§1.1〉 세 가지 종류의 컴퓨터를 나열하고 무엇인지 설명하라.

**1.2** [5] 〈§1.2〉 컴퓨터 구조에서의 위대한 아이디어 7개는 다른 분야에서도 비슷하다. 다른 분야에서 제시되는 각각의 아이디어는 다음에 제시되는 컴퓨터 분야의 위대한 아이디어 7개 중 어느 것에 해당되는가? (추상화를 이용한 설계의 단순화, 자주 생기는 일을 빠르게, 병렬성을 통한 성능 개선, 파이프라이닝을 통한 성능 개선, 예측을 통한 성능 개선, 메모리 계층구조, 여유분을 이용한 신뢰성 개선)

a. 자동차 생산 공장의 조립 라인

b. 현수교의 케이블

c. 풍향 정보를 이용하는 비행기와 잠수함의 내비게이션 시스템

d. 빌딩의 고속 엘리베이터

e. 도서관의 예약석

f. 스위칭 시간을 줄이기 위해서 CMOS 트랜지스터의 게이트 면적을 크게 함

g. 차선 이탈 감지 시스템이나 스마트 크루즈 제어 시스템과 같이 기존 차량에 이미

장착되어 있는 센서 시스템을 부분적으로 이용하는 자율 주행 자동차

**1.3** [2] 〈§1.3〉 C와 같은 상위 수준 언어로 작성된 프로그램을 컴퓨터 프로세서가 바로 실행할 수 있는 표현으로 바꾸는 과정을 설명하라.

**1.4** [2] 〈§1.4〉 빛의 삼원색(빨강, 녹색, 파랑) 각각에 대하여 화소당 8비트가 필요한 컬러 디스플레이가 있다고 가정하자. 프레임의 크기는 1280 × 1024이다.

a. 한 프레임을 저장하기 위해 필요한 프레임 버퍼의 최소 크기는 몇 바이트인가?

b. 100 Mbps 네트워크를 이용하여 한 프레임을 전송하는 데 걸리는 최소 시간은 얼마인가?

**1.5** [5] 아래 표는 2010년부터 Intel 데스크톱 프로세서의 여러 성능 지표들을 추적한 것이다.

"Tech" 열은 각 프로세서 공정의 최소 배선폭을 보여 준다. 다이 크기는 상대적으로 일정하며 프로세서를 구성하는 트랜지스터의 수는 $(1/t)^2$만큼 커진다고 가정하자($t$는 최소 배선폭).

각 성능 지표에 대하여 2010년부터 2019년까지의 평균 개선율을 구하고, 각 지표가 이 비율로 개선될 때 2배가 되려면 얼마나 걸리는지 계산하라.

| Desktop processor | Year | Tech | Max. clock speed (GHz) | Integer IPC/core | Cores | Max. DRAM Bandwidth (GB/s) | SP floating point (Gflop/s) | L3 cache (MiB) |
|---|---|---|---|---|---|---|---|---|
| Westmere i7-620 | 2010 | 32 | 3.33 | 4 | 2 | 17.1 | 107 | 4 |
| Ivy Bridge i7-3770K | 2013 | 22 | 3.90 | 6 | 4 | 25.6 | 250 | 8 |
| Broadwell i7-6700K | 2015 | 14 | 4.20 | 8 | 4 | 34.1 | 269 | 8 |
| Kaby Lake i7-7700K | 2017 | 14 | 4.50 | 8 | 4 | 38.4 | 288 | 8 |
| Coffee Lake i7-9700K | 2019 | 14 | 4.90 | 8 | 8 | 42.7 | 627 | 12 |
| **Imp./year** | | __% | __% | __% | __% | __% | __% | __% |
| **Doubles every** | | __years | __years | __years | __years | __years | __years | __years |

**1.6** [4] 〈§1.6〉 동일한 명령어 집합을 가지고 있는 3개의 다른 프로세서 P1, P2, P3의 클럭 속도와 CPI가 다음과 같다.

| 프로세서 | 클럭 속도 | CPI |
|---|---|---|
| P1 | 3.0 GHz | 1.5 |
| P2 | 2.5 GHz | 1.0 |
| P3 | 4.0 GHz | 2.2 |

a. 1초에 실행하는 명령어 수로 성능을 정의한다면 어느 프로세서가 성능이 가장 좋은가?

b. 각 프로세서가 어느 프로그램을 실행하는 데 10초가 걸렸다고 할 때, 사이클 수와 명령어 개수를 구하라.

c. 실행시간을 30% 단축시키려고 했더니, CPI가 20% 증가하게 되었다. 이만큼 시간을 단축하려면 클럭 속도가 얼마가 되어야 하는가?

**1.7** [20] 〈§1.6〉 동일한 명령어 집합 구조의 두 가지 구현이 있다고 하자. A, B, C, D 네 가지 종류의 명령어가 있으며, 각 구현의 클럭 속도와 CPI는 아래의 표와 같다.

| | 클럭 속도 | A의 CPI | B의 CPI | C의 CPI | D의 CPI |
|---|---|---|---|---|---|
| P1 | 2.5 GHz | 1 | 2 | 3 | 3 |
| P2 | 3.0 GHz | 2 | 2 | 2 | 2 |

$1.0 \times 10^6$개의 명령어를 실행하는 프로그램이 있다. 그중 10%가 유형 A, 20%가 B, 50%가 C, 20%가 D라고 하면, P1과 P2 중 어느 것이 더 빠른가?

a. 각 구현의 전체적인 CPI는 얼마인가?

b. 각 경우 실행에 필요한 클럭 사이클 수는 얼마인가?

**1.8** [15] 〈§1.6〉 컴파일러는 응용 프로그램의 성능에 지대한 영향을 끼친다. 같은 프로그램에 대해 컴파일러 A와 B가 생성한 코드가 다음과 같다.

| 컴파일러 | 동적 실행 명령어 수 | 실행시간 |
|---|---|---|
| A | $1.0 \times 10^9$ | 1.1초 |
| B | $1.2 \times 10^9$ | 1.5초 |

a. 클럭 사이클 시간이 1 ns인 프로세서에서 각 프로그램의 평균 CPI를 구하라.

b. 2개의 다른 프로세서에서 프로그램을 실행하는 데 걸리는 실행시간이 같다고 한다. 컴파일러 A가 생성한 코드를 실행하는 프로세서의 클럭은 컴파일러 B가 생성한 코드를 실행하는 프로세서의 클럭보다 얼마나 빨라야 하는가?

c. 명령어를 $6.0 \times 10^8$개만 실행하고 평균 CPI는 1.1인 새 컴파일러를 개발하였다.

원래의 프로세서에서 컴파일러 A와 B를 사용하는 것보다 새로운 컴파일러를 사용하면 속도가 얼마나 개선되는가?

**1.9** 2004년도에 출시된 Pentium 4 Prescott 프로세서는 3.6 GHz의 클럭 속도에 전압이 1.25 V이다. 이 프로세서는 평균적으로 10 W의 정전력과 90 W의 동전력을 소모한다고 가정한다.

2012년도에 출시된 Core i5 Ivy Bridge는 3.4 GHz의 클럭 속도에 전압이 0.9 V이며 평균적으로 30 W의 정전력과 40 W의 동전력을 소모한다고 가정한다.

**1.9.1** [5] 〈§1.7〉 각 프로세서에 대하여 평균 용량성 부하를 구하라.

**1.9.2** [5] 〈§1.7〉 전체 소모 전력에서 정전력이 차지하는 비율을 구하고 정전력과 동전력의 비를 각각에 대하여 구하라.

**1.9.3** [5] 〈§1.7〉 전체 소모 전력이 10% 감소한다면 동일한 누설 전류를 가지도록 하려면 전압은 얼마나 감소해야 하는가? (전력은 전압과 전류의 곱이다.)

**1.10** 어떤 프로세서에서 산술, 적재/저장, 분기 명령어의 CPI가 각각 1, 12, 5라고 하자. 그리고 단일프로세서가 실행하는 명령어의 개수는 산술 명령어가 $2.56 \times 10^9$, 적재/저장 명령어가 $1.28 \times 10^9$, 분기 명령어가 $2.56 \times 10^8$개라고 가정한다. 각 프로세서의 클럭 속도는 2 GHz이다.

이 프로그램이 $p$개의 코어를 갖는 멀티코어 프로세서에서 실행되도록 병렬화되었을 때, 산술 명령어와 적재/저장 명령어는 $0.7 \times p$로 나눈 것만큼 줄어들지만 분기 명령어의 개수는 변함이 없다.

**1.10.1** [5] 〈§1.7〉 1개, 2개, 4개, 8개의 코어를 사용하는 경우, 프로그램의 실행시간은 얼마인가? 단일프로세서를 사용하는 경우와 비교해서 2개, 4개, 8개의 코어를 사용하는 경우 상대적인 성능 개선은 얼마인가?

**1.10.2** [10] 〈§§1.6, 1.8〉 산술 연산의 CPI가 2배가 되었다면 1개, 2개, 4개, 8개의 프로세서에서 프로그램의 실행시간은 어떻게 변화하는가?

**1.10.3** [10] 〈§§1.6, 1.8〉 원래 CPI를 가지고 4개의 프로세서에서 얻은 성능과 같은 성능을 단일프로세서에서 얻으려고 한다면 적재/저장 명령어의 CPI는 얼마가 되어야 하는가?

**1.11** 지름이 15 cm인 웨이퍼는 원가가 12이고, 이 안에는 84개의 다이가 있으며, 단위 면적당 결함은 0.02개/cm²라고 가정하자. 지름이 20 cm인 웨이퍼는 원가가

15이고, 100개의 다이가 있으며, 단위 면적당 결함은 0.031개/$cm^2$라고 가정하자.

**1.11.1** [10] 〈§1.5〉 두 웨이퍼의 수율을 구하라.

**1.11.2** [5] 〈§1.5〉 두 웨이퍼에 대하여 다이당 원가를 구하라.

**1.11.3** [5] 〈§1.5〉 웨이퍼당 다이의 수가 10% 증가하고 단위 면적당 결함이 15% 증가한다고 할 때, 다이 면적과 수율을 구하라.

**1.11.4** [5] 〈§1.5〉 전자 소자의 공정 기술이 발전해서 수율이 0.92에서 0.95로 증가하였다. 다이 면적이 200 $mm^2$인 경우 각 공정 기술에서 단위 면적당 결함을 구하라.

**1.12** AMD Barcelona에서 SPEC2006 벤치마크 프로그램 중의 하나인 bzip2를 실행하였더니 명령어의 개수는 $2.389 \times 10^{12}$였고 실행시간은 750초였는데 기준이 되는 컴퓨터의 실행시간은 9650초였다.

**1.12.1** [5] 〈§§1.6, 1.9〉 클럭 사이클 시간이 0.333 ns일 때 CPI를 구하라.

**1.12.2** [5] 〈§1.9〉 SPECratio를 구하라.

**1.12.3** [5] 〈§§1.6, 1.9〉 CPI 변화는 없이 벤치마크의 명령어 수가 10% 늘었다면 CPU 시간은 얼마나 증가하는가?

**1.12.4** [5] 〈§§1.6, 1.9〉 CPI도 5% 커지고 벤치마크의 명령어 수도 10% 늘었다면 CPU 시간은 얼마나 증가하는가?

**1.12.5** [5] 〈§§1.6, 1.9〉 문제 1.12.4와 같은 상황에서 SPECratio는 어떻게 변화되는가?

**1.12.6** [10] 〈§1.6〉 4 GHz 클럭 속도를 갖는 AMD Barcelona 프로세서의 새로운 버전을 개발하려고 한다. 새로운 명령어를 추가했더니 명령어 개수가 15% 감소하였다. 실행시간은 700초로 감소하였고 새롭게 얻은 SPECratio는 13.7이다. 새로운 CPI를 구하라.

**1.12.7** [10] 〈§1.6〉 클럭 속도를 3 GHz에서 4 GHz로 높이면 문제 1.12.1보다 CPI 값이 더 커진다. 이때 CPI는 클럭 속도와 같은 정도로 증가하는가? 만약 그렇지 않다면 그 이유는 무엇인가?

**1.12.8** [5] 〈§1.6〉 CPU 시간은 얼마나 단축되는가?

**1.12.9** [10] 〈§1.6〉 또 다른 벤치마크 libquantum에 대하여 실행시간이 960 ns, CPI는 1.61, 클럭 속도는 3 GHz라고 하자. CPI는 그대로이고 클럭만 4 GHz로 빨라졌을 때, 실행시간이 추가로 10% 단축되었다면 명령어 개수는 얼마인가?

**1.12.10** [10] 〈§1.6〉 명령어 개수와 CPI는 그대로 두고 CPU 시간을 10% 단축시키기 위해서는 클럭 속도가 얼마가 되어야 하는가?

**1.12.11** [10] 〈§1.6〉 명령어 개수는 그대로이고 CPI가 15% 줄었을 때 CPU 시간을 20% 단축하려면 클럭 속도는 얼마가 되어야 하는가?

**1.13** 성능식의 부분집합을 성능의 척도로 사용하는 함정에 대하여 1.11절에서 살펴보았다. 이를 확인하기 위하여 다음 두 프로세서를 고려한다. P1 프로세서는 4 GHz의 클럭에 평균 CPI가 0.9이고 $5.0 \times 10^9$개의 명령어를 실행한다. P2 프로세서는 3 GHz의 클럭에 평균 CPI가 0.75이고 $1.0 \times 10^9$개의 명령어를 실행한다.

**1.13.1** [5] 〈§§1.6, 1.11〉 흔히 범하는 오류 하나는 클럭 속도가 더 빠른 컴퓨터가 더 성능이 좋다고 생각하는 것이다. P1과 P2에 대하여 이것이 옳은지 확인하라.

**1.13.2** [10] 〈§§1.6, 1.11〉 또 하나의 오류는 더 많은 명령어를 실행하는 프로세서의 CPU 시간이 더 길다고 생각하는 것이다. P1과 P2의 CPI는 변화가 없을 때, P1이 $1.0 \times 10^9$개의 명령어를 실행하는 동안 P2는 명령어 몇 개를 실행할 수 있는가?

**1.13.3** [10] 〈§§1.6, 1.11〉 흔한 오류는 2개의 서로 다른 프로세서의 성능을 비교하기 위하여 MIPS(1초당 실행되는 명령어 수, 백만 개 단위)를 사용하는 것이고 MIPS가 큰 프로세서가 더 성능이 좋다고 생각하는 것이다. P1과 P2의 경우 이것이 사실인지 확인하라.

**1.13.4** [10] 〈§1.11〉 또 하나의 흔한 성능 지표는 MFLOPS(1초당 실행되는 부동 소수점 연산의 수, 백만 개 단위)로 다음과 같이 정의된다.

MFLOPS = 부동 소수점 연산의 수 / (실행시간 $\times$ $1.0 \times 10^6$)

그러나 이 지표도 MIPS와 같은 문제가 있다. P1, P2에서 수행되는 명령어의 40%가 부동 소수점 연산이라고 할 때, 각 프로세서의 MFLOPS를 구하라.

**1.14** 1.11절에서 언급한 또 하나의 함정은 컴퓨터의 한 부분만 개선하고 그 개선된 양에 비례해서 전체 성능이 좋아지리라고 기대하는 것이었다. 250초가 걸리는 프로그램에서 부동 소수점 명령어가 70초를 차지하고 적재/저장 명령어가 85초, 분기 명령어가 40초를 차지한다고 하자.

**1.14.1** [5] 〈§1.11〉 부동 소수점 명령의 실행시간이 20% 줄면 전체 실행시간은 얼마나 주는가?

**1.14.2** [5] 〈§1.11〉 전체 실행시간이 20% 줄려면 정수 명령어 실행시간은 얼마나 줄어야 하는가?

**1.14.3** [5] 〈§1.11〉 분기 명령어 실행시간을 줄이는 것만으로 전체 실행시간을 20% 줄일 수 있는가?

**1.15** 어떤 프로그램이 50 × $10^6$개의 부동 소수점 명령어, 110 × $10^6$개의 정수 명령어, 80 × $10^6$개의 적재/저장 명령어, 16 × $10^6$개의 분기 명령어를 사용한다고 가정하자. 각 명령어 종류별 CPI는 1, 1, 4, 2이고 프로세서의 클럭 속도는 2 GHz라고 가정한다.

**1.15.1** [10] 〈§1.11〉 프로그램을 2배 빠르게 하고 싶으면 부동 소수점 명령어의 CPI를 얼마나 개선하여야 하는가?

**1.15.2** [10] 〈§1.11〉 프로그램을 2배 빠르게 하고 싶으면 적재/저장 명령어의 CPI를 얼마나 개선하여야 하는가?

**1.15.3** [5] 〈§1.11〉 정수와 부동 소수점 명령어의 CPI가 40% 줄고, 적재/저장 명령어와 분기 명령어의 CPI가 30% 줄면 프로그램의 실행시간은 얼마나 개선되는가?

**1.16** [5] 〈§1.8〉 어떤 프로그램을 멀티프로세서 시스템의 여러 프로세서에서 실행되도록 변경하면, 각 프로세서의 실행시간에는 계산 시간 외에 임계 영역에 접근하기 위한 오버헤드와 한 프로세서에서 다른 프로세서로 데이터를 전송하기 위한 오버헤드가 추가된다.

단일프로세서에서 $t$ = 100초에 실행되는 프로그램이 있다고 가정하자. $p$개의 프로세서를 사용하는 경우 프로세서 숫자와 관계없이 각 프로세서는 1/$p$만큼의 계산 시간 외에 4초의 오버헤드를 갖는다. 프로세서가 2, 4, 8, 16, 32, 64, 128개인 각 경우에 대하여 각 프로세서별 실행시간을 구하라. 또 각 경우에 대하여 단일프로세서와 비교한 성능 개선을 구하고, 오버헤드가 전혀 없는 이상적인 경우의 성능 개선과 실제 성능 개선의 비를 구하라.

**스스로 점검하기 해답**

§1.1(10쪽): 토론 문제: 여러 가지 답이 가능하다.

§1.4(27쪽): DRAM 메모리: 휘발성, 50~70 ns의 짧은 접근시간, 5~10달러/GB의 가격. 디스크 메모리: 비휘발성, DRAM보다 100,000~400,000배 긴 접근시간, DRAM보다 100배 정도 저렴한 가격. 플래시 메모리: 비휘발성, DRAM보다 100~1000배 긴 접근시간, DRAM보다 7~10배 저렴한 가격.

§1.5(31쪽): 1, 3, 4가 타당한 이유이다. 대량 생산을 하면 다이 크기를 줄이기 위해 추가(예를 들어 10%) 투자를 하는 것이 경제적으로 타당한 결정이 될 수 있다. 따라

서 5번은 일반적으로 옳다고 볼 수도 있지만, 꼭 그런 것은 아니라서 답에서는 제외한다.

§1.6(37쪽): 1. a: 둘 다, b: 지연시간, c: 둘 다 아님, 2. 7초.

§1.6(43쪽): b.

§1.11(58쪽): a. 컴퓨터 A의 MIPS가 더 크다. b. 컴퓨터 B가 더 빠르다.

# 명령어: 컴퓨터 언어



*I speak Spanish to God, Italian to women, French to men, and German to my horse.*

**Charles V, Holy Roman Emperor**
(1500~1558)

---

## 컴퓨터의 고전적인 다섯 가지 구성 요소

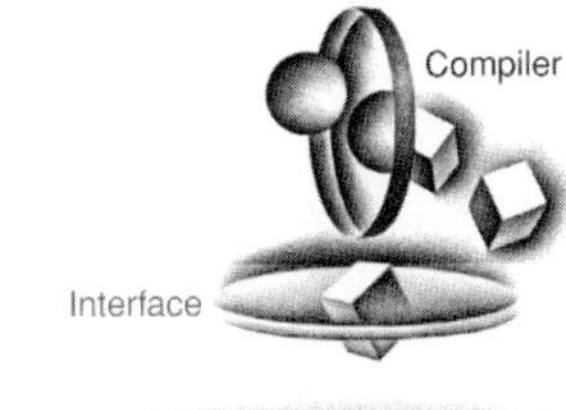


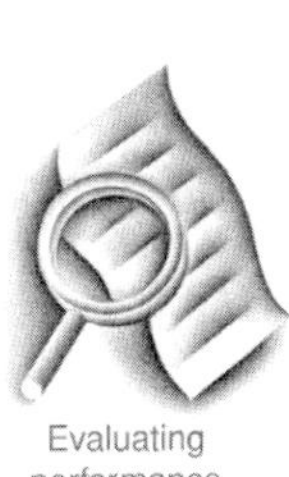


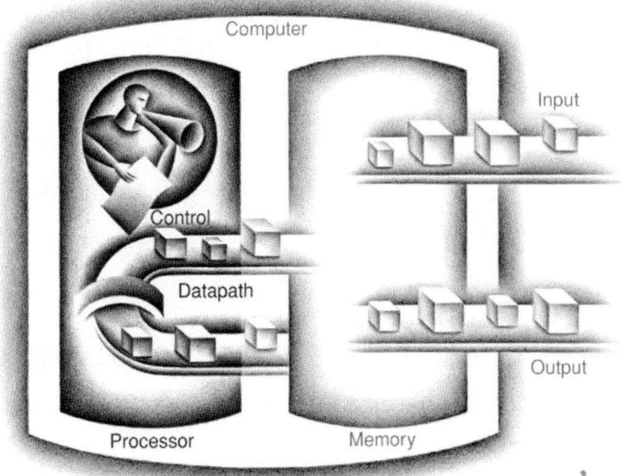

## 2.1 서론

**명령어 집합** 특정한 구조가 이해할 수 있는 명령들의 집합.

컴퓨터 하드웨어에게 일을 시키려면 하드웨어가 알아들을 수 있는 언어로 말을 해야 한다. 컴퓨터 언어에서 단어를 **명령어**(instruction)라 하고 그 어휘를 **명령어 집합**(instruction set)이라고 한다. 이 장에서는 실제 컴퓨터의 명령어 집합을 살펴본다. 명령어는 사람이 프로그램을 작성할 때 사용하는 형태와 컴퓨터가 직접 읽을 수 있는 형태 두 가지로 표현된다. 이 장의 명령어 설명은 하향식(top-down)으로 진행한다. 제한된 형태의 프로그래밍 언어 비슷한 모양에서 시작해서, 실제 컴퓨터 언어가 될 때까지 조금씩 바꾸어 나갈 것이다. 이 하향식 접근 방식은 3장에서 연산 하드웨어와 부동 소수점 표현을 설명할 때도 계속 사용한다.

기계어도 인간이 사용하는 언어처럼 다양해 보이지만, 실제로는 모두 유사하기 때문에 서로 다른 언어라기보다는 같은 언어의 사투리 정도로 보는 것이 타당할 것이다. 그러므로 일단 하나만 배우면 다른 언어들도 쉽게 익숙해질 수 있다.

사용할 명령어 집합은 RISC-V로 2010년부터 UC Berkeley가 개발한 것이다.

RISC-V 말고 다른 명령어 집합을 선택하는 것도 어려운 일이 아니라는 것을 보이기 위해, 널리 쓰이는 다른 명령어 집합 두 가지를 간략하게 살펴보면 다음과 같다.

1. MIPS는 1980년대 이후에 설계된 명령어 집합의 아주 훌륭한 예 중 하나이다. RISC-V는 여러 가지 면에서 MIPS의 설계를 따르고 있다.
2. Intel x86은 1970년대에 처음 나왔지만, 아직도 PC는 물론 포스트 PC 시대의 클라우드까지 견인하고 있다.

이러한 유사성은 모든 컴퓨터가 같은 기본 원리 위에 구축된 하드웨어 기술로 만들어지며, 모든 컴퓨터가 제공해야 하는 기본적인 기능은 몇 가지 안 된다는 사실에 기인한다. 더구나 모든 컴퓨터 설계자는 하드웨어와 컴파일러 제작이 쉬우면서도 최소 비용과 에너지로 최대 성능을 구현할 수 있는 언어를 찾아내고자 하는 공통의 목표를 지향하고 있다. 이것은 아주 오랫동안 존중되어 온 목표로서, 일반인들은 컴퓨터를 구입할 수도 없던 1946년에 쓴 다음 글을 보면 그 당시나 지금이나 달라진 것이 거의 없음을 알 수 있다.

> 어떤 일이든 다 실행할 수 있으면서 동시에 제어하기도 적절한 [명령어 집합]이 존재한다는 사실을 형식 논리로 보이기는 쉽다. … 현재의 관점에서 [명령어 집합]을

선택하는 데 있어 정말로 고려해야 할 점은 다분히 실용적 성격의 문제이다. 그것은 [명령어 집합]이 요구하는 하드웨어의 간결성과 더불어, 실제 중요한 문제에 이 [명령어 집합]을 적용할 수 있느냐, 또 그때의 처리 속도는 어떠하냐 하는 것 등이다.

Burks, Goldstine, and von Neumann, 1946

"하드웨어의 간결성"은 1940년대나 지금이나 똑같이 중요한 고려 사항이다. 이 장의 목표는 이러한 기준에 맞는 명령어를 가르치면서 동시에 명령어 집합의 하드웨어 표현 방식 및 상위 수준 언어와의 관계를 보이고자 하는 것이다. 예제는 C 언어로 작성할 것이다. Java 같은 객체지향 언어에서는 어떻게 달라지는지를 **2.15절**에서 설명한다.

이 장에서는 명령어의 표현 방식을 배운다. 표현 방식을 배우면 컴퓨터의 가장 큰 비밀인 **내장 프로그램**(stored-program) **개념**을 이해할 수 있다. 그 후에 컴퓨터 언어로 프로그램을 작성하고 이 책에서 제공하는 시뮬레이터로 실행시킴으로써 이 "외국어"의 구사 능력을 연마한다. 그리고 프로그래밍 언어와 컴파일러 최적화가 성능에 미치는 영향을 배운 후, 명령어 집합의 발달 과정과 다른 컴퓨터의 언어를 간략히 살펴보는 것으로 이 장을 마치게 된다.

**내장 프로그램 개념** 여러 종류의 데이터와 명령어를 메모리에 숫자로 저장할 수 있다는 개념. 프로그램과 데이터를 수정하기 쉽다는 장점이 있으며, 이 개념에 따라 내장 프로그램 컴퓨터가 만들어졌다.

앞으로 RISC-V 명령어 집합을 한 부분씩 살펴보면서 컴퓨터 구조와 연관 지어 그 원리를 설명할 것이다. 이러한 하향식, 단계적 진행으로 각 요소와 그 설명을 짜 맞추어 나감으로써 컴퓨터 언어를 더 쉽게 이해할 수 있게 한다. 그림 2.1은 이 장에서 설명할 명령어 집합을 아주 개략적으로 보여 주고 있다.

**고난도:** RISC-V는 RISC-V International이라는 기구에서 관리하는 개방형 구조로서, ARM, MIPS, x86처럼 특정 회사의 소유물이 아니다. 2020년 현재 200개 이상의 회사가 RISC-V International의 회원이며 이 프로세서의 인기는 급격히 증가하고 있다.

## 2.2 하드웨어 연산

*There must certainly be instructions for performing the fundamental arithmetic operations.*

Burks, Goldstine, and von Neumann, 1946

기본적으로 모든 컴퓨터는 산술 연산을 할 수 있어야 한다. 다음 RISC-V 어셈블리 언어는 두 변수 b와 c를 더해서 그 합을 a에 넣으라고 컴퓨터에 지시하는 것이다.

```
add a, b, c
```

RISC-V 산술 명령어는 반드시 한 종류의 연산만 지시하며 항상 변수 3개를 갖는

**RISC-V operands**

| Name | Example | Comments |
|---|---|---|
| 32 registers | x0-x31 | Fast locations for data. In RISC-V, data must be in registers to perform arithmetic. Register x0 always equals 0. |
| $2^{30}$ memory words | Memory[0], Memory[4], ..., Memory[4,294,967,292] | Accessed only by data transfer instructions. RISC-V uses byte addresses, so sequential word accesses differ by 4. Memory holds data structures, arrays, and spilled registers. |

**RISC-V assembly language**

| Category | Instruction | Example | Meaning | Comments |
|---|---|---|---|---|
| Arithmetic | Add | add x5, x6, x7 | x5 = x6 + x7 | Three register operands; add |
| | Subtract | sub x5, x6, x7 | x5 = x6 - x7 | Three register operands; subtract |
| | Add immediate | addi x5, x6, 20 | x5 = x6 + 20 | Used to add constants |
| Data transfer | Load word | lw x5, 40(x6) | x5 = Memory[x6 + 40] | Word from memory to register |
| | Load word, unsigned | lwu x5, 40(x6) | x5 = Memory[x6 + 40] | Unsigned word from memory to register |
| | Store word | sw x5, 40(x6) | Memory[x6 + 40] = x5 | Word from register to memory |
| | Load halfword | lh x5, 40(x6) | x5 = Memory[x6 + 40] | Halfword from memory to register |
| | Load halfword, unsigned | lhu x5, 40(x6) | x5 = Memory[x6 + 40] | Unsigned halfword from memory to register |
| | Store halfword | sh x5, 40(x6) | Memory[x6 + 40] = x5 | Halfword from register to memory |
| | Load byte | lb x5, 40(x6) | x5 = Memory[x6 + 40] | Byte from memory to register |
| | Load byte, unsigned | lbu x5, 40(x6) | x5 = Memory[x6 + 40] | Byte unsigned from memory to register |
| | Store byte | sb x5, 40(x6) | Memory[x6 + 40] = x5 | Byte from register to memory |
| | Load reserved | lr.d x5, (x6) | x5 = Memory[x6] | Load; 1st half of atomic swap |
| | Store conditional | sc.d x7, x5, (x6) | Memory[x6] = x5; x7 = 0/1 | Store; 2nd half of atomic swap |
| | Load upper immediate | lui x5, 0x12345 | x5 = 0x12345000 | Loads 20-bit constant shifted left 12 bits |
| Logical | And | and x5, x6, x7 | x5 = x6 & x7 | Three reg. operands; bit-by-bit AND |
| | Inclusive or | or x5, x6, x8 | x5 = x6 \| x8 | Three reg. operands; bit-by-bit OR |
| | Exclusive or | xor x5, x6, x9 | x5 = x6 ^ x9 | Three reg. operands; bit-by-bit XOR |
| | And immediate | andi x5, x6, 20 | x5 = x6 & 20 | Bit-by-bit AND reg. with constant |
| | Inclusive or immediate | ori x5, x6, 20 | x5 = x6 \| 20 | Bit-by-bit OR reg. with constant |
| | Exclusive or immediate | xori x5, x6, 20 | x5 = x6 ^ 20 | Bit-by-bit XOR reg. with constant |
| Shift | Shift left logical | sll x5, x6, x7 | x5 = x6 << x7 | Shift left by register |
| | Shift right logical | srl x5, x6, x7 | x5 = x6 >> x7 | Shift right by register |
| | Shift right arithmetic | sra x5, x6, x7 | x5 = x6 >> x7 | Arithmetic shift right by register |
| | Shift left logical immediate | slli x5, x6, 3 | x5 = x6 << 3 | Shift left by immediate |
| | Shift right logical immediate | srli x5, x6, 3 | x5 = x6 >> 3 | Shift right by immediate |
| | Shift right arithmetic immediate | srai x5, x6, 3 | x5 = x6 >> 3 | Arithmetic shift right by immediate |

**그림 2.1 이 장에서 소개할 MIPS 어셈블리 언어.** 이와 관련된 정보는 이 책의 첫 페이지에 있는 RISC-V Reference Data Card의 ①열에서도 찾아볼 수 있다.

| | | | | |
|---|---|---|---|---|
| Conditional branch | Branch if equal | beq x5, x6, 100 | if (x5 == x6) go to PC+100 | PC-relative branch if registers equal |
| | Branch if not equal | bne x5, x6, 100 | if (x5 != x6) go to PC+100 | PC-relative branch if registers not equal |
| | Branch if less than | blt x5, x6, 100 | if (x5 < x6) go to PC+100 | PC-relative branch if registers less |
| | Branch if greater or equal | bge x5, x6, 100 | if (x5 >= x6) go to PC+100 | PC-relative branch if registers greater or equal |
| | Branch if less, unsigned | bltu x5, x6, 100 | if (x5 < x6) go to PC+100 | PC-relative branch if registers less, unsigned |
| | Branch if greater or equal, unsigned | bgeu x5, x6, 100 | if (x5 >= x6) go to PC+100 | PC-relative branch if registers greater or equal, unsigned |
| Unconditional branch | Jump and link | jal x1, 100 | x1 = PC+4; go to PC+100 | PC-relative procedure call |
| | Jump and link register | jalr x1, 100(x5) | x1 = PC+4; go to x5+100 | Procedure return; indirect call |

**그림 2.1** (계속).

형식을 엄격히 지킨다. 네 변수 b, c, d, e의 합을 a에 넣는 예를 생각해 보자. (이 절에서는 "변수"가 무엇인지를 설명하지 않고 일부러 애매하게 넘어가고 있다. 변수에 대해서는 다음 절에서 자세히 설명할 것이다.)

다음은 네 변수의 합을 구하는 명령어들이다.

```
add     a, b, c    // The sum of b and c is placed in a.
add     a, a, d    // The sum of b, c and d is now in a.
add     a, a, e    // The sum of b, c, d and e is now in a.
```

따라서 네 변수의 합을 구하려면 명령어 3개가 필요하다.

//의 오른쪽은 **주석**(comment)으로서 컴퓨터는 이것을 무시한다. 고급 프로그래밍 언어와는 달리 한 줄에 명령어 하나만을 쓸 수 있으며, 줄이 끝나면 주석도 끝난다는 점이 C와 다른 점이다.

덧셈 같은 연산의 피연산자(operand)는 더해질 숫자 2개와 합을 기억할 장소 하나, 모두 3개인 것이 자연스럽다. 이렇게 모든 명령어가 피연산자를 반드시 3개씩 갖도록 제한하는 것은 하드웨어를 단순하게 하자는 원칙과 부합한다. 피연산자의 개수가 가변적이면 하드웨어가 복잡해진다. 이런 관점에서 하드웨어 설계의 3대 원칙 중 첫 번째를 도출할 수 있다.

**설계 원칙 1**: 간단하기 위해서는 규칙적인 것이 좋다.

다음 두 가지 예에서 상위 수준 언어로 쓴 프로그램과 어셈블리 명령어 사이의 관계를 볼 수 있다.

### C 치환문 2개의 번역

예제

다음 C 프로그램은 a, b, c, d, e 5개의 변수를 사용한다. Java 언어는 C에서 파생된 것이므로, 이 예제와 다음 몇 가지는 Java로도 실행 가능하다.

```
a = b + c;
d = a - e;
```

C 프로그램을 RISC-V 어셈블리 언어 명령어로 바꾸는 것은 **컴파일러**가 한다. C 컴파일러가 생성한 RISC-V 코드를 보여라.

답

RISC-V 명령어는 근원지 피연산자 2개를 연산하여 그 결과를 목적지 피연산자에 넣는다. 그러므로 위의 C 문장 2개는 RISC-V 명령어 2개로 컴파일된다.

```
add  a, b, c
sub  d, a, e
```

### 복잡한 C 치환문의 번역

예제

조금 더 복잡한 다음 C 문장에 대한 컴파일러 출력은 무엇인가?

```
f = (g + h) - (i + j);
```

답

RISC-V 명령어는 한 번에 하나의 연산만을 하기 때문에 컴파일러는 이 문장을 여러 개의 어셈블리 명령어로 나누어야 한다. 첫 RISC-V 명령어는 g와 h의 합을 구하고 결과를 어딘가에 저장해야 한다. 이를 위해 컴파일러는 t0라는 임시 변수를 생성한다.

```
add  t0, g, h // temporary variable t0 contains g + h
```

다음 연산은 뺄셈이지만 뺄셈을 하기 전에 i와 j의 합을 구할 필요가 있다. 따라서 두 번째 명령어는 i와 j의 합을 t1이라는 또 다른 임시 변수에 저장한다.

```
add  t1, i, j // temporary variable t1 contains i + j
```

마지막으로 뺄셈 명령어가 첫 번째 합에서 두 번째 합을 빼고 결과를 변수 f에 저장한다.

```
sub  f, t0, t1 // f gets t0 - t1, which is (g + h) - (i + j)
```

같은 함수를 프로그램할 때 코드의 줄 수가 가장 많은 것은 어느 프로그래밍 언어인가? 아래 세 가지를 줄 수가 많은 순서대로 정렬하라.

**스스로 점검하기**

1. Java
2. C
3. RISC-V 어셈블리 언어

**고난도:** 원래 Java는 이식성(portability)을 높이기 위해 소프트웨어 인터프리터(interpreter)를 사용하도록 설계되었다. 이 인터프리터의 명령어 집합을 **Java 바이트코드**(bytecode)(2.15절 참조)라 부르는데, RISC-V 명령어 집합과는 다른 점이 많다. C 프로그램과 비슷한 성능을 얻기 위해서 오늘날의 Java 시스템은 Java 바이트코드를 기계어로 컴파일한다. C 프로그램보다 컴파일이 훨씬 나중에 일어나므로 이러한 Java 컴파일러를 **JIT**(Just In Time) 컴파일러라고 부르기도 한다. 첫 실행 과정에서 어떻게 JIT가 C 컴파일러보다 늦게 사용되는지를 2.12절에서 보일 것이다. 또한 2.13절에서는 Java 프로그램을 컴파일했을 때와 인터프리트했을 때의 성능에 대하여 고찰할 것이다.

## 2.3 피연산자

상위 수준 언어 프로그램과는 달리 산술 명령어의 피연산자에는 제약이 있다. 레지스터(register)라고 하는 하드웨어로 직접 구현된 특수 위치 몇 곳에 있는 것만을 사용할 수 있다. 레지스터는 하드웨어 설계의 기본 요소인 동시에 프로그래머에게도 보이는 부분이므로, 컴퓨터를 구성하는 벽돌과 같다고 할 수 있다. RISC-V 구조에서 레지스터의 크기는 32비트이다. RISC-V에서는 32비트가 한 덩어리로 처리되는 일이 매우 빈번하므로 이것을 워드(word)라고 부른다. [또 64비트 그룹도 자주 사용되는데 RISC-V에서는 더블워드(doubleword)라 불린다.]

워드 컴퓨터에서 자연스러운 접근 단위 중 하나. 보통 32비트이다. RISC-V 구조에서 레지스터 크기에 해당한다.

더블워드 컴퓨터에서 또 다른 자연스러운 접근 단위 중 하나. 보통 64비트이다.

프로그래밍 언어에서 사용하는 변수와 하드웨어 레지스터의 큰 차이점 하나는 레지스터는 개수가 한정되어 있다는 점이다. 현대 컴퓨터는 RISC-V처럼 보통 32개의 레지스터가 있다. (레지스터 개수의 변천사에 대해서는 2.24절을 참조하라.) 그러므로 기호 형태로 표현된 RISC-V 언어를 하향식으로 단계적으로 구체화할 때 산술 명령어의 모든 피연산자는 32개의 32비트 레지스터 중 하나이어야 한다는 제약이 추가된다.

레지스터 개수를 32개로 제한하는 이유는 하드웨어 기술의 바탕이 되는 세 가지 설계 원칙 중 두 번째 원칙에서 찾을 수 있다.

설계 원칙 2: 작은 것이 더 빠르다.

레지스터가 아주 많아지면 전기 신호가 더 멀리까지 전달되어야 하므로 클럭 사이클 시간이 길어진다.

그렇지만 "작은 것이 더 빠르다"가 절대적인 것은 아니다. 예를 들면 레지스터를 31개로 한다고 해서 32개보다 빨라지지는 않는다. 이 같은 사실은 컴퓨터 설계자로 하여금 이 문제를 진지하게 고려하도록 만든다. 컴퓨터 설계자는 더 많은 레지스터를 원하는 프로그램의 갈망과 클럭 사이클을 빠르게 하고 싶은 본인의 바람 사이에서 적절한 타협점을 찾아야 할 것이다. 32개 이상의 레지스터를 사용하지 않는 또 다른 이유는 2.5절에서 보이는 바와 같이 명령어 형식에서 레지스터 지정에 사용되는 비트 수와 관련이 있다.

하드웨어 구성에서 레지스터가 어떤 역할을 하는지를 4장에서 설명할 예정이다. 이 장에서 설명하는 바와 같이 레지스터를 효율적으로 이용하는 것은 프로그램 성능에 매우 중요하다.

명령어에서 단순히 숫자 0부터 31까지를 써서 레지스터를 표시할 수도 있지만, RISC-V의 관례는 x 뒤에 레지스터 번호를 붙이는 것이다. 단 나중에 설명할 일부 레지스터들은 예외이다.

### 레지스터를 사용하여 C 치환문을 번역

**예제**

프로그램 변수를 레지스터와 연관시키는 것은 컴파일러의 임무이다. 앞의 예제의 C 프로그램

```
f = (g + h) - (i + j);
```

에서 컴파일러가 변수 f, g, h, i, j를 레지스터 x19, x20, x21, x22, x23에 각각 할당했다고 하자. 컴파일된 RISC-V 코드를 보여라.

**답**

컴파일된 프로그램은 앞의 예제와 매우 유사하다. 변수 대신에 위에서 말한 레지스터 이름을 사용하고, 임시 변수 대신 임시 레지스터 x5와 x6를 사용하는 것이 다를 뿐이다.

```
add  x5, x20, x21 // register x5 contains g + h
add  x6, x22, x23 // register x6 contains i + j
sub  x19, x5, x6  // f gets x5 - x6, which is (g + h) - (i + j)
```

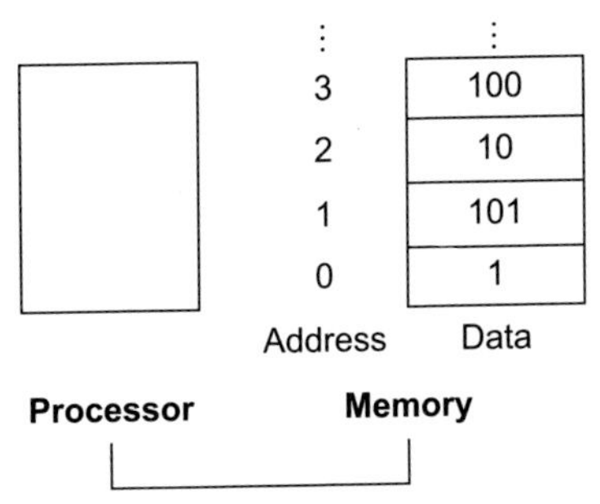


**그림 2.2 메모리 주소와 메모리 내용.** 이 원소들이 워드라면 이 주소들은 올바른 값이 아니다. 왜냐하면 RISC-V는 바이트 주소 방식을 사용하고 각 워드는 4바이트이기 때문이다. 그림 2.3은 이런 점을 고려하여 워드의 주소를 제대로 나타낸 것이다.

## 메모리 피연산자

프로그래밍 언어에는 위 예제와 같이 값 하나만 기억하는 단순 변수 외에도 배열(array)이나 구조체(structure) 같은 복잡한 자료구조가 있다. 이런 복잡한 자료구조 하나에는 레지스터 개수보다 훨씬 많은 데이터 원소가 있을 수 있다. 그렇다면 이런 큰 구조는 컴퓨터 내에서 어떻게 표현되고 또 사용되는가?

1장에서 소개했고 2장 맨 앞의 그림에서 다시 보여 준 컴퓨터의 5대 구성 요소를 생각해 보자. 프로세서는 소량의 데이터만을 레지스터에 저장할 수 있지만, 컴퓨터 메모리는 수십억 개의 데이터를 저장할 수 있다. 그러므로 배열이나 구조체 같은 자료구조는 메모리에 보관한다.

위에서 설명한 바와 같이 RISC-V의 산술 연산은 레지스터에서만 실행되므로 메모리와 레지스터 간에 데이터를 주고받는 명령어가 있어야 한다. 이런 명령어를 데이터 전송(data transfer) 명령어라 한다. 메모리에 기억된 데이터에 접근하려면 명령어가 메모리 주소(memory address)를 지정해야 한다. 메모리는 주소가 인덱스 역할을 하는 큰 1차원 배열이다. 주소는 0부터 시작한다. 예를 들어 그림 2.2에서 세 번째 데이터 원소의 주소는 2이고, Memory[2]의 값은 10이다.

데이터 전송 명령어 메모리와 레지스터 사이에 데이터를 이동하는 명령어.

메모리 주소 메모리 배열 내에서 특정 데이터 요소의 위치를 표시하는 데 사용하는 값.

메모리에서 레지스터로 데이터를 복사해 오는 데이터 전송 명령을 적재(load)라 한다. 적재 명령은 연산자 이름과 메모리에서 읽어 온 값을 저장할 레지스터, 메모리 접근에 사용할 상수와 레지스터로 구성된다. 메모리 주소는 명령어의 상수 부분과 두 번째 레지스터 값의 합으로 구해진다. RISC-V에서 이 명령어의 실제 이름은 `lw`(load word)이다.

예제

## 메모리 피연산자를 사용하는 치환문의 번역

A는 원소가 100개인 워드 배열이고, 변수 g, h는 레지스터 x20, x21에 할당되었다고 가정한다. 또 배열 A의 시작 주소(base address)가 x22에 기억되어 있다고 할 때 다음 C 문장을 컴파일하라.

```
g = h + A[8];
```

답

이 치환문에 연산은 하나밖에 없지만, 피연산자 중 하나가 메모리에 있으므로 먼저 A[8]을 레지스터로 옮긴 후 연산을 시작해야 한다. 이 배열 원소의 주소는 x22에 있는 배열의 시작 주소에 인덱스 8을 더한 값이다. 메모리에서 읽어 온 데이터는 다음 명령어가 사용할 수 있도록 임시 레지스터에 넣어야 한다. 그림 2.2를 참고하면 첫 명령어는 다음과 같다.

```
lw    x9, 8(x22)     // Temporary reg x9 gets A[8]
```

(이 명령어 그대로는 약간의 문제가 있어 곧 수정될 것이다. 하지만 당장은 이대로 사용한다.) 이제 필요한 값(즉 A[8])을 레지스터 x9에 넣었으므로 덧셈을 수행할 수 있다. 아래의 덧셈 명령어는 h(x21에 있음)를 A[8](x9에 있음)에 더해서 g(레지스터 x20에 해당)에 넣는다.

```
add   x20, x21, x9   // g = h + A[8]
```

데이터 전송 명령어의 상수 부분(8)을 **변위**(offset)라 하고, 주소 계산을 위해 여기에 더해지는 레지스터(x22)를 **베이스 레지스터**(base register)라고 한다.

**하드웨어/소프트웨어 인터페이스**

변수를 레지스터와 연관 짓는 일뿐 아니라 배열이나 구조체 같은 자료구조를 메모리에 할당하는 것도 컴파일러의 임무이다. 그런 다음 컴파일러는 자료구조의 시작 주소를 데이터 전송 명령에 넣을 수가 있다.

프로그램에서 8비트로 구성된 **바이트**를 많이 사용하므로 대부분의 컴퓨터는 바이트 단위로 주소를 지정한다. 워드 주소는 워드를 구성하는 4바이트 주소 중 하나를 사용한다. 그러므로 연속된 워드의 주소는 4씩 차이가 난다. 그림 2.3은 그림 2.2의 실제 RISC-V 주소를 보여 주는 것이다. 예를 들어 세 번째 워드의 바이트 주소는 8이다.

제일 왼쪽, 즉 최상위(big end) 바이트 주소를 워드 주소로 사용하는 컴퓨터와 제일 오른쪽, 즉 최하위(little end) 바이트 주소를 워드 주소로 사용하는 컴퓨터 두 종

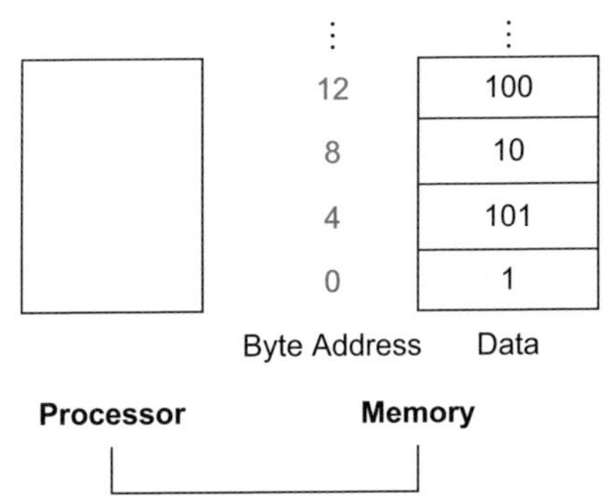


**그림 2.3 RISC-V의 실제 메모리 주소와 메모리 내용.** 그림 2.2와 대비해서 주소가 달라진 것을 강조하기 위해 파란색으로 표시하였다. RISC-V는 바이트 주소를 사용하므로 워드의 주소는 4의 배수이다. 한 워드는 4바이트로 구성된다.

류가 있다. RISC-V는 최하위 주소를 사용하는 **리틀 엔디안**(little-endian) 계열에 속한다. 이런 저장 순서는 같은 데이터를 한 워드로 접근하기도 하고 바이트 4개로 접근하기도 할 때만 문제가 되기 때문에, 엔디안(endianness)에 대해서 알 필요가 있는 사람은 별로 없다.

바이트 주소지정은 배열의 인덱스에도 영향을 미친다. 앞의 코드에서 바이트 주소를 제대로 구하려면 베이스 레지스터 `x22`에 더할 변위가 4 × 8 즉 32가 되어야 한다. 그래야 `A[8/4]`이 아닌 `A[8]`의 주소가 구해진다. (이와 관련되는 함정 하나를 2.22절에서 소개한다.)

적재와 반대로 레지스터 내용을 메모리로 복사하는 명령을 **저장**(store)이라 한다. 저장 명령의 생김새는 적재와 같다. 즉 연산자 이름, 저장할 데이터를 갖고 있는 레지스터, 베이스 레지스터, 배열 원소 선택에 사용할 변위로 구성된다. 적재와 마찬가지로 주소의 일부는 상수 형태로 명령어에 포함되어 있고 일부는 레지스터에 기억되어 있다. RISC-V에서 이 명령어의 실제 이름은 `sw`(store word)이다.

**고난도:** 워드의 시작 주소는 4의 배수라야 하는 컴퓨터 구조가 많이 있다. 이러한 요구사항을 **정렬제약**(alignment restriction)이라 한다. (정렬을 사용하면 데이터 전송이 빨라지는데 그 이유는 4장에서 알 수 있다.) RISC-V와 Intel x86에는 정렬제약이 없지만, MIPS에는 정렬제약이 있다.

**정렬제약** 메모리 내에서 데이터는 자연스러운 경계를 지켜서 정렬되어야 한다는 요구사항.

**하드웨어/소프트웨어 인터페이스**

적재, 저장 명령어에서 사용하는 주소는 이진수이다. 메인 메모리로 사용하는 DRAM의 크기를 십진수가 아니고 이진수로 표시하는 것도 같은 이유이다. 메모리 크기는 GB($10^9$)나 TB($10^{12}$)가 아니고 GiB($2^{30}$)나 TiB($2^{40}$)로 표시한다. 그림 1.1을 참조하라.

**예제**

### 적재와 저장을 사용한 번역

변수 h가 레지스터 x21에 할당되어 있으며 배열 A의 시작 주소는 x22에 들어 있다고 가정하자. 다음 C 문장을 RISC-V 어셈블리 프로그램으로 바꾸어라.

```
A[12] = h + A[8];
```

**답**

위 C 문장에 연산자는 하나지만 피연산자 2개가 메모리에 있기 때문에 RISC-V 명령어가 더 필요하다. A[8]을 선택하기 위해 적재 명령어의 변위가 바이트 주소에 맞는 적절한 값(32)으로 바뀐 것과 add 명령어가 합을 x9에 넣는 것을 제외하면 처음 두 명령어는 앞의 예와 같다.

```
lw   x9, 32(x22)         // Temporary reg x9 gets A[8]
add  x9, x21, x9         // Temporary reg x9 gets h + A[8]
```

마지막 명령어는 48(4 × 12)을 변위로, x22를 베이스 레지스터로 사용하여 합을 A[12]에 저장한다.

```
sw   x9, 48(x22)         // Stores h + A[8] back into A[12]
```

RISC-V에서 메모리와 레지스터 사이에 워드를 복사하는 명령어는 lw와 sw 2개뿐이지만, 다른 컴퓨터에서는 적재와 저장 명령어 외에 다른 명령어들을 데이터 전송에 사용하기도 한다. Intel x86이 이러한 구조인데 2.19절에서 설명한다.

**하드웨어/소프트웨어 인터페이스**

컴퓨터가 갖고 있는 레지스터보다 프로그램에서 사용하는 변수가 더 많은 경우가 자주 있다. 그러므로 컴파일러는 자주 사용되는 변수를 가능한 한 많이 레지스터에 넣고 나머지 변수는 메모리에 저장했다가 필요할 때 꺼내서 레지스터에 넣는다. 자주 사용하지 않는(또는 한참 후에 사용할) 변수를 메모리에 넣는 것을 레지스터를 스필링(spilling)한다고 말한다.

"작을수록 빠르다"는 원칙에 의하면 레지스터가 더 작으므로 메모리는 레지스터보다 속도가 느려야 한다. 이것은 사실이며 데이터가 레지스터에 있으면 더 빨리 접근할 수 있다.

레지스터에 저장된 데이터는 메모리 데이터보다 사용하기도 편리하다. RISC-V의 산술 연산 명령은 레지스터 2개를 읽어서 연산한 다음 결과를 레지스터에 쓴다. 하지만 데이터 전송 명령은 피연산자 하나를 읽거나 쓰는 일만 할 뿐 데이터에 대한 연산은 하지 못한다.

레지스터는 메모리보다 접근시간이 짧고 처리량도 크므로, 레지스터에 저장된 데이터를 사용하면 시간이 절약되고 사용하기도 간편하다. 뿐만 아니라 레지스터 접근은 메모리 접근보다 에너지도 적게 든다. 그러므로 좋은 성능을 얻고 에너지를 절약하기 위해서는 명령어 집합 구조가 충분한 레지스터를 제공하고 컴파일러가 레지스터를 효율적으로 사용하여야 한다.

---

**고난도:** 레지스터와 메모리를 에너지와 성능 측면에서 비교해 보자. 32비트 데이터의 경우, 레지스터가 약 200배 빠르며(0.25 대 50 나노초) 에너지 효율도 10,000배 정도(0.1 대 1000 피코줄) 높다. 이런 큰 차이 때문에 캐시를 사용해서 메모리의 에너지와 성능 문제를 완화한다(5장 참조).

## 상수 또는 수치 피연산자

프로그램의 연산에서 상수를 사용하는 경우는 많이 있다. 배열의 다음 원소를 가리키도록 인덱스를 증가시키는 경우가 한 예가 될 것이다. SPEC CPU2006 벤치마크를 실행해 보면 RISC-V 산술 명령의 절반 이상이 상수를 피연산자로 사용함을 알 수 있다.

이제까지 배운 명령어만으로 상수를 사용하려면 메모리에서 상수를 읽어 와야 한다. (상수는 프로그램이 적재될 때 메모리에 넣어진다.) 예를 들어 레지스터 x22에 상수 4를 더하는 코드는 아래와 같다.

```
lw    x9, AddrConstant4(x3)    // x9 = constant 4
add   x22, x22, x9             // x22 = x22 + x9 (여기서 x9 == 4)
```

여기서 x3 + AddrConstant4는 상수 4가 저장되어 있는 메모리 주소라고 가정한다.

적재 명령을 사용하지 않는 방법은 피연산자 중 하나가 상수인 산술 연산 명령어를 제공하는 것이다. 이 상수를 수치(immediate) 피연산자라고 한다. 수치 피연산자를 갖는 덧셈 명령어는 addi(add immediate)라 하는데 레지스터 x22에 4를 더하려면 다음과 같이 쓰면 된다.

```
addi  x22, x22, 4              // x22 = x22 + 4
```

상수 피연산자는 자주 사용되므로, addi는 대부분의 RISC-V 프로그램에서 가장 많이 사용되는 명령어이다. 상수 필드를 갖는 산술 명령어를 사용하면 매번 메모리에서 상수를 가져오는 것보다 연산이 훨씬 빨라지고 에너지를 덜 소모하게 된다.

상수 중에서도 0은 또 다른 역할이 있다. 명령어에 여러 가지 유용한 변형을 제공함으로써 명령어 집합을 단순하게 하는 것이다. 예를 들어 첫 번째 피연산자가 0인 sub 명령어를 사용하면 레지스터 값의 부호를 바꿀 수 있다. 그래서 RISC-V는 레지스터 x0의 값이 0으로 고정되도록 회로를 구현하였다. 높은 사용 빈도를 근거로 상수를 명령어에 포함시킨 것은 **자주 쓰이는 것을 빠르게** 하라는 위대한 아이디어(1장)의 또 다른 예가 된다.

COMMON CASE FAST

**스스로 점검하기** 레지스터의 중요성에 대해서는 이미 설명한 바가 있다. 칩 내의 레지스터 개수가 증가하는 속도에 대해 옳게 설명한 것은?

1. 매우 빠르다: Moore의 법칙에 따라 증가한다. 즉 24개월마다 2배씩 증가한다.
2. 매우 느리다: 프로그램은 보통 컴퓨터 언어의 형태로 배포되므로 명령어 집합 구조에는 일종의 관성이 있다. 따라서 레지스터 개수는 새로운 명령어 집합이 실용화되는 속도만큼이나 느리게 증가한다.

**고난도:** 이 책의 RISC-V는 레지스터 크기가 32비트이지만, RISC-V 설계자들은 그 외에도 몇 가지 다른 형태의 RISC-V ISA를 만들었다. 이 책에서 사용하는 것은 RV32인데, 64비트 레지스터를 사용하는 RV64라는 것도 있다. RV64는 주소가 크므로 서버와 스마트폰용 프로세서에 더 적합하다.

**고난도:** 변위와 베이스 레지스터를 사용하는 RISC-V 주소지정 방식은 베이스 레지스터가 시작 위치를 가리키고 변위로 원하는 원소를 선택할 수 있으므로 배열뿐 아니라 구조체 접근에도 딱 들어맞는다. 2.13절에서 이런 예를 볼 것이다.

**고난도:** 원래 데이터 전송 명령은 레지스터가 배열의 인덱스를 갖고, 변위가 배열의 시작 주소를 갖도록 설계되었다. 따라서 베이스 레지스터를 **인덱스 레지스터**(index register)라고 부르기도 한다. 하지만 오늘날에는 메모리가 매우 크고 데이터 할당을 위한 소프트웨어 모델이 훨씬 복잡하여 배열의 시작 주소가 변위 부분에 다 들어가지 않으므로 레지스터에 넣는 것이 일반적이다.

**고난도:** 32비트 주소 컴퓨터에서 64비트 주소 컴퓨터로 넘어가면서 컴파일러 작성자들은 C 언어 데이터 타입의 크기를 정해야 하는 문제를 안게 되었다. 포인터가 64비트인 것은 확

실한데 정수는 몇 비트라야 하는가? 게다가 C 언어의 정수는 한 가지가 아니라 `int`, `long int`, `long long int` 세 가지가 있다. 문제는 한 데이터 타입을 다른 데이터 타입으로 변환할 때 100% 표준에 부합하는 C 코드가 아닐 경우 예기치 못한 오버플로가 발생한다는 것인데, 불행하게도 이런 코드가 드물지 않다. 아래 표는 많이 쓰이는 두 가지 경우이다.

| Operating System | pointers | int | long int | long long int |
|---|---|---|---|---|
| Microsoft Windows | 64 bits | 32 bits | 32 bits | 64 bits |
| Linux, Most Unix | 64 bits | 32 bits | 64 bits | 64 bits |

## 2.4 부호있는 수와 부호없는 수

먼저 컴퓨터가 숫자를 어떻게 표현하는지 잠시 살펴보기로 하자. 사람은 손가락이 10개라서 보통 기수 10을 사용하지만 숫자는 어떤 수를 기수로 사용해서도 나타낼 수 있다. 예를 들어 123(기수 10) = 1111011(기수 2)이다.

컴퓨터 내에서는 일련의 높고 낮은 전기 신호의 형태로 숫자를 저장하므로 결국 기수 2인 수로 볼 수 있다. (기수가 10인 수를 **십진수**라고 하듯이 기수가 2인 수를 **이진수**라고 한다.)

모든 정보는 **이진 자릿수**(binary digit), 즉 **비트**(bit)로 구성되므로 비트가 계산의 기본 단위가 된다. 이 기본 단위는 높음/낮음, on/off, 참/거짓, 1/0 등 두 값 중 한 값을 갖게 된다.

**이진 자릿수** 이진 비트라고도 부른다. 이진수의 두 숫자 0과 1 중 하나. 정보의 기본적 구성 요소이다.

어떤 기수의 숫자에서 *i*번째 숫자 *d*의 값은 다음과 같다.

$$d \times \text{Base}^i$$

여기서 *i*는 0에서 시작해서 왼쪽으로 갈수록 증가한다. 이 방식으로 워드 내의 비트에 번호를 붙일 수 있다. 그 비트에 해당하는 기수의 거듭제곱수(power)를 번호로 사용하는 것이다. 앞으로 혼란을 피하기 위해 십진수에는 아래 첨자 ten을, 이진수에는 아래 첨자 two를 붙이기로 한다. 예를 들어

$$1011_{\text{two}}$$

는 다음 값을 나타낸다.

$$\begin{aligned} & (1 \times 2^3) + (0 \times 2^2) + (1 \times 2^1) + (1 \times 2^0)_{\text{ten}} \\ = & (1 \times 8) + (0 \times 4) + (1 \times 2) + (1 \times 1)_{\text{ten}} \\ = & \quad 8 \quad + \quad 0 \quad + \quad 2 \quad + \quad 1_{\text{ten}} \\ = & 11_{\text{ten}} \end{aligned}$$

워드 내의 각 비트에 오른쪽에서 왼쪽으로 0, 1, 2, 3, ...과 같이 번호를 붙인다. 아래 그림은 RISC-V의 워드 내의 비트에 번호를 붙이는 방식과 숫자 $1011_{two}$의 표현을 보여 주고 있다.

| 31 | 30 | 29 | 28 | 27 | 26 | 25 | 24 | 23 | 22 | 21 | 20 | 19 | 18 | 17 | 16 | 15 | 14 | 13 | 12 | 11 | 10 | 9 | 8 | 7 | 6 | 5 | 4 | 3 | 2 | 1 | 0 |
|---|---|---|---|---|---|---|---|---|---|---|---|---|---|---|---|---|---|---|---|---|---|---|---|---|---|---|---|---|---|---|---|
| 0 | 0 | 0 | 0 | 0 | 0 | 0 | 0 | 0 | 0 | 0 | 0 | 0 | 0 | 0 | 0 | 0 | 0 | 0 | 0 | 0 | 0 | 0 | 0 | 0 | 0 | 0 | 0 | 1 | 0 | 1 | 1 |

(32 bits wide)

**LSB** RISC-V 워드에서 가장 오른쪽 비트.

**MSB** RISC-V 워드에서 가장 왼쪽 비트.

워드는 수평으로뿐만 아니라 수직으로도 그릴 수 있기 때문에, 가장 오른쪽 혹은 가장 왼쪽 비트라고 말하면 애매할 수가 있다. 대신 **LSB**(least significant bit)라는 용어를 써서 가장 오른쪽의 비트 0을 나타내고, **MSB**(most significant bit)라는 용어를 써서 가장 왼쪽의 비트 31을 나타내기로 한다.

RISC-V 워드의 길이는 32비트이므로 $2^{32}$가지의 서로 다른 32비트 패턴을 표현할 수 있다. 이 조합이 0부터 $2^{32}-1$$(4,294,967,295_{ten})$까지의 숫자를 표시하게 하는 것은 자연스러운 일이다.

$$
\begin{aligned}
00000000\ 00000000\ 00000000\ 00000000_{two} &= 0_{ten} \\
00000000\ 00000000\ 00000000\ 00000001_{two} &= 1_{ten} \\
00000000\ 00000000\ 00000000\ 00000010_{two} &= 2_{ten} \\
\ldots \qquad\qquad & \ldots \\
11111111\ 11111111\ 11111111\ 11111101_{two} &= 4,294,967,293_{ten} \\
11111111\ 11111111\ 11111111\ 11111110_{two} &= 4,294,967,294_{ten} \\
11111111\ 11111111\ 11111111\ 11111111_{two} &= 4,294,967,295_{ten}
\end{aligned}
$$

32비트 이진수는 비트값과 2의 제곱수를 곱한 값으로 표현할 수 있다. (여기서 $x_i$는 $x$의 $i$번째 비트를 의미한다.)

$$(x_{31} \times 2^{31}) + (x_{30} \times 2^{30}) + (x_{29} \times 2^{29}) + \cdots + (x_1 \times 2^1) + (x_0 \times 2^0)$$

앞으로 보게 될 여러 가지 이유로 이러한 양수를 부호없는 수라 한다.

### 하드웨어/소프트웨어 인터페이스

기수 2는 인간에게는 자연스럽지 않다. 인간은 10개의 손가락을 사용하기 때문에 기수 10이 자연스럽다. 그렇다면 왜 컴퓨터는 십진수를 사용하지 않는 것일까? 사실 첫 상업용 컴퓨터는 십진수 연산을 제공하였으나, 컴퓨터는 실제 on/off 신호만 사용하기 때문에 십진수 하나를 여러 개의 이진 자릿수로 나타내야 하는 문제가 있었다. 결국 십진수는 비효율적이라는 것이 증명되어 그 뒤의 컴퓨터들은 이진수로 되돌아갔으며, 가끔씩 있는 입출력을 위해서만 십진수로 변환하였다.

앞의 이진 비트 패턴은 단순히 수의 **표기 방법**일 뿐이라는 것을 명심하라. 실제 수는 무한히 많은 자릿수를 갖고 있다. 그중 오른쪽 몇 자리만 제외하고는 거의 대부분이 0이다. 보통 앞의 0들은 표시하지 않는다.

이러한 이진 비트 패턴을 더하고 빼고 곱하고 나누는 하드웨어를 설계할 수 있는데, 연산 하드웨어는 3장에서 소개할 것이다. 만약 이러한 연산 결과가 하드웨어에 구현된 오른쪽 비트들만으로는 표현이 불가능하면 **오버플로**(overflow)가 발생했다고 말한다. 오버플로가 발생했을 때 어떻게 대처해야 할지는 프로그래밍 언어와 운영체제 및 프로그램의 몫이다.

오버플로 연산의 결과가 레지스터에서 표현될 수 있는 수보다 클 때.

컴퓨터 프로그램은 양수와 음수를 모두 계산한다. 따라서 양수와 음수를 구별하는 표현 방법이 필요하다. 가장 확실한 방법은 별도의 부호를 덧붙이는 것인데, 부호는 한 비트면 표현할 수 있다. 이 표현 방법의 이름은 **부호와 크기**(sign and magnitude) 표현법이다.

그러나 부호와 크기 표현법에는 몇 가지 단점이 있다. 첫째로 어디에 부호 비트를 붙여야 하는지가 명확하지 않다. 오른쪽에? 왼쪽에? 초기 컴퓨터들은 두 가지를 다 시도해 보았다. 둘째로 부호와 크기 표현법의 덧셈기는 부호를 결정하기 위해 한 단계가 더 필요하다. 왜냐하면 최종 부호가 무엇이 될지를 미리 알 수 없기 때문이다. 마지막으로 부호 비트가 따로 붙기 때문에 양의 0과 음의 0을 갖는다는 점이다. 이것이 부주의한 프로그래머에게는 문제를 야기시킬 수 있다. 이런 단점 때문에 부호와 크기 표현법은 곧 쓰지 않게 되었다.

더 좋은 대안을 찾는 가운데, 작은 수에서 큰 수를 뺄 때 부호없는 수의 경우에 결과가 어떻게 될까라는 의문이 대두되었다. 그 답은 0들로 시작되는 수에서 빌림을 수행하게 되어 그 결과는 1들로 시작하는 수가 된다는 것이다.

확실한 대안이 없는 상황에서 최종 결론은 하드웨어를 간략하게 하는 표현방식을 택하는 것이었다. 그 결과 0들이 앞에 나오면 양수이고 1들이 앞에 나오면 음수가 되었다. 부호있는 이진수를 표현하는 이러한 방식은 **2의 보수**(two's complement) 표현법(이 특이한 이름의 유래는 2.4절의 마지막 "고난도"에서 설명한다)이라고 불린다.

$00000000\ 00000000\ 00000000\ 00000000_{two} = 0_{ten}$
$00000000\ 00000000\ 00000000\ 00000001_{two} = 1_{ten}$
$00000000\ 00000000\ 00000000\ 00000010_{two} = 2_{ten}$
... ...
$01111111\ 11111111\ 11111111\ 11111101_{two} = 2,147,483,645_{ten}$
$01111111\ 11111111\ 11111111\ 11111110_{two} = 2,147,483,646_{ten}$

```
01111111 11111111 11111111 11111111two = 2,147,483,647ten
10000000 00000000 00000000 00000000two = - 2,147,483,648ten
10000000 00000000 00000000 00000001two = - 2,147,483,647ten
10000000 00000000 00000000 00000010two = - 2,147,483,646ten
...                                           ...
11111111 11111111 11111111 11111101two = - 3ten
11111111 11111111 11111111 11111110two = - 2ten
11111111 11111111 11111111 11111111two = - 1ten
```

전체의 절반인 양수 0부터 $2,147,483,647_{ten}(2^{31}-1)$까지는 앞서와 같은 표현법을 사용한다. 그다음 비트 패턴($1000\ldots0000_{two}$)은 가장 큰 음수 $-2,147,483,648_{ten}$ ($-2^{31}$)을 나타내고, 계속 작은 음수가 이어져서 $-2,147,483,647_{ten}(1000\ldots0001_{two})$ 부터 $-1_{ten}(1111\ldots1111_{two})$까지 감소한다.

2의 보수에는 대응되는 양수가 없는 음수 $-2,147,483,648_{ten}$이 존재한다. 이러한 불균형이 부주의한 프로그래머에게는 역시 골칫거리이지만, 기존의 부호와 크기 표현법은 프로그래머와 하드웨어 설계자 모두에게 문제였었다. 결과적으로 오늘날의 모든 컴퓨터는 부호있는 수를 2의 보수로 표현하고 있다.

2의 보수 표현에서 모든 음수는 MSB가 1이라는 장점이 있다. 따라서 하드웨어가 양수인지 음수인지 알아보려면 MSB만 검사하면 된다(0은 양수로 취급). 그러므로 MSB를 **부호 비트**라고 부른다. 부호 비트의 역할을 이해하면, 비트값에 2의 거듭제곱수를 곱한 값으로 32비트의 양수와 음수를 모두 표현할 수 있다.

$$(x_{31} \times -2^{31}) + (x_{30} \times 2^{30}) + (x_{29} \times 2^{29}) + \cdots + (x_1 \times 2^1) + (x_0 \times 2^0)$$

부호 비트에는 $-2^{31}$을 곱하고, 나머지 비트들은 각각의 위치에 해당하는 양의 기수값을 곱한다.

## 이진수를 십진수로 변환

**예제**

32비트의 2의 보수로 표현된 다음 수의 십진수 값은 무엇인가?

```
11111111 11111111 11111111 11111100two
```

**답**

위의 공식에 비트값을 대비시키면

$$(1 \times -2^{31}) + (1 \times 2^{30}) + (1 \times 2^{29}) + \cdots + (1 \times 2^2) + (0 \times 2^1) + (0 \times 2^0)$$
$$= -2^{31} + 2^{30} + 2^{29} + \cdots + 2^2 + 0 + 0$$

$= -2,147,483,648_{ten} + 2,147,483,644_{ten}$

$= -4_{ten}$

더 쉽게 음수를 양수로 변환하는 방법을 곧 보게 될 것이다.

부호없는 수의 연산 결과가 오버플로를 발생시킬 수 있는 것처럼 2의 보수 연산에서도 오버플로가 발생한다. 무한히 많은 비트수로 표현한다면 왼쪽에 무수히 나타날 비트와 실제 이진 비트 패턴의 제일 왼쪽 비트가 서로 다를 때(즉 부호 비트가 틀렸을 때) 오버플로가 발생한 것이다. 결과가 음수인데 MSB가 0이 되거나 또는 양수인데 1이 되는 경우이다.

---

**하드웨어/소프트웨어 인터페이스**

부호있는 수와 부호없는 수는 산술 연산뿐만 아니라 적재 명령어와도 상관이 있다. 부호있는 적재의 기능은 레지스터의 남는 곳을 채우기 위해 부호를 반복하여 복사—**부호확장**(sign extension)이라고 불린다—하는 것이다. 그 목적은 레지스터 내에 숫자의 정확한 표현을 넣자는 것이다. 부호없는 적재의 경우에는 단순히 데이터의 왼쪽을 0으로 채운다. 이 비트 패턴이 표현하는 수에는 부호가 없기 때문이다.

32비트 레지스터에 32비트 워드를 적재할 경우에는 논의할 여지 없이 부호있는 적재와 부호없는 적재가 동일하다. RISC-V는 바이트 적재를 위해 2개의 명령어를 제공한다. `lbu`(load byte unsigned) 명령어는 바이트를 부호없는 수로 간주하고 남은 24비트를 0으로 채운다. 반면에 `lb`(load byte) 명령어는 바이트를 부호있는 정수로 간주하여 부호확장한 후 레지스터를 채운다. C 프로그램의 바이트는 대부분의 경우 매우 짧은 부호있는 정수보다는 문자를 표시하는 데 사용되므로, 바이트 적재에 실제로는 `lbu` 명령어만 사용된다.

---

**하드웨어/소프트웨어 인터페이스**

앞에서 논의한 부호있는 숫자와는 달리, 메모리 주소는 자연스럽게 0에서부터 시작해서 가장 큰 주소까지 이어진다. 음수 주소는 의미가 없다. 따라서 프로그램이 양수도 될 수 있고 음수도 될 수 있는 수를 다루기를 원할 때도 있고, 양수값만 갖는 수를 다루고자 할 때도 있다. 어떤 프로그래밍 언어에는 이러한 구별이 잘 반영되어 있다. 예를 들어 C 언어에서는 전자를 **정수**(integer: 프로그램에서는 `int`로 선언)라고 부르며, 후자를 **부호없는 정수**(unsigned integer: `unsigned int`)라고 부른다. 이 구별을 명확히 하기 위해 전자를 `signed int`로 선언할 것을 권고하는 C 스타일 지침도 있다.

2의 보수 연산에서 사용할 수 있는 두 가지 빠른 계산법을 알아보자. 첫 번째는 2의 보수 이진수의 부호를 바꾸는 빠른 방법이다. 모든 0을 1로, 1은 0으로 바꾸고 거기에 1을 더한다. 이 방식은 원래 수와 모든 비트를 역전시킨 수의 합은 $111\ldots111_{two}$, 즉 −1이라는 데 기초하고 있다. $x + \bar{x} = -1$이므로, $x + \bar{x} + 1 = 0$ 또는 $\bar{x} + 1 = -x$이다. ($\bar{x}$는 $x$에서 각 비트를 역전, 즉 0은 1로, 1은 0으로 바꾼 것을 의미한다.)

### 빠른 부호 바꾸기

**예제**

$2_{ten}$의 부호를 바꾸고, $-2_{ten}$의 부호를 다시 바꾸어서 결과를 확인하라.

**답**

$2_{ten}$ = 00000000 00000000 00000000 $00000010_{two}$

0은 1로, 1은 0으로 바꾸고 1을 더하여 부호를 바꾼다.

```
  11111111 11111111 11111111 11111101two
+                                   1two
----------------------------------------
= 11111111 11111111 11111111 11111110two
= -2ten
```

반대로 해 보자.

1111 1111 1111 1111 1111 1111 1111 $1110_{two}$

를 먼저 0은 1로, 1은 0으로 바꾸고 1을 더한다.

```
  00000000 00000000 00000000 00000001two
+                                   1two
----------------------------------------
= 00000000 00000000 00000000 00000010two
= 2ten
```

두 번째 빠른 계산법은 $n$비트로 표현된 이진수를 $n$비트보다 긴 수로 바꾸는 방법이다. 빠른 방법은 짧은 이진수의 최상위 비트(부호 비트)를 취해서 비어 있는 왼쪽 부분에 채우고, 원래의 $n$비트 값은 긴 수의 오른쪽 부분에 그대로 복사하는 것이다. 이러한 방법을 보통 부호확장(sign extension)이라고 부른다.

### 빠른 부호확장

예제

16비트 이진수 $2_{ten}$과 $-2_{ten}$을 32비트 이진수로 변환하라.

답

2의 16비트 표현은 다음과 같다.

$0000\ 0000\ 0000\ 0010_{two} = 2_{ten}$

최상위 비트(0)를 취해서 워드의 왼쪽 부분에 16번 복사하고, 워드의 오른쪽 부분에는 원래의 값을 그대로 복사해서 32비트 이진수로 만들 수 있다.

$0000\ 0000\ 0000\ 0000\ 0000\ 0000\ 0000\ 0010_{two} = 2_{ten}$

16비트 이진수 2를 앞의 빠른 계산 방법으로 부호를 바꾸어 −2를 만들자.

$0000\ 0000\ 0000\ 0010_{two}$

는 다음과 같이 된다.

$$\begin{array}{lr} & 1111\ 1111\ 1111\ 1101_{two} \\ + & 1_{two} \\ \hline = & 1111\ 1111\ 1111\ 1110_{two} \end{array}$$

음수를 32비트로 변환하려면 부호 비트 1을 16번 복사하여 왼쪽에 넣는다.

$1111\ 1111\ 1111\ 1111\ 1111\ 1111\ 1111\ 1110_{two} = -2_{ten}$

2의 보수법으로 표현된 양수가 실제로는 왼쪽에 끝없이 많은 0을 가지고 있고, 음수는 끝없이 많은 1을 가지고 있기 때문에 이 방식이 가능한 것이다. 수를 나타내는 이진 비트 패턴은 하드웨어 폭에 맞추기 위해 왼쪽의 비트들을 숨기고 있는데, 부호확장은 단순히 이들 중 약간만을 복원하는 것이라고 생각할 수 있다.

## 요약

이 절의 주안점은 컴퓨터 워드에 양수와 음수를 모두 나타낼 필요가 있다는 것이고, 이를 위해 여러 가지 방식이 제안되어 왔지만 1965년 이후에는 2의 보수 표현법으로 통일되었다는 점이다.

**고난도:** 부호있는 십진수는 크기에 대한 제한 사항이 없기 때문에 음수를 표현하기 위해 "−"를 사용하였다. 하지만 이진수와 16진수 비트열(그림 2.4 참조)은 고정된 워드 크기 내에서 부호를 표시할 수 있으므로 일반적으로 "+"나 "−"를 사용하지 않는다.

**스스로 점검하기** 다음 64비트 2의 보수법으로 표현된 수에 해당하는 십진수는?

$11111111\ 11111111\ 11111111\ 11111111\ 11111111\ 11111111\ 11111111\ 11111000_{two}$

1. $-4_{ten}$
2. $-8_{ten}$
3. $-16_{ten}$
4. $18{,}446{,}744{,}073{,}709{,}551{,}608_{ten}$

**1의 보수 표현법** 절대값이 가장 큰 음수를 $10\ldots00_{two}$로 나타내고 가장 큰 양수를 $01\ldots11_{two}$로 나타내며, 같은 개수의 양수와 음수를 나타내는 표현 방법. 양의 0($00\ldots00_{two}$)과 음의 0($11\ldots11_{two}$) 2개의 0이 있다. 이 용어는 비트 패턴 내의 모든 0은 1로, 1은 0으로 바꾸는 작업을 지칭하는 데에도 사용된다.

**바이어스된 표현법** 절대값이 가장 큰 음수를 $00\ldots00_{two}$로 나타내고 가장 큰 양수를 $11\ldots11_{two}$로 나타내며, 0은 $10\ldots00_{two}$로 나타내는 표현 방법. 원 숫자에 일정한 바이어스 값을 더해서 항상 0보다 크거나 같은 값이 되도록 만든다.

**고난도:** 2의 보수법이란 이름은 $n$비트의 수와 그 음수의 합을 부호없는 수로 나타내면 $2^n$이 된다는 법칙에서 비롯되었다. 따라서 숫자 $x$의 보수 즉 음수는 $2^n - x$ 즉 $x$의 "2의 보수"이다.

세 번째 숫자 표현법은 **1의 보수**(one's complement) **표현법**이다. 1의 보수법에서는 모든 비트의 0과 1을 맞바꾸어서 음수를 만들 수 있으며, $x$의 보수는 $2^n - x - 1$이다. 이 방식 또한 부호와 크기 표현 방법보다 더 좋은 방법을 찾기 위한 노력의 결과이었으며 초창기의 과학계산용 컴퓨터 몇 기종이 이 방법을 채택했었다. 0이 두 가지로 표현되는 것을 제외하면 2의 보수법과 비슷하다. $00\ldots00_{two}$는 양의 0이고 $11\ldots11_{two}$는 음의 0이다. 가장 작은 음수 $10\ldots000_{two}$는 $-2{,}147{,}483{,}647_{ten}$을 나타내며, 따라서 양수와 음수의 개수는 같다. 1의 보수 덧셈기는 맨 끝의 올림수를 처리하기 위해 한 단계를 더 필요로 한다. 따라서 오늘날 2의 보수법이 가장 널리 사용되고 있다.

마지막 표현법은 절대값이 가장 큰 음수를 $00\ldots00_{two}$로 표현하고, 가장 큰 양수는 $11\ldots11_{two}$로 표현하며, 0은 $10\ldots00_{two}$로 표현하는 방식이다. 이 표현은 3장에서 부동 소수점을 다룰 때 보게 될 것이다. 숫자에 바이어스 값을 더하여 항상 양수로 표현하기 때문에 이 방식을 **바이어스된 표현법**(biased notation)이라고 한다.

## 2.5 명령어의 컴퓨터 내부 표현

이제 사람이 컴퓨터에 명령을 내리는 방법과 컴퓨터가 명령어를 해석하는 방법 사이의 차이에 대해 설명할 준비가 되었다.

명령어도 컴퓨터 내부에서는 높고 낮은 전기 신호의 연속으로 저장되므로 숫자로 표현할 수 있다. 실제로 명령어의 각 부분을 숫자로 볼 수 있으며, 이 숫자들을 나란히 늘어놓으면 명령어가 된다. RISC-V의 32개 레지스터들도 0부터 31 사이의 숫자로 표시된다.

예제

## RISC-V 어셈블리 언어를 기계어로 변환

RISC-V 언어를 예제에서 좀 더 자세히 들여다보도록 하자. 다음 어셈블리 명령어의 실제 RISC-V 언어 버전을 십진수와 이진수 형태로 표현하라.

```
add   x9, x20, x21
```

답

십진수 표현은 다음과 같다.

| 0 | 21 | 20 | 0 | 0 | 51 |
|---|---|---|---|---|---|

명령어의 각 부분을 **필드**(field)라 부른다. 첫 번째, 네 번째, 여섯 번째 필드(이 경우에는 0, 0, 51 부분)는 RISC-V 컴퓨터에게 이 명령어는 덧셈을 수행한다고 알려 주는 부분이다. 두 번째 필드는 덧셈에 사용할 두 번째 피연산자 레지스터의 번호(21 = x21), 세 번째 필드는 다른 피연산자 레지스터 번호(20 = x20)를 나타낸다. 다섯 번째 필드는 계산 결과가 들어갈 레지스터의 번호(9 = x9)이다. 종합하면 이 명령어는 레지스터 x20을 레지스터 x21에 더해서 그 합을 레지스터 x9에 넣으라는 뜻이다.

이 명령어의 각 필드 값을 이진수로 표시하면 다음과 같이 된다.

| 0000000 | 10101 | 10100 | 000 | 01001 | 0110011 |
|---|---|---|---|---|---|
| 7 bits | 5 bits | 5 bits | 3 bits | 5 bits | 7 bits |

위 예제에서 보인 레이아웃을 **명령어 형식**(instruction format)이라고 한다. RISC-V 명령어의 길이는 워드 길이인 32비트이다. "간단하기 위해서는 규칙적인 것이 좋다"는 설계 원칙에 따라 모든 RISC-V 명령어는 예외 없이 32비트이다.

명령어 형식 이진수의 필드로 구성된 명령어의 표현 형식.

기계어 컴퓨터 시스템 내에서 사용하는 명령어의 이진수 표현.

어셈블리 언어와 구별하기 위하여 명령어를 숫자로 표현한 것을 **기계어**(machine language)라고 하고, 이런 명령어들의 시퀀스를 **기계 코드**(machine code)라 한다.

당분간 긴 이진수를 읽고 쓰는 지루한 작업이 불가피할 것으로 보인다. 하지만 쉽게 이진수로 바꿀 수 있는 다른 진법 체계를 사용해서 이 문제를 해결할 수 있다. 거의 모든 컴퓨터의 데이터 길이는 4의 배수이므로 **16진수**(hexadecimal)가 많이 사용된다. 기수 16은 2의 거듭제곱이므로 이진수 4비트를 16진수 숫자 하나로 쉽게 바꿀 수 있다. 16진수를 이진수로 바꾸는 것도 마찬가지이다. 그림 2.4는 16진수와 이진수 간의 변환을 보여 준다.

16진수 16을 기수로 하여 나타낸 숫자.

여러 기수가 뒤섞여서 사용되므로 혼란을 피하기 위해 십진수 뒤에는 ten, 이진

| Hexadecimal | Binary | Hexadecimal | Binary | Hexadecimal | Binary | Hexadecimal | Binary |
|---|---|---|---|---|---|---|---|
| $0_{hex}$ | $0000_{two}$ | $4_{hex}$ | $0100_{two}$ | $8_{hex}$ | $1000_{two}$ | $c_{hex}$ | $1100_{two}$ |
| $1_{hex}$ | $0001_{two}$ | $5_{hex}$ | $0101_{two}$ | $9_{hex}$ | $1001_{two}$ | $d_{hex}$ | $1101_{two}$ |
| $2_{hex}$ | $0010_{two}$ | $6_{hex}$ | $0110_{two}$ | $a_{hex}$ | $1010_{two}$ | $e_{hex}$ | $1110_{two}$ |
| $3_{hex}$ | $0011_{two}$ | $7_{hex}$ | $0111_{two}$ | $b_{hex}$ | $1011_{two}$ | $f_{hex}$ | $1111_{two}$ |

그림 2.4 **16진수–이진수 변환표.** 이진수를 4비트씩 묶어서 16진수 한 자리로 바꾼다. 16진수를 이진수로 바꾸는 것도 마찬가지이다. 이진수의 길이가 4의 배수가 아닐 때는 오른쪽에서부터 4비트씩 변환해 나간다.

수 뒤에는 two, 16진수 뒤에는 hex라는 아래첨자를 붙인다. (첨자가 없는 경우는 십진수로 생각한다.) C와 Java에서는 16진수를 0x*nnnn*으로 표시한다.

### 이진수와 16진수 간의 변환

**예제**

다음 여덟 자리 16진수를 이진수로 바꾸고, 32비트 이진수는 16진수로 바꾸어라.

$eca8\ 6420_{hex}$

$0001\ 0011\ 0101\ 0111\ 1001\ 1011\ 1101\ 1111_{two}$

**답**

그림 2.4를 이용하면 단순한 변환표 찾기가 된다.

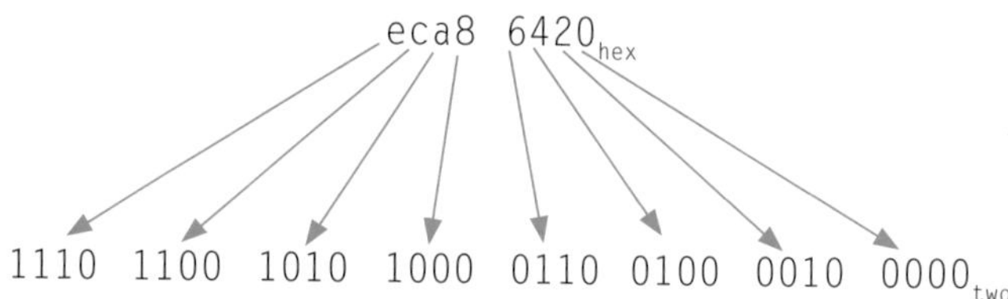


변환표를 반대 방향으로 사용하면 다음과 같다.

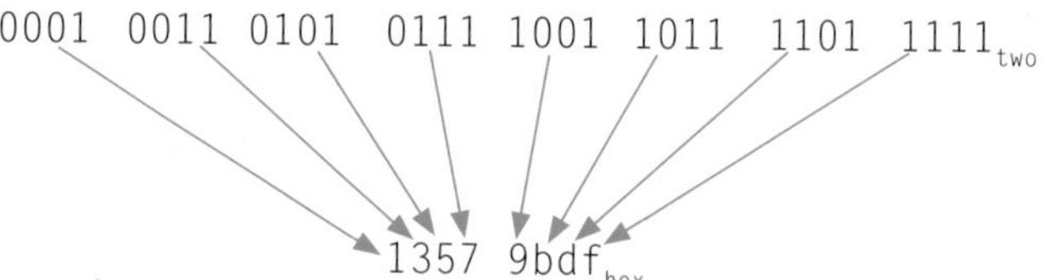


## RISC-V 명령어의 필드

표시하기 쉽게 RISC-V 명령어의 각 필드에는 다음과 같은 이름이 붙어 있다.

| funct7 | rs2 | rs1 | funct3 | rd | opcode |
|---|---|---|---|---|---|
| 7 bits | 5 bits | 5 bits | 3 bits | 5 bits | 7 bits |

각 이름의 의미는 다음과 같다.

- opcode: 명령어가 실행할 연산의 종류로서 연산자(opcode)라고 부른다.
- rd: 목적지(destination) 레지스터. 연산 결과가 기억된다.
- funct3: 추가 opcode 필드
- rs1: 첫 번째 근원지(source) 피연산자 레지스터
- rs2: 두 번째 근원지 피연산자 레지스터
- funct7: 추가 opcode 필드

연산자 명령어가 수행할 연산과 형식을 나타내는 필드.

이것보다 필드 길이가 더 길어야 하는 경우에는 문제가 생길 수 있다. 예를 들어 `lw`(load word) 명령어는 레지스터 필드 2개와 상수 필드 하나가 필요하다. 만일 위의 5비트 필드 중 하나를 주소로 쓴다면 $2^5 = 32$보다 작은 값만을 사용할 수 있다. 이 필드는 배열이나 자료구조에서 한 원소를 선택하는 데 사용된다. 따라서 31보다 큰 값이 필요한 경우가 많으므로 5비트 필드로는 부족하다.

이런 문제 때문에 모든 명령어의 길이를 같게 하고 싶은 생각과 명령어 형식을 한 가지로 통일하고 싶은 생각 사이에서 충돌이 생긴다. 여기서 마지막 하드웨어 설계 원칙이 도출된다.

설계 원칙 3: 좋은 설계에는 적당한 절충이 필요하다.

RISC-V 설계자들이 택한 절충안은 모든 명령어의 길이를 같게 하되, 명령어 종류에 따라 형식은 다르게 하는 것이었다. 예를 들어 위의 명령어 형식은 R-타입(여기서 R은 Register를 뜻한다)이라 한다. 두 번째 명령어 형식은 I-타입으로 `addi` 명령어같이 상수 피연산자 하나를 갖는 산술 연산 명령어나 적재 명령어에서 사용된다. I-타입 형식의 모양은 다음과 같다.

| immediate | rs1 | funct3 | rd | opcode |
|---|---|---|---|---|
| 12 bits | 5 bits | 3 bits | 5 bits | 7 bits |

12비트 수치값은 2의 보수값으로 해석되므로 $-2^{11}$에서 $2^{11}-1$까지의 정수를 표현할 수 있다. I-타입 형식이 적재 명령어에 사용될 경우 수치값이 바이트 변위를 나타내므로 `lw` 명령어는 베이스 레지스터 rd에 있는 베이스 주소 $\pm 2^{11} = \pm 2048$바이트($\pm 2^9 = \pm 512$워드) 범위에 있는 워드를 지정할 수 있다. 이 명령어 형식에서는 레지스터를 32개 이상 사용하기가 어렵다. 그렇게 되면 rd와 rs1 필드가 더 커져서 한 워드에 모든 정보를 담을 수 없게 된다.

2.3절 세 번째 예제의 적재(load word) 명령을 보자.

```
lw   x9,  32(x22)       // Temporary reg x9 gets A[8]
```

여기서 rs1 필드에는 22(x22의 번호), 수치 필드에는 32가, rd 필드에는 9(x9의 번호)가 들어간다. 2개의 근원지 레지스터(베이스 주소와 저장할 데이터를 위한)와 주소 변위를 위한 수치 필드가 필요한 저장 명령어 sw(store word)를 위해서는 또 다른 명령어 형식이 필요한데 이 명령어 형식은 S-타입이라고 한다. S-타입 형식의 모양은 다음과 같다.

| immediate[11:5] | rs2 | rs1 | funct3 | immediate[4:0] | opcode |
|---|---|---|---|---|---|
| 7 bits | 5 bits | 5 bits | 3 bits | 5 bits | 7 bits |

S-타입 형식에서 12비트 수치값은 하위 5비트와 상위 7비트 2개의 필드로 나누어진다. RISC-V 설계자들이 이 방식을 택한 이유는 모든 명령어 형식에서 rs1과 rs2 필드의 위치를 같게 유지하기 위함이었다. (그림 4.14는 이렇게 나누는 것이 하드웨어를 어떻게 단순화하는지 보여 준다.) 명령어 형식을 가능한 한 비슷하게 유지하는 것이 하드웨어 복잡도를 낮추어 준다. 마찬가지로 opcode와 funct3 필드는 항상 크기가 같고 위치도 같다.

명령어 형식을 어떻게 구분하는지 궁금해 하는 사람이 많을 텐데, opcode 필드의 값을 보면 형식을 알 수 있다. 형식별로 첫 번째 필드인 opcode가 가질 수 있는 값들이 다르므로, 하드웨어는 opcode를 보고 명령어의 나머지 부분을 어떻게 다룰지 알 수 있다. 그림 2.5는 이제까지 설명한 RISC-V 명령어의 각 필드 내용을 보여 준다.

| Instruction | Format | funct7 | rs2 | rs1 | funct3 | rd | opcode |
|---|---|---|---|---|---|---|---|
| add (add) | R | 0000000 | reg | reg | 000 | reg | 0110011 |
| sub (sub) | R | 0100000 | reg | reg | 000 | reg | 0110011 |
| **Instruction** | **Format** | **immediate** | | **rs1** | **funct3** | **rd** | **opcode** |
| addi (add immediate) | I | constant | | reg | 000 | reg | 0010011 |
| lw (load word) | I | address | | reg | 010 | reg | 0000011 |
| **Instruction** | **Format** | **immed-iate** | **rs2** | **rs1** | **funct3** | **immed-iate** | **opcode** |
| sw (store word) | S | address | reg | reg | 010 | address | 0100011 |

**그림 2.5 RISC-V 명령어 인코딩.** 이 표에서 reg는 0부터 31 사이의 레지스터 번호, address는 12비트 주소 또는 상수를 나타낸다. funct3과 funct7은 추가 opcode 필드로 사용된다.

## RISC-V 어셈블리 언어를 기계어로 번역

예제

이제 프로그래머가 작성하는 것에서부터 컴퓨터가 실행하는 것까지 모든 예를 다룰 수 있다. x10에 배열 A의 시작 주소가 기억되어 있고 x21은 변수 h에 대응된다고 할 때 다음 C 문장

```
A[30] =  h + A[30] + 1;
```

은 아래와 같이 컴파일된다.

```
lw   x9, 120(x10)   // Temporary reg x9 gets A[30]
add  x9, x21, x9    // Temporary reg x9 gets h + A[30]
addi x9, x9, 1      // Temporary reg x9 gets h + A[30] + 1
sw   x9, 120(x10)   // Stores h + A[30] + 1 back into A[30]
```

이 네 명령어에 해당하는 RISC-V 기계어를 보여라.

답

편의를 위해서 기계어 명령어를 우선 십진수로 표현하기로 한다. 그림 2.5에서 다음과 같은 기계어 표현을 구할 수 있다.

| immediate | rs1 | funct3 | rd | opcode |
|---|---|---|---|---|
| 120 | 10 | 2 | 9 | 3 |

| funct7 | rs2 | rs1 | funct3 | rd | opcode |
|---|---|---|---|---|---|
| 0 | 9 | 21 | 0 | 9 | 51 |

| immediate | rs1 | funct3 | rd | opcode |
|---|---|---|---|---|
| 1 | 9 | 0 | 9 | 19 |

| immediate[11:5] | rs2 | rs1 | funct3 | immediate[4:0] | opcode |
|---|---|---|---|---|---|
| 3 | 9 | 10 | 2 | 24 | 35 |

lw 명령어는 opcode 필드 값이 3이고 funct3 필드 값이 2이다(그림 2.5 참조). rs1 필드에는 베이스 레지스터 번호 10이, rd 필드에는 목적지 레지스터 번호 9가 들어간다. A[30]을 선택하기 위한 변위 값(120 = 30 × 4)은 수치 필드에 있다.

두 번째 명령어인 add 명령어는 opcode 값이 51, funct3 필드 값이 0, funct7 필드 값이 0이다. 레지스터 피연산자 3개(9, 21, 9)가 각각 rd, rs1, rs2 필드에 들어간다.

addi 명령어의 opcode 값은 19이며, funct3 필드 값이 0이다. 레지스터 피연산자 2개(9와 9)는 rd와 rs1 필드에 있으며 더해질 상수 1은 수치 필드에 들어간다.

`sw` 명령어의 opcode 필드 값이 35이고 funct3 필드 값이 2이다. 레지스터 피연산자 2개(9와 10)는 rs2와 rs1 필드에 있으며, 주소 변위 120은 두 수치 필드에 걸쳐 있다. 수치값의 상위 부분은 비트 5부터 그 위쪽 비트들을 저장하고 하위 부분은 나머지 5비트를 저장하기 때문에, 변위 120을 $2^5$으로 나누면 분리할 수 있다. 수치 필드의 상위 부분에는 몫 3이 들어가고, 하위 부분에는 나머지 24가 들어간다.

위 명령어를 이진수로 표현하면 다음과 같이 된다. (십진수 120을 이진수로 표시하면 0000011 11000이다.)

| immediate | rs1 | funct3 | rd | opcode |
|---|---|---|---|---|
| 000001111000 | 01010 | 010 | 01001 | 0000011 |

| funct7 | rs2 | rs1 | funct3 | rd | opcode |
|---|---|---|---|---|---|
| 0000000 | 01001 | 10101 | 000 | 01001 | 0110011 |

| immediate | rs1 | funct3 | rd | opcode |
|---|---|---|---|---|
| 000000000001 | 01001 | 000 | 01001 | 0010011 |

| immediate[11:5] | rs2 | rs1 | funct3 | immediate[4:0] | opcode |
|---|---|---|---|---|---|
| 0000011 | 01001 | 01010 | 010 | 11000 | 0100011 |

**고난도:** RISC-V 어셈블리 언어 프로그래머들이 상수를 사용할 때 꼭 `addi`를 사용해야 하는 것은 아니다. 그냥 `add`를 사용하면 피연산자들이 모두 레지스터인지(R-타입) 아니면 하나는 상수인지(I-타입)를 보고 어셈블러가 알아서 알맞은 opcode와 알맞은 명령어 형식을 만든다(2.12절 참조). 이 책에서는 opcode와 명령어 형식이 다르면 그에 맞는 정확한 RISC-V

| R-type Instructions | funct7 | rs2 | rs1 | funct3 | rd | opcode | Example |
|---|---|---|---|---|---|---|---|
| `add` (add) | 0000000 | 00011 | 00010 | 000 | 00001 | 0110011 | add x1, x2, x3 |
| `sub` (sub) | 0100000 | 00011 | 00010 | 000 | 00001 | 0110011 | sub x1, x2, x3 |
| **I-type Instructions** | **immediate** | | **rs1** | **funct3** | **rd** | **opcode** | **Example** |
| `addi` (add immediate) | 001111101000 | | 00010 | 000 | 00001 | 0010011 | addi x1, x2, 1000 |
| `lw` (load word) | 001111101000 | | 00010 | 010 | 00001 | 0000011 | lw x1, 1000 (x2) |
| **S-type Instructions** | **immed -iate** | **rs2** | **rs1** | **funct3** | **immed -iate** | **opcode** | **Example** |
| `sw` (store word) | 0011111 | 00001 | 00010 | 010 | 01000 | 0100011 | sw x1, 1000(x2) |

그림 2.6 **2.5절까지 소개된 RISC-V 구조.** 이제까지 소개된 RISC-V 명령어 형식은 R-, I-, S-형식이다. R-타입 형식 명령어는 근원지 레지스터 피연산자 2개와 목적지 레지스터 피연산자 하나를 갖고 있다. I-타입 형식 명령어에는 근원지 레지스터 피연산자 하나 대신 12비트 수치 필드가 있다. S-타입 형식 명령어는 근원지 레지스터 피연산자 2개와 12비트 수치 필드를 갖고 있지만 목적지 레지스터 피연산자는 없다. S-타입의 수치 필드는 두 부분으로 나뉘어 있어서 비트 11-5는 맨 왼쪽 필드에, 비트 4-0은 오른쪽에서 두 번째 필드에 들어간다.

의 명령어를 사용한다. 그렇게 하는 것이 어셈블리 언어와 기계어를 대비해서 소개할 때 혼동할 가능성이 적다고 생각하기 때문이다.

**고난도:** RISC-V는 `add`와 `sub` 명령어를 따로 가지고 있지만 `addi`에 대응하는 `subi`를 갖고 있지 않다. 이는 수치 필드가 2의 보수법을 사용하기 때문에 `addi`가 상수 뺄셈에도 사용될 수 있기 때문이다.

**하드웨어/소프트웨어 인터페이스**

모든 명령어의 길이를 같게 하려는 욕망과 더 많은 레지스터를 가지려는 욕망이 충돌을 일으킨다. 레지스터 개수를 늘리면 명령어 형식의 각 레지스터 필드가 적어도 1비트씩 늘어나게 된다. 이 같은 제한 조건과 "작은 것이 더 빠르다"라고 하는 설계 원칙 때문에 오늘날 대부분의 명령어 집합은 16개 또는 32개의 범용 레지스터를 갖고 있다.

그림 2.6에 이 절에서 설명한 RISC-V 기계어를 요약하였다. 서로 관련이 있는 명령어의 이진수 표현을 유사하게 하면 하드웨어 설계가 간단해짐을 4장에서 보게 될 것이다. 이것은 RISC-V 구조가 갖는 규칙성의 또 다른 예이다.

**요점정리**

오늘날의 컴퓨터는 두 가지 중요한 원리에 바탕을 두고 있다.

1. 명령어는 숫자로 표현된다.
2. 프로그램은 메모리에 기억되어 있어서 데이터처럼 읽고 쓸 수 있다.

이것이 **내장 프로그램**의 개념이다. 이 개념을 발명한 덕택에 컴퓨터가 눈부시게 발전할 수 있었다. 그림 2.7은 내장 프로그램의 장점을 보여 준다. 메모리에는 편집기가 편집 중인 소스 코드, 컴파일된 기계어 프로그램, 실행 프로그램이 사용하는 텍스트 데이터, 심지어는 기계어를 생성하는 컴파일러까지도 기억될 수 있다.

명령어를 숫자처럼 취급하게 된 결과, 프로그램이 이진수 파일 형태로 판매되게 되었다. 이것이 상업적으로는 만약 기존 명령어 집합과 호환성이 있다면 다른 컴퓨터의 소프트웨어를 물려받을 수 있다는 의미를 갖는다. 이러한 "이진 호환성(binary compatibility)" 문제 때문에 상업적으로 살아남는 명령어 집합 구조는 극히 소수로 집약된다.

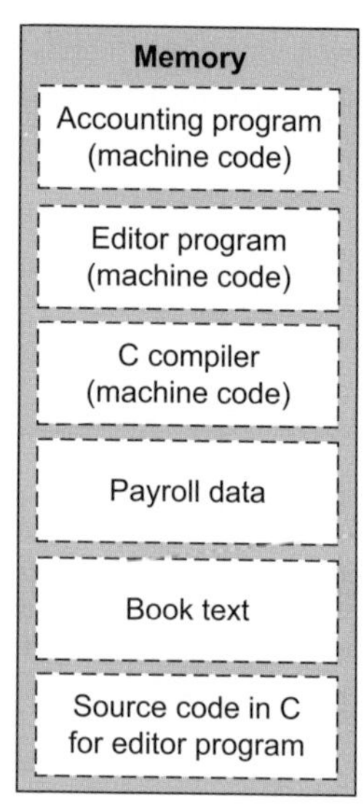


**그림 2.7 내장 프로그램의 개념.** 내장 프로그램 개념은 회계 처리를 하던 컴퓨터가 눈 깜짝할 사이에 작가의 원고 집필을 도와주는 컴퓨터로 변할 수 있게 한다. 프로그램과 데이터를 메모리에 적재하고 컴퓨터한테 어떤 위치에서 실행을 시작할지만 알려 주면 이런 전환이 일어난다. 명령어를 데이터와 똑같이 취급함으로써 컴퓨터 시스템의 메모리 하드웨어와 소프트웨어가 모두 간단해진다. 특히 데이터 저장을 위해 개발된 메모리 기술이 프로그램 저장에도 그대로 사용될 수 있으며, 컴파일러 같은 프로그램이 인간에게 편리한 형태로 작성된 코드를 컴퓨터가 이해할 수 있는 코드로 바꿀 수 있는 것도 이 특성 덕분이다.

**스스로 점검하기** 다음은 어떤 RISC-V 명령어를 표현하는가? 다음 중 하나를 선택하라.

| funct7 | rs2 | rs1 | funct3 | rd | opcode |
|---|---|---|---|---|---|
| 32 | 9 | 10 | 000 | 11 | 51 |

1. `sub x9, x10, x11`
2. `add x11, x9, x10`
3. `sub x11, x10, x9`
4. `sub x11, x9, x10`

어떤 사람의 나이가 $40_{ten}$살이라면, 이 사람의 나이가 16진수로는 얼마인가?

*"Contrariwise," continued Tweedledee, "if it was so, it might be; and if it were so, it would be; but as it isn't, it ain't. That's logic."*

Lewis Carroll, *Alice's Adventures in Wonderland*, 1865

## 2.6 논리 연산 명령어

초기의 컴퓨터는 워드 전체에 대한 처리에만 관심을 가졌으나, 워드 내 일부 비트들에 대한 연산, 심지어는 개개 비트에 대한 연산도 필요하다는 것이 곧 명백해졌다. 워드 내에 8비트로 저장된 문자를 검사하는 작업이 이러한 연산의 한 예이다(2.9절 참조). 뒤를 이어, 비트들을 워드로 묶는(packing) 작업과 워드를 비트 단위로 나누는(unpacking) 작업을 간단하게 하는 연산들이 프로그래밍 언어와 명령어 집합 구조에 추가되었다. 이러한 명령어들을 **논리 연산 명령어**라 부른다. 그림 2.8은 C, Java, RISC-V의 논리 연산을 보여 준다.

이러한 연산 중 첫 번째로 **자리이동**(shifts)을 소개한다. 이 명령어는 워드 내의 모든 비트를 왼쪽 또는 오른쪽으로 이동시키고, 이동 후 빈 자리는 0으로 채운다. 예를 들어서 x19 레지스터에 다음과 같은 값이 있을 때,

$00000000\ 00000000\ 00000000\ 00001001_{two} = 9_{ten}$

왼쪽으로 네 번 자리이동 시키는 명령어를 실행시키면 다음과 같이 된다.

$00000000\ 00000000\ 00000000\ 10010000_{two} = 144_{ten}$

왼쪽 자리이동과 대칭되는 것이 오른쪽 자리이동이다. RISC-V 자리이동 명령어의 실제 이름은 slli(shift left logical immediate)과 srli(shift right logical immediate)이다. 다음은 위의 연산을 수행하는 RISC-V 명령어이다. 단 원래 값은 x19에 있고 결과는 x11 레지스터에 저장된다고 가정한다.

```
slli  x11, x19, 4    // reg x11 = reg x19 << 4 bits
```

이 자리이동 명령어들은 I-타입 형식이다. 32비트 레지스터를 32자리 이상 자리이동하는 것은 쓸모가 없기 때문에 I-타입 형식의 12비트 수치필드 중에서 하위 6비트만 사용하고, 나머지 6비트는 추가적인 opcode 필드로 재사용된다. 이것이 funct7 필드이다.

| Logical operations | C operators | Java operators | RISC-V instructions |
|---|---|---|---|
| Shift left | << | << | sll, slli |
| Shift right | >> | >>> | srl, srli |
| Shift right arithmetic | >> | >> | sra, srai |
| Bit-by-bit AND | & | & | and, andi |
| Bit-by-bit OR | \| | \| | or, ori |
| Bit-by-bit XOR | ^ | ^ | xor, xori |
| Bit-by-bit NOT | ~ | ~ | xori |

**그림 2.8 C와 Java의 논리 연산자와 이에 해당하는 RISC-V 명령어.** NOT을 구현하는 한 가지 방법은 $\mathrm{FFFF\ FFFF\ FFFF\ FFFF}_{hex}$와 XOR 연산하는 것이다.

| funct7 | immediate | rs1 | funct3 | rd | opcode |
|---|---|---|---|---|---|
| 0 | 4 | 19 | 1 | 11 | 19 |

위 `slli` 명령어는 opcode가 19, rd는 11, funct3는 1, rs1은 19, 수치 필드는 4, funct7은 0으로 인코딩된다.

`slli` 명령은 또 다른 용도로 사용될 수 있다. 왼쪽으로 *i*비트 자리이동하면 $2^i$을 곱한 것과 같은 결과가 된다. 십진수 숫자를 *i*자리만큼 자리이동하면 $10^i$을 곱한 것처럼 되는 것과 똑같다. 예를 들어 위의 `slli`로 네 자리가 이동되었으므로 $2^4$ 즉 16을 곱한 것과 같다. 첫 비트열의 값이 9이고, 자리이동 후 비트열의 값은 9 × 16 = 144로 이것이 두 번째 비트열 값이다. RISC-V는 세 번째 종류의 자리이동 명령어를 제공하는데 이것이 `srai`(shift right arithmetic)이다. 이 명령어는 `srli`와 유사하지만 `srli`는 왼쪽 빈 공간을 0으로 채우는 데 반하여 `srai`는 왼쪽 빈 공간을 부호 비트로 채우는 점이 다르다. 또한 수치 필드에서 자리이동할 값을 취하는 대신에 레지스터에서 자리이동할 값을 취하는 명령어들이 존재하는데 이들이 `sll`, `srl`과 `sra`이다.

**AND** 두 피연산자의 해당 비트가 모두 1일 경우에만 결과치가 1이 되는 비트별 논리 연산.

또 다른 유용한 연산은 **AND**이다. (영어의 접속사와 구별하기 위해 대문자로 표기하였다.) AND는 비트 대 비트 연산자로서 두 비트 값이 모두 1일 경우에만 결과가 1이 된다. 예를 들어, `x11` 레지스터에 다음 값이 있고

$00000000\ 00000000\ 00001101\ 11000000_{two}$

`x10` 레지스터에는 다음과 같은 값이 있을 때,

$00000000\ 00000000\ 00111100\ 00000000_{two}$

다음 RISC-V 명령어를 실행하고 나면

```
and  x9, x10, x11      // reg x9 = reg x10 & reg x11
```

`x9` 레지스터의 값은 다음과 같이 될 것이다.

$00000000\ 00000000\ 00001100\ 00000000_{two}$

보는 바와 같이 AND는 어떤 비트 패턴에서 0의 위치에 해당하는 비트들을 강제로 0으로 만드는 데 사용할 수 있다. AND와 함께 쓰이는 이러한 비트 패턴은 일부 비트를 감추는 역할을 하기 때문에 **마스크**(mask)라고 부른다.

**OR** 2개의 피연산자 중 하나라도 해당 비트가 1이면 결과치가 1이 되는 비트별 논리 연산.

AND와 대칭되는 연산으로 **OR**가 있다. 이 또한 비트 대 비트 연산자로 두 비트 중 하나만 1이면 결과가 1이 되는 것이다. 앞의 예에서 사용한 `x10`, `x11` 레지스터의 값이 변하지 않았다고 하면, 다음 RISC-V 명령어 수행 결과

```
or  x9, x10, x11      // reg x9 = reg x10 | reg x11
```

x9 레지스터의 값은 다음과 같이 될 것이다.

$$00000000\ 00000000\ 00111101\ 11000000_{two}$$

마지막 논리 연산은 **NOT**이다. 피연산자 하나를 받아서 피연산자의 비트가 1이면 결과를 0으로, 0이면 결과를 1로 만든다. 앞선 표현법을 사용하면 NOT은 $\bar{x}$를 계산한다.

**NOT** 피연산자는 1개. 각 비트의 값을 반대로 바꾸는 비트 대 비트 논리 연산. 즉, 모든 1은 0으로, 0은 1로 바꾼다.

RISC-V 설계자들은 3-피연산자 형식을 유지하기 위해 NOT 대신 **XOR**(exclusive OR) 명령어를 포함시켰다. exclusive OR는 두 비트가 같을 때 0, 다를 때 1이 되므로, NOT은 xor 111...111과 같다.

**XOR** 두 피연산자를 비트별로 exclusive OR를 한다. 두 피연산자가 다를 때에만 1이 된다.

앞에서 사용한 레지스터 x10이 바뀌지 않았고, 레지스터 x12에 0이 있다면, 다음 RISC-V 명령어

```
xor  x9, x10, x12     // reg x9 = reg x10 ^ reg x12
```

의 실행 결과 x9에는 다음 값이 기억된다.

$$00000000\ 00000000\ 00110001\ 11000000_{two}$$

그림 2.8은 C와 Java의 논리 연산자와 이에 대응하는 RISC-V 명령어를 보여 준다. 상수는 산술 연산에서뿐만 아니라 논리 연산에서도 유용하다. 그래서 RISC-V는 andi(and immediate)와 ori(or immediate) 및 xori(exclusive or immediate) 명령어도 제공한다.

**고난도:** C에서는 워드 안에서 **비트 필드**(bit field) 또는 필드라는 것을 정의할 수 있다. 이를 이용하면 하나의 워드 안에 여러 값을 넣을 수도 있고 입출력장치같이 외부의 융통성 없는 인터페이스에 맞출 수도 있다. 모든 필드는 한 워드에 들어갈 수 있는 크기이어야 하며 최소 길이 1비트의 부호없는 정수이다. C 컴파일러는 RISC-V의 논리 연산 andi, ori, slli, srli 등을 사용하여 필드를 삽입하거나 추출한다.

**스스로 점검하기**

다음 어떤 연산이 워드 내의 필드 하나를 분리할 수 있는가?

1. AND
2. 왼쪽 자리이동 후 오른쪽 자리이동

*The utility of an automatic computer lies in the possibility of using a given sequence of instructions repeatedly, the number of times it is iterated being dependent upon the results of the computation.... This choice can be made to depend upon the sign of a number (zero being reckoned as plus for machine purposes). Consequently, we introduce an [instruction] (the conditional transfer [instruction]) which will, depending on the sign of a given number, cause the proper one of two routines to be executed.*

Burks, Goldstine, and von Neumann, 1946

조건부 분기 값을 검사하고 검사 결과에 따라 프로그램 내의 새로운 주소로 제어를 넘기는 명령어.

# 2.7 판단을 위한 명령어

컴퓨터가 단순한 계산기와 다른 점은 판단 기능이 있다는 것이다. 입력 데이터나 연산 결과에 따라 다른 명령어를 실행할 수 있다. 프로그래밍 언어에서는 보통 *if* 문장으로(때에 따라서는 *go to* 문과 레이블을 함께 써서) 판단 기능을 표현한다. RISC-V 어셈블리 언어는 *go to*가 있는 *if* 문과 비슷한 2개의 판단 명령어를 갖고 있다. 처음 볼 명령어는

```
beq   rs1, rs2, L1
```

인데 rs1 값이 rs2 값과 같으면 L1에 해당하는 문장으로 가라는 뜻이다. beq는 branch if equal을 의미한다. 또 다른 명령어는

```
bne   rs1, rs2, L1
```

으로, rs1과 rs2의 값이 같지 않으면 L1으로 가라는 뜻이다. bne는 branch if not equal을 의미한다. 이런 명령어들을 전통적으로 조건부 분기(conditional branch)라 부른다.

### *if-then-else*를 조건부 분기로 번역

**예제**

다음 코드에서 f, g, h, i, j는 변수이고, 각각은 레지스터 x19부터 x23에 해당한다. 아래의 C 언어 *if* 문장을 컴파일한 RISC-V 코드는?

```
if (i == j) f = g + h;  else f = g - h;
```

**답**

그림 2.9는 RISC-V 코드가 해야 할 일을 보여 주는 순서도이다. 첫 번째 부분은 레지스터 내의 두 변수값이 같은지 비교하는 것이다. 이것은 i와 j가 같다면 분기를 원하는 것(beq)으로 볼 수 있다. 그러나 실제로는 조건을 반대로 검사해서 두 값이 같지 않을 경우에 분기(bne)하는 것이 더 효율적이다.

```
bne  x22, x23, Else       // go to Else if i ≠ j
```

다음 치환문은 연산 하나를 실행하는 것이므로 피연산자가 모두 레지스터에 있다면 명령어 하나로 번역된다.

```
add  x19, x20, x21       // f = g + h (skipped if i ≠ j)
```

이 명령을 실행한 후에는 *if* 문장의 끝부분으로 가야 한다. 이것은 **무조건 분기**(unconditional branch)라는 새로운 종류의 분기 명령으로 해결한다. 이 명령어는 프로세서에게 항상 분기하라고 말한다. RISC-V에서는 이 같은 무조건 분기를 표현하기 위한 한 가지 방법으로 조건이 항상 참인 조건부 분기 명령어를 사용한다.

```
beq  x0, x0, Exit        // if 0 == 0, go to Exit
```

*else* 부분의 치환문도 역시 명령어 하나로 번역된다. 단 이 명령어에는 Else라는 레이블을 붙여야 한다. 그리고 이 명령어 뒤에는 *if-then-else* 문장의 끝을 표시하는 Exit라는 레이블을 둔다.

```
Else: sub  x19, x20, x21    // f = g - h (skipped if i = j)
Exit:
```

컴파일러나 어셈블리 언어 프로그래머가 귀찮은 분기 주소 계산을 하지 않도록 어셈블러가 대신해 준다는 것을 기억하라. 이는 마치 적재와 저장 명령어의 데이터 주소를 계산해 주는 것과 똑같다(2.12절 참조).

**하드웨어/소프트웨어 인터페이스**

컴파일러가 소스 프로그램에는 없는 분기 명령이나 레이블을 만들어 내는 경우가 많이 있다. 필요한 레이블과 분기 명령을 일일이 표시하지 않아도 되는 것이 상위 수준 프로그래밍 언어의 장점 중 하나이며, 상위 수준 언어를 사용하면 코딩이 더 빨라지는 이유이기도 하다.

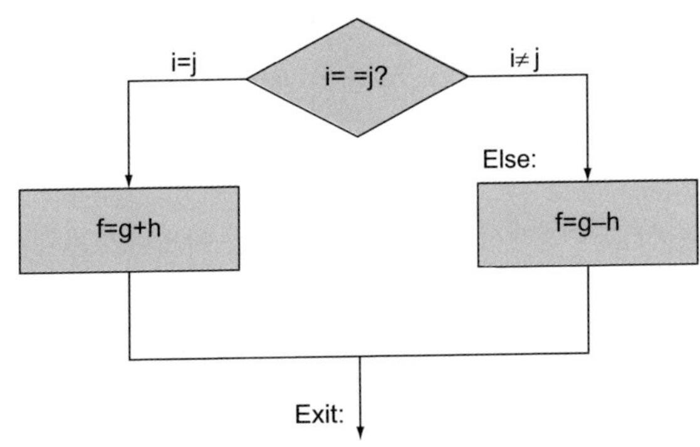


**그림 2.9 예제 *if* 문장의 순서도.** 왼쪽 사각형은 *if* 문의 *then* 부분, 오른쪽 사각형은 *else* 부분에 해당한다.

## 순환문

판단 기능은 둘 중의 하나를 선택하는 데도(*if* 문장) 중요하지만 계산의 반복에도(순환문) 중요하다. 두 경우에 모두 같은 어셈블리 명령어가 사용된다.

### *while* 순환문의 번역

**예제**

아래에 전형적인 C 순환문이 있다.

```
while (save[i] == k)
      i += 1;
```

i와 k가 레지스터 x22와 x24에 할당되었고 배열 save의 시작 주소가 x25에 저장되어 있다고 할 때 위 C 문장에 해당하는 RISC-V 어셈블리 코드를 보여라.

**답**

첫 번째 할 일은 save[i]를 임시 레지스터로 가져오는 일이다. save[i]를 임시 레지스터에 적재하려면 먼저 그 주소를 구해야 한다. 바이트 주소 문제 때문에 인덱스 i에 4를 곱해서 save의 시작 주소에 더해야 주소가 만들어진다. 2비트씩 좌측 자리이동을 하면 4를 곱한 것과 같으므로(2.6절 참조) slli 연산을 사용할 수 있다. 순환의 끝에서 처음 명령어로 되돌아갈 수 있도록 Loop라는 레이블을 추가한다.

```
Loop: slli  x10, x22, 2   // Temp reg x10 = i * 4
```

x10 값에다 x25에 있는 save의 베이스 주소 값을 더하여 save[i]의 주소를 계산한다.

```
add   x10, x10, x25      // x10 = address of save[i]
```

이제 이 주소를 이용해서 save[i]를 임시 레지스터에 넣을 수 있다.

```
lw    x9, 0(x10)         // Temp reg x9 = save[i]
```

다음은 반복 검사를 수행해서 save[i] ≠ k이면 빠져나가는 부분이다.

```
bne   x9, x24, Exit      // go to Exit if save[i] ≠ k
```

다음은 i에 1을 더하는 명령어이다.

```
addi  x22, x22, 1        // i = i + 1
```

순환문의 끝에서는 맨 앞의 *while* 조건 검사로 되돌아가야 한다. 그리고 이 명령의 다음에 Exit 레이블을 넣으면 번역이 끝난다.

```
beq   x0, x0, Loop      // go to Loop
Exit:
```

(이 프로그램을 최적화하는 방법은 2.25절의 자습을 참조하라.)

이렇게 분기 명령어로 끝나는 명령어 시퀀스는 컴파일러에게 특히 중요한 의미가 있기 때문에 기본 블록(basic block)이라는 별칭이 붙어 있다. 기본 블록이란 분기 명령을 포함하지 않으며(맨 끝에는 있을 수 있다) 분기 목적지나 분기 레이블도 없는(맨 앞에 있는 것은 허용된다) 시퀀스이다. 컴파일의 초기 단계 작업 중 하나는 프로그램을 기본 블록으로 나누는 일이다.

**하드웨어/소프트웨어 인터페이스**

기본 블록 분기 명령을 포함하지 않으며(맨 끝에는 있을 수 있다) 분기 목적지나 분기 레이블도 없는(맨 앞에 있는 것은 허용된다) 명령어 시퀀스.

같은지 다른지 비교하는 것이 아마도 가장 흔한 검사이겠지만, 경우에 따라서는 두 변수 간의 대소 비교가 필요할 때도 있다. 예를 들어 *for* 순환문에서 인덱스 변수값이 0보다 작은지를 검사할 때가 있다. 필요한 비교를 모두 나열하면 less than(<), less than or equal(≤), greater than(>), greater than or equal(≥), equal(=), not equal(≠)의 여섯 가지이다.

비교 명령은 부호있는 수와 부호없는 수를 모두 다룰 수 있어야 한다. 어떤 때는 MSB가 1인 수가 음수를 나타내는데, 이때는 당연히 MSB가 0인 어떤 양수보다도 작다. 하지만 부호없는 정수의 경우에는 MSB가 1인 수가 MSB가 0인 어떤 수보다도 더 크다. (MSB의 이러한 이중적 의미를 이용하여 배열 경계 검사 비용을 줄이는 방법을 곧 보게 될 것이다.) RISC-V는 이 두 가지 경우를 처리하는 명령어들을 모두 제공한다. 이 명령어들의 형식은 beq나 bne와 같지만 수행하는 비교는 다르다. blt(branch if less than)는 레지스터 rs1과 rs2의 값을 비교하여 rs1의 값이 작으면 분기하는 명령어이다. 이때 두 레지스터의 값은 2의 보수 표현 수로 취급된다. bge(branch if greater than or equal)는 그 반대의 경우 즉 rs1의 값이 rs2의 값보다 크거나 같은 경우 분기한다. bltu(branch if less than, unsigned)는 rs1의 값이 rs2의 값보다 작아야 분기하는데, 이때는 레지스터 값들이 부호없는 수로 취급된다. bgeu(branch if greater than or equal, unsigned)는 그 반대의 경우에 분기한다.

이렇게 대소를 비교하는 분기 명령어를 추가로 제공하는 대신에 비교 결과에 따라 레지스터 값을 정한 후 이 값을 beq나 bne로 검사해서 분기하는 방법이 있다. MIPS 명령어 집합에서 사용된 이 방법은 프로세서 데이터패스를 약간 더 단순하게 만들 수 있으나 프로그램 실행에 더 많은 명령어가 필요하다.

또 다른 방법은 명령어 실행 결과를 요약하여 표시하는 별도의 비트들을 두는 방법으로, ARM 명령어 집합은 이 방법을 사용한다. 이 별도의 비트들은 **조건 코드**(condition code) 또는 **플래그**(flag)라 불리는데, 산술 연산의 결과가 음수인지 아닌지, 또는 0인지 아닌지, 아니면 오버플로가 발생했는지 등을 알려 준다.

조건부 분기 명령어는 이 조건 코드들의 조합을 이용하여 원하는 테스트를 수행한다.

조건 코드를 사용하는 방법의 단점은 많은 명령어들이 항상 조건 코드를 설정한다면 종속성 문제가 일어나서 파이프라인 실행을 어렵게 만들 수 있다는 것이다(4장 참조).

### 빠른 경계 검사 방법

부호있는 정수를 부호없는 정수처럼 다루면 $0 \leq x < y$ 검사 비용을 낮출 수 있는데, 이 검사는 인덱스가 배열의 한계를 벗어났는지 확인하는 검사에 딱 맞는다. 핵심은 2의 보수로 표현된 음수가 부호없는 정수에서의 큰 수처럼 보인다는 것이다. 즉 2의 보수 표현에서는 MSB가 부호 비트이지만 부호없는 정수에서는 큰 값을 의미한다. 따라서 부호없는 비교 $x < y$를 하면, $x$가 $y$보다 작은지 뿐만 아니라 $x$가 음수인지도 검사할 수 있다.

**예제**

#### 빠른 경계 검사 방법

위의 방법을 이용하여 다음에서 인덱스가 경계를 넘는지 검사하는 데 필요한 명령어 수를 줄여라. `x20 ≥ x11`이거나 `x20`이 음수이면 `IndexOutOfBounds`로 분기하라.

**답**

부호없는 크거나 같은지 비교(`bgeu`)를 이용하면 두 가지 검사를 단번에 할 수 있다.

```
bgeu  x20, x11, IndexOutOfBounds  // if x20 >= x11 or
                // x20 < 0, goto IndexOutOfBounds
```

### Case/Switch 문장

대부분의 프로그래밍 언어는 특정 변수의 값에 따라 여러 가지 중 하나를 선택하는 *case*나 *switch* 문장을 갖고 있다. *switch*를 구현하는 가장 간단한 방법은 연속적인 조건 검사를 통해 *switch*를 일련의 *if-then-else* 문장으로 바꾸는 것이다.

그러나 여러 코드의 시작 주소를 표로 만들면 더 효율적으로 구현할 수 있다. 이때 프로그램은 **분기 주소 테이블**(branch address table) 또는 **분기 테이블**(branch table)의 인덱스만 계산해서 해당 루틴으로 분기할 수 있다. 분기 테이블은 프로그램상의 레이블에 해당하는 주소를 저장하고 있는 워드 배열이다. 프로그램은 분기 테이블에서 적당한 주소를 레지스터에 적재한 후 레지스터의 주소를 사용하여 분기한다. RISC-V 같은 컴퓨터들은 이런 상황을 다루기 위해 **간접 점프**(indirect jump) 명령어를 갖고 있는데 이 명령어는 레지스터에 명시된 주소로 무조건 분기한다. RISC-V에서는 `jalr`(jump-and-link register) 명령어가 이 역할을 한다. 이 다용도 명령어가 많이 사용되는 다른 용례를 다음 절에서 보게 될 것이다.

분기 주소 테이블 분기 테이블이라고도 한다. 여러 명령어 시퀀스의 주소를 가지고 있는 표.

**하드웨어/소프트웨어 인터페이스**

C나 Java 같은 프로그래밍 언어에는 많은 판단과 순환문이 있지만, 명령어 집합 계층에서 이것을 구현하는 기반은 결국 조건부 분기이다.

**스스로 점검하기**

I. C에는 판단과 순환문의 종류가 매우 많지만 RISC-V에는 몇 가지 없다. 다음 각각은 이러한 불균형을 잘 설명하고 있는가? 그 이유는 무엇인가?

1. 판단문의 종류가 많으면 코드가 읽기 쉽고 이해하기 쉬워진다.
2. 판단문의 종류가 적으면 실행을 책임지는 하위 계층의 일이 간단해진다.
3. 판단문의 종류가 많으면 코드의 줄 수가 줄어들고, 따라서 코딩에 걸리는 시간도 단축된다.
4. 판단문의 종류가 많으면 코드의 줄 수가 줄어들고, 따라서 실행할 연산의 개수도 줄어든다.

II. C에는 AND 연산자가 &와 && 두 가지이고, OR 연산자도 |와 || 두 가지인데 왜 RISC-V는 그렇지 않은가?

1. &와 |는 논리 연산 AND와 OR로 구현하고, &&와 ||는 조건부 분기로 구현하기 때문이다.
2. 1번과 반대. &&와 ||는 논리 연산에 해당하고 &와 |는 조건부 분기에 해당하기 때문이다.
3. 둘 다 같은 의미라 한 가지만 있으면 된다. &&와 ||는 단순히 C의 전신인 B 언어에 있었기 때문에 그냥 이어받은 것뿐이다.

## 2.8 하드웨어의 프로시저 지원

프로시저 제공되는 인수에 따라서 특정 작업을 수행하는 서브루틴.

프로시저(procedure)나 함수는 이해하기 쉽고 재사용이 가능하도록 프로그램을 구조화하는 방법 중의 하나이다. 프로시저는 프로그래머가 한 번에 한 부분씩 집중해서 처리할 수 있게 해 준다. 인수(parameter)는 프로시저에 값을 보내고 결과를 받아오는 일을 하므로, 프로그램의 다른 부분 및 데이터와 프로시저 사이의 인터페이스 역할을 한다. C의 프로시저에 해당하는 Java 구조는 2.15절에서 설명할 텐데, 일단 C 프로시저에서 필요한 것은 Java에서도 모두 필요하다. 프로시저는 소프트웨어에서 **추상화**를 구현하는 방법이다.

프로시저는 스파이에 비유할 수 있다. 스파이는 비밀 계획을 지니고 출발해서 필요한 자원을 획득하여 임무를 완수하고, 흔적을 없앤 후 원하는 결과를 가지고 출발 장소로 되돌아온다. 지정된 임무를 수행하는 것 외에 다른 것은 아무것도 건드리지 말아야 한다. 또 스파이는 알 필요가 있는 일만 알기 때문에 자기의 상관에 대해서는 어떠한 가정도 할 수 없다.

마찬가지로 프로그램이 프로시저를 실행할 때도 다음과 같이 여섯 단계를 거친다.

1. 프로시저가 접근할 수 있는 곳에 인수를 넣는다.
2. 프로시저로 제어를 넘긴다.
3. 프로시저가 필요로 하는 메모리 자원을 획득한다.
4. 필요한 작업을 수행한다.
5. 호출한 프로그램이 접근할 수 있는 장소에 결과값을 넣는다.
6. 프로시저는 프로그램 내의 여러 곳에서 호출될 수 있으므로 원래 위치로 제어를 돌려준다.

앞서 언급한 바와 같이 레지스터는 데이터를 저장하는 가장 빠른 장소이므로 가능한 한 많이 사용하는 것이 바람직하다. 그러므로 RISC-V 소프트웨어는 프로시저를 호출할 때 다음의 레지스터 할당 관례를 따른다.

- `x10-x17`: 전달할 인수와 결과값을 가지고 있는 인수 레지스터 8개
- `x1`: 호출한 곳으로 되돌아가기 위한 복귀 주소를 가지고 있는 레지스터 1개

RISC-V 어셈블리 언어는 이렇게 프로시저를 위해 레지스터를 할당할 뿐 아니라 프로시저를 위한 명령어도 제공한다. 이 명령어는 지정된 주소로 분기하면서 동시에

다음 명령어의 주소를 목적지 레지스터 rd에 저장하는 것으로 jal(jump-and-link) 명령어라 부른다.

```
jal  x1, ProcedureAddress  // jump to ProcedureAddress
                           // and write return address to x1
```

이름에서 link는 프로시저 종료 후 올바른 주소로 되돌아올 수 있도록 호출한 곳과 프로시저 사이에 링크를 형성한다는 뜻이다. 레지스터 x1에 기억되는 이 링크를 복귀 주소(return address)라고 부른다. 한 프로시저가 여러 곳에서 호출될 수 있으므로 복귀 주소는 꼭 필요하다.

프로시저에서의 복귀를 지원하기 위하여 RISC-V 같은 컴퓨터는 *case* 문 구현에 사용했던 jalr 명령과 같은 간접 점프 명령을 이용한다.

```
jalr  x0, 0(x1)
```

위 명령어는 레지스터 x1에 저장되어 있는 주소로 분기하라는 뜻이다. 이것이 바로 우리가 원하는 것이다. 호출 프로그램은 x10-x17에 전달할 인수값을 넣은 후 jal  x1, X 명령을 이용해서 프로시저 X(피호출 프로그램이라 부른다)로 분기한다. 피호출 프로그램은 계산을 끝낸 후 계산 결과를 같은 인수 레지스터에 넣은 후 jalr  x0, 0(x1) 명령을 실행하여 복귀한다.

내장 프로그램 개념은 현재 수행 중인 명령어의 주소를 기억하는 레지스터를 필요로 한다. 이 레지스터의 이름은 **명령어 주소 레지스터**(instruction address register)라고 하는 것이 타당하겠지만, 역사적인 이유로 보통 프로그램 카운터(program counter)라고 부른다. RISC-V에서는 약어를 사용하여 PC라고 부른다. jal 명령은 프로시저에서 복귀할 때 다음 명령어부터 실행하도록 PC + 4를 목적지 레지스터(일반적으로는 x1)에 저장한다.

jal 지정된 주소로 점프하면서 동시에 다음 명령어의 주소를 레지스터(RISC-V에서는 x1)에 저장하는 명령어.

복귀 주소 프로시저 종료 후 제자리로 돌아갈 수 있게 하는 호출 위치에 대한 링크. RISC-V에서는 x1에 저장된다.

호출 프로그램 프로시저 실행을 시작시키고 필요한 인수값을 제공하는 프로그램.

피호출 프로그램 호출 프로그램이 제공하는 인수값을 이용해서 일련의 명령어를 실행한 후 호출 프로그램으로 제어를 넘기는 프로시저.

프로그램 카운터 실행 중인 명령어의 주소를 가지고 있는 레지스터.

**고난도:** 목적지 레지스터가 x0인 jal 명령어는 무조건 분기를 구현하는 데 사용될 수도 있다. x0는 값이 0으로 고정되어 있으므로 복귀 주소를 버리는 것과 같은 효과가 있다.

```
jal  x0, Label      // unconditionally branch to Label
```

## 더 많은 레지스터의 사용

컴파일러가 프로시저를 번역하는 데 인수 레지스터 8개만으로는 부족한 경우가 있다. 프로시저 호출이 다른 부분에 영향을 미쳐서는 안 되므로, 호출 프로그램이 사용하는 모든 레지스터는 복귀하기 전에 프로시저 호출 전의 상태로 되돌려 놓아야 한다. 이 상황은 2.3절의 마지막 "하드웨어/소프트웨어 인터페이스"에서 설명한 레지스터 스필링이 필요한 경우의 한 예가 된다.

**스택** 스필된 레지스터 저장을 위해 후입선출(last-in-first-out) 큐로 구성된 자료구조.

**스택 포인터** 가장 최근에 스택에 할당된 주소를 가리키는 값. 레지스터가 스필될 장소 또는 레지스터의 옛날 값을 찾을 수 있는 장소를 표시한다. RISC-V에서는 sp 또는 x2이다.

**푸시** 스택에 원소를 추가하기.

**팝** 스택에서 원소를 제거하기.

레지스터 스필링에 이상적인 자료구조는 **스택**(stack)이다. 스택은 나중에 들어간 것이 먼저 나오는 자료구조이다. 스택에는 다음 프로시저가 스필할 레지스터를 저장할 장소나 레지스터의 옛날 값이 저장된 장소를 표시하기 위해 최근에 할당된 주소를 가리키는 포인터가 필요하다. RISC-V에서 스택 포인터는 레지스터 x2이며 sp로도 알려져 있다. 이 **스택 포인터**(stack pointer)는 레지스터 하나가 스택에 저장되거나 스택에서 복구될 때마다 4씩 조정된다. 스택은 아주 많이 사용되기 때문에 데이터를 스택에 넣거나 꺼내는 작업을 표시하는 용어가 따로 있다. 스택에 데이터를 넣는 작업을 **푸시**(push), 스택에서 데이터를 꺼내는 작업을 **팝**(pop)이라고 한다.

역사적 선례에 따라 스택은 높은 주소에서 낮은 주소 쪽으로 "성장"한다. 따라서 스택에 푸시할 때는 스택 포인터 값을 감소시켜야 하고, 스택에서 데이터를 꺼낼 때는 스택 포인터 값을 증가시켜야 한다.

**예제**

### 다른 프로시저를 호출하지 않는 C 프로시저의 컴파일

2.2절의 두 번째 예제를 C 프로시저로 바꾸면 다음과 같다.

```
int leaf_example (int g, int h, int i, int j)
{
      int f;

      f = (g + h) - (i + j);
      return f;
}
```

위 프로그램을 번역한 RISC-V 어셈블리 코드를 보여라.

**답**

인수 g, h, i, j는 인수 레지스터 x10, x11, x12, x13에 해당하고 f는 x20에 해당한다. 컴파일된 프로그램은 다음과 같은 프로시저 레이블로부터 시작된다.

```
leaf_example:
```

다음 단계는 프로시저가 사용할 레지스터 값을 저장하는 것이다. 프로시저 본문의 C 치환문은 2.3절의 첫 번째 예제와 같으므로 임시 레지스터 2개(x5, x6)를 사용한다. 따라서 저장해야 할 레지스터는 x5, x6, x20 3개이다. 스택에 세 워드를 저장할 자리를 만든 후 값을 저장한다.

```
addi  sp, sp, -12    // adjust stack to make room for 3 items
sw    x5, 8(sp)      // save register x5 for use afterwards
sw    x6, 4(sp)      // save register x6 for use afterwards
sw    x20, 0(sp)     // save register x20 for use afterwards
```

그림 2.10은 프로시저 호출 전후와 프로시저 실행 중의 스택 상태를 보여 준다.

프로시저 본문은 2.3절 예제에서와 같이 명령어 3개로 번역된다.

```
add   x5, x10, x11   // register x5 contains g + h
add   x6, x12, x13   // register x6 contains i + j
sub   x20, x5, x6    // f = x5 - x6, which is (g + h) - (i + j)
```

계산 결과 f를 보내 주기 위해 f를 인수 레지스터에 복사한다.

```
addi  x10, x20, 0    // returns f (x10 = x20 + 0)
```

호출 프로그램으로 되돌아가기 전에 저장해 두었던 값을 스택에서 꺼내 레지스터를 원상 복구한다.

```
lw    x20, 0(sp)     // restore register x20 for caller
lw    x6, 4(sp)      // restore register x6 for caller
lw    x5, 8(sp)      // restore register x5 for caller
addi  sp, sp, 12     // adjust stack to delete 3 items
```

이 프로시저는 복귀 주소를 사용하는 분기 명령으로 끝난다.

```
jalr  x0, 0(x1)      // branch back to calling routine
```

위의 예제에서 임시 레지스터를 사용했는데, 임시 레지스터 값도 저장했다가 원상 복구해야 한다고 가정하였다. 그러나 사용하지도 않는 레지스터 값을 쓸데없이 저장했다 복구하는 일이 생길 수 있다. 특히 임시 레지스터에 대해 이런 일이 발생할 가능성이 크다. 이를 예방하기 위해 RISC-V 소프트웨어는 레지스터 19개를 두 종류로 나눈다.

- x5-x7, x28-x31: 프로시저 호출 시, 피호출 프로그램이 값을 보존해 주지 않는 임시 레지스터
- x8-x9, x18-x27: 프로시저 호출 전과 후의 값이 같게 유지되어야 하는 저장 레지스터(피호출 프로그램이 이 레지스터를 사용하려면 원래 값을 저장했다가 원상 복구해야 한다)

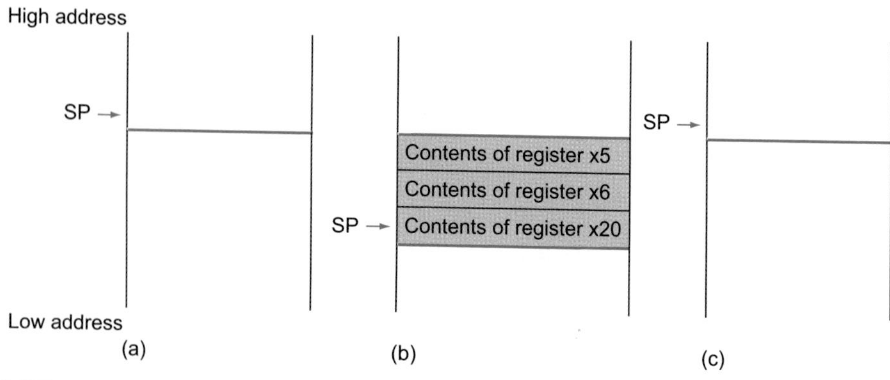


**그림 2.10 프로시저 호출 (a) 전, (b) 중, (c) 후의 스택 포인터 값과 스택 내용.** 스택 포인터는 항상 스택의 맨 위, 즉 마지막 워드를 가리킨다.

이런 간단한 관례를 정함으로써 레지스터 스필링을 많이 줄일 수 있다. 위 예에서 x5와 x6은 호출 전후에 같은 값을 유지할 필요가 없기 때문에 저장 명령어 2개와 적재 명령어 2개를 없앨 수 있다. 그러나 x20은 호출 프로그램이 필요로 하는 값을 가지고 있다고 생각되기 때문에, 피호출 프로그램이 저장했다가 원상 복구해야 한다.

## 중첩된 프로시저

다른 프로시저를 호출하지 않는 프로시저를 말단(leaf) 프로시저라 한다. 말단 프로시저만 있다면 일이 쉽겠지만 실제는 그렇지 못하다. 스파이가 다른 스파이를 고용해서 일의 일부를 맡기고, 그 스파이는 또 다른 스파이를 고용할 수도 있는 것처럼, 프로시저도 다른 프로시저를 호출할 수 있다. 심지어는 자기 자신을 호출하는 재귀(recursive) 프로시저도 있다. 프로시저에서 레지스터를 사용할 때 조심해야 하는 것처럼, 말단 프로시저가 아닌 프로시저를 호출할 때는 더욱 조심해야 한다.

예를 들어 주 프로그램이 인수값 3을 가지고 프로시저 A를 호출했다고 가정하자. 이때 레지스터 x10에 3을 넣고 `jal x1, A` 명령을 실행할 것이다. 프로시저 A가 다시 인수 7(이것도 역시 x10에 들어간다)을 가지고 `jal x1, B`를 통해 프로시저 B를 호출했다고 하자. 아직 A가 다 끝난 것이 아니기 때문에 레지스터 x10 사용에서 충돌이 발생한다. 마찬가지로 레지스터 x1에 지금은 B의 복귀 주소가 있으므로 x1의 복귀 주소에 대해서도 충돌이 생긴다. 이러한 문제를 예방하기 위한 조치를 취하지 않는다면 충돌로 인하여 프로시저 A가 호출 프로그램으로 돌아가지 못하게 된다.

한 가지 방법은 저장 레지스터에서 했던 것처럼 값이 보존되어야 할 모든 레지스터를 스택에 넣는 것이다. 호출 프로그램은 인수 레지스터(x10-x17)와 임시 레지스터(x5-x7과 x28-x31) 중 프로시저 호출 후에도 계속 사용해야 하는 것은 모두 스택에 넣는다. 피호출 프로그램은 복귀 주소 레지스터 x1과 저장 레지스터(x8-x9와 x18-x27) 중에서 피호출 프로그램이 사용하는 레지스터를 모두 저장한다. 스택 포인터 sp는 스택에 저장되는 레지스터 개수에 맞추어 조정된다. 복귀할 때에는 메모리에서 값을 꺼내 레지스터를 원상 복구하고 이에 맞추어 스택 포인터를 다시 조정한다.

### 재귀 프로시저의 컴파일

예제

n 계승을 계산하는 다음 재귀 프로시저에 해당하는 RISC-V 어셈블리 코드를 보여라.

```
int fact (int n)
{
    if (n < 1) return (1);
       else return (n * fact (n - 1));
}
```

답

인수 n은 인수 레지스터 x10에 해당한다. 번역된 프로그램은 프로시저 레이블로 시작하며, 뒤이어 복귀 주소와 x10을 스택에 저장하는 명령어가 나온다.

```
fact :
     addi  sp, sp, -8      // adjust stack for 2 items
     sw    x1, 4(sp)       // save the return address
     sw    x10, 0(sp)      // save the argument n
```

fact가 처음 호출되었을 때 sw는 fact를 호출한 프로그램의 주소를 저장한다. 다음은 n이 1보다 작은지 검사해서 n ≥ 1이면 L1으로 가게 하는 명령어들이다.

```
addi  x5, x10, -1     // x5 = n - 1
bge   x5, x0, L1      // if (n - 1) >= 0, go to L1
```

n이 1보다 작으면 1을 인수 레지스터에 넣는다. 이를 위해서 0에다 1을 더해서 x10에 넣는다. 복귀하기 전에 스택에 저장된 값 2개를 버리고 복귀 주소로 분기한다.

```
addi  x10, x0, 1     // return 1
addi  sp, sp, 8      // pop 2 items off stack
jalr  x0, 0(x1)      // return to caller
```

스택에서 값 2개를 꺼내서 x1과 x10에 넣을 수도 있으나, n이 1보다 작을 때 x1과 x10은 변하지 않으므로 그럴 필요가 없다.

n이 1보다 작지 않으면, 인수 n을 감소시키고 이 감소된 값으로 다시 fact를 호출한다.

```
L1 : addi  x10, x10, -1  // n >= 1: argument gets (n - 1)
     jal   x1, fact      // call fact with (n - 1)
```

다음은 호출한 프로그램으로 되돌아가는 부분이다. 결과값은 x10에 있다. 먼저 스택 포인터를 사용해서 이전의 복귀 주소와 인수값을 복구한다.

```
addi  x6, x10, 0    // return from jal: move result of
                    // fact (n - 1) to x6
lw    x10, 0(sp)    // restore argument n
lw    x1, 4(sp)     // restore the return address
addi  sp, sp, 8     // adjust stack pointer to pop 2 items
```

다음으로 인수 x10과 fact (n - 1)의 결과값(레지스터 x6에 있음)을 곱해서 x10에 넣는다. 곱셈 명령어는 3장에서 소개되지만 우선 설명 없이 사용하기로 하자.

```
mul   x10, x10, x6  // return n * fact (n - 1)
```

마지막으로 복귀 주소를 이용해 되돌아간다.

```
jalr  x0, 0(x1)     // return to the caller
```

**하드웨어/소프트웨어 인터페이스**

C 변수는 기억 장치의 한 장소에 해당한다. 여기에 기억된 내용을 어떻게 해석하는가는 **데이터형**(type)과 **저장 유형**(storage class)에 따라 달라진다. 데이터형의 예로는 정수형, 문자형 등이 있다(2.9절 참조). C에는 **자동**(automatic)과 **정적**(static) 두 가지 저장 유형이 있다. 자동 변수는 프로시저 내에서만 정의되는 것으로 프로시저가 종료되면 없어진다. 정적 변수는 프로시저로 들어간 후나 프로시저에서 빠져나온 후에도 계속 존재한다. 모든 프로시저의 외부에서 선언된 C 변수는 정적 변수로 간주되며, static이라는 키워드를 사용해서 선언된 변수도 마찬가지이다. 그 나머지는 모두 자동 변수이다. 정적 데이터를 쉽게 접근할 수 있도록 어떤 RISC-V 컴파일러는 x3을 전역 포인터(global pointer, gp)로 사용한다.

전역 포인터 정적 영역을 가리키도록 예약된 레지스터.

그림 2.11은 프로시저 호출 전후의 값 보존 관계를 보여 준다. 여러 가지 방법으로 스택을 보존하여 호출 프로그램이 스택에 저장한 값과 같은 값을 꺼낼 수 있게 보

| Preserved | Not preserved |
|---|---|
| Saved registers: x8-x9, x18-x27 | Temporary registers: x5-x7, x28-x31 |
| Stack pointer register: x2(sp) | Argument/result registers: x10-x17 |
| Frame pointer: x8(fp) | |
| Return address: x1(ra) | |
| Stack above the stack pointer | Stack below the stack pointer |

**그림 2.11 프로시저 호출 후에도 보존되는 것과 보존되지 않는 것.** 소프트웨어가 전역 포인터를 사용하는 경우에는 전역 포인터도 보존된다. 전역 포인터는 다음에 설명한다.

장하고 있음에 주목하라. 피호출 프로그램이 sp보다 위쪽에는 값을 쓰지 못하게 함으로써, sp 윗부분의 스택을 원상태로 유지한다. 호출 프로그램이 sp에서 뺀 값만큼을 피호출 프로그램이 도로 더해서 sp가 변하지 않게 한다. 다른 레지스터는 (만일 프로시저 내에서 사용되면) 스택에 저장했다가 다시 꺼내서 원래 값을 유지한다.

## 새 데이터를 위한 스택 공간의 할당

레지스터에 들어가지 못할 만큼 큰 배열이나 구조체 같은 지역 변수를 저장하는 데도 스택이 사용되기 때문에 문제가 복잡해진다. 프로시저의 저장 레지스터와 지역 변수를 가지고 있는 스택 영역을 프로시저 프레임(procedure frame) 또는 액티베이션 레코드(activation record)라고 부른다. 그림 2.12는 프로시저 호출 전, 중, 후의 스택 상태를 보여 준다.

프로시저 프레임 액티베이션 레코드라고도 한다. 프로시저의 저장된 레지스터들과 지역 변수를 가지고 있는 스택 부분.

어떤 RISC-V 컴파일러는 프레임 포인터(fp) 즉 레지스터 x8이 프로시저 프레임의 첫 번째 워드를 가리키도록 한다. 스택 포인터 값이 프로시저 내에서 바뀔 수도 있으므로 메모리 내 지역 변수에 대한 변위는 변수가 프로시저 어느 부분에서 사용되느냐에 따라 달라질 수 있다. 이런 이유로 프로시저가 더 이해하기 어려워진다. 반면에 프레임 포인터는 변하지 않는 베이스 레지스터 역할을 하므로 이를 이용하면 지역 변수 참조가 간단해진다. 별도의 프레임 포인터 사용 여부와 상관없이 액티베이션 레코드는 항상 스택에 존재함에 유의하라. 이제까지는 프로시저 내에서 sp가 변하지 않게 했기 때문에 fp를 사용하지 않아도 되었다. 예를 들면 앞의 예제들은 프로시저에 들어갈 때와 나올 때만 스택을 변화시킨다.

프레임 포인터 프로시저의 저장된 레지스터와 지역 변수의 위치를 표시하는 값.

## 새 데이터를 위한 힙 공간의 할당

C 프로그래머는 프로시저 안에서만 사용되는 자동 변수 외에도 정적 변수와 동적 자료구조를 위한 메모리 공간이 필요하다. 그림 2.13은 Linux 운영체제를 사용할

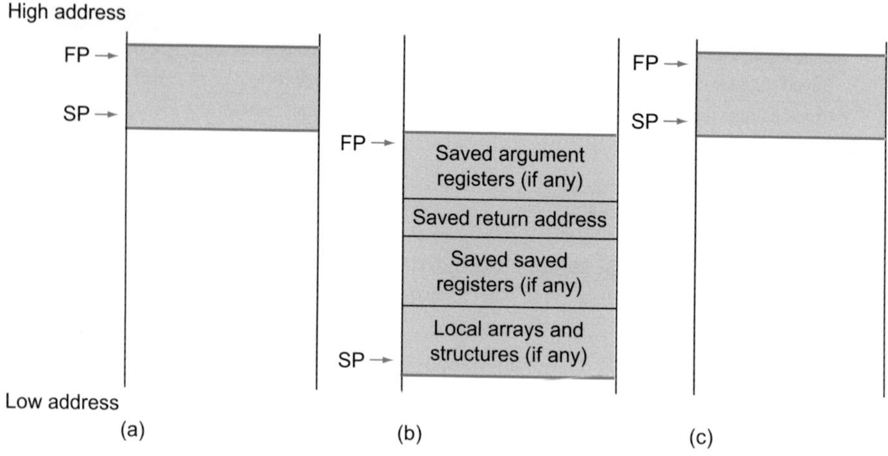


**그림 2.12 프로시저 호출 (a) 전, (b) 중, (c) 후의 스택 할당.** 프레임 포인터(fp 또는 x8)는 프레임의 첫 번째 워드(인수 레지스터 값이 저장된 것일 때가 많다)를 가리키며, 스택 포인터(sp)는 스택의 맨 위를 가리킨다. 프로시저를 호출하면 저장해야 하는 모든 레지스터와 메모리 내의 지역 변수를 넣기 위한 공간을 스택에 만든다. 약간의 주소 계산을 추가하면 sp로 변수를 참조할 수도 있지만, sp는 프로그램이 실행되면서 변할 수 있으므로 변수 참조는 변하지 않는 fp를 사용하는 것이 좋다. 스택에 지역 변수를 저장하지 않는 프로시저의 경우는 fp 값을 바꾸고 나중에 원상 복구하는 일을 생략함으로써 시간을 절약할 수 있다. fp를 사용하는 경우는 호출할 때의 sp 값으로 fp를 초기화하고 나중에 fp를 이용하여 sp를 원상 복구한다. 이 정보는 이 책의 첫 페이지에 있는 RISC-V Reference Data Card의 ④열에서 찾아볼 수 있다.

**텍스트 세그먼트** UNIX 목적 파일에서 소스 파일 루틴의 기계어가 수록된 부분.

때 RISC-V의 메모리 할당 방식이다. 스택은 사용자 주소 공간(5장 참조)의 최상위 주소에서부터 시작해서 아래쪽으로 자란다. 최하위 주소 부분은 사용이 유보되어 있고, 그다음은 RISC-V 기계어 코드가 들어가는 부분이다. 이 부분은 전통적으로 **텍스트 세그먼트**(text segment)라 부른다. 코드 위쪽에는 **정적 데이터 세그먼트**(static data segment)라는 부분이 있는데, 상수와 기타 정적 변수들이 여기에 들어간다. 배열은 그 크기가 고정되어 있어서 정적 데이터 세그먼트에 잘 맞는다. 그러나 링크 리스트(linked list) 같은 데이터 구조는 늘어났다 줄어들었다 한다. 이러한 자료구조를 위한 세그먼트를 전통적으로 **힙**(heap)이라고 불러 왔다. 힙은 정적 데이터 세그먼트 다음에 들어간다. 이 방식은 스택과 힙이 서로 마주보면서 자라도록 할당하기 때문에 메모리를 효율적으로 사용할 수 있다.

C는 함수를 사용해서 힙의 공간을 할당받기도 하고 사용하지 않는 공간은 되돌려주기도 한다. malloc( )는 힙에 공간을 할당한 후 이 공간을 가리키는 포인터를 결과값으로 보내 준다. free( )는 포인터가 가리키는 힙 공간을 반납한다. C에서는 메모리 할당을 프로그램이 통제하는데, 이 부분이 흔하고도 까다로운 여러 버그의 근원이다. 사용이 끝난 공간을 반납하는 것을 잊어버리면 "메모리 누출 (memo-

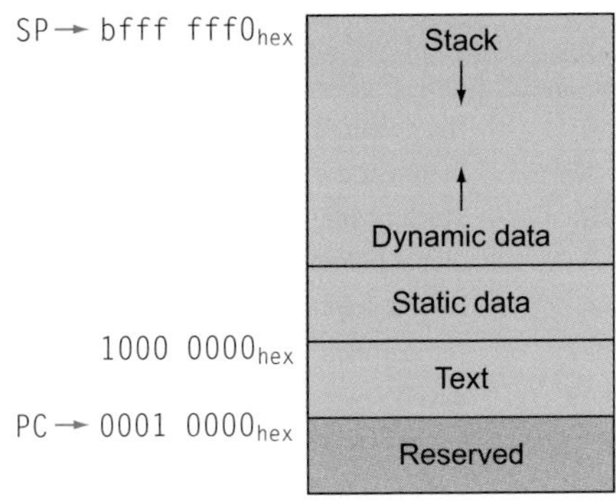


**그림 2.13 프로그램과 데이터를 위한 RISC-V 메모리 할당.** 여기서 사용된 주소는 RISC-V 구조의 일부가 아니라 소프트웨어 관례일 뿐이다. 스택 포인터는 bfff fff0$_{hex}$로 초기화된 후에 데이터 세그먼트 쪽을 향하여 자란다. 반대쪽에서는 프로그램 코드("텍스트")가 0001 0000$_{hex}$번지부터 시작되고, 정적 데이터는 텍스트 세그먼트가 끝나는 부분에서 시작된다. 여기서는 1000 0000$_{hex}$번지라고 가정하였다. 동적 데이터(C에서는 malloc, Java에서는 new를 통해서 할당된다)가 그다음에 들어간다. 이 영역을 힙이라고 하며 스택을 향해 자란다. 이 정보는 이 책의 첫 페이지에 있는 RISC-V Reference Data Card의 ④열에서 찾아볼 수 있다.

ry leak)"이 발생하여 결국은 메모리 부족으로 운영체제가 붕괴될 수 있다. 반면에 공간을 너무 일찍 반납하면 프로그램 의도와 상관없이 엉뚱한 것을 가리키는 "매달린 포인터(dangling pointer)"가 발생한다. Java에서는 이러한 버그를 피하기 위해서 자동 메모리 할당과 가비지 컬렉션(garbage collection)을 사용한다.

그림 2.14는 RISC-V 어셈블리 언어의 레지스터 사용 관례를 보여 준다. 이 같은 관례는 **자주 생기는 일을 빠르게** 하라는 원칙의 또 다른 예가 된다. 대부분의 프로시저는 최대 8개의 인자 레지스터, 12개의 저장 레지스터 및 7개의 임시 레지스터이면 굳이 메모리에 안 가도 될 만큼 충분하기 때문이다.

**고난도:** 인수가 8개보다 많을 때는 어떻게 해야 하는가? RISC-V의 관례는 나머지 인수를 프레임 포인터 바로 위 스택에 넣는 것이다. 프로시저는 처음 8개 인수가 x10-x17에 있고 나머지는 프레임 포인터를 통해 접근할 수 있는 메모리에 있다고 생각한다.

그림 2.12의 설명에서 언급한 바와 같이, 프레임 포인터를 사용하여 스택 내의 변수에 접근하면 프로시저 내의 어느 위치에서 접근하든지 항상 같은 변위를 사용하므로 매우 편리하다. 그러나 프레임 포인터가 반드시 필요한 것은 아니다. RISC-V C 컴파일러는 스택 포인터를 변화시키는 프로시저 내에서만 프레임 포인터를 사용한다.

**고난도:** 재귀 프로시저 중에는 재귀 호출을 사용하지 않고 반복 기법으로 구현할 수 있는 것

| Name | Register number | Usage | Preserved on call? |
|---|---|---|---|
| x0 | 0 | The constant value 0 | n.a. |
| x1 (ra) | 1 | Return address (link register) | yes |
| x2 (sp) | 2 | Stack pointer | yes |
| x3 (gp) | 3 | Global pointer | yes |
| x4 (tp) | 4 | Thread pointer | yes |
| x5-x7 | 5–7 | Temporaries | no |
| x8-x9 | 8–9 | Saved | yes |
| x10-x17 | 10–17 | Arguments/results | no |
| x18-x27 | 18–27 | Saved | yes |
| x28-x31 | 28–31 | Temporaries | no |

**그림 2.14 RISC-V 레지스터 사용 관례.** 이 정보 역시 이 책의 첫 페이지에 있는 RISC-V Reference Data Card의 ④열에서 찾아볼 수 있다.

도 있다. 반복 기법은 재귀적 프로시저 호출과 관련된 오버헤드를 제거하여 성능을 상당히 향상시킬 수 있다. 다음 예는 합을 누적시키는 프로시저이다.

```
int sum(int n, int acc) {
    if (n > 0)
        return sum(n - 1, acc + n);
    else
        return acc;
}
```

프로시저 호출 sum(3, 0)을 생각해 보자. 이 경우 sum(2, 3), sum(1, 5), sum(0, 6)의 재귀적 호출이 일어나서 결과 6이 네 번 반환될 것이다. 이 같은 재귀적 호출을 **꼬리 호출**(tail call)이라고 하는데, 이러한 꼬리 재귀(tail recursion)는 다음과 같이 효율적으로 구현될 수 있다(x10 = n, x11 = acc, 결과는 x12에 들어간다고 가정).

```
sum: ble  x10, x0, sum_exit // go to sum_exit if n <= 0
     add  x11, x11, x10     // add n to acc
     addi x10, x10, -1      // subtract 1 from n
     jal  x0, sum           // jump to sum
sum_exit:
     addi x12, x11, 0       // return value acc
     jalr x0, 0(x1)         // return to caller
```

**스스로 점검하기** C와 Java에 대한 서술 중 일반적으로 사실인 것들은?

1. Java에서는 데이터 관리가 자동적으로 되지만 C 프로그래머는 직접 해야 한다.
2. C는 Java보다 포인터 버그와 메모리 누출 버그가 많이 발생한다.

# 2.9 문자와 문자열

*!(@ | = > (wow open tab at bar is great)*

Fourth line of the keyboard poem "Hatless Atlas," 1991 (some give names to ASCII characters: "!" is "wow," "(" is open, "|" is bar, and so on).

컴퓨터는 원래 숫자를 빨리 처리하기 위해 발명된 것이지만, 상용화되자마자 텍스트 처리에 이용되기 시작하였다. 오늘날 대부분의 컴퓨터는 8비트 바이트로 문자를 표현하며, 거의 모든 컴퓨터가 ASCII(American Standard Code for Information Interchange)를 사용한다. 그림 2.15는 ASCII를 요약한 표이다.

### ASCII와 이진수

**예제**

숫자를 정수 표현 대신 ASCII 문자열로 표현할 수 있다. 숫자 10억이 ASCII 문자열로 표현된다면 32비트 정수로 표현하는 것에 비해 메모리가 얼마나 더 많이 필요한가?

**답**

10억은 1,000,000,000이기 때문에 10개의 ASCII 자릿수가 필요하다. 각각이 8비트 길이이므로 메모리는 (10 × 8)/32 즉 2.5배 더 많이 필요하다. 메모리가

| ASCII value | Character | ASCII value | Character | ASCII value | Character | ASCII value | Character | ASCII value | Character | ASCII value | Character |
|---|---|---|---|---|---|---|---|---|---|---|---|
| 32 | space | 48 | 0 | 64 | @ | 80 | P | 96 | ` | 112 | p |
| 33 | ! | 49 | 1 | 65 | A | 81 | Q | 97 | a | 113 | q |
| 34 | " | 50 | 2 | 66 | B | 82 | R | 98 | b | 114 | r |
| 35 | # | 51 | 3 | 67 | C | 83 | S | 99 | c | 115 | s |
| 36 | $ | 52 | 4 | 68 | D | 84 | T | 100 | d | 116 | t |
| 37 | % | 53 | 5 | 69 | E | 85 | U | 101 | e | 117 | u |
| 38 | & | 54 | 6 | 70 | F | 86 | V | 102 | f | 118 | v |
| 39 | ' | 55 | 7 | 71 | G | 87 | W | 103 | g | 119 | w |
| 40 | ( | 56 | 8 | 72 | H | 88 | X | 104 | h | 120 | x |
| 41 | ) | 57 | 9 | 73 | I | 89 | Y | 105 | i | 121 | y |
| 42 | * | 58 | : | 74 | J | 90 | Z | 106 | j | 122 | z |
| 43 | + | 59 | ; | 75 | K | 91 | [ | 107 | k | 123 | { |
| 44 | , | 60 | < | 76 | L | 92 | \ | 108 | l | 124 | \| |
| 45 | - | 61 | = | 77 | M | 93 | ] | 109 | m | 125 | } |
| 46 | . | 62 | > | 78 | N | 94 | ^ | 110 | n | 126 | ~ |
| 47 | / | 63 | ? | 79 | O | 95 | _ | 111 | o | 127 | DEL |

**그림 2.15 문자의 ASCII 표현.** 같은 글자의 대문자와 소문자는 정확히 32만큼 차이가 남에 주목하라. 이 성질을 이용하여 대문자, 소문자 검사 및 상호 변환을 쉽게 할 수 있다. 표에서 포맷팅 문자는 제외하였다. 예를 들어 8은 백스페이스(backspace), 9는 탭(tab), 13은 캐리지 리턴(carriage return)을 나타낸다. 그 밖에 0은 null을 가리킨다. null은 C 언어에서 문자열의 끝을 표시하는 데 사용된다.

더 필요할 뿐만 아니라 십진수를 더하고, 빼고, 곱하고, 나누는 하드웨어는 더 만들기가 어렵고 더 많은 에너지를 사용한다. 이 같은 어려움 때문에 컴퓨터 전문가들은 이진수가 자연스럽고, 십진수 컴퓨터가 오히려 엽기적이라고 믿게 되었다.

명령어 몇 개를 사용하면 워드 내의 특정 바이트를 추출할 수 있다. 그러므로 적재 명령어 lw와 저장 명령어 sw는 워드뿐 아니라 바이트 전송에도 충분히 사용할 수 있다. 하지만 텍스트 데이터를 다루는 프로그램이 많기 때문에 효율성을 위해서 RISC-V에는 바이트 전송 명령어가 따로 있다. lbu(load byte unsigned)는 메모리에서 한 바이트를 읽어서 레지스터의 오른쪽 8비트에 채우는 명령이고, sb(store byte)는 레지스터의 오른쪽 8비트를 메모리로 보내는 명령이다. 그러므로 한 바이트를 복사할 때는 다음과 같이 할 수 있다.

```
lbu  x12, 0(x10)      // Read byte from source
sb   x12, 0(x11)      // Write byte to destination
```

문자 데이터는 보통 여러 개가 모여서 문자열(string)을 이루는데, 문자열의 길이는 가변적이다. 가변 길이의 문자열을 표현하는 방법은 세 가지가 있다: (1) 문자열의 맨 앞에 길이를 표시하는 방법, (2) 같이 사용되는 변수에 그 길이를 표시하는 방법(구조체에서처럼), (3) 마지막에 문자열의 끝을 표시하는 특수 문자를 두는 방법. C 언어는 문자열의 끝에 0값(ASCII의 null)을 두는 세 번째 방법을 사용한다. 그러므로 문자열 "Cal"은 67, 97, 108, 0의 네 바이트로 표현된다. (나중에 보겠지만 Java는 첫 번째 방법을 사용한다.)

예제

## 문자열 복사 프로시저의 번역

프로시저 strcpy는 문자열 y를 문자열 x에 복사하는 것으로, 문자열 표현은 C 언어의 관례에 따라 null 바이트로 끝나는 방식을 사용한다.

```
void strcpy (char x[], char y[])
{
    size_t i;
    i = 0;
    while ((x[i] = y[i]) != '\0')  /* copy & test byte */
        i += 1;
}
```

이 프로시저의 RISC-V 어셈블리 코드를 보여라.

답

아래에 기본적인 RISC-V 어셈블리 코드가 있다. 배열 x와 y의 시작 주소는 x10과 x11에 있고, i는 x19에 있다고 가정한다. strcpy는 먼저 스택 포인터를 조정하고 저장 레지스터 x19를 스택에 넣는다.

```
strcpy :
     addi  sp, sp, -4       // adjust stack for 1 more item
     sw    x19, 0(sp)       // save x19
```

다음은 i를 0으로 초기화하기 위해 0에다 0을 더한 후 결과 0을 x19에 저장한다.

```
add   x19, x0, x0     // i = 0 + 0
```

다음은 순환문의 시작이다. 먼저 i에 y[]를 더해서 y[i]의 주소를 계산한다.

```
L1: add  x5, x19, x11     // address of y[i] in x5
```

y는 워드 배열이 아니고 **바이트** 배열이므로 앞의 예제들처럼 i에 4를 곱할 필요는 없음에 유의하라.

lb는 메모리에서 읽어 온 바이트를 부호확장해서 레지스터에 넣지만 lbu는 0 확장하므로, y[i]에 있는 문자를 적재하기 위하여 lbu 명령을 사용한다. 읽어 온 문자는 x6에 넣는다.

```
lbu  x6, 0(x5)      // x6 = y[i]
```

같은 방식으로 주소를 계산하여 x[i]의 주소를 x7에 넣은 후, x6에 있는 글자를 이 주소에 저장한다.

```
add  x7, x19, x10    // address of x[i] in x7
sb   x6, 0(x7)       // x[i] = y[i]
```

복사한 문자가 0이면 문자열의 마지막 문자이므로 순환문에서 빠져나온다.

```
beq  x6, x0, L2
```

아니면 i를 증가시키고 순환문을 반복한다.

```
addi  x19, x19, 1    // i = i + 1
jal   x0, L1         // go to L1
```

순환문의 처음으로 가지 않았다면 문자열의 마지막 문자를 만난 것이다. x19와 스택 포인터를 원상 복구하고 되돌아간다.

```
L2:  lw    x19, 0(sp)     // restore old x19
     addi  sp, sp, 4      // pop 1 word off stack
     jalr  x0, 0(x1)      // return
```

C의 문자열 복사는 보통 i에 대한 연산을 피하기 위해 배열 대신 포인터를 사용한다. 2.14절에 배열과 포인터를 비교한 설명이 있다.

프로시저 strcpy는 말단 프로시저이므로 컴파일러가 i를 임시 레지스터에 할당했으면 x19를 저장하고 복구하는 일을 피할 수도 있었다. 그러므로 임시 레지스터들을 단순히 임시용으로만 생각하지 말고, 피호출 프로그램이 편리할 때 사용하는 레지스터로 생각하는 것이 좋다. 실제로 컴파일러가 말단 프로시저를 만나면 우선 이런 임시 레지스터들을 쓰고 부족하면 그때 저장해야 하는 레지스터를 사용한다.

## Java의 문자와 문자열

유니코드(Unicode)는 인간이 사용하는 거의 모든 언어의 **자모**(alphabet)를 수용할 수 있는 범용 인코딩이다. 그림 2.16에 유니코드 문자 목록을 보였다. 유니코드에는 ASCII의 기호만큼이나 많은 자모가 있다. Java는 포괄성을 위해 문자를 유니코드로 표현한다. 그러므로 문자 표현에 16비트를 사용하는 것이 디폴트이다.

RISC-V 명령어 집합에는 **하프워드**(halfword)라 불리는 16비트 데이터에 대한 적재와 저장 명령어가 포함되어 있다. lhu(load half unsigned) 명령은 메모리에서 16비트를 읽어 와서 레지스터의 우측 16자리에 넣는다. 왼쪽 16비트는 0으로 채운다. lb처럼 lh(load half)도 하프워드를 부호있는 수로 취급하므로, 레지스터의 왼쪽 16비트를 부호확장하여 채운다. sh(store half)는 레지스터의 우측 16비트를 메모리에 쓴다. 다음과 같이 하면 하프워드를 복사할 수 있다.

```
lhu  x19, 0(x10)    // Read halfword (16 bits) from source
sh   x19, 0(x11)    // Write halfword (16 bits) to destination
```

문자열은 내장된 특별 지원 기능과 사전 정의된 연접, 비교, 변환 메소드를 가지고 있는 표준 Java 클래스이다. C와는 달리 Java 문자열은 길이를 나타내는 워드를 포함하고 있다. 이는 Java의 배열 표시 방식과 같다.

**고난도:** RISC-V 소프트웨어는 스택을 "쿼드워드(16바이트)" 주소에 맞춰 정렬한다. 이렇게 하여 더 좋은 성능을 얻을 수 있다. 16바이트면 충분한 char 변수도 스택에 저장할 때는 16바이트를 할당한다. 그러나 C 문자열 변수나 바이트 배열은 한 쿼드워드에 16바이트씩 묶어서 넣는다. Java의 문자열 변수나 short 배열은 한 쿼드워드에 8개의 하프워드씩 넣는다.

| Latin | Malayalam | Tagbanwa | General Punctuation |
|---|---|---|---|
| Greek | Sinhala | Khmer | Spacing Modifier Letters |
| Cyrillic | Thai | Mongolian | Currency Symbols |
| Armenian | Lao | Limbu | Combining Diacritical Marks |
| Hebrew | Tibetan | Tai Le | Combining Marks for Symbols |
| Arabic | Myanmar | Kangxi Radicals | Superscripts and Subscripts |
| Syriac | Georgian | Hiragana | Number Forms |
| Thaana | Hangul Jamo | Katakana | Mathematical Operators |
| Devanagari | Ethiopic | Bopomofo | Mathematical Alphanumeric Symbols |
| Bengali | Cherokee | Kanbun | Braille Patterns |
| Gurmukhi | Unified Canadian Aboriginal Syllabic | Shavian | Optical Character Recognition |
| Gujarati | Ogham | Osmanya | Byzantine Musical Symbols |
| Oriya | Runic | Cypriot Syllabary | Musical Symbols |
| Tamil | Tagalog | Tai Xuan Jing Symbols | Arrows |
| Telugu | Hanunoo | Yijing Hexagram Symbols | Box Drawing |
| Kannada | Buhid | Aegean Numbers | Geometric Shapes |

**그림 2.16 유니코드 문자의 예.** 유니코드 버전 4.0은 160개 이상의 "블록"을 가지고 있다. 블록은 기호들의 집합에 대한 명칭이다. 각 블록은 16의 배수이다. 예를 들어 그리스 자모(Greek)는 $0370_{hex}$부터, 키릴 자모(Cyrillic)는 $0400_{hex}$부터 시작된다. 표의 처음 세 열은 인류 언어에 해당하는 48블록을 대체로 유니코드 숫자 순서대로 표시한 것이다. 마지막 열은 여러 언어를 위한 블록 16개를 순서 없이 열거한 것이다. 디폴트는 UTF-16이라 불리는 16비트 인코딩이다. 가변 길이 인코딩 UTF-8은 ASCII는 8비트로 나타내고 다른 문자들은 16이나 32비트로 나타낸다. UTF-32는 글자 하나를 32비트로 나타낸다. 새로운 유니코드 버전은 매년 6월에 발표되는데 13.0 버전은 2020년에 발표되었다. 9.0 이전 버전에는 새로운 언어 블록과 상형 문자가 추가되었지만, 버전 9.0부터 버전 13.0까지에는 여러 가지 이모지(Emoji)가 추가되었다. 총 문자수는 대략 150,000개이다. 자세한 것은 www.unicode.org를 참조하라.

**고난도:** 웹은 국제적이라는 특성이 있기 때문에 이를 반영하여 대부분의 웹 페이지들은 ASCII 대신에 Unicode를 사용한다. 따라서 오늘날에는 ASCII보다 Unicode가 더 인기가 있다.

**스스로 점검하기**

I. C와 Java의 문자 및 문자열에 대한 다음 진술 중 사실인 것들은?

1. C의 문자열은 Java 문자열보다 메모리를 절반만 차지한다.
2. C와 Java에서 문자열이란 용어는 1차원 문자 배열에 대해 비공식적으로 사용되는 명칭일 뿐이다.
3. C와 Java 문자열 모두 null(0)로 문자열의 끝을 표시한다.
4. 문자열에 대한 연산(예를 들면 길이 계산)은 Java보다 C가 빠르다.

II. 값 $1,000,000,000_{ten}$을 기억하려면 어느 변수형이 가장 많은 메모리를 사용하겠는가?

1. C의 `int`

2. C의 `string`

3. Java의 `string`

컴퓨터를 처음 접하는 사람들은 데이터의 종류가 데이터 안에 인코딩되어 있지 않고 그 데이터를 처리하는 **프로그램**에 인코딩되어 있다는 것을 알고는 놀라게 된다.

예시를 위해 자연어의 예를 한 가지 들겠다. 단어 "원(won)"이 무엇을 의미하는가? 이 질문은 이 단어가 사용된 상황을 알지 못하면, 특히 그 말이 어떤 언어인지를 알지 못하면 답을 할 수 없다. 다음 네 가지 경우를 생각할 수 있다.

1. 영어에서는 win의 과거형을 나타내는 동사이다.
2. 한국어에서는 대한민국에서 사용되는 화폐 단위를 나타내는 명사이다.
3. 폴란드어에서는 맛있는 냄새를 나타내는 형용사이다.
4. 러시아어에서는 악취를 나타내는 형용사이다.

요점정리

이진수는 여러 가지 종류의 데이터를 나타낼 수 있는데, 예를 들어 다음과 같은 32비트 패턴이 있다고 하자.

```
00000000 01010101 10000011 10110011
```

이는 다음과 같은 것들을 나타낼 수 있다.

1. 프로그램이 이를 부호없는 정수로 여긴다면 5,604,275를 나타낸다.
2. 프로그램이 이를 부호있는 정수로 여긴다면 +5,604,275를 나타낸다.
3. 프로그램이 이를 ASCII 문자열로 간주하려 한다면 뭔가 오류라고 생각할 것이다. null로 시작한 데다 문자열의 마지막이 null로 끝나지 않았기 때문이다.

2.5절의 마지막 요점정리에서 우리는 명령어도 숫자로 표현된다는 사실을 알았다. 따라서 위 패턴은 RISC-V 기계어 명령어

```
0000000 00101 01011 000 00111 0110011
```

를 나타내는 것으로 볼 수 있는데 이는 `add`라는 어셈블리 언어 명령어(3장 참조)에 해당된다. 즉

```
add x7, x11, x5
```

로 해석될 것이다.

실수로 워드프로세싱 프로그램에 이미지 파일을 데이터로 주면 워드프로세싱 프로그램은 이를 텍스트로 해석하여 화면에 이상한 모양을 보여 줄 것이다. 그래픽 디스플레이 프로그램에 텍스트 데이터를 주어도 똑같은 문제가 생길 것이다. 내장 프로그램 컴퓨터는 이처럼 아무런 제약 없이 작동하기 때문에, 파일 시스템이 파일의 접미어(.jpg, .pdf, .txt 등)로 파일 종류를 나타내는 명명 규칙을 사용하게 되었다. 이렇게 하면 프로그램이 파일 이름을 검사하여 프로그램과 데이터 간의 미스매치를 찾아냄으로써 이런 황당한 일이 생기지 않도록 해 줄 수 있다.

## 2.10 긴 수치와 주소를 위한 RISC-V의 주소지정 방식

RISC-V 명령어의 길이를 32비트로 고정한 덕택에 하드웨어가 간단해지기는 했지만, 명령어 내에 32비트 이상의 상수나 주소를 표시할 수 없어 불편한 점도 있다. 이 절에서는 긴 상수 처리를 위한 일반적 해법을 제시하고, 이어서 분기 명령어에서 사용되는 명령어 주소의 최적화 방법을 알아본다.

### 큰 수치 피연산자

프로그램에서 사용하는 상수는 대체로 크기가 작다. 그러므로 대부분 12비트 필드면 충분하지만 때에 따라서는 더 큰 상수가 필요한 경우도 있다.

이럴 때를 위해 RISC-V는 레지스터의 비트 12부터 31까지에 20비트 상수값을 넣는 `lui`(load upper immediate) 명령어를 제공한다. 맨 오른쪽 12비트는 0으로 채워진다. 이 명령어를 이용하면 명령어 2개로 32비트 상수를 만들 수 있다. 다른 명령어 형식은 이렇게 큰 상수를 표현할 수 없기 때문에 `lui` 명령어는 U-타입이라는 새로운 명령어 형식을 사용한다.

### 32비트 상수의 적재

**예제**

레지스터 x19에 다음 32비트 상수를 채우는 RISC-V 어셈블리 코드를 작성하라.

```
00000000 00111101 00000101 00000000
```

**답**

먼저 lui를 이용해서 x19의 비트 12에서 31까지를 채운다. 이 비트 패턴에서 비트 12에서 31은 십진수 976에 해당한다.

```
lui   x19, 976  // 976_decimal = 0000 0000 0011 1101 0000
```

이 명령어 실행 후 x19의 값은

```
00000000 00111101 00000000 00000000
```

이 된다. 그다음에는 하위 12비트를 채운다. 여기 해당하는 값은 십진수로 1280이다.

```
addi   x19, x19, 1280 // 1280_decimal = 00000101 00000000
```

원하는 대로 x19에는 다음 값이 들어간다.

```
00000000 00111101 00000101 00000000
```

**고난도:** 이 예제에서는 상수(1280)의 비트 11이 0이기 때문에 별 문제가 없었다. 하지만 비트 11이 1이면 문제가 복잡해진다. 12비트 수치값은 부호확장되기 때문에 이 상수는 음수로 취급된다. 이것은 상수의 오른쪽 11비트를 더하고 $2^{12}$를 빼 주어야 함을 의미한다. 이 오류를 보정하려면 lui로 적재한 상수에 1을 더해 주기만 하면 된다. 왜냐하면 lui 상수에는 $2^{12}$가 곱해지기 때문이다.

**하드웨어/소프트웨어 인터페이스**

컴파일러나 어셈블러는 큰 숫자를 직접 다룰 수 없기 때문에 몇 조각으로 나눈 후 레지스터에서 재조립해야 한다. 수치 명령어의 상수값은 물론 적재나 저장 명령어의 메모리 주소도 상수 필드 크기의 제약이 문제가 된다.

그러므로 RISC-V 기계어의 기호 표현은 하드웨어에 의해 제한되기보다는 어셈블러를 만든 사람이 어떤 것을 포함시키기로 했느냐에 달려 있다(2.12절 참조). 본서는 컴퓨터 구조를 설명하기 위해 하드웨어에 더 집중하되, 프로세서에는 없지만 어셈블러가 제공하는 확장된 언어를 사용할 때는 별도로 표시하고 쓰기로 한다.

## 분기 명령에서의 주소지정

RISC-V의 분기 명령어는 12비트 상수가 있는 명령어 형식을 사용한다. 이 형식은 −4096과 4094 사이의 분기 주소를 표시할 수 있는데 2의 배수이어야 한다. 이유는 조금 뒤에 설명하겠지만, 짝수 주소로 분기하는 것만 가능하다. SB−타입 형식은 7비트 opcode, 3비트 기능 코드, 5비트 레지스터 피연산자(rs1과 rs2) 2개, 12비트 주소 수치값으로 구성된다. 주소는 특이한 인코딩을 사용하는데 이는 데이터패스 설계를 간단히 해 주지만 어셈블리를 복잡하게 만든다. 다음 명령어

```
bne  x10, x11, 2000 // if x10 != x11, go to location 2000ten = 0111 1101 0000
```

은 다음과 같이 S−타입 형식으로 어셈블될 수 있다. (나중에 보겠지만 실제는 좀 더 복잡하다.)

| 0011111 | 01011 | 01010 | 001 | 01000 | 1100111 |
|---|---|---|---|---|---|
| imm[12:6] | rs2 | rs1 | funct3 | imm[5:1] | opcode |

여기서 조건부 분기를 위한 opcode는 $1100111_{two}$이고 bne의 funct3 코드는 $001_{two}$이다.

무조건 분기인 jal(jump-and-link) 명령어는 20비트 상수가 있는 명령어 형식을 사용한다. 이 명령어는 7비트 opcode, 5비트 목적지 레지스터 피연산자(rd)와 20비트 주소 수치값으로 구성된다. jal 다음 명령어의 주소인 링크 주소가 rd에 저장된다.

SB−타입 형식 명령어와 같이 UJ−타입 형식 명령어의 주소 피연산자는 특이한 수치 인코딩을 사용하는데 홀수 주소는 인코딩을 할 수 없다. 그래서

```
jal   x0, 2000  // go to location 2000ten = 0111 1101 0000
```

은 다음과 같이 U−타입 형식으로 어셈블된다. (jal의 실제 형식은 4.4절을 참고하라.)

| 00000000001111101000 | 00000 | 1101111 |
|---|---|---|
| imm[20:1] | rd | opcode |

만일 프로그램에서 사용하는 모든 주소가 이 20비트 필드에 들어가야 한다면, 어떤 프로그램도 $2^{20}$보다 더 커질 수는 없다. 그러나 이것은 현실적으로 너무 작은 크기이다. 이 문제를 해결할 수 있는 대안은 어떤 레지스터를 지정해서 그 값이 항상 분기 변위에 더해지도록 하는 것이다. 이렇게 했을 때 분기 명령어는 다음과 같은 계산을 할 것이다.

$$PC = 레지스터 + 분기\ 변위$$

이 방식은 프로그램 크기가 $2^{32}$까지 커지는 것을 허용하면서 조건부 분기도 지원함으로써 분기 주소의 크기 제한을 극복한다. 그러면 이제 남은 문제는 어떤 레지스터를 사용하느냐 하는 것이다.

조건부 분기가 어떻게 사용되는지를 살펴보면 이 문제의 답을 구할 수 있다. 조건부 분기는 주로 순환문이나 *if* 문에서 사용되므로 가까이 있는 명령어로 분기하는 경향이 있다. 예를 들면 SPEC 벤치마크에서 사용된 조건부 분기의 절반 가량이 16개 명령어 이상 떨어지지 않은 위치로 분기한다. PC는 현 명령어의 주소를 가지고 있으므로 분기 주소를 더할 레지스터로 PC를 선택하면 현 위치에서 $\pm 2^{10}$ 워드 이내로 분기(branch)하거나 $\pm 2^{18}$ 워드 이내로 점프(jump)할 수 있다. 거의 모든 순환문과 *if* 문의 분기 범위가 $2^{10}$ 워드 이내이므로 PC는 이상적인 선택이다. 이런 분기 주소지정 방식을 **PC-상대주소지정 방식**(PC-relative addressing)이라 한다.

**PC-상대주소지정 방식**
PC와 명령어 내 상수의 합이 실제 주소가 되는 주소지정 방식.

최근의 모든 컴퓨터가 다 그렇듯이 RISC-V도 조건부 분기와 무조건 점프에 PC-상대주소지정 방식을 사용한다. 분기의 목적지는 대체로 분기 명령어와 가까운 곳에 있기 때문이다. 반면에 프로시저 호출의 경우에는 $2^{18}$ 워드보다 더 떨어진 곳으로의 점프를 필요로 할 수도 있다. 왜냐하면 피호출 프로시저가 호출 프로시저 가까이 있다는 보장이 없기 때문이다. RISC-V에서 명령어 2개를 사용하면 임의의 32비트 주소로 매우 긴 점프를 할 수 있다. 즉 `lui` 명령어를 이용하여 주소의 비트 12-31 비트를 임시 레지스터에 저장하고, `jalr` 명령어를 이용하여 하위 12비트 주소를 임시 레지스터에 더한 다음 그 합의 주소로 점프한다.

RISC-V 명령어의 길이는 항상 4바이트이므로, RISC-V 분기 명령어가 분기 명령어와 분기 목적지 사이의 거리를 바이트 수가 아니라 **워드** 수로 표시한 PC-상대주소를 사용하도록 설계하였다면 더 먼 거리까지 분기할 수 있었을 것이다. 그러나 RISC-V 설계자들은 2바이트 길이의 명령어도 지원할 수 있도록 하길 원했기 때문에, 분기 명령어가 분기와 분기 목적지 사이의 거리를 **하프워드** 개수로 나타내도록 하였다. 따라서 `jal` 명령어의 20비트 주소 필드는 현재 PC $\pm 2^{19}$ 하프워드, 즉 $\pm 1$ MiB 거리를 인코딩할 수 있다. 마찬가지로 조건부 분기 명령어의 12비트 필드도 하프워드 주소이고, 바이트 주소로는 13비트에 해당한다.

## 기계어의 분기 변위

**예제**

2.7절 두 번째 예제의 *while* 순환문을 컴파일하면 다음과 같은 RISC-V 어셈블리 코드가 생성된다.

```
Loop: slli x10, x22, 2      // Temp reg x10 = i * 4
      add  x10, x10, x25    // x10 = address of save[i]
      lw   x9, 0(x10)       // Temp reg x9 = save[i]
      bne  x9, x24, Exit    // go to Exit if save[i] != k
      addi x22, x22, 1      // i = i + 1
      beq  x0, x0, Loop     // go to Loop
Exit:
```

Loop의 주소가 80000번지라고 할 때 위 프로그램에 해당하는 RISC-V 기계어 코드를 보여라.

**답**

어셈블된 명령어와 그 주소는 다음과 같다.

| Address | Instruction | | | | | |
|---|---|---|---|---|---|---|
| 80000 | 0000000 | 00010 | 10110 | 001 | 01010 | 0010011 |
| 80004 | 0000000 | 11001 | 01010 | 000 | 01010 | 0110011 |
| 80008 | 0000000 | 00000 | 01010 | 011 | 01001 | 0000011 |
| 80012 | 0000000 | 11000 | 01001 | 001 | 01100 | 1100011 |
| 80016 | 0000000 | 00001 | 10110 | 000 | 10110 | 0010011 |
| 80020 | 1111111 | 00000 | 00000 | 000 | 01101 | 1100011 |

RISC-V 명령어는 바이트 주소를 사용하므로 이웃한 워드의 주소는 4씩 차이가 남을 기억하라. 네 번째 줄의 bne 명령어는 명령어 주소(80012)에 3워드 즉 12바이트를 더해서 분기 명령어에 대한 상대적 주소(12 + 80012)로 분기 목적지를 표시하므로, 32비트 목적지 주소 80024를 사용하지 않아도 된다. 마지막 줄의 분기 명령어는 역방향 분기를 같은 방식으로 계산하여 Loop의 주소(−20 + 80020)를 구한다.

**고난도:** 2장과 3장에서는 교수법상의 이유로 분기와 점프가 S-와 U-형식을 사용하는 것처럼 설명하였다. 조건부 분기와 무조건 점프가 S- 및 U-타입과 필드 길이나 필드의 기능이 일치하는 형식(SB 및 UJ)을 사용하는 것은 맞지만, 비트들이 뒤틀려 있다. SB-와 UJ-형식을 사용하는 이유는 4장에서 하드웨어를 배우고 나면 잘 이해가 될 것이다. SB-와 UJ-형식은 하드웨어를 간단하게 하지만 어셈블러(그리고 이 책의 저자)가 할 일이 약간 늘어나게 한다. 하드웨어가 간단해지는 것을 그림 4.17과 4.18에 보였다.

**하드웨어/소프트웨어 인터페이스**

대부분의 조건부 분기는 목적지가 가까운 곳이지만, 가끔은 조건부 분기 명령어의 12비트 주소로 나타낼 수 없는 먼 곳으로 분기하는 경우도 있다. 이런 경우 어셈블러는 큰 주소나 상수를 처리할 때와 같은 방법으로 해결한다. 분기 목적지로 가는 무조건 분기를 삽입한 후 분기 조건을 반대로 만들어서 이 점프를 건너뛸 것인지 말 것인지를 결정하게 한다.

### 아주 먼 거리로의 분기

**예제**

레지스터 x10이 0이면 분기하는 명령어

```
beq   x10, x0, L1
```

을 L1이 아주 멀어도 분기가 가능하도록 바꾸되 명령어 2개를 사용하라.

**답**

다음과 같이 바꿀 수 있다.

```
      bne   x10, x0, L2
      jal   x0,  L1
L2:
```

## RISC-V 주소지정 방식 요약

주소지정 방식 피연산자와 주소를 다양하게 사용하여 실제 주소를 나타내는 여러 방식.

여러 형태의 주소 표현을 일반적으로 주소지정 방식(addressing mode)이라 한다. 그림 2.17은 각각의 주소지정 방식에서 피연산자가 어떻게 식별되는지를 보여 준다. RISC-V 명령어의 주소지정 방식은 다음과 같다.

1. 수치(immediate) 주소지정: 피연산자는 명령어 내에 있는 상수이다.
2. 레지스터 주소지정: 피연산자는 레지스터이다.
3. 베이스(base) 또는 변위(displacement) 주소지정: 피연산자는 메모리에 있고, 그 주소는 레지스터와 명령어 내 상수값의 합이다.
4. PC-상대 주소지정: PC 값과 명령어 내 상수의 합을 더해서 분기 주소를 구한다.

## 기계어의 해독

때로는 기계어를 역공학해서 원래의 어셈블리 언어를 추출하는 작업을 해야 할 때가 있다. 그런 예 중 하나가 코어 덤프(core dump)를 읽을 때이다. 이를 위하여 RISC-V 기계어를 위한 opcode 인코딩을 그림 2.18에 정리하였다. 이 표는 어셈블리 언어와 기계어 사이의 변환을 손으로 할 때 유용하다.

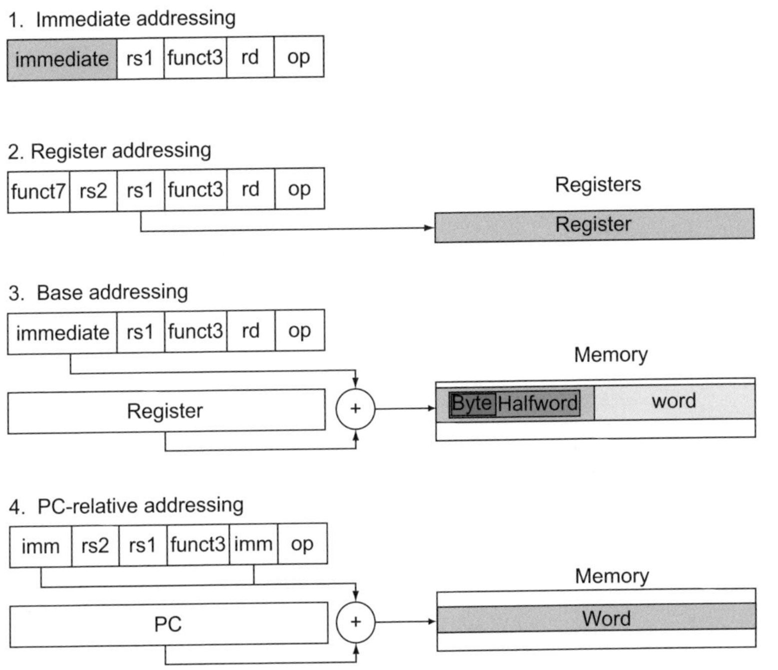


**그림 2.17 네 가지 RISC-V 주소지정 방식.** 파란색 부분이 피연산자이다. 3번 모드의 피연산자는 메모리에 있고, 2번 모드의 피연산자는 레지스터에 있다. 바이트, 하프워드, 워드를 전송하는 적재와 저장 명령이 각각 따로 있음에 유의하라. 1번 모드에서 피연산자는 명령어 자체의 일부분이다. 4번 모드는 메모리에 있는 명령어를 접근하기 위한 것이다. 4번 모드에서는 긴 주소를 PC에 더한다. 같은 연산이 2개 이상의 주소지정 방식을 사용할 수 있다. 예를 들면 덧셈 연산은 수치 주소지정 방식(`addi`)과 레지스터 주소지정 방식(`add`) 두 가지를 사용한다.

## 기계어 코드의 해독

**예제**

다음 기계어에 해당하는 어셈블리 명령어는 무엇인가?

$00578833_{hex}$

**답**

첫 단계는 16진수를 이진수로 바꾸는 일이다.

```
0000 0000 0101 0111 1000 1000 0011 0011
```

이 이진수를 해석하기 위해서는 명령어 형식을 결정해야 하는데, 그러려면 먼저 opcode 필드를 찾아야 한다. opcode는 맨 오른쪽 7비트로 0110011이다. 이 값을 그림 2.18에서 찾으면 이 opcode는 R-타입 연산 명령어인 것을 알 수 있다. 따라서 이 이진수 패턴을 그림 2.19의 R-타입에 맞추어 필드로 나눌 수 있다.

| Format | Instruction | Opcode | Funct3 | Funct6/7 |
|---|---|---|---|---|
| R-type | add | 0110011 | 000 | 0000000 |
| | sub | 0110011 | 000 | 0100000 |
| | sll | 0110011 | 001 | 0000000 |
| | xor | 0110011 | 100 | 0000000 |
| | srl | 0110011 | 101 | 0000000 |
| | sra | 0110011 | 101 | 0000000 |
| | or | 0110011 | 110 | 0000000 |
| | and | 0110011 | 111 | 0000000 |
| | lr.d | 0110011 | 011 | 0001000 |
| | sc.d | 0110011 | 011 | 0001100 |
| I-type | lb | 0000011 | 000 | n.a. |
| | lh | 0000011 | 001 | n.a. |
| | lw | 0000011 | 010 | n.a. |
| | lbu | 0000011 | 100 | n.a. |
| | lhu | 0000011 | 101 | n.a. |
| | addi | 0010011 | 000 | n.a. |
| | slli | 0010011 | 001 | 000000 |
| | xori | 0010011 | 100 | n.a. |
| | srli | 0010011 | 101 | 000000 |
| | srai | 0010011 | 101 | 010000 |
| | ori | 0010011 | 110 | n.a. |
| | andi | 0010011 | 111 | n.a. |
| | jalr | 1100111 | 000 | n.a. |
| S-type | sb | 0100011 | 000 | n.a. |
| | sh | 0100011 | 001 | n.a. |
| | sw | 0100011 | 010 | n.a. |
| SB-type | beq | 1100111 | 000 | n.a. |
| | bne | 1100111 | 001 | n.a. |
| | blt | 1100111 | 100 | n.a. |
| | bge | 1100111 | 101 | n.a. |
| | bltu | 1100111 | 110 | n.a. |
| | bgeu | 1100111 | 111 | n.a. |
| U-type | lui | 0110111 | n.a. | n.a. |
| UJ-type | jal | 1101111 | n.a. | n.a. |

**그림 2.18 RISC-V 명령어 인코딩.** 모든 명령어는 opcode 필드를 갖고 있으며 U-타입을 제외한 모든 형식이 funct3 필드를 사용한다. R-타입 명령어는 funct7 필드를 사용하며 수치 자리이동(`slli`, `srli`, `srai`) 명령어는 funct6 필드를 사용한다.

| Name | Field | | | | | | Comments |
|---|---|---|---|---|---|---|---|
| (Field size) | 7 bits | 5 bits | 5 bits | 3 bits | 5 bits | 7 bits | |
| R-type | funct7 | rs2 | rs1 | funct3 | rd | opcode | Arithmetic instruction format |
| I-type | immediate[11:0] | | rs1 | funct3 | rd | opcode | Loads & immediate arithmetic |
| S-type | immed[11:5] | rs2 | rs1 | funct3 | immed[4:0] | opcode | Stores |
| U-type | immediate[31:12] | | | | rd | opcode | Upper immediate format |

**그림 2.19 RISC-V의 네 가지 명령어 형식.** 그림 4.14와 4.16에는 이 표에서 빠진 조건부 분기와 무조건 점프의 명령어 형식(SB와 UJ)이 있는데, 이 형식들은 S-, U-타입과 필드 길이는 같지만 비트들이 뒤틀려 있다. 4장에서 하드웨어를 배우고 나면 SB와 UJ를 사용하는 이유를 이해할 수 있을 것이다. SB와 UJ는 하드웨어를 단순하게 하지만 어셈블러가 할 일은 약간 늘어나게 한다.

| funct7 | rs2 | rs1 | funct3 | rd | opcode |
|---|---|---|---|---|---|
| 0000000 | 00101 | 01111 | 000 | 10000 | 0110011 |

명령어의 나머지 부분은 필드값들을 보면서 해석한다. funct7과 funct3 필드 값이 모두 0이므로 이 명령어는 add 명령어이다. 레지스터 피연산자들을 십진수로 나타내면 rs2 필드는 5, rs1 필드는 15, rd 필드는 16이다. 세 숫자는 x5, x15, x16을 나타낸다. 이제 어셈블리 명령어는 다음과 같음을 알 수 있다.

```
add   x16, x15, x5
```

그림 2.19는 RISC-V 명령어 형식 전체를 보여 준다. 2.2절의 그림 2.1은 2장에서 설명한 RISC-V 어셈블리 언어를 정리한 표이다. 다음 장에서는 곱셈, 나눗셈, 실수 연산을 위한 명령어들을 소개할 것이다.

**스스로 점검하기**

I. RISC-V에서 조건부 분기 할 수 있는 주소의 범위를 바이트 주소로 나타내면? (K = 1024)

1. 주소 0 ~ 4K − 1
2. 주소 0 ~ 8K − 1
3. 대략 분기 명령어 전 2K ~ 후 2K까지
4. 대략 분기 명령어 전 4K ~ 후 4K까지

II. RISC-V에서 jump-and-link 명령어가 점프할 수 있는 주소의 범위를 바이트 주소로 나타내면? (M = 1024K)

1. 주소 0 ~ 512K − 1
2. 주소 0 ~ 1M − 1
3. 대략 점프 전 512K ~ 후 512K
4. 대략 점프 전 1M ~ 후 1M

## 2.11 병렬성과 명령어: 동기화

태스크가 서로 독립적일 때에는 **병렬 처리**가 쉽지만 그래도 서로 협력해야 할 때가 많다. 협력은 보통 어떤 태스크들이 읽어야 하는 새로운 값을 다른 태스크들이 쓰는

것을 의미한다. 읽는 태스크가 안전하게 읽을 수 있도록 쓰는 태스크가 언제까지 쓰기를 마쳐야 하는지를 알려면 태스크들이 동기화되어야 한다. 이들이 동기화되지 않으면 **데이터 경쟁관계**(data race)의 위험이 있다. 이벤트가 일어나는 순서에 따라 프로그램의 결과가 달라질 수 있는 상황을 데이터 경쟁관계라 한다.

데이터 경쟁관계 다른 스레드에서 나온 두 메모리 접근이 같은 위치를 향하고, 그중 적어도 하나가 쓰기이며 이들이 잇따라서 일어날 때 데이터 경쟁관계를 형성한다.

1.8절의 기자 8명이 기사 하나를 작성하는 비유를 다시 생각해 보자. 기자 1명은 결론을 쓰기 전에 앞부분을 모두 읽어야 된다고 가정하자. 그러려면 이 기자는 다른 기자들이 각자 맡은 부분을 언제 끝냈는지 알아야 한다. 그래야만 자신이 결론을 작성한 후 다른 부분이 수정될 것을 염려할 필요가 없게 된다. 이렇게 각 부분의 읽기와 쓰기가 잘 동기화가 되면 결론이 앞부분의 내용과 일치하게 될 것이다.

컴퓨팅에 있어서도 동기화 메커니즘은 일반적으로는 사용자 수준 소프트웨어 루틴에서 제공되는데 이 소프트웨어 루틴들은 하드웨어가 제공하는 동기화 명령을 사용하고 있다. 이 절에서는 lock과 unlock 동기화 연산의 구현에 집중하려 한다. lock과 unlock을 그대로 이용하여 단 하나의 프로세서만이 작업할 수 있는 영역을 생성할 수 있으며[**상호배제**(mutual exclusion)라 불림], 더 복잡한 동기화 메커니즘을 구현하는 데도 사용할 수 있다.

멀티프로세서에서 동기화를 구현하기 위해서는 메모리 주소에서 읽고 수정하는 것을 **원자적으로**(atomically) 처리할 능력을 가진 하드웨어 프리미티브가 있어야 한다. 즉 메모리에서 읽고 쓰는 중간에 아무것도 끼어들 수 없어야 한다. 그러한 능력이 없으면 기본 동기화 프리미티브 구현 비용이 너무 비쌀 것이며 그 비용은 프로세서 수가 증가함에 따라 더욱 증가할 것이다.

기본 하드웨어 프리미티브를 대신하는 많은 방법이 있는데, 모두가 메모리 주소에서 읽고 수정하는 것을 원자적으로 처리하는 방법을 제공하고 있으며 읽고 쓰는 것이 원자적으로 처리되었는지 알려 주는 방법도 함께 가지고 있다. 일반적으로 설계자는 기본 하드웨어 프리미티브를 사용자가 쓸 것이라고는 생각하지 않는다. 시스템 프로그래머가 동기화 라이브러리를 구축하는 데 사용할 것이라고 생각한다. 이 과정은 상당히 복잡하고 까다로운 경우가 많다.

먼저 하드웨어 프리미티브 하나를 살펴보고 이것이 기본 동기화 프리미티브 구축에 어떻게 사용되는지 알아보자. 동기화 연산 구축을 위한 전형적인 연산은 **원자적 교환**(atomic exchange 또는 atomic swap)인데, 이 연산은 레지스터의 값을 메모리 값과 교환하는 것이다.

이것을 기본 동기화 프리미티브 구축에 어떻게 사용하는지 보기 위하여 간단한 lock을 만들어 보자. 이 lock은 0이면 사용 가능하고 1이면 사용할 수 없음을 표시한다고 가정한다. 프로세서는 레지스터에 있는 값 1과 메모리에 있는 lock을 맞바꿈으로써 lock을 1로 만들고자 할 것이다. 만약 다른 프로세서가 이미 접근을 주장하였다면 교환 명령어가 가져온 값은 1일 것이며 그렇지 않은 경우에는 0일 것이다. 후자의 경우에는(즉 결과값이 0인 경우) 그 값이 1로 바뀌어서 다른 프로세서에 있는 경쟁관계의 교환 명령이 0을 읽어 가지 못하게 한다.

예를 들어서 동시에 교환을 하려고 하는 두 프로세서를 생각해 보자. 이 경쟁은 금방 끝나게 되는데 한 프로세서만이 교환을 먼저 수행해서 0을 가져올 것이다. 두 번째 프로세서는 1을 읽어 올 것이다. 동기화를 구현하기 위해 교환 프리미티브를 사용할 때의 핵심은 연산이 원자적이라는 것이다. 즉 교환은 나뉠 수 없는(indivisible) 것이라서 2개의 동시 교환은 하드웨어에 의해 순서가 결정된다. 두 프로세서가 이런 방법으로 동기화 변수를 설정하여 두 프로세서 모두 그들이 변수를 설정했다고 생각하는 경우는 나올 수 없다.

단일 원자적 메모리 연산을 구현하려면 프로세서 설계 시 몇 가지 문제를 극복해야 하는데, 이 연산은 메모리 읽기와 쓰기를 인터럽트가 불가능한 단일 명령어에서 처리해야 하기 때문이다.

또 다른 방법은 명령어 2개를 사용하는 것이다. 여기서 두 번째 명령어는 이 두 명령어가 원자적으로 실행되었는지 여부를 표시한다. 다른 프로세서에서 실행된 모든 연산이 이 두 명령어보다 먼저 시작되어 먼저 끝나든지 이 명령어보다 나중에 시작되어 나중에 끝난 것처럼 보인다면 이 한 쌍의 명령어는 실질적으로는 원자적이다. 두 명령어가 실질적으로 원자적이라면 다른 어느 프로세서도 이 두 명령어 사이에서 값을 바꿀 수는 없다.

RISC-V에는 이러한 명령어 쌍으로 `lr.w`(load-reserved word)라 불리는 특수 적재 명령어와 `sc.w`(store-conditional word)라 불리는 특수 저장 명령어가 있다. 이 명령어 쌍은 순차적으로 사용되는데, 만약 `lr.w` 명령어가 사용하는 메모리 주소의 내용이 같은 주소에 대한 `sc.w` 명령어가 실행되기 전에 바뀐다면 `sc.w` 명령은 실패하게 되어 메모리에 값을 쓰지 못하게 된다. `sc.w`는 레지스터 값을 메모리에 저장하고, 동시에 성공하면 또 다른 레지스터를 0으로, 실패하면 1로 만드는 명령어이다. 따라서 `sc.w`는 레지스터 3개를 사용한다. 메모리 주소를 갖는 레지스터, 원자적 연산의 성공 여부를 나타내는 레지스터, 그리고 성공 시 메모리에 저장할 값을 갖고 있는 레지스터 이렇게 3개이다. `lr.w` 명령어는 메모리에서 값을 읽어 오고 `sc.w`는 성공했을 때만 0을 가져오기 때문에, 다음 명령어 시퀀스는 `x20`이 가리키는 메모리 내용에 대한 원자적 교환을 구현한다.

```
again: lr.w x10, (x20)       // load-reserved
       sc.w x11, x23, (x20) // store-conditional
```

```
bne x11, x0, again    // branch if store fails (0)
addi x23, x10, 0      // put loaded value in x23
```

lr.w 명령어와 sc.w 명령어 사이에 어떤 프로세서가 끼어들어서 메모리 값을 바꾸면 sc.w는 x11에 1을 넣기 때문에 again부터 다시 실행하게 된다. 결국 이 시퀀스가 끝나면 x23과 x20이 가리키는 메모리 사이에 원자적 교환이 이루어진다.

**고난도:** 원자적 교환은 다중프로세서 동기화를 위해 제시된 것이지만 운영체제가 단일프로세서에서 다중프로세스를 다루는 데도 유용하다. 단일프로세서에서 두 명령어 사이에 아무것도 끼어들지 못하게 하기 위해서 두 명령어 사이에서 문맥 교환이 일어나는 경우에도 sc.w는 실패한다(5장 참조).

**고난도:** load-reserved/store-conditional 메커니즘의 또 다른 장점은 다른 동기화 프리미티브들 가령 **atomic compare and swap** 또는 **atomic fetch-and-increment** 같은 것들을 만드는 데 사용할 수 있다는 점이다. 이 프리미티브들은 여러 가지 병렬 프로그래밍 모델에서 사용된다. 이 경우 lr.w와 sc.w 사이에 명령어가 추가로 필요한 경우도 있지만 그렇게 많이 추가되지는 않는다.

load-reservation 주소에 또 다른 저장이 시도되거나 예외가 일어나면 store-conditional은 실패하기 때문에 두 명령어 사이에 들어갈 명령어를 고를 때는 신중해야 한다. 허용해도 안전한 명령어는 정수형 산술, 전방 분기 및 load-reserved/store-conditional 블록 밖으로 나가는 후방 분기뿐이다. 그 외의 명령어는 계속 페이지 부재(역주: 5.7절 참조)를 일으켜서 프로세서가 sc.w를 완료할 수 없는 교착상태(deadlock)에 빠뜨릴 수 있다. 또 load-reserved와 store-conditional 사이에 들어가는 명령어는 되도록 적게 해서 관련 없는 이벤트나 경쟁 프로세서가 store-conditional이 자꾸 실패하게 만들 확률을 최소화해야 한다.

**고난도:** 앞의 코드는 원자적 교환을 구현한 것이고, 다음 코드는 x20이 가리키는 주소의 lock을 더 효과적으로 획득하는 것이다. lock의 값이 0이면 사용 가능한 상태이고, 1이면 다른 누군가가 사용 중이라는 뜻이다.

```
        addi  x12, x0, 1         // copy locked value
again:  lr.w  x10, (x20)         // load-reserved to read lock
        bne   x10, x0, again     // check if it is 0 yet
        sc.w  x11, x12, (x20)    // attempt to store new value
        bne   x11, x0, again     // branch if store fails
```

lock을 해제하려면 보통의 저장 명령어로 그 주소에 0을 쓰면 된다.

```
        sw    x0, 0(x20)         // free lock by writing 0
```

**스스로 점검하기**

언제 load-reserved와 store-conditional 같은 프리미티브를 사용하는가?

1. 병렬 프로그램에서 협력 관계에 있는 스레드들이 공유 데이터에 대한 읽고 쓰기를 적절하게 하기 위해 동기화가 필요할 때
2. 단일프로세서에서 협력 관계에 있는 프로세스들이 공유 데이터를 읽고 쓰기 위해 동기화가 필요할 때

## 2.12 프로그램 번역과 실행

이 절에서는 디스크나 플래시 메모리의 파일에 저장되어 있는 C 프로그램을 컴퓨터가 실행할 수 있는 프로그램으로 변환하기 위한 4단계를 설명한다. 그림 2.20은 이러한 번역 단계를 계층적으로 보여 준다. 어떤 시스템은 번역 시간을 줄이기 위해 이 중 몇 단계를 하나로 합치기도 하지만, 논리적으로는 이 네 단계를 거쳐야 한다. 이 절에서는 번역 계층에 따라 설명을 진행한다.

### 컴파일러

컴파일러는 C 프로그램을 어셈블리 언어 프로그램으로 바꾼다. 어셈블리 언어 프로그램은 컴퓨터가 이해할 수 있는 프로그램의 기호 형태이다. 상위 수준 언어 프로그램은 어셈블리 언어보다 문장 수가 훨씬 적으므로 프로그래머의 생산성이 높아진다.

1975년 당시에는 메모리가 부족하고 컴파일러가 비효율적이었기 때문에, 운영체제와 어셈블러는 **어셈블리 언어**(assembly language)로 작성하였다. 그러나 오늘날에는 DRAM 칩의 용량이 수백만 배나 커져서 프로그램 크기 문제도 완화되었고, 최적화 컴파일러가 어셈블리 프로그램 전문가에 필적하거나 오히려 더 우수한(특히 큰 프로그램에 대해서) 어셈블리 언어 프로그램을 생성하고 있다.

**어셈블리 언어** 이진 기계어로 번역할 수 있는 기호화된 언어.

### 어셈블러

어셈블리 언어는 상위 수준 소프트웨어와의 인터페이스이므로 원래는 없는 명령어를 어셈블러가 독자적으로 제공할 수도 있다. 이 명령어들은 하드웨어로 구현이 되어 있지 않더라도 어셈블러가 알아서 처리하여 번역과 프로그래밍을 간편하게 해 준다. 이런 명령어들을 **의사명령어**(pseudoinstruction)라 한다.

**의사명령어** 하드웨어가 지원하지 않는 어셈블리 언어 명령어를 마치 실제 있는 것처럼 어셈블러가 처리하는 명령어.

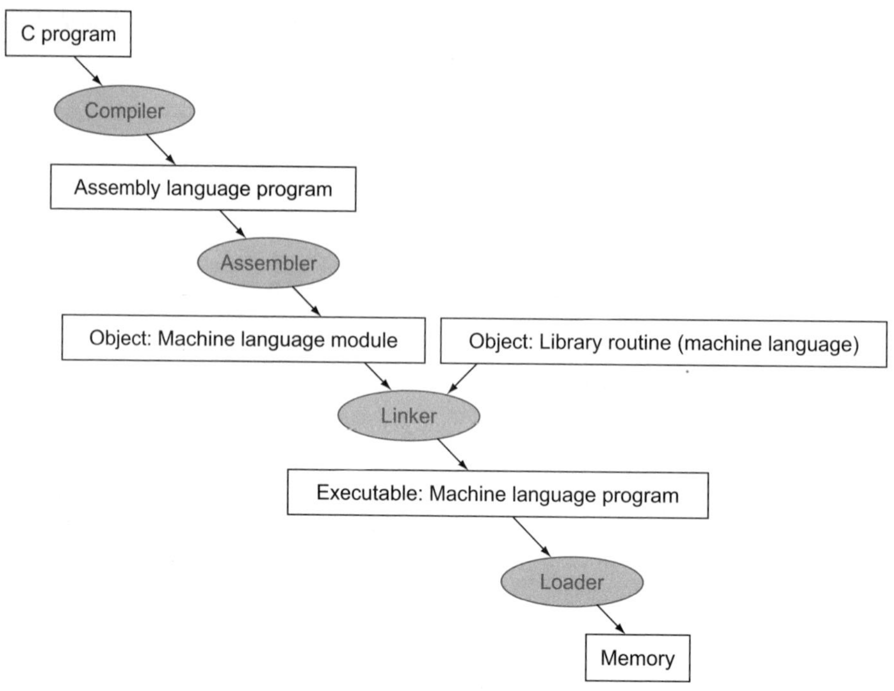


**그림 2.20 C 언어의 번역 계층.** 상위 수준 언어 프로그램은 어셈블리 언어 프로그램으로 컴파일되고 다시 기계어 형태의 목적 모듈로 어셈블된다. 링커는 여러 모듈과 라이브러리 루틴을 연결하여 모든 외부 참조를 해결한다. 다음에는 로더가 기계어 코드를 적절한 메모리 위치에 넣어서 프로세서가 실행할 수 있게 한다. 번역 속도를 빠르게 하기 위해 어떤 과정은 생략되기도 하고 몇 단계를 합쳐서 하나로 만들기도 한다. 목적 모듈을 직접 생성하는 컴파일러도 있고, 링킹 로더를 써서 마지막 두 단계를 한꺼번에 처리하는 시스템도 있다. UNIX는 파일 이름에 접미사를 붙여 파일 종류를 구별한다. C 원시 코드는 `x.c`, 어셈블리 파일은 `x.s`, 목적 파일은 `x.o`, 정적 링크 라이브러리 루틴은 `x.a`, 동적 링크 라이브러리 루틴은 `x.so`, 실행 파일은 `a.out`으로 표시한다. MS-DOS는 접미사 `.C`, `.ASM`, `.OBJ`, `.LIB`, `.DLL`, `.EXE`를 각각 같은 용도로 사용한다.

RISC-V 하드웨어는 레지스터 `x0`의 값이 항상 0이 되도록 한다. 즉 `x0`을 사용하면 그 값은 항상 0이며 프로그래머가 `x0`에 있는 값을 바꾸려는 시도를 하면 새로운 값은 무시된다. 그러므로 `x0`은 한 레지스터의 내용을 다른 레지스터로 복사하는 어셈블리 언어 명령어를 구현하는 데 사용할 수 있다. RISC-V 기계어에는 해당 명령어가 없지만 RISC-V 어셈블러는 이 명령을 받아들인다.

```
li    x9, 123      // load immediate value 123 into register x9
```

어셈블러는 이 명령어를 다음 명령에 해당하는 기계어로 바꾼다.

```
addi  x9, x0, 123    // register x9 gets register x0 + 123
```

RISC-V 어셈블러는 `mv`(move) 명령어를 `addi` 명령어로 바꾼다. 따라서

```
mv    x10, x11    // register x10 gets register x11
```

은

```
addi  x10, x11, 0    // register x10 gets register x11 + 0
```

이 된다.

어셈블러는 레이블로 무조건 분기하는 j Label을 받아들이는데 이것을 jal x0, Label로 바꾼다. 또한 먼 거리로 분기하는 명령어는 분기 명령어와 점프 명령어로 바꾸기도 한다. RISC-V 명령어의 수치 필드는 제한된 크기를 갖지만 RISC-V 어셈블러가 레지스터에 큰 상수를 넣는 일도 해 줄 수 있다. 위에 소개된 li(load immediate) 의사명령어를 사용하면 addi의 수치 필드가 가질 수 있는 값보다 큰 상수를 만들 수 있다. la(load address) 마크로는 같은 방법으로 심벌 주소를 처리한다. 마지막으로 어셈블러는 프로그래머가 어떤 명령어 변형을 원하는지 알아내서 처리함으로써 명령어 집합을 간단하게 한다. 예를 들어 산술 연산, 논리 연산 명령어에서 수치값을 사용할 때 프로그래머가 굳이 수치 명령어를 사용하지 않아도 RISC-V 어셈블러가 알아서 알맞은 opcode를 생성해 준다. 예를 들어

```
and   x9, x10, 15  // register x9 gets x10 AND 15
```

는

```
andi  x9, x10, 15  // register x9 gets x10 AND 15
```

가 된다.

명령어에 i를 붙인 이유는 이 명령어는 수치 피연산자를 사용하지 않는 and 명령어와는 명령어 형식도 다르고 opcode도 다르다는 것을 상기시키기 위함이다.

결과적으로 의사명령어는 실제의 하드웨어 구현보다 훨씬 더 풍부한 어셈블리 언어 명령어 집합을 제공한다. 어셈블리 프로그램을 작성할 때 의사명령어를 적절히 사용하면 일이 쉬워진다. 그러나 RISC-V 구조를 제대로 이해하고 주어진 성능을 최대한 활용하기 위해서는 그림 2.1과 2.18에 보인 실제 RISC-V 명령어를 공부하는 것이 바람직하다. 2장과 3장에서는 노련한 어셈블리 언어 프로그래머라면 의사명령어를 사용할 곳에서조차도 실제 명령어만을 사용할 예정이다.

어셈블러는 여러 진수의 숫자를 받아들인다. 이진수와 십진수뿐만 아니라 이진수보다 간결하면서 이진수로 쉽게 바꿀 수 있는 그 외의 진수도 사용할 수 있다. RISC-V 어셈블러는 16진수와 8진수를 사용한다.

어셈블러가 이런 편리한 기능을 제공하기는 하지만 주된 임무는 어셈블리 프로

그램을 기계어로 번역하는 일이다. 어셈블러는 어셈블리 언어 프로그램을 **목적 파일**(object file)로 바꾼다. 목적 파일에는 기계어 명령어, 데이터, 명령어를 메모리에 적절히 배치하기 위해 필요한 각종 정보들이 혼합되어 있다.

어셈블리 언어 프로그램을 구성하는 각 명령어를 이진수로 바꾸기 위해서는 레이블에 해당하는 주소를 모두 알아야 한다. 어셈블러는 분기나 데이터 전송 명령에서 사용된 모든 레이블을 **심벌 테이블**(symbol table)에 저장한다. 이 테이블은 심벌과 그 주소를 저장한다.

심벌 테이블 레이블 이름을 명령어가 기억된 메모리 워드의 주소와 짝지어 주는 테이블.

UNIX 시스템의 목적 파일은 보통 다음과 같은 여섯 부분으로 구성된다.

- **목적 파일 헤더**: 목적 파일을 구성하는 각 부분의 크기와 위치를 서술한다.
- **텍스트 세그먼트**: 기계어 코드가 들어 있다.
- **정적 데이터 세그먼트**: 프로그램 수명 동안 할당되는 데이터가 들어 있다. (UNIX는 프로그램 실행이 끝날 때까지 계속 할당되는 **정적 데이터**와 프로그램의 요구에 따라 커졌다 작아졌다 하는 **동적 데이터** 두 가지를 프로그램이 사용할 수 있게 한다. 그림 2.13 참조.)
- **재배치**(relocation) **정보**: 프로그램이 메모리에 적재될 때 절대주소에 의존하는 명령어와 데이터 워드를 표시한다.
- **심벌 테이블**: 외부 참조같이 아직 정의되지 않고 남아 있는 레이블들을 저장한다.
- **디버깅 정보**: 각 모듈이 어떻게 번역되었는지에 대한 간단한 설명이 들어 있다. 디버거는 이 정보를 이용해서 기계어와 C 소스 파일을 연관 짓고 자료구조를 판독한다.

다음은 라이브러리 루틴같이 이미 어셈블된 루틴을 덧붙이는 방법에 대한 설명이다.

## 링커

이제까지 설명한 대로라면 어떤 프로시저를 한 줄이라도 고치면 전체 프로그램을 다시 컴파일하고 어셈블해야 한다. 이렇게 처음부터 다시 한다면 컴퓨터의 자원이 심각하게 낭비된다. 특히 표준 라이브러리 루틴의 경우는 이런 낭비가 심각한데, 그것은 전혀 바뀌지 않는 루틴들을 매번 컴파일하고 어셈블해야 하기 때문이다. 이것을 피하는 방법은 각 프로시저를 따로따로 컴파일, 어셈블하는 것이다. 어떤 프로시저가 바뀌면 바뀐 프로시저만 다시 번역하면 된다. 이렇게 하려면 **링크 에디터**(link editor) 또는 **링커**(linker)라고 부르는 시스템 프로그램이 추가로 필요하다. 이 프로

링커 링크 에디터라고도 한다. 따로따로 어셈블된 기계어 프로그램을 결합하고 정의 안 된 레이블의 주소를 찾아내어 실행 파일을 만드는 시스템 프로그램.

그램은 따로따로 어셈블된 기계어 프로그램을 하나로 연결해 주는 일을 한다. 링커가 유용한 이유는 코드를 수정할 때 재컴파일하고 재어셈블하는 것보다 더 빠르기 때문이다.

링커의 동작은 3단계로 이루어진다.

1. 코드와 데이터 모듈을 메모리에 심벌 형태로 올려놓는다.
2. 데이터와 명령어 레이블의 주소를 결정한다.
3. 외부 및 내부 참조를 해결한다.

링커는 각 목적 모듈의 재배치 정보와 심벌 테이블을 이용해서 미정의 레이블의 주소를 결정한다. 그러한 참조는 분기 명령어와 데이터 주소에서 일어나는데 분기 명령어, 데이터 주소 등에 나타나는 구주소를 신주소로 바꾸는 일을 하므로 에디터와 유사한 점이 있다. 이런 이유로 이 프로그램을 링크 에디터라고 부르며, 줄여서 링커라고도 한다.

링커가 외부 참조를 모두 해결하고 나면 각 모듈의 메모리 주소를 결정한다. 그림 2.13은 RISC-V의 프로그램과 데이터 메모리의 할당 관례를 보여 준다. 각 파일을 독립적으로 어셈블하기 때문에 어셈블러는 어떤 모듈의 명령어와 데이터가 다른 모듈과 비교해서 어떤 위치에 있게 될는지 알 수 없다. 링커가 모듈을 메모리에 적재할 때 **절대참조**—레지스터에 더해지는 것이 아닌 실제 메모리 주소—는 모두 실제 위치에 해당하는 값으로 **재설정**되어야 한다.

링커는 컴퓨터에서 실행될 수 있는 실행 파일(executable file)을 생성한다. 보통 이 파일은 목적 파일과 같은 형식을 갖는데, 미해결된 참조가 없다는 점이 다르다. 라이브러리 루틴같이 일부만 링크된 파일이 있을 수도 있다. 이런 파일은 아직도 미해결 주소를 갖고 있으므로 목적 파일에 속한다.

실행 파일 목적 파일 형식의 기능 프로그램으로 미해결 참조를 가지고 있지 않다. 심벌 테이블과 디버깅 정보를 가지고 있을 수 있다. "stripped executable"은 이런 정보를 가지고 있지 않다. 로더를 위해서 재배치 정보를 가지고 있을 수도 있다.

예제

### 목적 파일의 링크

다음 두 목적 파일을 링크시켜라. 완성된 실행 파일의 처음 몇 명령어에 대해서는 바뀐 주소를 보여라. 이 예제에서는 이해하기 쉽도록 명령어를 어셈블리 언어 형태로 나타냈지만 실제로는 이진 기계어 형태이다.

목적 파일에서는 링크 과정에서 값이 바뀌어야 할 주소와 심벌은 파란색으로 표시하였다. 프로시저 A와 B의 주소를 사용하는 명령어와 데이터 워드 X, Y의 주소를 사용하는 명령어가 여기 해당한다.

| Object file header | | | |
|---|---|---|---|
| | Name | Procedure A | |
| | Text size | $100_{hex}$ | |
| | Data size | $20_{hex}$ | |
| Text segment | Address | Instruction | |
| | 0 | `lw x10, 0(x3)` | |
| | 4 | `jal x1, 0` | |
| | ... | ... | |
| Data segment | 0 | (X) | |
| | ... | ... | |
| Relocation information | Address | Instruction type | Dependency |
| | 0 | `lw` | X |
| | 4 | `jal` | B |
| Symbol table | Label | Address | |
| | X | – | |
| | B | – | |
| | Name | Procedure B | |
| | Text size | $200_{hex}$ | |
| | Data size | $30_{hex}$ | |
| Text segment | Address | Instruction | |
| | 0 | `sw x11, 0(x3)` | |
| | 4 | `jal x1, 0` | |
| | ... | ... | |
| Data segment | 0 | (Y) | |
| | ... | ... | |
| Relocation information | Address | Instruction type | Dependency |
| | 0 | `sw` | Y |
| | 4 | `jal` | A |
| Symbol table | Label | Address | |
| | Y | – | |
| | A | – | |

**답**

프로시저 A는 변수 X와 프로시저 B의 주소를 찾아서 각각 lw와 jal 명령어를 처리해야 하고, 프로시저 B는 변수 Y와 프로시저 A의 주소를 찾아서 각각 sw 명령과 jal 명령을 처리해야 한다.

그림 2.13을 보면 텍스트 세그먼트는 0001 $0000_{hex}$번지에서 시작되고, 데이터 세그먼트는 1000 $0000_{hex}$번지에서 시작된다. 따라서 0001 $0000_{hex}$번지에 프로시저 A의 텍스트가 들어가고, 1000 $0000_{hex}$번지에 그 데이터가 들어간다. 프로시저 A의 목적 파일 헤더에 의하면 텍스트는 $100_{hex}$바이트이고 데이터는 $20_{hex}$ 바이트이므로, 프로시저 B의 텍스트 시작 주소는 0001 $0100_{hex}$이고 데이터 시작 주소는 1000 $0020_{hex}$이다.

| Executable file header | | |
|---|---|---|
| | Text size | $300_{hex}$ |
| | Data size | $50_{hex}$ |
| Text segment | Address | Instruction |
| | $0001\ 0000_{hex}$ | lw x10, 0(x3) |
| | $0001\ 0004_{hex}$ | jal x1, $252_{ten}$ |
| | ... | ... |
| | $0001\ 0100_{hex}$ | sw x11, 32(x3) |
| | $0001\ 0104_{hex}$ | jal x1, $-260_{ten}$ |
| | ... | ... |
| Data segment | Address | |
| | $1000\ 0000_{hex}$ | (X) |
| | ... | ... |
| | $1000\ 0020_{hex}$ | (Y) |
| | ... | ... |

이제는 링커가 명령어의 주소부를 고칠 차례이다. 수정할 주소의 형식을 알기 위해 먼저 명령어 타입 필드를 사용한다. 이 예제에는 세 타입의 명령어가 있다.

1. jal 명령어들은 PC-상대주소지정 방식을 사용한다. $0001\ 0004_{hex}$번지에 있는 jal 명령은 $0001\ 0100_{hex}$번지(프로시저 B의 주소)로 가야 하기 때문에 ($0001\ 0100_{hex}$ - $0001\ 0004_{hex}$) 즉 $252_{ten}$을 주소 필드에 넣어야 한다. 마찬가지로 프로시저 A의 주소가 $0001\ 0000_{hex}$이기 때문에 $0001\ 0104_{hex}$번지에 있는 jal 명령어의 주소 필드에는 음수 $-260_{ten}$($0001\ 0000_{hex}$ - $0001\ 0104_{hex}$)을 넣어야 한다.
2. lw 명령어는 베이스 레지스터 상대주소를 사용하므로 더 어렵다. 이 예제에서는 x3을 베이스 레지스터로 사용한다(x3은 $1000\ 0000_{hex}$로 초기화되었다고 가정). 주소 $1000\ 0000_{hex}$(워드 X의 주소)를 구하기 위해 $0001\ 0000_{hex}$에 있는 lw의 주소 필드에 $0_{ten}$을 넣는다.
3. sw 명령어는 lw 명령어와 똑같이 처리된다. 단 sw의 S-타입 명령어 형식은 lw 명령어의 I-타입과 수치값 표현이 다르다. 주소 $1000\ 0020_{hex}$(워드 Y의 주소)를 구하기 위해 $0001\ 0100_{hex}$에 있는 sw의 주소 필드에 $32_{ten}$을 넣는다.

## 로더

실행 파일은 디스크에 있으므로 운영체제가 이를 읽어서 메모리에 넣고 시작시킨다. UNIX 시스템에서 로더(loader)는 이 일을 다음 순서로 진행한다.

로더 목적 프로그램을 메인 메모리에 적재해서 실행할 수 있게 하는 시스템 프로그램.

1. 실행 파일 헤더를 읽어서 텍스트와 데이터 세그먼트의 크기를 알아낸다.

2. 텍스트와 데이터가 들어갈 만한 주소 공간을 확보한다.
3. 실행 파일의 명령어와 데이터를 메모리에 복사한다.
4. 주 프로그램에 전달해야 할 인수가 있으면 이를 스택에 복사한다.
5. 레지스터를 초기화하고 스택 포인터는 사용 가능한 첫 주소를 가리키게 한다.
6. 기동 루틴(start-up routine)으로 분기한다. 이 기동 루틴에서는 인수를 인수 레지스터에 넣고 프로그램의 주 루틴을 호출한다. 주 프로그램에서 기동 루틴으로 복귀하면 `exit` 시스템 호출을 사용하여 프로그램을 종료시킨다.

## 동적 링크 라이브러리

*"Virtually every problem in computer science can be solved by another level of indirection."*

David Wheeler

이 절의 첫 부분에서 프로그램 실행 전에 라이브러리를 링크하는 전통적 방법을 설명하였다. 이 정적 접근 방법은 라이브러리 루틴을 호출하는 가장 빠른 방법이지만 몇 가지 단점이 있다.

- 라이브러리 루틴이 실행 코드의 일부가 된다. 버그가 제거되었거나 새로운 하드웨어 장치를 지원하는 신판 라이브러리가 나오더라도 정적으로 링크된 프로그램은 옛날 라이브러리를 사용해야 한다.
- 실행 파일에서 호출되는 라이브러리 루틴들은 이 호출의 실행 여부와 상관없이 전부 적재해야 한다. 따라서 프로그램에 비해 라이브러리가 클 수 있다. 예를 들어 Linux 운영체제를 실행하는 RISC-V 시스템용 표준 C 라이브러리는 1.5 MiB이다.

동적 링크 라이브러리
실행 시에 프로그램과 링크되는 라이브러리 루틴.

이러한 단점 때문에 동적 링크 라이브러리(dynamically linked libraries, DLL)가 등장하였다. 이 방식에서 프로그램 실행 전에는 라이브러리가 링크되지도 않고 적재되지도 않는다. 대신 프로그램과 라이브러리 루틴은 전역적 프로시저의 위치와 이름에 대한 정보를 추가로 가지고 있다. 초기의 DLL에서는 로더가 동적 링커를 실행시켰다. 동적 링커는 파일에 저장된 추가 정보를 이용해서 적절한 라이브러리를 찾고 모든 외부 참조를 갱신한다.

이 초기 DLL의 단점은 호출될 가능성이 있는 모든 라이브러리 루틴을 링크시킨다는 것이다. 실제로 호출되는 것만 링크시킨다면 더 좋을 것이다. 이런 관점에서 지연(lazy) 프로시저 링키지형의 DLL이 개발되었다. 여기서는 모든 루틴을 실제 호출된 후에 링크시킨다.

다른 많은 기술 혁신처럼 이 기술도 간접접근(indirection) 기법을 사용한다. 그림 2.21에 이 기술을 표시하였다. 이 과정은 프로그램 끝에 있는 더미 루틴(dummy

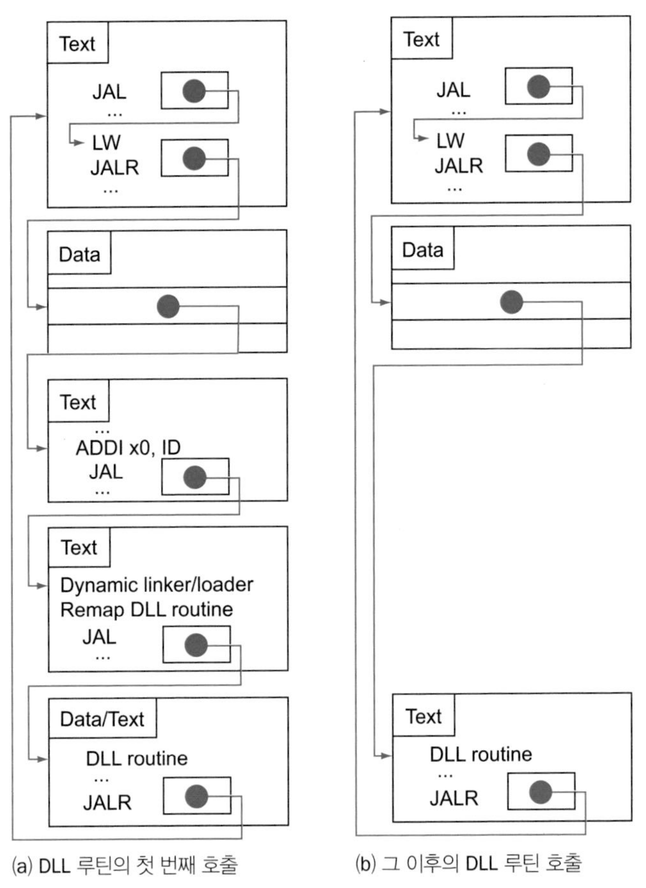


**그림 2.21 지연 프로시저 링키지를 통한 동적 링크 라이브러리.** (a) DLL 루틴을 처음 호출했을 때의 단계. (b) 그다음 호출부터는 루틴 찾기, 재사상, 링크 등의 과정이 생략된다. 운영체제는 가상 메모리 관리를 이용해서 재사상함으로써 필요한 루틴의 복사를 피할 수 있다(5장 참조).

routine)들을 호출하는 전역 루틴에서부터 시작된다. 전역 루틴 하나당 더미 엔트리가 하나씩 있는데, 이 더미 엔트리들은 간접 분기를 가지고 있다.

라이브러리 루틴을 처음 호출할 때는 프로그램이 더미 엔트리를 호출하고 간접 분기를 따라간다. 더미 엔트리는 원하는 라이브러리 루틴을 표시하기 위해 레지스터에 숫자를 넣고 동적 링커/로더로 분기하는 코드를 가리킨다. 링커/로더는 원하는 루틴을 찾아서 재사상하고, 이 루틴을 가리키도록 간접 분기 위치에 있는 주소를 바꾼다. 그러고 나서는 그 주소로 분기하고, 이 루틴이 끝나면 원래 호출한 위치로 돌아온다. 그 후에 다시 라이브러리 루틴을 호출하면 이런 일을 다시 할 필요 없이 해당 루틴으로 바로 간접 분기한다.

요약하면, DLL은 동적 링킹에 필요한 정보를 위한 추가 공간을 필요로 하지만 전체 라이브러리를 복사하거나 링크할 필요는 없다. 어떤 루틴을 처음 호출할 때는 오버헤드가 매우 크지만, 그다음부터는 간접 분기 하나만 하면 된다. 라이브러리에서 되돌아올 때는 추가 오버헤드가 없음에 주목하라. Microsoft Windows는 동적 링크 라이브러리에 크게 의존하고 있으며, 오늘날 UNIX 시스템에서 프로그램을 실행할 때도 DLL이 디폴트이다.

## Java 프로그램의 실행

앞의 논의는 전통적 프로그램 실행 모델에 관한 것이었다. 여기서의 주안점은 특정 명령어 집합 구조 또는 한 발 더 나아가 그 구조의 특정 구현을 겨냥한 프로그램의 실행시간 단축이었다. Java 프로그램도 C처럼 실행할 수 있다. 하지만 Java를 만든 목적은 다른 곳에 있다. 그중 하나가 실행시간은 느리더라도 어느 컴퓨터에서나 안전하게 실행시킬 수 있게 하자는 것이었다.

**Java 바이트코드** Java 프로그램을 인터프리트하기 위해 설계된 명령어 집합의 명령어.

그림 2.22는 전형적인 Java의 번역 및 실행 과정이다. Java를 목표 컴퓨터의 어셈블리 언어로 컴파일하는 대신에 인터프리트하기 쉬운 **Java 바이트코드**(Java bytecode) 명령어 집합(🌐 2.15절 참조)으로 일단 컴파일한다. 이 명령어 집합은 Java 언어와 비슷하게 설계되었기 때문에 컴파일 작업은 아주 단순하다. 최적화는 거의 수행하지 않는다. C 컴파일러처럼 Java 컴파일러도 데이터 유형을 검사해서 각 유형에 적합한 연산을 생성한다. Java 프로그램은 이진수 형태의 바이트코드로 배포된다.

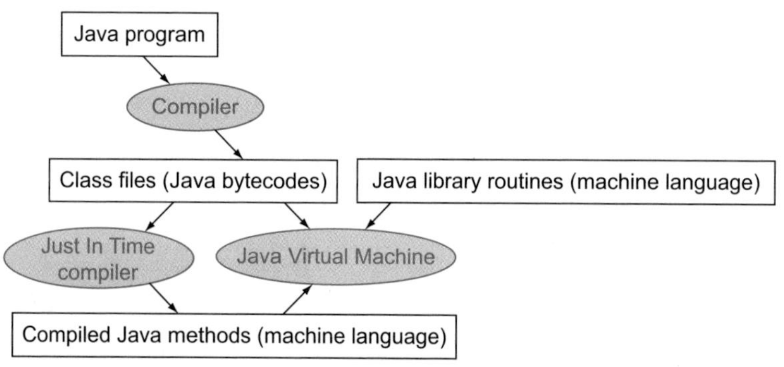


**그림 2.22 Java의 번역 계층.** Java 프로그램은 먼저 이진수 형태의 Java 바이트코드로 컴파일된다. 모든 주소는 컴파일러가 정의한다. 이렇게 되면 JVM(Java Virtual Machine)이라 불리는 인터프리터에서 실행할 준비가 된 것이다. JVM은 프로그램이 실행될 때 Java 라이브러리 내의 원하는 메소드와 링크한다. 더 좋은 성능을 위해서 JVM이 JIT 컴파일러를 부를 수 있다. 이 컴파일러는 메소드를 선택적으로 컴파일하여 실행할 컴퓨터의 기계어로 바꾼다.

Java 가상 머신(Java Virtual Machine, JVM)이라 불리는 소프트웨어 인터프리터가 Java 바이트코드를 실행한다. 인터프리터는 명령어 집합 구조를 시뮬레이션하는 프로그램이다. 예를 들어 본서와 함께 사용되는 RISC-V 시뮬레이터가 일종의 인터프리터이다. 별도의 어셈블 단계가 필요가 없는데 그 이유는 번역이 너무 간단하여 컴파일러가 주소를 채워 넣을 수 있거나 실행 시에 JVM이 주소들을 알아낼 수 있기 때문이다.

Java 가상 머신(JVM) Java 바이트코드를 인터프리트하는 프로그램.

인터프리트의 장점은 이식성이다. 소프트웨어 JVM이 있었기 때문에 Java가 발표되자마자 대부분의 사람들이 Java 프로그램을 작성하고 실행할 수 있었다. 오늘날 JVM은 핸드폰에서 인터넷 브라우저에 이르기까지 수십억 개의 기기에 내장되어 있다.

인터프리터의 단점은 낮은 성능이다. 1980년대와 1990년대에 인터프리터의 성능이 놀랍게 발전한 결과 이제는 중요한 응용에서도 인터프리터를 사용할 수 있게 되었다. 하지만 컴파일된 C 프로그램보다 10배나 느리기 때문에 어떤 응용에서는 Java가 매력적이지 못하다.

Java 개발의 다음 단계는 이식성을 훼손하지 않으면서 실행 속도를 개선하기 위해서 프로그램이 실행되는 도중에 번역을 하는 컴파일러를 만드는 것이었다. 이런 JIT(Just In Time) 컴파일러는 실행 중인 프로그램의 특성을 파악해서 많이 사용되는 메소드를 찾아내서 기계어로 컴파일한다. 컴파일된 부분을 저장해 두면 다음번에 실행할 때는 더 빨라질 것이다. 인터프리테이션과 컴필레이션의 이러한 조화는 시간이 경과할수록 더 좋아져서, 자주 실행되는 Java 프로그램은 거의 인터프리트하는 오버헤드가 없다.

JIT 컴파일러 실행 시 동작하여 인터프리트된 코드 세그먼트를 컴퓨터 고유의 코드로 변환해 주는 컴파일러를 일반적으로 이르는 말.

컴퓨터가 빨라질수록 컴파일러가 더 많은 일을 할 수 있다. 연구자들이 실행 중에 Java를 컴파일하는 더 좋은 방법을 계속 개발해 내고 있기 때문에 Java나 C, C++와의 성능 격차는 점점 줄어들고 있다. 🌐 2.15절에서 Java, Java 바이트코드, JVM, JIT 컴파일러의 구현에 대해 더 깊이 다룬다.

**스스로 점검하기**

번역기와 비교했을 때 인터프리터가 갖는 다음 장점 중에서 Java 설계자에게 가장 중요한 것은 무엇이었는가?

1. 인터프리터 작성의 용이함
2. 더 좋은 에러 메시지
3. 더 작은 목적 코드
4. 기계 독립성

# 2.13 종합: C 정렬 프로그램

이제까지 어셈블리 프로그램을 단편적으로만 보아 왔는데, 여기서 그친다면 완전한 어셈블리 프로그램의 형태를 파악하지 못할 위험이 있다. 이 절에서는 두 가지 C 프로시저의 RISC-V 코드를 만드는 연습을 한다. 하나는 배열 원소 2개를 맞바꾸는 것이고, 다른 하나는 배열 원소를 정렬하는 것이다.

## 프로시저 swap

그림 2.23의 프로시저 swap을 보자. 이 프로시저는 메모리 내의 두 값을 단순히 맞바꾸는 것이다. C 프로그램을 어셈블리 프로그램으로 바꿀 때는 다음 절차에 따라 번역한다.

1. 프로그램 변수에 레지스터를 할당한다.
2. 프로시저 본체에 해당하는 코드를 생성한다.
3. 프로시저 호출 후의 레지스터 내용을 호출 전과 같도록 만든다.

이 절에서는 swap 프로시저를 이렇게 세 부분으로 나누어 설명한 후 합쳐서 완성한다.

## 프로시저 swap의 레지스터 할당

2.8절에서 설명했듯이 RISC-V에서는 인수를 전달하는 데 레지스터 x10부터 x17까지를 사용한다. swap의 인수는 v, k 2개뿐이므로 레지스터 x10과 x11에 할당된다. 그 외의 변수는 temp 하나뿐인데 swap은 말단 프로시저이므로 레지스터 x5에 할당된다. 이러한 레지스터 할당 과정은 그림 2.23 프로시저의 변수 선언부에 해당한다.

```
void swap(int v[], size_t k)
{
    int temp;
    temp = v[k];
    v[k] = v[k+1];
    v[k+1] = temp;
}
```

**그림 2.23 두 메모리 내용을 서로 맞바꾸는 C 프로시저.** 이 프로시저는 다음에 소개될 정렬 프로그램에서 사용된다.

## 프로시저 swap의 본체 프로그램

swap의 나머지 C 코드는 다음과 같다.

```
temp = v[k];
v[k] = v[k+1];
v[k+1] = temp;
```

RISC-V는 바이트 주소를 사용하므로 각 워드는 실제로 4바이트씩 떨어져 있음을 상기하라. 그러므로 인덱스 k를 주소에 더하기 전에 4를 곱해야 한다. **순차적인 워드 주소가 1이 아니고 4씩 차이가 나는 것을 잊어버리는 것은 어셈블리 프로그래머가 흔히 저지르는 실수이다.** 따라서 v[k]의 주소를 구하기 위해서 처음 해야 할 일은 k를 2비트만큼 왼쪽으로 자리이동함으로써 k에 4를 곱하는 것이다.

```
slli  x6, x11, 2     // reg x6 = k * 4
add   x6, x10, x6    // reg x6 = v + (k * 4)
```

이제 x6을 이용해서 v[k]를 적재하고, x6에 4를 더해 v[k+1]을 적재할 수 있다.

```
lw    x5, 0(x6)      // reg x5 (temp) = v[k]
lw    x7, 4(x6)      // reg x7 = v[k + 1]
                     // refers to next element of v
```

다음은 x9와 x11을 서로 반대 주소에 저장할 차례다.

```
sw    x7, 0(x6)      // v[k] = reg x7
sw    x5, 4(x6)      // v[k + 1] = reg x5 (temp)
```

레지스터 할당과 프로시저 연산을 수행할 본체 프로그램 작성을 마쳤으므로 이제 swap을 호출하기 전과 후의 레지스터 값을 같게 유지하는 일만 남았다. 하지만 이 말단 프로시저는 저장 레지스터들을 사용하지 않기 때문에 이를 위해 별도로 해야 할 일은 없다.

## 완성된 swap 프로시저

프로시저 레이블과 복귀를 위한 분기만 추가하면 전체 루틴이 완성된다.

```
swap:
 slli   x6, x11, 2   // reg x6 = k * 4
 add    x6, x10, x6  // reg x6 = v + (k * 4)
 lw     x5, 0(x6)    // reg x5 (temp) = v[k]
 lw     x7, 4(x6)    // reg x7 = v[k + 1]
 sw     x7, 0(x6)    // v[k] = reg x7
```

```
sw     x5, 4(x6)    // v[k+1] = reg x5 (temp)
jalr   x0, 0(x1)    // return to calling routine
```

## 프로시저 sort

프로그래밍의 어려움을 잘 이해했는지 확인하기 위해 조금 긴 예를 하나 더 들기로 한다. 이번에는 앞에서 작성한 swap 프로시저를 호출하는 루틴을 작성한다. 버블정렬(교환정렬이라고도 한다) 방법으로 정수 배열을 정렬하는 프로그램이다. 버블정렬은 가장 빠른 정렬 방법은 아니지만 가장 간단한 방법 중 하나이다. 그림 2.24에 C로 작성한 프로그램이 있다. 이번에도 이 프로시저를 몇 단계로 나누어 번역한 후 모두 합쳐서 완성시키는 방법을 사용한다.

## 프로시저 sort의 레지스터 할당

프로시저 sort의 두 인수 v와 n은 인수 레지스터 x10, x11에 넣고, 변수 i와 j에는 각각 레지스터 x19와 x20을 할당한다.

## 프로시저 sort의 본체 프로그램

프로시저 본체는 중첩된 *for* 순환문 2개와 프로시저 swap을 호출하는 부분으로 구성된다. 바깥쪽부터 프로그램을 작성해 보자. 먼저

```
for (i = 0; i < n; i += 1) {
```

을 번역하자. C 언어의 *for* 문장은 초기화, 반복조건 검사, 순환 제어 변수 증가의 세 단계로 되어 있다. i값을 0으로 초기화하는 것이 *for* 문장의 가장 앞부분에 해당하는데 이것은 명령어 하나면 된다.

```
addi   x19, x0, 0
```

i값을 증가시키는 부분은 *for* 문장의 가장 마지막 부분으로 다음 명령어 하나로 번역된다.

```
void sort (int v[], size_t int n)
{
   size_t i, j;
   for (i = 0; i < n; i += 1) {
        for (j = i - 1; j >= 0 && v[j] > v[j + 1];-j -= 1) {
             swap(v,j);
        }
   }
}
```

그림 2.24 배열 v를 정렬하는 C 프로시저.

```
    addi   x19, x19, 1       // i += 1
```

i < n이 아니면 순환에서 빠져나온다. 즉 i ≥ n이면 순환이 종료된다. 이 일에는 하나의 명령어가 필요하다.

```
  for1tst: bge  x19, x11, exit1   // go to exit1 if x19 ≥ x11 (i ≥ n)
```

순환문의 맨 끝은 처음의 반복조건 검사로 되돌아가는 명령이다.

```
        jal  x0, for1tst     // branch to test of outer loop
  exit1:
```

첫 번째 *for* 순환문의 형태는 다음과 같다.

```
    addi  x19, x0, 0         // i = 0
  for1tst:
    bge   x19, x11, exit1   // go to exit1 if x19 ≥ x11 (i ≥ n)
          . . .
          (첫 번째 for 순환문의 본체)
          . . .
    addi  x19, x19, 1    // i += 1
    jal   x0, for1tst    // branch to test of outer loop
  exit1:
```

(연습문제에 이 순환문의 실행 속도를 개선하는 방법이 있다.)

다음은 두 번째 순환문의 번역이다.

```
    for (j = i - 1; j >= 0 && v[j] > v[j + 1]; j -= 1) {
```

이 순환문의 초기화 부분도 역시 명령어 하나로 해결되며,

```
    addi  x20, x19, -1      // j = i - 1
```

순환문의 끝에서 j값을 감소시키는 것도 명령어 하나로 번역된다.

```
    addi  x20, x20, -1      // j -= 1
```

반복조건 검사는 두 부분이다. 두 조건 중 하나라도 거짓이 되면 순환문에서 빠져나와야 하므로 첫 번째 검사에서 실패하면(즉 j < 0) 순환문에서 나온다.

```
  for2tst:
      blt   x20, x0, exit2   // go to exit2 if x20 < 0 (j < 0)
```

이 분기가 실행되면 두 번째 검사가 생략된다. j ≥ 0이면 두 번째 조건을 검사한다.

두 번째 조건 검사에서 v[j] ≤ v[j + 1]이면 순환문에서 빠져나온다. 먼저 j에 4를 곱해서 v의 시작 주소에 더한다.

```
slli x5, x20, 2          // reg x5 = j * 4
add  x5, x10, x5         // reg x5 = v + (j * 4)
```

이 주소를 이용해서 v[j]를 읽는다.

```
lw   x6, 0(x5)           // reg x6 = v[j]
```

원소가 워드이기 때문에 다음 원소의 주소는 4만큼 더 크므로 레지스터 x5에 4를 더해서 v[j+1]을 읽는다.

```
lw   x7, 4(x5)           // reg x7 = v[j + 1]
```

순환문에서 빠져나가기 위해 v[j] ≤ v[j + 1]을 검사한다.

```
ble  x6, x7, exit2       // go to exit2 if x6 ≤ x7
```

마지막 명령은 내부 순환문의 조건 검사로 분기하는 것이다.

```
jal  x0, for2tst         // branch to test of inner loop
```

이상을 종합하면 두 번째 *for* 순환문은 다음과 같이 된다.

```
         addi  x20, x19, -1     // j = i - 1
for2tst: blt   x20, x0, exit2   // go to exit2 if x20 < 0 (j < 0)
         slli  x5, x20, 2       // reg x5 = j * 4
         add   x5, x10, x5      // reg x5 = v + (j * 4)
         lw    x6, 0(x5)        // reg x6 = v[j]
         lw    x7, 4(x5)        // reg x7 = v[j + 1]
         ble   x6, x7, exit2    // go to exit2 if x6 ≤ x7
               . . .
               (두 번째 for 순환문의 본체)
               . . .
         addi  x20, x20, -1     // j -= 1
         jal   x0, for2tst      // branch to test of inner loop
exit2:
```

## 프로시저 호출

다음은 두 번째 *for* 순환의 본체 부분인

```
swap(v, j);
```

이다. swap 호출은 다음과 같이 간단하다.

```
        jal  x1,   swap
```

## 인수 전달

sort 프로시저도 레지스터 x10과 x11을 사용하고, swap 프로시저도 인수 전달을 위해 똑같은 레지스터를 사용해야 하므로 인수 전달 방법이 문제가 된다. 한 가지 방법은 프로시저 앞부분에서 sort의 인수를 다른 레지스터에 복사해서 swap을 호출할 때 레지스터 x10과 x11을 사용할 수 있게 하는 것이다. (이렇게 복사하는 것이 스택에 저장했다 복구하는 것보다 빠르다.) 먼저 레지스터 x10과 x11을 각각 x21과 x22에 복사한다.

```
    addi    x21, x10, 0       // copy parameter x10 into x21
    addi    x22, x11, 0       // copy parameter x11 into x22
```

다음은 swap에 인수를 전달하는 일이다.

```
    addi    x10, x21, 0       // first swap parameter is v
    addi    x11, x20, 0       // second swap parameter is j
```

## 프로시저 호출 전과 후의 레지스터 내용을 같게 유지하기

이제 남은 것은 레지스터 내용을 저장했다 복구하는 프로그램이다. sort 자신도 프로시저로서 호출된 입장이므로 레지스터 x1에 복귀 주소를 저장해야 한다. 그 외에 저장해야 하는 레지스터는 x19, x20, x21, x22 등이다. 그러므로 sort 프로시저의 앞부분은 다음과 같다.

```
    addi    sp, sp, -20      // make room on stack for 5 regs
    sw      x1, 16(sp)       // save x1 on stack
    sw      x22, 12(sp)      // save x22 on stack
    sw      x21, 8(sp)       // save x21 on stack
    sw      x20, 4(sp)       // save x20 on stack
    sw      x19, 0(sp)       // save x19 on stack
```

프로시저의 끝부분은 위 명령어들의 역순에다 복귀를 위한 jalr 명령만 추가하면 된다.

## 완성된 프로시저 sort

이제까지 작성한 프로그램을 종합하면 그림 2.25와 같이 된다. *for* 순환문 내의 레

| | | | |
|---|---|---|---|
| **Saving registers** | | | |
| | sort: | addi sp, sp, -20 | // make room on stack for 5 registers |
| | | sw x1, 16(sp) | // save return address on stack |
| | | sw x22, 12(sp) | // save x22 on stack |
| | | sw x21, 8(sp) | // save x21 on stack |
| | | sw x20, 4(sp) | // save x20 on stack |
| | | sw x19, 0(sp) | // save x19 on stack |
| **Procedure body** | | | |
| Move parameters | | addi x21, x10, 0 | // copy parameter x10 into x21 |
| | | addi x22, x11, 0 | // copy parameter x11 into x22 |
| Outer loop | | addi x19,x0, 0 | // i = 0 |
| | for1tst: | bge x19, x22, exit1 | // go to exit1 if i >= n |
| Inner loop | | addi x20, x19, -1 | // j = i - 1 |
| | for2tst: | blt x20, x0, exit2 | // go to exit2 if j < 0 |
| | | slli x5, x20, 2 | // x5 = j * 4 |
| | | add x5, x21, x5 | // x5 = v + (j * 4) |
| | | lw x6, 0(x5) | // x6 = v[j] |
| | | lw x7, 4(x5) | // x7 = v[j + 1] |
| | | ble x6, x7, exit2 | // go to exit2 if x6 < x7 |
| Pass parameters and call | | addi x10, x21, 0 | // first swap parameter is v |
| | | addi x11, x20, 0 | // second swap parameter is j |
| | | jal x1, swap | // call swap |
| Inner loop | | addi x20, x20, -1 | // j -= 1 |
| | | jal x0, for2tst | // go to for2tst |
| Outer loop | exit2: | addi x19, x19, 1 | // i += 1 |
| | | jal x0, for1tst | // go to for1tst |
| **Restoring registers** | | | |
| | exit1: | lw x19, 0(sp) | // restore x19 from stack |
| | | lw x20, 4(sp) | // restore x20 from stack |
| | | lw x21, 8(sp) | // restore x21 from stack |
| | | lw x22, 12(sp) | // restore x22 from stack |
| | | lw x1, 16(sp) | // restore return address from stack |
| | | addi sp, sp, 20 | // restore stack pointer |
| **Procedure return** | | | |
| | | jalr x0, 0(x1) | // return to calling routine |

**그림 2.25** **그림 2.24** `sort` **프로시저의 RISC-V 어셈블리 코드.**

지스터 x10과 x11에 대한 참조가 x21과 x22로 바뀐 것에 유의하라. 코드를 좀 더 추적하기 쉽게 만들기 위하여 각 블록의 목적을 표시하였다. 이 예에서는 C 프로그램 9줄이 RISC-V 어셈블리 언어로는 34줄이 되었다.

**고난도:** 이 예에 적용해서 효과를 볼 수 있는 최적화 기법 중 하나가 **프로시저 확장**(procedure inlining)이다. 인수를 전달하고 `jal` 명령으로 호출하는 대신, `swap`을 호출하는 부분에 컴파일러가 `swap` 프로시저 본체의 코드를 복사하는 것이다. 이 예에 확장 기법을 적용하면 명령어 4개를 줄일 수 있다. 프로시저 확장의 단점은 프로시저가 여러 번 호출될 때 코드 크

기가 커진다는 점이다. 코드가 커져서 캐시 실패율이 증가한다면 성능이 나빠질 수도 있다(5장 참조).

**프로그램 성능의 이해**

그림 2.26은 최적화 컴파일러가 버블정렬 프로그램의 성능, 컴파일 시간, 클럭 사이클, 명령어 개수, CPI 등에 미치는 영향을 보여 준다. CPI는 최적화하지 않은 코드가 가장 좋고 명령어 개수는 O1이 가장 적다. 하지만 가장 빠른 것은 O3이다. 이것은 프로그램 성능에 대한 정확한 척도는 오로지 실행시간뿐임을 상기시켜 준다.

그림 2.27에서 프로그램 언어의 효과, 컴파일 대 인터프리팅, 알고리즘이 정렬 성능에 미치는 영향을 비교하였다. 네 번째 열에서 보면 버블정렬에서 최적화되지 않은 C 프로그램이 인터프리트된 Java 코드보다 8.3배 빠르다는 것을 알 수 있다. JIT 컴파일러를 사용하면 Java 프로그램이 최적화되지 않은 C 프로그램보다 2.1배 빠르고, 최고로 최적화된 C 코드보다는 겨우 1.13배 정도만 느리다는 것을 알 수 있다. (2.15절에서는 Java 인터프리팅과 컴파일링, 버블정렬에 대한 Java 코드와 RISC-V 코드의 비교를 자세히 보여 준다.) 다섯 번째 열을 보면 퀵정렬의 성능 비율이 버블정렬과는 다른데, 실행 시 컴파일에 걸리는 추가시간을 상쇄하기에는 실행시간이 너무 짧아서 그런 것처럼 보인다. 마지막 열은 알고리즘의 영향을 보여 준다. 데이터 100,000개를 정렬할 때 알고리즘에 따라 천 배 이상 성능 차이가 나는 것을 알 수 있다. 인터프리팅 Java로 구현한 퀵정렬(다섯 번째 열)과 최고로 최적화하여 컴파일한 C 코드 버블정렬(네 번째 열)을 비교해도 퀵정렬이 50배 정도(역주: 0.05 × 2468 / 2.41 = 51.2) 빠르다. (인터프리팅 Java로 구현한 퀵정렬을 최적화하지 않은 C 코드 버블정렬과 비교하면 0.05 × 2468 = 123배나 빠르다. 하지만 C 코드 버블정렬은 최고로 최적화해도 겨우 2.41배 빨라질 뿐이다.)

| gcc optimization | Relative performance | Clock cycles (millions) | Instruction count (millions) | CPI |
|---|---|---|---|---|
| None | 1.00 | 158,615 | 114,938 | 1.38 |
| 01 (medium) | 2.37 | 66,990 | 37,470 | 1.79 |
| 02 (full) | 2.38 | 66,521 | 39,993 | 1.66 |
| 03 (procedure integration) | 2.41 | 65,747 | 44,993 | 1.46 |

**그림 2.26 버블정렬에 컴파일러 최적화를 적용했을 때의 성능, 명령어 개수, CPI의 비교.** 임의의 숫자로 초기화된 32비트 워드 배열 100,000개를 정렬하는 프로그램을 3.06 GHz 클럭의 Pentium 4, 533 MHz 시스템 버스, PC2100 DDR SDRAM 메모리 2 GB를 장착한 시스템에서 실행하였다. 운영체제는 Linux version 2.4.20이다.

| Language | Execution method | Optimization | Bubble Sort relative performance | Quicksort relative performance | Speedup Quicksort vs. Bubble Sort |
|---|---|---|---|---|---|
| C | Compiler | None | 1.00 | 1.00 | 2468 |
| | Compiler | 01 | 2.37 | 1.50 | 1562 |
| | Compiler | 02 | 2.38 | 1.50 | 1555 |
| | Compiler | 03 | 2.41 | 1.91 | 1955 |
| Java | Interpreter | – | 0.12 | 0.05 | 1050 |
| | JIT compiler | – | 2.13 | 0.29 | 338 |

그림 2.27 **C와 Java로 작성된 두 가지 정렬 알고리즘의 성능. 최적화하지 않은 C를 기준으로 인터프리터를 이용한 Java와 최적화 컴파일러를 이용한 C의 성능을 비교하였다.** 마지막 열은 Bubble Sort를 기준으로 한 Quicksort 알고리즘의 성능을 언어별, 선택사항별로 보여 준다. 이 프로그램들은 그림 2.26과 같은 시스템에서 실행되었다. JVM은 Sun version 1.3.1이고 JIT는 Sun Hotspot version 1.3.1이다.

## 2.14 배열과 포인터

초보 C 프로그래머에게 가장 어려운 문제 중 하나가 포인터를 이해하는 일이다. 배열과 인덱스를 이용한 프로그램과 포인터를 이용한 프로그램의 어셈블리 코드를 비교해 보면 포인터의 이해에 도움이 될 것이다. 이 절에서는 메모리에 연속적으로 기억된 워드를 모두 0으로 만드는 두 프로시저의 C 버전과 RISC-V 어셈블리 버전을 보여 준다. 한 프로시저는 배열 인덱스를 이용하고 다른 프로시저는 포인터를 이용한다. 그림 2.28에 C로 작성한 두 프로시저가 있다.

이 절의 목적은 포인터가 어떻게 RISC-V 명령어로 변환되는가를 알아보기 위한 것이지 포인터가 좋다는 것을 증명하고자 하는 것은 아니다. 이 절의 끝에서는 현대 컴파일러의 최적화가 두 프로시저에 미치는 영향을 살펴볼 것이다.

### 배열을 사용한 `clear`

배열을 사용한 프로시저 `clear1`을 먼저 살펴보자. 프로시저 연결 코드는 일단 무시하고 순환문 본체에만 초점을 맞추기로 한다. 인수 `array`와 `size`는 레지스터 `x10`과 `x11`에서 찾을 수 있고, 변수 `i`는 `x5`에 할당되었다고 가정하자.

*for* 순환문의 첫 부분은 `i`의 초기화로서 다음과 같다.

```
addi  x5, x0, 0       // i = 0 (register x5 = 0)
```

`array[i]`를 0으로 하기 위해서는 먼저 주소를 구해야 한다. `i`에 4를 곱해서 바이트 주소를 구한다.

```
loop1: slli   x6, x5, 2  // x6 = i * 4
```

```
clear1(int array[], size_t int size){

   size_t i;
   for (i = 0; i < size; i += 1)
        array[i] = 0;
}
clear2(int *array, size_t int size){

   int *p;
   for (p = &array[0]; p < &array[size]; p = p + 1)
        *p = 0;
}
```

**그림 2.28 배열의 값을 모두 0으로 만드는 두 가지 C 프로시저.** clear1은 인덱스를 이용했고, clear2는 포인터를 이용하였다. 두 번째 프로시저는 C에 익숙하지 않은 사람에게는 약간 설명이 필요하다. 변수의 주소는 &로 표시하고, 포인터가 가리키는 객체는 *로 표시한다. 선언부에서 array와 p가 정수를 가리키는 포인터임을 선언했다. clear2 내 *for* 순환문의 첫 부분은 array의 첫 원소 주소를 포인터 p에 할당한다. *for* 순환문의 두 번째 부분은 포인터가 array의 마지막 원소를 넘어갔는지 검사하는 부분이다. 마지막 부분에서 포인터 p를 하나 증가시키는 것은 선언된 크기의 다음 데이터 객체로 포인터를 이동시킨다는 뜻이다. p는 정수에 대한 포인터이므로 컴파일러는 p를 정수 크기인 4만큼 증가시키는 RISC-V 명령어를 생성한다. 4는 RISC-V 정수형의 바이트 수이다. 순환문 내의 치환문은 p가 가리키는 객체에 0을 저장한다.

배열의 시작 주소는 레지스터에 있기 때문에 이 값을 인덱스에 더해 array[i]의 주소를 구한다.

```
add   x7, x10, x6       // x7 = address of array[i]
```

마지막으로 이 주소에 0을 저장한다.

```
sw    x0, 0(x7)         // array[i] = 0
```

이 명령어가 순환문 본체의 끝이므로 다음은 i를 증가시키는 것이다.

```
addi  x5, x5, 1         // i = i + 1
```

반복 검사는 i가 size보다 작은지 비교하는 것이다.

```
blt   x5, x11, loop1    // if (i < size) go to loop1
```

이제 프로시저가 완성되었다. 인덱스를 이용해서 배열을 0으로 만드는 RISC-V 코드는 다음과 같다.

```
        addi  x5, x0,  0       // i = 0
loop1:  slli  x6, x5, 2        // x6 = i * 4
        add   x7, x10, x6      // x7 = address of array[i]
        sw    x0, 0(x7)        // array[i] = 0
        addi  x5, x5, 1        // i = i + 1
        blt   x5, x11, loop1   // if (i < size) go to loop1
```

(이 코드는 size가 0보다 크기만 하면 제대로 작동한다. ANSI C는 순환문을 시작하기 전에 size를 검사할 것을 요구하지만 여기서는 그런 문제는 건너뛰겠다.)

## 포인터를 사용한 clear

포인터를 사용하는 두 번째 프로시저에서는 두 인수 array와 size를 레지스터 x10과 x11에, 변수 p는 레지스터 x5에 할당한다. 두 번째 프로시저는 포인터 p에 배열의 첫 번째 원소의 주소를 넣는 것으로 시작한다.

```
mv x5,x10    // p = address of array[0]
```

(역주: mv는 의사명령어라서 addi  x5, x10, 0로 바뀐다.)

다음 코드는 *for* 순환문의 본체로서 p가 가리키는 메모리에 0을 넣는 단순한 일이다.

```
loop2:  sw   x0, 0(x5)  // Memory[p] = 0
```

이 명령어가 순환문의 본체를 구현한다. 다음은 순환 증가로서 p가 다음 워드를 가리키도록 한다.

```
addi  x5, x5, 4    // p = p + 4
```

C에서 포인터를 하나 증가시키는 것은 포인터를 다음 원소로 옮긴다는 뜻이다. p는 정수 포인터이고 정수는 4바이트이므로 컴파일러는 p를 4 증가시킨다.

다음은 반복 검사이다. 첫 단계는 array의 마지막 원소의 주소를 계산하는 것이다. 바이트 주소를 구하기 위해 size에 4를 곱하고,

```
slli   x6, x11, 2   // x6 = size * 4
```

이 값을 array의 시작 주소에 더해서 array의 마지막 원소 다음 워드의 주소를 구한다.

```
add   x7, x10, x6   // x7 = address of array[size]
```

반복 검사는 p가 array의 마지막 원소 주소보다 작은가를 검사하면 된다.

```
bltu  x5, x7, loop2   // if (p<&array[size]) go to loop2
```

이상의 부분을 합치면 포인터를 이용하여 배열값을 0으로 하는 프로그램이 완성된다.

```
       addi  x5, x10, 0     // p = address of array[0]
loop2: sw    x0, 0(x5)      // Memory[p] = 0
```

```
        addi  x5, x5, 4       // p = p + 4
        slli  x6, x11, 2      // x6 = size * 4
        add   x7, x10, x6     // x7 =  address of array[size]
        bltu  x5, x7, loop2 // if (p<&array[size]) go to loop2
```

첫 번째 프로그램과 마찬가지로 size는 0보다 커야 한다.

array의 마지막 원소 주소는 변하지 않는 값인데도 이 프로그램은 반복할 때마다 매번 새로 계산하고 있다. 이 계산을 순환문 밖으로 꺼내면 실행 속도가 빨라진다.

```
        addi  x5, x10, 0      // p = address of array[0]
        slli  x6, x11, 2      // x6 = size * 4
        add   x7, x10, x6     // x7 =  address of array[size]
loop2:  sw    x0, 0(x5)       // Memory[p] = 0
        addi  x5, x5, 4       // p = p + 4
        bltu  x5, x7, loop2 // if (p<&array[size]) go to loop2
```

## 두 프로그램의 비교

두 프로그램을 나란히 놓고 비교해 보면 배열 인덱스와 포인터의 차이점을 알 수 있다.

```
       addi x5, x0, 0        // i = 0
loop1: slli x6, x5, 2        // x6 = i * 4
       add  x7, x10, x6      // x7 = address of array[i]
       sw   x0, 0(x7)        // array[i] = 0
       addi x5, x5, 1        // i = i + 1
       blt  x5, x11, loop1   // if (i < size) go to loop1
```

```
       addi x5, 0            // p = address of array[0]
       slli x6, x11, 2       // x6 = size * 4
       add  x7, x10, x6      // x7 = address of array[size]
loop2: sw   x0, 0(x5)        // Memory[p] = 0
       addi x5, x5, 4        // p = p + 4
       bltu x5, x7, loop2    // if (p < &array[size]) go to loop2
```

왼쪽 프로그램은 매번 i를 증가시킨 후 새 인덱스 값으로 주소를 새로 계산하므로 순환문 내에서 "곱셈"과 덧셈을 해야 한다. 오른쪽의 메모리 포인터 버전은 p를 직접 증가시킨다. 포인터 버전에서는 2비트 자리이동과 배열의 마지막 원소 주소 계산을 순환문 바깥으로 빼냄으로써 매 반복마다 실행되는 명령어를 5개에서 3개로 줄였다. 이렇게 손으로 최적화한 것은 컴파일러 최적화 중에서 강도 감소 최적화(곱셈 대신 자리이동)와 유도 변수 제거(배열 주소 계산을 순환에서 제거)에 해당한다. 2.15절은 이 두 가지를 포함하여 여러 가지 최적화 기법을 설명하고 있다.

**고난도:** 앞서 언급한 바와 같이 실제 C 컴파일러라면 size가 0보다 크다는 것을 확인하는 검사를 추가했을 것이다. 이를 위한 한 가지 방법은 blt x0, x11, afterLoop를 사용하여 순환문 바깥의 명령어로 분기하도록 하는 것이다.

**프로그램 성능의 이해** C에서 포인터를 이용하면 배열을 이용하는 것보다 더 효율적이니 포인터를 이용하라고 배운 적이 있을 것이다. "포인터를 사용하라. 코드를 이해하지 못하더라도…." 그러나 오늘날의 최적화 컴파일러는 배열을 사용한 코드에 대해서도 똑같이 좋은 코드를 생성할 수 있다. 대부분의 프로그래머는 이런 골치 아픈 일을 자기가 직접 처리하기보다는 컴파일러에게 맡기는 것을 더 좋아한다.

## 2.15 고급 자료: C 컴파일과 Java 인터프리트

이 절에서는 C 컴파일러가 어떻게 동작하는지, Java가 어떻게 실행되는지 간단히 살펴본다. 컴파일러는 컴퓨터의 성능에 지대한 영향을 미치기 때문에 오늘날의 컴파일러 기술을 이해하는 것은 성능을 이해하는 데 필수적이다. 컴파일러 구성에 대한 것은 보통 한 학기 내지 두 학기 과목으로 배우기 때문에 여기서는 기본적인 것만 다룰 예정이다.

**객체지향 언어** 동작보다는 객체를 중심으로 하는 프로그래밍 언어.

이 절의 두 번째 부분은 Java 같은 객체지향 언어(object oriented language)가 RISC-V 구조에서 어떻게 실행되는지 알고 싶어 하는 독자를 위한 것이다. 앞선 절에서 보여 주었던 버블정렬을 포함한 C 코드 몇 개에 대한 인터프리트용 Java 바이트 코드와 Java 버전의 RISC-V 코드를 보여 준다. Java 가상 머신과 JIT 컴파일러도 다루고 있다.

2.15절의 나머지 부분은 온라인 사이트에서 찾을 수 있다.

## 2.16 실례: MIPS 명령어

RISC-V와 가장 비슷한 명령어 집합인 MIPS도 처음에는 학교에서 개발되었지만 지금은 Wave Computing이 소유하고 있다. MIPS가 25년 먼저 나왔음에도 불구하고 MIPS와 RISC-V는 같은 설계 철학을 가지고 있다. 다행스럽게도 RISC-V에 대해 안다면 MIPS를 이해하는 것은 아주 쉽다. 둘 사이의 유사성을 보이기 위하여 그림 2.29에 RISC-V와 MIPS의 명령어 형식을 비교하였다.

MIPS ISA는 32비트 주소 버전(MIPS−32)과 64비트 주소 버전(MIPS−64) 두 가

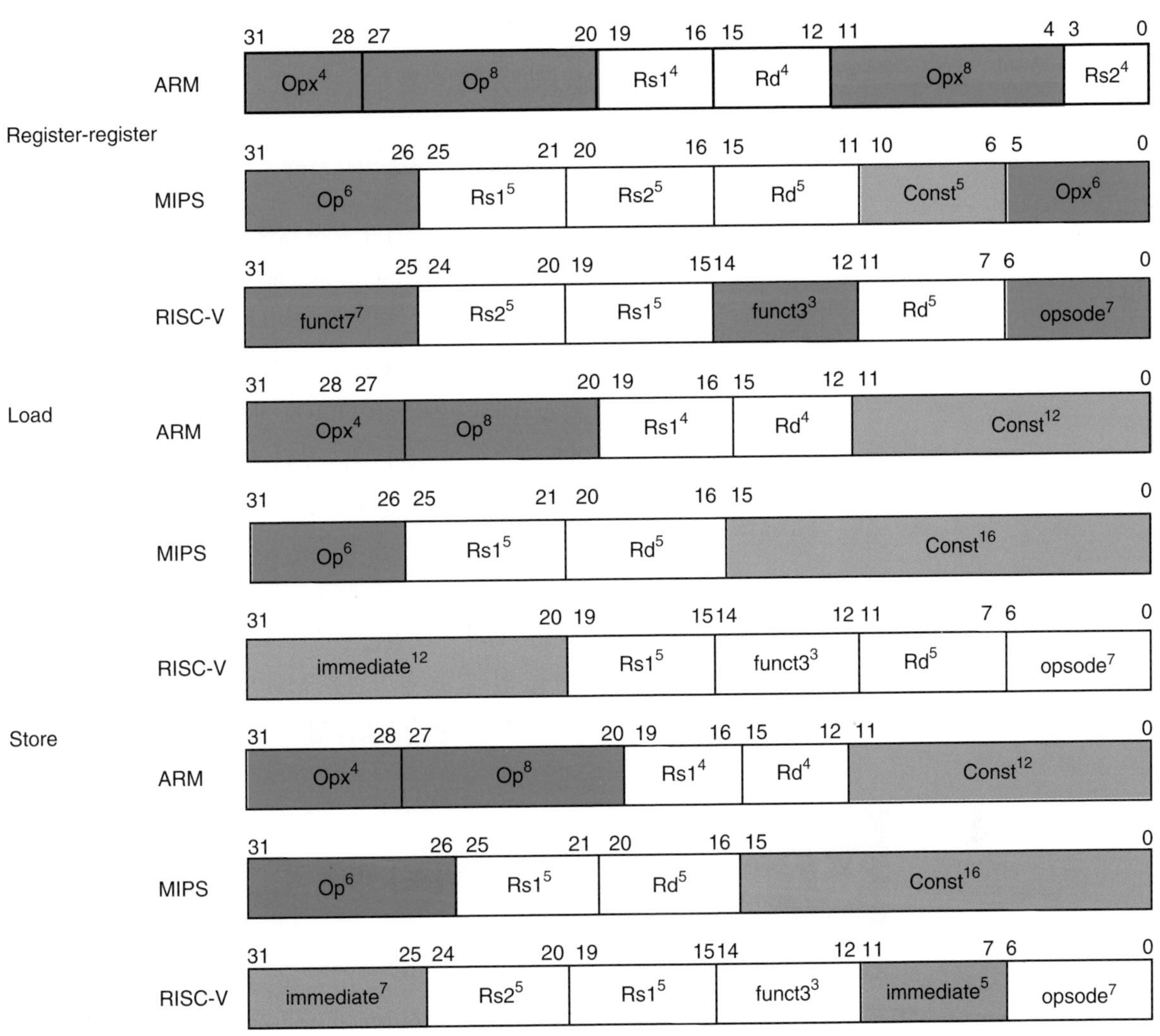


그림 2.29 **ARM, RISC-V, MIPS의 명령어 형식.** 차이점은 컴퓨터 구조가 16개 레지스터를 갖고 있느냐(ARM) 아니면 32개의 레지스터를 갖고 있느냐(MIPS, RISC-V)에 기인한다.

지가 있다. 이 두 명령어 집합은 실질적으로 거의 같다. 주소가 크기 때문에 32비트 레지스터 대신 64비트 레지스터가 필요하다는 점이 다를 뿐이다. 다음은 RISC-V와 MIPS의 공통적인 특징이다.

- 모든 명령어는 32비트 크기이다.
- 둘 다 32개의 범용 레지스터를 갖고 있으며 이 중 하나는 0으로 고정되어 있다.
- 메모리에 접근하는 방법은 적재, 저장 명령어를 통하는 길뿐이다.
- 다른 구조들과는 달리 이 두 구조에서는 한번에 여러 레지스터를 적재하거나

저장하는 명령어가 없다.

- 레지스터 값이 0이면 분기하는 명령어와 0이 아니면 분기하는 명령어를 갖고 있다.
- 주소지정 모드들은 모두 모든 워드 크기에 작동한다.

RISC-V와 MIPS의 큰 차이점 중 하나는 같거나 같지 않을 때 분기하는 명령어 외에 다른 조건부 분기 명령어가 있느냐이다. RISC-V는 2개의 레지스터를 비교하는 분기 명령어들만 가지고 있는 데 반해 MIPS는 비교가 참이냐 아니냐에 따라 레지스터 값을 0 또는 1로 설정하는 비교 명령어를 사용한다. 프로그래머들은 먼저 비교 명령어를 사용하고 그 뒤에 비교 결과 레지스터 값이 0인지 아닌지에 따라 분기 여부를 결성하는 조건 분기 명령어를 사용해야 한다. 최소주의 철학에 따라 MIPS 하드웨어는 작은지 비교하는 명령어만을 지원하며, 원하는 결과를 얻기 위해 피연산자의 순서를 바꾸거나 분기 명령어의 테스트 조건을 바꾸는 일은 프로그래머에게 맡긴다. MIPS에는 `set on less than`(역주: 비교 결과 작으면 목적지 레지스터 값을 1로 설정) 명령어의 부호있는 버전(`slt`)과 부호없는 버전(`sltu`) 두 가지가 있다.

자주 사용되는 핵심 명령어들 외에 큰 차이점은 MIPS 전체 명령어 집합이 RISC-V 명령어 집합보다 월등히 크다는 것이다(2.20절 참조).

## 2.17 실례: ARMv7(32비트) 명령어

ARM은 임베디드용으로는 가장 인기 있는 명령어 집합 구조로 2016년까지 1000억 개가 넘게 팔렸다. ARM은 원래 Acorn RISC Machine의 약자이었는데 후에 Advanced RISC Machine으로 바뀌었다. ARM은 MIPS와 같은 해에 나왔으며 같은 설계 철학을 따르고 있다. 그림 2.30은 두 프로세서 사이의 유사성을 보여 주고 있다. 가장 큰 차이는 RISC-V는 레지스터가 더 많고 ARM은 주소지정 방식이 더 많다는 점이다.

그림 2.31에서 보듯이 산술-논리 명령어와 데이터 전송 명령어의 핵심은 RISC-V나 ARM이나 비슷하다.

### 주소지정 방식

그림 2.32는 ARM이 지원하는 데이터 주소지정 방식을 보여 주고 있다. RISC-V와 달리 ARM에는 상수 0을 갖고 있는 레지스터가 없다. RISC-V는 겨우 4개의 단순한

| Source/destination operand type | Second source operand |
|---|---|
| Register | Register |
| Register | Immediate |
| Register | Memory |
| Memory | Register |
| Memory | Immediate |

그림 2.30 **ARM과 RISC-V 명령어 집합의 유사성.** (역주: 원서 에러입니다. 원서의 사소한 잘못은 바로 잡으면서 번역하고 있는데, 이 경우는 전혀 다른 내용이 들어가 있어서 바로잡기가 어렵습니다. 원저자의 의도를 파악할 수 없는 상태에서 역자들이 새로운 내용을 만들어 삽입하는 것은 무리라고 생각합니다. 그래서 원서 내용을 그대로 두겠습니다만, 틀린 내용인 것은 명백합니다.)

| | Instruction name | ARM | RISC-V |
|---|---|---|---|
| Register-register | Add | add | addu, addiu |
| | Add immediate | addi | addi |
| | Subtract | sub | sub |
| | Subtract immediate | subi | — |
| | And | and | and |
| | Or | orr | or |
| | Xor | eor | xor |
| | Shift left logical | lsl[1] | sll |
| | Shift right logical | lsr[1] | srl |
| | Shift right arithmetic | asr[1] | sra |
| | Compare | cmp | slt |
| Data transfer | Load byte signed | ldrsb | lb |
| | Load byte unsigned | ldrb | lbu |
| | Load halfword signed | ldrsh | lh |
| | Load halfword unsigned | ldrh | lhu |
| | Load word | ldr | lw |
| | Store byte | strb | sb |
| | Store halfword | strh | sh |
| | Store word | str | sw |

그림 2.31 **RISC-V 코어와 동등한 ARM의 레지스터-레지스터 명령어와 데이터 이동 명령어.** 줄표는 이러한 연산이 이 구조에는 없거나 명령어 몇 개로는 만들 수 없음을 의미한다. RISC-V 코어와 같은 명령어가 여러 개 있는 경우에는 쉼표(,)로 구분하였다. ARM에서는 자리이동이 모든 데이터 연산 명령어의 일부로 포함되기 때문에 `lsr`[1]같이 위첨자 1이 붙은 자리이동 명령어는 `move` 명령어의 변형에 지나지 않는다. ARM에는 나눗셈 명령어가 없음에 유의하라.

데이터 주소지정 방식을 갖고 있는 데 반해(그림 2.17), ARM은 9개의 주소지정 방식을 갖고 있으며 이 중에는 상당히 복잡한 계산을 하는 방식도 포함되어 있다. 예를 들면 레지스터를 원하는 만큼 자리이동한 후 다른 레지스터 값에 더하여 주소를

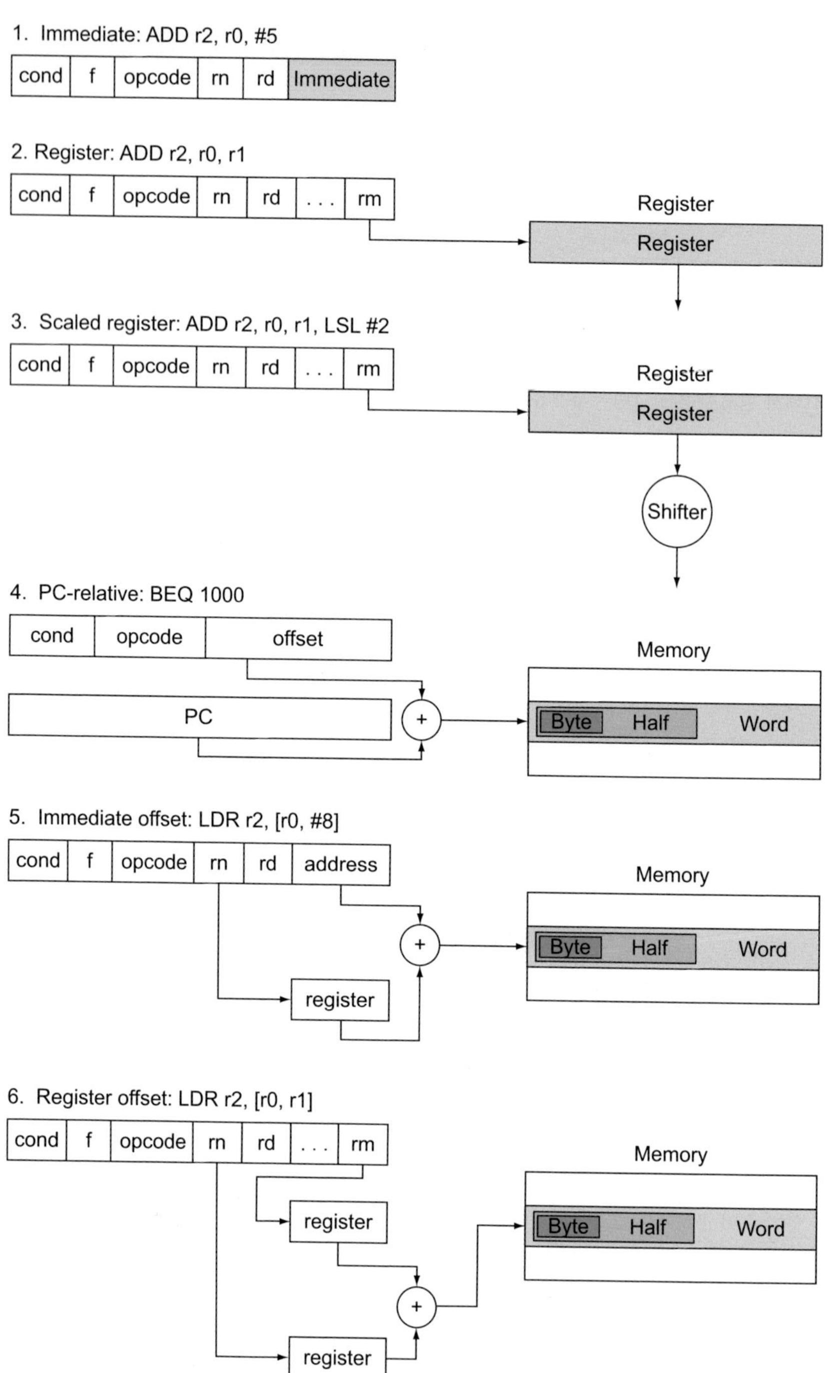


**그림 2.32 주소지정 방식 요약.** 레지스터 + 변위 주소지정 방식에서 변위값을 0으로 하면 레지스터 간접 주소지정 방식과 같지만, ARM은 별도의 간접 주소지정 방식을 갖고 있다. 주소지정 범위를 넓히기 위하여 ARM은 데이터 크기가 하프워드나 워드일 경우 변위를 왼쪽으로 1비트 혹은 2비트 자리이동한다.

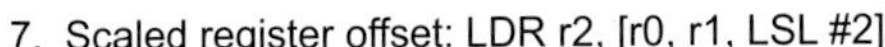
7. Scaled register offset: LDR r2, [r0, r1, LSL #2]

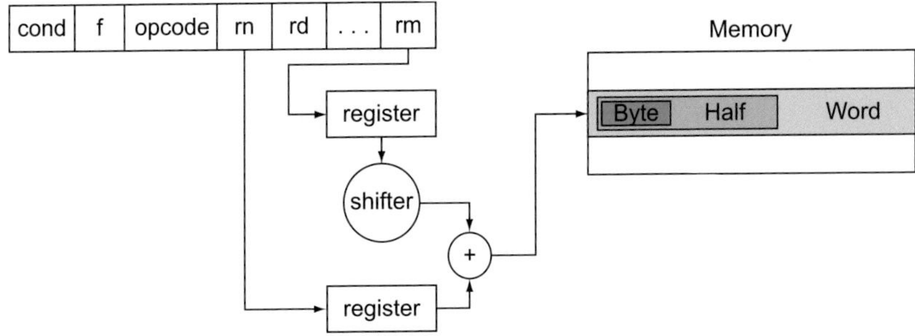


8. Immediate offset pre-indexed: LDR r2, [r0, #4]!

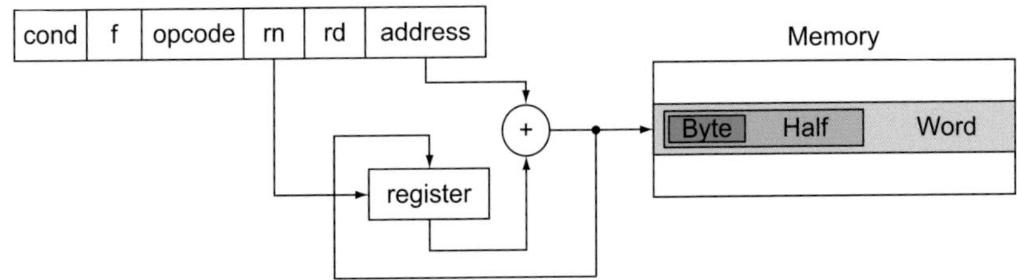


9. Immediate offset post-indexed: LDR r2, [r0], #4

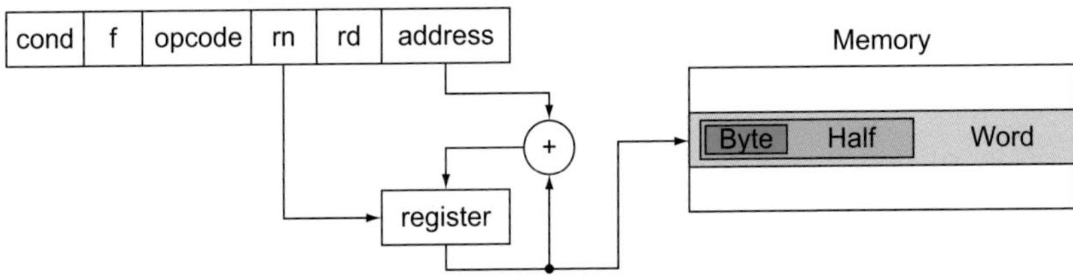


10. Register offset pre-indexed: LDR r2, [r0, r1]!

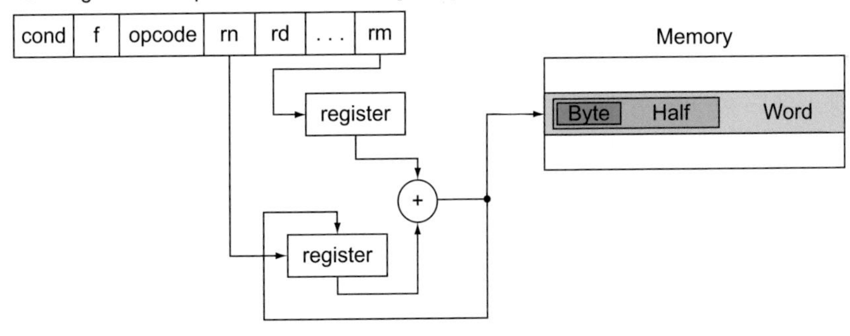


그림 2.32 (계속).

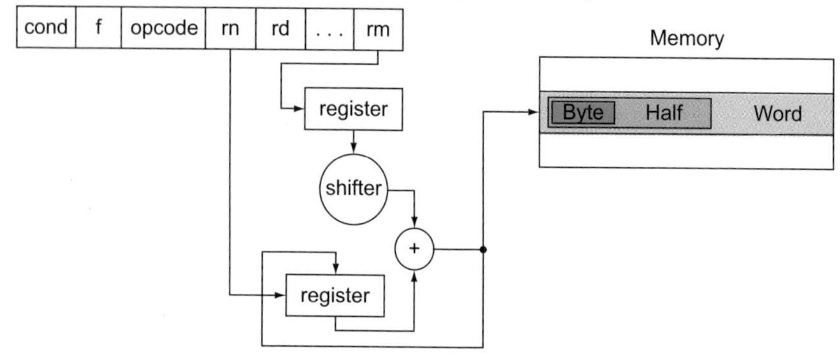


12. Register offset post-indexed: LDR r2, [r0], r1

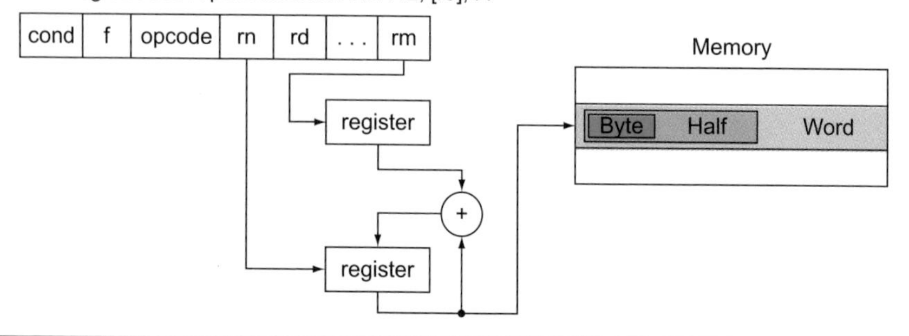


그림 2.32 (계속).

만든 다음, 이 주소를 이용하여 레지스터 값을 바꾸는 주소지정 방식을 갖고 있다.

## 비교 및 조건부 분기

조건부 분기 여부를 판단하기 위해 RISC-V는 레지스터 값을 사용했다. 반면에 ARM은 프로그램 상태 워드에 저장되는 4개의 전통적인 조건 코드 negative, zero, carry, overflow 비트를 사용한다. 이 조건 비트들은 어느 산술 또는 논리 연산 명령 실행 시에도 설정될 수 있다. 초기 구조에서는 그렇지 않았는데 지금은 명령어마다 조건 코드를 설정할지 말지 선택할 수 있다. 명시적 선택사항이 파이프라인 구현에서 문제를 덜 일으킨다(4장 참조). ARM은 조건부 분기 명령어로 조건 코드를 검사해서 모든 부호없는 비교와 부호있는 비교를 수행한다.

CMP는 한 피연산자에서 다른 피연산자를 뺀 후 그 차이에 따라 조건 코드를 설정한다. CMN(compare negative)은 한 피연산자에다 다른 피연산자를 더하여 그 결과로 조건 코드를 설정한다. TST는 두 피연산자에 논리적 AND 연산을 수행하여 overflow를 제외한 모든 조건 코드를 설정하게 되며, 반면에 TEQ는 두 피연산자에

exclusive OR 연산을 하여 overflow를 제외한 나머지 조건 코드를 설정하게 된다.

ARM의 특이한 점 중 하나는 모든 명령어가 조건부로 실행된다는 점이다. 실행 여부는 지정된 조건 코드 값에 따라 결정된다. 모든 명령어의 첫 4비트 필드는 실행 여부를 결정하기 위해서 검사할 조건 코드들을 지정한다. 검사 결과에 따라 이 명령어가 nop(no operation) 명령어로 작동할지 아니면 실제 명령어로 작동할지 결정된다. 따라서 조건부 분기는 무조건 분기 명령어를 조건부 실행하는 것으로 생각해도 무리가 없을 것이다. 조건부 실행은 명령어 하나를 건너뛰기 위해 분기 명령어를 사용하는 일을 피할 수 있게 한다. 간단하게 명령어 하나만 조건부 실행하면 되므로 코드 길이와 시간이 짧아진다.

그림 2.29는 ARM과 MIPS의 명령어 형식을 보여 주고 있다. 주된 차이점은 모든 명령어가 4비트 조건부 실행 필드를 갖고 있으며 레지스터 필드가 짧다는 것이다. ARM의 레지스터 개수가 MIPS의 절반밖에 되지 않기 때문이다.

## ARM의 고유한 특징

그림 2.33에 MIPS에는 없는 몇 가지 산술/논리 연산 명령어를 보였다. ARM은 0값을 갖는 전용 레지스터가 없기 때문에 MIPS가 `$zero`를 가지고 할 수 있는 연산을 수행할 수 있는 별도의 opcode를 갖고 있다. ARM은 다중워드 산술도 지원한다.

ARM의 12비트 수치 필드는 처리 과정이 복잡하다. 이 필드의 하위 8비트 앞에 0을 24개 붙여 32비트 수로 만든 다음, 이 필드의 왼쪽 4비트에 2를 곱한 값에 해당되는 비트만큼 오른쪽으로 회전한다. 이 방법의 장점은 32비트 워드로 나타낼 수 있는 모든 2의 거듭제곱수를 12비트로 표현할 수 있다는 것이다. 그러나 이렇게 두 부분으로 나누는 방법이 단순한 12비트 필드보다 더 많은 수치를 표현할 수 있는지는 좀 더 연구해 봐야 한다.

피연산자 자리이동이 수치에만 국한되는 것은 아니다. 모든 산술 및 논리 연산의 두 번째 레지스터는 연산이 취해지기 전에 자리이동을 할 것인지 말 것인지에 대한 선택사항을 갖고 있다. 자리이동 선택사항은 shift left logical, shift right logical, shift right arithmetic, rotate right이다.

ARM에는 레지스터 여러 개를 저장하기 위한 명령어도 존재하는데 이들 명령어는 block loads 및 block stores라 불린다. 명령어에 있는 16비트 마스크를 사용하여 16개 레지스터 중 어느 것들도 명령어 하나로 적재하거나 메모리에 저장할 수 있다. 이 명령어들은 프로시저에 진입하거나 프로시저에서 복귀할 때 레지스터들을 저장하고 복원하는 데 사용되어, 프로시저 진입과 프로시저에서 빠져나가는 코드의 크기를 줄여 준다. 그 외에 블록 메모리 복사에도 사용할 수 있다.

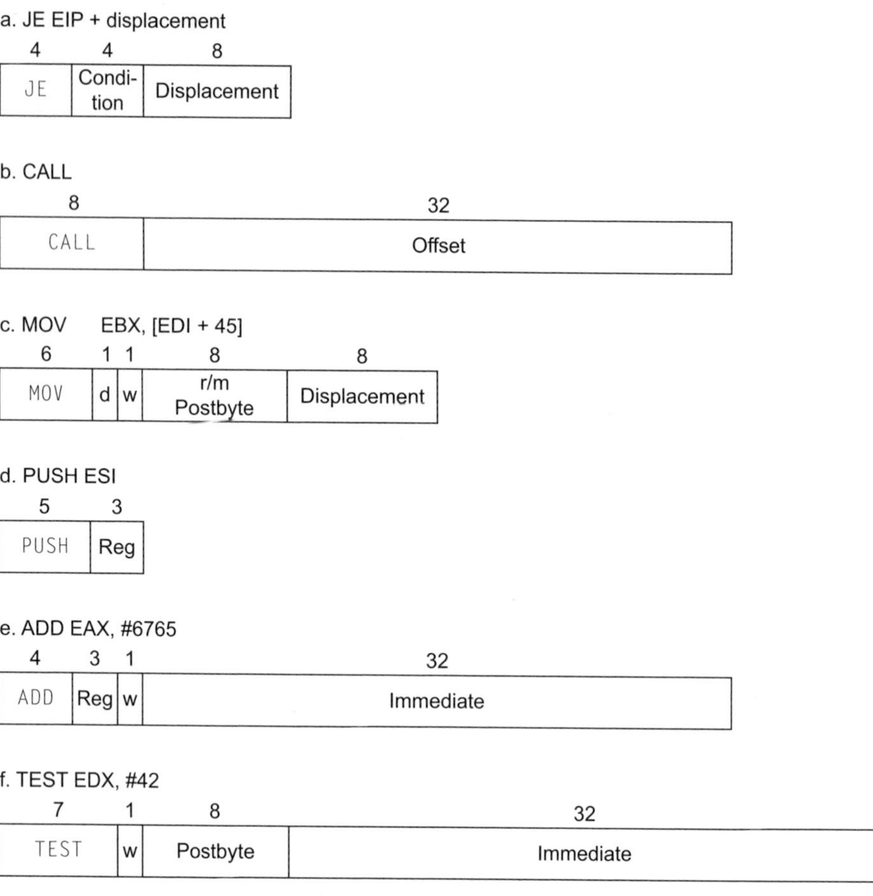


**그림 2.33 MIPS에는 없는 ARM의 산술/논리 연산 명령어.** (역주: 원서 에러입니다. 원서의 사소한 잘못은 바로잡으면서 번역하고 있는데, 이 경우는 전혀 다른 내용이 들어가 있어서 바로잡기가 어렵습니다. 원저자의 의도를 파악할 수 없는 상태에서 역자들이 새로운 내용을 만들어 삽입하는 것은 무리라고 생각합니다. 그래서 원서 내용을 그대로 두겠습니다만, 틀린 내용인 것은 명백합니다.)

## 2.18 실례: ARMv8(64비트) 명령어

명령어 집합의 여러 잠재적 문제점들 중에서 극복하기가 거의 불가능한 문제 중 하나는 메모리 주소가 너무 작은 것이다. x86은 16비트에서 32비트로, 나중에는 64비트까지 성공적으로 주소를 확장하였지만, 대부분의 다른 프로세서들은 이를 따라하지 못했다. Apple II에 장착되었던 16비트 주소 MOStek 6502를 예로 들 수 있다. 이 프로세서는 상업용으로 최초로 성공한 PC에 장착되었다는 유리한 출발에도 불구하고 주소 비트가 부족하여 역사의 휴지통으로 사라졌다.

ARM 설계자들은 자신들의 32비트 주소 컴퓨터에 대한 비판을 인지하고 2007년에 설계를 시작해서 마침내 2013년에 64비트 주소 버전을 세상에 내놓았다. x86이 했던 것처럼 레지스터 크기를 64비트로 늘리는 등의 소규모 겉치레 변화를 꾀한 것이 아니라, 완전히 뜯어고쳐 새로운 프로세서를 만들었다. 좋은 소식은 여러분이 MIPS에 대해 알고 있다면 64비트 버전인 ARMv8은 매우 쉽게 이해할 수 있다는 것이다.

첫째로, RISC-V에 없는 ARMv7의 이상한 특징들을 사실상 거의 다 없애 버렸다.

- v7에서 거의 모든 명령어에 있던 조건부 실행 필드가 없어졌다.
- v7에서는 복잡한 과정을 거쳐 계산해야 했던 수치 필드를 단순한 12비트 상수로 바꾸었다.
- 다중 적재(load multiple) 명령어와 다중 저장(store multiple) 명령어가 없어졌다.
- PC는 더 이상 일반 레지스터 중 하나가 아니다. 예전에는 일반 레지스터 중 하나였기 때문에 PC에 쓰기를 행하면 예기치 못한 분기가 일어나곤 했었다.

두 번째로는 RISC-V의 유용한 특징 중 ARM에 없던 것들이 추가되었다.

- v8은 범용 레지스터를 32개로 늘렸다. 컴파일러 제작자들이 매우 좋아했을 것이 틀림없다. 게다가 RISC-V처럼 항상 0을 갖는 레지스터도 두었다. 그러나 적재 명령어와 저장 명령어에서 이 레지스터는 스택 포인터를 가리킨다는 점이 다르다.
- ARMv8에서는 주소지정 방식이 모든 워드 크기에 대해 동작한다. ARMv7에서는 그렇지 못했다.
- ARMv7에 없던 나눗셈 명령어가 추가되었다.
- RISC-V의 같을 시 분기 명령어와 다를 시 분기 명령어 같은 명령어가 추가되었다.

ARMv8 명령어 집합의 철학이 ARMv7보다 RISC-V에 훨씬 가깝기 때문에 ARMv7과 ARMv8 사이의 유사성은 이름뿐이라는 것이 우리의 결론이다.

## 2.19 실례: x86 명령어

*Beauty is altogether in the eye of the beholder.*

Margaret Wolfe Hungerford, *Molly Bawn*, 1877

RISC-V나 MIPS보다 강력한 연산을 제공하는 명령어 집합도 있다. 대체로 그 목적은 프로그램이 실행하는 명령어의 개수를 줄이자는 것이다. 그러나 이것은 간결성을 희생한 대가로 얻어지는 것이므로, 명령어 처리시간이 길어져서 프로그램 실행시간은 오히려 늘어날 위험이 있다. 이렇게 느려지는 이유는 클럭 사이클 시간이 길어지거나 필요한 클럭 사이클 개수가 더 많아지기 때문이다.

복잡한 명령어를 지향하는 것은 이러한 위험성을 내포하고 있다. 2.22절에 복잡함에 기인하는 함정이 설명되어 있다.

## Intel x86의 진화

RISC-V나 MIPS는 각각 단일 연구팀이 같이 일하면서 만들어 낸 성과이므로, 이 프로세서들의 각 부분은 서로 잘 조화를 이루고 있다. 그러나 x86은 경우가 다르다. x86은 여러 독립적인 그룹이 거의 40년 가까이 발전시켜 온 결과이다. Intel은 마치 짐가방에 옷을 더 집어넣듯이 원래의 명령어 집합에 새로운 기능을 꾸겨 넣었다. x86 발달 과정에 있었던 중요한 사건을 정리하면 다음과 같다.

**범용 레지스터** 주소와 데이터 저장 양쪽 용도로 사용할 수 있고 어떤 명령어도 사용할 수 있는 레지스터.

- **1978**: 일세를 풍미했던 8비트 마이크로프로세서 Intel 8080과 어셈블리 언어 수준의 호환성을 유지하면서 이를 확장한 Intel 8086을 발표하였다. 8086은 16비트 구조로서 모든 레지스터의 크기는 16비트이다. RISC-V와는 달리 레지스터의 용도가 제한적이므로 8086은 **범용 레지스터**(general purpose register, GPR) 구조로 분류되지 않는다.
- **1980**: Intel 8087 부동 소수점 코프로세서(coprocessor)를 발표하였다. 이것은 8086에 대략 60개의 부동 소수점 명령어를 추가한다. 8087은 레지스터 대신 스택을 사용한다(**2.24절** 및 3.7절 참조).
- **1982**: 8086을 확장한 80286을 발표하였다. 주소 공간이 24비트로 확장되었고, 정교한 메모리 사상 메커니즘과 보호 모델(5장 참조)이 구현되었다. 명령어가 몇 개 추가되어 명령어 집합이 더 풍부해졌다. 그중에는 보호 모델의 구현을 위해 추가된 명령어도 포함되어 있다.
- **1985**: 80286을 32비트 구조로 확장한 80386을 발표하였다. 32비트 주소 공간과 32비트 레지스터를 갖춘 32비트 프로세서로 확장되었을 뿐만 아니라 새로운 주소지정 방식과 명령어가 추가되었다. 추가된 명령어들은 80386을 범용 레지스터 구조같이 보이게 만들었다. 또 80386은 기존의 세그먼트 주소 방식 외에 페이징 지원 기능을 갖고 있으며(5장 참조), 80286처럼 8086 프로그램을 변환 없이 그대로 실행할 수 있는 주소지정 방식도 갖고 있다.
- **1989~1995**: 1989년에 80486, 1992년에 Pentium, 1995년에 Pentium Pro를 연이어 발표하였다. 이것들은 새로운 기능을 제공하는 것보다는 성능 개선에

역점을 둔 것이기 때문에, 일반 사용자가 사용할 수 있는 명령어는 4개밖에 증가되지 않았다. 그중 3개는 멀티프로세싱(6장 참조)을 지원하기 위한 것이며, 나머지 하나는 조건부 move 명령이다.

- **1997**: Intel은 Pentium과 Pentium Pro를 출하하고 나서, 여기에 MMX(Multi Media Extensions) 기능을 추가할 계획이라고 발표하였다. 추가된 57개의 명령어는 부동 소수점 스택을 사용하여 멀티미디어와 통신의 처리 속도를 향상시킨다. MMX 명령어는 대개 여러 개의 작은 데이터를 동시에 처리하는 SIMD (single instruction multiple data) 방식(6장 참조)으로 작동한다. Pentium II에는 추가된 명령어가 전혀 없다.
- **1999**: Pentium III의 일부로 SSE(Streaming SIMD Extensions)라고 이름 붙인 명령어 70개를 추가하였다. 가장 큰 변화는 128비트로 크기가 2배 확장된 별도의 레지스터 8개를 추가한 것과 단일 정밀도(single precision) 부동 소수점 데이터 형식을 추가한 것이다. 그러므로 32비트 부동 소수점 연산 4개를 동시에 수행할 수 있다. 메모리 성능을 개선하기 위해서 SSE에는 캐시 선인출(cache prefetch) 명령어와 스트리밍 저장 명령어가 포함되었다. 스트리밍 저장 명령어는 캐시를 거치지 않고 직접 메모리에 쓰는 명령어이다(5장 참조).
- **2001**: Intel은 또 다른 명령어 144개를 추가하고 이를 SSE2라고 명명했다. 2배 정밀도 (double precision) 연산이 새로운 데이터 형식으로 추가되었다. 2배 정밀도 연산은 64비트 부동 소수점 연산 2개를 동시에 수행할 수 있다. 이 새로운 명령어는 거의 다 기존의 MMX 및 SSE 명령어의 다른 버전으로 64비트 데이터를 병렬로 처리한다. 이러한 변화는 더 많은 멀티미디어 연산을 가능하게 했을 뿐 아니라, 컴파일러가 부동 소수점 연산을 처리할 때 Intel의 독특한 스택 구조 외에 또 다른 대안을 가질 수 있게 하였다. 8개의 SSE 레지스터를 다른 컴퓨터의 부동 소수점 레지스터와 같은 방식으로 사용할 수 있기 때문이다. 이 덕택에 SSE2 명령어를 처음으로 포함시킨 Pentium 4는 부동 소수점 성능이 크게 개선되었다.
- **2003**: 이 해에는 Intel이 아닌 다른 회사가 x86 구조 향상을 주도하였다. AMD가 32비트 주소 공간을 64비트로 증가시키기 위한 몇 가지 구조적 확장을 발표하였다. 1985년에 80386이 16비트 주소 공간을 32비트로 확장했을 때와 똑같이, AMD64는 모든 레지스터를 64비트로 확장하였다. 레지스터를 16개로 늘렸고, 128비트 SSE 레지스터도 16개로 증가시켰다. ISA상의 가장 큰 변화는 long mode라는 새로운 모드가 추가된 것이다. 이 모드는 64비트 주소와 데이터를 사용해서 모든 x86 명령어의 실행을 다시 정의한다. 더 많은 레

지스터를 지정하기 위하여 명령어에 새로운 접두사(prefix)를 추가하였다. 분류 방식에 따라 차이가 나지만 새 모드는 대략 4~10개의 새 명령어를 추가하고 27개의 옛날 명령어를 버렸다. PC-상대 데이터 주소지정(역주: 명령어뿐만 아니라 데이터 참조 시에도 PC-상대 주소지정을 하는 것을 의미)은 또 다른 확장의 하나이다. AMD64에는 아직도 x86과 똑같은 모드(legacy mode)와 사용자 프로그램은 x86만 사용할 수 있고 운영체제는 AMD64를 사용할 수 있는 모드(compatibility mode)가 남아 있다. 이러한 모드들은 HP/Intel IA-64 구조보다 더 부드럽게 64비트 주소 체계로 넘어갈 수 있게 해 주었다.

- **2004**: Intel이 AMD64에 항복하고 이를 받아들여 EM64T(Extended Memory 64 Technology)라는 이름을 붙였다. 가장 큰 차이는 Intel이 128비트 원자적 비교 및 교환(atomic compare and swap) 명령어를 추가했다는 것이다. 이것은 AMD64에도 포함시켰어야 했던 명령이었다. Intel은 이와 동시에 새 세대의 미디어 확장을 발표하였다. SSE3은 복잡한 산술 연산, 구조체의 배열에 대한 그래픽 연산, 비디오 인코딩, 부동 소수점 변환, 스레드 동기화(2.11절 참조) 등을 지원하기 위한 명령어 13개를 추가하였다. AMD도 다음 세대 칩에서는 SSE3을 제공하였으며, Intel과의 이진 호환성을 유지하기 위해서 원자적 교환 명령을 AMD64에 추가하였다.
- **2006**: Intel은 SSE4 명령어 집합 확장의 일환으로 54개의 새로운 명령어를 발표하였다. 이 확장으로 절대값 차이의 합, 구조체 배열의 내적, 부호확장이나 0 확장으로 데이터 길이 늘리기, 개체수 세기 등과 같은 미세한 변경이 생겼다. 가상 머신에 대한 지원도 추가하였다(5장 참조).
- **2007**: AMD는 SSE5의 일환으로 170개의 명령어를 발표하였다. 이 중 기본 명령어 집합의 명령어가 46개이고 거기에는 RISC-V처럼 피연산자가 3개인 명령어도 포함되었다.
- **2011**: Intel은 SSE 레지스터를 128비트에서 256비트로 확장하고 이에 따라 약 250개의 명령어를 다시 정의하고 128개의 명령어를 새로 추가한 고급 벡터 확장(Advanced Vector Extension)을 판매하기 시작하였다.
- **2015**: Intel은 AVX-512를 판매하기 시작했는데 AVX-512는 레지스터를 256비트에서 512비트로 확장하고 이에 맞는 연산을 제공하며 수백 개의 명령어를 재정립하고 또 추가하였다.

이 변천 과정은 호환성이라는 "황금 수갑"이 끼치는 해악을 잘 보여 주고 있다. x86에게는 기존의 확고한 소프트웨어 기반이 오히려 족쇄가 되어 혁신적인 구조 개혁을 감행할 수가 없었다.

x86이 어떤 기술적 결함을 갖고 있든 간에 이것이 전 세계적으로 가장 많은 데스크톱에서 사용되었고 포스트 PC 시대에 클라우드 부분에서 가장 많이 사용되고 있다. 1년에 2억 5천만 개의 x86 칩이 생산된다는 것은 수십억 개의 ARMv7 칩에 비하면 작은 수치이나, 훨씬 비싸기 때문에 아직도 많은 회사들이 이 시장을 지배하고 싶어 한다. 그럼에도 불구하고 이 파란만장한 원조는 설명하기도 힘들고 정도 안 가는 이상한 구조가 되어 버렸다.

이제 곧 보게 될 것에 대해 마음을 가다듬어 대비할 필요는 있다. 그러나 x86 프로그램을 작성해야 하지 않을까 하는 걱정을 하면서 이 절을 읽을 필요는 없다. 이 절의 목적은 전 세계적으로 가장 많이 쓰이고 있는 데스크톱 컴퓨터 구조의 강점과 약점을 이해시키고자 하는 것이므로, IA-32 프로그램 작성까지 요구하지는 않는다.

16비트, 32비트, 64비트 명령어 집합을 모두 설명할 수는 없기 때문에 80386에서 시작된 32비트 구조 중 일부에 초점을 맞추어 설명하기로 한다. 먼저 레지스터와 주소지정 방식을 설명한 후, 정수 연산을 설명하고 마지막으로 명령어 인코딩 방법을 살펴본다.

## x86 레지스터와 데이터 주소지정 방식

80386 레지스터(그림 2.34)를 보면 명령어 집합의 발달 과정을 알 수 있다. 80386은 모든 16비트 레지스터(세그먼트 레지스터 제외)를 32비트로 확장하고 레지스터 이름 앞에 E를 붙였다. 이 레지스터들을 **범용 레지스터**(general purpose register, GPR)라 한다. 80386에는 GPR이 8개밖에 없지만, RISC-V와 MIPS는 이보다 4배나 더 많다.

그림 2.35에서 산술, 논리, 데이터 전송 명령은 피연산자를 2개씩 갖는 것을 알 수 있다. 여기에 중요한 차이점이 두 가지 있다. RISC-V와 MIPS의 산술 및 논리 명령어는 근원지와 목적지 레지스터를 독립적으로 지정할 수 있지만, x86의 산술 및 논리 명령어에서 피연산자 하나는 근원지이면서 동시에 목적지가 되어야 한다. 이런 제약 때문에 두 근원지 레지스터 중 하나는 값이 변해야 하므로 레지스터 개수의 부족이 더욱 크게 느껴진다. 두 번째 차이점은 피연산자 중 하나가 메모리에 있을 수 있다는 것이다. RISC-V나 MIPS와는 달리 거의 모든 명령어가 메모리 피연산자를 사용할 수 있다.

다음에 설명할 데이터 메모리 주소지정 방식에서는 명령어 내에 두 가지 크기의 주소를 사용할 수 있다. 이 주소는 **변위**(displacement)라고 부르는데 8비트와 32비트 두 가지가 있다.

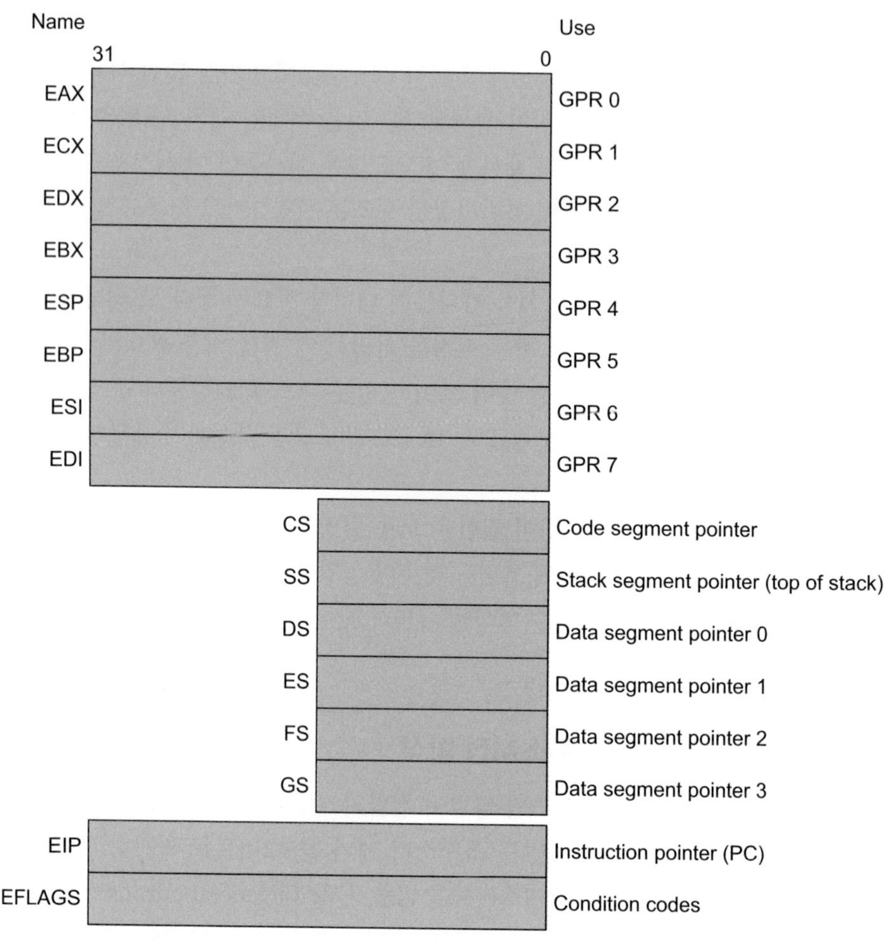


**그림 2.34 80386의 레지스터 집합.** 80386부터 그림 윗부분의 레지스터 8개가 32비트로 확장되고 범용 레지스터로 사용될 수 있게 되었다.

메모리 피연산자는 모든 주소지정 방식을 사용할 수 있지만, 특정 주소지정 방식에서 사용할 수 있는 레지스터에는 제한이 있다. 그림 2.36은 x86의 주소지정 방식과 각 주소지정 방식에서 사용할 수 없는 레지스터를 보여 준다. 아울러 같은 효과를 얻으려면 어떤 RISC-V 명령어를 사용해야 하는지 설명하고 있다.

## x86의 정수 연산

8086은 8비트(바이트)와 16비트(워드) 데이터형을 지원하며, 80386은 여기에 32비트 주소와 32비트 데이터(더블워드)를 추가하였다. [AMD64에서는 64비트 주소와 64비트 데이터(쿼드워드)를 추가했지만 이 절에서는 80386에 국한해서 설명한다.] 이

| Source/destination operand type | Second source operand |
|---|---|
| Register | Register |
| Register | Immediate |
| Register | Memory |
| Memory | Register |
| Memory | Immediate |

**그림 2.35 산술, 논리, 데이터 전송 명령어의 피연산자 종류.** x86은 위의 조합을 허용한다. 유일한 제한은 메모리-메모리 연산을 허용하지 않는다는 것이다. 수치값은 8, 16, 또는 32비트이다. 레지스터는 그림 2.34의 주요 레지스터 중 EIP와 EFLAGS는 제외한 14개 중 하나가 될 수 있다.

데이터형 구분은 메모리를 접근할 때뿐만 아니라 레지스터 연산할 때도 적용된다.

거의 모든 연산이 두 데이터 모두 8비트인 경우와 한 데이터가 8비트보다 더 긴 데이터의 두 가지 형을 지원한다. 긴 데이터의 크기는 주소지정 방식에 따라 16비트와 32비트 중 하나로 정해진다.

세 가지 크기의 데이터를 모두 다루어야 하는 프로그램도 있기 때문에, 80386 설계자들은 코드 길이를 많이 늘리지 않으면서 데이터 크기를 간편하게 지정할 수 있는 방법을 고안하였다. 대부분의 프로그램이 16비트나 32비트 데이터 중 한 가지를 주로 사용하는 경향이 있다는 데 착안하여 디폴트 데이터 크기를 선언하는 방법을 사용하였다. 디폴트 데이터 크기는 코드 세그먼트 레지스터의 비트 하나를 이용하

| Mode | Description | Register restrictions | RISC-V equivalent |
|---|---|---|---|
| Register indirect | Address is in a register. | Not ESP or EBP | `lw x10, 0(x11)` |
| Based mode with 8- or 32-bit displacement | Address is contents of base register plus displacement. | Not ESP | `lw x10, 40(x11)` |
| Base plus scaled index | The address is Base + ($2^{Scale}$ × Index) where Scale has the value 0, 1, 2, or 3. | Base: any GPR<br>Index: not ESP | `slli x12, x12, 2`<br>`add x11, x11, x12`<br>`lw x10, 0(x11)` |
| Base plus scaled index with 8- or 32-bit displacement | The address is Base + ($2^{Scale}$ × Index) + Displacement where Scale has the value 0, 1, 2, or 3. | Base: any GPR<br>Index: not ESP | `slli x12, x12, 2`<br>`add x11, x11, x12`<br>`lw x10, 40(x11)` |

**그림 2.36 x86의 32비트 주소지정 방식과 레지스터 제한 및 동등한 RISC-V 코드.** RISC-V나 MIPS에는 없는 베이스 + 스케일된 인덱스 주소지정 방식을 포함시킨 이유는 바이트 주소로 바꾸기 위해 레지스터에 저장된 인덱스에 4(scale factor = 2)를 곱하는 일을 피하기 위해서이다(그림 2.25 참조). 16비트 데이터의 경우는 scale factor = 1, 32비트 데이터의 경우는 scale factor = 2를 사용한다. scale factor가 0이면 주소가 스케일되지 않았다는 뜻이다. 두 번째와 네 번째 모드에서 변위가 12비트보다 길다면 같은 일을 하기 위해 RISC-V는 더 많은 명령어를 사용해야 된다. 일반적으로 `lui` 명령어를 사용하여 변위 비트 12부터 비트 31까지를 적재한 후 `add` 명령어를 사용하여 이 값을 베이스 레지스터와 더한다. (일반적으로 베이스 주소지정이라고 부르는 방식을 Intel은 베이스 주소지정 방식과 인덱스 주소지정 방식 두 가지로 부르는데 기본적으로 같은 것이기 때문에 여기서는 하나로 합쳤다.)

여 설정된다. 디폴트 크기가 아닌 데이터를 사용할 때는 명령어에 8비트짜리 **접두사**를 붙여 다른 크기의 데이터를 사용한다는 것을 알린다.

이러한 접두사 사용법은 8086에서 차용한 것으로, 8086은 몇 가지 접두사를 써서 명령어 동작에 변형을 가할 수 있게 되어 있다. 원래의 세 가지 접두사는 (1) 디폴트가 아닌 다른 세그먼트 레지스터의 사용, (2) 동기화 지원을 위한 버스 잠금(2.11절 참조), (3) ECX 레지스터가 0이 될 때까지 명령어의 반복 실행 등을 지시하는 것이다. 이 중 마지막 것은 바이트 복사 명령어에 붙여서 가변 개수의 바이트 데이터를 복사하는 데 사용하기 위한 것이다. 80386은 이 세 가지에 디폴트 크기가 아닌 주소를 사용하기 위한 접두사 하나를 추가하였다.

x86의 정수 명령은 크게 네 종류로 나눌 수 있다.

1. move, push, pop을 포함하는 데이터 복사 명령
2. 검사와 정수 및 십진수 연산을 포함하는 산술 및 논리 명령
3. 조건부 분기, 무조건 점프, call, return 등을 포함하는 제어 흐름 명령
4. 문자열 복사 및 문자열 비교 등을 포함하는 문자열 명령

산술 및 논리 명령의 목적지가 레지스터, 메모리 어느 쪽도 가능하다는 점을 제외하면 처음 두 종류는 특별한 것이 없다. 그림 2.37에 전형적인 x86 명령어와 그 기능을 보였다.

x86의 조건부 분기는 **조건 코드**(또는 **플래그**)에 의해 결정된다. 조건 코드는 연산 결과에 따라 자동적으로 값이 결정되는데, 가장 많이 쓰이는 것은 연산 결과가 0인지 아닌지 비교하는 것이다. 분기 명령어는 조건 코드를 검사한다. RISC-V나 MIPS

| Instruction | Function |
|---|---|
| `je` name | `if equal(condition code) {EIP=name};`<br>`EIP-128 <= name < EIP+128` |
| `jmp` name | `EIP=name` |
| `call` name | `SP=SP-4; M[SP]=EIP+5; EIP=name;` |
| `movw EBX,[EDI+45]` | `EBX=M[EDI+45]` |
| `push ESI` | `SP=SP-4; M[SP]=ESI` |
| `pop EDI` | `EDI=M[SP]; SP=SP+4` |
| `add EAX,#6765` | `EAX= EAX+6765` |
| `test EDX,#42` | Set condition code (flags) with EDX and 42 |
| `movsl` | `M[EDI]=M[ESI];`<br>`EDI=EDI+4; ESI=ESI+4` |

**그림 2.37 전형적인 x86 명령어와 그 기능.** 자주 사용되는 명령어들은 그림 2.38에서 볼 수 있다. CALL 명령어는 다음 명령어의 EIP를 스택에 저장한다(EIP는 Intel의 PC).

와는 달리 80386 명령어는 정렬 제한이 없기 때문에 PC-상대주소지정 방식에서 워드 주소를 사용하지 못하고 바이트 주소를 사용해야 한다.

문자열 명령어는 8080에서부터 있었는데 많이 사용되지는 않는다. 그 이유는 소프트웨어 루틴으로 처리하는 것보다 오히려 더 느린 경우가 많았기 때문이다(2.22절의 오류 참조).

그림 2.38에 x86의 정수 명령어를 일부 보였다. 그중 많은 명령어가 바이트와 워드 데이터 양쪽을 다 지원한다.

## x86의 명령어 인코딩

80386은 여러 가지 명령어 형식을 사용하여 명령어를 아주 복잡하게 인코딩하고 있다. 80386의 명령어 길이는 1바이트(피연산자가 없는 명령어)부터 15바이트까지 매

| Instruction | Meaning |
|---|---|
| **Control** | **Conditional and unconditional branches** |
| jnz, jz | Jump if condition to EIP + 8-bit offset; JNE (for JNZ), JE (for JZ) are alternative names |
| jmp | Unconditional jump—8-bit or 16-bit offset |
| call | Subroutine call—16-bit offset; return address pushed onto stack |
| ret | Pops return address from stack and jumps to it |
| loop | Loop branch—decrement ECX; jump to EIP + 8-bit displacement if ECX≠0 |
| **Data transfer** | **Move data between registers or between register and memory** |
| move | Move between two registers or between register and memory |
| push, pop | Push source operand on stack; pop operand from stack top to a register |
| les | Load ES and one of the GPRs from memory |
| **Arithmetic, logica** | **Arithmetic and logical operations using the data registers and memory** |
| add, sub | Add source to destination; subtract source from destination; register-memory format |
| cmp | Compare source and destination; register-memory format |
| shl, shr, rcr | Shift left; shift logical right; rotate right with carry condition code as fill |
| cbw | Convert byte in eight rightmost bits of EAX to 16-bit word in right of EAX |
| test | Logical AND of source and destination sets condition codes |
| inc, dec | Increment destination, decrement destination |
| or, xor | Logical OR; exclusive OR; register-memory format |
| **String** | **Move between string operands; length given by a repeat prefix** |
| movs | Copies from string source to destination by incrementing ESI and EDI; may be repeated |
| lods | Loads a byte, word, or doubleword of a string into the EAX register |

**그림 2.38 전형적인 x86 명령어.** 많은 명령어가 레지스터-메모리 형식을 사용하는데 근원지나 목적지 중 하나가 메모리가 될 수 있으며 다른 하나는 레지스터나 수치 피연산자가 될 수 있다.

우 다양하다.

그림 2.37의 명령어 중 몇 개를 골라 그 명령어 형식을 그림 2.39에 보였다. opcode 바이트에는 피연산자의 크기가 8비트인지 32비트인지를 표시하는 비트가 포함되어 있는 것이 보통이다. 어떤 명령어에서는 주소지정 방식과 레지스터 필드가 opcode에 포함된다. "레지스터 = 레지스터 op 상수값" 형태의 명령어는 대개가 다

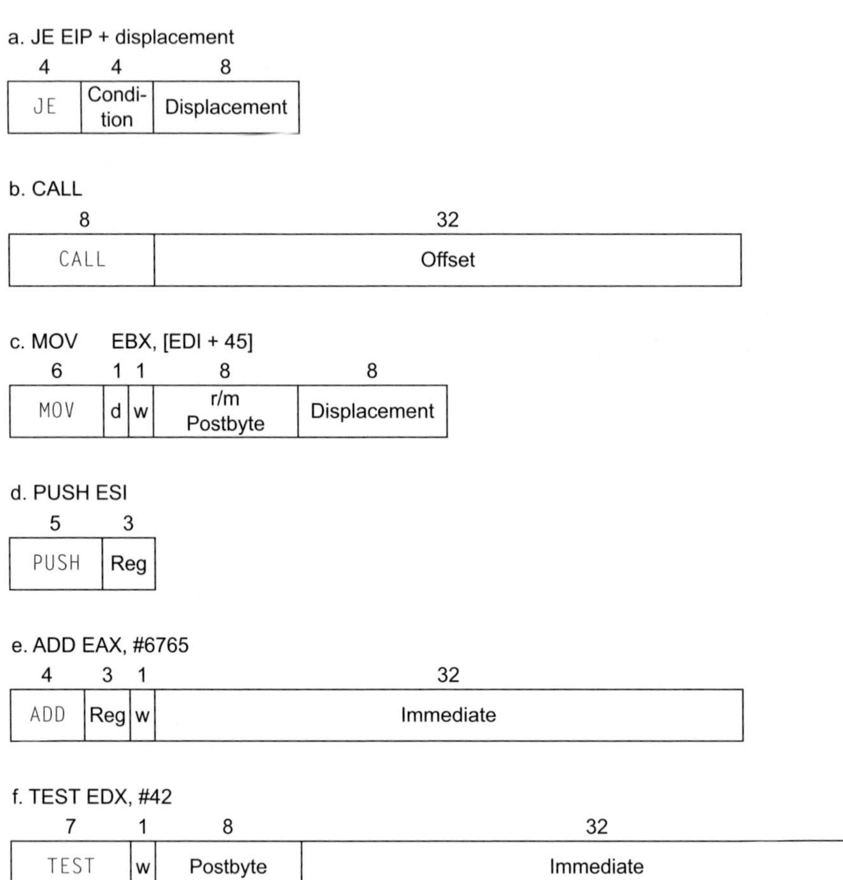


**그림 2.39 전형적인 x86 명령어 형식.** Postbyte의 인코딩은 그림 2.40에 보였다. 1비트 필드인 w를 포함하고 있는 명령어가 많은데, 이것은 바이트 연산인지 더블워드 연산인지를 표시한다. MOV 명령의 d 필드는 데이터 이동 방향을 표시하는 것으로, 메모리로 가는 방향인지 메모리에서 나오는 방향인지를 표시한다. 32비트 모드에서 수치값은 8비트와 32비트 중 하나인데, ADD 명령의 수치 필드 길이는 32비트이다. 32비트 모드에서 테스트용으로는 8비트 수치값을 사용하지 않기 때문에 TEST의 수치 필드는 32비트이다. 명령어의 길이는 1바이트부터 15바이트까지 가변적이다. 길이가 긴 명령어는 4바이트 수치 필드, 4바이트 변위 주소, 2바이트 opcode, 스케일된 인덱스 주소지정 방식 지정자 1바이트에 1바이트짜리 접두사를 포함한다.

| reg | w = 0 | w = 1 | | r/m | mod = 0 | | mod = 1 | | mod = 2 | | mod = 3 |
|---|---|---|---|---|---|---|---|---|---|---|---|
| | | 16b | 32b | | 16b | 32b | 16b | 32b | 16b | 32b | |
| 0 | AL | AX | EAX | 0 | addr=BX+SI | =EAX | *same* | *same* | *same* | *same* | *same* |
| 1 | CL | CX | ECX | 1 | addr=BX+DI | =ECX | *addr as* | *addr as* | *addr as* | *addr as* | *as* |
| 2 | DL | DX | EDX | 2 | addr=BP+SI | =EDX | *mod=0* | *mod=0* | *mod=0* | *mod=0* | *reg* |
| 3 | BL | BX | EBX | 3 | addr=BP+SI | =EBX | *+ disp8* | *+ disp8* | *+ disp16* | *+ disp32* | *field* |
| 4 | AH | SP | ESP | 4 | addr=SI | =*(sib)* | SI+disp8 | *(sib)*+disp8 | SI+disp8 | *(sib)*+disp32 | " |
| 5 | CH | BP | EBP | 5 | addr=DI | =disp32 | DI+disp8 | EBP+disp8 | DI+disp16 | EBP+disp32 | " |
| 6 | DH | SI | ESI | 6 | addr=disp16 | =ESI | BP+disp8 | ESI+disp8 | BP+disp16 | ESI+disp32 | " |
| 7 | BH | DI | EDI | 7 | addr=BX | =EDI | BX+disp8 | EDI+disp8 | BX+disp16 | EDI+disp32 | " |

**그림 2.40 x86의 첫 번째 주소 지정자 "mod, reg, r/m"의 인코딩.** 처음 네 열은 3비트 reg 필드의 인코딩을 보여 준다. 이 인코딩은 opcode의 w 비트 값에 따라, 또 16비트 모드(8086)인가 32비트 모드(80386)인가에 따라 달라진다. 나머지 열은 mod와 r/m 필드를 설명한다. 3비트 r/m 필드의 의미는 2비트 mod 필드와 주소 크기에 따라 달라진다. 기본적으로 mod=0일 때 주소 계산에 사용되는 레지스터를 6열과 7열에 보였다. mod=1이면 8비트 변위가 더해지며, mod=2이면 주소 모드에 따라 16비트 또는 32비트 변위가 더해진다. 단, 다음 세 가지 예외가 있다. 1) 16비트 모드에서 r/m=6이고 mod=1이거나 mod=2일 때는 예외적으로 BP+변위가 된다. 2) 32비트 모드에서 r/m=5이고 mod=1이거나 mod=2일 때는 EBP+변위가 된다. 3) 32비트 모드에서 r/m=4이고 mod≠3일 때 (sib)는 그림 2.36의 스케일된 인덱스 주소지정 방식을 사용한다는 뜻이다. mod=3일 때 r/m 필드는 레지스터를 지정하며, 그 인코딩은 w 비트와 reg 필드를 같이 사용할 때와 동일하다.

그렇다. 다른 명령어들은 "mod, reg, r/m"이라는 추가 opcode 바이트(postbyte)를 사용한다. 여기에는 주소지정 방식에 관한 정보가 들어 있다. postbyte는 메모리를 접근하는 명령어에서 많이 사용된다. 베이스 + 스케일된 인덱스 주소지정 방식은 "sc, index, base"라는 두 번째 postbyte를 사용한다.

그림 2.40은 16비트와 32비트 주소지정 방식에서 두 postbyte 주소 지정자의 인코딩을 보여 준다. 어떤 레지스터와 어떤 주소지정 방식을 사용할 수 있는지를 완전히 이해하려면 모든 주소지정 방식의 인코딩 방법을 알아야 하며, 경우에 따라서는 명령어의 인코딩 방법까지 알아야 한다.

## x86 결론

Intel의 경쟁자 중에는 Motorola 68000과 같이 더 우아한 구조를 갖고 있는 회사들이 있었다. 그러나 Intel은 이들보다 2년 먼저 8086을 발표하였고, 그 덕에 IBM PC의 CPU로 선택되는 행운을 맞았다. Intel 기술자들은 x86이 ARMv7이나 MIPS 같은 컴퓨터보다 만들기 어렵다는 것을 인정하지만, PC 시대에 매우 큰 시장을 확보하고 있던 AMD와 Intel은 이러한 복잡성을 극복하기 위해 더 많은 자원을 투입할 여력이 있었다. x86은 스타일에서 부족한 점을 시장의 크기로 극복하여, 제대로 본다면 좋게 보일 수도 있게 하였다.

다행스럽게도 가장 많이 쓰이는 x86 구성 요소들은 생각만큼 구현하기 어렵지 않았다. AMD와 Intel이 1978년 이래 빠른 속도로 정수 프로그램의 성능을 개선해 오고 있는 것이 그 증거이다. 좋은 성능을 얻기 위해서는 컴파일러의 역할도 중요한데, 컴파일러는 컴퓨터 구조 중에서 속도가 느린 부분의 사용을 가능한 한 피해야 한다.

그러나 수많은 구조 전문가와 제조 전문가가 있음에도 불구하고 포스트 PC 시대에 와서는 x86이 개인 휴대용 기기에서 그리 경쟁력을 보여 주지 못하고 있다.

## 2.20 실례: RISC-V 명령어 집합의 나머지 부분

RISC-V 설계자들은 하나의 명령어 집합 구조로 다양한 컴퓨터에 맞게 만들고 싶은 목표를 가지고 명령어 집합을 **기본 구조**(base architecture)와 몇 가지 **확장**(extension)으로 나누었다. 각각은 영어 알파벳을 사용하여 이름 붙여졌는데 기본 구조는 정수라는 의미로 I로 불린다. 기본 구조는 오늘날의 인기 있는 명령어 집합들과 비교하면 명령어 개수가 적다. 실제로 이 장에서 이미 거의 모든 명령어를 다루었다. 이 절에서는 기본 구조를 좀 더 다루고 그 후 5개의 표준 확장을 설명하겠다.

그림 2.41은 기본 RISC-V 구조의 나머지 명령어들을 보여 주고 있다. 첫 번째 명령어인 `auipc`는 PC-상대주소지정을 위해 사용된다. `lui` 명령어와 같이 이 `auipc`는 정수의 비트 12에서 비트 31까지에 해당하는 20비트 상수를 갖고 있는데 이 값을 PC에다 더해서 그 합을 레지스터에 저장한다. `addi` 같은 명령어와 함께 사용하면 PC ± 4 GiB 영역 안의 어느 메모리 주소도 지정할 수 있다. 이 같은 특징은 **위치 독립적 코드**(position-independent code)에 유용하다. 이런 코드는 메모리의 어느 위치에 적재되든 상관없이 바르게 실행될 수 있다. 이 기능은 동적 링크 라이브러리에서 가장 많이 이용된다.

**Additional Instructions in RISC-V Base Architecture**

| Instruction | Name | Format | Description |
|---|---|---|---|
| Add upper immediate to PC | auipc | U | Add 20-bit upper immediate to PC; write sum to register |
| Set if less than | slt | R | Compare registers; write Boolean result to register |
| Set if less than, unsigned | sltu | R | Compare registers; write Boolean result to register |
| Set if less than, immediate | slti | I | Compare registers; write Boolean result to register |
| Set if less than immediate, unsigned | sltiu | I | Compare registers; write Boolean result to register |

그림 2.41 RISC-V 기본 명령어 집합 구조의 나머지 5개 명령어.

다음 4개의 명령어는 두 정수를 비교하여 그 결과를 참/거짓으로 레지스터에 저장한다. `slt`와 `sltu`는 두 레지스터를 각각 부호있는 수와 부호없는 수로 비교하여 첫 번째 값이 두 번째 값보다 작으면 1을, 그렇지 않으면 0을 레지스터에 저장한다. `slti`와 `sltiu`도 똑같은 비교를 하는데 두 번째 피연산자가 수치값인 것이 다르다.

여기까지가 기본 구조이고, 그림 2.42에 다섯 가지 표준 확장을 보였다. 첫 번째 확장 M은 정수 곱셈과 나눗셈을 위한 명령어들을 포함하고 있다. 이 M확장 명령어 중 몇 개는 3장에서 다룰 예정이다.

두 번째 확장인 A는 다중 프로세서 동기화를 위한 원자적(atomic) 메모리 연산을 지원한다. 2.11절에서 설명했던 `lr.w`(load-reserved word)와 `sc.w`(store-conditional word) 명령어가 A확장에 포함된다. 나머지 18개는 자주 사용되는 동기화 패턴을 위한 최적화 명령인데(원자적 교환, 원자적 덧셈 등) `lr.w`와 `sc.w` 이상의 추가적인 기능을 제공하지는 않는다.

세 번째와 네 번째 확장인 F확장과 D확장은 부동 소수점 연산을 제공하는데, 3장에서 설명할 예정이다.

마지막 확장 C는 새로운 기능을 제공하는 것은 아니다. 대신 `addi` 같은 아주 많이 쓰이는 RISC-V 명령어들의 길이를 16비트로 줄인 명령어들을 제공한다. 이 명령어들을 사용하면 프로그램이 더 적은 바이트로 표시될 수 있으므로 비용을 절감할 수 있고 성능을 향상시킬 수 있다. 성능 향상에 대해서는 5장에서 설명할 예정이다. 16비트 길이에 맞추기 위해서 새 명령어들은 피연산자에 제약이 있을 수 있다. 예를 들면 어떤 명령어들은 32개의 레지스터 중 일부만을 사용할 수 있으며, 수치 필드는 더 짧아진다.

모든 것을 다 합치면 RISC-V 기본 구조와 확장 구조에 184개 명령어가 있고, 추

**RISC-V Base and Extensions**

| Mnemonic | Description | Insn. Count |
|---|---|---|
| I | Base architecture | 51 |
| M | Integer multiply/divide | 13 |
| A | Atomic operations | 22 |
| F | Single-precision floating point | 30 |
| D | Double-precision floating point | 32 |
| C | Compressed instructions | 36 |

**그림 2.42 RISC-V 명령어 집합 구조는 I라 불리는 기본 ISA와 5개의 표준 확장 M, A, F, D, C로 나뉜다.** RISC-V International은 선택사항으로 또 다른 많은 명령어 확장을 개발하고 있다. 대부분의 컴퓨터 구조와는 다르게 RISC-V 소프트웨어 스택은 기본 구조(I)만을 가정하고 있으며, 다른 확장들은 선택사항이라서 프로세서에 포함되어 있을 때만 컴파일러가 사용한다.

가로 13개의 시스템 명령어가 있다. 이 시스템 명령어에 대해서는 5장 말미에 설명할 예정이다.

## 2.21 더 빠르게: C로 작성한 행렬 곱셈 프로그램

1.10절에서 보았던 Python 프로그램으로 다시 돌아가 보자. 그림 2.43은 C로 작성된 행렬 곱셈 프로그램이다. 이 프로그램은 보통 DGEMM이라고 불리며 Double-precision GEneral Matrix Multiply를 의미한다. 행렬 차원을 매개변수 n으로 전달하는데, 앞에서 보았던 Python에서는 직감적인 2차원 행렬을 사용했지만, 이 DGEMM 프로그램에서는 좀 더 나은 성능을 얻기 위하여 1차원 행렬 `C`, `A`, `B`와 주소 연산을 사용한다. 그림 2.43의 주석은 직감적인 2차원 표현을 사용하였다. 그림 2.44는 그림 2.43의 내부 순환문의 x86 어셈블리 언어 프로그램이다. 5개의 부동 소수점 명령어는 `v`로 시작하며, scalar double precision을 의미하는 `sd`가 이름에 포함되어 있다.

그림 2.45는 C 프로그램의 성능을 최적화 매개변수를 변화시키면서 Python 프로그램과 대비하여 보여 주고 있다. 최적화하지 않은 C 프로그램조차 월등히 빠른 것을 알 수 있다. 최적화 레벨을 증가시킴에 따라 훨씬 더 빨라지는 것을 알 수 있지

```
void dgemm (int n, double* A, double* B, double* C)
{
   for (int i = 0; i < n; ++i)
     for (int j = 0; j < n; ++j)
     {
       double cij = C[i+j*n]; /* cij = C[i][j] */
       for( int k = 0; k < n; k++ )
         cij += A[i+k*n] * B[k+j*n]; /* cij += A[i][k]*B[k][j] */
       C[i+j*n] = cij; /* C[i][j] = cij */
     }
}
```

**그림 2.43 2배 정밀도 행렬 곱셈 프로그램의 C 버전.** DGEMM(Double-precision GEneral Matrix Multiply)으로 널리 알려져 있다.

```
vmovsd (%r10),%xmm0                # Load 1 element of C into %xmm0
mov    %rsi,%rcx                   # register %rcx = %rsi
xor    %eax,%eax                   # register %eax = 0
vmovsd (%rcx),%xmm1                # Load 1 element of B into %xmm1
add    %r9,%rcx                    # register %rcx = %rcx + %r9
vmulsd (%r8,%rax,8),%xmm1,%xmm1    # Multiply %xmm1, element of A
add    $0x1,%rax                   # register %rax = %rax + 1
cmp    %eax,%edi                   # compare %eax to %edi
vaddsd %xmm1,%xmm0,%xmm0           # Add %xmm1, %xmm0
jg     30 <dgemm+0x30>             # jump if %eax > %edi
add    $0x1,%r11                   # register %r11 = %r11 + 1
vmovsd %xmm0,(%r10)                # Store %xmm0 into C element
```

**그림 2.44 그림 2.43의 최적화되지 않은 C 코드를 −O3 최적화 플래그를 사용하여 gcc로 컴파일한 x86 어셈블리 언어 프로그램의 중첩 순환문 본체 부분.**

| -O0 (fastest compile time) | -O1 | -O2 | -O3 (fastest run time) |
|---|---|---|---|
| 77 | 208 | 212 | 212 |

**그림 2.45 1.10절의 Python 프로그램 대비 그림 2.43의 C 프로그램 성능.** 최적화 수준에 따른 성능 향상을 보여 주고 있다.

만 치러야 할 대가는 긴 컴파일 시간이다. 성능 향상의 원인은 인터프리터 대신에 컴파일러를 사용한 것과 C의 타입 선언이 컴파일러로 하여금 훨씬 더 효과적인 코드를 생성할 수 있게 해 주었기 때문이다.

## 2.22 오류 및 함정

오류: 강력한 명령어를 사용하면 성능이 좋아진다.

Intel x86 명령어가 강력한 이유 중 하나는 명령어 실행 방식을 변경하는 접두사를 가지고 있기 때문이다. 그중 한 접두사는 카운터 값이 0이 될 때까지 명령어를 반복 실행시킬 수 있는 것이다. 메모리 내의 데이터 블록을 복사할 때 32비트 메모리−메모리 MOV 명령에 이 반복 접두사를 붙이면 편리하다.

접두사를 사용하지 않고 표준 명령어만 사용해서 데이터를 레지스터에 적재했다가 다시 메모리에 저장하는 방식을 사용할 수도 있다. 공평한 비교를 위해 순환문 오버헤드가 없도록 순환문으로 만들지 말고 명령어를 반복적으로 늘어놓는 방법을 쓰면 접두사를 쓴 것보다 1.5배 빠르다. x86의 정수 레지스터 대신 이보다 더 큰 부동 소수점 레지스터를 사용하면 복잡한 MOV 명령어보다 2배 빨라진다.

오류: 최고 성능을 얻기 위해 어셈블리 언어로 프로그램 작성하기.

과거에는 컴파일러가 출력하는 코드의 성능이 좋지 않았으나, 컴파일러 기술이 발달하면서 컴파일한 코드와 손으로 작성한 코드 간의 차이가 급격히 줄어들고 있다. 실제로 어셈블리 프로그래머가 오늘날의 컴파일러와 경쟁하려면 4장과 5장에서 설명하는 프로세서 파이프라이닝과 메모리 계층의 개념을 완전히 이해하고 있어야 한다.

컴파일러와 어셈블리 프로그래머 간의 이런 전쟁은 사람이 점차 기계에게 밀려나는 여러 현상 중 하나로 볼 수 있다. C 언어에는 어떤 변수를 메모리에 넣는 것이 좋을지 레지스터에 넣는 것이 좋을지를 프로그래머가 컴파일러에게 알려 주는 방법이 있다. 컴파일러의 레지스터 할당 기술이 미숙했을 때 이 힌트는 상당한 도움이 되었다. 실제로 어떤 옛날 C 언어 책은 레지스터 힌트를 효과적으로 사용하는 방법에 상당한 부분을 할애하고 있기도 하다. 그러나 오늘날의 컴파일러는 프로그래머보다 오히려 레지스터 할당을 더 잘하기 때문에 이런 힌트를 완전히 무시하는 것이 보통이다.

설사 손으로 작성해서 더 빠른 코드를 만들었다 해도, 어셈블리 프로그램은 코딩과 디버깅에 더 많은 시간이 걸리고, 이식성이 없으며, 유지보수가 어렵다는 문제가 있다. 소프트웨어 공학에서 공인된 몇 안 되는 공리 중 하나가 프로그램의 줄 수가 많을수록 코딩에 더 오랜 시간이 걸린다는 것이다. 그리고 C나 Java보다 어셈블리 언어의 프로그램 줄 수가 많을 것은 자명한 일이다. 또 일단 프로그램이 작성된 다음에는 이것이 생각보다 오래 사용된다는 데 다른 위험성이 있다. 오래 사용된다는 것은 누군가가 계속 고쳐서 새 운영체제와 새 기종에서 실행될 수 있도록 해야 한다는 것을 뜻한다. 어셈블리 언어 대신 상위 수준 언어를 사용하면 장래 새 기종이 개발되더라도 새 컴파일러에 맞게 수정하여 사용할 수 있을 뿐만 아니라 유지보수도 쉽고 여러 종류의 컴퓨터에서 사용할 수도 있다.

오류: 상업용 프로그램의 이진 호환성이 중요하다는 것은 성공적인 명령어 집합은 변하지 않는다는 것을 의미한다.

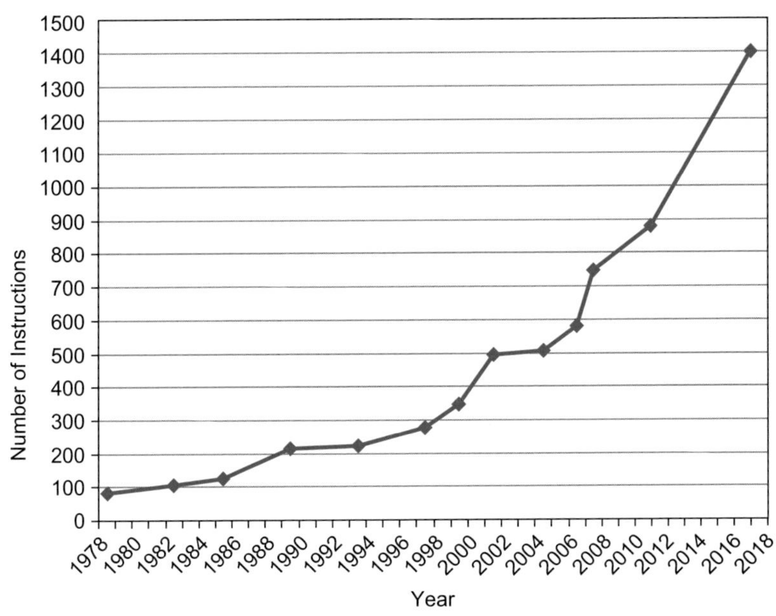


**그림 2.46 x86 명령어 집합의 성장.** 이 확장 중에는 기술적 가치가 명확한 것도 있지만, 급격한 변화는 호환 프로세서를 만들려고 하는 다른 회사들에 더 큰 어려움을 안겨 주는 측면이 있다.

후방(backwards) 이진 호환성이 신성불가침임에도 불구하고 x86 구조는 매우 극적으로 성장해 왔음을 알 수 있다(그림 2.46). 지난 40년 동안 평균적으로 한 달에 하나 이상의 명령어가 추가된 셈이다.

함정: 바이트 주소를 사용하는 컴퓨터에서 인접 워드 간의 주소 차이가 1이 아니라는 사실을 잊는 것.

많은 어셈블리 프로그래머들이 주소를 하나 증가시키면 다음 워드를 찾을 수 있다고 생각했다가, 이로 인해 생긴 오류로 심한 고생을 겪었다. 유비무환임을 명심하라.

함정: 자동 변수가 정의된 프로시저 외부에서 자동 변수에 대한 포인터를 사용하는 것.

포인터를 사용할 때 저지르기 쉬운 실수는 프로시저의 결과를 전달할 때 프로시저 내에서 지역 변수로 선언된 배열을 가리키는 포인터를 포함시키는 것이다. 그림 2.12의 스택 동작에 따르면 지역 배열이 저장된 메모리 영역은 프로시저가 종료되자마자 다른 용도로 재사용된다. 따라서 이미 없어진 자동 변수에 대한 포인터를 사용하면 예기치 못한 일이 발생할 수 있다.

*Less is more.*

Robert Browning, *Andrea del Sarto*, 1855

# 2.23 결론

**내장 프로그램** 컴퓨터의 두 가지 기본 원리는 숫자와 같은 형태의 명령어를 사용한다는 것과 변경 가능한 메모리에 프로그램을 저장한다는 것이다. 이 두 원리 때문에 컴퓨터 하나로 암연구자는 암연구자대로, 금융가는 금융가대로, 소설가는 소설가대로 자기가 필요한 일을 처리할 수 있는 것이다. 명령어 집합의 선택은 프로그램 실행에 필요한 명령어 개수와 명령어 하나 실행에 필요한 클럭 사이클 수, 그리고 클럭 속도 간의 미묘한 균형을 요하는 문제이다. 이 장에서 보았듯이 명령어 집합 설계자가 이런 미묘한 결정을 내릴 때 지침이 될 수 있는 설계 원칙이 세 가지 있다.

1. **간단하기 위해서는 규칙적인 것이 좋다.** RISC-V 명령어 집합의 특성 중 많은 부분이 규칙성을 염두에 두고 결정된 것이다. 예를 들면 모든 명령어의 길이를 똑같게 한 것, 산술 명령어는 항상 레지스터 피연산자를 갖도록 한 것, 어떤 명령어 형식에서나 레지스터 필드의 위치가 일정하게 만든 것 등이다.
2. **작은 것이 더 빠르다.** RISC-V의 레지스터 개수를 32개로 제한한 이유는 속도를 빠르게 하기 위해서이다.
3. **좋은 설계에는 적당한 절충이 필요하다.** RISC-V는 명령어 내의 주소나 상수부는 클수록 좋다는 것과 모든 명령어의 길이는 같은 것이 좋다는 두 요구사항을 적당히 절충하여 수용하고 있다.

이 장에서의 또 다른 위대한 아이디어는 수는 고유한 형식을 갖고 있지 않다는 것이다. 주어진 비트 패턴은 정수값을 나타낼 수도 있고 문자열, 색깔, 심지어는 명령어를 나타낼 수도 있다. 데이터형을 결정하는 것은 프로그램 자체이다.

COMMON CASE FAST

**자주 생기는 일을 빠르게** 하라는 위대한 아이디어가 명령어 집합뿐만 아니라 컴퓨터 구조에도 적용된 것을 1장에서 보았다. RISC-V에서 자주 발생하는 일을 빠르게 한 예로는 조건부 분기에 PC-상대주소를 사용한 것과 큰 상수 피연산자를 위해 수치 주소지정 방식을 도입한 것 등을 들 수 있다.

이제까지 우리가 살펴본 RISC-V 명령어를 그림 2.47에 열거했다.

ABSTRACTION

이 기계어 수준 위에는 인간이 읽을 수 있는 어셈블리 언어가 있다. 어셈블러는 이것을 기계가 이해할 수 있는 이진수로 번역하고, 때로는 하드웨어에 없는 명령을 추가하여 명령어 집합을 확장하기도 한다. 예를 들어 너무 큰 상수나 주소는 적당한 크기로 나누어 처리하며, 자주 쓰이는 명령어 시퀀스에 별도의 이름을 붙여 의사명령어를 만들기도 한다. 상위 수준에 구체적인 사항이 보이지 않게 하는 것은 **추상화**

| RISC-V Instructions | Name | Format |
|---|---|---|
| Add | add | R |
| Subtract | sub | R |
| Add immediate | addi | I |
| Load word | lw | I |
| Load word, unsigned | lwu | I |
| Store word | sw | S |
| Load halfword | lh | I |
| Load halfword, unsigned | lhu | I |
| Store halfword | sh | S |
| Load byte | lb | I |
| Load byte, unsigned | lbu | I |
| Store byte | sb | S |
| Load reserved | lr.w | R |
| Store conditional | sc.w | R |
| Load upper immediate | lui | U |
| And | and | R |
| Inclusive or | or | R |
| Exclusive or | xor | R |
| And immediate | andi | I |
| Inclusive or immediate | ori | I |
| Exclusive or immediate | xori | I |
| Shift left logical | sll | R |
| Shift right logical | srl | R |
| Shift right arithmetic | sra | R |
| Shift left logical immediate | slli | I |
| Shift right logical immediate | srli | I |
| Shift right arithmetic immediate | srai | I |
| Branch if equal | beq | SB |
| Branch if not equal | bne | SB |
| Branch if less than | blt | SB |
| Branch if greater or equal | bge | SB |
| Branch if less, unsigned | bltu | SB |
| Branch if greatr/eq, unsigned | bgeu | SB |
| Jump and link | jal | UJ |
| Jump and link register | jalr | I |

**그림 2.47 이제까지 설명한 RISC-V 명령어.** 그림 2.1은 이 장에서 보여 준 RISC-V 구조를 좀 더 자세히 보여 주고 있다. 여기에 보인 정보는 이 책의 첫 페이지에 있는 RISC-V Reference Data Card의 ①열과 ②열에서도 볼 수 있다.

의 또 다른 예가 된다.

RISC-V의 각 명령어 종류는 다음과 같이 상위 수준 언어의 구조와 연관 지을 수 있다.

- 산술 명령어는 치환문에 나타나는 연산에 해당한다.
- 데이터 전송 명령어는 배열이나 구조체 같은 자료구조를 다룰 때 자주 쓰인다.

| Instruction class | RISC-V examples | HLL correspondence | Frequency | |
|---|---|---|---|---|
| | | | Integer | Fl. Pt. |
| Arithmetic | add, sub, addi | Operations in assignment statements | 16% | 48% |
| Data transfer | lw, sw, lh, sh, lb, sb, lui | References to data structures in memory | 35% | 36% |
| Logical | and, or, xor, sll, srl, sra | Operations in assignment statements | 12% | 4% |
| Branch | beq, bne, blt, bge, bltu, bgeu | *If* statements; loops | 34% | 8% |
| Jump | jal, jalr | Procedure calls & returns; *switch* statements | 2% | 0% |

**그림 2.48 RISC-V 명령어의 종류, 예, 해당 상위 수준 언어 구조 및 정수형 SPEC CPU2006과 실수형 SPEC CPU2006에서 명령어의 평균 실행 빈도.** RISC-V의 명령어별 실행 빈도는 3장의 그림 3.22에 보였다.

- 조건부 분기는 *if* 문과 순환문에서 사용된다.
- 무조건 분기는 프로시저 호출과 복귀 및 *case/switch* 문에서 사용된다.

명령어들의 사용 빈도는 서로 달라서 소수의 명령어가 다른 것보다 훨씬 자주 사용된다. SPEC CPU2006에서 각 종류가 얼마나 자주 쓰이는지를 그림 2.48에 보였다. 이러한 명령어 사용 빈도의 차이는 데이터패스, 제어, 파이프라인의 설계와 밀접한 연관이 있다.

3장에서는 컴퓨터 연산에 대해 설명하고, 그다음에는 RISC-V 명령어 집합 구조의 나머지 부분을 살펴볼 것이다.

## 2.24 역사적 고찰 및 참고문헌

이 절에서는 **명령어 집합 구조**(ISA)의 역사를 살펴보고, 프로그래밍 언어와 컴파일러의 역사를 간략히 제시한다. 살펴볼 명령어 집합 구조에는 누산기(accumulator) 구조, 범용 레지스터 구조, 스택 구조들이 포함되며, x86과 ARM의 32비트 구조인 ARMv7의 간략한 역사도 함께 살펴본다. 또한 상위 수준 언어 컴퓨터 구조와 RISC 컴퓨터 구조 사이의 논쟁 관점에 대해서도 살펴본다. 프로그래밍 언어의 역사에는 Fortran, Lisp, Algol, C, Cobol, Pascal, Simula, Smalltalk, C++, Java 등이 포함된다. 컴파일러의 역사에는 역사상 중요한 사건과 이러한 성취를 이루어 낸 선구자들이 포함된다. **2.24절**의 나머지 부분은 온라인에 있다.

## 2.25 자습

**숫자로서의 명령어.** 다음 이진수가 주어졌다.

$0000000101001011001010000000100011_{two}$

이것은 16진수로는 얼마인가?
부호없는 정수로 가정한다면 십진수로 얼마인가?
부호있는 정수로 가정한다면 값이 바뀌는가?
명령어로 가정한다면 어셈블리 언어로는 어떻게 표현되는가?

**숫자로서의 명령어와 보안 취약성.** 프로그램이 메모리 내에서는 숫자에 불과하지만, 주소 공간의 일부를 읽기 전용으로 명시함으로써 프로그램을 바꾸지 못하게 보호하는 방법을 컴퓨터에게 어떻게 알려 줄 수 있는지를 5장에서 배우게 된다. 그러나 영악한 공격자들은 프로그램이 보호가 되고 있음에도 불구하고 C 프로그램 내의 버그를 이용해서 프로그램 실행 도중에 자신의 코드를 프로그램에 심는다.

다음은 사용자가 타이핑하는 것을 복사하여 스택의 지역 변수에 집어넣는 단순 문자열 복사 프로그램이다.

```
#include <string.h>
void copyinput (char *input)
{
    char copy[10];
    strcpy(copy, input); // no bounds checking in strcpy
}
int main (int argc, char **argv)
{
    copyinput(argv[1]);
    return 0;
}
```

만약 사용자가 10개보다 많은 문자를 입력하면 어떤 일이 일어날까? 프로그램 실행 결과는 어떠할까? 어떻게 이로 인해서 공격자가 프로그램 실행을 넘겨받는 일이 일어날 수 있는가?

***while* 문을 더 빠르게.** 아래에 2.7절 두 번째 예제에서 사용한 C *while* 순환문의 RISC-V 코드가 있다.

```
Loop: slli  x10, x22, 2   // Temp reg x10 = i * 4
      add   x10, x10, x25 // x10 = address of save[i]
      lw    x9, 0(x10)    // Temp reg x9 = save[i]
      bne   x9, x24, Exit // go to Exit if save [i] ≠ k
      addi  x22, x22, 1   // i = i + 1
      beq   x0, x0, Loop  // go to Loop
Exit:
```

순환문은 열 번 실행된다고 가정한다. 한 번의 순환에서 평균적으로 점프 명령어 1개와 분기 명령어 1개를 실행하는 대신에 분기 명령어 1개만 실행하게 만들어서 순환문 실행을 빠르게 하라.

**역 컴파일러.** 아래에 처음 5개의 명령어에만 주석이 붙어 있는 RISC-V 어셈블리 언어 코드가 있다.

```
slli  x5, x18, 2      // x5 = f * 4
add   x5, x23, x5     // x5 = &A[f]
slli  x6, x19, 2      // x6 = g * 4
add   x6, x24, x6     // x6 = &B[g]
lw    x18, 0(x5)      // f = A[f]
addi  x7, x5, 4
lw    x5, 0(x7)
add   x5, x5, x18
sw    x5, 0(x6)
```

변수 f, g는 각각 x18, x19에 저장되어 있다고 가정한다. 또한 배열 A와 B의 시작 주소는 x23과 x24에 저장되어 있다고 가정한다. 마지막 네 명령어에 주석을 달고, 이 어셈블리 프로그램으로 번역될 수 있는 원 C 코드를 보여라.

## 자습 해답

### 숫자로서의 명령어

이진수: $00000001010010110010100000100011_{two}$

16진수: $014B2823_{hex}$

십진수: $21702691_{ten}$

첫 번째 비트가 0이기 때문에 부호있는 정수이든 부호없는 정수이든 십진수 값은 같다.

기계어로 보면 다음과 같으므로

| 31 | 25 | 24 | 20 | 19 | 15 | 14 | # | 11 | 7 | 6 | 0 |
|---|---|---|---|---|---|---|---|---|---|---|---|
| immediate[11:5] | | rs2 | | rs1 | | funct3 | | immediate[4:0] | | opcode | |
| 0000000 | | 10100 | | 10110 | | 010 | | 10000 | | 0100011 | |
| 7 | | 5 | | 5 | | 3 | | 5 | | 7 | |

어셈블리 언어 명령어: `sw x20, 16(x22)`

**숫자로서의 명령어와 보안 취약성**

이 프로그램은 사용자가 null로 끝나는 아홉 글자 이내의 문자열을 입력하면 안전하게 복사를 수행할 수 있다. 하지만 이보다 더 길어지면 스택에 있는 다른 값들을 덮어쓰게 된다. 스택은 큰 주소에서 작은 주소 쪽으로 자라므로, 스택 밑에는 이전 프로시저 호출의 스택 프레임들이 있는데 여기에는 복귀 주소도 포함되어 있다. 노련한 공격자는 코드를 스택에 심을 수 있을 뿐만 아니라 스택에 있는 복귀 주소를 바꾸어서 결국 프로그램이 공격자의 복귀 주소를 사용하게 되어 어떤 프로시저가 리턴한 후에 스택에 심었던 실행 코드를 시작하게 만들 수 있다.

***while* 문을 빠르게**

비법은 순환문 마지막에서 점프 명령어를 건너뛰는 대신 조건부 분기 명령어를 바꾸어 순환문의 꼭대기로 점프하도록 만드는 것이다. *while* 순환문의 의미와 일치하도록 i를 증가시키기 전에 save[i] == k인지를 먼저 검사하여야 한다.

```
      slli  x10, x22, 2      // Temp reg x10 = i * 4
      add   x10, x10, x25    // x10 = address of save[i]
      lw    x9, 0(x10)       // Temp reg x9 = save[i]
      bne   x9, x24, Exit    // go to Exit if save[i] ≠ k
Loop: addi  x22, x22, 1      // i = i + 1
      slli  x10, x22, 2      // Temp reg x10 = i * 4
      add   x10, x10, x25    // x10 = address of save[i]
      lw    x9, 0(x10)       // Temp reg x9 = save[i]
      beq   x9, x24, Loop    // go to Loop if save[i] = k
Exit:
```

**역 컴파일러**

```
slli  x5, x18, 2    // x5 = f * 4
add   x5, x23, x5   // x5 = &A [f]
slli  x6, x19, 2    // x6 = g * 4
add   x6, x24, x6   // x6 = &B[g]
lw    x18, 0(x5)    // f = A[f]
```

```
addi  x7, x5, 4     // x7=x5+4 =>x7 points to A[f+1] now
lw    x5, 0(x7)     // x5 = A[f+1]
add   x5, x5, x18  // x5 = x5 + $s0 =>x5 is now A[f] + A[f+1]
sw    x5, 0(x6)     // store the result into B[g]
```

이 코드에 해당하는 C 문장은

`B[g] = A[f] + A[f+1];`

이다.

## 2.26 연습문제

**2.1** [5] 〈§2.2〉 다음 C 문장을 위한 RISC-V 어셈블리 코드를 작성하라. C 변수 f, g, h는 레지스터 x5, x6, x7에 있다고 가정한다. 최소 개수의 어셈블리 명령어를 사용하라.

```
f = g + (h - 5);
```

**2.2** [5] 〈§2.2〉 다음 두 어셈블리 명령어에 해당하는 C 문장 하나는?

```
add f, g, h
add f, i, f
```

**2.3** [5] 〈§§2.2, 2.3〉 다음 C 문장에 해당하는 RISC-V 어셈블리 코드는? C 변수 f, g, h, i, j는 레지스터 x5, x6, x7, x28, x29에 있다고 가정한다. 배열 A와 B의 시작 주소는 레지스터 x10과 x11에 들어 있다고 가정한다.

```
B[8] = A[i - j];
```

**2.4** [10] 〈§§2.2, 2.3〉 아래 RISC-V 어셈블리 명령어 시퀀스에 대응하는 C 문장은? 변수 f, g, h, i, j는 레지스터 x5, x6, x7, x28, x29에 있다고 가정한다. 배열 A와 B의 시작 주소는 레지스터 x10과 x11에 있다고 가정한다.

```
slli  x30, x5, 2      // x30 = f * 4
add   x30, x10, x30   // x30 = &A[f]
slli  x31, x6, 2      // x31 = g * 4
add   x31, x11, x31   // x31 = &B[g]
lw    x5, 0(x30)      // f = A[f]
```

```
addi  x12, x30, 4
lw    x30, 0(x12)
add   x30, x30, x5
sw    x30, 0(x31)
```

**2.5** [5] 〈§2.3〉 0xabcdef12 값이 리틀 엔디안 컴퓨터와 빅 엔디안 컴퓨터에서 메모리에 어떻게 저장되는지 보여라. 데이터는 주소 0번지부터 저장되고 워드 크기는 4바이트라고 가정한다.

**2.6** [5] 〈§2.4〉 0xabcdef12를 십진수로 변환하라.

**2.7** [5] 〈§§2.2, 2.3〉 다음 C 코드를 RISC-V 코드로 변환하라. 변수 f, g, h, i, j는 레지스터 x5, x6, x7, x28, x29에 있다고 가정하고, 배열 A와 B의 시작 주소는 레지스터 x10과 x11에 있다고 가정한다. 배열 A와 B의 각 원소는 4바이트 워드라고 가정한다.

```
B[8] = A[i] + A[j];
```

**2.8** [10] 〈§§2.2, 2.3〉 아래 RISC-V 어셈블리 명령어 시퀀스를 C로 변환하라. 변수 f, g, h, i, j는 레지스터 x5, x6, x7, x28, x29에 있고, 배열 A와 B의 시작 주소는 레지스터 x10과 x11에 있다고 가정한다.

```
addi  x30, x10, 4
addi  x31, x10, 0
sw    x31, 0(x30)
lw    x30, 0(x30)
add   x5, x30, x31
```

**2.9** [20] 〈§§2.2, 2.5〉 문제 2.8의 각각의 RISC-V 명령어에 대해 opcode(op) 값, 근원지 레지스터(rs1) 필드, 목적지 레지스터(rd) 필드 값을 보여라. I-타입 명령어에 대해서는 수치 필드 값을 보이고, R-타입 명령어에 대해서는 두 번째 근원지 레지스터(rs2) 값을 보여라. U-나 UJ-타입 명령어가 아닌 경우에는 funct3 필드값을 보이고, R-타입과 S-타입 명령어인 경우에는 funct7 필드값을 보여라.

**2.10** 레지스터 x5와 x6이 값 0x80000000과 0xD0000000을 갖고 있다고 가정한다.

**2.10.1** [5] 〈§2.4〉 다음 명령어를 수행한 후의 x30 값은?

```
add  x30, x5, x6
```

**2.10.2** [5] 〈§2.4〉 x30 값이 원하던 값인가, 아니면 오버플로가 일어났는가?

**2.10.3** [5] 〈§2.4〉 레지스터 x5와 x6 값이 위와 같을 때 다음 명령어를 수행한 후의 x30 값은?

```
sub   x30, x5, x6
```

**2.10.4** [5] 〈§2.4〉 x30 값이 원하던 값인가, 아니면 오버플로가 일어났는가?

**2.10.5** [5] 〈§2.4〉 레지스터 x5와 x6 값이 위와 같을 때 다음 명령어를 수행한 후의 x30 값은?

```
add   x30, x5, x6
add   x30, x30, x5
```

**2.10.6** [5] 〈§2.4〉 x30 값이 원하던 값인가, 아니면 오버플로가 일어났는가?

**2.11** x5의 값이 $128_{ten}$이라고 가정한다.

**2.11.1** [5] 〈§2.4〉 명령어 add x30, x5, x6이 실행될 때 오버플로가 일어나려면 x6이 어떤 범위의 값을 가져야 되는가?

**2.11.2** [5] 〈§2.4〉 명령어 sub x30, x5, x6이 실행될 때 오버플로가 일어나려면 x6이 어떤 범위의 값을 가져야 되는가?

**2.11.3** [5] 〈§2.4〉 명령어 sub x30, x6, x5가 실행될 때 오버플로가 일어나려면 x6이 어떤 범위의 값을 가져야 되는가?

**2.12** [5] 〈§§2.2, 2.5〉 다음 이진수에 해당하는 명령어 타입과 어셈블리 명령어는?

$0000\ 0000\ \ 0001\ 0000\ 1000\ 0000\ 1011\ 0011_{two}$

힌트: 그림 2.18을 참조하라.

**2.13** [5] 〈§§2.2, 2.5〉 다음 명령어의 명령어 타입과 16진수 표현은?

```
sw   x5, 32(x30)
```

**2.14** [5] 〈§2.5〉 다음 RISC-V 필드가 나타내는 명령어 타입, 어셈블리 명령어, 명령어의 이진 표현은?

```
opcode=0x33, funct3=0x0, funct7=0x20, rs2=5, rs1=7, rd=6
```

**2.15** [5] 〈§2.5〉 다음 RISC-V 필드가 나타내는 명령어 타입, 어셈블리 명령어, 명령어의 이진 표현은?

```
opcode=0x3, funct3=0x3, rs1=27, rd=3, imm=0x4
```

**2.16** RISC-V 레지스터를 128개로 늘리고, 명령어는 현재보다 4배 많게 확장하려 한다.

**2.16.1** [5] 〈§2.5〉 이렇게 확장한다면 R-타입 명령어의 각각의 비트 필드 크기에 어떤 영향을 미치게 되는가?

**2.16.2** [5] 〈§2.5〉 이렇게 확장한다면 I-타입 명령어의 각각의 비트 필드 크기에 어떤 영향을 미치게 되는가?

**2.16.3** [5] 〈§§2.5, 2.8, 2.10〉 제안한 두 가지 확장 각각은 RISC-V 어셈블리 프로그램 크기를 어떻게 감소시킬 수 있는가? 반면에 제안한 두 가지 확장은 RISC-V 어셈블리 프로그램 크기를 어떻게 증가시킬 수 있나?

**2.17** 레지스터 값이 다음과 같다고 가정한다.

```
x5 = 0xAAAAAAAA, x6 = 0x12345678
```

**2.17.1** [5] 〈§2.6〉 레지스터 값이 위와 같을 때 다음 명령어 시퀀스 실행 후 x7 값은 얼마인가?

```
slli  x7, x5, 4
or    x7, x7, x6
```

**2.17.2** [5] 〈§2.6〉 레지스터 값이 위와 같을 때 다음 명령어 실행 후 x7 값은 얼마인가?

```
slli  x7, x6, 4
```

**2.17.3** [5] 〈§2.6〉 레지스터 값이 위와 같을 때 다음 명령어 시퀀스 실행 후 x7 값은 얼마인가?

```
srli  x7, x5, 3
andi  x7, x7, 0xFEF
```

**2.18** [10] 〈§2.6〉 레지스터 x5의 비트 16-11을 추출해서 이 값을 레지스터 x6의 비트 31-26에 넣으려고 한다. 단 x5와 x6의 다른 비트들은 변하지 않아야 한다. 이를 수행하는 최소 길이의 RISC-V 명령어 시퀀스를 구하라. (x5 = 0과 x6 = 0xffffffff를 사용하여 만든 코드를 테스트하라. 이 테스트로 흔히 간과하는 점들이 걸러질 수도 있다.)

**2.19** [5] 〈§2.6〉 다음 의사명령어를 구현하는 데 사용할 수 있는 최소 길이의

RISC-V 명령어 시퀀스를 구하라.

```
not  x5, x6       // bit-wise invert
```

**2.20** [5] 〈§2.6〉 다음 C 문장과 같은 연산을 하는 최소 크기의 RISC-V 명령어 시퀀스를 작성하라. 단 x6은 A, x17은 C의 시작 주소라 가정한다.

```
A = C[0] << 4;
```

**2.21** [5] 〈§2.7〉 x5가 0x00101000 값을 갖고 있다고 가정했을 때 다음 명령어 시퀀스를 수행한 후의 x6 값은?

```
       bge  x5, x0, ELSE
       jal  x0, DONE
ELSE:  ori  x6, x0, 2
DONE:
```

**2.22** 프로그램 카운터(PC) 값이 0x20000000이라고 가정하자.

**2.22.1** [5] 〈§2.10〉 RISC-V jal(jump-and-link) 명령어를 사용하여 도달할 수 있는 주소 범위는? (다시 말하면 점프 명령어 실행 후 PC가 가질 수 있는 값의 집합은 무엇인가?)

**2.22.2** [5] 〈§2.10〉 RISC-V beq(branch if equal) 명령어를 사용하여 도달할 수 있는 주소 범위는? (다시 말하면 분기 명령어 실행 후 PC가 가질 수 있는 값의 집합은 무엇인가?)

**2.23** 새로운 명령어 rpt가 제안되었다. rpt는 순환문의 조건 검사와 카운터 감소를 하나의 명령어로 만든 것이다. 예를 들면 rpt x29, loop 명령어는 다음과 같은 일을 한다.

```
if (x29 > 0) {
       x29 = x29 - 1;
       goto loop
    }
```

**2.23.1** [5] 〈§§2.7, 2.10〉 이 명령어가 RISC-V 명령어 집합에 추가되어야 한다면 어떤 명령어 형식이 가장 적당할까?

**2.23.2** [5] 〈§2.7〉 같은 일을 수행하는 가장 짧은 RISC-V 명령어 시퀀스는?

**2.24** 다음 RISC-V 순환문을 생각한다.

```
LOOP: beq   x6, x0, DONE
      addi  x6, x6, -1
      addi  x5, x5, 2
      jal   x0, LOOP
DONE:
```

**2.24.1** [5] 〈§2.7〉 레지스터 x6은 값 10으로 초기화되어 있다고 가정한다. x5의 초기치가 0이라면 x5의 최종값은?

**2.24.2** [5] 〈§2.7〉 위 순환문과 같은 일을 하는 C 코드를 작성하라. 레지스터 x5와 x6은 정수 acc와 i라고 가정한다.

**2.24.3** [5] 〈§2.7〉 위의 RISC-V 어셈블리 순환문에서 레지스터 x6의 초기치가 N이라면, RISC-V 명령어가 몇 개 실행되는가?

**2.24.4** [5] 〈§2.7〉 위의 RISC-V 어셈블리 순환문에서 명령어 "beq x6, x0, DONE"을 "blt x6, x0, DONE"으로 바꾸었을 때, 이와 같은 일을 하는 C 코드를 작성하라.

**2.25** [10] 〈§2.7〉 다음 C 코드를 RISC-V 코드로 변환하되 최소 개의 명령어를 사용하라. 변수들 a, b, i, j는 레지스터 x5, x6, x7, x29에 있다고 가정한다. 배열 D의 시작 주소는 레지스터 x10에 있다고 가정한다.

```
for (i = 0; i < a; i++)
    for (j = 0; j < b; j++)
        D[4*j] = i + j;
```

**2.26** [5] 〈§2.7〉 문제 2.25의 C 코드를 구현하려면 RISC-V 명령어 몇 개가 필요한가? 변수 a와 b의 값이 각각 10과 1이고 배열 D의 모든 원소 초기치가 0일 때, 순환문 실행을 완료하려면 RISC-V 명령어 몇 개를 실행해야 하는가?

**2.27** [5] 〈§2.7〉 다음 순환문을 C 코드로 변환하라. C 정수 i는 레지스터 x5에, C 정수 result는 x6에 있다고 가정한다. 정수형 배열 MemArray의 시작 주소는 레지스터 x10에 있다고 가정한다.

```
      addi  x6, x0, 0
      addi  x29, x0, 100
LOOP: lw    x7, 0(x10)
      add   x5, x5, x7
      addi  x10, x10, 4
```

```
addi  x6, x6, 1
blt   x6, x29, LOOP
```

**2.28** [10] ⟨§2.7⟩ 문제 2.27의 순환문을 다시 작성하되 실행되는 RISC-V 명령어의 개수가 최소가 되게 하라. 힌트: 변수 i는 순환문 제어용으로만 사용된다는 것을 기억하라.

**2.29** [30] ⟨§2.8⟩ 다음 C 코드를 RISC-V 어셈블리로 구현하라. 힌트: 스택 포인터는 16의 배수 번지에 정렬되어 있어야 함을 기억하라.

```
int fib(int n){
    if (n==0)
       return 0;
    else if (n==1)
       return 1;
    else
       return fib(n-1) + fib(n-2);
}
```

**2.30** [20] ⟨§2.8⟩ 문제 2.29에서 함수가 호출될 때마다 함수 호출 후의 스택 내용을 보여라. 스택 포인터는 처음에 0x7ffffffc라고 가정하고, 그림 2.11의 레지스터 관례를 따른다고 가정한다.

**2.31** [20] ⟨§2.8⟩ 함수 f를 RISC-V 어셈블리 언어로 번역하라. 함수 g는 "int g(int a, int b)"로 선언되었다고 가정한다. 함수 f의 코드는 다음과 같다.

```
int f(int a, int b, int c, int d) {
  return  g(g(a, b), c+d);
}
```

**2.32** [5] ⟨§2.8⟩ 이 함수에서 꼬리 호출 최적화(tail-call optimization)를 사용할 수 있는가? 아니라면 아닌 이유를 설명하라. 또 사용할 수 있다면 최적화했을 때와 최적화하지 않았을 때 f에서 실행되는 명령어 개수는 얼마나 차이가 나는가?

**2.33** [5] ⟨§2.8⟩ 문제 2.31의 함수 f에서 복귀하기 직전의 레지스터 x10-x14, x8, x1, sp 값에 대해서 무엇을 알 수 있는가? 함수 f는 전체를 다 알지만 함수 g는 선언부만 안다는 것을 명심하라.

**2.34** [30] ⟨§2.9⟩ 양 또는 음의 십진수 정수 열을 갖고 있는 ASCII 문자열을 정수

로 변환하는 RISC-V 어셈블리 프로그램을 작성하라. 레지스터 x10에 문자열의 주소가 있다고 가정한다. 이 문자열은 "+" 또는 "−"가 맨 앞에 나올 수도 있고 부호가 없을 수도 있으며 그 뒤에는 0부터 9 사이의 숫자들이 나온다. 문자열은 null로 끝난다. 작성된 프로그램은 이 숫자열에 해당하는 정수값을 계산하여 레지스터 x10에 넣는다. 만약 숫자열 중간에 숫자가 아닌 문자가 나올 경우에는 프로그램이 중지하면서 x10에 −1을 넣는다. 예를 들어 x10이 3바이트 시퀀스 $50_{ten}$, $52_{ten}$, $0_{ten}$(null로 끝나는 문자열 "24")을 가리키고 있다면, 프로그램이 끝났을 때 x10에는 값 $24_{ten}$이 들어가야 한다. RISC-V mul 명령어의 입력은 레지스터만 될 수 있다. muli 명령어는 없으므로 레지스터에 상수 10을 넣는 수밖에 없다.

**2.35** 다음 코드

```
lb   x6, 0(x7)
sw   x6, 8(x7)
```

에서 레지스터 x7은 주소 0x10000000을 갖고 있으며 이 주소에 있는 데이터는 0x11223344이다.

**2.35.1** [5] 〈§§2.3, 2.9〉 빅 엔디안 컴퓨터라면 0x10000008에 저장되는 값은?

**2.35.2** [5] 〈§§2.3, 2.9〉 리틀 엔디안 컴퓨터라면 0x10000008에 저장되는 값은?

**2.36** [5] 〈§2.10〉 32비트 상수 $0x12345678_{hex}$를 만들어서 레지스터 x10에 저장하는 RISC-V 어셈블리 코드를 작성하라.

**2.37** [10] 〈§2.11〉 원자적 "set max" 연산을 하는 다음 C 코드를 구현하는 RISC-V 어셈블리 코드를 lr.w와 sc.w 명령어를 사용하여 작성하라. 여기서 인수 shvar은 공유변수의 주소를 갖고 있는데, x가 이 공유변수보다 크면 공유변수 값이 x로 바뀐다.

```
void setmax(int* shvar, int x) {
  // Begin critical section
  if (x > *shvar)
     *shvar = x;
  // End critical section
}
```

**2.38** [5] 〈§2.11〉 문제 2.37에서 작성한 코드를 예로 사용하여 두 프로세서가 임계 영역을 동시에 실행하려 할 때 어떤 일이 일어나는지를 설명하라. 각 프로세서는 한

사이클에 명령어 하나씩을 실행한다고 가정한다.

**2.39** 주어진 프로세서의 산술 명령어 CPI가 1이고 적재/저장 명령어의 CPI는 10, 분기 명령어의 CPI는 3이다. 어떤 프로그램이 $500 \times 10^6$ 산술 명령어, $300 \times 10^6$ 적재/저장 명령어, $100 \times 10^6$ 분기 명령어를 실행한다고 하자.

**2.39.1** [5] 〈§§1.6, 2.13〉 더 강력한 산술 명령어들이 이 명령어 집합에 추가된다고 하자. 이 강력한 산술 명령어들은 프로그램을 실행하는 데 필요한 산술 명령어의 개수를 평균 25% 줄일 수 있지만, 클럭 사이클 시간은 10% 증가한다. 이 명령어의 추가는 좋은 설계 대안이 될 수 있는가? 이유를 설명하라.

**2.39.2** [5] 〈§§1.6, 2.13〉 산술 명령어의 성능을 2배로 증가시키는 방법을 발견한다면, 컴퓨터의 전체 성능은 얼마나 향상되는가? 만약 산술 명령어의 성능이 10배 증가한다면 전체 성능은 얼마나 향상되는가?

**2.40** 어떤 프로그램에서 실행되는 명령어의 70%가 산술 명령어, 10%가 적재/저장 명령어, 20%가 분기 명령어라고 가정하자.

**2.40.1** [5] 〈§§1.6, 2.13〉 명령어 사용 빈도가 위와 같고 산술 명령어는 2사이클, 적재/저장 명령어는 6사이클, 분기 명령어는 3사이클 걸린다면 평균 CPI는?

**2.40.2** [5] 〈§§1.6, 2.13〉 적재/저장 명령어와 분기 명령어는 전혀 개선하지 않고, 전체 성능을 25% 높이려면 산술 명령어는 평균 몇 사이클이 걸려야 할까?

**2.40.3** [5] 〈§§1.6, 2.13〉 적재/저장 명령어와 분기 명령어는 전혀 개선하지 않고, 전체 성능을 50% 높이려면 산술 명령어는 평균 몇 사이클이 걸려야 할까?

**2.41** [10] 〈§2.19〉 2.19절에서 설명한 x86의 스케일된 인덱스 주소지정 방식(그림 2.36)과 유사한 스케일된 변위 주소지정 방식을 RISC-V ISA가 지원한다고 가정하자. 스케일된 변위 적재 명령어를 사용하여 문제 2.4의 작업을 수행하는 데 필요한 어셈블리 명령어 개수를 더 줄여라. (역자 힌트: 문제 2.4에서 `f = A[f]`를 구하는 3개의 명령어와 그림 2.36의 스케일된 변위 주소지정 방식에서 동등한 RISC-V 명령어를 비교하여 보아라.)

**2.42** [10] 〈§2.19〉 2.19절에서 설명한 x86의 스케일된 인덱스 주소지정 방식(그림 2.36)과 유사한 스케일된 변위 주소지정 방식을 RISC-V ISA가 지원한다고 가정하자. 스케일된 변위 적재 명령어를 사용하여 문제 2.7의 C 코드를 구현하는 데 필요한 어셈블리 명령어 개수를 더 줄여라.

## 스스로 점검하기 해답

§2.2(81쪽): RISC-V, C, Java

§2.3(88쪽): 2. 매우 느리다.

§2.4(96쪽): 2. $-8_{ten}$

§2.5(104쪽): 첫 번째 질문: 3. `sub x11, x10, x9`

두 번째 질문: $28_{hex}$

§2.6(107쪽): 둘 다. 마스크 패턴 1들과 AND 연산을 하면 원하는 필드를 제외한 다른 곳은 전부 0이 된다. 적당한 비트 수만큼 왼쪽 자리이동을 해서 해당 필드의 왼쪽 비트들을 모두 없애 버린 후, 적당한 비트 수만큼 오른쪽 자리이동을 하면 해당 필드를 워드의 맨 오른쪽에 넣고 나머지 비트들은 전부 0으로 만들 수 있다. AND는 해당 필드를 원래 자리에 그대로 남기지만, 자리이동 명령 2개를 사용하면 해당 필드가 워드의 맨 오른쪽에 있게 된다.

§2.7(113쪽): I. 모두 참이다. II. 1.

§2.8(124쪽): 둘 다 참이다.

§2.9(129쪽): I. 1과 2. II. 3.

§2.10(139쪽): I. 4. ±4K II. 4. ±1M

§2.11(143쪽): 둘 다 참이다.

§2.12(153쪽): 4. 기계 독립성

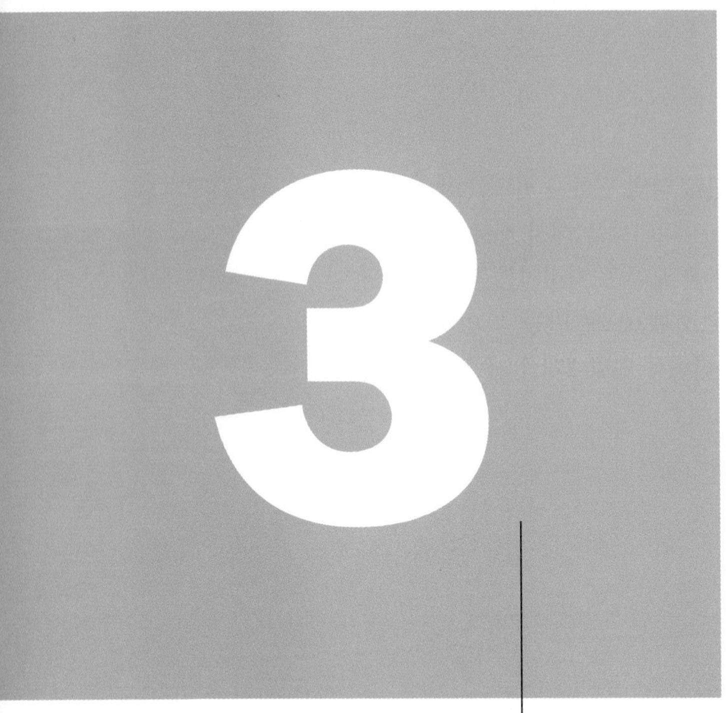

# 컴퓨터 연산



*Numerical precision is the very soul of science.*

**Sir D'arcy Wentworth Thompson,**
*On Growth and Form*, 1917

**컴퓨터의 고전적인 다섯 가지 구성 요소**

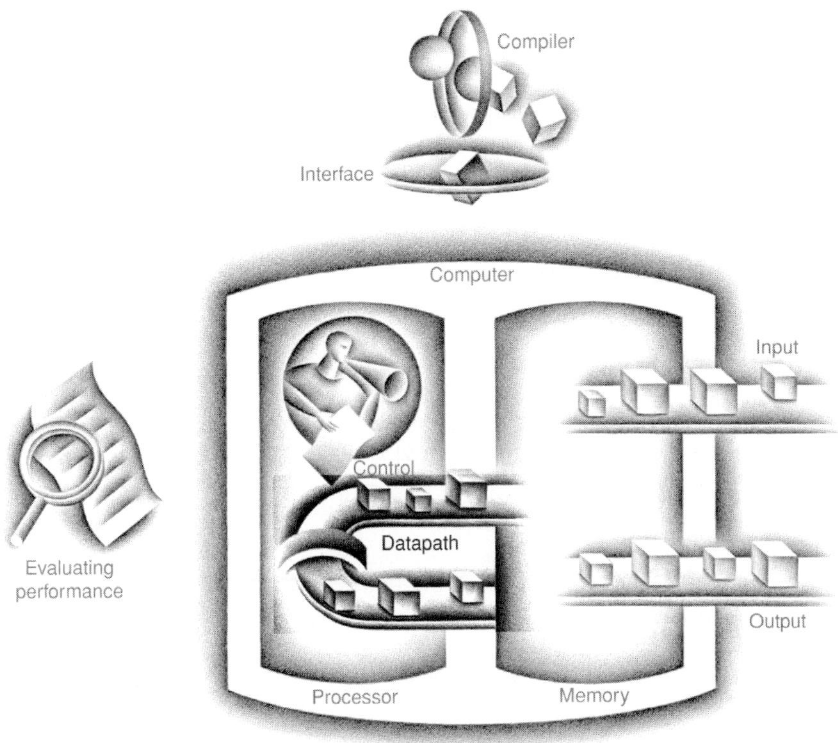


## 3.1 서론

컴퓨터 워드(word)는 비트로 구성되어 있으므로 이진수로 표시할 수 있다. 2장에서 정수가 십진수나 이진수로 표현될 수 있음을 보였는데, 흔히 볼 수 있는 다른 수들

은 어떨까? 예를 들면

- 소수나 실수는 어떻게 표현할까?
- 컴퓨터로 표현할 수 있는 것보다 더 큰 수가 계산의 결과로 나오면 어떻게 될까?
- 이런 문제들의 바탕에 깔려 있는 수수께끼가 하나 있는데, 그것은 하드웨어가 실제로 어떻게 곱셈, 나눗셈을 수행하는가 하는 것이다.

이 장의 목표는 실수의 표현과 연산 알고리즘, 이러한 알고리즘을 수행하는 하드웨어, 그리고 이 모든 것들이 명령어 집합에 미치는 영향 등을 풀어 나가는 것이다. 이를 통하여 여러분들이 컴퓨터 사용 시 집했던 여러 눈제들을 이해할 수 있을 것이다. 또한 이러한 지식을 기반으로 산술 연산이 많이 사용되는 프로그램을 더욱 빠르게 수행할 수 있는 방법을 익히게 될 것이다.

## 3.2 덧셈과 뺄셈

*Subtraction: Addition's Tricky Pal*

No. 10, Top Ten Courses for Athletes at a Football Factory, David Letterman et al., *Book of Top Ten Lists*, 1990

컴퓨터는 사람들이 생각하는 그대로 덧셈을 수행한다. 손으로 계산할 때처럼 오른쪽에서 왼쪽으로 한 비트씩 더하고, 이때 생기는 올림수(carry)는 바로 왼쪽 자리로 보낸다. 손으로 덧셈을 할 때와 같이 바로 왼쪽 자리에 올림수를 보내 준다. 뺄셈은 덧셈을 이용한다. 뺄 값의 부호를 바꾸어 더하기만 하면 된다.

### 이진 덧셈과 뺄셈

**예제**

$7_{ten}$에 $6_{ten}$을 이진법으로 더하고, $7_{ten}$에서 $6_{ten}$을 이진법으로 빼라. $7_{ten}$ 더하기 $6_{ten}$은 다음과 같다.

$$
\begin{array}{lll}
 & 00000000\ 00000000\ 00000000\ 00000111_{two} & = 7_{ten} \\
+ & 00000000\ 00000000\ 00000000\ 00000110_{two} & = 6_{ten} \\
\hline
= & 00000000\ 00000000\ 00000000\ 00001101_{two} & = 13_{ten}
\end{array}
$$

오른쪽 4비트만이 계산에 이용되었다. 그림 3.1은 합과 올림수를 보여 준다. 올림수는 괄호 안에 있고 화살표는 진행 방향을 표시한다.

**답**

$7_{ten}$에서 $6_{ten}$을 빼는 것은 바로 뺄셈을 하거나,

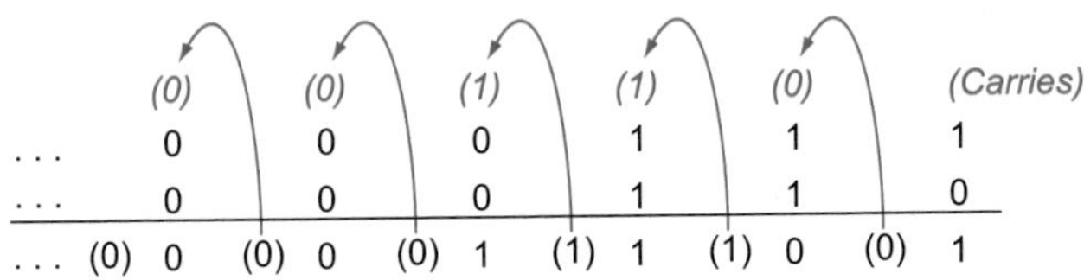


**그림 3.1 이진수 덧셈, 올림수는 오른쪽에서 왼쪽으로 이동.** 가장 오른쪽 비트 연산은 0에 1을 더하는 것이다. 합은 1이고 올림수는 0이다. 두 번째 자리 덧셈은 0 + 1 + 1이다. 계산 결과 합은 0이고 올림수는 1이다. 세 번째 자리는 1 + 1 + 1이므로 합은 1이고 올림수도 1이다. 네 번째 자리는 1 + 0 + 0이며 합은 1이고 올림수는 없다.

$$
\begin{array}{rl}
 & 00000000\ 00000000\ 00000000\ 00000111_{two} = 7_{ten} \\
- & 00000000\ 00000000\ 00000000\ 00000110_{two} = 6_{ten} \\
\hline
= & 00000000\ 00000000\ 00000000\ 00000001_{two} = 1_{ten}
\end{array}
$$

2의 보수법을 이용하여 −6을 더하는 방식으로 할 수도 있다.

$$
\begin{array}{rl}
 & 00000000\ 00000000\ 00000000\ 00000111_{two} = 7_{ten} \\
+ & 11111111\ 11111111\ 11111111\ 11111010_{two} = -6_{ten} \\
\hline
= & 00000000\ 00000000\ 00000000\ 00000001_{two} = 1_{ten}
\end{array}
$$

연산 결과를 사용 가능한 하드웨어(이 경우 32비트 워드)로 표현할 수 없을 때 오버플로가 발생함을 상기하라. 덧셈에서는 언제 오버플로가 발생할 수 있는가? 부호가 다른 피연산자를 더할 경우에는 오버플로가 발생하지 않는다. 이유는 계산 결과의 절대값이 두 피연산자 중 어느 하나보다는 커질 수 없기 때문이다. 예를 들면 −10 + 4 = −6이다. 피연산자는 이미 32비트로 표현된 값이고, 합은 어느 피연산자보다도 크지 않으므로 합 또한 32비트로 표현이 가능하다. 따라서 양수와 음수를 더할 때에는 오버플로가 발생할 수 없다.

뺄셈의 경우에도 똑같이 오버플로가 발생하지 않는 경우가 있다. 단, 뺄셈이므로 반대가 된다. 즉 피연산자의 부호가 같을 경우에는 오버플로가 발생할 수 없다. 두 번째 피연산자의 부호를 바꾸어 더하는 방식으로 뺄셈을 처리하므로 $c - a = c + (-a)$를 생각하면 이해가 될 것이다. 그러므로 같은 부호의 수를 빼는 것은 부호가 다른 수를 더하는 것과 같다. 앞 문단에서 설명한 것처럼 이러한 경우에도 오버플로가 발생하지 않음을 쉽게 알 수 있다.

덧셈이나 뺄셈에서 오버플로(overflow)가 발생할 수 없는 경우에는 걱정할 것이 없지만, 실제로 오버플로가 발생했을 때는 어떻게 탐지할 수 있을까? 32비트 수 2개를 더하거나 뺀 결과를 완벽하게 표현하기 위해서는 33비트가 필요할 경우가 있다.

| Operation | Operand A | Operand B | Result indicating overflow |
|---|---|---|---|
| $A+B$ | $\geq 0$ | $\geq 0$ | $< 0$ |
| $A+B$ | $< 0$ | $< 0$ | $\geq 0$ |
| $A-B$ | $\geq 0$ | $< 0$ | $< 0$ |
| $A-B$ | $< 0$ | $\geq 0$ | $\geq 0$ |

**그림 3.2** 덧셈과 뺄셈에서의 오버플로 발생 조건.

워드 크기가 32비트이므로 33번째 비트는 표시할 수 없는데 이렇게 되면 부호 비트가 결과의 부호가 아니라 크기를 나타내는 비트 중 최상의 비트값으로 결정된다. 딱 한 비트가 부족하므로 틀릴 수 있는 것은 부호 비트뿐이다. 따라서 두 양수를 더한 값이 음수가 되면 오버플로가 발생한 것이다. 이것은 부호 비트로 올림수가 올라갔음을 의미한다. 이와 반대로 두 음수를 더했는데 합이 양수가 되는 경우에도 오버플로가 발생한다.

오버플로는 양수에서 음수를 뺀 결과가 음수가 되거나, 음수에서 양수를 뺀 결과가 양수가 되는 경우에도 발생할 수 있다. 이것은 부호 비트에서 빌림수(borrow)가 발생했음을 의미한다. 그림 3.2는 오버플로가 발생한 경우의 연산의 종류, 피연산자 및 그 결과를 보여 준다.

지금까지 컴퓨터에서 2의 보수법 사용 시 발생하는 오버플로의 탐지 방법을 살펴보았다. 그러면 부호없는 정수에서는 어떠한가? 부호없는 정수는 오버플로가 무시되는 메모리 주소에 사용된다.

다행히도 컴파일러는 분기 명령어를 사용하여 부호없는 오버플로를 쉽게 검사할 수 있다. 덧셈에서는 합이 더해지는 두 수 중 어느 하나보다 작으면 오버플로가 발생한 것이고, 뺄셈에서는 그 차이가 피감수보다 더 크면 오버플로가 발생한 것이다.

**산술논리연산장치(ALU)** 덧셈과 뺄셈을 수행하는 하드웨어로 AND와 OR 같은 논리 연산을 수행한다.

**부록 A**에서 덧셈과 뺄셈을 수행하는 하드웨어를 설명한다. 이 장치는 **산술논리연산장치**(arithmetic logic unit, ALU)라고 불린다.

---

**하드웨어/소프트웨어 인터페이스**

컴퓨터 설계자는 연산 오버플로를 어떻게 처리할지 결정해야 한다. C나 Java 같은 언어들은 정수 오버플로를 무시하지만, Ada나 Fortran 같은 언어는 프로그램에게 알려지기를 요구한다. 그러므로 프로그래머나 프로그래밍 환경은 오버플로 발생 시 어떻게 할 것인지를 결정하여야만 한다.

---

## 요약

수의 표현 방식과는 무관하게 산술 연산 실행 결과 고정된 크기의 컴퓨터 워드로는 표현할 수 없는 큰 결과가 발생할 수 있다는 점이 이 절의 요점이다. 부호없는 수의 오버플로를 탐지하는 것은 쉽다. 그러나 자연수의 대표적 용도인 주소를 계산하는 과정에서 발생하는 오버플로 같은 것은 굳이 검출하기를 원하지 않기 때문에 부호없는 수의 오버플로는 대개 무시된다. 하지만 2의 보수는 경우가 다르다. 오버플로 탐지를 요구하는 소프트웨어 시스템들이 있으므로 오늘날 모든 컴퓨터는 오버플로를 알아내는 방법을 가지고 있다.

**스스로 점검하기**

어떤 프로그래밍 언어는 바이트나 하프워드로 선언된 변수에 대해서도 2의 보수법 정수 연산을 허용하지만, RISC-V는 32비트 워드에 대해서만 정수 연산을 허용한다. 2장에서 보았듯이 RISC-V에 바이트와 하프워드 데이터 전송 명령은 있다. 그러면 어떤 RISC-V 명령어를 사용해야 바이트나 하프워드 산술 연산을 할 수 있을까?

1. `lb`/`lh`를 이용하여 적재하고, `add`/`sub`/`mul`/`div`로 연산하고, `and`로 결과를 마스크(mask)하여 8비트나 16비트로 만든 후, `sb`/`sh`를 이용하여 저장.
2. `lb`/`lh`를 이용하여 적재하고, `add`/`sub`/`mul`/`div`로 연산한 후, `sb`/`sh`를 이용하여 저장.

**고난도:** 범용 마이크로프로세서에서 잘 볼 수 없는 기능 중에 **포화**(saturating) 연산이 있다. 오버플로가 발생했을 때, 2의 보수 산술이 모듈로(modulo) 연산을 하는 것과 달리 포화는 가장 큰 양수나 음수를 결과값으로 한다. 포화 연산은 미디어 연산에 잘 맞는다. 예를 들어 라디오의 볼륨 손잡이를 계속 돌릴 때 한동안 소리가 커지다가 갑자기 조용해지면 이상할 것이다. 포화 기능을 사용하면 손잡이를 아무리 돌려도 가장 큰 음량에서 더 이상 변하지 않는다. 표준 명령어 집합의 멀티미디어 확장은 포화 산술 연산을 제공하는 경우가 많다.

**고난도:** 덧셈의 속도는 상위 비트들로 올라가는 올림수를 얼마나 빨리 계산하는가에 의존한다. 이를 위해 올림수를 예측해서 최악의 경우 덧셈기 비트 수만큼이 아니라 덧셈기 비트 수의 $\log_2$ 함수로 올림수를 계산할 수 있는 여러 가지 방법이 제안되어 있다. 이러한 예측 신호는 더 적은 수의 게이트를 통과하기 때문에 빠르기는 하지만 올림수를 예측하기 위해서 더 많은 게이트를 필요로 한다. 가장 널리 사용되는 방식은 **올림수 예견**(carry lookahead) 기법으로, 부록 A의 A.6절에서 설명한다.

# 3.3 곱셈

*Multiplication is vexation, Division is as bad; The rule of three doth puzzle me, And practice drives me mad.*

Anonymous, Elizabethan manuscript, 1570

덧셈과 뺄셈을 살펴보았으니 이제 좀 더 복잡한 곱셈 연산을 살펴보도록 하자.

먼저 곱셈 연산의 순서와 피연산자의 명칭을 확실히 하기 위해 연필로 하는 십진수 곱셈 과정을 검토해 보자. 0과 1로만 구성된 십진수의 곱셈을 살펴보자. 왜 그런지는 곧 알게 될 것이다. $1000_{ten}$ 곱하기 $1001_{ten}$은 다음과 같다.

```
피승수          1000ten
승수    x       1001ten
                1000
               0000
              0000
             1000
곱           1001000ten
```

첫 번째 피연산자는 **피승수**(multiplicand)라고 부르고 두 번째 피연산자는 **승수**(multiplier)라고 부른다. 최종 결과는 **곱**(product)이라고 부른다. 초등학교에서 배운 알고리즘에서는 승수의 자릿수를 오른쪽에서 왼쪽으로 가면서 한 번에 하나씩 택해서 이것을 피승수와 곱한 뒤 그 곱셈의 결과를 직전의 곱보다 한 자리 왼쪽에 놓는다.

주목할 점은 최종 곱셈 결과의 자릿수가 피승수나 승수와 비교해서 상당히 크다는 것이다. 사실 부호 비트를 무시한다면 $n$비트의 피승수에 대한 $m$비트 승수의 곱셈 결과는 $n + m$비트의 길이를 갖는다. 결국 모든 가능한 곱을 표현하기 위해서는 $n + m$비트가 필요하다. 따라서 덧셈과 마찬가지로 곱셈에도 오버플로 문제가 있다. 왜냐하면 두 32비트 수의 곱셈 결과가 32비트가 되기를 바라는 경우가 많기 때문이다.

위 예에서 십진수 자릿수를 0과 1만 사용하였다. 이렇게 하면 단 두 가지 선택만 있기 때문에 곱셈의 각 단계가 간단해진다.

1. 승수의 자릿수가 1이면 피승수(1 × 피승수)를 해당 위치에 복사한다.
2. 승수의 자릿수가 0이면 0(0 × 피승수)을 해당 위치에 복사한다.

위의 십진수 예는 설명의 편의를 위해 0과 1만 사용했지만, 이진수 곱셈은 실제로 0과 1만을 사용한다. 따라서 언제나 위의 두 가지 경우만 존재한다.

이제까지 곱셈의 기본을 검토했으니, 다음 단계는 고도로 최적화된 곱셈 하드웨어를 제시하는 것이겠지만, 이해를 돕기 위하여 곱셈 하드웨어와 알고리즘이 지난 수 세대 동안 어떻게 진화해 왔는지를 단계적으로 살펴보겠다. 당분간은 양수만을 곱한다고 가정하자.

## 곱셈 알고리즘과 하드웨어의 순차적 버전

첫 번째 설계는 우리가 학교에서 배운 알고리즘과 유사하다. 필요한 하드웨어를 그림 3.3에 보였다. 이 하드웨어는 종이와 연필로 푸는 방법과 비슷하게 하기 위해 데이터가 위에서 아래로 흐르도록 하였다.

승수는 32비트 승수 레지스터에 있고, 64비트 곱 레지스터는 0으로 초기화되어 있다고 가정하자. 위의 종이와 연필을 사용한 계산 방법대로라면, 매 단계마다 피승수를 왼쪽으로 한 자리씩 이동시키고 필요하면 중간 결과에 더해 주는 식으로 계산되어야 함을 알 수 있다. 이렇게 32단계를 거치면, 32비트 피승수가 왼쪽으로 32번 이동하게 된다. 그러므로 64비트 피승수 레지스터가 필요하다. 이 레지스터의 오른쪽 절반은 32비트 피승수로, 왼쪽 절반은 0으로 초기화된다. 이 레지스터는 64비트 곱 레지스터에 축적되는 합과 피승수의 위치를 맞추기 위해 매 단계마다 1비트 왼쪽으로 자리이동된다.

그림 3.4는 각 비트 연산에 필요한 기본 3단계를 보여 준다. 승수의 최하위 비트(Multiplier0)는 피승수를 곱 레지스터에 더할지 말지를 결정한다. 단계 2에서 왼쪽

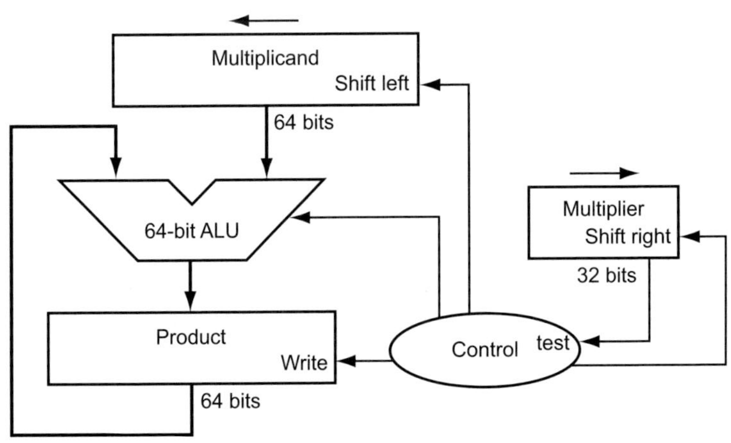


**그림 3.3 곱셈 하드웨어의 첫 번째 버전.** 피승수(Multiplicand) 레지스터, ALU, 곱(Product) 레지스터는 모두 64비트이고, 승수(Multiplier) 레지스터만 32비트이다. (ALU는 부록 A에서 설명한다.) 시작할 때는 32비트 피승수가 피승수 레지스터의 오른쪽 절반에 있다가 매 단계마다 왼쪽으로 1비트씩 자리이동된다. 승수는 매 단계마다 반대 방향으로 자리이동된다. 알고리즘은 곱 레지스터를 0으로 초기화하고 시작된다. 제어는 피승수 레지스터와 승수 레지스터를 언제 자리이동할지, 또 새로운 값을 언제 곱 레지스터에 쓸지를 결정한다.

으로 자리이동하는 것은 종이와 연필로 계산했을 때와 같이 피연산자를 왼쪽으로 이동시키는 역할을 한다. 단계 3에서 오른쪽 자리이동하는 이유는 다음 번 반복에서 검사할 승수의 다음 비트를 준비하기 위해서이다. 최종 결과를 얻기 위해서는 이러한 세 단계를 32번 반복해야 한다. 각 단계에 한 클럭 사이클씩이 필요하다면 이 알고리즘은 32비트 숫자 2개를 곱하는 데 거의 200 클럭 사이클이 걸린다. 곱셈과 같은 산술 연산의 상대적 중요도는 프로그램에 따라 다르다. 그러나 덧셈과 뺄셈의 사용 빈도는 곱셈의 5배에서 100배 사이의 어느 값이 될 것이다. 따라서 많은 응용

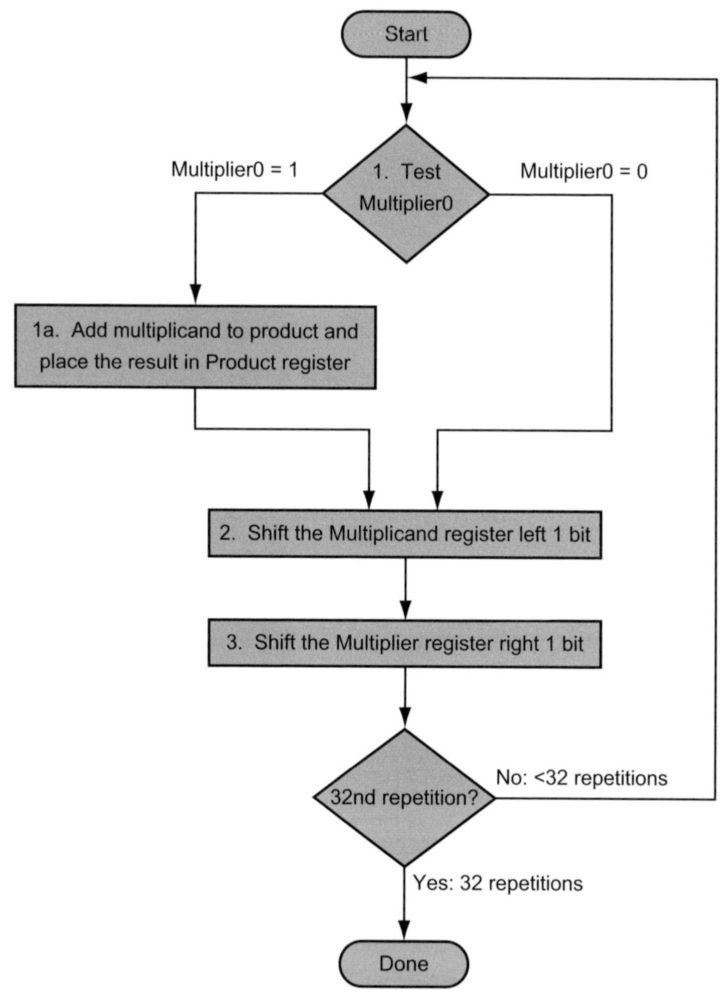


**그림 3.4 그림 3.3의 하드웨어를 이용하는 첫 번째 곱셈 알고리즘.** 승수의 최하위 비트가 1이면 피승수를 곱에 더한다. 그렇지 않으면, 다음 단계로 간다. 다음 두 단계에서 피승수를 왼쪽으로 자리이동하고 승수를 오른쪽으로 자리이동한다. 이러한 세 단계를 32번 반복한다.

프로그램에서 곱셈은 여러 클럭 사이클이 걸려도 성능에 큰 영향을 끼치지 않는다. 그러나 Amdahl의 법칙(1.11절 참조)은 느린 연산이 많이 사용되지 않는다 하더라도 성능을 제한할 수 있다는 점을 상기시켜 준다.

이 알고리즘과 하드웨어는 매 반복이 1 클럭 사이클만 걸리도록 쉽게 바꿀 수 있다. 연산을 병렬로 수행함으로써 이러한 속도 향상이 가능해진다. 승수 비트가 1일 때 피승수를 곱에 더하는 동안 승수와 피승수를 자리이동한다. 이때 하드웨어가 검사하는 승수의 맨 오른쪽 비트가 자리이동하기 전의 값이고 덧셈에 사용하는 값이 전 반복에서 자리이동된 피승수인 것만 확실하게 하면 문제는 없다. 덧셈기와 레지스터에서 사용되지 않는 부분이 있으므로 덧셈기와 레지스터의 폭을 절반으로 줄여 더욱 최적화할 수 있다. 그림 3.5는 이렇게 개선된 하드웨어를 보여 준다.

**하드웨어/소프트웨어 인터페이스**

산술 연산을 자리이동으로 대치시키는 것은 상수를 곱할 때에도 적용할 수 있다. 어떤 컴파일러들은 작은 상수와의 곱셈을 일련의 자리이동과 덧셈으로 대치한다. 이진수에서 한 비트 좌측 이동은 2배 큰 수를 나타내기 때문에, 왼쪽으로 자리이동하는 것은 2의 거듭제곱을 곱해 주는 것과 같다. 그래서 2장에서 설명한 바와 같이 거의 모든 컴파일러가 2의 거듭제곱으로 곱하는 것을 왼쪽 자리이동으로 대치하는 강도 감소 최적화(strength reduction optimization)를 수행한다.

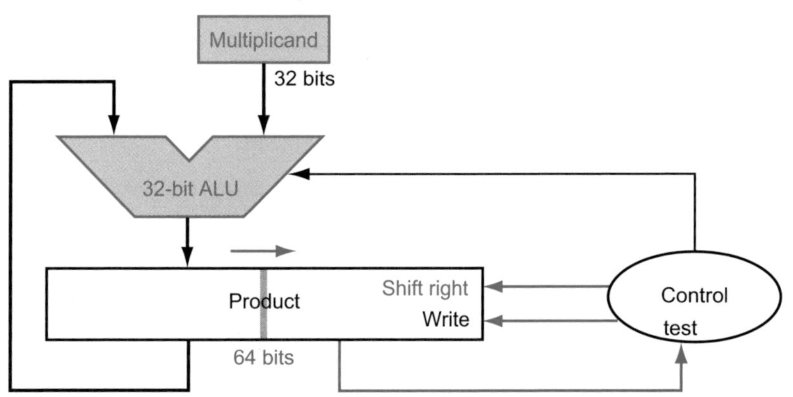


**그림 3.5 곱셈 하드웨어의 수정된 버전.** 그림 3.3의 첫 번째 버전과 비교해 보면 피승수 레지스터와 ALU는 32비트로 줄어들었다. 이번에는 곱이 오른쪽으로 자리이동된다. 별도의 승수 레지스터는 없어졌다. 대신 승수를 곱 레지스터의 오른쪽 절반에 넣는다. 승수 레지스터는 덧셈기의 올림수를 저장할 수 있도록 65비트가 되었다. 이렇게 개선된 부분을 파란색으로 표시하였다.

| Iteration | Step | Multiplier | Multiplicand | Product |
|---|---|---|---|---|
| 0 | Initial values | 001① | 0000 0010 | 0000 0000 |
| 1 | 1a: 1 ⇒ Prod = Prod + Mcand | 0011 | 0000 0010 | 0000 0010 |
| | 2: Shift left Multiplicand | 0011 | 0000 0100 | 0000 0010 |
| | 3: Shift right Multiplier | 000① | 0000 0100 | 0000 0010 |
| 2 | 1a: 1 ⇒ Prod = Prod + Mcand | 0001 | 0000 0100 | 0000 0110 |
| | 2: Shift left Multiplicand | 0001 | 0000 1000 | 0000 0110 |
| | 3: Shift right Multiplier | 000⓪ | 0000 1000 | 0000 0110 |
| 3 | 1: 0 ⇒ No operation | 0000 | 0000 1000 | 0000 0110 |
| | 2: Shift left Multiplicand | 0000 | 0001 0000 | 0000 0110 |
| | 3: Shift right Multiplier | 000⓪ | 0001 0000 | 0000 0110 |
| 4 | 1: 0 ⇒ No operation | 0000 | 0001 0000 | 0000 0110 |
| | 2: Shift left Multiplicand | 0000 | 0010 0000 | 0000 0110 |
| | 3: Shift right Multiplier | 0000 | 0010 0000 | 0000 0110 |

**그림 3.6 그림 3.4의 알고리즘을 사용한 곱셈의 예.** 다음 단계를 결정하기 위해 검사하는 비트는 원으로 둘러싸여 있다.

### 곱셈 알고리즘

**예제**

$2_{ten} \times 3_{ten}$을 계산하되, 공간을 절약하기 위해 4비트 수를 이용하여 $0010_{two} \times 0011_{two}$로 하라.

**답**

그림 3.6은 그림 3.4에 표시된 각 단계에서 각각의 레지스터 값을 보여 준다. 최종 결과는 $0000\ 0110_{two}$, 즉 $6_{ten}$이다. 각 단계에서 바뀌는 레지스터 값은 파란색으로 표시하였고, 파란색 원으로 둘러싸인 비트는 다음 단계의 연산을 결정하기 위해 검사되는 비트를 나타낸다.

## 부호있는 곱셈

지금까지는 양수만을 다루었다. 부호있는 수의 곱셈을 가장 쉽게 이해할 수 있는 방법은 먼저 승수와 피승수를 양수로 변환하고 원래의 부호를 기억하는 것이다. 이 알고리즘은 부호를 계산에서 제외시키고 31번 반복한 후, 초등학교에서 배운 대로 피연산자들의 부호가 서로 다를 때만 곱을 음수로 바꾼다.

수는 무한히 많은 자릿수를 가질 수 있지만 우리가 32비트로 나타낼 뿐임을 기억한다면, 마지막 알고리즘을 부호있는 수의 곱셈에 사용할 수 있다. 부호있는 수의 경우는 자리이동 단계에서 곱의 부호를 확장해야 한다. 알고리즘이 끝나면 아래쪽 워드에 32비트 곱이 남게 된다.

## 더 빠른 곱셈

Moore의 법칙은 하드웨어 설계자들이 훨씬 빠른 곱셈기를 만들 수 있도록 더 많은 자원을 제공해 왔다. 곱셈을 시작하는 초기에 승수의 32개 비트를 한꺼번에 조사하면 피승수가 더해져야 하는지 아닌지를 바로 알 수 있다. 그러므로 승수의 매 비트마다 32비트 덧셈기를 하나씩 할당하면 더 빠른 곱셈이 가능하다. 이 덧셈기의 입력 하나는 피승수를 해당 승수 비트와 AND한 것이고 다른 입력은 앞 덧셈기의 출력이다.

보다 더 간단한 방법은 오른쪽 덧셈기의 출력을 왼쪽 덧셈기의 입력에 연결하여 64층의 덧셈기 스택을 만드는 것이다. 또 다른 방법은 이 32번의 덧셈을 그림 3.7과 같이 병렬 트리 구조로 만드는 것이다. 이렇게 하면 32번의 덧셈 시간을 기다리는 대신에 $\log_2(32) = 5$번의 덧셈 시간만 기다리면 된다.

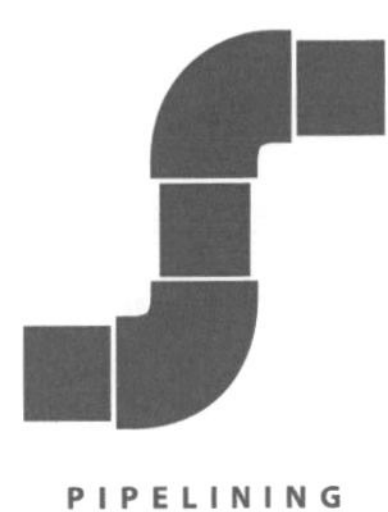


올림수 저장 덧셈기(carry save adder)(🌐 부록 A의 A.6절 참조)를 사용할 수도 있고 이러한 설계를 **파이프라인**화해서 다수의 곱셈을 동시에 수행할 수 있게 하는 것이 쉽기 때문에, 실제로는 곱셈이 여섯 번의 덧셈 시간보다 더 빨라질 수 있다(4장 참조).

## RISC-V에서의 곱셈

RISC-V는 `mul`(multiply), `mulh`(multiply high), `mulhu`(multiply high unsigned), `mulhsu`(multiply high signed-unsigned)의 네 가지 명령어를 사용하여 부호있는 또는 부호없는 64비트 곱을 구한다. `mul` 명령어는 정수 32비트 곱을 얻기 위해서 사

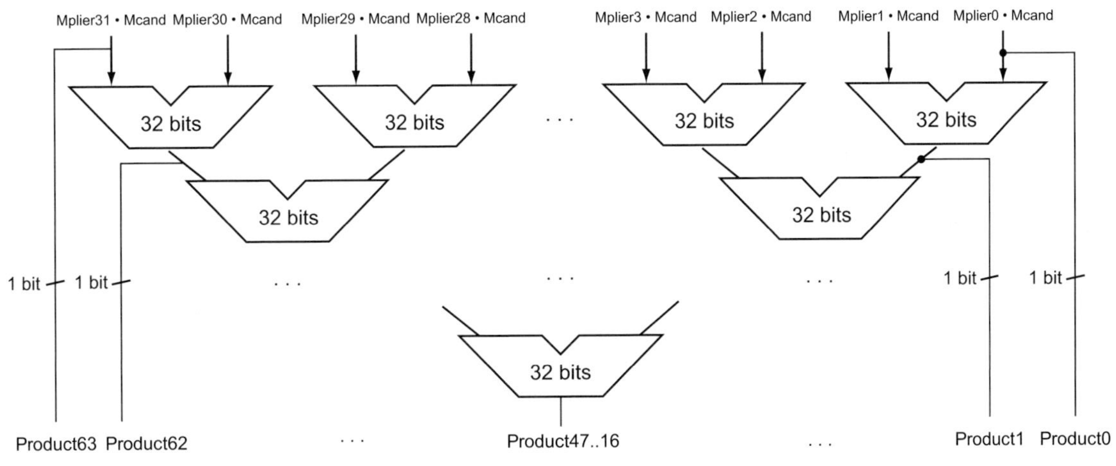


**그림 3.7 빠른 곱셈 하드웨어.** 이 곱셈 하드웨어는 32비트 덧셈기 하나를 31번 사용하는 대신에 하드웨어가 "순환문을 펼쳐서(unroll the loops)" 31개의 덧셈기를 사용하고 이를 지연이 최소화되도록 구성하였다.

용된다. 64비트 곱에서 상위 32비트를 얻기 위해서, 두 피연산자가 모두 부호가 있으면 mulh를 사용하고, 두 피연산자가 모두 부호가 없으면 mulhu를 사용한다. 한 피연산자는 부호가 있고 다른 피연산자는 부호가 없는 경우는 mulhsu를 사용한다.

PARALLELISM

## 요약

초등학교에서 배운 종이와 연필로 하는 계산처럼 곱셈 하드웨어도 단순히 자리이동과 덧셈을 수행한다. 컴파일러는 2의 멱수 곱하기를 자리이동 명령어로 대치하기도 한다. 더 많은 하드웨어를 사용하면 덧셈을 **병렬**로 더 빠르게 처리할 수도 있다.

**하드웨어/소프트웨어 인터페이스**

소프트웨어는 32비트 곱셈에서 오버플로를 검사하기 위해 multiply high 명령어를 사용할 수 있다. 32비트 부호없는 곱셈의 경우 mulhu의 결과가 0이면 오버플로가 없는 것이다. 32비트 부호있는 곱셈의 경우는 mulh 결과의 모든 비트가 mul 결과의 부호 비트와 같으면 오버플로가 없는 것이다.

# 3.4 나눗셈

*Divide et impera.*

Latin for "Divide and rule," ancient political maxim cited by Machiavelli, 1532

곱셈의 역연산인 나눗셈은 사용 빈도는 낮은 반면 훨씬 까다롭다. 심지어는 0으로 나누기와 같이 수학적으로 유효하지 않은 연산을 하는 경우도 생긴다.

피연산자의 이름과 초등학교에서 배운 나눗셈 알고리즘에 대한 기억을 되살리기 위해 십진수를 이용한 긴 나눗셈을 예로 들자. 앞 절에서와 같은 이유로 십진수의 자릿수는 0과 1로만 제한한다. 사용할 예는 $1{,}001{,}010_{ten}$ 나누기 $1000_{ten}$이다.

```
                     1001ten     몫
제수  1000ten  )1001010ten     피제수
                -1000
                   10
                   101
                   1010
                  -1000
                     10ten     나머지
```

피제수 나누어지는 수.

제수 피제수를 나누는 수.

몫 나눗셈의 가장 주된 결과. 제수에 곱하고 나머지를 더하면 피제수가 되는 수.

나눗셈의 피연산자는 피제수(dividend)와 제수(divisor) 두 개이고, 몫(quotient)

이라 불리는 결과와 **나머지**(remainder)라고 불리는 두 번째 결과가 있다. 이 구성 요소 간의 관계는 다음과 같다.

나머지 나눗셈의 두 번째 결과. 몫과 제수의 곱에 더하면 피제수가 되는 수.

$$피제수 = 몫 \times 제수 + 나머지$$

여기서 나머지는 제수보다 작다. 몫은 무시하고 나머지만을 구하기 위해 나눗셈 명령어를 사용하는 프로그램도 가끔 있다.

초등학교에서 배운 나눗셈 방법은 얼마나 큰 수를 뺄 수 있는지를 검사해서 몫의 자릿수를 하나하나 구한다. 위의 십진수 예는 0과 1만을 사용하도록 매우 조심해서 선택하였으므로 제수가 피제수에 얼마나 많이 들어갈 수 있는지를 쉽게 알 수 있다. 0번 아니면 1번이다. 이진수에는 0과 1만 있으므로, 이진수 나눗셈에는 이 두 가지 선택만 있어서 계산이 간단하다.

피제수와 제수가 둘 다 양수이고 따라서 몫과 나머지도 음수가 아니라고 가정하자. 나눗셈의 피연산자와 결과는 32비트 값을 갖는다고 하고 부호는 당분간 무시하기로 하자.

## 나눗셈 알고리즘과 하드웨어

그림 3.8은 초등학교에서 배운 알고리즘 그대로를 하드웨어로 구현한 것이다. 몫 레지스터 32비트를 0으로 초기화시키고 시작한다. 이 알고리즘은 매번 반복할 때마

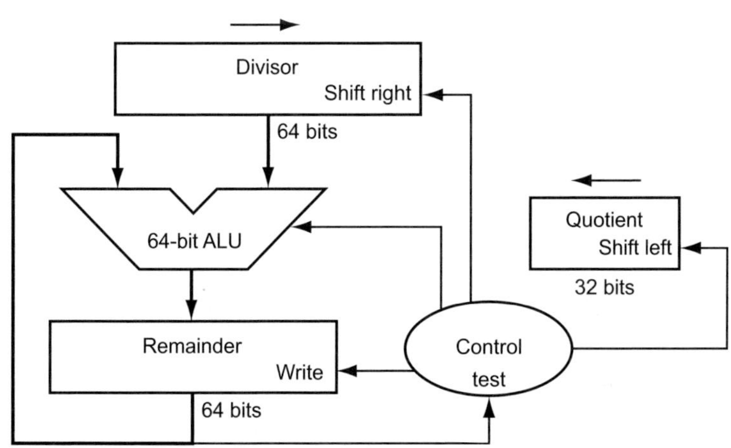


**그림 3.8 나눗셈 하드웨어의 첫 번째 버전.** 제수(Divisor) 레지스터, ALU, 나머지(Remainder) 레지스터는 모두 64비트이고, 몫(Quotient) 레지스터만이 32비트이다. 32비트 제수는 제수 레지스터의 왼쪽 절반에서 시작해서 반복할 때마다 오른쪽으로 한 비트씩 자리이동한다. 나머지 레지스터는 피제수로 초기화된다. 제어(Control)는 언제 제수와 몫 레지스터를 자리이동할지, 그리고 언제 나머지 레지스터에 새로운 값을 저장할지를 결정한다.

다 제수를 오른쪽으로 한 비트씩 자리이동해야 하므로 제수를 64비트 제수 레지스터의 왼쪽 절반에 넣고 시작한다. 그리고 피제수와 자리를 맞추기 위해 반복할 때마다 오른쪽으로 한 비트씩 자리이동한다. 나머지 레지스터는 피제수로 초기화된다.

그림 3.9는 첫 번째 나눗셈 알고리즘의 3단계를 보여 준다. 사람과 달리 컴퓨터는 제수가 피제수보다 작다는 것을 먼저 알 만큼 똑똑하지 못하다. 따라서 먼저 단계 1에서 제수를 빼야만 한다. 이것이 우리가 비교를 수행했던 방식이다. 만약 결과가 양수이면 제수는 피제수와 같거나 더 작다. 따라서 몫에 1을 넣는다(단계 2a). 만약 결과가 음수이면 제수를 나머지 레지스터에 다시 더함으로써 원래의 값을 회복하고 몫에는 0을 넣는다(단계 2b). 제수는 오른쪽으로 자리이동되고 다시 이 과정을 반복한다. 계산이 완료되면 나머지와 몫은 각각 해당 레지스터에 남게 된다.

### 나눗셈 알고리즘

**예제**

$7_{ten}$ 나누기 $2_{ten}$을 계산하되, 공간을 절약하기 위해 4비트 알고리즘을 이용하여 $0000\ 0111_{two}$ 나누기 $0010_{two}$로 하라.

**답**

그림 3.10은 각 단계에서의 각 레지스터 값을 보여 준다. 몫은 $3_{ten}$이 되고 나머지는 $1_{ten}$이 된다. 나머지가 양수인지 음수인지 알아보는 단계 2의 테스트는 단순히 나머지 레지스터의 부호 비트가 0인지 1인지를 테스트하는 것임에 주목하라. 이 알고리즘이 정확한 몫과 나머지를 얻기 위해서는 $n + 1$번의 단계를 거쳐야 한다는 것은 놀라운 일이다.

이 알고리즘과 하드웨어는 훨씬 더 빠르고 싸게 개선될 수 있다. 뺄셈과 동시에 피연산자와 몫을 자리이동하면 성능 향상이 가능하다. 레지스터와 덧셈기에 사용되지 않는 부분이 있음을 활용하여 덧셈기와 레지스터의 크기를 절반으로 줄일 수 있다. 그림 3.11은 개선된 하드웨어를 보여 준다.

## 부호있는 나눗셈

지금까지 부호있는 나눗셈은 고려하지 않았다. 간단한 방법은 제수와 피제수의 부호를 기억하고 이 부호들이 다른 경우에는 몫을 음수화하는 것이다.

**고난도:** 부호있는 나눗셈의 귀찮은 문제 하나는 나머지의 부호도 결정해야 한다는 것이다. 다음 식은 언제나 성립해야 함을 명심하라.

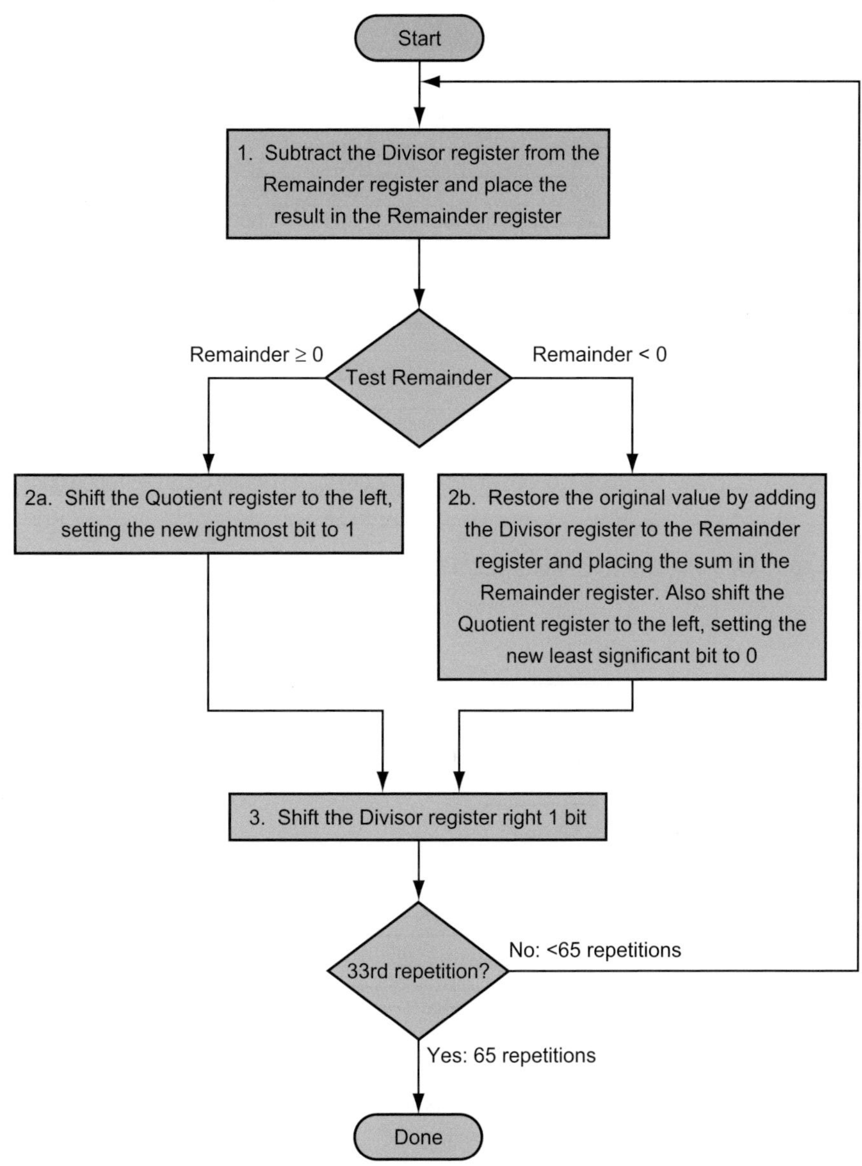


**그림 3.9 그림 3.8의 하드웨어를 이용하는 나눗셈 알고리즘.** 단계 1에서 나머지가 양수이면 제수가 피제수에 들어갈 수 있는 것이므로 단계 2a에서 몫에 1을 저장한다. 나머지가 음수이면 제수는 피제수에 들어갈 수 없다는 것을 의미한다. 따라서 단계 2b는 몫에 0을 저장하고 제수를 나머지에 더하여 단계 1의 뺄셈 이전 상태로 회복시킨다. 단계 3의 마지막 자리이동은 다음 번 반복의 계산을 위해 피제수에 맞추어 제수를 정렬시키는 것이다. 이러한 과정이 33번 반복된다.

| Iteration | Step | Quotient | Divisor | Remainder |
|---|---|---|---|---|
| 0 | Initial values | 0000 | 0010 0000 | 0000 0111 |
| 1 | 1: Rem = Rem – Div | 0000 | 0010 0000 | 1110 0111 |
| | 2b: Rem < 0 ⟹ +Div, SLL Q, Q0 = 0 | 0000 | 0010 0000 | 0000 0111 |
| | 3: Shift Div right | 0000 | 0001 0000 | 0000 0111 |
| 2 | 1: Rem = Rem – Div | 0000 | 0001 0000 | 1111 0111 |
| | 2b: Rem < 0 ⟹ +Div, SLL Q, Q0 = 0 | 0000 | 0001 0000 | 0000 0111 |
| | 3: Shift Div right | 0000 | 0000 1000 | 0000 0111 |
| 3 | 1: Rem = Rem – Div | 0000 | 0000 1000 | 1111 1111 |
| | 2b: Rem < 0 ⟹ +Div, SLL Q, Q0 = 0 | 0000 | 0000 1000 | 0000 0111 |
| | 3: Shift Div right | 0000 | 0000 0100 | 0000 0111 |
| 4 | 1: Rem = Rem – Div | 0000 | 0000 0100 | 0000 0011 |
| | 2a: Rem ≥ 0 ⟹ SLL Q, Q0 = 1 | 0001 | 0000 0100 | 0000 0011 |
| | 3: Shift Div right | 0001 | 0000 0010 | 0000 0011 |
| 5 | 1: Rem = Rem – Div | 0001 | 0000 0010 | 0000 0001 |
| | 2a: Rem ≥ 0 ⟹ SLL Q, Q0 = 1 | 0011 | 0000 0010 | 0000 0001 |
| | 3: Shift Div right | 0011 | 0000 0001 | 0000 0001 |

**그림 3.10 그림 3.9의 알고리즘을 이용한 나눗셈의 예.** 다음 단계를 결정하기 위해 검사되는 비트는 파란색 원으로 표시하였다.

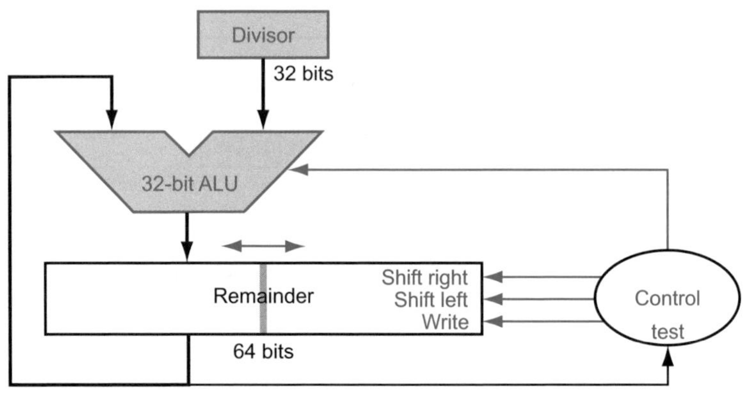


**그림 3.11 나눗셈 하드웨어의 개선된 버전.** 제수 레지스터, ALU, 몫 레지스터가 모두 32비트이다. 그림 3.8과 비교하면 ALU와 제수 레지스터의 크기가 반으로 줄었고, 나머지가 왼쪽으로 자리이동된다. 이 버전은 또한 몫 레지스터를 나머지 레지스터의 오른쪽 절반에 결합시켰다. (그림 3.5에서와 같이 나머지 레지스터는 덧셈기에서 나오는 올림수를 잃지 않기 위해 65비트로 커졌다.)

$$\text{피제수} = \text{몫} \times \text{제수} + \text{나머지}$$

나머지의 부호를 어떻게 결정하는가를 이해하기 위해서 $\pm 7_{ten}$ 나누기 $\pm 2_{ten}$의 모든 조합에 대한 나눗셈의 예를 살펴보자. 첫 번째 경우는 쉽다.

$$+7 \div +2: \text{몫} = +3, \text{나머지} = +1$$

결과를 확인하면 다음과 같다.

$$+7 = 3 \times 2 + (+1) = 6 + 1$$

피제수의 부호를 바꾸면 몫도 바뀐다.

$$-7 \div +2: \text{몫} = -3$$

나머지를 계산하기 위한 기본 공식을 다시 한번 써 보자.

$$\begin{aligned}\text{나머지} &= (\text{피제수} - \text{몫} \times \text{제수})\\ &= -7 - (-3 \times +2) = -7 - (-6) = -1\end{aligned}$$

따라서

$$-7 \div +2: \text{몫} = -3, \text{ 나머지} = -1$$

결과를 다시 한번 확인하자.

$$-7 = -3 \times 2 + (-1) = -6 - 1$$

이 식에는 맞지만 결과의 몫이 −4, 나머지가 +1인 조합은 쓰이지 않는다. 왜냐하면 몫의 절대값이 피제수와 제수의 부호에 의해 바뀌기 때문이다. 만약

$$-(x \div y) \neq (-x) \div y$$

가 성립한다면 프로그래밍이 훨씬 어려워질 것이다. 제수와 몫의 부호와 상관없이 피제수와 나머지의 부호는 항상 같아야 한다는 규칙을 따르면 이러한 비정상적인 상황을 피할 수 있다.

다른 조합들 또한 이 규칙을 따름으로써 계산할 수 있다.

$$+7 \div -2: \text{몫} = -3, \text{ 나머지} = +1$$
$$-7 \div -2: \text{몫} = +3, \text{ 나머지} = -1$$

따라서 두 피연산자의 부호가 다를 경우에는 몫의 부호를 음수로 하고, 나머지가 0이 아니면 그 부호는 피제수의 부호를 따르게 한다.

## 더 빠른 나눗셈

곱셈과 같이 나눗셈에도 Moore의 법칙이 적용될 수 있으므로 하드웨어를 추가해서 나눗셈 성능을 향상시킬 수 있다. 곱셈의 속도를 빠르게 하기 위해 많은 수의 덧셈기를 사용하였지만 같은 방법을 나눗셈에는 적용할 수 없다. 알고리즘의 다음 단계를 수행하기 전에 뺄셈한 결과의 부호를 알아야 하기 때문이다. 반면에 곱셈의 경우 32개의 부분곱을 바로 계산할 수 있다.

한꺼번에 몫을 두 비트 이상 만들 수 있는 기술이 있다. SRT 나눗셈은 매 단계에서 동시에 여러 개의 몫 비트를 **예측**한다. 피제수와 나머지의 상위 비트들을 이용하여

표를 찾아서 몫을 추측하고, 틀린 추측은 그 후의 단계에서 바로잡는다. 오늘날 널리 사용되는 방식은 한번에 4비트를 추측하는 법이다. 핵심은 뺄 값을 추측하는 것인데, 이진 나눗셈에는 한 가지 선택밖에 없었다. 이 알고리즘은 각 단계별 추측에 필요한 표를 참조하기 위해 나머지의 6비트와 제수의 4비트를 인덱스로 이용한다.

이 빠른 방법의 정확도는 참조표가 얼마나 적합한 값들을 갖고 있는지에 의존한다. 3.8절의 오류는 표가 부정확할 때 어떤 문제가 생길 수 있는가를 보여 준다.

## RISC-V에서의 나눗셈

그림 3.5와 3.11에서 똑같은 순차 하드웨어가 곱셈과 나눗셈 모두에 이용될 수 있음을 보았을 것이다. 왼쪽이나 오른쪽으로 자리이동될 수 있는 64비트 레지스터와 덧셈과 뺄셈을 할 수 있는 32비트 ALU만 있으면 된다.

부호있는 정수와 부호없는 정수를 모두 계산할 수 있도록 RISC-V에는 나눗셈 명령어 2개[`div`(divide)와 `divu`(divide unsigned)]와 나머지 명령어 2개[`rem`(remainder)와 `remu`(remainder unsigned)]가 있다.

## 요약

RISC-V는 같은 하드웨어가 곱셈과 나눗셈을 지원하므로, 32비트 레지스터 한 쌍을 두어서 곱셈과 나눗셈 양쪽에 모두 사용하고 있다. 여러 몫 비트를 동시에 예측하고 예측이 틀렸으면 나중에 바로잡는 방법으로 나눗셈을 빠르게 한다. 그림 3.12는 이제까지 소개된 RISC-V 명령어를 보여 주고 있다.

---

**하드웨어/소프트웨어 인터페이스**

RISC-V 나눗셈 명령은 오버플로를 무시하므로, 몫이 너무 커서 오버플로가 발생하는가는 소프트웨어로 검사해야 한다. 나눗셈은 오버플로뿐 아니라 0으로 나누기 같은 부적절한 연산을 초래하기도 한다. 이런 두 가지 비정상 상황을 하드웨어가 찾아 주는 컴퓨터들도 있지만, RISC-V는 오버플로나 0으로 나누기를 소프트웨어로 검사해야 한다.

---

**고난도:** 그림 3.9보다 더 빠른 알고리즘은 나머지가 음수인 경우 제수를 바로 더해서 원상 복귀하는 대신, 음수 그대로 두고 다음 단계에서 자리이동된 나머지에 피제수를 더한다. $(r + d) \times 2 - d = r \times 2 + d \times 2 - d = r \times 2 + d$이기 때문에 가능하다. 이 **비복원**(nonrestoring) 나눗셈 알고리즘은 각 단계마다 1사이클씩 소요되는데, 더 자세한 것은 연습문제

**RISC-V assembly language**

| Category | Instruction | Example | Meaning | Comments |
|---|---|---|---|---|
| Arithmetic | Add | add x5, x6, x7 | x5 = x6 + x7 | Three register operands |
| | Subtract | sub x5, x6, x7 | x5 = x6 - x7 | Three register operands |
| | Add immediate | addi x5, x6, 20 | x5 = x6 + 20 | Used to add constants |
| | Set if less than | slt x5, x6, x7 | x5 = 1 if x5 < x6, else 0 | Compare two registers |
| | Set if less than, unsigned | sltu x5, x6, x7 | x5 = 1 if x5 < x6, else 0 | Compare two registers |
| | Set if less than, immediate | slti x5, x6, x7 | x5 = 1 if x5 < x6, else 0 | Comparison with immediate |
| | Set if less than immediate, unsigned | sltiu x5, x6, x7 | x5 = 1 if x5 < x6, else 0 | Comparison with immediate |
| | Multiply | mul x5, x6, x7 | x5 = x6 × x7 | Lower 32 bits of 64-bit product |
| | Multiply high | mulh x5, x6, x7 | x5 = (x6 × x7) >> 32 | Upper 32 bits of 64-bit signed product |
| | Multiply high, unsigned | mulhu x5, x6, x7 | x5 = (x6 × x7) >> 32 | Upper 32 bits of 64-bit unsigned product |
| | Multiply high, signed-unsigned | mulhsu x5, x6, x7 | x5 = (x6 × x7) >> 32 | Upper 32 bits of 64-bit signed-unsigned product |
| | Divide | div x5, x6, x7 | x5 = x6 / x7 | Divide signed 32-bit numbers |
| | Divide unsigned | divu x5, x6, x7 | x5 = x6 / x7 | Divide unsigned 32-bit numbers |
| | Remainder | rem x5, x6, x7 | x5 = x6 % x7 | Remainder of signed 32-bit division |
| | Remainder unsigned | remu x5, x6, x7 | x5 = x6 % x7 | Remainder of unsigned 32-bit division |
| Data transfer | Load word | lw x5, 40(x6) | x5 = Memory[x6 + 40] | Word from memory to register |
| | Store word | sw x5, 40(x6) | Memory[x6 + 40] = x5 | Word from register to memory |
| | Load halfword | lh x5, 40(x6) | x5 = Memory[x6 + 40] | Halfword from memory to register |
| | Load halfword, unsigned | lhu x5, 40(x6) | x5 = Memory[x6 + 40] | Unsigned halfword from memory to register |
| | Store halfword | sh x5, 40(x6) | Memory[x6 + 40] = x5 | Halfword from register to memory |
| | Load byte | lb x5, 40(x6) | x5 = Memory[x6 + 40] | Byte from memory to register |
| | Load byte, unsigned | lbu x5, 40(x6) | x5 = Memory[x6 + 40] | Uns. byte halfword from memory to register |
| | Store byte | sb x5, 40(x6) | Memory[x6 + 40] = x5 | Byte from register to memory |
| | Load reserved | lr.d x5, (x6) | x5 = Memory[x6] | Load; 1st half of atomic swap |
| | Store conditional | sc.d x7, x5, (x6) | Memory[x6] = x5; x7 = 0/1 | Store; 2nd half of atomic swap |
| | Load upper immediate | lui x5, 0x12345 | x5 = 0x12345000 | Loads 20-bit constant shifted left 12 bits |
| | Add upper immediate to PC | auipc x5, 0x12345 | x5 = PC + 0x12345000 | Used for PC-relative data addressing |
| Logical | And | and x5, x6, x7 | x5 = x6 & x7 | Three reg. operands; bit-by-bit AND |
| | Inclusive or | or x5, x6, x8 | x5 = x6 \| x8 | Three reg. operands; bit-by-bit OR |
| | Exclusive or | xor x5, x6, x9 | x5 = x6 ^ x9 | Three reg. operands; bit-by-bit XOR |
| | And immediate | andi x5, x6, 20 | x5 = x6 & 20 | Bit-by-bit AND reg. with constant |
| | Inclusive or immediate | ori x5, x6, 20 | x5 = x6 \| 20 | Bit-by-bit OR reg. with constant |
| | Exclusive or immediate | xori x5, x6, 20 | x5 = x6 ^ 20 | Bit-by-bit XOR reg. with constant |
| Shift | Shift left logical | sll x5, x6, x7 | x5 = x6 << x7 | Shift left by register |
| | Shift right logical | srl x5, x6, x7 | x5 = x6 >> x7 | Shift right by register |
| | Shift right arithmetic | sra x5, x6, x7 | x5 = x6 >> x7 | Arithmetic shift right by register |
| | Shift left logical immediate | slli x5, x6, 3 | x5 = x6 << 3 | Shift left by immediate |
| | Shift right logical immediate | srli x5, x6, 3 | x5 = x6 >> 3 | Shift right by immediate |
| | Shift right arithmetic immediate | srai x5, x6, 3 | x5 = x6 >> 3 | Arithmetic shift right by immediate |
| Conditional branch | Branch if equal | beq x5, x6, 100 | if (x5 == x6) go to PC+100 | PC-relative branch if registers equal |
| | Branch if not equal | bne x5, x6, 100 | if (x5 != x6) go to PC+100 | PC-relative branch if registers not equal |
| | Branch if less than | blt x5, x6, 100 | if (x5 < x6) go to PC+100 | PC-relative branch if registers less |
| | Branch if greater or equal | bge x5, x6, 100 | if (x5 >= x6) go to PC+100 | PC-relative branch if registers greater or equal |
| | Branch if less, unsigned | bltu x5, x6, 100 | if (x5 < x6) go to PC+100 | PC-relative branch if registers less |
| | Branch if greatr/eq, unsigned | bgeu x5, x6, 100 | if (x5 >= x6) go to PC+100 | PC-relative branch if registers greater or equal |
| Unconditional branch | Jump and link | jal x1, 100 | x1 = PC+4; go to PC+100 | PC-relative procedure call |
| | Jump and link register | jalr x1, 100(x5) | x1 = PC+4; go to x5+100 | Procedure return; indirect call |

**그림 3.12 RISC-V 구조의 핵심.** RISC-V 기계어는 이 책의 첫 페이지에 있는 RISC-V Reference Data Card에 있다.

에서 알아보기로 한다. 그림 3.9에서 소개된 알고리즘은 **복원**(restoring) 나눗셈 알고리즘이라고 부른다. 빼셈의 결과가 음수이면 이를 저장하지 않는 세 번째 알고리즘은 **조건부 실행**(nonperforming) 나눗셈 알고리즘이라 불린다. 이 알고리즘은 평균적으로 1/3만큼 적은 산술 연산을 한다.

## 3.5 부동 소수점

*Speed gets you nowhere if you're headed the wrong way.*

American proverb

프로그래밍 언어는 부호있는 정수와 부호없는 정수뿐만 아니라 소수 부분을 갖는 수도 다룰 수 있어야 한다. 수학에서는 이러한 수를 **실수**(real)라고 부른다. 실수의 몇 가지를 예를 들어 보자.

$3.14159265\ldots_{ten}$ ($\pi$)
$2.71828\ldots_{ten}$ ($e$)
$0.000000001_{ten}$ 또는 $1.0_{ten} \times 10^{-9}$ (나노초)
$3,155,760,000_{ten}$ 또는 $3.15576_{ten} \times 10^{9}$ (1세기를 초로 표시한 값)

**과학적 표기법** 소수점의 왼쪽에는 한 자릿수만이 나타나게 하는 표기법.

**정규화된 수** 선행하는 0이 없는 부동 소수점 표기법.

1세기를 초로 표시한 것은 작은 소수값이 아니고 32비트 부호있는 정수로는 표현할 수 없는 너무 큰 값임에 주목하라. 마지막 두 수의 표현 방식은 **과학적 표기법**(scientific notation)이라고 불린다. 이 방식에서 소수점의 왼쪽에는 한 자릿수만 있다. 과학적 표기법으로 표현된 숫자 중에서 맨 앞에 0이 나오지 않는 것을 **정규화된 수**(normalized number)라고 부른다. 그리고 이것이 일반적으로 사용되는 방법이다. 예를 들어 $1.0_{ten} \times 10^{-9}$는 정규화된 과학적 표기법이지만, $0.1_{ten} \times 10^{-8}$과 $10.0_{ten} \times 10^{-10}$은 정규화된 과학적 표기법이 아니다.

십진수를 과학적 표기법으로 표시하듯이, 이진수도 과학적 표기법으로 표시할 수 있다.

$$1.0_{two} \times 2^{-1}$$

이진수를 정규화된 형태로 표현하기 위해서는 소수점 왼쪽에 0 아닌 숫자가 한 자리만 나타나게 숫자를 자리이동한 후 자리이동 횟수만큼 증가시키거나 감소시킬 수 있는 기수(base)가 필요하다. 이 조건을 만족시킬 수 있는 기수는 2밖에 없다. 이제부터는 기수가 10이 아니므로 십진 소수점(decimal point)을 대신할 새로운 이름이 필요하다. 앞으로는 **이진 소수점**(binary point)이라는 용어를 사용하기로 한다.

**부동 소수점** 소수점의 위치가 고정되어 있지 않은 수로 표현하는 컴퓨터 연산.

이런 수를 지원하는 컴퓨터 연산을 **부동 소수점**(floating point) 연산이라 부른다. 왜냐하면 이러한 수에서는 정수에서와 달리 이진 소수점이 고정되어 있지 않기 때문이다. C 언어는 이러한 수를 나타내기 위해서 float라는 변수형을 사용한다. 과학적 표기법에서와 같이 이진 소수점 왼쪽에 한 자리 숫자만 나오는 형태로 표현한다. 이진수로 나타내면 다음과 같다.

$$1.xxxxxxxxx_{\text{two}} \times 2^{yyyy}$$

(컴퓨터는 지수도 나머지 부분처럼 이진법을 사용하여 나타낸다. 그러나 표현의 단순화를 위해서 지수는 십진수로 표현하겠다.)

실수를 정규화된 형태의 표준 과학적 표기법으로 나타내면 세 가지 좋은 점이 있다. 첫째, 부동 소수점 숫자를 포함한 자료의 교환을 간단하게 한다. 둘째, 숫자가 항상 이런 형태로 표현된다는 것을 알고 있으므로 부동 소수점 산술 알고리즘이 간단해진다. 셋째, 불필요하게 선행되는 0을 소수점 오른쪽에 있는 실제의 숫자로 바꾸기 때문에 한 워드 내에 저장할 수 있는 수의 정밀도를 증가시킨다.

## 부동 소수점 표현

부동 소수점 표현 방식을 설계하는 사람은 **소수 부분**(fraction)의 크기와 **지수**(exponent)의 크기 사이에서 타협점을 찾아야 한다. 왜냐하면 고정된 워드 크기를 사용하므로 하나를 증가시키면 다른 하나를 감소시켜야 하기 때문이다. 이 문제는 **정밀도**와 표현 **범위** 사이의 선택이다. 소수 부분의 크기를 증가시키면 소수 부분으로 표현할 수 있는 수의 정밀도가 높아지고, 지수의 크기를 증가시키면 표현할 수 있는 수의 범위가 늘어난다. 2장의 설계 지침에서 살펴보았듯이, 좋은 설계에는 적당한 절충이 필요한 것이다.

**소수 부분** 소수 부분 필드에 있는 값으로 일반적으로 0과 1 사이의 값. 맨티사(mantissa)라고도 한다.

**지수** 부동 소수점 산술의 숫자 표현에서 지수 필드에 있는 값.

부동 소수점 수의 크기는 보통 워드 크기의 배수이다. RISC-V의 부동 소수점 표현은 아래 그림과 같다. 여기서 *s*는 부동 소수점 수의 부호이고(1이면 음수), **지수**는 8비트 지수 필드의 값이고(지수의 부호 포함), **소수 부분**은 23비트 수이다. 이와 같은 표현 방식은 **부호와 크기**(sign and magnitude) 표현 방식이라고 불린다. 왜냐하면 부호가 수의 나머지 부분과 떨어져 독립된 비트로 표현되기 때문이다.

| 31 | 30 | 29 | 28 | 27 | 26 | 25 | 24 | 23 | 22 | 21 | 20 | 19 | 18 | 17 | 16 | 15 | 14 | 13 | 12 | 11 | 10 | 9 | 8 | 7 | 6 | 5 | 4 | 3 | 2 | 1 | 0 |
|---|---|---|---|---|---|---|---|---|---|---|---|---|---|---|---|---|---|---|---|---|---|---|---|---|---|---|---|---|---|---|---|
| s | exponent | | | | | | | | fraction | | | | | | | | | | | | | | | | | | | | | | |
| 1 bit | 8 bits | | | | | | | | 23 bits | | | | | | | | | | | | | | | | | | | | | | |

일반적으로 부동 소수점 수는 다음과 같은 형태를 갖는다.

$$(-1)^S \times F \times 2^E$$

F는 소수 부분의 값과 관련이 있고, E는 지수 부분의 값과 연관되어 있다. 이런 부분들과의 정확한 관계는 곧 설명될 것이다. (RISC-V는 이것 이상의 더 정교한 일을 한다는 것을 곧 알게 될 것이다.)

이렇게 선택된 지수와 소수 부분의 크기는 RISC-V의 컴퓨터 연산이 매우 큰 표현 범위를 갖게 한다. $2.0_{ten} \times 10^{-38}$만큼 작은 소수로부터, $2.0_{ten} \times 10^{38}$만큼 큰 수가 컴퓨터에서 표현될 수 있다. 그러나 불행하게도 이것이 무한대는 아니기 때문에, 이보다 더 큰 계산 결과가 나올 수도 있다. 그러므로 오버플로 예외는 정수 연산에서뿐만 아니라 부동 소수점 연산에서도 발생할 수 있다. 여기서 **오버플로**(overflow)라는 것은 지수가 너무 커서 지수 필드에 들어갈 수 없는 경우라는 점에 주목하라.

**오버플로** 양수값을 갖는 지수가 지수 부분에 표현될 수 없을 만큼 큰 상황.

부동 소수점은 새로운 종류의 비정상적인 상황을 초래한다. 너무 커서 표현할 수 없는 계산 결과가 나왔을 때 프로그래머가 이 사실을 알고 싶어 하듯이, 계산 결과가 너무 작아서 표현할 수 없는 경우에도 알고 싶어 할 것이다. 둘 중 어떤 경우라도 프로그램은 틀린 결과를 내게 된다. 오버플로와 구별하기 위해 후자의 사건을 **언더플로**(underflow)라고 부른다. 이런 상황은 음수 지수의 절대값이 너무 커서 지수 부분에 표현될 수 없는 경우에 발생한다.

**언더플로** 음수값을 갖는 지수가 지수 부분에 표현될 수 없을 만큼 큰 상황.

언더플로와 오버플로의 발생 가능성을 줄이는 방법으로 지수 부분이 더 큰 다른 표현 형식을 사용할 수 있다. C 언어에서는 이것을 double이라고 부른다. 그리고 double 형식을 갖는 수의 연산을 **2배 정밀도**(double precision) 부동 소수점 연산이라고 부른다. 앞서 설명한 표현 형식은 **단일 정밀도**(single precision) 부동 소수점이라고 한다.

**2배 정밀도** 2개의 32비트 워드로 표현된 부동 소수점 값.

**단일 정밀도** 1개의 32비트 워드로 표현된 부동 소수점 값.

2배 정밀도 부동 소수점 수를 표현하려면 다음과 같이 RISC-V 더블워드 1개가 필요하다. 여기에서 *s*는 여전히 수의 부호를 나타내고, 지수는 11비트의 지수 필드 값을 나타낸다. 소수 부분의 크기는 52비트이다.

| 63 | 62 | 61 | 60 | 59 | 58 | 57 | 56 | 55 | 54 | 53 | 52 | 51 | 50 | 49 | 48 | 47 | 46 | 45 | 44 | 43 | 42 | 41 | 40 | 39 | 38 | 37 | 36 | 35 | 34 | 33 | 32 |
|---|---|---|---|---|---|---|---|---|---|---|---|---|---|---|---|---|---|---|---|---|---|---|---|---|---|---|---|---|---|---|---|
| s | exponent | | | | | | | | | | | | fraction | | | | | | | | | | | | | | | | | | |
| 1 bit | 11 bits | | | | | | | | | | | | 20 bits | | | | | | | | | | | | | | | | | | |

| 31 | 30 | 29 | 28 | 27 | 26 | 25 | 24 | 23 | 22 | 21 | 20 | 19 | 18 | 17 | 16 | 15 | 14 | 13 | 12 | 11 | 10 | 9 | 8 | 7 | 6 | 5 | 4 | 3 | 2 | 1 | 0 |
|---|---|---|---|---|---|---|---|---|---|---|---|---|---|---|---|---|---|---|---|---|---|---|---|---|---|---|---|---|---|---|---|
| fraction | | | | | | | | | | | | | | | | | | | | | | | | | | | | | | | |
| 32 bits | | | | | | | | | | | | | | | | | | | | | | | | | | | | | | | |

RISC-V 2배 정밀도 표현법은 $2.0_{ten} \times 10^{-308}$부터 $2.0_{ten} \times 10^{308}$까지의 수를 표현할 수 있다. 이와 같은 2배 정밀도 연산은 지수의 범위를 크게 해 주기도 하지만, 주된 장점은 훨씬 더 큰 유효자리를 제공하여 정밀도를 높인다는 것이다.

## 예외와 인터럽트

오버플로나 언더플로가 발생했을 때 문제가 생겼다는 것을 사용자에게 알려 주려면 어떻게 해야 할까? 어떤 컴퓨터는 **예외**(exception)를 발생시켜 이 사건을 알린다. 예외는 **인터럽트**(interrupt)라고 부르기도 한다. 예외나 인터럽트는 본질적으로 예정되지 않은 프로시저 호출이다. 오버플로가 발생한 명령어의 주소는 레지스터에 저장되고 컴퓨터는 그 예외에 해당하는 적합한 루틴을 호출하기 위해 미리 정해진 주소로 점프한다. 이 주소에 있는 문제 해결 코드를 실행한 후에 프로그램 실행이 계속되는 경우도 있기 때문에 인터럽트가 발생한 주소를 저장하는 것이다. (4.10절에서는 예외를 더 자세히 다루고, 5장에서는 예외와 인터럽트가 발생하는 다른 상황들을 설명할 것이다.) RISC-V는 오버플로와 언더플로가 발생해도 예외를 발생시키지 않는다. 대신에 소프트웨어가 fcsr(floating-point control and status register)를 읽어서 오버플로나 언더플로가 발생했는지 검사할 수 있다.

**예외** 인터럽트라고 하는 컴퓨터도 많이 있다. 프로그램 수행을 방해하는 계획되지 않은 사건. 예를 들면 오버플로가 탐지에 사용된다.

**인터럽트** 프로세서 외부에서 발생하는 예외. (어떤 구조에서는 모든 예외를 인터럽트라고 부른다.)

## IEEE 754 부동 소수점 표준

이 형식들은 RISC-V만 쓰는 것이 아니다. IEEE 754 부동 소수점 표준의 일부로, 1980년 이후에 만들어진 컴퓨터는 거의 모두 이 표준을 사용하고 있다. 이 표준은 부동 소수점 프로그램의 이식을 매우 쉽게 하였고 컴퓨터 연산의 질을 크게 향상시켰다.

유효자리 부분에 더 많은 수를 담기 위해서 IEEE 754 표준은 정규화된 이진수의 가장 앞쪽 1비트를 생략하고 표현하지 않는다. 따라서 실질적인 유효자리의 길이는 단일 정밀도 표현이 24비트(숨겨진 1과 23비트 소수 부분), 2배 정밀도는 53비트(1 + 52비트)이다. 표현에 정확을 기하기 위해서, 유효자리(significand)라는 용어는 숨겨진 1을 포함하는 24 또는 53비트를 나타내는 데 사용하고, 23 또는 52비트를 나타낼 때는 소수 부분이라는 용어를 사용한다. 숫자 0.0은 선행하는 1이 없기 때문에, 이를 구별하기 위해서 예약된 지수값 0을 사용하며 이 경우 하드웨어는 소수 부분 앞에 1을 붙이지 않는다.

따라서 $00\ldots00_{two}$는 0을 나타낸다. 0을 제외한 나머지 수는 앞서 설명한 형식을 사용하므로 숨겨진 1을 덧붙이면 아래와 같은 값이 된다.

$$(-1)^S \times (1 + \text{소수 부분}) \times 2^E$$

여기서 소수 부분의 비트들은 0과 1 사이의 수를 나타내고, E는 곧 자세히 설명하겠지만 지수 부분의 값을 표시한다. 유효자리의 비트를 왼쪽에서 오른쪽으로 s1, s2, s3, …와 같이 번호를 매기면 다음과 같은 값이 된다.

$$(-1)^S \times (1 + (s1 \times 2^{-1}) + (s2 \times 2^{-2}) + (s3 \times 2^{-3}) + (s4 \times 2^{-4}) + \ldots) \times 2^E$$

그림 3.13은 IEEE 754 부동 소수점 수의 인코딩 방법을 보여 준다. IEEE 754의 또 다른 특징은 비정상적인 사건을 표현하는 특수 심벌이 있다는 점이다. 예를 들어 0으로 나누기에 대해 인터럽트를 거는 대신에 소프트웨어가 +∞나 −∞를 표시하는 비트열을 결과값으로 정할 수 있다. 표현 가능한 가장 큰 지수값을 이런 특수 심벌용으로 예약해 놓았다. 프로그래머가 이 결과를 프린트하면 프로그램은 무한대 기호를 프린트할 것이다. [수학적으로 훈련된 사람들을 위해 설명을 추가하면, 무한대의 목적은 실수의 위상적 닫힘(topological closure)을 형성하기 위함이다.]

IEEE 754는 0 나누기 0이나, 무한대 빼기 무한대와 같은 유효하지 않은 연산의 결과를 위한 심벌도 가지고 있다. 이 심벌은 **숫자가 아님**(Not a Number)을 표현하는 **NaN**이다. NaN을 사용하면 프로그래머가 테스트나 결정을 나중에 편할 때로 미룰 수 있다.

IEEE 754 설계자들은 정수 비교로 쉽게 정렬(sorting)할 수 있는 부동 소수점 표현을 원했다. 이런 이유로 less than, greater than, equal to 0 테스트를 빠르게 할 수 있도록 부호 비트가 최상위 비트에 놓이게 되었다. (이 표현 방식은 기본적으로 2의 보수법 표현 방식이 아닌 부호와 크기 표현 방식이므로 단순한 정수 정렬보다는 조금 더 복잡하다.)

지수를 유효자리 앞에 두면 부호가 같은 수를 비교할 때 지수가 큰 수가 지수가 작은 수보다 더 큰 정수처럼 보인다. 이것 또한 부동 소수점 수를 정수 비교 명령어로 정렬하는 일을 쉽게 해 준다.

하지만 음수 지수는 숫자 정렬을 어렵게 만든다. 만약 음수 지수를 나타내기 위해 2의 보수법이나 지수의 최상위 비트를 1로 만드는 어떤 표현법을 사용한다면, 지수가 음수이면 매우 큰 수처럼 보일 것이다. 예를 들어 $1.0_{two} \times 2^{-1}$은 다음과 같이 표현될 것이다.

| Single precision | | Double precision | | Object represented |
|---|---|---|---|---|
| Exponent | Fraction | Exponent | Fraction | |
| 0 | 0 | 0 | 0 | 0 |
| 0 | Nonzero | 0 | Nonzero | ± denormalized number |
| 1–254 | Anything | 1–2046 | Anything | ± floating-point number |
| 255 | 0 | 2047 | 0 | ± infinity |
| 255 | Nonzero | 2047 | Nonzero | NaN (Not a Number) |

**그림 3.13 부동 소수점의 IEEE 754 인코딩.** 부호 비트가 숫자 전체의 부호를 결정한다. 비정규화 수(denormalized number)는 3.5절의 마지막 "고난도"에서 소개한다. 이 정보는 이 책의 첫 페이지에 있는 RISC-V Reference Data Card의 ④열에서 찾아볼 수 있다.

| 31 | 30 | 29 | 28 | 27 | 26 | 25 | 24 | 23 | 22 | 21 | 20 | 19 | 18 | 17 | 16 | 15 | 14 | 13 | 12 | 11 | 10 | 9 | 8 | 7 | 6 | 5 | 4 | 3 | 2 | 1 | 0 |
|---|---|---|---|---|---|---|---|---|---|---|---|---|---|---|---|---|---|---|---|---|---|---|---|---|---|---|---|---|---|---|---|
| 0 | 1 | 1 | 1 | 1 | 1 | 1 | 1 | 1 | 0 | 0 | 0 | 0 | 0 | 0 | 0 | 0 | 0 | 0 | 0 | 0 | 0 | 0 | 0 | 0 | 0 | 0 | 0 | 0 | 0 | 0 | 0 |

(유효자리 맨 앞의 1은 소수 부분에 나타나지 않고 숨겨져 있다는 사실을 기억하라.) $1.0_{two} \times 2^{+1}$은 이 숫자보다 작은 이진수처럼 보일 것이다.

| 31 | 30 | 29 | 28 | 27 | 26 | 25 | 24 | 23 | 22 | 21 | 20 | 19 | 18 | 17 | 16 | 15 | 14 | 13 | 12 | 11 | 10 | 9 | 8 | 7 | 6 | 5 | 4 | 3 | 2 | 1 | 0 |
|---|---|---|---|---|---|---|---|---|---|---|---|---|---|---|---|---|---|---|---|---|---|---|---|---|---|---|---|---|---|---|---|
| 0 | 0 | 0 | 0 | 0 | 0 | 0 | 0 | 1 | 0 | 0 | 0 | 0 | 0 | 0 | 0 | 0 | 0 | 0 | 0 | 0 | 0 | 0 | 0 | 0 | 0 | 0 | 0 | 0 | 0 | 0 | 0 |

이상적인 표기법은 가장 음수인 지수를 $00\ldots00_{two}$로, 가장 양수인 지수를 $11\ldots11_{two}$로 표현하는 것이다. 이와 같은 방식을 **바이어스된 표현 방식**(biased notation)이라고 부른다. 여기서 바이어스는 실제 값을 구하기 위해 부호없이 표현된 수에서 빼야 하는 상수를 말한다.

IEEE 754의 단일 정밀도 표현 방식에서는 바이어스 값 127을 사용한다. 따라서 −1은 $-1 + 127_{ten}$ 또는 $126_{ten} = 0111\ 1110_{two}$라는 비트 패턴으로 표현된다. 그리고 +1은 $1 + 127_{ten}$ 또는 $128_{ten} = 1000\ 0000_{two}$로 표현된다. 2배 정밀도를 위한 지수의 바이어스는 1023이다. 바이어스된 지수를 사용하면 부동 소수점으로 표현된 값이 실제로는 다음과 같아진다.

$$(-1)^S \times (1 + \text{소수}) \times 2^{(\text{지수}-\text{바이어스})}$$

단일 정밀도에서 표현할 수 있는 가장 작은 수는

$$\pm 1.0000\ 0000\ 0000\ 0000\ 0000\ 000_{two} \times 2^{-126}$$

이고 가장 큰 수는

$$\pm 1.1111\ 1111\ 1111\ 1111\ 1111\ 111_{two} \times 2^{+127}$$

이다. 예를 보자.

### 부동 소수점 표현 방식

**예제**

$-0.75_{ten}$을 IEEE 754 이진 표현법에 따라 단일 정밀도 및 2배 정밀도 표현 방식으로 나타내라.

**답**

$-0.75_{ten}$은

$$-3/4_{ten} \text{ 또는 } -3/2^2_{ten}$$

이다. 이것은

$$-11_{two}/2^2{}_{ten} \text{ 또는 } -0.11_{two}$$

로 표현될 수 있다. 과학적 표기법에서 값은

$$-0.11_{two} \times 2^0$$

이고 정규화된 과학적 표기법에서는

$$-1.1_{two} \times 2^{-1}$$

이다. 단일 정밀도 수의 일반적인 표현 방식은 다음과 같다.

$$(-1)^S \times (1 + \text{소수}) \times 2^{(\text{지수}-127)}$$

따라서 $-1.1_{two} \times 2^{-1}$의 지수에 바이어스 127을 빼면 결과는

$$(-1)^1 \times (1 + .1000\ 0000\ 0000\ 0000\ 0000\ 000_{two}) \times 2^{(126-127)}$$

이다. 단일 정밀도 표현에 따른 $-0.75_{ten}$의 표현은 다음과 같다.

| 31 | 30 | 29 | 28 | 27 | 26 | 25 | 24 | 23 | 22 | 21 | 20 | 19 | 18 | 17 | 16 | 15 | 14 | 13 | 12 | 11 | 10 | 9 | 8 | 7 | 6 | 5 | 4 | 3 | 2 | 1 | 0 |
|---|---|---|---|---|---|---|---|---|---|---|---|---|---|---|---|---|---|---|---|---|---|---|---|---|---|---|---|---|---|---|---|
| 1 | 0 | 1 | 1 | 1 | 1 | 1 | 1 | 0 | 1 | 0 | 0 | 0 | 0 | 0 | 0 | 0 | 0 | 0 | 0 | 0 | 0 | 0 | 0 | 0 | 0 | 0 | 0 | 0 | 0 | 0 | 0 |

1 bit 8 bits 23 bits

2배 정밀도 표현은 다음과 같다.

$$(-1)^1 \times (1 + .1000\ 0000\ 0000\ 0000\ 0000\ 0000\ 0000\ 0000\ 0000\ 0000\ 0000\ 0000\ 0000_{two}) \times 2^{(1022-1023)}$$

| 31 | 30 | 29 | 28 | 27 | 26 | 25 | 24 | 23 | 22 | 21 | 20 | 19 | 18 | 17 | 16 | 15 | 14 | 13 | 12 | 11 | 10 | 9 | 8 | 7 | 6 | 5 | 4 | 3 | 2 | 1 | 0 |
|---|---|---|---|---|---|---|---|---|---|---|---|---|---|---|---|---|---|---|---|---|---|---|---|---|---|---|---|---|---|---|---|
| 1 | 0 | 1 | 1 | 1 | 1 | 1 | 1 | 1 | 1 | 1 | 0 | 1 | 0 | 0 | 0 | 0 | 0 | 0 | 0 | 0 | 0 | 0 | 0 | 0 | 0 | 0 | 0 | 0 | 0 | 0 | 0 |

1 bit 11 bits 20 bits

| 0 | 0 | 0 | 0 | 0 | 0 | 0 | 0 | 0 | 0 | 0 | 0 | 0 | 0 | 0 | 0 | 0 | 0 | 0 | 0 | 0 | 0 | 0 | 0 | 0 | 0 | 0 | 0 | 0 | 0 | 0 | 0 |
|---|---|---|---|---|---|---|---|---|---|---|---|---|---|---|---|---|---|---|---|---|---|---|---|---|---|---|---|---|---|---|---|

32 bits

이제 반대로 이진수를 십진수로 변환해 보자.

예제

## 이진 부동 소수점 수를 십진 부동 소수점 수로 변환하기

아래의 단일 정밀도 부동 소수점 수가 나타내는 값을 십진수로 표시하라.

| 31 | 30 | 29 | 28 | 27 | 26 | 25 | 24 | 23 | 22 | 21 | 20 | 19 | 18 | 17 | 16 | 15 | 14 | 13 | 12 | 11 | 10 | 9 | 8 | 7 | 6 | 5 | 4 | 3 | 2 | 1 | 0 |
|---|---|---|---|---|---|---|---|---|---|---|---|---|---|---|---|---|---|---|---|---|---|---|---|---|---|---|---|---|---|---|---|
| 1 | 1 | 0 | 0 | 0 | 0 | 0 | 0 | 1 | 0 | 1 | 0 | 0 | 0 | 0 | 0 | 0 | 0 | 0 | 0 | 0 | 0 | 0 | 0 | 0 | 0 | 0 | 0 | 0 | 0 | 0 | 0 |

답

부호 비트는 1, 지수 부분은 129, 소수 부분은 $1 \times 2^{-2} = 1/4$ 또는 0.25이다. 기본 공식을 이용하면 다음과 같다.

$$\begin{aligned}(-1)^S \times (1 + \text{소수}) \times 2^{(\text{지수}-\text{바이어스})} &= (-1)^1 \times (1 + 0.25) \times 2^{(129-127)} \\ &= -1 \times 1.25 \times 2^2 \\ &= -1.25 \times 4 \\ &= -5.0\end{aligned}$$

다음에는 부동 소수점 덧셈과 곱셈을 위한 알고리즘을 다룰 것이다. 기본적으로 유효자리에 대해서는 대응되는 정수 연산을 사용할 것이다. 그러나 지수를 다루고 결과를 정규화하기 위해 추가 작업들이 필요하다. 먼저 십진수를 사용하여 알고리즘의 직관적 유도 과정을 보이고, 좀 더 자세한 이진수 알고리즘을 제시할 것이다.

IEEE의 지침에 따라 표준이 완성된 20년 뒤에 IEEE 754 위원회를 재구성하여 표준의 변경이 필요한지, 필요하다면 어떤 변경이 필요한지를 살펴보았다. 개정된 표준 IEEE 754-2008은 IEEE 754-1985를 거의 모두 포함하고, 여기에 새롭게 16비트 형식(반 정밀도)과 128비트 형식(4배 정밀도)을 추가하였다. 16비트를 사용하는 반 정밀도 형식은 1비트 부호, 5비트 지수(바이어스는 15), 10비트 소수로 표현된다. 4배 정밀도 형식은 1비트 부호, 15비트 지수(바이어스는 262143), 112비트 소수로 표현된다. 개정 표준에는 십진 부동 소수점 연산도 추가되었다.

**고난도:** 유효자리 비트 수를 줄이지 않고 수의 표현 범위를 증가시키기 위해, IEEE 754 표준 이전에 개발된 컴퓨터 중에는 이진수가 아닌 다른 진수를 사용하는 것들이 있었다. 예를 들어 IBM 360, 370 메인프레임 컴퓨터는 16진수를 사용하였다. 이런 컴퓨터에서는 지수가 1 변하는 것이 유효자리를 4비트 자리이동시키는 것을 의미하기 때문에, 정규화된 16진수 수는 선행하는 0을 3비트까지 가질 수 있었다! 따라서 16진수 수는 유효자리에서 최대 3비트까지 버려야 한다는 것을 의미하며 이것은 부동 소수점 산술 연산의 정밀도에 심각한 문제를 야기하였다. 최근의 IBM 메인프레임은 16진수 형식뿐만 아니라 IEEE 754도 지원하고 있다.

## 부동 소수점 덧셈

부동 소수점으로 표현된 수들의 덧셈을 이해하기 위해 먼저 과학적 표기법으로 표시된 두 수 $9.999_{\text{ten}} \times 10^1$과 $1.610_{\text{ten}} \times 10^{-1}$을 손으로 더해 보자. 유효자리에 네 자리 그리고 지수에 두 자리의 십진수를 저장할 수 있다고 가정한다.

단계 1. 두 수를 더하기 위해서는 먼저 작은 지수를 갖는 수의 소수점을 정렬해야 한다. 따라서 작은 수 $1.610_{\text{ten}} \times 10^{-1}$을 큰 지수와 일치하는 형태로 바꾸어야 한다. 과학적 표기법에서 정규화되지 않은 부동 소수점 수는 다양한 표현이 존재하기 때문에 이러한 변환이 가능하다.

$$1.610_{\text{ten}} \times 10^{-1} = 0.1610_{\text{ten}} \times 10^{0} = 0.01610_{\text{ten}} \times 10^{1}$$

가장 오른쪽 숫자가 우리에게 필요한 형태이다. 지수가 큰 수 $9.999_{\text{ten}} \times 10^{1}$의 지수와 일치하기 때문이다. 따라서 첫 번째 단계는 작은 수의 지수가 큰 수의 것과 일치할 때까지 유효자리를 오른쪽으로 자리이동시키는 것이다. 그러나 네 자리의 십진수만을 표시할 수 있기 때문에 자리이동한 후의 수는 다음과 같다.

$$0.016_{\text{ten}} \times 10^{1}$$

단계 2. 유효자리를 서로 더한다.

$$\begin{array}{r} 9.999_{\text{ten}} \\ +\ \ 0.016_{\text{ten}} \\ \hline 10.015_{\text{ten}} \end{array}$$

합은 $10.015_{\text{ten}} \times 10^{1}$이 된다.

단계 3. 이 합은 정규화된 과학적 표기법이 아니므로 정돈할 필요가 있다.

$$10.015_{\text{ten}} \times 10^{1} = 1.0015_{\text{ten}} \times 10^{2}$$

덧셈을 한 후에 이것을 정규화된 형태로 만들기 위해 지수를 적절하게 조정하고 합을 자리이동시켜야 한다. 이 예는 오른쪽 자리이동을 보여 주지만, 한 수가 양수이고 다른 수가 음수이면 결과가 선행하는 0을 가질 수 있고, 이때는 왼쪽 자리이동이 필요하다. 지수가 증가하거나 감소할 때마다 오버플로와 언더플로를 검사하여야 한다. 다시 말해서 지수가 지수 필드에 들어가는지를 확인하여야 한다.

단계 4. 유효자리가 네 자리라고 가정했기 때문에(부호는 제외하고) 수를 자리맞춤(rounding)을 하여야 한다. 초등학교에서 배운 것과 같이, 원하는 자리 오른쪽에 있는 수가 0에서 4 사이의 값이면 버리고, 5에서 9 사이의 값이면 1을 더해 준다. 따라서

$$1.0015_{\text{ten}} \times 10^{2}$$

을 네 자리로 반올림을 하면 다음과 같다.

$$1.002_{\text{ten}} \times 10^{2}$$

왜냐하면 소수점 오른쪽 네 번째 자리의 수가 5에서 9 사이이기 때문이

다. 반올림을 수행할 때 연속된 9에 1을 더해 주는 것과 같이 불운한 경우에는 결과가 정규화 형태가 아니므로 경우에 따라서 단계 3을 다시 수행해야 된다는 점을 주목하라.

그림 3.14는 위 십진수 예와 같이 동작하는 이진수 부동 소수점 덧셈 알고리즘을 보여 준다. 단계 1, 2는 앞의 예제와 같다. 작은 지수를 갖는 수의 유효자리를 조정한 후 두 유효자리 수를 더한다. 단계 3은 오버플로와 언더플로를 검사하면서 결과를 정규화한다. 단계 3의 오버플로와 언더플로 검사는 피연산자가 단일 정밀도인지 2배 정밀도인지에 따라 달라진다. 지수 필드가 모두 0인 패턴은 예약되어 있으며 0.0의 부동 소수점 표현을 위해 사용됨을 기억하자. 또한 지수 필드가 모두 1인 패턴은 일반적인 부동 소수점 수의 표현을 벗어나는 값들과 상황을 표현하기 위해 예약되어 있다(3.5절의 마지막 "고난도" 참조). 따라서 단일 정밀도 표현 방식의 최대 지수는 127이고, 최소 지수는 −126이다.

### 이진 부동 소수점 수의 덧셈

**예제**

그림 3.14의 알고리즘을 이용하여 $0.5_{ten}$과 $-0.4375_{ten}$의 이진 덧셈을 수행하라.

**답**

먼저 정규화된 과학적 표기법에 따른 두 수의 이진 표현 방법을 알아보자. 4비트의 정밀도를 사용한다고 가정하면 다음과 같다.

$$0.5_{ten} = 1/2_{ten} = 1/2^1_{\ ten}$$
$$= 0.1_{two} = 0.1_{two} \times 2^0 = 1.000_{ten} \times 2^{-1}$$
$$-0.4375_{ten} = -7/16_{ten} = -7/2^4_{\ ten}$$
$$= -0.0111_{two} = -0.0111_{two} \times 2^0 = -1.110_{two} \times 2^{-2}$$

이제 알고리즘을 적용해 보자.

단계 1. 작은 지수를 갖는 수($-1.11_{two} \times 2^{-2}$)의 유효자리를 지수가 큰 수와 일치할 때까지 오른쪽으로 자리이동한다.

$$-1.110_{two} \times 2^{-2} = -0.111_{two} \times 2^{-1}$$

단계 2. 유효자리를 더한다.

$$1.000_{two} \times 2^{-1} + (-0.111_{two} \times 2^{-1}) = 0.001_{two} \times 2^{-1}$$

단계 3. 오버플로와 언더플로를 검사하면서 합을 정규화한다.

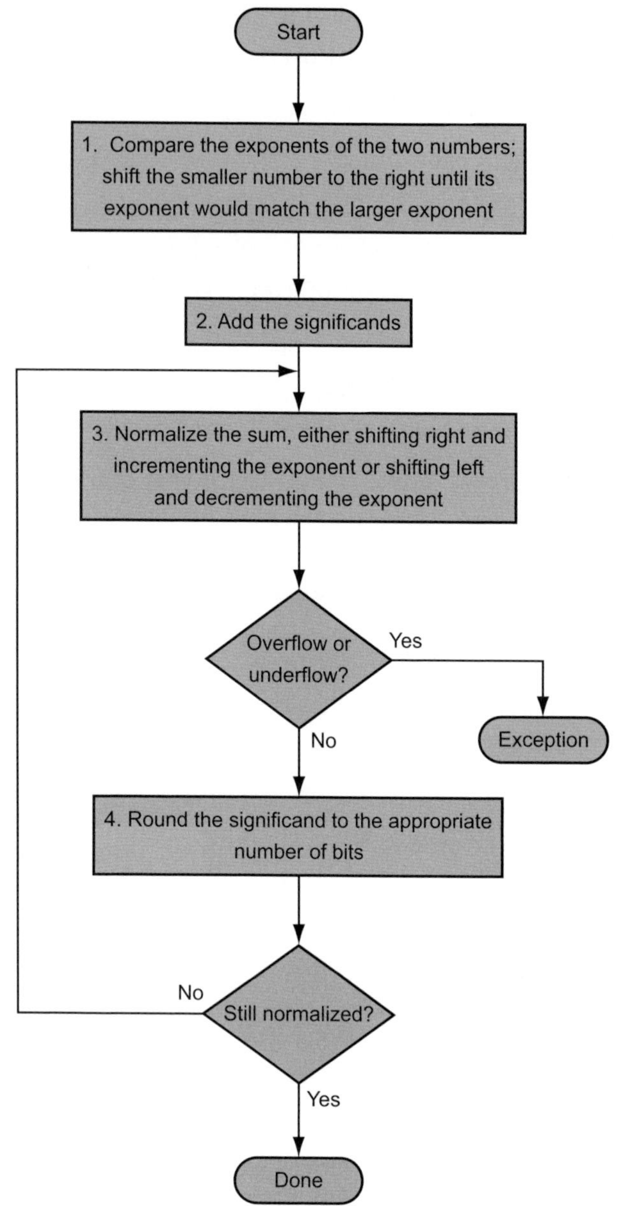


**그림 3.14 부동 소수점 덧셈.** 보통의 경우 단계 3과 4는 한 번만 수행된다. 그러나 자리맞춤이 합을 비정규화시키는 경우에는 단계 3을 반복해야 한다.

$$0.001_{two} \times 2^{-1} = 0.010_{two} \times 2^{-2} = 0.100_{two} \times 2^{-3}$$
$$= 1.000_{two} \times 2^{-4}$$

$127 \geq -4 \geq -126$이므로 언더플로와 오버플로는 발생하지 않는다. (바이어스된 지수는 $-4 + 127$, 즉 123이 되고, 이 값은 예약되지 않은 지수 중 가장 작은 값 1과 가장 큰 값 254 사이이므로 문제가 없다.)

단계 4. 결과를 자리맞춤한다.

$$1.000_{two} \times 2^{-4}$$

결과는 이미 4비트 정밀도와 일치한다. 따라서 자리맞춤할 필요가 없다. 결과는 다음과 같다.

$$1.000_{two} \times 2^{-4} = 0.0001000_{two} = 0.0001_{two}$$
$$= 1/2^4{}_{ten} \quad = 1/16_{ten} \quad = 0.0625_{ten}$$

이 값은 $0.5_{ten}$을 $-0.4375_{ten}$에 더한 결과이므로 옳은 연산이다.

부동 소수점 계산을 빠르게 하기 위해 전용 하드웨어를 사용하는 컴퓨터가 많이 있다. 그림 3.15는 부동 소수점 덧셈을 위한 하드웨어의 기본 구조를 보여 준다.

## 부동 소수점 곱셈

지금까지 부동 소수점 덧셈을 알아보았다. 이제 부동 소수점 곱셈을 알아보자. 우선 과학적 표기법의 십진수 곱셈을 직접 손으로 해 보자. $1.110_{ten} \times 10^{10} \times 9.200_{ten} \times 10^{-5}$. 유효자리에는 네 자리, 지수에는 두 자리까지 저장할 수 있다고 가정한다.

단계 1. 덧셈과는 달리 피연산자들의 지수를 더하기만 하면 곱의 지수를 구할 수 있다.

새로운 지수 = 10 + (−5) = 5

똑같은 결과를 얻을 수 있는지 확인하기 위하여 바이어스된 지수로 계산해 보자. 10 + 127 = 137이고, −5 + 127 = 122. 따라서

새로운 지수 = 137 + 122 = 259

이다. 결과는 8비트 지수 부분에 들어가기에 너무 크다. 무엇이 잘못되었을까? 문제는 바이어스이다. 왜냐하면 지수뿐만 아니라 바이어스도 더했기 때문이다.

새로운 지수 = (10 + 127) + (−5 + 127) = (5 + 2 × 127) = 259

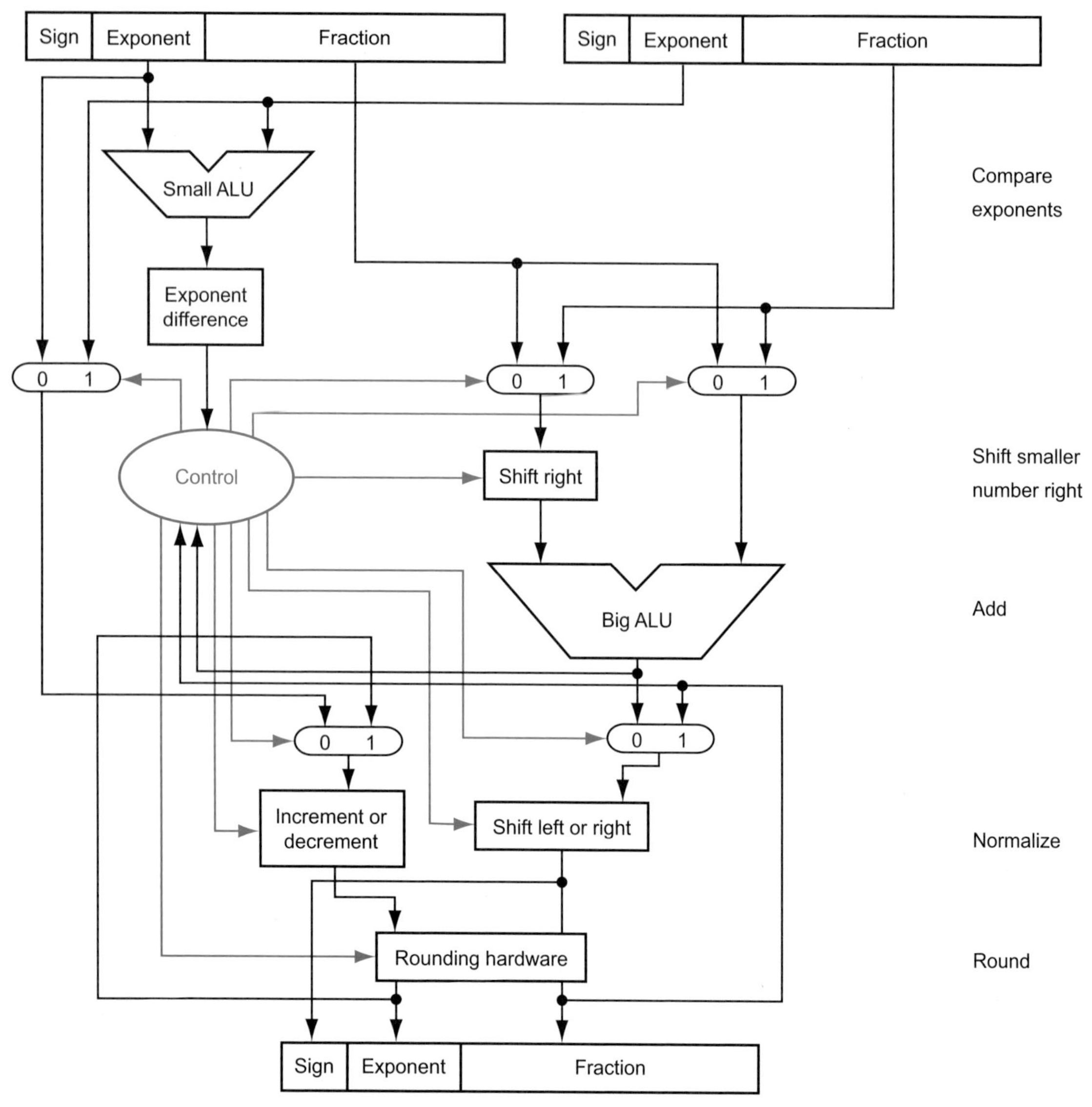


**그림 3.15 부동 소수점 덧셈 전용 산술 유닛의 블록 다이어그램.** 그림 3.14의 각 단계는 위에서 아래로 각각의 블록에 대응된다. 먼저 어느 지수가 얼마나 큰가를 알아보기 위해 작은 ALU로 두 지수를 뺀다. 이렇게 계산된 차이는 3개의 멀티플렉서를 제어한다. 가장 왼쪽 멀티플렉서는 큰 지수를 선택하고, 가운데 것은 작은 수의 유효자리, 가장 오른쪽 멀티플렉서는 큰 수의 유효자리를 선택한다. 작은 유효자리는 오른쪽으로 자리이동된 후 큰 ALU에서 큰 수의 유효자리와 더해진다. 정규화 단계는 합을 왼쪽이나 오른쪽으로 자리이동시키면서 지수를 증가시키거나 감소시킨다. 자리맞춤 단계에서 최종 결과가 생성된다. 이 단계에서 다시 정규화가 필요한 경우도 있다.

따라서 바이어스된 수를 더할 때 정확히 바이어스된 결과를 얻기 위해서는 결과에서 바이어스 값을 빼야만 한다.

$$\text{새로운 지수} = 137 + 122 - 127 = 259 - 127 = 132 = (5 + 127)$$

최종 결과인 5가 원래 우리가 처음에 계산했던 지수이다.

단계 2. 다음 단계는 유효자리의 곱셈이다.

$$\begin{array}{r} 1.110_{ten} \\ \times \quad 9.200_{ten} \\ \hline 0000 \\ 0000\phantom{0} \\ 2220\phantom{00} \\ 9990\phantom{000} \\ \hline 1110000_{ten} \end{array}$$

각 피연산자의 소수점 오른쪽에는 세 자리의 수가 있다. 따라서 결과의 오른쪽으로부터 여섯 번째 자리에 소수점을 찍는다.

$$10.212000_{ten}$$

소수점 오른쪽에 세 자리만 있을 수 있다고 가정했으므로 곱은 $10.212 \times 10^5$이 된다.

단계 3. 이 곱은 정규화되어 있지 않으므로 정규화하면

$$10.212_{ten} \times 10^5 = 1.0212_{ten} \times 10^6$$

따라서 정규화된 형태로 맞추기 위해 곱셈 후의 결과를 오른쪽으로 한 자리 자리이동하고, 지수에 1을 더한다. 이 시점에서 오버플로와 언더플로를 검사할 수 있다. 언더플로는 두 피연산자가 모두 작을 때 발생할 수 있다. 즉, 두 수가 매우 큰 음의 지수를 갖는 경우에 발생한다.

단계 4. 유효자리가 부호 부분을 제외하고 네 자리뿐이라고 가정했기 때문에, 계산된 결과를 자리맞춤하여야 한다. 계산 결과인

$$1.0212_{ten} \times 10^6$$

을 유효자리 네 자리로 자리맞춤하면

$$1.021_{ten} \times 10^6$$

이 된다.

단계 5. 결과의 부호는 피연산자의 부호에 따라 결정된다. 두 부호가 같으면 결

과의 부호는 양수이고 그렇지 않으면 결과는 음수이다. 따라서 최종 결과는 다음과 같다.

$$+1.021_{ten} \times 10^6$$

덧셈 알고리즘에서는 결과의 부호가 유효자리의 덧셈에 의해 결정되었었다. 그러나 곱셈에서 결과의 부호는 피연산자들의 부호에 의해 결정된다.

그림 3.16에서 보듯이 이진수 부동 소수점 수의 곱셈은 방금 살펴본 십진 부동 소수점 수의 곱셈과 매우 유사하다. 먼저 바이어스된 지수를 서로 더한 후 바이어스 하나를 빼서 곱의 새 지수를 구한다. 다음 단계는 유효자리들끼리의 곱셈이고, 이어서 필요에 따라 정규화 과정이 수행된다. 계산된 지수의 크기를 검사해서 오버플로나 언더플로가 발생했는지 확인한 후 결과를 자리맞춤한다. 만약 자리맞춤 과정이 추가 정규화를 필요로 하면 다시 한번 지수의 크기를 검사한다. 마지막으로 피연산자들의 부호가 다르면(곱이 음수인 경우) 부호 비트를 1로 결정한다. 피연산자의 부호가 같으면(곱이 양수인 경우) 0으로 결정한다.

## 이진 부동 소수점 수의 곱셈

**예제**

그림 3.16의 알고리즘을 이용하여 $0.5_{ten}$과 $-0.4375_{ten}$을 곱하라.

**답**

이진수로 표현하면 $1.000_{two} \times 2^{-1}$을 $-1.110_{two} \times 2^{-2}$에 곱하는 것이다.

단계 1. 바이어스 없이 지수를 더하면

$$-1 + (-2) = -3$$

이 되고, 바이어스된 표현을 사용하면 다음과 같이 된다.

$$(-1 + 127) + (-2 + 127) - 127 = (-1 - 2) + (127 + 127 - 127)$$
$$= -3 + 127 = 124$$

단계 2. 유효자리를 곱한다.

$$\begin{array}{r} 1.000_{two} \\ \times \quad 1.110_{two} \\ \hline 0000 \\ 1000\phantom{0} \\ 1000\phantom{00} \\ 1000\phantom{000} \\ \hline 1110000_{two} \end{array}$$

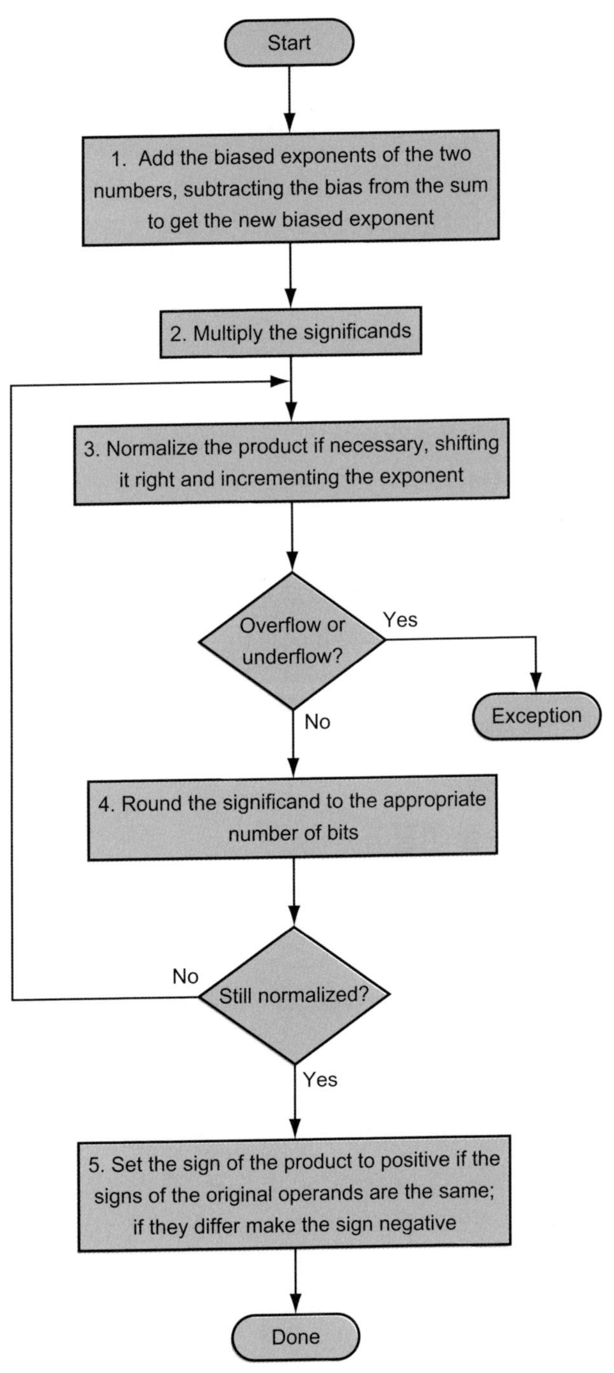


**그림 3.16 부동 소수점 곱셈.** 보통의 경우 단계 3과 4는 한 번만 수행된다. 그러나 자리맞춤이 곱을 비정규화시키는 경우에는 단계 3을 반복해야 한다.

곱은 $1.110000_{two} \times 2^{-3}$이다. 그러나 4비트로 맞추어야 하므로 $1.110_{two} \times 2^{-3}$이 된다.

단계 3. 정규화되어 있는지 확인하기 위해 곱을 검사하고, 오버플로와 언더플로 검사를 위해 지수를 확인한다. 곱은 이미 정규화되어 있고, $127 \geq -3 \geq -126$이기 때문에 오버플로나 언더플로는 발생하지 않는다. (바이어스된 표현을 이용하면, $254 \geq 124 \geq 1$이므로 문제가 없다.)

단계 4. 자리맞춤하여도 변화는 없다.

$$1.110_{two} \times 2^{-3}$$

단계 5. 피연산자들의 부호가 다르므로 곱의 부호를 음수로 만든다. 따라서 최종 결과는 다음과 같다.

$$-1.110_{two} \times 2^{-3}$$

결과를 확인하기 위해 십진수로 변환한다.

$$\begin{aligned} -1.110_{two} \times 2^{-3} &= -0.001110_{two} = -0.00111_{two} \\ &= -7/2^5{}_{ten} = -7/32_{ten} = -0.21875_{ten} \end{aligned}$$

$0.5_{ten} \times -0.4375_{ten}$의 결과는 $-0.21875_{ten}$이 된다.

## RISC-V의 부동 소수점 명령어

RISC-V는 다음과 같은 명령어를 사용하여 IEEE 754 단일 정밀도 및 2배 정밀도 형식을 지원한다.

- 부동 소수점 단일 정밀도 덧셈(`fadd.s`)과 2배 정밀도 덧셈(`fadd.d`)
- 부동 소수점 단일 정밀도 뺄셈(`fsub.s`)과 2배 정밀도 뺄셈(`fsub.d`)
- 부동 소수점 단일 정밀도 곱셈(`fmul.s`)과 2배 정밀도 곱셈(`fmul.d`)
- 부동 소수점 단일 정밀도 나눗셈(`fdiv.s`)과 2배 정밀도 나눗셈(`fdiv.d`)
- 부동 소수점 단일 정밀도 제곱근(`fsqrt.s`)과 2배 정밀도 제곱근(`fsqrt.d`)
- 부동 소수점 단일 정밀도 같은지 비교(`feq.s`)와 2배 정밀도 같은지 비교(`feq.d`)
- 부동 소수점 단일 정밀도 작은지 비교(`flt.s`)와 2배 정밀도 작은지 비교(`flt.d`)
- 부동 소수점 단일 정밀도 작거나 같은지 비교(`fle.s`)와 2배 정밀도 작거나 같은지 비교(`fle.d`)

비교 명령어 `feq`, `flt`, `fle`는 비교가 거짓일 때 정수 레지스터를 0으로 만들고 참일 때 1로 만든다. 소프트웨어는 정수 분기 명령어 `beq`와 `bne`를 사용하여 부동 소수점 비교 결과에 따라 분기할 수 있다.

RISC-V 설계자들은 f0, f1, f2, ..., f31이라고 불리는 부동 소수점 레지스터를 별도로 두기로 하였다. 이에 따라 부동 소수점 레지스터를 위한 별도의 적재 및 저장 명령어도 추가하였다. 2배 정밀도용으로 fld와 fsd가 있고, 단일 정밀도용으로 flw와 fsw가 있다. 부동 소수점 데이터 전송 명령어의 베이스 레지스터로는 여전히 정수 레지스터를 사용한다. 메모리에서 단일 정밀도 수 2개를 읽어 와서 더한 다음에 합을 다시 메모리에 저장하는 RISC-V 코드는 다음과 같을 것이다.

```
flw      f0, 0(x10)  // Load 32-bit F.P. number into f0
flw      f1, 4(x10)  // Load 32-bit F.P. number into f1
fadd.s   f2, f0, f1  // f2 = f0 + f1, single precision
fsw      f2, 8(x10)  // Store 32-bit F.P. number from f2
```

단일 정밀도 레지스터가 따로 있는 것은 아니고 2배 정밀도 레지스터의 아래쪽 절반을 사용한다. 부동 소수점 레지스터 f0는 정수 레지스터 x0와 달리 항상 상수 0으로 고정되어 있지 않다.

그림 3.17은 3장에서 소개된 부동 소수점 관련 RISC-V 구조를 요약한 것이다. 부동 소수점 지원을 위해 새로 추가된 부분은 파란색으로 표시하였다. 부동 소수점 명령어는 이에 대응하는 정수 명령어와 같은 형식을 사용한다. 예를 들어 적재는 I-타입, 저장은 S-타입, 산술 명령어는 R-타입 형식을 사용한다.

**하드웨어/소프트웨어 인터페이스**

컴퓨터 설계자가 부동 소수점 연산 지원과 관련하여 부딪히는 문제 중 하나는 정수 명령어가 사용하는 레지스터를 같이 사용할 것인지 아니면 부동 소수점 전용의 특별 레지스터를 추가할 것인지 하는 것이다. 프로그램이 정수 연산을 할 때와 부동 소수점 연산을 할 때는 보통 다른 데이터를 사용하므로, 레지스터를 분리하면 프로그램 수행에 필요한 명령어의 수가 약간 증가할 뿐이다. 정작 크게 영향을 받는 부분은 부동 소수점 레지스터와 메모리 사이의 데이터 이동에 사용할 별도의 데이터 전송 명령어들을 만들어야 한다는 것이다.

별도의 부동 소수점 레지스터를 사용하는 것의 장점은 다음과 같다. 첫째, 명령어 형식의 비트 수를 늘리지 않고도 2배나 많은 레지스터를 사용할 수 있으며, 둘째, 정수 레지스터와 부동 소수점 레지스터가 따로 있으니 레지스터 대역폭이 2배로 늘어나고, 셋째, 부동 소수점에 맞게 레지스터를 특화시킬 수 있다는 것이다. 예를 들어 어떤 컴퓨터는 레지스터에 있는 다양한 크기의 피연산자들을 한 가지 내부 형식으로 변환한다.

**RISC-V floating-point operands**

| | | |
|---|---|---|
| 32 floating-point registers | f0-f31 | An *f*-register can hold either a single-precision floating-point number or a double-precision floating-point number. |
| $2^{30}$ memory words | Memory[0], Memory[4], ..., Memory[4,294,967,292] | Accessed only by data transfer instructions. RISC-V uses byte addresses, so sequential word accesses differ by 4. Memory holds data structures, arrays, and spilled registers. |

**RISC-V floating-point assembly language**

| | | | | |
|---|---|---|---|---|
| Arithmetic | FP add single | fadd.s f0, f1, f2 | f0 = f1 + f2 | FP add (single precision) |
| | FP subtract single | fsub.s f0, f1, f2 | f0 = f1 - f2 | FP subtract (single precision) |
| | FP multiply single | fmul.s f0, f1, f2 | f0 = f1 * f2 | FP multiply (single precision) |
| | FP divide single | fdiv.s f0, f1, f2 | f0 = f1 / f2 | FP divide (single precision) |
| | FP square root single | fsqrt.s f0, f1 | f0 = √f1 | FP square root (single precision) |
| | FP add double | fadd.d f0, f1, f2 | f0 = f1 + f2 | FP add (double precision) |
| | FP subtract double | fsub.d f0, f1, f2 | f0 = f1 - f2 | FP subtract (double precision) |
| | FP multiply double | fmul.d f0, f1, f2 | f0 = f1 * f2 | FP multiply (double precision) |
| | FP divide double | fdiv.d f0, f1, f2 | f0 = f1 / f2 | FP divide (double precision) |
| | FP square root double | fsqrt.d f0, f1 | f0 = √f1 | FP square root (double precision) |
| Comparison | FP equality single | feq.s x5, f0, f1 | x5 = 1 if f0 == f1, else 0 | FP comparison (single precision) |
| | FP less than single | flt.s x5, f0, f1 | x5 = 1 if f0 < f1, else 0 | FP comparison (single precision) |
| | FP less than or equals single | fle.s x5, f0, f1 | x5 = 1 if f0 <= f1, else 0 | FP comparison (single precision) |
| | FP equality double | feq.d x5, f0, f1 | x5 = 1 if f0 == f1, else 0 | FP comparison (double precision) |
| | FP less than double | flt.d x5, f0, f1 | x5 = 1 if f0 < f1, else 0 | FP comparison (double precision) |
| | FP less than or equals double | fle.d x5, f0, f1 | x5 = 1 if f0 <= f1, else 0 | FP comparison (double precision) |
| Data transfer | FP load word | flw f0, 4(x5) | f0 = Memory[x5 + 4] | Load single-precision from memory |
| | FP load doubleword | fld f0, 8(x5) | f0 = Memory[x5 + 8] | Load double-precision from memory |
| | FP store word | fsw f0, 4(x5) | Memory[x5 + 4] = f0 | Store single-precision from memory |
| | FP store doubleword | fsd f0, 8(x5) | Memory[x5 + 8] = f0 | Store double-precision from memory |

**그림 3.17 지금까지 나온 RISC-V의 부동 소수점 구조.** 이 정보는 이 책의 첫 페이지에 있는 RISC-V Reference Data Card의 ②열에서 찾아볼 수 있다.

**예제**

## 부동 소수점 C 프로그램을 RISC-V 어셈블리 코드로 컴파일

화씨(Fahrenheit) 온도를 섭씨(Celsius)로 변환하자.

```
float f2c (float fahr)
    {
        return ((5.0/9.0) * (fahr - 32.0));
    }
```

부동 소수점 인수 fahr은 f10에 넣어서 전달하고 결과 또한 f10에 저장한다고 가정하자. RISC-V 어셈블리 코드를 작성하라.

답

컴파일러가 레지스터 x3로 쉽게 접근할 수 있는 거리에 부동 소수점 상수 3개를 넣는다고 가정하자. 처음 두 명령어는 상수 5.0과 9.0을 부동 소수점 레지스터에 적재한다.

```
f2c:
   flw f0, const5(x3)     // f0 = 5.0
   flw f1, const9(x3)     // f1 = 9.0
```

5.0/9.0 값을 얻기 위해 이 둘을 나눈다.

```
   fdiv.s f0, f0, f1      // f0 = 5.0 / 9.0
```

(이런 경우 컴파일할 때 5.0을 9.0으로 나누어서 상수 5.0/9.0 하나만 메모리에 저장하는 컴파일러들이 많이 있다. 이렇게 하면 실행할 때는 나눗셈을 할 필요가 없다.) 다음은 상수 32.0을 적재하고 이것을 fahr(f10)에서 뺀다.

```
flw    f1, const32(x3)   // f1 = 32.0
fsub.s f10, f10, f1      // f10 = fahr - 32.0
```

마지막으로 2개의 중간 결과를 곱해서 f10에 반환값으로 저장하고 복귀한다.

```
fmul.s f10, f0, f10 // f10 = (5.0 / 9.0)*(fahr - 32.0)
jalr   x0, 0(x1)    // return
```

이제 행렬에 대한 부동 소수점 연산을 수행해 보자. 이 코드는 과학 계산 프로그램에서 널리 사용되는 것이다.

### 2차원 배열을 사용하는 부동 소수점 C 프로시저를 RISC-V 어셈블리 코드로 컴파일

예제

대부분의 부동 소수점 계산은 2배 정밀도 연산을 사용한다. 행렬 곱셈 C = C + A * B를 계산해 보자. 이 코드는 2.21절의 그림 2.43에 있는 DGEMM 프로그램을 단순화한 것이다. A, B, C는 모두 32차 정방 행렬(32 × 32)이라고 가정하자.

```
void mm (double c[][], double a[][], double b[][])
{
        size_t i, j, k;
         for (i = 0; i < 32; i = i + 1)
          for (j = 0; j < 32; j = j + 1)
           for (k = 0; k < 32; k = k + 1)
              c[i][j] = c[i][j] + a[i][k] *b[k][j];
}
```

배열의 시작 주소는 매개변수이므로 x10, x11, x12에 있고, 정수 변수는 x5, x6, x7에 있다고 가정하라. 이 프로시저 본체에 대한 RISC-V 어셈블리 코드는 무엇인가?

**답**

c[i][j]는 가장 안쪽 순환문에서 사용됨에 주목하라. 이 순환문의 인덱스는 k이므로 c[i][j]에 영향을 미치지 않는다. 따라서 순환문을 반복할 때마다 c[i][j]를 적재하고 저장할 필요가 없다. 대신 컴파일러는 순환문 외부에서 c[i][j]를 레지스터에 적재하고, 같은 레지스터에 a[i][k] x b[k][j]의 합을 축적시킨다. 그러다가 가장 안쪽 순환문이 끝나면 그 합을 c[i][j]에 저장한다.

프로시저 본체는 순환 종료값인 32를 임시 레지스터에 저장하고 *for* 순환 변수 3개를 초기화하면서 시작된다.

```
  mm:...
      addi x28, x0, 32    // x28 = 32 (row size/loop end)
      addi x5, x0, 0    // i = 0; initialize 1st for loop
L1:   addi x6, x0, 0    // j = 0; initialize 2nd for loop
L2:   addi x7, x0, 0    // k = 0; initialize 3rd for loop
```

c[i][j]의 주소를 계산하려면 32 × 32 2차원 배열이 메모리에 어떻게 저장되는지를 알아야 한다. 이 배열은 32개의 원소를 갖는 1차원 배열 32개와 똑같이 생각할 수 있다. 따라서 첫 번째 단계는 원하는 원소를 찾기 위해 i개의 "1차원 배열", 즉 열들을 건너뛰는 것이다. 이를 위해 행렬의 첫 번째 인덱스를 행의 크기인 32로 곱한다. 32는 2의 거듭제곱이므로 곱셈 대신에 자리이동을 사용한다.

```
slli  x30, x5, 5        // x30 = i * 2^5 (size of row of c)
```

이제는 원하는 행의 j번째 원소를 선택하기 위하여 두 번째 인덱스를 더한다.

```
add   x30, x30, x6      // x30 = i * size (row) + j
```

이 합을 바이트 인덱스로 바꾸기 위해 행렬 원소의 크기를 곱한다. 2배 정밀도 원소 하나는 8바이트씩 차지하므로 8을 곱해야 하는데, 8은 2의 거듭제곱이므로 곱하기 대신 왼쪽으로 세 자리 자리이동한다.

```
slli  x30, x30, 3      // x30 = byte offset of [i][j]
```

다음은 이 합을 c의 시작 주소에 더하여 c[i][j]의 주소를 구하고 2배 정밀도 수 c[i][j]를 f0에 적재한다.

```
add   x30, x10, x30    // x30 = byte address of c[i][j]
fld   f0, 0(x30)       // f0 = 8 bytes of c[i][j]
```

주소를 계산하고 2배 정밀도 수 b[k][j]를 레지스터에 넣는 다음 5개 명령어는 앞의 5개 명령어와 실제적으로 같다.

```
L3: slli x29, x7, 5     // x29 = k * 2^5(size of row of b)
    add  x29, x29, x6  // x29 = k * size(row) + j
    slli x29, x29, 3   // x29 = byte offset of [k][j]
    add  x29, x12, x29 // x29 = byte address of b[k][j]
    fld  f1, 0(x29)    // f1 = 8 bytes of b[k][j]
```

마찬가지로 다음 5개 명령어도 앞의 5개 명령어와 하는 일이 같다. 주소를 계산하고 2배 정밀도 수인 a[i][k]를 적재한다.

```
slli  x29, x5, 5      // x29 = i * 2^5(size of row of a)
add   x29, x29, x7    // x29 = i * size(row) + k
slli  x29, x29, 3     // x29 = byte offset of [i][k]
add   x29, x11, x29   // x29 = byte address of a[i][k]
fld   f2, 0(x29)      // f2 = a[i][k]
```

이제 모든 데이터를 적재하였으므로 부동 소수점 연산을 할 수 있다. 레지스터 f2와 f1에 있는 a와 b의 원소를 곱하고 합을 f0에 축적한다.

```
fmul.d  f1, f2, f1   // f1 = a[i][k] * b[k][j]
fadd.d  f0, f0, f1   // f0 = c[i][j] + a[i][k] * b[k][j]
```

마지막 블록은 인덱스 k를 증가시키고 인덱스가 32가 아니면 순환문의 처음으로 다시 돌아가는 부분이다. 만약 32이면 가장 안쪽 순환문이 끝나는 것이므로 f0에 축적된 합을 c[i][j]에 저장한다.

```
addi  x7, x7, 1     // k = k + 1
bltu  x7, x28, L3   // if (k < 32) go to L3
fsd   f0, 0(x30)    // c[i][j] = f0
```

마찬가지로 마지막 4개의 명령어들은 중간과 가장 바깥쪽 순환의 인덱스 변수를 증가시킨다. 인덱스가 32가 아니면 순환문으로 되돌아가고, 32이면 빠져나온다.

```
    addi  x6, x6, 1    // j = j + 1
    bltu  x6, x28, L2  // if (j < 32) go to L2
    addi  x5, x5, 1    // i = i + 1
    bltu  x5, x28, L1  // if (i < 32) go to L1
    . . .
```

3.8절의 그림 3.20은 그림 3.19에 있는 약간 다른 버전 DGEMM의 x86 어셈블리 코드를 보여 준다.

**고난도:** C를 비롯한 많은 프로그래밍 언어가 이 예제와 같은 방식으로 배열을 저장하는데, 이 방식을 **행-우선 순위**(row-major order)라고 한다. Fortran은 배열이 한 열씩 순서대로 저장되는 **열-우선 순위**(column-major order)를 사용한다.

**고난도:** 정수 레지스터와 부동 소수점 레지스터를 따로 두는 또 다른 이유가 있다. 1980년대의 마이크로프로세서는 한 칩에 부동 소수점 유닛과 정수 유닛을 함께 넣을 수 있을 만큼 트랜지스터가 많지 않았다. 따라서 부동 소수점 레지스터를 포함하는 부동 소수점 유닛은 독립적인 2차 칩 형태의 선택 사양이었다. 이러한 선택 사양의 가속 칩을 **코프로세서 칩**(co-processor chip)이라고 부른다. 1990년대 초 이후에는 마이크로프로세서와 같은 칩에 부동 소수점 유닛(그리고 그 외의 거의 모든 것들)이 집적되게 되었다.

**고난도:** 3.4절에서 언급했듯이, 나눗셈 속도 개선은 곱셈 속도 개선보다 더 어렵다. SRT 외에 나눗셈 시간을 단축하는 또 다른 방법이 있는데 이것은 곱셈기의 속도가 빨라진 것을 이용한다. **Newton의 반복법**(Newton's iteration)은 함수가 0이 되는 값을 찾는 것인데, 이를 이용하여 (1/제수)을 계산한 후 이 값을 피제수와 곱하는 것이다. 반복법은 여분의 비트를 많이 계산하지 않고는 적절한 자리맞춤을 할 수 **없다**는 단점이 있다. 어떤 TI 칩은 초정밀 역수를 계산하여 이 문제를 해결하였다.

**고난도:** Java는 Java 부동 소수점 데이터형과 연산의 정의에 IEEE 754 용어를 그대로 받아들였다. 그러므로 첫 번째 예제의 프로그램은 그대로 화씨를 섭씨로 바꾸는 클래스 메소드가 될 수 있다.

그러나 다차원 배열을 사용하는 두 번째 예제 프로그램은 Java에서 바로 지원되지 않는다. Java는 배열의 배열을 허용한다. 그러나 각 배열은 C의 다차원 배열과는 달리 길이가 각각 다를 수 있다. 두 번째 예제의 Java 버전을 만든다면 2장의 예제들처럼 배열의 경계를 검사하는 코드가 상당히 많이 들어가야 한다. 한 행의 접근이 끝나면 새로운 길이를 계산하는 코드도 포함되어야 한다. 또 객체 참조가 널(null)이 아닌 것도 확인하여야 한다.

## 정확한 산술

가장 작은 수와 가장 큰 수 사이의 모든 수를 정확하게 나타낼 수 있는 정수와는 달리, 부동 소수점 숫자는 실제로 나타낼 수 없는 수의 근사값인 것이 보통이다. 그 이유는 1과 2 사이에만도 무수히 많은 실수들이 존재하지만, 2배 정밀도 부동 소수점 표현 방법을 사용하더라도 나타낼 수 있는 값은 $2^{53}$개에 불과하기 때문이다. 우리가 할 수 있는 최선의 방법은 실제의 수에 가장 근접한 부동 소수점 표현을 구하는 것이다. 이를 위해 IEEE 754는 프로그래머가 원하는 근사 방법을 선택할 수 있도록 여러 가지 자리맞춤 방법을 제공한다.

자리맞춤은 매우 쉬워 보인다. 그러나 정확하게 자리맞춤하기 위해서는 계산할 때 하드웨어가 추가 비트를 포함하여야 한다. 앞의 예제들에서는 중간 결과가 몇 비트까지 저장할 수 있는지를 명확하게 정하지 않았다. 만약 모든 중간 결과가 원래 데이터 비트 수만큼만 보존되고 나머지는 다 잘려 나간다면 자리맞춤할 기회는 아예 오지 않을 것이다. 그러므로 IEEE 754는 계산하는 동안 오른편에 항상 2개의 추가 비트를 유지한다. 이를 각각 **보호 비트**(guard bit)와 **자리맞춤 비트**(round bit)라고 부른다. 이 비트들의 가치를 확인하기 위해 십진수 예를 들어 보자.

**보호 비트** 부동 소수점 계산 도중에 오른쪽에 유지되는 두 추가 비트 중 첫 번째 비트. 자리맞춤의 정확도를 개선하기 위해 사용한다.

**자리맞춤 비트** 부동 소수점 연산의 중간 결과를 부동 소수점 형식에 맞추기 위해 사용하는데, 부동 소수점 형식으로 나타낼 수 있는 가장 가까운 수를 찾아내는 것이 목적이다. 부동 소수점 계산 도중에 오른쪽에 유지되는 두 추가 비트 중 두 번째 비트. 자리맞춤의 정확도를 개선하기 위해 사용한다.

### 보호 자리 수를 사용한 자리맞춤

**예제**

유효자리가 십진수 세 자리라고 가정하고 $2.34_{ten} \times 10^2$에 $2.56_{ten} \times 10^0$을 더하라. 유효자리 숫자 세 자리를 사용하여 가장 가까운 십진수로 자리맞춤하라. 처음엔 보호 자리와 자리맞춤 자리를 사용하여 계산하고, 다음에는 이를 사용하지 말고 계산하라.

**답**

먼저 지수를 맞추기 위해 작은 수를 오른쪽으로 자리이동하여야 한다. 따라서 $2.56_{ten} \times 10^0$은 $0.0256_{ten} \times 10^2$이 된다. 보호 자리 및 자리맞춤 자리가 존재하기 때문에 지수를 정렬할 때 2개의 최하위 자리를 표현할 수 있다. 보호 자리는 5가 되고, 자리맞춤 자리는 6이 된다. 합은 다음과 같다.

$$\begin{array}{r} 2.3400_{ten} \\ +\ 0.0256_{ten} \\ \hline 2.3656_{ten} \end{array}$$

따라서 결과는 $2.3656_{ten} \times 10^2$이 된다. 자리맞춤할 두 자리를 갖고 있기 때문에 0부터 49는 버리고 51부터 99는 올린다. 50은 타이브레이커(tiebreaker)이므로

50%는 버리고 50%는 올린다(다음 "고난도" 참조). 세 자리 유효숫자로 자리맞춤하면 결과는 $2.37_{ten} \times 10^2$이 된다.

보호 자리와 자리맞춤 자리가 없으면 두 자리를 버리고 덧셈을 해야 한다. 계산한 새로운 결과는 다음과 같다.

$$\begin{array}{r} 2.34_{ten} \\ +\ 0.02_{ten} \\ \hline 2.36_{ten} \end{array}$$

따라서 합은 $2.36_{ten} \times 10^2$이 된다. 앞서 계산한 결과에 비해 가장 오른쪽 자리의 수가 1이 작게 된다.

자리맞춤 시 최악의 경우는 실제 값이 두 부동 소수점 표현의 중간이 되는 경우이다. 부동 소수점에서 정확도는 유효자리의 최하위 비트 중 오류가 발생한 것이 몇 비트인가에 따라 결정된다. 이 척도를 **ulp(units in the last place)**라고 부른다. 어떤 수의 최하위 유효자리 비트 중 2개에 오류가 있을 때 ulp가 2라고 한다. 오버플로, 언더플로 또는 유효하지 않은 연산의 예외가 없는 한, IEEE 754는 컴퓨터가 1/2 ulp 이내의 수를 사용함을 보장한다.

**ulp(units in the last place)** 실제 수와 표현 가능한 수의 최하위 유효자리 비트들 중에 서로 다른 비트의 개수.

**고난도:** 앞의 덧셈 예제에서 실제로는 추가 자릿수가 하나만 있어도 되지만, 곱셈할 때는 2개가 다 필요하다. 이진 곱셈 결과는 맨 앞에 0이 하나 있을 수 있다. 이때 정규화 과정에서 곱을 한 비트 왼쪽으로 자리이동해야 한다. 이 자리이동 시에 보호 비트가 곱의 최하위 비트로 들어가고, 자리맞춤 비트는 곱을 정확히 자리맞춤할 수 있게 도와준다.

IEEE 754에는 네 가지 자리맞춤 모드가 있다. 항상 자리올림(+∞ 방향), 항상 자리내림(−∞ 방향), 잘라내기(truncate), 그리고 가장 가까운 짝수로의 자리맞춤(round to nearest even)이다. 마지막 모드는 결과값이 정확히 두 값의 가운데에 위치할 때 어떻게 할 것인가를 결정한다. 미 국세청 IRS(Internal Revenue Service)는 항상 0.5달러를 자리올림한다. 따라서 IRS에 이익이 돌아간다. 더 공평한 방법은 절반을 자리올림하고, 나머지 절반은 자리내림하는 것이다. IEEE 754 표준은 계산된 결과값이 두 값의 가운데에 위치할 때, 최하위 비트가 홀수이면 더하기 1을 하고 짝수이면 잘라내라고 규정한다. 정가운데일 때 이 방법은 항상 최하위 비트를 0으로 만들어 준다. 이 방식이 가장 가까운 짝수로의 자리맞춤이다. 이 방식이 가장 널리 사용되며 Java는 이 방식만 지원한다.

자리맞춤 비트들을 추가로 사용하는 목적은 무한한 정밀도로 중간 계산 결과를 구한 후 자리맞춤한 것과 같은 최종 결과를 갖게 하기 위해서이다. 이 목적을 달성하고 가장 가까운 짝수로의 자리맞춤을 하기 위해서는 보호 비트와 자리맞춤 비트 외에 세 번째 비트가 필요하다. 이 비트는 자리맞춤 비트 오른쪽에 0이 아닌 비트들이 하나라도 존재하면 1이 된다. 이 비트는 **점착 비트**(sticky bit)라고 불리며 자리맞춤 시 $0.50...00_{ten}$과 $0.50...01_{ten}$을 구별할 수 있게 해 준다.

예를 들면 점착 비트는 덧셈할 때 지수를 같게 만들기 위해서 더 작은 수를 오른쪽으로 자리이동하면서 1이 될 수 있다. 위 예제에서 $5.01_{ten} \times 10^{-1}$에 $2.34_{ten} \times 10^{2}$을 더한다고 가정하자. 보호 비트와 자리맞춤 비트를 사용하는 경우에도 실제로는 0.0050에 2.34를 더하게 되고 결과값은 2.3450이 된다. 오른쪽에 0이 아닌 비트가 있었기 때문에 점착 비트는 1이 된다. 점착 비트 없이는 결과값이 2.345000...00이 되어 가장 가까운 짝수로 자리맞춤하면 2.34가 된다. 점착 비트를 사용하면 2.345000...00보다 크다는 것을 알 수 있으므로 결과값이 2.35가 된다.

점착 비트 보호 비트와 자리이동 비트와 함께 자리맞춤에 사용되는 비트로서 자리맞춤 비트의 오른쪽에 0이 아닌 비트가 존재할 때 1이 된다.

**고난도:** RISC-V, MIPS-64, PowerPC, AMD SSE5, Intel AVX 구조는 다 3개의 레지스터에 $a = a + (b \times c)$ 연산을 하는 곱셈 후 덧셈(multiply and add) 명령어를 가지고 있다. 이 연산이 자주 사용되는 경우 이 명령어를 사용하여 부동 소수점 성능을 높일 수 있다. 또 중요한 점은 별도의 명령어로 곱하고 더하면 자리맞춤을 두 번 해야 하는데, 이 명령어는 덧셈 뒤에 한 번만 자리맞춤을 수행한다는 것이다. 자리맞춤을 한 번만 하면 정밀도가 높아진다. 이와 같이 자리맞춤을 한 번만 하는 연산을 **곱셈-덧셈 융합**(fused multiply add)이라 부르며, IEEE 754-2008 표준에 추가되었다(🌐 **3.11절** 참조).

곱셈-덧셈 융합 곱셈과 덧셈을 수행하는 부동 소수점 명령. 자리맞춤은 덧셈 수행 후 한 번만 한다.

## 요약

아래의 "요점정리"는 2장의 내장 프로그램 개념을 더 강화시킨다. 정보의 의미는 비트를 보는 것만으로는 확인할 수 없다. 왜냐하면 같은 비트 패턴이 다양한 개체를 나타낼 수 있기 때문이다. 이 절은 컴퓨터 연산은 유한하므로 실제 연산과 일치하지 않을 수 있다는 것을 보여 준다. 예를 들어 IEEE 754 표준 부동 소수점 표현

$$(-1)^{\text{부호}} \times (1 + \text{소수 부분}) \times 2^{(\text{지수}-\text{바이어스})}$$

은 거의 언제나 실제 수의 근사값이다. 컴퓨터 시스템은 컴퓨터 연산과 실제 연산 사이의 이러한 차이를 최소화시키는 데 주의하여야 하며, 프로그래머도 이러한 근사가 미치는 영향을 알고 있어야 한다.

요점정리

> 비트 패턴은 그 자체만으로는 의미를 갖고 있지 않다. 부호있는 정수를 나타낼 수도 있고, 부호없는 정수, 부동 소수점 수, 명령어, 문자열 등 여러 가지를 나타낼 수 있다. 무엇을 나타내는가는 워드 내의 비트들을 처리하는 명령어에 의해 결정된다.

컴퓨터가 표현할 수 있는 수와 실제 수의 주요한 차이는 컴퓨터 숫자는 크기가 제한되어 있고 따라서 제한된 정밀도를 갖고 있다는 것이다. 워드로 표 현하기에 너무 큰 수나 너무 작은 수를 계산하게 될 수도 있다. 프로그래머는 이런 제약 조건을 잘 기억하고 여기에 맞추어 프로그램을 적절히 작성하여야 한다.

| C type | Java type | Data transfers | Operations |
|---|---|---|---|
| int | int | lw, sw | add, sub, addi, mul, mulh, mulhu, mulhsu, div, divu, rem, remu, and, andi, or, ori, xor, xori |
| unsigned int | — | lw, sw | add, sub, addi, mul, mulh, mulhu, mulhsu, div, divu, rem, remu, and, andi, or, ori, xor, xori |
| char | — | lb, sb | add, sub, addi, mul, div, divu, rem, remu, and, andi, or, ori, xor, xori |
| short | char | lh, sh | add, sub, addi, mul, div, divu, rem, remu, and, andi, or, ori, xor, xori |
| float | float | flw, fsw | fadd.s, fsub.s, fmul.s, fdiv.s, feq.s, flt.s, fle.s |
| double | double | fld, fsd | fadd.d, fsub.d, fmul.d, fdiv.d, feq.d, flt.d, fle.d |

**하드웨어/소프트웨어 인터페이스**

2장에서 C 언어의 저장 유형들에 대해 설명하였다(2.8절의 "하드웨어/소프트웨어 인터페이스" 참조). 위의 표는 C와 Java의 데이터형 몇 가지와 함께 데이터 전송 명령어와 이 데이터형에 행해지는 연산 명령어 중 2장과 3장에서 소개한 명령어들을 보여 준다. Java에는 부호없는 정수가 없음에 주목하라.

**스스로 점검하기**

개정된 IEEE 754-2008 표준에는 지수가 5비트인 16비트 부동 소수점 형식이 추가되었다. 표현할 수 있는 수의 범위는 얼마인가?

1. $1.0000\ 00 \times 2^{0} \sim 1.1111\ 1111\ 11 \times 2^{31}$, 0
2. $\pm 1.0000\ 0000\ 0 \times 2^{-14} \sim \pm 1.1111\ 1111\ 1 \times 2^{15}$, $\pm 0$, $\pm \infty$, NaN
3. $\pm 1.0000\ 0000\ 00 \times 2^{-14} \sim \pm 1.1111\ 1111\ 11 \times 2^{15}$, $\pm 0$, $\pm \infty$, NaN
4. $\pm 1.0000\ 0000\ 00 \times 2^{-15} \sim \pm 1.1111\ 1111\ 11 \times 2^{14}$, $\pm 0$, $\pm \infty$, NaN

**고난도:** NaN을 포함하는 비교를 수용하기 위해서 IEEE 754 표준은 비교에 **순서화**(ordered)와 **비순서화**(unordered) 선택안을 포함시켰다. RISC-V에는 비순서화 비교 명령어가 없지만, 순서화 비교 명령어 몇 개를 잘 사용하면 같은 효과를 얻을 수 있다. (Java는 비순서화 비교를 지원하지 않는다.)

부동 소수점 연산의 정밀도를 극대화하기 위한 노력의 일환으로 IEEE 754 표준은 비정규화된 형태의 숫자들을 허용한다. 0과 가장 작은 정규화 수 사이에 존재하는 수를 표현하기 위해 IEEE는 **비정규화 수**(denormalized number)를 허용한다(denorm 또는 subnormal이라고도 함). 이들은 모두 지수가 0이지만, 유효자리는 0이 아니다. 이 방식은 숫자가 작아지면서 유효자리가 점점 줄어들어서 궁극적으로는 0이 되는 것을 허용하는데 이를 **점진적 언더플로**(gradual underflow)라고 한다. 예를 들어 정규화된 양수 단일 정밀도 수 중에서 가장 작은 것은 다음과 같다.

$$1.0000\ 0000\ 0000\ 0000\ 0000\ 000_{two} \times 2^{-126}$$

그러나 가장 작은 비정규화 수는 다음과 같다.

$$0.0000\ 0000\ 0000\ 0000\ 0000\ 001_{two} \times 2^{-126},\ \text{또는}\ 1.0_{two} \times 2^{-149}$$

2배 정밀도 연산에서는 가장 작은 정규화 수는 $1.0 \times 2^{-1022}$이고 가장 작은 비정규화 수는 $1.0 \times 2^{-1074}$이다.

가끔 정규화되지 않은 피연산자가 나타날 수 있다는 가능성은 빠른 부동 소수점 유닛을 만들려는 설계자들에게 골칫거리였다. 따라서 피연산자가 정규화되지 않은 경우에는 예외를 발생시켜서 소프트웨어로 처리하도록 하는 컴퓨터가 많다. 소프트웨어를 사용한 구현이 완벽하기는 하지만 시간이 너무 많이 소요되므로 이식 가능한 부동 소수점 소프트웨어에서는 비정규화 수를 잘 사용하지 않게 되었다. 게다가 프로그래머가 비정규화 수에 대비하지 않는 경우에는 프로그램이 문제를 발생시킬 수 있다.

## 3.6 병렬성과 컴퓨터 연산: 서브워드 병렬성

그래픽 디스플레이가 없는 핸드폰, 태블릿, 노트북 컴퓨터는 없으므로, 한 칩에 집적할 수 있는 트랜지스터가 점점 많아지면서 그래픽 연산을 지원하는 기능이 추가되는 것은 당연한 일이라 할 수 있다.

원래 많은 그래픽 시스템이 화소 하나당 32비트(빛의 3원색 각각에 8비트 + 추가 8비트)를 사용하였다. 원격 회의나 비디오 게임을 위해 스피커와 마이크가 추가되면서 소리에 대한 지원도 필요하게 되었다. 소리 표현은 8비트 이상의 정밀도가 필요한데, 16비트 정도면 충분하다.

모든 마이크로프로세서는 바이트나 하프워드가 메모리에 저장될 때 공간을 덜 차지하도록 특별한 지원을 한다(2.9절 참조). 그러나 일반적인 정수 프로그램에서 이런 크기의 데이터에 대한 산술 연산은 많이 쓰이지 않았기 때문에, 데이터 전송 이상의 지원은 거의 없었다. 그러다가 많은 그래픽과 오디오 응용 프로그램이 이런 데이터의 벡터에 같은 연산을 반복 수행한다는 것을 컴퓨터 설계자들이 알게 되었다. 128비트 덧셈기 내부의 올림수 체인을 분할하면 프로세서가 **병렬성**을 활용해서, 동시에 8비트 피연산자 16개나 16비트 피연산자 8개, 32비트 피연산자 4개, 또는 64비트 피연산자 2개를 동시에 연산할 수 있다. 이렇게 덧셈기를 분할하는 비용은 크지 않지만, 속도 향상 효과는 크다.

큰 워드 내부에 병렬성이 있다고 할 때 이러한 확장을 **서브워드 병렬성**이라고 한다. 더 일반적인 용어를 사용하여 **데이터 수준 병렬성**이라고 분류하기도 하고, 벡터 또는 SIMD(single instruction multiple data)라고 하기도 한다(6.6절 참조). 멀티미디어 응용이 많아지면서 작은 데이터에 대한 병렬 연산을 지원하는 산술 명령어가 등장하게 되었다. RISC-V International에서는 아직도 서브워드 병렬성을 이용하는 추가 명령어를 개발하고 있지만, 다음 절을 보면 이미 실제로 사용 중인 구조가 있음을 알 수 있다.

## 3.7 실례: x86의 SSE와 AVX

x86의 원래 MMX(MultiMedia eXtention) 명령어는 짧은 정수 벡터 연산들을 포함하고 있었다. 나중에 SSE(Streaming SIMD Extension)는 짧은 단일 정밀도 부동 소수점 벡터 연산 명령어들도 제공하였다. 2장에서 살펴본 바와 같이 2001년 Intel은 SSE2의 일부로 2배 정밀도 부동 소수점 레지스터와 연산을 포함해서 144개의 명령어를 추가하였다. 부동 소수점 피연산자를 저장하는 8개의 64비트 레지스터를 두었다. AMD는 AMD64의 한 부분으로 레지스터 개수를 16개로 늘리고 이를 XMM이라고 하였다. Intel은 이를 사용하면서 EM64T라고 이름을 바꾸었다. 그림 3.18은 SSE와 SSE2 명령어의 요약이다.

단일 정밀도나 2배 정밀도 수를 레지스터에 저장하는 외에 Intel은 여러 개의 부동 소수점 수—단일 정밀도 수 4개 또는 2배 정밀도 수 2개—를 128비트 SSE2 레지스터 하나에 채워 넣을 수 있게 하였다. 그러므로 SSE2를 위한 부동 소수점 레지스터 16개의 실제 크기는 128비트이다. 피연산자를 정렬된(aligned) 128비트 데이터 형태로 메

| Data transfer | Arithmetic | Compare |
|---|---|---|
| MOV[AU]{SS\|PS\|SD\|PD} xmm, {mem\|xmm} | ADD{SS\|PS\|SD\|PD} xmm,{mem\|xmm} | CMP{SS\|PS\|SD\|PD} |
| | SUB{SS\|PS\|SD\|PD} xmm,{mem\|xmm} | |
| MOV[HL]{PS\|PD} xmm, {mem\|xmm} | MUL{SS\|PS\|SD\|PD} xmm,{mem\|xmm} | |
| | DIV{SS\|PS\|SD\|PD} xmm,{mem\|xmm} | |
| | SQRT{SS\|PS\|SD\|PD} {mem\|xmm} | |
| | MAX{SS\|PS\|SD\|PD} {mem\|xmm} | |
| | MIN{SS\|PS\|SD\|PD} {mem\|xmm} | |

**그림 3.18 x86의 SSE/SSE2 부동 소수점 명령어.** xmm은 한 피연산자가 128비트 SSE2 레지스터임을 의미하고, {mem|xmm}은 다른 피연산자가 메모리에 있거나 SSE2 레지스터임을 의미한다. 이 표는 명령어의 여러 가지 변형을 보여 주기 위해 정규식을 사용하고 있다. 그러므로 MOV[AU]{SS|PS|SD|PD}는 MOVASS, MOVAPS, MOVASD, MOVAPD, MOVUSS, MOVUPS, MOVUSD, MOVUPD 8개의 명령어를 나타낸다. []는 여러 가지 한 글자짜리 대안을 표시한다. A는 128비트 피연산자가 메모리에 정렬되어 있음을 나타낸다. U는 128비트 피연산자가 메모리에 정렬되어 있지 않음을 나타낸다. H는 128비트 피연산자 상위 절반의 이동을 나타낸다. L은 128비트 피연산자 하위 절반의 이동을 나타낸다. {}와 |를 사용해서 두 글자 이상으로 된 기본 연산의 변형을 표시하였다. SS는 **스칼라 단일 정밀도**(Scalar Single precision) 부동 소수점 수, 즉 128비트 레지스터에 있는 32비트 피연산자 하나를 나타낸다. PS는 **묶여진 단일 정밀도**(Packed Single precision) 부동 소수점 수, 즉 128비트 레지스터에 있는 32비트 피연산자 4개를 나타낸다. SD는 **스칼라 2배 정밀도**(Scalar Double precision) 부동 소수점 수, 즉 128비트 레지스터에 있는 64비트 피연산자 하나를 나타낸다. PD는 **묶여진 2배 정밀도**(Packed Double precision) 부동 소수점 수, 즉 128비트 레지스터에 있는 64비트 피연산자 2개를 나타낸다.

모리에 넣을 수 있으면, 128비트 데이터 전송 명령어 하나로 여러 개의 피연산자를 적재 또는 저장할 수 있다. 이렇게 묶여진(packed) 부동 소수점 형식은 단일 정밀도 수 4개(PS) 또는 2배 정밀도 수 2개(PD)를 동시에 연산하는 명령어로 처리한다.

2011년 Intel은 **고급 벡터 확장**(AVX)을 도입하면서 레지스터의 폭을 다시 2배로 키우고 이를 YMM이라 불렀다. 그래서 단일 연산으로 8개의 32비트 부동 소수점 연산 또는 4개의 64비트 부동 소수점 연산을 명시할 수 있게 되었다. 기존의 SSE와 SSE2 명령어는 YMM 레지스터의 하위 128비트상에서 연산을 수행한다. 128비트 연산에서 256비트 연산으로 확장되면서 SSE2 어셈블리 언어 연산자 앞에 접두어 "v"(vector)를 붙이고 XMM 레지스터 이름 대신에 YMM 레지스터 이름을 사용한다. 예를 들어 64비트 부동 소수점 덧셈 2개를 수행하는 SSE2 명령어는 다음과 같은데,

```
addpd %xmm0, %xmm4
```

이것이 AVX에서는

```
vaddpd %ymm0, %ymm4
```

이 되어, 64비트 부동 소수점 덧셈 4개를 한꺼번에 한다.

2015년도에 Intel은 일부 마이크로프로세서에 AVX512를 도입하면서 레지스터를 다시 2배 확장하여 512비트로 키우고 이를 ZIMM이라고 불렀다. Intel은 차기 x86 구조에서 AVX 레지스터를 1024비트로 확장한다는 계획을 발표하였다.

**고난도:** AVX는 x86에 주소 3개를 사용하는 명령어도 추가하였다. 예를 들어 vaddpd는 아래와 같다.

```
vaddpd %ymm0, %ymm1, %ymm4 # %ymm4 = %ymm0 + %ymm1
```

3 주소 표준 대신에 2 주소 버전도 있다.

```
addpd %xmm0, %xmm4 # %xmm4 = %xmm4 + %xmm0
```

(RISC-V와 달리 x86에서는 목적지가 오른쪽에 있다.) 3 주소 명령어는 계산에 필요한 레지스터와 명령어의 수를 줄일 수 있다.

## 3.8 더 빠르게: 서브워드 병렬성과 행렬 곱셈

2.21절의 그림 2.43은 C로 작성된 최적화되지 않은 DGEMM이었다. 서브워드 병렬성이 성능에 미치는 영향을 알아보기 위해 AVX를 사용해서 코드를 다시 실행해 보자. x86의 AVX 명령어를 이용해서 일관성 있게 양질의 프로그램을 생성하도록 컴파일러를 만들 수 있지만, 여기서는 컴파일러가 정확히 어떤 방식으로 좋은 프로그램을 생성할지를 지시하는 C intrinsic을 사용하는 "속임수"를 써야 한다. 그림 3.19는 그림 2.43을 개선한 버전이다.

그림 3.19의 7번 줄은 _m512d 데이터형을 사용하는데 이는 컴파일러에게 이 변수는 8개의 2배 정밀도 부동 소수점(8 × 64비트 = 512비트)을 갖는다고 알려 주는 것이다. 같은 7번 줄의 C intrinsic _mm512_load_pd( )는 행렬 C에서 8개의 2배 정밀도 부동 소수점 수를 병렬로(_pd) c0에 적재하는 AVX 명령어를 사용한다. 주소 계산 C+i+j*n은 원소 C[i+j*n]을 나타낸다. 마지막 단계인 13번 줄은 2배 정밀도 부동 소수점 수 8개를 c0에서 행렬 C로 보내기 위해 C intrinsic _mm256_store_pd( )를 사용한다. 매번 반복할 때마다 원소를 8개씩 처리하므로, 4번 줄의 외부 *for* 순환문은 그림 2.43의 3번 줄처럼 i를 1 증가시키지 않고 8씩 증가시킨다.

순환문 내부의 10번 줄에서는 다시 _mm512_load_pd( )를 이용하여 A의 원소 8개를 적재한다. 이 원소들을 B의 한 원소와 곱하기 위하여 먼저 C intrinsic _mm512_broadcast_sd( )를 사용해서 스칼라 2배 정밀도 수(이 경우에는 B의 한 원소)의

```
1.  #include <x86intrin.h>
2.  void dgemm (int n, double* A, double* B, double* C)
3.  {
4.  for (int i = 0; i < n; i+=8)
5.    for (int j = 0; j < n; ++j)
6.      {
7.       __m512d c0 = _mm512_load_pd(C+i+j*n); // c0 = C[i][j]
8.        for( int k = 0; k < n; k++ )
9.          {  // c0 += A[i][k]*B[k][j]
10.          __m512d bb = _mm512_broadcastsd_pd(_mm_load_sd(B+j*n+k));
11.          c0 = _mm512_fmadd_pd(_mm512_load_pd(A+n*k+i), bb, c0);
12.         }
13.     _mm512_store_pd(C+i+j*n, c0); // C[i][j] = c0
14.     }
15. }
```

**그림 3.19 x86의 AVX512 서브워드 병렬 명령어를 생성하기 위해 C intrinsic을 사용한 DGEMM의 최적화 버전.** 그림 3.20은 컴파일러가 생성한 내부 순환문의 어셈블리 언어 프로그램이다. (역주: 원서의 프로그램은 본문 설명과 맞지 않아서 설명에 맞는 프로그램으로 대체했음.)

복사본 8개를 ZMM 레지스터 중 하나에 넣는다. 11번 줄에서는 _mm512_fmadd_pd를 사용하여 2배 정밀도 곱하기 8개를 병렬로 실행한 후 c0에 있는 합 8개에 곱셈 결과 8개를 각각 더한다.

그림 3.20은 컴파일러가 생성한 내부 순환문의 x86 코드이다. 앞에서 언급한 C intrinsic에 해당하는 AVX512 명령어 4개(이 명령어들은 모두 v로 시작하며, 그중 3개는 병렬 2배 정밀도를 표시하는 pd로 끝나고, 하나는 병렬 단일 정밀도를 표시하는 sd로 끝난다)를 볼 수 있다. 이 코드는 그림 2.44와 거의 같다. 레지스터가 다른 것을 제외하면 정수 명령어는 하나만 빼고 다 같다. 부동 소수점 명령어는 XMM 레지스터를 사용하는 **스칼라 2배 정밀도**(sd)가 ZMM 레지스터를 사용하는 **병렬 2배 정밀도**(pd)로 바뀐 것 때문에 차이가 난다. 다른 점 하나는 그림 3.20의 4번 줄이다. A의 모든 원소가 B의 한 원소와 곱해진다. 한 가지 해결책은 64비트 크기의 B 원소를 8개 복사해서 512비트의 ZMM 레지스터에 넣는 것이다. vbroadcastsd 명령어가 하는 일이 바로 이것이다. 두 번째 차이점은 원래의 프로그램은 부동 소수점 곱

```
1.  vmovapd (%r11),%zmm1                 # Load 8 elements of C into %zmm1
2.  mov      %rbx,%rcx                   # register %rcx = %rbx
3.  xor      %eax,%eax                   # register %eax = 0
4.  vbroadcastsd (%rax,%r8,8),%zmm0      # Make 8 copies of B element in %zmm0
5.  add      $0x8,%rax                   # register %rax = %rax + 8
6.  vfmadd231pd   (%rcx),%zmm0,%zmm1     # Parallel mul & add %zmm0, %zmm1
7.  add      %r9,%rcx                    # register %rcx = %rcx
8.  cmp      %r10,%rax                   # compare %r10 to %rax
9.  jne      50 <dgemm+0x50>             # jump if not %r10 != %rax
10. add      $0x1, %esi                  # register % esi = % esi + 1
11. vmovapd %zmm1, (%r11)                # Store %zmm1 into 8 C elements
```

**그림 3.20 그림 3.19의 최적화된 C 프로그램을 컴파일하여 생성된 중첩 순환문 본체의 x86 어셈블리 언어.** 2.20절 그림 2.44와의 유사성에 주목하라. 주된 차이는 스칼라 2배 정밀도(sd) 부동 소수점 명령어 대신 ZMM 레지스터를 사용하는 병렬 2배 정밀도(pd) 명령어를 사용한다는 것과 별도의 곱셈 명령어와 덧셈 명령어 대신 곱셈-덧셈 명령어 하나를 사용한다는 것이다. (역주: 원서의 프로그램은 본문 설명과 맞지 않아서 설명에 맞는 프로그램으로 대체했음.)

셈과 덧셈 연산을 따로따로 하는데, AVX512 버전은 6번 줄에서 곱셈과 덧셈을 명령어 하나로 처리한다는 점이다.

AVX 버전은 7.8배 빠르다. **서브워드 병렬성**을 이용하여 한 번에 8배 많은 연산을 수행하면서 기대할 수 있는 8배 성능 향상에 거의 근접하는 값이다.

## 3.9 오류 및 함정

*Thus mathematics may be defined as the subject in which we never know what we are talking about, nor whether what we are saying is true.*

Bertrand Russell, *Recent Words on the Principles of Mathematics*, 1901

연산의 오류와 함정은 일반적으로 컴퓨터 연산의 제한된 정밀도와 실제 연산의 무제한적인 정밀도의 차이에서 유래한다.

오류: 한 비트 왼쪽 자리이동 명령어가 2를 곱해 준 것과 같은 결과를 보이듯이, 오른쪽 자리이동 명령어는 2로 나누어 준 것과 같은 결과를 나타낸다.

이진수 $x$에서 $x^i$는 $x$의 $i$번째 비트를 나타낸다는 사실을 상기하라.

$$\ldots + (x^3 \times 2^3) + (x^2 \times 2^2) + (x^1 \times 2^1) + (x^0 \times 2^0)$$

$x$의 모든 비트를 오른쪽으로 $n$비트 자리이동한 것은 $2^n$으로 나눈 것과 같은 것처

럼 보인다. 부호없는 정수에 대해서는 맞는 말이다. 문제는 부호있는 정수의 경우이다. 예를 들어 $-5_{ten}$을 $4_{ten}$으로 나눈다고 가정하면 몫은 $-1_{ten}$이다. $-5_{ten}$의 2의 보수법 표현은 다음과 같다.

$$1111\ 1111\ 1111\ 1111\ 1111\ 1111\ 1111\ 1011_{two}$$

이 오류대로라면 2비트 오른쪽으로 자리이동한 것은 $4_{ten}(2^2)$으로 나눈 것과 같아야 한다.

$$0011\ 1111\ 1111\ 1111\ 1111\ 1111\ 1111\ 1110_{two}$$

부호 비트가 0이 되므로 이 결과는 확실히 잘못되었음을 알 수 있다. 오른쪽 자리이동에 의해서 실제로 만들어지는 수는 $-1_{ten}$이 아니고 $1{,}073{,}741{,}822_{ten}$이다.

아마도 해결책은 왼쪽을 0으로 채우는 대신에 부호 비트로 채우는 **산술적(arithmetic) 우측 자리이동**일 것이다. $-5_{ten}$을 2비트 산술적 우측 자리이동하면 다음과 같다.

$$1111\ 1111\ 1111\ 1111\ 1111\ 1111\ 1111\ 1110_{two}$$

그러나 결과는 $-1_{ten}$ 대신에 $-2_{ten}$이 되었다. 비슷하지만 정답은 아니다.

**함정: 부동 소수점 덧셈은 결합 법칙이 성립하지 않는다.**

2의 보수 정수 덧셈을 연속적으로 할 때 그 과정에서 오버플로가 발생하더라도 결합 법칙은 성립한다. 그러나 부동 소수점 수는 실수의 근사치이고 컴퓨터 연산도 제한된 정밀도를 갖기 때문에 부동 소수점 수에서는 결합 법칙이 성립하지 않는다. 부동 소수점으로 표시할 수 있는 수의 범위는 매우 크다. 문제는 부호가 다른 2개의 매우 큰 수를 더한 후 여기에 어떤 작은 수를 더할 때 발생한다. 예를 들어 $c + (a + b) = (c + a) + b$를 살펴보자. $c = -1.5_{ten} \times 10^{38}$, $a = 1.5_{ten} \times 10^{38}$, $b = 1.0$이고 모두 단일 정밀도를 갖는 실수라고 가정하자. 결과는 다음과 같다.

$$\begin{aligned}
c + (a + b) &= -1.5_{ten} \times 10^{38} + (1.5_{ten} \times 10^{38} + 1.0) \\
&= -1.5_{ten} \times 10^{38} + (1.5_{ten} \times 10^{38}) \\
&= 0.0 \\
(c + a) + b &= (-1.5_{ten} \times 10^{38} + 1.5_{ten} \times 10^{38}) + 1.0 \\
&= (0.0_{ten}) + 1.0 \\
&= 1.0
\end{aligned}$$

부동 소수점 수는 정밀도에 있어서 한계가 있고, 실제 결과의 근사값을 결과로 취한다. 따라서 $1.5_{ten} \times 10^{38}$은 $1.0_{ten}$보다 매우 커서 $1.5_{ten} \times 10^{38} + 1.0$은 여전히

$1.5_{ten} \times 10^{38}$이 된다. 이것이 부동 소수점 덧셈의 순서에 따라서 $a$, $b$, $c$의 합이 0.0 또는 1.0이 나오는 이유이다. 따라서 $c + (a + b) \neq (c + a) + b$이다. 부동 소수점 덧셈은 결합 법칙이 성립하지 않는다.

오류: 정수 데이터형에서 사용되는 병렬 수행 방식은 부동 소수점 데이터형에도 똑같이 적용된다.

프로그램은 일반적으로 병렬로 실행되는 것을 작성하기 전에 순차적 실행 버전이 먼저 작성된다. 따라서 두 버전이 같은 결과를 얻는지가 중요하다. 만약 같지 않으면 병렬 버전에 문제가 있다고 생각할 수 있다.

이 방식은 컴퓨터 연산이 순차적 실행에서 병렬 실행으로 바뀌어도 결과에 영향을 미치지 않음을 가정한다. 즉 100만 개의 수를 더한다면 1개의 프로세서를 사용한 것과 1000개의 프로세서를 사용한 것은 같은 결과를 얻게 될 것이다. 정수 덧셈은 결합 법칙이 성립하므로 2의 보수 정수에 대해서 이 가정은 항상 옳다. 그러나 부동 소수점 덧셈은 결합 법칙이 성립하지 않으므로 이 가정은 옳지 않다.

어떤 프로그램들이 같이 실행되느냐에 따라 병렬 컴퓨터의 운영체제 스케줄러가 프로세서 수를 다르게 할당하면 더 골치 아픈 문제가 발생한다. 실행할 때마다 프로세서 수가 달라지면 매번 부동 소수점 합 계산 순서가 달라져서, 같은 입력에 같은 프로그램이 수행되더라도 약간씩 다른 결과가 나오므로 이를 잘 모르는 병렬 프로그래머는 당황스러울 것이다.

이런 문제가 있으므로 부동 소수점 수를 다루는 병렬 코드를 작성하는 프로그래머는 병렬 프로그램의 결과가 순차 프로그램과 똑같지 않을 때 이 값이 과연 믿을 만한 것인지 검증할 필요가 있다. 이러한 문제를 다루는 분야가 수치 해석이며 별도의 과목이 있고 별도의 교재가 있다. LAPACK이나 ScaLAPACK같이 순차형과 병렬형이 모두 검증된 수치 라이브러리가 널리 쓰이는 이유 중 하나가 이것 때문이다.

오류: 이론 수학자만이 부동 소수점 연산의 정확성에 신경을 쓴다.

1994년 11월 신문의 헤드라인(그림 3.21)들이 이 주장이 오류임을 보여 준다. 다음은 이 헤드라인의 실제 뒷이야기이다.

Pentium은 매 단계마다 몫 비트 여러 개를 찾아내는 표준 부동 소수점 나눗셈 알고리즘을 사용한다. 제수와 피제수의 최상위 비트들을 사용하여 몫의 다음 두 비트를 추측하는데, 이 추측은 −2, −1, 0, +1, +2를 갖고 있는 참조표(lookup table)에서 구한다. 이 추측값에 제수를 곱하고 이 값을 나머지에서 빼면 새 나머지가 구해진다. 비복원 나눗셈과 같이 이전의 추측이 너무 큰 나머지를 생성하면, 다음 단계에서 부분 나머지(partial remainder)를 조정한다.

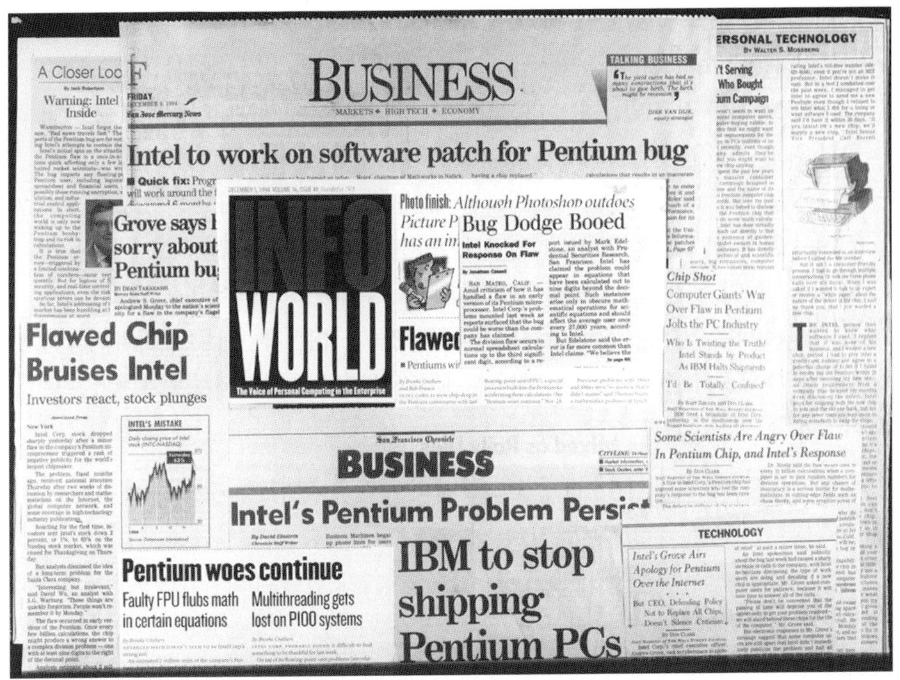

A Closer Look
Warning: Intel Inside

BUSINESS
MARKETS • HIGH TECH • ECONOMY

Intel to work on software patch for Pentium bug

Grove says he's sorry about Pentium bug

Flawed Chip Bruises Intel
Investors react, stock plunges

INFO WORLD
The Voice of Personal Computing in the Enterprise

Bug Dodge Booed
Intel Knocked For Response On Flaw

PERSONAL TECHNOLOGY
By Walter S. Mossberg

Chip Shot
Computer Giants' War Over Flaw in Pentium Jolts the PC Industry

Some Scientists Are Angry Over Flaw In Pentium Chip, and Intel's Response

BUSINESS
Intel's Pentium Problem Persists

TECHNOLOGY
Intel's Grove Airs Apology for Pentium Over the Internet

Pentium woes continue
Faulty FPU flubs math in certain equations
Multithreading gets lost on P100 systems

IBM to stop shipping Pentium PCs

**그림 3.21 1994년 11월 *New York Times, San Jose Mercury News, San Francisco Chronicles, Infoworld* 등을 포함한 신문, 잡지 기사 모음.** Pentium의 부동 소수점 나눗셈 버그가 미국의 유명한 코미디 토크쇼인 *David Letterman Late Show*의 오프닝 멘트에도 등장하였다. ("불량 Pentium 칩과 잘 어울리는 것은? 불량 Pentium 살사!") Intel은 버그가 있는 칩을 교체하기 위해 결국 5억 달러를 허비하였다.

80486의 표에는 Intel 엔지니어들이 절대 사용되지 않을 것으로 생각한 원소가 5개 있었다. Intel이 Pentium을 만들면서 이 경우 2 대신 0이 되게 PLA를 최적화하였다. 하지만 Intel이 틀렸다. 결과 중 앞부분 11비트는 항상 맞지만, 12번째부터 52번째 비트 사이(십진수로 따지면 4번째부터 15번째 자리)에서 가끔씩 에러가 발생하였다.

버지니아주 Lynchburg College의 수학교수 Thomas Nicely가 1994년 9월에 버그를 발견하였다. Intel의 기술지원부에 전화를 했으나 공식적인 답변을 듣지 못하게 되자 그는 이 사실을 인터넷에 올렸다. 이 게시물이 전문잡지에서 큰 반향을 일으키자 Intel은 드디어 공식 발표를 하였다. Intel은 이 버그를 이론 수학자에게만 영향을 미칠 사소한 결함이라고 불렀다. 일반 스프레드시트 사용자는 27,000년에 한 번꼴로 에러가 발생할 것이라고도 하였다. IBM 연구자들은 곧 일반 스프레드시트 사용자가 24일마다 한 번씩 이 에러를 만나게 될 것이라고 반박하였다. Intel은 12월 21일 다음과 같은 발표를 하고 항복하였다.

> Intel의 임직원 일동은 최근 문제가 된 Pentium 프로세서의 하자 처리 과정을 깊이 사과합니다. Intel Inside 심벌은 당신의 컴퓨터가 성능과 가격 면에서 최고의 마이크로프로세서를 갖고 있음을 의미합니다. 수천 명의 Intel 엔지니어들은 이를 증명하기 위해 매우 열심히 일하고 있습니다. 그러나 그 어떤 마이크로프로세서도 완벽하지 않습니다. Intel은 기술적으로 매우 사소한 문제가 발생했다고 믿고 있습니다. Intel은 현재 출시 중인 Pentium 프로세서의 품질을 견고하게 유지하고 있지만, 많은 사용자들이 우려하고 있음을 알고 있습니다. 우리는 이러한 우려를 해결하고자 합니다. Intel은 현재의 Pentium 프로세서를 오류가 없는 개선된 것으로 바꾸어 줄 것입니다. 요구하는 어느 누구에게나 컴퓨터의 수명이 다할 때까지 언제나 무료로 바꾸어 줄 것입니다.

분석가들은 이 리콜이 Intel에 5억 달러의 부담을 안겨 줄 것으로 예측하였고, Intel 직원들은 그해 크리스마스 보너스를 받지 못하였다.

이 이야기는 모든 사람들에게 몇 가지를 생각하게 한다. Intel이 1994년도 7월에 버그를 수정하였다면 얼마나 더 절약할 수 있었겠는가? 손상된 Intel의 명예를 회복하려면 얼마가 들어야 할까? 마이크로프로세서처럼 널리 사용되고 많은 사람들이 의지하는 상품에 존재하는 버그를 공개하는 데 있어서 기업의 책임은 무엇인가?

## 3.10 결론

수 세기 동안 컴퓨터 연산은 표준화가 많이 진행되어서 프로그램의 이식성 향상에 크게 기여하였다. 2의 보수법 이진 정수 연산은 오늘날 판매 중인 모든 컴퓨터에서 사용되고 있다. 부동 소수점 연산을 지원하는 컴퓨터에서는 IEEE 754 이진 부동 소수점 연산이 사용된다.

컴퓨터 연산은 제한된 정밀도 때문에 종이와 연필을 사용하는 연산과는 다르다. 이 제한은 미리 정의된 수의 한계보다 더 큰 수나 더 작은 수가 발생할 경우에 잘못된 연산 결과를 갖게 된다. 오버플로나 언더플로라고 불리는 이 문제는 예외(또는 인터럽트)를 발생시킨다. 예외와 인터럽트는 응급 사건을 처리하는 메커니즘으로, 계획되지 않은 서브루틴 호출처럼 동작한다. 4장과 5장에서 예외를 더 자세히 살펴보기로 한다.

부동 소수점 산술은 실제 수의 근사치를 사용하게 되므로, 선택된 컴퓨터 숫자가 실제 값에 가장 가까운 표현임을 보장하기 위해 주의가 필요하다. 부동 소수점 수의 부정확하고 제한된 표현 문제는 수치 해석 분야의 태동에 일조하였다. **병렬 처리**로의 변화가 수치 해석 분야를 새롭게 주목받게 하였다. 현재 옳은 결과를 내고 있는 병렬 컴퓨터를 더 빠르게 하기 위해서 새로운 알고리즘을 개발하려고 할 때 순차 컴퓨터에서 오랫동안 안전하다고 여겨진 방법도 고려 대상이 되어야 하기 때문이다.

데이터 수준 병렬성, 특히 서브워드 병렬성은 정수 또는 부동 소수점 데이터에 산술 연산이 집중적으로 사용되는 프로그램에서 더 높은 성능을 얻을 수 있도록 해 준다. 한꺼번에 8개의 부동 소수점 연산을 수행하는 명령어를 사용하여 행렬 곱셈의 성능을 거의 8배 개선할 수 있음을 보여준 바 있다.

이 장에서 컴퓨터 연산을 설명하면서 RISC-V 명령어도 많이 추가하였다.

그림 3.22는 SPEC CPU2006 정수와 부동 소수점 벤치마크에서 가장 많이 사용되는 RISC-V 명령어 12개의 사용 빈도를 보여 준다. 여기서 보는 바와 같이, 비교적 적은 명령어가 사용 빈도의 대부분을 차지하고 있다. 이 사실이 프로세서 설계에 큰 영향을 미치는 것을 4장에서 보게 될 것이다.

RISC-V, MIPS, ARM, x86 등 어떤 명령어 집합과 명령어 크기를 사용한다고 하더라도 비트 패턴 그 자체로는 아무 의미도 없다. 같은 비트 패턴이 부호있는 정수, 부호없는 정수, 부동 소수점 수, 문자열, 명령어 등 여러 가지를 나타낼 수 있다. 내장 프로그램 컴퓨터에서 비트 패턴에 의미를 부여하는 것은 연산이다.

| RISC-V Instruction | Name | Frequency | Cumulative |
|---|---|---|---|
| Add immediate | addi | 14.36% | 14.36% |
| Load word | lw | 12.65% | 27.01% |
| Add registers | add | 7.57% | 34.58% |
| Load fl. pt. double | fld | 6.83% | 41.41% |
| Store word | sw | 5.81% | 47.22% |
| Branch if not equal | bne | 4.14% | 51.36% |
| Shift left immediate | slli | 3.65% | 55.01% |
| Fused mul-add double | fmadd.d | 3.49% | 58.50% |
| Branch if equal | beq | 3.27% | 61.77% |
| Add immediate word | addiw | 2.86% | 64.63% |
| Store fl. pt. double | fsd | 2.24% | 66.87% |
| Multiply fl. pt. double | fmul.d | 2.02% | 68.89% |

그림 3.22 **SPEC CPU2006 벤치마크에 대한 RISC-V 명령어의 사용 빈도.** 가장 많이 사용되는 명령어 17개가 전체 실행 명령어의 76%를 차지한다. 의사명령어는 실행 전에 RISC-V 명령어로 변환되므로 여기에 나타나지 않는다. addi 명령어가 많이 사용되는 이유의 일부는 의사명령어 때문이다.

*Gresham's Law ("Bad money drives out Good") for computers would say, "The Fast drives out the Slow even if the Fast is wrong."*

W. Kahan, 1992

# 3.11 역사적 고찰 및 참고문헌

이 절에서는 von Neumann 시절까지 되돌아가 부동 소수점의 역사를 살펴본다. 논쟁의 대상이 되었던 IEEE의 표준화 작업과 x86의 부동 소수점을 위한 80비트 스택 구조의 이론적 근거도 포함된다. 3.11절의 나머지 부분은 온라인을 참조하라.

# 3.12 자습

**데이터는 무엇이든 될 수 있다.** 2.25절의 "자습"에서 이진수 비트 패턴 **00000001010010110010100000100011**$_{two}$를 16진수로, 십진수로, 또 MIPS 명령어로 보았었다. 이 비트 패턴이 IEEE 754 부동 소수점 수라면 어떤 값을 나타낼까?

**가장 큰 수.** 2의 보수 32비트 정수 중에서 가장 큰 양수는? 이 수를 IEEE 754 단일 정밀도 부동 소수점 수로 정확하게 표현할 수 있는가? IEEE 754 반 정밀도 부동 소수점 수의 경우는 어떠한가?

**브레인 산술.** 기계학습이 성과를 내기 시작하면서 여러 산업 분야에서 혁명을 일으키고 있다(6장의 6.7절 참조). 기계학습은 학습을 위하여 부동 소수점 수를 사용하지만, 다른 과학 계산과 달리 높은 정밀도가 필요하지는 않다. 과학 연산 프로그램에서 거의 표준으로 사용되는 2배 정밀도 부동 소수점은 과하고 32비트면 충분하다. 이상적으로는 계산과 메모리 측면에서 훨씬 효과적인 반 정밀도(16비트)를 사용할 수도 있다. 그렇지만 학습 과정에서 매우 작은 수를 다루기도 하기 때문에 표현 범위는 중요하다.

이런 기계학습의 필요에 따라 IEEE 표준은 아니지만 **브레인 부동 소수점 16**(Brain Float 16)이라는 새로운 형식이 등장하였다. 이 형식은 Google의 Brain 팀이 제안한 것으로 브레인이란 이름은 팀 이름에서 딴 것이다. 그림 3.23에 세 가지 형식을 비교하였다.

브레인 부동 소수점 16이 필드의 크기만 다르고 나머지는 IEEE 754와 같다고 가정하자. 그러면 세 가지 형식으로 표현할 수 있는 가장 작은 양수는 무엇인가? 브레인 부동 소수점 16이 IEEE fp32보다 얼마나 더 작은 수를 표현할 수 있는가? IEEE fp16과 비교하면 어떠한가? [이 문제에서 비정규화 수(denorm 또는 subnormal)는 고려하지 말 것.]

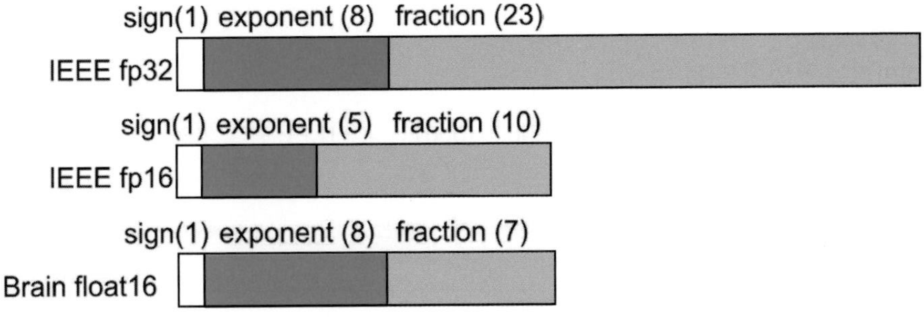


그림 3.23 **IEEE 754 단일 정밀도(fp32), IEEE 754 반 정밀도(fp16), 브레인 부동 소수점 16의 부동 소수점 형식.** Google의 TPUv3 하드웨어는 브레인 부동 소수점 16을 사용한다(6.12절 참조).

**브레인 면적과 에너지.** 기계학습에서 많이 하는 일이 DGEMM에서 본 것 같은 곱셈 후 누적 연산인데, 곱셈 연산이 반도체 면적과 에너지의 대부분을 소비하고 있다. 그림 3.7과 같은 빠른 곱셈기를 사용한다면 면적과 에너지는 입력 크기의 제곱에 비례하는 함수가 된다. 곱셈에 대한 세 가지 형식의 정확한 면적/에너지 비율은 다음 중 어느 것인가?

1. fp32 : fp16 : 브레인 부동 소수점 = $32^2 : 16^2 : 16^2$
2. $8^2 : 5^2 : 8^2$
3. $23^2 : 10^2 : 7^2$
4. $24^2 : 11^2 : 8^2$

**브레인 프로그래밍.** IEEE fp32와 브레인 부동 소수점 16은 같은 크기의 지수를 갖고 있다. 이에 따른 소프트웨어적 이점은 무엇인가?

**브레인 4지선다형 문제.** 기계학습 영역에서 브레인 부동 소수점 16 연산과 IEEE 754 반 정밀도 부동 소수점 연산에 대한 다음 진술 중 어느 것이 참인가?

1. 브레인 부동 소수점 16 곱셈이 IEEE 754 반 정밀도보다 하드웨어를 훨씬 적게 사용한다.
2. 브레인 부동 소수점 16 곱셈이 IEEE 754 반 정밀도보다 훨씬 적은 에너지를 사용한다.
3. 소프트웨어로 IEEE 754 단일 정밀도 수를 변환할 때 브레인 부동 소수점 16이 IEEE 754 반 정밀도보다 더 쉽다.
4. 1, 2, 3 모두 참이다.

## 자습 해답

### 데이터는 무엇이든 될 수 있다.

이진수 $00000001010010110010100000100011_{two}$를 IEEE 754 부동 소수점으로 간주하면 다음 표와 같아진다.

| Sign (1) | Exponent (8) | Fraction (23) |
|---|---|---|
| 0 | $00000010_{two}$ | $10010110010100000100011_{two}$ |
| + | $2_{ten}$ | $4{,}925{,}475_{ten}$ |

단일 정밀도 부동 소수점 수의 지수에 사용되는 바이어스는 127이므로 실제 지수값은 2 − 127 즉 −125이다. 소수 부분은 $4{,}925{,}475_{ten}/(2^{23} - 1) = 4{,}925{,}475_{ten}/8{,}388{,}607_{ten} = 0.58716244544_{ten}$이다. 실제 유효자리는 숨겨진 1을 더해야 하므로 최종 결과는 $1.58716244544_{ten} \times 2^{-125}$ 또는 약 $3.731401_{ten} \times 10^{-38}$이 된다.

이 문제는 비트 패턴 그 자체에는 고유한 의미가 없음을 다시 한번 보여 준다. 소프트웨어가 이것을 어떻게 해석하느냐에 따라서만 그 의미가 결정되는 것이다.

### 큰 수

가장 큰 2의 보수 양수는 $2^{31} - 1 = 2{,}147{,}483{,}647$이다.

이 숫자를 IEEE 754 단일 정밀도 수로는 정확히 표현할 수 없다.

| Sign (1) | Exponent (8) | Fraction (23) |
|---|---|---|
| 0 | $00000010_{two}$ | $00000000000000000000000_{two}$ |
| + | $158_{ten}$ | $0_{ten}$ |

$= 1.0 \times 2^{(158-127)} = 1.0 \times 2^{31} = 2{,}147{,}483{,}648$. 그러므로 $2^{31} - 1$로부터 1만큼 벗어나 있다.

IEEE 754 반 정밀도로 표현할 수 있는 가장 큰 수는 다음과 같다.

| Sign (1) | Exponent (5) | Fraction (10) |
|---|---|---|
| 0 | $11110_{two}$ | $1111111111_{two}$ |
| + | $30_{ten}$ | $1023_{ten}$ |

$= (1 + 1023/1024) \times 2^{(30 - 15)} = 1.999 \times 2^{15} = 65{,}504$. 따라서 2,147,483,647과는 매우 큰 차이가 있다.

정수를 IEEE 반 정밀도 부동 소수점 수로 변환하면 오버플로가 발생할 수 있다. (반 정밀도 표현의 5비트 지수 $11111_{two}$는 단일 정밀도 지수 $11111111_{two}$처럼 무한대와 NaN을 위해 예약되어 있다.)

### 브레인 산술

각 형식에서 표현 가능한 가장 작은 양수는 다음과 같다.

| | |
|---|---|
| IEEE fp32 | $1.0 \times 2^{-126}$ |
| IEEE fp16 | $1.0 \times 2^{-14}$ |
| 브레인 부동 소수점 16 | $1.0 \times 2^{-126}$ |

IEEE fp32와 브레인 부동 소수점 16은 지수 크기가 같기 때문에 가장 작은 양수도 같다. 이 두 형식이 표현할 수 있는 가장 작은 수는 IEEE fp16보다 $2^{112}$배, 즉 $5 \times 10^{33}$배 작다.

### 브레인 면적과 에너지

지수와 부호 부분은 곱셈 연산과 관련이 없으므로 면적과 에너지는 유효자리 길이의 함수이다. 유효자리에는 숨겨진 1이 있기 때문에 정확한 답은 4번 $24^2 : 11^2 : 8^2$이다. 따라서 IEEE fp16 곱셈기의 면적과 에너지는 브레인 부동 소수점 16의 약 2배(121/64)이고, IEEE fp32는 9배(576/64) 정도 된다.

### 브레인 프로그래밍

지수 크기가 같기 때문에 언더플로, 오버플로, NaN, 무한대 등에 대한 소프트웨어의 행동이 같다. 그러므로 IEEE fp32를 브레인 부동 소수점 16으로 변환하는 것이 IEEE fp16으로 변환하는 것보다 호환성 문제를 덜 일으킨다.

### 브레인 4지선다형 문제

답은 4번이다. 기계학습 응용의 경우 브레인 부동 소수점 16이 하드웨어 설계자와 소프트웨어 프로그래머 모두에게 편하다. 브레인 부동 소수점 16이 기계학습에서 많이 사용되고 있으며, Google의 TPUv2와 TPUv3가 브레인 부동 소수점 16을 구현한 최초의 프로세서라는 것은 놀라운 일도 아니다.

## 3.13 연습문제

*Never give in, never give in, never, never, never—in nothing, great or small, large or petty—never give in.*

Winston Churchill, address at Harrow School, 1941

**3.1** [5] 〈§3.2〉 5ED4 − 07A4의 결과는 무엇인가? 이 두 수는 부호없는 16비트 16진수이다. 결과를 16진수로 나타내되 계산 과정도 보여라.

**3.2** [5] 〈§3.2〉 5ED4 − 07A4의 결과는 무엇인가? 이 두 수는 부호와 크기 방식으로 표현된 부호있는 16비트 16진수이다. 결과를 16진수로 나타내되 계산 과정도 보여라.

**3.3** [10] 〈§3.2〉 5ED4를 이진수로 바꾸어라. 컴퓨터에서 숫자를 표현하는 데 16진수가 매력적인 이유는 무엇인가?

**3.4** [5] 〈§3.2〉 4365 − 3412의 결과는 무엇인가? 이 두 수는 부호없는 12비트 8진수이다. 결과를 8진수로 나타내되 계산 과정도 보여라.

**3.5** [5] 〈§3.2〉 4365 − 3412의 결과는 무엇인가? 이 두 수는 부호와 크기 방식으로 표현된 부호있는 12비트 8진수이다. 결과를 8진수로 나타내되 계산 과정도 보여라.

**3.6** [5] 〈§3.2〉 $10111001_{two}$와 $01111010_{two}$가 부호없는 8비트 이진수일 때, $10111001_{two} - 01111010_{two}$를 계산하라. 오버플로가 발생하는가? 언더플로가 발생하는가? 아니면 둘 다 아닌가?

**3.7** [5] 〈§3.2〉 $10111001_{two}$와 $01111010_{two}$가 부호와 크기 방식으로 표현된 부호있는 8비트 이진수일 때, $10111001_{two} + 01111010_{two}$를 계산하라. 오버플로가 발생하는가? 언더플로가 발생하는가? 아니면 둘 다 아닌가?

**3.8** [5] 〈§3.2〉 $10111001_{two}$와 $01111010_{two}$가 부호와 크기 방식으로 표현된 부호있는 8비트 이진수일 때, $10111001_{two} - 01111010_{two}$를 계산하라. 오버플로가 발생하는가? 언더플로가 발생하는가? 아니면 둘 다 아닌가?

**3.9** [10] 〈§3.2〉 $10010111_{two}$와 $11010110_{two}$가 2의 보수 방식으로 표현된 부호있는 8비트 이진수일 때, $10010111_{two} + 11010110_{two}$를 포화 산술 연산으로 계산하라. 결과를 십진수로 나타내되 계산 과정도 보여라.

**3.10** [10] 〈§3.2〉 $10010111_{two}$와 $11010110_{two}$가 2의 보수 방식으로 표현된 부호있는 8비트 이진수일 때, $10010111_{two} - 11010110_{two}$를 포화 산술 연산으로 계산하라. 결과를 십진수로 나타내되 계산 과정도 보여라.

**3.11** [10] 〈§3.2〉 $10010111_{two}$와 $11010110_{two}$가 부호없는 8비트 정수일 때, $10010111_{two} + 11010110_{two}$를 포화 산술 연산으로 계산하라. 결과를 십진수로 나타내되 계산 과정도 보여라.

**3.12** [20] 〈§3.3〉 그림 3.3의 하드웨어를 사용하여 부호없는 6비트 8진수 정수인 62와 12의 곱을 계산하는 과정을 그림 3.6과 같은 표로 보여라. 각 단계에서 각 레지스터의 내용들을 보여야 한다.

**3.13** [20] 〈§3.3〉 그림 3.5의 하드웨어를 사용하여 부호없는 6비트 8진수 정수인 62와 12의 곱을 계산하는 과정을 그림 3.6과 같은 표로 보여라. 각 단계에서 각 레지스터의 내용들을 보여야 한다.

**3.14** [10] 〈§3.3〉 정수의 길이가 8비트이고 연산의 각 단계가 4 단위시간이 걸릴 때, 그림 3.3과 3.4의 방식을 사용하여 곱셈을 수행하는 데 필요한 시간을 계산하라. 단계 1a에서 피승수나 0 중에 하나를 더하기 때문에 항상 덧셈이 수행된다고 가정하라. 또 레지스터들은 이미 초기화되었다고 가정하라. (곱셈 순환문 자체에 걸리는 시간만 계산하면 된다.) 이것이 하드웨어에서 수행된다면, 피승수와 승수의 자리이동은 동시에 이루어질 수 있다. 하지만 소프트웨어로 처리한다면, 하나씩 순서대로 진행되어야 할 것이다. 각각의 경우에 대해 계산하라.

**3.15** [10] 〈§3.3〉 정수의 길이가 8비트이고 연산의 각 단계가 4 단위시간이 걸릴 때, 본문에서 설명한 방식(31개의 덧셈기가 수직으로 쌓여 있는 구조)을 사용하여 곱셈을 수행하는 데 필요한 시간을 계산하라.

**3.16** [20] 〈§3.3〉 정수의 길이가 8비트이고 연산의 각 단계가 4 단위시간이 걸릴 때, 그림 3.7의 방식을 이용하여 곱셈을 수행하는 데 필요한 시간을 계산하라.

**3.17** [20] 〈§3.3〉 본문에서 논의된 것처럼, 한 가지 가능한 성능 향상 방안은 실제 곱셈 대신에 자리이동과 덧셈을 하는 것이다. 예를 들어 9 × 6은 (2 × 2 × 2 + 1) × 6으로 쓸 수 있기 때문에 6을 왼쪽으로 세 번 자리이동하고 나서 그 결과에 6을 더함으로써 9 × 6을 계산할 수 있다. 자리이동과 덧셈/뺄셈을 이용하여 0x33 × 0x55를 계산하기 위한 최선의 방법을 보여라. 입력은 모두 8비트 부호없는 정수라고 가정하라.

**3.18** [20] 〈§3.4〉 그림 3.8의 하드웨어를 사용하여 74 나누기 21을 계산하는 과정을 그림 3.10과 같은 표로 보여라. 각 단계에서 각 레지스터의 내용들을 보여야 한다. 입력은 모두 부호없는 6비트 정수라고 가정하라.

**3.19** [30] 〈§3.4〉 그림 3.11의 하드웨어를 사용하여 74 나누기 21을 계산하는 과정을 그림 3.10과 같은 표로 보여라. 각 단계에서 각 레지스터의 내용들을 보여야 한다. 입력은 모두 부호없는 6비트 정수라고 가정하라. 그림 3.9와는 약간 다른 방식이 필요하다. 이 알고리즘을 올바르게 작동시키는 방법을 찾기 위하여 여러 가지 시도를 해 보거나 웹을 검색해도 좋다. 힌트: 한 가지 가능한 방법은 그림 3.11의 나

머지 레지스터가 좌우 어느 방향으로도 자리이동될 수 있음을 이용하는 것이다.

**3.20** [5] 〈§3.5〉 비트 패턴 0 × 0C000000이 2의 보수로 표현된 정수라면 어떤 십진수를 나타내는가? 만약 부호없는 정수라면?

**3.21** [10] 〈§3.5〉 비트 패턴 0 × 0C00006F가 명령어라면 이에 해당하는 RISC-V 어셈블리 명령어는?

**3.22** [10] 〈§3.5〉 비트 패턴 0 × 0C000000이 부동 소수점 수라면 어떤 십진수를 나타내는가? IEEE 754 표준을 사용하라.

**3.23** [10] 〈§3.5〉 십진수 63.25를 IEEE 754 표준 단일 정밀도 형식으로 표현하라.

**3.24** [10] 〈§3.5〉 십진수 63.25를 IEEE 754 표준 2배 정밀도 형식으로 표현하라.

**3.25** [10] 〈§3.5〉 십진수 63.25를 단일 정밀도 IBM 형식으로 표현하라. (기수 2 대신에 기수 16을 사용하고, 지수는 7비트이다.)

**3.26** [20] 〈§3.5〉 DEC PDP−8에서 사용하는 형식으로 $-1.5625 \times 10^{-1}$을 표현하라. 왼쪽 12비트는 2의 보수로 표현된 지수이고, 오른쪽 24비트는 2의 보수로 표현된 유효자리이다. 숨겨진 1은 사용되지 않는다. IEEE 754 표준의 단일 정밀도 및 2배 정밀도와 비교하면 이 36비트 패턴의 범위와 정확성이 어떠한지 설명하라.

**3.27** [20] 〈§3.5〉 IEEE 754−2008은 16비트 길이의 반 정밀도 형식을 포함한다. 가장 왼쪽 비트는 여전히 부호 비트이고, 지수는 5비트이고 바이어스는 15이며, 유효자리는 10비트이다. 숨겨진 1이 사용된다. 이 형식과 같지만 지수 표현에 16 초과 코드를 사용하는 부동 소수점 형식으로 $-1.5625 \times 10^{-1}$을 표현하라. 이 16비트 부동 소수점 형식의 범위와 정확성을 IEEE 754 표준의 단일 정밀도와 비교하라.

**3.28** [20] 〈§3.5〉 Hewlett-Packard 2114, 2115, 2116은 왼쪽 24비트가 2의 보수로 표현된 유효자리이고, 오른쪽 8비트가 지수를 나타낸다. 여기서 흥미로운 점은 지수가 부호와 크기 표현 방식으로 저장되며 가장 오른쪽 비트가 부호 비트라는 점이다. $-1.5625 \times 10^{-1}$을 이 형식으로 표현하라. 숨겨진 1은 사용되지 않는다. 이 32비트 패턴의 범위와 정확성을 IEEE 754 표준의 단일 정밀도와 비교하라.

**3.29** [20] 〈§3.5〉 $2.6125 \times 10^{1}$과 $4.150390625 \times 10^{-1}$이 문제 3.27에서 설명한

(본문 3.5절 부동 소수점 표현 부분에서도 설명했음) 16비트 반 정밀도 형식으로 저장되었다고 가정하고 두 수의 합을 손으로 계산하라. 보호 비트 1개, 자리맞춤 비트 1개, 점착 비트 1개, 그리고 가장 가까운 짝수로의 자리맞춤을 사용한다고 가정하라. 모든 단계를 보여라.

**3.30** [30] 〈§3.5〉 $-8.0546875 \times 10^0$과 $-1.79931640625 \times 10^{-1}$이 문제 3.27에서 설명한 16비트 반 정밀도 형식으로 저장되었다고 가정하고 두 수의 곱을 손으로 계산하라. 보호 비트 1개, 자리맞춤 비트 1개, 점착 비트 1개, 그리고 가장 가까운 짝수로의 자리맞춤을 사용한다고 가정하라. 모든 단계를 보여라. 그러나 문제 3.12~3.14의 방법을 사용하지 말고 본문의 예제처럼 사람이 읽을 수 있는 형식으로 보여라. 오버플로나 언더플로가 발생하는지 확인하라. 문제 3.27에서 설명한 16비트 부동 소수점 형식과 십진수 형식 두 가지로 답을 보여라. 계산 결과는 얼마나 정확한가? 계산기로 곱셈을 해서 얻은 결과와 비교하면 어떠한가?

**3.31** [30] 〈§3.5〉 $8.625 \times 10^1$ 나누기 $-4.875 \times 10^0$을 손으로 계산하라. 답을 구하기 위해 필요한 모든 과정을 보여라. 보호 비트, 자리맞춤 비트, 점착 비트가 있다고 가정하고 필요하면 그것들을 사용하라. 문제 3.27에서 설명한 16비트 부동 소수점 형식과 십진수 형식 두 가지로 최종 답을 적고, 십진수 결과를 계산기를 사용해서 얻은 결과와 비교하라.

**3.32** [20] 〈§3.9〉 모든 값들이 문제 3.27에서 설명한 16비트 반 정밀도 형식으로 저장되었다고 가정하고 $(3.984375 \times 10^{-1} + 3.4375 \times 10^{-1}) + 1.771 \times 10^3$을 손으로 계산하라. 보호 비트 1개, 자리맞춤 비트 1개, 점착 비트 1개, 그리고 가장 가까운 짝수로의 자리맞춤을 사용한다고 가정하라. 모든 단계를 보이되, 답을 16비트 부동 소수점 형식과 십진수 두 가지로 보여라.

**3.33** [20] 〈§3.9〉 모든 값들이 문제 3.27에서 설명한 16비트 반 정밀도 형식으로 저장되었다고 가정하고 $3.984375 \times 10^{-1} + (3.4375 \times 10^{-1} + 1.771 \times 10^3)$을 손으로 계산하라. 보호 비트 1개, 자리맞춤 비트 1개, 점착 비트 1개, 그리고 가장 가까운 짝수로의 자리맞춤을 사용한다고 가정하라. 모든 단계를 보이되, 답을 16비트 부동 소수점 형식과 십진수 두 가지로 보여라.

**3.34** [10] 〈§3.9〉 문제 3.32와 3.33의 답에 근거하면 $(3.984375 \times 10^{-1} + 3.4375 \times 10^{-1}) + 1.771 \times 10^3 = 3.984375 \times 10^{-1} + (3.4375 \times 10^{-1} + 1.771 \times 10^3)$인가?

**3.35** [30] 〈§3.9〉 모든 값들이 문제 3.27에서 설명한 16비트 반 정밀도 형식으로 저장되었다고 가정하고 $(3.41796875 \times 10^{-3} \times 6.34765625 \times 10^{-3}) \times 1.05625 \times 10^{2}$을 손으로 계산하라. 보호 비트 1개, 자리맞춤 비트 1개, 점착 비트 1개, 그리고 가장 가까운 짝수로의 자리맞춤을 사용한다고 가정하라. 모든 단계를 보이되, 답을 16비트 부동 소수점 형식과 십진수 두 가지로 보여라.

**3.36** [30] 〈§3.9〉 모든 값들이 문제 3.27에서 설명한 16비트 반 정밀도 형식으로 저장되었다고 가정하고 $3.41796875 \times 10^{-3} \times (6.34765625 \times 10^{-3} \times 1.05625 \times 10^{2})$을 손으로 계산하라. 보호 비트 1개, 자리맞춤 비트 1개, 점착 비트 1개, 그리고 가장 가까운 짝수로의 자리맞춤을 사용한다고 가정하라. 모든 단계를 보이되, 답을 16비트 부동 소수점 형식과 십진수 두 가지로 보여라.

**3.37** [10] 〈§3.9〉 문제 3.35와 3.36의 답에 근거하면 $(3.41796875 \times 10^{-3} \times 6.34765625 \times 10^{-3}) \times 1.05625 \times 10^{2} = 3.41796875 \times 10^{-3} \times (6.34765625 \times 10^{-3} \times 1.05625 \times 10^{2})$인가?

**3.38** [30] 〈§3.9〉 모든 값들이 문제 3.27에서 설명한 16비트 반 정밀도 형식으로 저장되었다고 가정하고 $1.666015625 \times 10^{0} \times (1.9760 \times 10^{4} + -1.9744 \times 10^{4})$을 손으로 계산하라. 보호 비트 1개, 자리맞춤 비트 1개, 점착 비트 1개, 그리고 가장 가까운 짝수로의 자리맞춤을 사용한다고 가정하라. 모든 단계를 보이되, 답을 16비트 부동 소수점 형식과 십진수 두 가지로 보여라.

**3.39** [30] 〈§3.9〉 모든 값들이 문제 3.27에서 설명한 16비트 반 정밀도 형식으로 저장되었다고 가정하고 $(1.666015625 \times 10^{0} \times 1.9760 \times 10^{4}) + (1.666015625 \times 10^{0} \times -1.9744 \times 10^{4})$을 손으로 계산하라. 보호 비트 1개, 자리맞춤 비트 1개, 점착 비트 1개, 그리고 가장 가까운 짝수로의 자리맞춤을 사용한다고 가정하라. 모든 단계를 보이되, 답을 16비트 부동 소수점 형식과 십진수 두 가지로 보여라.

**3.40** [10] 〈§3.9〉 문제 3.38과 3.39의 답에 근거하면 $1.666015625 \times 10^{0} \times (1.9760 \times 10^{4} + -1.9744 \times 10^{4}) = (1.666015625 \times 10^{0} \times 1.9760 \times 10^{4}) + (1.666015625 \times 10^{0} \times -1.9744 \times 10^{4})$인가?

**3.41** [10] 〈§3.5〉 IEEE 754 부동 소수점 형식을 이용하여 −1/4을 나타내는 비트 패턴을 보여라. −1/4을 정확하게 나타낼 수 있는가?

**3.42** [10] 〈§3.5〉 −1/4을 네 번 더한 결과는 얼마인가? −1/4 × 4는 얼마인가? 이 둘은 같은 값을 갖는가? 이들은 어떤 값이 되어야 하는가?

**3.43** [10] 〈§3.5〉 유효자리에 이진수를 사용하는 부동 소수점 형식으로 1/3을 나타냈을 때 유효자리 부분의 비트 패턴은? 유효자리는 24비트이고, 정규화는 할 필요가 없다고 가정하라. 이 표현은 정확한가?

**3.44** [10] 〈§3.5〉 유효자리에 이진수 대신 이진화 십진 코드(binary coded decimal, BCD)를 사용하는 부동 소수점 형식으로 1/3을 나타냈을 때 유효자리 부분의 비트 패턴은? 유효자리는 24비트이고, 정규화는 할 필요가 없다고 가정하라. 이 표현은 정확한가?

**3.45** [10] 〈§3.5〉 유효자리에 이진수 대신에 15진수를 사용하는 부동 소수점 형식으로 1/3을 나타냈을 때 유효자리 부분의 비트 패턴은? (16진수는 기호 0−9, A−F를 사용하며, 15진수는 0−9와 A−E를 사용한다.) 유효자리는 24비트이고, 정규화는 할 필요가 없다고 가정하라. 이 표현은 정확한가?

**3.46** [20] 〈§3.5〉 유효자리에 이진수 대신에 30진수를 사용하는 부동 소수점 형식으로 1/3을 나타냈을 때 유효자리 부분의 비트 패턴은? (16진수는 기호 0−9, A−F를 사용하며, 30진수는 0−9와 A−T를 사용한다.) 유효자리는 20비트이고, 정규화는 할 필요가 없다고 가정하라. 이 표현은 정확한가?

**3.47** [45] 〈§§3.6, 3.7〉 아래의 C 코드는 입력 배열 `sig_in`에 대한 4개의 탭을 갖는 FIR 필터를 구현한 것이다. 모든 배열은 16비트 고정 소수점 수이다.

```
for (i = 3;i< 128;i+ +)
sig_out[i] = sig_in[i - 3] * f[0] + sig_in[i - 2] * f[1]
  + sig_in[i - 1] * f[2] + sig_in[i] * f[3];
```

SIMD 명령어와 128비트 레지스터를 갖는 프로세서에서 어셈블리어로 최적화된 코드를 작성한다고 가정하라. 자세한 명령어 집합을 모르는 상태에서 서브워드 연산을 최대화하고 레지스터와 메모리 사이에 전송되는 데이터를 최소화하기 위해 이 코드를 어떻게 구현할지 간략하게 설명하라. 사용하는 명령어에 대한 가정을 모두 기술하라.

**스스로 점검하기 해답**

§3.2(213쪽): 2.

§3.5(254쪽): 3.

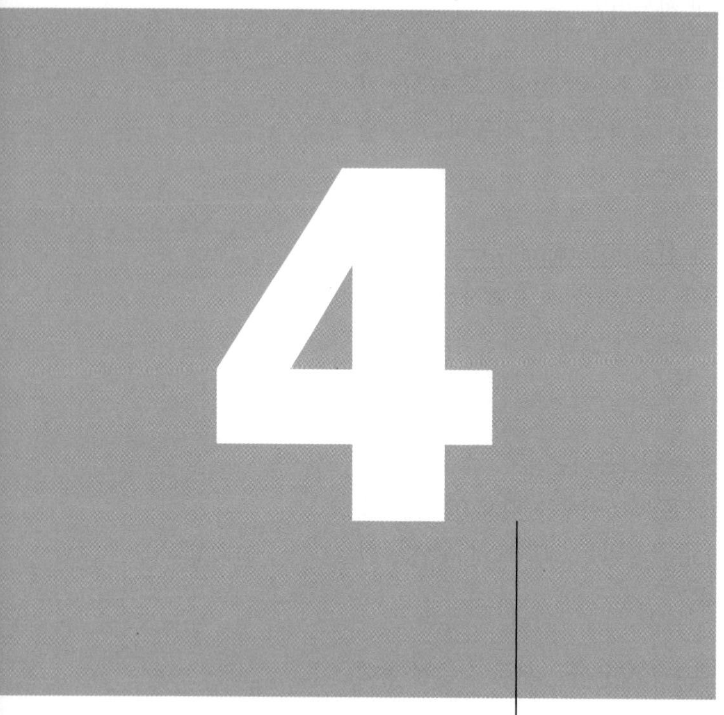

# 프로세서



*In a major matter, no details are small.*

**French Proverb**

## 컴퓨터의 고전적인 다섯 가지 구성 요소

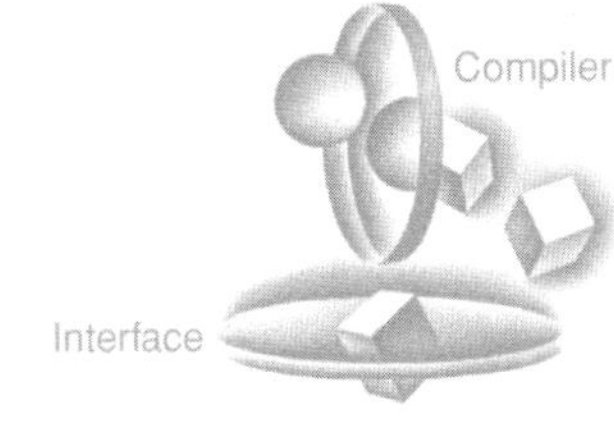

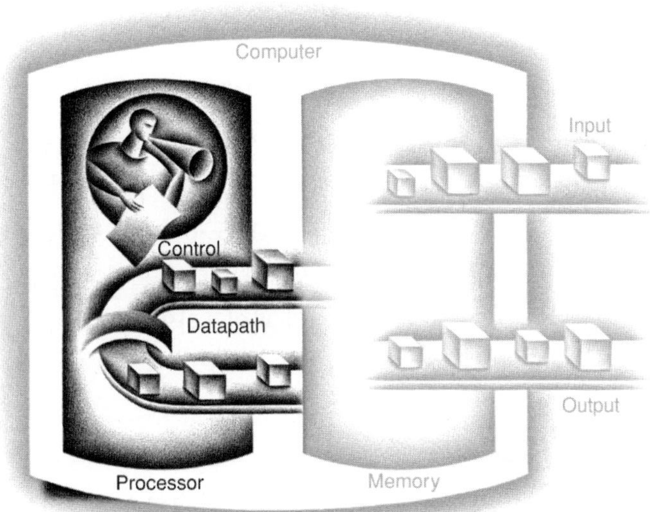

# 4.1 서론

1장에서 컴퓨터 성능은 세 가지 주요 요인 즉 명령어 개수, 클럭 사이클 시간, **명령어당 클럭 사이클 수**(CPI)에 의해 결정된다는 것을 알았다. 2장에서 살펴본 바와 같이 컴파일러와 명령어 집합 구조가 프로그램에 필요한 명령어 개수를 결정한다. 그러나 클럭 사이클 시간과 명령어당 클럭 사이클 수는 프로세서의 구현 방법에 따라 결정된다. 이 장에서는 RISC-V 명령어 집합을 두 가지 다른 방법으로 구현하여 데이터패스와 제어 유닛을 완성시키려 한다.

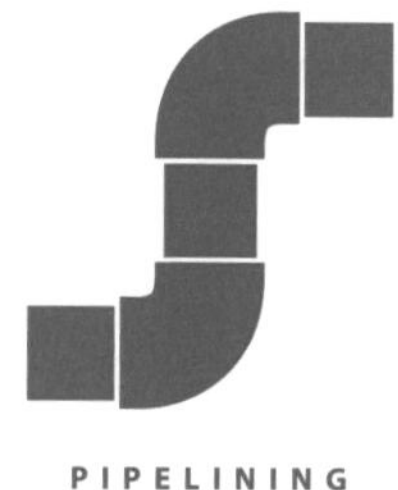


이 장은 프로세서를 구현하는 데 사용되는 원리와 기법들에 대한 설명을 포함하고 있다. 이 절에서는 매우 추상적이고 단순한 개괄을 서술하며, 다음 절에서는 데이터패스를 만들고 RISC-V 같은 명령어 집합 구현에 충분한 프로세서의 간단한 버전을 구성한다. 이 장은 많은 부분을 조금 더 현실적인 **파이프라인** RISC-V 구현에 할애하고, 마지막으로 x86과 같이 좀 더 복잡한 명령어 집합을 구현하는 데 필요한 개념들을 발전시켜 나간다.

명령어에 대한 상위 수준 해독과 프로그램 성능에 대한 명령어의 영향을 이해하는 데 관심이 있는 독자들에게는 이 절과 4.6절이 파이프라이닝의 기본 개념을 제공해 줄 것이다. 최근의 동향에 대해서는 4.11절에서 다루어지며 4.12절은 Intel Core i7과 ARM Cortex-A53 마이크로프로세서를 다룬다. 4.13절에서는 명령어 수준 병렬성을 이용하여 3.9절의 행렬 곱셈의 성능을 어떻게 2배 이상 증가시킬 수 있는지를 보여 준다. 이 같은 절들은 파이프라인 개념을 상위 수준에서 이해하는 데 충분한 지식을 제공한다.

프로세서와 그 성능을 좀 더 깊이 이해하는 데 관심이 있는 독자들은 4.3, 4.4, 4.7절이 유용할 것이다. 프로세서를 어떻게 만드는지에 관심 있는 독자들은 4.2, 4.8~4.10절 또한 공부해야 한다. 최신 하드웨어 설계에 관심 있는 독자들을 위해서 4.14절은 하드웨어 설계 언어와 CAD 도구가 하드웨어를 구현하는 데 어떻게 사용되는지, 또 파이프라인 구현을 서술하는 데 하드웨어 설계 언어가 어떻게 사용되는지에 대해 설명한다. 뿐만 아니라 파이프라인 하드웨어가 어떻게 실행되는지를 다수의 그림을 통해 보여 준다.

## 기본적인 RISC-V 구현

우리는 RISC-V 명령어 집합의 핵심 부분의 구현을 설계하려 하는데 이 핵심 부분은 다음과 같다.

- 메모리 참조 명령어인 lw(load word)와 sw(store word)
- 산술/논리 명령어인 add, sub, and, or
- 조건부 분기 명령어인 beq(branch if equal)

이 부분집합은 정수형 명령어를 모두 포함하지는 않으며(예를 들면 자리이동, 곱하기, 나누기가 빠져 있음) 부동 소수점 명령어는 하나도 포함하지 않는다. 그렇지만 데이터패스와 제어 유닛을 설계하는 데 사용되는 핵심 원리는 설명될 것이다. 나머지 명령어에 대한 구현 또한 거의 비슷하다.

구현을 살펴보면서 명령어 집합 구조가 구현의 많은 부분을 어떻게 결정하는지, 또 여러 가지 구현 전략이 클럭 속도와 CPI에 어떻게 영향을 미치는지 살펴볼 기회를 갖게 될 것이다. 1장에서 소개된 많은 주요 설계 원리들이 어떻게 적용되는지 구현을 통해서 알아볼 수 있다. 여기에는 "**간단하기 위해서는 규칙적인 것이 좋다**"와 같은 지침들이 포함된다. 이 장에서 RISC-V 명령어의 일부를 구현하는 데 사용되는 대부분의 개념은 고성능 컴퓨터에서부터 범용 마이크로프로세서 및 임베디드 프로세서에 이르기까지 다양한 종류의 컴퓨터를 만드는 데 쓰인다.

## 구현에 대한 개요

2장에서 정수형 산술/논리 명령어, 메모리 참조 명령어, 분기 명령어를 포함하는 핵심적인 RISC-V 명령어를 살펴보았다. 이러한 명령어를 구현하는 데 필요한 것의 대부분은 명령어가 어떤 명령어인지와 상관없이 동일하다. 모든 명령어의 첫 두 단계는 다음과 같이 동일하다.

1. **프로그램 카운터**(PC)를 프로그램이 저장되어 있는 메모리에 보내서 메모리로부터 명령어를 가져온다.
2. 읽을 레지스터를 선택하는 명령어 필드를 사용하여 하나 또는 2개의 레지스터를 읽는다. lw 명령어는 레지스터 하나만 읽으면 되지만 대부분의 다른 명령어는 레지스터 2개를 읽는다.

이 두 단계 이후에 명령어 실행을 끝내기 위해 필요한 행동들은 명령어 종류에 따라 달라진다. 다행히도 세 가지 명령어 종류(메모리 참조 명령어, 산술/논리 명령어, 분기 명령어)의 각 종류 내에서는 명령어가 무엇인지에 상관없이 필요한 행동들이 대부분 같다. RISC-V 명령어 집합의 단순함과 규칙적인 특성이 많은 종류의 명령어 실행을 비슷하게 만들어 줌으로써 구현을 단순화한다.

예를 들면 모든 명령어 종류가 레지스터를 읽은 후에는 ALU를 사용한다. 메모리 참조 명령어는 주소 계산을 위해 ALU를 사용하고, 산술/논리 명령어는 연산을 수행하기 위해서 ALU를 사용하고, 조건부 분기 명령어는 비교하기 위해서 사용한다. ALU를 사용한 후 명령어 실행을 끝내기 위해 필요한 동작은 명령어 종류에 따라 서로 다르다. 메모리 참조 명령어는 메모리를 접근할 것이다. 저장 명령어는 데이터를 기록하기 위해 접근하고, 적재 명령어는 데이터를 읽기 위해 접근한다. 산술/논리 명령어와 적재 명령어는 ALU나 메모리에서 온 데이터를 레지스터에 써야 한다. 마지막으로 조건부 분기 명령어의 경우에는 비교 결과에 따라서 다음 명령어의 주소를 바꿀 수도 있고, PC 값을 4만큼 증가시켜 다음 명령어의 주소를 갖게 할 수도 있다.

그림 4.1은 RISC-V 구현을 상위 수준에서 본 그림으로서, 여러 기능 유닛과 그들 사이의 연결에 초점을 맞추고 있다. 프로세서 내의 데이터 흐름을 거의 다 보여주고 있지만 명령어 실행에 중요한 두 가지 측면이 빠져 있다.

첫째로 그림 4.1에는 서로 다른 근원지에서 나온 데이터가 같은 유닛으로 가는 곳이 몇 군데 있다. 예를 들면 PC에 들어갈 값은 두 덧셈기 중 하나에서 나오고, 레지스터 파일에 쓰여질 데이터는 ALU나 데이터 메모리에서 나오며, ALU의 두 번째 입력은 레지스터나 명령어의 수치 필드에서 나온다. 실제로는 이들 데이터 선을 단순히 그냥 연결할 수가 없다. 그러므로 다수의 근원지 중에서 하나를 선택하여 그것만을 목적지로 보내는 구성 요소를 추가해야 한다. 이 같은 선택은 일반적으로 **멀티플렉서**(multiplexor)라 불리는 소자를 사용하여 이루어진다. 사실 이 구성 요소는 **데이터 선택기**(data selector)라는 것이 더 적절한 이름이다. 멀티플렉서는 제어선의 값에 따라 여러 개 입력 중에서 하나를 선택하는데 🌐 부록 A에서 멀티플렉서에 대해 설명한다. 제어선은 주로 실행 중인 명령어에서 나오는 정보에 따라서 설정된다.

둘째로 어떤 유닛들은 명령어 종류에 따라 다르게 제어되어야 하는데 이 부분이 빠져 있다. 예를 들어 데이터 메모리는 적재 명령어일 때는 읽기, 저장 명령어일 때는 쓰기를 해야 한다. 레지스터 파일은 적재 명령어나 산술/논리 연산 명령어일 때만 쓰기를 한다. 물론 ALU는 여러 가지 연산 중 하나를 수행해야 한다. (🌐 부록 A에서 ALU의 상세 설계에 대해 설명한다.) 이 동작들도 멀티플렉서처럼 명령어의 여러 필드 값에 따라 정해지는 제어선에 의해 통제된다.

그림 4.2는 그림 4.1의 데이터패스에 주요 기능 유닛을 위한 제어선과 필요한 멀티플렉서 3개를 추가한 그림이다. **제어 유닛**(control unit)은 기능 유닛들과 두 멀티플렉서의 제어선 값을 결정하는 데 사용하는 것으로, 명령어를 입력으로 한다. 맨 위쪽 멀티플렉서는 PC + 4와 분기 목적지 주소 중 어느 것을 PC에 써야 할지 결정

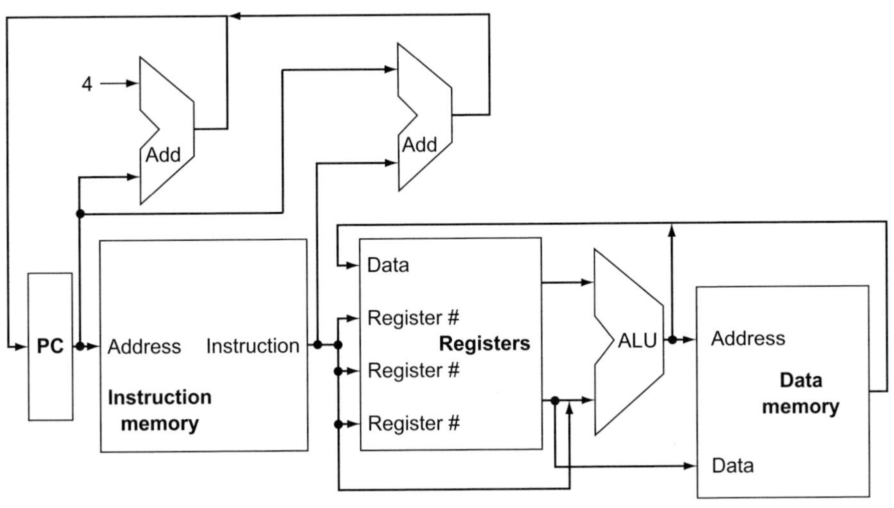


**그림 4.1 RISC-V 부분집합 구현의 추상적 개관. 주요 기능 유닛과 그들 사이의 연결을 보여 주고 있다.** 모든 명령어의 실행은 PC를 사용하여 명령어 메모리에 명령어 주소를 보내는 것으로 시작된다. 명령어를 가져온 후에 명령어의 필드를 보면 명령어가 사용하는 레지스터 피연산자를 알 수 있다. 레지스터 피연산자를 읽어 오면, 메모리 주소를 계산하기 위해(적재나 저장 명령어의 경우), 산술 연산 결과를 구하기 위해(정수 산술/논리 명령어의 경우), 또는 같은지 비교하기 위해(분기 명령어의 경우) 피연산자들을 연산할 수 있다. 산술/논리 명령어이면 ALU 결과를 레지스터에 쓴다. 적재나 저장 명령어이면 ALU 결과를 메모리 주소로 사용하여 레지스터 값을 저장하거나 레지스터에 적재할 값을 읽어 온다. ALU나 메모리에서 나온 결과는 레지스터 파일에 넣는다. 분기 명령어의 경우는 ALU 출력을 사용하여 다음 명령어 주소를 결정하게 되는데, 이 주소는 오른쪽 덧셈기에서(PC와 분기 변위가 더해진 값) 나오거나 왼쪽 덧셈기에서(현 PC에 4를 더한 값) 나온다. 그림에서 기능 유닛들을 연결하는 굵은 선은 버스를 표시하는데, 버스는 여러 개의 신호로 이루어진다. 화살표는 정보가 흐르는 방향을 독자가 알 수 있도록 하기 위해서 사용하였다. 신호선들이 교차할 수 있기 때문에 교차하는 신호선들이 연결되는 경우에는 점으로 표시하였다.

하는 것인데, ALU의 Zero 출력으로 제어된다. 이 출력은 `beq` 명령어에서 비교할 때에 사용된다. RISC-V 명령어 집합의 규칙성과 단순성은 간단한 디코딩 과정만으로 제어선의 값을 결정할 수 있게 하였다.

이 장의 나머지 부분에서는 이 그림의 세부 사항을 채워서 다듬으려고 한다. 그러려면 더 많은 기능 유닛을 추가하고 유닛 간의 연결을 늘려야 하며, 각 명령어 종류에 대해 어떤 행동을 취해야 할지 제어할 수 있도록 제어 유닛을 개선해야 한다. 4.3절과 4.4절에서는 모든 명령어에 대해 약간 긴 클럭 사이클 하나를 사용하고 그림 4.1과 4.2의 일반적인 모습을 따르는 단순한 구현에 대해 설명하겠다. 이 첫 번째 설계에서는 모든 명령어가 한 클럭 에지에서 실행을 시작해서 다음 클럭 에지에서 마치게 된다.

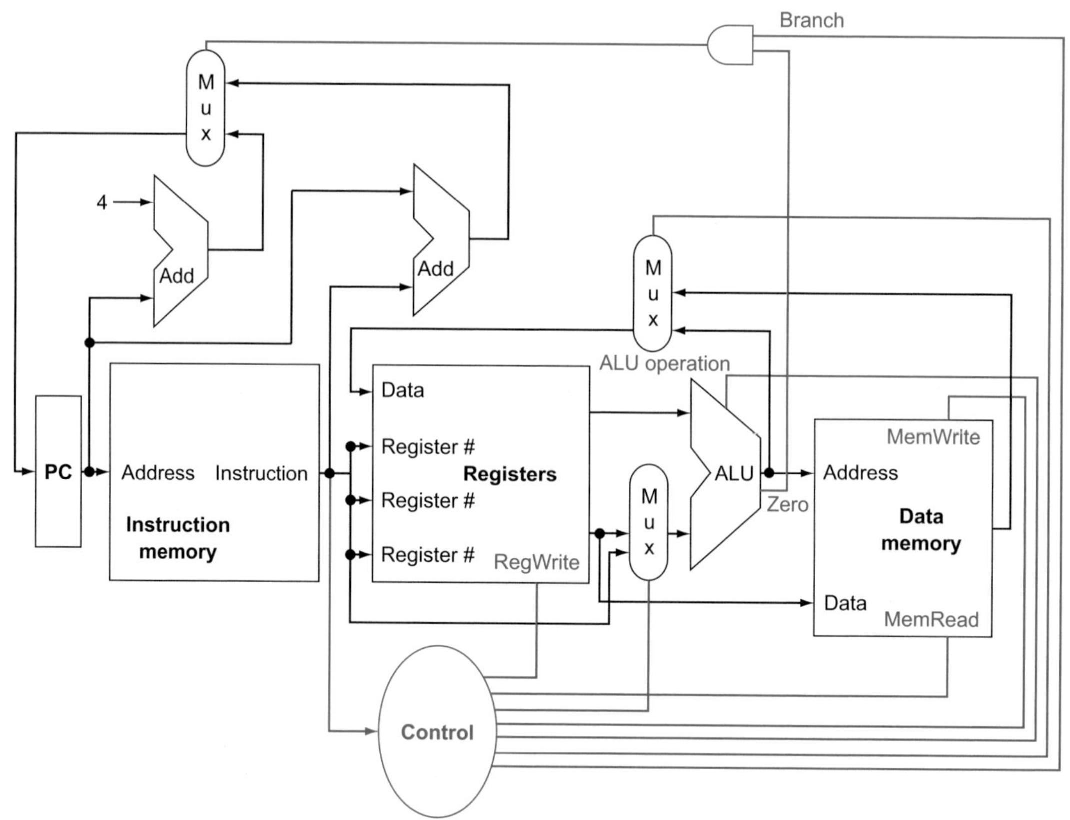


**그림 4.2 RISC-V 부분집합의 기본적 구현. 필요한 멀티플렉서와 제어선을 포함하고 있다.** 맨 위의 멀티플렉서(Mux)는 PC + 4 또는 분기 목적지 주소 중 어떤 값이 새 PC 값이 될지를 결정한다. 멀티플렉서 자체는 ALU의 Zero 출력과 현재 명령어가 분기라는 것을 나타내는 제어선을 AND하는 게이트에 의해 제어된다. 가운데 멀티플렉서는 ALU 출력(산술/논리 명령어의 경우)과 데이터 메모리 출력(적재 명령어의 경우) 중에서 어느 것을 레지스터 파일에 쓸 것인가를 결정하는 것으로, 그 출력이 레지스터 파일로 연결된다. 아래쪽의 멀티플렉서는 ALU의 두 번째 입력을 레지스터에서(산술/논리 또는 분기 명령어의 경우) 받을 것인지 아니면 명령어의 변위 필드(적재 또는 저장 명령어)에서 받을 것이지를 결정하는 데 사용된다. 제어선들의 동작은 그림을 보면 쉽게 알 수 있다. ALU가 수행할 연산을 결정하고, 데이터 메모리가 읽기를 할지 쓰기를 할지, 레지스터에 쓰기를 할 것인지 말 것인지를 결정한다. 제어선들은 좀 더 알아보기 쉽게 파란색으로 표시하였다.

이 접근 방법은 이해하기는 쉽지만 실용적이지는 못하다. 왜냐하면 클럭 사이클이 가장 느린 명령어를 수용할 수 있을 만큼 길어져야 하기 때문이다. 일단 이 단순한 컴퓨터의 제어를 설계한 후, 모든 복잡한 것(예외를 포함하여)을 다 갖춘 더 빠른 구현에 대해 알아볼 예정이다.

**스스로 점검하기** 그림 4.1과 4.2는 컴퓨터의 고전적인 다섯 가지 구성 요소 중에서 몇 가지를 가지고 있는가?

## 4.2 논리 설계 관례

컴퓨터의 설계에 대하여 논의하기 위해서는 컴퓨터를 구현하고 있는 논리 회로가 어떻게 동작하고 또 컴퓨터가 어떻게 클럭킹되는지를 결정해야 한다. 이 절에서는 이 장에서 많이 사용하게 될 디지털 논리의 핵심 아이디어 몇 가지를 되새겨 볼 것이다. 만약 디지털 논리 회로에 대해 잘 알지 못하면 먼저 🌐 **부록 A**를 읽는 것이 도움이 될 것이다.

RISC-V 구현에 쓰이는 데이터패스 요소는 두 종류의 논리 소자들로 구성된다. 데이터 값에만 동작하는 소자와 상태를 포함하는 소자가 그것이다. 데이터 값에만 동작하는 소자는 모두 **조합 소자**(combinational element)인데 그 의미는 그들의 출력이 현재의 입력에만 의존한다는 것이다. 조합 소자는 같은 입력이 주어지면 항상 같은 출력을 낸다. 그림 4.1에서 보았던 ALU(🌐 **부록 A**에서 설명)가 조합 소자이다. ALU는 내부 기억 소자가 없기 때문에 주어진 입력에 대하여 항상 같은 출력을 낸다.

**조합 소자** AND 게이트나 ALU 같은 연산형 소자.

설계에 쓰이는 또 다른 종류의 소자들은 조합 소자가 아니고 대신 **상태**(state)를 갖는다. 소자에 내부 기억 장소가 있으면 상태를 갖게 된다. 이러한 소자들을 **상태 소자**(state element)라고 부른다. 그 이유는 컴퓨터의 플러그를 뺐다 해도 플러그를 빼기 전에 소자가 가지고 있던 값들로 상태 소자를 적재하면 다시 시작시킬 수 있기 때문이다. 더구나 상태 소자들을 저장했다가 다시 복원한다면 컴퓨터가 꺼지지 않았던 것과 마찬가지다. 따라서 상태 소자들은 컴퓨터를 완전히 특징짓는다. 그림 4.1의 명령어 메모리, 데이터 메모리 및 레지스터가 상태 소자의 예이다.

**상태 소자** 레지스터나 메모리 같은 기억 소자.

상태 소자는 적어도 2개의 입력과 1개의 출력을 갖는다. 꼭 있어야 되는 입력은 기록할 데이터 와 클럭이다. 클럭 입력은 데이터 값이 소자에 기록되는 시점을 결정한다. 상태 소자의 출력은 이전 클럭 사이클에 기록된 값이다. 논리적으로 가장 간단한 상태 소자 중 하나는 D형 플립플롭인데 이 D형 플립플롭(🌐 **부록 A** 참조)에는 2개의 입력(데이터 값과 클럭)과 하나의 출력이 있다. RISC-V 구현에는 플립플롭 말고도 두 가지 상태 소자가 더 사용된다. 메모리와 레지스터가 그것으로 그림 4.1에서도 볼 수 있다. 상태 소자에 언제 쓸 것인가는 클럭이 결정하지만, 상태 소자의 값을 읽는 것은 언제라도 가능하다.

상태를 포함하는 논리 소자들을 **순차 회로**(sequential circuit)라 부르는데 이는 이들의 출력이 입력뿐만 아니라 내부 상태에도 의존하기 때문이다. 예를 들면 레지스터 파일의 출력은 입력되는 레지스터 번호와 전에 레지스터에 기록된 값 모두에 영

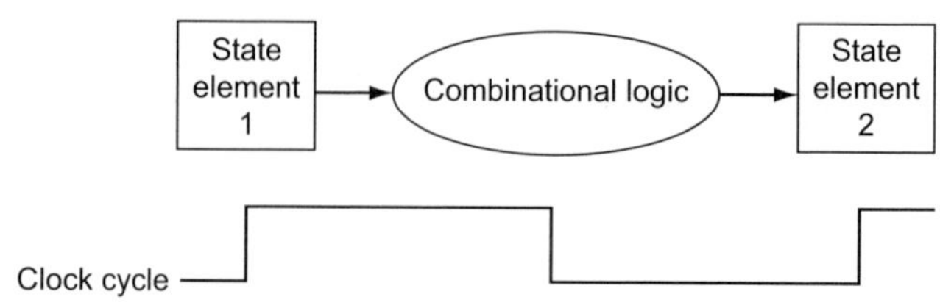


**그림 4.3 조합 논리 회로, 상태 소자, 클럭은 밀접하게 연관되어 있다.** 동기식 디지털 시스템에서는 상태 소자가 내부 저장장치에 언제 값을 쓸 것인지를 클럭이 결정하게 된다. 상태 소자의 모든 입력은 활성화된 클럭 에지가 상태를 바꾸기 전에 안정된 값(즉 클럭 에지 후까지 변하지 않을 값에 도달했음을 뜻한다)에 도달해야 한다. 이 장의 모든 상태 소자(메모리도 포함)는 상향 에지 구동이라고 가정한다. 즉 모든 상태 소자는 상향 클럭 에지에서 값이 바뀐다.

향을 받는다. 부록 A에서는 조합 소자와 상태 소자의 동작과 구현에 대해 좀 더 상세하게 설명한다.

## 클럭킹 방법론

**클럭킹 방법론** 데이터가 언제 올바른 값을 가지고 있고 안정된 값을 갖는지 클럭으로 결정하는 데 사용하는 방법.

**에지 구동 클럭킹** 모든 상태 변화가 클럭 에지에서 일어나는 클럭킹 방법.

**클럭킹 방법론**(clocking methodology)은 신호를 언제 읽을 수 있고 언제 쓸 수 있는지를 정의한다. 읽기와 쓰기의 타이밍을 명시하는 것은 중요하다. 신호를 읽고 있는데 동시에 누군가가 새로운 값을 쓴다면, 읽은 값이 옛 값일 수도 있고 새로 쓴 값일 수도 있고 심지어는 두 값이 뒤섞인 것이 될 수도 있기 때문이다. 컴퓨터 설계는 이런 예측 불가능성을 용납하지 못한다. 클럭킹 방법론은 예측 가능성을 보장하기 위해 고안되었다.

단순화를 위해 **에지 구동 클럭킹**(edge-triggered clocking) 방법론을 가정한다. 에지 구동 클럭킹 방법론은 순차 논리 소자에 저장된 값은 클럭 에지에서만 바꿀 수 있다는 것을 의미한다. 클럭 에지란 그림 4.3에서 보듯이 낮은 값에서 높은 값 혹은 그 반대로의 빠른 변이를 말한다. 상태 소자들만이 데이터 값을 저장할 수 있기 때문에 모든 조합 회로는 상태 소자에서 입력을 받고 상태 소자로 출력을 내보낸다. 입력은 이전 클럭 사이클에서 쓴 값이고 출력은 다음 클럭 사이클에서 사용할 수 있는 값이다.

그림 4.3은 일단의 조합 회로를 둘러싸고 있는 2개의 상태 소자를 보여 주고 있다. 이 회로는 하나의 클럭 사이클에 동작한다. 즉 모든 신호가 상태 소자 1에서 나와서 조합 회로를 거쳐 상태 소자 2까지 전달되는 데 하나의 클럭 사이클이 걸린다. 신호들이 상태 소자 2에 도착하는 데 필요한 시간이 클럭 사이클의 길이를 정의하게 된다.

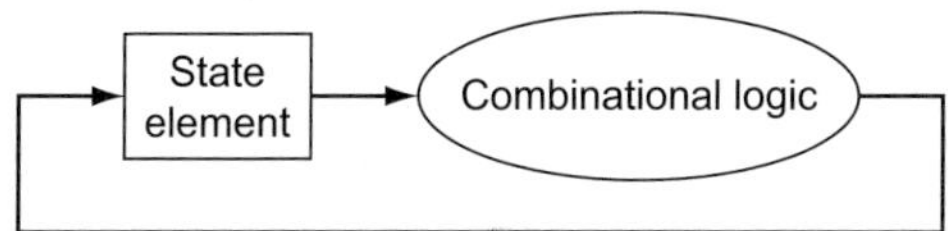


**그림 4.4 에지 구동 방법론은 경쟁관계(race)를 발생시키지 않으면서 같은 클럭 사이클에 상태 소자를 읽고 쓸 수 있게 해 준다. 경쟁관계가 발생하면 이상한 데이터 값이 된다.** 물론 활성화 클럭 에지에서 입력값이 안정되도록 클럭 사이클이 충분히 길어야 한다. 상태 소자가 에지 구동 방식이므로 1 클럭 사이클 내에서 피드백은 일어날 수 없다. 만약 피드백이 가능하다면 이 설계는 제대로 작동하지 못할 것이다. 이 장과 다음 장에서의 설계는 에지 구동 타이밍 방법론과 이 그림과 같은 구조를 사용한다.

매 클럭 에지마다 상태 소자에 쓰기가 행해지는 경우는 앞으로 쓰기 **제어 신호**(control signal)를 표시하지 않겠다. 반대로 상태 소자가 매 클럭마다 갱신되는 것이 아니라면 쓰기 제어 신호가 분명하게 표시되어야 한다. 클럭 신호와 쓰기 제어 신호는 상태 소자의 입력이며, 쓰기 제어 신호가 인가되고 활성화 클럭 에지일 때만 상태 소자가 변하게 된다.

**제어 신호** 멀티플렉서의 입력을 선택하거나 기능 유닛의 연산을 지시하기 위해 사용되는 신호. 기능 유닛에 의해 연산되는 정보를 가지고 있는 데이터 신호하고 대비된다.

"**인가된**(asserted)"이라는 용어는 논리적으로 높은 신호를 표시하며 "인가(assert)"라는 용어는 신호를 높은 값으로 만든다는 뜻이다. 논리적으로 낮은 값을 표시하기 위해서는 "비인가(deassert)" 또는 "**비인가된**(deasserted)"이라는 용어를 사용한다. 인가 혹은 비인가라는 용어를 사용하는 이유는 하드웨어를 구현할 때 때때로 1이 논리적으로 높은 값을 나타내기도 하고 때때로 1이 논리적으로 낮은 값을 나타내기도 하기 때문이다.

**인가된** 신호가 논리적으로 높은 값(다른 말로는 참).

**비인가된** 신호가 논리적으로 낮은 값(다른 말로는 거짓).

그림 4.4에서 보는 바와 같이 에지 구동 방법론은 레지스터 내용을 읽고 그 값을 조합 회로로 보내고 같은 레지스터에 쓰는 작업 모두가 한 클럭 사이클에 일어나는 것을 허용한다. 쓰기가 상향 클럭 에지에서 일어난다고 가정하든지 하향 클럭 에지에서 일어난다고 가정하든지 상관없다. 왜냐하면 조합 회로에 대한 입력은 선택된 클럭 에지에서만 변하기 때문이다. 이 책에서는 상향 클럭 에지를 사용한다. 에지 구동 타이밍 방법론에서는 한 클럭 사이클 내에는 피드백(feedback)이 되지 않는다. 그러므로 그림 4.4의 회로는 제대로 동작한다. **부록 A**에서는 다른 타이밍 방법론뿐만 아니라 추가적인 타이밍 제한 조건(셋업시간과 홀드시간 같은)에 대해 간단하게 설명한다.

32비트 RISC-V가 취급하는 거의 모든 데이터가 32비트 폭을 갖기 때문에, 이 프로세서의 상태 소자와 논리 소자의 입력과 출력 폭은 거의 다 32비트이다. 어떤 입력이나 출력의 폭이 32비트가 아니면 반드시 이를 명시할 것이다. 그림에서 버스는 굵은 선으로 표시할 것이다. 버스는 폭이 2비트 이상인 신호들이다. 어떤 때는 여러 버스들을 합쳐서 더 넓은 버스를 만들기도 한다. 예를 들면 16비트 버스 2개를 합하여 32비트 버스로 만들 수 있다. 이럴 경우에는 버스선에 레이블을 붙여서 더 넓은 버스를 만들기 위해 버스들을 합쳤다는 것을 명확하게 나타낸다. 소자 간의 데이터 흐름 방향을 명확히 하기 위해 화살표를 붙이기도 한다. 끝으로 데이터를 운반하는 신호와 구별하기 위해 제어 신호는 파란색으로 나타낸다. 이 같은 구분은 이 장을 진행해 나가면서 좀 더 명확해질 것이다.

**스스로 점검하기** 참 또는 거짓: 레지스터 파일은 같은 클럭 사이클에 읽기와 쓰기가 모두 행해지기 때문에, 에지 구동 쓰기를 사용하는 모든 RISC-V 데이터패스는 레지스터 파일을 두 벌 이상 가지고 있어야 한다.

**고난도:** RISC-V 구조에 64비트 버전이 있는데, 당연히 대부분의 경로가 64비트 폭을 가지고 있다.

ABSTRACTION

## 4.3 데이터패스 만들기

데이터패스 설계를 시작하는 적당한 방법은 RISC-V 명령어 종류 각각을 실행하는 데 필요한 주요 구성 요소들을 살펴보는 것이다. 각 명령어들이 어떤 데이터패스 구성 요소(datapath element)들을 필요로 하는지 살펴보는 것으로 시작하자. 그 뒤 **추상화** 단계를 거쳐 깊이 들어가도록 하겠다. 데이터패스 구성 요소를 나타낼 때는 제어 신호도 함께 나타내 보이겠다. 추상화를 사용하여 기초부터 설명을 시작하도록 한다.

데이터패스 구성 요소 프로세서 안에서 데이터를 가지고 연산하거나 데이터를 저장하는 기능 유닛. RISC-V 구현에서는 데이터패스 구성 요소에 명령어 메모리, 데이터 메모리, 레지스터 파일, ALU, 덧셈기 등이 포함된다.

프로그램 카운터(PC) 프로그램에서 실행 중인 명령어의 주소를 가지고 있는 레지스터.

그림 4.5(a)는 우리가 필요로 하는 첫 번째 구성 요소를 보여 주고 있다. 프로그램의 명령어를 저장하고 주소가 주어지면 해당 명령어를 보내 주는 메모리 유닛이다. 그림 4.5(b)는 프로그램 카운터(program counter, PC)를 보여 준다. 2장에서 본 바에 의하면 PC는 현재 명령어의 주소를 가지고 있는 레지스터이다. 끝으로 PC를 다음 명령어 주소로 증가시키는 덧셈기가 필요하다. 이 덧셈기는 조합 회로이고 ALU(🌐 부록 A에서 상세히 설명한다)를 가지고 쉽게 만들 수 있다. ALU가 항상 덧셈을 하도록 제어선을 연결하기만 하면 된다. 이런 ALU는 영구히 덧셈기로 만들어져서 다른 ALU 기능은 수행할 수 없으므로 그림 4.5(c)에서처럼 Add라는 레이블을 붙이도록 한다.

어느 명령어든지 실행하기 위해서는 메모리에서 명령어를 가져오는 것으로 시작해야 한다. 다음 명령어 실행을 준비하기 위해서 프로그램 카운터가 다음 명령어를

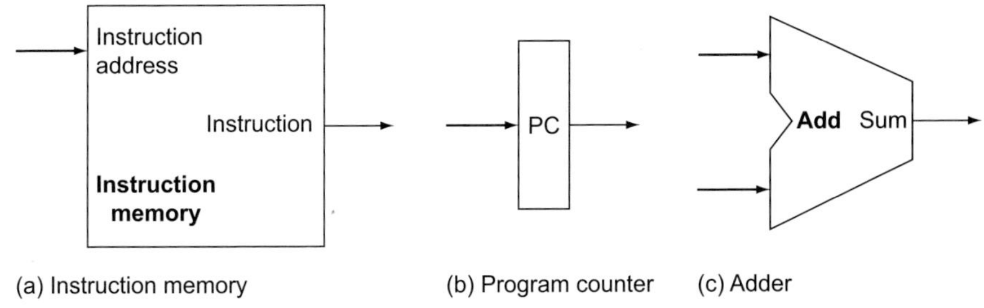


**그림 4.5 명령어를 저장하고 접근하는 데 2개의 상태 소자가 필요하며, 다음 명령어의 주소를 계산하기 위해 덧셈기가 하나 필요하다.** 상태 소자는 명령어 메모리와 프로그램 카운터이다. 이 데이터패스는 명령어를 쓸 필요가 없기 때문에 명령어 메모리는 읽기 접근만 제공하면 된다. 명령어 메모리는 읽기 전용이므로 조합 회로로 취급한다. 출력은 항상 입력 주소가 지정하는 위치의 내용을 나타내며 읽기 제어 신호가 필요치 않다. (프로그램을 적재할 때 명령어 메모리에 쓰기를 할 필요가 있겠지만, 이 정도는 추가하기가 그리 어렵지 않으므로 단순화를 위해 무시한다.) 프로그램 카운터는 매 클럭 사이클 끝에 쓰기가 행해지는 32비트 레지스터이다. 따라서 쓰기 제어 신호는 필요하지 않다. 덧셈기는 두 32비트 입력을 더해서 합을 출력으로 내보내는 일만 하도록 결선되어 있는 ALU이다.

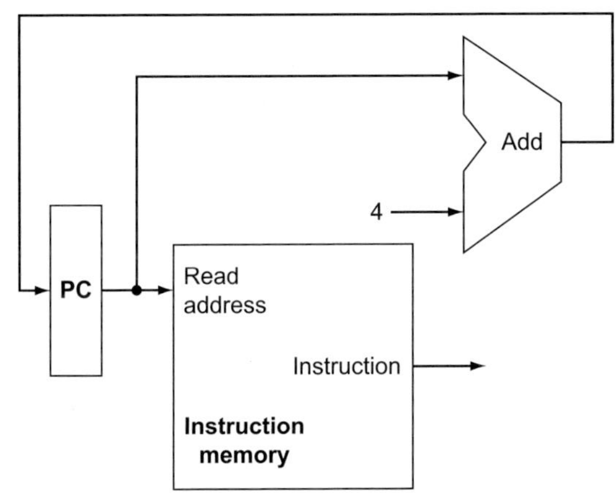


**그림 4.6 명령어를 인출하고 프로그램 카운터를 증가시키는 데 사용하는 데이터패스의 일부분.** 인출된 명령어는 데이터패스의 다른 부분에서도 쓰인다.

가리키도록 4만큼 증가시켜야 한다. 그림 4.5의 세 가지 구성 요소를 어떻게 합쳐서 명령어를 인출하고 PC를 증가시켜 다음 명령어의 주소를 구하는 데이터패스를 만드는지를 그림 4.6에 보였다.

이제 R-형식 명령어들을 생각해 보자(2.10절의 그림 2.19 참조). 모든 R-형식 명령어들은 2개의 레지스터를 읽고 레지스터 내용에 ALU 연산을 수행하며 그 결과를 레지스터에 쓴다. 이러한 명령어들을 R-타입 명령어 또는 산술/논리 명령어라 부

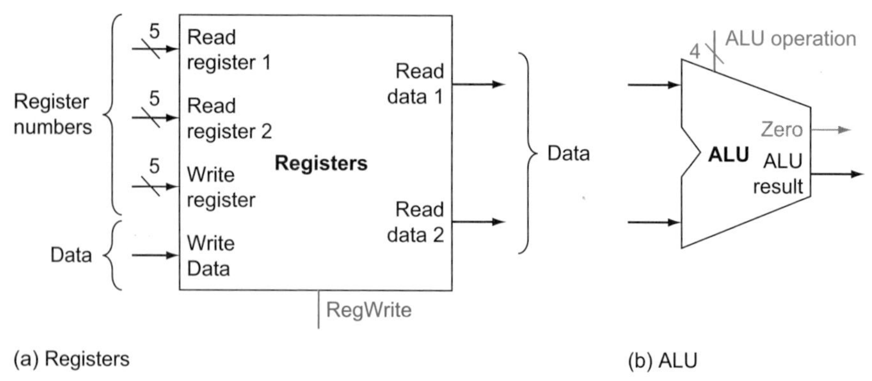


**그림 4.7 R-형식 ALU 연산을 구현하는 데 필요한 2개의 구성 요소는 레지스터 파일과 ALU이다.** 레지스터 파일은 모든 레지스터를 포함하고 있으며 읽기 포트 2개와 쓰기 포트 하나가 있다. 다중포트 레지스터 파일의 설계는 부록 A의 A.8절에서 다룬다. 레지스터 파일은 항상 Read register 입력이 지정하는 레지스터의 내용을 출력하므로 다른 제어 입력이 필요 없다. 반면에 레지스터 쓰기는 쓰기 제어 신호를 인가하여 쓴다는 것을 명확히 표시해야 한다. 쓰기는 에지 구동이기 때문에 모든 쓰기 입력(쓸 값, 레지스터 번호, 쓰기 제어 신호)이 클럭 에지에서 유효해야 한다는 것을 잊지 말아야 한다. 우리 설계의 레지스터 파일 쓰기는 에지 구동이므로 한 클럭 사이클에 같은 레지스터를 읽고 쓸 수 있다. 읽기는 전 클럭 사이클에서 쓴 값을 가져오며 새로 써진 값은 다음 클럭 사이클에서 읽을 수 있다. 레지스터 번호 입력은 5비트이며, 데이터 선들은 32비트이다. ALU가 수행할 연산은 ALU operation 신호로 제어되는데 4비트이다. ALU는 부록 A에서 설계한 것을 사용한다. 조건부 분기를 구현할 때 ALU의 Zero 검출 출력을 사용하게 될 것이다.

른다. 왜냐하면 이 명령어들은 산술 연산이나 논리 연산을 행하기 때문이다. 이 명령어 종류는 2장에서 소개된 `add`, `sub`, `and`, `or` 명령어를 포함하고 있다. 이러한 명령어의 전형적인 예는 `add x1, x2, x3`와 같다는 것을 상기하라. 이 명령어는 `x2`와 `x3`를 읽고 `x1`에 쓴다.

**레지스터 파일** 접근할 레지스터 번호를 지정함으로써 읽고 쓸 수 있는 레지스터들의 집합으로 구성된 상태 소자.

프로세서의 범용 레지스터 32개는 **레지스터 파일**(register file)이라고 하는 구조 속에 들어 있다. 레지스터 파일은 레지스터들을 모아 놓은 것인데, 파일 내의 레지스터의 번호를 지정하면 어느 레지스터라도 읽고 쓸 수가 있다. 레지스터 파일은 컴퓨터의 레지스터 상태를 갖고 있다. 레지스터에서 읽어 들인 값들을 연산하려면 ALU가 필요하다.

R-형식 명령어들은 레지스터 피연산자 3개를 가지고 있기 때문에, 매 명령어마다 레지스터 파일에서 두 데이터 워드를 읽고 데이터 워드 하나를 써야 한다. 레지스터에서 데이터 워드를 읽기 위해서는 레지스터의 입력과 출력이 하나씩 필요하다. 읽을 레지스터 번호를 지정하는 입력과 레지스터에서 읽은 값을 내보내는 출력이다. 데이터 워드를 쓰기 위해서는 입력이 2개 필요하다. 한 입력은 쓸 레지스터 번호를 지정하고 다른 입력은 레지스터에 쓸 데이터 값을 제공한다. 레지스터 파일은

Read register 입력에 실리는 번호에 해당하는 레지스터의 내용을 항상 출력한다. 그러나 쓰기는 쓰기 제어 신호에 의해 제어되므로 클럭 에지에서 쓰기가 일어나려면 이 제어 신호가 인가되어야 한다. 따라서 전체적으로 입력 4개(레지스터 번호 3개와 데이터 1개)와 출력 2개(모두 데이터)가 필요하다. 그림 4.7(a)에 이를 보였다. 레지스터 번호 입력은 32개의 레지스터 중 하나를 지정해야 하므로 5비트 크기인 반면($32 = 2^5$), 데이터 입력과 데이터 출력 버스는 모두 32비트 폭을 가진다.

그림 4.7(b)는 ALU를 보여 주고 있다. ALU는 32비트 입력 2개를 받아서 32비트 결과와 결과가 0인지 아닌지를 나타내는 1비트 신호를 만든다. 4비트의 ALU 제어 신호에 대해서는 🌐 부록 A에서 상세히 설명하겠다. ALU 제어 유닛에 대해서는 4.4절에서 간략히 알아본다.

다음에는 RISC-V의 `lw`(load word) 명령어와 `sw`(store word) 명령어를 생각해 보자. 이 두 가지 명령어는 일반적으로 `lw x1, offset(x2)` 또는 `sw x1, offset(x2)`와 같은 형식을 갖는다. 이 명령어들은 베이스 레지스터(여기서는 `x2`)와 명령어에 포함되어있는 12비트 부호있는 변위 필드를 더하여 메모리 주소를 계산한다. 저장 명령어이면 저장할 값을 레지스터 파일에서 읽어 와야 하는데 이 값은 `x1`

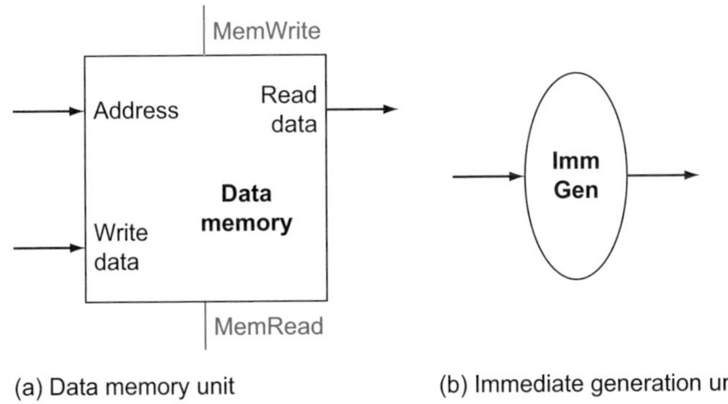


**그림 4.8 그림 4.7의 레지스터 파일과 ALU 외에 적재와 저장 구현에 추가로 필요한 두 유닛은 데이터 메모리 유닛과 수치 생성 유닛이다.** 메모리 유닛은 입력 2개(Address와 Write data)와 출력 1개(Read data)를 갖는 상태 소자이다. 읽기 제어 신호와 쓰기 제어 신호가 따로 있지만 한 클럭에는 이들 중 하나만 인가될 수 있다. 레지스터 파일과는 달리 메모리 유닛은 읽기 신호가 필요하다. 5장에서 보는 바와 같이 올바르지 않은 주소의 값을 읽으면 문제를 일으킨다. 수치 생성 유닛(ImmGen)은 32비트 명령어를 입력으로 받아서 적재, 저장, 같을 시 분기 명령어일 때, 명령어에서 12비트 수치값을 추출하여 이를 32비트 부호있는 값으로 확장한 후 출력으로 내보낸다(2장 참조). 데이터 메모리는 에지 구동 쓰기를 한다고 가정한다. 실제 표준 메모리 칩은 쓰기에 사용되는 쓰기 허가 신호(write enable signal)를 가지고 있다. 쓰기 허가 신호는 에지 구동이 아니지만, 본서의 에지 구동 설계를 실제 메모리 칩에서 동작하도록 조정하는 것은 쉽다. 실제 메모리 칩이 어떻게 동작하는지에 대한 더 많은 설명을 위해서는 🌐 부록 A의 A.8절을 참조하라.

에 있다. 적재 명령어이면 메모리로부터 읽어 들인 값을 지정된 레지스터(x1)에 써야 한다. 따라서 그림 4.7의 레지스터 파일과 ALU가 둘 다 필요하다.

**부호확장** 데이터의 크기를 증가시키기 위해 원래 데이터 값의 최상위 부호 비트를 폭이 더 큰 목적지 데이터 값의 상위 비트들에 복사하는 것.

**분기 목적지 주소** 분기 명령어에 의해 지정되는 주소로서 분기가 일어난다면 새로운 PC 값이 된다. RISC-V 구조에서 분기 목적지는 명령어의 변위 필드 값에 분기 명령어의 주소를 더한 값이 된다.

그 외에도 명령어의 12비트 변위 필드 값을 32비트 부호있는 값으로 **부호확장**(sign-extension)하기 위한 유닛이 필요하며 또 읽고 쓸 데이터 메모리가 필요하다. 데이터 메모리는 저장 명령어일 때만 쓰기를 해야 한다. 따라서 데이터 메모리는 읽기 제어 신호와 쓰기 제어 신호, 주소 입력, 메모리에 쓸 데이터 입력이 필요하다. 그림 4.8은 수치 생성 유닛과 데이터 메모리를 보여 주고 있다.

beq 명령어는 3개의 피연산자를 갖는데 2개의 레지스터와 12비트 변위이다. 2개의 레지스터는 같은지 비교하기 위한 피연산자이고, 12비트 변위는 분기 명령어 주소에 대한 상대적인 **분기 목적지 주소**(branch target address)를 계산하는 데 사용되는 값이다. 명령어 형태는 beq x1, x2, offset과 같다. 이 명령어를 구현하기 위해서는 PC 값에다 명령어 변위 필드를 부호확장한 값을 더해서 분기 목적지 주소를 계산해야 한다. 분기 명령어의 정의(2장 참조)에는 우리가 주의를 기울여야 하는 점이 두 가지 있다.

- 분기 주소 계산의 베이스 주소는 분기 명령어 주소라고 명령어 집합 구조가 명시하고 있다.
- 변위 필드는 하프워드 변위이므로 1비트만큼 왼쪽으로 자리이동해야 된다는 것도 명령어 집합 구조에 포함되어 있다. 이렇게 함으로써 변위 필드의 유효 범위가 2배 증가된다.

두 번째 문제를 다루기 위해서는 변위 필드를 1비트 자리이동해야 한다.

**분기가 일어났다** 분기 조건이 만족되어서 분기 목적지 주소가 PC 값이 된다. 무조건 분기 명령어는 모두 이 범주에 넣는다.

**분기가 일어나지 않았다** 분기 조건이 거짓이어서 분기 명령어 다음에 나오는 명령어의 주소가 PC 값이 된다.

분기 목적지 주소를 계산하는 것 외에 다음에 실행할 명령어가 바로 뒤에 있는 명령어가 될지 아니면 분기 목적지 주소에 있는 명령어가 될지를 판단해야 한다. 조건이 사실일 때(즉 두 피연산자 값이 같을 때) 분기 목적지 주소가 새로운 PC 값이 되며 **분기가 일어났다**(taken)라고 말한다. 두 피연산자 값이 같지 않으면 증가된 PC 값이 새 PC 값이 된다(다른 보통 명령어와 같이). 이 경우에는 **분기가 일어나지 않았다**(not taken)고 말한다.

따라서 분기 데이터패스는 분기 목적지 주소를 계산하고 레지스터 내용을 비교하는 두 가지 일을 해야 한다. (분기는 데이터패스의 명령어 인출 부분에도 영향을 미치는데, 이 문제는 조금 뒤에 설명하겠다.) 분기를 다루는 데이터패스 부분을 그림 4.9에 보였다. 분기 목적지 주소를 계산하기 위해서 분기 데이터패스는 수치 생성 유닛(그림 4.8 참조)과 덧셈기를 포함한다. 비교를 수행하기 위해서는 레지스터 피연산자를 제공하기 위해서 그림 4.7(a)와 같은 레지스터 파일이 필요하다(레지스

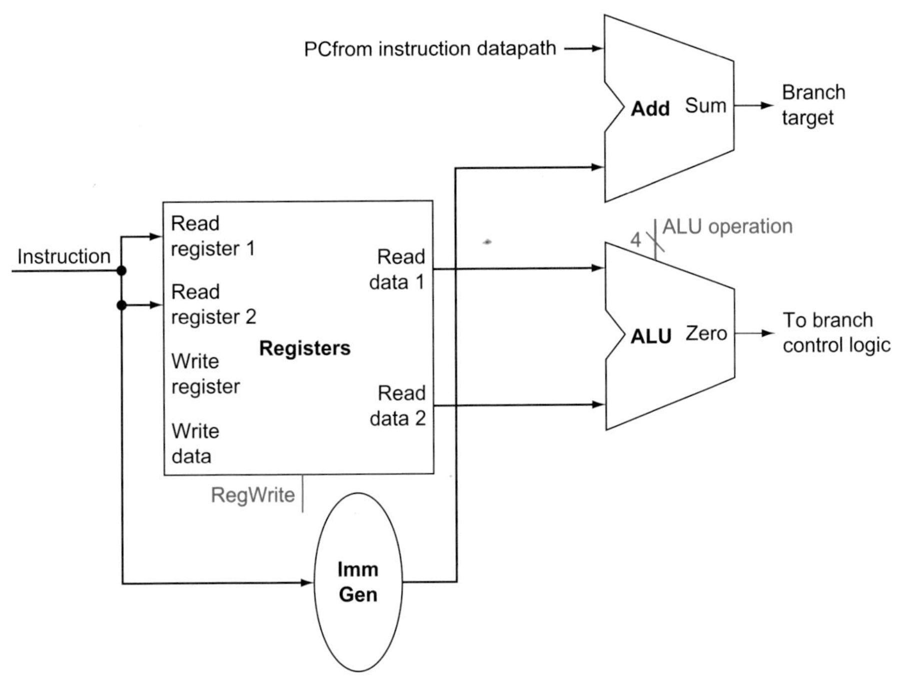


**그림 4.9 분기 명령어를 위한 데이터패스는 ALU를 사용하여 분기 조건을 계산하고 별도의 덧셈기를 사용하여 분기 목적지 주소를 계산한다. 분기 목적지 주소는 PC 값과 명령어의 12비트(분기 변위)를 부호확장하고 왼쪽으로 1비트 자리이동한 값의 합이다.** 제어 논리 회로는 ALU의 Zero 출력을 보고 증가된 PC 값과 분기 목적지 주소 중 어느 쪽이 PC에 들어가야 하는지를 결정한다.

터 파일에 쓸 필요는 없지만). 이 외에도 같은지의 비교 연산은 ALU(🌐 부록 A에서 설계함)를 사용한다. ALU는 결과가 0인지를 나타내는 출력 신호를 제공하기 때문에, 2개의 레지스터 피연산자를 뺄셈을 하라는 제어 신호와 함께 ALU에 보내게 된다. ALU의 Zero 신호가 인가되면 레지스터 값이 같다라는 걸 알 수 있다. Zero 출력은 연산 결과가 0인지를 항상 표시하지만, 우리는 조건부 분기 명령어의 같은지 비교 테스트를 구현하기 위해서만 사용하도록 한다. 데이터패스에서 사용하려면 ALU 제어 신호를 어떻게 연결해야 하는지는 나중에 보여 주겠다.

분기(branch) 명령어는 명령어의 변위 12비트를 1비트만큼 왼쪽으로 자리이동한 후 PC에 더한다. 2장에서 설명한 바와 같이 이 자리이동은 분기 변위 뒤에 0만 하나 덧붙이면 된다.

## 단일 데이터패스 만들기

이제까지 각각의 명령어 종류에 필요한 데이터패스 구성 요소에 대해 알아보았다.

이제 이 데이터패스 구성 요소들을 하나로 묶고 여기에 제어를 첨가함으로써 구현을 완성하고자 한다. 가장 간단한 데이터패스는 모든 명령어를 한 클럭 사이클에 실행하도록 시도하는 것이다. 그러므로 어느 데이터패스 자원도 명령어 당 두 번 이상 사용될 수 없다. 따라서 두 번 이상 사용할 필요가 있는 구성 요소는 필요한 만큼 여러 개를 두어야 한다. 그러므로 데이터 메모리와는 별도로 명령어 메모리가 필요한 것이다. 몇몇 기능 유닛은 복제할 필요가 있지만, 많은 구성 요소들은 서로 다른 명령어 흐름들이 공유하여 사용할 수 있다.

2개의 다른 명령어 종류들이 데이터패스 구성 요소를 공유하기 위해서는 그 구성 요소의 입력에 여러 개의 연결을 허용해야 하며, 멀티플렉서와 제어 신호를 사용해서 그 입력들 중 하나를 신택해야 한다.

### 데이터패스 구축

**예제**

산술/논리(R−타입) 명령어 연산과 메모리 명령어 연산은 매우 비슷하나 다음과 같은 점이 다르다.

- 산술/논리 연산 명령어는 ALU를 사용하되, 두 입력이 모두 레지스터에서부터 온다. 메모리 명령어 역시 주소를 계산하기 위해 ALU를 사용하지만, ALU의 두 번째 입력은 명령어의 12비트 변위 필드를 부호확장한 값이다.
- R−타입 명령어는 목적지 레지스터에 저장할 값이 ALU에서 나오지만, 적재 명령어는 메모리에서 가져온다.

메모리 참조 명령어와 산술/논리 연산 명령어를 실행하는 데이터패스를 만들되 레지스터 파일 하나와 ALU 하나를 사용하여 두 종류의 명령어를 처리하도록 하라. 단 멀티플렉서는 필요한 경우 얼마든지 사용해도 괜찮다.

**답**

레지스터 파일 하나와 ALU 하나만을 사용하는 데이터패스를 만들기 위해서는 두 번째 ALU 입력에 두 종류의 다른 근원지를, 그리고 레지스터에 저장할 데이터 입력에도 2개의 다른 근원지를 연결할 수 있어야 한다. 따라서 ALU 입력에 멀티플렉서 하나, 그리고 레지스터 파일의 데이터 입력에 멀티플렉서 하나를 설치해야 한다. 그림 4.10에 합쳐진 데이터패스를 보였다.

이제 명령어 인출을 위한 데이터패스(그림 4.6)와 R−타입 명령어와 메모리 명령어를 위한 데이터패스(그림 4.10), 분기 명령어를 위한 데이터패스(그림 4.9)를 하

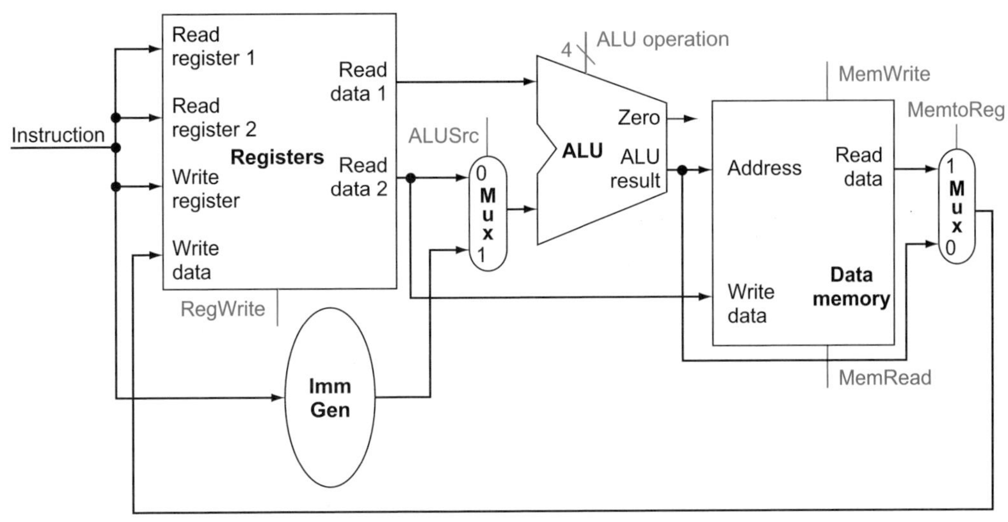


**그림 4.10 메모리 명령어와 R-타입 명령어를 위한 데이터패스.** 이 예는 그림 4.7과 4.8의 데이터패스에 멀티플렉서를 추가하여 어떻게 단일 데이터패스를 만드는지 보여 주고 있다. 예제에서 설명한 바와 같이 2개의 멀티플렉서가 필요하다.

나로 합쳐서 코어 RISC-V 구조를 위한 간단한 데이터패스를 만들 수 있다. 그림 4.11은 이렇게 분리된 조각들을 합쳐서 만든 데이터패스를 보여 주고 있다. 분기 명령어는 주 ALU를 레지스터 피연산자 2개가 같은지 테스트에 사용하므로 분기 목적지 주소 계산을 위해서는 그림 4.9의 덧셈기가 있어야 한다. 또한 PC에 들어갈 값으로 순차적인 다음 명령어 주소(PC + 4)와 분기 목적지 주소 중 하나를 선택하기 위해 또 다른 멀티플렉서가 필요하다.

간단한 데이터패스를 완성하였으니 이제는 제어 유닛을 덧붙여야 할 때다. 제어 유닛은 필요한 입력들을 받아들여서 각 상태 소자의 쓰기 신호, 각 멀티플렉서의 선택 신호, 그리고 ALU 제어 신호를 만들어 내야 한다. ALU 제어 유닛은 주제어 유닛과 여러 가지 면에서 다르기 때문에, 이것을 먼저 설계하고 나머지 제어 유닛은 그다음에 하는 것이 바람직하다.

**고난도:** 수치 생성 유닛은 적재 명령어인 경우 명령어의 비트 31:20의 12비트 필드를 부호확장해야 하고, 저장 명령어의 경우에는 명령어 비트 31:25와 비트 11:7의 12비트를 부호확장해야 하며, 조건부 분기 명령어의 경우에는 명령어 비트 31, 비트 7, 비트 30:25, 비트 11:8의 12비트를 부호확장해야 한다. 32비트 명령어 전체가 수치 생성 유닛의 입력이기 때문에 명령어의 opcode 비트를 보고 알맞은 필드를 선택할 수 있다. RISC-V opcode 비트 6이 데이터 전송 명령어의 경우에는 0이고 조건부 분기 명령어의 경우에는 1이며, opcode 비트 5는 적재 명령어의 경우에 0이고 저장 명령어의 경우 1이다. 따라서 비트 5와 6을 사용하여

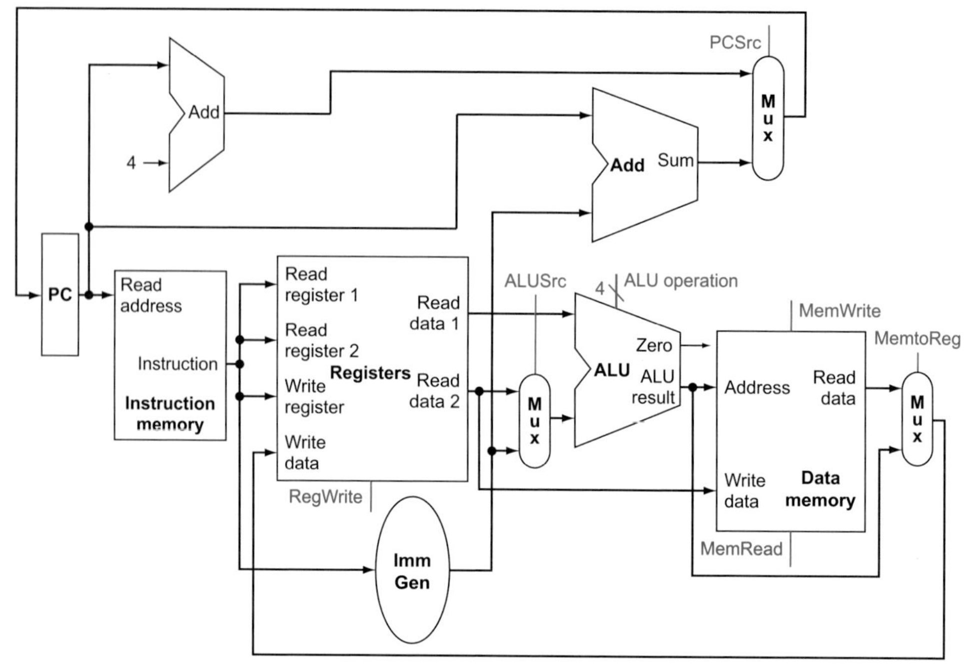


**그림 4.11 코어 RISC-V 구조를 위한 단순한 데이터패스는 서로 다른 명령어 종류가 사용하는 구성 요소들을 합친 것이다.** 구성 요소는 그림 4.6, 4.9, 4.10에서 볼 수 있다. 이 데이터패스는 기본 명령어들(적재/저장, ALU 연산, 분기)을 한 클럭 사이클에 실행할 수 있다. 분기 명령어를 포함하기 위해서 멀티플렉서 하나가 추가되었다.

수치 생성 유닛 내부의 3:1 멀티플렉서를 제어하면 적재, 저장, 조건부 분기 명령어를 위한 알맞은 12비트 필드를 선택할 수 있다.

**스스로 점검하기**

I. 다음 중 어느 것이 적재 명령어에 맞는 말인가? 그림 4.10을 참조하라.

a. 메모리에서 읽은 데이터를 레지스터 파일로 보내기 위해서는 MemtoReg가 1이 되어야 한다.

b. 올바른 레지스터 목적지를 레지스터 파일로 보내기 위해서는 MemtoReg가 1이 되어야 한다.

c. 적재 명령일 때는 MemtoReg 값이 어떻게 되든지 상관없다.

II. 이 절에서 개념적으로 설명한 단일 사이클 데이터패스는 명령어 메모리와 데이터 메모리를 따로따로 가져야 한다. 왜냐하면

a. RISC-V에서는 데이터와 명령어의 형식이 다르기 때문에 다른 메모리가 필요하다.

b. 메모리를 따로따로 갖는 것이 싸게 먹힌다.

c. 프로세서가 명령어를 한 사이클에 실행하는데, 단일 포트의 메모리로는 한 사이클에 2개의 서로 다른 접근을 할 수 없다.

# 4.4 단순한 구현

이 절에서는 앞의 RISC-V 부분집합을 간단히 구현한다면 어떤 형태가 될지 알아본다. 4.3절의 데이터패스에 단순한 제어 기능을 추가하여 단순한 구현을 만들고자 한다. 이 단순한 구현은 `lw`(load word), `sw`(store word), `beq`(branch if equal)과 산술/논리 연산 명령어인 `add`, `sub`, `and`, `or` 명령어를 포함한다.

## ALU 제어

RISC-V ALU(부록 A 참조)는 제어 입력 4개를 사용하는 다음 4개 조합을 정의하고 있다.

| ALU 제어선 | 기능 |
|---|---|
| 0000 | AND |
| 0001 | OR |
| 0010 | add |
| 0110 | subtract |

ALU는 명령어 종류에 따라 이 네 가지 기능 중 하나를 수행하게 된다. `lw`, `sw` 명령어인 경우에는 메모리 주소를 계산하기 위한 덧셈용으로 ALU를 사용한다. R-타입 명령어의 경우에는 명령어의 7비트 funct7 필드(비트 31:25)와 3비트 funct3 필드(비트 14:12) 값에 따라서 네 가지 연산(`AND`, `OR`, `add`, `subtract`) 중 하나를 수행하게 된다(2장 참조). 조건부 분기 명령어 `beq`의 경우 ALU는 두 피연산자에 뺄셈을 한 후 결과가 0인지 아닌지 테스트한다.

명령어의 funct7 필드와 funct3 필드 그리고 ALUOp라 불리는 2비트 제어 필드를 입력으로 하는 조그만 제어 유닛을 만들어서 4비트 ALU 제어 신호를 발생시킬 수 있다. ALUOp는 ALU가 수행해야 할 연산을 표시한다. 적재나 저장 명령어의 경우에는 덧셈(00), `beq`의 경우에는 뺄셈과 결과치가 0인지 테스트하기(01), 아니면 funct7과 funct3 필드가 나타내는 연산(10)이 된다. ALU 제어 유닛의 출력은 4비트 신호인데 이 4비트 신호는 앞서 말한 4비트 조합 중 하나를 만들어 냄으로써

| Instruction opcode | ALUOp | Operation | Funct7 field | Funct3 field | Desired ALU action | ALU control input |
|---|---|---|---|---|---|---|
| lw | 00 | load word | XXXXXXX | XXX | add | 0010 |
| sw | 00 | store word | XXXXXXX | XXX | add | 0010 |
| beq | 01 | branch if equal | XXXXXXX | XXX | subtract | 0110 |
| R-type | 10 | add | 0000000 | 000 | add | 0010 |
| R-type | 10 | sub | 0100000 | 000 | subtract | 0110 |
| R-type | 10 | and | 0000000 | 111 | AND | 0000 |
| R-type | 10 | or | 0000000 | 110 | OR | 0001 |

**그림 4.12 ALU 제어 비트들은 ALUOp 제어 비트와 R-타입 명령어의 opcode 값에 의해 결정된다.** 첫 번째 열에 표시된 명령어가 ALUOp 비트 값을 결정한다. 모든 인코딩은 이진수로 표시하였다. ALUOp 값이 00이나 01일 때 ALU 동작은 funct7이나 funct3 필드에 영향을 받지 않는다는 것을 기억하라. 이 경우 opcode인 funct7이나 funct3 값에 대해 “don't care”라고 말하고, 이 필드들을 모두 X로 표시한다. ALUOp가 10일 때는 funct7과 funct3 필드 값이 ALU 제어 입력을 결정하는 데 쓰인다. 부록 A 참조.

ALU를 직접 제어한다.

그림 4.12는 2비트 ALUOp 제어와 funct7 필드, funct3 필드를 사용하여 어떻게 ALU 제어 입력을 만드는지 보여 준다. 주 제어 유닛이 어떻게 ALUOp 신호를 만드는지는 이 장 뒷부분에서 설명하겠다.

주 제어 유닛이 ALUOp 비트를 생성하고 ALU 제어 유닛은 이것을 입력으로 받아서 ALU를 제어하는 실제 신호를 만들어 내는 이런 다단계 디코딩은 많이 쓰이는 구현 기법이다. 다단계 제어를 사용하면 주 제어 유닛의 크기를 줄일 수 있다. 또한 여러 개의 작은 제어 유닛을 사용하면 제어 유닛의 속도를 증가시킬 수도 있다. 제어 유닛의 속도가 클럭 사이클 시간에 큰 영향을 미치는 경우가 많으므로 이러한 최적화는 중요하다.

2비트 ALUOp 필드와 funct 필드들을 4비트의 ALU 연산 제어 비트로 사상시키는 방법에는 여러 가지가 있다. funct 필드가 가질 수 있는 값 1024개 중에서 극소수만이 사용되고 그것도 funct 필드는 ALUOp 비트가 $10_{two}$일 때만 사용되기 때문에, 가능한 값들 중에서 일부만을 인식하고 적당한 ALU 제어 신호를 만들어 내는 조그만 논리 회로를 사용할 수 있다.

진리표 입력이 가질 수 있는 모든 값을 나열하고 각 경우의 출력값을 보이는 논리 연산 표현 방법.

이 논리 회로를 설계하는 단계로서 funct 필드와 ALUOp 비트의 관심 있는 조합에 대한 **진리표**를 만드는 것이 도움이 된다. 이것을 그림 4.13에 보였다. 이 **진리표**(truth table)는 이 입력 필드 값에 따라 4비트 ALU 제어값이 어떻게 설정되는지를 보여 주고 있다. 완전한 진리표는 매우 클 뿐만 아니라($2^{12}$ = 4096개) 많은 입력값에 대해 ALU 제어값이 전혀 상관없기(don't care) 때문에, ALU 제어가 반드시 특정한 값을 가져야 하는 경우만을 표시하였다. 출력이 모두 0(비인가된)이나 don't care인

| ALUOp | | Funct7 field | | | | | | | Funct3 field | | | Operation |
|---|---|---|---|---|---|---|---|---|---|---|---|---|
| ALUOp1 | ALUOp0 | I[31] | I[30] | I[29] | I[28] | I[27] | I[26] | I[25] | I[14] | I[13] | I[12] | |
| 0 | 0 | X | X | X | X | X | X | X | X | X | X | 0010 |
| X | 1 | X | X | X | X | X | X | X | X | X | X | 0110 |
| 1 | X | 0 | 0 | 0 | 0 | 0 | 0 | 0 | 0 | 0 | 0 | 0010 |
| 1 | X | 0 | 1 | 0 | 0 | 0 | 0 | 0 | 0 | 0 | 0 | 0110 |
| 1 | X | 0 | 0 | 0 | 0 | 0 | 0 | 0 | 1 | 1 | 1 | 0000 |
| 1 | X | 0 | 0 | 0 | 0 | 0 | 0 | 0 | 1 | 1 | 0 | 0001 |

**그림 4.13 4비트 ALU 제어 신호(Operation이라 불림)를 위한 진리표.** 입력은 ALUOp와 funct 필드이다. ALU 제어가 인가되어야 하는 엔트리만을 보였다. don't care 항들이 몇 개 늘어났다. 예를 들어 ALUOp는 입력값 11을 사용하지 않는다. 따라서 진리표에서 10과 01 대신 1X와 X1을 사용할 수 있다. funct 필드 10비트를 모두 보여 주고 있지만, 4개의 R-형식 명령어에 따라 값이 달라지는 것들은 비트 30, 14, 13, 12뿐이다. 따라서 ALU 제어 입력으로 funct 필드 10비트를 모두 사용할 필요는 없고 이 네 비트만 사용하면 된다.

엔트리는 빼고 출력이 1(인가된)이 되어야 하는 엔트리만을 진리표에 나타내는 이 방법을 이 장 끝날 때까지 계속 사용할 것이다. (이 방법은 단점이 있는데 부록 C의 C.2절에서 설명한다.)

일부 입력값에 대해서는 관심이 없는 경우가 많으며 표는 작게 유지하는 것이 좋으므로 **don't care 항**을 사용한다. 이 진리표의 don't care 항(입력 열에 X로 표시)은 출력이 이 열에 해당하는 입력과는 상관없다는 것을 의미한다. 예를 들면 그림 4.13의 첫 번째 행처럼 ALUOp 비트 값이 00이면 funct 필드 값에 상관없이 ALU 제어 신호가 0010이 된다. 이 경우 이 행의 funct 입력은 don't care가 된다. 나중에 다른 종류의 don't care를 보게 될 것이다. 만약 don't care 개념에 익숙하지 않으면 부록 A를 참조하라.

**don't care 항** 출력이 모든 입력값에 의존하지는 않는 논리 함수의 요소. don't care 항은 여러 가지 방법으로 표시될 수 있다.

일단 진리표가 만들어지면, 이를 최적화하고 그다음에 게이트로 바꿀 수 있다. 이 절차는 완전히 기계적이다. 따라서 마지막 단계는 여기서 설명하지 않고 부록 C의 C.2절에서 그 과정과 결과를 설명한다.

## 주 제어 유닛의 설계

이제까지 opcode와 2비트 신호를 제어 입력으로 사용하는 ALU 제어 유닛의 설계 방법을 설명했으니 이제는 나머지 제어 유닛을 살펴보도록 하자. 그림 4.11의 데이터패스에 필요한 명령어 필드와 제어선들을 알아내는 것으로 이 과정을 시작하자. 명령어 필드들을 데이터패스에 연결하는 방법을 이해하기 위해서는 네 가지 명령어 종류, 즉 산술 명령어, 적재 명령어, 저장 명령어, 조건부 분기 명령어 종류의 형식을 다시 살펴보는 것이 효과적일 것이다. 이들 명령어 형식은 그림 4.14에 나타나 있다.

| Name (Bit position) | 31:25 | 24:20 | 19:15 | 14:12 | 11:7 | 6:0 |
|---|---|---|---|---|---|---|
| (a) R-type | funct7 | rs2 | rs1 | funct3 | rd | opcode |
| (b) I-type | immediate[11:0] | | rs1 | funct3 | rd | opcode |
| (c) S-type | immed[11:5] | rs2 | rs1 | funct3 | immed[4:0] | opcode |
| (d) SB-type | immed[12,10:5] | rs2 | rs1 | funct3 | immed[4:1,11] | opcode |

**그림 4.14 네 가지 명령어 종류(산술, 적재, 저장, 조건부 분기 명령어)는 네 가지 명령어 형식을 사용한다.** (a) R-타입 산술 명령어(opcode = $51_{ten}$)의 명령어 형식. 이 명령어들은 3개의 레지스터 피연산자 rs1, rs2, rd를 가진다. rs1, rs2 필드는 근원지 레지스터들을 나타내고 rd는 목적지 레지스터를 나타낸다. ALU 기능은 funct3와 funct7 필드에서 표시되며, 앞에서 설명한 ALU 제어 유닛에 의해 해독된다. 우리가 구현하는 R-타입 명령어는 `add`, `sub`, `and`, `or`이다. (b) I-타입 적재(opcode = $3_{ten}$) 명령어를 위한 명령어 형식. 레지스터 rs1은 베이스 레지스터로서 12비트 수치 필드와 더해져서 메모리 주소를 만든다. rd는 값을 적재할 목적지 레지스터이다. (c) S-타입 저장(opcode = $35_{ten}$) 명령어를 위한 명령어 형식. 레지스터 rs1은 베이스 레지스터로서 12비트 수치 필드와 더해져서 메모리 주소를 만든다. (수치 필드는 7비트 필드와 5비트 필드로 나누어져 있다.) rs2는 근원지 레지스터이며 그 레지스터의 값은 메모리에 저장된다. (d) SB-타입 조건부 분기(opcode = $99_{ten}$) 명령어를 위한 명령어 형식. 레지스터 rs1과 rs2가 비교된다. 12비트 수치 필드는 부호확장되고, 왼쪽으로 1비트만큼 자리이동된 후 PC에 더해져서 분기 목적지 주소를 만든다. SB-타입이 왜 이렇게 이상한 비트 배열 순서를 사용하는지는 그림 4.17과 4.18을 보면 알 수 있다.

명령어 형식에 대한 다음 몇 가지 사실이 설계의 기초가 될 것이다.

**opcode** 명령어의 연산과 형식을 나타내는 필드.

- 2장에서 보았듯이 **opcode** 필드는 항상 비트 6:0에 있다. opcode에 따라서는 funct3 필드(비트 14:12)와 funct7 필드(비트 31:25)가 확장 opcode 필드로 사용된다.
- R-타입 명령어와 분기 명령어의 첫 번째 레지스터 피연산자는 항상 비트 19:15(rs1)에 있는데, 이 필드가 적재/저장 명령어에서는 베이스 레지스터를 지정한다.
- R-타입 명령어와 분기 명령어의 두 번째 레지스터 피연산자는 항상 비트 24:20(rs2)에 있다. 이 필드가 저장 명령어에서는 메모리에 저장될 레지스터 피연산자를 지정한다.
- 분기나 적재/저장 명령어의 다른 피연산자 하나는 12비트 변위이다.
- R-타입과 적재 명령어의 목적지 레지스터는 항상 비트 11:7(rd)에 있다.

"간단하기 위해서는 규칙적인 것이 좋다"라는 2장의 첫 번째 설계 원칙은 여기에서 데이터패스의 제어를 간소화하는 데도 해당된다.

MIPS와 비교하면 RISC-V는 좀 더 복잡한 명령어 형식을 갖고 있는 것처럼 보이지만 실제로는 하드웨어를 단순하게 해 준다. 그럼으로써 몇몇 RISC-V 구현 특히 파이프라인 버전에서는(4.6절 참조) 클럭 사이클 시간을 향상시켜 준다. 컴파일러, 어셈블러, 디버거 등이 명령어 형식의 구체적인 사항들을 프로그래머에게는 보이지 않도록 해 주는데, 하드웨어에 도움이 되는 이러한 명령어 형식을 왜 사용하지 않겠는가?

**하드웨어/소프트웨어 인터페이스**

첫 번째 예는 저장 명령어 형식이다. 그림 4.15는 MIPS의 데이터 전송 명령어와 산술 명령어의 형식과 함께 이 형식들이 데이터패스에 미치는 영향을 보여 주고 있다. 어느 필드가 목적지 레지스터 번호를 제공하는지를 명시하기 위해 MIPS에서는 2:1 멀티플렉서를 필요로 하지만 그림 4.19에서는 이 멀티플렉서가 필요하지 않은 것을 알 수 있다. 이 멀티플렉서는 최장 타이밍 경로에 위치하여 클럭 사이클 시간을 늘리게 한다. 목적지 레지스터를 모든 명령어의 비트 11~7에 놓이게 만들기 위해 RISC-V S-형식에서는 수치 필드를 두 조각으로 나누어야 했다. 즉 immediate[11:5]는 비트 31~25에, immediate[4:0]는 비트 11~7에 할당하였다. 이 같은 방법은 수치 필드를 연속적으로 유지하는 MIPS와 비교하면 이상하게 보이지만

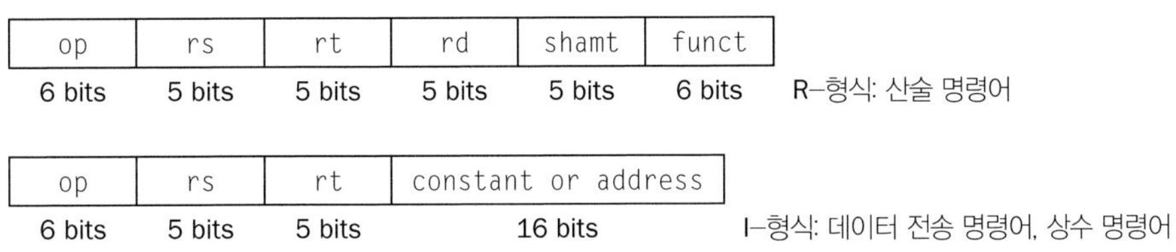


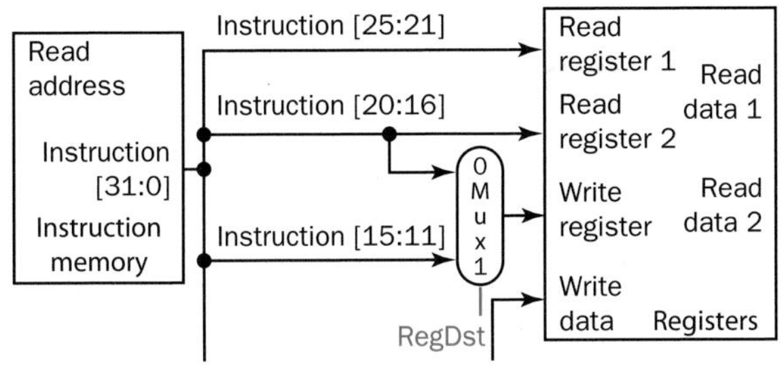


**그림 4.15 MIPS의 산술 명령어 형식, 데이터 전송 명령어 형식 및 이 형식들이 MIPS 데이터패스에 미치는 영향.** R-형식을 사용하는 MIPS 산술 명령어에서 rd는 목적지 레지스터, rs는 첫 번째 레지스터 피연산자, rt는 두 번째 레지스터 피연산자이다. MIPS 적재 명령어에서 rs는 여전히 첫 번째 레지스터 피연산자이지만, rt는 목적지 레지스터가 된다. 그러므로 맞는 레지스터에 쓰기 위해서는 rd와 rt 필드 중에서 하나를 고르기 위해 2:1 멀티플렉서가 필요하다.

| Name (Field size) | 7 bits | 5 bits | 5 bits | 3 bits | 5 bits | 7 bits | Comments |
|---|---|---|---|---|---|---|---|
| R-type | funct7 | rs2 | rs1 | funct3 | rd | opcode | Arithmetic instruction format |
| I-type | immediate[11:0] | | rs1 | funct3 | rd | opcode | Loads & immediate arithmetic |
| S-type | immed[11:5] | rs2 | rs1 | funct3 | immed[4:0] | opcode | Stores |
| SB-type | immed[12,10:5] | rs2 | rs1 | funct3 | immed[4:1,11] | opcode | Conditional branch format |
| UJ-type | immediate[20,10:1,11,19:12] | | | | rd | opcode | Unconditional jump format |
| U-type | immediate[31:12] | | | | rd | opcode | Upper immediate format |

**그림 4.16 실제의 RISC-V 명령어 형식.** R-, I-, S-, U-타입은 이미 그림 4.14에서 소개되었는데 이 형식들은 단순명료하다.

RISC-V 어셈블러가 이 같은 복잡한 것을 감춰 주고 하드웨어에서 이득을 얻게 만들어 준다.

두 번째 예는 더 이상하게 보인다. 그림 4.16을 보면 RISC-V는 두 가지 이상한 명령어 형식을 갖고 있는데, 이 형식들은 모든 필드의 크기가 다른 두 형식({SB,S}와 {UJ,U})과 똑같지만 수치 필드의 비트들이 이상하게 뒤틀려 있다.

SB와 UJ 명령어 형식은 어셈블러로 하여금 더 많은 일을 하게 하는 대가로 하드웨어를 간단하게 만들어 준다. 다음의 그림 4.17과 4.18은 수치 생성 하드웨어가 RISC-V를 위해 어떤 일을 해야 하는지를 보여 주고 있다. 그림 4.17은 만약에 조건부 분기 명령어가 SB-형식 대신에 S-형식을 사용하고 무조건 분기 명령어가 UJ-형식 대신에 U-형식을 사용한다면, 명령어의 타입에 따라 어느 비트들이 수치 필드에 해당하는지를 보여 주고 있다. 마지막 행은 출력 비트마다 서로 다른 입력이 몇 개나 되는지를 보여 주는데, 이 값은 수치 생성기 내 멀티플렉서의 입력 포트 개수를 결정하게 된다.

반면에 그림 4.18은 분기 명령어와 점프 명령어가 실제의 형식을 사용할 때 줄어드는 입력 가지 수를 보여 주고 있다. SB-와 UJ-형식을 사용하면 수치 비트 19~12를 위한 멀티플렉서가 3:1에서 2:1로 줄어들며, 수치 비트 10~1을 위한 멀티플렉서는 4:1에서 2:1로 줄어든다. 또 다시 RISC-V 설계자들은 이상하게 보이지만 효율적인 명령어 형식을 설계하여 18개의 1비트 멀티플렉서를 단순화하였다. 이런 절약이 고성능 프로세서에게는 크게 중요하지 않지만 저성능 프로세서에게는 매우 도움이 된다. 치러야 할 유일한 대가는 어셈블러(그리고 이 책의 저자들)에게 지워지는 짐이다.

---

위의 정보를 이용하여 단순한 데이터패스에 명령어 레이블을 추가할 수 있다. 그림 4.19는 추가된 명령어 레이블과 함께 ALU 제어 블록, 상태 소자용 쓰기 신호, 데이터 메모리용 읽기 신호, 멀티플렉서용 제어 신호를 보여 주고 있다. 모든 멀티

| | | Immediate Output Bit by Bit | | | | | | | | | | | | | | | | | | | | | | | | | | | | | |
|---|---|---|---|---|---|---|---|---|---|---|---|---|---|---|---|---|---|---|---|---|---|---|---|---|---|---|---|---|---|---|---|---|---|
| | | 31 | 30 | 29 | 28 | 27 | 26 | 25 | 24 | 23 | 22 | 21 | 20 | 19 | 18 | 17 | 16 | 15 | 14 | 13 | 12 | 11 | 10 | 9 | 8 | 7 | 6 | 5 | 4 | 3 | 2 | 1 | 0 |
| Instruction | Format | Immediate Input Bit by Bit | | | | | | | | | | | | | | | | | | | | | | | | | | | | | | | |
| Load, Arith. Imm. | I | i31 | i31 | i31 | i31 | i31 | i31 | i31 | i31 | i31 | i31 | i31 | i31 | i31 | i31 | i31 | i31 | i31 | i31 | i31 | i31 | i31 | i30 | i29 | i28 | i27 | i26 | i25 | i24 | i23 | i22 | i21 | i20 |
| Store | S | “ | “ | “ | “ | “ | “ | “ | “ | “ | “ | “ | “ | “ | “ | “ | “ | “ | “ | “ | “ | “ | “ | “ | “ | “ | “ | “ | i11 | i10 | i9 | i8 | i7 |
| Cond. Branch | S | “ | “ | “ | “ | “ | “ | “ | “ | “ | “ | “ | “ | “ | “ | “ | “ | “ | “ | “ | “ | i30 | i29 | i28 | i27 | i26 | i25 | i24 | “ | “ | “ | “ | 0 |
| Uncond. Jump | U | “ | “ | “ | “ | “ | “ | “ | “ | “ | “ | “ | “ | i30 | i29 | i28 | i27 | i26 | i25 | i24 | i23 | i22 | i21 | i20 | i19 | i18 | i17 | i16 | i15 | i14 | i13 | i12 | “ |
| Load Upper Imm. | U | “ | i30 | i29 | i28 | i27 | i26 | i25 | i24 | i23 | i22 | i21 | i20 | i19 | i18 | i17 | i16 | i15 | i14 | i13 | i12 | 0 | 0 | 0 | 0 | 0 | 0 | 0 | 0 | 0 | 0 | 0 | “ |
| *Unique Inputs* | | 1 | 2 | 2 | 2 | 2 | 2 | 2 | 2 | 2 | 2 | 2 | 2 | 3 | 3 | 3 | 3 | 3 | 3 | 3 | 3 | 4 | 4 | 4 | 4 | 4 | 4 | 4 | 4 | 4 | 4 | 4 | 3 |

그림 4.17 조건부 분기가 S-형식, 무조건 점프가 U-형식을 사용한다고 가정했을 때 수치값 입력.

| | | Immediate Output Bit by Bit | | | | | | | | | | | | | | | | | | | | | | | | | | | | | |
|---|---|---|---|---|---|---|---|---|---|---|---|---|---|---|---|---|---|---|---|---|---|---|---|---|---|---|---|---|---|---|---|---|---|
| | | 31 | 30 | 29 | 28 | 27 | 26 | 25 | 24 | 23 | 22 | 21 | 20 | 19 | 18 | 17 | 16 | 15 | 14 | 13 | 12 | 11 | 10 | 9 | 8 | 7 | 6 | 5 | 4 | 3 | 2 | 1 | 0 |
| Instruction | Format | Immediate Input Bit by Bit | | | | | | | | | | | | | | | | | | | | | | | | | | | | | | | |
| Load, Arith. Imm. | I | i31 | i31 | i31 | i31 | i31 | i31 | i31 | i31 | i31 | i31 | i31 | i31 | i31 | i31 | i31 | i31 | i31 | i31 | i31 | i31 | i31 | i30 | i29 | i28 | i27 | i26 | i25 | i24 | i23 | i22 | i21 | i20 |
| Store | S | “ | “ | “ | “ | “ | “ | “ | “ | “ | “ | “ | “ | “ | “ | “ | “ | “ | “ | “ | “ | “ | “ | “ | “ | “ | “ | “ | i11 | i10 | i9 | i8 | i7 |
| Cond. Branch | SB | “ | “ | “ | “ | “ | “ | “ | “ | “ | “ | “ | “ | “ | “ | “ | “ | “ | “ | “ | “ | i7 | “ | “ | “ | “ | “ | “ | “ | “ | “ | “ | 0 |
| Uncond. Jump | UJ | “ | “ | “ | “ | “ | “ | “ | “ | “ | “ | “ | “ | i19 | i18 | i17 | i16 | i15 | i14 | i13 | i12 | i20 | “ | “ | “ | “ | “ | “ | “ | “ | “ | “ | “ |
| Load Upper Imm. | U | “ | i30 | i29 | i28 | i27 | i26 | i25 | i24 | i23 | i22 | i21 | i20 | “ | “ | “ | “ | “ | “ | “ | “ | 0 | 0 | 0 | 0 | 0 | 0 | 0 | 0 | 0 | 0 | 0 | “ |
| *Unique Inputs* | | 1 | 2 | 2 | 2 | 2 | 2 | 2 | 2 | 2 | 2 | 2 | 2 | 2 | 2 | 2 | 2 | 2 | 2 | 2 | 2 | 4 | 2 | 2 | 2 | 2 | 2 | 2 | 3 | 3 | 3 | 3 | 3 |

그림 4.18 실제 RISC-V에서처럼 조건부 분기가 SB-형식, 무조건 점프가 UJ-형식을 사용할 때의 수치값 입력.

플렉서는 입력이 2개이므로 멀티플렉서의 제어 신호는 1비트이다.

그림 4.19에는 1비트 제어선 6개와 2비트 ALUOp 제어 신호 하나가 있다. ALUOp 제어 신호의 동작은 이미 정의했으므로, 명령어를 실행할 때 나머지 6개 제어 신호들의 값을 명령어 실행 중에 어떻게 설정할지 결정하기 전에 이 제어 신호들이 무슨 일을 하는지 정의하는 것이 좋을 것 같다. 그림 4.20은 이 6개 제어선의 기능을 설명하고 있다.

제어선 각각의 기능에 대해 살펴보았으니 이제는 제어선들의 값을 어떻게 할지 알아보자. 제어 유닛은 제어 신호 중 하나를 제외한 나머지 모두를 명령어의 opcode 필드와 funct 필드만 보고 결정할 수 있다. PCSrc 제어선만은 예외이다. 실행 중인 명령어가 `beq`이며(제어 유닛이 판단할 수 있음) 동시에 ALU의 Zero 출력(같은지 테스트할 때 사용된다)이 참일 경우에만 PCSrc가 인가되어야 한다. PCSrc 신호를 만들려면 제어 유닛에서 나오는 Branch 신호와 ALU의 Zero 신호를 AND해야 한다.

이들 8개 제어 신호들은(그림 4.20의 6개와 ALUOp 두 비트) 제어 유닛의 입력 신호(opcode 비트 6:0)에 따라서 결정된다. 제어 유닛과 제어 신호가 나와 있는 데이터패스는 그림 4.21에 있다.

제어 유닛에 대한 수식이나 진리표를 작성하기 전에 제어 기능을 간략하게 정의하는 것이 유익하다. 제어 신호의 값은 opcode에만 의존하기 때문에, 각각의 op-

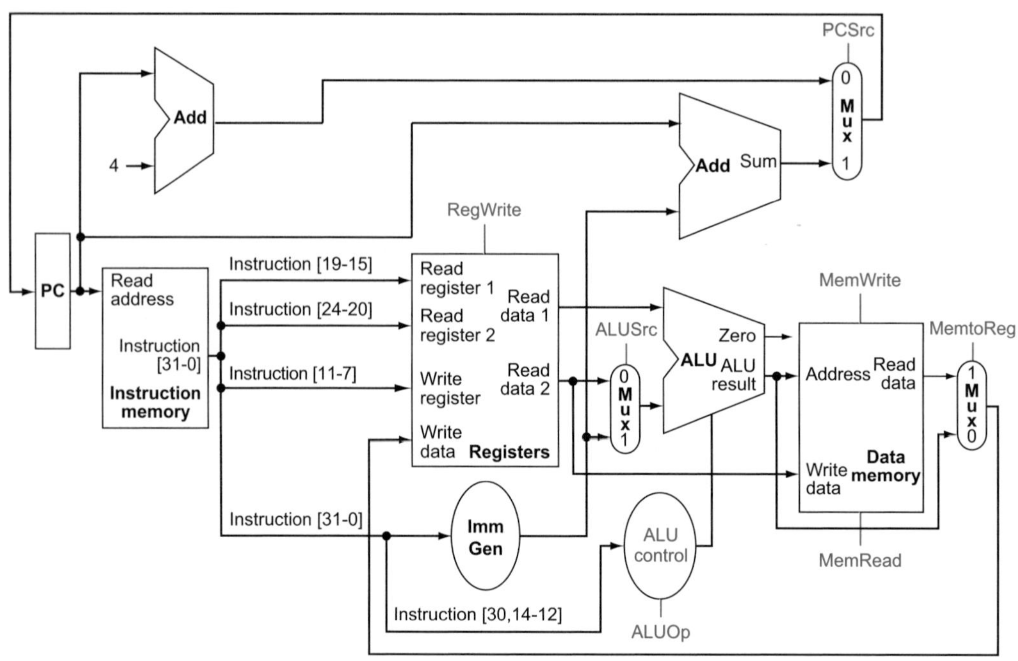


**그림 4.19 그림 4.11의 데이터패스에 필요한 멀티플렉서와 제어선을 모두 표시하였다.** 제어선들은 파란색으로 표시되었고, ALU 제어 블록이 추가되었는데 이 제어 블록 출력은 funct3 필드와 funct7 필드 일부에 따라 결정된다. PC는 매 클럭 사이클 끝에서 항상 쓰기가 행해지므로 쓰기 제어 신호가 필요하지 않다. 분기 제어 회로는 PC에 증가된 PC 값을 쓸 것인지 분기 목적지 주소를 쓸 것인지 결정한다.

| 신호 이름 | 인가되지 않은 경우(0) | 인가된 경우(1) |
|---|---|---|
| RegWrite | 아무 일도 생기지 않는다. | Write register 입력이 지정하는 레지스터에 Write data 입력값을 쓴다. |
| ALUSrc | 레지스터 파일의 두 번째 출력(Read data 2)이 ALU의 두 번째 피연산자가 된다. | 명령어의 12비트 변위가 부호확장되어 ALU의 두 번째 피연산자가 된다. |
| PCSrc | PC + 4가 새로운 PC 값이 된다. | 분기 목적지 주소가 새로운 PC 값이 된다. |
| MemRead | 아무 일도 생기지 않는다. | Address 입력이 지정하는 데이터 메모리 내용을 Read data 출력으로 내보낸다. |
| MemWrite | 아무 일도 생기지 않는다. | Address 입력이 지정하는 데이터 메모리 내용을 Write data 입력값으로 바꾼다. |
| MemtoReg | ALU 출력이 레지스터의 Write data 입력이 된다. | 데이터 메모리 출력이 레지스터의 Write data 입력이 된다. |

**그림 4.20 6개 제어 신호의 기능.** 입력이 2개인 멀티플렉서의 1비트 제어 신호가 인가되면 멀티플렉서는 1번 입력을 선택한다. 그렇지 않고 제어가 인가되지 않으면 멀티플렉서는 0번 입력을 선택한다. 상태 소자는 모두 클럭을 입력으로 가지고 있으며 클럭은 쓰기를 제어하는 데 사용된다는 것을 기억하라. 클럭을 상태 소자 외부의 게이트에 연결하면 타이밍 문제를 일으킬 수 있다. (이 문제에 대한 깊이 있는 논의는 부록 A를 참조하라.)

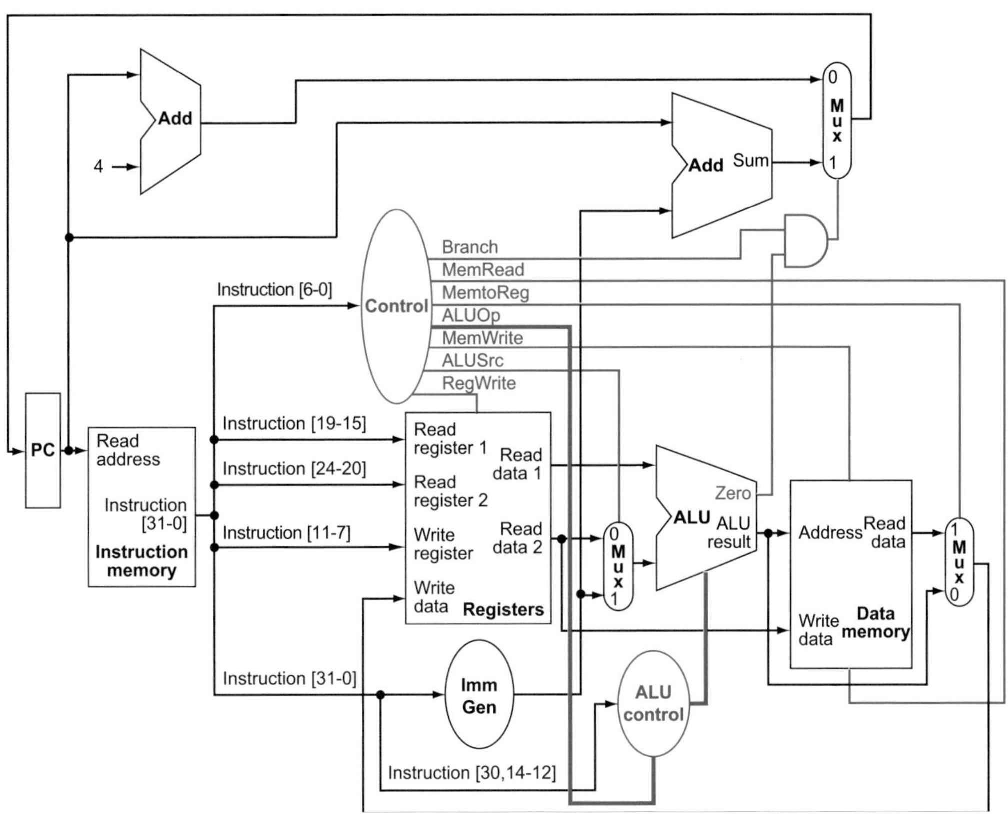


**그림 4.21 제어 유닛이 있는 간단한 데이터패스.** 제어 유닛의 입력은 명령어의 7비트 opcode 필드이다. 제어 유닛의 출력은 멀티플렉서를 제어하는 데 쓰이는 2개의 1비트 신호(ALUSrc, MemtoReg), 레지스터 파일과 데이터 메모리에서 읽고 쓰는 것을 제어하기 위한 3개의 신호(RegWrite, MemRead, MemWrite), 분기할지 말지를 판단하는 데 쓰이는 1비트 신호(Branch), ALU를 위한 2비트 제어 신호(ALUOp)이다. 분기 제어 신호와 ALU의 Zero 출력을 결합하는 데 AND 게이트를 사용한다. 이 AND 게이트 출력은 다음 PC 값을 선택하는 데 쓰인다. PCSrc는 제어 유닛으로부터 직접 나오는 값이 아니고 만들어야 되는 신호이다. 따라서 다음 그림부터는 이 신호 이름을 빼 버린다.

code 값에 대해 각 제어 신호가 0, 1, don't care(X) 중 어느 값이 되어야 하는지를 정의한다. 그림 4.22는 제어 신호들이 각각의 opcode에 대해 어떤 값이 되어야 하는지를 나타낸다. 이 정보는 그림 4.12, 4.20, 4.21에서 바로 구할 수 있다.

## 데이터패스의 동작

그림 4.20과 4.22에 있는 정보를 가지고 제어 유닛의 논리 회로를 설계할 수 있다. 그러나 설계에 들어가기 전에 각각의 명령어가 데이터패스를 어떻게 사용하는지를

살펴보자. 다음 몇 개의 그림에서 세 가지 명령어 종류들이 데이터패스를 통과하는 흐름을 보인다. 각각의 그림에서 인가된 제어 신호와 활성화된 데이터패스 구성 요소는 진하게 표시하였다. 제어가 0인 멀티플렉서는 비록 제어선이 진하게 표시되지 않더라도 분명한 동작을 취한다는 점에 유의하라. 여러 비트로 된 제어 신호들은 그 중 어느 하나라도 인가되면 진하게 표시하였다.

그림 4.23은 `add x1, x2, x3`와 같은 R-타입 명령어의 데이터패스 동작을 보여 주고 있다. 모든 일이 한 클럭 사이클 내에 일어나지만, 명령어 실행 과정을 네 단계로 나누어 생각할 수 있다. 이 단계들은 정보의 흐름에 따라 다음과 같은 순서로 표시할 수 있다.

1. 명령어를 인출하고 PC를 증가시킨다.
2. 레지스터 파일에서 두 레지스터 `x2`와 `x3`를 읽는다. 동시에 주 제어 유닛은 제어선의 값들을 결정한다.
3. ALU는 레지스터 파일에서 읽어 들인 값들에 대해 연산을 하는데, funct 필드를 사용하여 ALU 제어 신호를 만든다.
4. ALU의 결과값을 레지스터 파일의 목적지 레지스터(`x1`)에 쓴다.

마찬가지로 다음과 같은 적재 명령어의 실행을 그림 4.23과 같은 방법으로 나타낼 수 있다.

| Instruction | ALUSrc | Memto-Reg | Reg-Write | Mem-Read | Mem-Write | Branch | ALUOp1 | ALUOp0 |
|---|---|---|---|---|---|---|---|---|
| R-format | 0 | 0 | 1 | 0 | 0 | 0 | 1 | 0 |
| lw | 1 | 1 | 1 | 1 | 0 | 0 | 0 | 0 |
| sw | 1 | X | 0 | 0 | 1 | 0 | 0 | 0 |
| beq | 0 | X | 0 | 0 | 0 | 1 | 0 | 1 |

**그림 4.22 제어 신호들의 값은 명령어의 opcode 필드에 의해서만 결정된다.** 표의 첫 행은 R-형식 명령어(`add`, `sub`, `and`, `or`)의 경우이다. 이들 모든 명령어의 근원지 레지스터 필드는 rs1, rs2이고 목적지 레지스터 필드는 rd이다. 이 사실에서 ALUSrc 값이 어떻게 결정되는지 알 수 있다. 또 R-타입 명령어는 레지스터에 쓰기를 하지만(RegWrite = 1), 데이터 메모리를 읽거나 쓰지는 않는다. Branch 제어 신호가 0일 때 PC는 무조건 PC + 4로 바뀐다. Branch가 1이고 ALU의 Zero 출력이 1이면 PC에 분기 목적지 주소가 들어간다. R-타입 명령어의 경우 ALUOp 필드가 $10_{two}$가 되어서 funct 필드를 보고 ALU 제어 신호를 만들어야 한다는 것을 나타낸다. 이 표의 두 번째 행과 세 번째 행은 `lw`와 `sw`를 위한 제어 신호 값을 보여 준다. ALUsrc와 ALUOp 값은 주소 계산에 적합하게 정해진다. MemRead와 MemWrite는 메모리 접근을 할 수 있도록 설정된다. 끝으로 RegWrite는 적재 명령어가 결과를 rd 레지스터에 저장할 수 있게 1이 된다. 분기의 경우 ALUOp 필드는 같은지 검사하기 위해 뺄셈을 하도록 설정된다(ALUOp = 01). RegWrite 신호가 0일 때는 MemtoReg 값이 무엇이 되든 상관없음에 주목하라. 레지스터에 쓰지를 않으므로 Write data 입력값이 사용되지 않기 때문이다. 따라서 표의 마지막 두 행의 MemtoReg 항은 don't care를 표시하는 X가 된다. 이런 종류의 don't care는 설계자가 추가해야 한다. 왜냐하면 이것은 데이터패스가 어떻게 동작하는지를 알아야만 할 수 있는 일이기 때문이다.

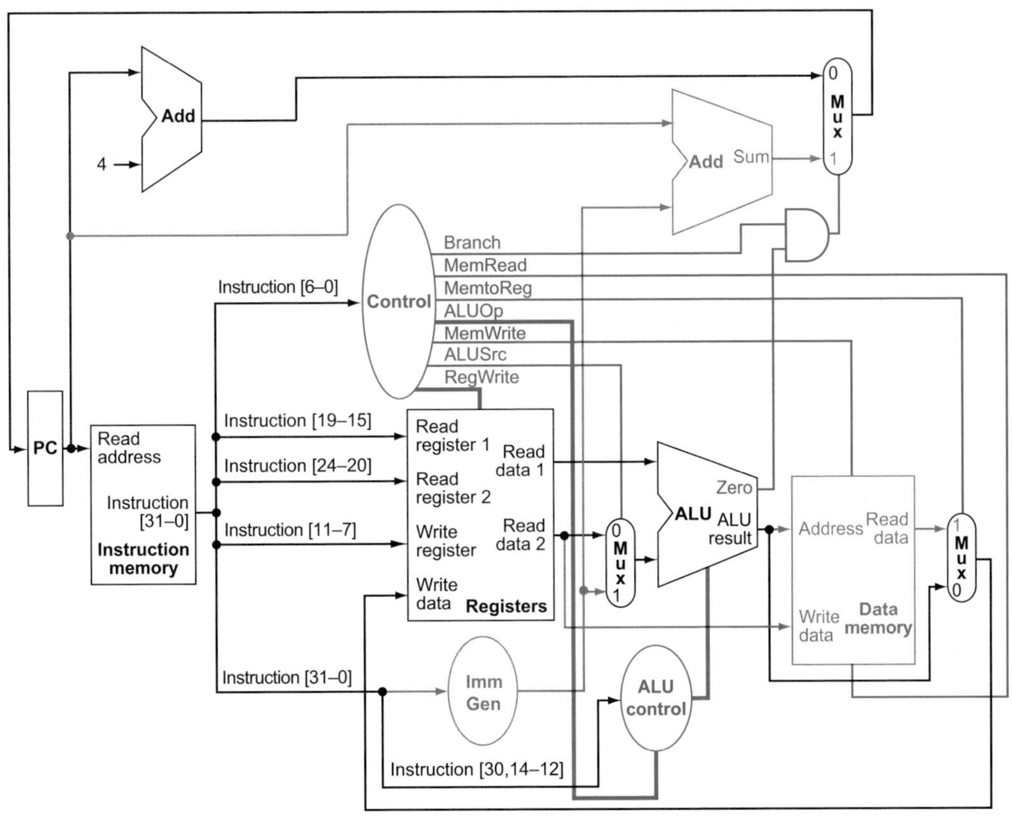


**그림 4.23** `add x1, x2, x3`**와 같은 R-타입 명령어를 위한 데이터패스의 동작** 활성화된 제어선, 데이터패스 유닛, 연결선들은 진하게 표시하였다.

```
lw   x1, offset(x2)
```

그림 4.24는 적재 명령어를 위해 활성화된 기능 유닛과 인가된 제어선들을 보여 주고 있다. 적재 명령어는 다섯 단계로 동작하는 것으로 생각할 수 있다. (R-타입 명령어는 네 단계로 실행된다.)

1. 명령어를 명령어 메모리에서 인출하고 PC를 증가시킨다.
2. 레지스터 파일에서 레지스터(`x2`)를 읽는다.
3. ALU는 레지스터 파일에서 읽어 들인 값과 명령어의 12비트(`offset`)를 부호 확장한 값의 합을 구한다.
4. 이 합을 데이터 메모리 접근을 위한 주소로 사용한다.
5. 메모리 유닛에서 가져온 데이터를 레지스터 파일(`x1`)에 쓴다.

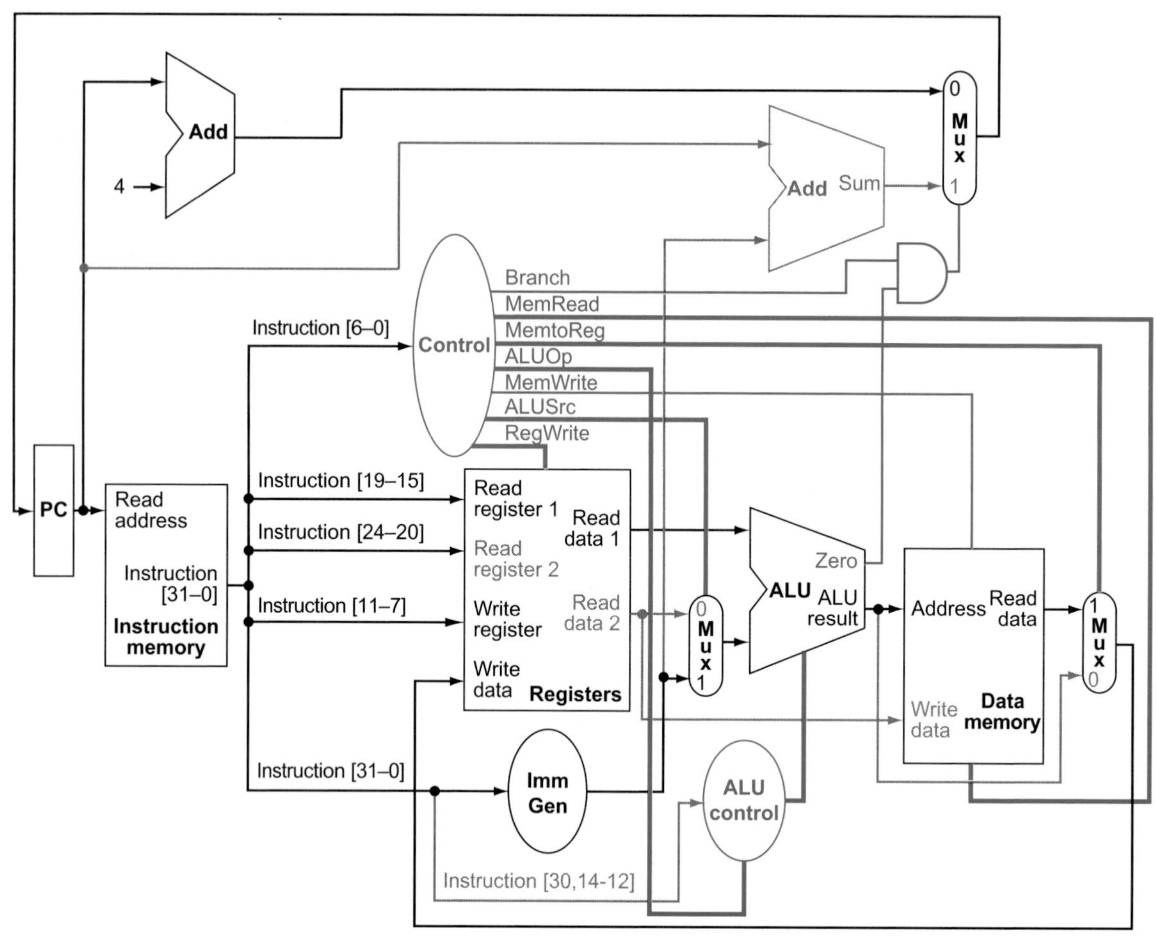


**그림 4.24 적재 명령어를 위한 데이터패스의 동작.** 활성화된 제어선, 데이터패스 유닛, 연결선들은 진하게 표시하였다. 저장 명령어도 비슷하게 동작하는데, 큰 차이점은 메모리 읽기가 아닌 쓰기가 일어나며, 읽어 들인 두 번째 레지스터의 값이 메모리에 저장할 데이터가 되고, 데이터 메모리 값을 레지스터 파일에 쓰는 동작은 일어나지 않는다는 점이다.

마지막으로 `beq x1, x2, offset`과 같은 조건부 분기 명령어의 동작을 같은 방법으로 보일 수 있다. 이 명령어는 R-형식 명령어와 상당히 비슷하게 동작한다. 그러나 ALU 출력이 PC 값을 PC + 4로 바꿀 것인가 아니면 분기 목적지 주소로 바꿀 것인가를 결정하는 데 사용된다는 점이 다르다. 그림 4.25는 실행의 네 단계를 보여 주고 있다.

1. 명령어를 명령어 메모리에서 인출하고 PC를 증가시킨다.
2. 레지스터 파일에서 두 레지스터(`x1`, `x2`)를 읽는다.

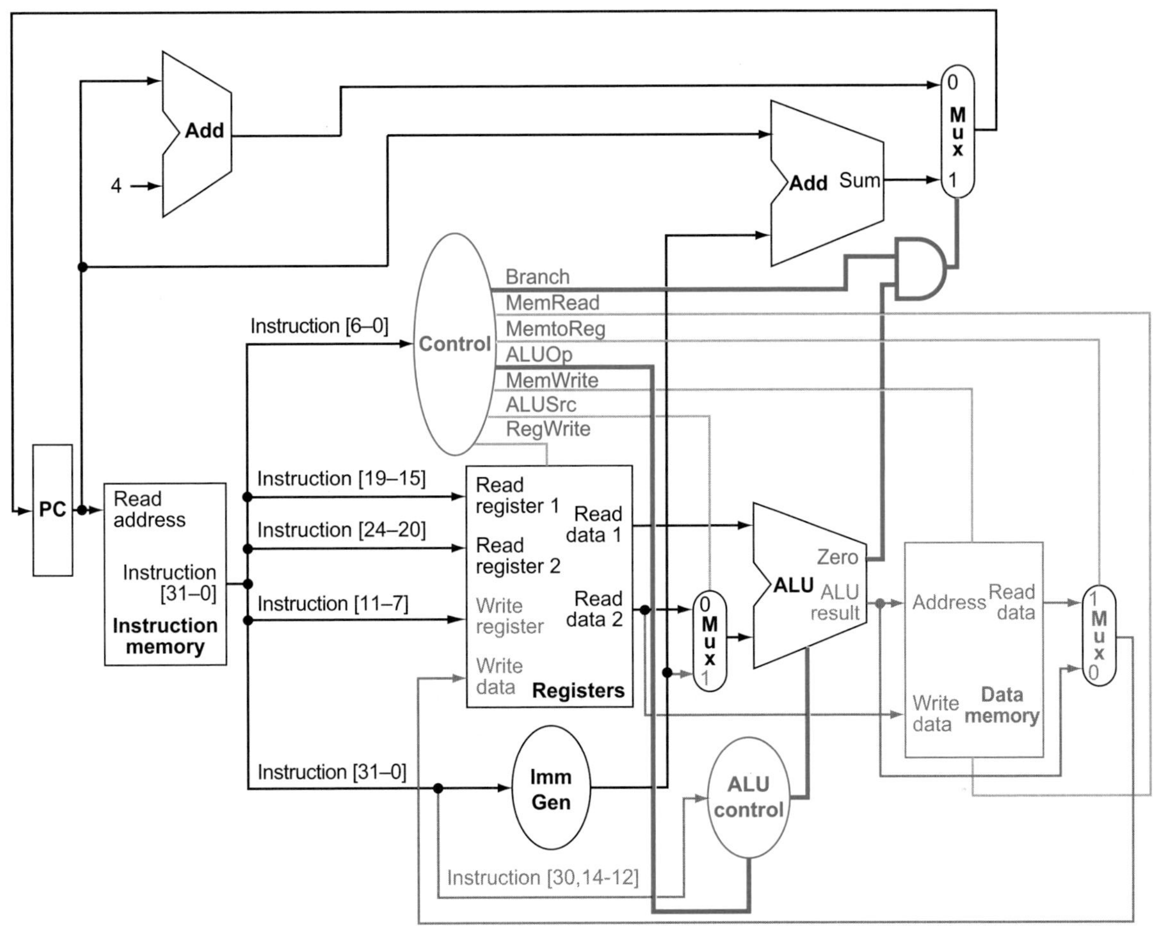


그림 4.25 beq **명령어를 위한 데이터패스의 동작.** 활성화된 제어선, 데이터패스 유닛, 연결선들은 진하게 표시하였다. 레지스터 파일과 ALU를 사용하여 비교를 수행한 후, Zero 출력을 이용하여 다음 PC 값의 두 후보 중 하나를 선택한다.

3. ALU는 레지스터 파일에서 읽어 들인 값들에 대한 뺄셈을 한다. 명령어의 12비트(offset)를 부호확장한 후 1비트 왼쪽 자리이동한 값에다 PC 값을 더한다. 이 값이 분기 목적지 주소이다.
4. ALU의 Zero 출력을 이용하여 어떤 덧셈기의 결과를 PC에 저장할지 결정한다.

## 제어 유닛의 완성

지금까지 명령어들이 단계별로 어떻게 동작하는지를 알아보았으니 이제는 제어 유닛의 구현에 대해 알아보자. 제어 기능은 그림 4.22의 내용을 이용하여 명확히 정의할 수 있다. 제어 유닛의 출력은 제어선들이며 입력은 opcode 필드이다. 따라서 opcode의 이진수 인코딩을 이용하여 각 출력의 진리표를 만들 수 있다.

제어 유닛의 논리를 커다란 진리표 하나로 만든 것이 그림 4.26이다. 이 표는 모든 출력을 망라하고 있으며 opcode 비트들을 입력으로 사용하고 있다. 이것은 제어 기능을 완벽하게 명시하며 자동화된 방법을 이용하여 게이트로 곧바로 구현할 수 있다. 게이트로 구현하는 마지막 단계는 🌐 부록 C의 C.2절에 있다.

## 단일 사이클 구현은 오늘날 왜 사용되지 않는가?

비록 단일 사이클 설계가 올바르게 작동한다 하더라도 비효율성 때문에 현대적 설계에서는 쓰이지 않는다. 왜 그러한지는 너무 분명한데, 이 같은 단일 사이클 설계에서는 클럭 사이클이 모든 명령어에 대해 같은 길이를 가져야 하기 때문이다. 물론 클럭 사이클은 컴퓨터에서 가능한 경로 중 가장 긴 경로에 의해 결정된다. 이 최장

| Input or output | Signal name | R-format | lw | sw | beq |
|---|---|---|---|---|---|
| Inputs | I[6] | 0 | 0 | 0 | 1 |
| | I[5] | 1 | 0 | 1 | 1 |
| | I[4] | 1 | 0 | 0 | 0 |
| | I[3] | 0 | 0 | 0 | 0 |
| | I[2] | 0 | 0 | 0 | 0 |
| | I[1] | 1 | 1 | 1 | 1 |
| | I[0] | 1 | 1 | 1 | 1 |
| Outputs | ALUSrc | 0 | 1 | 1 | 0 |
| | MemtoReg | 0 | 1 | X | X |
| | RegWrite | 1 | 1 | 0 | 0 |
| | MemRead | 0 | 1 | 0 | 0 |
| | MemWrite | 0 | 0 | 1 | 0 |
| | Branch | 0 | 0 | 0 | 1 |
| | ALUOp1 | 1 | 0 | 0 | 0 |
| | ALUOp0 | 0 | 0 | 0 | 1 |

**그림 4.26 간단한 단일 사이클 구현에 필요한 제어 함수를 이 진리표가 완전하게 명시하고 있다.** 표의 위쪽 일곱 행은 네 가지 명령어 클래스에 해당하는 입력 신호의 조합을 한 열에 하나씩 보여 주고 있다. 표의 아래쪽은 네 가지 opcode 각각에 대한 제어 신호 출력을 나타낸다. 따라서 출력 RegWrite는 입력의 두 가지 조합에 대해서만 인가된다. 이 표의 네 가지 opcode만을 생각한다면 입력 부분의 don't care를 사용해서 진리표를 간단하게 만들 수 있다. 예를 들어 논리식 Op4 · Op5만으로도 R-형식 명령어를 구별해 낼 수 있다. R-형식 명령어와 `lw`, `sw`, `beq` 명령어를 구분하는 데는 이것만으로도 충분하기 때문이다. 그러나 RISC-V의 완전 구현에서는 나머지 opcode도 사용되기 때문에 이런 단순화는 사용하지 않을 것이다.

경로는 적재 명령어라는 것이 거의 확실한데, 적재 명령어는 명령어 메모리, 레지스터 파일, ALU, 데이터 메모리, 레지스터 파일의 5개 기능 유닛을 차례로 사용한다. 단일 사이클 구현의 CPI 값은 1이지만(1장 참조) 클럭 사이클이 너무 길기 때문에 전체 성능은 좋지 않다.

고정된 클럭 사이클을 갖는 단일 사이클 설계를 사용할 때 지불해야 될 대가는 엄청나지만 앞의 작은 명령어 집합에서는 받아들일 수 있을 만한 것으로 생각된다. 이같이 매우 간단한 명령어 집합을 가졌던 초창기의 컴퓨터는 이러한 구현 방법을 사용하였다. 그러나 부동 소수점 유닛을 구현하려 하거나 좀 더 복잡한 명령어를 갖는 명령어 집합의 경우에 단일 사이클 구현은 잘 작동하지 않을 것이다.

클럭 사이클은 모든 명령어에 대한 최악의 지연과 같다고 가정해야 하기 때문에, 흔한 경우의 지연은 줄여 주지만 최악의 경우 사이클 시간은 개선하지 못하는 구현은 소용이 없다. 따라서 단일 사이클 구현은 **자주 생기는 일을 빠르게 하라**는 1장의 핵심 설계 원칙을 위반하고 있다.

COMMON CASE FAST

4.6절에서는 파이프라이닝이라는 또 다른 구현 기술을 살펴볼 것이다. 단일 사이클 데이터패스와 매우 유사한 데이터패스를 사용하지만, 처리율이 훨씬 크기 때문에 매우 효율적이다. 파이프라이닝은 여러 개의 명령어를 동시에 실행하여 효율을 높인다.

**스스로 점검하기**

그림 4.26에 있는 제어 신호 중에서 서로 합칠 수 있는 것이 있는가? 다른 신호의 역(inverse)으로 대신할 수 있는 제어 신호가 있는가? (힌트: don't care를 고려하라.) 만약 그렇다면 인버터를 추가하지 않고 어떤 신호를 다른 신호 대신 사용할 수 있는가?

## 멀티사이클 구현

앞 절에서 명령어 실행 과정을 필요한 기능 유닛의 동작에 따라 여러 단계로 나누었다. 이 단계들로 **멀티사이클 구현**을 만들 수 있다. 멀티사이클 구현에서는 명령어 실행의 각 **단계**가 한 클럭 사이클씩 걸린다. 멀티사이클 구현은 한 명령어가 기능 유닛을 두 번 이상 사용하는 것을 허용한다. 물론 그 기능 유닛이 서로 다른 사이클에 사용되는 경우에 한해서이다. 이런 공유는 필요한 하드웨어의 양을 줄일 수 있도록 해 준다. 명령어마다 필요한 클럭 사이클 수를 다르게 할 수 있고 한 명령어 실행 내에서 기능 유닛을 공유할 수 있게 해 주는 것이 멀티사이클 설계의 큰 장점이다. RISC-V의 멀티사이클 구현은 온라인 사이트에서 설명한다.

멀티사이클 구현은 하드웨어 비용을 줄일 수 있지만 오늘날 거의 대부분의 칩들은 파이프라이닝을 사용하여 성능 향상을 꾀하고 있다. 그래서 멀티사이클 구현을 건너뛰고 바로 파이프라이닝으로 가고 싶은 독자가 많을 것이다. 그러나 어떤 교수님들은 파이프라이닝으로 가기 전에 멀티사이클 구현을 설명하는 것이 교수법상 유리하다고 생각할 수도 있기 때문에, 멀티사이클 구현을 완전히 빼 버리는 대신에 온라인으로 제공하고 있다.

## 4.6 파이프라이닝에 대한 개관

*Never waste time.*
American proverb

**파이프라이닝** 조립 라인처럼 여러 명령어의 실행이 중첩되는 구현 기술.

**파이프라이닝**(pipelining)은 여러 명령어가 중첩되어 실행되는 구현 기술이다. 오늘날 **파이프라이닝**은 아주 보편적인 기술이다.

이 절에서는 파이프라이닝 용어와 문제점에 대해 개괄적인 설명을 하기 위해 비유를 많이 사용한다. 만약 큰 그림에만 관심이 있다면 이 절에 관심을 집중시키고 다음에는 4.11절과 4.12절로 건너뛰어 Intel Core i7과 ARM Cortex-A53 같은 최신 프로세서들이 사용하는 고급 파이프라이닝 기법에 대한 소개를 보는 것이 좋다. 파이프라인 컴퓨터의 내부 구조에 관심이 있는 사람에게는 이 절이 4.7절부터 4.10절까지에 대한 좋은 서론이 될 것이다.

세탁을 많이 하는 사람은 무의식적으로 파이프라이닝을 사용해 왔다. 파이프라이닝되지 않은(nonpipelined) 세탁 방법은

1. 세탁기에 한 아름의 더러운 옷을 넣는다.
2. 세탁기가 끝나면 젖은 옷을 건조기에 넣는다.
3. 건조기가 끝나면 건조된 옷을 탁자 위에 놓고 접는다.
4. 접는 일이 끝나면 같은 방 친구에게 옷을 옷장에 넣어 달라고 부탁한다.

이렇게 한 빨래 뭉치의 세탁이 다 끝나고 나면 그다음 빨래 뭉치의 세탁을 시작한다.

그림 4.27에서 보는 바와 같이 파이프라이닝 방법은 훨씬 시간이 덜 걸린다. 첫 번째 묶음의 세탁이 끝나서 건조기에 넣은 후에, 두 번째 더러운 옷 묶음을 세탁기에 넣는다. 첫 번째 묶음이 건조되면 탁자 위에 놓고 접기 시작하고, 젖은 옷 묶음은 건조기에, 또 다음의 더러운 옷 묶음은 세탁기에 넣는다. 다음은 친구에게 첫 번째 묶

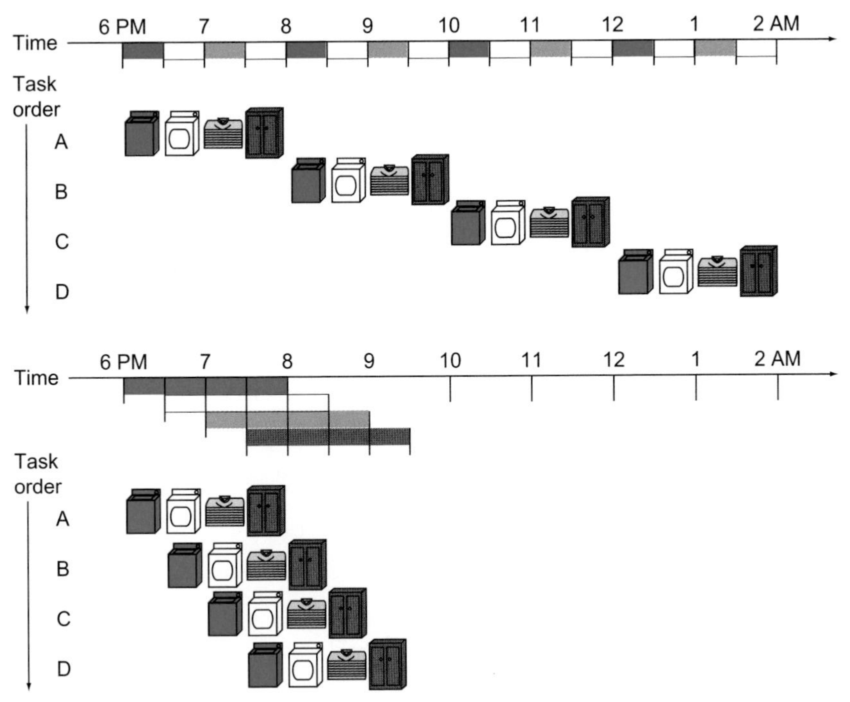


**그림 4.27 파이프라이닝을 위한 세탁소 비유.** Ann, Brian, Cathy, Don은 각자 세탁하고 건조하고 접어서 넣어야 할 빨랫감들이 있다. 세탁기, 건조기, "접는 사람"과 "넣는 사람"이 각각 일하는 데 30분씩 걸린다. 순차 세탁소는 이 네 묶음의 빨래를 하는 데 8시간이 걸리지만 파이프라인 세탁소는 단지 3.5시간이 걸린다. 2차원 시간대 그래프에 각 자원을 여러 개 보여 줌으로써 시간이 흐르면서 각 빨랫감이 머무는 파이프라인 단계를 보여 주고 있다. 하지만 실제로는 각 자원이 하나씩 있을 뿐이다.

음을 옷장에 넣어 줄 것을 부탁하고 당신은 두 번째 묶음을 접기 시작하며 세 번째 묶음을 건조기에, 네 번째 묶음은 세탁기에 넣는다. 이 시점에서는 모든 과정[파이프라이닝에서는 단계(stage)라고 한다]이 동시에 작동하고 있다. 각 단계마다 별개의 자원을 가지고 있으면 작업들을 파이프라이닝할 수 있다.

파이프라이닝의 역설적인 점은 더러운 양말 하나를 세탁기에 넣고 건조한 후 접어서 옷장에 넣을 때까지의 시간은 파이프라이닝을 한다고 해서 더 짧아지는 것이 아니라는 것이다. 일감이 많을 때 파이프라이닝이 더 빠른 이유는 모든 것이 병렬로 동작하며 따라서 같은 시간에 더 많은 일을 처리할 수 있기 때문이다. 파이프라이닝은 세탁 시스템의 **처리량**을 증가시킨다. 그러므로 파이프라이닝이 일감 하나를 끝내는 데 걸리는 시간을 단축하지는 못하지만, 해야 할 빨래가 많을 경우에는 처리량이 증가하므로 일을 끝내는 데 걸리는 전체 시간을 단축시킨다.

만약 모든 단계가 거의 같은 시간이 걸리며 할 일이 충분히 많다면 파이프라이닝에 의한 속도 향상은 파이프라인의 단계 수와 같다. 세탁, 건조, 접기, 넣기의 네 단계가 있으므로 이 경우의 단계 수는 4이다. 따라서 파이프라인 세탁소는 파이프라이닝되지 않은 경우에 비해 4배 빠를 수 있다. 20묶음을 처리하려면 한 묶음 처리 시간의 5배가 걸릴 것이다. 반면에 20묶음을 순차적인 세탁소에서 하면 한 묶음 처리 시간의 20배가 걸린다. 그림 4.27에서는 4배가 아니라 2.3배밖에 빠르지 못한데, 그것은 묶음이 4개밖에 없기 때문이다. 그림 4.27의 파이프라인 버전에서 작업의 시작과 끝 부분에서는 파이프라인이 완전히 차 있지 않음을 알 수 있다. 할 일의 수가 파이프라인 단계 수에 비해 많지 않을 경우에는 이 같은 시작 시간과 마무리 시간이 성능에 영향을 미친다. 일감의 수가 4보다 훨씬 크다면 대부분의 시간에 단계들이 다 차 있을 것이고 따라서 처리량은 4배 가까이 증가할 것이다.

명령어 실행을 파이프라이닝한 한 프로세서에도 같은 원리가 적용된다. RISC-V 명령어는 전통적으로 5단계가 걸린다.

1. 메모리에서 명령어를 가져온다.
2. 명령어를 해독하는 동시에 레지스터를 읽는다.
3. 연산을 수행하거나 주소를 계산한다.
4. 필요하면) 데이터 메모리에 있는 피연산자에 접근한다.
5. (필요하면) 결과값을 레지스터에 쓴다.

따라서 이 장에서 살펴보는 RISC-V 파이프라인은 5단계를 가진다. 다음 예제는 파이프라이닝이 세탁소에서 속도 증가를 보였듯이 명령어 실행에서도 속도를 증가시키는 것을 보여 준다.

예제

### 단일 사이클 대 파이프라인의 성능

구체적 논의를 위해 파이프라인을 만들어 보자. 이 예제와 이 장의 나머지에서는 `lw`(load word), `sw`(store word), `add`(add), `sub`(subtract), `and`(AND), `or`(OR), `beq`(branch if equal) 등 7개의 명령어만 생각하기로 한다.

단일 사이클 구현에서 명령어 사이의 평균 시간을 파이프라인 구현의 경우와 비교하라. 단일 사이클 구현에서는 모든 명령어가 한 클럭 사이클 걸린다. 이 예제에서 주요 기능 유닛의 동작 시간은 다음과 같이 가정한다. 명령어나 데이터를 위한 메모리 접근 200 ps, ALU 연산 200 ps, 레지스터 파일 읽기나 쓰기 100 ps이다. 단일 사이클 모델에서는 모든 명령어가 한 클럭 사이클 이내에 실행되므로 가장 느린 명령어를 수용할 수 있을 만큼 클럭 사이클이 충분히 길어야 한다.

**답**

7개의 명령어 각각에 필요한 시간을 그림 4.28에 보였다. 단일 사이클 설계는 가장 느린 명령어를 수용해야 한다. 그림 4.28을 보면 가장 느린 명령어는 lw이다. 따라서 모든 명령어에 필요한 시간은 800 ps이다. 그림 4.29는 그림 4.27과 같은 방법으로 lw 명령어 3개의 파이프라이닝되지 않은 실행과 파이프라인 실행을 비교하고 있다. 파이프라이닝되지 않은 설계에서 첫 번째 명령어와 네 번째 명령어 사이의 시간은 3 × 800 ps, 즉 2400 ps이다.

파이프라인 구현에서는 모든 단계가 한 클럭 사이클에 처리된다. 따라서 클럭 사이클은 가장 느린 동작을 수용할 만큼 충분히 길어야 한다. 단일 사이클 설계에서 어떤 명령어들은 500 ps밖에 걸리지 않지만 클럭 사이클 시간이 최악의 경우에 맞추어 800 ps가 되었듯이, 파이프라인 실행 클럭 사이클도 어떤 단계는 100 ps가 걸리지만 최악의 경우인 200 ps가 되어야 한다. 그래도 파이프라이닝은 4배의 성능 향상을 제공하여, 첫 번째 명령어와 네 번째 명령어 사이의 시간은 3 × 200 ps, 즉 600 ps이다.

위에 설명한 속도 향상에 관한 논의를 식으로 바꿀 수 있다. 단계들이 완벽하게 균형을 이루고 있으면 파이프라인 프로세서에서 명령어 사이의 시간은 (이상적인 조건을 가정할 때) 다음과 같다.

$$\text{명령어 사이의 시간}_{\text{파이프라인}} = \frac{\text{명령어 사이의 시간}_{\text{파이프라인되지 않음}}}{\text{파이프 단계 수}}$$

이상적인 조건하에서 매우 많은 명령어를 실행하는 경우 파이프라이닝에 의한 속도 향상은 파이프 단계 수와 거의 같다. 5단계 파이프라인은 거의 5배 더 빠르다.

위 식에 따르면 5단계 파이프라인은 800 ps의 파이프라이닝되지 않은 시스템보

| Instruction class | Instruction fetch | Register read | ALU operation | Data access | Register write | Total time |
|---|---|---|---|---|---|---|
| Load word (lw) | 200 ps | 100 ps | 200 ps | 200 ps | 100 ps | 800 ps |
| Store word (sw) | 200 ps | 100 ps | 200 ps | 200 ps | | 700 ps |
| R-format (add, sub, and, or) | 200 ps | 100 ps | 200 ps | | 100 ps | 600 ps |
| Branch (beq) | 200 ps | 100 ps | 200 ps | | | 500 ps |

그림 4.28 **각 구성 요소의 동작 시간으로 계산한 각 명령어의 실행시간.** 이 계산에서 멀티플렉서, 제어 유닛, PC 접근, 부호확장 유닛들은 지연시간이 없다고 가정하였다.

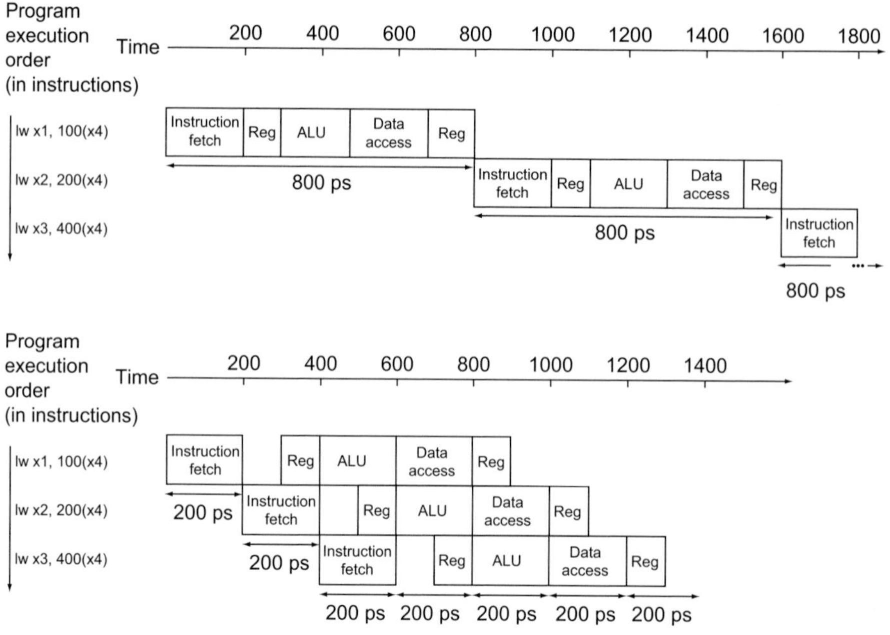


**그림 4.29 파이프라이닝되지 않은 단일 사이클 실행(상단) 대 파이프라인 실행(하단).** 둘 다 같은 하드웨어 요소를 사용하며 각 요소의 동작 시간은 그림 4.28에 있다. 이 경우에는 명령어 간의 평균 시간이 800 ps에서 200 ps로 낮아지면서 4배의 속도 향상을 보인다. 그림 4.27에서는 세탁소의 모든 단계가 같은 시간이 걸린다고 가정하였다. 하지만 만약 건조기가 가장 느리다면 건조 단계에 걸리는 시간이 단계 시간을 결정할 것이다. 컴퓨터 파이프라인의 단계 시간은 가장 느린 자원에 의해 정해지는데, 보통 ALU 연산이나 메모리 접근이 된다. 레지스터 파일에 쓰기는 클럭 사이클의 전반부에 일어나고 레지스터 파일로부터의 읽기는 후반부에 일어난다고 가정한다. 이 가정을 이장 끝까지 사용하겠다.

다 5배 향상된 성능을 제공해야 한다. 즉 클럭 사이클이 160 ps가 되어야 한다. 그러나 이 예제의 단계들은 완벽하게 균형 잡혀 있지 않다. 더구나 파이프라이닝은 어느 정도의 오버헤드를 유발한다. 이 오버헤드의 원인이 어디에 있는지는 금방 알게 될 것이다. 이런 이유로 파이프라인 프로세서에서의 명령어당 시간이 가능한 최소값보다 커져서 속도 향상은 파이프라인 단계 수보다 작아진다.

더구나 성능이 4배 향상된다는 주장은 예제의 명령어 3개의 실행시간에는 반영되지도 않는다. 실행시간은 1400 ps 대 2400 ps이다. 물론 이것은 실행 명령어가 많지 않기 때문이다. 명령어의 수를 증가시키면 무슨 일이 일어날까? 앞에서 본 그림을 1,000,003개의 명령어로 확장시키자. 위 파이프라이닝 예제에 1,000,000개의 명령어를 추가하면 된다. 명령어 하나당 200 ps가 추가되므로 전체 실행시간은 1,000,000 × 200 ps + 1400 ps 즉 200,001,400 ps이다. 파이프라이닝되지 않은 경우에는 1,000,000개의 명령어를 추가하며 각 명령어는 800 ps씩 걸린다. 따라서 전체 실행시간은 1,000,000 × 800 ps + 2400 ps 즉 800,002,400 ps이다. 이 같은 이상적인 조건하에서는 파이프라이닝되지 않은 컴퓨터와 파이프라인 컴퓨터에서 실제 프로그램의 실행시간 비율은 명령어 사이의 시간 비율과 비슷하다.

$$\frac{800{,}002{,}400 \text{ ps}}{200{,}001{,}400 \text{ ps}} \simeq \frac{800 \text{ ps}}{200 \text{ ps}} \simeq 4.00$$

파이프라이닝은 개별 명령어의 실행시간을 줄이지는 못하지만 대신 명령어 처리량을 증대시킴으로써 성능을 향상시킨다. 실제 프로그램들은 수십억 개의 명령어를 실행하기 때문에 명령어 처리량이 중요한 척도이다.

## 파이프라이닝을 위한 명령어 집합 설계

파이프라이닝에 대한 이런 간단한 설명만으로도 RISC-V 명령어 집합 설계의 핵심을 파악할 수 있다. RISC-V 명령어 집합은 원래 파이프라인 실행을 위해 설계된 것으로, 다음 특징들은 효율적인 파이프라인 실행을 위한 것이다.

첫째, 모든 RISC-V 명령어는 같은 길이를 갖는다. 이 같은 제한 조건은 첫 번째 파이프라인 단계에서 명령어를 가져오고 그 명령어들을 두 번째 단계에서 해독하는 것을 훨씬 쉽게 해 준다. x86 같은 명령어 집합에서는 명령어 길이가 1바이트에서부터 15바이트까지 변하기 때문에 파이프라이닝이 생각보다 매우 힘들다. 최근의 x86 구조는 x86 명령어를 RISC-V 명령어처럼 생긴 단순한 연산들로 변환하여 원래의 x86 명령어 대신 이 단순한 연산을 파이프라이닝하는 방식으로 구현한다. 이에 대해서는 4.12절에서 설명한다.

둘째, RISC-V는 명령어 형식이 몇 가지 안 되며, 첫 번째 근원지 레지스터와 목적지 레지스터 필드는 항상 같은 위치에 있다.

셋째, RISC-V에서는 메모리 피연산자가 적재와 저장 명령어에서만 나타난다. 이런 제약이 있기 때문에 실행 단계에서 메모리 주소를 계산하고 다음 단계에서 메모리에 접근할 수 있다. x86처럼 메모리에 있는 피연산자에 연산을 할 수 있었다면 단계 3과 4가 주소 단계, 메모리 단계, 실행 단계로 확장되어야 했을 것이다. 파이프라인이 길어지면 문제가 생기는데 이해 대해서는 곧 설명하겠다.

## 파이프라인 해저드

다음 명령어가 다음 클럭 사이클에 실행될 수 없는 상황이 있다. 이러한 사건을 해저드(hazard)라 부르는데 세 가지 종류가 있다.

## 구조적 해저드

**구조적 해저드** 주어진 클럭 사이클에 실행되도록 되어 있는 명령어 조합을 하드웨어가 지원하지 못해서 계획된 명령어가 적절한 클럭 사이클에 실행될 수 없는 사건.

첫 번째 해저드는 **구조적 해저드**(structural hazard)라 불린다. 같은 클럭 사이클에 실행하기를 원하는 명령어의 조합을 하드웨어가 지원할 수 없기 때문에 발생한다. 세탁소에서는 독립된 세탁기와 건조기를 사용하지 않고 세탁기와 건조기가 같이 붙어 있는 기계를 사용하거나 또는 친구가 다른 일을 하느라고 바빠서 빨래를 옷장에 넣지 못하면 구조적 해저드가 발생한다. 그러면 공들여서 스케줄링한 파이프라인 계획이 틀어진다.

위에서 이야기한 것처럼 RISC-V 명령어 집합은 처음부터 파이프라이닝하도록 설계한 것이기 때문에 구조적 해저드를 피하는 것이 비교적 용이하다. 그러나 메모리가 2개가 아니고 하나라고 생각해 보자. 그림 4.29의 파이프라인에 네 번째 명령어가 추가된다면 같은 클럭 사이클에 첫 번째 명령어는 메모리에서 데이터에 접근하고, 네 번째 명령어는 같은 메모리에서 명령어를 가져오게 된다. 이 파이프라인에 메모리가 하나라면 구조적 해저드를 피할 수 없을 것이다.

## 데이터 해저드

**데이터 해저드** 파이프라인 데이터 해저드라고도 한다. 명령어를 실행하는 데 필요한 데이터가 아직 준비되지 않아서 계획된 명령어가 적절한 클럭 사이클에 실행될 수 없는 사건.

**데이터 해저드**(data hazard)는 어떤 단계가 다른 단계가 끝나기를 기다려야 하기 때문에 파이프라인이 지연되어야 하는 경우 일어난다. 옷을 개다가 한 짝이 없는 양말을 발견했다고 하자. 한 가지 방법은 방으로 달려가서 옷장을 뒤져 나머지 짝을 찾아보는 것이다. 옷장을 뒤지고 있는 동안은 건조 과정을 끝내고 개는 과정을 기다리는 옷들과 세탁 과정을 끝내고 건조 과정을 기다리는 옷들은 기다려야만 한다는 것이 분명하다.

컴퓨터 파이프라인에서는 어떤 명령어가 아직 파이프라인에 있는 앞선 명령어에 종속성을 가질 때 데이터 해저드가 일어난다. (세탁에서는 이 같은 관계가 실제로 존재하지는 않는다.) 예를 들어 `add` 명령어 바로 다음에 `add`의 합(`x19`)을 사용하는 `sub` 명령어가 뒤따르는 경우를 가정하자.

```
add   x19, x0, x1
sub   x2, x19, x3
```

별다른 조치가 없다면 데이터 해저드가 파이프라인을 심각하게 지연시킬 수 있다. `add` 명령어는 다섯 번째 단계까지는 결과값을 쓰지 않을 텐데 이는 파이프라인이 3개의 클럭 사이클을 낭비해야 한다는 것을 의미한다.

컴파일러를 이용해서 이런 데이터 해저드를 모두 제거하려고 할 수도 있지만 결과는 그리 만족스럽지 못할 것이다. 이 같은 의존성은 너무 자주 일어나고 지연은 너무 길어서 컴파일러가 우리를 이 같은 딜레마로부터 구출할 것이라고 기대하기가 어렵다.

첫 번째 해결책은 데이터 해저드를 해결하려고 노력하기 전에 명령어가 끝날 때까지 기다릴 필요가 없다는 관찰에 기반을 두고 있다. 위와 같은 코드인 경우 ALU가 `add` 명령어의 합을 만들어 내자마자 이것을 `sub`의 입력으로 사용할 수 있다. 별도의 하드웨어를 추가하여 정상적으로는 얻을 수 없는 값을 내부 자원으로부터 일찍 받아오는 것을 **전방전달**(forwarding) 또는 **우회전달**(bypassing)이라고 한다.

**전방전달** 우회전달이라고도 한다. 프로그래머가 볼 수 있는 레지스터나 메모리에 아직 나타나지 않은 데이터를 기다리기보다는 내부 버퍼로부터 가져옴으로써 데이터 해저드를 해결하는 방법.

## 두 명령어 사이의 전방전달

**예제**

앞의 두 명령어에서 어느 파이프라인 단계가 전방전달에 의해 연결되어야 하는지를 보이되 그림 4.30과 같은 방식으로 파이프라인 다섯 단계의 데이터패스를 표현하라. 그림 4.27의 세탁소 파이프라인처럼 명령어마다 데이터패스를 한 벌씩 할당해서 보여라.

**답**

그림 4.31은 `add` 명령어의 실행 단계 후의 `x1` 값을 `sub` 명령어의 실행 단계 입력으로 전방전달하기 위한 연결을 보여 주고 있다.

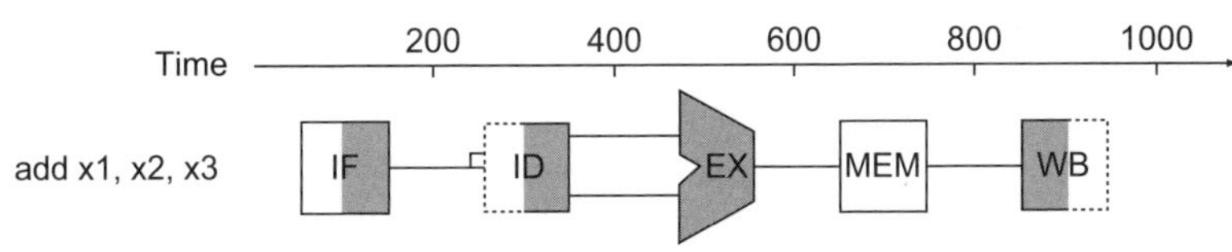


**그림 4.30 그림 4.27의 세탁소 파이프라인과 같은 방법으로 나타낸 명령어 파이프라인의 도시.** 이 장에서는 물리적 자원을 의미하는 기호와 단계 이름의 약자로 파이프라인 단계를 표시한다. 각 단계를 표시하는 약자는 다음과 같다. 명령어 인출 단계는 IF로 나타내는데, 명령어 메모리를 뜻하는 상자와 함께 표시한다. 명령어 해독/레지스터 파일 읽기 단계는 ID로 나타내는데, 읽혀지고 있는 레지스터 파일을 나타내는 상자와 함께 표시한다. 실행 단계는 EX로 나타내는데, ALU를 나타내는 그림과 함께 표시한다. 메모리 접근 단계는 MEM으로 나타내는데, 데이터 메모리를 표시하는 상자와 함께 표시한다. 쓰기 단계는 WB로 나타내는데, 쓰기가 행해지고 있는 레지스터 파일을 나타내는 상자와 함께 표시한다. 어둡게 그려져 있는 것은 그 구성 요소가 명령어에 의해 사용되고 있다는 것을 나타낸다. `add` 명령어의 경우에는 데이터 메모리를 접근하지 않기 때문에 MEM 상자가 흰색 배경을 가지고 있다. 레지스터 파일의 오른쪽 반 또는 메모리의 오른쪽 반이 어두운 것은 그 구성 요소가 그 단계에서 읽혀지고 있다는 것을 의미하며, 왼쪽 반이 어두운 경우는 그 단계에서 쓰기가 행해지고 있다는 것을 뜻한다. 따라서 두 번째 단계에서 ID의 오른쪽 반이 어둡게 그려진 것은 레지스터 파일이 읽혀지고 있기 때문이며, 다섯 번째 단계에서 WB의 왼쪽 반이 어둡게 그려진 것은 레지스터 파일에 쓰기가 행해지고 있기 때문이다.

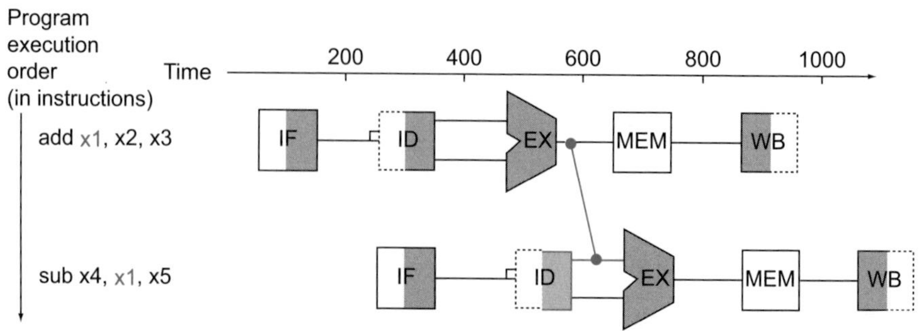


**그림 4.31 전방전달의 그림 표현.** 그림의 파란색 연결은 add의 EX 단계 출력을 sub의 EX 단계 입력으로 전방전달하는 경로를 표시한다. 전방전달은 sub의 두 번째 단계에서 읽은 레지스터 x1의 값을 대치한다.

그림 표현에서 목적지 단계가 근원지 단계보다 시간적으로 늦을 경우에만 전방전달 통로가 유효하다. 예를 들면 첫 번째 명령어의 메모리 접근 단계의 출력으로부터 다음 명령어의 실행 단계 입력으로의 전방전달 통로는 유효한 통로가 될 수 없다. 왜냐하면 그 통로는 시간이 뒤로 돌아가는 것을 의미하기 때문이다.

전방전달은 매우 잘 동작하는데 자세한 것은 4.8절에서 설명한다. 그러나 전방전달이 모든 파이프라인 지연을 방지할 수는 없다. 예를 들면 첫 번째 명령어가 add 명령어가 아니고 x1에 적재하는 명령어라고 가정하자. 그림 4.31을 보고 상상할 수 있는 것처럼 원하는 데이터는 종속 관계에 있는 첫 번째 명령어의 4단계 후에만 사용할 수 있다. 이는 sub 명령어의 세 번째 단계 입력으로는 너무 늦다. 따라서 그

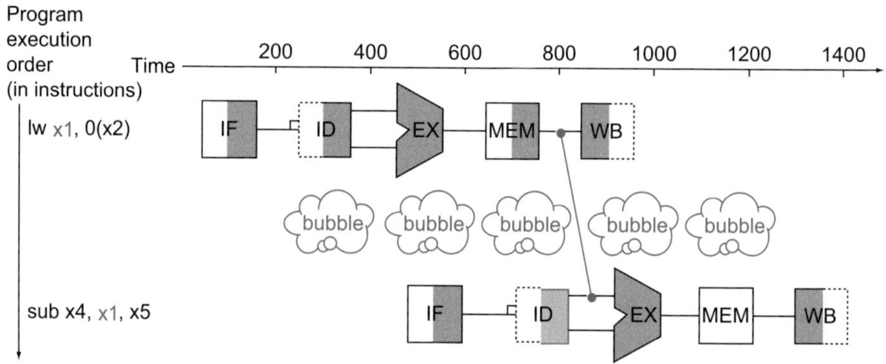


**그림 4.32 적재 명령어 다음에 나오는 R-형식 명령어가 그 데이터를 사용하려 시도할 때는 전방전달을 해도 지연이 필요하다.** 지연이 없다면 메모리 접근 단계 출력에서 실행 단계 입력으로 가는 경로는 시간적으로 뒤로 가는 것이기 때문에 불가능하다. 실제로는 이 그림은 단순화한 것이다. 왜냐하면 sub 명령어가 인출되고 해독될 때까지는 지연이 필요한지 아닌지를 알 수 없기 때문이다. 해저드가 발생할 때 정말로 무슨 일이 일어나는지는 4.8절에서 보인다.

림 4.32에서 보는 바와 같이 **적재-사용 데이터 해저드**(load-use data hazard)의 경우에는 전방전달을 해도 한 단계가 지연되어야 한다. 이 그림은 **파이프라인 지연**(pipeline stall)이라는 중요한 파이프라인 개념을 보여 주고 있다. 지연은 **거품**(bubble)이라는 별명으로 불리는 경우도 많다. 지연은 파이프라인의 다른 곳에서도 나타난다. 4.8절은 이런 어려운 경우의 처리 방법을 설명하는데, 하드웨어 검출과 지연을 사용하거나 다음 예에서 보듯이 적재-사용 데이터 해저드를 피할 수 있게 명령어의 순서를 바꾸는 소프트웨어를 사용한다.

적재-사용 데이터 해저드 적재 명령어에 의해 적재된 데이터를 다른 명령어가 필요로 하는데, 필요한 시점까지 이 데이터가 도착하지 않아서 생기는 특별한 형태의 데이터 해저드.

파이프라인 지연 거품이라고도 부른다. 해저드를 해결하기 위해 생기는 지연.

### 파이프라인 지연을 피하기 위한 코드의 재정렬

**예제**

C로 작성된 다음 코드를 생각해 보자.

```
a = b + e;
c = b + f;
```

다음은 이 코드에 대한 RISC-V 코드이다. 모든 변수는 메모리에 있고 x31을 베이스로 사용해서 접근할 수 있는 위치에 있다고 가정한다.

```
lw   x1, 0(x31)      // Load b
lw   x2, 4(x31)      // Load e
add  x3, x1, x2      // b + e
sw   x3, 12(x31)     // Store a
lw   x4, 8(x31)      // Load f
add  x5, x1, x4      // b + f
sw   x5, 16(x31)     // Store c
```

위 코드에서 해저드를 찾아내고 파이프라인 지연을 피할 수 있도록 명령어들을 재정렬하라.

**답**

두 add 명령어가 모두 해저드를 가지고 있는데 이는 바로 앞의 명령어인 lw 명령어와 각각 종속성이 있기 때문이다. 전방전달을 하면 첫 번째 lw 명령어에 대한 첫 번째 add 명령어의 종속성과 저장 명령어 관련 모든 해저드를 비롯한 몇 가지 다른 해저드가 제거됨에 주목하라. 위의 add 관련 두 해저드는 세 번째 lw 명령어를 위로 올리면 모두 없어진다.

```
lw   x1, 0(x31)      // Load b
lw   x2, 4(x31)      // Load e
```

```
lw    x4, 8(x31)        // Load f
add   x3, x1, x2        // b + e
sw    x3, 12(x31)       // Store a
add   x5, x1, x4        // b + f
sw    x5, 16(x31)       // Store c
```

전방전달 유닛이 있는 파이프라인 프로세서에서, 재정렬된 코드는 원래 코드보다 2 사이클 먼저 완료된다.

전방전달은 315쪽에서 언급한 세 가지 통찰 외에 RISC-V 구조에 대한 또 다른 점을 확인하게 한다. 각각의 RISC-V 명령어는 기껏해야 하나의 결과 쓰기를 할 뿐이며 그것도 파이프라인 끝에서 한다. 명령어 하나에 전방전달해야 하는 결과가 여러 개 있거나 명령어 실행의 초기에 결과 쓰기를 한다면 전방전달은 더 어려워졌을 것이다.

**고난도:** "전방전달"이라는 이름은 앞의 명령어가 뒤의 명령어에게 결과값을 전방(앞쪽)으로 전달한다는 생각에서 나왔다. "우회전달"이라는 말은 결과값이 레지스터 파일을 거치지 않고 우회하여 원하는 유닛으로 전달(pass)된다는 뜻에서 나왔다.

## 제어 해저드

제어 해저드 분기 해저드(branch hazard)라고도 한다. 인출한 명령어가 필요한 명령어가 아니기 때문에 적절한 명령어가 적절한 클럭 사이클에 실행될 수 없는 사건. 명령어 주소의 흐름이 파이프라인이 기대한 것과 다르기 때문에 발생한다.

세 번째 해저드는 제어 해저드(control hazard)라 불리는데 다른 명령어들이 실행 중에 하나의 명령어의 결과값에 기반을 둔 결정을 할 필요가 있을 때 일어난다.

어떤 세탁소 점원에게 미식축구팀의 유니폼을 세탁하는 임무가 주어졌다고 생각하자. 세탁물이 더러운 정도에 맞추어 세제 농도와 물 온도를 결정해서 때는 잘 빠지지만 옷감이 상할 정도는 아니게 해야 한다. 앞의 세탁소 파이프라인에서 세탁기 설정을 바꿀 필요가 있는지 아닌지를 결정하려면 두 번째 단계까지 기다려서 마른 유니폼을 조사해야 한다. 어떻게 할 것인가?

세탁소나 컴퓨터의 제어 해저드에 대한 두 가지 해결책이 있는데, 그중 첫 번째는 지연이다.

**지연:** 첫 번째 세탁물을 세탁하고 건조한 후, 건조가 끝난 세탁물을 보고 배합이 적절하지 않으면 다시 세탁한다. 적합한 배합이 찾아질 때까지 이 일을 반복한다. 따라서 다음 세탁물의 투입은 지연된다.

이렇게 보수적인 방법으로 하면 되기는 확실히 되지만 시간이 오래 걸린다.

컴퓨터에서 이러한 결정 작업에 해당하는 것이 바로 조건부 분기 명령어이다. 바

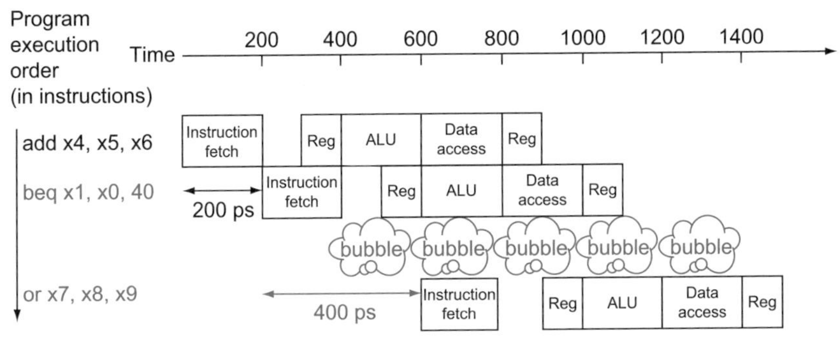


**그림 4.33 제어 해저드에 대한 해결책으로 매 조건부 분기 명령어마다 지연시키는 파이프라인.** 이 예는 분기가 일어난 것을 가정하고 있다. 분기 명령어의 목적지에 있는 명령어는 or 명령어이다. 분기 명령어 후에는 한 단계가 지연(또는 거품이 하나 삽입)된다. 실제로는 4.9절에서 보는 바와 같이 지연을 만드는 과정이 간단하지 않다. 그럼에도 불구하고 성능에 미치는 영향은 거품을 삽입하는 것과 같다.

로 다음 클럭 사이클에서 분기 명령어를 이을 명령어를 가져오기 시작해야 하는데, 다음 명령어가 어느 것이 되어야 할지 파이프라인은 알 수가 없다. 왜냐하면 이제 방금 메모리에서 분기 명령어를 꺼냈을 뿐이기 때문이다. 한 가지 가능한 해결책은 세탁소 비유의 경우처럼 분기 명령어를 인출한 직후 파이프라인을 정지시켜서, 파이프라인이 분기 결과를 판단하고 다음 명령어를 가져올 주소를 결정할 때까지 기다리게 하는 것이다.

파이프라인의 두 번째 단계에서 레지스터를 테스트하고 분기 주소를 계산하고 PC 값을 바꿀 수 있을 정도로 하드웨어를 충분히 추가했다고 가정하자. (세부 사항은 4.9절을 참조하라.) 이렇게 충분한 하드웨어를 추가해도 조건부 분기를 실행하는 파이프라인은 그림 4.33처럼 될 것이다. 분기가 실패했을 때 실행되는 명령어도 200 ps 클럭 사이클 동안 지연된 후에 시작된다.

### "분기 시 지연(Stall on Branch)"의 성능

**예제**

분기 명령어가 나오면 무조건 지연시키는 방법이 CPI에 미치는 영향을 계산하라. 다른 모든 명령어의 CPI는 1이라고 가정한다.

**답**

3장의 그림 3.22에서 본 바와 같이 조건부 분기 명령어가 SPECint2006에서 실행되는 명령어의 약 10%이다. 다른 명령어들은 CPI가 1이고, 조건부 분기 명령어는 지연 때문에 1 클럭 사이클이 더 필요하다. 따라서 CPI 값은 1.10이 되고 이상적인 경우와 비교하면 1.10배 속도 저하가 생긴다.

파이프라인이 긴 경우에는 흔히 그렇듯이 분기를 두 번째 단계에서 다 해결하지 못한다면, 분기 명령어마다 지연시키는 것은 훨씬 더 큰 속도 저하를 초래할 것이다. 이 방법은 지불해야 할 대가가 너무 커서 대부분의 컴퓨터에서 사용하기 힘들기 때문에 제어 해저드에 대한 두 번째 해결책이 나오게 되었다. 이 해결책은 1장에서 다룬 위대한 아이디어 하나를 사용하게 된다.

**예측**: 유니폼 세탁에 적절한 배합을 잘 알고 있다면, 첫 번째 묶음이 건조될 때까지 기다리는 동안 배합을 **예측**해서 두 번째 묶음을 세탁한다.

이 방법은 예측이 맞으면 파이프라인의 성능을 떨어뜨리지 않는다. 그러나 예측이 틀렸으면 다시 세탁해야 한다.

대부분의 컴퓨터가 조건부 분기 명령어를 다루기 위해서 **예측**을 사용한다. 간단한 방법은 조건부 분기가 항상 실패한다고 예측하는 것이다. 예측이 옳으면 파이프라인은 최고 속도로 진행된다. 실제로 조건부 분기가 일어날 때만 파이프라인이 지연된다. 그림 4.34는 이러한 예를 보여 준다.

**분기 예측** 실제 분기 결과가 확인될 때까지 기다리는 대신, 분기 결과를 가정하고 그 가정하에 파이프라인을 진행해 나가는 분기 해저드 해결 방법.

좀 더 정교한 **분기 예측**(branch prediction)은 어떤 경우는 분기한다고(taken) 예측하고 어떤 경우는 분기하지 않는다고(untaken) 예측하는 것이다. 우리 비유에서는 짙은 색의 홈 경기 유니폼을 한 가지 배합으로 빨고, 밝은 색의 원정 경기 유니폼을 또 다른 배합으로 빠는 것이다. 프로그래밍의 경우 순환문의 끝에는 순환문의 꼭대기로 분기하라는 조건부 분기 명령어가 있다. 이 명령어들은 분기가 일어날 가능성이 높고 분기 방향이 후방이므로, 이에 착안하여 현재 위치보다 작은 주소로 점프하는 조건부 분기 명령어는 분기가 항상 일어난다고 예측할 수 있다.

이러한 분기 예측 방법들은 보편적 행동에 의존하며 특정 분기 명령어의 개별성은 고려하지 않는다. 동적 하드웨어 예측기(dynamic hardware predictor)는 이와는 정반대로 개별 조건부 분기 명령어의 행동에 의존하는 예측을 하며 프로그램이 진행되는 도중에 예측을 바꿀 수 있다. 앞의 비유에 동적 예측을 적용하면, 유니폼이 과거에 얼마나 더러웠는지 찾아봐서 적절한 배합을 추측하고, 최근 예측의 성공 여부에 따라 다음 **예측**을 조정한다.

조건부 분기의 동적 예측에 대한 보편적 방법 중 하나는 각각의 조건부 분기 명령어마다 분기가 일어났는지 안 일어났는지 이력을 기록하고, 최근의 과거 이력을 사용하여 미래를 예측하는 것이다. 좀 뒤에 보겠지만 유지되는 이력의 양이나 정보의 종류가 많아져서 그 결과 동적 분기 예측기가 90% 이상의 정확도를 가지게 되었다(4.9절 참조). 예측이 어긋났을 때는 잘못 예측한 조건부 분기 명령어 뒤에 나오는 명령어들을 무효화시키고 올바른 분기 주소로부터 파이프라인을 다시 시작해야 한다. 세탁물 비유에서는 잘못 예측한 세탁물을 다시 빨 수 있도록 새로운 세탁물을

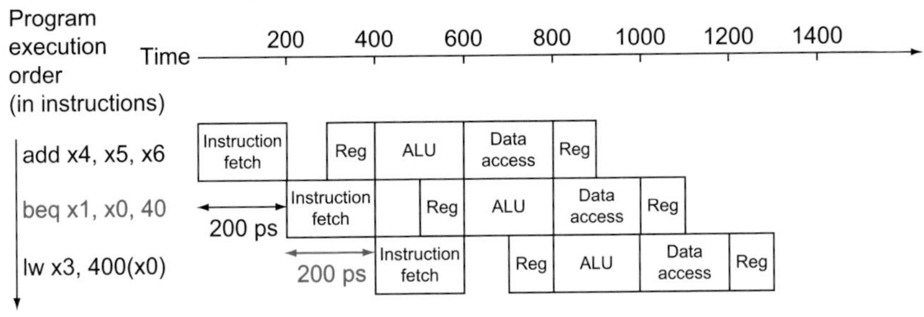


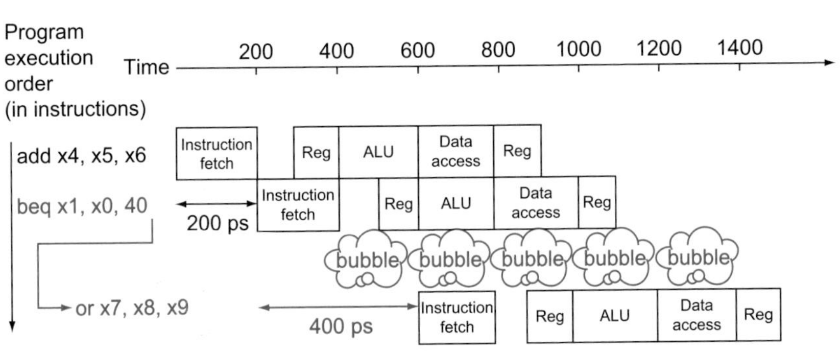


**그림 4.34 제어 해저드에 대한 해결책으로 분기가 일어나지 않는다고 예측하기.** 위 그림은 분기가 일어나지 않았을 때의 파이프라인을 보여 주고 있고, 아래 그림은 분기가 일어났을 때를 보여 주고 있다. 그림 4.33에서 본 바와 같이 이 같은 방식으로 거품을 삽입하는 것은 실제 일어나는 일을 단순화해서 보여 주는 것이다. 적어도 분기 명령어 바로 다음 첫 클럭 사이클의 상황을 잘 보여 준다. 4.9절에서 자세히 설명한다.

받아들이는 것을 중지해야 한다.

제어 해저드에 대한 다른 모든 해결책에서와 마찬가지로 분기 예측에서도 긴 파이프라인은 문제를 악화시키기 때문에 틀린 예측의 비용을 증대시킨다. 제어 해저드에 대한 해결책들은 4.9절에서 자세히 다루어진다.

**고난도:** 제어 해저드에 대한 세 번째 해결 방법은 **지연 결정**(delayed decision)이라고 불린다. 우리 비유에서는 세탁물에 대해 그런 결정을 하려 할 때마다 축구 유니폼이 건조되기를 기다리는 동안 축구 유니폼이 아닌 옷 묶음을 세탁기에다 넣는 것이다. 테스트에 의해 영향받지 않는 더러운 옷을 충분히 가지고 있는 한 이 같은 해결책은 제대로 작동한다.

컴퓨터에서는 **지연 분기**(delayed branch)라 불리는 이 해결책을 RISC-V는 사용하지 않지만 MIPS 구조는 실제로 사용하고 있다. 지연 분기는 다음 순서의 명령어를 항상 실행하고, 실제 분기는 그 명령어를 파이프라인에 넣고 나서 한 사이클 늦게 일어난다. 프로그래머가 원하는 분기 동작을 얻을 수 있도록 어셈블러가 명령어들을 자동적으로 정렬할 수 있기 때문에 MIPS 어셈블리 언어 프로그래머한테는 이 특성이 보이지 않는다. MIPS 소프트웨어는 분기 명령어에 의해 영향 받지 않는 명령어를 지연 분기 명령어 바로 다음에 옮겨 놓으며, 분기가 일어나면 이 안전한 명령어 뒤의 명령어 주소가 들어 있는 PC를 분기 목적지 주소로 변경하게 된다. 그림 4.33에서 분기 명령어 직전의 `add` 명령어는 분기 명령어에 영향을 주지 않으므로 분기 지연을 완전히 감추기 위해 분기 명령어 뒤로 옮길 수 있다. 지연 분기는 분기 지연이 작을 때만 쓸모가 있기 때문에 1 사이클보다 큰 지연 분기를 사용하는 프로세서는 없다. 더 긴 분기 지연에는 하드웨어 기반의 분기 예측이 사용된다.

## 파이프라이닝 개관에 대한 요약

PARALLELISM

PIPELINING

파이프라이닝은 순차적인 명령어 스트림에 있는 명령어 간 **병렬성**을 추구하는 기술이다. 이는 멀티프로세서(6장 참조) 프로그래밍과는 달리 기본적으로 프로그래머에게 보이지 않는다는 상당한 이점을 가지고 있다.

이 장의 다음 절들에서 4.4절의 단일 사이클 구현에서 사용한 RISC-V 명령어 집합의 일부를 사용하여 파이프라이닝의 개념을 설명하고 파이프라인의 단순화된 버전을 보인다. 또 **파이프라이닝**이 갖는 문제점과 전형적 상황에서 얻을 수 있는 성능에 대해 알아본다.

파이프라이닝의 소프트웨어와 성능에 대해서만 집중하고자 한다면 이제 충분한 배경 지식을 갖추었으니 4.11절로 건너뛰어도 좋다. 4.11절에서는 수퍼스칼라, 동적 스케줄링과 같은 고급 파이프라이닝 개념을 소개하며, 4.12절에서는 최신 마이크로프로세서의 파이프라인에 대해 알아본다.

그 반대로 파이프라이닝이 어떻게 구현되고 해저드를 다루는 데 어떤 문제가 있는지를 이해하는 데 관심이 많다면 4.7절에서 설명하는 파이프라인 데이터패스의 설계와 기본적인 제어에 대해 공부하라. 그 후에 이 같은 이해를 바탕으로 4.8절에서 설명하는 전방전달 및 지연의 구현에 대해 알아볼 수 있다. 그다음 4.9절에서 분기 해저드에 대한 해결책들에 대해 좀 더 많은 것을 배우고, 예외가 어떻게 처리되는지를 4.10절에서 배울 수 있다.

**스스로 점검하기** 다음 각 코드 시퀀스는 지연이 필요한지, 전방전달만을 사용하여 지연을 피할 수 있는지, 아니면 지연이나 전방전달 없이도 실행될 수 있는지 설명하라.

| 코드 시퀀스 1 | 코드 시퀀스 2 | 코드 시퀀스 3 |
|---|---|---|
| `lw x10, 0(x10)`<br>`add x11, x10, x10` | `add x11, x10, x10`<br>`addi x12, x10, 5`<br>`addi x14, x11, 5` | `addi x11, x10, 1`<br>`addi x12, x10, 2`<br>`addi x13, x10, 3`<br>`addi x14, x10, 4`<br>`addi x15, x10, 5` |

## 프로그램 성능의 이해

메모리 시스템을 제외하면 프로세서의 CPI 즉 프로세서의 성능을 결정하는 가장 중요한 요인은 파이프라인의 효과적 동작이다. 4.11절에서 보겠지만 최신 다중 내보내기(multiple issue) 파이프라인 프로세서의 성능을 이해하는 것은 복잡하여 단순 파이프라인 프로세서에서 일어나는 문제들보다 더 많은 것을 알아야 한다. 그러나 구조적 해저드, 데이터 해저드, 제어 해저드는 단순 파이프라인 프로세서뿐만 아니라 더 정교한 프로세서에서도 역시 중요하다.

오늘날의 파이프라인에서 구조적 해저드는 보통 부동 소수점 유닛 주변에서 일어나는데, 부동 소수점 유닛이 완전히 파이프라이닝되어 있지 않을 수도 있다. 제어 해저드는 정수형 프로그램에서 주로 일어나는데, 이는 조건부 분기 명령어가 자주 나타나는 반면 예측 가능한 분기는 오히려 적기 때문이다. 데이터 해저드는 정수형 프로그램이나 부동 소수점 프로그램 양쪽에서 성능의 병목으로 작용할 수 있다. 많은 경우에 부동 소수점 프로그램의 데이터 해저드를 다루는 것이 더 쉽다. 왜냐하면 부동 소수점 프로그램에서는 분기 명령어가 자주 나오지 않고 좀 더 규칙적인 메모리 접근 패턴을 가지고 있어 컴파일러가 해저드를 피하기 위해 명령어를 재정렬하기 쉽기 때문이다. 규칙적인 메모리 접근 패턴이 적고 포인터를 많이 사용하는 정수형 프로그램에서는 그러한 최적화를 하는 것이 좀 더 어렵다. 재정렬을 통해 데이터 종속성을 줄이려는 야심찬 컴파일러와 하드웨어 기법들을 4.11절에서 소개한다.

**지연시간** 파이프라인의 단계 수 또는 실행 중인 두 명령어 사이의 단계 수.

## 요점정리

**파이프라이닝**은 동시에 실행되는 명령어의 수를 증가시키며 명령어들이 시작하고 끝나는 속도를 증가시킨다. 파이프라이닝은 한 명령어의 실행을 끝내는 데 걸리는 시간을 단축시키지는 않는데 이 시간을 지연시간(latency)이라고 부른다. 예를 들어 5단계 파이프라인은 한 명령어가 끝나는 데 5 클럭 사이클이 걸린다. 1장에서 사용했던 용어를 사용하면 파이프라이닝은 개개 명령어 **지연시간**(execution time 또는 latency)보다는 **처리율**을 향상시킨다.

명령어 집합은 파이프라인 설계를 쉽게도 하고 어렵게도 한다. 파이프라인 설계자들은 이미 구조적 해저드, 제어 해저드, 데이터 해저드 등과 맞닥뜨려 이를 해결해 왔다. 분기 **예측**, 전방전달은 올바른 결과를 얻으면서도 컴퓨터를 빠르게 하는 데 도움을 준다.

# 4.7 파이프라인 데이터패스 및 제어

*There is less in this than meets the eye.*

Tallulah Bankhead, remark to Alexander Woollcott, 1922

그림 4.35는 4.4절의 단일 사이클 데이터패스에 파이프라인 단계를 같이 보여 주고 있다. 명령어를 5단계로 나눈 것은 5단계 파이프라인을 의미하며 이는 한 클럭 사이클에 최대 5개의 명령어가 실행 중에 있을 수 있다는 것을 의미한다. 따라서 데이터패스를 5개 부분으로 나누어야 하며 각 부분은 명령어 실행 단계에 따라 다음과 같이 이름이 붙여진다.

1. IF: 명령어 인출
2. ID: 명령어 해독 및 레지스터 파일 읽기
3. EX: 실행 또는 주소 계산
4. MEM: 데이터 메모리 접근
5. WB: 쓰기(Write-back)

그림 4.35를 보면 이 5개 요소가 데이터패스를 그리는 방법에 대충 맞아 들어간다. 명령어와 데이터가 이 다섯 단계를 왼쪽에서 오른쪽으로 지나가면서 실행을 마친다. 다시 세탁소 비유로 돌아가면 옷들이 앞쪽으로 가면서 더 깨끗해지고 건조되고 정돈되어 가지 절대 거꾸로 가지는 않는다.

그러나 명령어에서는 이같이 왼쪽에서 오른쪽으로 가는 흐름에 두 가지 예외가 있다.

- 쓰기 단계: 이 단계에서는 결과를 데이터패스의 중앙에 있는 레지스터 파일에 쓴다.
- PC의 다음 값 선정: 증가된 PC 값과 MEM 단계의 분기 주소 중에서 고른다.

오른쪽에서 왼쪽으로 거꾸로 흐르는 데이터가 현재 명령어에는 영향을 주지 않고, 파이프라인의 뒤쪽에 있는 명령어들에만 영향을 미친다. 오른쪽에서 왼쪽으로 가는 첫 번째 연결은 데이터 해저드를 일으킬 수 있으며, 두 번째 연결은 제어 해저드를 일으킬 수 있다.

파이프라인 실행에서 일어나는 일을 보여 주는 한 가지 방법은 각 명령어가 자신의 데이터패스를 가지고 있는 것처럼 하고, 이들을 시간 축에 배치하여 그들 사이의 관계를 보여 주는 것이다. 그림 4.36은 공통 시간 축에 명령어들 자신의 데이터패스를 보여 줌으로써 그림 4.29의 명령어 실행을 보여 준다. 그림 4.36은 그림 4.35의 데이터패스를 단순화하여 명령어들 간의 관계를 보여 주고 있다.

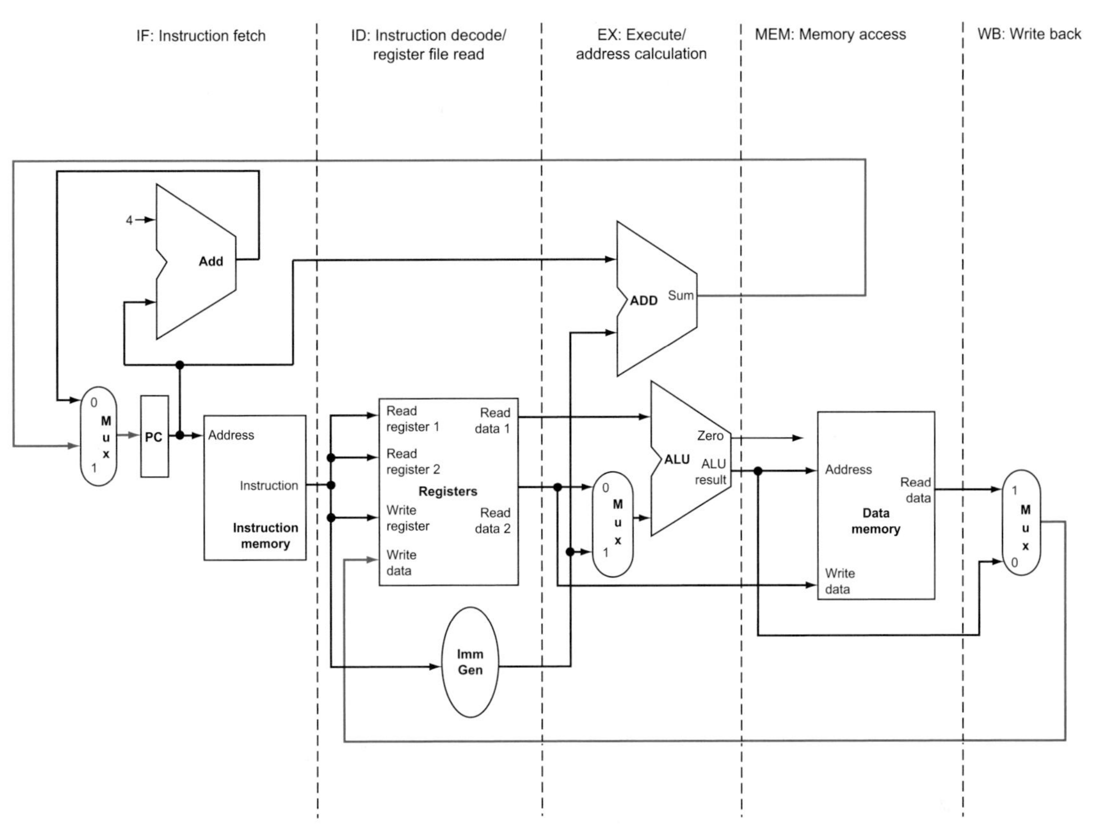


**그림 4.35 4.4절의 단일 사이클 데이터패스(그림 4.21과 같음).** 명령어 실행의 각 단계는 데이터패스의 왼쪽부터 차례로 사상될 수 있다. 유일한 예외는 PC 갱신과 쓰기 단계인데(파란색으로 나타냄), 쓰기 단계는 ALU 결과나 메모리에서 읽은 데이터를 왼쪽으로 보내 레지스터 파일에 쓴다. (보통은 제어선을 파란색 선으로 표시했는데 여기에서는 파란 선도 데이터 선이다.)

그림 4.36은 마치 명령어 3개가 3개의 데이터패스를 필요로 한다고 말하는 것처럼 보인다. 하지만 여기서는 데이터를 유지하는 레지스터를 추가하여 한 데이터패스의 부분 부분이 명령어 실행 동안 공유될 수 있게 하였다.

예를 들면 그림 4.36에서 보는 바와 같이 명령어 메모리는 명령어의 다섯 단계 중 한 단계에서만 사용된다. 그러므로 이 명령어가 다른 네 단계에 있는 동안에 명령어 메모리는 다른 명령어가 사용할 수 있다. 다른 네 단계 동안에도 각 명령어의 값을 유지하기 위해 명령어 메모리에서 읽은 값을 레지스터에 저장해야 한다. 비슷한 논지가 모든 파이프라인 단계에 적용된다. 따라서 그림 4.35에서 단계 사이를 나누는 선이 있는 곳마다 레지스터를 두어야 한다. 다시 세탁소 비유로 돌아가면 다음 단계로 갈 옷을 보관하기 위해 각 단계 사이에 바구니를 비치해야 한다.

그림 4.37은 파이프라인 데이터패스를 보여 주는데 파이프라인 레지스터가 강조

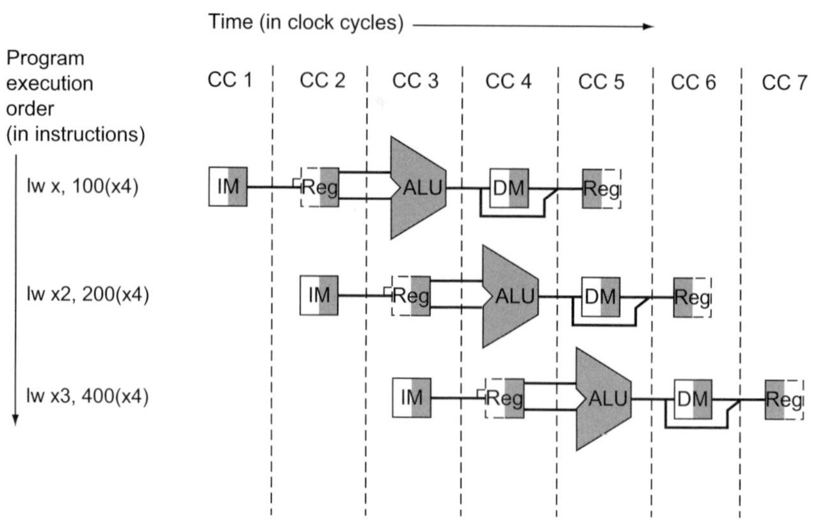


**그림 4.36 그림 4.35의 단일 사이클 데이터패스에서 실행되고 있는 명령어들. 파이프라인 실행을 가정.** 그림 4.30~4.32처럼 모든 명령어가 각자 자신의 데이터패스를 가지고 있는 것처럼 그려졌다. 어두운 부분은 사용되는 부분을 표시한다. 그림 4.30~4.32와는 달리 각 단계는 그 단계에서 사용되는 물리적 자원의 약자로 레이블을 붙였다. 이는 그림 4.35의 데이터패스 각 부분에 대응된다. IM은 명령어 인출 단계의 명령어 메모리와 PC를 나타내며, Reg는 명령어 해독/레지스터 읽기(ID) 단계의 레지스터 파일과 부호확장기를 의미한다. 올바른 시간 순서를 유지하기 위해 이 데이터패스는 레지스터 파일을 2개의 논리적 반쪽으로 나누고 있다. 레지스터 읽기(ID) 동안 읽히는 레지스터와 쓰기(WB) 동안에 써지는 레지스터가 그것이다. 레지스터 쓰기가 일어나지 않는 ID 단계에서는 레지스터 왼쪽 절반을 음영 없이 점선으로 표시하고, 레지스터 읽기가 일어나지 않는 WB 단계에서는 레지스터 오른쪽 절반을 음영 없이 점선으로 표시하여 이 이중 사용을 표시하였다. 전과 같이 클럭 사이클 전반부에서 레지스터 파일 쓰기가 행해지고 읽기는 후반부에서 행해진다고 가정한다.

되어 있다. 모든 명령어는 매 클럭 사이클마다 한 파이프라인 레지스터에서 다음 레지스터로 전진한다. 파이프라인 레지스터의 이름은 이 레지스터가 분리하고 있는 두 단계 이름을 따서 붙여진다. 예를 들면 IF 단계와 ID 단계 사이의 파이프라인 레지스터는 IF/ID라 부른다.

쓰기(WB) 단계 뒤에는 파이프라인 레지스터가 없다는 것에 주목하라. 모든 명령어는 프로세서의 상태—레지스터 파일, 메모리, PC—를 갱신해야 한다. 이렇게 갱신되는 상태는 별도의 파이프라인 레지스터가 필요 없다. 예를 들면 적재 명령어는 32개 레지스터 중 하나에다 결과값을 쓰는데, 뒤에 있는 명령어 중에서 이 데이터를 필요로 하는 것이 있으면 그냥 그 레지스터를 읽으면 된다. 따라서 파이프라인 레지스터에 저장할 필요가 없다.

모든 명령어는 PC 값을 증가시키든 분기 목적지 주소로 바꾸든 아무튼 PC 값을

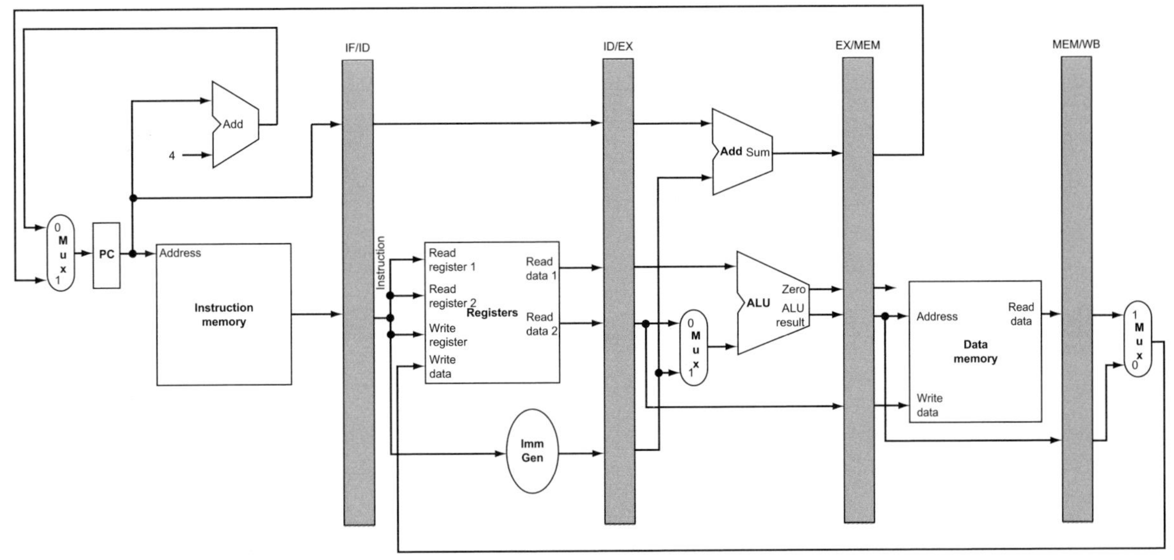


**그림 4.37 그림 4.35 데이터패스의 파이프라인 버전.** 파란색의 파이프라인 레지스터는 각 파이프라인 단계를 분리한다. 레지스터들은 그들이 분리하는 단계에 따라 이름이 붙여진다. 예를 들면 첫 번째 레지스터는 명령어 인출 단계와 명령어 해독 단계를 분리하기 때문에 "IF/ID"라고 한다. 레지스터들은 레지스터를 통과하는 선들에 해당하는 모든 데이터를 저장할 수 있을 만큼 충분히 넓어야 한다. 예를 들면 IF/ID 레지스터는 메모리에서 가져온 32비트 명령어와 증가된 32비트 PC 주소를 간직해야 되기 때문에 64비트가 되어야 한다. 이 장을 진행하면서 이들 레지스터가 커지겠지만 현재로서 다른 3개의 파이프라인 레지스터는 128, 97, 64비트이다.

바꾼다. PC는 IF 단계 앞에 있는 파이프라인 레지스터로 생각할 수 있다. 그러나 그림 4.37에서 파란색으로 표시된 파이프라인 레지스터와는 달리 PC는 사용자가 볼 수 있는 구조적 상태이다. 예외가 일어나면 구조적 상태의 내용은 저장되어야 하지만 파이프라인 레지스터 내용은 버려도 되는 것이 다르다. 세탁소 비유에서는 PC를 세탁 단계 전의 더러운 옷 묶음을 가지고 있는 바구니로 볼 수 있다.

이 장에서는 파이프라이닝이 어떻게 동작하는지를 보여 주기 위해 시간에 따라 변하는 연속된 그림을 보여 준다. 이처럼 그림이 많아지면 이해하는 데 훨씬 더 많은 시간이 필요할 것처럼 보이지만 걱정할 것은 없다. 매 클럭 사이클마다 어떤 변화가 일어나는지만 비교해서 보면 되기 때문에 생각만큼 시간이 많이 걸리지 않는다. 4.8절에서 파이프라인 명령어 사이에 데이터 해저드가 있을 때 어떤 일이 일어나는지를 설명하는데 지금 당장은 이 문제를 무시하기로 한다.

그림 4.38~4.40은 적재 명령어가 파이프라인의 다섯 단계를 통과해 가면서 활성화되는 데이터패스 부분을 파란색으로 보여 주고 있다. 적재 명령어를 첫 번째 예로 사용한 이유는 적재 명령어가 다섯 단계 모두에서 활성화되기 때문이다. 그림 4.30~4.32처럼 레지스터나 메모리를 읽을 때에는 레지스터 또는 메모리의 오른쪽

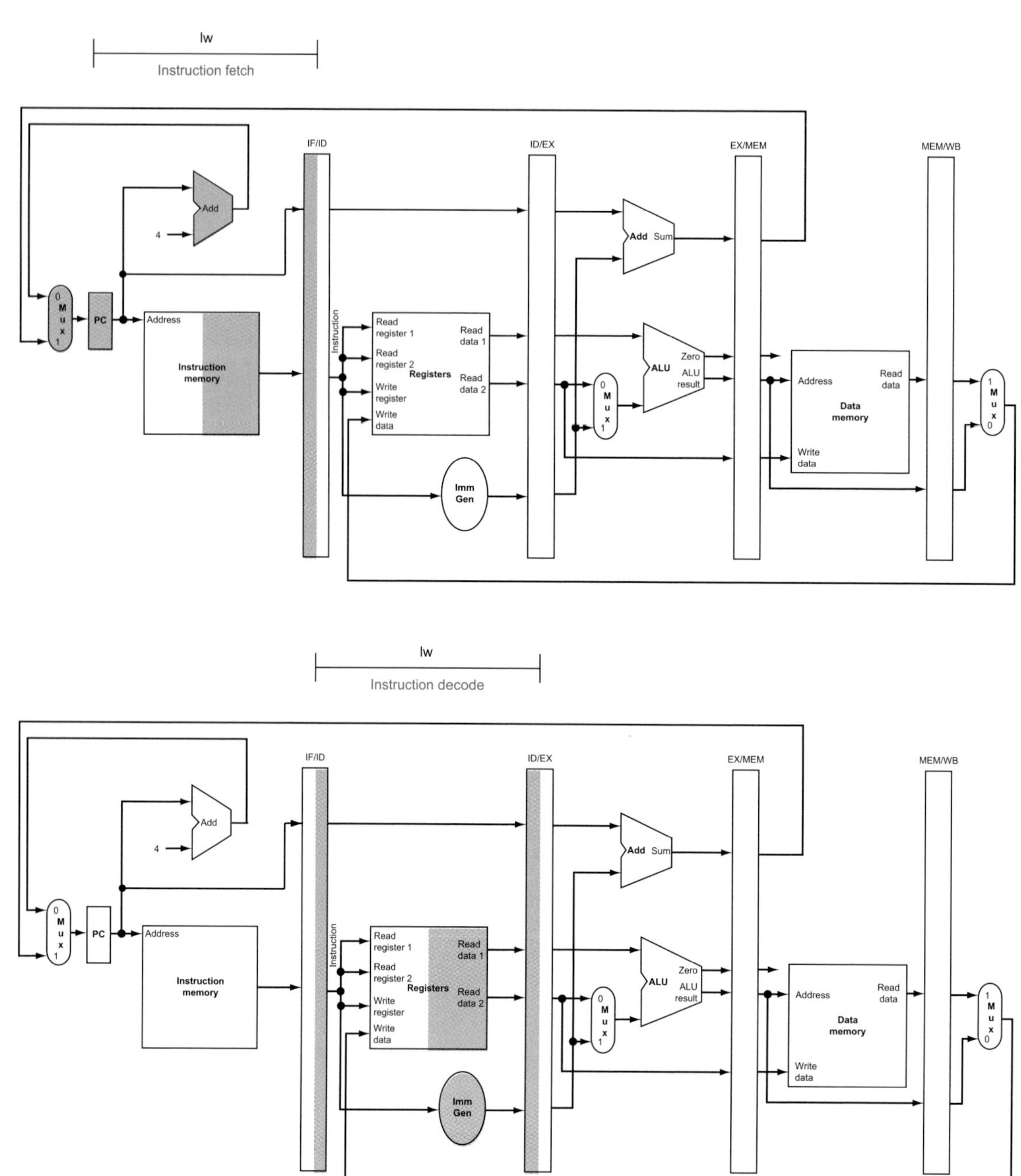


**그림 4.38 IF와 ID: 명령어의 첫 번째와 두 번째 단계로서 그림 4.37의 데이터패스 중에서 활성화된 부분은 파란색으로 강조하였다.** 강조하는 관례는 그림 4.30에서 사용한 것과 같다. 4.2절에서와 같이 내용 변화가 클럭 에지에서만 일어나기 때문에 레지스터를 읽을 때와 레지스터에 쓰기를 할 때 사이에 혼란이 전혀 없다. 적재 명령어는 단계 2에서 레지스터 1만을 필요로 하지만, 과외로 다른 일을 한다 해서 해가 되지는 않는다. 따라서 프로세서는 상수를 부호확장하고 두 레지스터 모두 읽어서 ID/EX 파이프라인 레지스터에 넣는다. 세 피연산자 모두가 필요하지는 않지만 3개 모두를 유지하는 것이 제어를 간단하게 한다.

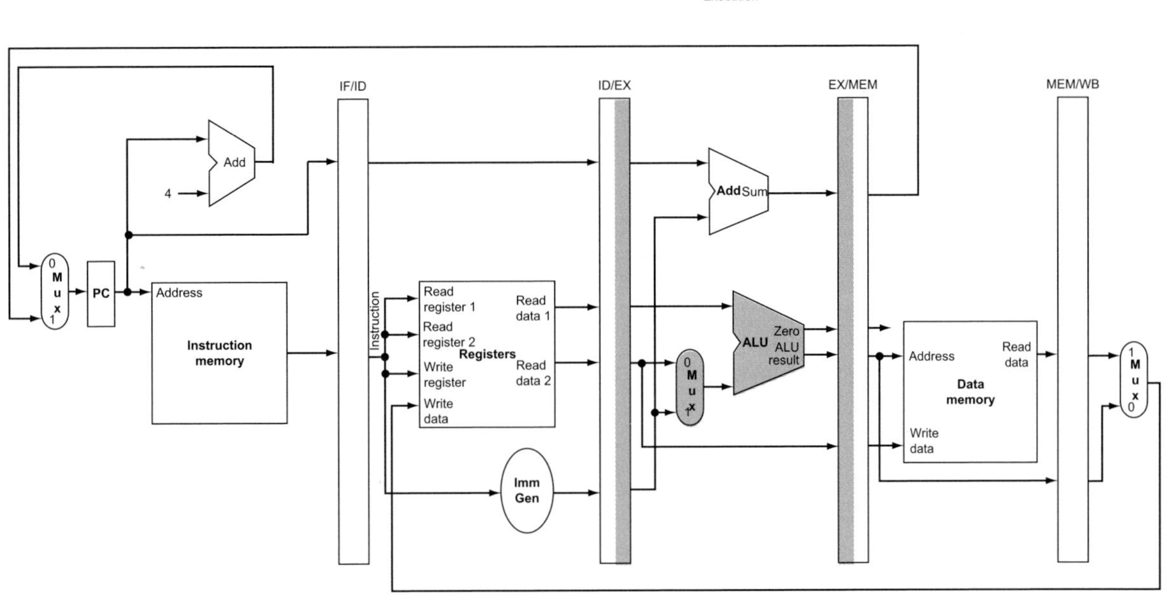


**그림 4.39 EX: 적재 명령어의 세 번째 파이프 단계로서 그림 4.37의 데이터패스 중에서 이 단계에서 사용하는 부분은 파란색으로 강조하였다.** 레지스터를 부호확장된 수치값에 더해서 그 합을 EX/MEM 파이프라인 레지스터에 저장한다.

반을 파랗게 칠하고, 쓰기를 행할 때에는 왼쪽 반을 파랗게 칠한다.

각 그림에서 명령어 약어인 `lw`와 그 때 활성화되는 파이프 단계의 이름을 보여 준다. 다섯 단계는 다음과 같다.

1. 명령어 인출(Instruction fetch): 그림 4.38의 상단 그림은 PC에 있는 주소를 사용하여 메모리에서 명령어를 읽어 오고 IF/ID 파이프라인 레지스터에 저장하는 것을 보여 준다. PC 주소는 4만큼 증가되어 PC에 다시 저장됨으로써 다음 클럭 사이클에 사용될 수 있다. PC는 `beq` 같은 명령어가 나중에 사용할 수도 있기 때문에 IF/ID 파이프라인 레지스터에도 저장된다. 컴퓨터는 어떤 종류의 명령어를 가져오고 있는지 모르기 때문에 어떤 명령어에 대해서도 대비해야 하며 잠재적으로 필요한 정보는 모두 파이프라인을 따라 전달해야 한다.
2. 명령어 해독 및 레지스터 파일 읽기(Instruction decode and register file read): 그림 4.38의 하단 그림은 IF/ID 파이프라인 레지스터의 명령어 부분이 수치 필드(32비트로 부호확장됨) 값과 읽어야 할 레지스터 번호 2개를 제공하는 것을 보여 준다. 세 값 모두 PC 주소값과 더불어 ID/EX 파이프라인 레지스터에 저장된다. 차후의 클럭 사이클에 어느 명령어에 의해 필요할지 모르는 것은

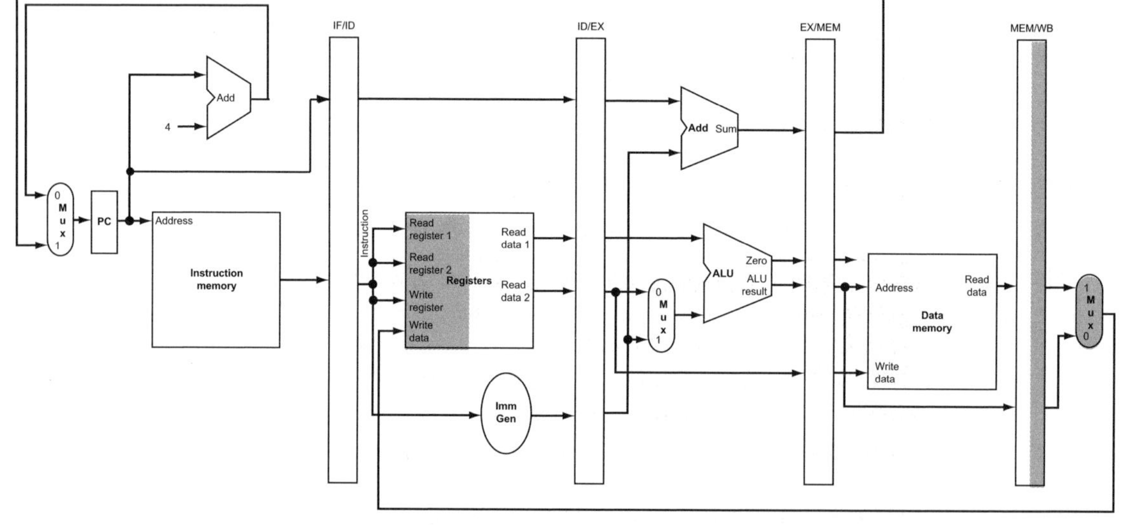

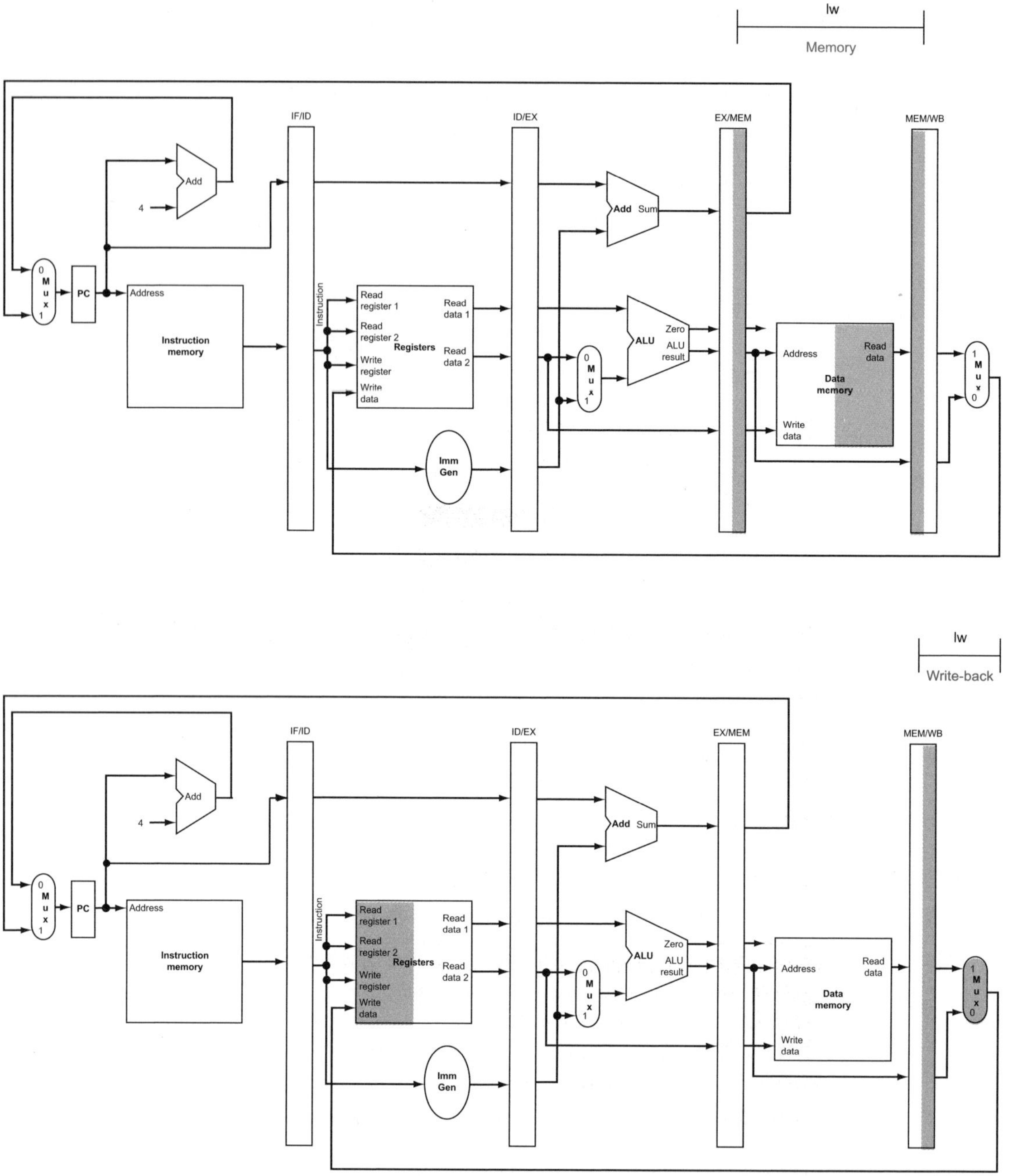

**그림 4.40 MEM과 WB: 적재 명령어의 네 번째와 다섯 번째 파이프단계로서 그림 4.37의 데이터패스 중에서 이 단계에서 사용하는 부분은 파란색으로 강조하였다.** EX/MEM 파이프라인 레지스터에 저장된 주소를 사용하여 데이터 메모리를 읽고, 읽은 데이터는 MEM/WB 파이프라인 레지스터에 저장한다. WB 단계에서는 MEM/WB 파이프라인 레지스터에서 읽은 데이터를 데이터패스 가운데에 있는 레지스터 파일에 쓴다. 사실 이 설계에는 버그가 있는데 그림 4.43에서 수정할 것이다.

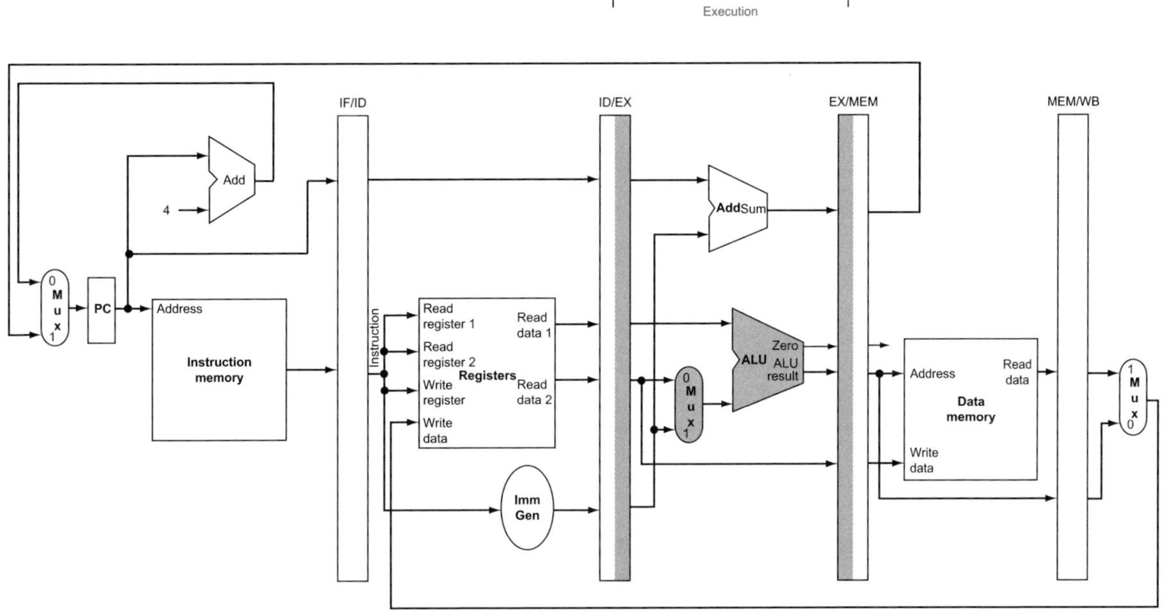


**그림 4.41 EX: 저장 명령어의 세 번째 파이프 단계.** 그림 4.39의 적재 명령어에 대한 세 번째 단계와는 달리 두 번째 레지스터 값이 EX/MEM 파이프라인 레지스터에 적재되는데 이 값은 다음 단계에서 사용된다. 이 두 번째 레지스터를 EX/MEM 파이프라인 레지스터에 항상 써넣는 것이 해를 끼치지는 않지만, 파이프라인을 이해하기 쉽게 하기 위해 저장 명령어일 때만 두 번째 레지스터를 쓰기로 한다.

모두 전달한다.

3. 실행 또는 주소 계산(Execute or address calculation): 그림 4.39는 적재 명령어가 ID/EX 파이프라인 레지스터에서 한 레지스터의 내용과 부호확장된 수치 값을 읽고, ALU를 사용하여 이 둘을 더하는 것을 보여 준다. 합은 EX/MEM 파이프라인 레지스터에 저장된다.
4. 메모리 접근(Memory access): 그림 4.40의 상단 그림은 적재 명령어가 EX/MEM 파이프라인 레지스터에서 주소를 받아서 데이터 메모리를 읽고 이 데이터를 MEM/WB 파이프라인 레지스터에 저장하는 것을 보여 준다.
5. 쓰기(Write-back): 그림 4.40의 하단 그림은 마지막 단계를 보여 준다. MEM/WB 파이프라인 레지스터에서 데이터를 읽어서 그 데이터를 그림 중앙에 있는 레지스터 파일에 쓴다.

이렇게 적재 명령어를 따라가 보면 후속 파이프 단계에서 필요한 정보는 모두 파이프라인 레지스터를 통해 그 필요 단계까지 전달되어야 한다는 것을 알 수 있었다. 저장 명령어를 따라가 보면 후속 파이프 단계를 위해 정보를 전달하는 것뿐만 아니라 명령어 실행 과정도 유사하다는 것을 알 수 있다. 다음은 저장 명령어의 다섯 단계이다.

1. **명령어 인출**: PC에 있는 주소를 사용하여 메모리에서 명령어를 읽어서 IF/ID 파이프라인 레지스터에 저장한다. 명령어가 판별되기 전에 이 단계가 실행되기 때문에 그림 4.38의 상단 그림은 적재 명령어뿐만 아니라 저장 명령어도 해당된다.
2. **명령어 해독 및 레지스터 파일 읽기**: IF/ID 파이프라인 레지스터에 있는 명령어에서 레지스터 번호를 받아서 두 레지스터를 읽고 동시에 수치 피연산자의 부호를 확장한다. 이 32비트 값들 3개가 모두 ID/EX 파이프라인 레지스터에 저장된다. 적재 명령어를 위한 그림 4.38의 하단 그림은 저장 명령어를 위한 두 번째 단계 동작이기도 하다. 이 처음 두 단계는 모든 명령어가 다 똑같은데, 왜냐하면 아직은 명령어 종류를 알 수 없기 때문이다. (저장 명령어는 이 파이프라인 단계에서 두 번째 레지스터를 읽기 위해 rs2 필드를 사용하지만 이 파이프라인 다이어그램에서 자세한 것은 보이지 않기 때문에 두 경우에 다 같은 그림을 사용할 수 있다.)
3. **실행 및 주소 계산**: 그림 4.41은 세 번째 단계를 보여 주는데 유효 주소(effective address)는 EX/MEM 파이프라인 레지스터에 저장된다.
4. **메모리 접근**: 그림 4.42의 상단 그림은 데이터가 메모리에 써지는 것을 보여 준다. 저장할 데이터를 가지고 있는 레지스터는 이미 ID 단계에서 읽혀져서 ID/EX에 저장되었었다는 것을 기억하라. MEM 단계에서 이 데이터를 사용할 수 있게 하는 유일한 방법은 EX 단계에서 이 값을 EX/MEM 파이프라인 레지스터에 저장하는 것이다. 방금 전 유효 주소를 EX/MEM에 저장했던 것과 마찬가지이다.
5. **쓰기**: 그림 4.42의 하단 그림은 저장 명령어의 마지막 단계를 보여 주고 있다. 이 명령어에 관해서는 쓰기 단계에서는 아무 일도 일어나지 않는다. 저장 명령어를 뒤따르는 명령어들이 이미 진행 중이기 때문에 이 명령어들을 더 빨리 수행할 수 있는 방법은 없다. 따라서 어떤 명령어가 특정 단계에서 아무 일을 하지 않아도 그 단계를 거쳐 가야 한다. 왜냐하면 뒤따르는 명령어들이 이미 최고 속도로 진행 중이기 때문이다.

앞선 파이프 단계에서 뒤의 파이프 단계로 무엇인가를 보내기 위해서는 그 정보가 파이프라인 레지스터에 저장되어야 한다는 것을 저장 명령어는 다시 한번 보여

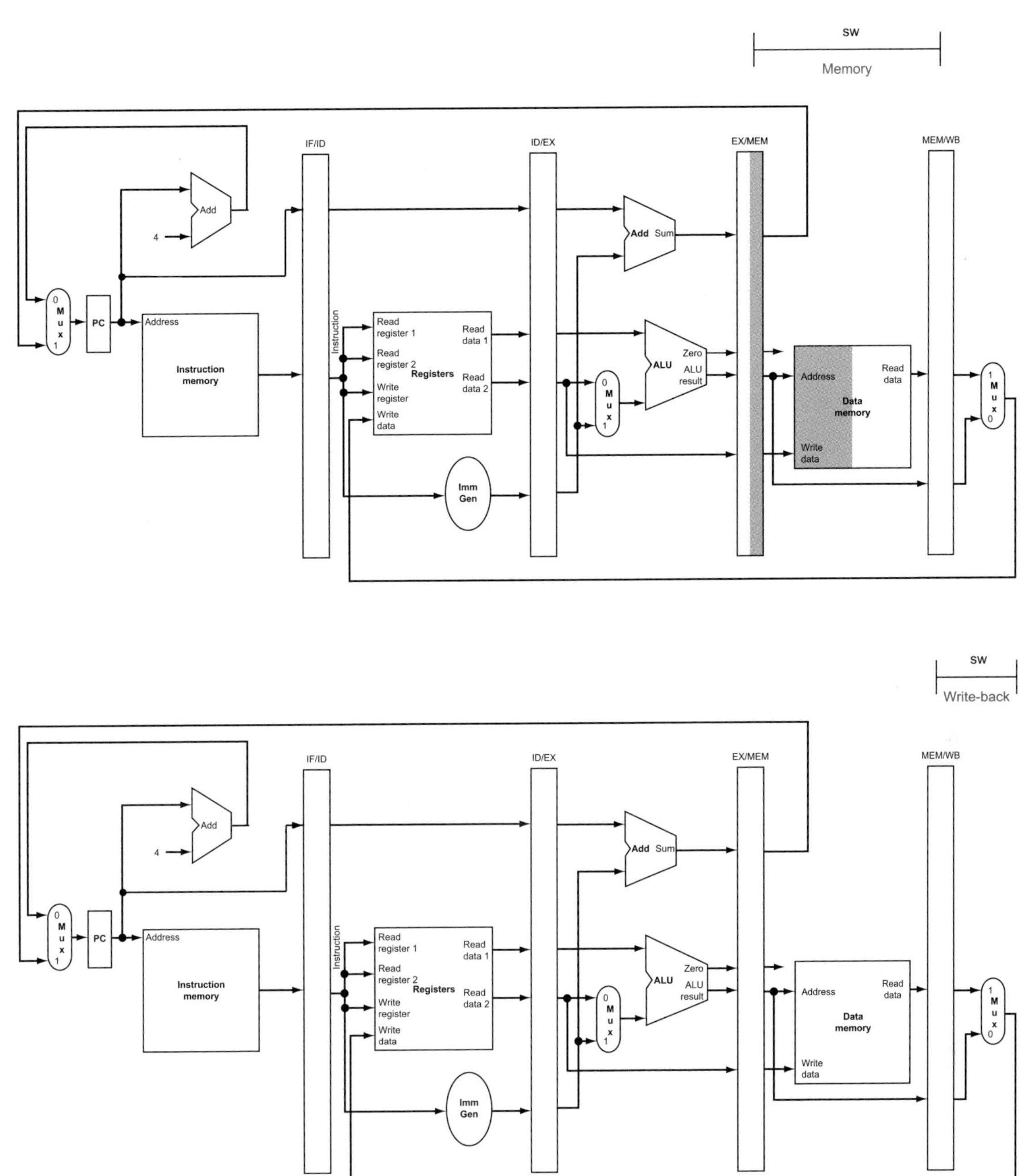


**그림 4.42 MEM과 WB: 저장 명령어의 네 번째 및 다섯 번째 파이프 단계.** 네 번째 단계에서 데이터가 저장을 위해 데이터 메모리에 쓰여진다. 데이터는 EX/MEM 파이프라인 레지스터에서 나온다. MEM/WB 파이프라인 레지스터는 아무것도 바뀌지 않는다. 데이터가 일단 메모리에 쓰여지면 저장 명령어는 할 일이 없기 때문에 다섯 번째 단계에서는 아무 일도 일어나지 않는다.

주고 있다. 그렇지 않으면 다음 명령어가 그 파이프라인 단계에 들어올 때 그 정보는 잃어버리게 된다. 저장 명령어의 경우에 ID 단계에서 읽었던 레지스터 중 하나를 MEM 단계로 전달할 필요가 있는데, 그 값이 MEM 단계에서 메모리에 저장되기 때문이다. 이 데이터가 처음에는 ID/EX 파이프라인 레지스터에 저장되고 나중에 EX/MEM 파이프라인 레지스터에 전달된다.

적재 명령어와 저장 명령어는 두 번째 중요한 점을 보여 주고 있다. 데이터패스의 각 구성 요소, 즉 명령어 메모리, 레지스터 읽기 포트, ALU, 데이터 메모리, 레지스터 쓰기 포트 등은 한 파이프라인 단계에서만 사용될 수 있다는 것이다. 그렇지 않으면 **구조적 해저드**를 일으키게 된다. 따라서 이들 구성 요소와 그 요소들의 제어는 한 파이프라인 단계와 연관지을 수 있다.

이제 적재 명령어 설계의 버그를 들여다볼 때가 되었다. 적재 명령어의 최종 단계에서 어느 레지스터가 변하는가? 좀 더 구체적으로 말하면 어느 명령어가 쓰기 레지스터 번호를 제공하는가? IF/ID 파이프라인 레지스터에 있는 명령어가 쓰기 레지스터 번호를 제공하는데, 사실 이 명령어는 적재 명령어보다 상당히 나중에 나오는 명령어이다.

따라서 적재 명령어에 있는 목적지 레지스터 번호를 간직할 필요가 있다. 저장 명령어가 MEM 단계에서 사용하기 위해 ID/EX의 레지스터 내용을 EX/MEM 파이프라인 레지스터로 전달했듯이, 적재 명령어도 레지스터 번호를 ID/EX에서 EX/MEM을 거쳐 MEM/WB 파이프라인 레지스터로 보내야 WB 단계에서 사용할 수 있다. 레지스터 번호를 전달하는 것을 다른 관점에서 생각할 수도 있다. 파이프라인 데이터패스를 공유하기 위해서는 IF 단계에서 읽은 명령어를 간직해야 한다. 그러므로 각 파이프라인 레지스터는 명령어 중에서 현 단계나 뒷단계에서 필요한 부분을 가지고 있다.

그림 4.43은 올바른 데이터패스를 보여 주고 있는데 쓰기 레지스터 번호를 먼저 ID/EX 레지스터로, 그 뒤에는 EX/MEM 레지스터로, MEM/WB 레지스터로 전달한다. 이 레지스터 번호는 WB 단계에서 쓰기를 행할 레지스터 번호로 사용된다. 그림 4.44는 레지스터 적재 명령어의 올바른 데이터패스를 하나로 그린 그림인데 그림 4.38부터 그림 4.40에 이르면서 5단계 전체에서 사용되는 하드웨어를 파란색으로 표시하고 있다. 4.9절은 분기 명령어가 예상대로 동작하도록 하는 방법에 대해 설명한다.

## 파이프라인 다이어그램

파이프라이닝은 이해하기 힘들다. 왜냐하면 많은 명령어들이 매 클럭 사이클에 한

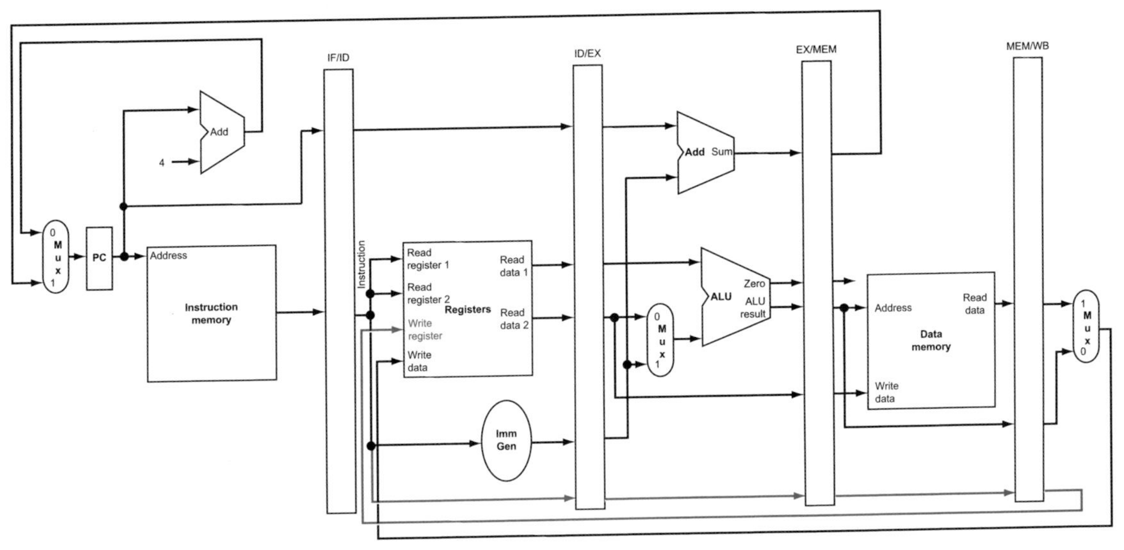


**그림 4.43 적재 명령어를 제대로 처리하도록 수정된 파이프라인 데이터패스.** 쓰기 레지스터 번호는 데이터와 함께 MEM/WB 파이프라인 레지스터에서 가져온다. 레지스터 번호는 ID 파이프 단계에서부터 MEM/WB 파이프라인 레지스터까지 전달되므로 이 마지막 3개의 파이프라인 레지스터에 5비트가 추가된다. 이 새로운 경로는 파란색으로 표시되었다.

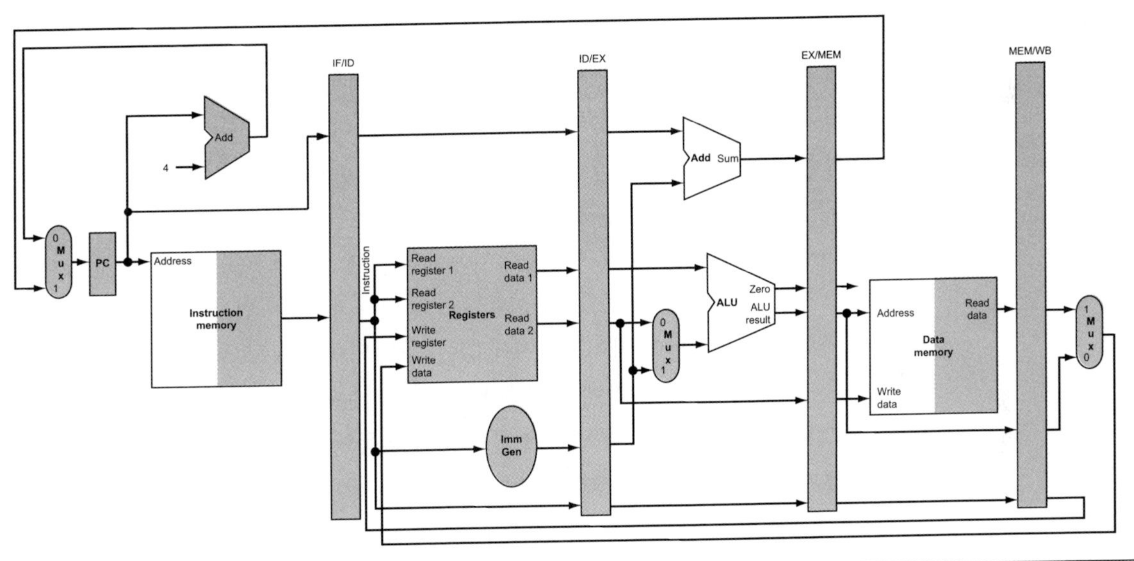


**그림 4.44 그림 4.43의 데이터패스 중 적재 명령어가 사용하는 부분.**

데이터패스에서 동시에 실행되기 때문이다. 이해를 돕기 위한 파이프라인 그림에는 두 가지 기본적 유형이 있다. 그림 4.36과 같은 **다중 클럭 사이클 파이프라인 다이어그램**(multiple clock cycle pipeline diagrams)과 그림 4.38에서 그림 4.42까지와 같은 **단일 클럭 사이클 파이프라인 다이어그램**(single clock cycle pipeline diagrams)이 그것이다. 다중 클럭 사이클 다이어그램이 더 간단하지만 세부 사항을 다 보여 주지는 못한다. 다음 5개의 명령어로 된 코드를 가지고 두 가지 파이프라인 다이어그램으로 명령어 실행 과정을 보이겠다.

```
lw   x10, 40(x1)
sub  x11, x2, x3
add  x12, x3, x4
lw   x13, 48(x1)
add  x14, x5, x6
```

그림 4.45는 이 명령어들에 대한 다중 클럭 사이클 파이프라인 다이어그램을 보여 준다. 시간은 이 다이어그램이 나와 있는 페이지를 왼쪽에서 오른쪽으로 가로질러 진행하며 명령어는 페이지 위쪽에서 아래쪽으로 진행한다. 이는 그림 4.27에 있는 세탁소 파이프라인과 비슷하다. 명령어 축을 따라 파이프라인 단계를 배치해서 한 클럭 사이클에 하나씩 들어가게 한다. 단순화한 이 데이터패스는 파이프라인의 다섯 단계를 그림으로 나타내고 있지만, 그림 대신에 각 파이프 단계의 이름을 쓴 사각형을 사용해도 아무 문제 없다. 그림 4.46은 다중 클럭 사이클 파이프라인 다이어그램의 전통적인 버전을 보여 주고 있다. 그림 4.45는 각 단계에서 사용되는 물리적 자원을 보여 주고 있는 반면에 그림 4.46은 각 단계의 이름을 사용한다.

단일 클럭 사이클 파이프라인 다이어그램은 한 클럭 사이클 동안의 전체 데이터패스 상태를 나타낸다. 보통 각 파이프라인 단계 위에 이 단계에 있는 명령어 이름을 레이블로 표시하여 파이프라인에 있는 다섯 명령어를 모두 나타낸다. 각 클럭 사이클 동안 파이프라인 안에서 무슨 일이 일어나는지를 구체적으로 보여 주기 위해 이 그림을 사용한다. 특히 연속된 클럭 사이클 동안의 파이프라인 동작을 보여 주기 위해 그룹으로 사용한다. 개략적인 파이프라인 상황을 보여 주기 위해서는 다중 클럭 사이클 다이어그램을 사용한다. (그림 4.45에 대해 좀 더 구체적으로 알고 싶다면 4.14절의 단일 클럭 다이어그램을 참조하라.) 단일 클럭 사이클 다이어그램은 다중 클럭 사이클 다이어그램을 수직으로 자른 단면을 보여 주는 셈이므로, 주어진 클럭 사이클에 파이프라인상에 있는 명령어 각각에 의해 사용되는 데이터패스를 보여 주게 된다. 예를 들어 그림 4.47은 그림 4.45와 4.46의 클럭 사이클 5에 해당하는 단일 클럭 사이클 다이어그램을 보여 준다. 분명한 것은 단일 클럭 사이클 다이

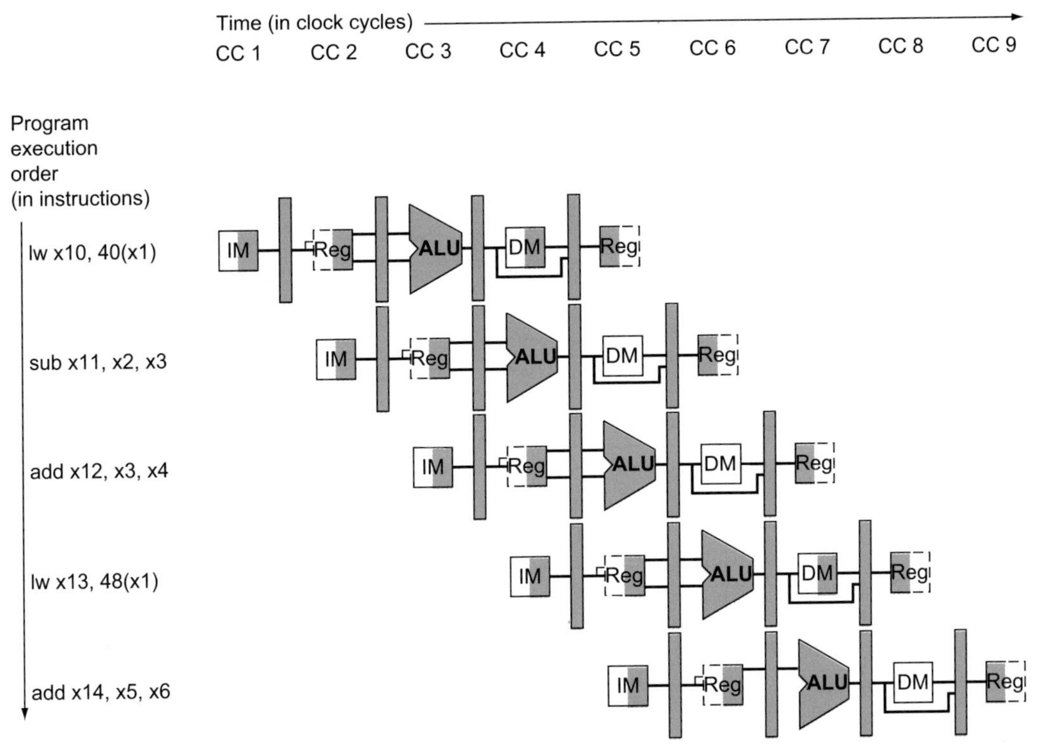


**그림 4.45 다섯 명령어의 다중 클럭 사이클 파이프라인 다이어그램.** 이 같은 스타일의 파이프라인 표현은 그림 하나에 명령어들의 전체적인 실행 상태를 보여 준다. 명령어들은 명령어 실행 순서대로 위에서 아래로 나열되어 있고 클럭 사이클은 왼쪽에서 오른쪽으로 진행한다. 그림 4.30에서와는 달리 여기서는 각 단계 사이의 파이프라인 레지스터를 보여 주고 있다. 그림 4.46은 이 다이어그램을 그리는 전통적인 방법을 보여 준다.

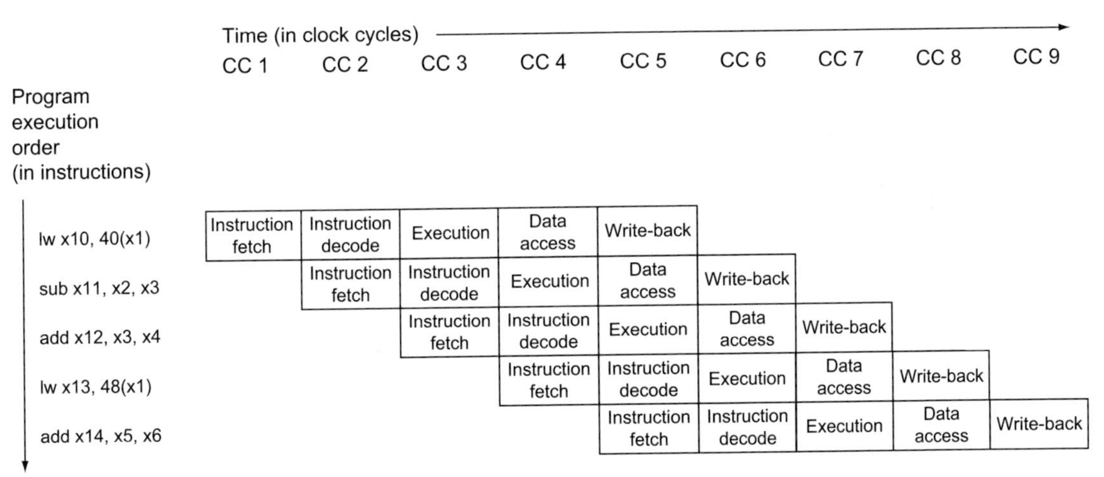


**그림 4.46 그림 4.45의 다섯 명령어에 대한 전통적인 다중 클럭 사이클 파이프라인 다이어그램.**

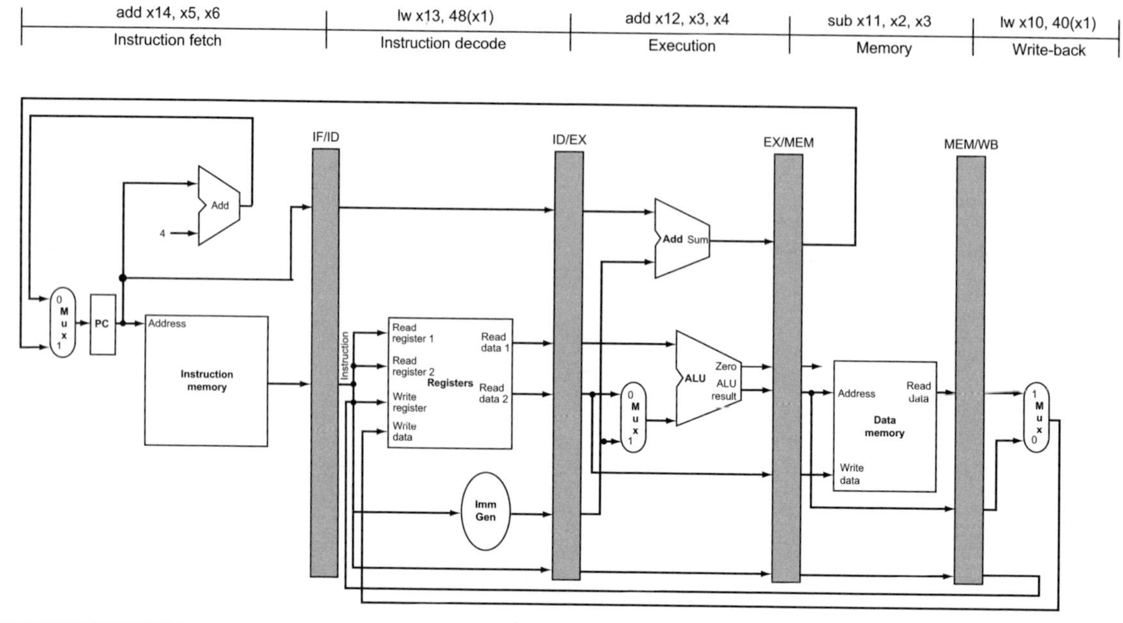


**그림 4.47 그림 4.45와 4.46 파이프라인의 클럭 사이클 5에 해당하는 단일 클럭 사이클 다이어그램.** 보는 바와 같이 단일 클럭 사이클 그림은 다중 사이클 다이어그램을 수직으로 자른 단면과 같다.

어그램이 더 자세한 것을 보여 주며 같은 숫자의 클럭 사이클을 보여 주기 위해서는 더 많은 지면을 차지하게 된다. 연습문제에서 다른 코드들에 대한 단일 클럭 사이클 다이어그램을 만들게 될 것이다.

**스스로 점검하기** 한 그룹의 학생들이 5단계 파이프라인의 효율성에 대해 토의하고 있었는데, 한 학생이 모든 명령어가 파이프라인 각 단계 모두에서 활성화되는 것은 아니라는 점을 지적하였다. 해저드의 효과를 무시하기로 결정한 후 이들 학생들은 다음과 같은 4개의 문장을 만들었다. 어떤 문장들이 올바른 것인가?

1. 분기 명령어, ALU 명령어들이 적재 명령어가 필요한 5단계보다 더 적은 단계를 거치도록 하면 어떤 환경에서도 파이프라인의 성능은 좋아진다.
2. 몇몇 명령어가 더 적은 단계를 거치도록 하는 것은 도움이 되지 않는다. 왜냐하면 처리량은 클럭 사이클에 의해 결정되기 때문이다. 명령어당 파이프 단계의 수는 지연시간에 영향을 미치지 처리량에는 영향을 미치지 않기 때문이다.
3. ALU 명령어는 결과를 쓰기 때문에 더 적은 사이클이 걸리도록 만들 수 없다. 그러나 분기 명령어는 더 적은 사이클이 걸릴 수 있기 때문에 성능 향상에 약

간의 기회가 있다.

4. 명령어들이 더 적은 사이클이 걸리도록 노력하는 대신에 파이프라인을 길게 만들려고 해야 한다. 이렇게 하면 명령어들은 더 많은 사이클이 걸리지만 사이클은 더 짧아진다. 이것이 성능을 높일 수 있을 것이다.

## 파이프라인 제어

4.4절에서 단일 사이클 데이터패스에 제어를 추가했던 것처럼 파이프라인 데이터패스에 제어를 추가한다. 처음에는 장밋빛 안경을 통해 문제를 보는 듯한 단순한 설계부터 시작한다.

*In the 6600 Computer, perhaps even more than in any previous computer, the control system is the difference.*

James Thornton, *Design of a Computer: The Control Data 6600*, 1970

첫 번째 단계는 기존 데이터패스의 제어선에 레이블을 붙이는 것이다. 그림 4.48에 레이블이 붙은 제어선을 보였다. 그림 4.21의 간단한 데이터패스용 제어로부터 가능한 한 많은 것을 빌려 온다. 특히 똑같은 ALU 제어 회로, 분기 회로, 제어선을 사용한다. 이 기능들은 그림 4.12, 그림 4.20, 그림 4.22에서 정의되었다. 다음 설명을 더 쉽게 따라갈 수 있게 하기 위해 핵심 정보를 그림 4.49~4.51에 다시 보였다.

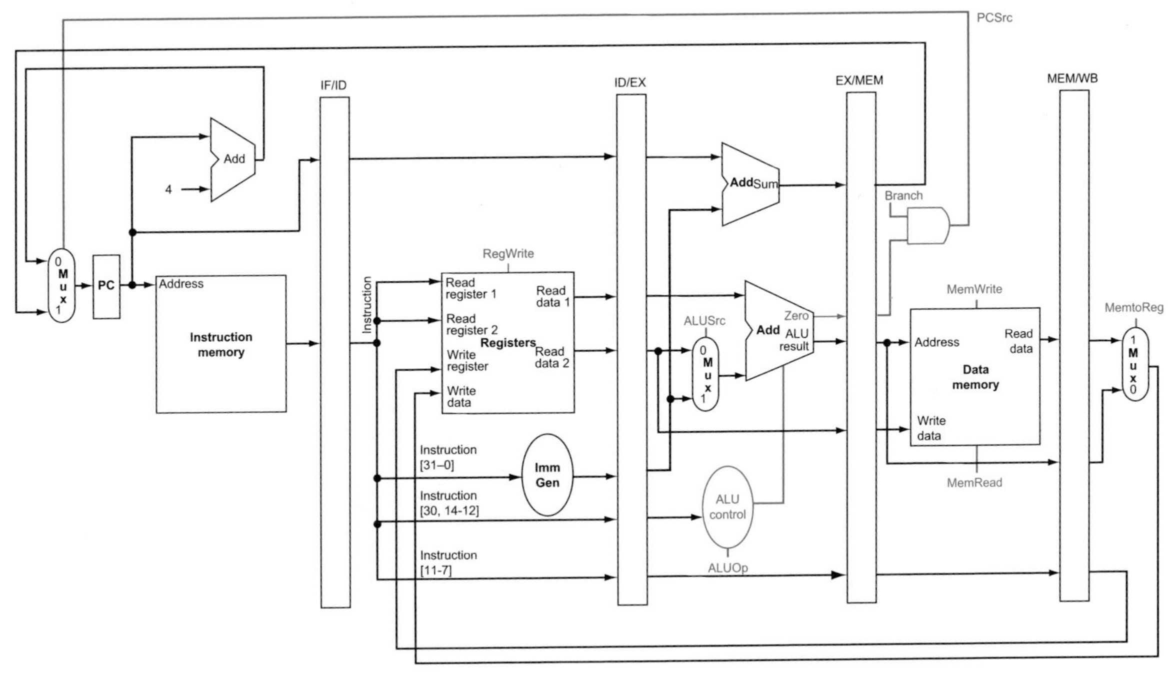


**그림 4.48 그림 4.43에 제어 신호를 명시한 파이프라인 데이터패스.** 이 데이터패스는 PC 근원지, 레지스터 목적지 번호 및 ALU 제어를 위한 제어 회로를 4.4절에서 빌려 왔다. ALU 제어 입력으로 EX 단계에 있는 명령어의 funct 필드가 필요하다. 따라서 이 비트들은 ID/EX 파이프라인 레지스터에 꼭 포함되어야 한다.

| Instruction | ALUOp | operation | Funct7 field | Funct3 field | Desired ALU action | ALU control input |
|---|---|---|---|---|---|---|
| lw | 00 | load word | XXXXXXX | XXX | add | 0010 |
| sw | 00 | store word | XXXXXXX | XXX | add | 0010 |
| beq | 01 | branch if equal | XXXXXXX | XXX | subtract | 0110 |
| R-type | 10 | add | 0000000 | 000 | add | 0010 |
| R-type | 10 | sub | 0100000 | 000 | subtract | 0110 |
| R-type | 10 | and | 0000000 | 111 | AND | 0000 |
| R-type | 10 | or | 0000000 | 110 | OR | 0001 |

**그림 4.49 그림 4.12를 다시 보여 줌.** 이 그림은 ALU 제어 비트들이 ALUOp 제어 비트와 R-타입 명령어의 opcode에 따라 어떻게 달라지는가를 보여 준다.

| 신호 이름 | 인가되지 않은 경우(0) | 인가된 경우(1) |
|---|---|---|
| RegWrite | 아무 일도 생기지 않는다. | Write register 입력이 지정하는 레지스터에 Write data 입력값을 쓴다. |
| ALUSrc | 레지스터 파일의 두 번째 출력(Read data 2)이 ALU의 두 번째 피연산자가 된다. | 명령어의 12비트 변위가 부호확장되어 ALU의 두 번째 피연산자가 된다. |
| PCSrc | PC + 4가 새로운 PC 값이 된다. | 분기 목적지 주소가 새로운 PC 값이 된다. |
| MemRead | 아무 일도 생기지 않는다. | Address 입력이 지정하는 데이터 메모리 내용을 Read data 출력으로 내보낸다. |
| MemWrite | 아무 일도 생기지 않는다. | Address 입력이 지정하는 데이터 메모리 내용을 Write data 입력값으로 바꾼다. |
| MemtoReg | ALU 출력이 레지스터의 Write data 입력이 된다. | 데이터 메모리 출력이 레지스터의 Write data 입력이 된다. |

**그림 4.50 그림 4.20을 다시 보여 줌.** 6개의 제어 신호 각각에 대한 기능이 정의되어 있다. ALU 제어선(ALUOp)은 그림 4.49의 두 번째 열에서 정의되었다. 2 입력 멀티플렉서에 대한 1비트 제어가 "인가되면(1)"이면 멀티플렉서는 1번 입력을 선택한다. 그렇지 않으면, 즉 제어가 "인가되지 않으면(0)"이면 멀티플렉서는 0번 입력을 선택한다. PCSrc는 그림 4.48의 AND 게이트에 의해 제어된다. 만약 Branch 신호와 ALU Zero 신호가 모두 1이면 PCSrc는 1이고 그 외에는 0이다. 제어 유닛은 `beq` 명령어일 때만 Branch 신호를 인가한다. 다른 경우에는 PCSrc가 0이 된다.

| Instruction | Execution/address calculation stage control lines | | Memory access stage control lines | | | Write-back stage control lines | |
|---|---|---|---|---|---|---|---|
| | ALUOp | ALUSrc | Branch | Mem-Read | Mem-Write | Reg-Write | Memto-Reg |
| R-format | 10 | 0 | 0 | 0 | 0 | 1 | 0 |
| lw | 00 | 1 | 0 | 1 | 0 | 1 | 1 |
| sw | 00 | 1 | 0 | 0 | 1 | 0 | X |
| beq | 01 | 0 | 1 | 0 | 0 | 0 | X |

**그림 4.51 제어선의 값들은 그림 4.22와 같지만, 마지막 3개의 파이프라인 단계에 맞추어 세 그룹으로 재편성하였다.**

단일 사이클 구현에서와 같이 매 클럭 사이클마다 PC에 쓰기가 행해지며 따라서 PC를 위한 쓰기 신호는 따로 없다고 가정한다. 같은 논리로 파이프라인 레지스터들(IF/ID, ID/EX, EX/MEM, MEM/WB)을 위한 쓰기 신호가 따로 없다. 왜냐하면 파이프라인 레지스터 역시 매 클럭 사이클마다 쓰기가 행해지기 때문이다.

파이프라인을 위한 제어를 명시하기 위해서는 각 파이프라인 단계 동안의 제어 값들을 정하기만 하면 된다. 각 제어선은 한 파이프라인 단계에서만 활성화되는 구성 요소들과 관련 있기 때문에 제어선을 파이프라인 단계에 따라 다섯 그룹으로 나눌 수 있다.

1. 명령어 인출: 명령어 메모리를 읽는 제어 신호와 PC에 쓰는 제어 신호는 항상 인가되어 있으므로 이 파이프라인 단계에는 특별히 제어할 것이 없다.
2. 명령어 해독/레지스터 파일 읽기: RISC-V 명령어 형식에서는 2개의 근원지 레지스터 번호가 항상 같은 위치에 있다. 따라서 이 파이프라인 단계에서는 특별히 제어할 것이 없다.
3. 실행/주소 계산: 이 단계에서 설정할 신호들은 ALUOp과 ALUSrc(그림 4.49와 4.50 참조)이다. 이 신호들은 ALU 연산을 선택하고 Read data 2와 부호확장된 수치값 중 하나를 ALU의 입력으로 선택한다.
4. 메모리 접근: 이 단계에서 설정되는 제어 신호는 Branch, MemRead, MemWrite이다. 이 신호들은 각각 `beq`, 적재, 저장 명령어일 때 인가된다. 제어가 Branch를 인가하고 ALU 결과가 0이 아닌 한 그림 4.50의 PCSrc는 순차적인 다음 주소를 선택한다는 것을 기억하라.
5. 쓰기: 이 단계에서 설정할  제어 신호는 MemtoReg와 RegWrite이다. MemtoReg는 레지스터 파일에 ALU 결과를 보낼 것인가 메모리 값을 보낼 것인가를 결정하며, RegWrite는 선택된 값을 레지스터에 쓰게 하는 신호이다.

데이터패스를 파이프라이닝한다고 해서 제어선의 의미가 달라지지는 않기 때문에 전과 같은 제어값을 사용할 수 있다. 그림 4.51의 제어선 값은 4.4절과 같은데, 제어선 7개가 파이프라인 단계에 따라 그룹화되는 것이 다르다.

제어를 구현하는 것은 각 단계에서 7개 제어 신호의 값을 그 명령어의 각 단계에 해당하는 값으로 설정하는 것을 의미한다.

나머지 제어선들은 EX 단계에서 시작하기 때문에 이후 단계의 제어 정보를 명령어 해독 단계 동안에 생성할 수 있다. 이 같은 제어 신호를 전달하는 가장 간단한 방법은 파이프라인 레지스터를 확장하여 제어 정보를 포함하도록 하는 것이다. 그림

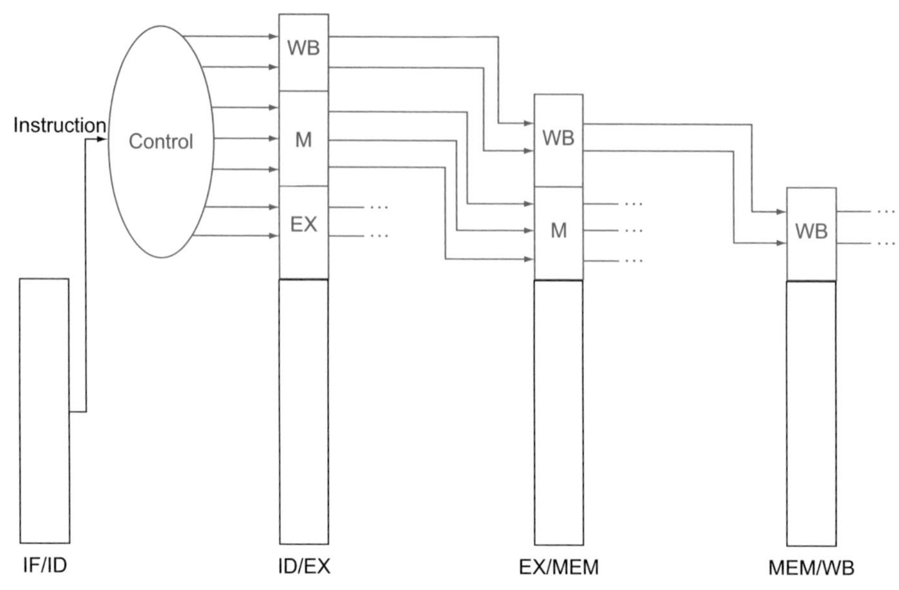


**그림 4.52 EX, MEM, WB 단계를 위한 7개 제어선들.** 7개 제어선 중 2개가 EX 단계에서 사용되고 나머지 5개 제어선은 제어 신호를 저장하도록 확장된 EX/MEM 파이프라인 레지스터로 전달된다. 이 중 3개는 MEM 단계에서 사용되고 나머지 2개는 WB 단계에서 사용되기 위해 MEM/WB로 전달된다.

4.52는 명령어가 파이프라인을 흘러 내려가면서 제어 신호들이 적당한 파이프라인 단계에서 사용되는 것을 보여 준다. 마치 그림 4.43에서 적재 명령어를 위한 목적지 레지스터 번호가 파이프라인을 따라 흘러 내려가는 것과 같다. 그림 4.53은 확장된 파이프라인 레지스터와 해당 단계에 연결된 제어선을 포함하는 전체 데이터패스를 보여 준다. (좀 더 자세히 보고 싶다면 🌐 4.14절을 참조하라. 파이프라인 하드웨어에서 실행되는 RISC-V 코드의 예를 단일 클럭 다이어그램을 사용하여 보여 주고 있다.)

*What do you mean, why's it got to be built? It's a bypass. You've got to build bypasses.*

Douglas Adams, *The Hitchhiker's Guide to the Galaxy*, 1979

## 4.8 데이터 해저드: 전방전달 대 지연

이전 절에서 사용한 예제들은 파이프라인 실행의 위력과 하드웨어가 어떻게 그 임무를 수행하는가를 보여 주었다. 이제 장밋빛 안경을 벗고 실제 프로그램에서는 어떤 일이 일어나는지를 살펴볼 시간이다. 그림 4.45~4.47에 나와 있는 RISC-V 명령어들은 독립적인 관계였었다. 즉 어느 명령어도 다른 명령어가 계산한 결과를 사용

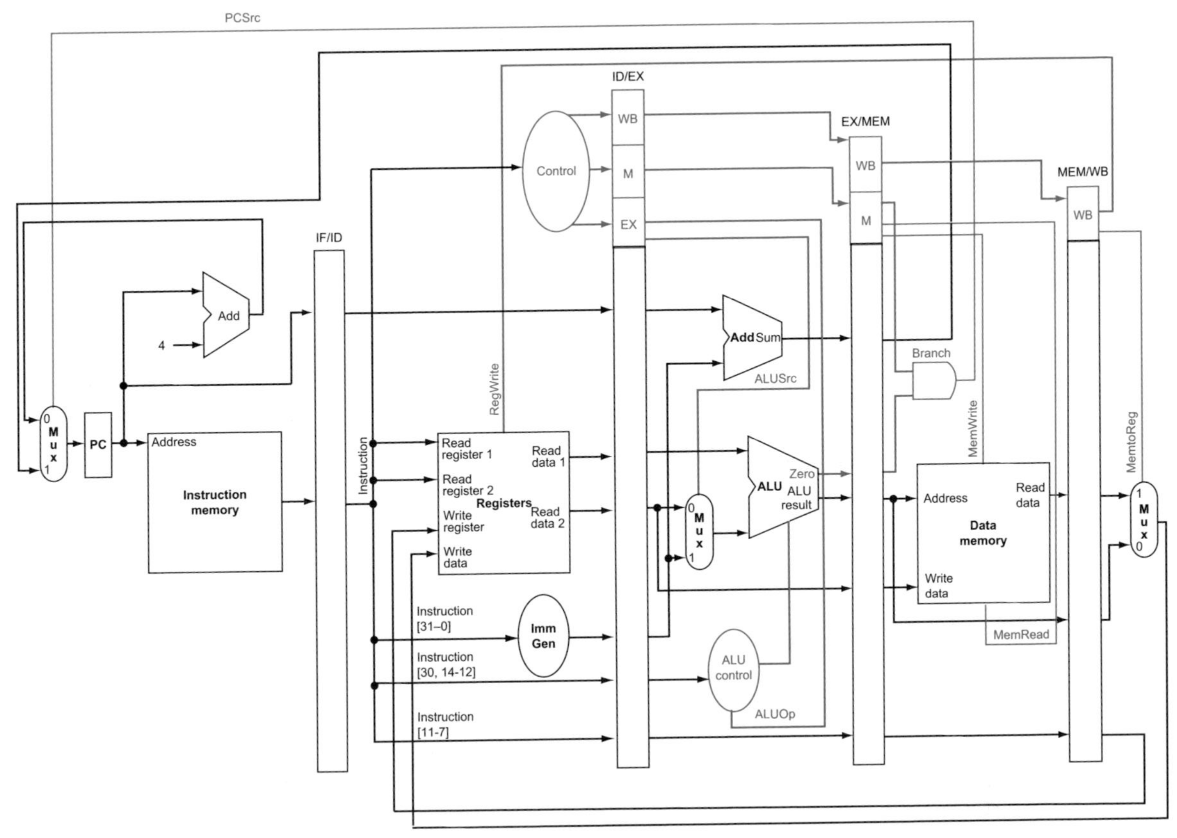


**그림 4.53 제어 신호들을 파이프라인 레지스터의 제어 부분에 연결한 그림 4.48의 파이프라인 데이터패스.** EX, MEM, WB 세 단계를 위한 제어값이 명령어 해독 단계에서 생성되어 ID/EX 파이프라인 레지스터에 저장된다. 각 단계에서 필요한 제어선은 사용되고 나머지 제어선은 다음 파이프라인 단계로 전달된다.

하지 않았다. 그러나 4.6절에서 데이터 해저드가 파이프라인 실행의 장애가 된다는 것을 보았다.

종속성이 여러 개 있는 프로그램을 살펴보자. 종속성은 파란색으로 표시하였다.

```
sub   x2, x1, x3         // Register x2 written by sub
and   x12, x2, x5        // 1st operand (x2) depends on sub
or    x13, x6, x2        // 2nd operand (x2) depends on sub
add   x14, x2, x2        // 1st(x2) & 2nd(x2) depend on sub
sw    x15, 100(x2)       // Base (x2) depends on sub
```

마지막 네 명령어 모두 첫 번째 명령어의 레지스터 x2의 결과에 종속적이다. 만약 레지스터 x2가 뺄셈 명령어 이전에는 10이었다가 뺄셈 명령어 후에 −20이 된다

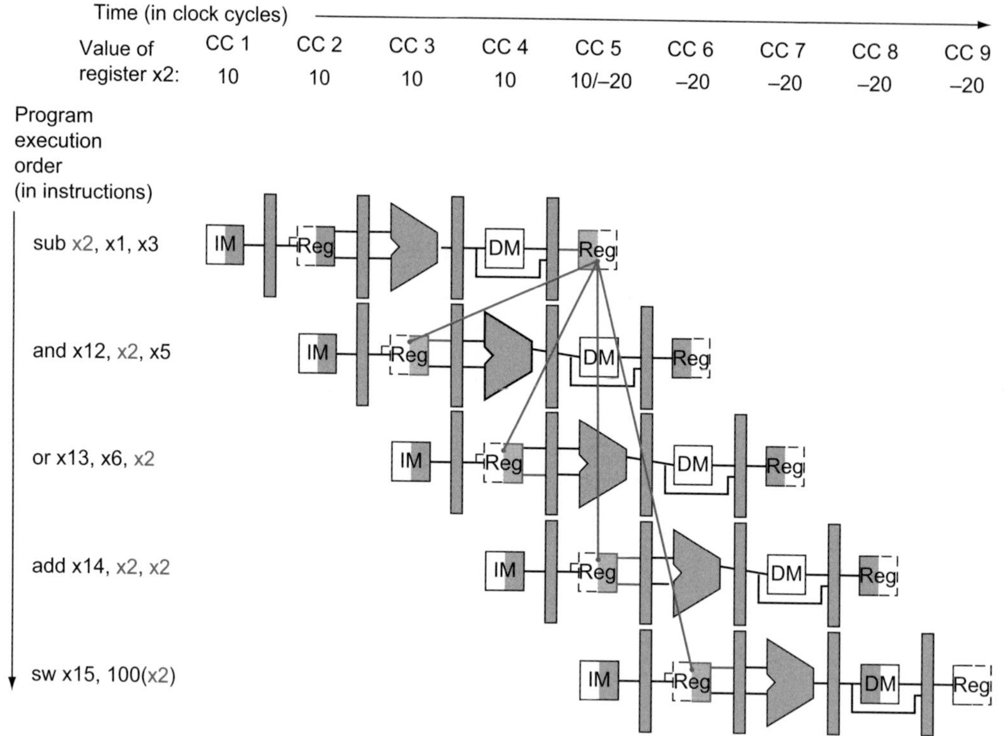


**그림 4.54 5개 명령어 시퀀스의 파이프라인 종속성. 종속성을 보이기 위해 단순화한 데이터패스를 사용하였다.** 모든 종속적 행위는 파란색으로 표시되어 있고 그림 상단의 "CC 1"은 클럭 사이클 1을 의미한다. 첫 번째 명령어는 x2에 쓰기를 하고 뒤에 나오는 모든 명령어는 x2를 읽는다. 이 레지스터에는 클럭 사이클 5에 쓰기가 행해지기 때문에 클럭 사이클 5 이전에는 올바른 값을 사용할 수 없다. (특정 클럭 사이클에서 레지스터를 읽으면 그 사이클의 전반부 끝에서 쓴 값을 읽게 된다.) 위쪽에서 아래쪽으로 내려오는 파란 선은 종속성을 나타낸다. 시간적으로 봐서 후방으로 가는 것들이 파이프라인 데이터 해저드이다.

면, 레지스터 x2를 참조하는 그다음 명령어들이 −20을 사용하는 것이 프로그래머의 의도일 것이다.

이 프로그램이 우리 파이프라인에서 어떻게 수행될까? 그림 4.54는 다중 클럭 사이클 파이프라인 표현을 사용하여 이 명령어들의 실행 과정을 보여 주고 있다. 현재의 파이프라인에서 이 프로그램의 실행을 보여 주기 위해 그림 4.54의 상단에 레지스터 x2의 값을 나타내었다. 이 값은 sub 명령어가 레지스터에 결과를 쓰는 클럭 사이클 5의 중간에 바뀐다.

sub과 add 간의 잠재적 해저드는 레지스터 파일 하드웨어의 설계로 해결할 수 있다. 한 클럭 사이클에 같은 레지스터에 대한 읽기와 쓰기가 동시에 행해진다면 무슨 일이 일어날까? 쓰기는 클럭 사이클의 앞부분에서 일어나고 읽기는 뒷부분에서 일어난다고 가정한다. 그러면 읽기는 새로 써진 값을 읽을 수 있다. 따라서 실제 레지스터 파일의 많은 구현이 그렇듯이 이 경우에는 데이터 해저드는 발생하지 않는다.

그림 4.54는 읽기가 클럭 사이클 5(CC 5)나 그 이후에 일어나지 않는 한 레지스터 x2를 읽은 값은 sub 명령어의 결과값이 아니라는 것을 보여 주고 있다. −20이라는 올바른 값을 갖게 되는 명령어는 add와 sw뿐이다. and와 or 명령어는 틀린 값 10을 읽게 된다. 이런 그림을 사용하면 종속성 선이 시간 축에서 거꾸로 갈 때 문제가 발생한다는 것이 자명해진다.

4.6절에서 언급한 것처럼 원하는 결과는 sub 명령어의 EX 단계의 끝 즉 클럭 사이클 3의 끝에서 만들어진다. and와 or 명령어가 언제 데이터를 필요로 하는가? EX 단계의 시작인 클럭 사이클 4와 5에서 각각 필요하다. 데이터가 레지스터 파일에서 읽을 수 있게 되기 전이라도 데이터가 계산되어 나오자마자 이를 필요로 하는 유닛으로 **전방전달**하기만 하면 이 코드들을 지연 없이 실행할 수 있다.

그러면 전방전달은 어떻게 동작하는가? 이 절의 나머지에서는 단순화를 위해 EX 단계의 연산으로 전방전달하는 문제만을 생각하자. ALU 연산이나 유효 주소 계산이 그러한 경우이다. 앞선 명령어가 WB 단계에서 쓰기를 하려는 레지스터를 다른 명령어가 EX 단계에서 사용하려고 시도할 때, 실제는 ALU의 입력으로 그 값이 필요하다는 것을 알 수 있다.

파이프라인 레지스터의 필드에 이름을 붙이면 종속성을 좀 더 자세히 표시할 수 있다. 예를 들면 "ID/EX.RegisterRs1"은 파이프라인 레지스터 ID/EX에 있는 한 레지스터의 번호, 즉 레지스터 파일의 첫 번째 읽기 포트에 실린 레지스터 번호를 나타낸다. 이름의 첫 번째 부분("."의 왼쪽 부분)은 파이프라인 레지스터 이름이고, 두 번째 부분은 그 레지스터의 필드 이름이다. 이 표기법을 이용하여 두 쌍의 해저드 조건을 표시하면 다음과 같다.

1a. EX/MEM.RegisterRd = ID/EX.RegisterRs1

1b. EX/MEM.RegisterRd = ID/EX.RegisterRs2

2a. MEM/WB.RegisterRd = ID/EX.RegisterRs1

2b. MEM/WB.RegisterRd = ID/EX.RegisterRs2

앞의 코드에서 첫 번째 해저드는 레지스터 x2에 관한 것으로 sub x2, x1, x3의 결과와 and x12, x2, x5의 첫 번째 근원지 피연산자 사이에서 발생한다. 이런 해저드는 and 명령어가 EX 단계에 있고 앞선 명령어(sub)가 MEM 단계에 있을 때 검출될 수 있다. 즉 해저드 조건 1a를 만족한다.

EX/MEM.RegisterRd = ID/EX.RegisterRs1 = x2

예제

### 종속성 검출

앞의 코드에서 종속성을 찾아서 분류하라.

```
sub   x2, x1, x3        // Register x2 set by sub
and   x12, x2, x5       // 1st operand(x2) set by sub
or    x13, x6, x2       // 2nd operand(x2) set by sub
add   x14, x2, x2       // 1st(x2) & 2nd(x2) set by sub
sw    x15, 100(x2)      // Index(x2) set by sub
```

답

위에서 언급한 바와 같이 sub-and 관계는 종류 1a 해저드이다. 나머지 해저드는 다음과 같다.

- sub-or는 종류 2b 해저드이다.
  MEM/WB.RegisterRd = ID/EX.RegisterRs2 = x2
- sub-add의 2개의 종속성은 해저드가 아니다. 왜냐하면 add가 ID 단계에 있을 때 레지스터 파일이 올바른 데이터를 제공하기 때문이다.
- sub와 sw 사이에는 데이터 해저드가 없다. 왜냐하면 sub가 x2에 쓴 다음 클럭 사이클에서 sw가 x2를 읽기 때문이다.

어떤 명령어들은 레지스터에 쓰기를 하지 않기 때문에 이 같은 방침은 정확하지 않다. 필요 없을 때에도 전방전달을 하는 경우가 있기 때문이다. 한 가지 해결책은 RegWrite 신호가 활성화되어 있는지 확인하는 것이다. EX 단계와 MEM 단계 동안에 파이프라인 레지스터의 WB 제어 필드를 조사하면 RegWrite 신호가 인가되었는지를 알 수 있다. RISC-V에서 x0를 피연산자로 사용하면 피연산자 값은 항상 0이다. 파이프라인에 있는 명령어의 목적지가 x0라면(예를 들어 addi x0, x1, 2) 결과값을 굳이 전방전달할 필요가 없다. 레지스터 x0로 가는 값을 전방전달하지 않는다면 어셈블리 프로그래머나 컴파일러에게 x0를 목적지 레지스터로 사용하지 말라고 할 필요가 없다. 첫 번째 해저드 조건에 EX/MEM.RegisterRd ≠ 0을 추가하고 두 번째 조건에 MEM/WB.RegisterRd ≠ 0을 추가하면 위의 조건들은 제대로 작동할 것이다.

이제 해저드를 검출할 수 있으므로 문제의 반은 풀린 것이다. 그러나 아직은 올바른 데이터를 전방전달해야 한다는 문제가 남아 있다.

그림 4.55는 그림 4.54와 똑같은 코드에 대해 파이프라인 레지스터와 ALU 입력 사이의 종속성을 보여 준다. 바뀐 것은 레지스터 파일에 쓰기 위해 WB 단계를 기다

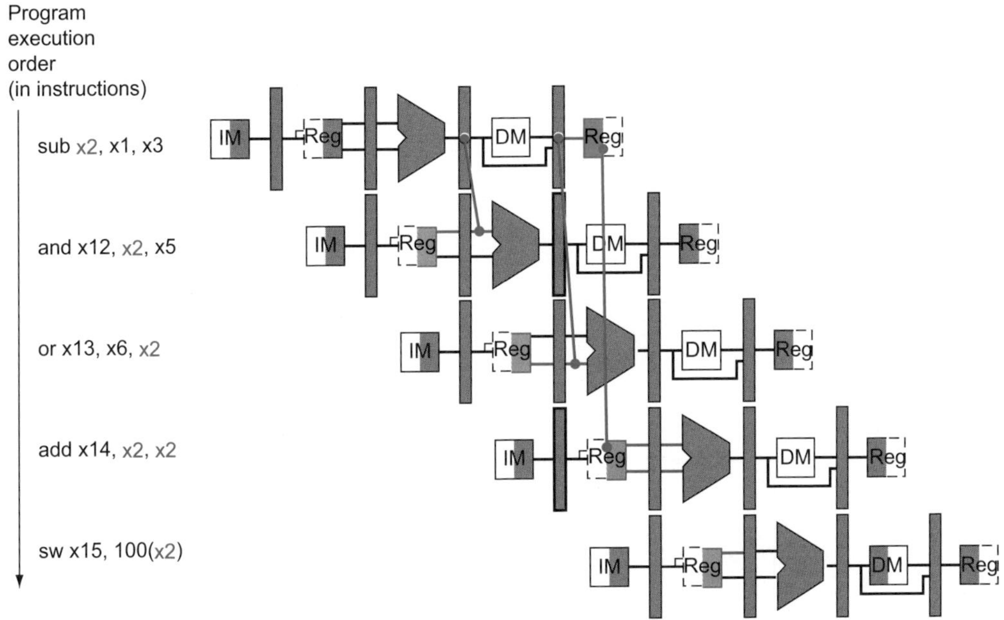


**그림 4.55 파이프라인 레지스터 사이의 종속성이 시간상 전방으로 이동했다. 따라서 파이프라인 레지스터에 있는 결과를 전방전달함으로써 and 명령어와 or 명령어가 요구하는 ALU 입력을 제때 제공할 수 있다.** 파이프라인 레지스터에 있는 값들은 레지스터 파일에 기록되기 전에 원하는 값들을 사용할 수 있음을 보여 준다. 레지스터 파일은 같은 클럭 사이클에 읽기와 쓰기가 행해지는 것을 통해 값을 전방전달할 수 있다고 가정한다. 따라서 add 명령어는 지연되지 않지만 그 값은 파이프라인 레지스터 대신에 레지스터 파일에서 나온다. 레지스터 파일 전방전달—같은 클럭 사이클에 쓴 값을 읽는—은 클럭 사이클 5에서 레지스터 x2가 왜 클럭 사이클 초반에는 10이다가 사이클 끝에서는 −20이 되는지를 설명한다.

리는 대신, 파이프라인 레지스터에서 종속성이 시작된다는 것이다. 파이프라인 레지스터가 전방전달할 데이터를 가지고 있기 때문에 후속 명령어들이 필요로 하는 데이터는 시간에 맞추어 도착한다.

ID/EX 레지스터뿐만 아니라 어느 파이프라인 레지스터에서라도 ALU 입력을 가져올 수가 있다면 적절한 데이터를 전방전달할 수 있다. ALU 입력에 멀티플렉서를 추가하고 적절한 제어를 붙이면 이 같은 데이터 종속성이 존재하더라도 파이프라인을 최고 속도로 실행할 수 있다.

당분간 전방전달할 필요가 있는 명령어는 4개의 R-형식 명령어 add, sub, and, or뿐이라고 가정하자. 그림 4.56은 전방전달을 추가하기 전과 후의 ALU와

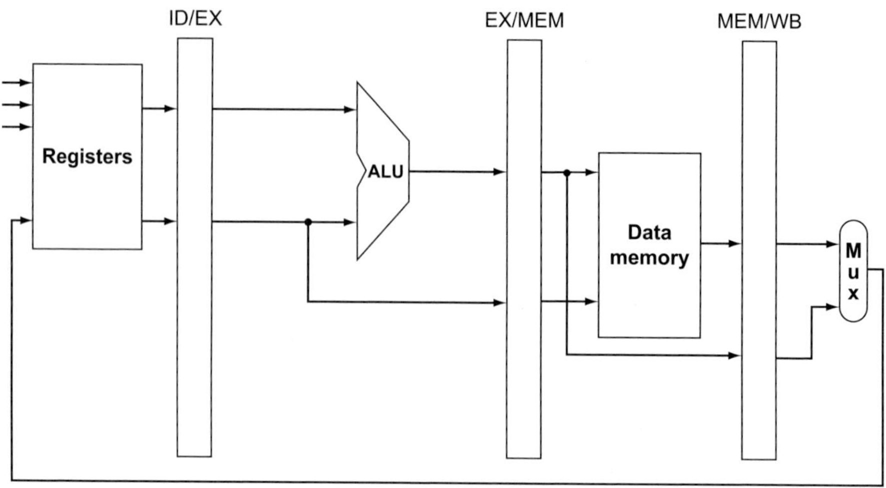


(a) No forwarding

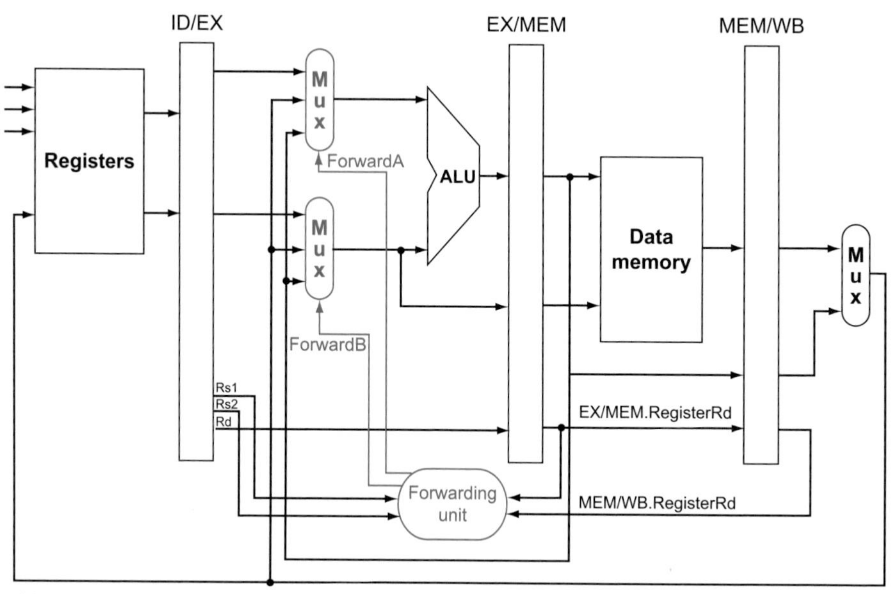


(b) With forwarding

**그림 4.56 상단에 있는 것은 전방전달이 추가되기 전의 ALU와 파이프라인 레지스터이다.** 하단에는 멀티플렉서가 확장되어 전방전달 경로가 추가되었다. 여기에는 전방전달 유닛을 보였다. 새로운 하드웨어는 파란색으로 표시하였다. 이 그림은 양식화된 그림이지만 부호확장 하드웨어 같은 세부 사항이 생략되어 있다.

| Mux 제어 신호 | 근원지 | 설명 |
|---|---|---|
| ForwardA = 00 | ID/EX | ALU의 첫 번째 피연산자가 레지스터 파일에서 온다. |
| ForwardA = 10 | EX/MEM | 직전의 ALU 결과가 ALU의 첫 번째 피연산자로 전방전달된다. |
| ForwardA = 01 | MEM/WB | 데이터 메모리나 전전 ALU 결과가 ALU의 첫 번째 피연산자로 전방전달된다. |
| ForwardB = 00 | ID/EX | ALU의 두 번째 피연산자가 레지스터 파일에서 온다. |
| ForwardB = 10 | EX/MEM | 직전의 ALU 결과가 ALU의 두 번째 피연산자로 전방전달된다. |
| ForwardB = 01 | MEM/WB | 데이터 메모리나 전전 ALU 결과가 ALU의 두 번째 피연산자로 전방전달된다. |

**그림 4.57 그림 4.56의 전방전달 멀티플렉서를 위한 제어값들.** ALU의 또 다른 입력인 부호있는 수치값에 대해서는 이 절 끝에 있는 "고난도"에서 설명한다.

파이프라인 레지스터를 확대해 보여 준다. 그림 4.57은 ALU 멀티플렉서를 위한 제어선의 값들을 보여 주는데 이를 통해 레지스터 파일 값과 전방전달된 값들 중 하나를 선택한다.

ALU 전방전달 멀티플렉서가 EX 단계에 있으므로 전방전달 제어부도 EX 단계에 있다. 따라서 전방전달 여부를 결정할 수 있도록 피연산자 레지스터 번호를 ID 단계에서부터 ID/EX 파이프라인 레지스터를 거쳐 전달해 주어야 한다. 전방전달이 추가되기 전까지는 ID/EX 레지스터에 rs1과 rs2 필드를 저장할 필요가 없었으므로, rs1과 rs2 필드를 ID/EX에 추가해야 한다.

이제 해저드를 검출하기 위한 조건과 이 해저드를 해결하기 위한 제어 신호에 대해 서술해 보자.

1. EX 해저드:

```
if (EX/MEM.RegWrite
and (EX/MEM.RegisterRd ≠ 0)
and (EX/MEM.RegisterRd = ID/EX.RegisterRs1)) ForwardA = 10

if (EX/MEM.RegWrite
and (EX/MEM.RegisterRd ≠ 0)
and (EX/MEM.RegisterRd = ID/EX.RegisterRs2)) ForwardB = 10
```

이 경우에는 바로 앞 명령어의 결과를 ALU 입력 중 하나로 전방전달한다. 바로 앞 명령어가 레지스터 파일에 쓰기를 하는 명령어이고 쓰기 레지스터 번호가 ALU 입력 A나 B의 읽기 레지스터 번호와 같다면(레지스터 0은 아니라고 가정) 파이프라인 레지스터 EX/MEM에서 값을 받도록 멀티플렉서를 제어한다.

2. MEM 해저드:

```
if (MEM/WB.RegWrite
and (MEM/WB.RegisterRd ≠ 0)
```

```
and (MEM/WB.RegisterRd = ID/EX.RegisterRs1)) ForwardA = 01

if (MEM/WB.RegWrite
and (MEM/WB.RegisterRd ≠ 0)
and (MEM/WB.RegisterRd = ID/EX.RegisterRs2)) ForwardB = 01
```

위에서 언급한 바와 같이 WB 단계에는 해저드가 없다. 왜냐하면 WB 단계에 있는 명령어가 값을 저장하는 레지스터를 ID 단계에 있는 명령어가 읽는다면 레지스터 파일은 올바른 값을 제공한다고 가정하기 때문이다. 그러한 레지스터 파일은 다른 형태의 전방전달을 하고 있는 셈이지만 이 일은 레지스터 파일 내에서 일어난다.

한 가지 복잡한 문제는 WB 단계에 있는 명령어의 결과값과 MEM 단계에 있는 명령어의 결과값 모두와 ALU 단계에 있는 명령어의 근원지 피연산자 사이에 데이터 해저드가 일어날 수 있다는 것이다. 예를 들면 여러 숫자를 한 레지스터에서 합한다고 할 때 명령어 코드 모두가 같은 레지스터를 읽고 쓰려고 할 것이다.

```
add x1, x1, x2
add x1, x1, x3
add x1, x1, x4
. . .
```

이 경우 MEM 단계의 결과값이 더 최근의 것이기 때문에 결과값은 MEM 단계에서 전방전달된다. 따라서 MEM 해저드에 대한 제어는 다음과 같다(추가된 부분이 파란색으로 표시되어 있음).

```
if (MEM/WB.RegWrite
and (MEM/WB.RegisterRd ≠ 0)
and not(EX/MEM.RegWrite and (EX/MEM.RegisterRd ≠ 0)
        and (EX/MEM.RegisterRd = ID/EX.RegisterRs1))
and (MEM/WB.RegisterRd = ID/EX.RegisterRs1))  ForwardA = 01

if (MEM/WB.RegWrite
and (MEM/WB.RegisterRd ≠ 0)
and not(EX/MEM.RegWrite and (EX/MEM.RegisterRd ≠ 0)
        and (EX/MEM.RegisterRd = ID/EX.RegisterRs2))
and (MEM/WB.RegisterRd = ID/EX.RegisterRs2))  ForwardB = 01
```

그림 4.58은 EX 단계의 명령어를 위한 전방전달을 지원하기 위해 필요한 하드웨어를 보여 준다. EX/MEM.RegisterRd 필드는 ALU 명령어나 적재 명령어의 목적지 레지스터이다.

단일 클럭 사이클 파이프라인 다이어그램으로 표현된 해저드 예제를 좀 더 보고

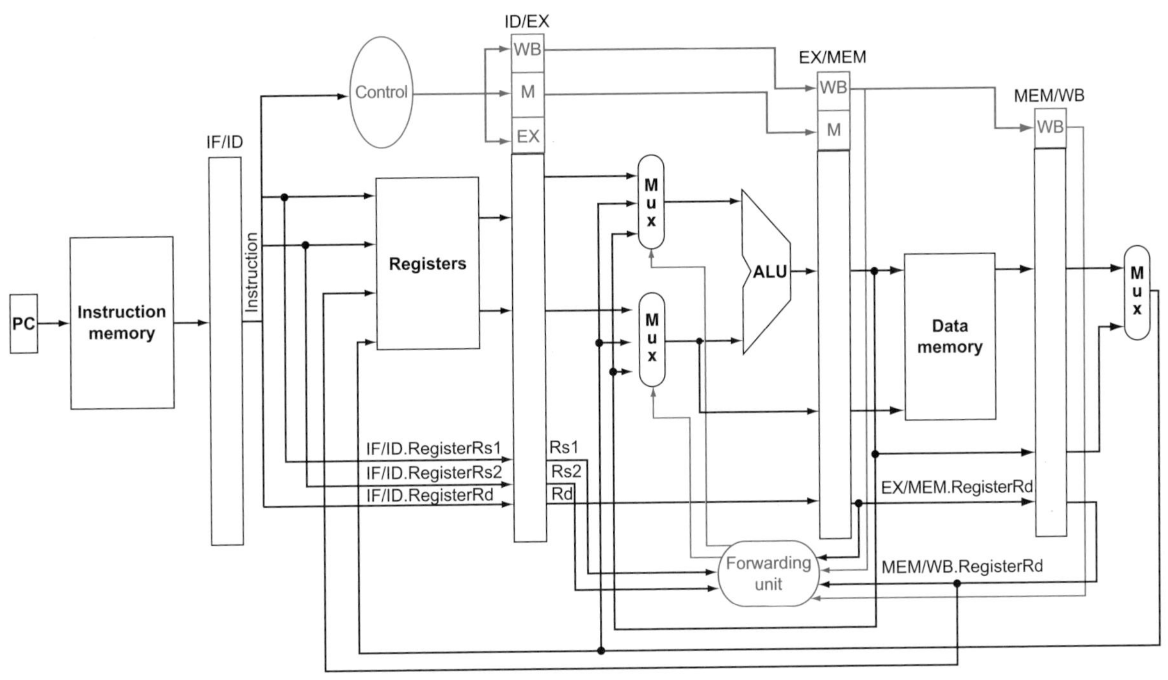


**그림 4.58 전방전달을 통해 해저드를 해결하도록 수정된 데이터패스.** 그림 4.53의 데이터패스와 비교하면 ALU 입력에 대한 멀티플렉서가 추가되었다. 이 그림은 상당히 양식화된 것이지만, 전체 데이터패스에서 분기 하드웨어나 부호확장 하드웨어 같은 세부 사항은 제외하였다.

싶다면 4.14절에 전방전달을 일으키는 해저드가 있는 두 가지 RISC-V 코드의 그림이 있으니 참고하라.

**고난도:** 저장 명령어가 다른 명령어에 종속적일 때에도 전방전달이 해저드 문제에 도움을 줄 수 있다. 저장 명령어는 MEM 단계에서 데이터 값 하나만을 사용하기 때문에 전방전달이 쉬운 편이다. 그러나 저장 명령어가 적재 명령어 바로 다음에 나오는 경우를 생각해 보자. RISC-V 구조에서 이런 코드는 메모리에서 메모리로 복사할 때 유용할 것이다. 복사는 자주 나오므로, 이를 더 빠르게 실행할 수 있도록 더 많은 전방전달 하드웨어를 추가할 필요가 있다. `sub`, `and` 명령어를 `lw`, `sw` 명령어로 바꾸어 그림 4.55를 다시 그리면 지연을 피하는 것이 가능하다는 것을 알 수 있다. 왜냐하면 저장 명령어가 MEM 단계에서 데이터를 사용하는 시점에 이 데이터는 적재 명령어의 MEM/WB 레지스터에 있기 때문이다. 이 같은 경우를 위해 메모리 접근 단계에 전방전달을 추가할 필요가 있다. 이 수정은 독자가 해결할 과제로 남긴다.

적재 명령어와 저장 명령어에서 필요한 부호있는 수치값의 ALU 입력이 그림 4.58의 데이터패스에서는 보이지 않는다. 중앙 제어가 레지스터와 수치값 중에서 결정하고 전방전달

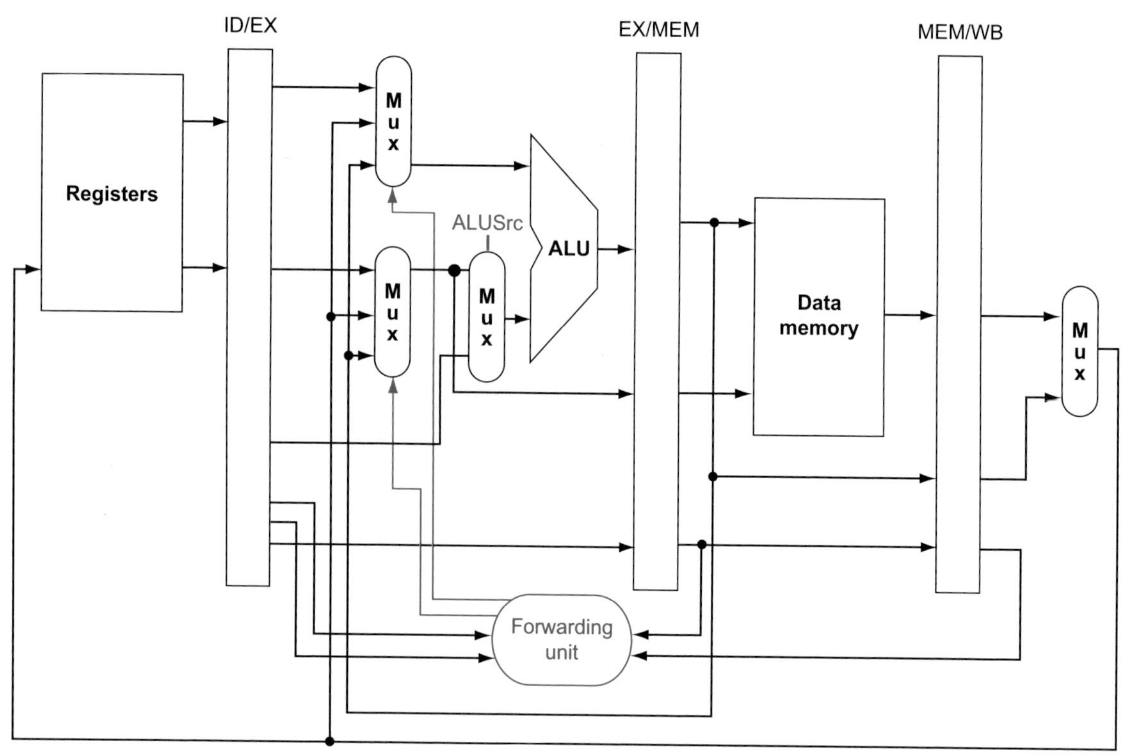


**그림 4.59** 그림 4.56의 데이터패스를 확대한 것으로 2:1 멀티플렉서가 추가되었다. 이 멀티플렉서는 부호있는 수치값을 ALU 입력으로 선택할 수 있게 하기 위해 추가되었다.

유닛이 ALU의 레지스터 입력을 위한 파이프라인 레지스터를 선택하기 때문에 가장 쉬운 해결책은 ForwardB 멀티플렉서 출력과 부호있는 수치값 중 하나를 선택하는 2:1 멀티플렉서를 추가하는 것이다. 그림 4.59는 이 멀티플렉서가 추가된 데이터패스이다.

## 데이터 해저드와 지연

*If at first you don't succeed, redefine success.*

Anonymous

4.6절에서 설명한 바와 같이 전방전달이 해결 못하는 경우 중 하나는 적재 명령어를 뒤따르는 명령어가 적재 명령어에서 쓰기를 행하는 레지스터를 읽으려고 시도할 때이다. 그림 4.60이 이 같은 문제를 보여 주고 있다. 클럭 사이클 4에서 적재 명령어가 데이터를 읽고 있는데 ALU는 이미 그다음 명령어를 위한 연산을 수행하고 있다. 따라서 적재 명령어 뒤에 이 결과값을 읽는 명령어가 뒤따라 나오면 누군가가 파이프라인을 지연시켜야 한다.

따라서 전방전달 유닛 외에 해저드 검출 유닛(hazard detection unit)도 필요하다. 이 유닛은 ID 단계에서 동작하여 적재 명령어와 결과값 사용 명령어 사이에 지연을

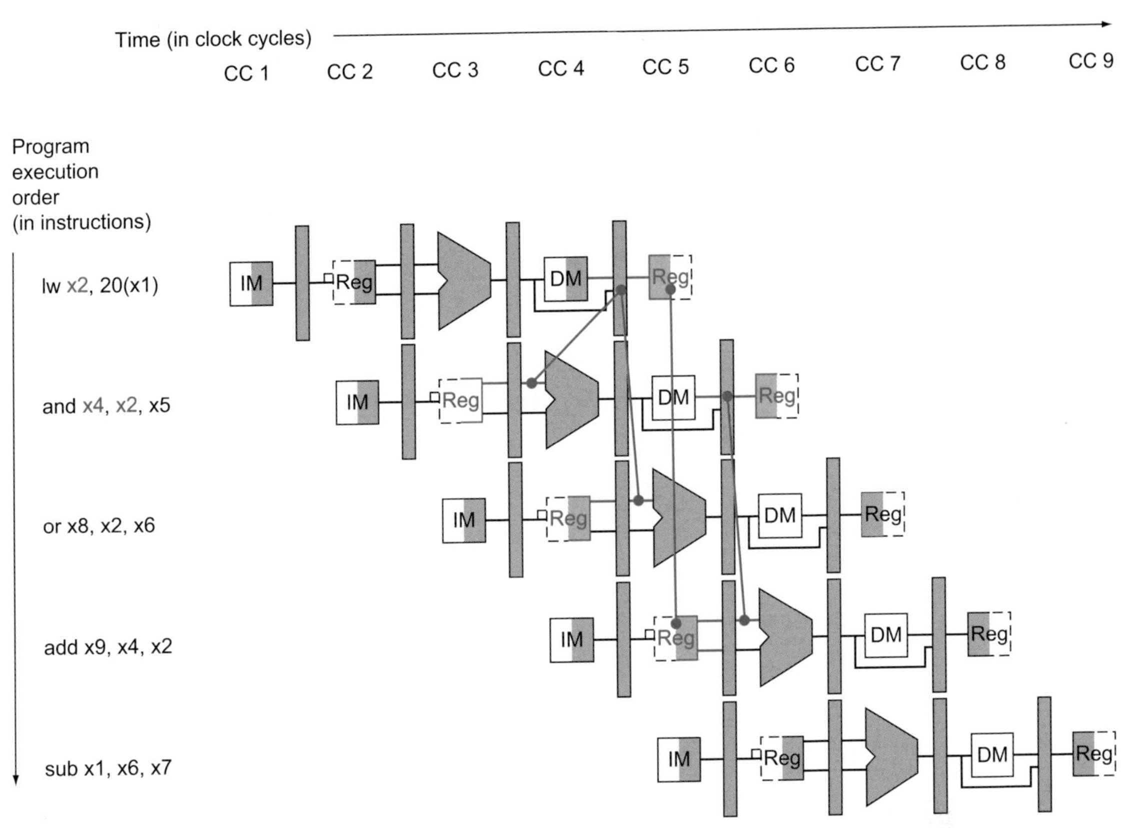


**그림 4.60 파이프라이닝된 프로그램.** 적재 명령어와 다음 명령어(and) 사이의 종속성은 시간상 후방으로 가기 때문에 이 해저드는 전방전달을 통해서는 해결될 수 없다. 따라서 이런 명령어 조합이 나오면 해저드 검출 유닛이 파이프라인을 지연시켜야 한다.

추가할 수 있도록 한다. 적재 명령어만 검사하면 되므로 해저드 검출 유닛에 대한 제어는 아래와 같은 단 한 가지 조건을 갖는다.

```
if (ID/EX.MemRead and
   ((ID/EX.RegisterRd = IF/ID.RegisterRs1) or
    (ID/EX.RegisterRd = IF/ID.RegisterRs2)))
    stall the pipeline
```

R-타입 명령어와 적재 명령어 구별 없이 명령어의 비트 11:7의 레지스터 번호를 RegisterRd로 표시하고 있음을 기억하라. 첫 번째 줄은 명령어가 적재 명령어인지를 테스트한다. 데이터 메모리를 읽는 유일한 명령어가 적재 명령어이기 때문이다. 다음 두 줄은 EX 단계에 있는 적재 명령어의 목적지 레지스터 필드가 ID 단계에 있는 명령어의 근원지 레지스터인지를 체크한다. 조건이 만족되면 명령어는 1 클럭

사이클만큼 지연된다. 1 클럭 사이클 지연 후에는 전방전달 회로가 종속성을 처리할 수 있으므로 실행은 계속 진행된다. (만약 전방전달이 없다면 그림 4.60의 명령어들은 1 사이클 더 지연되어야 한다.)

ID 단계에 있는 명령어가 지연되면 IF 단계에 있는 명령어 역시 지연된다. 그렇지 않으면 인출된 명령어를 잃게 된다. 이처럼 두 명령어의 진행을 막으려면 PC 레지스터와 IF/ID 파이프라인 레지스터만 변하지 않게 하면 된다. 이 레지스터 값들이 그대로 유지되면 IF 단계에서는 PC 값을 이용하여 똑같은 명령어를 계속 읽고, ID 단계에서는 IF/ID 파이프라인 레지스터의 같은 명령어 필드를 이용하여 rs1, rs2 레지스터를 계속 읽는다. 다시 세탁소 비유로 돌아가면 세탁기는 같은 옷을 계속 빨고 건조기는 빈 채로 계속 돌리는 것과 같다. EX 단계부터 시작되는 파이프라인의 후반부도 뭔가를 해야 하는데, 하는 일은 아무런 효과도 없는 명령어 **nop**을 실행하는 것이다.

**nop** 상태를 바꾸는 연산을 전혀 하지 않는 명령어.

거품처럼 동작하는 nop을 어떻게 파이프라인에 삽입할 수 있을까? 그림 4.51에서 EX, MEM, WB 단계의 7개 제어 신호 모두를 인가하지 않으면(즉 0으로 만들면) "아무 것도 하지 않는" nop 명령어를 만들 수 있다. ID 단계에서 해저드를 찾아내면 ID/EX 파이프라인 레지스터의 EX, MEM, WB 제어 필드 값을 모두 0으로 만들어서 파이프라인에 거품을 집어넣을 수 있다. 이 제어값들은 매 클럭마다 앞으로 전진하면서 나름의 일을 하지만, 모든 제어값이 0이므로 실제로 레지스터나 메모리 내용은 전혀 변하지 않는다.

그림 4.61은 하드웨어에서 실제 무슨 일이 일어나는지를 보여 준다. and 명령어에 해당하는 파이프라인 실행 자리는 nop으로 바뀌며 and 명령어 이후의 모든 명령어는 한 사이클씩 지연된다. 수도관에서의 공기 거품처럼 지연 거품은 그 뒤의 명령어를 모두 지연시키고 한 사이클에 한 단계씩 명령어 파이프를 진행한 후 끝에서 빠져나간다. 이 예제에서 and 및 or 명령어는 해저드 때문에 클럭 사이클 3에서 했던 것을 클럭 사이클 4에서도 그대로 반복한다. 즉 and 명령어는 또 레지스터를 읽고 다시 해독되며, or 명령어는 명령어 메모리에서 다시 인출된다. 겉으로 보이는 지연의 효과는 이렇게 같은 일을 반복하는 것이고, 이 반복의 효과는 and와 or 명령어의 시간을 잡아 늘려서 add 명령어의 인출을 지연시키는 것이다.

그림 4.62는 해저드 검출 유닛과 전방전달 유닛이 어떻게 파이프라인에 연결되는지를 강조해서 보여 주고 있다. 전과 같이 전방전달 유닛은 ALU 멀티플렉서를 제어하여 범용 레지스터로부터 값을 받지 않고 해당 파이프라인 레지스터로부터 값을 받도록 한다. 해저드 검출 유닛은 PC와 IF/ID 레지스터에 쓰는 것을 제어할 뿐만 아니라 멀티플렉서가 실제 제어값과 0 중에서 하나를 선택하도록 한다. 적재-사

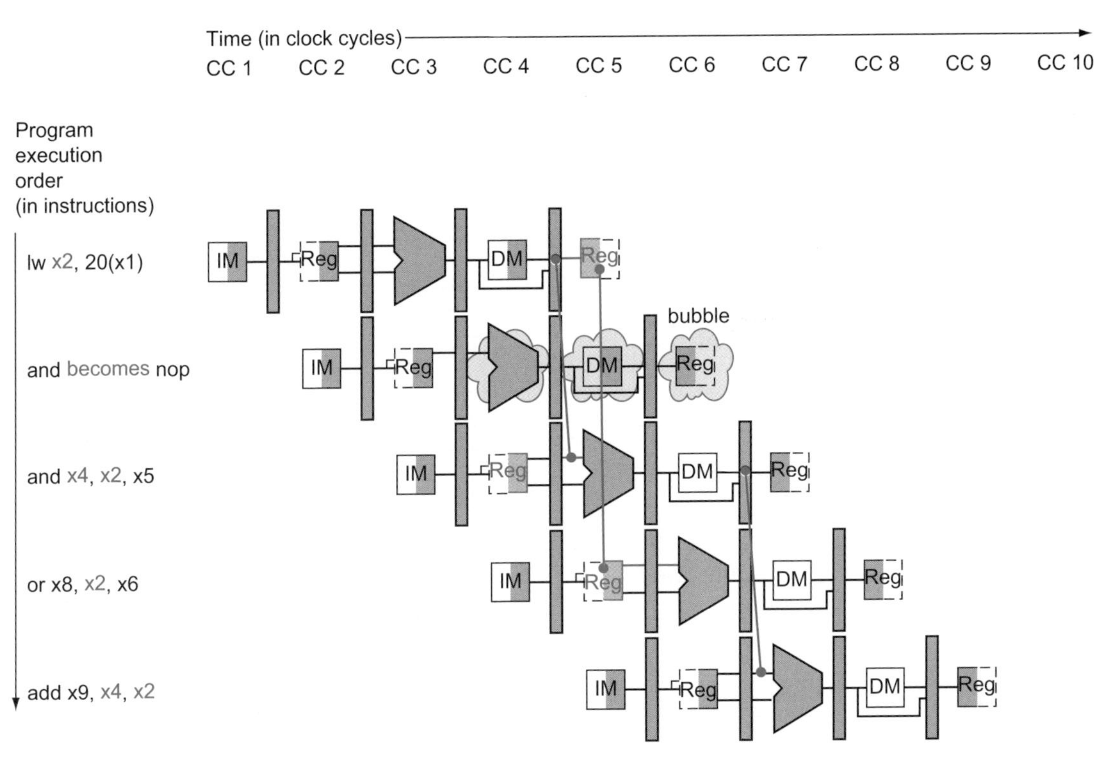


**그림 4.61 지연을 실제로 파이프라인에 삽입하는 방법.** and 명령어를 nop으로 바꿈으로써 클럭 사이클 4부터 거품이 삽입되었다. and 명령어는 클럭 사이클 2와 3에서 실제로 인출되고 해독되지만 이 명령어의 EX 단계는 클럭 사이클 5까지 연기된다. (지연이 없었다면 클럭 사이클 4에서 EX 단계에 들어갔을 것이다.) 똑같이 or 명령어는 클럭 사이클 3에서 인출되지만 ID 단계는 클럭 사이클 5까지 연기된다. (지연이 없었다면 클럭 사이클 4에서 ID 단계에 들어갔을 것이다.) 거품 삽입 후에는 종속성이 시간상 전방으로 향하기 때문에 더 이상의 해저드는 없다.

용 해저드(load-use hazard) 검사가 참이면 해저드 검출 유닛은 파이프라인을 지연시키고 제어 필드를 0으로 만든다. 좀 더 구체적인 내용을 보고 싶다면 🌐 4.14절을 참조하라. 이 절에서는 지연을 일으키는 해저드가 있는 RISC-V 코드의 예를 단일 클럭 파이프라인 다이어그램을 사용하여 보여 준다.

요점정리

컴파일러는 대개 하드웨어에 의존해서 해저드를 해결하고 그렇게 함으로써 올바른 실행을 보장받지만, 최고 성능을 얻기 위해서는 컴파일러가 파이프라인을 이해해야 한다. 그렇지 않으면 예상치 않았던 지연이 컴파일된 코드의 성능을 저하시킬 것이다.

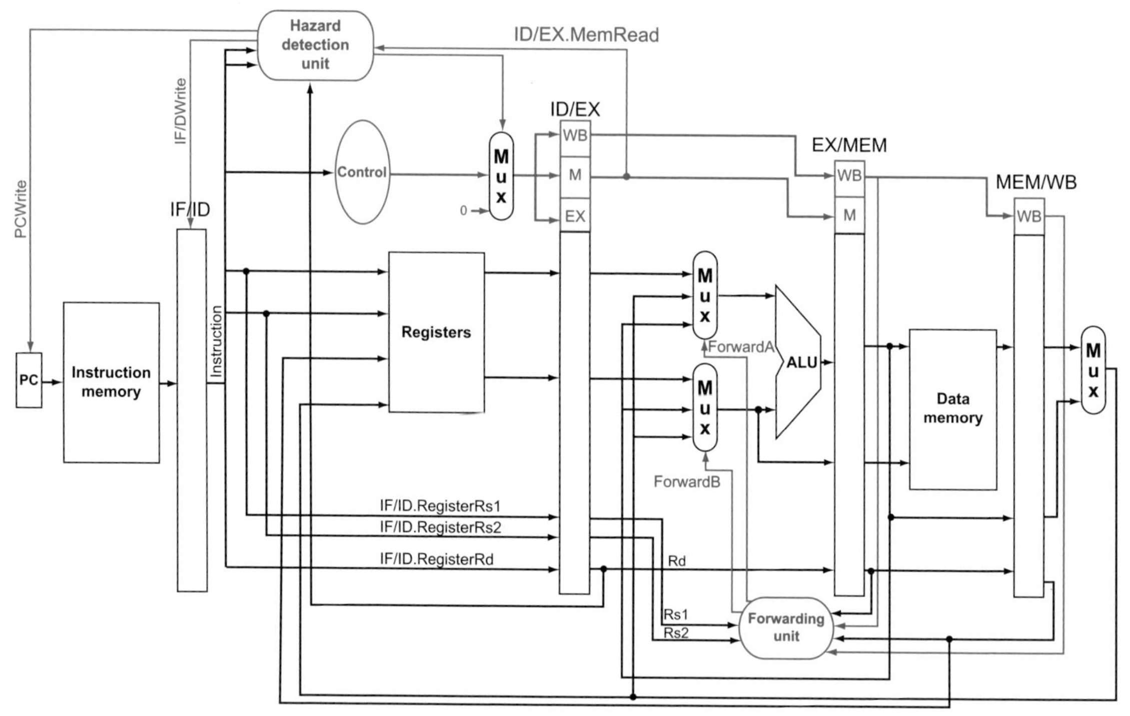


**그림 4.62 파이프라인 제어 개략도. 전방전달을 위한 2개의 멀티플렉서, 해저드 검출 유닛, 전방전달 유닛을 보여 주고 있다.** ID 단계와 EX 단계가 단순화되었지만(부호확장된 수치와 분기 회로를 생략하였다) 이 그림은 전방전달 하드웨어 요구사항의 핵심을 보여 주고 있다.

**고난도:** 레지스터나 메모리에 쓰는 것을 막기 위해 제어선들을 0으로 만든다고 한 앞의 설명에서, 사실은 RegWrite와 MemWrite 신호만 0으로 만들면 되고 나머지 제어 신호들은 don't care이어도 된다.

*There are a thousand hacking at the branches of evil to one who is striking at the root.*

Henry David Thoreau, *Walden*, 1854

## 4.9 제어 해저드

이제까지는 산술 연산과 데이터 전송이 관련된 해저드에만 관심을 두었지만, 4.6절에서 본 바와 같이 조건부 분기와 연관된 파이프라인 해저드도 있다. 그림 4.63에 예제 프로그램을 보이고 이 프로그램이 파이프라인에서 언제 분기하는지를 함께 보였다. 파이프라인이 계속 일을 하기 위해서는 매 클럭마다 명령어가 인출되어야 하는데, 우리 설계에서는 분기 여부에 대한 결정이 MEM 단계에 가서야 이루어진다. 4.6절에서 설명한 바와 같이 이렇게 인출할 명령어를 결정하는 일이 늦어지는 현상을 제어 해저드 또는 분기 해저드라 한다.

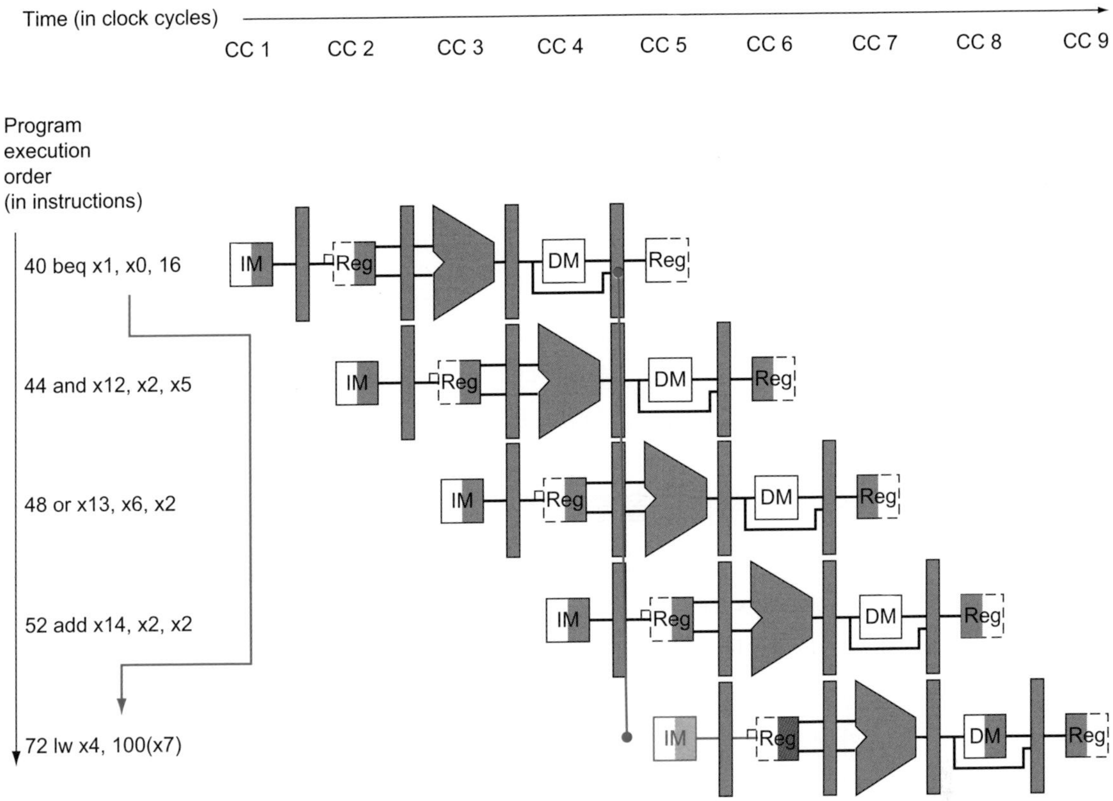

그림 4.63 **분기 명령어에 대한 파이프라인의 영향.** 명령어의 왼쪽에 있는 숫자들(40, 44, ...)은 명령어 주소이다. 분기 명령어는 분기 여부를 MEM 단계—위 `beq` 명령어의 경우 클럭 사이클 4—에서 결정하기 때문에 분기 명령어를 뒤따르는 3개의 명령어는 인출되어 실행을 시작한다. 아무 조치도 취하지 않으면 `beq` 명령어가 주소 72에 있는 `lw`로 분기하기 전에 이 3개의 명령어는 실행을 시작할 것이다. (그림 4.33은 제어 해저드를 1 클럭 사이클로 줄이기 위해 하드웨어가 추가된 파이프라인을 가정했지만, 위 그림은 최적화되지 않은 데이터패스를 사용하고 있다.)

제어 해저드에 대한 이번 절은 앞의 데이터 해저드를 다룬 절보다 짧다. 이유는 제어 해저드는 이해가 비교적 쉽고 데이터 해저드만큼 자주 일어나지 않으며 또 제어 해저드에 대해서는 데이터 해저드의 전방전달 같은 효과적인 방법이 없기 때문이다. 따라서 좀 더 간단한 방법을 사용한다. 제어 해저드를 해결하기 위한 두 가지 방법을 살펴보고 이 방법들을 향상시키기 위한 최적화 방법을 살펴본다.

PREDICTION

## 분기가 일어나지 않는다고 가정

4.6절과 같이 분기가 끝날 때까지 지연시키면 시간이 너무 오래 걸린다. 분기 지연(branch stalling)보다 좋은 방법은 분기가 일어나지 않는다고 **예측**하고 명령어들을

일단 순서대로 계속 실행하는 것이다. 만약 분기가 일어난다면 인출되고 해독되었던 명령어들은 버리고 분기 목적지에서 실행을 계속한다. 분기가 일어날 확률이 절반 정도 되고 명령어를 버리는 비용이 거의 없다면 이 최적화 방법은 제어 해저드의 비용을 반으로 줄인다.

명령어를 버리기 위해서는 적재-사용 데이터 해저드의 경우처럼 원래의 제어값을 0으로 바꾸면 된다. 하지만 분기 명령어가 MEM 단계에 도달했을 때 IF, ID, EX 단계에 있던 명령어 3개를 버려야 한다는 점이 다르다. 적재-사용 지연에서는 ID 단계의 제어값을 0으로 바꾸는 일만 하고 그 후에는 자연스럽게 파이프라인을 통과하도록 했었다. 명령어를 버린다는 것은 파이프라인의 IF, ID, EX 단계에 있는 명령어를 **쓸어내야**(flush) 한다는 것을 의미한다.

**쓸어내기** 파이프라인에 있는 명령어들을 버리는 것. 보통 예상하지 않았던 사건 때문에 시행한다.

## 분기에 따른 지연을 줄이기

조건부 분기 성능을 향상시키는 한 가지 방법은 분기가 일어났을 때의 비용을 줄이는 것이다. 이제까지는 분기 명령어의 경우 다음 PC 값을 MEM 단계에서 결정한다고 가정하였다. 만약 파이프라인에서 조건부 분기 결정을 좀 더 앞당겨 할 수 있다면 더 적은 수의 명령어를 없애 버려도 된다. 분기 결정을 앞으로 끌어올리려면 분기 목적지 주소를 계산하는 것과 분기 여부를 판단하는 것 두 가지 일이 좀 더 일찍 일어나야 한다. 이 중 쉬운 부분은 분기 주소 계산을 끌어올리는 것이다. IF/ID 파이프라인 레지스터에는 이미 PC 값과 수치 필드가 들어 있다. 따라서 분기 덧셈기를 EX 단계에서 ID 단계로 옮기기만 하면 된다. 물론 어떤 명령어를 실행하든 상관없이 분기 목적지 주소 계산은 하겠지만 실제 사용은 필요할 때만 한다.

어려운 부분은 분기 여부에 대한 판단이다. beq 명령어는 두 레지스터 값이 같은지 알아보기 위해 ID 단계에서 읽은 레지스터 값을 비교해야 한다. 두 레지스터가 같은지를 알아보려면 비트별로 XOR하고 그 결과를 OR하면 된다. 분기 테스트를 ID 단계로 옮기는 것은 추가적인 전방전달 유닛과 해저드 검출 하드웨어를 필요로 한다는 것을 의미한다. 왜냐하면 아직 파이프라인상에 있는 결과값에 종속적인 분기도 제대로 실행할 수 있어야 하기 때문이다. 예를 들면 beq를(bne도) 구현하기 위해서는 결과값들을 ID 단계에 있는 같은지 비교 회로(equality test logic)로 전방전달할 필요가 있다. 그러나 여기에는 두 가지 복잡한 문제가 있다.

1. 명령어를 해독하고, 같은지 비교 유닛으로 전방전달이 필요한지 결정하고, 또 비교하는 일을 ID 단계 동안에 끝내야 한다. 그래야만 분기 명령어일 경우 PC 값을 분기 목적지 주소로 바꿀 수가 있다. 전에는 ALU 전방전달 회로가 분기 명령어의 피연산자들을 전방전달했지만, ID 단계에 같은지 비교 유닛을 도입

하면 새로운 전방전달 회로가 필요하다. 분기 명령어를 위해 전방전달되는 근원지 피연산자들은 EX/MEM 파이프라인 레지스터나 MEM/WB 파이프라인 레지스터에서 오기 때문이다.

2. 분기 비교에 사용할 값은 ID 단계에서 필요하지만, 시간적으로 더 나중에 생성될 수 있기 때문에 데이터 해저드가 일어나거나 지연이 필요하게 될 가능성이 있다. 예를 들어 분기 명령어 바로 앞에 있는 ALU 명령어가 조건부 분기의 피연산자를 생성하면 지연이 필요하다. 왜냐하면 ALU 명령어를 위한 EX 단계가 분기 명령어의 ID 사이클보다 뒤에 일어날 것이기 때문이다. 좀 더 확장하면 적재 명령어 바로 뒤에 적재 결과를 사용하는 조건부 분기 명령어가 뒤따라 나오는 경우에는 두 사이클의 지연이 필요하다. 왜냐하면 적재 명령어의 결과는 MEM 사이클의 끝에서 나오지만 분기 명령어는 ID 단계의 시작점에서 이 값이 필요하기 때문이다.

이 같은 어려움에도 불구하고 조건부 분기 실행을 ID 단계로 옮기는 것은 개선이라고 볼 수 있는데, 이는 분기가 발생했을 때 분기의 손실을 단 하나의 명령어 즉 현재 인출되고 있는 명령어 하나만으로 줄일 수 있기 때문이다. 전방전달 경로 구현과 해저드 검출의 세부 사항은 이 장의 연습문제에서 다룬다.

IF 단계의 명령어를 버리기 위해서 IF.Flush라는 제어선을 추가하는데 이 제어선은 IF/ID 파이프라인 레지스터의 명령어 필드를 0으로 만든다. 레지스터를 0으로 만드는 것은 인출된 명령어를 nop으로 바꾸는 것인데, 이 명령어는 어떤 일도 하지 않고 어떤 상태도 바꾸지 않는다.

**예제**

### 파이프라인 분기

이 명령어 코드에서 분기가 일어날 때 무슨 일이 일어나는지를 보여라. 분기가 일어나지 않는다고 예측하고 분기 실행을 ID 단계로 옮겼다고 가정하라.

```
36 sub   x10, x4, x8
40 beq   x1,  x3, 16   // PC-relative branch to 40+16*2=72
44 and   x12, x2, x5
48 or    x13, x2, x6
52 add   x14, x4, x2
56 sub   x15, x6, x7
. . .
72 lw    x4, 50(x7)
```

**답**

그림 4.64는 분기가 일어날 때 무슨 일이 일어나는지를 보여 준다. 그림 4.63과는 달리 분기가 일어났을 때 파이프라인에 거품이 하나만 생긴다.

## 동적 분기 예측

조건부 분기가 일어나지 않는다고 가정하는 것도 분기 예측의 한 가지 방법이다. 이 경우에는 조건부 분기가 일어나지 않을 것이라고 예측하고 예측이 틀렸을 경우에는 파이프라인에 있는 명령어를 쓸어내는 것이다. 단순한 5단계 파이프라인의 경우에는 이러한 분기가 일어나지 않는다고 예측하는 것과 컴파일러 기반의 예측을 함께 사용하는 것이 적절할 것이다. 하지만 파이프라인이 깊어질수록 분기 손실이 증가한다. 이때 분기 손실은 클럭 사이클 단위로 계산한다. 다중 내보내기 파이프라인(4.11절 참조)의 경우도 분기 손실이 증가하는데, 이때의 손실은 잃어버린 명령어 수로 계산한다. 이 같은 점들을 고려하면 공격적인 파이프라인에서 단순한 정적 예측 방법은 너무나 많은 성능 손실을 초래할 것이다. 4.6절에서 언급한 바와 같이 좀 더 많은 하드웨어를 사용하여 프로그램 실행 중에 분기 행동을 **예측**하는 방법을 시도해 볼 수 있다.

한 가지 방법은 명령어의 주소를 조사해서 이 분기 명령어가 지난번 실행되었을 때 분기했는지를 알아보는 것이다. 만약 분기했다면 지난번과 같은 주소에서 새로운 명령어를 가져오도록 한다. 이 기법을 동적 분기 예측(dynamic branch prediction)이라 한다.

동적 분기 예측 실행 정보를 이용하여 실행 시에 분기를 예측하는 것.

분기 예측 버퍼 분기 이력표라고도 한다. 분기 명령어 주소의 하위 비트로 인덱스되는 조그만 메모리인데, 분기 명령어의 최근 분기 여부를 나타내는 하나 이상의 비트를 가지고 있다.

이를 구현하는 방법 하나는 분기 예측 버퍼(branch prediction buffer) 또는 분기 이력표(branch history table)라고 하는 자료구조를 이용하는 것이다. 분기 예측 버퍼는 분기 명령어 주소의 하위 비트에 의해 인덱스되는 작은 메모리이다. 메모리는 최근에 분기가 일어났는지 그렇지 않은지를 나타내는 비트를 가지고 있다.

이 예측은 가장 간단한 종류의 버퍼를 사용하기 때문에 사실상 예측이 옳은지 그른지는 모른다. 심지어 하위 주소 비트만 같은 전혀 다른 조건부 분기 명령어에 의해 분기 예측값이 설정되었을 수도 있다. 그러나 그렇다 하더라도 실행의 정확성에는 영향을 미치지 않는다. 예측은 그저 맞기를 바라고 사용하는 힌트이기 때문에, 예측된 방향에서 명령어를 가져온다. 만일 힌트가 잘못된 것으로 판명되면, 잘못 예측된 명령어는 삭제되고 예측 비트를 바꾼 후 올바른 명령어를 인출하여 실행한다.

이 같은 간단한 1비트 예측 방법은 성능에 문제가 있다. 거의 항상 분기하는 조건부 분기가 어쩌다 한 번 분기하지 않을 때는 한 번이 아니고 두 번 틀리게 된다. 다음 예는 이런 딜레마를 보여 준다.

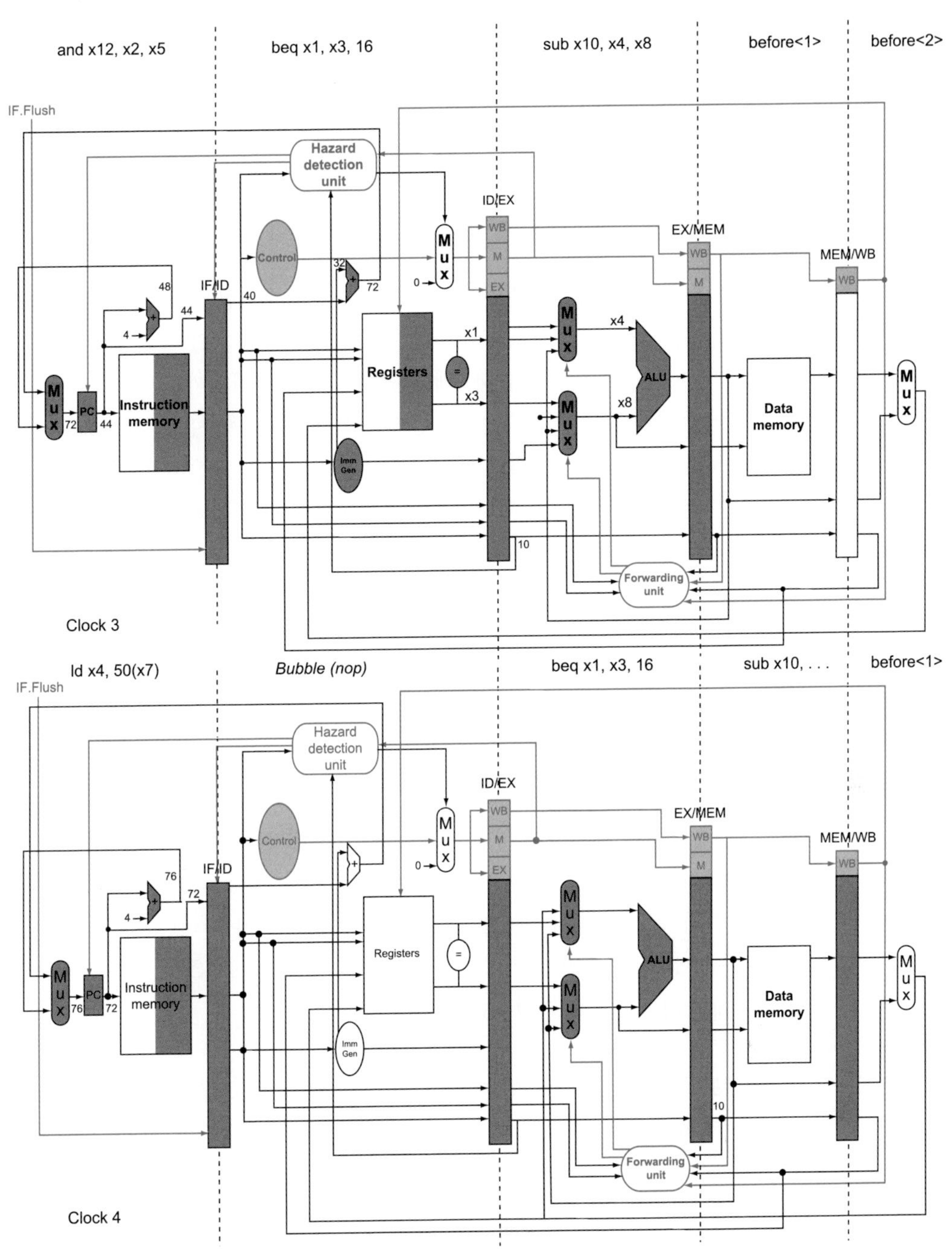


**그림 4.64** **클럭 사이클 3의 ID 단계는 분기가 일어난다고 판단한다. 따라서 다음 PC 주소로 72가 선택되고 이미 인출된 명령어는 0으로 만든다.** 클럭 사이클 4에서는 주소 72에 있는 명령어가 인출되며, 분기가 일어났기 때문에 파이프라인에 거품(또는 nop 명령어) 하나가 삽입됨을 보여 준다.

### 순환문과 예측

**예제**

분기가 아홉 번 연속해서 일어나고 한 번 일어나지 않는 순환문 분기를 생각해 보자. 이 분기를 위한 예측 비트가 예측 버퍼에 그대로 남아 있다고 가정할 때, 이 분기의 예측 정확도는 얼마인가?

**답**

안정 상태의 예측 행위는 첫 번째와 마지막 순환문 반복에서 예측을 잘못할 것이다. 마지막 반복의 틀린 예측은 예측 비트가 분기가 일어날 것이라고 말해 주기 때문에 피할 수가 없다. 왜냐하면 분기가 이 시점까지 연속해서 아홉 번이 일어났기 때문이다. 하지만 첫 번째 반복의 틀린 예측은 순환문에서 빠져나가는 지난번 반복의 마지막 실행에서 분기가 일어나지 않았다고 예측 비트를 바꾸었기 때문에 생긴 문제이다. 따라서 실제는 90%의 분기가 일어나지만 예측의 정확도는 80%에 지나지 않는다(두 번의 예측 잘못과 여덟 번의 정확한 예측).

이상적으로는 이렇게 아주 규칙적인 분기에 대한 예측기의 정확도는 실제 분기 횟수와 일치해야 한다. 이 같은 약점을 보완하기 위해 예측 비트를 더 많이 사용할 수 있다. 2비트 예측 방법에서는 예측이 두 번 잘못되었을 때만 예측값이 바뀐다. 그림 4.65는 2비트 예측 방법을 위한 유한 상태기이다.

분기 예측 버퍼는 작은 특수 버퍼로 구현할 수 있는데, 이 버퍼는 IF 파이프라인 단계에서 명령어 주소를 인덱스로 사용하여 접근한다. 분기가 일어난다고 예측되면 PC 값이 알려지자마자 목적지에서 명령어를 가져온다. 이는 앞서 설명한 바와 같이 ID 단계처럼 이른 시기에 일어날 수도 있다. 분기가 일어나지 않는다고 예측되면 순차 주소에서 명령어를 가져와서 실행을 계속한다. 예측이 잘못된 것으로 판명되면 예측 비트 값이 그림 4.65처럼 바뀐다.

**분기 목적지 버퍼** 분기 명령어의 목적지 PC 값이나 목적지 명령어를 캐시하고 있는 구조. 보통 태그를 가지고 있는 캐시로 구성되기 때문에 단순 예측 버퍼보다 구현 비용이 더 비싸다.

**고난도:** 분기 예측기가 조건부 분기가 일어날 것인지 아닌지를 알려 주기는 하지만 분기 목적지는 따로 계산해야 한다. 5단계 파이프라인에서는 이 계산이 1 사이클 걸린다. 이는 분기가 일어나는 경우 1 사이클 손실이 발생한다는 것을 의미한다. 손실을 없애는 한 가지 방법은 **분기 목적지 버퍼**(branch target buffer)를 사용하여 목적지 PC 값이나 목적지 명령어를 가지고 있는 캐시를 사용하는 방법이다.

2비트 동적 예측 기법은 예측하려는 분기 명령어에 대한 정보만을 이용한다. 예측하려는 분기 명령어 외에 최근에 실행된 분기 명령어의 전역적 행동에 대한 정보도 함께 이용하면 같은 예측 비트들을 사용하고서도 매우 정확한 예측을 한다는 것

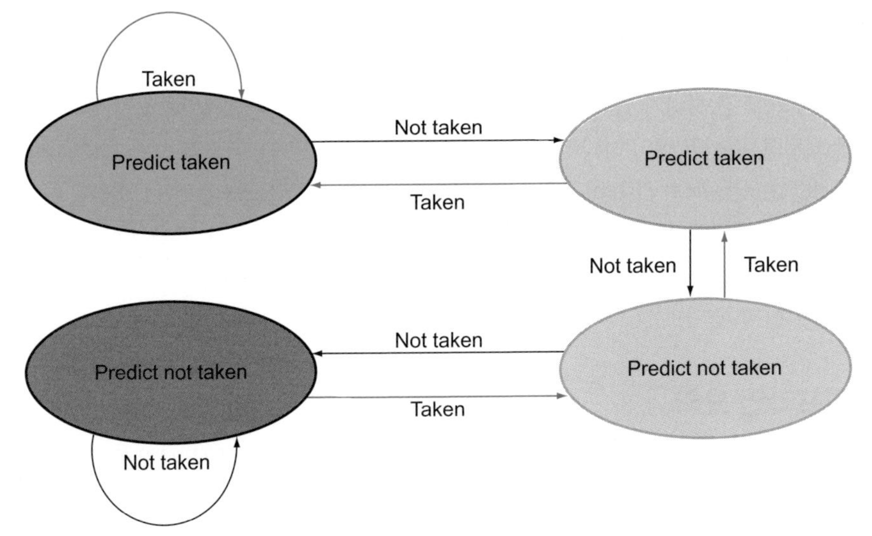


**그림 4.65 2비트 예측 방법의 상태도.** 분기가 일어나는 경우와 안 일어나는 경우 중 한 쪽이 훨씬 많은 분기 명령어는(많은 분기 명령어가 그러하다) 1비트 대신 2비트를 사용하면 예측이 틀리는 경우를 두 번에서 한 번으로 줄일 수 있다. 시스템의 네 가지 상태를 2비트로 인코딩한다. 2비트 방법은 카운터 기반 예측기의 일반적인 예인데 예측이 맞으면 증가하고 틀리면 감소한다. 이 카운터는 카운팅 범위의 중간값을 분기하는 경우와 분기하지 않는 경우의 경계로 삼는다.

을 연구자들이 알아냈다. 이러한 예측기를 **연관 예측기**(correlating predictor)라 부른다. 전형적인 연관 예측기는 각 분기에 대해 2개의 2비트 예측기를 사용하는데, 직전에 실행된 분기 명령어가 분기를 했느냐 하지 않았느냐에 따라 두 예측기 중 하나를 선택한다. 이 경우 전역적 분기 행동은 예측값 조회에 사용할 인덱스에 한 비트를 추가하는 것으로 생각할 수 있다.

연관 예측기 특정 분기 명령어의 지역적 행동과 최근에 실행된 분기 명령어 몇 개의 행동에 대한 전역적 정보를 조합하는 분기 예측기.

토너먼트 예측기 각 분기에 대해 여러 개의 예측기와 그중 어느 예측기를 사용할 것인지 결정하는 선택 메커니즘을 가지고 있는 분기 예측기.

더 최근에 개발된 기술은 **토너먼트 예측기**(tournament predictor)를 사용하는 것이다. 토너먼트 예측기는 각각의 분기에 대해 다수의 예측기를 사용하여 어떤 예측기가 가장 좋은 결과를 내는지를 추적한다. 전형적인 토너먼트 예측기는 각 분기 인덱스에 대해 2개의 예측을 한다. 하나는 국소적 정보에 기인한 예측이고 다른 하나는 전역적 분기 행동에 기반한 예측이다. 선택기가 어느 예측기를 사용할 것인지 결정한다. 1비트 예측기든 2비트 예측기든 선택기가 하는 일은 같은데, 두 예측기 중에서 더 정확했던 예측기를 선택한다. 최근에 개발된 마이크로프로세서들은 이런 조합형 예측기를 사용한다.

**고난도:** 조건부 분기 명령어의 수를 줄이는 한 가지 방법은 **조건부 이동**(conditional move) 명령어를 추가하는 것이다. 조건부 분기 명령어로 PC 값을 바꾸는 대신에 이 명령어는

move의 목적지 레지스터를 조건부로 변경한다. 예를 들어 ARMv8 명령어 집합 구조에는 CSEL이라는 조건부 선택 명령어가 있다. 이 명령어에는 목적지 레지스터 1개, 근원지 레지스터 2개와 조건 하나가 있다. 조건이 참이면 목적지 레지스터는 첫 번째 피연산자의 값을 받게 되지만, 조건이 참이 아니면 두 번째 피연산자 값을 받는다. 따라서 CSEL X8, X11, X4, NE라는 명령어는 Z(zero) 조건 코드가 0이면 레지스터 8에 레지스터 11의 값을 복사하지만, Z 조건 코드가 1이면 레지스터 8에 레지스터 4의 값을 복사한다. 따라서 ARMv8 명령어 집합을 사용하는 프로그램은 RISC-V로 작성된 프로그램보다 적은 수의 조건부 분기 명령어를 가질 수 있다.

## 파이프라인 요약

일상 생활에서 파이프라인의 원리를 보여 주는 세탁소 비유에서 시작하여, 명령어 파이프라이닝을 단계별로 설명하였다. 단일 사이클 데이터패스에서 시작하여 파이프라인 레지스터, 전방전달 경로, 데이터 해저드 검출 유닛, 분기 예측, 예측이 틀렸을 때 명령어 쓸어내기, 적재-저장 해저드 등을 추가하였다. 그림 4.66은 최종적

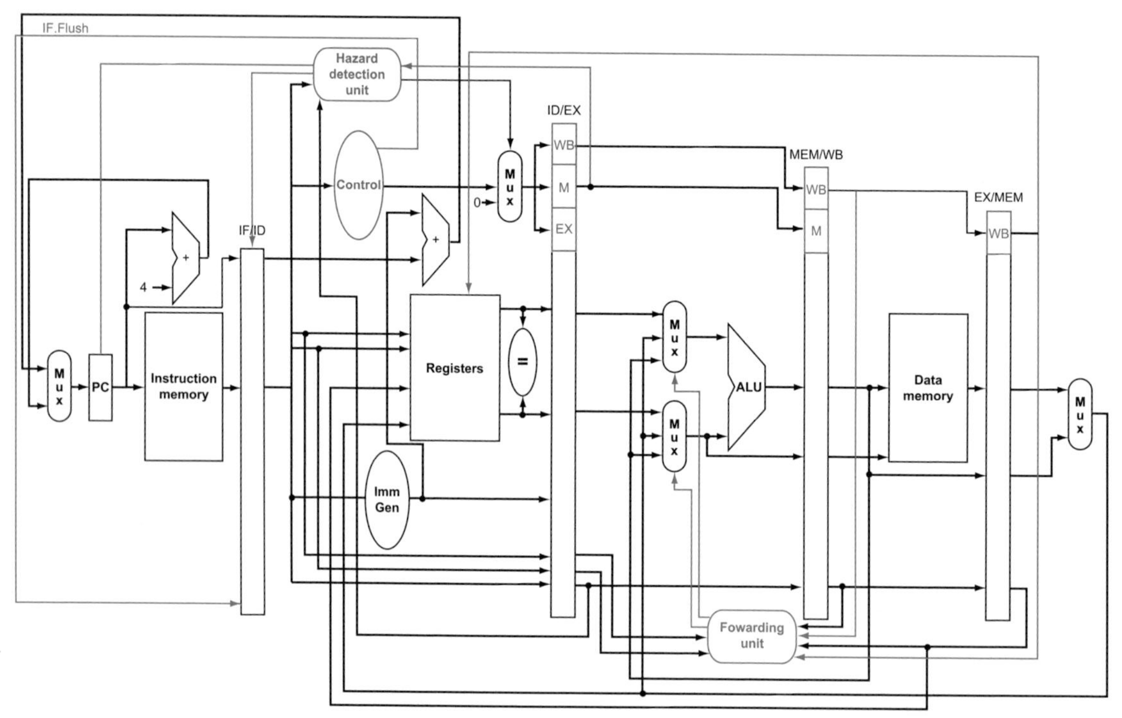


**그림 4.66 이 장의 마지막 데이터패스와 제어.** 이 그림은 구체적인 데이터패스라기보다는 양식화한 그림이다. 따라서 그림 4.59에 있는 ALUsrc 멀티플렉서와 그림 4.53의 멀티플렉서 제어는 생략하였다.

으로 만들어진 데이터패스와 제어를 보여 주고 있다. 이제 다른 종류의 제어 해저드인 예외라는 까다로운 이슈에 대해 알아보자.

**스스로 점검하기**

분기가 일어나지 않는다고 예측, 분기가 일어난다고 예측, 동적 예측의 세 가지 분기 예측 기법을 생각해 보자. 이들 기법들이 제대로 예측했을 경우에는 손실이 하나도 없으며 잘못 예측을 한 경우에는 손실이 2 사이클이라고 가정한다. 동적 예측기의 평균 예측 정확도가 90%라면, 다음 분기들의 경우 어떤 예측기가 가장 좋은 선택인가?

1. 5%의 비율로 분기가 일어나는 조건부 분기 명령어
2. 95%의 비율로 분기가 일어나는 조건부 분기 명령어
3. 70%의 비율로 분기가 일어나는 조건부 분기 명령어

## 4.10 예외

*To make a computer with automatic program-interruption facilities behave [sequentially] was not an easy matter, because the number of instructions in various stages of processing when an interrupt signal occurs may be large.*

Fred Brooks, Jr., *Planning a Computer System: Project Stretch*, 1962

예외 인터럽트라고도 불린다. 프로그램 실행을 방해하는 계획되지 않은 사건. 정의 안 된 명령어 검출에 사용된다.

인터럽트 프로세서 외부로부터 오는 예외. (어떤 컴퓨터 구조에서는 모든 예외에 대해 **인터럽트**라는 용어를 사용하기도 한다.)

제어는 프로세서 설계에서 가장 다루기 어려운 영역이다. 즉 올바르게 동작하고 빠르게 동작하도록 하기에 가장 어려운 부분이다. 제어의 가장 어려운 부분 중 하나가 예외(exception)와 인터럽트(interrupt)를 구현하는 것이다. 분기 명령어가 아니면서 명령어 실행의 정상적인 흐름을 바꾸는 사건들이다. 이들은 처음에 정의 안 된 명령어 같이 프로세서 내부에서 발생하는 예기치 못했던 사건을 처리하기 위해 만들어졌다. 같은 메커니즘이 입출력장치로 확장되어 프로세서와의 통신에도 사용되게 되었다.

많은 컴퓨터 구조에서 또 많은 책의 저자들이 인터럽트와 예외를 구분하지 않고 두 종류의 사건 모두를 예외라고 부르거나 인터럽트라고 부른다. 예를 들면 Intel x86은 둘 다 인터럽트라고 한다. 이 책에서는 **예외**라는 용어를 원인이 내부에 있건 외부에 있건 구별 없이 제어 흐름에서의 예기치 못한 변화를 지칭하는 데 사용하고, 사건이 외부적인 요인으로 일어날 경우에만 **인터럽트**라는 용어를 사용하기로 한다. 다음은 프로세서 내부에서 발생한 사건과 외부에서 발생한 사건을 RISC-V에서 사용하는 이름과 함께 보여 주는 예이다.

| 사건 종류 | 근원지 | RISC-V 용어 |
|---|---|---|
| 시스템 리셋 | 외부 | 예외 |
| 입출력장치의 요구 | 외부 | 인터럽트 |
| 사용자 프로그램의 운영체제 호출 | 내부 | 예외 |
| 정의 안 된 명령어 사용 | 내부 | 예외 |
| 하드웨어의 오동작 | 내 • 외부 | 예외 또는 인터럽트 |

예외를 지원하기 위한 요구사항 중 다수는 예외를 발생시키는 특정 상황에서 나온다. 이 절에서는 앞에서 설명한 명령어 집합과 구현에서 일어나는 두 가지 종류의 예외를 검출하기 위한 제어 구현을 다룬다.

예외 조건을 검출하고 적절한 조치를 취하는 것이 컴퓨터의 최장 타이밍 경로상에 있게 되어 클럭 사이클 시간과 성능을 결정하는 경우가 많다. 따라서 제어 유닛을 설계할 때 예외를 아주 신중하게 다루지 않으면 정확한 설계가 어려워질 뿐 아니라 성능이 크게 떨어질 수 있다.

## RISC-V 구조의 예외 처리

현재까지의 구현에서 발생할 수 있는 두 가지 종류의 예외는 정의 안 된 명령어의 실행과 하드웨어의 오동작이다. 다음 서너 쪽에서 다룰 예외의 예로서 `add x11, x12, x11`의 실행 중 하드웨어 오동작을 사용할 계획이다. 예외가 일어났을 때 컴퓨터가 해야 되는 기본 동작은 문제를 일으킨 명령어의 주소를 **수퍼바이저 예외 원인 레지스터**(supervisor exception cause register, SEPC)에 저장하고 지정된 주소의 운영체제로 제어를 넘기는 것이다.

그러면 운영체제는 알맞은 행동을 취할 수 있는데 이러한 행동에는 사용자 프로그램에 어떤 서비스를 제공한다든지, 하드웨어 오동작에 대해 미리 정의된 행동을 취한다든지, 아니면 프로그램의 실행을 중지하고 오류를 보고한다든지 하는 것이 포함된다. 예외 처리에 필요한 작업을 마친 다음에는 운영체제가 프로그램을 끝낼 수도 있고 실행을 계속할 수도 있다. 실행을 계속할 경우에는 SEPC를 사용하여 실행을 다시 시작할 위치를 결정한다. 실행 재개와 관련된 문제는 5장에서 좀 더 자세히 살펴볼 예정이다.

운영체제가 예외를 처리하려면 예외를 일으킨 명령어뿐만 아니라 예외의 원인을 알아야 한다. 예외의 원인을 알려 주는 방법은 크게 두 가지이다. RISC-V 구조에서 사용하는 방법은 **SCAUSE 레지스터**(Supervisor Exception Cause Register)라 불리는 레지스터를 이용하는 것인데, 이 레지스터에는 예외의 원인을 나타내는 필드가 있다.

**벡터 인터럽트** 제어를 넘길 주소가 예외의 원인에 의해 결정되는 인터럽트.

두 번째 방법은 **벡터 인터럽트**(vectored interrupt)를 사용하는 것이다. 이 방법에서는 제어를 넘길 주소가 예외의 원인에 따라 달라진다. 예외 원인을 벡터 테이블을 가리키는 베이스 레지스터에 더할 수 있다. 예를 들어 예외를 처리하기 위한 예외 벡터 주소들을 다음과 같이 정의할 수 있다.

| 예외 종류 | 벡터 테이블 베이스 레지스터에 더해질 예외 벡터 주소 |
|---|---|
| 정의 안 된 명령어 | $00\ 0100\ 0000_{two}$ |
| 시스템 에러(하드웨어 오동작) | $01\ 1000\ 0000_{two}$ |

운영체제는 자기가 호출된 주소를 보고 예외의 원인을 알 수 있다. RISC-V처럼 예외가 벡터화되어 있지 않은 경우에는, 모든 예외가 같은 시작점을 사용하므로 운영체제가 상태 레지스터를 해독해서 원인을 알아낸다. 벡터 예외를 사용하는 구조에서는 주소들이 일정한 간격, 가령 32바이트 즉 8개 명령어씩 떨어져 있다. 운영체제는 예외의 원인을 기록해야 하고, 이 명령어 8개를 이용하여 제한된 처리를 수행할 수 있다.

앞의 기본적인 구현에 몇 개의 레지스터와 제어 신호를 추가하고 제어를 약간 확장하여 예외에 필요한 처리를 수행할 수 있다. 주소가 1C09 $0000_{hex}$인 공통 시작점을 사용하는 예외 시스템을 구현한다고 가정하자. (벡터 예외를 구현하는 것이 더 어렵지는 않다.) 현재의 RISC-V 구현에 레지스터 2개를 추가해야 한다.

- SEPC: 예외가 일어났던 명령어의 주소를 보관하기 위해 사용되는 32비트 레지스터. (이 레지스터는 예외가 벡터화되어도 필요하다.)
- SCAUSE: 예외의 원인을 기록하는 데 사용되는 레지스터. RISC-V 구조에서 이 레지스터는 32비트이지만 대부분의 비트는 현재 사용되지 않는다. 위에서 말한 두 가지 예외 원인을 표시하는 필드가 있어서, 2는 정의 안 된 명령어, 12는 하드웨어 오동작을 나타낸다고 가정한다.

## 파이프라인 구현에서의 예외

파이프라인 구현은 예외를 제어 해저드의 다른 형태로 취급한다. 예를 들어 add 명령어를 실행할 때 하드웨어 오동작이 일어났다고 생각하자. 앞 절에서 분기가 일어났을 때 했던 것처럼 add 다음 명령어들을 파이프라인에서 쓸어버리고 새로운 주소에서 명령어를 가져와야 한다. 분기가 일어났을 때 사용했던 것과 같은 방법을 사용할 예정이지만, 이번에는 예외가 제어선들을 비인가(0) 상태로 만든다.

잘못된 분기 예측을 다루었을 때 IF 단계의 명령어를 nop으로 바꿈으로써 명령어를 버리는 방법을 보았었다. ID 단계의 명령어를 버리기 위해서는, ID 단계의 멀티플렉서를 사용하여 제어 신호들을 0으로 만듦으로써 지연시킨다. ID.Flush라 불리는 새로운 제어 신호는 해저드 검출 유닛의 지연 신호와 OR하여 ID 단계의 명령어를 버린다. EX 단계의 명령어를 버리기 위해 EX.Flush라는 새로운 신호를 사용한다. 이 신호는 새로운 멀티플렉서가 제어 신호들을 0으로 만들게 한다. RISC-V 예외 주소인 주소 1C09 $0000_{hex}$로부터 명령어를 인출하기 위해서 PC 멀티플렉서에 입력을 추가하여 1C09 $0000_{hex}$를 PC로 보낼 수 있게 한다. 그림 4.67에 이렇게 수정된 것을 보였다.

이 예는 예외와 관련된 한 가지 문제점을 지적하고 있다. 명령어 실행을 중간에 중지시키지 않으면 프로그래머는 레지스터 x1의 원래 값을 확인할 수 없다는 점이다. x1이 add 명령어의 목적지 레지스터이므로 그 값이 바뀔 수 있기 때문이다. 예외가 EX 단계에서 검출된다고 가정하면, EX.Flush 신호를 사용하여 EX 단계의 명령어가 WB 단계에서 결과값을 쓰지 못하게 할 수 있다. 예외를 일으켰던 명령어가 마치 정상적으로 실행되는 것처럼 실행 완료되어야 하는 예외가 많이 있다. 이렇게 하는 가장 쉬운 방법은 해당 명령어를 쓸어내 버리고 예외가 처리된 후에 그 명령어를 처음부터 다시 시작하는 것이다.

마지막 단계는 예외를 일으킨 명령어의 주소를 SEPC에 저장하는 것이다. 그림 4.67은 예외를 처리하기 위한 분기 하드웨어와 기타 필요한 것들을 포함하는 데이터패스 그림이다.

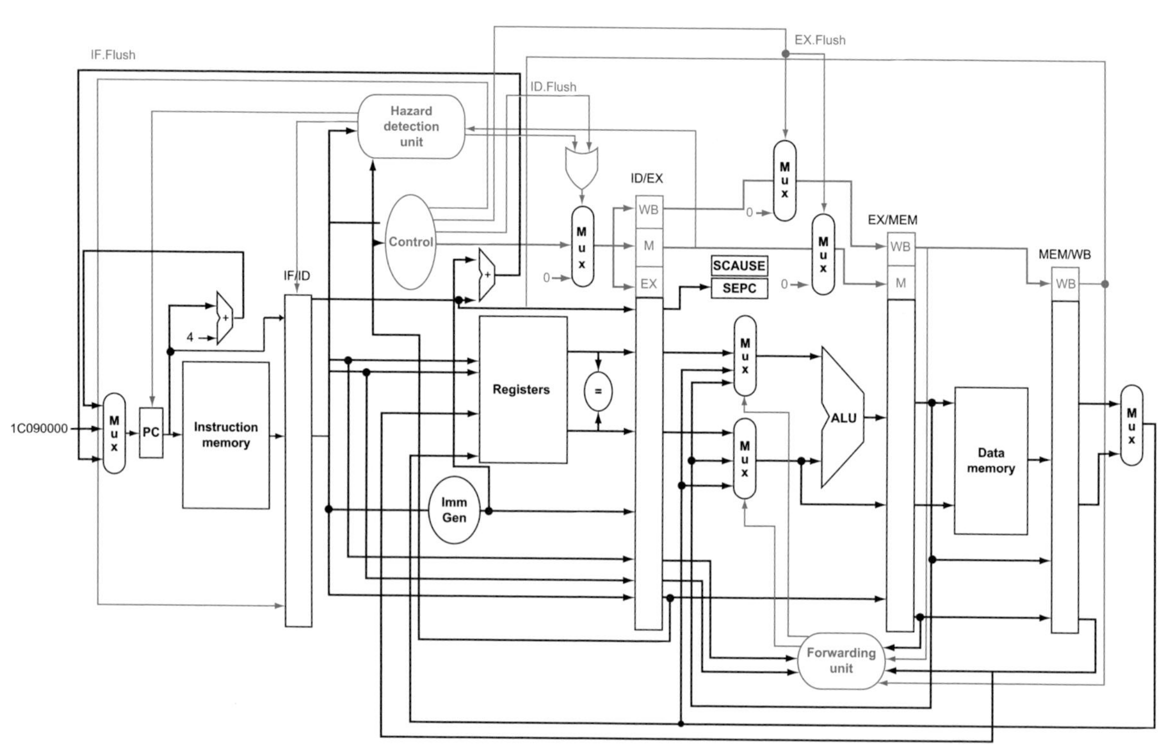


**그림 4.67 예외 처리를 위한 제어가 추가된 데이터패스.** 중요한 변화는 새 PC 값을 제공하는 멀티플렉서에 1C09 $0000_{hex}$ 값을 갖는 입력을 하나 추가한 것과 예외의 원인을 기록하기 위한 SCAUSE 레지스터, 예외를 일으킨 명령어의 주소를 저장하기 위한 SEPC 레지스터를 추가한 것이다. 멀티플렉서의 새 입력 1C09 $0000_{hex}$는 예외가 발생했을 때 명령어를 인출하기 시작할 초기 주소이다.

## 파이프라인 컴퓨터에서의 예외

예제

다음과 같은 프로그램이 있다.

```
40hex   sub  x11, x2, x4
44hex   and  x12, x2, x5
48hex   or   x13, x2, x6
4Chex   add  x1,  x2, x1
50hex   sub  x15, x6, x7
54hex   lw   x16, 100(x7)
. . .
```

예외가 일어났을 때 호출되는 명령어들은 다음과 같이 시작된다고 가정한다.

```
1C090000hex  sw   x26, 1000(x0)
1C090004hex  sw   x27, 1004(x0)
. . .
```

add 명령어에서 하드웨어 오동작 예외가 발생한다면 파이프라인에서 무슨 일이 일어나는지를 보여라.

답

그림 4.68은 add 명령어가 EX 단계에 있을 때부터 시작해서 이 사건을 보여 주고 있다. 하드웨어 오동작이 이 시점에서 검출되어 PC에 1C09 $0000_{hex}$가 들어간다. 클럭 사이클 7은 add 명령어와 그다음 2개의 명령어를 버리고 예외 코드의 첫 번째 명령어가 인출됨을 보여 주고 있다. add의 주소 $4C_{hex}$가 저장됨에 주목하라.

이 절의 앞부분에서 몇 가지 예외를 언급하였으며 5장에서는 또 다른 예외를 다룰 예정이다. 항상 5개의 명령어가 활성화되어 있기 때문에 예외를 적절한 명령어와 연결 짓는 것은 어려운 일이다. 게다가 한 클럭 사이클에서 여러 개의 예외가 동시에 일어날 수도 있다. 보통의 해결책은 예외에 우선순위를 주어 어떤 것이 먼저 서비스되어야 하는지 결정하기 쉽도록 한다. RISC-V 구현에서는 가장 앞선 명령어가 인터럽트되도록 하드웨어가 예외를 정렬해 준다.

입출력장치의 요구와 하드웨어 오동작은 특정 명령어와 연관되어 있지는 않다. 따라서 언제 파이프라인을 인터럽트할 것인가에 대해서 어느 정도 유연성을 가지고 있다. 그러므로 다른 예외에 사용되는 기법을 사용해도 무난하다.

SEPC는 인터럽트당한 명령어의 주소를 갖게 되며, 한 클럭 사이클에서 둘 이상

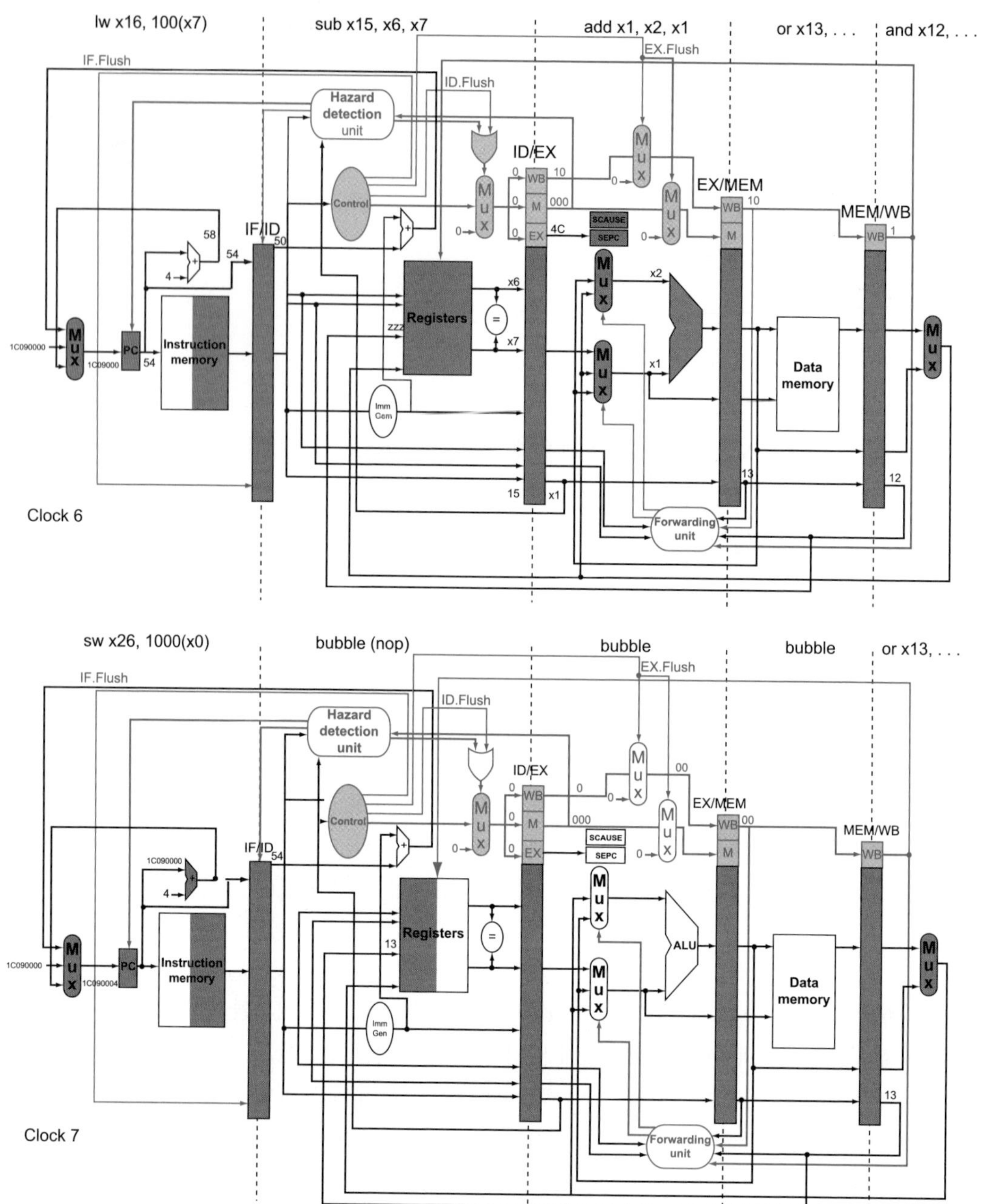


**그림 4.68** add **명령어의 하드웨어 오동작 때문에 발생한 예외의 결과.** 클럭 6의 EX 단계에서 예외가 검출되어 add 명령어의 주소 $4C_{hex}$가 SEPC 레지스터에 저장된다. 이 클럭 사이클 끝 가까이에서 모든 Flush 신호들이 인가되도록 하여 add 명령어의 모든 제어값을 0으로 만든다. 클럭 사이클 7에서는 명령어들이 거품으로 바뀌고 1C09 $0000_{hex}$에서 시작하는 예외 루틴의 첫 번째 명령어 `sw x26, 1000(x0)`가 인출되는 것을 보여 준다. add보다 앞에 있는 and와 or 명령어는 정상적으로 실행을 끝내는 것에 주목하라.

의 예외가 동시에 발생할 때 SCAUSE 레지스터는 가장 우선순위가 높은 예외를 기록하고 있다.

### 하드웨어/소프트웨어 인터페이스

예외가 기대한 대로 처리되도록 하드웨어와 운영체제가 함께 협력하여 동작해야 한다. 일반적으로 하드웨어가 맡은 부분은 예외가 일어난 명령어를 중간에서 중지시키고, 모든 이전 명령어는 실행을 끝내고, 뒤따라 나오는 모든 명령어는 쓸어버리고, 예외의 원인을 레지스터에 기록하고, 예외가 일어난 명령어의 주소를 저장하고, 미리 약속된 주소로 분기하는 일이다. 운영체제가 맡은 부분은 예외 원인을 살펴 적절히 행동하는 것이다. 정의 안 된 명령어, 하드웨어 오동작 예외의 경우에 운영체제는 일반적으로는 프로그램 실행을 취소하고 원인을 나타내는 메시지를 출력한다. 입출력장치 요구나 운영체제 서비스 호출의 경우에 운영체제는 프로그램의 상태를 저장하고 원하는 일을 수행한 후 원래의 프로그램을 복원하여 실행을 계속한다. 입출력장치 요구의 경우에는 입출력을 요구했던 프로그램을 재개하기 전에 다른 프로그램을 실행하도록 할 수 있다. 왜냐하면 그 프로그램은 입출력이 끝날 때까지는 진행시킬 수 없는 경우가 흔하기 때문이다. 프로그램의 상태를 저장하고 복원하는 능력이 매우 중요한 이유 중 하나가 예외이다. 예외들 중에서도 가장 중요하면서도 자주 사용하는 것으로 페이지 부재가 있다. 5장에서 이러한 예외와 처리에 대해 더 자세히 다룬다.

**고난도:** 파이프라인 컴퓨터에서는 예외와 그에 대응하는 명령어를 옳게 연결시키는 것이 어렵다. 이러한 어려움은 어떤 컴퓨터 설계자들에게는 중대한 경우가 아닌 경우에는 이러한 요구사항을 다소 완화하도록 만들었다. 이런 프로세서는 **부정확한 인터럽트**(imprecise interrupt) 또는 **부정확한 예외**(imprecise exception)를 갖는다고 말한다. 위의 예에서 예외를 일으킨 명령어가 주소 $4C_{hex}$에 있는 명령어이지만 예외가 검출된 직후의 클럭 사이클에서 PC는 $58_{hex}$인 것이 보통이다. 부정확한 예외를 사용하는 프로세서의 경우에는 $58_{hex}$를 SEPC에 저장하고 어떤 명령어가 문제를 일으켰는지를 결정하는 것은 운영체제에게 맡긴다. 오늘날은 RISC-V를 포함한 많은 컴퓨터들이 **정확한 인터럽트**(precise interrupt) 또는 **정확한 예외**(precise exception)를 지원한다. 그 이유 중 하나는 파이프라인 단계가 많은 프로세서 설계자들이 SEPC에 다른 값을 저장하도록 유혹받을 수 있기 때문인데, 이렇게 다른 값을 넣으면 운영체제에게 골치 아픈 문제가 생긴다. 이러한 문제를 피하기 위해 단계가 많은 파이프라인이라 하더라도 5단계 파이프라인이 저장하는 PC 값과 같은 값을 저장하도록 요구할 가능성이 크다. 예외를 일으킨 명령어의 PC 값을 저장하는 것이 모두를 위해 더 간단한 방법이

부정확한 인터럽트 부정확한 예외라고도 한다. 인터럽트 또는 예외의 원인인 명령어와 정확히 연관되지 않는 파이프라인 컴퓨터의 인터럽트 또는 예외.

정확한 인터럽트 정확한 예외라고도 한다. 파이프라인 컴퓨터에서 정확한 명령어와 연관 짓는 인터럽트 또는 예외.

다. (다른 이유는 5장에서 설명할 가상 메모리를 지원하기 위해서이다.)

**고난도:** RISC-V는 1C09 $0000_{hex}$를 예외 진입 주소로 사용한다고 했는데, 사실 이 주소는 아무렇게나 고른 것이다. 많은 RISC-V 컴퓨터는 예외 진입 주소를 **STVEC**(Supervisor Trap Vector)라 부르는 특수 레지스터에 저장하며, 이 레지스터는 운영체제가 선택한 주소로 채울 수 있다.

**스스로 점검하기** 이 코드에서 어떤 예외가 먼저 인식되어야만 하는가?

1. `xxx x11, x12, x11` // 정의 안 된 명령어
2. `sub x11, x12, x11` // 하드웨어 오류

## 4.11 명령어를 통한 병렬성

이 절은 재미있지만 조금 어려운 주제에 대한 짤막한 개괄임을 미리 일러둔다. 좀 더 자세히 배우고 싶으면 상급 책인 *Computer Architecture: A Quantitative Approach*(6판)를 참조하라. 그 책은 이 책이 13쪽에서 설명하는 내용을 거의 200쪽에 걸쳐 자세히 설명하고 있다(부록 포함).

**파이프라이닝**은 명령어들 사이의 **병렬성**을 이용한다. 이런 병렬성을 명령어 수준 병렬성(instruction-level parallelism, ILP)이라 한다. 명령어 수준 병렬성의 양을 증가시키는 두 가지 기본적인 방법이 있다. 첫 번째 방법은 파이프라인의 깊이를 증가시켜 더 많은 명령어들을 중첩시키는 방법이다. 앞의 세탁소 비유에서 세탁기 사이클이 다른 것들에 비해 길다면, 세탁기를 3개의 기계로 나눌 수 있다. 한 기계가 하던 세탁, 헹굼, 탈수의 3단계를 각각 다른 기계로 나눌 수 있다. 그렇게 하면 4단계 파이프라인에서 6단계 파이프라인으로 바뀐다. 최고 성능을 얻기 위해서는 나머지 단계들을 다시 균형을 잡아서 단계들이 같은 길이를 갖도록 할 필요가 있다. 이는 프로세서나 세탁소에서 다 마찬가지이다. 더 많은 연산들이 중첩되기 때문에 추구되는 병렬성의 양은 늘어난다. 그리고 클럭 사이클이 더 짧아질 것이기 때문에 성능이 더 좋아질 가능성이 있다.

명령어 수준 병렬성(ILP) 명령어 사이의 병렬성.

두 번째 방법은 컴퓨터 내부의 구성 요소들을 여러 벌 갖도록 하여 매 파이프라인 단계에서 다수의 명령어를 내보낼 수 있도록 하는 것이다. 이 같은 기법의 일반적인 이름은 "다중 내보내기(multiple issue)"이다. 말하자면 다중 내보내기 세탁소

다중 내보내기 1 클럭 사이클에 여러 명령어가 시작되는 기법.

에는 세탁기가 3대, 건조기가 3대 있다. 같은 시간 안에 세탁물을 접어서 다른 곳에 옮겨 놓는 것도 3배 더 해야 하므로 보조원도 더 많이 고용해야 할 것이다. 모든 기계를 계속 바쁘도록 만들고 일거리를 다음 파이프라인 단계로 넘기기 위해서 해야 되는 일이 늘어난다는 것이 단점이다.

매 단계마다 다수의 명령어를 내보내면 명령어 실행 속도가 클럭 속도보다 빨라질 수 있다. 다른 말로 하면 CPI가 1보다 작아질 수 있다. 1장 끝부분의 "고난도"에서 언급한 바와 같이 CPI의 역수 IPC, 즉 **클럭 사이클당 명령어 수**(instructions per clock cycle)를 사용하기도 한다. 따라서 3 GHz의 4 명령어 다중 내보내기 마이크로프로세서는 초당 최대 120억 개의 명령어를 실행할 수 있다. 이 경우에는 0.25 CPI 또는 4 IPC를 갖게 된다. 5단계 파이프라인을 가정하면 그러한 프로세서는 한꺼번에 20개의 명령어를 실행할 것이다. 오늘날의 고성능 프로세서들은 매 클럭 사이클에 3~6개의 명령어를 내보내려 노력한다. 그저 그런 컴퓨터도 2 IPC를 갖는 것을 목표로 한다. 그러나 동시에 실행될 수 있는 명령어 종류에도 제약이 있고 종속성 때문에 생기는 제약도 있다.

다중 내보내기 프로세서를 구현하는 데는 두 가지 주요 방법이 있는데 주된 차이는 컴파일러가 할 일과 하드웨어가 할 일을 나누는 방법에 있다. 일을 어떻게 나누냐는 것 자체가 여러 가지 결정들이 정적으로 이루어질 것이냐(즉 컴파일 시에) 아니면 동적으로 이루어질 것이냐(즉 실행 중에)를 결정하기 때문에 이러한 방법은 때로는 정적 다중 내보내기(static multiple issue)와 동적 다중 내보내기(dynamic multiple issue)라 불린다. 두 가지 방법 모두 더 많이 사용되는 이름이 있지만 이 이름들은 더 명확하지 않거나 제한적인 점이 많다.

다중 내보내기 파이프라인은 다음 두 가지 기본적인 문제를 해결해야 한다.

1. 명령어로 내보내기 슬롯(issue slot)을 채우기: 주어진 클럭 사이클에 얼마나 많은 명령어를 내보내며 또 어떤 명령어들을 내보낼 것인지 프로세서는 어떻게 결정할까? 대부분의 정적 내보내기 프로세서인 경우 이 같은 절차는 적어도 부분적으로는 컴파일러에 의해 처리된다. 동적 내보내기 설계에서는 컴파일러가 명령어의 순서를 다중 내보내기에 유리하게 미리 바꾸어서 내보내기 속도를 개선할 수 있게 도와주기도 하지만, 보통 이 문제를 프로세서가 실행 중에 처리한다.
2. 데이터 해저드와 제어 해저드의 처리: 정적 내보내기 프로세서에서는 데이터 해저드와 제어 해저드의 전부 또는 일부를 컴파일러가 정적으로 처리한다. 반면에 대부분의 동적 내보내기 프로세서는 실행시간에 동작하는 하드웨어 기

정적 다중 내보내기 많은 결정들이 실행하기 전에 컴파일러에 의해 이루어지는 다중 내보내기 프로세서 구현 방법.

동적 다중 내보내기 많은 결정들이 실행 중에 프로세서에 의해 이루어지는 다중 내보내기 프로세서 구현 방법.

내보내기 슬롯 주어진 클럭 사이클에서 명령어들이 내보내질 수 있는 위치. 비유를 들자면 단거리 선수를 위한 출발선 블록의 위치와 같다.

법을 이용하여 적어도 일부 종류의 해저드를 없애려고 노력한다.

이 두 가지가 서로 다른 방법이라고 말하기는 하지만, 실제 기법에서는 한 방법이 다른 방법에 차용되는 경우가 많기 때문에 어느 방법도 완전히 순수하다고 말할 수는 없다.

## 추정의 개념

추정 컴파일러나 프로세서가 어떤 명령어의 결과를 예측하여 다른 명령어들과의 종속성을 제거하도록 하는 기법.

더 많은 ILP를 찾아내고 이용하는 중요한 방법 중 하나는 **추정**(speculation)이다. **예측**이라는 개념을 기반으로 하여 추정은 컴파일러나 프로세서가 명령어의 특성에 대해 추측하도록 허락하여 이 추정 명령어에 종속적일 수 있는 다른 명령어들의 실행을 시작할 수 있게 하는 방법이다. 예를 들어 분기 명령어의 결과를 추정한다면 분기 명령어 뒤의 명령어들이 일찍 실행될 수 있다. 또 다른 예는 적재 명령어 바로 앞의 저장 명령어가 같은 주소를 참조하지 않는다고 추정하여, 적재 명령어가 저장 명령어보다 먼저 실행될 수 있게 하는 것이다. 추정 기법의 어려운 점은 추정이 잘못될 수 있다는 것이다. 따라서 어떠한 추정 기법도 추정이 올바른지를 체크할 방법과 추정해서 실행했던 명령어들을 되돌리거나 아니면 그 효과를 취소하는 방법을 포함해야 한다. 이 같은 취소 능력에 대한 구현은 추정을 지원하는 프로세서가 더 높은 복잡도를 갖게 한다.

추정은 컴파일러에서 이루어질 수도 있고 하드웨어가 할 수도 있다. 예를 들면 컴파일러가 추정을 통해 명령어를 재정렬해서 어떤 명령어를 분기 명령어 너머로 또는 적재 명령어를 저장 명령어 너머로 옮길 수 있다. 프로세서 하드웨어는 이 절의 뒤에서 설명할 기법들을 사용하여 실행 시에 이와 같은 변환을 수행할 수 있다.

그러나 잘못된 추정에 대한 회복 방법은 다르다. 소프트웨어로 추정하는 경우에는 컴파일러는 추정의 정확성을 체크할 명령어들을 추가하고 추정이 잘못되었을 때 사용할 오류 수정 루틴을 제공한다. 하드웨어 추정인 경우 프로세서는 추정 결과가 더 이상 추정이 아니라는 것을 알 때까지 추정 결과를 버퍼링하는 것이 보통이다. 추정이 옳다면 버퍼의 내용을 레지스터나 메모리에 씀으로써 명령어 실행이 완성된다. 만약 추정이 틀렸으면 하드웨어는 버퍼 내용을 쓸어버리고 올바른 명령어 순서를 다시 실행한다. 잘못된 추정은 일반적으로 파이프라인 내용을 쓸어버리거나 최소한 지연시키기에 성능을 감소시킨다.

추정은 또 다른 문제가 생길 수 있는 가능성을 야기한다. 어떤 명령어에 추정을 하면 전에는 없었던 예외가 발생할 수 있다. 예를 들어 적재 명령어가 추정에 의해 다른 위치로 옮겨졌는데, 추정이 잘못되었을 경우에는 이 명령어가 사용하는 주소가 불법 주소가 된다고 가정하자. 그러면 일어나지 말아야 할 예외가 일어날 수 있다. 이 적재 명령어가 추정된 것이 아니더라도 이 예외는 일어날 수 있다는 사실 때문에 문제는 더 복잡해진다. 컴파일러 기반의 추정에서는 이러한 예외가 정말 일어나야 한다는 것이 확실해질 때까지 무시할 수 있게 해 주는 특별 추정 지원을 추가함으로써 이 문제를 피할 수 있다. 하드웨어 기반 추정에서는 예외를 버퍼링해 두었다가, 예외를 일으킨 명령어가 추정 상태에서 벗어나 실행 완료할 준비가 되면 이때 예외를 일으키고 정상적인 예외 처리를 진행한다.

추정이 올바르게 이루어지면 성능이 향상되고 추정이 잘못되면 성능이 감소하기 때문에 추정을 언제 하는 것이 좋은지 결정하는 데 막대한 노력을 해야 한다. 이 절의 뒷부분에서 정적 추정 기법과 동적 추정 기법에 대해 알아본다.

## 정적 다중 내보내기

모든 정적 다중 내보내기 프로세서는 컴파일러가 명령어들을 묶고 해저드를 처리하는 일을 도와주도록 한다. 정적 내보내기 프로세서에서 같은 클럭 사이클에 내보내지는 명령어의 묶음—**내보내기 패킷**(issue packet)이라 한다—을 여러 개의 연산자를 갖는 큰 명령어 하나로 생각할 수 있다. 이 같은 관점은 비유 이상의 의미를 갖는다. 정적 다중 내보내기 프로세서는 일반적으로 주어진 클럭 사이클에 같이 나갈 수 있는 명령어 조합에 제한이 있기 때문에, 내보내기 패킷을 미리 정의된 필드에 여러 연산자가 있는 단일 명령어로 보는 것이 유용하다. 이 같은 관점이 이 접근 방법에 붙은 원래의 명칭 **VLIW(Very Long Instruction Word)**의 유래이다.

**내보내기 패킷** 1 클럭 사이클에 같이 내보내지는 명령어들의 집합. 패킷은 컴파일러에 의해 정적으로 결정될 수도 있고 프로세서에 의해 동적으로 결정될 수도 있다.

**VLIW(Very Long Instruction Word)** 여러 opcode 필드가 있는 긴 명령어 하나에 독립적인 연산 여러 개를 정의하고 이들을 한꺼번에 내보내는 명령어 구조 집합 종류.

대부분의 정적 내보내기 프로세서들은 컴파일러가 데이터 해저드와 제어 해저드를 처리하는 데 어느 정도의 책임을 지도록 한다. 컴파일러의 책임은 모든 해저드를 줄이거나 막기 위한 정적 분기 예측과 코드 스케줄링을 포함한다. 더 공격적으로 이런 기술을 사용하는 프로세서들을 설명하기 전에 RISC-V 프로세서의 단순한 정적 내보내기 버전을 살펴보자.

## 예제: RISC-V 명령어 집합 구조의 정적 다중 내보내기

정적 다중 내보내기의 맛을 보기 위해 간단한 2개 명령어 내보내기 RISC-V 프로세서를 살펴본다. 이 프로세서에서 명령어 중 하나는 정수형 ALU 연산이나 분기 명령어가 될 수 있으며 다른 명령어 하나는 적재 명령어나 저장 명령어가 될 수 있다. 이러한 설계는 몇몇 임베디드 프로세서에서 사용되고 있는 것과 같다. 사이클당 2개의 명령어를 내보내려면 명령어들을 64비트 단위로 인출하고 해독할 수 있어야 한다. 많은 정적 다중 내보내기 프로세서와 모든 VLIW 프로세서에서는 명령어 해독과 명령어 내보내기를 단순화하기 위해 동시에 내보내는 명령어의 레이아웃에 제한을 둔다. 이 예제에서는 명령어 2개를 짝지어서 64비트 경계에 정렬되도록 하는데, ALU나 분기 명령어가 먼저 나오도록 한다. 두 명령어 중 하나를 사용할 수 없으면 nop으로 대체해야 한다. 따라서 명령어는 항상 쌍으로 내보내기가 행해지며 이 중 하나는 nop일 가능성이 있다. 그림 4.69는 명령어가 파이프라인에 쌍으로 들어가면 어떻게 보이는가를 보여 주고 있다.

정적 다중 내보내기 프로세서는 발생 가능성이 있는 데이터 해저드와 제어 해저드를 어떻게 다루느냐에 따라 몇 가지가 있다. 어떤 설계에서는 모든 해저드를 제거하고 코드를 스케줄하고 nop을 삽입하여 코드가 해저드 검출이나 하드웨어에 의한 지연 없이도 잘 실행되도록 하는 모든 책임을 컴파일러가 지게 한다. 다른 설계에서는 하드웨어가 2개 내보내기 패킷 사이의 데이터 해저드를 검출하고 지연을 생성하는 반면, 컴파일러는 명령어 쌍 안에서 종속성이 생기지 않게 하는 일만 책임지게 한다. 그렇더라도 해저드는 종속적인 명령어가 들어 있는 내보내기 패킷 전체를 지연시킨다. 소프트웨어가 모든 해저드를 처리하든지 혹은 서로 다른 내보내기 패킷 사이의 해저드 일부만을 감소시키든지 간에, 외형상 커다란 명령어 하나가 복수의 연산을 수행하는 것으로 보는 것이 타당하다. 우리는 이 예제에서 후자의 방법을 택한다.

ALU 명령어와 데이터 전송 명령어를 병렬로 내보내기 위해서는 일반적인 해저드 검출 회로와 지연 회로 외에 추가로 필요한 첫 번째 하드웨어가 레지스터 파일의 추가 포트이다(그림 4.70 참조). 한 클럭 사이클에 ALU 연산을 위해 두 레지스터

| Instruction type | Pipe stages | | | | | | | |
|---|---|---|---|---|---|---|---|---|
| ALU or branch instruction | IF | ID | EX | MEM | WB | | | |
| Load or store instruction | IF | ID | EX | MEM | WB | | | |
| ALU or branch instruction | | IF | ID | EX | MEM | WB | | |
| Load or store instruction | | IF | ID | EX | MEM | WB | | |
| ALU or branch instruction | | | IF | ID | EX | MEM | WB | |
| Load or store instruction | | | IF | ID | EX | MEM | WB | |
| ALU or branch instruction | | | | IF | ID | EX | MEM | WB |
| Load or store instruction | | | | IF | ID | EX | MEM | WB |

**그림 4.69 정적 2개 명령어 내보내기 파이프라인의 동작.** ALU와 데이터 전송 명령어가 동시에 내보내진다. 여기서는 하나 내보내기 파이프라인에서 사용했던 것과 같은 5단계 구조를 가정하였다. 이러한 가정이 꼭 필요한 것은 아니지만 약간의 이점이 있다. 특히 파이프라인의 끝에서 레지스터 쓰기를 하는 것은 예외의 처리와 정확한 예외 모델의 관리를 단순화시켜 준다. 이러한 예외 처리와 정확한 예외 모델은 다중 내보내기 프로세서에서는 처리하기가 더 어렵다.

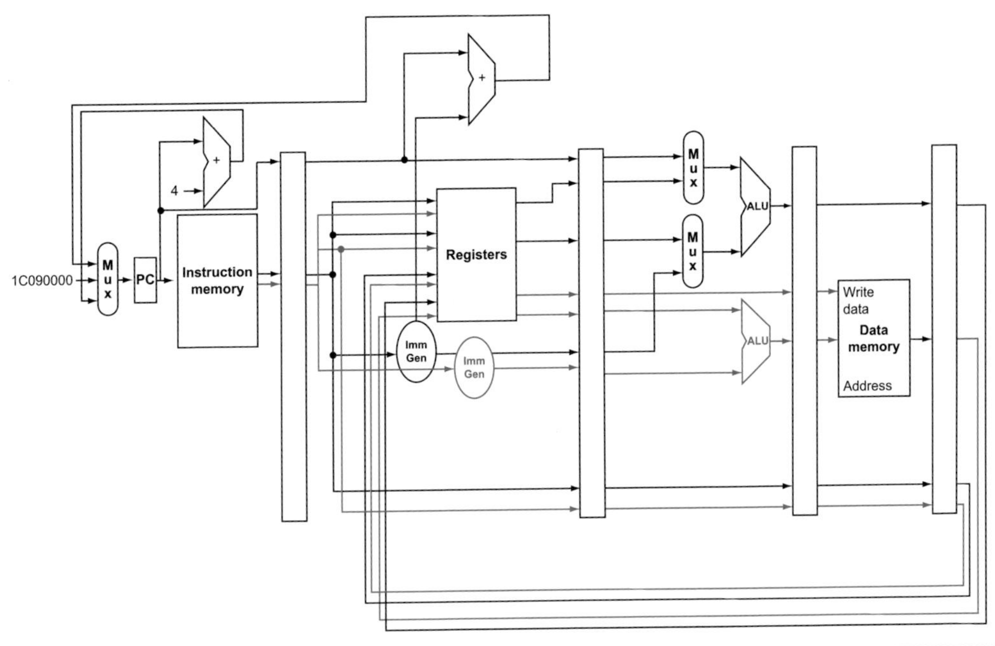


**그림 4.70 정적 2개 내보내기 데이터패스.** 명령어 2개 내보내기를 위해 추가된 부분—명령어 메모리에서 나오는 또 다른 32비트, 레지스터 파일의 추가 읽기 포트 2개, 추가 쓰기 포트 1개, 또 다른 ALU—을 파란색으로 표시하였다. 아래 ALU는 데이터 전송 명령어를 위한 주소 계산을, 위의 ALU는 그 밖의 모든 일을 다 한다고 가정한다.

를 읽어야 되고 저장 명령어를 위해 두 레지스터를 더 읽어야 되며, ALU 연산을 위해 하나의 쓰기 포트, 또 적재 명령어를 위해서 하나의 쓰기 포트가 필요하다. ALU는 ALU 연산에 묶여 있기 때문에 데이터 전송을 위한 유효 주소를 계산하기 위해서 독자적인 덧셈기가 필요하다. 이 같은 추가 자원이 없으면 2개 내보내기 파이프라인은 구조적 해저드에 의해 방해를 받는다.

분명히 이 같은 2개 내보내기 프로세서는 2배까지 성능을 높일 수 있다. 그러나 이를 위해서는 2배의 명령어가 실행 중 중첩되어야 하고, 이러한 추가적 중첩은 데이터 해저드나 제어 해저드에 의한 성능 저하를 증가시킨다. 예를 들면 단순한 5단계 파이프라인에서는 적재 명령어는 1 클럭 사이클의 **사용 지연**(use latency)을 가지고 있는데, 1개의 명령어가 지연 없이는 결과를 사용할 수 없음을 뜻한다. 2개 내보내기 5단계 파이프라인에서 적재 명령어의 결과는 다음 **클럭 사이클**에서 사용될 수 없다. 이것은 다음 2개의 명령어가 지연 없이는 적재 결과를 사용할 수 없다는 것을 의미한다. 더구나 단순한 5단계 파이프라인에서는 사용 지연이 없었던 ALU 명령어도 이제는 1개 명령어의 사용 지연을 갖게 된다. 왜냐하면 적재 명령어나 저장 명령어와 쌍으로 묶인 ALU 명령어는 연산 결과를 사용할 수 없기 때문이다. 다

**사용 지연** 파이프라인을 지연시키지 않기 위해 필요한 적재 명령어와 적재 결과를 사용하는 명령어 사이의 클럭 사이클 수.

중 내보내기 프로세서에서 가능한 병렬성을 효과적으로 추구하기 위해서는 좀 더 의욕적인 컴파일러나 하드웨어 스케줄링 기법이 요구되고 정적 다중 내보내기는 컴파일러가 이러한 역할을 해 주기를 요구한다.

## 간단한 다중 내보내기 코드 스케줄링

**예제**

RISC-V용 정적 2개 내보내기 파이프라인에서는 아래와 같은 순환문이 어떻게 스케줄되는가?

```
Loop: lw   x31, 0(x20)        // x31=array element
      add  x31, x31, x21      // add scalar in x21
      sw   x31, 0(x20)        // store result
      addi x20, x20, -4       // decrement pointer
      blt  x22, x20, Loop     // compare to loop limit
                              // branch if x20 > x22
```

가능한 한 많은 파이프라인 지연을 피할 수 있게 명령어를 재정렬하라. 예측 분기가 사용되고 제어 해저드는 하드웨어에 의해 처리된다고 가정한다.

**답**

첫 3개의 명령어에 데이터 종속성이 있고 마지막 2개의 명령어 사이에 역시 데이터 종속성이 있다. 그림 4.71은 이 명령어들을 위한 가장 좋은 스케줄이다. 단 하나의 명령어 쌍만이 내보내기 슬롯 2개 모두를 사용하는 것을 알 수 있다. 따라서 순환문 반복에 4 클럭이 걸린다. 즉 명령어 5개를 실행하는 데 4 클럭 사이클이 걸린다. 따라서 가장 좋은 경우에는 CPI가 0.5인 데 반해서 이 경우는 CPI가 0.8이라는 실망스러운 결과가 나왔다. IPC로 말하면 가장 좋은 경우가 2.0인데 반해 이 경우는 1.25밖에 되지 않는다. CPI나 IPC를 계산할 때 nop 명령어는 유용한 명령어로 취급하지 않는다. 유용한 명령어로 취급하면 CPI 값은 좋아지지만 성능은 좋아지지 않는다.

| | ALU or branch instruction | Data transfer instruction | Clock cycle |
|---|---|---|---|
| Loop: | | lw x31, 0(x20) | 1 |
| | addi x20, x20, -4 | | 2 |
| | add x31, x31, x21 | | 3 |
| | blt x22, x20, Loop | sw x31, 4(x20) | 4 |

**그림 4.71 2개 내보내기 RISC-V 파이프라인에 맞추어 스케줄된 코드.** 빈 슬롯은 nop이다. addi 명령어를 sw 명령어 앞으로 옮겼기 때문에 sw의 변위가 4로 조정되었음에 유의하라.

순환문의 성능을 높일 수 있는 중요한 컴파일러 기법 중에 **순환문 펼치기**(loop unrolling)가 있다. 이름이 암시하듯이 순환문 몸체를 여러 벌 만드는 기술이다. 펼치기를 한 후 서로 다른 반복에 속하는 명령어들을 중첩시킴으로써 가용한 ILP가 더 많아진다.

**순환문 펼치기** 배열을 접근하는 순환문에서 더 좋은 성능을 얻기 위한 기술. 순환문 몸체를 여러 벌 복사해서 서로 다른 반복에 속한 명령어들을 같이 스케줄한다.

### 다중 내보내기 파이프라인을 위한 순환문 펼치기

**예제**

위 예제에서 순환문 펼치기와 스케줄링이 얼마나 잘 동작하는지 살펴보자. 순환문 인덱스는 4의 배수라고 가정한다.

**답**

순환문을 지연 없이 스케줄하기 위해서는 순환문 본체를 4벌 만들 필요가 있다. 순환문 펼치기를 하고 불필요한 순환문 오버헤드 명령어를 없애면 순환문은 4개의 `lw`, `add`, `sw`와 1개씩의 `addi`, `blt`를 가지고 있다. 순환문 펼치기를 한 후 스케줄한 코드가 그림 4.72에 있다.

펼치기 과정 도중 컴파일러는 레지스터들을 추가로(`x28`, `x29`, `x30`) 사용하였다. 이런 과정[**레지스터 재명명**(register renaming)이라 함]의 목적은 진정한 데이터 종속성은 아니지만 잠재적 해저드의 원인이 되거나 컴파일러가 코드를 유연하게 스케줄하는 것을 방해하는 종속성을 없애자는 것이다. `x31`만을 사용하여 펼치기를 한 코드를 생각해 보자. `lw x31, 0(x20)`, `add x31, x31, x21`, `sw x31, 0(x20)`으로 구성된 명령어 그룹이 여러 번 나타날 것이다. 모두 `x31`을 사용하기는 하지만, 실제로 각 명령어 그룹은 완전히 독립적이다. 어떤 데이터 값도 한 명령어 그룹에서 다음 명령어 그룹으로 흘러가지 않는다. 이것이 소위 **반종속성**(antidependence) 또는 **이름 종속성**(name dependence)이다. 이것은 진성 종속성(true dependence)이라 불리는 실제의 데이터 종속성이 아니고 순전히 같은 이름을 반복 사용함으로써 강요되는 순서이다.

**레지스터 재명명** 반종속성을 없애기 위해 컴파일러나 하드웨어가 레지스터 이름을 다시 붙이는 것.

**반종속성** **이름 종속성**이라고도 한다. 두 명령어 사이에 값이 전달되는 진정한 종속성 때문에 지켜야 되는 순서가 아니라 같은 이름(레지스터)을 재사용하기 때문에 강요되는 순서.

순환문 펼치기 과정에서 레지스터들을 재명명함으로써 명령어들이 독립적으로 되어서, 컴파일러가 명령어들을 쉽게 옮길 수 있고, 결과적으로 이 코드를 더 잘 스케줄링할 수 있다. 재명명 과정은 이름 종속성만 없애고 진성 종속성은 유지한다.

이제는 순환문의 명령어 14개 중에서 12개가 쌍으로 실행된다는 것을 알 수 있다. 순환문 반복 네 번에 8 클럭, 즉 IPC 값은 14/8 = 1.75가 된다. 순환문을 펼치고 스케줄한 후 2개 내보내기를 하면 2배 이상의 성능 향상을(네 번 반복에 8 클럭 대 20 클럭) 얻을 수 있는데 일부는 순환문 제어 명령어들을 줄인 데 기인

| | ALU or branch instruction | Data transfer instruction | Clock cycle |
|---|---|---|---|
| Loop: | addi x20, x20, -16 | lw x28, 0(x20) | 1 |
| | | lw x29, 12(x20) | 2 |
| | add x28, x28, x21 | lw x30, 8(x20) | 3 |
| | add x29, x29, x21 | lw x31, 4(x20) | 4 |
| | add x30, x30, x21 | sw x28, 16(x20) | 5 |
| | add x31, x31, x21 | sw x29, 12(x20) | 6 |
| | | sw x30, 8(x20) | 7 |
| | blt x22, x20, Loop | sw x31, 4(x20) | 8 |

**그림 4.72 그림 4.71의 코드를 순환문 펼치기 하고 스케줄한 후 정적 2개 내보내기 RISC-V 파이프라인에서 실행하는 과정.** 빈 공간은 nop 명령어 자리이다. 첫 번째 addi 명령어가 x20을 16만큼 감소시키기 때문에, 첫 번째 lw는 x20의 원래 값을 주소로 사용하고, 그다음 lw들은 차례대로 여기에서 4를 뺀 주소, 8을 뺀 주소, 12를 뺀 주소를 사용한다.

하고 또 일부는 2개 내보내기 실행을 한 결과이다. 이 같은 성능 향상을 위해 지불하는 대가는 임시 레지스터를 하나가 아니고 4개나 사용해야 하고 코드 크기가 상당히 증가한다는 것이다.

## 동적 다중 내보내기 프로세서

**수퍼스칼라** 프로세서가 실행 중에 명령어를 선택하여 한 클럭 사이클에 2개 이상의 명령어를 실행할 수 있도록 해 주는 고급 파이프라이닝 기법.

동적 다중 내보내기 프로세서는 **수퍼스칼라**(superscalar) 프로세서 혹은 단순히 수퍼스칼라라고도 한다. 제일 간단한 수퍼스칼라 프로세서는 명령어를 순차대로(in-order) 내보내고 주어진 클럭 사이클에 몇 개의 명령어를 내보낼지를 결정한다. 분명히 이런 프로세서에서 좋은 성능을 얻기 위해서는 컴파일러가 명령어를 스케줄하여 종속성 있는 명령어들의 위치를 멀리 떨어뜨리고 그렇게 해서 명령어 내보내기 속도를 증가시켜야 한다. 그러한 컴파일러 스케줄링을 하더라도 단순한 수퍼스칼라 프로세서는 VLIW 프로세서와 중요한 차이가 있다. 즉 스케줄했든 안 했든 상관없이 코드는 올바르게 실행되도록 하드웨어에 의해 보장된다는 것이다. 더구나 컴파일된 코드는 내보내기 속도나 프로세서의 파이프라인 구조하고는 상관없이 항상 올바르게 동작한다. 하지만 어떤 VLIW 설계는 이렇지 않아서 다른 프로세서 모델로 옮겨갈 때는 재컴파일이 필요하다. 또 다른 정적 내보내기 프로세서의 경우 구현이 달라지면, 올바르게 실행은 되지만 성능이 너무 떨어지기 때문에 실제적으로는 재컴파일이 필요하다.

**동적 파이프라인 스케줄링** 지연을 피할 수 있도록 명령어 실행 순서를 바꾸는 것에 대한 하드웨어 지원.

많은 수퍼스칼라 프로세서는 동적 내보내기를 결정하는 기본 틀을 확장하여 **동적 파이프라인 스케줄링**(dynamic pipeline scheduling)을 포함하도록 한다. 동적 파이프라인 스케줄링은 해저드와 지연을 최대한 피하면서 주어진 클럭 사이클에 실행할 명령어들을 선택한다. 데이터 해저드를 피하는 간단한 예를 가지고 시작하자. 다음과 같은 명령어 코드를 생각해 보자.

```
lw     x31, 0(x21)
add    x1, x31, x2
sub    x23, x23, x3
andi   x5, x23, 20
```

여기서 sub 명령어는 실행될 준비가 되어 있어도 lw와 add가 끝날 때까지 기다려야 되는데 메모리가 느리다면 많은 클럭 사이클이 걸릴 수도 있다. (5장에서 캐시 실패에 대해 설명할 텐데 메모리 접근이 때때로 매우 느린 이유와 관련이 있다.) 동적 **파이프라인** 스케줄링은 그러한 해저드를 완전히 혹은 부분적으로 피할 수 있게 해 준다.

## 동적 파이프라인 스케줄링

동적 파이프라인 스케줄링은 다음에 어떤 명령어를 실행할 것인가를 선택하고 지연을 피하기 위해 명령어들을 재정렬하기도 한다. 이런 프로세서의 파이프라인은 명령어 인출 및 내보내기 유닛, 다수의 기능 유닛(2020년의 고성능 컴퓨터 설계에서는 12개 이상임), 결과 쓰기 유닛(commit unit)의 세 가지 주요 부분으로 나누어진다. 그림 4.73은 이 모델을 보여 주고 있다. 첫 번째 유닛은 명령어를 인출하고 해독하고 각각의 명령어를 실행 단계의 해당 기능 유닛에 보낸다. 각 기능 유닛은 대기영역(reservation station)이라 불리는 버퍼를 가지고 있는데 이 대기영역은 피연산자와 연산자를 가지고 있다. (다음 절에서는 대기영역에 대한 대안으로 많은 최신 프로세서가 사용하는 방법을 논의한다.) 필요한 모든 피연산자가 버퍼에 준비되고 기능 유닛이 실행할 준비가 되면 결과가 계산된다. 결과가 완료되면 이 결과는 결과 쓰기 유닛뿐만 아니라 이 특정한 결과를 기다리고 있는 대기영역에 보내진다. 결과 쓰기 유닛에서는 결과값을 버퍼에 두었다가 안전하다고 생각이 들 때 결과값을 레지스터 파일이나 메모리(저장 명령어의 경우)에 쓴다. 결과 쓰기 유닛에 있는 이 버퍼는 재정렬 버퍼(reorder buffer)라고 불리는데 전방전달 회로가 정적 스케줄 파이프라인에서 했던 것과 같은 방법으로 피연산자들을 제공하는 데 사용된다. 일단 결과값이 레지스터 파일에 써지면 정상적인 파이프라인에서와 같이 레지스터 파일로부터 직접 읽을 수 있다.

결과 쓰기 유닛 연산의 결과를 프로그래머가 볼 수 있는 레지스터나 메모리에 언제 보내는 것이 안전할지를 결정하는 동적 파이프라인 혹은 비순차 실행 파이프라인의 유닛.

대기영역 연산자와 피연산자를 가지고 있는 기능 유닛 내의 버퍼.

재정렬 버퍼 동적 스케줄 프로세서에서 결과값을 메모리나 레지스터에 저장해도 안전할 때까지 보관하고 있는 버퍼.

피연산자를 대기영역에 버퍼링하는 것과 결과값을 재정렬 버퍼에 임시 저장하는 것을 같이 사용하면 이것이 바로 레지스터 재명명의 한 종류이다. 지난번 순환문 펼치기 예제에서 컴파일러가 사용했던 것도 레지스터 재명명의 일종이다. 이것이 개

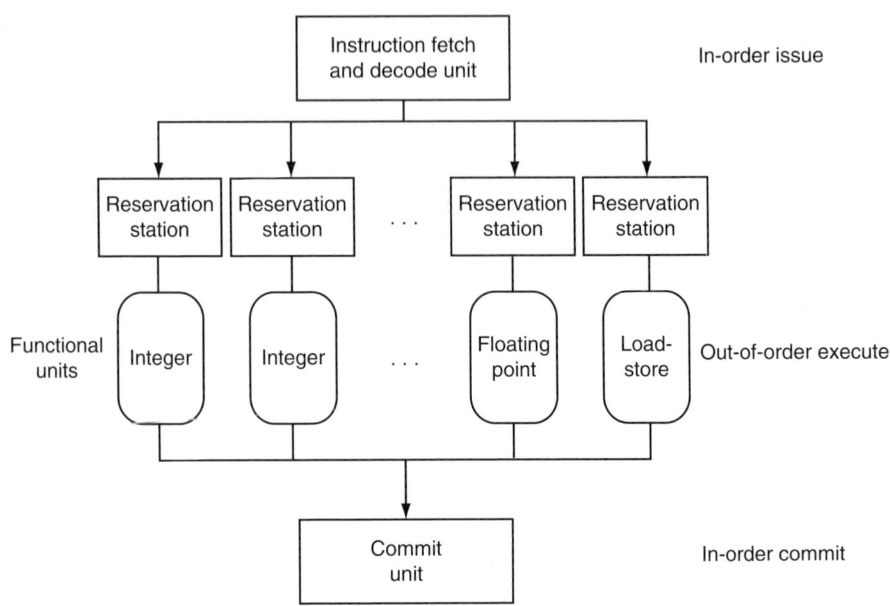


**그림 4.73 동적 스케줄링 파이프라인의 세 가지 주요 유닛.** 상태를 갱신하는 최종 단계는 은퇴(retirement) 혹은 졸업(graduation)이라고도 불린다.

념적으로 어떻게 동작하는지 알기 위해 다음 단계를 생각한다.

1. 명령어가 내보내질 때 명령어는 해당 기능 유닛의 대기영역으로 복사된다. 피연산자 중에 레지스터 파일이나 재정렬 버퍼에 있는 것이 있으면 이 피연산자는 즉시 대기영역으로 복사된다. 명령어는 모든 피연산자와 실행 유닛이 사용 가능해질 때까지 대기영역에 버퍼링된다. 내보내진 명령어는 피연산자 레지스터의 값이 더 이상 필요 없기 때문에 이 레지스터에 쓰기를 해야 된다면 그냥 덮어 써도 아무 문제가 없다.
2. 만약 피연산자가 레지스터 파일이나 재정렬 버퍼에 없다면 기능 유닛에 의해 생성될 때까지 기다려야 한다. 이때 결과를 만들어 낼 기능 유닛의 이름을 추적하여, 그 기능 유닛이 결과값을 산출하면 레지스터를 거치지 않고 기능 유닛에서 대기영역으로 직접 복사된다.

이 단계들은 이렇게 재정렬 버퍼와 대기영역을 효과적으로 이용하여 레지스터 재명명을 구현하고 있다.

개념적으로는 동적 스케줄 파이프라인이 프로그램의 데이터 흐름 구조를 분석하는 것으로 생각할 수 있다. 프로세서는 프로그램의 데이터 흐름 순서를 바꾸지 않는 범위 내에서 명령어의 실행 순서를 바꿀 수 있다. 이 같은 실행 형태를 비순차 실행(out-of-order execution)이라 부른다. 왜냐하면 명령어는 인출되어 온 순서와 다르게 실행될 수 있기 때문이다.

비순차 실행 실행할 수 없는 명령어 때문에 뒤의 명령어들이 기다리게 하지 않는 파이프라인 실행.

프로그램이 단순하게 순차 실행되는 파이프라인에서 실행되는 것처럼 만들려면, 명령어 인출 및 해독 유닛이 명령어들을 순서대로 내보내 주어야 하고(이렇게 하면 종속성 추적이 가능하게 된다) 쓰기 유닛은 프로그램 인출 순서대로 결과를 레지스터나 메모리에 써야 한다. 이 같은 보수적인 방식은 순차 결과 쓰기(in-order commit)라고 불린다. 따라서 만약 예외가 일어난다면 컴퓨터는 마지막으로 실행된 명령어를 찾아낼 수 있으며, 예외를 일으킨 명령어 이전 명령어에 의해 쓰기가 되었던 레지스터들만이 갱신이 된다. 파이프라인의 전단부 즉 명령어 인출 및 내보내기 부분과 후단부 즉 결과 쓰기 부분은 순서대로 실행되지만 기능 유닛들은 필요한 데이터가 준비되면 언제나 실행을 자유롭게 시작할 수 있다. 오늘날 모든 동적 스케줄 파이프라인은 순차 결과 쓰기를 사용한다.

순차 결과 쓰기 파이프라인 실행의 결과가 명령어 인출 순서와 같은 순서로 프로그래머가 볼 수 있는 상태 소자에 써지는 결과 쓰기.

동적 스케줄링은 하드웨어 기반의 추정(hardware-based speculation)을 포함하도록 확장되는 경우가 많다. 특히 분기의 결과에 대해서는 더더욱 그러하다. 분기의 방향을 예측함으로써 동적 스케줄 프로세서는 예측한 경로를 따라 명령어 인출과 실행을 계속할 수 있다. 명령어들은 순서대로 결과를 쓰기 때문에, 예측한 경로상의 명령어가 결과를 쓰기 전에 분기 예측의 정확성 여부를 판단할 수 있다. 추정 동적 스케줄 파이프라인은 적재 주소에 대한 추정도 할 수 있는데, 이는 적재-저장 재정렬을 하게 해 주고 결과 쓰기 유닛을 사용하여 올바르지 않은 추정을 피하게 해 준다. 다음 절에서는 Intel Core i7 설계에서 추정 동적 스케줄링을 어떻게 사용했는지 알아보자.

---

### 하드웨어/소프트웨어 인터페이스

비순차 실행을 하면 이전 파이프라인 구조에서는 보지 못했던 새로운 파이프라인 해저드가 생긴다. **이름 종속성**(name dependence)은 두 명령어가 같은 레지스터나 메모리 주소[**이름**(name)이라 불림]를 사용할 때 발생한다. 하지만 그 이름으로 연관된 두 명령어 사이에 데이터의 흐름은 없다. 프로그램 순서상 앞선 명령어 i와 뒤따르는 명령어 j가 있을 때, 이들 사이에 있을 수 있는 이름 종속성에는 두 종류가 있다.

1. 명령어 i와 명령어 j 사이의 **반종속성**(antidependence)은 명령어 i가 읽는 레지스터나 메모리 주소에 명령어 j가 쓸 때 일어난다. i가 올바른 값을 읽게 하려면 원래의 실행 순서가 유지되어야 한다.
2. **쓰기 종속성**(output dependence)은 명령어 i와 j가 똑같은 레지스터나 메모리

주소에 쓸 때 일어난다. 원래의 명령어 간의 실행 순서가 지켜져야 마지막에 쓰인 값이 명령어 j가 쓴 값이라는 것을 보장하게 된다.

앞에서 본 파이프라인 해저드는 **진성 데이터 종속성**(true data dependence)이라 불리는 종속성의 결과였다.

예를 들어 아래 코드에서는 sw와 addi 사이에 레지스터 x10이 관련된 반종속성이 존재하고 lw와 add 사이에는 레지스터 x18과 관련된 진성 데이터 종속성이 존재한다. 같은 반복 내의 명령어들 사이에는 쓰기 종속성이 존재하지 않지만, 이 순환문의 다른 반복 사이에는 쓰기 종속성이 존재한다. 예를 들면 첫 번째 반복의 addi 명령어와 두 번째 반복의 addi 명령어 사이에는 쓰기 종속성이 존재한다.

```
Loop: lw   x18, 0(x10)
      add  x22, x18, x20
      sw   x22, 0(x10)
      addi x10, x10, 4
      bne  x10, x11, Loop
```

(역주: 원서에 RISC-V가 아닌 MIPS 프로그램이 들어가 있어서, 역자가 RISC-V 프로그램으로 바꾸고 본문도 이에 맞추어 변경했음)

명령어 사이에 이름 종속성이나 데이터 종속성이 존재하고, 이들 사이의 거리가 매우 가까워서 중첩 실행이 종속성에 연관된 피연산자에의 접근 순서를 바꾸게 되면 파이프라인 해저드가 생긴다. 이 같은 사실로부터 다음과 같이 좀 더 직관적인 파이프라인 해저드 이름이 나왔다.

1. **반종속성**은 WAR(write-after-read) 해저드를 일으킨다.
2. **쓰기 종속성**은 WAW(write-after-write) 해저드를 일으킨다.
3. **진성 데이터 종속성**은 RAW(read-after-write) 해저드를 일으킨다.

우리가 앞서 보았던 예제들에서는 WAR과 WAW 해저드를 보지 못했는데 그 이유는 모든 명령어가 순차적으로 실행되었을 뿐만 아니라 레지스터-레지스터 명령어는 마지막 파이프라인 단계에서만 쓰기를 하고 적재와 저장 명령어의 데이터 접근은 항상 같은 파이프라인 단계에서 일어났기 때문이다.

---

**프로그램 성능의 이해**

컴파일러가 데이터 종속성이 있는 명령어들 주변의 코드를 스케줄할 수 있다면 왜 수퍼스칼라 프로세서는 동적 스케줄링을 사용할까? 여기에는 세 가지 주요 이유가

있다. 첫째, 모든 지연이 예측 가능하지는 않다. 특히 **메모리 계층구조**에서 캐시 실패(5장 참조)는 예측 불가능한 지연을 일으킨다. 동적 스케줄링은 프로세서로 하여금 지연이 끝나기를 기다리는 동안에도 명령어를 계속 실행할 수 있도록 하여 이런 지연을 일부 감출 수 있다.

둘째, 만약 프로세서가 동적 분기 **예측**을 사용하여 분기 결과에 대해 추정한다면 컴파일 시에는 명령어의 정확한 순서를 알 수가 없다. 왜냐하면 이 순서는 분기에 대한 예측과 실제 분기 결과에 따라 달라지기 때문이다. 동적 스케줄링 없이 더 많은 ILP(instruction-level parallelism)를 활용하기 위해 동적 추정을 사용하면 추정의 이득이 크게 제한될 것이다.

셋째, 파이프라인 지연과 내보내기 폭이 구현마다 달라지면, 코드를 가장 잘 컴파일하는 방법도 달라진다. 예를 들면 종속적 명령어 시퀀스를 스케줄링하는 방법은 내보내기 폭과 지연에 의해 영향 받는다. 파이프라인 구조는 컴파일러 기반의 레지스터 재명명 과정뿐만 아니라 지연을 피하기 위한 순환문 펼치기 횟수에도 영향을 준다. 동적 스케줄링은 하드웨어로 하여금 이런 세부 사항의 대부분을 감추도록 해 준다. 따라서 사용자나 소프트웨어 공급자가 같은 명령어 집합의 여러 가지 구현에 맞추어 동일 프로그램의 여러 가지 버전을 가질 필요가 없다. 같은 이유로 오래된 코드도 재컴파일할 필요 없이 새로운 구현에 의해 얻어지는 대부분의 이득을 취할 수 있다.

요점정리

**파이프라이닝**과 다중 내보내기 실행은 모두 최고 명령어 처리량을 증가시키고 명령어 수준 **병렬성**(ILP)을 활용하려고 한다. 그러나 프로그램의 데이터 종속성과 제어 종속성은 지속적으로 얻을 수 있는 성능(sustained performance)의 상한선에 제한을 가한다. 때로는 프로세서가 종속성이 해결될 때까지 기다려야 되기 때문이다. ILP를 활용하기 위한 소프트웨어 중심의 접근 방법은 그러한 종속성을 찾아내고 그 영향을 줄이는 컴파일러의 능력에 의존하는 반면, 하드웨어 중심의 접근 방법은 파이프라인과 내보내기 메커니즘의 확장에 의존한다. 컴파일러나 하드웨어에 의해 행해지는 추정은 **예측**을 통해 활용할 수 있는 ILP의 양을 증가시킬 수 있다. 그러나 잘못 추정하면 성능을 저하시킬 수 있기 때문에 주의해야 한다.

**하드웨어/소프트웨어 인터페이스**

최신 고성능 마이크로프로세서들은 매 클럭 여러 개의 명령어를 내보낼 수 있다. 불행히도 그러한 내보내기 속도를 유지하는 것은 매우 어렵다. 예를 들면 매 클럭당 4~6개의 명령어를 내보낼 수 있는 프로세서들이 존재함에도 불구하고 클럭당 3개 이상의 명령어를 유지하는 응용은 매우 희귀하다. 이것에 대해서는 두 가지 주된 원인이 있다.

첫째, 파이프라인 성능의 주요 병목은 없앨 수 없는 종속성 때문에 생긴다. 이 종속성 때문에 명령어 간의 병렬성은 줄고 지속적 내보내기 속도도 줄게 된다. 진성 데이터 종속성에 대해서는 할 수 있는 일이 별로 없기는 하지만, 컴파일러나 하드웨어는 종속성의 존재 여부조차 정확히 알지 못해서 종속성이 존재한다고 보수적으로 가정하는 경우가 많다. 예를 들면 포인터를 사용하는 코드, 특히 많은 동의어 문제(aliasing)를 일으키는 방식으로 포인터를 사용하는 경우는 더 많은 잠재 종속성을 유발한다. 반면에 아주 규칙적인 배열 접근은 컴파일러가 종속성이 없다고 확신할 수 있게 해 준다. 마찬가지로 실행 시나 컴파일 시에 정확히 예측할 수 없는 분기 명령어도 ILP를 활용하는 능력에 제한을 가하게 된다. 더 많은 ILP가 있음에도 불구하고 멀리 떨어져 있는 ILP(때로는 수천 개의 명령어의 실행만큼 떨어져 있기도 하다)를 찾을 수 없는 컴파일러나 하드웨어 능력의 한계 때문에 활용하지 못하는 경우도 많이 있다.

둘째, **메모리 계층구조**(5장의 주제)에서의 손실이 파이프라인을 가득 채우지 못하게 한다. 어떤 메모리 시스템 지연은 감춰질 수 있지만 제한된 양의 ILP를 가지고는 감출 수 있는 지연의 양에 한계가 있다.

## 에너지 효율성과 고급 파이프라이닝

동적 다중 내보내기와 추정 방법을 통해 명령어 수준 병렬성을 더 많이 이용하면서 생기는 부정적 측면은 전력 효율성이다. 매번 등장하는 신기술은 더 많은 트랜지스터를 사용하여 성능을 높일 수 있게 하였으나, 매우 비효율적으로 성능을 높인 경우가 많았다. 전력 장벽에 부딪히게 되자 전처럼 깊은 파이프라인이나 적극적 추정 방법을 사용하지 않는 비교적 단순한 프로세서 여러 개를 칩 하나에 넣는 설계가 나타난다.

단순한 프로세서들이 정교한 프로세서들에 비해 빠르지는 않지만 단위 에너지(줄, joule)당 성능이 더 좋으므로, 트랜지스터의 개수보다 소모 전력에 의해 제한을 받는 설계에서는 칩당 성능이 더 좋다는 믿음이 있기 때문이다.

| Microprocessor | Year | Clock Rate | Pipeline Stages | Issue Width | Out-of-Order/ Speculation | Cores/ Chip | Power |
|---|---|---|---|---|---|---|---|
| Intel 486 | 1989 | 25 MHz | 5 | 1 | No | 1 | 5W |
| Intel Pentium | 1993 | 66 MHz | 5 | 2 | No | 1 | 10W |
| Intel Pentium Pro | 1997 | 200 MHz | 10 | 3 | Yes | 1 | 29W |
| Intel Pentium 4 Willamette | 2001 | 2000 MHz | 22 | 3 | Yes | 1 | 75W |
| Intel Pentium 4 Prescott | 2004 | 3600 MHz | 31 | 3 | Yes | 1 | 103W |
| Intel Core | 2006 | 3000 MHz | 14 | 4 | Yes | 2 | 75W |
| Intel Core i7 Nehalem | 2008 | 3600 MHz | 14 | 4 | Yes | 2-4 | 87W |
| Intel Core Westmere | 2010 | 3730 MHz | 14 | 4 | Yes | 6 | 130W |
| Intel Core i7 Ivy Bridge | 2012 | 3400 MHz | 14 | 4 | Yes | 6 | 130W |
| Intel Core Broadwell | 2014 | 3700 MHz | 14 | 4 | Yes | 10 | 140W |
| Intel Core i9 Skylake | 2016 | 3100 MHz | 14 | 4 | Yes | 14 | 165W |
| Intel Ice Lake | 2018 | 4200 MHz | 14 | 4 | Yes | 16 | 185W |

**그림 4.74 파이프라인 복잡도, 코어 개수, 소모 전력 등의 관점에서 본 Intel 마이크로프로세서들의 기록.** Pentium 4의 파이프라인 단계에 쓰기 단계는 포함되지 않았다. 이를 포함시키면 Pentium 4는 더 많은 단계를 갖게 된다.

그림 4.74는 과거 및 최신 마이크로프로세서들의 파이프라인 단계 수, 내보내는 명령어 개수, 추정 수준, 클럭 속도, 칩당 코어 개수, 소모 전력 등을 보여 주고 있다. 회사들이 다중코어 설계 쪽으로 감에 따라 파이프라인 단계 수와 소모 전력이 감소함을 보여 주고 있다.

**고난도:** 결과 쓰기 유닛은 레지스터 파일뿐만 아니라 메모리 갱신도 제어한다. 몇몇 동적 스케줄 프로세서는 실행 중에 곧바로 레지스터 파일을 갱신한다. 이 경우 레지스터를 갱신하는 명령어가 더 이상 추정이 아니고 추정 성공 여부가 확실해질 때까지 별도 레지스터를 사용하여 재명명 기능을 구현하고 레지스터의 옛 복사본을 간직하게 된다. 어떤 프로세서는 결과값을 재정렬 버퍼에 버퍼링한다. 레지스터 파일의 실제 갱신은 결과 쓰기의 일부분으로 나중에 일어난다. 메모리 저장은 결과 쓰기 때까지 **저장 버퍼**(store buffer)(5장 참조)나 재정렬 버퍼에 임시 저장되어야 한다. 결과 쓰기 유닛은 버퍼가 합법적 주소(valid address)와 합법적 데이터를 갖고 있으면서 저장 명령어가 더 이상 예측 분기에 종속적이 아닐 때만 저장 명령어가 버퍼에서 메모리로 쓰는 것을 허용한다.

**고난도:** **무정지 캐시**(nonblocking cache)를 사용하면 메모리 접근 성능이 좋아진다. 무정지 캐시는 캐시 실패 동안에도 캐시 접근 서비스를 계속한다(5장 참조). 비순차 실행 프로세서는 캐시 실패 동안에도 명령어를 계속 실행하기 위해서 무정지 캐시를 필요로 한다.

**스스로 점검하기** 다음의 기법이나 구성 요소가 ILP를 활용하려는 소프트웨어 기반 방법과 관련 있는지 아니면 하드웨어 기반 방법과 관련이 있는지 설명하라. 어떤 경우에는 답이 두 가지 모두 될 수도 있다.

1. 분기 예측
2. 다중 내보내기
3. VLIW
4. 수퍼스칼라
5. 동적 스케줄링
6. 비순차 실행
7. 추정
8. 재정렬 버퍼
9. 레지스터 재명명

## 4.12 실례: Intel Core i7 6700과 ARM Cortex-A53

이 절에서는 ARM Cortex-A53과 Intel Core i7 6700 두 가지 다중 내보내기 프로세서를 살펴보려 한다. ARM Cortex-A53은 여러 태블릿과 휴대폰에서 사용되는 프로세서이고, Intel Core i7 6700은 고성능 데스크톱과 서버를 위한 고성능 동적 스케줄링 추정 프로세서이다. 둘 중 더 간단한 ARM 프로세서부터 보기로 한다. 이 절은 *Computer Architecture: A Quantitative Approach* 6판의 3.12절을 기초로 하였다.

### ARM Cortex-A53

ARM Cortex-A53은 동적 내보내기 검출 기능을 갖춘 2개 내보내기, 정적 스케줄링 수퍼스칼라 프로세서로 클럭 사이클당 2개의 명령어를 내보낼 수 있다. 그림 4.75는 파이프라인 프로세서의 파이프라인 구조를 보여 주고 있다. 분기가 아닌 정수 명령어인 경우 그림 4.75의 설명과 같이 F1, F2, D1, D2, D3/ISS, Ex1, Ex2, Wr(다른 모델에서는 WB로 표기)의 여덟 단계를 갖고 있다. 파이프라인은 순차 실행이라서 명령어의 피연산자들이 준비되고 앞선 명령어들이 실행을 시작했을 때에만 후속 명령어가 실행을 시작할 수 있다. 따라서 2개의 명령어가 종속성이 있어도 두 명령

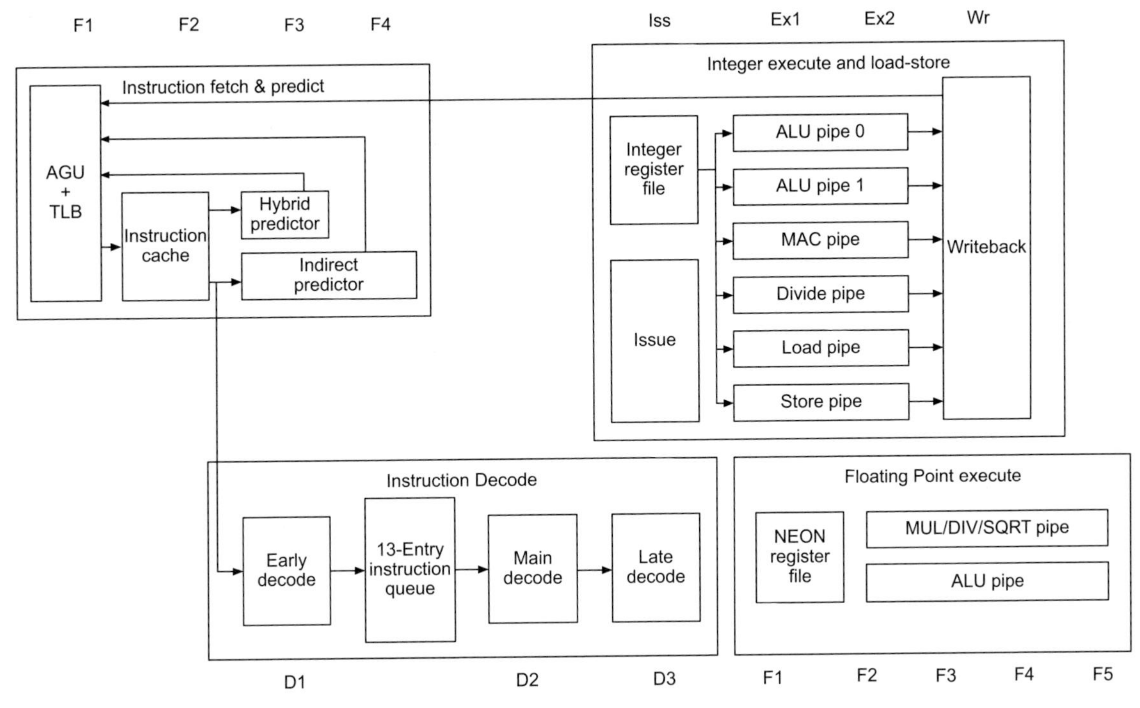


**그림 4.75 A53 정수 파이프라인의 기본 구조는 여덟 단계이다. F1과 F2는 명령어를 인출하고 D1과 D2는 기본 해독을 한다. D3는 좀 더 복잡한 명령어를 해독하며 실행 파이프라인의 첫 번째 단계(ISS)와 중첩되어 있다.** ISS 후에는 Ex1, Ex2, Wr 단계를 거쳐 정수 파이프라인이 끝난다. 분기 명령어는 종류에 따라 네 가지 다른 예측기를 사용한다. 부동 소수점 실행 파이프라인은 다섯 사이클이 걸리는데, 인출하고 해독하는 데 다섯 사이클이 걸리므로 총 열 단계가 필요하다. AGU는 Address Generation Unit을, TLB는 Translation Lookaside Buffer를 의미한다(5장 참조). NEON 유닛은 같은 이름의 ARM SIMD 명령어를 실행한다. (그림 출처: Hennessy JL, Patterson DA: *Computer architecture: A quantitative approach*, ed. 6, Cambridge MA, 2018, Morgan Kaufmann)

어 모두 해당 실행 파이프라인으로 진행할 수는 있지만 파이프라인을 시작할 때 두 명령어의 순서가 정해질 것이다. 파이프라인 내보내기 회로가 첫 번째 명령어의 결과가 나왔다고 해야 두 번째 명령어를 내보낼 수 있다.

명령어를 인출하는 네 사이클에는 주소 생성 유닛도 포함되는데, 이 유닛은 PC를 증가시키거나 다음 4개의 예측기 중 하나에서 주소를 받아서 다음 PC 값을 결정한다.

1. 엔트리가 하나인 분기 목적지 캐시. 이 캐시는 2개의 명령어 캐시 인출(예측이 맞다고 가정했을 때 분기 명령어 다음 2개의 명령어)을 갖고 있다. 첫 번째 인출 사이클에서 이 목적지 캐시를 검사해서 적중이 되면 여기에서 다음 두 명령어를 가져온다. 따라서 예측이 맞고 캐시가 적중된다면 아무 지연 사이클 없이 분기가 실행된다.

2. 엔트리가 3072개인 하이브리드 예측기. 분기 목적지 캐시에서 적중되지 못한 모든 명령어에 사용되며 F3에서 동작한다. 이 예측기에 의해 처리되는 분기 명령어는 2 사이클 지연을 겪는다.
3. 엔트리가 256개인 간접 분기 예측기. F4에서 동작하며 이 예측기에 의해 예측된 분기 명령어는 예측이 맞았을 때 3 사이클 지연을 겪는다.
4. 8개 용량의 복귀 스택. F4에서 동작하며 3 사이클 지연이 일어난다.

분기 결정은 ALU pipe 0에서 이루어지며 분기 예측이 잘못되었을 때의 손실은 8 사이클이다. 그림 4.76은 SPECint2006에서의 예측 실패율을 보여 준다. 버려지는 작업량은 예측 실패율과 예측 실패 분기 명령어 이후의 시간에 유지된 내보내기율에 의해 달라진다. 그림 4.77은 버려지는 작업량은 클 수도 있고 작을 수도 있지만 일반적으로는 예측 실패율을 따른다는 것을 말해 준다.

## A53 파이프라인의 성능

A53은 2개 내보내기 구조이기 때문에 이상적으로는 CPI가 0.5이다. 파이프라인 지연을 일으키는 세 가지 원인은 다음과 같다.

1. 기능적 해저드. 이 해저드는 동시에 내보내려고 선택된 2개의 인접 명령어가 같은 기능 파이프라인을 사용할 때 일어난다. A53은 정적 스케줄링을 사용하

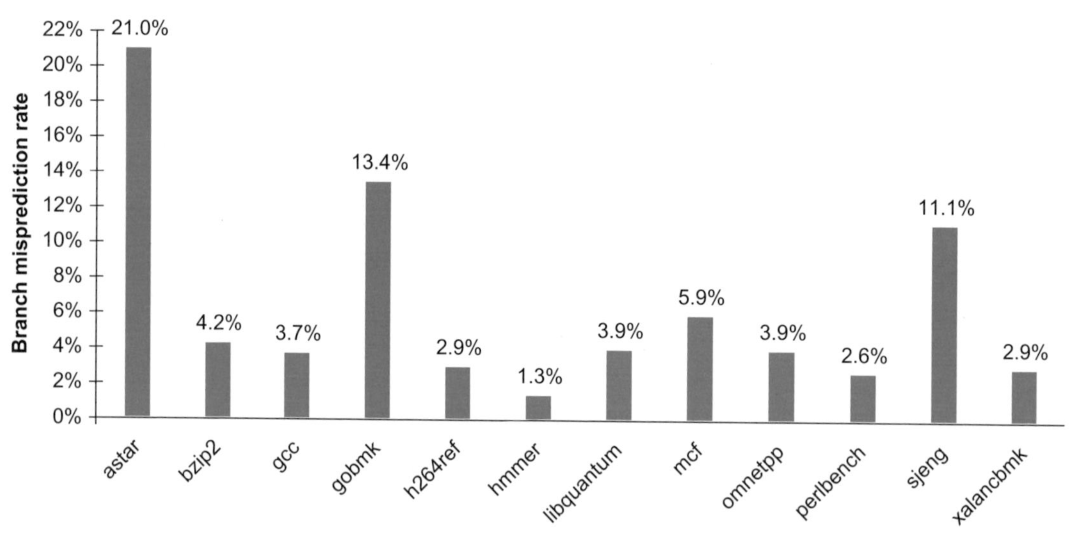


**그림 4.76 SPECint2006 정수형 벤치마크 프로그램에 대한 A53 분기 예측기의 예측 실패율.** (그림 출처: Hennessy JL, Patterson DA: *Computer architecture: A quantitative approach*, ed. 6, Cambridge MA, 2018, Morgan Kaufmann)

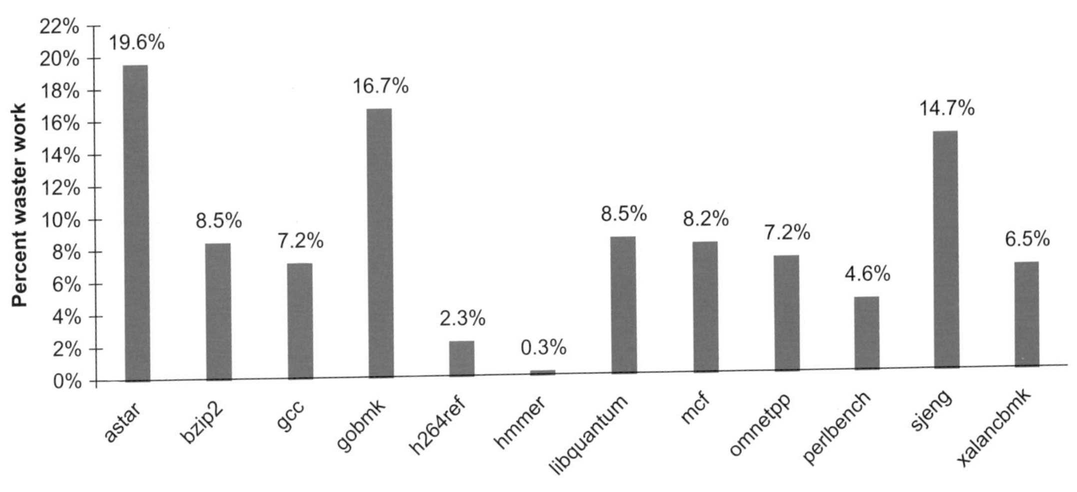


**그림 4.77 A53에서 분기 예측 실패 때문에 버려지는 작업량. A53은 순차 실행 컴퓨터이기 때문에 버려지는 작업의 분량은 여러 가지 요인에 의해 결정된다. 여기에는 데이터 종속성과 캐시 실패가 포함되는데, 이 두 가지 요인은 지연을 발생시킨다.** (그림 출처: Hennessy JL, Patterson DA: *Computer architecture: A quantitative approach*, ed. 6, Cambridge MA, 2018, Morgan Kaufmann)

기 때문에 이러한 충돌을 피하는 것은 컴파일러의 책임이다. 그러한 명령어들이 순차적으로 나타나면 이들 명령어는 실행 파이프라인의 시작점에서 순서화가 이루어져서 첫 번째 명령어만 실행을 시작하게 된다.

2. 데이터 해저드. 이 해저드는 파이프라인 초기에 검출되며 두 명령어 모두 지연되거나(첫 번째 명령어가 내보내지지 않으면 두 번째 명령어는 반드시 지연된다) 이 명령어 쌍 중 두 번째 명령어가 지연된다. 이러한 지연을 피하는 것은 컴파일러의 책임이다.
3. 제어 해저드. 이 해저드는 분기를 잘못 예측했을 때만 일어난다.

TLB 실패(5장 참조)와 캐시 실패도 지연을 일으킨다. 그림 4.78은 CPI와 여러 원인이 이에 미치는 영향을 보여 준다.

A53은 파이프라인 단계를 적게 하고 비교적 공격적인 분기 예측기를 사용함으로써, 적당한 소비 전력으로 높은 클럭 속도를 구현하면서 파이프라인 손실을 크지 않게 하고 있다. i7과 비교하면 A53의 소비 전력은 4-코어 프로세서의 1/200 수준이다.

**고난도:** Cortex-A53은 ARMv8 명령어 집합 구조를 지원하는 구성 가능한(configurable) 코어이다. 이것은 **IP**(Intellectual Property) 코어 형태로 보급된다. IP 코어는 임베디드, 개인 휴대용 기기 및 관련 시장에서 지배적인 기술 보급 형태이다. 수십억 개의 ARM 프로세서 및

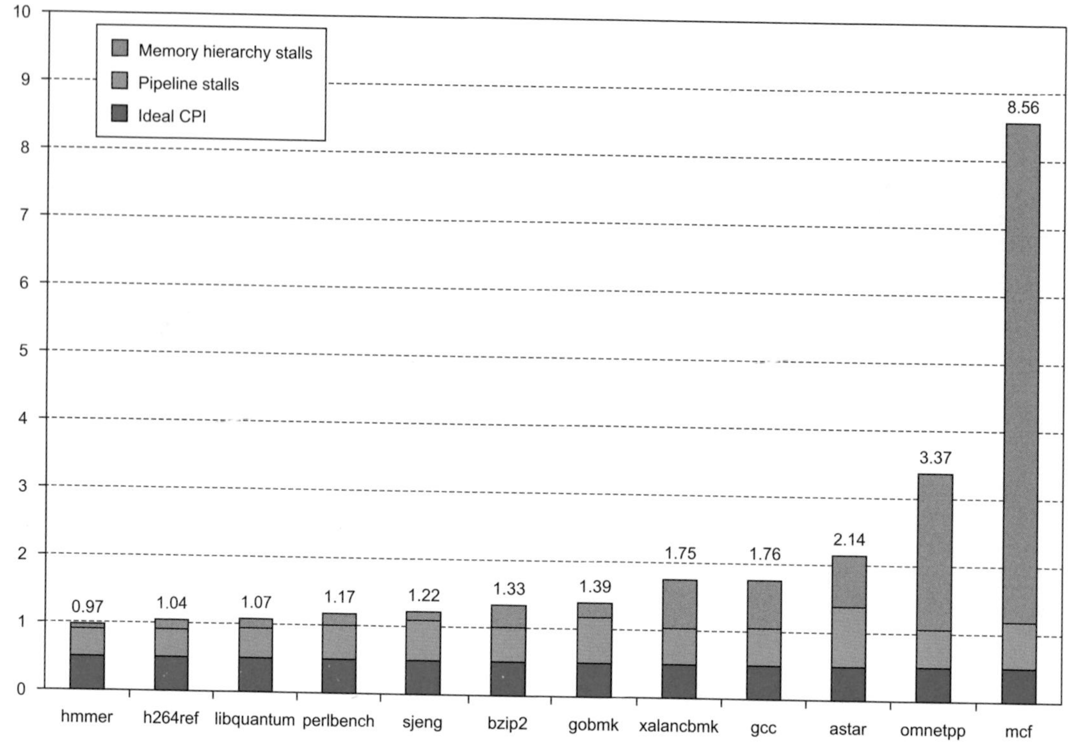


**그림 4.78 ARM A53에서 CPI 구성 요소에 대한 추정을 보면 파이프라인 지연이 상당히 크지만 아주 나쁜 성능을 보여 주는 프로그램에서는 캐시 실패가 압도적으로 큰 영향을 미친다(5장 참조).** 상세 시뮬레이터에서 측정한 CPI에서 이 값들을 빼서 파이프라인 지연을 구했다. 파이프라인 지연은 세 가지 해저드를 모두 포함하고 있다. (그림 출처: Hennessy JL, Patterson DA: *Computer architecture: A quantitative approach*, ed. 6, Cambridge MA, 2018, Morgan Kaufmann)

MIPS 프로세서가 IP 코어로부터 만들어졌다. IP 코어는 Intel i7 멀티코어 컴퓨터의 코어와는 다르다. IP 코어(그 자신이 멀티코어일 수 있다)는 응용 맞춤형 프로세서(비디오 인코더나 디코더 같은), 입출력 인터페이스, 메모리 인터페이스 같은 다른 논리 회로들과 합쳐지도록(그래서 칩의 "코어"이다) 설계되어 특정 응용에 최적화된 프로세서로 제작된다. 프로세서 코어는 거의 같아도 최종 생산되는 칩은 많이 다르다. 주요 파라미터 중 하나가 L2 캐시 크기인데 칩에 따라 16배까지 차이가 날 수 있다.

## Intel Core i7 6700

x86 마이크로프로세서들은 정교한 파이프라이닝 기법들을 사용하고 있다. 14단계 파이프라인에 동적 다중 내보내기, 비순차 실행과 추정 기능이 있는 동적 파이프라인 스케줄링이 적용된다. 그러나 이 프로세서들은 2장에서 설명했던 복잡한 x86 명령어 집합을 구현하는 데는 아직도 어려움이 있다. 그래서 Intel은 x86 명령어를 인

출한 후 이를 MIPS와 비슷한 내부 명령어로 변환한다. 이 명령어를 Intel에서는 마이크로연산(micro-operation)이라 부른다. 이 마이크로연산은 정교한 동적 스케줄링 추정 파이프라인에 의해 실행되는데 이 파이프라인은 클럭 사이클당 마이크로연산을 6개까지 지속적으로 실행할 수 있다. 이 절에서는 마이크로연산 파이프라인에 집중한다.

정교한 동적 스케줄링 프로세서의 설계를 생각하면 기능 유닛의 설계, 캐시 및 레지스터 파일, 명령어 내보내기 유닛, 전체 파이프라인 제어 등이 뒤섞여서 데이터패스와 파이프라인을 분리하는 것이 어려워진다. 이런 상호 의존성 때문에 많은 엔지니어와 연구자들은 **마이크로구조**(microarchitecture)라는 용어를 도입하여 프로세서의 구체적인 내부 구조를 가리킬 때 사용하였다.

**마이크로구조** 주요 기능 유닛, 상호연결 및 제어를 포함하는 프로세서 구조.

**구조적 레지스터** 프로그래머에게 보여지는 레지스터를 갖는 명령어 집합. RISC-V에서는 32개의 정수형 레지스터와 32개의 부동소수점형 레지스터가 있다.

Intel Core i7은 재정렬 버퍼와 레지스터 재명명을 함께 사용하여 반종속성과 추정 실패 문제를 해결하고 있다. 레지스터 재명명은 프로세서의 **구조적 레지스터**(architectural register)(64비트 버전 x86 구조의 경우 16개)를 더 큰 물리적 레지스터 집합으로 명시적으로 재명명한다. Core i7은 레지스터 재명명을 반종속성을 제거하는 데 사용하고 있다. 레지스터 재명명은 프로세서로 하여금 구조적 레지스터와 물리적 레지스터 간의 사상 관계 표를 유지하도록 요구하고 있는데 이 표는 어떤 물리적 레지스터가 특정 구조적 레지스터의 가장 최근 복사본인지를 알려 준다. 일어나는 재명명을 기록해 놓음으로써 레지스터 재명명은 추정 실패 시 원상 복구하는 또 다른 방법을 제공한다. 즉 처음 잘못 추정한 명령어 이후 일어났던 사상을 없던 일로 하면 그만이다. 이렇게 하면 프로세서의 상태를 제대로 실행된 마지막 명령어로 되돌려주기 때문에 구조적 레지스터와 물리적 레지스터 사이의 사상을 올바르게 유지하게 된다.

그림 4.79는 Core i7 파이프라인의 전반적인 구조를 보여 주고 있다. 명령어 인출에서 시작하여 결과 쓰기 유닛까지 그림에 보인 여덟 단계를 따라가면서 이 파이프라인 구조를 알아보자.

1. 명령어 인출—프로세서는 속도와 예측 정확도 사이에서 균형을 유지하기 위해 다단계 분기 목적지 버퍼를 사용한다. 함수의 복귀 속도를 높이기 위해 복귀 주소 스택(return address stack)을 갖고 있다. 예측 실패는 17 사이클 정도의 손실을 가져오며 예측 주소를 이용하여 명령어 인출 유닛은 명령어 캐시로부터 16바이트를 인출한다.
2. 이 16바이트는 선해독 명령어 버퍼(predecode instruction buffer)에 넣어진다—선해독 단계에서는 인출된 16바이트를 개별적인 x86 명령어로 변환한다.

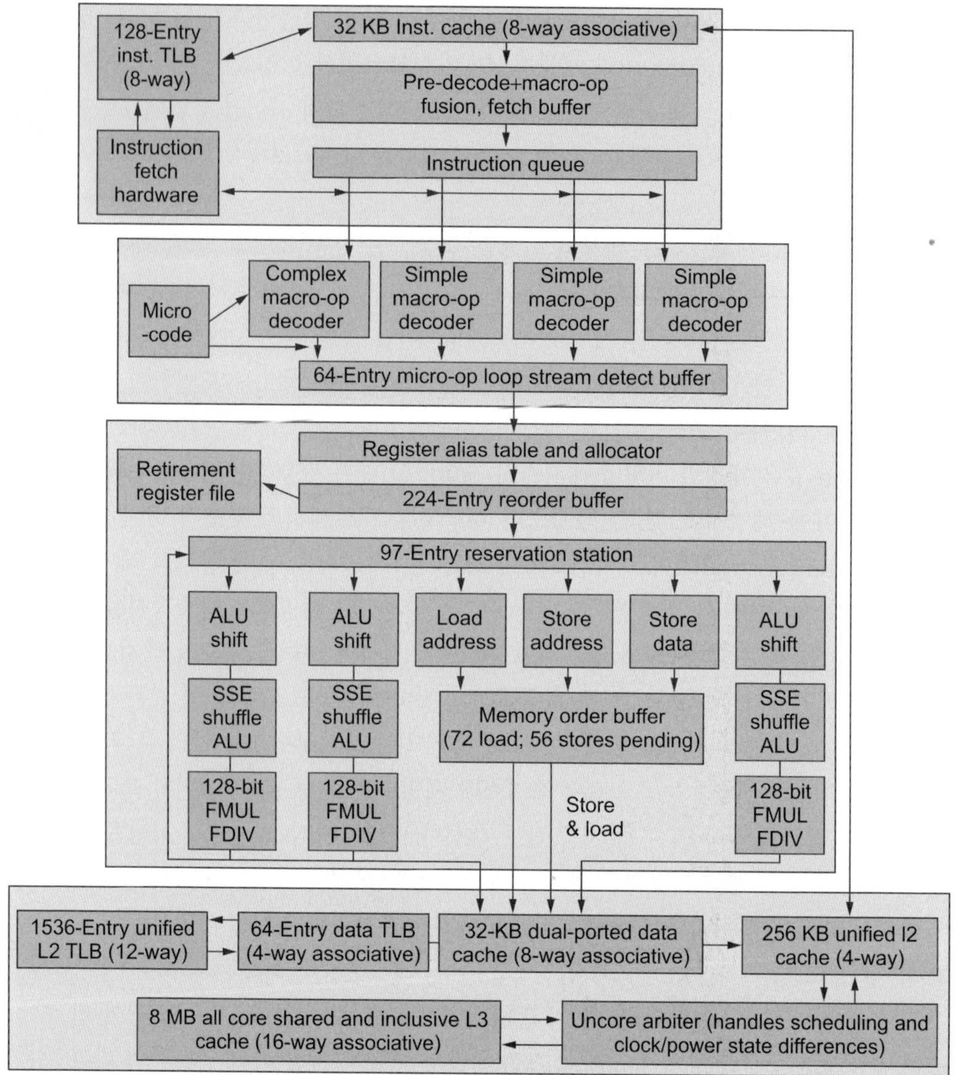


**그림 4.79 메모리 시스템 구성 요소와 함께 보인 Intel Core i7 파이프라인 구조. 전체 파이프라인 단계는 14단계이고, 분기 예측 실패는 17 클럭 사이클의 손실을 유발한다. 분기 예측기를 리셋하는 데 필요한 시간 때문에 몇 사이클이 추가로 필요할 수 있다.** 이 설계는 72개의 적재 명령어와 56개의 저장 명령어를 버퍼링할 수 있으며, 6개의 독립된 기능 유닛이 매 클럭 사이클마다 준비된 마이크로연산을 하나씩 실행할 수 있다. 레지스터 재명명 표는 마이크로연산을 최대 4개까지 처리할 수 있다. i7 프로세서는 2008년도에 처음 소개되었으며, i7 6700은 6세대 칩이다. i7의 기본 구조는 같지만, 후속 세대 칩들은 캐시 전략(5장 참조)을 바꾸고, 메모리 대역폭을 증가시키고, 실행 과정에 있는 명령어 수를 늘리고, 분기 예측을 향상시키고, 그래픽 지원을 개선하여 성능을 향상시켰다. (그림 출처: Hennessy JL, Patterson DA: *Computer architecture: A quantitative approach*, ed. 6, Cambridge MA, 2018, Morgan Kaufmann)

x86 명령어의 길이가 1바이트부터 17바이트에 이르기 때문에 선해독 과정은 쉽지 않다. 선해독기는 명령어의 길이를 알기 위해 상당수 바이트를 들여다봐야 한다. 각각의 x86 명령어는 명령어 큐에 들어간다.

3. 마이크로연산 해독—각각의 x86 명령어는 마이크로연산으로 변환된다. 마이크로연산 하나로 바로 번역되는 x86 명령어들은 3개의 단순해독기가 처리한다. 좀 더 복잡한 의미를 갖는 x86 명령어들은 마이크로코드 엔진(복잡해독기)을 사용하여 마이크로연산 시퀀스로 변환된다. 이 엔진은 매 사이클마다 마이크로연산을 4개까지 만들어 낼 수 있으며 필요한 마이크로연산 시퀀스를 다 생성할 때까지 계속 번역한다. 이 마이크로연산들은 64개 용량의 마이크로연산 버퍼에 들어가는데 x86 명령어 순서대로 들어간다.
4. 마이크로연산 버퍼는 **순환열검출**(loop stream detection)을 수행한다—만약 순환문을 형성하는 조그마한 명령어 시퀀스(64개 명령어 미만)가 있다면, 순환열검출기가 순환문을 찾아서 버퍼에서 직접 마이크로연산들을 내보낸다. 이렇게 하면 명령어 인출과 해독 단계를 활성화할 필요가 없어진다.
5. 기본 명령어 내보내기 수행—레지스터 테이블에서 레지스터 주소를 검색하고, 레지스터를 재명명하고, 재정렬 버퍼 항목을 배정한 다음, 레지스터나 재정렬 버퍼에 필요한 결과값이 있으면 이를 인출한 후 마이크로연산을 대기영역에 보낸다. 매 클럭 사이클에 최대 4개의 마이크로연산이 처리될 수 있다. 이 연산들은 재정렬 버퍼의 비어 있는 다음 엔트리에 할당된다.
6. i7은 중앙집중식 대기영역을 갖고 있는데 6개의 기능 유닛이 공유하여 사용한다. 매 클럭 사이클마다 최대 6개의 마이크로연산을 기능 유닛으로 보낸다.
7. 각각의 기능 유닛은 마이크로연산을 실행하고 결과를 대기영역 중 필요로 하는 곳이나 레지스터 은퇴 유닛(register retirement unit)으로 보낸다. 레지스터 은퇴 유닛에서는 일단 명령어가 더 이상 추정이 아니라고 밝혀지면 레지스터 상태를 갱신하게 된다. 재정렬 버퍼에서 해당 명령어 관련 항목은 완료라고 표시된다.
8. 재정렬 버퍼의 맨 앞부분에 하나 이상의 명령어가 완료되었다고 표시되면 레지스터 은퇴 유닛에서 기다리던 미완료쓰기(pending write)가 실행되고 명령어는 재정렬 버퍼에서 삭제된다.

**고난도:** 두 번째 단계와 네 번째 단계 하드웨어는 실행해야 할 연산의 수를 줄이기 위해 연산을 묶어 결합하거나 **융합**(fuse)할 수 있다. 두 번째 단계에 있는 **매크로 연산 융합기**(Macro-op fusion)는 x86 명령어 조합(예를 들면 비교 명령어와 이어지는 분기 명령어)을 택한 후 이를 융합하여 하나의 연산으로 만든다. 네 번째 단계에 있는 **마이크로 융합**(microfusion)은 적재/ALU 연산 또는 ALU 연산/저장 같은 마이크로연산 쌍을 합쳐 하나의 대기영역으로 내보낸다. (이 명령어들은 독립적으로 내보낼 수도 있다.) 이렇게 함으로써 버퍼의 사용을 높일 수 있다. Bird 등[2007]은 마이크로 융합과 매크로 융합(macrofusion)을 도입한 Intel Core 구조에 대한 연구에서 마이크로 융합은 성능에 별 영향을 미치지 못하며, 매크로 융합은 정수형 성능에 상당한 영향을 미치지만 실수형 성능에는 별다른 영향을 미치지 못하는 것을 발견했다.

## Intel Core i7의 성능

공격적인 추정 기능을 사용하고 있기 때문에 이상적 성능과 실제 성능이 차이가 나는 이유를 명확히 밝히기는 쉽지 않다. 6700은 큐와 버퍼를 많이 사용해서 대기영역, 재명명 레지스터, 재정렬 버퍼의 부족으로 생길 수 있는 지연을 크게 줄였다.

따라서 대부분의 손실은 분기 예측 실패와 캐시 실패에 기인한다. 분기에 대한 예측 실패 손실은 17 사이클인 데 비해 L1 실패 손실은 10 사이클 정도이다(5장 참조). L2 실패 손실은 L1 실패의 3배 이상이며, L3 실패 손실은 L1 실패 손실의 13배 정도(130~135 사이클)이다. 프로세서는 L2와 L3 실패가 일어났을 때 대신 실행할 명령어를 찾으려 노력하지만, 실패 처리를 완료하기 전에 채워지는 버퍼는 일부에 불과할 가능성이 높기 때문에 프로세서는 결국 명령어를 내보내는 것을 중지하게 된다.

그림 4.80은 19개의 SPECCPUint2006 벤치마크 프로그램에 대한 전체 CPI를 보여 주고 있다. i7 6700의 평균 CPI는 0.71이다. 그림 4.81은 Intel i7 6700 분기 예측기의 예측 실패율을 나타내고 있다. i7 6700의 예측 실패율은 A53의 예측 실패율(그림 4.76 참조)의 거의 반 정도이다(SPEC2006에 대한 중앙값이 2.3% 대 3.9%). CPI는 반도 안 된다. 매우 공격적인 구조의 경우 중앙값은 0.64 대 1.36이다. 클럭 속도는 i7이 3.4 GHz이고 A53이 1.3 GHz이므로 평균 명령어 시간은 0.64 × 1/3.4 GHz = 0.19 ns 대 1.36 × 1/1.3 GHz = 1.05 ns가 되어 5배 이상 빠르다. 반면에 i7은 200배 이상의 전력을 사용한다.

---

**프로그램 성능의 이해** Intel Core i7은 고성능을 달성하기 위해 14단계 파이프라인과 공격적 다중 내보내기를 함께 사용한다. 연속적 명령어들 사이의 지연을 낮게 유지함으로써 데이터 종속성의 영향을 감소시킨다. 이 프로세서에서 실행되는 프로그램의 경우 무엇이 가

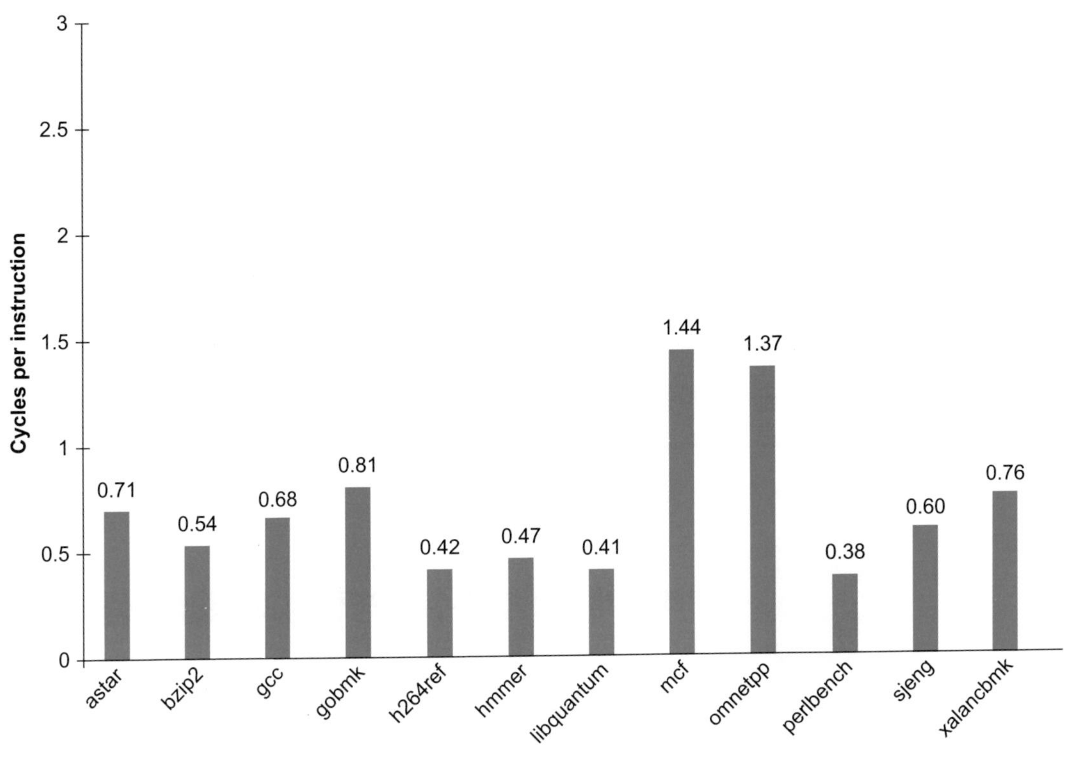


그림 4.80 **SPECCPUint2006 정수형 벤치마크 프로그램에 대한 Intel Core i7 6700의 CPI. 이 절의 데이터는 루이지애나 주립대학교의 Lu Peng 교수와 Qun Liu 박사과정 학생이 수집한 것이다.** (그림 출처: Hennessy JL, Patterson DA: *Computer architecture: A quantitative approach*, ed. 6, Cambridge MA, 2018, Morgan Kaufmann)

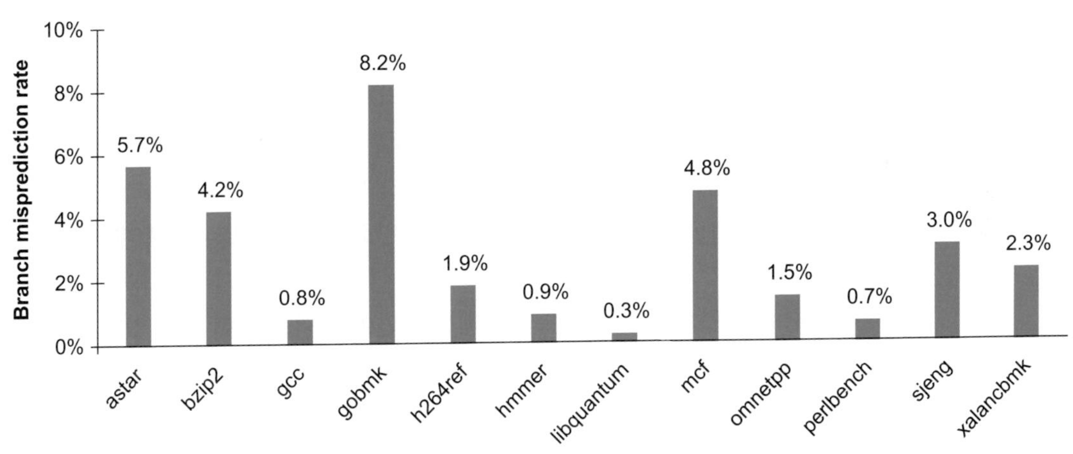


그림 4.81 **SPECCPUint2006 정수형 벤치마크 프로그램에 대한 Intel Core i7 6700의 예측 실패율.** 예측 실패율은 실행 완료된 모든 분기 명령어 중에서 잘못 예측된 분기 명령어의 비율로 계산된다. (그림 출처: Hennessy JL, Patterson DA: *Computer architecture: A quantitative approach*, ed. 6, Cambridge MA, 2018, Morgan Kaufmann)

장 심각한 잠재적 성능 병목인가? 다음 리스트는 몇 가지 잠재적 성능 문제점들을 포함하고 있는데, 이 중 마지막 세 가지는 어떤 형태로든 모든 고성능 파이프라인 프로세서에 적용된다.

HIERARCHY

- 간단한 마이크로연산 몇 개로 사상되지 않는 x86 명령어의 사용.
- 예측하기 어려운 분기 명령어. 예측 실패에 의한 지연을 일으키고 추정이 실패했을 때 재시작하게 만든다.
- 지연을 일으키는 긴 종속성. 실행시간이 긴 명령어에 의해 일어나거나 **메모리 계층구조**에 의해 일어나는 것이 보통이다.
- 프로세서를 지연시키는 메모리 접근(5장 참조)으로 인한 성능 저하.

## 4.13 더 빠르게: 명령어 수준 병렬성과 행렬 곱셈

3장의 DGEMM 예제에 순환문 펼치기를 적용하면 명령어 수준 병렬성의 효과를 확인할 수 있다. 순환문을 펼치면 다중 내보내기, 비순차 실행 프로세서가 스케줄링 대상으로 고려할 명령어가 더 많아지기 때문이다. 그림 4.82는 그림 3.19의 코드에 순환문 펼치기를 적용한 결과인데, AVX 명령어를 생성하기 위한 C intrinsic을 포함하고 있다.

그림 4.72에서 보았던 순환문 펼치기 예제처럼 순환문을 네 번 펼치려 한다. 그림 3.19의 intrinsic들을 네 번씩 복사하여 C 코드 순환문을 수동으로 펼치는 대신, 이번에는 −O3 최적화를 사용해서 gcc 컴파일러가 알아서 순환문 펼치기를 하도록 한다. (C 코드에 상수 UNROLL을 사용하여 순환문 펼치기 횟수를 조절할 수 있게 한다.) 네 번 반복하는 단순 *for* 순환문으로 각각의 intrinsic 함수를 둘러싸고(줄 9, 15, 19), 그림 3.19의 스칼라 변수 `C0`를 4개의 원소를 갖는 배열 `c[]`로 대체한다(줄 8, 10, 16, 20).

그림 4.83은 펼치기를 한 코드의 어셈블리 언어 출력을 보여 주고 있다. 기대했던 대로 그림 4.83에서는 그림 3.20의 AVX 명령어들이 네 번씩 나온다. 단 예외가 하나 있는데, `vbroadcastsd` 명령어는 한 번밖에 나오지 않는다. 레지스터 `%zmm0`에 있는 B원소 여덟 벌을 순환문 전체에서 반복적으로 사용할 수 있기 때문이다. 따라서 그림 3.20의 AVX 명령어 5개가 그림 4.83에서는 13개가 되었다. 정수 명령어 7개는 양쪽(그림 3.20과 그림 4.83)에 모두 똑같이 나타나는데, 순환문 펼치기를 처

```
#include <x86intrin.h>
#define UNROLL (4)

void dgemm (int n, double* A, double* B, double* C)
{
  for (int i = 0; i < n; i+=UNROLL*8)
    for (int j = 0; j < n; ++j){
      __m512d c[UNROLL];
      for (int r=0;r<UNROLL;r++)
        c[r] =  _mm512_load_pd(C+i+r*8+j*n); //[ UNROLL];

      for( int k = 0; k < n; k++ )
      {
        __m512d bb = _mm512_broadcastsd_pd(_mm_load_sd(B+j*n+k));
        for (int r=0;r<UNROLL;r++)
          c[r] = _mm512_fmadd_pd(_mm512_load_pd(A+n*k+r*8+i), bb, c[r]);
      }

      for (int r=0;r<UNROLL;r++)
        _mm512_store_pd(C+i+r*8+j*n, c[r]);
    }
}
```

**그림 4.82 DGEMM의 최적화한 C 버전. C intrinsic을 사용하여 x86용 AVX 서브워드(subword) 병렬 명령어를 생성하고(그림 3.19), 더 많은 명령어 수준 병렬성을 찾기 위해 순환문 펼치기를 사용하였다.** 그림 4.83은 컴파일러가 생성한 내부 순환문의 어셈블리 프로그램인데, 이 코드는 명령어 수준 병렬성을 드러내기 위해 *for* 순환문 본체 3개를 펼친 것이다.

리하기 위해 상수와 주소지정은 모두 바뀌었다. 따라서 순환문을 네 번 펼쳤지만 순환문 본체 부분의 명령어는 11개에서 20개로 2배밖에 안 늘어났다.

**서브워드 병렬성**과 **명령어 수준 병렬성** 최적화를 하면 그림 3.19의 최적화하지 않은 DGEMM과 비교했을 때 8.59배 속도가 향상된다. 1장의 Python 버전과 비교한다면 속도 향상은 무려 4600배이다.

**고난도:** 그림 4.83의 줄 9~12에서 레지스터 %zmm0를 재사용함에도 불구하고 파이프라인이 지연되지 않는다. 그 이유는 Intel Core i7 파이프라인이 레지스터 재명명을 하기 때문이다.

### 스스로 점검하기

다음 문장은 참인가 거짓인가?

1. Intel Core i7은 다중 내보내기 파이프라인을 사용하여 x86 명령어를 직접 실행한다.
2. Cortex-A53과 Core i7 모두 동적 다중 내보내기를 사용한다.
3. Core i7 마이크로구조는 x86이 요구하는 것보다 더 많은 레지스터를 갖고 있다.
4. Intel Core i7은 이전의 Intel Pentium 4 Prescott가 사용하던 파이프라인 단계보다 반 이하의 파이프라인 단계를 사용한다(그림 4.74 참조).

```
vmovapd      (%r11),%zmm4             # Load 8 elements of C into %zmm4
mov          %rbx,%rcx                # register %rcx = %rbx
xor          %eax,%eax                # register %eax = 0
vmovapd      0x20(%r11),%zmm3         # Load 8 elements of C into %zmm3
vmovapd      0x40(%r11),%zmm2         # Load 8 elements of C into %zmm2
vmovapd      0x60(%r11),%zmm1         # Load 8 elements of C into %zmm1
vbroadcastsd (%rax,%r8,8),%zmm0       # Make 8 copies of B element in %zmm0
add          $0x8,%rax                # register %rax = %rax + 8
vfmadd231pd  (%rcx),%zmm0,%zmm4       # Parallel mul & add %zmm0, %zmm4
vfmadd231pd  0x20(%rcx),%zmm0,%zmm3   # Parallel mul & add %zmm0, %zmm3
vfmadd231pd  0x40(%rcx),%zmm0,%zmm2   # Parallel mul & add %zmm0, %zmm2
vfmadd231pd  0x60(%rcx),%zmm0,%zmm1   # Parallel mul & add %zmm0, %zmm1
add          %r9,%rcx                 # register %rcx = %rcx
cmp          %r10,%rax                # compare %r10 to %rax
jne          50 <dgemm+0x50>          # jump if not %r10 != %rax
add          $0x1, %esi               # register % esi = % esi + 1
vmovapd      %zmm4, (%r11)            # Store %zmm4 into 8 C elements
vmovapd      %zmm3, 0x20(%r11)        # Store %zmm3 into 8 C elements
vmovapd      %zmm2, 0x40(%r11)        # Store %zmm2 into 8 C elements
vmovapd      %zmm1, 0x60(%r11)        # Store %zmm1 into 8 C elements
```

**그림 4.83** 그림 4.82의 펼치기 한 C 코드를 컴파일해서 생성된 중첩 순환문 본체의 x86 어셈블리 언어 프로그램.

## 고급 주제: 파이프라인을 서술하고 모델링하기 위해 하드웨어 설계 언어를 사용하여 논리 회로 설계하기에 대한 소개 및 좀 더 다양한 파이프라인 그림들

현대 논리 회로 설계는 하드웨어 설계 언어와 최신 컴퓨터 이용 합성 툴을 사용하여 이루어진다. 이들은 라이브러리와 논리 합성을 이용하여 하드웨어 동작의 서술에서 구체적인 하드웨어 설계를 만들 수 있게 한다. 논리 회로 설계 책은 책 전체가 하드웨어 설계 언어와 디지털 설계에 이런 언어를 사용하는 방법을 다루고 있다. 이 절에서는 간단한 소개와 하드웨어 설계 언어(이 경우 Verilog)가 프로세서 제어를 행동 모델로 또 하드웨어 통합을 위한 형태로 서술하는 데 어떻게 사용될 수 있는지 보여 준다. 그 뒤 Verilog를 이용하여 5단계 파이프라인의 행동(behavioral) 모델을 제공한다. 첫 모델은 파이프라인 해저드를 무시하지만, 여기에 전방전달, 데이터 해저드, 분기 해저드를 위해 필요한 부분을 추가해 나간다.

파이프라인이 RISC-V 코드에 대해 어떻게 작동하는지 좀 더 알고 싶어 하는 독자들을 위해서는 단일 사이클 파이프라인 그래픽 표현을 사용하여 십여 장의 그림을 제공한다.

## 4.15 오류 및 함정

오류: 파이프라이닝은 쉽다.

저자의 책들이 올바르게 파이프라인을 실행하는 것이 어렵다는 것을 증명하고 있다. 저자의 다른 책은 100명 이상이 검토했고 18개 대학에서 강의하면서 테스트했음에도 불구하고 초판에는 파이프라인 버그가 남아 있었다. 이 버그는 어떤 사람이 이 책의 컴퓨터를 실제 만들려고 시도했을 때 비로소 발견되었다. Intel Core i7에서와 같은 파이프라인을 Verilog로 서술하려면 수천 라인이 필요하다는 사실이 복잡도가 어느 정도인지 보여 준다. 명심하라.

오류: 파이프라이닝 아이디어들은 기술과는 상관없이 구현될 수 있다.

칩상의 트랜지스터 수와 트랜지스터의 속도가 5단계 파이프라인을 가장 좋은 해결책으로 만들었던 당시에는 지연 분기(4.6절의 마지막 "고난도" 참조)가 제어 해저드에 대한 단순 해결책이었다. 그런데 파이프라인이 길어지고 수퍼스칼라 실행에 동적 분기 예측이 도입되면서 지연 분기는 없어도 그만인 것이 되었다. 90년대 초에는 동적 파이프라인 스케줄링이 너무나 많은 자원을 차지하여 고성능 컴퓨터에서도 쓰이지 않았다. 그러나 Moore의 법칙에 따라 트랜지스터 수가 계속적으로 증가되고 논리 회로가 메모리보다 훨씬 더 빨라지면서 다중 기능 유닛과 동적 파이프라이닝이 타당한 것으로 인식되었다. 오늘날에는 전력 소모에 대한 관심이 높아져 덜 공격적이면서도 더 효율적인 설계로 이끌고 있다.

함정: 명령어 집합 설계를 잘못하면 파이프라이닝에 나쁜 영향을 끼칠 수 있다.

파이프라이닝에서의 많은 어려운 점들은 명령어 집합의 복잡성 때문에 일어난다. 몇 가지 예는 다음과 같다.

- 너무 다양하게 변하는 명령어 길이와 실행시간은 파이프라인 단계 사이의 균형을 깨뜨려 명령어 집합 수준에서의 파이프라인 설계에서 해저드 검출을 매우 어렵게 만든다. 이러한 문제는 1980년대 후반에 DEC VAX 8500에서 처음으로 해결되었다. 이때 마이크로연산과 마이크로 파이프라인 방법을 사용했

는데 오늘날 Intel Core i7에서 사용하는 방법도 같은 방법이다. 물론 마이크로연산과 실제 명령어 사이의 변환과 사상 관계를 유지하는 비용은 여전히 문제로 남아 있다.

- 복잡한 주소지정 방식은 다른 종류의 문제를 일으킬 수 있다. 레지스터를 갱신하는 주소지정 방식들은 해저드 검출을 어렵게 한다. 메모리 접근을 여러 번 요구하는 주소지정 방식들은 파이프라인 제어를 복잡하게 하고 파이프라인 흐름을 무리 없이 유지하는 것을 어렵게 한다.
- 아마도 가장 좋은 예는 DEC Alpha와 DEC NVAX일 것이다. Alpha의 새로운 명령어 집합 구조는 NVAX와 비슷한 기술이지만 NVAX보다 2배 이상 빠른 성능을 갖는 구현이 가능하도록 하였다. 다른 예로서는 Bhandarker와 Clark[1991]가 MIPS M/2000과 DEC VAX 8700을 SPEC 벤치마크 프로그램의 클럭 사이클 수로 비교한 적이 있는데 MIPS M/2000이 더 많은 명령어를 실행시키지만 VAX가 평균적으로 2.7배만큼 더 많은 클럭 사이클을 실행하므로 MIPS가 더 빠르다고 결론지었다.

## 4.16 결론

*Nine-tenths of wisdom consists of being wise in time.*

American proverb

이 장에서 본 바와 같이 프로세서의 데이터패스와 제어는 명령어 집합 구조와 기술의 기본 특성을 이해하는 것에서부터 시작한다. 4.3절에서는 단일 사이클 구현을 위한 구조와 판단에 기반하여 어떻게 RISC-V 프로세서의 데이터패스를 만들 수 있는지를 보았다. 물론 프로세서를 구현하는 기술도 어떤 구성 요소가 데이터패스에서 사용될 수 있는지, 단일 사이클 구현이 의미가 있는지 등에 영향을 줌으로써 여러 설계 결정에 영향을 끼친다.

명령어 지연시간 명령어 고유의 실행시간.

**파이프라이닝**은 처리량을 증가시키지만 실행시간 또는 명령어 지연시간(instruction latency)에 영향을 끼치지는 않는다. 몇몇 명령어에서는 지연시간이 단일 사이클 구현에서의 지연과 길이가 비슷하다. 다중 명령어 내보내기는 추가적인 데이터패스 하드웨어를 요구하여 매 클럭 사이클에 다수의 명령어가 시작되도록 허용하지만 실제 지연시간은 증가한다. 파이프라이닝은 단순한 단일 사이클 데이터패스의 클럭 사이클 시간을 줄이는 방법으로 소개되었다. 반면에 다중 명령어 내보내기는 CPI 값을 줄이는 것에 집중한다.

파이프라인과 다중 내보내기는 둘 다 명령어 수준의 병렬성을 이용하려고 하는

기술이다. 데이터 종속성과 제어 종속성의 존재는(해저드가 될 수 있음) 얼마나 많은 병렬성을 이용할 수 있는지를 결정하는 주된 제한 요소이다. 하드웨어적으로나 소프트웨어적으로 스케줄링과 **예측**을 통한 추정을 하는 것은 종속성이 성능에 미치는 영향을 줄이기 위해 사용하는 주요 기법이다.

DGEMM 순환문을 네 번 펼치면 Core i7의 비순차 실행을 활용할 수 있는 명령어가 더 많아져서 성능이 2배 이상 좋아짐을 보였다.

1990년대 중반에 더 긴 파이프라인, 다중 명령어 내보내기, 동적 스케줄링으로의 전환은 1980년대 초반에 시작된 매년 60%의 프로세서 성능 향상이 지속될 수 있게 도와주었다. 1장에서 언급한 바와 같이 이들 마이크로프로세서들은 순차적 프로그래밍 모델을 유지해 왔으나 결국은 전력 장벽에 부딪히게 되었다. 따라서 산업계는 다중 프로세서 쪽으로 옮겨 갔는데, 다중프로세서는 더 큰 단위의 병렬성을(6장의 주제) 활용한다. 이러한 추세는 설계자로 하여금 1990년대 중반 이후 발명된 기술의 에너지-성능 관계를 재평가하게 하였다. 그 결과 최신 버전의 마이크로프로세서는 파이프라인이 단순화되었다.

병렬 프로세서를 통한 처리 성능의 발전을 지속하고자 한다면 시스템의 다른 부분이 병목이 될 것이라는 것을 Amdahl의 법칙은 암시한다. 이 병목이 다음 장의 주제인 **메모리 계층**이다.

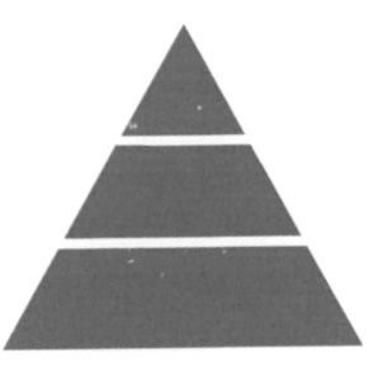

## 4.17 역사적 고찰 및 참고문헌

이 절은 온라인으로 제공되는데, 최초의 파이프라인 프로세서의 역사, 초기의 수퍼스칼라, 비순차 실행 기법 및 추정 기법의 발전과 이에 동반되는 컴파일러 기술의 중요한 발전 등에 대해 설명한다.

## 4.18 자습

고성능 프로세서들은 다섯 단계보다 많은 단계의 파이프라인을 갖고 있는 반면에, 값싼 프로세서나 저전력 프로세서들은 좀 더 짧은 파이프라인을 갖는 경우가 많다. 데이터패스 구성 요소의 타이밍이 그림 4.28, 4.29와 같다고 가정하자.

**세 단계 파이프라인.** 파이프라인이 다섯 단계가 아니고 세 단계라고 한다면 데이터패스를 어떤 단계로 나누겠는가?

**클럭 속도.** 파이프라인 레지스터나 전방전달 회로가 클럭 사이클 시간에 미치는 영향을 무시한다면 다섯 단계 파이프라인과 세 단계 파이프라인의 클럭 속도는 어떻게 될까? 데이터패스 구성 요소의 타이밍은 그림 4.28, 4.29와 같다고 가정한다.

**레지스터 쓰기/읽기 데이터 해저드?** 세 단계 파이프라인 구조에도 이 해저드가 있는가? 있다면 전방전달로 해결할 수 있는가?

**적재-사용 데이터 해저드?** 세 단계 파이프라인 구조에도 이 해저드가 있는가? 파이프라인을 지연시킬 필요가 있는가 아니면 전방전달로 해결할 수 있는가?

**제어 해저드?** 세 단계 파이프라인 구조에도 이 해저드가 있는가? 있다면 그 영향을 어떻게 줄일 수 있는가?

**CPI.** 세 단계 파이프라인에서 명령어당 클럭 수는 다섯 단계 파이프라인보다 더 큰가 아니면 더 적은가?

## 자습 해답

### 세 단계 파이프라인

여러 가지 가능한 해결책이 있지만, 다음과 같이 나누는 것이 합리적일 것이다.

1. 명령어 인출, 레지스터 읽기(300 ps)
2. ALU(200 ps)
3. 데이터 접근, 레지스터 쓰기(300 ps)

| | 300 | | 600 | | 900 | | 1200 | | 1500 |
|---|---|---|---|---|---|---|---|---|---|
| 명령어 인출 | 레지스터 읽기 | ALU | | 데이터 접근 | 레지스터 쓰기 | | | | |
| | | 명령어 인출 | 레지스터 읽기 | ALU | | 데이터 접근 | 레지스터 쓰기 | | |
| | | | | 명령어 인출 | 레지스터 읽기 | ALU | | 데이터 접근 | 레지스터 쓰기 |

### 클럭 속도

그림 4.29에서 다섯 단계 파이프라인의 클럭 사이클 시간은 200 ps이므로 클럭 속도는 1/200 ps 즉 5 GHz이다. 위와 같은 세 단계 파이프라인인 경우에는 최악의 단계가 300 ps이므로 클럭 속도는 1/300 ps 즉 3.33 GHz이다.

### 레지스터 쓰기/읽기 데이터 해저드

위와 같은 파이프라인이라면 쓰기/읽기 해저드가 여전히 존재한다. 첫 번째 명령어는 세 번째 단계 전에는 데이터를 레지스터에 쓰지 못한다. 반면에 다음 명령어는 두 번째 단계 초기에 새로운 값을 필요로 한다. 4.8절의 전방전달은 세 단계 파이프라인에서도 잘 동작한다. 현재 명령어의 두 번째 단계가 시작되기 전에 앞선 명령어의 ALU 결과가 나오기 때문이다.

### 적재-사용 데이터 해저드

세 단계 파이프라인에서도 적재-사용 해저드의 경우에는 4.8절에서처럼 한 클럭 사이클의 지연이 필요하다. 적재 명령어의 세 번째 단계가 끝나야 데이터를 사용할 수 있지만 뒤따르는 명령어는 두 번째 단계 시작할 때 새로운 데이터가 필요하다.

### 제어 해저드

이 해저드는 세 단계 파이프라인 구조가 빛을 발하는 경우이다. 4.9절에서와 같은 최적화를 사용하여 ALU 단계 전에 분기 주소를 계산하고 레지스터 값이 같은지 비교할 수 있다. 그림 4.64에서 사용한 방법과 같다. 다음 명령어를 인출하기 전에 분기 주소가 계산되기 때문에 조기 분기 회로는 파이프라인 손실 없이 제어 해저드를 해결한다.

### CPI

세 단계 파이프라인의 경우 평균 CPI는 몇 가지 이유로 줄어든다(즉 좋아진다).

- 클럭 사이클이 길어지면 DRAM 메모리를 접근하는 데 더 적은 클럭 사이클 수가 필요해서 캐시 실패 시의 CPI가 줄어든다(5장 참조).
- 분기 명령어는 항상 한 클럭 사이클에 실행된다. 반면에 다섯 단계 파이프라인에서는 분기를 빨리 처리하려는 어떠한 소프트웨어나 하드웨어도 때로는 성공하지 못해서 실제 CPI 값을 증가시킨다.
- 세 단계 파이프라인에서는 클럭 사이클 시간이 ALU 유닛에 필요한 것보다 더 길기 때문에, 다섯 단계 파이프라인에서는 두 클럭 이상 걸리는 복잡한 연산도 할 수 있다. 예를 들면 정수 곱셈이나 나눗셈의 경우 이 같은 긴 클럭 사이클을 사용하면 다섯 단계 파이프라인에서 필요한 클럭 개수보다 적은 클럭 개수가 필요하다.

## 4.19 연습문제

**4.1** 다음 명령어에 대해서 아래 질문에 답하라.

명령어: `and rd, rs1, rs2`

뜻: `Reg[rd] = Reg[rs1] AND Reg[rs2]`

**4.1.1** [5] 〈§4.3〉 이 명령어를 실행하기 위해서 그림 4.21의 제어 유닛이 생성하는 제어 신호들의 값은?

**4.1.2** [5] 〈§4.3〉 이 명령어를 실행할 때 유용한 기능을 수행하는 자원(블록)은?

**4.1.3** [10] 〈§4.3〉 출력을 만들기는 하지만 그 출력이 이 명령어 실행에는 사용되지 않는 자원(블록)은? 또 아예 출력이 나오지 않는 자원(블록)은?

**4.2** [10] 〈§4.4〉 그림 4.22의 "don't care" 각각에 대해 설명하라.

**4.3** 실행 명령어의 분포가 다음과 같을 때

| R-type | I-type (non-lw) | Load | Store | Branch | Jump |
|---|---|---|---|---|---|
| 24% | 28% | 25% | 10% | 11% | 2% |

**4.3.1** [5] 〈§4.4〉 전체 명령어의 몇 %가 데이터 메모리를 사용하는가?

**4.3.2** [5] 〈§4.4〉 전체 명령어의 몇 %가 명령어 메모리를 사용하는가?

**4.3.3** [5] 〈§4.4〉 전체 명령어의 몇 %가 부호확장 유닛을 사용하는가?

**4.3.4** [5] 〈§4.4〉 부호확장 유닛의 출력이 필요 없는 사이클에서 부호확장 유닛은 무슨 일을 하는가?

**4.4** 실리콘 칩을 만들 때 원료(예를 들면 실리콘)에 결함이 있거나 공정상 에러가 있으면 불량 회로가 만들어진다. 자주 생기는 불량 중 하나는 특정 신호선이 끊어져서 논리값 0으로 고정되는 경우다. 이런 경우는 보통 0으로 고착된(stuck-at-0) 고장이라 부른다.

**4.4.1** [5] 〈§4.4〉 "`MemToReg`" 신호선이 0으로 고착되면 어떤 명령어들을 제대로 실행할 수 없는가?

**4.4.2** [5] 〈§4.4〉 "`ALUSrc`" 신호선이 0으로 고착되면 어떤 명령어들을 제대로 실행할 수 없는가?

**4.5** 이 문제에서는 단일 사이클 데이터패스에서 명령어가 어떻게 실행되는지 좀 더 구체적으로 살펴보려 한다. 프로세서가 명령어 워드 `0x00c6ba23`을 인출한 클럭 사이클에 대해서 생각한다.

**4.5.1** [10] 〈§4.4〉 ALU 제어 유닛의 입력값들은 얼마인가?

**4.5.2** [5] ⟨§4.4⟩ 이 명령어가 실행된 후의 새로운 PC 값은 얼마인가? 이 값이 결정되는 과정에서 거치는 경로를 진하게 표시하라.

**4.5.3** [10] ⟨§4.4⟩ 이 명령어가 실행되는 동안 각 Mux의 입력과 출력 값은 얼마인가? 또 `Reg [xn]`의 출력값들을 나열하라.

**4.5.4** [10] ⟨§4.4⟩ ALU와 두 덧셈기의 입력값들은 얼마인가?

**4.5.5** [10] ⟨§4.4⟩ 레지스터 유닛의 입력값들을 모두 보여라.

**4.6** 4.4절에서는 `addi`나 `andi` 같은 I-타입 명령어를 설명하지 않았지만, 이런 명령어를 추가할 수도 있다.

**4.6.1** [5] ⟨§4.4⟩ I-타입 명령어를 추가하기 위해 그림 4.21의 CPU에 추가해야 할 논리 블록이 있다면 어떤 것일까? 그림 4.21에 필요한 논리 블록을 추가하고, 어떤 목적으로 사용하는지 설명하라.

**4.6.2** [10] ⟨§4.4⟩ `addi`를 실행할 때 제어 유닛이 발생하는 신호값을 보여라. "Don't care" 제어 신호가 있다면 그 이유를 설명하라.

**4.7** 이 문제에서는 프로세서의 데이터패스 구현에 사용된 논리 블록들이 다음과 같은 지연시간을 갖는다고 가정한다.

| I-Mem / D-Mem | Register File | Mux | ALU | Adder | Single gate | Register Read | Register Setup | Sign extend | Control |
|---|---|---|---|---|---|---|---|---|---|
| 250 ps | 150 ps | 25 ps | 200 ps | 150 ps | 5 ps | 30 ps | 20 ps | 50 ps | 50 ps |

"Register Read"는 클럭의 상향 에지부터 새로운 레지스터 값이 출력에 나타날 때까지의 시간이다. 이 값은 PC에만 적용된다. "Register Setup"은 클럭의 상향 에지 이전에 레지스터의 데이터 입력이 안정되게 유지되어야 하는 최소 시간이다. 이 값은 PC와 레지스터 파일 모두에 적용된다.

**4.7.1** [5] ⟨§4.4⟩ R-타입 명령어의 지연시간은 얼마인가? (다시 말하면, 이 명령어를 제대로 실행하려면 클럭 주기가 최소 얼마가 되어야 하는가?)

**4.7.2** [10] ⟨§4.4⟩ `lw`의 지연시간은 얼마인가? (임계 경로에 필요 이상의 Mux를 포함시키는 경우가 많으니 신중하게 생각하라.)

**4.7.3** [10] ⟨§4.4⟩ `sw`의 지연시간은 얼마인가? (임계 경로에 필요 이상의 Mux를 포함시키는 경우가 많으니 신중하게 생각하라.)

**4.7.4** [5] ⟨§4.4⟩ `beq` 명령어의 지연시간은 얼마인가?

**4.7.5** [5] ⟨§4.4⟩ I-타입인 산술 연산, 논리 연산, 자리이동 명령어(적재 명령어 제

외)의 지연시간은 얼마인가?

**4.7.6** [5] ⟨§4.4⟩ 이 CPU 클럭 주기의 최소값은?

**4.8** [10] ⟨§4.4⟩ 명령어에 따라 클럭 사이클 시간이 달라지는 CPU를 만들 수 있다고 가정하자. 명령어 배합이 다음과 같을 때, 이 CPU는 그림 4.25의 CPU에 비해 얼마나 빠를까?

| R-type/I-type (non-ld) | lw | sw | beq |
|---|---|---|---|
| 52% | 25% | 11% | 12% |

**4.9** 그림 4.25의 CPU에 곱셈기를 추가하는 문제를 생각해 보자. 곱셈기가 추가되면 ALU 지연시간이 300 ps 늘어나지만, 실행 명령어 개수는 5% 줄어드는 효과가 있다. (곱하기 명령어를 에뮬레이트할 필요가 없어지기 때문이다.)

**4.9.1** [5] ⟨§4.4⟩ 곱셈기가 있을 때와 없을 때의 클럭 사이클 시간은 각각 얼마인가?

**4.9.2** [10] ⟨§4.4⟩ 이 같은 개선으로 얻어지는 속도 향상은 얼마인가?

**4.9.3** [10] ⟨§4.4⟩ 컴퓨터의 성능이 나빠지지 않는 범위에서 새 ALU를 얼마까지 느리게 할 수 있는가? ALU 지연시간 증가분의 최대값을 보여라.

**4.10** 프로세서 설계자가 데이터패스의 개선 방향을 정할 때, 최종적으로는 가격대 성능비를 보고 결정하는 것이 보통이다. 다음 세 문제는 그림 4.25의 데이터패스, 문제 4.7의 지연시간, 그리고 다음 표의 비용을 출발점으로 삼는다.

| I-Mem | Register File | Mux | ALU | Adder | D-Mem | Single Register | Sign extend | Single gate | Control |
|---|---|---|---|---|---|---|---|---|---|
| 1000 | 200 | 10 | 100 | 30 | 2000 | 5 | 100 | 1 | 500 |

범용 레지스터를 32개에서 64개로 2배 늘리면, `lw`와 `sw` 명령어가 12% 줄어들지만 대신 레지스터 파일의 지연시간이 150 ps에서 160 ps로 늘어나고 비용은 200에서 400으로 2배가 된다. (문제 4.8의 명령어 배합을 사용하라.)

**4.10.1** [5] ⟨§4.4⟩ 이 개선으로 얻을 수 있는 속도 향상은?

**4.10.2** [10] ⟨§4.4⟩ 성능의 변화와 비용의 변화를 비교하라.

**4.10.3** [10] ⟨§4.4⟩ 가격대 성능비가 문제 4.10.2와 같다면, 레지스터를 더 늘리는 것이 타당한 경우는 언제이고 늘리면 안 되는 경우는 언제인가?

**4.11** RISC-V에 `lwi.d rd, rs1, rs2` 명령어를 추가하는 문제를 살펴보자.

뜻: Reg[rd]=Mem[Reg[rs1]+Reg[rs2]]

**4.11.1** [5] 〈§4.4〉 이 명령어를 위해서 추가로 필요한 기능 블록이 있는가? 있다면 어떤 것인가?

**4.11.2** [5] 〈§4.4〉 기존 기능 블록 중에서 이 명령어 때문에 변형이 필요한 것이 있는가? 있다면 어떤 것인가?

**4.11.3** [5] 〈§4.4〉 이 명령어를 위해서 추가로 필요한 데이터 경로가 있는가? 있다면 어떤 것인가?

**4.11.4** [5] 〈§4.4〉 이 명령어를 지원하려면 제어 유닛에 새로운 신호가 추가되어야 하는가? 추가되어야 한다면 어떤 신호인가?

**4.12** RISC-V에 swap rs1, rs2 명령어를 추가하는 문제를 살펴보자.

뜻: Reg[rs2]=Reg[rs1]; Reg[rs1]=Reg[rs2]

**4.12.1** [5] 〈§4.4〉 이 명령어를 위해서 추가로 필요한 기능 블록이 있는가? 있다면 어떤 것인가?

**4.12.2** [10] 〈§4.4〉 기존 기능 블록 중에서 이 명령어 때문에 변형이 필요한 것이 있는가? 있다면 어떤 것인가?

**4.12.3** [5] 〈§4.4〉 이 명령어를 위해서 추가로 필요한 데이터 경로가 있는가? 있다면 어떤 것인가?

**4.12.4** [5] 〈§4.4〉 이 명령어를 지원하려면 제어 유닛에 새로운 신호가 추가되어야 하는가? 추가되어야 한다면 어떤 신호인가?

**4.12.5** [5] 〈§4.4〉 그림 4.25를 수정하여 이 새 명령어의 구현을 보여라.

**4.13** RISC-V에 ss rs1, rs2, imm (Store Sum) 명령어를 추가하는 문제를 살펴보자.

뜻: Mem[Reg[rs1]]=Reg[rs2]+immediate

**4.13.1** [10] 〈§4.4〉 이 명령어를 위해서 추가로 필요한 기능 블록이 있는가? 있다면 어떤 것인가?

**4.13.2** [10] 〈§4.4〉 기존 기능 블록 중에서 이 명령어 때문에 변형이 필요한 것이 있는가? 있다면 어떤 것인가?

**4.13.3** [5] 〈§4.4〉 이 명령어를 위해서 추가로 필요한 데이터 경로가 있는가? 있

다면 어떤 것인가?

**4.13.4** [5] 〈§4.4〉 이 명령어를 지원하려면 제어 유닛에 새로운 신호가 추가되어야 하는가? 추가되어야 한다면 어떤 신호인가?

**4.13.5** [5] 〈§4.4〉 그림 4.25를 수정하여 이 새 명령어의 구현을 보여라.

**4.14** [5] 〈§4.4〉 임계 경로에 수치 생성(Imm Gen) 블록이 포함되는 명령어가 있는가? 있다면 어떤 명령어인가?

**4.15** 4.4절의 CPU에서 지연시간이 가장 긴 명령어는 `lw`이다. `lw`와 `sw`가 변위를 사용하지 않도록 바꾸면(즉, `lw`나 `sw`를 사용하기 전에 읽거나 쓸 메모리 주소를 미리 계산해서 `rs1`에 넣게 하면), ALU와 데이터 메모리를 둘 다 사용하는 명령어는 없어진다. 이렇게 되면 클럭 사이클 시간이 단축된다. 그렇지만 `lw`는 `lw`와 `add`로, `sw`는 `sw`와 `add`로 바뀌므로 명령어 개수는 늘어나게 된다.

**4.15.1** [5] 〈§4.4〉 새로운 클럭 사이클 시간은 얼마인가?

**4.15.2** [10] 〈§4.4〉 명령어 배합이 문제 4.8과 같은 프로그램은 새 CPU에서 더 빨리 실행되겠는가, 아니면 더 느리게 실행되겠는가? 얼마나 더 빨라지는가, 혹은 느려지는가? (`lw`와 `sw` 명령어는 모두 명령어 2개로 바뀐다고 가정한다.)

**4.15.3** [5] 〈§4.4〉 새 CPU에서 프로그램이 더 빠르게 실행될지 느리게 실행될지를 결정하는 가장 큰 요인은 무엇일까?

**4.15.4** [5] 〈§4.4〉 당신 생각에는 원 CPU(그림 4.21)가 더 좋은 설계 같은가, 아니면 새 CPU가 더 좋은 설계 같은가? 그 이유는 무엇인가?

**4.16** 이 문제에서는 파이프라이닝이 프로세서의 클럭 사이클 시간에 어떤 영향을 미치는지 알아본다. 데이터패스의 각 단계는 다음과 같은 지연시간을 갖는다고 가정한다.

| IF | ID | EX | MEM | WB |
|---|---|---|---|---|
| 250 ps | 350 ps | 150 ps | 300 ps | 200 ps |

또 이 프로세서의 실행 명령어 분포는 다음과 같다고 가정한다.

| ALU/Logic | Jump/Branch | Load | Store |
|---|---|---|---|
| 45% | 20% | 20% | 15% |

**4.16.1** [5] 〈§4.6〉 파이프라인 프로세서와 파이프라인되지 않은 프로세서의 클럭 사이클 시간은 얼마인가?

**4.16.2** [10] 〈§4.6〉 파이프라인 프로세서와 파이프라인되지 않은 프로세서에서 lw 명령어의 전체 지연시간은 얼마인가?

**4.16.3** [10] 〈§4.6〉 파이프라인 데이터패스의 한 단계를 지연시간이 절반인 단계 2개로 나눌 수 있다면, 어떤 단계를 나누는 것이 좋을 것이며 이때 프로세서의 클럭 사이클 시간은 얼마가 되는가?

**4.16.4** [10] 〈§4.6〉 지연이나 해저드가 없다고 가정하면 데이터 메모리의 이용률은 얼마인가?

**4.16.5** [10] 〈§4.6〉 지연이나 해저드가 없다고 가정하면 "Registers" 유닛의 Write register 포트의 이용률은 얼마인가?

**4.17** [10] 〈§4.6〉 k 단계 파이프라인을 갖는 CPU에서 명령어 n개를 다 실행하려면 최소 몇 사이클이 걸리겠는가? 그 이유는?

**4.18** [5] 〈§4.6〉 x11의 초기치는 11, x12의 초기치는 22라고 하자. 데이터 해저드 처리 기능이 없는 4.6절의 파이프라인(프로그래머가 필요한 곳에 NOP 명령어를 넣어 데이터 해저드 문제를 해결하는)에서 아래 코드를 실행한다고 할 때, 레지스터 x13과 x14의 최종값은?

```
addi  x11, x12, 5
add   x13, x11, x12
addi  x14, x11, 15
```

**4.19** [10] 〈§4.6〉 x11의 초기치는 11, x12의 초기치는 22라고 하자. 데이터 해저드 처리 기능이 없는 4.6절의 파이프라인(프로그래머가 필요한 곳에 NOP 명령어를 넣어 데이터 해저드 문제를 해결하는)에서 아래 코드를 실행한다고 할 때, 레지스터 x15의 최종값은? 레지스터 파일에 대한 쓰기는 클럭 사이클의 초반에 일어나고, 읽기는 사이클의 끝에서 일어난다고 가정한다. 그러므로 ID 단계는 같은 사이클에서 WB 단계가 쓴 결과를 읽을 수 있다. 자세한 것은 4.8절과 그림 4.55를 참조하라.

```
addi  x11, x12, 5
add   x13, x11, x12
addi  x14, x11, 15
add   x15, x11, x11
```

**4.20** [5] 〈§4.6〉 다음 코드가 데이터 해저드 처리 기능이 없는 파이프라인에서도 잘 실행될 수 있게 NOP 명령어를 삽입하라.

```
addi  x11, x12, 5
add   x13, x11, x12
addi  x14, x11, 15
add   x15, x13, x12
```

**4.21** 데이터 해저드 처리 기능이 없는 4.6절의 파이프라인(프로그래머가 필요한 곳에 NOP 명령어를 넣어 데이터 해저드 문제를 해결하는)에서 아래 코드를 실행한다고 하자. (최적화 후에) 명령어가 n개 있는 프로그램은 데이터 해저드 처리를 위해 평균적으로 0.4*n개의 NOP 명령어를 추가해야 한다고 가정한다.

**4.21.1** [5] 〈§4.6〉 전방전달이 없는 파이프라인의 사이클 시간이 250 ps라고 하자. 전방전달 하드웨어를 추가하면 필요한 NOP 명령어 개수가 0.4*n에서 0.05*n으로 줄어드는 대신 사이클 시간이 300 ps로 늘어난다고 할 때, 파이프라인에 전방전달을 추가해서 얻어지는 속도 향상은?

**4.21.2** [10] 〈§4.6〉 프로그램에 따라 필요한 NOP 명령어 개수가 달라진다. 전방전달이 있는 파이프라인보다 빨리 실행하려면 NOP 명령어가 전체 명령어의 몇 % 이하가 되어야 하는가?

**4.21.3** [10] 〈§4.6〉 문제 4.21.2를 반복하라. 단, 이번에는 n에 대한 NOP 명령어의 비를 x라 하고(4.21.2에서 x는 0.4) 답을 x의 함수로 표시하라.

**4.21.4** [10] 〈§4.6〉 NOP 명령어 0.075*n개밖에 없는 프로그램을 전방전달이 있는 파이프라인에서 더 빨리 실행할 수 있는가? 그 이유를 설명하라.

**4.21.5** [10] 〈§4.6〉 전방전달이 있는 파이프라인에서 더 빨리 실행되려면 최소한 몇 개의 NOP 명령어를(코드 명령어에 대한 %로 표현할 것) 가지고 있어야 하는가?

**4.22** [5] 〈§4.6〉 다음의 RISC-V 어셈블리 프로그램에 대해 생각해 보자.

```
sw    x29, 12(x16)
lw    x29, 8(x16)
sub   x17, x15, x14
beqz  x17, label
add   x15, x11, x14
sub   x15, x30, x14
```

메모리를 하나로 합쳐서 명령어와 데이터를 모두 저장하도록 파이프라인을 바꾸었다고 가정하자. 이렇게 되면 어떤 명령어가 데이터에 접근하는 사이클에서 명령어 인출을 할 때마다 구조적 해저드가 발생한다.

**4.22.1** [5] 〈§4.6〉 위 코드의 어느 부분에서 지연이 발생하는지 볼 수 있도록 파이프라인 다이어그램을 그려라.

**4.22.2** [5] 〈§4.6〉 코드의 순서를 바꾸어서 이러한 구조적 해저드 때문에 생기는 지연이나 NOP을 줄이는 것이 일반적으로 가능한가?

**4.22.3** [5] 〈§4.6〉 구조적 해저드는 꼭 하드웨어로 처리되어야 할까? 코드에 NOP을 삽입하여 데이터 해저드를 제거할 수 있다는 것은 이미 살펴본 바가 있다. 구조적 해저드에 대해서도 같은 방법을 사용할 수 있을까? 가능하다면 어떻게 하면 되는지 설명하고, 불가능하다면 그 이유를 설명하라.

**4.22.4** [5] 〈§4.6〉 평균적인 프로그램에서 구조적 해저드는 지연을 얼마나 많이 발생시킬까? (문제 4.8의 명령어 배합을 사용하라.)

**4.23** load/store 명령어가 (변위 없이) 레지스터 값만을 주소로 사용하면 ALU를 사용할 필요가 없어서(문제 4.15 참조) MEM과 EX 단계를 합쳐서 4단계 파이프라인으로 만들 수 있다.

**4.23.1** [10] 〈§4.6〉 이렇게 파이프라인 단계를 줄이면 사이클 시간에 어떤 영향을 미치나?

**4.23.2** [5] 〈§4.6〉 이런 변화가 성능 개선에 미치는 긍정적 영향은?

**4.23.3** [5] 〈§4.6〉 이런 변화가 성능 개선에 미치는 부정적 영향은?

**4.24** [10] 〈§4.8〉 다음 두 파이프라인 다이어그램 중 어느 것이 해저드 검출 유닛의 동작을 더 잘 설명하는가? 그 이유는?

1번:

```
lw  x11, 0(x12)      IF  ID  EX  MEM  WB
add x13, x11, x14        IF  ID  EX   .   .  MEM  WB
or  x15, x16, x17            IF  ID   .   .  EX  MEM  WB
```

2번:

```
lw  x11, 0(x12)      IF  ID  EX  MEM  WB
add x13, x11, x14        IF  ID   .   .  EX  MEM  WB
or  x15, x16, x17            IF   .   .  ID  EX  MEM  WB
```

**4.25** 다음 순환문을 생각해 보자.

```
LOOP:  lw   x10, 0(x13)
       lw   x11, 8(x13)
```

```
add  x12, x10, x11
addi x13, x13, 16
bnez x12, LOOP
```

완벽한 분기 예측을 사용하고(제어 해저드로 인한 지연은 없다), 지연 슬롯은 없으며, 완전한 전방전달 기능이 있고, 분기가 EX 단계(ID가 아니고)에서 실행된다고 가정하자.

**4.25.1** [10] 〈§4.8〉 이 순환문의 처음 두 번의 반복에 대한 파이프라인 실행 다이어그램을 그려라.

**4.25.2** [10] 〈§4.8〉 유용한 일을 하지 않는 파이프라인 단계를 표시하라. 파이프라인이 꽉 차 있을 때, 다섯 단계가 모두 유용한 일을 하는 사이클은 얼마나 자주 나타나는가? (addi 명령어가 IF 단계에 있는 사이클에서 시작해서, bnez 명령어가 IF 단계에 있는 사이클까지 검토하라.)

**4.26** 이 문제는 파이프라인 프로세서에서 전방전달의 비용/복잡도/성능 간 관계에 대한 이해를 돕기 위한 것이다. 이 문제에서는 그림 4.53의 파이프라인 데이터패스를 사용한다. 프로세서에서 실행되는 명령어 중에서 일부 명령어는 RAW(Read After Write) 데이터 종속성을 갖는데, 그 종류와 발생 빈도는 다음 표와 같다. RAW 데이터 종속성의 종류는 결과값을 만들어 내는 단계(EX 또는 MEM)와 그 값을 사용하는 명령어의 위치[결과값을 생성하는 명령어 바로 뒤의 명령어(1st) 또는 다음 다음 명령어(2nd) 또는 둘 다]로 구분한다. 레지스터 쓰기는 클럭 사이클 전반부에서 이루어지며, 레지스터 읽기는 클럭의 후반부에서 이루어진다고 가정한다. 따라서 “EX to 3rd”나 “MEM to 3rd” 종속성은 데이터 해저드를 발생시키지 않으므로 고려하지 않는다. 또한 (ID 단계가 아니라) EX 단계에서 분기를 실행하며, 데이터 해저드가 없을 때 프로세서의 CPI는 1이라고 가정한다.

| EX to 1st Only | MEM to 1st Only | EX to 2nd Only | MEM to 2nd Only | EX to 1st and EX to 2nd |
|---|---|---|---|---|
| 5% | 20% | 5% | 10% | 10% |

각 파이프라인 단계의 지연시간은 다음과 같다. EX 단계는 전방전달이 없는 프로세서의 경우와 전방전달을 하는 프로세서의 여러 가지 경우를 따로따로 표시하였다.

| IF | ID | EX (no FW) | EX (full FW) | EX (FW from EX/MEM only) | EX (FW from MEM/WB only) | MEM | WB |
|---|---|---|---|---|---|---|---|
| 120ps | 100ps | 110ps | 130ps | 120ps | 120ps | 120ps | 100ps |

**4.26.1** [5] 〈§4.8〉 위 각 RAW 종속성의 예를 하나씩 보이되, 적어도 어셈블리 명령어를 3개 이상 포함하게 하라.

**4.26.2** [5] 〈§4.8〉 문제 4.26.1의 답으로 제시한 각 코드가 전방전달과 해저드 검출 기능이 없는 파이프라인에서 잘 실행되려면 NOP이 몇 개나 삽입되어야 할까? 또한 NOP이 들어가야 할 곳을 보여라.

**4.26.3** [10] 〈§4.8〉 각 명령어를 따로따로 분석하면 전방전달과 해저드 검출 기능이 없는 파이프라인에서 프로그램이 잘 실행되기 위해 실제 필요한 것보다 NOP 개수를 더 많이 계산하게 되는 경우가 있다. 이런 경우의 예를 어셈블리 명령어 3개로 만들어라. 즉 코드에서 데이터 해저드를 피하기 위해 삽입해야 할 지연 개수를 계산할 때 각각의 명령어를 따로따로 생각할 때의 지연 개수의 합이 실제 필요한 지연 개수보다 더 많아지는 경우를 말한다.

**4.26.4** [5] 〈§4.8〉 다른 해저드는 없다고 가정하고, 위 첫 번째 표와 같은 특성을 갖는 프로그램을 전방전달 기능이 없는 파이프라인에서 실행하면 CPI가 얼마인가? 지연되는 사이클은 전체의 몇 %인가? (위 표에 필요한 모든 경우가 다 주어졌으며 각각을 독립적으로 처리할 수 있다고 가정한다.)

**4.26.5** [5] 〈§4.8〉 만약 완전한 전방전달(전방전달할 수 있는 모든 결과값을 전방전달)을 사용한다면 CPI는 얼마이고, 지연되는 사이클은 전체의 몇 %인가?

**4.26.6** [10] 〈§4.8〉 완전한 전방전달을 지원하기 위해서 필요한 3-입력 Mux가 없다고 가정하자. 그렇다면 EX/MEM 파이프라인 레지스터로부터만 전방전달(다음 사이클 전방전달)하는 것이 더 좋을지 아니면 MEM/WB 파이프라인 레지스터로부터만 전방전달(2-사이클 전방전달)하는 것이 좋을지 결정해야 한다. 이 경우들의 CPI는 얼마인가?

**4.26.7** [5] 〈§4.8〉 위 표와 같이 해저드 확률과 지연시간이 주어졌을 때, 전방전달이 없는 경우를 기준으로 각 전방전달 방법(EX/MEM, MEM/WB, 완전 전방전달)의 속도 향상은 얼마인가?

**4.26.8** [5] 〈§4.8〉 모든 데이터 해저드를 제거할 수 있는 시간여행 전방전달(time-travel forwarding)을 추가한다면 (문제 4.26.7에서 가장 빠른 프로세서와 비교해서) 얼마나 더 속도가 향상되겠는가? 시간여행 회로는 아직은 존재하지 않는 상상 속의 장치로서, 이것을 사용하면 완전 전방전달 EX 단계의 지연시간이 100 ps 늘어난다고 가정하라.

**4.26.9** [5] 〈§4.8〉 해저드 종류 표에 "EX to $1^{st}$"와 "EX to $1^{st}$ and EX to $2^{nd}$"는 있는데, "MEM to $1^{st}$ and MEM to $2^{nd}$"는 없는 이유는?

**4.27** 다음 명령어 시퀀스가 5단계 파이프라인 데이터패스에서 실행된다고 가정하자.

```
add  x15, x12, x11
lw   x13, 8(x15)
lw   x12, 0(x2)
or   x13, x15, x13
sw   x13, 0(x15)
```

**4.27.1** [5] 〈§4.8〉 전방전달 회로와 해저드 검출 회로가 없어도 이 프로그램이 제대로 실행되도록 NOP 명령어를 삽입하라.

**4.27.2** [10] 〈§4.8〉 문제 4.27.1을 반복하되, 필요한 NOP이 최소가 되도록 코드를 바꾸거나 재정렬하라. 수정된 코드에서 임시값을 저장하는 데 레지스터 x17을 사용할 수 있다고 가정한다.

**4.27.3** [10] 〈§4.8〉 전방전달은 있지만 해저드 검출 유닛이 없는 프로세서에서 이 코드를 실행하면 어떤 일이 일어나겠는가?

**4.27.4** [20] 〈§4.8〉 전방전달 회로가 있는 경우, 이 코드를 실행하는 첫 일곱 사이클 동안 그림 4.62의 해저드 검출 유닛과 전방전달 유닛에서 나오는 신호들의 값을 매 사이클 단위로 표시하라.

**4.27.5** [10] 〈§4.8〉 전방전달 회로가 없다면, 그림 4.62의 해저드 검출 유닛에 어떤 입력과 출력 신호가 추가로 필요한가? 왜 이런 신호들이 필요한지 이 명령어 시퀀스를 예로 들어 설명하라.

**4.27.6** [20] 〈§4.8〉 이 코드를 실행하는 첫 다섯 사이클 동안 문제 4.27.5의 새 해저드 검출 유닛에서 어떤 신호들이 나오는지 매 사이클 단위로 표시하라.

**4.28** 좋은 분기 예측기의 중요성은 조건부 분기 명령어의 실행 빈도에 따라 달라진다. 분기 예측기의 정확도뿐 아니라 분기 명령어 빈도도 틀린 예측 때문에 낭비되는 시간을 결정하는 중요한 요소이다. 이 문제에서 동적 명령어 빈도는 아래와 같다고 가정한다.

| R-type | beqz/bnez | jal | lw | sw |
|---|---|---|---|---|
| 40% | 25% | 5% | 25% | 5% |

또한 분기 예측기의 정확도는 다음과 같다고 가정한다.

| Always-Taken | Always-Not-Taken | 2-Bit |
|---|---|---|
| 45% | 55% | 85% |

**4.28.1** [10] 〈§4.9〉 틀린 예측 때문에 발생하는 지연 사이클은 CPI 값을 증가시킨다. 항상 분기한다고 예측하는 예측기에서 틀린 예측 때문에 추가되는 CPI는 얼마인가? 단, 분기 여부는 ID 단계에서 결정되고 EX 단계에서 적용되며, 데이터 해저드도 없고 지연 슬롯도 사용하지 않는다고 가정한다.

**4.28.2** [10] 〈§4.9〉 항상 분기하지 않는다고 예측하는 예측기에 대해 문제 4.28.1을 반복하라.

**4.28.3** [10] 〈§4.9〉 2비트 예측기에 대해 문제 4.28.1을 반복하라.

**4.28.4** [10] 〈§4.9〉 2비트 예측기를 사용할 때, 분기 명령어의 반을 ALU 명령어로 대체할 수 있다면 얼마나 속도가 향상되는가? 올바르게 예측되는 명령어나 잘못 예측되는 명령어나 대체될 확률은 같다고 가정한다.

**4.28.5** [10] 〈§4.9〉 2비트 예측기를 사용하고, 분기 명령어의 반을 ALU 명령어 2개로 대체할 경우 속도 향상은 얼마인가? 올바르게 예측되는 명령어나 잘못 예측되는 명령어나 대체될 확률은 같다고 가정한다.

**4.28.6** [10] 〈§4.9〉 다른 것들에 비해서 좀 더 예측하기 쉬운 분기 명령어들이 있다. 실행되는 분기 명령어의 80%가 예측이 쉬운 후방 주소 순환문 분기 명령어라서 항상 정확하게 예측된다면, 나머지 20% 분기 명령어에 대한 2비트 예측기의 정확도는 얼마인가?

**4.29** 이 문제에서는 반복되는 분기 패턴(예를 들면 순환문에서) `T, NT, T, T, NT`에 대한 여러 가지 분기 예측기의 정확도에 대해 알아본다.

**4.29.1** [5] 〈§4.9〉 분기 결과가 위와 같은 순서로 나오는 경우에 항상 분기한다고 예측하는 예측기와 항상 분기하지 않는다고 예측하는 예측기의 정확도는 각각 얼마인가?

**4.29.2** [5] 〈§4.9〉 이 패턴의 처음 네 분기에 대한 2비트 예측기의 정확도는? 단 예측기는 그림 4.65의 왼쪽 아래 상태(분기하지 않는다고 예측)에서 시작한다고 가정한다.

**4.29.3** [10] 〈§4.9〉 이 패턴이 한없이 반복될 때 2비트 예측기의 정확도는?

**4.29.4** [30] 〈§4.9〉 이 패턴이 한없이 반복될 때 완벽하게 예측하는 예측기를 설계하라. 이 예측기는 예측 결과(분기하면 1, 분기하지 않으면 0)를 표시하는 출력 하나와 조건부 분기 명령어임을 표시하는 제어 신호와 클럭 두 가지 입력을 갖는 순차 회로가 될 것이다.

**4.29.5** [10] ⟨§4.9⟩ 만약 위와 정반대의 패턴이 한없이 반복된다면 문제 4.29.4에서 설계한 예측기의 정확도는 얼마인가?

**4.29.6** [20] ⟨§4.9⟩ 문제 4.29.4를 반복하되, 주어진 패턴과 반대 패턴 모두에 대해 완벽하게 예측하는 예측기를 설계하라. 단, 처음에는 잘못된 예측을 할 수도 있지만, 준비기간(warm-up period)이 지나면 100% 정확히 예측해야 한다. 이 예측기에는 실제 분기 결과를 알려 주는 입력이 있다. 힌트: 예측기는 이 입력을 이용하여 두 패턴 중 어떤 패턴인지를 알아낼 수 있다.

**4.30** 이 문제는 예외 처리가 파이프라인 설계에 미치는 영향에 대해 알아본다. 처음 세 문제는 다음 두 명령어에 관한 것이다.

| Instruction 1 | Instruction 2 |
|---|---|
| beqz x11, LABEL | lw x11, 0(x12) |

**4.30.1** [5] ⟨§4.10⟩ 각 명령어는 어떤 예외를 발생시킬 수 있는가? 각 예외가 검출되는 파이프라인 단계도 명시하라.

**4.30.2** [10] ⟨§4.10⟩ 예외마다 서로 다른 핸들러 주소를 갖는다고 했을 때, 이 같은 예외를 처리하기 위해 파이프라인 구조가 어떻게 달라져야 하는지 보여라. 프로세서를 설계할 때 핸들러 주소를 알 수 있다고 가정한다.

**4.30.3** [10] ⟨§4.10⟩ 첫 번째 명령어 바로 다음에 두 번째 명령어가 인출된다면, 첫 번째 명령어가 문제 4.30.1의 첫 번째 예외를 일으킬 때 파이프라인에서는 무슨 일이 일어나는지 설명하라. 첫 번째 명령어가 인출되는 순간부터 예외 핸들러의 첫 번째 명령어가 완료될 때까지 파이프라인 실행 다이어그램을 보여라.

**4.30.4** [20] ⟨§4.10⟩ 벡터 예외 처리에서는 예외 핸들러 주소표가 데이터 메모리의 알려진 고정 주소에 있다. 이러한 예외 핸들링 메커니즘을 구현할 수 있게 파이프라인을 수정하라. 이같이 수정된 파이프라인과 벡터 예외 처리를 사용하여 문제 4.30.3을 반복하라.

**4.30.5** [15] ⟨§4.10⟩ 고정된 핸들러 주소 하나밖에 없는 컴퓨터에서 벡터 예외 처리(문제 4.30.4에서 설명)를 에뮬레이션하려고 한다. 그 고정된 핸들러 주소에 있어야 할 코드를 작성하라. 힌트: 이 코드는 예외의 종류를 식별하고, 예외 벡터표에서 해당 핸들러 주소를 읽어서 실행해야 한다.

**4.31** 이 문제에서는 1개 내보내기 프로세서와 2개 내보내기 프로세서 사이의 성능을 비교하되, 2개 내보내기 실행을 최적화하는 프로그램 변환을 함께 고려한다. 이

문제에서는 C로 작성된 다음 순환문을 사용한다.

```
for(i=0;i!=j;i+=2)
   b[i]=a[i]-a[i+1];
```

최적화를 전혀 하지 않거나 거의 하지 않는 컴파일러라면 다음과 같은 RISC-V 어셈블리 코드를 생성할 것이다.

```
     addi  x12, x0, 0
     jal   ENT
TOP: slli  x5, x12, 3
     add   x6, x10, x5
     lw    x7, 0(x6)
     lw    x29, 8(x6)
     sub   x30, x7, x29
     add   x31, x11, x5
     sw    x30, 0(x31)
     addi  x12, x12, 2
ENT: bne   x12, x13, TOP
```

이 코드가 사용하는 레지스터는 다음과 같다.

| i | j | a | b | Temporary values |
|---|---|---|---|---|
| x12 | x13 | x10 | x11 | x5–x7, x29–x31 |

이 문제에서 사용할 2개 내보내기 정적 스케줄링 프로세서는 다음과 같은 특성을 갖는다.

1. 두 명령어 중 하나는 반드시 메모리 접근 명령어라야 하고, 나머지 하나는 산술/논리나 분기 명령어라야 한다.
2. 이 프로세서는 필요한 전방전달 경로를 모두 가지고 있다. (분기 결정을 위해서 ID 단계로 가는 경로도 있다.)
3. 완벽한 분기 예측을 한다.
4. 서로 의존성이 있는 명령어들은 한 패킷에서 동시에 내보낼 수 없다(4.11절 정적 다중 내보내기 참조).
5. 지연이 필요할 때는 패킷 내의 명령어 2개가 다 지연된다(4.11절 정적 다중 내보내기 참조).

이 문제를 모두 풀고 나면 최적에 가까운 코드를 생성하기 위해서는 얼마나 많은 노력이 필요한지 알게 될 것이다.

**4.31.1** [30] 〈§4.11〉 위 RISC-V 코드가 2개 내보내기 프로세서에서 어떻게 실행되는지를 보이는 파이프라인 다이어그램을 그려라. 두 번 반복 후에 순환문에서 빠져나간다고 가정한다.

**4.31.2** [10] 〈§4.11〉 1개 내보내기에서 2개 내보내기 프로세서로 바꾸면 얼마나 빨라지는가? (순환문이 수천 번 반복된다고 가정한다.)

**4.31.3** [10] 〈§4.11〉 1개 내보내기 프로세서에서 위 RISC-V 코드의 성능이 더 좋아지도록 재정렬 또는 재작성하라. 힌트: `j = 0`이면 명령어 "`beqz x13, DONE`"을 사용하여 순환문 전체를 건너뛰어라.

**4.31.4** [20] 〈§4.11〉 2개 내보내기 프로세서에서 위 RISC-V 코드의 성능이 더 좋아지도록 재정렬 또는 재작성하라. (하지만 순환문 펼치기는 하지 마라.)

**4.31.5** [30] 〈§4.11〉 문제 4.31.1을 반복하되, 이번에는 문제 4.31.4에서 생성한 최적화 코드를 사용하라.

**4.31.6** [10] 〈§4.11〉 문제 4.31.3과 4.31.4의 최적화 코드를 2개 내보내기 프로세서에서 실행하면 1개 내보내기 프로세서에서 실행하는 것보다 얼마나 빨라지는가?

**4.31.7** [10] 〈§4.11〉 문제 4.31.3의 RISC-V 코드에 순환문 펼치기를 적용하라. 단 펼쳐진 순환문은 원 순환문의 두 번 반복에 해당하게 한다. 펼친 코드가 1개 내보내기 프로세서에서 더 좋은 성능을 내도록 재정렬 또는 재작성하라. 변수 `j`가 4의 배수라고 가정해도 좋다.

**4.31.8** [20] 〈§4.11〉 문제 4.31.4의 RISC-V 코드에 순환문 펼치기를 적용하라. 단 펼쳐진 순환문은 원 순환문의 두 번 반복에 해당하게 한다. 펼친 코드가 2개 내보내기 프로세서에서 더 좋은 성능을 내도록 재정렬 또는 재작성하라. 변수 `j`가 4의 배수라고 가정해도 좋다. 힌트: 일부 계산을 순환문의 바깥이나 순환문 끝으로 옮긴다. 순환문에서 나온 후에는 임시 레지스터의 값이 필요하지 않다고 가정해도 좋다.

**4.31.9** [10] 〈§4.11〉 문제 4.31.7과 4.31.8의 순환문 펼치기 및 최적화 코드를 2개 내보내기 프로세서에서 실행하면 1개 내보내기 프로세서에서 실행하는 것보다 얼마나 빨라지는가?

**4.31.10** [30] 〈§4.11〉 문제 4.31.8과 4.31.9를 반복하되, 이번에는 2개 내보내기 프로세서가 산술/논리 명령어 2개를 같이 실행할 수 있다고 가정하라. (다시 말하면 패킷의 첫 번째 명령어는 어떤 것이라도 좋지만 두 번째 명령어는 반드시 산술 또는 논리 명령어이어야 한다. 메모리 명령어 2개는 동시에 처리될 수 없다.)

**4.32** 이 문제에서는 에너지 효율 및 에너지 효율과 성능 간의 관계에 대해 알아본

다. 명령어 메모리, 레지스터 및 데이터 메모리의 에너지 소비는 다음과 같고, 다른 구성 요소의 에너지 소비는 무시할 수 있다고 가정한다. ("Register Read"와 "Register Write"는 레지스터 파일에만 적용되는 값이다.)

| I-Mem | 1 Register Read | Register Write | D-Mem Read | D-Mem Write |
|---|---|---|---|---|
| 140pJ | 70pJ | 60pJ | 140pJ | 120pJ |

주요 데이터패스 구성 요소들의 지연시간은 다음과 같고, 다른 구성 요소의 지연시간은 무시할 수 있다고 가정한다.

| I-Mem | Control | Register Read or Write | ALU | D-Mem Read or Write |
|---|---|---|---|---|
| 200 ps | 150 ps | 90 ps | 90 ps | 250 ps |

**4.32.1** [5] 〈§§4.3, 4.7, 4.15〉 단일 사이클 프로세서가 `add` 명령어를 실행하는 데 얼마나 많은 에너지를 소비하는가? 또 5단계 파이프라인 프로세서는 어떠한가?

**4.32.2** [10] 〈§§4.7, 4.15〉 에너지 소비 측면에서 최악의 RISC-V 명령어는 무엇이며, 이 명령어 실행에 소비되는 에너지는 얼마인가?

**4.32.3** [10] 〈§§4.7, 4.15〉 에너지 절약이 제일 중요하다면 파이프라인 설계를 어떻게 바꿔야 하는가? 이 수정 이후 `lw` 명령어에 의해 소비되는 에너지는 몇 퍼센트나 줄어드는가?

**4.32.4** [10] 〈§§4.7, 4.15〉 `lw` 외에 문제 4.32.3의 수정으로 좋아지는 명령어들은?

**4.32.5** [10] 〈§§4.7, 4.15〉 문제 4.32.3의 수정은 파이프라인 프로세서의 성능에 어떤 영향을 미치는가?

**4.32.6** [10] 〈§§4.7, 4.15〉 `MemRead` 제어 신호를 없애고 매 사이클 무조건 데이터 메모리를 읽도록 바꿀 수 있다. 즉 항상 `MemRead = 1`이 되게 하는 것이다. 이렇게 바꾸어도 프로세서가 올바르게 동작하는 이유를 설명하라. 전체 명령어의 25%가 적재 명령어일 때, 이 변화가 클럭 주파수와 에너지 소비에는 어떤 영향을 미치는가?

**4.33** 실리콘 칩을 만들 때 원료(예를 들면 실리콘)에 결함이 있거나 공정상의 에러가 있으면 불량 회로가 만들어진다. 흔한 결함 중 하나는 어떤 전선이 다른 전선의 신호에 영향을 미치는 것이다. 이것을 크로스톡(cross-talk) 고장이라 한다. 신호가 상수 논리값을 갖는 전선(예를 들면 전원선)에 연결되는 경우는 특수한 종류의 크로스톡 고장으로 볼 수 있다. 이런 경우를 0으로 고착된(stuck-at-0) 또는 1로 고착된(stuck-at-1) 고장이라 부르며 이렇게 된 신호는 항상 논리값 0 또는 1을 갖게 된다.

다음 문제는 그림 4.25에서 레지스터 파일의 Write Register 입력 비트 0에 관한 것이다.

**4.33.1** [10] 〈§§4.3, 4.4〉 다음 순서로 프로세서를 테스팅한다고 가정하자. (1) PC, 레지스터, 데이터 메모리, 명령어 메모리에 특정 값(임의로 선택할 수 있다)을 채운다. (2) 명령어 하나를 실행시킨 후 (3) PC, 메모리, 레지스터 값들을 읽는다. 이 값들을 검사해서 특정 고장이 있는지 알아낸다. 이 신호가 0으로 고착되었는지 알아낼 수 있는 테스트(PC, 메모리, 레지스터 값)를 설계할 수 있는가?

**4.33.2** [10] 〈§§4.3, 4.4〉 "1로 고착" 고장에 대해 문제 4.33.1을 반복하라. 한 번의 테스트로 "0으로 고착"과 "1로 고착" 고장을 동시에 검사할 수 있는가? 가능하다면 왜 가능한지 가능하지 않다면 왜 가능하지 않은지 설명하라.

**4.33.3** [10] 〈§§4.3, 4.4〉 이 신호에 "1로 고착" 고장이 있다면 이 프로세서는 그래도 사용 가능한가? 사용 가능하게 하려면 정상적인 RISC-V 프로세서에서 실행되는 모든 프로그램을 이 프로세서에 맞게 변환할 수 있어야 한다. 명령어 메모리와 데이터 메모리가 충분히 커서, 프로그램이 더 길어지고 데이터가 더 많아져도 모두 저장할 수 있다고 가정한다.

**4.33.4** [10] 〈§§4.3, 4.4〉 문제 4.33.1을 반복하되, 이번에는 `branch` 제어 신호가 0이면 `MemRead` 제어 신호가 0이 되는 고장이 있는지 검사하라. 이 고장이 없으면 정상이라고 판단한다.

**스스로 점검하기 해답**

§4.1(282쪽): 5개 중 3개. 제어 유닛, 데이터패스, 메모리이다. 입력장치와 출력장치는 빠져 있다.

§4.2(286쪽): 거짓. 에지 구동 상태 소자는 읽기와 쓰기를 동시에 할 수 있을 뿐만 아니라 값이 모호하지도 않다.

§4.3(294쪽): I. a. II. c.

§4.4(309쪽): 있다. Branch와 ALUOp0는 동일하다. 그뿐 아니라 don't care 비트의 융통성을 이용해서 다른 신호들도 합칠 수 있다. MemtoReg의 don't care 비트 2개를 1과 0으로 하면 ALUSrc와 같아진다. MemtoReg의 don't care 비트를 1로 하면 ALUOp1과 MemtoReg는 서로 반대가 된다. MemtoReg 대신 ALUOp1을 사용하고 MemtoReg 멀티플렉서의 입력 순서를 반대로 하면 인버터를 쓸 필요도 없다.

§4.5: Maybe. PCSource가 don't care일 때(대부분의 경우 그렇다) 항상 0이 되게 하면 PCWriteCond와 같아진다.

§4.6(324쪽): 1. `lw` 결과의 적재-사용 데이터 해저드 때문에 지연해야 한다. 2.

add 결과를 전방전달함으로써 x11에 대한 세 번째 명령어의 RAW 데이터 해저드를 해결하면 지연을 피할 수 있다. 3. 전방전달이 없어도 지연이 필요 없다.

§4.7(340쪽): 문장 2와 4는 옳으나 나머지는 틀리다.

§4.9(367쪽): 1. 분기하지 않는다고 예측 2. 분기한다고 예측 3. 동적 예측

§4.10(374쪽): 첫 번째 명령어. 다른 명령어보다 먼저 실행되므로.

§4.11(390쪽): 1. 둘 다 2. 둘 다 3. 소프트웨어 4. 하드웨어 5. 하드웨어 6. 하드웨어 7. 둘 다 8. 하드웨어 9. 둘 다

§4.13(401쪽): 처음 두 문장은 거짓이고 나머지 두 문장은 참이다.

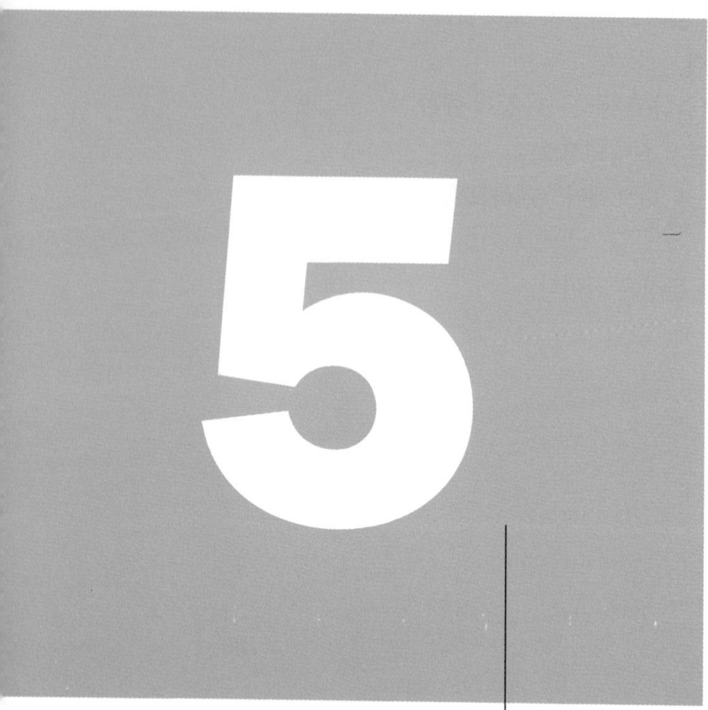

*Ideally one would desire an indefinitely large memory capacity such that any particular … word would be immediately available. … We are … forced to recognize the possibility of constructing a hierarchy of memories, each of which has greater capacity than the preceding but which is less quickly accessible.*

**A. W. Burks, H. H. Goldstine, and J. von Neumann,**
*Preliminary Discussion of the Logical Design of an Electronic Computing Instrument,* 1946

# 메모리 계층구조

**컴퓨터의 고전적인 다섯 가지 구성 요소**

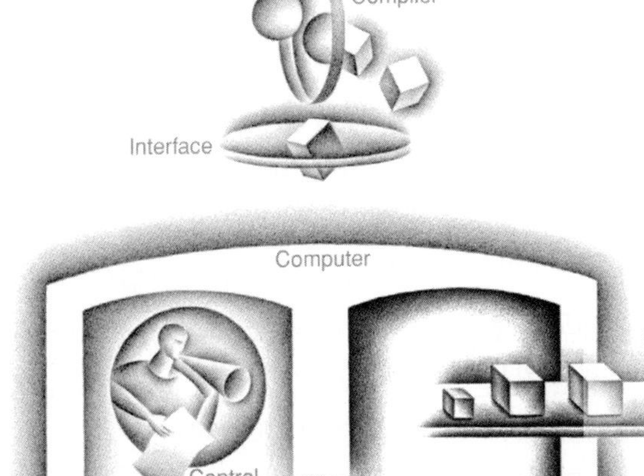


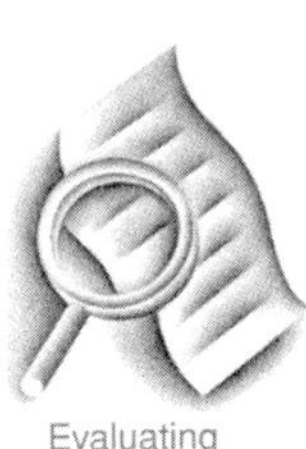

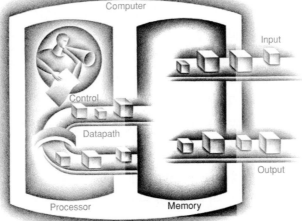

# 5.1 서론

컴퓨터가 처음 나왔을 때부터 프로그래머들의 꿈은 한없이 큰 빠른 메모리이었다. 이 장의 주제는 무한대 크기의 빠른 메모리가 있는 듯한 환상을 만들어서 프로그래머들에게 도움을 주자는 것이다. 이 환상이 실제로 어떻게 만들어지는가를 보기 전에 우리가 사용할 메커니즘과 핵심 원리를 제시할 간단한 비유를 살펴보자.

당신이 컴퓨터 하드웨어의 중요한 역사적 발전에 관한 보고서를 작성하고 있는 학생이라고 가정하자. 도서관 서가에서 책을 여러 권 뽑아 와서 책상에 앉아 자료 조사를 하는 중이다. 그 책들에서 당신이 쓰려고 하는 여러 중요한 컴퓨터에 대한 내용을 찾았지만 EDSAC에 대한 내용은 없다는 것을 알았다. 그러면 다시 서가로 가서 다른 책을 더 찾아야 한다. 그렇게 해서 EDSAC에 대한 내용이 담겨 있는 초창기 영국 컴퓨터에 관한 책들을 찾아서 책상에 올려놓았다. 일단 책상 위에 관련된 많은 책들을 모아 놓으면 그 안에서 당신이 필요로 하는 주제를 찾게 될 확률이 매우 높아져서 서가에 다시 갈 필요 없이 책상 위의 책들만 사용해도 많은 작업을 할 수 있게 될 것이다. 책상 위에 관련 책들을 여러 권 놓아둘 수 있다면, 책상 위에 책을 한 권만 둘 수 있어서 다른 책이 필요할 때마다 서가에 가서 새로운 책과 바꿔 오는 경우와 비교해 많은 시간을 절약할 수 있다.

아주 작은 메모리만큼 빠르게 접근할 수 있는 큰 메모리를 갖고 있는 듯한 환상을 만드는 데 똑같은 원리가 적용된다. 도서관에 있는 책을 찾아볼 확률이 모두 같지 않듯이, 프로그램이 코드와 데이터에 접근할 확률이 모두 다 같지는 않다. 도서관의 모든 책을 책상 위에 올려놓고는 필요한 책을 빨리 찾을 수 없듯이, 큰 메모리에서 대부분의 메모리 접근을 빠르게 하는 것은 불가능하다.

도서관에서 책을 찾는 방법과 프로그램이 동작하는 방법에는 이러한 **지역성의 원칙**(principle of locality)이 똑같이 적용된다. 어떤 순간에 사용하는 책은 도서관의 모든 책 중에서 극히 일부이듯이, 프로그램은 어떤 특정 시간에는 주소 공간 내의 비교적 작은 부분만을 접근한다는 것이 지역성의 원칙이다. 지역성에는 다음과 같이 두 가지 종류가 있다.

시간적 지역성 어떤 데이터가 참조되면 곧바로 다시 참조될 가능성이 높다는 지역성 원칙.

공간적 지역성 하나의 데이터가 참조되면 곧바로 그 주위의 데이터가 참조될 가능성이 높다는 원칙.

- 시간적 지역성(temporal locality): 한번 참조된 항목은 곧바로 다시 참조되는 경향이 있다. 어떤 정보를 찾기 위해 책을 책상으로 가지고 왔다면, 그 책은 금방 다시 찾아보게 될 가능성이 매우 크다.
- 공간적 지역성(spatial locality): 어떤 항목이 참조되면 그 근처에 있는 다른

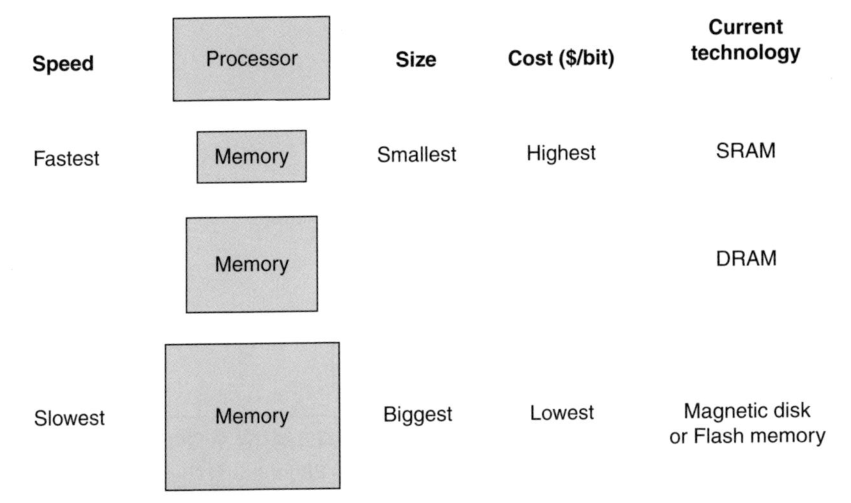


**그림 5.1 메모리 계층구조의 기본 구성.** 메모리 시스템을 계층적으로 구현함으로써, 사용자에게 이 계층에서 가장 큰 메모리와 크기가 같으면서 가장 빠른 메모리의 속도로 접근할 수 있는 메모리를 사용하고 있다는 환상을 준다. 플래시 메모리는 많은 개인 휴대용 기기에서 디스크를 대체하고 있으며, 데스크톱이나 서버 컴퓨터의 메모리 계층구조에 새로운 단계로 추가되기도 한다. 5.2절 참조.

항목들이 곧바로 참조될 가능성이 높다. 예를 들어 EDSAC에 대해 알아보기 위해 초창기 영국 컴퓨터에 대한 책을 가져올 때, 그 책 옆에 초창기 기계식 컴퓨터에 관한 다른 책도 있음을 알게 되고, 그 책도 가지고 와서 나중에 거기에서 유용한 정보를 찾을 수도 있는 것이다. 도서관은 같은 주제에 대한 책들을 같은 서가에 두어서 공간적 지역성을 높인다. 잠시 후에 공간적 지역성이 메모리 계층구조에서 어떻게 이용되는지 보게 될 것이다.

책상 위의 책을 찾는 예가 자연스럽게 지역성을 드러내는 것과 같이, 프로그램에서의 지역성은 단순하고도 자연스러운 프로그램 구조에서 나온다. 예를 들어 대부분의 프로그램들이 순환문을 갖고 있고 순환문은 명령어와 데이터를 반복적으로 접근하므로 상당히 큰 시간적 지역성을 보여 준다. 또 명령어들은 대개 순차적으로 접근되기 때문에 큰 공간적 지역성을 보여 준다. 데이터 접근에도 자연스럽게 공간적 지역성이 나타난다. 예를 들어 배열이나 레코드의 요소들을 순차적으로 접근할 때 자연스럽게 큰 공간적 지역성이 생긴다.

컴퓨터의 메모리를 메모리 계층구조(memory hierarchy)로 구현함으로써 지역성의 원칙을 이용할 수 있다. 메모리 계층구조는 서로 다른 속도와 크기를 갖는 여러 계층의 메모리로 구성되어 있다. 가장 빠른 메모리는 더 느린 메모리보다 비트당 가격이 비싸기 때문에 대개 그 크기가 작다.

메모리 계층구조 여러 계층의 메모리를 사용하는 구조. 프로세서로부터 거리가 멀어질수록 메모리의 크기와 접근시간은 증가하고 비트당 가격은 내려간다.

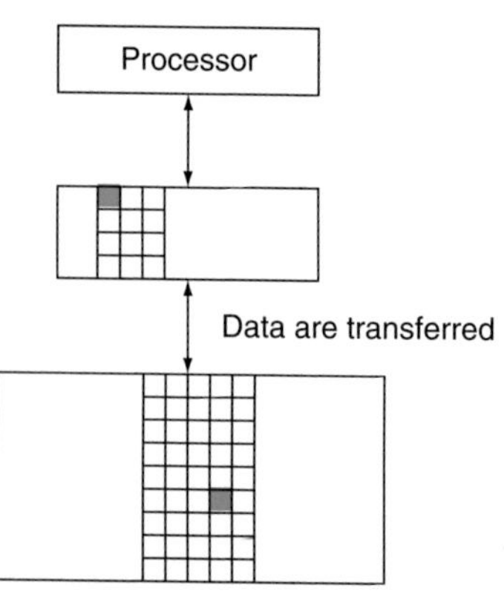


**그림 5.2 한 쌍의 메모리 계층에는 상위 계층과 하위 계층이 있다고 생각할 수 있다.** 각각의 계층 안에서 정보가 존재하든 또는 존재하지 않든 그 기본 단위는 블록 또는 라인이라고 불린다. 계층 간에 무엇인가를 복사할 때에는 대개 블록 전체가 이동된다.

그림 5.1에서 빠른 메모리는 프로세서에 가깝게 두고, 느리고 싼 메모리를 그 아래에 두었다. 메모리 계층구조의 목적은 사용자에게 가장 빠른 메모리의 접근 속도를 제공하면서 동시에 가장 싼 메모리만큼의 용량을 제공하는 것이다.

데이터도 이와 유사한 계층구조를 갖는다. 프로세서에 가까운 계층은 먼 계층의 부분집합이고, 가장 낮은 계층에는 모든 데이터가 다 저장되어 있다. 앞의 도서관의 예에서 책상 위의 책들은 그 책을 가져온 공대 도서관의 부분집합이며, 공대 도서관의 책들은 캠퍼스 내 모든 도서관 책의 부분집합이다. 캠퍼스 내 도서관의 계층구조와 같이, 프로세서에서 멀어지면 멀어질수록 그 계층에 접근하는 데 시간이 오래 걸린다.

메모리 계층구조는 여러 계층으로 구성되지만, 데이터는 인접한 두 계층 사이에서만 한 번에 복사가 된다. 따라서 여기에서는 계층을 2개로 한정해서 설명한다. 상위 계층(즉 프로세서에 가까운 계층)은 더 비싼 기술을 사용하므로 하위 계층보다 작으며 빠르다. 그림 5.2에 보인 바와 같이 이 두 계층 간 정보 전송의 최소 단위를 블록(block) 또는 라인(line)이라고 부른다. 도서관 예에서는 블록이 책 한 권에 해당한다.

블록 또는 라인. 캐시에 있을 수도 있고 없을 수도 있는 정보의 최소 단위.

프로세서가 요구한 데이터가 상위 계층의 어떤 블록에 있을 때 이를 **적중**(hit)이라고 부른다. (책상 위의 책 중에서 정보를 찾아낸 경우와 같다.) 그리고 상위 계층에서 찾을 수 없다면 이를 **실패**(miss)라고 부른다. 이때는 필요한 데이터를 포함하는 블록을 찾기 위해 하위 계층 메모리를 접근하게 된다. (책상에서 일어나 서가로 가서 필요한 책을 찾는 경우와 같다.) 적중률(hit rate 또는 hit ratio)은 메모리 접근

적중률 메모리 계층구조의 특정 계층에서 찾을 수 있는 메모리 접근의 비율.

중 상위 계층에서 찾을 수 있는 것의 비율로서 메모리 계층의 성능을 평가하는 척도로 이용된다. 실패율(miss rate, 1 − 적중률)은 메모리 접근 중 상위 계층에서 찾을 수 없는 것의 비율을 말한다.

실패율 메모리 계층구조의 특정 계층에서 찾을 수 없는 메모리 접근의 비율.

메모리 계층구조를 만든 가장 큰 이유는 성능 향상이기 때문에 적중과 실패의 처리 속도가 매우 중요하다. 적중시간(hit time)은 메모리 계층구조의 상위 계층을 접근하는 데 걸리는 시간이며 이 시간에는 접근이 적중인지 실패인지를 결정하는 데 필요한 시간이 포함된다(책상 위의 책들을 찾아보는 데 걸리는 시간). 실패 손실(miss penalty)은 하위 계층에서 해당 블록을 가져와서 상위 계층 블록과 교체하는 시간에다 그 블록을 프로세서에 보내는 데 걸리는 시간을 더한 값이다(서가에서 다른 책을 찾는 시간과 책상에 가져오는 데 걸리는 시간). 상위 계층은 작고 빠른 메모리를 사용하여 만들어졌기 때문에 적중시간은 다음 계층을 접근하는 시간보다 훨씬 적게 걸린다. 실패 손실의 대부분은 다음 계층 접근시간이다. (책상 위의 책을 조사하는 시간이 서가에서 새 책을 가져오는 데 걸리는 시간보다 훨씬 적다.)

적중시간 메모리 계층구조의 한 계층을 접근하는 데 필요한 시간. 접근이 적중인지 실패인지를 결정하는 데 필요한 시간을 포함한다.

실패 손실 하위 계층에서 상위 계층으로 블록을 인출하는 데 걸리는 시간. 하위 계층 블록에 접근하고, 하위 계층에서 상위 계층으로 전달하여 실패가 발생한 계층에 넣은 뒤, 요청한 장치로 블록을 넘겨주는 시간을 포함한다.

이 장에서 앞으로 설명하겠지만, 메모리 시스템을 구축하는 데 쓰인 개념은 운영체제가 메모리와 입출력을 어떻게 관리하는지, 컴파일러가 어떻게 코드를 생성하는지, 심지어는 응용 프로그램이 어떻게 컴퓨터를 이용하는지 등등, 컴퓨터의 다른 많은 분야에까지 영향을 미친다. 물론 모든 프로그램이 메모리 접근에 많은 시간을 쓰기 때문에 메모리 시스템은 성능을 결정하는 중요한 요소이다. 메모리 계층구조를 써서 좋은 성능을 얻고 있기 때문에 메모리를 단일 계층 저장장치로 보도록 교육받았던 기존 프로그래머들도 이제는 메모리가 좋은 성능을 위해 계층적으로 구성된다는 것을 이해할 필요가 있다. 그림 5.19와 5.15절에서 이에 대한 이해가 얼마나 중요한지를 보일 것이다. 5.15절은 메모리 계층구조가 어떻게 행렬 곱셈의 성능을 2배로 향상시키는지를 보여 준다.

메모리 시스템은 성능에 결정적 영향을 미치기 때문에 컴퓨터 설계자들은 많은 노력을 기울여서 메모리 시스템 성능 향상을 위한 정교한 메커니즘을 개발하였다. 이 장에서는 이 방법들의 중심 아이디어를 설명하는데, 너무 장황하고 복잡해지지 않도록 여러 가지 간략화, 추상화 기법을 사용할 것이다.

요점정리

프로그램은 최근에 접근했던 데이터들을 다시 사용하려는 경향, 즉 시간적 지역성과 최근에 접근했던 데이터에 인접해 있는 데이터들을 접근하려는 경향, 즉 공간적 지역성을 보인다. 메모리 계층구조는 최근에 접근했던 데이터들을 프로세서 가까이 적재함으로써 시간적 지역성을 이용한다. 또한 필요한 데이터뿐만 아니라 이와 인접한 다량의 데이터들로 이루어진 블록을 메모리의 상위 계층으로 옮김으로써 공간적 지역성을 이용한다.

메모리 계층은 그림 5.3과 같이 작고 빠른 메모리를 프로세서 가까이에 둔다. 따라서 최상위 계층에서 적중되는 접근은 매우 빠르게 처리할 수 있다. 실패된 접근은 느린 하위 계층으로 내려가서 수행된다. 적중률이 충분히 크면, 메모리 계층의 접근 속도는 최상위 계층(가장 빠른)과 비슷하고 크기는 최하위 계층(가장 큰) 메모리와 같아진다.

대부분의 시스템에서 메모리는 진정한 계층구조이다. 즉 계층 $i + 1$에 존재하지 않는 데이터는 계층 $i$에 존재할 수 없다.

**스스로 점검하기** 다음 중 옳은 문장을 모두 골라라.

1. 메모리 계층구조는 시간적 지역성을 이용한다.
2. 읽을 때, 리턴되는 값은 캐시에 어떤 블록이 있느냐에 따라 달라진다.
3. 메모리 계층구조의 비용 대부분은 최상위 계층에 들어간다.
4. 메모리 계층구조에서 대부분의 용량이 최하위 계층에 있다.

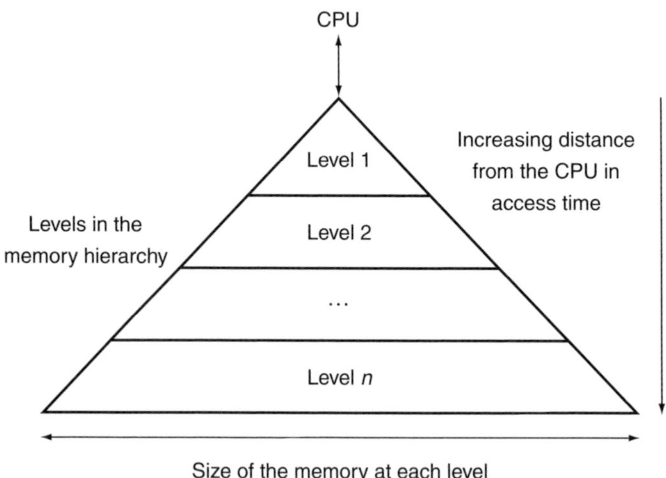


**그림 5.3 이 그림은 메모리 계층구조를 보여 준다. 프로세서로부터 멀어지면 크기가 점점 커진다.** 이 구조를 적절한 운영 메커니즘과 함께 사용하면 접근시간은 거의 첫 번째 계층과 같고 크기는 $n$번째 계층과 같은 메모리를 프로세서가 사용할 수 있도록 해 준다. 이런 환상을 계속 유지하는 것이 이 장의 주제이다. 보통은 로컬 디스크나 플래시 메모리가 계층구조의 맨 아래 층을 이루지만, 어떤 시스템들은 테이프나 LAN상의 파일 서버를 그다음 메모리 계층으로 사용하기도 한다.

# 5.2 메모리 기술

오늘날 사용되는 메모리 계층구조에서는 네 가지 주요 기술이 사용된다. 메인 메모리는 DRAM(dynamic random access memory)으로 구현된다. 프로세서에 더 가까운 계층인 캐시에는 SRAM(static random access memory)이 사용된다. DRAM은 SRAM보다 훨씬 느리지만 비트당 가격이 덜 비싸다. DRAM은 메모리 비트당 면적이 작기 때문에 가격 차이가 생기게 되고, 같은 양의 실리콘으로 더 큰 용량을 만들 수 있다. 속도 차이는 🌐 부록 A의 A.9절에 기술한 몇 가지 이유 때문에 생긴다. 세 번째 기술은 플래시 메모리이다. 이 비휘발성 메모리는 개인 휴대용 기기에서 2차 메모리로 사용된다. 네 번째 기술은 자기 디스크로 서버에서 가장 크고 가장 느린 계층을 구현하는 데 사용된다. 접근시간과 비트당 가격은 기술에 따라 매우 다양하다. 다음 표는 2020년 현재의 전형적인 값들을 보여 준다.

| Memory technology | Typical access time | $ per GiB in 2020 |
|---|---|---|
| SRAM semiconductor memory | 0.5–2.5 ns | $500–$1000 |
| DRAM semiconductor memory | 50–70 ns | $3–$6 |
| Flash semiconductor memory | 5,000–50,000 ns | $0.06–$0.12 |
| Magnetic disk | 5,000,000–20,000,000 ns | $0.01–$0.02 |

각 메모리 기술은 이 절의 남은 부분에서 설명한다.

## SRAM 기술

SRAM은 읽기나 쓰기를 제공할 수 있는 접근 포트가 (일반적으로) 하나 있는 메모리 배열로 구성된 단순한 집적회로이다. SRAM의 읽기 접근시간과 쓰기 접근시간이 다를 수는 있지만, 어떤 데이터든지 접근시간은 같다.

SRAM은 리프레시가 필요 없으므로 접근시간은 사이클 시간과 거의 같다. 사이클 시간은 메모리 접근 사이의 시간 간격이다. SRAM은 읽을 때 정보가 바뀌지 않게 하기 위하여 비트당 6개에서 8개의 트랜지스터를 사용한다. SRAM은 대기 모드에서 데이터 값을 유지하기 위해 최소한의 전력만을 사용한다.

과거에 대부분의 PC와 서버 시스템은 1차, 2차, 심지어 3차 캐시에도 별도의 SRAM 칩을 사용하였다. 그러나 오늘날에는 Moore의 법칙 덕택에 모든 계층의 캐시가 프로세서 칩에 집적되어서 SRAM 칩을 별개로 파는 시장은 거의 없어졌다.

## DRAM 기술

SRAM에서는 전력이 공급되는 한 그 값이 무한히 유지된다. DRAM에서는 셀에 기억되는 값이 전하 형태로 커패시터에 저장된다. 저장된 값을 읽거나 새로운 값을 쓰기 위하여 저장된 전하를 접근하는 데 트랜지스터가 하나 필요하다. DRAM은 저장된 비트 하나당 트랜지스터 하나만 있으면 되므로 SRAM에 비하여 훨씬 더 집적도가 높고 값도 싸다. DRAM은 커패시터에 전하를 저장하기 때문에 무한히 유지할 수가 없어서 주기적으로 리프레시해야 한다. 이 메모리 구조는 이렇게 기억을 지속하지 못하기 때문에 SRAM 셀의 정적(static) 저장과 반대로 동적(dynamic)이라고 한다.

셀의 리프레시는 단순히 셀에 저장된 값을 읽어서 다시 쓰면 된다. 전하는 수 밀리초 동안만 유지될 수 있다. 모든 비트를 하나씩 DRAM에서 읽어서 다시 쓴다면 계속 DRAM을 리프레시해야 하므로 기억된 값에 접근할 시간이 없게 된다. 다행히도 DRAM은 2단계 디코딩 구조를 갖기 때문에, 전체 행(워드 라인을 공유하는)을 한꺼번에 읽는 읽기 사이클 후 바로 쓰기 사이클을 실행하여 한 행을 통째로 리프레시할 수 있다.

그림 5.4는 DRAM의 내부 구조를 보여 준다. 그림 5.5는 DRAM의 집적도, 가격, 접근시간이 수년 동안 어떻게 변화되었는지를 보여 준다.

리프레시에 도움이 되는 행 구조는 성능에도 도움이 된다. DRAM은 성능 향상을 위하여 행을 버퍼링해서 반복적으로 접근한다. 버퍼는 SRAM처럼 동작한다. 다음 행에 접근하기 전까지는 주소값만 바꾸면 버퍼 내의 아무 비트나 접근할 수 있다. 이 기능은 같은 행 내의 비트 접근시간을 훨씬 줄여 주므로 접근시간을 크게 개

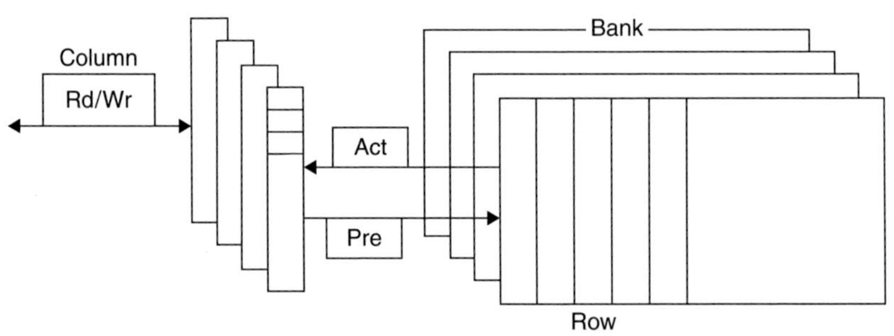


**그림 5.4 DRAM의 내부 구조.** 최신 DRAM은 뱅크로 구성되어 있는데, DDR4는 일반적으로 뱅크가 4개이다. 각 뱅크는 일련의 행으로 구성되어 있다. Pre(precharge) 신호는 뱅크를 열거나 닫는 데 사용된다. 행 주소는 Act(activate) 신호와 함께 보내지는데, 이 신호는 행을 버퍼로 보낸다. 버퍼에 있는 행은 DRAM의 폭(DDR4는 보통 4, 8 또는 16비트)이 얼마든지 간에 연속된 열 주소를 사용해서 전송하거나 블록 전송과 시작 주소를 지정해서 전송할 수 있다. 블록 전송뿐 아니라 각 신호도 클럭과 동기화된다.

| Year introduced | Chip size | $ per GiB | Total access time to a new row/column | Average column access time to existing row |
|---|---|---|---|---|
| 1980 | 64 Kibibit | $6,480,000 | 250 ns | 150 ns |
| 1983 | 256 Kibibit | $1,980,000 | 185 ns | 100 ns |
| 1985 | 1 Mebibit | $720,000 | 135 ns | 40 ns |
| 1989 | 4 Mebibit | $128,000 | 110 ns | 40 ns |
| 1992 | 16 Mebibit | $30,000 | 90 ns | 30 ns |
| 1996 | 64 Mebibit | $9,000 | 60 ns | 12 ns |
| 1998 | 128 Mebibit | $900 | 60 ns | 10 ns |
| 2000 | 256 Mebibit | $840 | 55 ns | 7 ns |
| 2004 | 512 Mebibit | $150 | 50 ns | 5 ns |
| 2007 | 1 Gibibit | $40 | 45 ns | 1.25 ns |
| 2010 | 2 Gibibit | $13 | 40 ns | 1 ns |
| 2012 | 4 Gibibit | $5 | 35 ns | 0.8 ns |
| 2015 | 8 Gibibit | $7 | 30 ns | 0.6 ns |
| 2018 | 16 Gibibit | $6 | 25 ns | 0.4 ns |

그림 5.5 **1996년까지는 DRAM의 크기가 약 3년마다 4배씩 증가하였으나, 그 이후에는 많이 느려졌다.** 접근시간의 개선은 이보다 느렸지만 꾸준히 지속되었다. 가격은 수요와 공급과 같은 다른 요소의 영향을 받기도 했지만 집적도 향상과 거의 같은 정도로 개선되었다. GiB당 가격은 인플레이션을 고려하지 않은 값이다. 가격 정보는 https://jcmit.net/memoryprice.htm에서 가져온 것이다.

선한다. 칩의 폭을 넓히면 칩의 메모리 대역폭 또한 커지게 된다. 버퍼에 있는 행은 DRAM의 폭(보통 4, 8 또는 16비트)이 얼마든지 간에 연속된 주소를 사용해서 전송하거나 버퍼 내 시작 주소와 블록 전송을 이용해서 전송할 수 있다.

프로세서와의 인터페이스를 더 향상시키기 위해 DRAM에 클럭을 추가하였는데, 이것을 SDRAM(synchronous DRAM)이라 부른다. SDRAM의 장점은 클럭을 사용하므로 메모리와 프로세서를 동기화하는 시간이 필요 없다는 것이다. SDRAM의 속도가 빠른 것은 주소를 여러 번 지정하지 않아도 한꺼번에 여러 비트를 전송할 수 있는 능력이 있기 때문이다. 주소를 일일이 지정하는 대신에 클럭이 연속적인 비트들을 버스트 모드로 전송한다. 이 메모리를 DDR(double data rate) SDRAM이라고 부른다. 이 이름은 클럭의 상승 에지에서도 데이터가 전송되고 하강 에지에서도 데이터가 전송되어 대역폭이 2배가 된다는 뜻이다. 클럭 속도와 데이터 전송 폭으로부터 기대할 수 있는 대역폭의 2배를 얻을 수 있다. 이 기술의 최신 버전은 DDR4라고 불린다. DDR4-3200 DRAM은 초당 32억($3200 \times 10^6$) 번의 전송이 가능한데 이것은 1600 MHz 클럭을 사용함을 의미한다.

이와 같이 큰 대역폭을 유지하기 위해서는 DRAM의 내부를 잘 만들어야 한다. 단순하게 빠른 행 버퍼 하나를 사용하는 대신에, 각자 별도의 행 버퍼를 가지고 있는 여러 개의 **뱅크**에서 동시에 읽고 쓸 수 있도록 DRAM 내부를 구성할 수 있다. 한 주소를 여러 뱅크에 보내서 모든 뱅크가 동시에 읽고 쓸 수 있게 한다. 예를 들어 뱅크가 4개라면, 한 번의 접근시간으로 4개의 뱅크를 돌아가면서 접근해서 4배의 대역폭을 제공한다. 이 순환 접근 방식을 **주소 인터리빙**(address interleaving)이라고 한다.

iPad(1장 참조)와 같은 개인 휴대용 기기는 낱개 DRAM을 사용하지만, 서버용 메모리는 DIMM(dual inline memory module)이라는 작은 기판 형태로 판매된다. DIMM에는 보통 4~16개의 DRAM이 있으며, 서버 시스템용으로 8바이트 폭으로 구성되는 경우가 많다. DDR4-3200 SDRAM을 사용하는 DIMM은 초당 8 × 3200 = 25,600 MB를 전송할 수 있다. 이런 DIMM은 대역폭 크기에 따라 이름을 붙여서 PC25600라 한다. DIMM에는 DRAM이 여러 개 있지만 특정 전송에 사용되는 것은 일부이므로 DIMM 내에서 같은 주소를 공유하여 동시에 활성화되는 칩들을 지칭하는 용어가 필요하다. 행이나 뱅크처럼 DRAM 내부에서 사용하는 용어와 혼동을 피하기 위하여 이런 DIMM의 칩들의 부분집합을 **메모리 랭크**(memory rank)라고 부른다.

**고난도:** 캐시 아래에 있는 메모리 시스템의 성능을 측정하는 방법 중 하나로 Stream 벤치마크[McCalpin, 1995]가 있다. 이 벤치마크는 긴 벡터 연산의 성능을 측정한다. 측정 대상 컴퓨터의 캐시보다 더 큰 배열을 접근하므로 시간적 지역성이 없다.

## 플래시 메모리

플래시 메모리는 **전기적으로 지울 수 있고 프로그래밍이 가능한 ROM**(electrically erasable programmable read-only memory, EEPROM)의 한 종류이다.

디스크나 DRAM과는 달리 플래시 메모리의 쓰기는 비트를 마모시킨다. 이 단점을 극복하기 위하여 대부분의 플래시 제품은 여러 번 쓰기가 수행된 블록을 덜 사용된 블록에 재사상(remapping)해서 쓰기를 분산시키는 컨트롤러를 사용한다. 이 기법을 **마모 균등화**(wear leveling)라고 부른다. 마모 균등화를 사용하기 때문에 개인 휴대용 기기가 플래시의 쓰기 한계를 넘는 경우는 거의 없다. 마모 균등화가 플래시의 잠재적 성능을 떨어뜨리기는 하지만, 상위 계층 소프트웨어가 각 블록의 마모를 관리하지 않는 한 마모 균등화를 사용할 수밖에 없다. 마모 균등화를 수행하는 플래시 컨트롤러는 제조 과정에서 잘못된 메모리 셀을 사용하지 않게 함으로써 수율을 향상시킬 수도 있다.

## 디스크 메모리

그림 5.6에서 볼 수 있듯이, 하드 디스크는 원판의 집합으로 구성되어 있고 원판은

**그림 5.6 10개의 원판과 읽기/쓰기 헤드를 갖는 디스크.** 오늘날 디스크의 직경은 2.5 또는 3.5인치이다. 그리고 드라이브마다 1개나 2개의 원판을 갖는다.

분당 5400번에서 15,000번의 속도로 회전한다. 금속 원판의 양측 면은 카세트나 비디오테이프와 같이 자성체로 코팅되어 있다. 하드 디스크상의 정보를 읽고 쓰기 위해서 **읽기/쓰기 헤드**라고 불리는 작은 전자기 코일을 갖고 있는 움직이는 암(arm)이 각 표면 바로 위에 있다. 드라이브 내부를 보호하기 위하여 전체 드라이브는 영구히 밀봉되어 있으며, 그 덕에 디스크 헤드가 드라이브의 표면에 더 가까워질 수 있다.

각 디스크 표면은 **트랙**(track)이라고 불리는 동심원으로 나누어진다. 일반적으로 표면당 수만 개의 트랙이 존재한다. 각 트랙은 다시 정보를 저장하는 **섹터**(sector)로 나누어진다. 한 트랙은 수천 개의 섹터로 구성된다. 섹터 크기는 보통 512바이트에서 4096바이트 정도이다. 자성 매체에는 섹터 번호, 공백, 에러 정정 코드(5.5절 참조)를 포함하는 섹터 데이터, 공백, 다음번 섹터의 번호와 같은 순서로 기록된다.

각 면의 디스크 헤드는 서로 연결되어 있으며 함께 움직이므로 모든 헤드는 각 면의 같은 트랙에 위치하게 된다. 헤드 아래에 있는 모든 면의 트랙을 **실린더**(cylinder)라고 부른다.

트랙 자기 디스크의 표면을 이루고 있는 수십만 개의 동심원 중 하나.

섹터 자기 디스크의 한 트랙을 구성하는 여러 세그먼트 중 하나. 디스크에 정보를 쓰거나 읽는 가장 작은 단위.

탐색 디스크상의 적합한 트랙에 읽기/쓰기 헤드를 위치시키는 동작.

데이터에 접근하려면 운영체제가 3단계에 걸친 명령을 디스크에 내려야 한다. 첫 단계는 적절한 트랙 위에 디스크 암을 갖다 놓는 일이다. 이 작업은 **탐색**(seek)이라고 부르며 디스크 헤드를 원하는 트랙까지 이동시키는 데 걸리는 시간은 **탐색시간**(seek time)이라고 한다.

디스크 생산자는 제품 설명서에 최소 탐색시간, 최대 탐색시간, 평균 탐색시간을 표시한다. 처음 2개는 측정하기 쉽지만 평균은 탐색 거리에 따라 달라지기 때문에 여러 가지로 해석된다. 산업체에서는 평균 탐색시간을 모든 탐색시간의 합을 모든 탐색 횟수로 나눈 것으로 정의한다. 일반적으로 평균 탐색시간이 3 ms에서 13 ms라고 광고한다. 그러나 디스크 접근에는 지역성이 있기 때문에 응용과 디스크 스케줄링에 따라 실제 평균 탐색시간은 광고하는 값의 25% 내지 33% 정도이다. 같은 파일을 연속적으로 접근하거나 운영체제가 디스크 요청을 묶어서 함께 스케줄하기 때문에 지역성이 생긴다.

회전 지연 시간 원하는 섹터가 읽기/쓰기 헤드 밑에 도달할 때까지의 시간. 일반적으로 회전 시간의 절반으로 가정한다.

헤드가 원하는 트랙에 도달하면 읽기/쓰기 헤드 밑에 원하는 섹터가 올 때까지 기다려야 한다. 이 시간을 **회전 지연 시간**(rotational latency 또는 rotational delay)이라고 부른다. 원하는 정보에 도달하는 평균 회전 지연 시간은 디스크가 1/2 회전하는 데 걸리는 시간과 같다. 디스크의 회전 속도는 5400 RPM에서 15,000 RPM이다. 5400 RPM일 때 평균 회전 지연 시간은 다음과 같다.

$$\text{평균 회전 지연 시간} = \frac{0.5\text{회전}}{5400\ \text{RPM}} = \frac{0.5\text{회전}}{5400\ \text{RPM}/\left(60\frac{\text{초}}{\text{분}}\right)}$$
$$= 0.0056\ \text{sec} = 5.6\ \text{ms}$$

디스크 접근의 마지막 요소는 블록 하나를 전송하는 시간, 즉 **전송시간**(transfer time)이다. 전송시간은 섹터의 크기, 회전 속도, 트랙의 저장 밀도의 함수이다. 2020년 기준 전송 속도는 150 MB/sec에서 250 MB/sec 사이이다.

대부분의 디스크 컨트롤러는 헤드 아래를 통과하는 섹터들을 저장하는 내장 캐시를 가지고 있다. 캐시는 전송 속도가 더 빨라서 2020년 기준으로 1500 MB/sec (12 Gbits/sec)까지 나온다.

기술이 발달하면서 블록을 배치하는 방법이 복잡해졌다. 앞에서 설명한 섹터-트랙-실린더 모델에서는 가까운 블록이 같은 트랙에 있는 것으로 가정했다. 같은 실린더에 있는 블록은 탐색이 필요 없으므로 빨리 접근할 수 있으며, 어떤 트랙들은 다른 트랙들보다 더 가깝다. 블록 배치 방법이 달라진 것은 디스크 인터페이스의 수준을 더 높였기 때문이다. 순차적 전송을 더 빠르게 하기 위하여 이 상위 수준 인터페이스는 디스크를 무작위 접근 장치보다는 테이프 같은 형태로 구성한다. 최고의 성능을 얻기 위하여 같은 비트 밀도로 저장된 모든 섹터를 사용하려는 시도로 논리적 블록들을 디스크 표면에 구불구불한 순서로 배치한다. 따라서 연속된 주소의 블록도 다른 트랙에 있을 수 있다.

자기 디스크와 반도체 메모리 기술 사이의 두 가지 큰 차이점은 디스크는 기계장치이므로 접근시간이 길고(플래시는 1000배 정도 빠르고 DRAM은 100,000배 정도 빠르다), 디스크는 그리 높지 않은 가격에 아주 큰 저장 용량을 갖기 때문에 훨씬 싸다는 점(디스크가 6배에서 300배 정도 싸다)이다. 자기 디스크는 플래시와 같이 비휘발성이지만 플래시와 다르게 마모 문제가 없다. 그러나 플래시는 훨씬 튼튼해서 거친 환경에서 사용되는 개인 휴대용 기기에 더 잘 맞는다.

## 5.3 캐시의 기본

*Cache: a safe place for hiding or storing things.*

*Webster's New World Dictionary of the American Language, Third College Edition*, 1988

도서관 예에서 책상은 캐시—조사해야 할 것(책)들을 보관하는 안전한 장소—의 기능을 수행하였다. **캐시**(cache)라는 명칭은 이것을 최초로 장착한 상용 컴퓨터에서 메인 메모리와 프로세서 사이의 이 메모리 계층을 나타내기 위하여 선택된 것이다. 4장 데이터패스의 메모리들은 간단히 캐시로 대체할 수 있다. 오늘날 **캐시**라는 단어를 이런 용도로 가장 많이 사용하기는 하지만, 접근의 지역성을 이용해서 관리되는 모든 기억장치를 부르는 데도 사용된다. 캐시는 1960년대 초반의 연구용 컴퓨터에서 처음 등장하였고 같은 60년대 후반에 실제 시스템에서 사용되기 시작하였다. 오늘날에는 서버에서 저전력 임베디드 프로세서에 이르기까지 모든 범용 컴퓨터가 캐시를 갖고 있다.

이 절에서는 프로세서가 한 순간에 필요로 하는 데이터는 한 워드이고, 블록 또한 한 워드로 이루어진 아주 단순한 캐시를 먼저 살펴본다. (캐시의 기본에 대하여 익숙한 독자는 5.4절로 바로 가도 무방하다.) 그림 5.7은 캐시에 없는 데이터를 요청하기 전과 후의 캐시 상태를 보여 준다. 요청하기 전의 캐시에는 최근에 접근한 $X_1$, $X_2$, …, $X_{n-1}$이 존재하고, 프로세서는 캐시에 없는 워드 $X_n$을 요청하였다. 이 요청은 실패를 발생시키고 워드 $X_n$을 메모리에서 캐시로 가져오게 된다.

그림 5.7의 시나리오를 살펴보면 우리가 해결해야 할 두 가지 의문이 생기게 된다. 즉, 데이터가 캐시 내에 있는지 어떻게 알 수 있는가? 그리고 알 수 있다면 어떻게 찾을 수 있는가? 이 질문들에 대한 답은 서로 연관되어 있다. 각 워드가 캐시 내의 딱 한 장소에만 있을 수 있다면 워드가 캐시 내에 있는지 없는지를 바로 알 수 있다. 각 메모리 워드에 캐시 내의 위치를 할당하는 가장 간단한 방법은 그 워드의 메

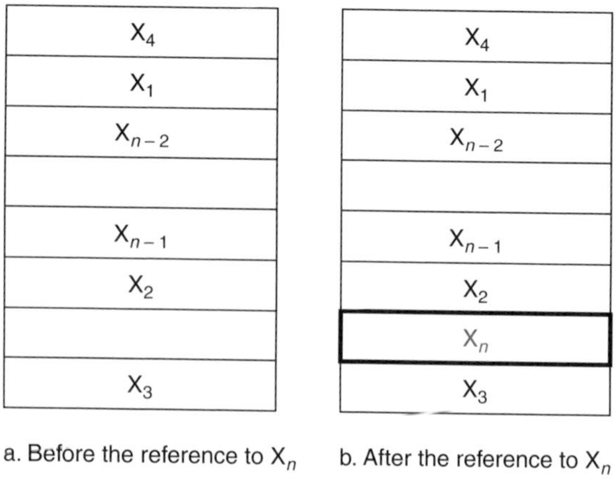

| $X_4$ |
|---|
| $X_1$ |
| $X_{n-2}$ |
| |
| $X_{n-1}$ |
| $X_2$ |
| |
| $X_3$ |

a. Before the reference to $X_n$

| $X_4$ |
|---|
| $X_1$ |
| $X_{n-2}$ |
| |
| $X_{n-1}$ |
| $X_2$ |
| $X_n$ |
| $X_3$ |

b. After the reference to $X_n$

**그림 5.7 캐시에 없는 워드 $X_n$을 참조하기 직전과 직후의 캐시 상태.** 이 참조는 실패를 발생시켜서 메모리에서 $X_n$을 가져와 캐시에 넣도록 만든다.

직접 사상 각 메모리의 위치가 캐시 내의 정확히 한 곳에만 사상되는 캐시 구조.

모리 주소를 이용하는 것이다. 이러한 캐시 구조를 직접 사상(direct mapped)이라 한다. 왜냐하면 각 메모리 위치가 캐시 내의 딱 한 장소에 바로 사상되기 때문이다. 직접 사상 캐시가 메모리 주소를 캐시 위치로 바꾸는 방법은 대개 간단하다. 예를 들어 거의 모든 직접 사상 캐시는 다음의 사상 방식으로 캐시 블록을 찾는다.

(블록 주소) modulo (캐시 내에 존재하는 전체 캐시 블록 수)

캐시 내의 블록 수가 2의 거듭제곱이면, 주소의 하위 $\log_2$(캐시 내의 전체 블록 수) 비트를 취하는 것만으로 간단히 modulo 연산을 할 수 있다. 따라서 8블록 캐시는 블록 주소의 하위 3비트($8 = 2^3$)를 사용한다. 예를 들어 그림 5.8은 8워드로 구성된 직접 사상 캐시에서 $1_{ten}(00001_{two})$과 $29_{ten}(11101_{two})$ 사이의 메모리 주소 중 캐시 블록 $1_{ten}(001_{two})$과 $5_{ten}(101_{two})$으로 사상되는 것들을 보여 준다.

태그 찾은 블록이 요청한 워드에 해당하는지 아닌지를 식별하는 데 필요한 주소 정보를 담고 있는 필드.

각 캐시 엔트리는 여러 주소의 메모리 내용을 갖고 있을 수 있다. 그러면 캐시 내의 데이터가 프로세서가 요구하는 것인지 아닌지를 어떻게 알 수 있을까? 다시 말하면 요구하는 워드가 캐시 내에 있는지 없는지를 어떻게 알 수 있을까? 캐시에 태그(tag)를 추가함으로써 이 문제를 해결할 수 있다. 태그는 캐시 내의 워드가 요청한 것인지 아닌지를 식별하는 데 필요한 주소 정보를 포함한다. 태그는 캐시 인덱스로 사용되지 않은 주소의 상위 부분 비트들로 구성된다. 예를 들어 그림 5.8에서는 5비트 주소 중 하위 3비트 인덱스 필드가 블록을 선택하는 데 사용되었으므로 상위 2비트가 태그가 된다. 태그에는 인덱스 비트가 포함되지 않는다. 왜냐하면 인덱스 필드는 그 블록 번호와 같기 때문에 중복해서 나타낼 필요가 없기 때문이다.

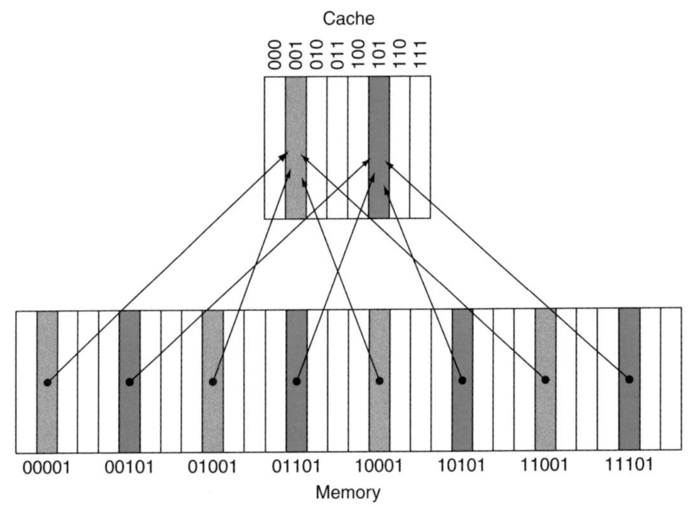


**그림 5.8 8개의 엔트리를 갖는 직접 사상 캐시에서 메모리 주소 0부터 31 중에서 같은 캐시 엔트리에 사상되는 주소들.** 캐시 내에 8개의 엔트리가 있기 때문에, 주소 X는 캐시 엔트리 X modulo 8에 사상된다. 즉, 하위 $\log_2 8$ = 3비트들이 캐시의 인덱스로 사용된다. 그러므로 주소 $00001_{two}$, $01001_{two}$, $10001_{two}$, $11001_{two}$는 모두 캐시 엔트리 $001_{two}$로 사상되며, $00101_{two}$, $01101_{two}$, $10101_{two}$, $11101_{two}$는 모두 캐시 엔트리 $101_{two}$로 사상된다.

또한 캐시 블록이 유효한 정보를 가지고 있는지를 알아내는 방법이 필요하다. 예를 들어 컴퓨터를 처음 켜서 프로세서가 작업을 시작할 때 캐시는 비어 있을 것이며, 따라서 태그 필드는 아무 의미가 없을 것이다. 많은 명령어를 수행한 이후에도 그림 5.7처럼 일부 캐시 엔트리는 비어 있을 수 있다. 따라서 이들 엔트리의 태그들은 무시되어야 한다. 가장 많이 쓰이는 방법은 캐시 엔트리에 유효 비트(valid bit)를 추가해서 엔트리에 유효한 주소가 있는지를 표시하는 것이다. 이 비트가 0이면 이 엔트리에는 유효한 블록이 없는 것으로 간주한다.

유효 비트 해당 블록이 유효한 데이터를 가지고 있는지 아닌지를 표시하는 필드.

이 절의 나머지 부분에서는 캐시가 읽기를 처리하는 방법에 초점을 맞출 것이다. 일반적으로 읽기는 캐시의 내용을 변화시키지 않기 때문에 읽기 처리는 쓰기 처리보다 조금 더 간단하다. 읽기가 어떻게 작동하고 캐시 실패가 어떻게 처리되는지에 대하여 살펴본 다음, 실제 컴퓨터를 위한 캐시 설계와 캐시가 쓰기를 처리하는 방법에 대하여 알아볼 것이다.

PREDICTION

**요점정리**

캐시는 **예측** 기법을 사용하는 가장 중요한 예라고 할 수 있다. 지역성의 원칙을 이용해서 메모리 상위 계층에서 필요한 데이터를 찾는다. 상위 계층에서 예측이 틀렸을 경우에는 하위 계층에서 적합한 데이터를 찾을 수 있는 기법을 제공한다. 현대 컴퓨터의 캐시 예측 적중률은 대개 95% 이상이다(그림 5.46 참조).

## 캐시 접근

아래의 표는 비어 있는 블록 8개로 구성된 캐시가 있을 때, 아홉 번의 메모리 참조에 따른 동작을 보여 주고 있다. 그림 5.9는 캐시 실패가 발생할 때마다 캐시 내용이 어떻게 변화하는지를 보여 준다. 캐시 내에 8개의 블록이 있기 때문에 주소의 하위 3비트가 블록 번호이다.

| Decimal address of reference | Binary address of reference | Hit or miss in cache | Assigned cache block (where found or placed) |
|---|---|---|---|
| 22 | $10110_{two}$ | miss (5.9b) | ($10110_{two}$ mod 8) = $110_{two}$ |
| 26 | $11010_{two}$ | miss (5.9c) | ($11010_{two}$ mod 8) = $010_{two}$ |
| 22 | $10110_{two}$ | hit | ($10110_{two}$ mod 8) = $110_{two}$ |
| 26 | $11010_{two}$ | hit | ($11010_{two}$ mod 8) = $010_{two}$ |
| 16 | $10000_{two}$ | miss (5.9d) | ($10000_{two}$ mod 8) = $000_{two}$ |
| 3 | $00011_{two}$ | miss (5.9e) | ($00011_{two}$ mod 8) = $011_{two}$ |
| 16 | $10000_{two}$ | hit | ($10000_{two}$ mod 8) = $000_{two}$ |
| 18 | $10010_{two}$ | miss (5.9f) | ($10010_{two}$ mod 8) = $010_{two}$ |
| 16 | $10000_{two}$ | hit | ($10000_{two}$ mod 8) = $000_{two}$ |

캐시가 비어 있기 때문에 처음 몇 개의 참조는 캐시 실패가 된다. 그림 5.9의 설명문은 각 메모리 참조의 동작을 서술하고 있다. 여덟 번째 참조에서 블록에 대한 충돌이 생긴다. 주소 18($10010_{two}$)의 워드가 캐시 블록 2($010_{two}$)에 들어가야 한다. 따라서 이미 캐시 블록 2($010_{two}$)에 있는 주소 26($11010_{two}$)의 워드는 교체되어야 한다. 이러한 동작은 최근에 참조된 워드가 더 이전에 참조된 워드를 대체하여 캐시가 시간적 지역성을 활용할 수 있게 한다.

이 상황은 서가에서 새로운 책을 가져와야 하는데 책상에 더 이상 빈 공간이 없는 경우와 같다. 이때는 이미 책상에 있는 책 중 하나를 서가로 보내야 한다. 직접 사상 캐시에서는 새로 온 데이터가 들어갈 장소가 한 곳밖에 없기 때문에 교체해야 할 블록이 딱 하나로 결정된다.

메모리 주소가 주어지면 캐시의 어느 곳을 찾아봐야 하는지 바로 알 수 있다. 주소의 하위 비트들을 사용해서 이 주소가 사상되는 유일한 캐시 엔트리를 찾을 수 있다. 그림 5.10은 주소를 어떻게 다음과 같이 분할해서 사용하는지 보여 준다.

| Index | V | Tag | Data |
|---|---|---|---|
| 000 | N | | |
| 001 | N | | |
| 010 | N | | |
| 011 | N | | |
| 100 | N | | |
| 101 | N | | |
| 110 | N | | |
| 111 | N | | |

(a) The initial state of the cache after power-on

| Index | V | Tag | Data |
|---|---|---|---|
| 000 | N | | |
| 001 | N | | |
| 010 | N | | |
| 011 | N | | |
| 100 | N | | |
| 101 | N | | |
| 110 | Y | $10_{two}$ | Memory ($10110_{two}$) |
| 111 | N | | |

(b) After handling a miss of address ($10110_{two}$)

| Index | V | Tag | Data |
|---|---|---|---|
| 000 | N | | |
| 001 | N | | |
| 010 | Y | $11_{two}$ | Memory ($11010_{two}$) |
| 011 | N | | |
| 100 | N | | |
| 101 | N | | |
| 110 | Y | $10_{two}$ | Memory ($10110_{two}$) |
| 111 | N | | |

(c) After handling a miss of address ($11010_{two}$)

| Index | V | Tag | Data |
|---|---|---|---|
| 000 | Y | $10_{two}$ | Memory ($10000_{two}$) |
| 001 | N | | |
| 010 | Y | $11_{two}$ | Memory ($11010_{two}$) |
| 011 | N | | |
| 100 | N | | |
| 101 | N | | |
| 110 | Y | $10_{two}$ | Memory ($10110_{two}$) |
| 111 | N | | |

(d) After handling a miss of address ($10000_{two}$)

| Index | V | Tag | Data |
|---|---|---|---|
| 000 | Y | $10_{two}$ | Memory ($10000_{two}$) |
| 001 | N | | |
| 010 | Y | $11_{two}$ | Memory ($11010_{two}$) |
| 011 | Y | $00_{two}$ | Memory ($00011_{two}$) |
| 100 | N | | |
| 101 | N | | |
| 110 | Y | $10_{two}$ | Memory ($10110_{two}$) |
| 111 | N | | |

(e) After handling a miss of address ($00011_{two}$)

| Index | V | Tag | Data |
|---|---|---|---|
| 000 | Y | $10_{two}$ | Memory ($10000_{two}$) |
| 001 | N | | |
| 010 | Y | $10_{two}$ | Memory ($10010_{two}$) |
| 011 | Y | $00_{two}$ | Memory ($00011_{two}$) |
| 100 | N | | |
| 101 | N | | |
| 110 | Y | $10_{two}$ | Memory ($10110_{two}$) |
| 111 | N | | |

(f) After handling a miss of address ($10010_{two}$)

**그림 5.9 캐시 실패 발생 후의 캐시 내용 변화를 보여 준다. 인덱스와 태그 필드를 이진수로 표시하였다.** 캐시는 초기에 비어 있는 상태라서 모든 유효 비트(V)가 꺼져(N) 있다. 프로세서가 요청하는 주소의 순서는 다음과 같다. $10110_{two}$(실패), $11010_{two}$(실패), $10110_{two}$(적중), $11010_{two}$(적중), $10000_{two}$(실패), $00011_{two}$(실패), $10000_{two}$(적중), $10010_{two}$(실패), $10000_{two}$(적중). 그림은 각 캐시 실패가 처리되고 난 뒤의 캐시 내용을 순서대로 보여 준다. 주소 $10010_{two}$(18)를 참조할 때 주소 $11010_{two}$(26)에 해당하는 데이터는 교체되어야 하므로, 나중에 $11010_{two}$를 참조하면 또 실패가 발생한다. 태그 필드는 주소의 상위 부분만을 포함한다. 이 캐시에서 캐시 블록 $i$의 태그 필드 값이 $j$이면 이 블록에 있는 워드의 메인 메모리 주소는 $j \times 8 + i$이다. 즉, 태그 필드 $j$와 인덱스 $i$를 연접한 값이 메인 메모리 주소이다. 예를 들어 그림 (f)에서 인덱스가 $010_{two}$인 블록의 태그 필드가 $10_{two}$이므로 이에 해당하는 주소는 $10010_{two}$이다.

- 캐시의 태그 필드 값과 비교하는 데 사용하는 **태그 필드**
- 블록을 선택하는 데 사용하는 **캐시 인덱스**

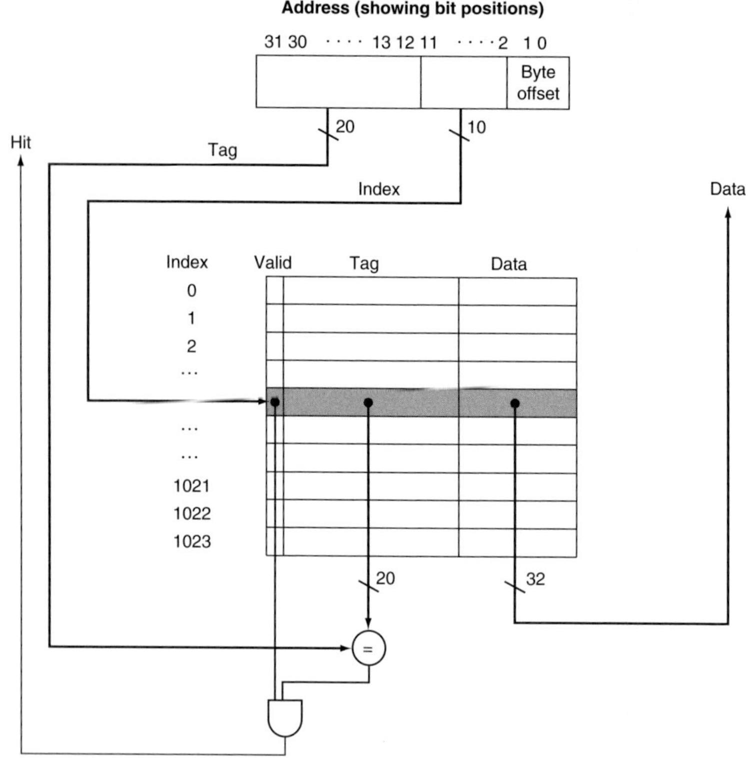


**그림 5.10 이 캐시에서는 주소의 하위 비트가 캐시 엔트리를 선택하는 데 쓰인다. 캐시 엔트리는 데이터 워드와 태그로 이루어진다.** 이 캐시에는 1024워드(4 KiB)가 있다. 이 장에서는 32비트 주소를 사용하는 것으로 가정하고 있다. 캐시에서 읽어 낸 엔트리가 요청된 주소에 해당하는지 확인하기 위해 캐시 태그와 주소의 상위 부분을 비교한다. 이 캐시는 $2^{10}$(1024)개의 워드를 갖고 있고 블록의 크기는 1워드이므로, 주소 중에서 10비트가 캐시를 인덱스하는 데 쓰이고 나머지 (32 − 10 − 2) = 20비트가 태그와 비교하는 데 쓰인다. 만약 태그와 주소의 상위 20비트가 같고 유효 비트가 1이면 캐시는 적중이 되어 읽은 워드를 프로세서에 넘겨준다. 그렇지 않으면 캐시 실패가 발생한다.

캐시 블록의 인덱스와 그 블록의 태그 값이 캐시 블록에 있는 워드의 메모리 주소를 표시한다. 인덱스 필드가 캐시를 접근하는 주소로 이용되고, $n$비트 필드는 $2^n$개의 값을 갖게 되므로, 직접 사상 캐시 전체 엔트리의 수는 2의 거듭제곱이 되어야 한다. 정렬 제약(2.3절 참조)이 있어서 모든 워드 주소가 4의 배수이므로, 주소의 최하위 2비트는 워드 내의 바이트 순서를 나타낸다. 따라서 주소의 최하위 두 비트는 블록 내의 워드를 선택할 때 사용하지 않는다.

캐시는 데이터뿐만 아니라 태그도 저장해야 하므로 캐시 구현에 필요한 총 비트 수는 캐시 크기와 주소 크기에 따라 결정된다. 앞의 예에서는 블록의 크기가 한 워드(4바이트)이었지만 일반적으로는 여러 워드이다. 아래와 같은 경우에

- 32비트 주소
- 직접 사상 캐시
- 캐시에 $2^n$블록이 있어서 $n$비트가 인덱스로 사용된다.
- 캐시 블록의 크기는 $2^m$워드($2^{m+2}$바이트)이다. 따라서 주소의 $m$비트는 블록 내의 워드를 구별하는 데 쓰이며, 2비트는 워드 내의 바이트를 구별하는 역할을 하지만 캐시 접근할 때는 사용하지 않는다.

태그 필드의 크기는

$$32 - (n + m + 2)$$

이다. 그리고 직접 사상 캐시의 전체 비트 수는

$$2^n \times (\text{블록 크기} + \text{태그 크기} + \text{유효 비트 크기})$$

이다. 블록의 크기는 $2^m$워드($2^{m+5}$비트)이고, 유효 필드를 위해 1비트가 필요하므로 이 캐시의 전체 비트 수는

$$2^n \times (2^m \times 32 + (32 - n - m - 2) + 1) = 2^n \times (2^m \times 32 + 31 - n - m)$$

이다. 하지만 일반적으로 캐시 크기라고 말할 때는 유효 비트와 태그 필드의 크기는 제외하고 데이터 크기만 따진다. 따라서 그림 5.10의 캐시에는 4 KiB의 데이터뿐만 아니라 2.625 KiB 크기의 태그와 유효 비트도 있지만, 4 KiB 캐시라고 부른다.

## 캐시의 전체 비트 수

예제

16 KiB의 데이터와 4워드 블록을 갖는 직접 사상 캐시의 구현에 필요한 전체 비트 수는 얼마인가? 단, 64비트 주소를 가정하라.

답

16 KiB는 4096($2^{12}$)워드이다. 한 블록이 4($2^2$)워드이므로 이 캐시에는 1024($2^{10}$)개의 블록이 있다. 각 블록에는 $4 \times 32 = 128$비트의 데이터와 $(64 - 10 - 2 - 2) = 50$비트의 태그, 그리고 한 비트의 유효 비트가 있다. 따라서 전체 캐시의 크기는 다음과 같다.

$$2^{10} \times (4 \times 32 + (64 - 10 - 2 - 2) + 1) = 2^{10} \times 179 = 179 \text{ KiBibits}$$

즉 16 KiB 캐시를 구현하려면 22.4 KiB 메모리가 필요하다. 그러므로 이 캐시에서 전체 비트 수는 데이터 저장에 필요한 공간보다 약 1.4배 더 크다.

### 여러 워드 블록을 갖는 캐시의 주소 사상

**예제**

블록 크기가 16바이트, 블록 개수가 64개인 캐시에서 바이트 주소 1200은 몇 번 블록에 사상되는가?

**답**

앞의 블록 사상 공식에 의하면 블록 번호는 다음과 같이 구할 수 있다.

(블록 주소) modulo (캐시 내 블록 수)

여기에서 블록 주소는 다음과 같이 구할 수 있다.

$$\frac{\text{바이트 주소}}{\text{블록당 바이트 수}}$$

이 블록 주소는

$$\left\lfloor\frac{\text{바이트 주소}}{\text{블록당 바이트 수}}\right\rfloor \times \text{블록당 바이트 수}$$

와

$$\left\lfloor\frac{\text{바이트 주소}}{\text{블록당 바이트 수}}\right\rfloor \times \text{블록당 바이트 수} + (\text{블록당 바이트 수} - 1)$$

사이의 모든 주소를 포함하는 블록에 해당함을 주목하라.

블록당 바이트 수가 16이므로 바이트 주소 1200의 블록 주소는 다음과 같다.

$$\left\lfloor\frac{1200}{16}\right\rfloor = 75$$

이 블록은 캐시 블록(75 modulo 64) = 11에 사상된다. 이 블록에는 1200번지와 1215번지 사이의 모든 주소가 사상된다.

블록이 크면 공간적 지역성을 더 잘 활용해서 실패율이 낮아진다. 그림 5.11에 보인 것처럼 블록 크기를 늘리면 대개 실패율은 줄어든다. 하지만 블록이 너무 커서 블록 하나가 캐시의 상당 부분을 차지하게 되면 실패율이 오히려 커질 수도 있다. 왜냐하면 캐시 내의 블록 개수가 너무 적어서 블록에 대한 경쟁이 심해지기 때문이다. 결과적으로 블록 내의 워드를 별로 사용하지도 못했는데 그 블록이 캐시에서 쫓겨나게 된다. 바꿔 말하면 블록 크기가 매우 클 경우 블록 내 워드 간의 공간적 지역성이 감소하게 되어 실패율의 이득이 줄어든다.

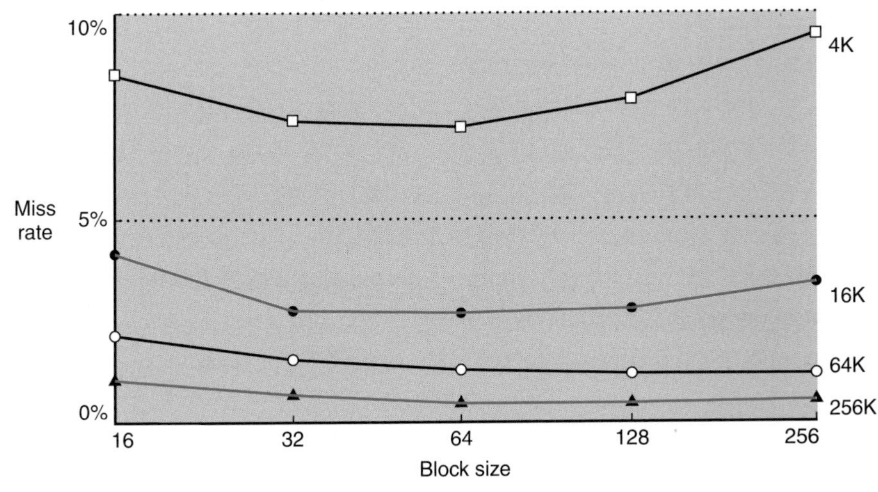


**그림 5.11 실패율 대 블록 크기.** 캐시 크기에 비해 상대적으로 블록의 크기가 너무 클 때 실패율이 실제로는 증가함에 주목하라. 각각의 선은 다른 크기의 캐시를 나타낸다. [이 그림은 연관 정도(5.4절에서 설명)와는 무관하다.]

블록 크기 증가와 연관되는 더 심각한 문제는 실패 비용이 증가하는 것이다. 실패 손실은 메모리 계층구조의 다음 하위 계층에서 블록을 가져와서 캐시에 적재하는 데 걸리는 시간에 의해 결정된다. 블록을 가져오는 데 걸리는 시간은 두 부분으로 구성된다. 첫 번째 워드를 가져오는 데 걸리는 접근 지연(latency)과 블록의 나머지 부분에 대한 전송시간이다. 메모리 시스템이 바뀌지 않는 한 블록 크기가 늘어나면 날수록 전송시간—따라서 실패 손실—이 증가할 것은 자명하다. 게다가 실패율의 향상도 블록의 크기가 증가함에 따라 감소하기 시작한다. 결과적으로 블록이 너무 커지면 실패 손실의 증가가 실패율 감소를 압도하게 되고 캐시의 성능 또한 감소하게 된다. 물론 큰 블록을 보다 효율적으로 전송할 수 있게 메모리를 설계한다면 블록의 크기를 크게 할 수 있고 캐시의 성능 또한 더 개선할 수 있다. 이에 관해서는 다음 절에서 논의하도록 하자.

**고난도:** 큰 블록의 실패 손실 중 지연시간 부분에 대해서는 어떤 조치를 취하기 힘들다 하더라도, 전송시간은 일부를 보이지 않게 해서 실패 손실을 효과적으로 줄일 수 있다. 이렇게 하는 가장 간단한 방법은 **조기 재시작**(early restart) 방식으로, 블록 전체를 기다리지 않고 블록 내의 요청된 워드가 도달하면 곧바로 실행을 시작하는 것이다. 많은 시스템들이 명령어 접근에 이 기법을 이용하고 있으며 그 효과가 매우 좋다. 명령어 접근은 대개가 순차적이므로, 메모리 시스템이 매 클럭 사이클마다 한 워드씩 보낼 수 있다면 프로세서는 요구한 명령어를

바로 받아서 실행을 시작할 수 있다. 이 방법은 데이터 캐시에 대해서는 덜 효과적이다. 왜냐하면 블록 내의 워드 요청이 예측하기 어려운 방식으로 이루어지는 경향이 있고, 데이터 전송이 다 끝나기도 전에 다른 캐시 블록의 워드를 필요로 할 가능성이 높기 때문이다. 전송이 진행 중이라 프로세서가 데이터 캐시에 접근할 수 없으면 프로세서는 지연될 수밖에 없다.

좀 더 정교한 기법은 요청한 워드가 메모리에서 캐시로 제일 먼저 전송되도록 메모리를 구성하는 것이다. 그다음에는 요청된 워드의 다음 주소부터 순서대로 전송하고, 블록 끝까지 전송한 후에는 다시 블록의 처음 워드부터 남은 워드들을 순차적으로 전송한다. 이 기법은 **요구 워드 우선**(requested word first) 방식 또는 **중요 워드 우선**(critical word first) 방식이라 불리며, 조기 재시작 방식보다는 조금 빠르지만 여전히 조기 재시작 방식과 마찬가지의 한계를 갖고 있다.

## 캐시 실패의 처리

캐시 실패 데이터가 캐시에 없어서 충족시킬 수 없는 캐시 데이터 요청.

실제 시스템에서 사용되는 캐시를 살펴보기 전에, 제어 유닛이 어떻게 캐시 실패(cache miss)를 처리하는지 알아보자. (캐시 제어기는 5.9절에서 자세히 설명한다.) 제어 유닛은 실패를 탐지해야 하며, 메모리(또는 하위 수준의 캐시)로부터 데이터를 가져와서 실패를 처리해야 한다. 만약 캐시 내에 원하는 데이터가 존재하면 컴퓨터는 아무 일도 없는 것처럼 데이터를 사용할 수 있다.

캐시 적중을 처리할 수 있게 프로세서의 제어 유닛을 수정하는 것은 쉬운 일이지만, 실패의 경우에는 몇 가지 작업이 더 필요하다. 캐시 실패 처리는 프로세서의 제어 유닛과 별도 제어기의 공동 작업으로 처리된다. 이 제어기는 메모리 접근을 시작하고 캐시를 채우는 일을 한다. 예외나 인터럽트는 모든 레지스터의 상태를 저장해야 하지만, 캐시 실패의 처리는 파이프라인 지연(4장 참조)만을 발생시킨다. 캐시 실패 발생 시에는 임시 레지스터와 프로그래머에게 보이는 레지스터의 내용을 그대로 유지한 채 메모리에서 데이터가 오기를 기다리면서 전체 시스템을 지연시킨다. 더 정교한 비순서 실행 프로세서는 캐시 실패 처리를 기다리면서 명령어를 실행시킬 수 있지만, 이 장에서는 캐시 실패가 발생하면 지연시키는 순차적 실행 프로세서를 가정한다.

명령어 실패가 어떻게 처리되는지를 조금 더 자세히 살펴보자. 데이터 실패를 처리할 수 있게 이 방법을 확장하는 것은 어렵지 않다. 명령어 접근에 실패하면 명령어 레지스터(역주: 단일 사이클 구현에서는 명령어 레지스터를 사용하지 않는다. 🌐 4.5절의 멀티사이클 구현 참조)의 내용이 유효하지 않게 된다. 적합한 명령어를 캐시로 가져오려면 더 하위 계층의 메모리에게 읽기를 시킬 수 있어야 한다. PC는 맨 처음 클럭 사이클 동안에 증가되기 때문에, 명령어 캐시 실패를 발생시킨 명령어의 주소는 현재의 PC에서 4를 뺀 값과 같다. (역주: 이 문장도 단일 사이클 구현이 아니라 멀티사이클 구현에 해당하는 설명이다. 단일 사이클 구현에서는 아직 PC가 증가되지 않았기 때문에 PC에서 4를 뺄 필요가 없다. 주소를 구했으면 메인 메모리에 읽기를 수행하도록 요구해야 한다. 메모리가 응답하기를 기다려서(접근에 여러 클럭이 걸리므로), 읽어 온 워드들을 캐시에 쓴다.

명령어 캐시 실패의 처리 단계는 다음과 같이 정의할 수 있다.

1. 원래의 PC 값을 메모리로 보낸다.
2. 메인 메모리에 읽기 동작을 지시하고 메모리가 접근을 끝낼 때까지 기다린다.
3. 캐시 엔트리에 쓴다. 이때 메모리에서 인출한 데이터를 데이터 부분에 쓰고, 태그 필드에 주소의 상위 비트를 쓰고, 유효 비트를 1로 한다.
4. 명령어 수행을 첫 단계부터 다시 시작한다. 캐시에서 명령어를 다시 인출하는데, 이번에는 필요한 명령어를 캐시에서 찾을 수 있다.

데이터 접근을 위한 캐시 제어도 기본적으로는 같아서, 실패가 발생하면 메모리가 데이터를 보내 줄 때까지 프로세서를 지연시킨다.

## 쓰기의 처리

쓰기는 약간 다르게 작동한다. 저장 명령을 가정해 보자. 데이터를 데이터 캐시에만 쓰고 메인 메모리에 쓰지 않으면 메인 메모리는 캐시와 다른 값을 갖게 된다. 이 경우에 캐시와 메모리가 **불일치**(inconsistent)한다고 말한다. 메인 메모리와 캐시를 일치시키는 가장 쉬운 방법은 항상 데이터를 메모리와 캐시에 같이 쓰는 것이다. 이 방법을 즉시 쓰기(write-through)라고 부른다.

즉시 쓰기 쓰기가 항상 캐시와 다음 하위 계층을 동시에 갱신하는 방식. 항상 두 계층의 데이터가 일치함을 보장해 준다.

쓰기의 다른 중요한 측면은 쓰기 실패 시 어떤 일이 발생하는가이다. 먼저 메모리에서 해당 워드가 포함된 블록을 가져와서 캐시에 넣은 뒤 이 워드에 새로운 값을 쓴다. 또한 전체 주소를 사용하여 이 워드를 메인 메모리에도 쓴다.

이 방식이 쓰기를 매우 간단히 처리하기는 하지만 좋은 성능을 제공하기는 어렵다. 즉시 쓰기 방식에서는 모든 쓰기가 메인 메모리에 데이터를 써야만 한다. 이 쓰기는 시간이 오래 걸려서 최소한 100개의 프로세서 클럭 사이클이 필요한 경우가 많고 따라서 프로세서의 성능을 심하게 저하시킨다. 예를 들어 명령어의 10%가 저장 명령어라고 가정하자. 캐시 실패가 없으면 CPI가 1.0이고 모든 쓰기에 100개의 추가 사이클이 필요하다면, CPI는 $1.0 + 100 \times 10\% = 11$이 되어 10배 이상의 성능 저하가 생기게 된다!

쓰기 버퍼 메모리에 쓰이기 위해 기다리는 동안 데이터를 저장하는 큐.

이 문제를 해결하기 위한 한 가지 방법은 쓰기 버퍼(write buffer)를 이용하는 것이다. 쓰기 버퍼는 데이터가 메모리에 써질 때까지 기다리는 동안 이 데이터를 저장한다. 데이터를 캐시와 쓰기 버퍼에 쓰고 난 후에 프로세서는 바로 수행을 계속할 수 있다. 메인 메모리에 쓰기를 완료하면 쓰기 버퍼의 엔트리는 지워진다. 프로세서가 쓰기를 하려고 할 때 쓰기 버퍼가 모두 차 있으면 쓰기 버퍼에 빈 공간이 생길 때까지 멈춰 있어야 한다. 물론 메모리가 쓰기를 완료할 수 있는 속도가 프로세서의 쓰기 동작 발생 속도보다 느리면, 아무리 큰 버퍼를 사용해도 도움이 되지 않는다. 왜냐하면 메모리 시스템이 쓰기를 받아들이는 것보다 쓰기가 더 빨리 발생되기 때문이다.

쓰기 발생 속도가 메모리가 받아들이는 속도보다 **느려도** 지연이 발생할 수 있다. 이런 현상은 쓰기가 폭주할 때 발생한다. 이러한 지연이 일어나는 것을 줄이기 위해서 프로세서의 쓰기 버퍼 엔트리는 보통 2개 이상이다.

나중 쓰기 쓸 때는 캐시 블록의 값만을 갱신하고, 나중에 그 블록이 교체될 때 하위 계층 메모리에 변경된 블록을 쓰는 방식.

즉시 쓰기 방식의 대안은 **나중 쓰기**(write-back)라고 불리는 방식이다. 나중 쓰기 방식은 쓰기가 발생했을 때 새로운 값은 캐시 내의 블록에만 쓴다. 그러다가 나중에 캐시에서 쫓겨날 때 쓰기에 의해 내용이 바뀌었으면 이 블록을 하위 메모리 계층에 쓴다. 나중 쓰기 방식은 성능을 향상시킬 수 있다. 특히 메인 메모리가 처리할 수 있는 속도와 같은 속도 또는 더 빠른 속도로 프로세서가 쓰기를 발생시키는 경우에 효과적이다. 그러나 나중 쓰기 방식은 즉시 쓰기 방식보다 구현이 더 복잡하다.

다음에는 실제 프로세서의 캐시에 대해 알아보고, 실제 캐시가 읽기와 쓰기를 어떻게 처리하는지 살펴본다. 쓰기 처리는 5.8절에서 더 자세히 설명한다.

**고난도:** 쓰기는 읽기에는 없는 여러 가지 복잡한 문제를 야기한다. 이들 중 쓰기 실패에 대한 정책과 나중 쓰기 캐시에서 쓰기의 효율적인 구현, 두 가지만 살펴보자.

즉시 쓰기 캐시의 실패를 생각해 보자. 가장 일반적인 방법은 캐시에 블록을 할당하는 것이다. 이를 **쓰기 할당**(write allocate)이라고 부른다. 일단 전체 블록을 메모리에서 읽어 온 후, 블록 중에서 쓰기 실패를 발생시킨 워드만 덮어 쓴다. 다른 방법은 메모리에 있는 블록의 해당 부분만 갱신하고 캐시에는 쓰지 않는 방식으로 **쓰기 비할당**(no write allocate)이라고 부른다. 이 방식이 나오게 된 동기는 프로그램이 때때로 데이터 블록을 통째로 바꾸는 일이 발생하기 때문이다. 예를 들면 운영체제가 메모리의 한 페이지를 모두 0으로 만드는 것과 같은 경우이다. 이 경우 쓰기 실패가 처음 발생했을 때 이 블록을 캐시로 가져올 필요는 없다. 어떤 컴퓨터들은 페이지마다 쓰기 할당 정책을 다르게 하는 것을 허용한다.

실제로 나중 쓰기 방식 캐시에서 저장 명령어를 효과적으로 구현하는 것은 즉시 쓰기 방식보다 더 복잡하다. 즉시 쓰기 캐시는 데이터를 캐시에 쓰고 태그 값을 읽을 수 있다. 이때 태그가 일치하지 않으면 캐시 실패이다. 즉시 쓰기 캐시에서는 캐시 블록에 바로 덮어 써도 지워진 블록의 정확한 값이 메모리에 있기 때문에 문제가 되지 않는다. 나중 쓰기 방식에서는 값이 바뀐 캐시 블록에 대해 실패가 발생하면, 그 블록을 먼저 메모리에 써야 한다. 캐시 적중이 확인되기도 전에 저장 명령어가 캐시 블록에 덮어 쓰면(즉시 쓰기 방식처럼), 하위 계층 메모리에 저장되지 않은 블록을 망가뜨려 그 내용을 잃게 된다.

나중 쓰기 캐시는 블록에 바로 덮어 쓸 수 없기 때문에, 저장 명령어가 두 사이클(적중인지를 확인하는 데 한 사이클, 실제로 쓰는 데 한 사이클) 걸리게 하거나 데이터를 보관하는 저장 버퍼(store buffer)를 사용해야 한다. 저장 버퍼는 쓰기 과정을 파이프라인화해서 저장 명령어가 한 사이클만 걸리게 해 준다. 저장 버퍼를 사용하면 정상적인 캐시 접근 사이클에 프로세서가 캐시를 검색하고 데이터를 저장 버퍼에 넣는다. 검색 결과가 캐시 적중으로 밝혀지면, 사용되지 않는 캐시 접근 사이클이 나올 때까지 기다렸다가 새로운 데이터를 저장 버퍼에서 꺼내 캐시에 쓴다.

반면에 즉시 쓰기 캐시에서는 쓰기가 항상 한 사이클에 수행된다. 태그를 읽고 선택된 블록의 데이터 영역에 쓰는 것을 한 사이클에 할 수 있기 때문이다. 태그가 블록의 주소와 일치하면 맞는 블록을 갱신한 것이기 때문에 프로세서는 정상적으로 실행을 계속한다. 하지만 태그가 일치하지 않으면 프로세서는 쓰기 실패를 발생시켜서 그 주소에 해당하는 블록의 나머지 부분을 인출한다.

나중 쓰기 캐시들 중에는 실패가 발생해서 값이 바뀐 블록을 교체할 때 생기는 실패 손실을 줄이기 위해 쓰기 버퍼를 사용하는 것이 많다. 이 경우 요청한 블록을 메모리에서 읽는 동안, 값이 바뀐 캐시 블록을 나중 쓰기 버퍼로 보냈다가 나중에 메모리에 쓴다. 다른 실패가 즉시 발생하지 않는다면 이 기법은 갱신된 블록이 교체될 때의 실패 손실을 절반으로 줄일 수 있다.

## 실제 캐시의 예: Intrinsity FastMATH 프로세서

Intrinsity FastMATH는 MIPS(역주: Hennessy 교수가 Stanford 대학에서 개발한 프로세서) 구조에 기반하지만 캐시를 단순하게 구현한 임베디드 마이크로프로세서이다. 이 장의 뒷부분에서는 ARM과 Intel 마이크로프로세서의 더 복잡한 캐시 설계를 살펴볼 예정이다. 그러나 여기에서는 단순한 실제 캐시를 살펴보기로 한다. 그림 5.12는 FastMATH의 데이터 캐시 구조를 보여 준다.

이 프로세서는 12단계 파이프라인을 가지고 있다. 프로세서가 최고 속도로 동작할 때는 매 클럭마다 명령어 1개와 데이터 워드 1개를 요청할 수 있다. 파이프라인의 메모리 요구를 지연 없이 충족시키기 위해 명령어 캐시와 데이터 캐시를 따로따로 두었다. 각 캐시의 크기는 16 KiB(즉 4096워드)이고, 블록 크기는 16워드이다.

캐시에 대한 읽기 요청은 단순하다. 데이터 캐시와 명령어 캐시가 분리되어 있기 때문에 각 캐시의 읽기/쓰기를 위한 제어 신호가 별도로 필요하다. (명령어 캐시도 실패 발생 시에는 쓰기가 필요함을 기억하라.) 따라서 캐시에 대한 읽기 요청은 다음과 같은 단계를 거쳐 처리된다.

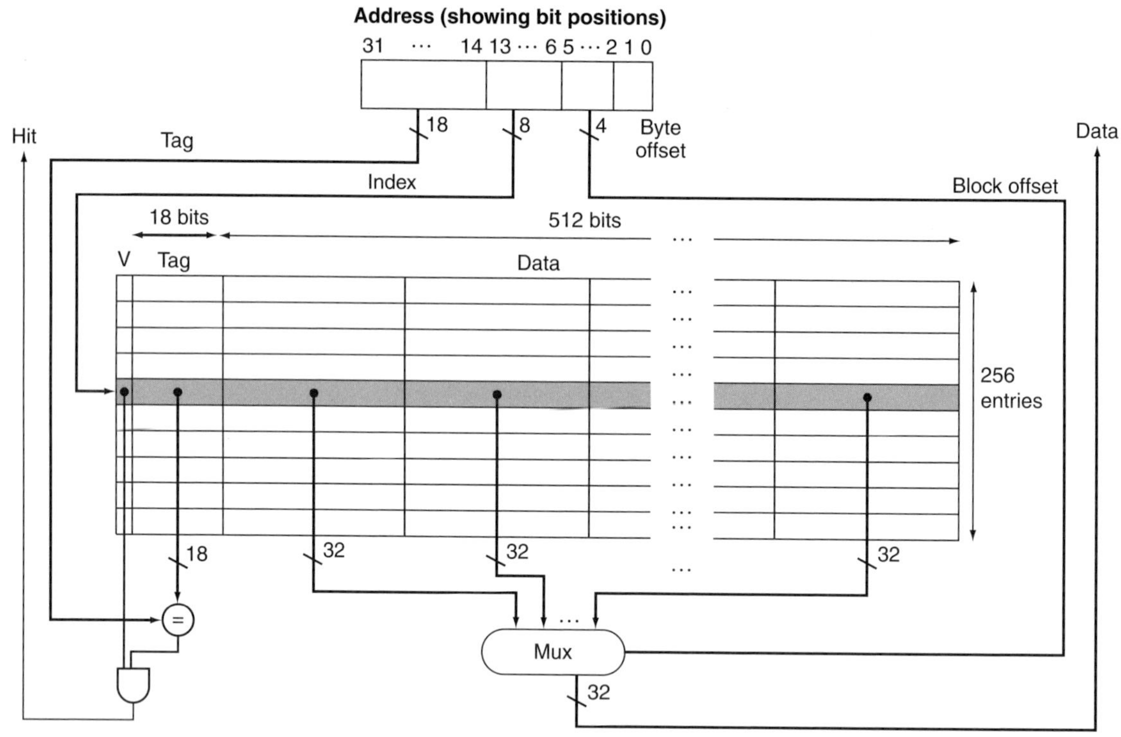


**그림 5.12 Intrinsity FastMATH 프로세서에 사용되는 16 KiB 캐시. 블록 크기는 16워드이고 블록 개수는 256개이다.** 이 컴퓨터의 주소는 32비트이다. 태그 필드는 18비트이고 인덱스 필드는 8비트이다. 4비트 필드(비트 5–2)가 블록 내부를 인덱스하는 데 사용되어, 16:1 멀티플렉서에서 해당 워드를 선택한다. 실제로는 태그와 데이터를 각기 별도의 RAM에 저장하고 캐시 인덱스와 블록 변위를 연접하여 데이터 RAM 주소로 사용하면 멀티플렉서를 없앨 수 있다. 이 경우 데이터 RAM의 폭은 32비트이고 캐시 블록 개수보다 16배 많은 워드를 갖고 있다. (역주: 그림 5.29의 캐시가 이렇게 구성된 것이다.)

1. 주소를 해당 캐시에 보낸다. 주소는 PC(명령어의 경우)나 ALU(데이터의 경우)에서 나온다.
2. 캐시 적중일 경우 요청한 워드가 캐시의 데이터 선에 나온다. 읽어 낸 블록에는 16개의 워드가 존재하므로 요청한 워드를 선택하여야 한다. 블록 변위 필드가 멀티플렉서(그림의 아랫부분에 보이는) 제어에 사용된다. 이 신호는 블록 내의 워드 16개 중에서 요청한 워드를 선택한다.
3. 캐시 실패일 경우 메인 메모리로 주소를 보낸다. 메모리가 데이터를 보내 주면, 캐시에 쓰고 난 뒤 이것을 읽어서 프로세서의 요청을 처리한다.

Intrinsity FastMATH는 즉시 쓰기와 나중 쓰기 두 가지 방식을 다 지원한다. 어떤 방식을 사용할지는 운영체제가 선택한다. 또한 한 항목만 담을 수 있는 쓰기 버퍼를

| Instruction miss rate | Data miss rate | Effective combined miss rate |
|---|---|---|
| 0.4% | 11.4% | 3.2% |

**그림 5.13 SPEC2000 벤치마크에 대한 Intrinsity FastMATH의 명령어와 데이터 캐시 실패율의 근사값.** 조합 실패율은 16 KiB 명령어 캐시와 16 KiB 데이터 캐시의 조합에 대한 유효 실패율이다. 이 값은 명령어와 데이터 참조 각각의 빈도수를 가중치로 하여 두 실패율을 조합한 것이다.

갖고 있다.

Intrinsity FastMATH에서 사용되는 캐시의 실패율은 어느 정도일까? 그림 5.13은 명령어 캐시와 데이터 캐시의 실패율을 보여 준다. 조합 실패율은 명령어와 데이터 접근 각각의 빈도수를 고려하여 계산한 유효 실패율이다.

실패율이 캐시 설계의 중요한 특성이긴 하지만 궁극적인 척도는 메모리 시스템이 프로그램 실행시간에 미치는 영향일 것이다. 실패율과 프로그램 실행시간이 어떻게 연관되어 있는지 잠시 살펴보기로 하자.

**고난도: 분할 캐시**(split cache)와 같은 크기를 갖는 통합 캐시(combined cache)는 일반적으로 더 좋은 적중률을 갖는다. 통합 캐시는 데이터가 사용하는 엔트리와 명령어가 사용하는 엔트리의 수를 엄밀하게 나누지 않기 때문에 더 높은 적중률을 얻을 수 있다. 그럼에도 불구하고 오늘날의 거의 모든 프로세서들이 파이프라인이 기대하는 만큼 캐시 **대역폭**을 늘리기 위해 명령어 캐시와 데이터 캐시를 따로따로 두고 있다(충돌 실패도 줄어들 수 있다. 5.8절 참조).

분할 캐시 메모리 계층구조의 한 계층이 병렬로 동작하는 2개의 독립적인 캐시로 구성되는 방식이다. 한 캐시는 명령어를 처리하고 다른 캐시는 데이터를 처리한다.

다음은 Intrinsity FastMATH 프로세서와 같은 크기의 분할 캐시 실패율과 두 캐시의 합과 같은 크기를 갖는 통합 캐시의 실패율이다.

- 전체 캐시 크기: 32 KiB
- 분할 캐시의 유효 실패율: 3.24%
- 통합 캐시의 실패율: 3.18%

분할 캐시의 실패율이 약간 더 나쁘지만 그 차이는 크지 않다.

명령어와 데이터 접근을 동시에 지원함으로써 캐시 대역폭을 2배로 늘려서 얻는 장점이 실패율이 약간 증가되는 단점보다 더 크다. 바로 이러한 점 때문에 캐시의 성능 측정 지수로 실패율 하나만을 사용할 수는 없다. 이 문제는 5.4절에서 설명한다.

## 요약

이 절에서는 가장 단순한 한 워드 블록의 직접 사상 캐시를 사용하여 설명하였다. 이 캐시에서는 워드마다 별도의 태그를 가지고 있고, 각 워드는 한 장소로만 사상되기 때문에 적중과 실패가 매우 단순하다. 캐시와 메모리를 항상 같게 하려면 즉시 쓰기 방식을 사용할 수 있다. 이 방식은 캐시에 쓸 때마다 메인 메모리에도 똑같이 쓴다. 즉시 쓰기 방식의 대안으로는 캐시의 블록이 교체될 때만 메인 메모리에 쓰는 나중 쓰기 방식이 있다. 이 방식에 대해서는 나중에 더 설명할 예정이다.

공간적 지역성을 활용하기 위해서는 캐시가 한 워드보다 더 큰 크기의 블록을 사용해야 한다. 큰 블록을 사용하면 실패율이 감소하며, 캐시의 데이터 저장량에 비해 상대적으로 태그 저장량이 줄어들기 때문에 캐시 하드웨어의 효율이 개선된다. 더 큰 블록 크기가 실패율을 감소시키지만 반면에 실패 손실을 증가시키기도 한다. 실패 손실이 블록 크기에 따라 선형적으로 증가한다면 큰 블록은 성능 감소를 가져오게 된다.

성능 저하를 피하기 위해 메인 메모리의 대역폭을 증가시켜 캐시 블록을 더 효율적으로 전송하게 한다. DRAM 외부의 대역폭을 증가시키기 위한 일반적인 방법은 메모리 폭을 넓히는 것과 인터리빙(interleaving)을 사용하는 것이다. DRAM 개발자들은 버스트 전송 모드의 대역폭을 증가시켜 큰 캐시 블록의 비용을 감소시키기 위해 프로세서와 메모리 사이의 인터페이스를 꾸준히 향상시켜 왔다.

**스스로 점검하기** 메모리 시스템의 속도는 캐시 블록 크기를 결정하는 데 영향을 끼친다. 다음 중 일반적으로 옳은 캐시 설계 지침은 어느 것들인가?

1. 메모리 지연이 짧을수록 캐시 블록을 더 작게 한다.
2. 메모리 지연이 짧을수록 캐시 블록을 더 크게 한다.
3. 메모리 대역폭이 클수록 캐시 블록을 더 작게 한다.
4. 메모리 대역폭이 클수록 캐시 블록을 더 크게 한다.

## 5.4 캐시 성능의 측정 및 향상

이 절은 캐시의 성능을 측정하고 분석하는 방법을 살펴보는 것으로 시작해서, 그다음에는 캐시의 성능을 향상시키는 두 가지 방법을 알아본다. 한 방식은 2개의 다른 메모리 블록이 캐시의 같은 장소를 두고 경쟁하는 확률을 줄임으로써 실패율을 낮추는 것이고, 다른 방식은 메모리 계층구조에 새로운 계층을 추가함으로써 실패 손실을 줄이는 것이다. 다단계 캐싱(multilevel caching)이라고 불리는 이 방식은 1990

년도에 100,000달러가 넘는 고급 컴퓨터에서 처음 사용되었으나, 이제는 수백 달러짜리 개인 휴대용 기기에서도 흔히 볼 수 있게 되었다.

CPU 시간은 CPU가 프로그램을 수행하는 데 쓴 클럭 사이클과 메모리 시스템을 기다리는 데 쓴 클럭 사이클로 나눌 수 있다. 일반적으로 적중된 캐시 접근시간은 정상적인 CPU 수행 사이클의 일부로 간주한다. 즉,

$$\text{CPU 시간} = (\text{CPU 클럭 사이클} + \text{메모리 지연 클럭 사이클}) \times \text{클럭 사이클 시간}$$

메모리 지연 클럭 사이클은 주로 캐시 실패 때문에 생기는데, 우리도 일단 그렇게 가정한다. 또 여기에서는 간략화된 메모리 시스템 모델로만 논의를 제한한다. 실제 프로세서에서 읽기와 쓰기 수행 시 발생되는 지연은 상당히 복잡해질 수 있어서, 정확하게 성능을 예측하려면 프로세서와 메모리 시스템의 아주 자세한 시뮬레이션이 필요하다.

메모리 지연 클럭 사이클은 읽기와 쓰기 시에 발생되는 지연 사이클의 합으로 정의할 수 있다.

$$\text{메모리 지연 클럭 사이클} = \text{읽기 지연 사이클} + \text{쓰기 지연 사이클}$$

읽기 지연 사이클은 프로그램당 읽기 접근의 수, 읽기 시의 실패 손실 클럭 사이클 수, 읽기 실패율에 의해 정의된다.

$$\text{읽기 지연 사이클} = \frac{\text{읽기 접근 횟수}}{\text{프로그램}} \times \text{읽기 실패율} \times \text{읽기 실패 손실}$$

쓰기의 경우는 더 복잡하다. 즉시 쓰기 방식에서 지연의 원인은 두 가지이다. 하나는 쓰기 실패로, 쓰기를 계속 진행하려면 하위 계층 메모리에서 블록을 읽어 와야 한다(쓰기와 관련된 자세한 사항은 5.3절 "쓰기의 처리" 부분의 "고난도" 참조). 다른 하나는 쓰기 버퍼 지연으로, 쓰려고 할 때 쓰기 버퍼에 빈자리가 없는 경우에 발생한다. 그러므로 쓰기 시에 지연되는 사이클은 이 두 가지의 합과 같다.

$$\text{쓰기 지연 사이클} = \left(\frac{\text{쓰기 접근 횟수}}{\text{프로그램}} \times \text{쓰기 실패율} \times \text{쓰기 실패 손실}\right) + \text{쓰기 버퍼 지연}$$

쓰기 버퍼 지연은 쓰는 횟수가 아닌 쓰기의 집중도에 따라 결정되므로, 그 값을 계산할 수 있는 단순한 계산 방법은 존재하지 않는다. 다행스럽게도 적당한 크기(예를 들어 4워드 이상)의 쓰기 버퍼와 프로그램의 평균 쓰기 발생 빈도보다 충분히 빠

르게(예를 들어 2배) 쓰기를 수행할 수 있는 메모리를 갖고 있는 시스템에서는 쓰기 버퍼 지연이 매우 작기 때문에 무시할 수 있다. 시스템이 이를 만족시키지 못한다면 설계가 잘못된 것이므로 더 큰 쓰기 버퍼를 사용하거나 나중 쓰기 방식을 사용해야 한다.

나중 쓰기 방식 또한 블록이 교체될 때 메모리에 써야 하므로 추가적인 지연이 발생할 수 있다. 이 문제는 5.8절에서 다시 논의하기로 한다.

대부분의 즉시 쓰기 캐시 구현 방식에서 읽기 실패 손실과 쓰기 실패 손실은 같다(메모리에서 블록을 가져오는 데 걸리는 시간). 쓰기 버퍼 지연이 무시할 수 있을 정도로 작다고 가정하면, 같은 실패율과 실패 손실을 써서 읽기와 쓰기를 합칠 수 있다.

$$\text{메모리 지연 클럭 사이클} = \frac{\text{메모리 접근 횟수}}{\text{프로그램}} \times \text{실패율} \times \text{실패 손실}$$

다음과 같이 쓸 수도 있다.

$$\text{메모리 지연 클럭 사이클} = \frac{\text{명령어}}{\text{프로그램}} \times \frac{\text{실패}}{\text{명령어}} \times \text{실패 손실}$$

프로세서의 성능에 캐시의 성능이 어떤 영향을 끼치는지 이해하기 위해 간단한 예를 살펴보자.

### 캐시 성능의 계산

**예제**

명령어 캐시 실패율이 2%이고, 데이터 캐시 실패율이 4%라고 가정하자. 메모리 지연이 없을 때 CPI가 2이고 매 실패마다 실패 손실이 100사이클이다. 실패가 발생하지 않는 완벽한 캐시를 사용한다면 시스템이 얼마나 빨라지는지 계산하라. 적재와 저장 명령어의 실행 빈도는 36%라 가정하자.

**답**

명령어 개수(I)를 사용하여 명령어에 대한 메모리 실패 사이클의 수를 계산하면 다음과 같다.

$$\text{명령어 실패 사이클} = \text{I} \times 2\% \times 100 = 2.00 \times \text{I}$$

읽기와 쓰기의 빈도는 36%이므로 데이터 참조에 대한 메모리 실패 사이클의 수는 다음과 같다.

$$\text{데이터 실패 사이클} = \text{I} \times 36\% \times 4\% \times 100 = 1.44 \times \text{I}$$

전체 메모리 지연 사이클 수는 2.00 I + 1.44 I = 3.44 I이다. 이것은 평균적으로 명령어당 3사이클 이상의 메모리 지연이 발생한다는 뜻이다. 따라서 메모리 지연을 포함한 CPI는 2 + 3.44 = 5.44가 된다. 명령어 개수와 클럭 속도에는 변화가 없기 때문에, 프로세서 수행시간의 비율은 다음과 같다.

$$\frac{\text{지연이 있는 경우의 CPU 시간}}{\text{완벽한 캐시의 CPU 시간}} = \frac{I \times CPI_{stall} \times \text{클럭 사이클}}{I \times CPI_{perfect} \times \text{클럭 사이클}}$$

$$= \frac{CPI_{stall}}{CPI_{perfect}} = \frac{5.44}{2}$$

즉, 완벽한 캐시가 있으면 성능은 $\frac{5.44}{2} = 2.72$배 더 좋아진다.

프로세서를 더 빠르게 만들고 메모리 시스템은 그대로 둔다면 무슨 일이 생길까? 메모리 지연에 걸리는 시간이 전체 실행시간 중에서 더 큰 부분을 차지하게 될 것이다. 1장에서 살펴본 Amdahl의 법칙이 이 사실을 상기시킨다. 간단한 예 몇 개만 보아도 이 문제가 얼마나 심각한지를 알 수 있다. 앞의 예제에서 클럭 속도는 변화시키지 않고 CPI를 2에서 1로 줄여 컴퓨터를 더 빠르게 만들었다고 가정하자. 파이프라인을 개선하면 이렇게 만들 수 있다. 이때 캐시 실패가 있는 시스템의 CPI는 1 + 3.44 = 4.44가 되므로 완벽한 캐시를 갖는 시스템이

$$\frac{4.44}{1} = 4.44\text{배 빠르게 된다.}$$

실행시간 중 메모리 지연에 쓰인 부분은

$$\frac{3.44}{5.44} = 63\%$$

에서

$$\frac{3.44}{4.44} = 77\%$$

로 증가한다. 마찬가지로 메모리 시스템의 변화 없이 클럭 속도를 증가시키는 것 또한 캐시 실패로 인한 성능 손실을 증가시킨다.

앞의 예제와 식들은 적중시간이 캐시의 성능을 결정하는 요인이 아니라고 가정하고 있다. 하지만 적중시간이 증가한다면 메모리 시스템에서 한 워드를 접근하는데 걸리는 전체 시간이 증가할 것이고, 따라서 프로세서 사이클 시간 또한 늘어날 수 있다. 적중시간을 증가시키는 몇 가지 이유를 곧 살펴보겠지만, 한 가지 예로 캐

시 크기의 증가를 들 수 있다. 더 큰 캐시는 당연히 더 긴 접근시간을 필요로 한다. 만약 도서관의 책상이 아주 크다면(예를 들어 3제곱미터), 책상에서 책을 찾는 데 걸리는 시간이 더 커지는 것과 마찬가지이다. 적중시간이 증가하면 캐시 적중에 두 사이클 이상이 소요되어 파이프라인에 새로운 단계가 추가될 수도 있다. 단계가 많은 파이프라인이 성능에 미치는 영향을 계산하는 것이 간단하지는 않지만, 캐시를 어느 정도 이상 크게 하면 적중률의 향상보다 적중시간의 증가가 더 큰 영향을 미쳐 프로세서 성능이 나빠진다는 것은 알 수 있다.

적중과 실패 시의 데이터 접근시간이 모두 성능에 영향을 미치므로, 메모리 시스템 설계자는 서로 다른 캐시 설계를 평가하는 방법으로 **평균 메모리 접근시간**(average memory access time, AMAT)을 사용한다. 평균 메모리 접근시간은 적중과 실패를 모두 고려하고 서로 다른 접근의 빈도를 감안하여 구한 메모리 접근의 평균 시간으로, 아래와 같은 수식으로 표현된다.

평균 메모리 접근시간 = 적중시간 + 실패율 × 실패 손실

### 평균 메모리 접근시간의 계산

**예제**

클럭 사이클 시간이 1 ns이고, 실패 손실이 20 클럭, 명령어당 실패율이 0.05, 캐시 적중 검사를 포함한 캐시 접근시간이 1 클럭 사이클일 때, 평균 메모리 접근시간을 구하라. 읽기와 쓰기의 실패 손실은 같고 다른 쓰기 지연은 무시한다.

**답**

명령어당 평균 메모리 접근시간은

AMAT = 적중시간 + 실패율 × 실패 손실
= 1 + 0.05 × 20
= 2 클럭 사이클

또는 2 ns이다.

다음에는 실패율을 감소시키지만 적중시간을 증가시킬 수도 있는 다른 캐시 구조를 살펴보겠다.

## 더 유연한 블록 배치를 통한 캐시 실패 줄이기

지금까지는 메모리 블록을 캐시에 넣을 때 각 블록이 캐시의 딱 한 곳에만 들어갈 수 있는 단순한 배치 방법을 사용하였다. 이 방법은 메모리 블록 주소를 상위 계층

의 한 주소에 바로 사상시키므로 직접 사상(direct mapped)이라 부른다. 하지만 실제로는 블록을 배치하는 다양한 방식이 존재하는데, 그중 한 극단적 방법이 블록을 한 곳에만 넣을 수 있는 직접 사상 방식이다.

반대쪽 극단에는 블록이 캐시 내의 어느 곳에나 들어갈 수 있는 방식이 있다. 메모리 블록을 캐시 내의 어떤 엔트리와도 연관시킬 수 있으므로 이를 **완전 연관**(fully associative) 방식이라 한다. 완전 연관 캐시에서는 블록이 어느 곳에나 있을 수 있기 때문에 주어진 블록을 찾으려면 캐시 내의 모든 엔트리를 검색해야 한다. 검색이 실용성이 있으려면 각 캐시 엔트리와 연결된 비교기를 이용하여 병렬로 검색해야 한다. 이 비교기가 하드웨어 비용을 크게 증가시키므로 완전 연관 방식은 블록이 몇 개 안 되는 작은 캐시에서만 쓸 수 있다.

완전 연관 블록이 캐시의 어느 곳에나 들어갈 수 있는 캐시 구조.

직접 사상과 완전 연관 사상의 중간 지대에 **집합 연관**(set associative) 방식이 있다. 집합 연관 사상 캐시에서는 한 블록이 들어갈 수 있는 자리의 개수가 고정되어 있다. 각 블록당 *n*개의 배치 가능한 위치를 갖는 집합 연관 캐시를 *n*-way 집합 연관 캐시라고 부른다. *n*-way 집합 연관 캐시는 다수의 집합들로 구성되어 있는데 각 집합에는 *n*개의 블록이 있다. 메모리의 각 블록은 인덱스 필드에 의해 캐시 내의 한 집합으로 사상되고, 선택된 집합 내에서는 아무 장소에나 들어갈 수 있다. 따라서 집합 연관 사상 방식은 직접 사상 방식과 완전 연관 사상 방식을 조합한 것이라고 볼 수 있다. 블록을 한 집합에 직접 사상한 후, 집합 내의 모든 블록을 검색하여 일치하는 것을 찾는다. 예를 들어 그림 5.14는 전체 8개의 블록으로 구성된 캐시에 세 가지

집합 연관 각 블록이 들어갈 수 있는 장소의 개수가 정해져 있는 캐시(적어도 두 곳 이상).

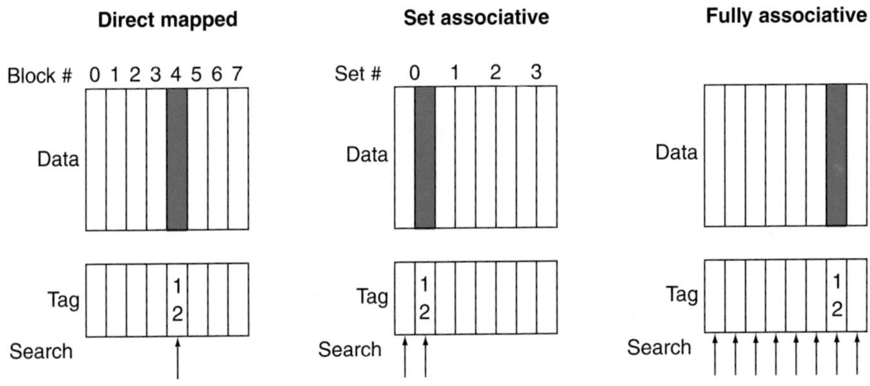


**그림 5.14 8개의 블록을 갖는 캐시에서 직접 사상, 집합 연관, 완전 연관 방식의 경우 주소가 12인 블록의 위치.** 직접 사상 배치에서 메모리 블록 12를 찾을 수 있는 캐시 블록은 하나밖에 없고, 그 블록의 번호는 (12 modulo 8) = 4이다. 2-way 집합 연관 캐시에는 집합이 4개 있으므로, 메모리 블록 12는 (12 modulo 4) = 0번 집합에 있어야 한다. 0번 집합의 두 블록 중 어느 곳에나 있을 수 있다. 완전 연관 방식에서 블록 주소 12의 블록은 캐시 내 8개 블록 중 아무 곳에나 있을 수 있다.

블록 배치 방법을 적용했을 때 블록 12가 어디에 들어가게 되는지를 보여 준다.

직접 사상 캐시 내에서 메모리 블록의 위치는 다음과 같이 구할 수 있음을 상기하라.

(블록 번호) modulo (캐시 내 블록의 수)

집합 연관 캐시에서 어떤 메모리 블록을 갖고 있는 집합은 다음과 같이 구할 수 있다.

(블록 번호) modulo (캐시 내 집합의 수)

블록이 집합 내 어느 곳에나 있을 수 있기 때문에, 집합 내의 모든 태그를 다 검색해야 한다. 완전 연관 캐시에서는 블록이 어느 곳에나 위치할 수 있으므로, 캐시 내 모든 블록의 태그를 다 검색해야 했다.

모든 블록 배치 방식을 집합 연관 방식의 변형이라고 생각할 수도 있다. 그림 5.15는 8개 블록 캐시에서 가능한 연관 정도(associativity) 구조를 보여 준다. 직

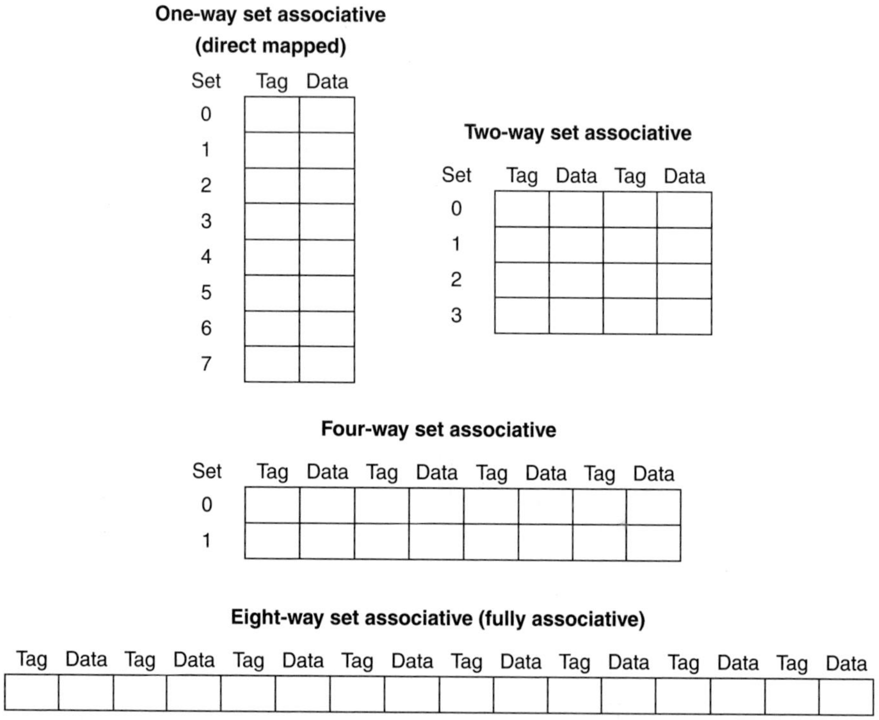

**One-way set associative (direct mapped)**

| Set | Tag | Data |
|---|---|---|
| 0 | | |
| 1 | | |
| 2 | | |
| 3 | | |
| 4 | | |
| 5 | | |
| 6 | | |
| 7 | | |

**Two-way set associative**

| Set | Tag | Data | Tag | Data |
|---|---|---|---|---|
| 0 | | | | |
| 1 | | | | |
| 2 | | | | |
| 3 | | | | |

**Four-way set associative**

| Set | Tag | Data | Tag | Data | Tag | Data | Tag | Data |
|---|---|---|---|---|---|---|---|---|
| 0 | | | | | | | | |
| 1 | | | | | | | | |

**Eight-way set associative (fully associative)**

| Tag | Data | Tag | Data | Tag | Data | Tag | Data | Tag | Data | Tag | Data | Tag | Data | Tag | Data |
|---|---|---|---|---|---|---|---|---|---|---|---|---|---|---|---|
| | | | | | | | | | | | | | | | |

**그림 5.15 직접 사상, 2-way 집합 연관, 4-way 집합 연관, 완전 연관 방식으로 구성된 8블록 캐시.** 캐시 내의 전체 블록 수는 집합의 수와 연관 정도를 곱한 값과 같다. 따라서 캐시 크기가 일정할 때 연관 정도를 늘리면 집합의 수가 줄어들고 집합 내 원소의 수는 늘어난다. 블록이 8개일 때 8-way 집합 연관 캐시는 완전 연관 캐시와 같다.

접 사상 캐시는 단순히 1-way 집합 연관 캐시이다. 각 캐시 엔트리는 한 블록을 원소로 갖는 집합으로 구성된다. $m$개의 엔트리로 구성된 완전 연관 캐시는 간단히 $m$-way 집합 연관 캐시라고 볼 수 있다. $m$개의 블록으로 구성된 집합이 단 1개 있어서 엔트리는 집합 내 어느 블록에도 들어갈 수 있다.

연관 정도를 늘리는 것의 장점은 다음 예제가 보여 주는 것처럼 대개 실패율이 줄어든다는 것이다. 곧 자세히 살펴보겠지만 가장 큰 단점은 적중시간의 증가이다.

### 실패와 캐시의 연관 정도

예제

1워드 크기의 블록 4개로 구성된 세 종류의 캐시가 있다. 하나는 완전 연관 방식, 다른 하나는 2-way 집합 연관 방식이고, 나머지는 직접 사상 방식이다. 블록 주소 0, 8, 0, 6, 8 순으로 블록을 참조할 때 각 캐시 구성에서 실패는 몇 번씩 발생하는가?

답

직접 사상 캐시의 경우가 가장 쉽다. 먼저 각 블록 주소가 어느 캐시 블록으로 사상되는지 결정하자.

| Block address | Cache block |
|---|---|
| 0 | (0 modulo 4) = 0 |
| 6 | (6 modulo 4) = 2 |
| 8 | (8 modulo 4) = 0 |

이제 각 참조 후의 캐시 내용을 채울 수 있다. 빈칸은 블록이 유효하지 않음을 나타내고 파란색 글씨는 캐시에 추가된 새로운 엔트리를 보여 준다. 흑백 항목은 전부터 캐시에 있던 엔트리를 나타낸다.

| Address of memory block accessed | Hit or miss | Contents of cache blocks after reference | | | |
|---|---|---|---|---|---|
| | | 0 | 1 | 2 | 3 |
| 0 | miss | Memory[0] | | | |
| 8 | miss | Memory[8] | | | |
| 0 | miss | Memory[0] | | | |
| 6 | miss | Memory[0] | | Memory[6] | |
| 8 | miss | Memory[8] | | Memory[6] | |

직접 사상 캐시에서는 다섯 번의 접근 시도에 다섯 번의 실패가 발생하였다.

집합 연관 캐시에는 집합이 2개(인덱스 0과 1) 있고, 각 집합에는 2개의 원소가 있다. 각 블록 주소가 어느 집합으로 사상되는지 알아보자.

| Block address | Cache set |
|---|---|
| 0 | (0 modulo 2) = 0 |
| 6 | (6 modulo 2) = 0 |
| 8 | (8 modulo 2) = 0 |

실패 시 집합 내에서 교체할 엔트리의 선정을 위해서는 교체 방식을 정해야 한다. 집합 연관 캐시는 대개 집합 내에서 사용한 지 가장 오래된 블록을 교체시키는 LRU(least recently used) 교체 방식을 사용한다. 즉, 가장 먼 과거에 사용된 블록이 교체된다. (나중에 다른 교체 방식들을 더 자세히 살펴보기로 하자.) LRU 교체 방식을 사용하면, 각 참조 후 집합 연관 캐시의 내용은 다음과 같다.

| Address of memory block accessed | Hit or miss | Contents of cache blocks after reference | | | |
|---|---|---|---|---|---|
| | | Set 0 | Set 0 | Set 1 | Set 1 |
| 0 | miss | Memory[0] | | | |
| 8 | miss | Memory[0] | Memory[8] | | |
| 0 | hit | Memory[0] | Memory[8] | | |
| 6 | miss | Memory[0] | Memory[6] | | |
| 8 | miss | Memory[8] | Memory[6] | | |

블록 6이 참조될 때 블록 8이 교체된다. 블록 8이 블록 0보다 더 오랫동안 참조되지 않았기 때문이다. 2-way 집합 연관 캐시에서는 전부 네 번의 실패가 발생하여, 직접 사상 캐시보다 한 번 적다.

완전 연관 캐시는 4개의 캐시 블록으로 구성된 1개의 집합을 갖는다. 어떠한 메모리 블록도 캐시 내 어느 블록에나 적재될 수 있다. 이 완전 연관 방식 캐시에서는 실패가 세 번만 발생하여 가장 성능이 좋다.

| Address of memory block accessed | Hit or miss | Contents of cache blocks after reference | | | |
|---|---|---|---|---|---|
| | | Block 0 | Block 1 | Block 2 | Block 3 |
| 0 | miss | Memory[0] | | | |
| 8 | miss | Memory[0] | Memory[8] | | |
| 0 | hit | Memory[0] | Memory[8] | | |
| 6 | miss | Memory[0] | Memory[8] | Memory[6] | |
| 8 | hit | Memory[0] | Memory[8] | Memory[6] | |

이 참조는 세 가지 블록 주소를 사용하기 때문에 세 번의 실패가 우리가 할 수 있는 최선이다. 만약 캐시에 블록이 8개 있다면, 2-way 집합 연관 캐시의 경우 교체는 발생되지 않는다(각자 확인해 보기 바람). 따라서 완전 연관 캐시와 실패 횟수가 같게 된다. 마찬가지로 블록이 16개 있다면 이 3 캐시는 모두 같은 개수의 실패를 갖는다. 이 단순한 예제에서조차도 캐시의 크기와 연관 정도가 독립적으로 캐시의 성능을 결정하지 못한다.

| Associativity | Data miss rate |
|---|---|
| 1 | 10.3% |
| 2 | 8.6% |
| 4 | 8.3% |
| 8 | 8.1% |

**그림 5.16 Intrinsity FastMATH 프로세서와 구성이 같은 데이터 캐시의 연관 정도를 1-way부터 8-way까지 변화시키면서 SPEC CPU2000 벤치마크 프로그램을 실행할 때 실패율의 변화.** SPEC CPU2000 프로그램 10개에 대한 이 실행 결과는 Hennessy와 Patterson[2003]의 책에서 가져왔다.

실패율이 연관 정도에 의해서 얼마나 줄어드는가? 그림 5.16은 연관 정도가 달라질 때 16워드 블록으로 구성된 64 KiB 데이터 캐시의 실패율이 어떻게 개선되는지를 보여 준다. 1-way에서 2-way 집합 연관 방식으로 바꾸면 실패율이 약 15% 개선된다. 그러나 연관 정도를 더 높였을 때는 개선 정도가 미미하다.

## 캐시에서 블록 찾기

집합 연관 방식 캐시에서 블록을 찾는 방법을 살펴보자. 직접 사상 캐시에서와 같이 집합 연관 캐시 내의 블록들은 블록 주소를 나타내는 주소 태그를 가지고 있다. 선택된 집합 내 모든 블록의 태그는 프로세서가 보낸 주소의 태그와 일치하는지 검사하게 된다. 그림 5.17은 주소가 어떻게 나누어지는지 보여 준다. 인덱스 값을 이용하여 원하는 주소가 속한 집합을 선정하고, 선정된 집합 내 모든 블록의 태그를 검색한다. 속도가 매우 중요하기 때문에 선정된 집합 내의 모든 태그를 병렬로 검색한다. 완전 연관 캐시에서 그랬듯이 순차적으로 검색하면 집합 연관 캐시의 적중시간이 너무 느려질 것이다.

전체 크기가 같다면, 연관 정도를 늘리는 것은 집합 내 블록의 수를 증가시킨다. 집합 내 블록의 수는 병렬 검색을 위해 필요한 동시 비교 횟수와 같다. 연관 정도를 2배 증가시키면 집합당 블록의 수가 2배가 되고 집합의 수는 절반이 된다. 따라서 연관 정도를 2배 늘릴 때마다 인덱스의 크기는 1비트 줄어들고 태그의 크기는 1비트 늘어난다. 완전 연관 캐시의 경우 집합이 단 1개밖에 없는 것과 같으므로 캐시 내의 모든 블록들을 병렬로 검사해야 한다. 따라서 인덱스는 없고, 블록 변위를 제

| Tag | Index | Block offset |
|---|---|---|

**그림 5.17 집합 연관이나 직접 사상 캐시 주소의 세 부분.** 인덱스는 집합을 선택하는 데 사용되고, 태그는 선택된 집합 내부의 블록들과 비교해서 블록을 선택하는 데 사용된다. 블록 변위는 원하는 데이터의 블록 내 주소이다.

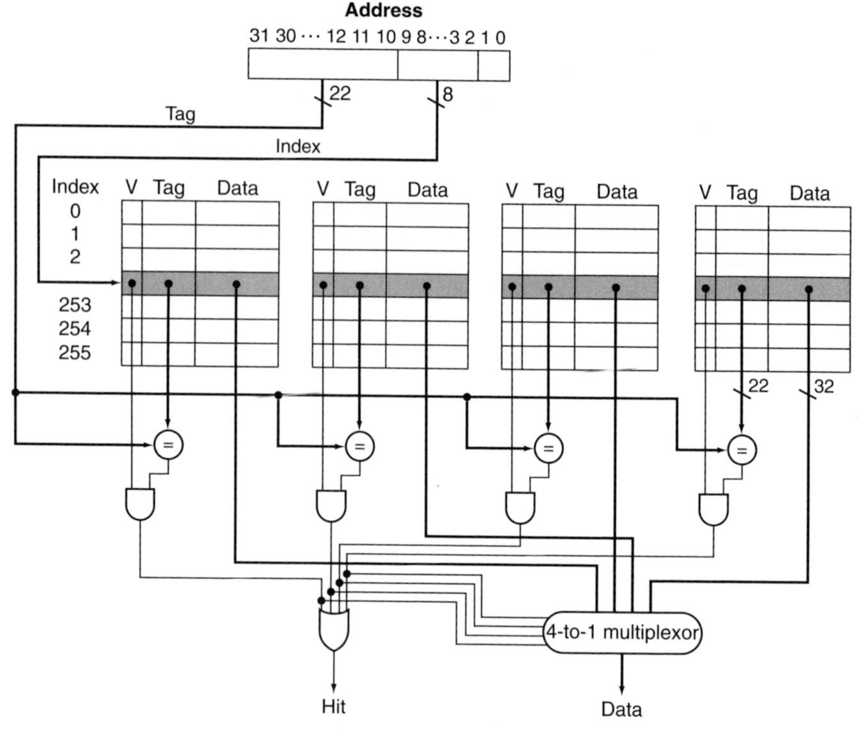


**그림 5.18 4-way 집합 연관 캐시의 구현에는 4개의 비교기와 4:1 멀티플렉서가 필요하다.** 비교기는 선정된 집합의 어느 원소가 태그와 일치하는지를 결정한다. 비교기의 출력은 디코드된 선택 신호를 사용하는 멀티플렉서에 인가되어 선정된 집합 내 4개의 데이터 중 하나를 선택하는 데 사용된다. 어떤 구현에서는 캐시 RAM의 출력을 외부로 내보내는 출력 구동(output enable) 신호를 이용하여 집합에서 원하는 엔트리를 선택한다. 출력 구동 신호는 비교기에서 나오며, 일치하는 원소가 캐시의 출력이 되도록 한다. 이 방식을 사용하면 멀티플렉서가 필요 없다.

외한 주소 전체가 태그가 되어 모든 블록의 태그와 비교되어야 한다. 다시 말해서 인덱스를 사용하지 않고 전체 캐시를 검색해야 한다.

직접 사상 캐시에서는 엔트리가 들어갈 수 있는 블록이 하나밖에 없기 때문에 인덱스만 사용하여 캐시에 접근하므로 비교기가 하나만 있으면 된다. 그림 5.18의 4-way 집합 연관 캐시에서는 선정된 집합의 4개 원소 중 하나를 선택하는 데 4:1 멀티플렉서와 4개의 비교기가 필요하다. 캐시 접근은 집합을 찾는 일과 집합 내에서 태그를 검색하는 일로 구성된다. 집합 연관 캐시를 사용하려면 추가로 필요한 비교기의 비용과 집합의 원소들을 비교하고 선택하는 데 걸리는 시간 지연을 감수해야 한다.

메모리 계층구조에서 직접 사상, 집합 연관, 완전 연관 사상 중 하나를 선택할 때는 실패 비용 대비 연관 구현 비용을 시간과 추가 하드웨어 측면에서 고려해야 한다.

**고난도:** **CAM**(content addressable memory)은 비교와 저장을 한 장치에서 할 수 있도록 한 회로이다. RAM처럼 주소를 주고 워드를 읽는 것과 달리 데이터를 주면 CAM은 그것과 같은 값을 가지고 있는지 확인한 후 일치하는 행의 인덱스를 찾아 준다. CAM은 캐시 설계자가 SRAM과 비교기를 사용하여 구현하는 것보다 더 높은 집합 연관도의 캐시를 구현할 수 있도록 해 준다. CAM의 크기와 전력 소모 문제로 2020년 현재 2-way나 4-way 집합 연관 캐시는 표준 SRAM으로 만들고, 8-way 이상은 CAM으로 만든다.

## 교체할 블록의 선택

직접 사상 캐시에서 실패가 발생되면 요구된 블록은 딱 한 곳으로만 갈 수 있으므로 그 자리를 차지했던 블록을 교체하면 된다. 하지만 연관 방식의 캐시에서는 요구된 블록을 어디에 넣을지 선택하여야 하며, 이는 교체할 블록을 선택하는 것과 동일하다. 완전 연관 캐시에서는 모든 블록이 교체의 후보가 된다. 집합 연관 캐시의 경우에는 선정된 집합 내의 블록 중에서 골라야 한다.

가장 널리 사용되는 방식은 이전 예제에서 사용했던 **LRU**(least recently used) 방식이다. LRU 방식에서 교체되는 블록은 가장 오랫동안 사용되지 않은 것이다. 앞의 예제에서 블록 6 대신에 블록 0이 교체된 이유는 LRU를 사용했기 때문이다.

**LRU** 가장 오랫동안 사용되지 않은 블록을 교체하는 방법.

LRU 교체는 집합의 어떤 원소가 집합 내 다른 원소에 비해 상대적으로 언제 사용되었는지를 추적함으로써 구현 가능하다. 2-way 집합 연관 캐시에서는 각 집합마다 한 비트를 두고 원소가 참조될 때마다 그 원소 번호를 비트 값으로 하면 두 원소의 상대적 사용 시기를 추적할 수 있다. 하지만 연관 정도가 더 커지면 LRU를 구현하기가 힘들어진다. 5.8절에서 다른 교체 방법을 알아볼 것이다.

### 태그의 크기 대 집합의 연관 정도

예제

연관 정도를 늘리면 비교기가 더 많아야 하고 캐시 블록 하나당 태그 비트도 늘어나야 한다. 블록이 4096개, 블록 크기가 4워드, 메모리 주소가 32비트인 캐시를 직접 사상, 2-way 집합 연관, 4-way 집합 연관, 완전 연관 방식으로 구성했을 때 캐시의 전체 집합 수와 전체 태그 비트 수를 구하라.

답

한 블록에는 16(= $2^4$)바이트가 있으므로, 32비트 주소 중 32 − 4 = 28비트가 인덱스와 태그로 사용된다. 직접 사상 캐시에서는 블록의 개수와 집합의 개수가 같으므로 $\log_2(4096)$ = 12비트가 인덱스로 사용된다. 따라서 태그 비트는 모두 (28 − 12) × 4096 = 16 × 4096 = 66 K 비트이다.

연관 정도를 높일 때마다 집합의 수는 절반씩 줄어들게 되므로, 캐시를 인덱스하는 데 필요한 비트 수는 하나씩 감소하고 태그에 필요한 비트는 하나씩 증가하게 된다. 따라서 2-way 집합 연관 캐시의 집합은 2048개이고, 전체 태그 비트 수는 $(28 - 11) \times 2 \times 2048 = 34 \times 2048 = 70$ K 비트가 된다. 4-way 집합 연관 캐시는 집합이 1024개이고, 전체 태그 비트 수는 $(28 - 10) \times 4 \times 1024 = 72 \times 1024 = 74$ K 비트가 된다.

완전 연관 캐시의 경우 4096 블록 크기의 집합 하나만 존재하므로 태그는 28 비트이며 전체 태그 비트는 $28 \times 4096 \times 1 = 115$ K 비드가 된다.

## 다단계 캐시를 이용한 실패 손실 줄이기

현대의 모든 컴퓨터는 캐시를 사용한다. 프로세서의 빠른 클럭 속도와 상대적으로 점점 느려지는 DRAM 접근시간 사이의 차이를 더욱 줄이기 위해 대부분의 마이크로프로세서는 캐시를 한 계층 더 지원한다. 이 2차 캐시(secondary cache)는 보통 마이크로프로세서와 같은 칩에 있으며, 1차 캐시(primary cache)에서 실패가 발생하면 접근한다. 2차 캐시가 원하는 데이터를 갖고 있으면 실패 손실은 2차 캐시의 접근시간이 되며, 이 값은 메인 메모리 접근시간보다 훨씬 짧다. 1차 캐시와 2차 캐시 둘 다 데이터를 갖고 있지 않은 경우에는 메인 메모리 접근이 필요하게 되어 더 큰 실패 손실이 발생한다.

2차 캐시를 사용함으로써 얼마나 큰 성능 향상을 얻을 수 있는가? 다음 예제를 살펴보도록 하자.

### 다단계 캐시의 성능

**예제**

클럭 속도가 4 GHz이고 모든 참조가 1차 캐시에서 적중된다고 가정했을 때의 기본 CPI가 1.0인 프로세서를 생각해 보자. 실패 처리까지 포함하여 메인 메모리 접근시간이 100 ns이고, 1차 캐시에서 명령어 하나당 실패율이 2%라고 가정하자. 접근시간이 5 ns인 2차 캐시를 충분히 많이 추가하여 메인 메모리까지 가야 하는 실패의 비율을 0.5%로 낮출 수 있다면 프로세서는 얼마나 빨라지는가?

**답**

메인 메모리로 가는 경우의 실패 손실은 다음과 같다.

$$\frac{100\text{ ns}}{0.25\ \frac{\text{ns}}{\text{클럭 사이클}}} = 400\text{ 클럭 사이클}$$

캐시가 한 계층만 있는 경우의 유효 CPI는 다음과 같다.

전체 CPI = 기본 CPI + 명령어 하나당 메모리 지연 사이클
= 1.0 + 명령어 하나당 메모리 지연 사이클
= 1.0 + 2% × 400 = 9

2차 캐시가 있을 때는 1차 캐시 실패가 2차 캐시에서 처리될 수도 있고 메인 메모리에서 처리될 수도 있다. 2차 캐시 접근에 따른 실패 손실은 다음과 같다.

$$\frac{5\text{ ns}}{0.25\,\dfrac{\text{ns}}{\text{클럭 사이클}}} = 20 \text{ 클럭 사이클}$$

만약 실패가 2차 캐시에서 처리되면 이 값이 전체 실패 손실이 된다. 하지만 메인 메모리까지 가서 실패를 처리하게 되면 전체 실패 손실은 2차 캐시 접근시간과 메인 메모리 접근시간의 합이 된다.

따라서 2단계 캐시에서 전체 CPI는 두 캐시에서 발생하는 지연 사이클과 기본 CPI의 합이 된다.

전체 CPI = 1 + 명령어 하나당 1차 캐시 지연 + 명령어 하나당 2차 캐시 지연
= 1 + 2% × 20 + 0.5% × 400 = 1 + 0.4 + 2.0 = 3.4

따라서 2차 캐시를 갖는 프로세서는 다음과 같이 빨라지게 된다.

$$\frac{9.0}{3.4} = 2.6$$

다음과 같이 다른 방식으로 계산할 수도 있다. 2차 캐시에서 적중된 참조의 지연 사이클은 ((2% − 0.5%) × 20 = 0.3)이다. 메인 메모리까지 내려간 참조의 지연 사이클은 2차 캐시 접근시간과 메인 메모리 접근시간을 포함해야 하므로 (0.5% × (20 + 400) = 2.1)이다. 그러므로 이들을 다 합한 전체 CPI는 1.0 + 0.3 + 2.1, 즉 다시 3.4가 된다.

1차 캐시와 2차 캐시의 설계 고려사항은 매우 다르다. 캐시가 하나밖에 없는 단일 계층 캐시와는 달리 다른 캐시가 또 있기 때문에 최적의 선택이 달라진다. 1차 캐시 설계는 클럭 사이클의 단축이나 파이프라인 단계의 축소가 가능하도록 적중시간 최소화에 초점을 맞추고, 2차 캐시 설계는 긴 메모리 접근시간으로 인한 손실을 줄이도록 실패율에 중점을 둔다.

각 캐시를 단일 계층 캐시의 최적 설계와 비교해 보면 이러한 변화가 두 캐시에

**다단계 캐시** 단지 하나의 캐시와 메인 메모리로만 구성된 것이 아니라 여러 단계의 캐시를 갖는 메모리 계층구조.

미치는 영향을 알 수 있다. 단일 캐시와 비교할 때 **다단계 캐시**(multilevel cache)의 1차 캐시는 대개 더 작다. 게다가 1차 캐시는 크기를 작게 하고 실패 손실을 줄이기 위해 블록 크기가 작다. 반면에 2차 캐시는 단일 캐시와 비교할 때 접근시간이 덜 중요하기 때문에 크기가 훨씬 더 크다. 따라서 단일 캐시에 적절한 블록 크기보다 더 큰 블록을 사용할 수 있다. 2차 캐시는 실패율을 줄이는 데 집중해야 하므로 1차 캐시보다 더 높은 연관 정도가 많이 사용된다.

**프로그램 성능의 이해**

더 좋은 정렬 알고리즘을 찾기 위해 많은 노력을 기울인 결과 비블(bubble) 정렬, 퀵(quick) 정렬, 기수(radix) 정렬 등 여러 알고리즘이 개발되었다. 그림 5.19(a)는 기수 정렬과 퀵 정렬에 의해 실행된 명령어 수를 보여 주고 있다. 예상대로 큰 배열에서는 기수 정렬이 퀵 정렬에 비해 연산 횟수가 적다는 장점이 있다. 그림 5.19(b)는 실행 명령어 대신 실행시간을 보여 준다. 처음에는 그림 5.19(a)와 같은 궤적을 갖고 시작하지만, 입력 데이터가 많아지면 기수 정렬의 궤적이 달라짐을 알 수 있다. 왜 이런 일이 발생하는 것일까? 그림 5.19(c)는 정렬되는 항목당 캐시 실패 횟수를 보여 줌으로써 이 질문에 답하고 있다. 퀵 정렬이 항상 더 적은 캐시 실패를 발생시킨다.

표준 알고리즘 분석 방법은 메모리 계층구조의 영향을 무시하는 경우가 많다. 더 빠른 클럭과 Moore의 법칙이 컴퓨터 성능의 극대화를 가져온 것처럼, 오늘날에는 메모리 계층구조를 잘 이용하는 것이 좋은 성능의 관건이 된다. 서두에서 이야기했고 5.14절에서도 살펴보겠지만 메모리 계층구조의 동작을 이해하는 것은 오늘날 컴퓨터에서 프로그램의 성능을 이해하는 데 매우 중요하다.

## 블로킹을 이용한 소프트웨어 최적화

성능 향상에 메모리 계층구조가 중요하기 때문에 극적인 성능 향상을 이룰 수 있는 소프트웨어 최적화 방법이 많이 제시된 것은 놀랄 일이 아니다. 이 방법들은 캐시 내의 데이터를 재사용하여 시간적 지역성을 개선함으로써 실패율을 낮춘다.

배열을 다룰 때는 배열에 대한 접근이 메모리에서 순차적으로 이루어질 수 있도록 메모리에 저장할 때 좋은 성능을 얻을 수 있다. 어떤 배열들은 행으로 접근되고 어떤 배열들은 열로 접근되는 경우를 가정해 보자. 배열을 행 단위(**행 우선 순위**)로 저장하거나 열 단위(**열 우선 순위**)로 저장한다고 해서 문제가 해결되지는 않는다. 순환문을 반복할 때마다 행도 사용되고 열도 사용되기 때문이다.

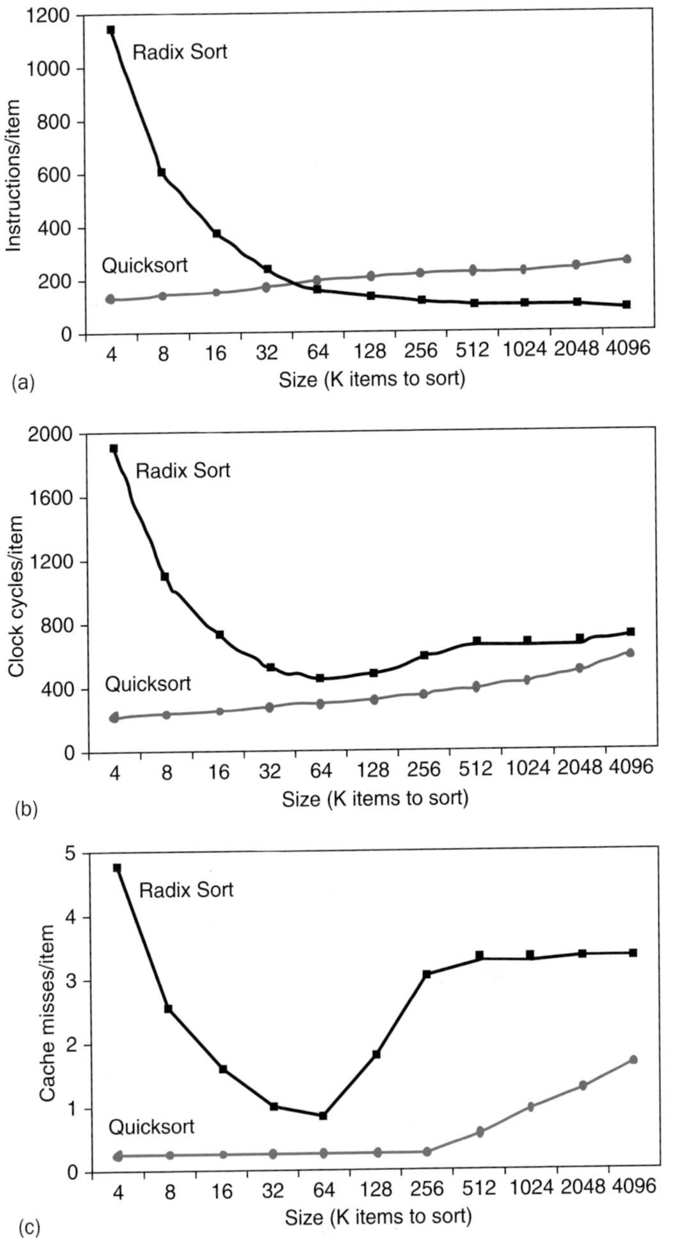


**그림 5.19 퀵 정렬과 기수 정렬의 비교. (a) 정렬되는 항목당 실행되는 명령어 수, (b) 정렬되는 항목당 걸리는 시간, (c) 정렬되는 항목당 캐시 실패.** 이 데이터는 LaMarca와 Ladner의 1996년 논문에서 가져온 것이다. 새로운 컴퓨터를 사용하면 숫자는 바뀌겠지만 기본 개념은 여전히 유효하다. 이런 결과 때문에 기수 정렬 알고리즘의 장점을 되찾기 위하여 메모리 계층구조를 고려한 새 버전의 기수 정렬이 발명되었다(5.16절 참조). 캐시 최적화의 기본 아이디어는 블록이 교체되기 전에 블록 내부의 모든 데이터를 반복해서 사용하는 것이다.

블록화 알고리즘은 배열의 행과 열 전체를 처리하는 대신 부분행렬(submatrix) 또는 블록 단위로 처리한다. 캐시에 적재된 데이터가 교체되기 전에 최대한 사용하는 것이 목표이다. 즉, 캐시 실패를 줄이기 위해 시간적 지역성을 향상시키는 것이다.

다음의 DGEMM의 내부 순환문(그림 2.43의 네 번째 줄부터 열한 번째 줄)을 예로 들자.

```
for  (int j = 0; j < n; ++j)
     {
      double cij = C[i+j*n]; /* cij = C[i][j] */
      for( int k = 0; k < n; k++ )
       cij += A[i+k*n] * B[k+j*n]; /* cij += A[i][k]*B[k][j] */
      C[i+j*n] = cij; /* C[i][j] = cij */
      }
}
```

B의 N × N 원소를 모두 읽고, A의 한 행에 해당하는 원소 N개를 반복적으로 읽고, C의 한 행에 해당하는 원소 N개를 쓴다. (주석은 행렬의 행과 열을 쉽게 파악할 수 있도록 해 준다.) 그림 5.20은 세 배열에 대한 접근을 보여 준다. 짙은 음영은 최근에 접근한 것들, 밝은 음영은 더 오래전에 접근한 것들, 흰색은 아직 접근하지 않은 것을 보여 준다.

용량 실패의 횟수가 N과 캐시 크기에 따라 달라지는 것은 분명하다. 캐시 충돌이 없을 때 N × N 행렬 3개를 다 저장할 수 있으면 아주 좋다. 3장과 4장 DGEMM의 행렬 크기는 이 점을 고려해서 결정한 것이다.

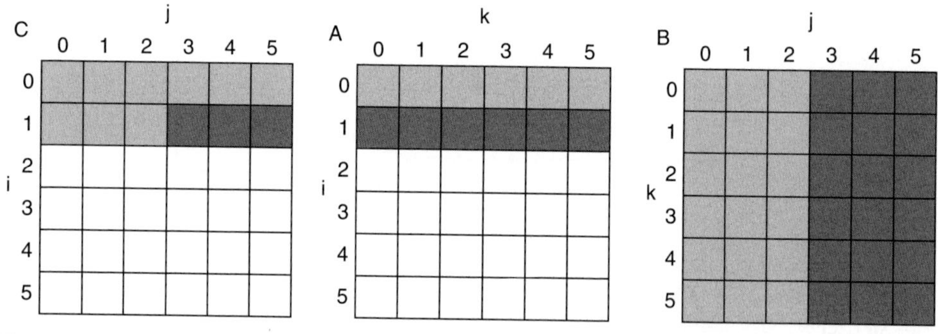


**그림 5.20 N = 6, i = 1일 때 세 배열 C, A, B의 접근.** 배열을 접근한 시점을 음영으로 구별하였다. 흰색은 아직 접근하지 않은 것, 밝은 음영은 접근한 지 오래된 배열, 짙은 음영은 새로 접근한 것을 보여 준다. 그림 5.22와 비교하면 C의 새로운 원소값을 계산하기 위해 A와 B의 원소를 반복적으로 읽는다. 변수 i, j, k는 배열 접근에 사용된 행과 열을 보여 준다.

```
#define BLOCKSIZE 32
void do_block (int n, int si, int sj, int sk, double *A, double
*B, double *C)
{
   for (int i = si; i < si+BLOCKSIZE; ++i)
      for (int j = sj; j < sj+BLOCKSIZE; ++j)
         {
            double cij = C[i+j*n];/* cij = C[i][j] */
            for( int k = sk; k < sk+BLOCKSIZE; k++ )
               cij += A[i+k*n] * B[k+j*n];/* cij+=A[i][k]*B[k][j] */
            C[i+j*n] = cij;/* C[i][j] = cij */
         }
}
void dgemm (int n, double* A, double* B, double* C)
{
   for ( int sj = 0; sj < n; sj += BLOCKSIZE )
      for ( int si = 0; si < n; si += BLOCKSIZE )
         for ( int sk = 0; sk < n; sk += BLOCKSIZE )
            do_block(n, si, sj, sk, A, B, C);
}
```

**그림 5.21 그림 2.43 DGEMM의 캐시 블록화 버전.** C는 0으로 초기화되어 있다고 가정한다. do_block 함수는 기본적으로 2장의 DGEMM과 같은데, 크기가 BLOCKSIZE인 부분행렬의 시작 위치를 표시하는 새로운 파라미터 3개를 추가한 것이다. gcc 최적화 소프트웨어는 do_block 함수를 인라인화함으로써 함수 오버헤드 명령어들을 제거할 수 있다.

캐시가 N × N 행렬과 N 원소 행 하나를 저장할 수 있으면 최소한 A의 i번째 행과 배열 B는 캐시에 들어갈 수 있다. 이것보다 작을 경우 실패는 B와 C 양쪽에서 발생할 수 있다. 최악의 경우에는 $N^3$ 연산에서 $2N^3 + N^2$ 메모리 워드 접근이 발생한다.

접근되는 원소가 캐시에 모두 들어가는 것을 보장하기 위해 원래 코드를 부분행렬에서 계산하는 코드로 바꾸었기 때문에, BLOCKSIZE × BLOCKSIZE 크기의 행렬에 대해 그림 4.82의 DGEMM을 반복해서 호출하는 것이나 마찬가지이다. BLOCKSIZE는 **블로킹 인수(blocking factor)**라 한다.

그림 5.21은 DGEMM의 블록화 버전이다. 함수 do_block은 그림 2.43의 DGEMM에 A, B, C 각 부분행렬의 시작 위치를 나타내는 si, sj, sk 세 파라미터를 추가한 것이다. do_block의 두 내부 순환문은 B와 C 전체 크기 대신에 BLOCKSIZE 크기 단위로 계산한다. gcc 최적화 프로그램은 함수를 인라인화(inlining)함으로써 함수 호출 오버헤드를 제거한다. 즉, 함수의 코드를 바로 삽입하여 기존의 파라미터 전달과 복귀 주소 관련 잡다한 명령어들을 제거한다.

그림 5.22는 블로킹을 사용하여 세 배열에 접근하는 것을 보여 준다. 용량 실패만 고려하면 접근되는 메모리 워드 수는 모두 $2N^3/BLOCKSIZE + N^2$이다. 이 값은

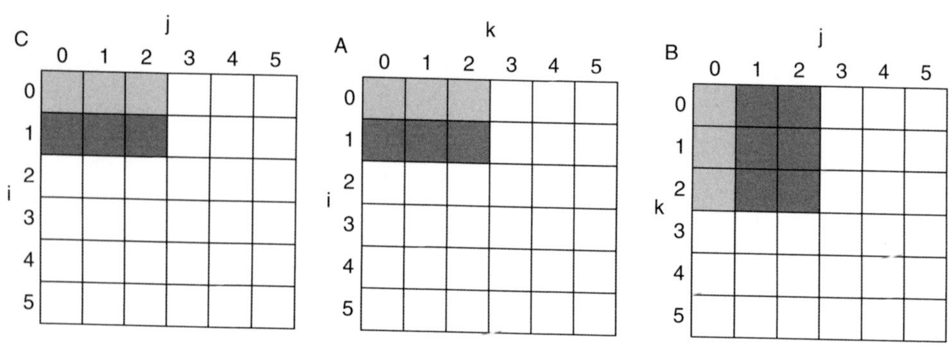


**그림 5.22** BLOCKSIZE = **3일 때 배열** C, A, B**의 접근 시점.** 그림 5.20에 비하여 더 적은 원소를 접근함에 주목하라.

BLOCKSIZE만큼의 성능 향상을 의미한다. A는 공간적 지역성에서 이점을 취하고 B는 시간적 지역성에서 이점을 취하므로, 블로킹은 공간과 시간 지역성을 모두 이용한다. 컴퓨터와 행렬 크기에 따라 달라지기는 하지만 블로킹을 하면 약 2배에서 10배 이상까지 성능이 개선된다.

블로킹의 목적은 캐시 실패를 줄이는 것이지만 레지스터 할당을 돕는 데 사용할 수도 있다. 블록이 레지스터에 들어갈 수 있을 만큼 블로킹 크기를 작게 하면 프로그램의 적재와 저장 횟수를 줄일 수 있고 따라서 성능을 향상시킬 수 있다.

전역 실패율 다단계 캐시의 모든 계층에서 실패한 참조의 비율.

지역 실패율 다단계 캐시의 한 캐시 계층에서 실패한 참조의 비율. 다단계 계층구조에서 사용한다.

**고난도:** 다단계 캐시는 많은 복잡한 문제들을 초래한다. 이들 중 하나는 여러 종류의 실패와 실패율이 존재한다는 점이다. 앞의 '다단계 캐시의 성능' 예제에서 1차 캐시 실패율과 **전역 실패율**(global miss rate)을 보았다. 전역 실패율은 모든 캐시 계층에서 실패한 참조의 비율이다. 2차 캐시에는 또 다른 실패율이 있는데, 2차 캐시에서 발생한 실패의 수를 2차 캐시 접근 횟수로 나눈 것으로 이를 2차 캐시의 **지역 실패율**(local miss rate)이라고 부른다. 1차 캐시가 접근들, 특히 공간적 지역성과 시간적 지역성이 높은 접근들을 대부분 걸러 내기 때문에 2차 캐시의 지역 실패율은 전역 실패율보다 훨씬 더 높다. 예를 들어 앞 예제의 경우 2차 캐시의 지역 실패율은 0.5% / 2% = 25%에 이른다. 다행스럽게도 얼마나 자주 메인 메모리를 접근해야 하는지는 전역 실패율이 결정한다.

**고난도:** 명령어를 순차적으로 수행하지 않을 수 있는 비순서 프로세서의 경우에는(4장 참조) 성능 계산이 더욱 복잡하다. 왜냐하면 이들은 실패를 처리하는 도중에도 명령어를 수행하기 때문이다. 명령어 실패율과 데이터 실패율 대신에 명령어당 실패율을 사용하면 다음 공식과 같이 된다.

$$\frac{\text{메모리} - \text{지연 사이클}}{\text{명령어}} = \frac{\text{실패}}{\text{명령어}} \times (\text{전체 실패 지연} - \text{중첩된 실패 지연})$$

중첩된 실패 손실을 계산하는 일반적인 방법은 없다. 따라서 비순서 프로세서의 경우에는 불가피하게 프로세서와 메모리 계층구조에 대한 시뮬레이션이 필요하다. 각각의 실패가 처리되는 동안 프로세서가 하는 일을 관찰해야만 프로세서가 데이터가 오기를 기다리면서 정지해 있는지 아니면 다른 할 일을 찾아서 수행하는지를 알 수 있다. 1차 캐시에서 실패하고 2차 캐시에서 적중하는 경우는 프로세서가 대개 이 실패 손실을 감출 수 있지만, 1차 캐시와 2차 캐시에서 모두 실패하면 실패를 감출 수 있는 경우가 거의 없다.

**고난도:** 알고리즘에 대한 성능 분석이 어려운 것은 같은 구조라도 구현에 따라 캐시 크기, 연관 정도, 블록 크기, 캐시 개수 등 메모리 계층구조가 달라지기 때문이다. 이러한 다양성에 대처하기 위해서 최근의 수치해석용 라이브러리들은 알고리즘을 파라미터화한 후, 실행 중에 파라미터 공간을 탐색하여 특정 컴퓨터에 가장 적합한 파라미터를 찾아낸다. 이러한 방법을 **자동조정**(autotuning)이라 한다.

**스스로 점검하기**

다단계 캐시 설계에 대해서 다음 중 어느 것이 일반적으로 사실인가?

1. 1차 캐시는 적중시간이 더 중요하고, 2차 캐시는 실패율이 더 중요하다.
2. 1차 캐시는 실패율이 더 중요하고, 2차 캐시는 적중시간이 더 중요하다.

## 요약

이 절에서는 1) 캐시의 성능, 2) 실패율을 줄이기 위한 연관 사상의 사용, 3) 실패 손실을 줄이기 위한 다단계 캐시 계층의 사용, 4) 캐시의 효율성을 향상시키기 위한 소프트웨어 최적화 등 네 가지 주제에 초점을 맞추었다.

메모리 시스템은 프로그램 실행시간에 큰 영향을 준다. 메모리 지연 사이클 수는 실패율과 실패 손실에 의해 결정된다. 5.8절에서 살펴보게 되겠지만 문제는 메모리 계층구조상의 다른 중요한 요소들에 영향을 주지 않으면서 이 요소들 중 하나를 줄이는 것이다.

실패율을 줄이기 위해 연관 배치 방식을 살펴보았다. 이 방식들은 캐시 내부에 보다 유연한 배치 방식을 사용함으로써 실패율을 줄일 수 있었다. 완전 연관 방식에서는 블록이 아무데나 들어갈 수 있다. 그러나 읽기나 쓰기 요청을 처리하려면 캐시 내의 모든 블록을 검색해야 한다. 큰 완전 연관 캐시는 구현 비용이 너무 많이 들어서 비실용적이다. 집합 연관 방식이 실용적인 대안이다. 인덱스로 집합을 선택한 후 그 집합 내의 원소들만 검색하면 되기 때문이다. 집합 연관 캐시는 완전 연관 캐시보다 실패율이 높지만 접근시간이 더 빠르다. 최고의 성능을 발휘하는 연관 정도는 기술과 구현 세부사항에 의해 결정된다.

1차 캐시의 실패를 더 큰 2차 캐시가 처리하도록 하여 실패 손실을 줄이는 기술로 다단계 캐시가 소개되었다. 실리콘 면적에 한계가 있고 클럭 속도는 빠르게 하고 싶으니 1차 캐시를 커다랗게 하는 것이 불가능하다는 것을 설계자들이 알게 되면서 2차 캐시가 일반화되었다. 1차 캐시보다 10배 또는 그 이상으로 더 큰 2차 캐시는 1차 캐시에서 실패한 많은 접근을 처리할 수 있다. 메모리 접근시간은 일반적으로 100 프로세서 사이클 이상이지만 이 경우 실패 손실은 2차 캐시 접근시간(일반적으로 10 프로세서 사이클 이내)이 된다. 연관 사상에서 적정 연관 정도 값이 그랬듯이, 2차 캐시의 크기와 접근시간 간의 상관관계도 구현의 여러 가지 측면의 영향을 받는다.

마지막으로 메모리 계층구조가 성능에 매우 중요하므로 캐시 성능을 개선하기 위해 알고리즘을 어떻게 바꿀 수 있는지 알아보았다. 블로킹이 큰 배열을 처리하는 중요한 기술임을 보았다.

## 5.5 신용도 있는 메모리 계층구조

이전의 모든 논의에서는 메모리 계층구조가 한번 기억한 데이터는 잊어버리지 않는다는 것을 가정하였다. 빨라도 믿을 수 없으면 의미가 없다. 1장에서 배운 바와 같이 **신용도**를 확보하는 큰 아이디어는 여유분을 사용하는 것이다. 이 절에서는 먼저 장애(failure)와 관련된 용어와 척도를 정의한다. 또한 여유분을 사용해서 어떻게 믿을 수 있는 메모리를 만들 수 있는지를 보여 준다.

### 장애의 정의

먼저 적합한 서비스의 명세가 있다고 가정한다. 사용자는 시스템이 서비스 명세를 기준으로 두 가지 상태 사이를 왔다 갔다 하는 것을 볼 수 있다.

1. **서비스 수행**: 서비스가 명세대로 제공되는 경우
2. **서비스 중단**: 제공되는 서비스가 명세와 다른 경우

상태 1에서 상태 2로 전이하는 것은 **장애** 때문이고 상태 2에서 상태 1로 전이하는 것은 **복구**라고 한다. 장애는 영구적일 수도 있고 일시적일 수도 있다. 일시적인 장애의 경우는 시스템이 두 상태 사이를 왔다 갔다 하기 때문에 진단을 내리기가 더 어렵다. 영구적인 장애가 진단이 더 쉽다.

이와 같은 정의는 신뢰성과 가용성이라는 용어와 연결이 된다.

신뢰성(reliability)이란 어떤 기준 시점에서부터 서비스 수행의 지속성에 대한 측도로 장애가 발생하기까지의 시간과 같다. 그러므로 **평균 무장애시간**(mean time to failure, MTTF)은 신뢰성의 측도이다. 관련 용어로 **연간장애율**(annual failure rate, AFR)이 있다. AFR은 주어진 MTTF에 대하여 1년에 장애를 발생시킬 것으로 예상되는 장치의 비율을 퍼센트로 나타낸 값이다. MTTF가 클 때는 사람들을 오도할 위험이 있지만, AFR은 직관적으로 잘 이해가 된다.

### 디스크의 MTTF 대 AFR

예제

오늘날 어떤 디스크들은 MTTF가 1,000,000시간이라고 주장한다. 1,000,000시간은 1,000,000/(365 × 24) = 114년이므로 현실적으로 절대 고장 나지 않을 것처럼 보인다. Search와 같은 인터넷 서비스를 제공하는 창고 규모 컴퓨터(6.8절 참조)의 서버는 50,000대나 된다. 각 서버가 2개의 디스크를 갖는다고 가정한다. AFR을 사용해서 매년 얼마나 많은 디스크가 고장 날 것으로 예상되는지 계산하라.

답

1년은 365 × 24 = 8760시간이다. 1,000,000시간 MTTF는 8760/1,000,000 = 0.876%의 AFR을 의미한다. 디스크가 100,000개 있으면 매년 그중 876개가 고장 난다고 예측할 수 있고, 평균적으로 매일 2개의 디스크가 고장 남을 의미한다!

서비스 중단은 **평균 복구시간**(mean time to repair, MTTR)으로 측정된다. **장애간 평균시간**(mean time between failure, MTBF)은 단순히 평균 무장애시간과 평균 복구시간을 더한 것이다. MTBF가 많이 사용되지만 MTTF가 더 적절한 용어이다. **가용성**(availability)은 서비스의 수행과 중단, 두 상태를 왔다 갔다 하는 것과 관련된 서비스 수행 측도이다. 가용성은 다음과 같이 통계적으로 정량화할 수 있다.

$$\text{가용성} = \frac{\text{MTTF}}{(\text{MTTF} + \text{MTTR})}$$

신뢰성과 가용성은 그저 신용도와 비슷한 용어가 아니라 정량화할 수 있는 측도임에 유의하라. MTTR을 줄임으로써 MTTF를 늘리는 것만큼 가용성을 높일 수 있다. 예를 들어 결함의 탐지, 진단, 수리에 사용되는 도구는 결함을 수리하는 데 걸리는 시간을 단축시키는 데 도움이 되어서 가용성을 향상시킬 수 있다.

누구나 가용성이 매우 높기를 바란다. 높은 가용성을 나타내는 한 가지 방법은 연간 "가용성의 9(nines of availability)" 개수를 사용하는 것이다. 예를 들어 오늘날 매우 안정적인 인터넷 서비스는 4~5개의 가용성 9를 제공한다. 1년 365일이므로 365 × 24 × 60 = 526,000분이 된다. 다음을 참조하라. (5 nines는 1년에 5분간의 수리를 의미한다.)

1 nine: 90% ⇒ 1년간 36.5일의 수리기간
2 nines: 99% ⇒ 1년간 3.65일의 수리기간
3 nines: 99.9% ⇒ 1년간 526분의 수리기간
4 nines: 99.99% ⇒ 1년간 52.6분의 수리기간
5 nines: 99.999% ⇒ 1년간 5.26분의 수리기간

MTTF를 증가시키기 위해 부품의 품질을 개선하거나, 일부 장애가 발생한 부품이 있더라도 계속 작동하도록 시스템을 설계할 수 있다. 그렇다면 부품에 장애가 있더라도 시스템에는 장애가 발생하지 않을 수가 있기 때문에 장애를 다시 정의할 필요가 있다. 이러한 상황을 명확하게 구분하기 위해서 부품의 장애에는 **결함**(fault)이라는 용어를 사용한다. 아래에 MTTF를 개선하는 방법 세 가지를 소개한다.

PREDICTION

1. 결함 회피(fault avoidance): 결함 발생을 구조적으로 방지하는 방법.
2. 결함 감내(fault tolerance): 결함이 나타나더라도 서비스 명세대로 서비스가 제공될 수 있도록 여유분을 사용하는 방법.
3. 결함 예상(fault forecasting): 결함의 존재와 발생을 **예측**하는 방법으로, 구성요소가 실패하기 전에 교체할 수 있도록 한다.

## Hamming 단일 에러 정정, 이중 에러 검출(SEC/DED) 코드

Richard Hamming은 메모리에 널리 사용되는 여유분 기법을 발명하였고, 이 업적으로 1968년에 튜링상을 수상하였다. 여유분 코드를 만들려면 유효한 비트 패턴들이 얼마나 "가까운지"를 살펴보는 것이 중요하다. **Hamming 거리**(Hamming distance)는 유효한 두 비트 패턴에서 같은 위치의 비트 중 값이 서로 다른 것의 개수를 말한다. 예를 들어 0<u>11</u><u>0</u>11과 0<u>0</u><u>1</u>111의 거리는 2이다. 원소들 간의 최소 거리가 2인 코드에서 한 비트 에러가 발생하면 어떻게 될까? 이 에러는 코드의 유효한 패턴을 잘못된 패턴으로 바꿀 것이다. 그러므로 코드의 원소가 유효한지 아닌지를 검사할 수 있다면 한 비트 에러를 검출할 수 있고 이것을 단일 비트 에러 검출 코드(error detection code)라고 말할 수 있다.

에러 검출 코드 데이터의 에러 1개를 검출할 수 있는 코드이다. 에러의 정확한 위치는 알 수 없고 따라서 에러를 고칠 수는 없다.

Hamming은 에러 검출을 위해 **패리티 코드**(parity code)를 사용하였다. 패리티 코드에서는 워드 내의 1이 몇 개인지 세어서, 1의 개수가 홀수이면 홀수 패리티를 갖는다고 하고 짝수 개이면 짝수 패리티를 갖는다고 말한다. 워드를 메모리에 쓸 때

패리티 비트(짝수 패리티 시스템이라면, 워드가 홀수 패리티일 때 1, 짝수 패리티일 때 0)도 함께 쓴다. 이렇게 하면 N + 1비트의 패리티는 항상 짝수가 된다. 워드를 읽을 때는 패리티 비트도 같이 읽어서 검사한다. 메모리 워드의 패리티가 저장된 패리티 비트와 다르면 에러가 발생한 것이다.

**예제**

한 바이트로 표현된 숫자 $31_{ten}$의 패리티를 계산하고 메모리에 저장되는 패턴을 보여라. 패리티 비트는 오른쪽에 있다고 가정한다. 최상위 비트(MSB)가 메모리 내에서 바뀌었는데 그 값을 읽었다고 가정하면, 에러를 검출할 수 있는가? 최상위 두 비트가 바뀌었다면 어떻게 되는가?

**답**

31은 $00011111_{two}$이므로 5개의 1이 있다. 패리티를 짝수로 하려면 패리티 비트에 1을 써서 $00011111\underline{1}_{two}$로 만들어야 한다. 만약 MSB가 바뀌었으면 $\underline{1}00111111_{two}$를 읽게 되어 1이 7개가 된다. 짝수 패리티를 기대하였으나 홀수 패리티가 계산되므로 에러이다. 만약 최상위 두 비트가 바뀌었다면 $\underline{11}0111111_{two}$가 되어 1이 8개가 된다. 짝수 패리티가 되므로 에러를 검출할 수 **없다**.

두 비트의 에러가 있으면 한 비트 패리티 방식은 에러를 검출하지 못한다. 에러가 2개 발생하면 패리티가 정상적인 값과 일치하기 때문이다. (실제로 한 비트 패리티 방식은 에러의 개수가 홀수 개라면 몇 개가 발생하더라도 검출할 수 있다. 그러나 에러가 3개 생길 확률은 2개 생길 확률보다 훨씬 낮기 때문에, 실용적으로는 한 비트 패리티 코드는 한 비트 에러만 검출하는 것으로 생각한다.)

패리티 코드로는 에러를 정정할 수 없는데, Hamming은 검출뿐만 아니라 정정까지 가능한 코드를 원하였다. 최소 거리가 3인 코드를 사용하면, 단일 비트 에러가 생긴 코드는 다른 어떤 유효한 패턴보다 원래의 옳은 패턴과 더 가까울 것이다. Hamming은 데이터를 거리 3인 코드로 사상하는 알기 쉬운 방법을 생각해 냈는데, 그의 이름을 기려서 이것을 **Hamming 에러 검출 코드**(error correction code, ECC)라고 부른다. 단일 에러의 위치를 파악할 수 있도록 패리티 비트를 더 많이 사용한다. Hamming ECC를 계산하는 방법은 다음과 같다.

1. 가장 오른쪽 비트 번호를 0으로 하는 전통적 방식 대신, 왼쪽부터 1로 번호를 매긴다.
2. 번호가 2의 거듭제곱에 해당하는 모든 비트(위치 1, 2, 4, 8, 16, ...)를 패리티 비트로 한다.

| Bit position | | 1 | 2 | 3 | 4 | 5 | 6 | 7 | 8 | 9 | 10 | 11 | 12 |
|---|---|---|---|---|---|---|---|---|---|---|---|---|---|
| Encoded data bits | | p1 | p2 | d1 | p4 | d2 | d3 | d4 | p8 | d5 | d6 | d7 | d8 |
| Parity bit coverage | p1 | X | | X | | X | | X | | X | | X | |
| | p2 | | X | X | | | X | X | | | X | X | |
| | p4 | | | | X | X | X | X | | | | | X |
| | p8 | | | | | | | | X | X | X | X | X |

그림 5.23 **8비트 데이터에 대한 Hamming ECC 코드의 구성.**

3. 다른 비트 위치는 모두 데이터 비트로 사용한다(위치 3, 5, 6, 7, 9, 10, 11, 12, 13, 14, 15, ...).
4. 패리티 비트의 위치에 따라 검사하는 데이터 비트가 결정된다. (그림 5.23에 이를 그림으로 보였다.)
   - 비트 1($0001_{two}$)은 비트 (1, 3, 5, 7, 9, 11, ...)의 패리티이다. 번호의 맨 오른쪽 비트가 1인 것들이다($0001_{two}$, $0011_{two}$, $0101_{two}$, $0111_{two}$, $1001_{two}$, $1011_{two}$, ...).
   - 비트 2($0010_{two}$)는 비트 (2, 3, 6, 7, 10, 11, 14, 15, ...)의 패리티이다. 번호의 오른쪽에서 두 번째 비트가 1인 것들이다.
   - 비트 4($0100_{two}$)는 비트 (4–7, 12–15, 20–23, ...)의 패리티이다. 번호의 오른쪽에서 세 번째 비트가 1인 것들이다.
   - 비트 8($1000_{two}$)은 비트 (8–15, 24–31, 40–47, ...)의 패리티이다. 번호의 오른쪽에서 네 번째 비트가 1인 것들이다.

   모든 데이터 비트는 2개 이상의 패리티 비트 계산에 참여함을 주목하라.
5. 각 그룹이 짝수 패리티가 되도록 패리티 값을 정한다.

약간은 마술처럼 보일 수도 있지만 패리티 비트를 보면 어떤 비트가 잘못되었는지를 알 수 있다. 그림 5.23의 12비트 코드에서 4개의 패리티 계산 결과(p8, p4, p2, p1)가 0000이면 에러가 없는 것이다. 그러나 0000이 아니고 예를 들어 1010($10_{ten}$)이면 10번 비트(d6)가 에러라고 Hamming ECC가 알려 주는 것이다. 이진수는 0 아니면 1이므로, 10번 비트를 반대로 하면 에러를 정정할 수 있다.

**예제**

1바이트 데이터의 값이 $10011010_{two}$라고 가정하자. 먼저 이 데이터에 대한 Hamming ECC를 보여라. 그리고 비트 10을 반대로 바꾼 다음, ECC 코드가 단일 비트 에러를 찾아서 정정하는 과정을 보여라.

**답**

패리티 비트를 빈칸으로 표시하면 12비트 패턴은 _ _ 1 _ 0 0 1 _ 1 0 1 0이다.
위치 1은 비트 1, 3, 5, 7, 9, 11(_ _ 1 _ 0 0 1 _ 1 0 1)의 패리티이다. 이 그룹을 짝수 패리티로 만들기 위하여 비트 1은 0이 되어야 한다.
비트 2, 3, 6, 7, 10, 11(0 _ 1 _ 0 0 1 _ 1 0 1 0)은 현재 홀수 패리티이므로, 이들의 패리티인 비트 2는 1이 되어야 한다.
비트 4, 5, 6, 7, 12(0 1 1 _ 0 0 1 _ 1 0 1 0)는 현재 홀수 패리티이므로, 이들의 패리티인 비트 4는 1이 되어야 한다.
비트 8, 9, 10, 11, 12(0 1 1 1 0 0 1 _ 1 0 1 0)는 현재 짝수 패리티이므로, 이들의 패리티인 비트 8은 0이 되어야 한다.
최종 코드 워드는 011100101010이 된다. 여기서 열 번째 비트를 반대로 바꾸면 011100101110이 된다.
패리티 비트 1은 0. (011100101110은 1이 4개라 짝수 패리티이므로 문제없음)
패리티 비트 2는 1. (011100101110은 1이 5개라 홀수 패리티이므로 에러가 있음)
패리티 비트 4는 1. (011100101110은 1이 2개라 짝수 패리티이므로 문제없음)
패리티 비트 8은 1. (011100101110은 1이 3개라 홀수 패리티이므로 에러가 있음)
패리티 비트 2와 8이 틀렸다. 2 + 8 = 10이므로 비트 10이 잘못된 것이다. 따라서 비트 10을 바꾸면 에러가 정정된 원래 값 011100101010을 얻을 수 있다.

Hamming은 단일 비트 에러 정정 코드에서 멈추지 않았다. 한 비트를 더 사용하면 코드의 최소 Hamming 거리를 4로 만들 수 있는데, 이를 이용하여 단일 비트 에러를 정정하고 **이중 비트 에러를 검출**할 수 있다. 이를 위하여 전체 워드에 대한 패리티 한 비트를 추가한다. 4비트 데이터 워드를 예로 들어 보자. 이 경우 7비트만 있으면 단일 비트 에러 검출이 가능하다. Hamming 패리티 비트 H(p1, p2, p3)를 계산하고(늘 그렇듯이 짝수 패리티를 사용함) 전체 워드에 대한 짝수 패리티 p4를 계산한다.

| 1 | 2 | 3 | 4 | 5 | 6 | 7 | <u>8</u> |
|---|---|---|---|---|---|---|---|
| $p_1$ | $p_2$ | $d_1$ | $p_3$ | $d_2$ | $d_3$ | $d_4$ | <u>$p_4$</u> |

1개의 에러를 정정하고 2개를 검출하려면 전과 같이 ECC 그룹(H)에 대해 패리티를 계산하고 전체 그룹에 대한 패리티($p_4$)를 하나 더 계산하면 된다. 네 가지 경우가 있다.

1. H가 짝수이고 $p_4$도 짝수이면, 에러 없음.
2. H가 홀수이고 $p_4$도 홀수이면, 정정 가능한 1개의 에러가 발생하였음. (에러가 하나 발생하면 $p_4$는 홀수 패리티가 된다.)

3. H는 짝수이고 $p_4$가 홀수이면, $p_4$비트에 단일 에러가 발생한 것이므로 $p_4$비트를 정정한다.
4. H는 홀수이고 $p_4$가 짝수이면, 에러가 2개 발생한 것이다. (에러가 2개 발생하면 $p_4$는 짝수 패리티가 된다.)

단일 에러 정정/이중 에러 검출(SEC/DED)은 오늘날 서버용 메모리에 널리 사용된다. 8바이트 크기의 블록은 SEC/DED 때문에 한 바이트가 더 필요하다. 그래서 크기가 72비트인 DIMM이 많다.

**고난도:** $p + d$ 비트 워드에서 $p$는 전체 패리티 비트 수이고 $d$는 데이터 비트 수라고 가정할 때, SEC를 위해 얼마나 많은 비트가 필요한지 계산해 보자. $p$개의 에러 정정 비트로 에러가 발생하지 않은 경우와 에러가 발생한 경우를 구별하고 에러가 발생했을 경우 에러 발생 위치($p + d$ 비트 중 하나)를 표시하려면 다음 조건을 만족해야 한다.

$$2^p \geq p + d + 1 \text{ 비트, 따라서 } p \geq \log(p + d + 1)$$

예를 들어 8비트 데이터는 $d = 8$이고 $2^p \geq p + 8 + 1$이므로 $p = 4$이다. 마찬가지로 16비트 데이터에서는 $p = 5$이고, 32비트 데이터에서는 $p = 6$, 64비트 데이터에서는 $p = 7$이 된다.

**고난도:** 아주 큰 시스템에서는 여러 개의 에러가 동시에 발생하는 것만큼이나 큰 메모리 칩 하나가 통째로 동작하지 않는 것이 중요한 문제가 되었다. IBM은 이 문제를 해결하기 위하여 **칩킬**(chipkill)을 도입하였고 많은 대형 시스템들이 이 기술을 사용하고 있다. (Intel은 SDDC라고 부른다.) 디스크에서 사용되는 RAID 방식과 같이(**5.11절** 참조), 칩킬은 데이터와 ECC 정보를 분산시켜서 칩 하나가 통째로 동작하지 않더라도 나머지 메모리 칩으로부터 잃어버린 데이터를 복원할 수 있도록 해 준다. 프로세서가 10,000개 있고 프로세서마다 4 GiB 메모리가 있는 클러스터가 3년 동안 동작할 때, **복구할 수 없는** 메모리 에러 발생률을 IBM은 다음과 같이 계산하였다.

- 패리티만 사용할 경우—매 17분마다 약 90,000개 장애, 또는 1개의 복구할 수 없는(또는 검출할 수 없는) 장애 발생
- SEC/DED만 사용할 경우—매 7.5시간마다 약 3500개 장애, 또는 1개의 검출할 수 없거나 복구할 수 없는 장애 발생
- 칩킬—2개월마다 6개 장애, 또는 1개의 검출할 수 없거나 복구할 수 없는 장애 발생

그러므로 칩킬은 창고 규모 컴퓨터(6.8절 참조)에서는 필수적인 기술이다.

**고난도:** 메모리 시스템에서는 1개 또는 2개의 비트 에러 발생이 일반적이지만 네트워크에서는 한꺼번에 대량의 비트 에러가 발생할 수 있다. 이의 해결 방법 중 하나로 **CRC**(cyclic redundancy check)라는 방법이 있다. *k* 비트의 블록에 대하여 전송기는 *n-k* 비트 프레임 검사 시퀀스를 만들어서, 미리 정해진 어떤 숫자로 딱 나누어지는 *n* 비트를 전송한다. 수신기는 그 숫자로 프레임을 나눈다. 나머지가 없으면 에러가 없다고 본다. 있으면 수신기는 메시지를 버리고 송신기에 재전송을 요청한다. 3장에서 보았듯이 어떤 이진수의 나눗셈은 시프트 레지스터를 이용하여 쉽게 계산할 수 있다. 따라서 하드웨어가 비쌌던 시절에도 CRC 코드는 많이 사용되었다. 더 복잡한 Reed-Solomon 코드는 여러 비트의 전송 에러를 **정정**하기 위해 Galois 필드를 이용한다. 여기서는 데이터가 다항식의 계수로 간주되어 다항식의 값이 코드 공간이 된다. Reed-Solomon 계산은 이진 나눗셈보다 훨씬 더 복잡하다.

## 5.6 가상 머신

**가상 머신**(virtual machine, VM)은 1960년대 중반에 처음으로 개발되었으며, 수십 년이 지난 지금도 여전히 메인프레임 컴퓨터의 중요한 부분으로 남아 있다. 1980년대와 1990년대의 단일 사용자 PC 영역에서는 거의 사용되지 않았지만, 최근 다음과 같은 이유로 인기를 얻고 있다.

- 현대 시스템에서 격리와 보안에 관한 중요도 증가.
- 표준 운영체제의 보안성과 신뢰성 실패.
- 관련 없는 많은 사용자들이 한 컴퓨터를 공유하는 현상. 특히 클라우드 컴퓨팅에서.
- 최근 수십 년간 프로세서 속도의 획기적인 발전으로 VM의 오버헤드를 더 잘 감당할 수 있게 되었다.

VM의 가장 넓은 정의는 기본적으로 Java VM같이 표준 소프트웨어 인터페이스를 제공하는 모든 에뮬레이션 방법들을 포함한다. 하지만 이 절의 주관심사는 이진 **명령어 집합 구조**(ISA) 수준에서 완전한 시스템 계층 환경을 제공하는 VM이다. 어떤 VM들은 실제 하드웨어와는 다른 ISA를 실행하기도 하지만, 여기서는 항상 하드웨어와 일치하는 ISA를 실행한다고 가정한다. 이런 VM을 **운영체제 가상 머신**(operating system virtual machine) 또는 **시스템 가상 머신**(system virtual machine)이라고 부르며, IBM VM/370, VirtualBox, VMware ESX Server, Xen 들이 그 예이다.

운영체제 가상 머신은 사용자들에게 전체 컴퓨터를 자신만이 쓰고 있다는 환상을 제공한다. 여기에는 운영체제도 포함된다. 한 컴퓨터가 여러 개의 VM을 실행하여, 여러 개의 다른 **운영체제**(operating system, OS)들을 지원할 수도 있다. 전통적인 플랫폼에서는 한 OS가 모든 하드웨어 자원을 차지하지만, VM을 이용하면 여러 개의 운영체제가 하드웨어 자원을 공유할 수 있다.

VM을 지원하는 소프트웨어를 **가상 머신 모니터**(virtual machine monitor, VMM) 또는 **하이퍼바이저**(hypervisor)라고 부르며, 가상 머신 기술의 핵심이다. 기반이 되는 하드웨어 플랫폼을 **호스트**(host)라고 하고, 호스트의 자원은 **손님**(guest) VM들이 공유한다. VMM은 가상 자원(virtual resource)을 어떻게 물리 자원(physical resource)으로 사상할 것인지를 결정한다. 물리 자원은 시분할(time-shared)이나 공간 분할(partitioned)로 공유되며, 심지어는 소프트웨어로 에뮬레이션되기도 한다. VMM은 전통적인 OS보다 훨씬 작다. VMM의 독립적인 부분은 아마도 겨우 10,000줄 정도의 코드로 이루어져 있을 것이다.

여기에서 우리의 관심은 보호를 강화하기 위한 VM에 있지만, VM은 상업적으로 중요한 두 가지 이점을 제공한다.

1. **소프트웨어 관리.** VM은 완벽한 소프트웨어 스택을 실행할 수 있는 추상화를 제공한다. 심지어는 DOS 같은 오래된 운영체제도 포용한다. 전형적인 형태는 과거에 사용되던 OS를 실행하는 VM들이 몇 개 있고, 현재의 안정적인 OS를 실행하는 VM들도 여러 개 있고, 일부 VM은 차세대 OS를 테스트하는 구성일 것이다.

2. **하드웨어 관리.** 서버를 여러 개 사용하는 이유 중 하나는 각 응용 프로그램을 적합한 운영체제를 갖춘 별도의 컴퓨터에서 실행하기 위해서이다. 이렇게 분리하면 신용도를 개선할 수 있다. VM은 이 여러 소프트웨어 스택이 하드웨어는 공유하지만 실행은 독립적으로 할 수 있게 한다. 또 다른 예는 부하 평형이나 고장 난 하드웨어의 제거를 위해 실행 중인 VM을 다른 컴퓨터로 옮기는 작업을 VMM이 지원하는 것이다.

---

**하드웨어/소프트웨어 인터페이스**

AWS(Amazon Web Services)가 EC2를 제공하는 클라우드 컴퓨팅에서 가상 머신을 사용하는 이유는 다섯 가지이다.

1. 사용자들이 같은 서버를 공유하면서도 각자를 보호할 수 있도록 해 준다.
2. 창고 규모 컴퓨터에서 소프트웨어를 간단하게 배포할 수 있다. 고객이 적합한 소프트웨어로 구성된 가상 머신 이미지를 설치하면, AWS가 이 소프트웨어를 사용하고자 하는 모든 고객에게 배포한다.
3. 고객(그리고 AWS)이 작업을 끝냈을 때, VM을 확실하게 종료시켜서 자원 사

용을 제어할 수 있다.

4. 가상 머신은 사용자가 어떤 하드웨어를 사용하는지 모르게 할 수 있다. 이것은 AWS가 구식 서버를 유지하면서 동시에 효율적인 신형 서버를 새로 도입할 수 있음을 뜻한다. 고객은 자기가 기대하는 성능을 "EC2 Compute Units" 단위로 나타낼 수 있다. AWS는 1 EC2 Compute Unit을 "1.0–1.2 GHz 2007 AMD Opteron이나 2007 Intel Xeon 프로세서와 동등한 CPU 성능을 제공"하는 것으로 정의한다. 신형 서버가 구형 서버보다 대체로 더 큰 EC2 Compute Units를 제공하기는 하지만, 구형 서버라도 경제성만 있으면 AWS가 계속 임대에 사용할 수 있다.
5. 가상 머신 모니터는 VM이 프로세서, 네트워크, 디스크 공간을 사용하는 정도를 조절할 수 있다. 이렇게 함으로써 AWS는 같은 서버에서 실행되는 여러 유형의 인스턴스에 대해 다양한 가격을 제공할 수 있다. 예를 들어 2020년 기준 AWS는 시간당 ₵0.5 이하($0.0047의 t3a.nano)부터 시간당 $25 이상($26.96의 메모리 최적화된 x1e.32xlarge)까지 200개 이상의 인스턴스 유형을 제공한다. 그 가격 차이는 5000:1에 이른다.

---

일반적으로 프로세서 가상화의 비용은 작업부하에 달려 있다. 사용자 수준에서 프로세서 집약적 프로그램은 가상화 오버헤드가 거의 없다. 왜냐하면 OS가 거의 호출되지 않아서 모든 것들이 원래 속도대로 동작하기 때문이다. I/O를 많이 하는 작업부하는 일반적으로 OS 집약적이기도 하다. 따라서 시스템 호출과 특권 명령어 사용이 많아 가상화 비용이 많이 든다. 그러나 I/O를 많이 하는 작업부하가 I/O 집약적이기도 하면 프로세서는 I/O를 기다리면서 아무 일도 하지 않는 시간이 많으므로 프로세서 가상화 비용을 완전히 감출 수 있다.

오버헤드는 VMM에 의해 에뮬레이션되어야 하는 명령어의 개수와 각 명령어의 에뮬레이션 시간에 의해 결정된다. 따라서 우리가 가정한 것처럼 손님 VM들이 호스트와 같은 ISA를 수행할 때, VMM과 구조의 공통 목적은 거의 모든 명령어를 실제 하드웨어가 직접 실행하는 것이다.

## 가상 머신 모니터의 요구사항

가상 머신 모니터는 무슨 일을 하는가? 손님 소프트웨어에게 소프트웨어 인터페이스를 제공하고, 손님의 상태를 다른 손님들과 격리시켜야 하며, 손님 OS를 포함한 손님 소프트웨어로부터 자기 자신을 보호해야 한다. VMM의 요구사항은 다음과 같다.

- 손님 소프트웨어는 성능에 관련된 동작이나 여러 개의 VM과 공유하는 고정된 자원의 한계를 제외하고는 마치 실제 하드웨어상에서 동작하는 것과 똑같이 VM 위에서 동작해야 한다.
- 손님 소프트웨어는 실제 시스템의 자원 할당을 직접 변경할 수 없어야 한다.

프로세서를 "가상화"하기 위하여 VMM은 손님 VM과 현재 실행 중인 OS가 일시적으로 사용하고 있더라도, 특권 상태 접근, I/O, 예외, 인터럽트와 같은 모든 것을 직접 제어하여야 한다.

예를 들어 타이머 인터럽트의 경우 VMM은 현재 동작하고 있는 손님 VM을 일시적으로 중지시키고 그 상태를 저장한다. 그리고 인터럽트를 처리하고, 이어서 어떤 손님 VM을 수행할지 결정하고, 그 상태를 적재한다. 타이머 인터럽트를 사용하는 손님 VM에게 가상 타이머와 VMM이 인터럽트하는 에뮬레이션된 타이머를 제공한다.

이러한 역할을 수행하기 위해 VMM은 일반적으로 사용자 모드에서 실행되는 손님 VM보다 높은 권한을 가져야 한다. 이렇게 하면 모든 특권 명령어는 반드시 VMM이 처리하게 된다. 운영체제 가상 머신을 지원하기 위한 기본 요구사항은 다음과 같다.

- 최소한 2개의 프로세서 모드, 즉 시스템 모드와 사용자 모드.
- 시스템 모드에서만 사용할 수 있는 특권 명령어. 이 명령어를 사용자 모드에서 실행하면 트랩이 발생한다. 모든 시스템 자원은 이 명령어들을 통해서만 제어할 수 있어야 한다.

## 명령어 집합 구조의 가상 머신 지원 기능(의 결여)

VM이 ISA를 설계하는 동안 계획되었다면, VMM이 실행해야 하는 명령어 개수를 줄이고 에뮬레이션 속도를 개선하기가 상대적으로 쉬웠을 것이다. VM이 하드웨어에서 직접 실행될 수 있는 구조에 가상화 가능(virtualizable)이라는 타이틀을 붙여주는데, IBM 370과 RISC-V는 자랑스럽게도 이 타이틀을 지니고 있다.

비교적 최근에 와서야 PC와 서버 응용에 VM이 고려되기 시작하였으므로, 대부분의 명령어 집합들은 가상화를 염두에 두지 않고 만들어져 있다. ARMv7과 MIPS를 포함한 대부분의 RISC와 x86 구조가 여기에 해당된다.

VMM은 손님 시스템이 가상 자원하고만 상호작용하는 것만을 보장해야 하기 때문에, 보통의 손님 OS는 VMM 위에서 사용자 모드 프로그램으로 동작하게 된다. 만약 손님 OS가 특권 명령어를 이용하여 하드웨어 자원과 연관된 정보를 접근하거나 조작하려는 시도를 하면—예를 들어 인터럽트를 허용하는 상태 비트의 읽기나 쓰기—트랩을 발생시켜 VMM을 부른다. 그러면 VMM이 해당 실제 자원에 적절한 변경을 일으킬 수 있다.

따라서 이처럼 민감한 정보를 읽거나 쓰려고 하는 명령어가 사용자 모드에서 실행될 때 트랩이 발생되게 하면, VMM이 이를 가로채서 손님 OS가 기대하는 대로 이 민감한 정보의 가상 버전을 지원할 수 있다.

이런 지원 기능이 없으면 다른 조치를 취해야 한다. VMM이 특별히 주의를 기울여서 문제의 소지가 있는 명령어를 모두 찾아내고, 이 명령어들이 손님 OS에 의해 실행될 때 올바르게 동작하도록 해야 한다. 이로 인해서 VMM의 복잡도가 증가하고 VM의 실행 성능이 떨어지게 된다.

## 보호와 명령어 집합 구조

보호가 컴퓨터 구조와 운영체제의 공동 작업이기는 하지만, 가상 메모리가 널리 사용되자 컴퓨터 구조 설계자들은 기존 명령어 집합 구조의 어색한 점들을 수정해야 했다.

예를 들어 보자. x86 명령어 POPF는 메모리에 있는 스택 맨 위의 값을 플래그 레지스터에 넣는 명령어이다. 플래그들 중 하나로 **인터럽트 허용**(interrupt enable, IE) 플래그가 있다. 사용자 모드에서 POPF 명령어를 실행하면, 트랩을 발생시키는 대신 단순히 IE 플래그를 제외한 모든 플래그를 변경한다. IE 플래그는 POPF 명령어를 시스템 모드에서 실행해야 변경된다. 손님 OS는 VM에서 사용자 모드로 동작하는데, 손님 OS가 원하는 것은 IE 플래그의 값이 바뀌는 것이기 때문에 문제가 된다.

역사적으로 가상 머신의 성능을 향상시키기 위해 IBM 메인프레임 하드웨어와 VMM은 세 가지 단계를 밟아 왔다.

1. 프로세서 가상화의 비용을 줄인다.
2. 가상화로 인한 인터럽트 오버헤드 비용을 줄인다.
3. VMM 호출 없이 적절한 VM에게 인터럽트를 처리하게 하여 인터럽트 비용을 줄인다.

2006년 AMD와 Intel이 프로세서의 가상화 비용을 줄임으로써 첫 번째 단계를 시도하였다. 이 세 가지 단계를 모두 수용하기 위해 몇 세대에 걸쳐 컴퓨터 구조와 VMM이 어떻게 수정되어 왔는지, 또 21세기의 VM이 1970년대의 IBM 메인프레임과 VMM만큼 효율적이 되려면 얼마나 시간이 필요할지 알아보는 것도 흥미로운 일이다.

**고난도:** RISC-V는 사용자 모드에서 실행되는 모든 특권 명령어를 가로챈다. 이렇게 **고전적 가상화**(classical virtualization)를 지원하는데, 고전적 가상화에서 손님 OS는 사용자 모드에서 수행되고 VMM은 관리자 모드에서 수행된다.

**고난도:** 가상화할 마지막 부분은 I/O이다. 컴퓨터에 부착되는 I/O 장치의 수가 증가하고 I/O 장치 종류의 다양성도 증가하기 때문에 이 부분이 시스템 가상화에서 가장 어려운 부분이다. 또 다른 어려움은 여러 VM들이 실제 장치를 공유하는 문제이다. 또한 필요한 수많은 디바이스 드라이버의 지원도 어려운 문제인데, 특히 같은 VM 시스템에서 여러 손님 OS를 지원할 때는 이 문제가 더 어려워진다. 각 VM에는 I/O 디바이스 드라이버의 일반적 버전을 제공하고 실제 I/O를 다루는 일은 VMM에 맡김으로써 VM의 환상을 유지할 수 있다.

*… a system has been devised to make the core drum combination appear to the programmer as a single level store, the requisite transfers taking place automatically.*

Kilburn et al., *One-level storage system*, 1962

가상 메모리 메인 메모리를 2차 저장장치의 캐시로 사용하는 기술.

## 5.7 가상 메모리

앞에서 캐시가 어떻게 최근에 사용한 프로그램의 코드와 데이터 부분에 대한 빠른 접근을 제공하는지 알아보았다. 같은 방법으로 메인 메모리가 보통 자기 디스크로 구현되는 2차 저장장치(secondary storage)를 위한 "캐시"로 동작할 수 있다. 이 기술을 **가상 메모리**(virtual memory)라고 부른다. 역사적으로 가상 메모리를 사용하게 된 주요 동기는 두 가지이다. 첫째는 여러 프로그램들이 효과적이고 안전하게 메모리를 공유할 수 있게 하기 위함이다. 클라우드 컴퓨팅을 위한 여러 가상 머신의 메모리 요구가 이런 경우이다. 둘째는 작고 제한된 크기의 메인 메모리에서 프로그래밍해야 하는 제약을 제거하기 위해서이다. 이 기법이 탄생한 지 50년이 지난 지금은 첫 번째 이유로 널리 사용되고 있다.

다수의 가상 머신이 같은 메모리를 사용할 수 있게 하려면, 모든 프로그램이 반드시 자신에게 할당된 메인 메모리 부분만 읽고 쓸 수 있게 하여 각 가상 머신을 다른 가상 머신으로부터 보호할 수 있어야 한다. 캐시가 한 프로그램의 활발히 사용되는 부분만 담고 있는 것과 마찬가지로, 메인 메모리도 많은 가상 머신이 활발히 사용하는 부분만 담고 있으면 된다. 따라서 지역성의 원칙은 캐시뿐만 아니라 가상 메모리를 가능하게 하는 근거가 된다. 가상 메모리는 메인 메모리는 물론 프로세서도 효율적으로 공유하게 해 준다.

프로그램을 컴파일할 때는 가상 머신이 다른 어떤 가상 머신들과 메모리를 공유할지 알 수 없다. 실제로 메모리를 공유하는 가상 머신은 가상 머신들이 수행되는 동안 동적으로 변하게 된다. 이러한 동적 상호작용 때문에 각 프로그램들이 자신만의 **주소 공간**(address space), 즉 이 프로그램만 접근 가능한 별개의 메모리 영역으로 컴파일되기를 바란다. 가상 메모리는 프로그램의 주소 공간을 **실제 주소**(physical address)로 변환하여 준다. 이러한 변환 과정이 한 프로그램의 주소 공간을 다른 가상 머신으로부터 **보호**(protection)하여 준다.

실제 주소 메인 메모리 내의 주소.

보호 프로세서, 메모리, 입출력장치를 공유하는 여러 프로세스들이 의도적이든 비의도적이든 남의 데이터를 읽거나 쓰지 못하게 해서 서로 간섭하지 않도록 하는 메커니즘들의 집합. 이 메커니즘은 운영체제를 사용자 프로세스로부터 격리시키는 역할도 한다.

가상 메모리가 생겨나게 된 두 번째 동기는 사용자 프로그램이 메인 메모리보다 더 커질 수 있게 해 주려는 것이다. 이전에는 프로그램이 메인 메모리보다 더 클 경우에 프로그램을 메모리에 맞추는 일은 프로그래머의 책임이었다. 프로그래머가 프로그램을 작은 조각으로 나누고, 상호 배타적인 조각들을 찾아내야 했다. 이 **오버레이**(overlay)들은 실행 도중 사용자 프로그램의 제어하에 적재되거나 제거되었다. 프로그램이 적재되지 않은 오버레이를 접근하는 일이 없고, 적재된 오버레이가 전체 메모리 크기보다 더 커지는 일이 없도록 프로그래머가 확인해야 했다. 오버레이는 전통적으로 모듈로 구성되었으며, 각 모듈은 코드와 데이터를 갖고 있다. 다른 모듈에 속한 프로시저 사이의 호출이 발생하면 한 모듈 위에 다른 모듈을 덮어쓸 수 있다.

상상할 수 있는 바와 같이 프로그래머가 이런 일을 다 책임지는 것은 매우 큰 부담이다. 이런 어려움으로부터 프로그래머를 해방시키기 위해 발명된 가상 메모리는 메인 메모리[때로는 가상 메모리와 구별하기 위해 **실제 메모리**(physical memory)라고도 부름]와 2차 기억장치로 구성되는 두 단계의 메모리 계층을 자동으로 관리한다.

가상 메모리와 캐시에 적용되는 개념 자체는 같을지라도 역사적 뿌리가 다르다 보니 서로 다른 용어를 사용하게 되었다. 가상 메모리 블록은 **페이지**(page)라 불리고, 가상 메모리 실패는 **페이지 부재**(page fault)라고 불린다. 가상 메모리를 갖는 프로세서가 **가상 주소**(virtual address)를 내보내면, 하드웨어와 소프트웨어가 협력하여 가상 주소를 **실제 주소**(physical address)로 변환한 후 메인 메모리 접근에 사용한다. 그림 5.24는 페이지로 구성된 가상 주소 메모리가 메인 메모리로 사상되는 것을 보여 주고 있다. 이 과정을 **주소 변환**(address translation) 또는 **주소 사상**(address mapping)이라고 한다. 오늘날 가상 메모리에 의해 제어되는 두 메모리 계층은 개인 휴대용 기기에서는 보통 DRAM과 플래시 메모리이고 서버에서는 DRAM과 자기 디스크(5.2절 참조)이다. 도서관 비유로 되돌아가면, 가상 주소를 책의 제목으로 생각할 수 있고, 실제 주소를 의회 도서관 청구 기호로 주어지는 도서관 내

페이지 부재 접근하려는 페이지가 메인 메모리 안에 존재하지 않을 때 발생하는 사건.

가상 주소 가상 메모리에서의 위치를 나타내는 주소로서, 메모리에 접근할 때 주소 사상 메커니즘에 의하여 실제 주소로 변환된다.

주소 변환 주소 사상이라고도 부른다. 가상 주소를 메모리 접근에 사용되는 주소로 사상시키는 과정.

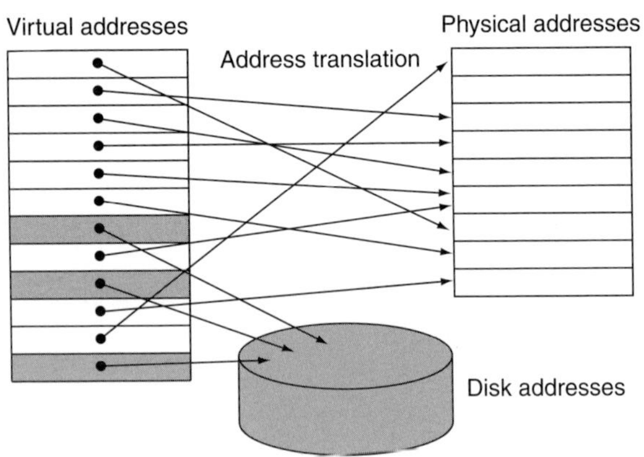


**그림 5.24 가상 메모리에서 메모리 블록(페이지)들은 한 주소들의 집합(가상 주소)에서 다른 주소들의 집합(실제 주소)으로 사상된다.** 프로세서는 가상 주소를 만들어 내는 반면에, 메모리는 실제 주소를 사용하여 접근된다. 가상 메모리와 메인 메모리 모두 페이지 단위로 나누어져 있어서, 가상 페이지가 실제 페이지로 사상된다. 물론 가상 페이지가 메인 메모리에 없을 수도 있고, 따라서 실제 주소로 사상되지 않을 수도 있다. 이 경우 이 페이지는 디스크에 있다. 2개의 가상 주소가 같은 실제 주소를 가리키도록 함으로써 실제 페이지를 공유할 수 있다. 이러한 기능은 2개의 다른 프로그램이 데이터와 코드를 공유할 수 있도록 해 준다.

의 책 위치로 생각할 수 있다.

가상 메모리는 **재배치**(relocation) 기능을 제공하여 수행될 프로그램의 적재를 단순화한다. 재배치는 프로그램에 의해 사용되는 가상 주소를 다른 실제 주소로 사상시킨 후 메모리 접근에 사용한다. 이 재배치는 메인 메모리 내의 어떤 위치에도 프로그램을 적재할 수 있게 한다. 게다가 오늘날 쓰이는 모든 가상 메모리 시스템은 프로그램을 고정 크기 블록(페이지)의 집합으로 재배치시킨다. 따라서 프로그램에 할당하기 위해서 메모리의 연속적인 블록을 찾아낼 필요가 없게 되었다. 대신에 운영체제는 메인 메모리 내에 빈 페이지가 충분히 많이 있는지만 확인하면 된다.

가상 메모리 시스템의 주소는 **가상 페이지 번호**(virtual page number)와 **페이지 변위**(page offset)로 나누어진다. 그림 5.25는 가상 페이지 번호가 **실제 페이지 번호**(physical page number)로 변환되는 것을 보여 준다. 이 RISC-V 버전 책은 32비트 주소를 사용한다. 그림의 실제 메모리의 크기는 1 GiB라고 가정한다. 여기에 30비트 주소가 사용된다. (64비트 주소를 사용하여 훨씬 더 큰 가상 주소와 실제 주소를 제공하는 RISC-V 버전도 있다.) 실제 페이지 번호는 실제 주소의 상위 부분을 구성하고, 변환 후에도 바뀌지 않는 페이지 변위는 하위 부분을 구성한다. 페이지 변위 필드의 비트 수는 페이지의 크기를 결정한다. 가상 주소로 참조 가능한 페이지 수는 실제 주소로 참조 가능한 페이지 수와 같지 않아도 된다. 실제 페이지보다 더 많은

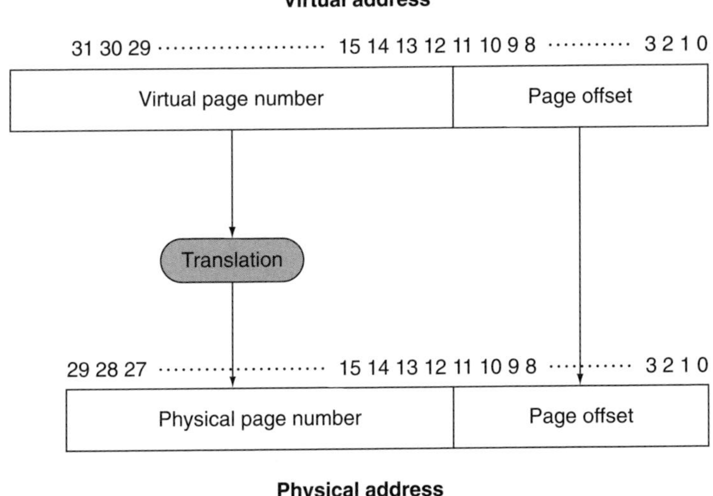


**그림 5.25 가상 주소를 실제 주소로 사상.** 페이지 크기는 $2^{12}$ = 4 KiB이다. 실제 페이지 번호가 18비트이므로 메인 메모리에 있을 수 있는 실제 페이지의 수는 $2^{18}$이다. 그러므로 가상 주소 공간은 4 GiB이지만, 메인 메모리는 최대 1 GiB까지 가능하다.

수의 가상 페이지가 무한히 큰 가상 메모리 환상의 기초가 되는 것이다.

가상 메모리에서 페이지 부재 처리에 소요되는 높은 비용을 줄이기 위해 많은 설계 대안들이 제시되었다. 페이지 부재는 처리하는 데 수백만 사이클이 소요된다. (5.2절의 첫 번째 표는 메인 메모리가 디스크보다 약 100,000배 빠르다는 것을 보여준다.) 보통 크기의 페이지의 경우 첫 번째 워드를 꺼내는 데 걸리는 시간이 거의 대부분인 이러한 어마어마한 실패 손실 때문에 가상 메모리 설계에 대해 다음과 같은 몇 가지 중요한 결정이 내려졌다.

- 긴 접근시간을 보상할 만큼 페이지가 충분히 커야 한다. 오늘날 4 KiB에서 16 KiB 크기가 일반적이다. 새로운 데스크톱과 서버 시스템이 32 KiB와 64 KiB 페이지를 지원하도록 개발되고 있다. 그러나 새로운 임베디드 시스템들은 반대방향으로 발전하고 있어 페이지 크기가 1 KiB 정도이다.
- 페이지 부재 발생률을 줄이는 구성이 바람직하다. 이를 위해 사용되는 주된 기술은 페이지를 완전 연관 방식으로 메모리에 배치하는 것이다.
- 페이지 부재는 소프트웨어로 처리할 수 있다. 이 부담이 디스크를 접근하는 시간과 비교할 때 작기 때문이다. 게다가 소프트웨어는 페이지 배치에 좋은 알고리즘을 사용할 수 있다. 왜냐하면 실패율이 조금만 줄어도 충분히 그러한 알고리즘의 비용을 보상할 수 있기 때문이다.

■ 가상 메모리에서 즉시 쓰기 방식을 사용하면 시간이 너무 오래 걸리기 때문에 적절하지 못하다. 대신 가상 메모리 시스템은 나중 쓰기 방식을 사용한다.

앞으로 이런 가상 메모리의 설계 요소들을 살펴보도록 한다.

**고난도:** 많은 가상 머신이 같은 메모리를 공유하게 하는 것이 가상 메모리를 만들게 된 동기라고 소개하였지만, 원래 가상 메모리는 시분할 시스템의 일부로 다수의 프로그램이 컴퓨터를 공유할 수 있게 하기 위해서 개발되었다. 하지만 오늘날의 독자들은 대부분 시분할 시스템에 대한 경험이 없으므로 이 절에서는 가상 머신을 동기로 소개하였다.

**고난도:** 서버와 PC뿐만 아니라 스마트폰에서도 32비트 주소를 사용하는 프로세서들이 문제가 되기도 한다. 일반적으로 가상 주소의 크기가 실제 주소의 크기보다 훨씬 크다고 생각하지만 그 반대의 경우도 있을 수 있다. 프로세서의 주소 크기가 메모리 기술 수준에 비해 상대적으로 작을 때 이러한 현상이 발생한다. 프로그램 하나나 가상 머신 하나를 실행할 때는 별 이득이 없지만, 다수의 프로그램이나 가상 머신들이 동시에 실행될 때는 스와핑되지 않음으로써 또는 병렬 프로세서상에서 수행됨으로써 이득을 볼 수 있다.

세그먼테이션 세그먼트 번호와 세그먼트 변위 두 부분으로 구성된 주소를 사용하는 가변 크기 주소 사상 기법. 세그먼트 번호는 실제 주소로 사상된다.

**고난도:** 이 책의 가상 메모리에 관한 설명은 고정된 크기의 블록을 사용하는 페이징에 초점을 맞추고 있다. 이 방법 외에도 가변 크기의 블록을 사용하는 **세그먼테이션**(segmentation) 기법이 있다. 세그먼테이션에서 주소는 세그먼트 번호와 세그먼트 변위의 두 부분으로 이루어진다. 세그먼트 번호가 실제 주소로 사상되고, 여기에 변위를 더하여 실질적인 실제 주소를 구한다. 세그먼트는 그 크기가 다양하기 때문에 변위가 세그먼트 내에 있는지 확인하기 위해 경계 검사도 필요하다. 세그먼테이션의 주 용도는 보다 강력한 보호 방법과 공유 방법을 주소 공간에 제공하는 것이다. 대부분의 운영체제 교과서는 페이징보다 세그먼테이션에 대하여 더 많은 설명을 하고 있으며, 주소 공간을 논리적으로 공유하기 위한 세그먼트의 사용에 대해서도 많은 설명을 하고 있다. 세그먼테이션 기법의 가장 큰 단점은 주소 공간이 논리적으로 분리된 조각들로 분할되어, 세그먼트 번호와 변위 두 부분으로 된 주소를 사용해야 한다는 것이다. 반면에 페이징은 페이지 번호와 변위 사이의 경계가 프로그래머나 컴파일러에게는 보이지 않게 한다.

세그먼트는 컴퓨터 워드 크기를 변화시키지 않고 주소 공간을 확장하는 방법으로도 사용되어 왔다. 그러나 이러한 시도는 두 부분으로 된 주소 때문에 생기는 성능 손실과 불편함 때문에 성공적이지 못했다. 프로그래머와 컴파일러가 이 부분을 꼭 알아야 하는 것도 문제이다.

많은 시스템들은 주소 공간을 고정 크기의 큰 블록들로 나누는데, 이렇게 하면 운영체제와 사용자 프로그램 사이의 보호 기능이 단순화되고 페이징 구현의 효율성이 증대된다. 이런 블록을 "세그먼트"라고 부르는 경우도 있지만, 이 방식은 가변 크기를 갖는 세그먼테이션 방식보다 훨씬 간단하고 사용자 프로그램에는 보이지 않는다. 이에 관해 곧 더 자세하게 다루겠다.

## 페이지 배치와 찾기

페이지 부재의 손실이 엄청나게 크기 때문에 시스템 설계자는 페이지 배치를 최적화함으로써 페이지 부재 발생수를 줄이고자 한다. 가상 페이지가 어떤 실제 페이지로도 사상될 수 있게 하면 운영체제는 페이지 부재 발생 시에 어떤 페이지든 마음대로 선택할 수 있다. 예를 들면 운영체제가 페이지 사용을 추적하는 정교한 알고리즘과 복잡한 자료구조를 사용하여 앞으로 오랫동안 필요하지 않을 것 같은 페이지를 선택할 수 있다. 유연하고 효과적인 교체 방식을 사용함으로써 페이지 부재 발생률을 낮추고 완전 연관 페이지 배치의 사용을 단순화시킬 수 있다.

5.4절에서 언급한 것과 같이 완전 연관 방식을 사용하는 데 있어서의 가장 큰 어려움은 엔트리의 위치를 알아내는 것이다. 왜냐하면 상위 계층의 어디에도 있을 수 있기 때문이다. 메모리 전체를 검색하는 것은 비실용적이라서 가상 메모리 시스템에서는 메인 메모리를 인덱스하는 표를 사용한다. 이 표는 **페이지 테이블**(page table)이라고 부르며 메모리 내에 존재한다. 페이지 테이블은 가상 주소의 페이지 번호로 인덱스되어 대응되는 실제 페이지 번호를 찾아 준다. 각 프로그램은 각자 자신의 페이지 테이블을 갖고 있으며, 페이지 테이블은 그 프로그램의 가상 주소 공간을 메인 메모리로 사상한다. 도서관 비유에서 페이지 테이블은 책 제목과 도서관의 실제 위치 사이의 사상에 해당된다. 이 도서관에는 없지만 캠퍼스 내 다른 도서관에 있는 책의 도서 카드도 비치하고 있듯이, 페이지 테이블은 메모리에 적재되지 않은 페이지의 엔트리도 포함하고 있다. 메모리 내 페이지 테이블의 위치를 나타내기 위해 페이지 테이블의 시작 주소를 나타내는 레지스터가 하드웨어에 포함되고 있다. 이 레지스터를 **페이지 테이블 레지스터**(page table register)라고 부른다. 당분간은 페이지 테이블이 메모리 내부 고정된 위치의 연속된 영역을 차지하고 있다고 가정하자.

**페이지 테이블** 가상 메모리 시스템에서 가상 주소를 실제 주소로 변환해 주는 테이블. 메모리에 있는 이 테이블은 가상 페이지 번호로 인덱스된다. 해당 페이지가 실제 메모리 내에 있을 때 테이블 엔트리는 가상 페이지에 상응하는 실제 페이지 번호를 갖고 있다.

그림 5.26은 하드웨어가 어떻게 페이지 테이블 레지스터, 가상 주소, 페이지 테이블을 이용하여 실제 주소를 만들어 내는지를 보여 준다. 유효 비트는 캐시에서처럼 페이지 테이블 엔트리마다 하나씩 붙어 있다. 이 비트가 0이면 그 페이지는 메인 메모리에 없는 것이고 따라서 페이지 부재가 발생한다. 이 비트가 1이면 그 페이지는 메모리에 있으며 페이지 테이블 엔트리에 실제 페이지 번호가 있다.

페이지 테이블은 있을 수 있는 가상 페이지에 대한 사상을 모두 다 갖고 있기 때문에 태그가 필요 없다. 캐시 용어로 설명하자면, 페이지 테이블 접근에 사용되는 인덱스는 블록 주소 전부, 즉 가상 페이지 번호로 되어 있다.

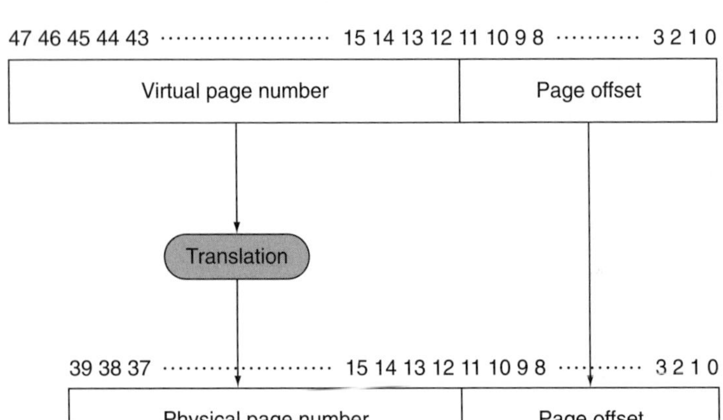


**그림 5.26 페이지 테이블은 가상 페이지 번호로 인덱스되어 있으며, 실제 주소를 찾아 준다.** 32비트 주소 체계를 가정하자. 페이지 테이블 포인터가 페이지 테이블의 시작 주소를 알려 준다. 이 그림에서 페이지 크기는 $2^{12}$바이트(= 4 KiB)이다. 가상 주소 공간은 $2^{32}$바이트(= 4 GiB)이고, 실제 주소 공간은 $2^{30}$바이트이므로 최대 1 GiB까지 메인 메모리를 가질 수 있다. 페이지 테이블의 엔트리 수는 $2^{20}$, 즉 백만 개이다. 각 엔트리의 유효 비트는 사상이 정당한지 아닌지를 나타낸다. 만약 이 비트가 0이면 그 페이지는 메모리 내에 존재하지 않는다. 여기에 보인 페이지 테이블 엔트리는 19비트밖에 되지 않지만 보통은 인덱스하기 쉽게 32비트 크기로 한다. 나머지 비트들은 보호와 같이 페이지마다 필요한 추가 정보를 담기 위해 사용된다.

**하드웨어/소프트웨어 인터페이스**

페이지 테이블은 프로그램 카운터, 레지스터들과 함께 가상 머신의 **상태**를 특정한다. 다른 가상 머신이 프로세서를 사용하게 하려면, 이 상태를 저장해야 한다. 나중에 상태를 완벽하게 복구한 다음, 그 가상 머신의 실행을 계속할 수 있다. 이런 상태를 **프로세스**(process)라고 한다. 프로세스가 프로세서를 점유하고 있을 때를 **활성화 상태**(active)라 하고, 그 반대의 경우를 **비활성화 상태**(inactive)라고 한다. 운영체제는 프로그램 카운터를 포함하는 프로세서의 상태를 다시 적재함으로써 프로세스를 활성화 상태로 만들고, 저장된 프로그램 카운터의 값에 해당하는 위치에서 수행을 시작한다.

프로세스의 주소 공간과 접근할 수 있는 메모리 내의 모든 데이터들은 메모리 내에 존재하는 페이지 테이블에 의해 정의된다. 운영체제는 페이지 테이블 전체를 저장하는 대신, 활성화하려는 프로세스의 페이지 테이블 주소를 페이지 테이블 레지스터에 적재한다. 다른 프로세스들이 같은 가상 주소를 사용하기 때문에 모든 프로세스는 자신만의 페이지 테이블을 갖고 있다. 서로 다른 프로세스들의 가상 주소 공간들이 충돌하지 않도록 운영체제가 실제 메모리를 할당하고 페이지 테이블을 갱신하는 일을 책임진다. 곧 살펴보겠지만, 프로세스마다 별도의 페이지 테이블을 사용하는 것이 프로세스들 사이의 보호 기능을 제공하는 역할도 한다.

## 페이지 부재

가상 페이지의 유효 비트가 0이면 페이지 부재가 발생하며, 운영체제가 제어를 넘겨받게 된다. 제어를 넘기는 것은 예외 메커니즘에 의해 행해지는데, 예외에 대해서는 4장에서 설명한 바 있고 이 절의 뒷부분에서 다시 다루게 될 것이다. 운영체제가 제어를 갖게 되면 계층의 다음 수준(보통 플래시 메모리나 자기 디스크)에서 그 페이지를 찾아서, 이 페이지를 메인 메모리의 어디에 넣을 것인지 결정해야 한다.

가상 주소만으로는 그 페이지가 디스크 2차 메모리 내 어디에 있는지를 바로 알 수 없다. 도서관 비유로 되돌아가면 책 제목만으로는 이 책이 도서관의 어느 서가에 있는지를 알아낼 수 없다. 도서 카드를 뒤져서 그 책을 찾아야 의회 도서관 청구 기호 같은 서가 내 책 위치의 주소를 찾아낼 수 있다. 마찬가지로 가상 메모리 시스템에서는 가상 주소 공간 내 각 페이지의 2차 메모리상의 위치를 알고 있어야 한다.

메모리 내의 페이지가 언제 쫓겨날지를 미리 알 수 없기 때문에, 운영체제는 대개 프로세스를 생성할 때 프로세스의 모든 페이지를 위한 공간을 플래시 메모리나 디스크상에 마련한다. 이 디스크상의 공간을 **스왑 스페이스**(swap space)라고 부른다. 이때 각 가상 페이지가 디스크의 어느 곳에 저장되는지를 기록하기 위한 자료구조를 만든다. 이 자료구조는 페이지 테이블의 일부분일 수 있고 페이지 테이블과 같은 방법으로 인덱스되는 다른 자료구조일 수도 있다. 그림 5.27은 단일 테이블이 실제 페이지 번호나 2차 메모리 주소를 담고 있을 때의 구조를 보여 준다.

스왑 스페이스 프로세스의 가상 메모리 공간 전체를 위해 예약된 디스크 공간.

운영체제는 어떤 프로세스와 어떤 가상 주소가 각 실제 페이지를 사용하는지를 추적하는 자료구조도 만든다. 페이지 부재가 발생했을 때, 메인 메모리 내의 모든 페이지가 사용 중이면, 운영체제는 교체할 페이지를 선택해야 한다. 페이지 부재 횟수를 최소화해야 하기 때문에 대부분의 운영체제는 가까운 시간 내에 사용되지 않을 페이지를 선정하려고 한다. 이를 위해 운영체제는 과거를 이용하여 미래를 예측하는 LRU(least recently used) 교체 방법을 사용한다. LRU는 이미 5.4절에서 본 바 있다. 오랫동안 사용하지 않은 페이지가 최근에 사용된 페이지보다 앞으로 사용될 가능성이 적다는 가정하에 사용한 지 가장 오래된 페이지를 찾는다. 교체된 페이지는 2차 메모리상의 스왑 스페이스에 써진다. 운영체제 또한 하나의 프로세스이며 메모리를 제어하는 테이블 또한 메모리에 저장된다. 얼핏 모순같이 보이는 이런 현

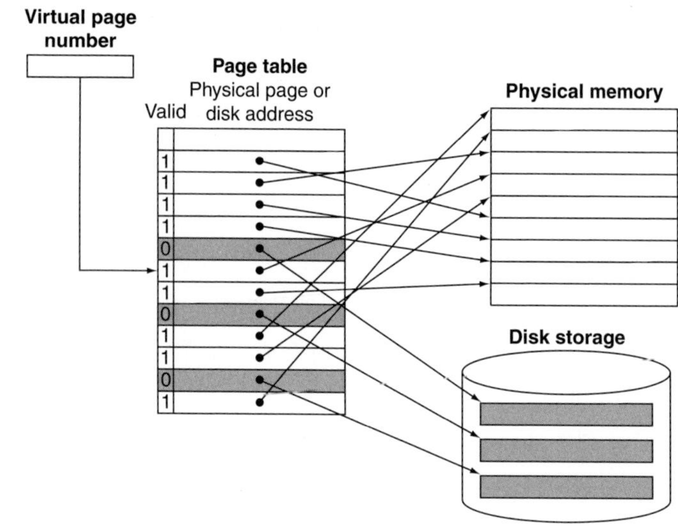


**그림 5.27 페이지 테이블은 가상 메모리의 각 페이지를 메인 메모리의 페이지나 디스크에 저장된 페이지로 사상한다.** 가상 페이지 번호는 페이지 테이블의 인덱스로 사용된다. 유효 비트가 1이면 페이지 테이블은 가상 페이지에 대응되는 실제 페이지 번호(즉, 메모리에서 그 페이지의 시작 주소)를 제공한다. 유효 비트가 0이면 이 페이지는 디스크상의 지정된 디스크 주소에 존재한다. 실제 페이지 주소 표와 디스크 페이지 주소 표가 논리적으로는 1개의 표이지만, 많은 시스템이 이들을 별도의 자료구조 2개에 저장한다. 현재 메인 메모리에 있는 페이지를 포함해서 모든 페이지의 디스크 주소를 가지고 있어야 하기 때문에 두 종류의 표를 사용하는 것이 좋다. 메인 메모리의 페이지와 디스크의 페이지는 크기가 같다는 점을 기억하라.

상의 자세한 부분은 곧 다시 설명할 것이다.

---

**하드웨어/소프트웨어 인터페이스**

완벽하게 LRU 방식을 구현하는 것은 메모리를 참조할 때마다 자료구조를 갱신해야 하기 때문에 매우 비용이 많이 든다. 따라서 많은 운영체제는 최근에 어떤 페이지가 참조되고 참조되지 않았는지를 추적하는 유사 LRU 방식을 사용한다. 운영체제가 LRU 페이지를 찾는 것을 돕기 위해 RISC-V 컴퓨터들은 **참조 비트**(reference bit)를 두고, 페이지가 접근될 때마다 그 값을 1로 한다. 운영체제는 주기적으로 참조 비트를 0으로 만들고 후에 참조된 페이지만 다시 1로 만들어서, 특정 시간 동안 어떤 페이지들이 접근되었는지를 알 수 있게 한다. 이 사용 정보를 이용하여 운영체제는 가장 오래 전에 참조된 것들(참조 비트가 0으로 있는 것들) 중 하나를 선택할 수 있다. 만약 참조 비트가 하드웨어적으로 제공되지 않는다면 운영체제는 어떤 페이지가 접근되었었는지를 알기 위한 다른 방법을 찾아야만 한다.

참조 비트 사용 비트(use bit) 또는 접근 비트(access bit)라고도 부른다. 페이지가 접근될 때마다 값이 1이 되는 필드로서, LRU나 다른 교체 방식의 구현에 사용된다.

---

## 큰 가상 주소를 위한 가상 메모리

32비트의 가상 주소, 4 KiB 페이지, 페이지 테이블 엔트리당 4바이트인 경우 페이지 테이블의 크기는 4 MiB이다. 이 말은 실행 중인 프로그램마다 4 MiB의 메모리가 필요하다는 것을 의미한다. 프로세스가 하나일 때는 별 문제가 되지 않는다. 하지만 각자 자신의 페이지 테이블을 가지는 프로세스 수백 개가 동시에 실행될 때는 어떻게 되겠는가? 또 64비트 가상 주소를 사용하면 프로그램마다 테라바이트 크기의 페이지 테이블이 필요할 텐데 이 문제는 어떻게 처리할 것인가?

페이지 테이블 때문에 필요한 저장 용량을 줄이기 위해 다양한 기법들이 사용된다. 다음 다섯 가지 방법은 페이지 테이블에 할당된 메인 메모리를 최소화하면서 필요한 최대 저장 용량을 줄이기 위한 것들이다.

1. 가장 간단한 방법은 한 프로세스에 대한 페이지 테이블의 크기를 제한하는 한계(limit) 레지스터를 사용하는 것이다. 가상 페이지 번호가 한계 레지스터 값보다 더 커지면, 페이지 테이블에 새로운 엔트리를 추가해야 한다. 이 기술은 프로세스가 더 많은 공간을 사용하면 페이지 테이블도 따라서 커지는 것을 허용한다. 이렇게 하면 프로세스가 가상 주소 공간의 페이지를 많이 사용할 때만 페이지 테이블이 커지게 된다. 이 기술을 사용하려면 주소 공간이 한 방향으로만 확장되어야 한다.

2. 대부분의 언어들은 스택(stack)과 힙(heap) 2개의 확장 가능한 영역을 필요로 하기 때문에 한 방향으로 커지는 것만으로는 충분하지 않다. 이 점 때문에 페이지 테이블을 둘로 나누어서 한 테이블은 가장 높은 주소에서 아래로 커지고 다른 테이블은 가장 낮은 주소에서 위로 늘어나게 하는 것이 편리하다. 이렇게 하려면 페이지 테이블도 2개, 한계 레지스터도 2개가 있어야 된다. 페이지 테이블이 2개이므로 주소 공간도 2개의 세그먼트로 나누어진다. 보통 주소의 최상위 비트가 어느 세그먼트를 사용할지를 결정하고 따라서 어느 페이지 테이블을 사용할지도 결정한다. 주소의 최상위 비트로 사용할 세그먼트를 지정하기 때문에, 세그먼트의 최대 크기는 주소 공간의 절반이다. 각 세그먼트의 한계 레지스터는 세그먼트의 현재 크기를 나타내는데, 페이지 단위로 커진다. 이 절의 세 번째 "고난도"에서 다룬 세그멘테이션 유형과 달리 이런 세그멘테이션은 응용 프로그램에게 보이지 않는다. 하지만 운영체제에게는 보인다. 이 기법의 최대 단점은 가상 주소가 연속적으로 사용되지 않고 주소 공간이 드문드문 떨어져서 조금씩 사용될 때는 별 효과가 없다는 점이다.

3. 페이지 테이블의 크기를 줄이는 또 다른 방법은 가상 주소에 해시 함수(hash-

ing function)를 적용하여, 페이지 테이블이 가상 페이지 수만큼이 아니라 메인 메모리 내의 실제 페이지 개수만큼만 크면 되게 하는 것이다. 이런 구조를 **역 페이지 테이블**(inverted page table)이라 한다. 물론 역 페이지 테이블을 사용하면 페이지 테이블을 직접 인덱스할 수 없기 때문에 엔트리를 찾는 과정이 약간 더 복잡해진다.

4. 페이지 테이블에 사용되는 실제 메인 메모리를 줄이기 위해 대부분의 최신 컴퓨터들은 페이지 테이블을 페이지화한다. 약간 묘하게 들릴지 모르지만, 가상 메모리와 같은 아이디어를 이용하여 페이지 테이블을 가상 주소 공간 내에 두는 것이다. 이 경우 페이지 부재가 끊임없이 발생하는 것 같은 작지만 치명적인 문제가 있는데, 이런 문제는 꼭 피해야 한다. 이런 문제를 극복하는 방법은 아주 세부적인 사항이고 또 프로세서에 따라 매우 달라진다. 간략히 설명하자면, 모든 페이지 테이블을 운영체제의 주소 공간에 배치하고, 적어도 운영체제의 페이지 테이블 중 일부는 항상 메인 메모리에 있게 하여 2차 메모리를 찾아가지 않게 함으로써 이 문제를 피할 수 있다.
5. 페이지 테이블 저장에 필요한 전체 용량을 줄이기 위해 다단계 페이지 테이블을 쓸 수도 있는데, RISC-V는 주소 변환에 따른 메모리 사용을 줄이기 위하여 이 방법을 사용한다. 그림 5.28은 4 KiB 페이지일 때 32비트 가상 주소를 32비트 실제 주소로 바꾸는 2단계 주소 변환을 보여 준다. 주소 변환은 주소의 최상위 10비트를 사용하여 단계 0 테이블을 찾으면서 시작된다. 테이블에서 이 주소가 유효하면 다음 최상위 10비트를 사용하여 세그먼트 테이블 엔트리가 가리키는 페이지 테이블을 찾아간다. 따라서 단계 0 테이블은 가상 주소를 4 MiB($2^{22}$바이트) 영역으로 사상하고, 그다음에는 단계 1 테이블이 가상 주소를 4 KiB($2^{12}$바이트) 메모리 페이지로 사상한다. 이 방법은 주소 공간이 드문드문 떨어진 방식(다수의 불연속 세그먼트가 활성화되는)으로 사용될 수 있게 한다. 이러한 방법은 매우 큰 주소 공간을 사용할 때나(특히 64비트 버전 RISC-V) 불연속적인 할당을 요구하는 소프트웨어 시스템에서 특히 유용하다. 이 다단계 사상의 가장 큰 단점은 주소 변환 과정이 복잡해진다는 점이다.

## 쓰기는 어떻게 처리되는가?

캐시의 접근시간과 메인 메모리의 접근시간 사이의 차이는 수십에서 수백 사이클 정도이므로, 쓰기 지연시간을 프로세서에게 안 보이게 하기 위해 쓰기 버퍼가 필요하기는 하지만 아무튼 즉시 쓰기 기법을 이용할 수 있었다. 하지만 가상 메모리의

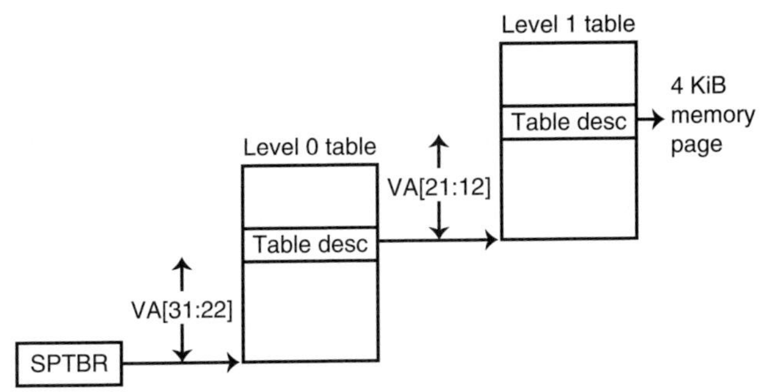


**그림 5.28 RISC-V는 두 단계의 테이블을 사용하여 32비트 가상 주소를 32비트 실제 주소로 변환한다.** 그림 5.27에서는 페이지 테이블 엔트리가 백만 개인 페이지 테이블 하나가 통째로 필요하지만, 이 계층적 구조는 그중 아주 작은 부분만 있으면 된다. 변환의 각 단계는 가상 주소 중 10비트를 사용해서 다음 단계의 테이블을 찾는 것인데, 이 작업을 가상 주소의 상위 20비트가 필요한 4 KiB 페이지의 실제 주소로 사상될 때까지 계속한다. RISC-V의 페이지 테이블 엔트리는 4바이트이고 테이블 하나에는 엔트리가 1024개 있으므로, 4 KiB 페이지에 딱 맞는다. SPTBR(Supervisor Page Table Base Register)이 첫 번째 페이지 테이블의 시작 주소를 갖고 있다. 64비트 버전 RISC-V도 4 KiB 페이지를 사용하는데, 3 또는 4 단계의 기수-512 페이지 테이블을(64비트 가상 주소의 페이지 테이블 엔트리는 8바이트이다) 사용하여 39 또는 48비트의 가상 주소를 제공한다. 2020년 현재 48비트의 가상 주소가(64비트 주소 중 상위 16비트는 무시된다) 제공하는 1 TiB($2^{40}$바이트)의 실제 주소로 충분하다.

경우는 계층구조의 다음 계층(디스크)에 쓰는 데 수백만 사이클이 소요된다. 그러므로 쓰기 버퍼를 설치해서 디스크에 즉시 쓰기를 하는 것은 매우 비실용적이다. 그 대신에 가상 메모리 시스템은 나중 쓰기 방식을 사용한다. 쓰기 동작은 메인 메모리 내의 페이지에만 수행하고, 페이지가 메모리에서 교체될 때 디스크에 복사한다.

**하드웨어/소프트웨어 인터페이스**

가상 메모리 시스템에서 나중 쓰기 방식은 또 다른 큰 장점이 있다. 디스크 전송시간이 디스크 접근시간보다 짧기 때문에, 한 워드씩 디스크에 쓰는 것보다 페이지 전체를 한꺼번에 쓰는 것이 훨씬 더 효율적이다. 나중 쓰기 방식이 각각의 워드를 전송하는 것보다 능률적이기는 하지만 역시 대가가 있다. 그러므로 교체할 페이지가 결정되면, 무조건 디스크에 쓰지 말고 이 페이지를 디스크에 쓸 필요가 있는지 없는지를 알아보아야 한다. 메모리에 적재된 이후 페이지에 쓰기를 한 적이 있는지 표시하기 위해, 페이지 테이블에 **갱신 비트**(dirty bit)를 추가한다. 페이지 내의 어떤 워드에 쓰기를 하면 이 갱신 비트를 1로 한다. 운영체제가 내보낼 페이지를 선택하면, 새로운 페이지에게 공간을 내주기 전에 그 페이지를 디스크에 써야 할지 말지를 갱신 비트가 알려 준다. 그래서 수정된 페이지를 종종 **갱신 페이지**(dirty page)라고 부른다.

## 주소 변환을 빠르게 하기: TLB

페이지 테이블이 메인 메모리에 있기 때문에 프로그램에 의한 모든 메모리 접근은 최소한 2배의 시간이 걸린다. 실제 주소를 얻기 위한 메모리 접근 한 번과 데이터를 얻기 위한 또 한 번의 접근이 필요하기 때문이다. 접근 성능을 높이기 위한 핵심은 페이지 테이블에 대한 참조의 지역성을 이용하는 것이다. 어떤 가상 페이지 번호의 변환이 사용되면, 이 페이지상의 워드 참조는 공간적 지역성과 시간적 지역성을 갖기 때문에 가까운 장래에 그 주소 변환이 다시 필요할 가능성이 높다.

따라서 요즘의 컴퓨터들에는 최근에 사용된 변환을 가지고 있는 특별한 캐시가 있다. 이 특별한 주소 변환 전용 캐시는 변환 캐시(translation cache)라고 부르는 것이 정확한 표현이겠지만, 통상적으로 변환 참조용 버퍼(translation-lookaside buffer, TLB)라고 부른다. TLB는 도서 카드에서 찾아낸 책들의 위치를 적어 두는 종잇조각에 비유할 수 있다. 전체 도서 카드를 반복해서 찾는 대신에, 필요한 책들의 위치를 종이에 기록하고 이 종이를 마치 도서 카드들의 캐시처럼 사용하는 것이다.

**변환 참조용 버퍼(TLB)** 페이지 테이블에 접근하는 것을 피하기 위해 최근에 사용된 주소 사상을 보관하고 있는 캐시.

그림 5.29는 TLB의 각 태그 항목이 가상 페이지 번호의 일정 부분을 갖고 있고 TLB의 데이터 항목이 실제 페이지 번호를 갖고 있음을 보여 준다. 이제는 참조할 때마다 페이지 테이블 대신 TLB를 접근하기 때문에, TLB는 갱신 비트나 참조 비트 같은 다른 상태 비트들을 포함해야 한다.

메모리를 참조할 때마다 TLB에서 가상 페이지 번호를 찾아본다. 적중되면 실제 페이지 번호는 주소를 만드는 데 쓰이고, 해당 엔트리의 참조 비트는 1이 된다. 프로세서가 쓰기를 수행하면 갱신 비트도 1이 된다. TLB 실패가 발생하면, 이 실패가 페이지 부재인지 단순한 TLB 실패인지를 알아야 한다. 이 페이지가 메모리에 있으면, 그 변환이 TLB에 없을 뿐이지 페이지 부재는 아니다. 이 경우에는 프로세서가 그 변환을 페이지 테이블에서 읽어 TLB에 적재하고 참조를 다시 시도함으로써 TLB 실패를 처리할 수 있다. 그 페이지가 메모리에 존재하지 않으면, TLB 실패는 진짜 페이지 부재를 의미한다. 이 경우에는 프로세서가 예외를 사용하여 운영체제를 호출한다. TLB는 메인 메모리 내의 페이지보다 훨씬 더 적은 수의 엔트리를 가지고 있기 때문에, TLB 실패는 실제 페이지 부재보다 더 빈번히 발생한다.

TLB 실패는 하드웨어로 처리할 수도 있고 소프트웨어로 처리할 수도 있다. 실제로 이 두 방법 모두 수행해야 할 기본적인 동작이 같기 때문에, 두 가지 방법의 성능 차이는 거의 없다.

TLB 실패가 발생해서 실패한 변환을 페이지 테이블에서 읽어 내면, 교체할 TLB 엔트리를 선정해야 한다. TLB 엔트리에는 참조 비트와 갱신 비트가 포함되어 있기

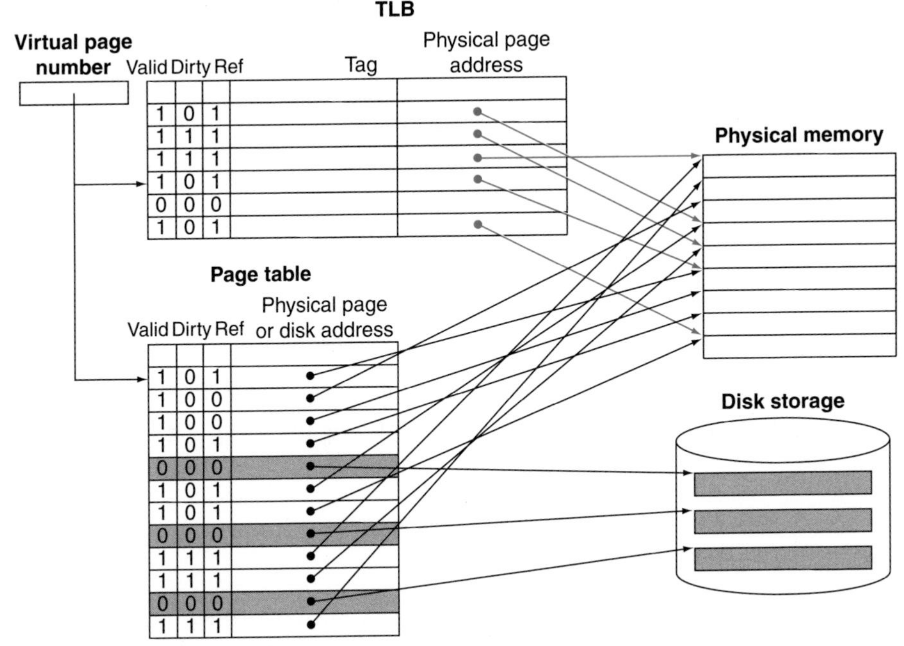


**그림 5.29 TLB는 실제 페이지로 사상되는 엔트리만을 위한 페이지 테이블의 캐시로 동작한다.** TLB는 페이지 테이블에 있는 가상 페이지 번호와 실제 페이지 번호 간 사상의 부분집합을 포함한다. TLB 사상은 파란색으로 표시하였다. TLB는 캐시이기 때문에 태그 필드가 있어야 한다. 접근하려는 페이지와 일치하는 엔트리가 TLB 내에 없을 경우, 페이지 테이블을 조사해야 한다. 페이지 테이블은 페이지의 실제 페이지 번호를 제공하거나(이 번호는 TLB의 엔트리로 저장됨), 페이지가 디스크에 있음(이 경우 페이지 부재가 발생함)을 표시한다. 페이지 테이블은 모든 가상 페이지의 엔트리를 가지고 있기 때문에(다른 말로 표현하면 TLB와는 달리 페이지 테이블은 캐시가 아니기 때문에) 태그 필드가 필요 없다.

때문에, 엔트리를 교체할 때 이 비트들도 페이지 테이블에 저장해야 한다. 이 비트들만이 TLB 엔트리 중 변화될 수 있는 부분이다. TLB 실패율이 낮기 때문에 나중 쓰기 방법(엔트리에 쓸 때가 아니고 실패가 발생했을 때 이 엔트리를 페이지 테이블에 저장하는 것)을 사용하는 것이 효율적이다. 실패가 발생해서 새로운 테이블 엔트리를 가져와야 하는 경우가 아니면 TLB에 쓰는 일이 없게 하기 위해서 참조 비트와 갱신 비트를 그대로 구현하지 않고 비슷하게 흉내 내는 다른 방법을 사용하는 시스템도 있다.

TLB의 일반적인 값들은 다음과 같다.

- TLB 크기: 16~512 엔트리
- 블록 크기: 1~2 페이지 테이블 엔트리(보통 각각 4~8 바이트)
- 적중시간: 0.5~1 클럭 사이클

- 실패 손실: 10~100 클럭 사이클
- 실패율: 0.01~1%

TLB에 사용된 연관 정도는 매우 다양하다. 완전 연관 사상이 실패율이 낮기 때문에 어떤 시스템들은 작은 완전 연관 TLB를 사용한다. TLB는 작기 때문에 완전 연관 사상을 구현하는 비용이 그렇게 높지 않다. 큰 TLB를 사용하는 시스템들도 있는데 이 경우 연관 정도는 대체로 작다. LRU 하드웨어의 구현 비용이 너무 높으므로 완전 연관 사상에서 교체할 엔트리를 결정하는 일이 쉽지 않다. 게다가 TLB 실패는 페이지 부재보다 더 빈번히 발생하므로 값싸게 처리해야 한다. 따라서 페이지 부재 때처럼 비싼 소프트웨어 알고리즘을 사용할 수 없다. 그 결과 교체할 엔트리를 무작위로 선정하는 시스템들이 많이 있다. 5.8절에서 교체 방법을 조금 더 자세히 살펴볼 것이다.

## Intrinsity FastMATH TLB

이러한 아이디어들이 실제로 어떻게 동작하는지를 알아보기 위해 Intrinsity FastMATH의 TLB를 자세히 살펴보자. FastMATH 메모리 시스템은 4 KiB 페이지와 32비트 주소를 사용한다. 따라서 가상 페이지 번호는 20비트이다. 실제 주소의 크기는 가상 주소와 같다. 16개의 엔트리를 갖는 TLB는 완전 연관 사상 방식이며, 명령어를 참조할 때나 데이터를 참조할 때 모두 사용된다. 각 엔트리는 64비트로서, 20비트 태그(이 TLB 엔트리의 가상 페이지 번호), 대응되는 실제 페이지 번호(이것도 역시 20비트이다), 유효 비트, 갱신 비트 및 다른 관리용(bookkeeping) 비트들을 갖는다. 대부분의 MIPS 시스템이 그렇듯이 FastMATH도 TLB 실패를 소프트웨어로 처리한다.

그림 5.30은 TLB와 데이터 캐시를 보여 주고, 그림 5.31은 읽기와 쓰기 요청을 처리하는 과정을 보여 준다. TLB 실패가 발생하면 MIPS 하드웨어는 그 참조의 페이지 번호를 특수 레지스터에 저장하고 예외를 발생시킨다. 예외는 운영체제를 호출해서, 운영체제가 소프트웨어로 실패를 처리하게 한다. 실패를 일으킨 페이지의 실제 주소를 찾기 위하여, TLB 실패 루틴이 가상 주소의 페이지 번호와 페이지 테이블 레지스터를 사용하여 페이지 테이블을 인덱스한다. 운영체제는 TLB 값을 바꿀 수 있는 특별 시스템 명령어들을 사용하여 페이지 테이블에서 가져온 실제 주소를 TLB에 넣는다. 코드는 명령어 캐시에, 페이지 테이블 엔트리는 데이터 캐시에 각각 들어 있다고 가정할 때 TLB 실패는 약 13사이클 정도 소요된다. (MIPS TLB 코드는 이 절의 뒷부분에서 살펴보기로 한다.) 페이지 부재는 페이지 테이블 엔트리

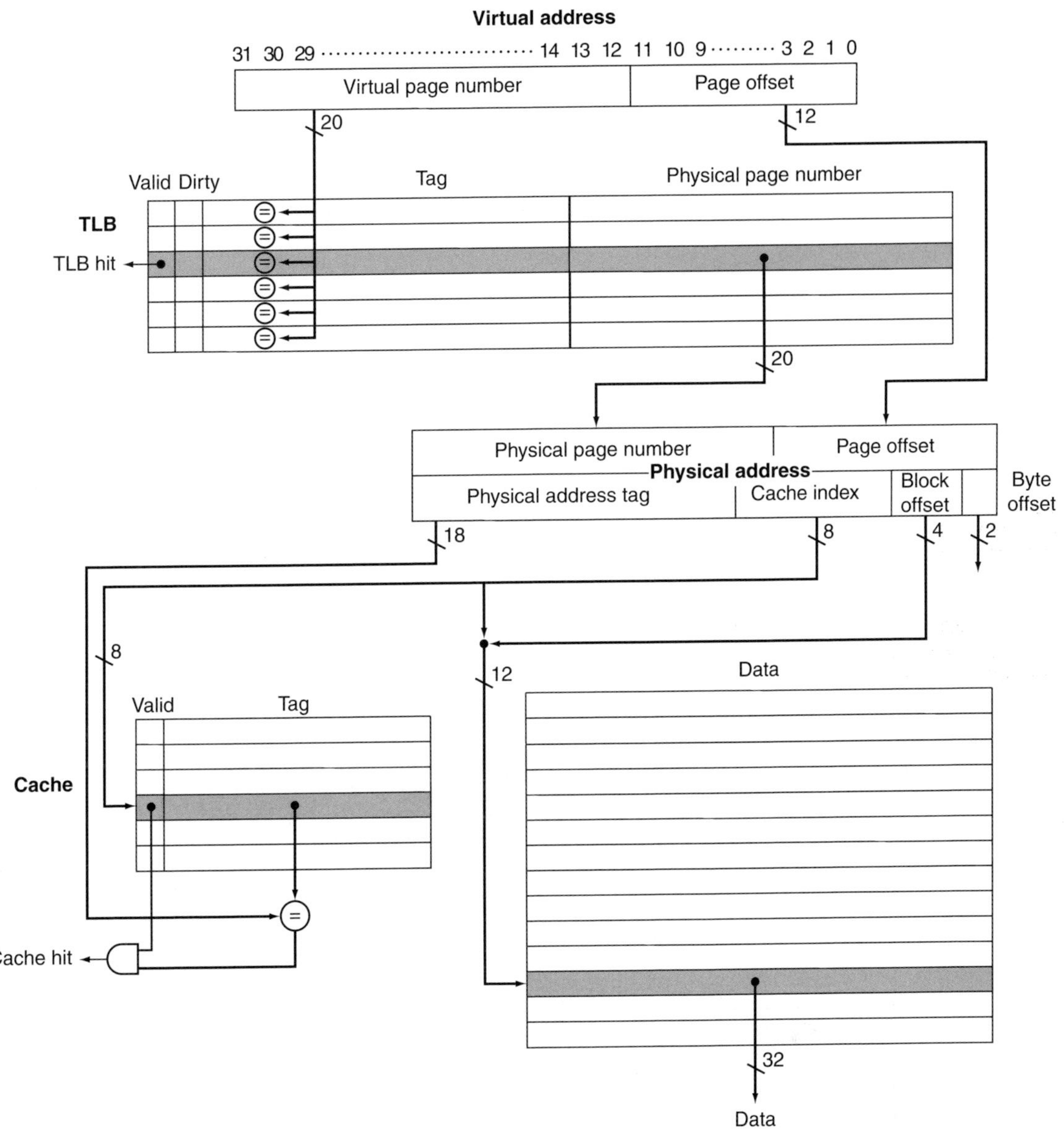


**그림 5.30 Intrinsity FastMATH의 TLB와 캐시가 가상 주소를 가지고 데이터를 인출하는 과정.** 이 그림은 페이지 크기를 4 KiB라고 가정하였을 때 TLB와 데이터 캐시의 구성을 보여 준다. 이 컴퓨터의 주소 크기는 32비트이다. 이 그림은 읽기에 초점을 맞추고 있으며, 쓰기 처리 과정은 그림 5.31에 있다. 그림 5.12와는 달리 태그와 데이터 RAM이 분리되어 있음에 주목하라. 캐시 인덱스와 블록 변위를 이어 붙인 12비트를 주소로 사용하여 길고 좁은 데이터 RAM을 읽으면 16:1 멀티플렉서를 사용하지 않고도 블록 내에서 원하는 워드를 선택할 수 있다. 캐시는 직접 사상 방식이지만 TLB는 완전 연관 방식이다. 완전 연관 TLB이므로 찾는 엔트리가 TLB 내 어디에 있을지 모르기 때문에 TLB의 모든 태그를 가상 페이지 번호와 비교해야 한다(5.4절의 **캐시에서 블록 찾기** 부분 "고난도"의 CAM 참조). 일치하는 엔트리의 유효 비트가 1이면 TLB 적중이다. 이때 TLB에서 나온 실제 페이지 번호와 페이지 변위 비트가 함께 실제 주소를 이루고, 이 중 일부가 캐시를 접근하는 데 사용되는 인덱스가 된다.

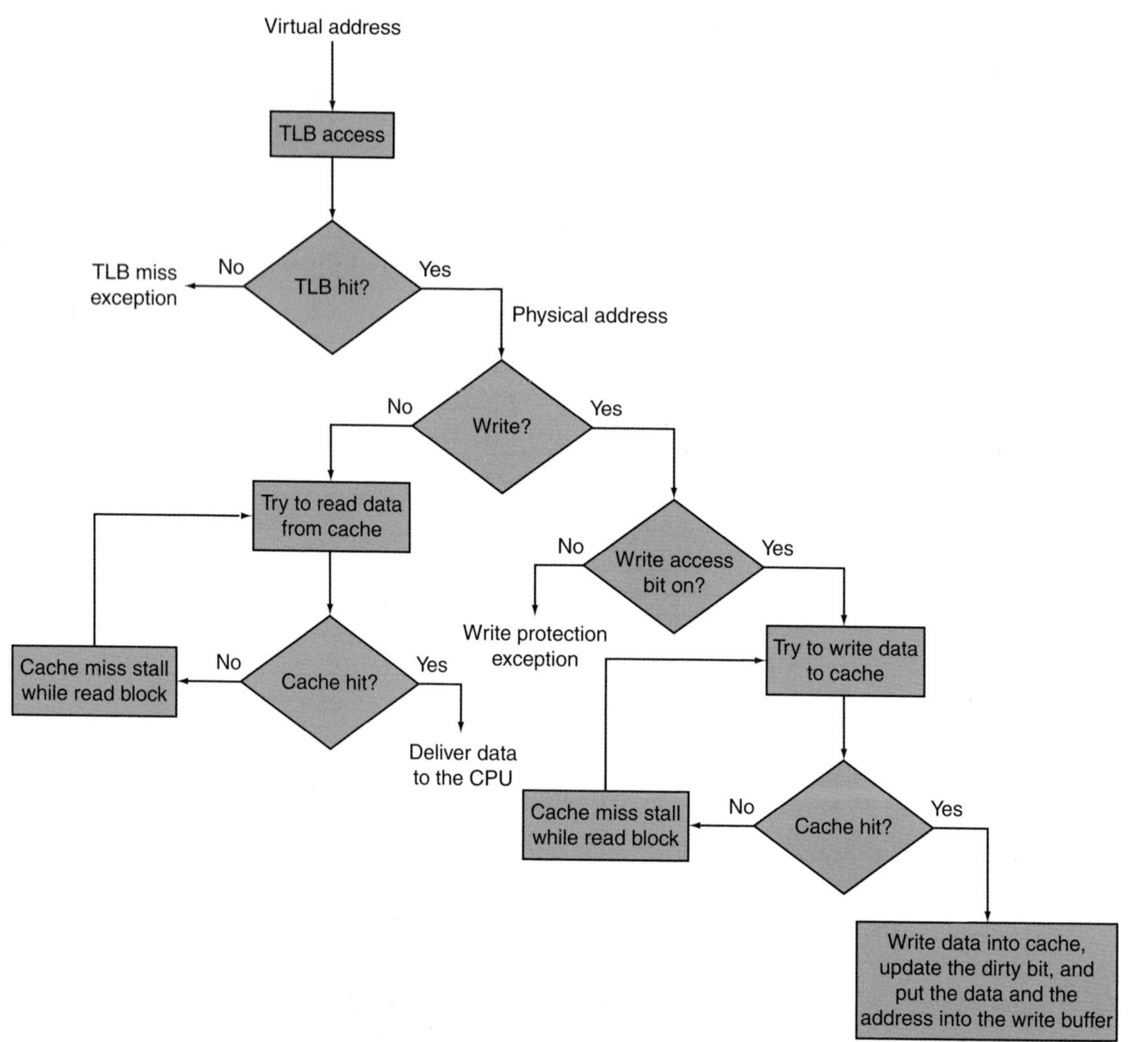


**그림 5.31 Intrinsity FastMATH의 TLB와 캐시를 통한 읽기와 즉시 쓰기의 처리.** TLB 적중이면 TLB에서 읽은 실제 주소를 이용해서 바로 캐시에 접근할 수 있다. 읽기 동작일 때 캐시 적중이면 데이터를 공급하고, 실패이면 메모리에서 읽어 오는 동안 지연된다. 즉시 쓰기 방식을 가정할 때 쓰기 적중이면 캐시 엔트리에 해당 워드를 덮어 쓰고, 데이터는 쓰기 버퍼로 보낸다. 쓰기 실패는 블록을 메모리에서 읽은 후에 블록이 수정된다는 것만 제외하면 읽기 실패와 같다. 나중 쓰기 방식은 쓰기 발생 시 캐시 블록의 갱신 비트를 1로 만든다. 그리고 읽기 실패나 쓰기 실패가 발생했을 때, 교체할 블록의 갱신 비트가 1인 경우에만 쓰기 버퍼에 블록 전체를 적재한다. TLB 적중과 캐시 적중은 독립적인 사건임에 주목하라. 그러나 캐시 적중은 TLB 적중 이후에만 발생할 수 있다. (역주: 원서 내용은 이렇지만, TLB 실패가 발생해도 페이지 테이블의 유효 비트가 1이면 캐시 적중이 발생할 수 있다.) 즉, 데이터가 메모리에 있어야만 가능하다. TLB 실패와 캐시 실패의 관계는 다음 예제들과 이 장 마지막에 있는 연습문제에서 더 살펴보기로 한다.

가 유효한 실제 주소를 갖고 있지 않을 때 발생한다. 교체 대상으로 추천되는 엔트리는 무작위로 선택되는데, 추천된 엔트리를 가리키는 인덱스는 하드웨어가 보관하고 있다.

쓰기 요청 시에는 TLB의 쓰기 접근 비트를 검사하는 번거로움이 추가된다. 이 비트는 읽기 접근만 허용하는 페이지에 프로그램이 쓰는 것을 막는다. 프로그램이 쓰기를 시도하는데 쓰기 접근 비트가 0이면 예외가 발생한다. 쓰기 접근 비트는 보호 메커니즘의 일부를 이룬다. 보호 메커니즘에 대해서는 곧 살펴보게 될 것이다.

## 가상 메모리, TLB, 캐시의 통합

우리의 가상 메모리와 캐시 시스템은 계층구조를 이루며 같이 동작한다. 따라서 데이터가 메인 메모리에 없다면 그 데이터는 캐시에 있을 수가 없다. 운영체제가 페이지를 디스크로 옮기기로 결정하면 캐시에서 해당 페이지를 제거함으로써 이 계층구조를 유지하는 역할을 수행한다. 동시에 운영체제는 페이지 테이블과 TLB를 수정하여 메모리에서 제거된 페이지의 데이터에 접근하려고 시도하면 페이지 부재를 일으키게 된다.

가장 좋은 경우는 가상 주소가 TLB에 의해 변환되고 캐시로 보내져서 원하는 데이터를 읽어 프로세서로 보내는 것이다. 가장 안 좋은 경우는 참조가 메모리 계층구조의 세 부분, 즉 TLB, 페이지 테이블, 캐시 모두에서 실패가 발생하는 경우이다. 다음의 예는 이 관계를 더 자세히 설명한다.

### 메모리 계층구조의 전체적인 동작

**예제**

TLB와 캐시로 이루어진 그림 5.30과 같은 메모리 계층구조에서는 메모리 참조 시 세 가지 다른 형태의 실패(TLB 실패, 페이지 부재, 캐시 실패)가 발생할 수 있다. 이 세 가지 종류의 조합을 살펴보자(일곱 가지가 가능). 이 일곱 가지 실패의 가능성에 대해 이 사건이 실제로 발생할 수 있는지, 발생할 수 있다면 어떤 환경에서 발생할 수 있는지를 말하라.

**답**

그림 5.32는 가능한 실패의 모든 조합과 이들이 실제로 발생할 수 있는지 여부를 보여 준다.

**고난도:** 그림 5.32에서는 캐시에 접근하기 전에 모든 메모리 주소가 실제 주소로 변환되는 것을 가정하였다. 이 구조에서는 캐시가 **실제 주소로 인덱스되고**(physically indexed) **실제 주소로 태그된다**(physically tagged). (캐시 인덱스와 태그가 가상 주소가 아니고 실제 주소이다.) 이런 시스템에서 캐시 적중 시 메모리 접근시간은 TLB 접근시간과 캐시 접근시간을 포함하여야 한다. 물론 이러한 접근은 **파이프라인화**될 수 있다.

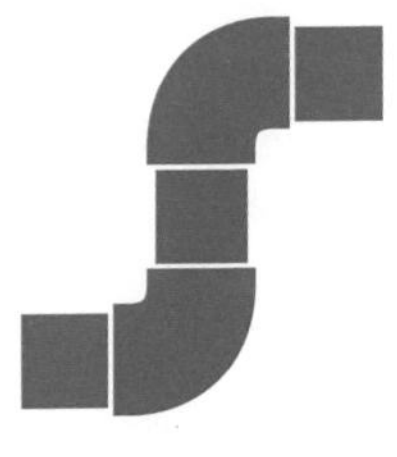

PIPELINING

| TLB | Page table | Cache | Possible? If so, under what circumstance? |
|---|---|---|---|
| Hit | Hit | Miss | Possible, although the page table is never really checked if TLB hits. |
| Miss | Hit | Hit | TLB misses, but entry found in page table; after retry, data is found in cache. |
| Miss | Hit | Miss | TLB misses, but entry found in page table; after retry, data misses in cache. |
| Miss | Miss | Miss | TLB misses and is followed by a page fault; after retry, data must miss in cache. |
| Hit | Miss | Miss | Impossible: cannot have a translation in TLB if page is not present in memory. |
| Hit | Miss | Hit | Impossible: cannot have a translation in TLB if page is not present in memory. |
| Miss | Miss | Hit | Impossible: data cannot be allowed in cache if the page is not in memory. |

**그림 5.32 TLB, 가상 메모리 시스템, 캐시에서 발생 가능한 실패의 조합.** 이 조합들 중에서 세 가지는 불가능하다.

가상 주소 캐시 실제 주소가 아닌 가상 주소로 접근하는 캐시.

다른 방법으로는 프로세서가 완전히 또는 부분적으로 가상 주소를 이용하여 캐시를 인덱스할 수 있다. 이를 **가상 주소 캐시**(virtual addressed cache)라고 부르며 가상 주소인 태그를 사용한다. 따라서 이 캐시는 **가상 주소로 인덱스되고**(virtually indexed) **가상 주소로 태그된다**(virtually tagged). 이러한 캐시에서는 주소 변환 하드웨어(TLB)가 정상적인 캐시 접근 시에는 사용되지 않는다. 실제 주소로 변환되지 않은 가상 주소로 캐시를 접근하기 때문이다. 이 방법은 TLB가 접근 경로에서 제외되기 때문에 캐시 지연을 줄여 준다. 그러나 캐시 실패가 발생하면 프로세서는 가상 주소를 실제 주소로 변환하여 메인 메모리에서 캐시 블록을 가져오도록 해야 한다.

동의어 문제 같은 객체가 2개의 주소에 의해 접근되는 상황. 실제 페이지 하나에 가상 주소가 2개 존재하는 가상 메모리에서 발생할 수 있다.

캐시가 가상 주소로 접근되고, 페이지가 프로세스들 사이에 공유될 때(프로세스마다 다른 가상 주소로 접근할 수도 있음), **동의어 문제**(aliasing 또는 synonym)가 발생할 가능성이 있다. 동의어 문제는 같은 객체가 두 가지 이름을 갖는 경우에 발생한다. 이 경우에는 동일 페이지에 2개의 가상 주소가 존재하는 것이다. 이런 페이지 내의 워드가 각기 다른 가상 주소로 대응되는 2개의 다른 캐시 블록에 들어갈 수 있기 때문에 이 모호함은 문제를 일으킨다. 동의어 문제가 생기면 한 프로그램이 데이터를 바꾸어도 다른 프로그램은 데이터가 변화된 것을 모를 수 있다. 완전히 가상 주소를 사용하는 캐시는 동의어 문제를 줄이도록 캐시와 TLB 설계에 제약을 가하거나, 운영체제나 사용자가 동의어 문제가 발생하지 않도록 조치를 취하게 해야 한다.

실제 주소 캐시 실제 주소로 접근하는 캐시.

위 두 가지 설계 사이의 타협점으로서 다음과 같은 방법을 사용할 수 있다. 캐시의 인덱스는 가상 주소를 사용하고(주소의 페이지 변위 부분을 인덱스로 사용하는데, 변위는 번역되지 않으므로 실제 주소이다), 태그는 실제 주소를 사용하는 방식이다. **가상 주소로 인덱스되고 실제 주소로 태그되는** 이 방식은 가상 주소 캐시의 좋은 성능과 **실제 주소 캐시**(physically addressed cache)의 단순한 구조 양쪽의 장점을 다 얻을 수 있다. 예를 들면 이 방식에서는 동의어 문제가 발생하지 않는다. 그림 5.30은 페이지 크기를 4 KiB라고 가정했지만 실제 Intrinsity FastMATH에서는 16 KiB이다. 그래서 Intrinsity FastMATH는 이 방법을 사용할 수 있다. 이 방법이 성공하기 위해서는 최소 페이지 크기, 캐시 크기, 연관 정도 사이에 조심스러운 조정이 필요하다. RISC-V는 캐시가 실제 주소로 태그되고 실제 주소로 색인되는 것처럼 동작할 것을 요구하지만, 꼭 그렇게 해야 되는 것은 아니다. 예를 들면 가상 주소로 인덱스되고 실제 주소로 태그되는 데이터 캐시를 사용할 수도 있다. 단 소프트웨어가 그 차이를 알 수 있도록 회로를 추가해야 한다.

## 가상 메모리의 보호 구현

아마도 오늘날 가상 메모리의 가장 중요한 기능은 프로세스들과 운영체제 사이에 메모리 보호 기능을 제공하면서 여러 프로세스가 하나의 메인 메모리를 공유하도록 허용하는 것일 것이다. 보호 메커니즘은 다수의 프로세스가 같은 메모리를 공유하더라도 어떤 악의를 품은 프로세스가 다른 사용자 프로세스나 운영체제의 주소 공간에 고의적으로든 실수로든 절대 쓰기를 수행할 수 없게 해야 한다. TLB의 쓰기 접근 비트가 페이지를 쓰기로부터 보호할 수 있다. 이 정도 수준의 보호조차 없다면 컴퓨터 바이러스가 더 빨리 퍼져 나가게 될 것이다.

---

**하드웨어/소프트웨어 인터페이스**

가상 메모리 시스템에서 운영체제가 보호를 구현할 수 있게 하기 위해서는, 하드웨어가 최소한 다음 세 가지 기본적인 능력을 제공해야 한다. 처음 두 가지는 가상 머신(5.6절)의 요구사항과 같다.

1. 실행 중인 프로세스가 사용자 프로세스인지 아니면 운영체제 프로세스인지를 나타내는 최소한 두 가지 모드를 지원한다. 운영체제 프로세스는 **관리자** 프로세스, 커널 프로세스, **집행**(executive) 프로세스 등 다양한 이름으로 불린다.
2. 프로세서 상태의 일부를 사용자 프로세스가 읽기만 하고 쓸 수는 없도록 한다. 여기에는 프로세서가 사용자 모드인지 관리자 모드인지를 알려 주는 사용자/관리자 모드 비트, 페이지 테이블 포인터, TLB가 포함된다. 여기에 쓰려면 운영체제가 관리자 모드에서만 사용 가능한 특수 명령어를 사용해야 한다.
3. 프로세서가 사용자 모드에서 관리자 모드로, 또 반대로 전환할 수 있는 메커니즘을 제공한다. 사용자 모드에서 관리자 모드로의 전환은 보통 **시스템 호출**(system call) 예외로 수행되는데, 관리자 코드 공간의 정해진 위치로 제어를 넘겨주는 특수 명령어(RISC-V 명령어 집합의 `ecall` 명령어)로 구현된다. 다른 예외와 똑같이, 시스템 호출을 할 당시의 PC 값은 SEPC(supervisor exception program counter)에 저장되고 프로세서는 관리자 모드로 넘어가게 된다. 예외 처리를 끝내고 사용자 모드로 되돌아가는 것은 `sret`(supervisor

**관리자 모드** 커널 모드라고도 불린다. 실행 중인 프로세스가 운영체제 프로세스라는 것을 표시하는 모드.

**시스템 호출** 사용자 모드에서 관리자 프로그램 공간의 특정 위치로 제어를 넘겨주는 특수 명령어로서 프로세스에서 예외 메커니즘을 호출한다.

exception return) 명령어를 사용하는데, 이 명령어는 프로세서를 사용자 모드로 바꾸고 SEPC에 저장된 주소로 점프하게 한다.

이런 방법을 사용하고 운영체제의 주소 공간에 페이지 테이블을 저장함으로써 운영체제가 페이지 테이블을 변경할 수 있게 한다. 동시에 사용자 프로세스가 페이지 테이블 내용을 변경하는 것을 막을 수 있으며, 또한 운영체제가 이 프로세스에 제공한 저장 공간만 접근할 수 있게 한다.

---

어떤 프로세스가 다른 프로세스의 데이터를 읽어 오는 것도 막아야 한다. 예를 들어 내일 볼 시험 문제가 프로세서의 메모리에 있는 동안 학생의 프로그램이 그 문제를 읽게 하면 안 될 것이다. 일단 메인 메모리 공유가 시작되면, 프로세스의 데이터를 다른 프로세스가 읽거나 쓰지 못하게 보호하는 기능이 제공되어야 한다. 그렇지 않으면 메인 메모리 공유는 좋은 점만 있는 것이 아니라 해로운 면도 있는 기술이 될 것이다.

각 프로세스는 각각의 가상 주소 공간을 가지고 있음을 기억하라. 그래서 각 프로세스의 가상 주소 공간들이 서로 다른 실제 페이지로 사상되게 페이지 테이블을 구성하면, 어떤 프로세스도 다른 프로세스의 데이터에 접근할 수 없게 된다. 물론 이렇게 하기 위해서는 사용자 프로세스가 페이지 테이블 사상을 바꾸지 못하게 해야 한다. 사용자 프로세스 스스로 자신의 페이지 테이블을 수정하지 못하게 하면 운영체제가 안전을 보장할 수 있다. 그러나 운영체제는 페이지 테이블을 수정할 수 있어야 한다. 페이지 테이블을 운영체제의 보호된 주소 공간에 배치하면 두 가지 요구사항을 모두 만족시킬 수 있다.

프로세스들이 정보 공유를 원할 때는 운영체제가 이를 지원해 주어야 한다. 다른 프로세스의 정보를 접근하려면 이 프로세스의 페이지 테이블을 변경해야 하기 때문이다. 쓰기 접근 비트는 공유를 읽기로 제한하는 데 사용될 수 있는데, 페이지 테이블의 다른 부분처럼 이 비트도 운영체제에 의해서만 변경될 수 있다. 예를 들어 프로세스 P1이 프로세스 P2 소유의 페이지를 읽을 수 있게 하기 위해서는, 공유하려는 실제 페이지를 가리키는 가상 페이지를 P1의 주소 공간에 할당하고 이를 페이지 테이블에 넣어 달라고 P2가 운영체제에게 요청해야 한다. P2가 보호받기를 원하면 운영체제는 쓰기 보호 비트로 P1이 데이터를 쓸 수 없게 할 수 있다. 페이지 테이블은 TLB 실패일 때만 접근하기 때문에, 페이지에 대한 접근 권한을 결정하는 모든 비트들은 페이지 테이블과 TLB 양쪽에 다 넣어야 한다.

**고난도:** 운영체제가 실행 프로세스를 P1에서 P2로 바꾸고자 할 때—**문맥 전환**(context switch) 혹은 **프로세스 전환**(process switch)이라고 부른다—보호를 위해서는 P2가 P1의 페이지 테이블을 접근할 수 없도록 보장해야만 한다. TLB가 없을 때는 페이지 테이블 레지스터가 P2의 페이지 테이블을 가리키도록 바꾸기만 하면 된다(P1의 페이지 테이블 대신에). 만약 TLB가 있다면, P1의 데이터를 보호하고 TLB에 P2의 엔트리를 적재하기 위해서 P1에 속한 TLB 엔트리를 모두 제거해야 한다. 프로세스 전환이 자주 일어난다면 이 방식은 아주 비능률적이다. 예를 들어 P2가 겨우 두어 개의 TLB 엔트리를 적재하고 나서 바로 P1으로 복귀한다면, P1은 자신의 TLB 엔트리가 모두 없어져 버렸기 때문에 TLB 실패 처리 과정을 통해 이들을 다시 읽어 와야 한다. 이 문제는 P1과 P2가 사용하는 가상 주소가 같을 수 있으므로, 이 주소들 간의 혼동을 피하기 위해 TLB를 지워야 하기 때문에 생긴다.

문맥 전환 프로세서를 다른 프로세스가 사용할 수 있도록 프로세서의 내부 상태를 바꾸는 것으로, 현재 실행 중인 프로세스로 돌아가는 데 필요한 상태의 저장도 포함된다.

일반적인 대안은 **프로세스 식별자**(process identifier) 또는 **태스크 식별자**(task identifier)를 붙여 가상 주소 공간을 확장하는 것이다. Intrinsity FastMATH 프로세서는 이 용도로 8비트의 **주소 공간 ID**(ASID) 필드를 사용한다. 이 작은 필드는 현재 실행 중인 프로세스를 나타내며, 그 값은 프로세스를 전환할 때 운영체제가 적재하는 레지스터에 저장된다. RISC-V도 문맥 전환 시 TLB를 쓸어내는 일을 줄이기 위해서 ASID를 사용한다. 프로세스 식별자는 TLB의 태그 부분에 덧붙여져서, 페이지 번호와 프로세스 식별자 둘 다 일치할 때에만 TLB 적중이 발생한다. 이 방법을 사용하면 ASID를 재활용하는 것 같은 아주 희귀한 경우를 제외하고는 TLB를 지울 필요가 없다.

프로세스 전환이 발생할 때 캐시에는 실행 중인 프로세스의 데이터가 있기 때문에 같은 문제가 캐시에서도 발생할 수 있다. 이러한 문제는 실제 주소를 사용하는 캐시와 가상 주소를 사용하는 캐시에서 서로 다른 방식으로 발생되며, 프로세스가 자신의 데이터만 접근할 수 있도록 보장하기 위해 프로세스 식별자를 비롯한 다양한 해결책이 사용되고 있다.

## TLB 실패와 페이지 부재의 처리

TLB 적중 시에는 TLB에서 가상 주소가 실제 주소로 곧바로 변환되지만, TLB 실패와 페이지 부재의 처리는 훨씬 복잡하다. TLB 엔트리 중에서 가상 주소와 일치하는 것이 없을 때 TLB 실패가 발생한다. TLB 실패는 다음 두 경우 중 하나이다.

1. 페이지가 메모리에 있다. 이때는 실패를 일으킨 TLB 엔트리만 새로 만들면 된다.
2. 페이지가 메모리에 없다. 이때는 페이지 부재를 처리하기 위해 운영체제로 제어를 넘겨야 한다.

TLB 실패나 페이지 부재의 처리는 실행 중인 프로세스를 인터럽트하여, 운영체제로 제어를 넘기고, 중단된 프로세스를 나중에 계속 실행하는 예외 메커니즘을 이용한다. 페이지 부재는 종종 메모리를 접근하는 클럭 사이클 도중에 인식된다. 페이지 부재를 처리하고 난 후 명령어를 다시 시작하기 위해서는 페이지 부재를 일으킨 명령어의 주소를 갖고 있는 프로그램 카운터를 저장해야 한다. SEPC 레지스터가 이 값을 저장하기 위해 사용된다.

TLB 실패나 페이지 부재 예외는 메모리 접근이 일어난 클럭 사이클이 끝나기 전에 탐지되어야 한다. 그래야 다음 클럭 사이클에 정상적인 명령어 실행 대신 예외 처리를 시작할 수 있다. 페이지 부재가 이 클럭 사이클에서 인식되지 못하면, 적재 명령어가 레지스터의 내용을 바꾸어 버릴 수 있다. 그러면 그 명령어를 다시 시작할 때 큰 문제가 생길 수 있다. 예를 들어 명령어 `lb x10, 0(x10)`를 생각해 보자. 컴퓨터가 쓰기 파이프라인 단계를 중단시킬 수 있어야 한다. 그렇지 않으면 `x10`의 내용이 바뀌기 때문에 그 명령어를 올바르게 재수행할 수 없다. 저장 명령어의 경우도 마찬가지이다. 페이지 부재가 발생하면 메모리에 기록하는 것을 막아야 한다. 이 일은 보통 쓰기 제어신호를 메모리에 인가하지 않음으로써 이루어진다.

---

**하드웨어/소프트웨어 인터페이스**

운영체제의 예외 처리기 실행이 시작될 때부터 운영체제가 프로세서의 모든 상태를 저장하는 시간 사이에는 운영체제가 매우 취약한 상태이다. 예를 들어 첫 번째 예외를 처리하고 있는 도중에 다른 예외가 또 발생하면 제어 유닛이 EPC를 덮어 써서 페이지 부재를 일으킨 명령어로 돌아갈 수 없게 된다. **예외를 활성화**하거나 비활성화하는 기능을 제공함으로써 이 재난을 피할 수 있다. 일단 예외가 발생하면 프로세서는 모든 다른 예외를 비활성화하는 비트를 1로 만든다. 이 작업은 프로세서가 관리자 모드 비트를 1로 하는 것과 동시에 할 수 있다. 그다음에는 다른 예외가 발생하더라도 복구할 수 있도록 운영체제가 SEPC(supervisor exception program counter)와 SCAUSE(supervisor exception cause)를 저장한다. 4장에서 살펴본 바와 같이 SCAUSE는 예외의 원인을 기록한다. RISC-V에서 SEPC와 SCAUSE는 예외와 TLB 실패, 페이지 부재 처리를 도와주는 2개의 특수 제어 레지스터이다. SEPC와 SCAUSE를 저장한 후에는 운영체제가 다시 예외를 활성화할 수 있다. 이러한 과정은 예외가 발생하더라도 프로세서가 어떤 상태도 잃어버리지 않고 인터럽트당한 명령어를 다시 수행할 수 있도록 해 준다.

**예외 활성화** 인터럽트 활성화라고도 부른다. 프로세스가 예외에 응답할지 말지를 제어하는 신호나 동작. 프로세서가 다시 시작하는 데 필요한 상태를 안전하게 저장하기 전에 다른 예외가 또 발생하는 것을 막기 위해 필요하다.

---

운영체제가 페이지 부재를 일으킨 가상 주소를 알게 되면 다음 3단계를 수행한다.

1. 가상 주소를 사용해서 페이지 테이블 엔트리를 찾고 2차 메모리 내에서 참조

된 페이지의 위치를 찾는다.

2. 교체할 실제 페이지를 선정한다. 만약 선정된 페이지의 갱신 비트가 1이면, 새로운 가상 페이지를 이 실제 페이지로 가져오기 전에 먼저 2차 메모리에 기록해야 한다.
3. 참조된 페이지를 선정된 실제 페이지로 가져오기 위해 2차 메모리 읽기를 시작한다.

물론 이 마지막 단계는 수백만 프로세서 사이클이 걸린다. (교체될 페이지의 갱신 비트가 1이면 단계 2에도 같은 시간이 걸린다.) 따라서 운영체제는 디스크 접근이 끝날 때까지 프로세서에서 수행될 다른 프로세스를 선택하는 것이 보통이다. 운영체제가 프로세스의 상태를 저장했기 때문에 프로세서의 제어를 다른 프로세스로 넘길 수 있다.

2차 메모리에서 페이지 읽기가 끝나면 페이지 부재를 일으킨 프로세스의 상태를 복구하고 예외에서 복귀하는 명령어를 수행한다. 이 명령어는 프로그램 카운터를 복구할 뿐만 아니라, 프로세서를 커널 모드에서 사용자 모드로 바꾼다. 사용자 프로세스는 부재를 일으킨 명령어를 재실행하여 요청한 페이지를 접근하고 수행을 계속한다.

데이터 접근 시 발생하는 페이지 부재 예외 처리는 다음 세 가지 특성 때문에 구현하기가 힘들다.

1. 명령어 페이지 부재와는 달리 명령어 실행 도중에 발생할 수 있다.
2. 예외를 처리하기 전에 그 명령어를 완결할 수 없다.
3. 예외 처리 이후에는 아무 일도 없었던 것처럼 그 명령어 실행을 재개해야 한다.

**다시 시작할 수 있는 명령어**(restartable instruction)를 만들어서 예외를 처리한 후 중단되었던 명령어 실행을 계속할 수 있게 하는 것이 RISC-V 같은 구조에서는 비교적 쉽다. 어떤 명령어든 데이터를 하나만 쓸 수 있고 이 쓰기는 명령어 사이클의 맨 마지막 단계에서 일어나기 때문에, 명령어 수행이 완료되는 것을 막고(쓰기를 못하게 해서) 명령어를 처음부터 다시 실행하면 되는 것이다.

다시 시작할 수 있는 명령어 예외가 처리된 뒤에 실행을 다시 시작할 수 있는 명령어. 예외는 명령어 실행 결과에 어떤 영향도 끼치지 않는다.

**고난도:** 많은 메모리 위치를 접근할 수 있고 많은 데이터를 쓸 수 있는 복잡한 명령어들을 가지고 있는 프로세서의 경우는 명령어를 재시작할 수 있게 만드는 것이 매우 어렵다. 한 명령어 실행 중에 다수의 페이지 실패가 발생할 수도 있다. 예를 들어 x86 프로세서는 수천 개의 데이터 워드를 접근하는 블록 이동(block move) 명령어를 가지고 있다. 이런 프로세서에

서는 RISC-V처럼 명령어를 처음부터 다시 시작하는 것이 불가능한 경우가 있다. 대신 명령어 실행을 일단 중단하고 나중에 중단된 부분부터 이어서 실행한다. 명령어 실행 중간에서 명령어를 다시 시작하기 위해서는 어떤 특수한 상태를 저장한 뒤에 예외를 처리하고 다시 그 특수한 상태를 복원하는 것이 필요하다. 이런 일이 제대로 되게 하려면 운영체제의 예외 처리 코드와 하드웨어 간의 신중하고 긴밀한 협조가 필요하다.

**고난도:** 가상 머신에서 메모리를 접근할 때마다 간접 계층을 추가로 거치는 대신, 손님 가상 주소 공간에서 하드웨어의 실제 주소 공간으로 직접 사상하는 **그림자 페이지 테이블**(shadow page table)을 VMM(virtual machine monitor, 5.6절)이 유지한다. VMM이 손님 페이지 테이블에 대한 모든 수정을 탐지함으로써, 하드웨어가 변환에 사용하는 그림자 페이지 테이블의 엔트리가 손님 OS 환경의 페이지 테이블 엔트리에 해당하는 것임을 보장할 수 있다. 단 손님 테이블의 리얼 페이지를 대체하는 정확한 실제 페이지의 경우는 제외된다. 따라서 VMM은 손님 OS가 자신의 페이지 테이블을 바꾸려고 하거나 페이지 테이블 포인터에 접근하려고 하는 어떠한 시도도 모두 트랩해야 한다. 이 일은 보통 손님 페이지 테이블에 쓰기를 막고 손님 OS가 페이지 테이블 포인터에 접근하는 것을 트랩함으로써 이루어진다. 위에서 언급했듯이 페이지 테이블 포인터를 접근하는 작업이 특권 동작이라면 후자는 자연스럽게 이루어진다.

**고난도:** 가상 머신의 손님 OS가 각자 자기 페이지 테이블들을 관리하고 있기 때문에, 가상 머신의 명령어 집합 가상화 외에 가상 메모리의 가상화가 또 다른 문제가 된다. 이를 위하여 VMM이 **리얼 메모리**(real memory)와 **실제 메모리**(physical memory)의 개념(이 둘은 종종 같은 것으로 취급된다)을 분리시키고, 리얼 메모리를 가상 메모리와 실제 메모리 사이에 있는 별도의 중간 계층으로 만들었다. (이 세 계층을 **가상 메모리**, **실제 메모리**, **머신 메모리**라고 부르기도 한다.) 손님 OS는 자신의 페이지 테이블을 이용하여 가상 메모리를 리얼 메모리에 사상한다. 그리고 VMM 페이지 테이블은 손님 OS의 리얼 메모리를 실제 메모리에 사상한다. 가상 메모리 구조는 IBM VM/370이나 x86, RISC-V처럼 페이지 테이블을 통해서 지정되는 것이 보통이다.

## 요약

가상 메모리는 메인 메모리와 2차 메모리 사이의 캐시 역할을 담당하는 메모리 계층을 나타내는 이름이다. 가상 메모리는 프로그램이 메인 메모리의 한계 이상으로 주소 공간을 확장시킬 수 있게 해 준다. 더 중요한 것은 동시에 활성화된 다수의 프로세스들이 서로 보호된 상태에서 메인 메모리를 공유할 수 있도록 해 준다는 것이다.

페이지 부재의 높은 비용 때문에 메인 메모리와 디스크 사이의 메모리 계층구조를 관리하는 것은 쉽지 않은 일이다. 그래서 실패율을 줄이기 위해 여러 기법들이 사용된다.

1. 공간적 지역성을 이용하여 실패율을 줄이기 위해 페이지를 크게 만든다.
2. 페이지 테이블로 구현된 가상 주소와 실제 주소 사이의 사상을 완전 연관 방식으로 구현하여 가상 페이지를 메인 메모리 내 어느 곳에나 넣을 수 있게 한다.
3. 운영체제가 교체할 페이지를 선정하기 위해 LRU나 참조 비트 같은 기술을 사용한다.

2차 메모리에 쓰는 데는 시간이 많이 걸린다. 그래서 가상 메모리는 나중 쓰기 기법을 사용하며, 변화되지 않은 페이지를 디스크에 저장하는 것을 피하기 위해 페이지의 변화 여부를 표시한다(갱신 비트로).

가상 메모리 시스템은 프로그램에 의해 사용되는 가상 주소를 메모리 접근에 사용되는 실제 주소 공간으로 주소 변환을 한다. 이 주소 변환은 메인 메모리의 보호된 공유를 가능하게 하고, 메모리 할당의 단순화 같은 여러 가지 추가적인 이득을 제공한다. 프로세스들의 상호간 보호를 보장하기 위해서는 운영체제만이 주소 변환을 바꿀 수 있어야 한다. 이는 사용자 프로그램이 페이지 테이블을 변경하지 못하게 함으로써 구현할 수 있다. 프로세스들 사이의 통제된 페이지 공유는 사용자 프로그램이 페이지에 읽기와 쓰기 접근 권한을 갖고 있는지를 표시하는 페이지 테이블의 접근 비트와 운영체제의 도움으로 구현할 수 있다.

프로세서가 주소 변환을 할 때마다 메모리 내의 페이지 테이블에 접근해야 한다면, 가상 메모리의 대가가 너무 커진다. 캐시도 별 도움이 안 된다. 대신 TLB가 페이지 테이블의 캐시 역할을 한다. 가상 주소는 TLB 내의 변환을 이용해서 실제 주소로 변환된다.

캐시, 가상 메모리, TLB 모두 공통되는 원칙과 정책에 의존한다. 다음 절은 이 공통 프레임워크(framework)에 대해 설명한다.

---

**프로그램 성능의 이해**

가상 메모리가 작은 메모리를 큰 메모리처럼 동작할 수 있도록 개발되었음에도 불구하고, 어떤 프로그램이 실제 메모리보다 더 많이 가상 메모리를 접근하게 되면 디스크와 메모리의 성능 차이 때문에 속도가 매우 느려지게 된다. 이와 같은 프로그램은 메모리와 디스크 사이에서 끊임없이 페이지 교환이 일어나는 스래싱(thrashing)이 발생하게 된다. 스래싱은 자주 발생하지는 않지만 일단 발생하면 손실이 매우 크다. 이를 해결하는 가장 쉬운 방법은 메모리가 더 큰 컴퓨터에서 실행하든지 아니면 컴퓨터에 메모리를 추가하는 것이다. 더 복잡한 방법은 알고리즘과 자료구조를 다시 점검하여 지역성을 바꿈으로써 프로그램이 동시에 사용하는 페이지의 수를 줄이는 것이다. 이처럼 자주 사용되는 페이지들의 집합을 비공식적으로 **워킹셋**(working set)이라고 부른다.

더 자주 생기는 성능 문제는 TLB 실패이다. TLB는 한 번에 겨우 32~64페이지 정도만 처리할 수 있기 때문에 프로세서가 직접 접근할 수 있는 크기는 64 × 4 KiB = 0.25 MiB밖에 되지 않아서 프로그램이 높은 TLB 실패율을 겪는 경우가 흔하다. 예를 들어 기수 정렬에서 TLB 실패는 골치 아픈 문제이다. 이 문제를 완화하기 위하여 대부분의 컴퓨터 구조는 가변 페이지 크기를 지원한다. 예를 들어 RISC-V 하드웨어는 가장 작은 4 KiB 페이지 외에 2 MiB와 1 GiB 페이지도 지원한다. 프로그램이 더 큰 페이지를 사용하면 TLB 실패 없이 직접 접근할 수 있는 메모리가 더 커진다.

하지만 실제로 어려운 문제는 프로그램이 더 큰 페이지를 선택하는 것을 운영체제가 허용하는 것이다. 운영체제 설계자들은 더 큰 페이지를 사용하면 수백 개의 프로세스가 수행되는 서버에서 메인 메모리가 단편화(fragmentation) 될 것을 우려한다. TLB 실패를 줄이는 더 복잡한 해결책은 결국 알고리즘과 자료구조를 다시 점검해서 페이지의 워킹셋을 줄이는 것이다. 메모리 접근이 성능과 TLB 실패율에 미치는 영향이 크기 때문에, 워킹셋이 큰 프로그램들은 워킹셋이 작아지도록 재설계되기도 했다.

---

**고난도:** RISC-V는 그림 5.28의 다단계 페이지를 이용하여 더 큰 페이지를 지원한다. 1, 2단계에서 다음 단계 페이지 테이블을 가리키는 것 외에, 가상 주소를 1 GiB 실제 주소(1단계에서 블록 변환을 할 때) 또는 2 MiB 실제 주소(2단계에서 블록 변환을 할 때)로 사상하는 **수퍼페이지 변환**(superpage translation)을 허용한다. Linus Torvolds(https://yarchive.net/comp/linux/page_sizes.html)는 4 KiB 페이지의 장점을 이야기하고 있다.

## 5.8 메모리 계층을 위한 공통 프레임워크

이제까지 다른 종류의 메모리 계층이 상당 부분 공통점을 갖는 것을 보아 왔다. 메모리 계층의 많은 부분들이 정량적으로는 다를지라도 계층의 동작 방식을 결정하는 정책과 특징들은 정성적으로 유사하다. 그림 5.33은 메모리 계층의 정량적 특징이

| Feature | Typical values for L1 caches | Typical values for L2 caches | Typical values for paged memory | Typical values for a TLB |
|---|---|---|---|---|
| Total size in blocks | 250–2000 | 2500–25,000 | 16,000–250,000 | 40–1024 |
| Total size in kilobytes | 16–64 | 125–2000 | 1,000,000–1,000,000,000 | 0.25–16 |
| Block size in bytes | 16–64 | 64–128 | 4000–64,000 | 4–32 |
| Miss penalty in clocks | 10–25 | 100–1000 | 10,000,000–100,000,000 | 10–1000 |
| Miss rates (global for L2) | 2%–5% | 0.1%–2% | 0.00001%–0.0001% | 0.01%–2% |

**그림 5.33 컴퓨터 내 메모리 계층의 주요 구성요소를 특징짓는 정량적 핵심 설계 파라미터.** 이 수치는 2020년 현재의 전형적인 값들이다. 값들의 범위가 넓지만 이는 많은 값들이 시간에 따라 변화한 것에 일부 기인한다. 예를 들어 큰 실패 손실을 극복하기 위해 캐시가 커지면서 블록 또한 커진다. 여기에 나타내지는 않았지만 오늘날 서버용 마이크로프로세서는 L3 캐시를 갖는다. 크기는 4~50 MiB이고 L2 캐시보다 훨씬 더 많은 블록을 갖는다. L3 캐시는 L2의 실패 손실을 30~40 클럭 사이클로 줄여 준다.

서로 다르다는 것을 보여 준다. 이 절의 나머지 부분에서는 메모리 계층을 위한 공통적 동작의 대안과 이들이 행동을 결정하는 방법에 대해 설명한다. 네 가지 질문으로 이런 정책들을 살펴볼 것이다. 간단히 하기 위해 캐시 용어를 주로 사용하지만, 메모리 계층의 어떤 두 계층 간에도 적용될 수 있다.

## 질문 1: 블록을 어디에 넣을 수 있을까?

메모리 계층구조의 상위 수준에 블록을 넣는 데 직접 사상, 집합 연관, 완전 연관 등과 같은 방식을 사용할 수 있음을 살펴보았다. 위에서 언급한 바와 같이 이 방법들은 다 집합 연관 방식의 변형으로 생각할 수 있다. 집합의 수와 집합 하나당 블록의 수가 다를 뿐이다.

| 방식 | 집합의 수 | 집합 하나당 블록 수 |
|---|---|---|
| 직접 사상 | 캐시 내의 블록 수 | 1 |
| 집합 연관 | $\frac{\text{캐시 내의 블록 수}}{\text{연관 정도}}$ | 연관 정도(보통 2~16) |
| 완전 연관 | 1 | 캐시 내의 블록 수 |

연관 정도를 증가시키는 것의 장점은 일반적으로 실패율을 감소시킨다는 것이다. 실패율의 향상은 같은 위치에 대한 충돌을 줄임으로써 가능하다. 곧 이들에 대해 자세히 살펴볼 것이다. 먼저 얼마나 큰 향상을 얻을 수 있는지 살펴보자. 그림 5.34는 직접 사상에서 8-way 집합 연관까지 연관 정도를 바꾸어 가면서 크기가 다른 캐시의 실패율을 보여 주고 있다. 가장 큰 이득은 직접 사상에서 2-way 집합 연관으로 바꿀 때 얻어지며, 이때 실패율은 20% 내지 30% 줄어든다. 캐시가 커지면 연관 정도 증가에 의한 상대적인 성능 향상은 줄어든다. 큰 캐시는 실패율 자체가 낮으므로, 실패율을 향상시킬 수 있는 기회가 줄어들어 연관에 의한 실패율의 절대

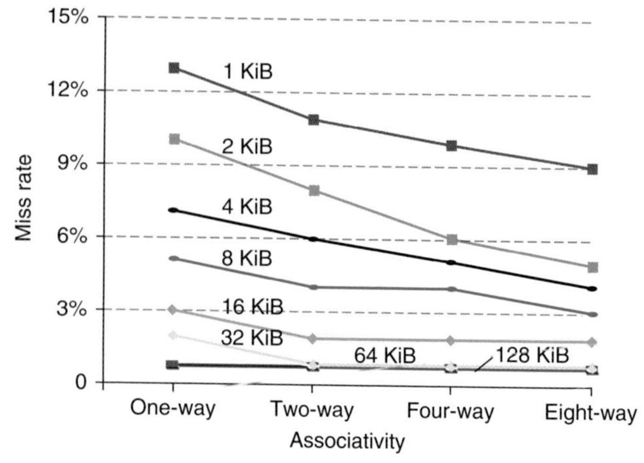


**그림 5.34 여덟 가지 크기의 데이터 캐시 실패율은 연관 정도가 증가함에 따라 향상된다.** 1-way(직접 사상)에서 2-way 집합 연관으로 바뀔 때의 성능 향상은 상당히 크지만, 그 이상의 연관 정도에서는 작아진다. (즉, 1-way에서 2-way로 바뀔 때는 20~30% 성능이 향상되지만, 2-way에서 4-way로 바뀔 때는 고작 1~10%만 좋아진다.) 4-way에서 8-way로 변할 경우의 이득은 훨씬 더 작아지며, 8-way 캐시의 실패율은 완전 연관 캐시와 거의 비슷해진다. 작은 캐시는 기본 실패율이 크기 때문에, 연관 정도를 증가해서 얻는 절대 이득이 훨씬 더 크다. 그림 5.16은 이 데이터가 어떻게 얻어졌는지를 설명해 준다.

적 향상이 크게 위축된다. 이미 언급한 바와 같이 연관 사상의 잠재적인 단점은 비용 증가와 느린 접근시간이다.

## 질문 2: 블록을 어떻게 찾을까?

블록 배치 방식이 블록이 들어갈 수 있는 장소의 수를 결정하므로, 블록을 찾는 방법은 블록 배치 방식에 따라 달라진다. 블록 배치 방식은 다음과 같이 요약할 수 있다.

| 연관 정도 | 블록을 찾는 방법 | 비교 횟수 |
|---|---|---|
| 직접 사상 | 인덱스 | 1 |
| 집합 연관 | 집합을 인덱스한 후 집합 내 모든 원소 비교 | 연관 정도 |
| 완전 연관 | 모든 엔트리 검색 | 캐시 크기 |
| | 별도의 검색 테이블 | 0 |

모든 메모리 계층에서 직접 사상, 집합 연관, 완전 연관 중 하나를 선택하는 것은 연관 정도의 구현 비용과 실패 비용에 의해 결정된다. 비용은 시간과 추가 하드웨어로 계산한다. 칩상의 L2 캐시는 적중시간이 크게 중요하지 않고 표준 SRAM으로 구현하지 않아도 되므로 훨씬 더 높은 연관 정도를 사용할 수 있다. 완전 연관 방식은 작은 캐시가 아니면 사용할 수 없다. 작은 캐시에서는 비교기 비용이 너무 크지 않으

면서 절대적 실패율은 많이 향상되기 때문에 써 볼 만하다.

가상 메모리 시스템에서는 메모리를 인덱스하기 위해 별도의 사상 테이블(페이지 테이블)을 사용한다. 인덱스 테이블을 사용하면 테이블을 저장할 공간이 필요할 뿐 아니라 추가 메모리 접근이 필요하다. 그럼에도 불구하고 완전 연관 방식과 별도의 인덱스 테이블을 사용하는 이유는 다음과 같다.

1. 실패 손실이 매우 크기 때문에 완전 연관을 사용할 만하다.
2. 완전 연관은 실패율을 줄이기 위해 설계된 정교한 교체 방식을 소프트웨어가 사용할 수 있도록 한다.
3. 완전한 사상 테이블은 추가 하드웨어나 검색 과정 없이 쉽게 인덱스할 수 있다.

그래서 가상 메모리 시스템은 항상 완전 연관 배치 방식을 사용한다.

집합 연관 배치는 캐시와 TLB에 종종 쓰이며, 접근은 인덱싱과 선택된 작은 집합 내의 검색을 통해 이루어진다. 몇몇 시스템들은 접근시간과 간단함의 이점 때문에 직접 사상 캐시를 사용한다. 접근시간의 이점은 요청된 블록을 찾는 데 비교가 필요 없기 때문에 생긴다. 이와 같은 설계에서의 선택은 구현의 세부사항에 따라 결정된다. 이 세부사항에는 캐시를 구현하는 데 사용한 기술이나 프로세서 사이클 시간을 결정하는 데 있어서 캐시 접근시간의 핵심적인 역할 등이 포함된다.

### 질문 3: 캐시 실패가 발생하면 어느 블록을 교체할까?

연관 방식 캐시에서 실패가 발생하면 어느 블록을 교체할지 결정해야 한다. 완전 연관 캐시에서는 모든 블록이 교체의 후보가 된다. 집합 연관 캐시라면 선정된 집합 내의 블록 중에서 선정해야 한다. 물론 직접 사상 캐시에서는 후보가 단 하나이므로 교체가 간단하다.

집합 연관과 완전 연관 캐시의 주요 교체 전략은 두 가지이다.

- **무작위 교체**: 후보 블록이 무작위로 선정된다. 이때 하드웨어의 지원을 받을 수도 있다.
- **LRU 교체**: 가장 오랫동안 사용되지 않은 블록을 선정한다.

실제로 낮은 연관 정도(일반적으로 2~4) 이상의 계층구조에서 각 블록의 사용 정보를 추적하려면 비용이 많이 들기 때문에 LRU는 구현하기가 어렵다. 심지어 4-way 집합 연관에서도 LRU는 가끔 근사 방식으로 구현된다. 예를 들면 블록을 2개씩 묶어서 두 블록 쌍 중 어느 것이 LRU인지 검사하고(1비트 필요), 다시 블록 쌍 내에서 어느 블록이 LRU인지를 검사하는(1비트 필요) 방식으로 구현할 수 있다.

큰 연관 방식에서는 LRU의 근사 방식을 이용하거나 무작위 교체 방식을 이용한다. 캐시에서는 교체 알고리즘이 하드웨어로 구현되므로 구현하기 쉬워야 한다. 무작위 교체 방식은 하드웨어로 간단히 구현할 수 있다. 2-way 집합 연관 캐시에서 무작위 교체는 LRU 교체보다 실패율이 약 1.1배밖에 높지 않다. 캐시가 커지면 두 교체 방식의 실패율이 모두 떨어져서 절대적인 차이도 작아진다. 실제로 무작위 교체 방식이 하드웨어로 쉽게 구현할 수 있는 단순한 LRU 근사 방식보다 때로는 더 좋다.

가상 메모리에서는 실패 비용이 매우 커서 실패율의 작은 감소조차도 중요하기 때문에 항상 LRU 근사 방식이 사용된다. 운영체제가 가장 오래전에 사용된 페이지를 쉽게 추적할 수 있도록 참조 비트 또는 이와 유사한 기능이 제공되는 경우가 많다. 실패는 비용이 많이 들고 상대적으로 드물게 발생하기 때문에, 주로 소프트웨어를 사용하여 이 정보를 근사시키는 것이 받아들일 만하다.

## 질문 4: 쓰기는 어떻게 하는가?

모든 메모리 계층의 중요한 특징은 쓰기를 어떻게 수행하는가에 있다. 다음 두 가지 방식은 이미 살펴보았다.

- 즉시 쓰기: 정보가 캐시 내의 블록과 하위 계층(캐시의 경우 메인 메모리)의 블록 양쪽에 저장된다. 5.3절의 캐시가 이 기법을 사용하였다.
- 나중 쓰기: 정보가 캐시 내의 블록에만 저장된다. 수정된 블록은 교체될 때만 하위 계층으로 저장된다. 가상 메모리는 5.7절에서 설명한 이유 때문에 항상 이 방법을 사용한다.

이 두 가지 방법 모두 장점이 있지만, 나중 쓰기의 주요 장점은 아래와 같다.

- 프로세서는 각 워드를 메인 메모리가 아닌 캐시가 받아들일 수 있는 속도로 쓴다.
- 블록에 쓰기가 여러 번 일어나도 하위 계층에는 한 번만 쓰면 된다.
- 블록을 하위 계층에 쓸 때, 전체 블록을 한꺼번에 쓰기 때문에 높은 대역폭 전송을 효과적으로 이용할 수 있다.

즉시 쓰기의 장점은 다음과 같다.

- 실패가 발생해도 하위 계층에 블록을 쓸 필요가 없으므로, 실패 처리가 간단하고 비용이 적게 든다.
- 나중 쓰기보다 구현이 간단하다. 하지만 즉시 쓰기가 실용성을 가지려면 쓰기

버퍼가 필요하다.

가상 메모리 시스템에서는 하위 계층에 쓸 때 지연시간이 크기 때문에 나중 쓰기 방식이 유일한 실용적 대안이다. 물리적으로 또 논리적으로 폭이 큰 메인 메모리를 사용하고 DRAM의 버스트 모드를 사용하더라도, 프로세서가 쓰기를 발생시키는 속도는 일반적으로 메모리 시스템이 쓰기를 처리하는 속도보다 빠르다. 그러므로 오늘날 최하위 계층 캐시들은 대개 나중 쓰기 방식을 사용하고 있다.

요점정리

캐시, TLB, 가상 메모리가 처음에는 매우 다른 것처럼 보였지만, 이들은 공통적으로 두 가지 지역성의 원칙에 기반을 두고 있음을 알게 되었다. 다음 네 가지 질문에 어떻게 대처하는지를 살펴보면 이들을 잘 이해할 수 있을 것이다.

**질문 1**: 블록을 어디에 넣을 수 있을까?
**답**: 한 곳(직접 사상), 몇 곳(집합 연관), 아무데나(완전 연관).

**질문 2**: 블록을 어떻게 찾을까?
**답**: 네 가지 방법이 있다. 인덱싱(직접 사상 캐시), 제한적인 검색(집합 연관 캐시), 완전 검색(완전 연관 캐시), 별도의 검색 테이블(페이지 테이블).

**질문 3**: 캐시 실패가 발생하면 어느 블록을 교체할까?
**답**: 일반적으로 LRU나 무작위로 선정된 블록.

**질문 4**: 쓰기는 어떻게 하는가?
**답**: 계층별로 즉시 쓰기나 나중 쓰기를 이용할 수 있다.

## 3C: 메모리 계층의 행동을 이해하기 위한 직관적 모델

여기에서는 메모리 계층구조 내에서 발생하는 실패의 원인을 설명해 주는 모델을 살펴보고, 계층 내에 변화가 생기면 실패에 어떤 영향을 미치는지를 알아본다. 설명에 캐시 용어를 사용하겠지만, 이 개념은 다른 모든 계층에 바로 확장 적용할 수 있다. 이 모델에서는 모든 실패가 다음 세 가지 중 하나로 분류된다(3C 모델).

3C 모델 모든 캐시 실패가 필수 실패, 용량 실패, 대립 실패 세 가지 중 하나로 분류되는 캐시 모델.

- 필수 실패(compulsory miss): 캐시에 한 번도 들어오지 않았던 블록에 대한 첫 번째 접근에 의해 발생한다. 이를 최초 시작 실패(cold-start miss)라고도 한다.

필수 실패 최초 시작 실패라고도 불린다. 캐시에 한 번도 들어온 적 없는 블록을 처음에 접근할 때 생기는 캐시 실패.

용량 실패 요청을 만족시키기 위해 필요한 블록을 다 갖고 있을 수는 없기 때문에 발생하는 캐시 실패. 완전 연관 캐시에서도 발생한다.

대립 실패 충돌 실패라고도 한다. 집합 연관이나 직접 사상 캐시에서 여러 블록이 같은 집합을 두고 경쟁할 때 생기지만, 같은 크기의 완전 연관 캐시에서는 발생하지 않는 실패.

- **용량 실패**(capacity miss): 캐시가 프로그램 수행 중 필요한 모든 블록을 포함할 수 없을 때 발생한다. 용량 실패는 블록이 교체되고 나중에 다시 그 블록을 가져올 때 발생한다.
- **대립 실패**(conflict miss): 집합 연관이나 직접 사상 캐시에서 여러 블록들이 같은 집합에 대해 경쟁을 벌일 때 발생하는 캐시 실패이다. 대립 실패는 같은 크기의 완전 연관 캐시에서는 발생하지 않는다. **충돌 실패**(collision miss)라고도 부른다.

그림 5.35는 실패율이 어떻게 세 가지 요인으로 나누어지는지를 보여 준다. 캐시 설계의 어떤 측면을 변경하면 이 실패의 원인들을 바로 줄일 수 있다. 대립 실패는 같은 캐시 블록에 대한 경쟁 때문에 발생하므로 연관 정도를 높이면 줄일 수 있다. 그러나 연관 정도의 증가는 접근시간을 느리게 해서 전체 성능을 떨어뜨릴 수 있다.

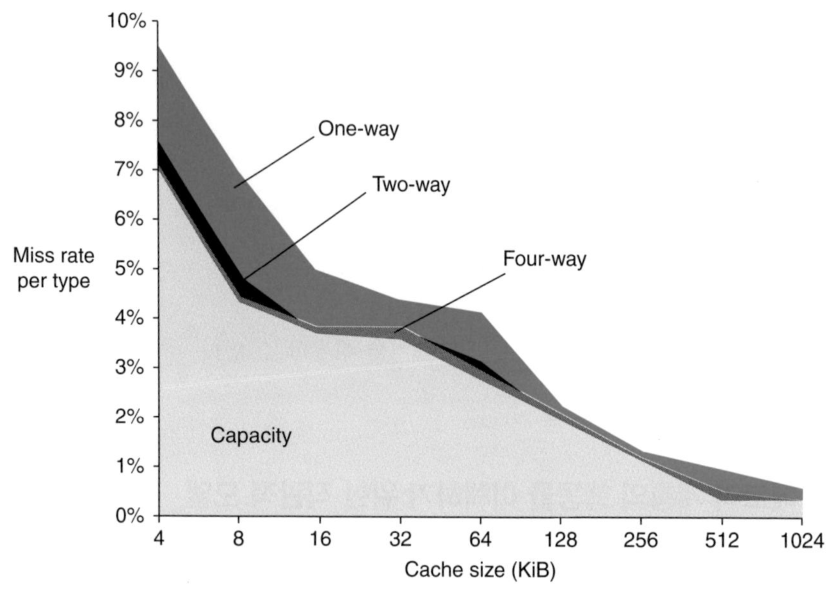


**그림 5.35 실패율은 세 가지 실패 요인으로 나눌 수 있다.** 이 그래프는 캐시 크기에 따른 전체 실패율과 그 요소들을 보여 준다. 이 데이터는 SPEC CPU2000 정수 및 부동 소수점 벤치마크에 대한 것으로, 그림 5.34의 데이터와 같은 곳에서 가져왔다. 필수 실패 성분은 0.006%이나 이 그림에서는 보이지 않는다. 다음 성분은 용량 실패율로서 캐시 크기에 따라 결정된다. 대립 실패는 연관 정도와 캐시 크기에 따라 달라지는데, One-way부터 Eight-way까지 여러 연관 정도의 실패율을 보이고 있다. 각 경우의 명명된 영역은 한 단계 더 높은 연관 정도에서 그 연관 정도로 바뀔 때의 실패율 증가를 나타낸다. 예를 들어 Two-way라고 명명된 영역은 캐시의 연관 정도를 4에서 2로 바꿀 때 늘어나는 실패를 나타낸다. 따라서 같은 크기의 완전 연관 캐시와 직접 사상 캐시의 실패율 차이는 Four-way, Two-way, One-way로 표시된 영역의 합으로 구할 수 있다. Eight-way와 Four-way 사이의 차이는 너무 작아 그래프상에서는 구별하기 어렵다.

| Design change | Effect on miss rate | Possible negative performance effect |
|---|---|---|
| Increases cache size | Decreases capacity misses | May increase access time |
| Increases associativity | Decreases miss rate due to conflict misses | May increase access time |
| Increases block size | Decreases miss rate for a wide range of block sizes due to spatial locality | Increases miss penalty. Very large block could increase miss rate |

그림 5.36 메모리 계층구조 설계의 어려움.

용량 실패는 캐시의 크기를 크게 해서 줄일 수 있다. 실제로 최근 수년 동안 2차 캐시 크기는 꾸준히 커지고 있다. 물론 캐시를 크게 하면 접근시간이 늘어나고 따라서 전체 성능을 저하시킬 수 있다는 점에 주의해야 한다. 이런 이유로 1차 캐시의 크기는 느리게 성장해 왔다.

필수 실패는 블록의 맨 처음 참조에 의해서 발생되기 때문에, 필수 실패의 수를 줄이기 위한 첫 번째 방법은 블록의 크기를 늘리는 것이다. 이렇게 하면 프로그램이 더 적은 수의 캐시 블록들로 이루어지기 때문에 프로그램의 모든 블록을 한 번씩 접근하는 데 필요한 참조 횟수를 줄일 수 있다. 하지만 이미 언급한 바와 같이 블록 크기를 너무 크게 하면 실패 손실이 늘어나므로 성능에 나쁜 영향을 줄 수 있다.

실패를 3C로 분해하는 것은 유용한 정성적 모델이다. 하지만 실제 캐시 설계에서는 많은 설계 대안들이 상호작용을 하므로, 한 가지 캐시 특성을 바꾸면 실패율의 여러 요소에 영향을 끼치는 경우가 많다. 이러한 단점에도 불구하고 이 모델은 캐시 설계의 성능에 대한 통찰력을 주는 좋은 방법이다.

요점정리

실패율을 개선할 수 있는 모든 변경들이 그림 5.36과 같이 전체 성능에 악영향을 끼칠 수 있다는 사실이 메모리 계층 설계를 어렵게 한다. 이렇게 긍정적인 효과와 부정적인 효과가 섞여 있는 것이 메모리 계층구조 설계를 흥미롭게 하는 점이다.

스스로 점검하기

다음 중에서 일반적으로 참인 문장은?

1. 필수 실패를 줄이는 방법은 없다.
2. 완전 연관 캐시는 대립 실패가 없다.
3. 실패를 줄이는 데는 연관 정도가 용량보다 더 중요하다.

# 5.9 간단한 캐시 제어를 위한 유한상태기

4장에서 단일 사이클과 파이프라인 데이터패스를 위한 제어기를 구현했던 것처럼, 이제 캐시를 위한 제어기를 구현할 수 있다. 이 절에서는 간단한 캐시의 정의에서 시작하여 유한상태기(finite-state machine, FSM)를 설명한다. 그리고 간단한 캐시를 위한 제어기의 FSM으로 끝마친다. 5.12절에서는 캐시와 제어기를 새로운 하드웨어 기술 언어로 보이면서 더 깊이 다룬다.

## 간단한 캐시

간단한 캐시를 위한 제어기를 설계하려고 한다. 캐시의 핵심적인 특성은 다음과 같다.

- 직접 사상 캐시
- 쓰기 할당을 이용하는 나중 쓰기
- 블록 크기는 4워드(16바이트 또는 128비트)
- 캐시 크기는 16 KiB이고, 블록은 1024개이다.
- 32비트 주소
- 캐시 블록마다 유효 비트와 갱신 비트를 가지고 있다.

5.3절로부터 캐시 주소의 각 필드를 계산할 수 있다.

- 캐시 인덱스는 10비트이다.
- 블록 변위는 4비트이다.
- 태그 크기는 32 − (10 + 4) 즉 18비트이다.

프로세서와 캐시 사이의 신호는 다음과 같다.

- 1비트의 읽기(Read) 또는 쓰기(Write) 신호
- 캐시 동작이 있는지 없는지를 표시하는 1비트의 유효(Valid) 신호
- 32비트 주소
- 프로세서에서 캐시로 가는 32비트 데이터
- 캐시에서 프로세서로 가는 32비트 데이터
- 캐시 동작이 완료되었음을 표시하는 1비트의 준비(Ready) 신호

데이터 필드가 128비트인 것을 제외하면, 메모리와 캐시 사이의 인터페이스는 프

로세서와 캐시 사이의 인터페이스와 같은 필드를 가지고 있다. 오늘날의 마이크로프로세서는 일반적으로 더 넓은 메모리 폭을 사용한다. 그래서 프로세서에서는 32비트나 64비트 워드를 다루지만, DRAM 제어기는 128비트인 경우도 있다. 캐시 블록을 DRAM 폭에 맞추면 설계가 쉬워진다. 메모리와 캐시 사이의 신호는 아래와 같다.

- 1비트의 읽기 또는 쓰기 신호
- 메모리 동작이 있는지 없는지를 표시하는 1비트의 유효 신호
- 32비트 주소
- 캐시에서 메모리로 가는 128비트 데이터
- 메모리에서 캐시로 가는 128비트 데이터
- 메모리 동작이 완료되었음을 표시하는 1비트의 준비 신호

메모리 인터페이스는 고정된 수의 클럭을 사용하지 않음에 유의하라. 메모리 읽기 또는 쓰기가 끝났을 때 준비 신호를 통해서 캐시에게 알려 줄 메모리 컨트롤러가 있다고 가정한다.

캐시 제어기를 설명하기 전에 여러 클럭 사이클을 필요로 하는 동작을 제어할 수 있게 해 주는 유한상태기를 복습할 필요가 있다.

## 유한상태기

단일 사이클 데이터패스를 위한 제어 유닛을 설계할 때, 각 명령어 종류의 제어신호 값을 지정하는 진리표를 사용하였다. 하지만 캐시의 경우는 동작이 여러 단계로 이루어질 수 있기 때문에 제어가 좀 더 복잡하다. 캐시 제어는 각 단계에서 설정해야 하는 신호와 그다음 단계 두 가지를 다 지정하여야 한다.

가장 많이 쓰이는 다단계 제어 방법은 **유한상태기**에 기반을 두고 있는데, 유한상태기는 대개 그래프로 표현된다. 유한상태기는 상태의 집합과 상태 변환에 대한 지침으로 구성된다. 상태 변환 지침은 **다음 상태 함수**(next-state function)에 의해 정의되며, 현재 상태와 입력을 새로운 상태로 사상한다. 제어를 위해 유한상태기를 사용할 때, 각 상태는 기계가 그 상태에 있을 때 인가되는(asserted) 출력들도 명시한다. 유한상태기의 구현에서는 통상 인가된다고 명시하지 않은 출력은 모두 비인가 된다고(deasserted) 가정한다. 마찬가지로 인가된다고 명시하지 않은 신호는 don't care가 아니라 비인가로 작동해야 데이터패스가 올바르게 동작한다.

**유한상태기** 입력과 출력의 집합, 다음 상태 함수, 출력 함수로 구성된 순차 논리 함수이다. 다음 상태 함수는 현재 상태와 입력을 새로운 상태로 사상하며, 출력 함수는 현재 상태(와 입력)를 출력에 사상한다.

**다음 상태 함수** 주어진 입력과 현재 상태에 대해 유한상태기의 다음 상태를 결정하는 조합 논리 함수.

멀티플렉서 제어는 약간 다르다. 왜냐하면 멀티플렉서 제어가 0이냐 1이냐에 따라 입력 중 하나를 선택하기 때문이다. 따라서 유한상태기에서는 우리가 신경 써야 하는 모든 멀티플렉서 제어의 값을 항상 명시해야 한다. 유한상태기를 논리회로로

구현할 때 제어를 0으로 설정하는 것이 기본이며 따라서 게이트를 필요로 하지 않는다. 유한상태기의 단순한 예는 부록 A에 있다. 만약 유한상태기 개념에 익숙하지 않다면 부록 A를 먼저 살펴보기 바란다.

유한상태기는 인가할 데이터패스 신호와 다음 상태를 결정하는 조합논리 블록과 현재 상태를 저장하고 있는 임시 레지스터로 구현될 수 있다. 그림 5.37은 이런 구현을 보여 주고 있다. 부록 C는 이 구조를 이용하여 유한상태기를 어떻게 구현할 수 있는지 구체적으로 설명한다. A.3절에서 유한상태기의 조합 제어 논리를 ROM(read-only memory)과 PLA(programmable logic array)를 사용하여 구현하였다. (이 논리 소자에 대한 설명도 부록 A를 참조하라.)

**고난도:** 이 단순한 설계는 **블로킹**(blocking) 캐시라고 하는데, 캐시가 요청을 마칠 때까지 프로세서가 기다려야 한다. 5.13절에서 **비블로킹**(nonblocking) 캐시라는 대안을 설명한다.

**고난도:** 이 책에서 사용되는 유한상태기 유형은 Edward Moore의 이름을 따서 Moore 기

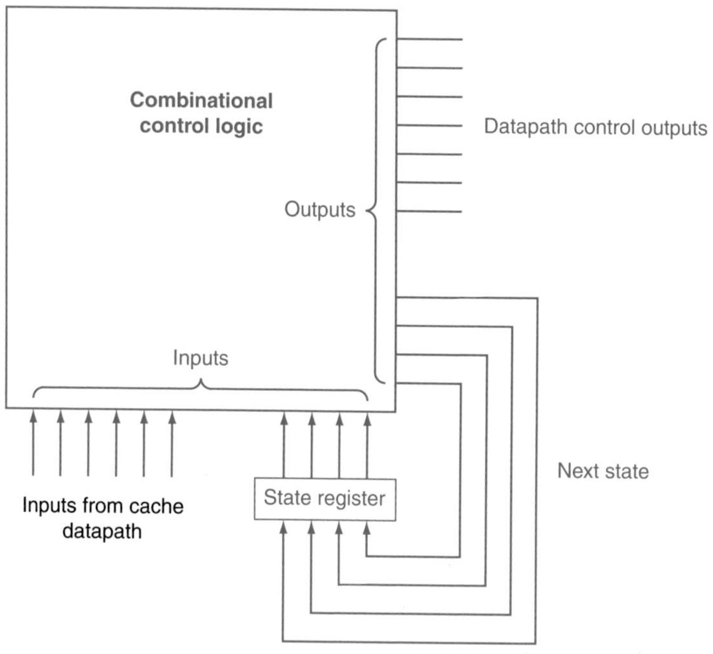


**그림 5.37 유한상태기 제어기는 일반적으로 조합논리회로 블록과 현 상태를 저장하는 레지스터를 사용하여 구현된다.** 조합논리회로의 출력은 다음 상태 번호와 현재 상태에서 인가되는 제어신호들이다. 조합논리회로의 입력은 현재 상태와 다음 상태 결정에 사용되는 입력들이다. 이 장에서 사용되는 유한상태기에서 출력은 현재 상태에 의해서만 결정되지 입력과는 상관없다는 점에 주목하라. 좀 더 자세한 것은 "고난도"에서 설명한다.

계라 불린다. 이것을 구별하는 특징은 출력이 현재 상태에 의해서만 결정된다는 것이다. Moore 기계의 경우 조합제어논리(combinational control logic)라고 표시된 사각형을 두 부분으로 나눌 수 있다. 한 부분은 제어 출력과 상태 입력만을 가지고 있으며, 다른 부분은 다음 상태 출력만을 가지고 있다.

다른 유형의 유한상태기는 Mealy 기계인데 George Mealy의 이름을 따서 붙인 것이다. Mealy 기계는 입력과 현재 상태 두 가지를 다 사용하여 출력을 결정한다. Moore 기계는 제어 유닛의 속도와 크기에서 잠재적인 장점이 있다. 제어 출력은 클럭 사이클 초기에 필요한데, 그 값이 입력과는 상관없이 현재 상태에 의해서만 결정되기 때문에 속도의 이점이 생긴다. **부록 A**에서 이 유한상태기를 논리 게이트로 구현할 때 크기에 대한 이점이 있음을 명백히 보여 준다. Moore 기계의 잠재적인 단점은 상태가 추가로 필요할 수도 있다는 점이다. 예를 들면 2개의 상태 시퀀스 사이에 한 상태만큼의 차이가 있을 때 Mealy 기계는 입력에 의해서 출력이 결정되게 함으로써 상태를 합칠 수 있다.

## 간단한 캐시 제어기를 위한 FSM

그림 5.38은 간단한 캐시 제어기의 네 가지 상태를 보여 준다.

- 대기(Idle) 상태: 프로세서에서 유효한 읽기 또는 쓰기 요청이 오기를 기다리는 상태로, 요청이 오면 FSM이 태그 비교 상태로 이동한다.
- 태그 비교(Compare Tag) 상태: 이름에서 알 수 있듯이 이 상태는 읽기나 쓰기 요청이 적중인지 실패인지를 검사한다. 주소의 인덱스 부분이 비교할 태그를 선택한다. 인덱스가 가리키는 캐시 블록의 데이터가 유효하고 주소의 태그 부분이 캐시 블록의 태그와 일치하면 적중이다. 적재 명령어이면 선택된 워드에서 데이터를 읽고, 저장 명령어이면 선택된 워드에 쓴다. 그리고 캐시 준비(Cache Ready) 신호가 인가된다. 쓰기 요청이면 갱신 비트를 1로 만든다. 쓰기 적중은 유효 비트와 태그 필드 값도 새로 쓰는 것에 유의하라. 이것은 불필요한 것처럼 보이지만, 태그가 단일 메모리이기 때문에 갱신 비트를 바꾸기 위해서는 유효 비트와 태그 필드도 새로 써야 한다. 만일 적중이고 블록이 유효하다면, FSM은 대기 상태로 돌아간다. 실패이면 우선 캐시 태그를 갱신하고, 이 블록의 갱신 비트가 1이면 나중 쓰기 상태로, 0이면 할당 상태로 이동한다.
- 나중 쓰기(Write-Back) 상태: 이 상태는 태그와 캐시 인덱스로 이루어진 주소를 사용하여 128비트 블록을 메모리에 쓴다. 메모리에서 준비(Ready) 신호가 올 때까지 이 상태에서 기다린다. 메모리 쓰기가 완료되면 FSM은 할당 상태로 이동한다.
- 할당(Allocate) 상태: 메모리에서 새로운 블록을 읽어 온다. 메모리에서 준비

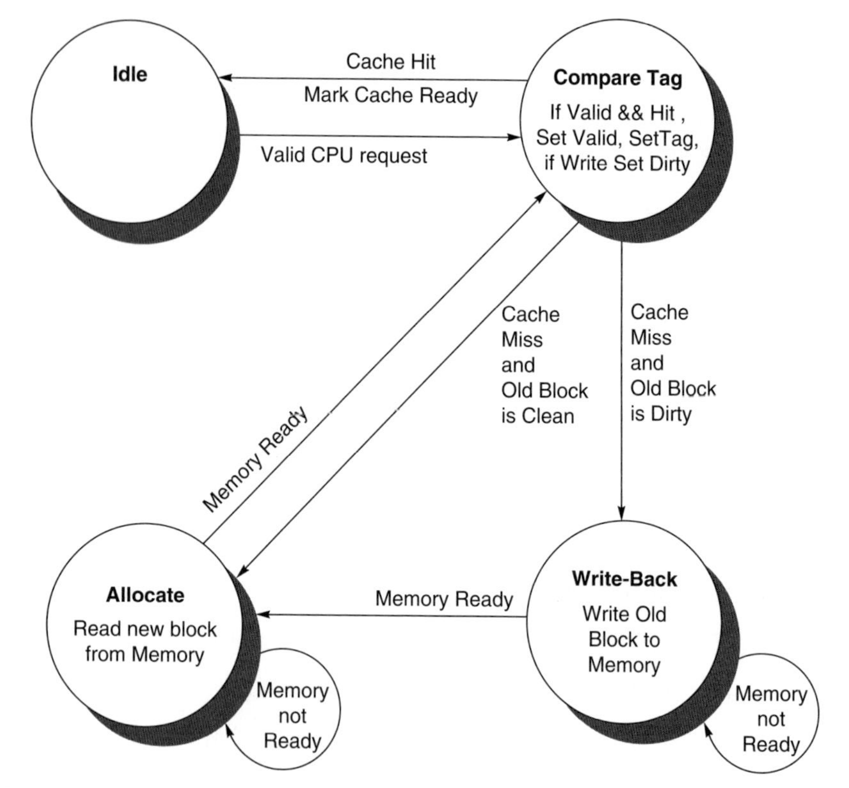


그림 5.38 간단한 제어기의 네 가지 상태.

신호가 올 때까지 이 상태에서 기다린다. 메모리 읽기가 완료되면 FSM은 태그 비교 상태로 이동한다. 작업을 완료하기 위해 태그 비교 상태를 재사용하는 대신에 새로운 상태로 갈 수도 있지만, 쓰기 접근일 때 블록의 해당 워드를 갱신하는 일을 비롯해서 많은 부분이 중복되기 때문에 태그 비교 상태로 가는 것이 좋다.

이 간단한 모델의 성능을 향상시키기 위하여 더 많은 상태를 추가할 수 있다. 예를 들어 태그 비교 상태는 태그 비교와 캐시 데이터 읽기 또는 쓰기 두 가지 일을 한 클럭 사이클에 하는데, 클럭 사이클 시간을 단축하기 위하여 비교와 캐시 접근을 분리할 수도 있다. 또 다른 최적화는 쓰기 버퍼를 추가하는 것이다. 쓰기 버퍼에 갱신 블록을 저장하고 나서 바로 새로운 블록을 읽어서, 갱신 블록에 대한 실패가 발생했을 때 두 번의 메모리 접근 동안 프로세서가 기다릴 필요가 없게 한다. 프로세서가 읽어온 데이터를 이용해 실행하는 동안, 캐시는 쓰기 버퍼의 갱신 블록을 메모리에 쓴다.

5.12절은 FSM을 좀 더 자세히 설명하고 있다. 하드웨어 기술 언어(hardware

description language)로 서술된 완전한 컨트롤러와 이 간단한 캐시의 블록 다이어그램을 제시한다.

## 5.10 병렬성과 메모리 계층구조: 캐시 일관성

멀티코어 멀티프로세서는 여러 개의 프로세서가 하나의 칩 안에 들어 있는 것을 말한다. 이 프로세서들은 공통의 실제 주소 공간을 공유한다. 공유 데이터는 캐시를 사용할 때 새로운 문제를 야기한다. 2개의 서로 다른 프로세서가 각각 자신의 캐시를 통하여 메모리를 보게 되므로, 추가적인 예방 조치가 없으면 각자 다른 값을 보게 된다. 그림 5.39는 이 문제를 예시한 것이다. 2개의 다른 프로세서가 어떻게 같은 위치에 2개의 다른 값을 갖게 되는지를 보여 주고 있다. 이 문제를 일반적으로 **캐시 일관성 문제**(cache coherence problem)라고 한다.

비공식적으로, 어떤 데이터를 읽든지 항상 가장 최근에 쓴 값을 읽을 수 있다면 메모리 시스템이 일관된다고 말할 수 있다. 이러한 정의는 비록 직관적으로 좋아 보이기는 하지만 모호하며 극도로 단순화된 것이다. 현실은 훨씬 더 복잡하다. 이 단순한 정의는 메모리 시스템 동작의 서로 다른 두 가지 측면을 포함하는데, 둘 다 올바른 공유 메모리 프로그램 작성에 매우 중요하다. **일관성**(coherence)이라고 불리는 첫 번째 측면은 읽기가 가져오는 값을 정의한다. **정합성**(consistency)이라고 불리는 두 번째 측면은 쓴 값을 읽기가 가져오는 시기를 결정한다.

첫 번째로 일관성을 보자. 아래와 같은 조건이 만족되면 메모리 시스템은 일관적이다.

| Time step | Event | Cache contents for CPU A | Cache contents for CPU B | Memory contents for location X |
|---|---|---|---|---|
| 0 | | | | 0 |
| 1 | CPU A reads X | 0 | | 0 |
| 2 | CPU B reads X | 0 | 0 | 0 |
| 3 | CPU A stores 1 into X | 1 | 0 | 1 |

**그림 5.39 두 프로세서 A와 B가 한 메모리 장소(X)를 읽고 쓸 때, X에 대한 캐시 일관성 문제.** 처음에는 두 캐시가 모두 변수 X를 가지고 있지 않고, X의 초기값은 0이라고 가정한다. 또한 즉시 쓰기 캐시라고 가정한다. 나중 쓰기 캐시는 복잡성이 더 추가되지만 비슷하다. A가 X에 값을 쓰면 메모리와 A의 캐시는 새로운 값을 갖지만, B의 캐시는 그렇지 않다. 이후에 B가 X를 읽으면 0이 읽힐 것이다.

1. 프로세서 P가 X에 쓴 후 P가 다시 X를 읽을 때, P의 쓰기와 읽기 사이에 어떠한 다른 프로세서도 X에 쓰기를 하지 않았다면, 항상 P가 쓴 값을 가져온다. 그러므로 그림 5.39에서 만약 CPU A가 단계 3 이후에 X를 읽는다면, 값 1을 가져오게 될 것이다.
2. 다른 프로세서가 X에 쓴 다음에 어떤 프로세서가 X를 읽을 때, X에 대한 쓰기와 읽기가 시간적으로 충분히 떨어져 있으며 이 두 동작 사이에 X에 대한 다른 쓰기가 없다면, 이 프로세서는 다른 프로세서가 X에 쓴 값을 읽는다. 따라서 그림 5.39의 단계 3에서 CPU A가 X에 1을 저장한 후에, CPU B 캐시의 값 0을 1로 바꾸는 메커니즘이 필요하다.
3. 동일한 위치에 대한 쓰기는 **순서화된다**(serialized). 다시 말하면 동일한 위치에 2개의 프로세서가 쓰기를 수행하는 경우, 모든 프로세서가 이 쓰기들을 같은 순서로 보게 된다. 예를 들어 CPU B가 단계 3 이후에 X에 2를 저장한다면, 어떤 프로세서가 X 값을 처음에 2로 읽은 다음 나중에 1로 읽을 수는 없다.

앞의 첫 번째 특성은 단순히 프로그램 순서를 유지하는 것이다. 당연히 단일프로세서에서는 이 특성이 항상 성립할 것이다. 두 번째 특성은 메모리에 대해 일관적 관점을 갖는다는 것이 무엇을 의미하는지에 대한 개념을 정의한다. 만약 프로세서가 계속해서 예전 값을 읽을 수 있다면 메모리가 비일관적(incoherent)이라고 명확하게 말할 수 있다.

**쓰기 순서화**(write serialization)의 필요성은 더 미묘하지만 똑같이 중요하다. 쓰기를 순서화하지 않은 상태에서, P1이 X에 쓴 후 P2가 X에 썼다고 가정하자. 쓰기 순서화는 일정 시간이 지난 뒤에는 모든 프로세서가 P2가 쓴 값을 보는 것을 보장한다. 쓰기를 순서화하지 않는다면, P1이 쓴 값이 마냥 유지되어서 P2가 쓴 값을 먼저 보고 그 후에 P1이 쓴 값을 보는 프로세서가 생길 수도 있다. 이러한 문제점을 피하는 가장 간단한 방법은 동일한 위치에 대한 모든 쓰기가 항상 동일한 순서로 보이게 하는 것이다. 이러한 특성을 **쓰기 순서화**라고 한다.

## 일관성을 유지하기 위한 기본 기법

캐시 일관성을 가진 멀티프로세서에서 캐시는 공유된 데이터의 **이동**(migration)과 **복제**(replication) 기능을 제공한다.

- **이동**: 데이터는 지역 캐시로 이동하여 그곳에서 투명하게 사용될 수 있다. 이동은 먼 곳에 위치한 공유 데이터를 접근할 때 발생하는 지연과 공유 메모리에 대한 대역폭 요구를 줄여 준다.

- **복제**: 공유 데이터가 동시에 읽힐 때, 캐시는 지역 캐시 안에 복사본을 만든다. 복제는 공유 데이터 읽기에 대한 접근 지연과 경쟁을 감소시킨다.

이동과 복제를 지원하는 것이 공유 데이터를 접근하는 성능에 매우 중요하기 때문에, 많은 멀티프로세서들이 캐시 일관성을 유지하기 위한 하드웨어 프로토콜을 도입하고 있다. 멀티프로세서에서 일관성을 유지하기 위한 프로토콜은 **캐시 일관성 유지 프로토콜**(cache coherence protocol)이라고 부른다. 캐시 일관성 유지 프로토콜 구현의 핵심은 데이터 블록의 모든 공유 상태를 추적하는 것이다.

가장 널리 사용되는 캐시 일관성 유지 프로토콜은 **스누핑**(snooping)이다. 이 방법에서는 실제 메모리 블록 데이터의 복사본을 가지고 있는 캐시들이 협력하여 일관성을 유지하고, 중앙 집중식으로 블록의 공유 상태를 관리하지는 않는다. 캐시들은 모두 방송형 전송 매체(버스 또는 네트워크)를 통하여 접근할 수 있다. 그리고 모든 캐시 제어기들은 버스나 스위치 접근이 요청한 블록의 복사본을 가지고 있는지 없는지를 확인하기 위하여 전송 매체를 **감시**(snoop)한다.

이어서 공유 버스로 구현된 스누핑 기반 캐시 일관성을 설명할 것이다. 그러나 버스가 아니라도 캐시 실패를 모든 프로세서에 전파할 수만 있으면 어떠한 통신 매체도 스누핑 기반 일관성 기법을 구현하는 데 사용할 수 있다. 이와 같이 모든 캐시에 전송하는 방식은 스누핑 프로토콜을 쉽게 구현할 수 있게 하지만 확장성을 제한한다.

## 스누핑 프로토콜

일관성을 유지하는 한 가지 방법은 프로세서가 데이터 항목에 배타적 접근을 확보한 후에 데이터를 쓰는 것이다. 이러한 형태의 프로토콜은 쓰기 작업 시에 다른 캐시에 있는 복사본들을 무효화하기 때문에 **쓰기 무효화 프로토콜**(write invalidate protocol)이라고 부른다. 배타적 접근은 다른 캐시의 복사본들을 모두 무효화하기 때문에 쓰기 작업이 일어날 때 읽기 또는 쓰기가 가능한 다른 복사본이 없다는 것을 보장해 준다.

그림 5.40은 나중 쓰기 캐시에서 스누핑 버스(snooping bus)를 위한 무효화 프로토콜이 어떻게 동작하는지를 보여 준다. 이 프로토콜이 어떻게 일관성을 보장해 주는지 보기 위해서, 한 프로세서의 쓰기 작업 후에 다른 프로세서의 읽기 작업을 고려해 보자. 쓰기 작업은 배타적 접근을 요구하기 때문에 다른 프로세서들이 갖고 있는 복사본들은 모두 무효화되어야 한다(프로토콜 이름에서 알 수 있듯이). 그러므로 읽기 작업이 발생하면 캐시 실패가 되어 캐시가 데이터의 새로운 복사본을 메모

| Processor activity | Bus activity | Contents of CPU A's cache | Contents of CPU B's cache | Contents of memory location X |
|---|---|---|---|---|
| | | | | 0 |
| CPU A reads X | Cache miss for X | 0 | | 0 |
| CPU B reads X | Cache miss for X | 0 | 0 | 0 |
| CPU A writes a 1 to X | Invalidation for X | 1 | | 0 |
| CPU B reads X | Cache miss for X | 1 | 1 | 1 |

**그림 5.40 나중 쓰기 캐시의 한 캐시 블록(X)을 위해 스누핑 버스에서 동작하는 무효화 프로토콜의 예.** 초기에 두 캐시 다 X를 갖고 있지 않고 메모리의 X 값이 0이라고 가정한다. CPU와 메모리의 내용은 프로세서와 버스의 활동이 모두 끝난 후의 값을 보여 준다. 빈칸은 아무 활동이 없거나 캐시에 아무 복사본도 들어가지 않는다는 것을 나타낸다. CPU B에 의해 두 번째 실패가 발생할 때 CPU A는 메모리로부터의 응답을 취소시키고 자신의 값으로 응답한다. 이때 X의 B 캐시 복사본과 메모리 내용이 모두 갱신된다. 이렇게 블록이 공유될 때 메모리를 갱신하면 프로토콜이 단순해진다. 하지만 데이터의 소유권을 추적하고 있다가 블록이 교체될 때만 나중 쓰기를 수행하는 방법도 있다. 이렇게 하려면 "소유(owner)"라는 새로운 상태가 필요하다. 소유 상태에서는 다른 프로세서와 블록을 공유하고 있을 수도 있다. 그러나 소유 프로세서(owning processor)는 블록을 바꾸거나 교체할 때 모든 다른 프로세서와 메모리를 갱신할 책임을 지니고 있다.

리에서 가져와야 한다. 쓰기 작업에서는 다른 프로세서가 동시에 쓸 수 없도록 해서 쓰기 프로세서의 배타적 접근을 보장해야 된다. 만약 두 프로세서가 동시에 같은 데이터에 쓰려고 시도한다면, 그 둘 중 하나가 경쟁에서 이기게 되고, 다른 프로세서의 복사본은 무효화된다. 다른 프로세서가 쓰기 작업을 완료하기 위해서는 갱신된 값을 갖고 있는 데이터의 새로운 복사본을 가져와야 한다. 그러므로 이 프로토콜은 쓰기 순서화도 시행하고 있다.

**하드웨어/소프트웨어 인터페이스**

블록 크기는 캐시 일관성 유지에 큰 영향을 미친다. 예를 들어 블록 크기가 8워드인 캐시에 대한 스누핑에서 두 프로세서가 한 워드를 교대로 쓰고 읽는다고 가정하자. 대부분의 프로토콜에서 두 프로세서가 블록 전체를 주고받게 되므로 일관성 유지에 필요한 대역폭이 증가하게 된다.

큰 블록은 또한 거짓 공유(false sharing)라고 하는 문제도 야기할 수 있다. 연관이 없는 공유변수 2개가 같은 캐시 블록에 있을 때, 프로세서들이 각기 다른 변수를 접근하고 있다 할지라도 블록 전체가 프로세서 사이에서 교환된다. 프로그래머와 컴파일러는 거짓 공유를 피하기 위하여 데이터를 신중하게 배치해야 한다.

거짓 공유 관련 없는 두 공유변수가 같은 캐시 블록에 들어 있을 때, 프로세서들이 각각 다른 변수를 접근하더라도 블록 전체가 프로세서 사이에서 왔다 갔다 하는 경우.

**고난도:** 앞에서 살펴본 세 가지 특성들이 일관성을 보장하기에 충분하다고 할지라도, 쓰인 값이 언제 보이게 될 것인가 하는 문제 또한 중요하다. 이유를 알아보기 위해 그림 5.39에서 X의 읽기 작업이 다른 프로세서가 X에 쓴 값을 즉시 읽어야 한다고 요구할 수 없다는 점에 주목하자. 예를 들어 만일 한 프로세서의 X에 대한 쓰기 작업이 다른 프로세서에 의한 X의 읽기 작업 직전에 일어났다면, 읽기 작업이 새로 쓴 값을 가져오는 것을 보장하기가 아마도 불가능할 것이다. 왜냐하면 그 시점에는 새 데이터가 프로세서를 출발하지도 못했을 수가 있기 때문이다. 쓴 데이터가 정확히 **언제** 읽힐지는 **메모리 정합성 모델**(memory consistency model)에 의해 정의된다.

다음 두 가지를 가정하자. 첫째, 모든 프로세서가 쓰기의 결과를 보기 전까지는 쓰기 작업이 완료되지 않고 다음 쓰기 작업의 발생도 허락하지 않는다. 둘째, 프로세서가 다른 메모리 접근에 대한 쓰기 작업들의 순서를 변경하지 않는다. 이 두 가지 조건은 만약 프로세서가 주소 X에 쓰기 작업을 하고 다음에 Y에 쓰기 작업을 한다면, Y의 새로운 값을 보는 모든 프로세서는 반드시 X의 새로운 값을 본다는 것을 의미한다. 이러한 제한들은 프로세서가 읽기 작업의 순서는 재조정할 수 있게 하지만, 쓰기 작업은 프로그램 순서대로 마칠 것을 강제한다.

**고난도:** 입력이 캐시 뒤에 있는 메모리를 바꿀 수 있고 나중 쓰기 캐시의 경우 출력이 최신 값을 필요로 할 수 있기 때문에 멀티프로세서의 캐시들뿐 아니라 단일프로세서의 캐시와 입출력에 대해서도 캐시 일관성 문제가 있다. 멀티프로세서와 입출력에 대한 캐시 일관성 문제가 출발점은 같지만, 적절한 해결책에 영향을 미치는 특성은 서로 다르다. 복수의 데이터 복사본이 매우 드물게 발생하는 입출력과는 달리—이런 상황은 가능한 한 피해야겠지만—멀티프로세서에서 실행되는 프로그램은 일반적으로 다수의 캐시에 같은 데이터의 복사본들을 가지고 있다.

**고난도:** 공유된 블록의 상태가 분산되어 있는 스누핑 캐시 일관성 유지 프로토콜 외에, **디렉터리 기반 캐시 일관성 유지 프로토콜**(directory-based cache coherence protocol)이라는 중앙 집중식 프로토콜이 있다. 이 프로토콜은 **디렉터리**라고 불리는 한 장소에 실제 메모리 블록의 공유 상태를 저장한다. 디렉터리 기반 일관성 유지는 스누핑보다 구현 오버헤드가 약간 더 크다. 그러나 이 방식은 캐시들 간의 트래픽을 줄일 수 있어서 프로세서 수가 더 많을 때 적합하다.

## 병렬성과 메모리 계층구조: RAID

이 온라인 절에서는 어떻게 많은 디스크를 결합하여 훨씬 더 높은 처리량을 제공할

수 있는지를 설명하는데, RAID(redundant array of inexpensive disks)의 최초 착상은 여기에서 나왔다. 그러나 실제로 RAID가 유행하게 된 것은 별로 많지 않은 여분의 디스크를 이용하여 훨씬 더 큰 신용도를 얻을 수 있기 때문이었다. 이 절은 여러 수준의 RAID에서 얻을 수 있는 성능, 비용, **신용도**의 차이를 설명한다.

## 고급 자료: 캐시 제어기 구현

4장에서 단일 사이클과 파이프라인 데이터패스를 위한 제어기를 구현했듯이, 이 온라인 절에서는 어떻게 캐시를 위한 제어기를 구현하는지 설명한다. 이 절은 유한상태기의 설명과 간단한 데이터 캐시를 위한 캐시 제어기의 구현으로 시작하는데, 캐시 제어기의 하드웨어 기술 언어 표현도 포함된다. 그 후 캐시 일관성 프로토콜의 예를 자세히 살펴보고, 이러한 프로토콜을 구현하는 일의 어려움에 대하여 설명한다.

## 5.13 실례: ARM Cortex-A53과 Intel Core i7의 메모리 계층구조

이 절에서는 4장에서 살펴본 두 마이크로프로세서 ARM Cortex-A53과 Intel Core i7의 메모리 계층구조에 대해 알아보도록 한다. 이 절은 *Computer Architecture: A Quantitative Approach* 6판의 2.6절에 기반을 두고 있다.

Cortex-A53은 32비트와 64비트 모드를 모두 포함하는 ARMv8A 명령어 집합 구조를 지원하는 재구성 가능한 코어이다. Cortex-A53은 IP(intellectual property) 코어 형태로 제공된다. Cortex-A53 IP 코어는 다양한 태블릿과 스마트폰에 사용된다. 배터리 기반 PMD에서 가장 중요한 기준인 높은 에너지 효율성을 위해 설계된 것이다. A53 코어를 고성능 PMD에 쓰기 위해서는 칩 내에 여러 개의 코어가 있는 형태로 구성할 수 있다. 하지만 여기에서는 단일 코어에만 초점을 맞춘다. Cortex-A53은 클럭 속도가 1.3 GHz까지 가능하고 한 클럭에 2개의 명령어를 내보낼 수 있다.

i7은 x86 구조의 64비트 확장형인 x86-64 명령어 집합 구조를 지원한다. i7은 4개의 코어를 가지고 있는 비순서 실행 프로세서이다. 여기에서는 단일 코어의 관점에서 메모리 시스템 설계와 성능에 초점을 맞춘다. i7의 각 코어는 4장에서 설명한 다중 내보내기와 동적 스케줄링을 하는 16단계 파이프라인을 이용하여 한 클럭에 최대 4개까지의 x86 명령어를 실행할 수 있다. i7은 최대 3개의 메모리 채널을 지원

하는데, 각 채널은 별개의 DIMM들로 구성되며 병렬로 데이터 전송이 가능하다. DDR3-1066을 사용하면 i7의 최대 메모리 대역폭은 25 GB/s 이상이다.

그림 5.41은 두 프로세서의 주소 크기와 TLB를 요약한 것이다. A53 프로세서는 3개의 TLB, 32비트 가상 주소, 32비트 실제 주소를 사용하고, Core i7 프로세서는 3개의 TLB, 48비트 가상 주소, 36비트 실제 주소를 사용한다. Core i7의 레지스터 크기는 64비트라서 더 큰 가상 주소를 기억할 수도 있으나, 아직은 그렇게 큰 공간을 요구하는 소프트웨어가 없으며, 48비트 가상 주소를 사용하면 페이지 테이블 메모리와 TLB 하드웨어가 작아지는 좋은 점이 있다.

그림 5.42는 두 프로세서의 캐시를 보여 준다. 두 프로세서 모두 코어마다 64바이트 블록의 L1 명령어 캐시와 L1 데이터 캐시를 가지고 있다. A53은 2-way 집합 연관, i7은 8-way 집합 연관 구조를 사용한다. i7의 L1 데이터 캐시는 32 KiB이며, A53은 8부터 64 KiB까지로 구성할 수 있다. 둘 다 똑같이 코어당 4-way 집합 연관 L1 명령어 캐시를 가지고 있다. 그리고 둘 다 코어당 64바이트 블록의 통합 L2 캐시를 갖는데, A53은 크기가 128 KiB부터 1 MiB로 가변적이고 Core i7은 256 KiB로 고정되어 있다. i7은 서버에 사용되므로 16-way 집합 연관의 통합 L3 캐시도 갖고

| Characteristic | ARM Cortex-A53 | Intel Core i7 |
|---|---|---|
| Virtual address | 48 bits | 48 bits |
| Physical address | 40 bits | 36 bits |
| Page size | Variable: 4, 16, 64 KiB, 1, 2 MiB, 1 GiB | Variable: 4 KiB, 2/4 MiB |
| TLB organization | 1 TLB for instructions and 1 TLB for data per core<br><br>Both micro L1 TLBs are fully associative, with 10 entries, round robin replacement<br><br>Unified L2 TLB with 512 entries, 4-way set associate<br><br>TLB misses handled in hardware | 1 TLB for instructions and 1 TLB for data per core<br><br>Both L1 TLBs are four-way set associative, LRU replacement<br><br>L1 I-TLB has 128 entries for small pages, seven per thread for large pages<br><br>L1 D-TLB has 64 entries for small pages, 32 for large pages<br><br>The L2 TLB is four-way set associative, LRU replacement<br><br>The L2 TLB has 512 entries<br><br>TLB misses handled in hardware |

**그림 5.41 ARM Cortex-A53과 Intel Core i7 920의 주소 변환과 TLB 하드웨어.** 두 프로세서 모두 큰 페이지를 지원하는데, 큰 페이지는 운영체제나 프레임 버퍼 사상 같은 일에 사용된다. 큰 페이지 기법을 사용하면 항상 메모리에 상주하는 단일 객체를 사상하는 데 많은 엔트리를 사용하지 않아도 된다.

| Characteristic | ARM Cortex-A53 | Intel Core i7 |
|---|---|---|
| L1 cache organization | Split instruction and data caches | Split instruction and data caches |
| L1 cache size | Configurable 8 to 64 KiB each for instructions/data | 32 KiB each for instructions/data per core |
| L1 cache associativity | Two-way (I), two-way (D) set associative | Eight-way (I), eight-way (D) set associative |
| L1 replacement | Random | Approximated LRU |
| L1 block size | 64 bytes | 64 bytes |
| L1 write policy | Write-back, variable allocation policies (default is Write-allocate) | Write-back, No-write-allocate |
| L1 hit time (load-use) | Two clock cycles | Four clock cycles, pipelined |
| L2 cache organization | Unified (instruction and data) | Unified (instruction and data) per core |
| L2 cache size | 128 KiB to 2 MiB | 256 KiB (0.25 MiB) |
| L2 cache associativity | 8-way set associative | 4-way set associative |
| L2 replacement | Approximated LRU | Approximated LRU |
| L2 block size | 64 bytes | 64 bytes |
| L2 write policy | Write-back, Write-allocate | Write-back, Write-allocate |
| L2 hit time | 12 clock cycles | 12 clock cycles |
| L3 cache organization | – | Unified (instruction and data) |
| L3 cache size | – | 2 MiB/core shared |
| L3 cache associativity | – | 16-way set associative |
| L3 replacement | – | Approximated LRU |
| L3 block size | – | 64 bytes |
| L3 write policy | – | Write-back, Write-allocate |
| L3 hit time | – | 44 clock cycles |

**그림 5.42 ARM Cortex-A53과 Intel Core i7 6700의 캐시.**

있으며 크기는 코어당 2 MiB이고 칩 내의 모든 코어가 공유한다.

비블로킹 캐시 캐시가 이전의 실패를 처리하고 있는 동안에도 프로세서의 캐시 접근을 허용하는 캐시.

Core i7은 실패 손실을 줄이기 위해 몇 가지 최적화를 추가로 사용한다. 첫째는 실패 발생 시 요청된 워드를 먼저 보내는 것이다. 캐시 실패 중에도 데이터 캐시에 접근하는 명령어를 계속해서 실행하는 최적화도 사용한다. **비블로킹 캐시**(nonblocking cache)라고 불리는 이 기법은 비순서 프로세서를 설계할 때 캐시 실패 지연을 숨기려는 설계자들이 널리 사용한다. 비블로킹은 두 가지 구현이 있다. **실패하 적중**(hit under miss)은 실패를 처리하는 동안 추가로 캐시 적중을 허용하고, **실패하 실패**(miss under miss)는 여러 개의 캐시 실패를 허용한다. 실패하 적중의 목적은 다른 작업으로 실패 손실 중 일부를 숨기고자 하는 것이고, 실패하 실패의 목적은 서로 다른 두 실패의 지연을 중첩시키는 것이다.

여러 개의 실패에 대한 실패시간의 대부분을 중첩시키려면 다수의 실패를 병렬로 처리할 수 있는 대역폭이 큰 메모리 시스템이 필요하다. 개인 휴대용 기기에서는 메모리 때문에 이 기법을 제한적으로밖에 사용할 수 없다. 그러나 큰 서버는 2개 이상의 실패를 병렬로 처리할 수 있는 메모리 시스템을 갖고 있는 경우가 많다.

Core i7에는 데이터 접근을 위한 선인출 메커니즘이 있다. 데이터 실패를 발생시키는 패턴을 관찰하여, 다음번 실패가 발생하기 전에 데이터 인출을 시작할 다음 주소를 **예측**하는 데 이 정보를 사용한다. 일반적으로 이 기법은 순환문에서 배열에 접근할 때 가장 좋은 성능을 보인다. 선인출하는 블록이 단순히 캐시의 다음 블록인 경우가 대부분이다.

이 칩들의 메모리 계층구조가 얼마나 복잡한지 그리고 프로세서 다이에서 얼마나 많은 부분이 캐시와 TLB에 사용되는지를 보면, 프로세서 사이클 시간과 메모리 지연 간의 차이를 극복하기 위해 얼마나 많은 설계 노력이 투입되었는지 알 수 있을 것이다.

## Cortex-A53과 Core i7 메모리 계층구조의 성능

32 KiB L1 캐시와 1 MiB L2 캐시에서 SPECInt2006 벤치마크를 실행하여 Cortex-A53 메모리 계층구조의 성능을 측정하였다. SPECInt2006에 대한 명령어 캐시 실패율은 L1에 대해서도 매우 작아서 대부분이 0에 가깝고 모두 1% 미만이다. 실패율이 이렇게 낮은 이유는 SPECCPU 프로그램이 계산 집중형인 데다가 2-way 집합 연관 캐시가 대부분의 대립 실패를 제거하기 때문이다.

그림 5.43은 데이터 캐시 결과로 L1과 L2의 의미 있는 실패율을 보여 준다. L1 실패율의 중앙값은 2.4%이고, 0.5%부터 37.2%까지 75배나 차이가 난다. L2의 전역 실패율은 중앙값이 0.3%이고 최소 0.05%부터 최대 9%까지 180배의 차이를 보인다. 캐시를 많이 사용하는 MCF 벤치마크가 상한값을 결정하며 평균값에도 크게 영향을 미친다. L2의 전역 실패율은 L2의 지역 실패율보다 훨씬 낮다. 예를 들어 L2의 지역 실패율은 중앙값이 15.1%인 데 반해서 전역 실패율은 0.3%에 불과하다.

그림 5.44는 그림 5.42의 실패 손실을 이용하여 데이터 접근 하나당 평균 손실을 구한 것이다. L1 실패율이 L2 실패율보다 약 7배 정도 높지만, 손실은 L2가 9.5배

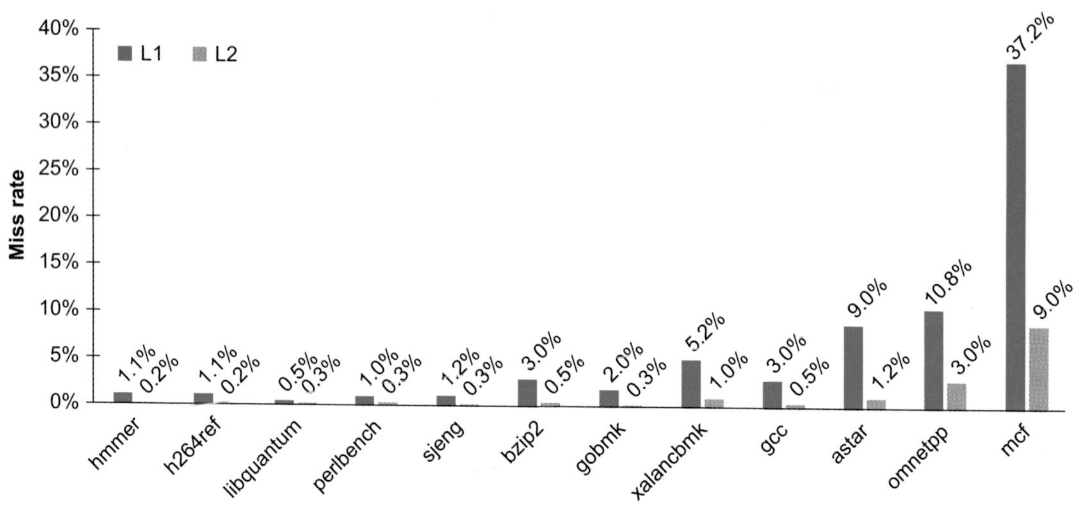


**그림 5.43 SPECInt2006에 대한 ARM의 32 KiB L1 캐시의 데이터 실패율과 1 MiB L2 캐시의 전역 데이터 실패율.** 응용 프로그램에 크게 영향을 받는다. 메모리를 넓게 사용하는 응용 프로그램은 L1과 L2 실패율이 둘 다 더 높은 경향이 있다. L2 실패율은 L1에서 적중한 것까지 포함해서 모든 참조를 다 고려한 전역 실패율이다. mcf 벤치마크는 캐시를 집중적으로 사용한다고 알려져 있다.

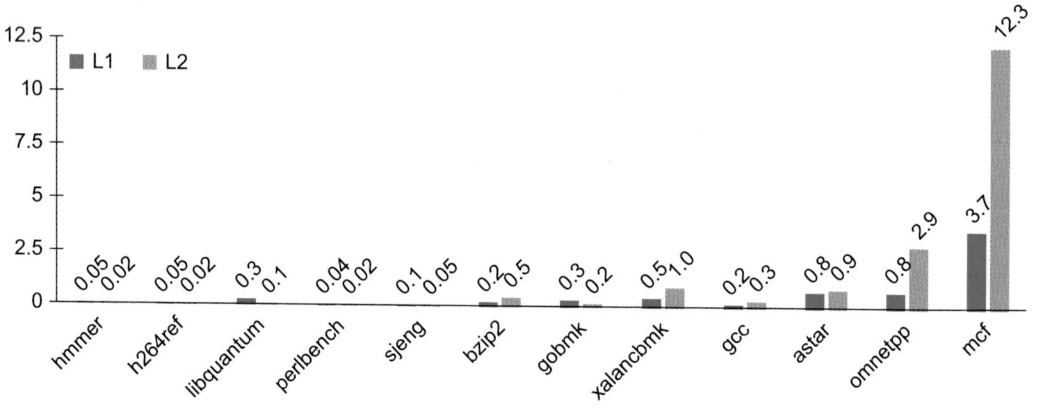


**그림 5.44 SPECInt2006을 실행하는 A53 프로세서에서, L1과 L2에서 나온 데이터 메모리 참조 하나당 평균 메모리 접근 손실을 보여 주고 있다.** L1 실패율이 훨씬 높지만 L2 실패 손실이 5배 이상 더 커서, L2 실패가 성능에 더 큰 영향을 줄 수 있다.

크다. 따라서 메모리 시스템을 많이 사용하는 벤치마크에서는 L2 실패가 조금 더 큰 영향을 미친다.

i7의 명령어 인출 유닛은 매 사이클마다 16바이트의 인출을 시도한다. 그래서 매

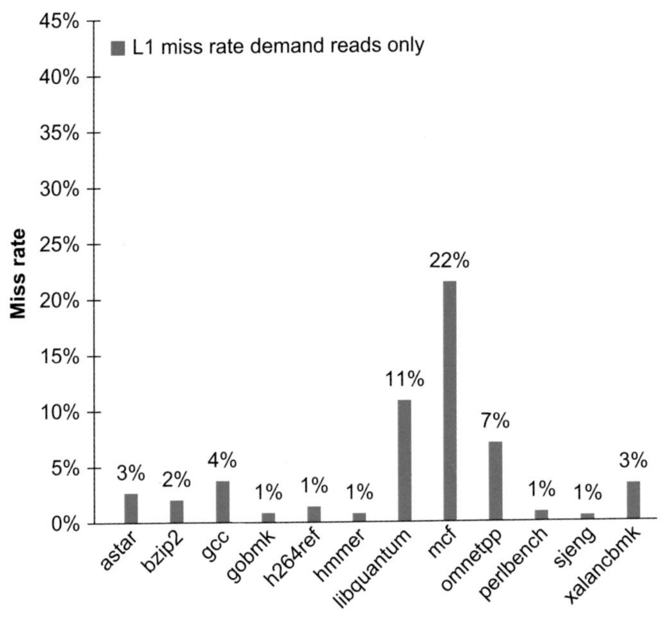


**그림 5.45 SPECInt2006에 대한 L1 데이터 캐시 실패율을 요구 접근(선인출을 제외한)을 위한 L1 요구 읽기에 대한 상대적 비율로 보여 준다.** 이 데이터와 이 절의 나머지 데이터는 Louisiana State University의 Lu Peng 교수와 박사 과정 학생 Qun Liu가 수집한 것이다[Peng et al., 2008]. (그림 출처: Hennessy JL, Patterson DA, *Computer Architecture: A Quantitative Approach*, ed. 6, Cambridge Ma, Elsevier Inc., 2019)

사이클마다 여러 개의 명령어(평균 약 4.5개)가 인출되므로 명령어 캐시의 실패율 비교가 어려워진다. 32 KiB의 8-way 집합 연관 명령어 캐시는 SPECInt2006 프로그램에 대해 매우 낮은 명령어 실패율을 보인다. 명령어 실패율은 일반적으로 1% 미만이다. 명령어 캐시 실패 처리를 위해 명령어 인출 유닛이 멈추는 빈도도 마찬가지로 낮다.

그림 5.45와 5.46은 요구 접근(demand access)에 대한 L1과 L2 캐시의 실패율을 보여 준다(역주: 요구 접근은 선인출을 제외하고 순수하게 프로세서의 요구에 의해 발생한 접근만을 지칭함). 둘 다 L1 참조(읽기와 쓰기) 횟수를 기준으로 하였다. 메모리를 참조해야 하는 실패의 비용은 100이 넘기 때문에, L3가 당연히 중요하다. L3 데이터의 실패율 평균 0.5%는 아직도 무시할 만한 값은 아니지만, L2 요구 실패율의 1/3보다도 작고 L1 요구 실패율의 1/10밖에 되지 않는다.

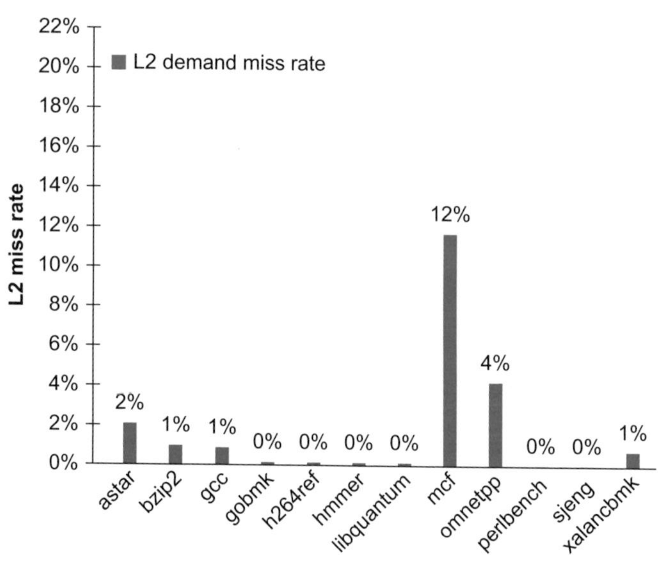


**그림 5.46 L1 참조 대비 L2의 실패율을 보여 준다.** (그림 출처: Hennessy JL, Patterson DA, *Computer Architecture: A Quantitative Approach*, ed. 6, Cambridge Ma, Elsevier Inc., 2019)

## 5.14 실례: 나머지 RISC-V 시스템과 특수 명령어

그림 5.47은 특별한 목적과 시스템에 사용되는 RISC-V의 나머지 명령어 13개이다.

펜스(fence) 명령어는 명령어(`fence.i`), 데이터(`fence`), 주소 변환(`sfence.vma`)에 동기화 장벽을 제공한다. 먼저 `fence.i` 명령어는 프로세서에게 소프트웨어가 명령어 메모리를 수정하였음을 알려 주어서, 프로세서가 수정된 명령어를 인출하게 한다. 두 번째 명령어 `fence`는 멀티프로세싱과 입출력을 위한 데이터 메모리 접근 순서에 영향을 미친다. 세 번째 명령어 `sfence.vma`는 소프트웨어가 데이터 테이블을 수정하였음을 프로세서에게 알려서 주소 변환에 최신 정보가 반영되도록 한다.

제어 및 상태 레지스터(control and status register, CSR) 접근 명령어 6개는 범용 레지스터와 CSR 사이의 데이터 이동을 담당한다. `csrrwi`(CSR read/write immediate) 명령어는 CSR을 정수 레지스터에 복사하고 CSR에 상수값(immediate)을 쓴다. `csrrsi`(CSR read/set immediate) 명령어는 CSR을 정수 레지스터에 복사하고 CSR과 상수를 OR 연산한 값으로 CSR을 덮어 쓴다. `csrrci`(CSR read/clear immediate) 명령어는 `csrrsi`와 같지만 CSR의 해당 비트를 1로 하는 대신 0으로 바꾸

| Type | Mnemonic | Name |
|---|---|---|
| Mem. Ordering | FENCE.I | Instruction Fence |
| | FENCE | Fence |
| | SFENCE.VMA | Address Translation Fence |
| CSR Access | CSRRWI | CSR Read/Write Immediate |
| | CSRRSI | CSR Read/Set Immediate |
| | CSRRCI | CSR Read/Clear Immediate |
| | CSRRW | CSR Read/Write |
| | CSRRS | CSR Read/Set |
| | CSRRC | CSR Read/Clear |
| System | ECALL | Environment Call |
| | EBREAK | Environment Breakpoint |
| | SRET | Supervisor Exception Return |
| | WFI | Wait for Interrupt |

**그림 5.47** 전체 RISC-V 명령어 집합에서 시스템과 특수 명령어를 위한 어셈블리 명령어.

는 것이 다르다. `csrrw`, `csrrs`, `csrrc` 명령어도 똑같은 일을 하는데 상수값 대신에 레지스터 피연산자를 사용한다.

`ecall`과 `ebreak` 두 명령어의 유일한 목적은 예외를 발생시키는 것이다. `ecall`은 환경 호출(environment call) 예외를 발생시켜 OS를 호출하고, `ebreak`는 브레이크 포인트 예외를 발생시켜 디버거를 호출한다. `sret`(supervisor exception return) 명령어는 프로그램이 예외 핸들러에서 복귀하도록 한다.

마지막으로, `wfi`(wait-for-interrupt) 명령어는 프로세서에게 인터럽트가 발생할 때까지 휴지(idle) 상태에 들어갈 수 있음을 알린다.

## 5.15 더 빠르게: 캐시 블로킹과 행렬 곱셈

실행할 하드웨어에 맞게 고쳐 가면서 DGEMM의 성능을 향상시키는 긴 여정의 다음 단계는 3장과 4장의 서브워드 병렬성과 명령어 수준 병렬성 최적화에 캐시 블로킹을 추가하는 것이다. 그림 5.48은 그림 4.82 DGEMM의 블로킹 버전이다. 변경된 내용은 그림 2.43의 최적화되지 않은 DGEMM을 그림 5.21의 블로킹된 DGEMM으로 바꿀 때와 같다. 이번에는 4장의 펼치기 한 DGEMM을 사용하는데, `A`, `B`, `C`의 부분행렬에 대해 이 함수를 여러 번 호출한다. 7번째 줄의 순환문에서 `i`를 `UNROLL*8`만큼 증가시키는 것만 제외하면 그림 5.48의 25~31번째 줄과 7~8번째 줄은

그림 5.21의 14~20번째 줄과 5~6번째 줄과 똑같다.

블로킹 효과는 행렬 크기가 클수록 커진다. 행렬 요소 하나당 부동 소수점 연산 횟수는 행렬 크기와 상관없이 일정하므로, 1초 동안 실행되는 부동 소수점 연산 횟수로 성능을 측정하는 것은 공정한 평가가 될 수 있을 것이다. 그림 5.49는 최초의 C 버전 성능과 서브워드 병렬성, 명령어 수준 병렬성, 캐시를 이용한 최적화 버전의 성능을 GFLOPS로 비교한 것이다. 중간 규모 행렬의 경우 블로킹을 하면 펼치지 않은 AVX의 성능이 1.5~1.7배 좋아지며, 가장 큰 행렬의 경우는 10배 정도 좋아진다. 가장 작은 행렬은 L1 캐시에 다 들어가므로 블로킹을 하나 안 하나 별 차이가 없다. 최적화하지 않은 코드와 이 세 가지 최적화를 모두 적용한 코드 사이에는 14~41배의 성능 차이가 있다. 가장 큰 행렬에서 가장 큰 성능 개선을 보인다.

```
#include <x86intrin.h>
#define UNROLL (4)
#define BLOCKSIZE 32
void do_block (int n, int si, int sj, int sk,
               double *A, double *B, double *C)
{
  for ( int i =si; i < si+BLOCKSIZE; i+=UNROLL*8 )
    for ( int j =sj; j < sj+BLOCKSIZE; j++ ) {
      __m512d c[UNROLL];
      for (int r=0;r<UNROLL;r++)
        c[r] =  _mm512_load_pd(C+i+r*8+j*n); //[ UNROLL];

      for( int k =sk; k < sk+BLOCKSIZE; k++ )
      {
        __m512d bb = _mm512_broadcastsd_pd(_mm_load_sd(B+j*n+k));
        for (int r=0;r<UNROLL;r++)
          c[r] = _mm512_fmadd_pd(_mm512_load_pd(A+n*k+r*8+i), bb, c[r]);
       }

     for (int r=0;r<UNROLL;r++)
       _mm512_store_pd(C+i+r*8+j*n, c[r]);
     }
  }

void dgemm (int n, double* A, double* B, double* C)
{
  for ( int sj = 0; sj < n; sj += BLOCKSIZE )
    for ( int si = 0; si < n; si += BLOCKSIZE )
      for ( int sk = 0; sk < n; sk += BLOCKSIZE )
        do_block(n, si, sj, sk, A, B, C);
}
```

**그림 5.48 캐시 블로킹을 사용하여 그림 4.82를 최적화한 DGEMM의 C 버전.** 이 같은 변화는 그림 5.21에서 본 것과 같은 것이다. do_block 함수에 대해 컴파일러가 생성한 어셈블리 언어 프로그램은 그림 4.83과 거의 동일하다. 이번에도 컴파일러가 함수 호출을 인라이닝하기 때문에 do_block 호출로 인한 오버헤드는 없다.

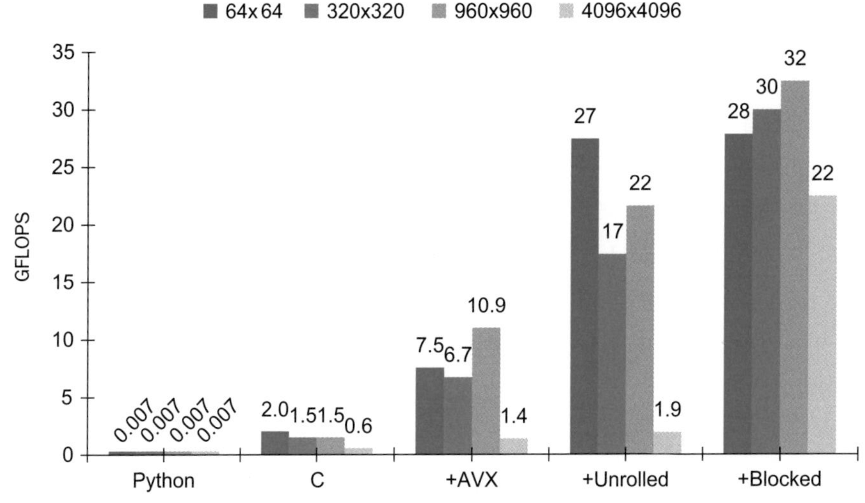


**그림 5.49 행렬 크기를 바꾸어 가면서 여러 버전의 DGEMM 성능을 GFLOPS 단위로 측정한 값.** 최대로 최적화한 코드는 2장의 C 버전보다 14~32배 빠르다. Python은 행렬 크기와 상관없이 0.007 GFLOPS로 실행된다. Intel i7 하드웨어는 L3 캐시에서 L1과 L2 캐시로 선인출함으로써 추정을 하기 때문에 다른 마이크로프로세서처럼 블로킹의 효과가 크지 않다.

## 5.16 오류 및 함정

메모리 계층구조는 컴퓨터 구조에서 가장 자연스럽게 정량적인 성격을 띠는 분야 중 하나이므로 오류 및 함정에 덜 취약한 것처럼 보인다. 그러나 마주치게 되는 많은 함정과 떠돌아다니는 많은 오류들이 존재할 뿐만 아니라, 어떤 것들은 매우 부정적인 결과로 이끌기도 한다. 시험과 연습문제에서 학생들이 종종 걸려드는 함정에서부터 시작해 보자.

함정: 프로그램을 작성할 때 또는 컴파일러가 코드를 생성할 때 메모리 시스템의 동작을 무시하는 것.

이는 "프로그래머가 코드를 작성할 때 메모리 계층구조를 무시할 수 있다"는 오류로 쉽게 바꿔 쓸 수 있다. 그림 5.19의 정렬 알고리즘과 5.14절의 캐시 블로킹에 대한 성능 평가는 프로그래머가 메모리 시스템의 동작을 알고리즘 설계의 한 요인으로 포함시키면 성능을 쉽게 2배로 만들 수 있다는 것을 보여 주고 있다.

함정: 캐시를 시뮬레이션할 때, 바이트 주소지정이나 캐시의 블록 크기를 고려하지 않

는 것.

캐시를 (손으로 또는 컴퓨터로) 시뮬레이션할 때 주어진 주소가 어느 캐시 블록에 사상되는지를 결정함에 있어, 바이트 주소지정과 다중 워드 블록의 영향을 정확히 고려해야 한다. 예를 들어 블록 크기가 4바이트이고 전체 크기가 32바이트인 직접 사상 캐시에서 바이트 주소 36은 캐시의 1번 블록으로 사상된다. 바이트 주소 36은 블록 주소 9가 되고 (9 modulo 8)은 1이 되기 때문이다. 또 주소 36이 워드 주소이면 블록 (36 mod 8) = 4로 사상된다. 문제가 주소의 기준을 명확히 밝히도록 해야 한다.

마찬가지로 블록 크기도 고려해야 한다. 블록 크기가 32바이트이고 전체 크기가 256바이트인 캐시에서, 바이트 주소 300은 어느 블록으로 사상되는가? 주소 300을 필드로 나누면 답을 찾을 수 있다.

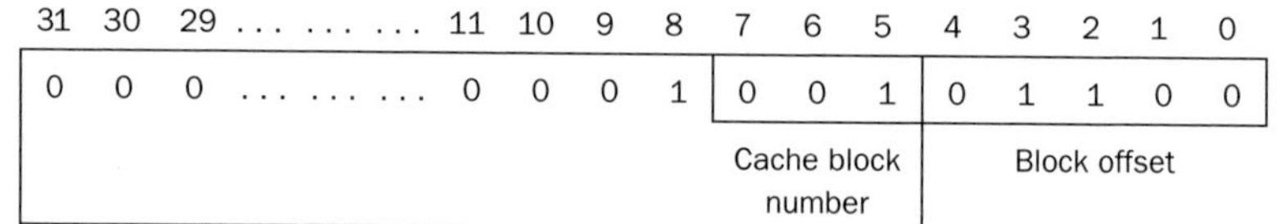


따라서 바이트 주소 300의 블록 주소는

$$\left\lfloor \frac{300}{32} \right\rfloor = 9$$

이고, 캐시 내의 전체 블록 수는

$$\left\lfloor \frac{256}{32} \right\rfloor = 8$$

이다. 블록 번호 9는 캐시 블록 번호 (9 mod 8) = 1로 사상된다.

저자를 포함(초기 원고에서)해서 강의하는 교수들조차도 사용하는 주소가 워드 단위인지 바이트 단위인지 블록 번호인지를 잊어버려서 이 실수의 희생양이 되었다. 연습문제를 풀 때 이 함정을 기억하라.

**함정:** 캐시를 공유하는 코어나 스레드(6장 참조)의 수보다 집합 연관 정도가 작은 공유 캐시를 갖는 것.

아주 조심하지 않으면 $2^n$개의 프로세서나 스레드에서 실행되는 **병렬** 프로그램이 공유된 L2 캐시의 같은 집합으로 사상되는 주소에 자료구조들을 할당하기가 쉽다. 만약 캐시가 적어도 $2^n$-way 집합 연관 방식으로 되어 있다면, 이와 같이 우연히 발생할 수 있는 충돌은 하드웨어에 의해 프로그램이 모르게 할 수 있다. 그렇지 않을 경우에, 가령 16-코어 설계에서 32-코어 설계로 넘어가려는데 두 구조 모두 16-way 집합 연관 방식의 L2 캐시를 사용한다면, 프로그래머가 도저히 이해할 수 없는 성능 하락을 경험하게 될 수도 있다. 사실 이 문제는 L2 캐시의 대립 실패 때문에 생기는 것이다.

함정: 비순서 프로세서에서 메모리 계층구조의 성능을 평가할 때 평균 메모리 접근시간을 사용하는 것.

캐시 실패 동안 프로세서가 지연되면 메모리 지연시간과 프로세서 실행시간을 따로 계산할 수 있고, 평균 메모리 접근시간을 사용하여 메모리 계층구조의 성능을 독립적으로 평가할 수 있다(5.4절 앞부분 참조).

그러나 프로세서가 명령어를 계속 실행하고 캐시 실패 동안 더 많은 캐시 실패들을 계속 만들어 내면, 메모리 계층구조를 정확히 평가하는 유일한 방법은 메모리 계층구조와 함께 비순서 프로세서를 시뮬레이션하는 수밖에 없다.

함정: 세그먼트 되지 않은 주소 공간 위에 세그먼트를 더해서 주소 공간을 확장하는 것.

1970년대에는 많은 프로그램들이 너무 커져서 16비트 주소로는 모든 데이터와 코드를 접근할 수 없게 되었다. 이에 따라 세그먼트 되지 않은 32비트 주소 공간[단층 주소 공간(flat address space)이라고도 부름]을 사용하거나, 또는 기존의 16비트 주소 공간에 16비트 세그먼트를 추가하는 방식을 사용하여 컴퓨터들이 32비트 주소를 제공할 수 있도록 바뀌었다. 마케팅 관점에서 볼 때, 프로그래머에게 보이고, 프로그래머와 컴파일러가 프로그램을 세그먼트로 나누게 하는 세그먼트의 추가가 주소지정 문제를 해결할 수도 있었다. 그러나 불행히도, 큰 배열의 인덱스, 제한 없는(unrestricted) 포인터, 참조 파라미터 등과 같이 한 세그먼트보다 더 큰 주소를 프로그래밍 언어가 사용하려고 할 때는 문제가 생긴다. 게다가 세그먼트를 추가하면 모든 주소를 2워드—세그먼트 번호 한 워드와 세그먼트 변위 한 워드—로 바꾸어야 하므로 레지스터에서 주소를 사용할 때 문제를 발생시킨다.

오류: 실제 디스크의 실패율은 명세서와 일치한다.

실제 현장에서의 결과와 명세서의 관계를 확인하기 위하여 많은 디스크를 평가한 두 가지 연구가 있었다. 하나는 MTTF가 1,000,000~1,500,000시간이거나 AFR이 0.6~0.8%라는 100,000개의 디스크에 대한 연구이다. 실제 AFR은 2~4%가 일반적이고 명세보다 3~5배 더 높을 때도 있다는 것을 알게 되었다[Schroeder and Gibson, 2007]. 두 번째는 AFR이 대략 1.5%라고 하는 Google의 100,000개 이상의 디스크에 대한 연구인데, 고장률이 첫해에는 1.7%이었다가 세 번째 해에는 8.6%,

즉 명세보다 대략 5~6배 정도 크다는 것을 발견하였다[Pinheiro, Weber, and Barroso, 2007].

**오류: 운영체제는 디스크 접근을 스케줄링하기에 최적의 장소이다.**

5.2절에서 언급하였듯이 상위 수준의 디스크 인터페이스는 호스트 운영체제에 논리적 블록 주소를 제공한다. 주어진 상위 수준의 추상화에서 OS가 성능 향상을 위해 할 수 있는 최선은 논리적 블록 주소를 오름차순으로 정렬하는 것이다. 그러나 디스크가 논리적 주소와 물리적 섹터, 트랙, 표면 간의 사상 관계를 알고 있기 때문에 스케줄링을 다시 함으로써 회전 지연과 탐색 지연을 줄일 수 있다.

예를 들어 다음 4개의 읽기를 살펴보자[Anderson, 2003].

| Operation | Starting LBA | Length |
|---|---|---|
| Read | 724 | 8 |
| Read | 100 | 16 |
| Read | 9987 | 1 |
| Read | 26 | 128 |

호스트는 다음과 같이 4개의 읽기를 논리적 블록 순서대로 재정렬할 것이다.

| Operation | Starting LBA | Length |
|---|---|---|
| Read | 26 | 128 |
| Read | 100 | 16 |
| Read | 724 | 8 |
| Read | 9987 | 1 |

디스크에서 데이터의 상대적인 위치에 따라 재정렬은 그림 5.50이 보여 주는 것과 같이 더 좋지 않은 결과를 만들 수 있다. 디스크가 스케줄링하면 3/4회전 만에 마칠 수 있으나 OS가 스케줄링하면 3회전이 필요하다.

**함정: 가상화가 가능하도록 설계한 것이 아닌 명령어 집합 구조에서 VMM 구현.**

1970년대와 1980년대의 많은 컴퓨터 설계자들은 하드웨어 자원과 관련된 정보를 읽고 쓰는 모든 명령어들을 특권 명령어로 만드는 데 주의를 기울이지 않았다. 이러한 **자유방임적** 방식은 x86을 비롯한 이런 모든 구조에서 다음과 같이 VMM에 문제를 일으킨다.

그림 5.51은 가상화 문제를 일으키는 18개의 명령어를 보여 준다[Robin and Irvine, 2000]. 이 명령어들은 다음과 같이 두 가지로 구분된다.

- 제어 레지스터를 사용자 모드에서 읽는 명령어로, 손님 운영체제가 가상 머신

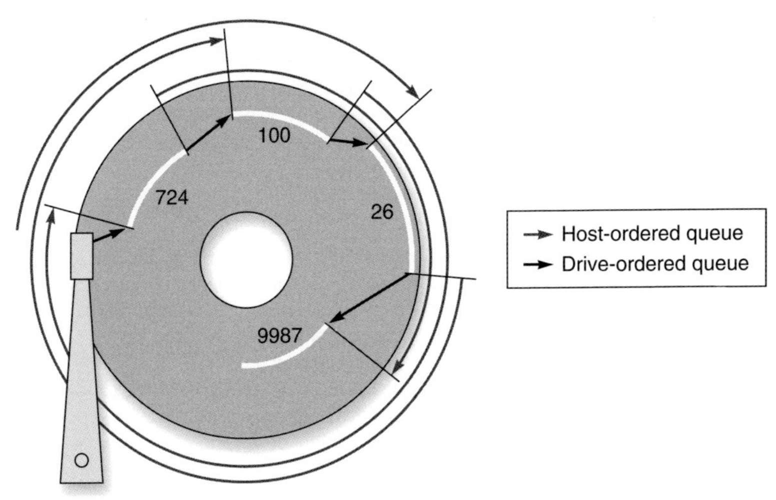


**그림 5.50 OS 스케줄 대 디스크 스케줄 접근의 예. 각각 Host-ordered와 Drive-ordered로 표시하였다.** 디스크 스케줄링은 네 번의 읽기를 마치는 데 3/4회전이면 되지만, OS 스케줄링은 3회전이 필요하다[Anderson, 2003].

에서 동작 중임을 드러낸다(앞에서 언급한 POPF 같은 명령어).

- 세그먼트 구조의 요구대로 보호 검사하는 명령어로, 운영체제가 최상위 특권 수준에서 실행된다고 가정한다.

x86에서 VMM을 손쉽게 구현하기 위해 AMD와 Intel은 새로운 모드를 통한 구조의 확장을 제안하였다. Intel의 VT-x는 VM을 실행하는 새로운 수행 모드, VM 상태의 구조적 정의, VM을 빠르게 바꾸는 명령어, VMM이 반드시 실행되어야 하는 환경을 선택하는 큰 파라미터 집합 등을 제공한다. 전체적으로 VT-x는 x86에 11개의 새로운 명령어를 추가하였다. AMD의 Pacifica도 비슷한 제안을 하였다.

하드웨어를 변경하는 것의 대안으로 문제 있는 컴퓨터 구조 부분을 사용하지 않도록 운영체제를 약간 수정하는 방법이 있다. 이러한 기술을 **반가상화**(paravirtualization)라고 하는데 오픈 소스 Xen VMM이 좋은 예이다. Xen VMM은 손님 운영체제에 VMM이 실행되는 x86 하드웨어의 가상화하기 쉬운 부분만을 사용하는 가상 머신 추상화 기능을 제공한다.

**함정: 하드웨어 공격은 보안을 위태롭게 할 수 있다.**

운영체제의 수많은 소프트웨어 버그가 컴퓨터 시스템 공격자들의 주된 침투 수단이지만, 2015년 Google은 사용자 프로그램이 DDR3 DRAM 칩의 약점을 이용하

| Problem category | Problem x86 instructions |
|---|---|
| Access sensitive registers without trapping when running in user mode | Store global descriptor table register (SGDT)<br>Store local descriptor table register (SLDT)<br>Store interrupt descriptor table register (SIDT)<br>Store machine status word (SMSW)<br>Push flags (PUSHF, PUSHFD)<br>Pop flags (POPF, POPFD) |
| When accessing virtual memory mechanisms in user mode, instructions fail the x86 protection checks | Load access rights from segment descriptor (LAR)<br>Load segment limit from segment descriptor (LSL)<br>Verify if segment descriptor is readable (VERR)<br>Verify if segment descriptor is writable (VERW)<br>Pop to segment register (POP CS, POP SS, . . .)<br>Push segment register (PUSH CS, PUSH SS, . . .)<br>Far call to different privilege level (CALL)<br>Far return to different privilege level (RET)<br>Far jump to different privilege level (JMP)<br>Software interrupt (INT)<br>Store segment selector register (STR)<br>Move to/from segment registers (MOVE) |

**그림 5.51 가상화에서 문제를 일으키는 18개의 x86 명령어들[Robin and Irvine, 2000].** 첫 번째 그룹의 처음 다섯 명령어들은 디스크립터 테이블 레지스터(descriptor table register)와 같은 제어 레지스터를 프로그램이 사용자 모드에서 트랩을 일으키지 않고 읽을 수 있도록 허용한다. 팝 플래그(pop flag) 명령어는 민감한 정보를 갖고 있는 제어 레지스터를 수정하지만, 사용자 모드에서 실행하면 아무 말도 없이 그냥 조용히 실패한다. x86 세그먼트 구조의 보호 검사가 두 번째 그룹 명령어들의 정상적인 동작을 방해한다. 이 명령어들은 제어 레지스터를 읽을 때 명령어 실행의 일부로 특권 수준을 검사하기 때문이다. 이러한 검사는 운영체제가 항상 최상위 특권 수준에서 동작한다고 가정하지만 손님 VM은 그렇지 않다. Move to segment register 명령어만이 유일하게 제어 상태 수정을 시도하지만 보호 검사 때문에 이것마저 저지된다.

여 가상 메모리 보안을 망가뜨릴 수 있음을 보였다. DRAM 내부의 2차원 구조와 DDR3 DRAM의 매우 작은 메모리 셀 때문에, DDR3 DRAM의 한 행에 반복적으로 쓰기를 하면 이웃 행에 교란 에러(disturbance error)를 일으켜서 셀들의 값이 바뀔 수 있음이 연구 결과 밝혀졌다. 영리한 해커는 "행 집중 공격(row hammer)" 기술을 사용하여 페이지 테이블 항목의 보호 비트를 뒤집어서 운영체제가 보호하려는 메모리 영역에 프로그램이 접근하도록 만들 수 있다. 그 후에 나온 마이크로프로세서와 DRAM은 행 집중 공격을 막을 수 있게 이를 탐지하는 메커니즘을 도입하였다.

이러한 공격은 그때까지 하드웨어는 보안 문제에서 안전하다고 생각했던 보안 연구자들을 아연실색하게 했다. 6장의 오류 및 함정을 보면 행 집중 공격은 새로운 공격의 시작에 불과함을 알 수 있을 것이다.

# 5.17 결론

더 빠른 프로세서와 보조를 맞추도록 메모리 시스템을 만드는 데 있어서의 어려움은 가장 빠른 컴퓨터나 가장 느리고 싼 컴퓨터나 여기에 쓰이는 메인 메모리, 즉 DRAM의 재료가 본질적으로 같기 때문에 생긴다.

메모리 접근이 유발하는 긴 시간지연을 극복할 기회를 준 것은 지역성의 원칙이다. 이 원칙이 맞다는 것은 메모리 계층구조의 모든 계층에서 확인할 수 있다. 여러 수준의 **메모리 계층구조**가 정량적인 측면에서는 다르게 보일지 모르지만, 동작은 비슷한 전략을 따르며 똑같은 지역성의 원칙을 활용하고 있다.

다단계 캐시는 두 가지 이유 때문에 다른 최적화 기법을 더 쉽게 쓸 수 있게 해준다. 첫째, 하위 계층 캐시의 설계 파라미터는 1차 캐시와는 다르다. 예를 들어 하위 계층 캐시는 훨씬 크기 때문에 더 큰 블록을 사용할 수 있다. 둘째로, 하위 계층 캐시는 1차 캐시와 달리 프로세서가 계속해서 사용하지는 않는다. 따라서 하위 계층 캐시가 쉬고 있을 때 앞으로 발생할 실패를 막기 위해서 어떤 일을 하는 것을 고려할 수 있다.

다른 추세는 소프트웨어의 도움을 받는 것이다. 다양한 프로그램 변형과 하드웨어 장치를 이용하여 메모리 계층구조를 효과적으로 관리하는 것이 컴파일러 분야의 주요 연구 쟁점이다. 이에 관해 2개의 다른 아이디어가 연구되고 있다. 하나는 공간적 및 시간적 지역성을 높이기 위하여 프로그램을 재구성하는 것이다. 이 방식은 큰 배열을 주된 자료구조로 사용하는 순환문 중심 프로그램에 중점을 두고 있다. DGEMM과 같이 큰 선형대수 문제가 전형적인 예이다. 배열을 접근하는 순환문을 재구성함으로써 지역성을 상당히 개선할 수 있으며 결과적으로 캐시 성능도 높일 수 있다.

선인출 장래에 필요할 데이터 블록을 블록 주소를 가리키는 특수 명령어를 사용하여 캐시로 미리 가져오는 기술.

다른 아이디어는 선인출(prefetching)이다. 선인출은 데이터 블록이 실제로 참조되기 전에 캐시로 옮긴다. 많은 마이크로프로세서가 하드웨어 선인출을 사용하여 소프트웨어가 알아채기 어려운 접근의 **예측**을 시도한다.

세 번째 방법은 메모리 전송을 최적화하는 특수한 캐시 인지(cache-aware) 명령어를 사용하는 것이다. 예를 들어 6.11절에서 마이크로프로세서는 쓰기 실패 시 메모리에서 블록 내용을 가져오지 않는 최적화를 사용한다. 왜냐하면 프로그램이 곧 블록 전체를 새로 쓸 것이기 때문이다. 이 최적화는 한 커널의 메모리 전송량을 크게 줄여 준다.

6장에서 보게 되겠지만, 메모리 시스템은 병렬 프로세서의 중심 설계 쟁점이다. 시스템 성능을 결정하는 메모리 계층구조의 중요성 증대는 앞으로도 계속해서 설계자와 연구자들의 주 관심사가 될 것이다.

## 역사적 고찰 및 참고문헌

이 온라인 절은 수은 지연선(mercury delay line)부터 DRAM, 메모리 계층구조의 발명, 보호 메커니즘, 가상 머신에 대해 소개하고, CTSS, MULTICS, UNIX, BSD UNIX, MS-DOS, Windows, Linux를 포함하는 운영체제의 간략한 역사로 끝맺는다.

## 5.19 자습

**더 많으면 더 좋은가?** 그림 5.9는 주소 16으로 끝나는 9개의 주소를 처리한 후의 작은 직접 사상 캐시의 상태를 보여 주고 있다. 5개의 메모리 참조 18, 20, 22, 24, 26은 이 주소를 순서대로 접근하는 순환문에서 나온 것이라고 가정하자. 적중은 몇 번인가? 나중에 캐시는 어떻게 되는가?

**연관 배치는 좋은가?** 직접 사상이 아니고 2-way 집합 연관 방식이라고 가정하자. 그러면 메모리 참조 18, 20, 22, 24에서 발생하는 실패가 적중으로 바뀌는가? 왜 바뀌는가 아니면 왜 바뀌지 않는가? 3C 모델을 사용하여 설명하라.

**냉장고 비유.** 이 책은 컴퓨터의 개념을 설명하기 위하여 도서관에서 세탁소까지 비유를 사용하고 있다. 이번에는 메모리 계층구조를 저온 음식 저장장치에 비유하여 설명하고자 한다. 메모리 계층구조의 어떤 계층과 개념이 이 저온 저장 메커니즘 및 사건과 유사한가?

1. 부엌의 냉장고
2. 통합형 냉동고(상부의 냉장고, 하부의 냉동고가 하나로 통합된 형태)
3. 차고나 지하실에 있는 독립형 냉동고
4. 슈퍼마켓의 음식용 냉동고

5. 슈퍼마켓에 냉동 음식을 공급하는 사람
6. 요리하기 위해 냉장고에서 음식을 꺼내기
7. 냉장고에서 음식을 꺼내는 데 걸리는 시간
8. 요리된 음식을 냉장고에 집어넣기
9. 요리하기 전에 해동을 위해 통합형 냉동고에서 냉장고로 음식을 옮기기
10. 통합형 냉동고에서 꺼낸 음식을 해동하는 데 걸리는 시간
11. 나중에 먹기 위해 냉장고에서 통합형 냉동고로 음식을 옮기기
12. 독립형 냉동고와 통합형 냉동고 사이의 음식 옮기기
13. 통합형 냉동고에 넣기 위해 슈퍼마켓에서 새로운 음식 사오기

**냉장 프레임워크.** 5.8절은 메모리 계층구조의 공통된 프레임워크를 보여 준다. 어떤 부분이 냉장 음식에 적용되고, 어떤 부분이 적용되지 않는가?

**냉장 C 모델.** 5.8절은 캐시 실패의 이해를 위해 직관적인 3C 모델도 설명하였다. 여기에 어느 것이 적용되는가? 적용되는 경우는 비유를 제시하고, 적용되지 않는 경우는 그 이유를 설명하라.

**냉장 실패.** 이 비유가 컴퓨터 메모리 계층구조와 비슷하지 않은 예를 적어도 세 가지 제시하라.

**가상 머신 집중 공격.** 보안상 하드웨어의 취약성(5.16절의 행 집중 공격 같은)이 AWS와 같은 클라우드 환경에서 왜 특별히 문제가 되는가?

## 자습 해답

### 더 많으면 더 좋은가?

다음 5개 주소와 그 결과는 다음과 같다.

| Decimal address of reference | Binary address of reference | Hit or miss in cache | Assigned cache block (where found or placed) |
|---|---|---|---|
| 18 | 10010 | hit | (10010two mod 8) = 010two |
| 20 | 10100 | miss | (10100two mod 8) = 110two |
| 22 | 10110 | hit | (10110two mod 8) = 110two |
| 24 | 11000 | miss | (11000two mod 8) = 000two |
| 26 | 11010 | miss | (11010two mod 8) = 010two |

5개의 주소에 대해 두 번의 적중과 세 번의 실패가 발생하였다.

주소 26 접근 이후의 캐시 상태는 다음과 같다.

| Index | v | Tag | Data |
|---|---|---|---|
| 000 | Y | 10two | Memory (11000two) |
| 001 | N | | |
| 010 | Y | 10two | Memory (11010two) |
| 011 | Y | 00two | Memory (00011two) |
| 100 | Y | 10two | Memory (10100two) |
| 101 | N | | |
| 110 | Y | 10two | Memory (10110two) |
| 111 | N | | |

### 연관 배치는 좋은가?

블록 20과 24에서의 실패는 첫 번째 접근이므로, 3C 모델에서 필수 실패이고 집합 연관은 도움이 될 수 없다.

블록 26은 5.3절의 두 번째 메모리 참조라서 캐시 블록 2에 들어간다. 여덟 번째 단계에서 주소 18에 접근할 때, 주소 18도 캐시 블록 2에 사상되므로 직접 사상 캐시의 대립 실패에 의해 블록 26은 교체된다. 하지만 2-way 집합 연관 캐시는 대립 실패를 발생시키지 않으므로, 블록 26이 교체되지 않아 적중이 하나 늘어난다.

연관 정도에 따라 주소 사상이 달라지므로 모든 적중과 실패를 알아내기 위해서는 9개의 원래 주소와 이 5개의 추가 주소를 2-way 집합 연관 캐시에서 다시 계산해서 각 주소가 어떤 집합에 해당되는지 찾아내야 한다. 블록 26에서 대립 실패를 피하는 방법을 살펴보았고, 나머지는 스스로 공부하도록 독자에게 연습문제로 남긴다.

### 냉장고 비유

독립형 냉장고를 3차 캐시로 생각하느냐 메인 메모리로 생각하느냐에 따라 계층구조에 대한 그럴듯한 해석이 두 가지 있을 수 있다. 이 해답에서는 첫 번째 것을 가정한다.

1. 1차 캐시: 부엌의 냉장고
2. 2차 캐시: 통합형 냉동고
3. 3차 캐시: 차고나 지하실에 있는 독립형 냉동고
4. 메인 메모리: 슈퍼마켓의 음식용 냉동고
5. 2차 메모리: 슈퍼마켓에 냉동 음식을 공급하는 사람
6. 1차 캐시 읽기: 요리하기 위해 냉장고에서 음식을 꺼내기
7. 1차 캐시의 읽기 적중시간: 냉장고에서 음식을 꺼내는 데 걸리는 시간

8. 1차 캐시 쓰기: 요리된 음식을 냉장고에 집어넣기
9. 1차 캐시에서 실패해서 2차 캐시로 가기: 요리하기 전에 해동을 위해 통합형 냉동고에서 냉장고로 음식을 옮기기
10. 2차 캐시의 읽기 적중시간: 통합형 냉동고에서 꺼낸 음식을 해동하는 데 걸리는 시간
11. 1차 캐시 실패나 나중 쓰기 같은 경우에 1차 캐시와 2차 캐시 사이의 데이터 이동: 나중에 먹기 위해 냉장고에서 통합형 냉동고로 음식을 옮기기
12. 1차 캐시 실패나 나중 쓰기 같은 경우에 2차 캐시와 3차 캐시 사이의 데이터 이동: 독립형 냉동고와 통합형 냉동고 사이의 음식 옮기기
13. 3차 캐시의 읽기 실패로 메인 메모리로 가기: 통합형 냉동고에 넣기 위해 슈퍼마켓에서 새로운 음식 사오기

### 냉장 프레임워크

- **블록을 어디에 넣을 수 있을까?** 냉장고 비유의 어느 단계에서도 음식을 넣을 장소에 대해서는 제약이 없다. 따라서 가장 비슷한 비유는 모든 단계가 완전 연관 배치가 되는 것이다. 단 한 개의 예외는 슈퍼마켓이다. 슈퍼에서는 냉동 음식을 유형별로 배치하기 때문에, 어떤 냉동고에 어떤 유형의 음식이 있는지에 대한 색인이 존재한다.
- **블록을 어떻게 찾을까?** 완전 연관 배치이므로 냉장고나 냉동고 내부를 다 뒤져봐야 한다. (단, 슈퍼마켓은 다르다.)
- **캐시 실패가 발생하면 어느 블록을 교체할까?** 물건의 유통기한을 이용해서 가장 오래 전에 구매한 것을 내보내는 방법의 비공식적 버전을 사용하는 것이 그럴듯하다.
- **쓰기는 어떻게 하는가?** 메모리 계층구조에서는 데이터를 옮기는 것이 아니고 복사하는 방식을 사용한다. 하지만 실제 물건에 대해서는 이런 방식을 사용할 수 없으니 가장 비슷한 방식은 나중 쓰기이다.

### 냉장 C 모델

세 가지 C 모델은 다음과 같다.

1. 필수 실패
2. 용량 실패
3. 대립 실패

(가장 불쌍한) 필수 실패는 초콜릿 아이스크림을 먹고자 하는데 냉장고, 통합형 냉동고, 독립형 냉동고 어디에도 없어서 슈퍼마켓에 가야 하는 경우이다. 만일 슈퍼마켓에도 초콜릿 아이스크림이 없다면 냉장 페이지 실패가 발생한 것으로 생각할 수 있다. 만약 있다면 욕구를 충족할 수 있으나 원래 생각했던 것보다 훨씬 늦게 이루어진다.

원하는 단계에는 물건을 넣을 자리가 부족해서 그 물건을 넣지 못해 다음 단계에서 가져와야 하는 상황이 용량 실패인데, 이 또한 말이 되는 비유이다.

용량 실패는 원하는 물건이 원하는 단계의 용량이 부족해서 다음 단계에서 가져와야 하는 상황이다.

실제 캐시에서와 같이 완전 연관 배치에서 대립 실패는 발생하지 않는다.

### 냉장 실패

비유가 적용되지 않는 경우가 몇 가지 있다.

1. **고정된 블록 크기**. 음식은 다양한 형태와 크기를 갖기 때문에 블록과 같은 개념을 적용할 수 없다. 가장 유사한 경우는 바로 먹을 수 있는 군용식품(Meals Ready to Eat, MRE) 정도이나 대부분의 사람들은 안 먹는다.
2. **공간적 지역성**. 블록 크기가 정의되지 않으므로 공간적 지역성에 해당하는 비유를 찾기가 쉽지 않다. 예외적으로 슈퍼마켓에서는 같은 종류의 식품들이 물리적으로 인접해 있으므로 공간적 지역성을 보인다.
3. **3차 캐시의 나중 쓰기**. "나는 이 식품을 오랫동안 사용하지 않았고 내 냉동고에 다른 식품을 보관하려고 하니, 내가 필요할 때까지 이 식품을 저장해 주시겠습니까?"라고 설명한다고 해서 슈퍼마켓 측이 독립형 냉장고에 있던 식품의 반납을 받아줄 것 같지는 않다.
4. **1차 캐시 실패와 데이터 무오류**. 냉동고들 사이에서는 비유가 잘 적용되지만, 대부분의 음식은 반복적으로 해동하고 냉동하게 될 경우 온전하게 유지되지 못하므로 냉장고와 냉동고 사이에서는 잘 맞지 않는다. 따라서 1차 캐시 실패의 비유에서 문제가 생긴다. 반복 해동과 냉동 문제를 컴퓨터에 적용하면, 캐시 실패가 여러 번 발생한 후에는 데이터가 손상된다는 것이다. 이 문제는 너무나 심각해서 실제 캐시에서 이런 일이 발생한다면 캐시는 결코 사용되지 못했을 것이다.
5. **단계 사이의 내포성**. 가장 널리 쓰이는 캐시 정책인 내포성(inclusivity)이란 캐시의 어느 계층에 있는 모든 데이터는 다음 하위 계층에도 존재한다는 것이

다. 이렇게 하면 데이터의 복사본을 만드는 것이 쉽다. (나중 쓰기와 기타 상황이 데이터 불일치를 가져올 수 있지만, 하위 계층은 이 데이터의 여러 버전 중 하나는 가지고 있다.) 냉장고 비유에서는 하위 계층을 위해 실제 물체를 복사할 수가 없기 때문에, 데이터가 한 계층에만 존재하는 배타성(exclusivity) 정책을 따를 수밖에 없다.

### 가상 머신 집중 공격

AWS 같은 회사들은 여러 가상 머신이 한 서버를 공유하게 해서 낮은 가격에 클라우드를 제공할 수 있다. AWS가 이 메커니즘에 보안 버그가 없다는 것을 보장해 주는 한 서로 상대방의 민감한 데이터를 접근할 수 없기 때문에, 가상 머신과 가상 메모리가 제공하는 보호 기능이 같은 시간에 같은 하드웨어를 사용하는 경쟁자들로부터 안전을 지켜 줄 수 있다. 행 집중 공격 같은 하드웨어 공격은 소프트웨어가 완벽하더라도 적들이 서버를 탈취해서 경쟁자의 민감한 데이터를 습득할 수 있다는 것을 의미한다.

이런 잠재적 약점 때문에 AWS는 사용 중인 서버가 고객이 속한 기관의 작업만 실행하는 것을 보장하는 선택사항을 제시하고 있다. 이 보장을 선택하면 2020년 기준으로 시간당 비용이 5% 올라간다.

## 5.20 연습문제

메모리는 다른 언급이 없으면 바이트 단위 접근 방식이고 워드는 64비트라고 가정한다.

**5.1** 이 문제에서는 행렬 연산의 메모리 지역성을 살펴볼 것이다. 다음 코드는 C로 작성되었으므로, 같은 행의 원소들이 연속해서 저장된다. 각 워드는 64비트 정수라고 가정한다.

```
for (I=0; I<8; I++)
  for (J=0; J<8000; J++)
    A[I][J]=B[I][0]+A[J][I];
```

**5.1.1** [5] 〈§5.1〉 16바이트 캐시 블록에는 64비트 정수를 몇 개나 저장할 수 있는가?

**5.1.2** [5] 〈§5.1〉 어떤 변수 참조가 시간적 지역성을 보이는가?

**5.1.3** [5] 〈§5.1〉 어떤 변수 참조가 공간적 지역성을 보이는가?

지역성은 참조 순서와 데이터 배치 방법에 영향을 받는다. 같은 계산을 MATLAB에서는 아래와 같이 쓸 수 있다. MATLAB은 C와 달리 같은 열의 원소들을 연속해서 저장한다.

```
for I=1:8
  for J=1:8000
    A(I,J)=B(I,0)+A(J,I);
  end
end
```

**5.1.4** [5] 〈§5.1〉 어떤 변수 참조가 시간적 지역성을 보이는가?

**5.1.5** [5] 〈§5.1〉 어떤 변수 참조가 공간적 지역성을 보이는가?

**5.1.6** [10] 〈§5.1〉 참조되는 64비트 행렬 원소를 모두 MATLAB의 행렬 저장 방식으로 저장하려면 16바이트 캐시 블록이 몇 개나 필요한가? C의 행렬 저장 방식을 사용하면 어떻게 되는가? (각 행은 하나 이상의 원소를 갖는다고 가정하라.)

**5.2** 프로세서에게 고성능 메모리 계층을 제공하기 위해서는 캐시가 중요하다. 아래는 32비트 메모리 주소 참조의 리스트를 워드 주소로 나타낸 것이다.

```
0x03, 0xb4, 0x2b, 0x02, 0xbf, 0x58, 0xbe, 0x0e, 0xb5, 0x2c,
0xba, 0xfd
```

**5.2.1** [10] 〈§5.3〉 1워드 블록 16개로 구성된 직접 사상 캐시에 대해서 각 참조의 이진 주소, 태그, 인덱스를 보여라. 또 캐시가 처음에 비어 있다고 가정하고, 각 참조가 적중인지 실패인지를 표시하라.

**5.2.2** [10] 〈§5.3〉 2워드 블록 8개로 구성된 직접 사상 캐시에 대해서 각 참조의 이진 주소, 태그, 인덱스를 보여라. 또 캐시가 처음에 비어 있다고 가정하고, 각 참조가 적중인지 실패인지를 표시하라.

**5.2.3** [20] 〈§§5.3, 5.4〉 주어진 참조에 맞추어 캐시 설계를 최적화한다고 하자. 캐시 크기를 8워드로 고정했을 때, 세 가지 직접 사상 캐시 설계가 가능하다.

–블록 크기가 1워드인 C1

–블록 크기가 2워드인 C2

–블록 크기가 4워드인 C3

실패율 관점에서 볼 때 어떤 캐시의 성능이 가장 좋은가? 실패 지연시간이 25사이클이고, C1의 접근시간이 2사이클, C2는 3사이클, C3는 5사이클이라면, 어떤 캐시의 성능이 가장 좋은가?

**5.3** 캐시는 데이터 부분의 크기에 따라 이름을 붙이는 것이 관례이다. (즉, 4 KiB 캐시는 데이터 부분이 4 KiB이다.) 하지만 캐시에는 태그나 유효 비트 같은 메타데이터를 저장할 SRAM도 있어야 한다. 이 예제에서는 캐시의 구성이 어떻게 캐시 성능뿐 아니라 구현에 필요한 SRAM의 전체 크기에 영향을 미치는지 살펴본다. 캐시는 바이트 주소로 접근하며 주소와 워드의 크기는 32비트라고 가정한다.

**5.3.1** [10] 〈§5.3〉 2워드 블록을 갖는 32 KiB 캐시를 구현하는 데 필요한 전체 비트 수를 계산하라.

**5.3.2** [10] 〈§5.3〉 16워드 블록을 갖는 64 KiB 캐시를 구현하는 데 필요한 전체 비트 수를 계산하라. 이 캐시는 문제 5.3.1의 32 KiB 캐시보다 얼마나 더 큰가? (블록 크기를 변경함으로써 캐시의 전체 크기를 2배로 증가시키지 않고도 데이터 크기를 2배 키울 수 있음을 주목하라.)

**5.3.3** [5] 〈§5.3〉 이 64 KiB 캐시가 첫 번째 캐시보다 데이터가 더 큰데도 불구하고 성능이 더 나빠질 수도 있는 이유는 무엇인가?

**5.3.4** [10] 〈§§5.3, 5.4〉 문제 5.3.1의 캐시보다 32 KiB 2-way 집합 연관 캐시가 실패율이 더 낮은 읽기 요청 리스트를 만들어라.

**5.4** [15] 〈§5.3〉 5.3절에서 (블록 주소) modulo (캐시의 블록 개수)로 직접 사상 캐시를 인덱스하는 방법을 보였다. 이번에는 다른 인덱싱 함수(블록 주소[63:54] XOR 블록 주소[53:44])를 생각해 보자. 주소가 64비트이고 캐시 블록은 1024개라고 가정하자. 이 방법으로 직접 사상 캐시를 인덱스할 수 있는가? 만약 그렇다면 그 이유를 설명하고 이 방법을 적용하려면 캐시에 어떤 변경이 필요한지 설명하라. 불가능하다면 그 이유를 설명하라.

**5.5** 64비트 주소가 다음과 같이 구분되어 직접 사상 캐시 접근에 사용된다.

| 태그 | 인덱스 | 변위 |
|---|---|---|
| 63–10 | 9–5 | 4–0 |

**5.5.1** [5] 〈§5.3〉 캐시 블록의 크기는 몇 워드인가?

**5.5.2** [5] 〈§5.3〉 캐시 엔트리는 몇 개인가?

**5.5.3** [5] 〈§5.3〉 캐시 구현에 필요한 총 비트 수와 데이터 부분 비트 수의 비율은?

전원이 켜진 후, 다음과 같은 순서로 캐시가 참조된다.

| 바이트 주소 | | | | | | | | | | | | |
|---|---|---|---|---|---|---|---|---|---|---|---|---|
| 16진수 | 00 | 04 | 10 | 84 | E8 | A0 | 400 | 1E | 8C | C1C | B4 | 884 |
| 십진수 | 0 | 4 | 16 | 132 | 232 | 160 | 1024 | 30 | 140 | 3100 | 180 | 2180 |

**5.5.4** [20] 〈§5.3〉 각 참조에 대해 다음을 보여라. (1) 태그, 인덱스, 변위 (2) 적중인지 실패인지 (3) (교체되는 것이 있다면) 교체되는 바이트들

**5.5.5** [10] 〈§5.3〉 적중률은 얼마인가?

**5.5.6** [20] 〈§5.3〉 캐시의 마지막 상태를 보이되, 유효한 엔트리는 〈인덱스, 태그, 데이터〉 형태로 보여라. 예를 들면 다음과 같다.

```
<0, 3, Mem[0xC00]-Mem[0xC1F]>
```

**5.6** 두 가지 쓰기 정책과 두 가지 쓰기 할당 정책이 있었다. 이들의 조합이 L1이나 L2 캐시 구현에 사용될 수 있다. 다음과 같이 구현된 L1과 L2 캐시가 있다고 하자.

| L1 | L2 |
|---|---|
| 즉시 쓰기, 쓰기 비할당 | 나중 쓰기, 쓰기 할당 |

**5.6.1** [5] 〈§§5.3, 5.8〉 메모리 계층구조에서 접근 지연을 줄이기 위하여 서로 다른 계층들 사이에 버퍼가 사용된다. 주어진 구성에서 L1과 L2 사이, 또 L2와 메모리 사이에 넣을 수 있는 버퍼를 열거하라.

**5.6.2** [20] 〈§§5.3, 5.8〉 L1의 쓰기 실패를 처리하는 과정을 관련된 구성 요소와 갱신 블록의 교체 가능성을 고려하여 설명하라.

**5.6.3** [20] 〈§§5.3, 5.8〉 다단계 배타적 캐시(어떤 블록이나 L1이든 L2든 한 계층에만 있을 수 있음) 구성에서 L1 쓰기 실패와 L1 읽기 실패를 처리하는 과정을 관련된 구성 요소와 갱신 블록의 교체 가능성을 고려하여 설명하라.

**5.7** 어떤 프로그램과 캐시의 특성이 다음과 같다.

| 1000 명령어당 데이터 읽기 | 1000 명령어당 데이터 쓰기 | 명령어 캐시 실패율 | 데이터 캐시 실패율 | 블록 크기 (바이트) |
|---|---|---|---|---|
| 250 | 100 | 0.30% | 2% | 64 |

**5.7.1** [10] 〈§§5.3, 5.8〉 직접 쓰기 및 쓰기 할당 캐시를 사용하는 CPU에서 CPI = 2가 되게 하려면, RAM과 캐시 사이의 읽기와 쓰기 대역폭(바이트/사이클 단위로 측정)은 얼마가 되어야 하는가? (실패가 발생하면 한 블록에 대한 요청이 생성된다고 가정하라.)

**5.7.2** [5] 〈§§5.3, 5.8〉 나중 쓰기 및 쓰기 할당 캐시에서 교체되는 데이터 캐시 블록의 30%가 갱신 블록일 때, CPI = 2를 충족하려면 읽기와 쓰기 대역폭이 최소 얼마는 되어야 하는가?

**5.8** 오디오나 비디오 파일을 재생하는 미디어 응용은 "스트리밍"이라는 작업부하의 일부로, 많은 양의 데이터를 가져오지만 재사용은 거의 하지 않는다. 512 KiB 워킹셋을 다음 주소 스트림 순서로 접근하는 비디오 스트리밍 작업부하를 생각하자.

```
0, 1, 2, 3, 4, 5, 6, 7, 8, 9 ...
```

**5.8.1** [10] 〈§§5.4, 5.8〉 블록 크기가 32바이트인 64 KiB 직접 사상 캐시를 가정하자. 위 주소 순서로 접근할 경우 실패율은 얼마인가? 이 실패율은 캐시나 워킹셋 크기에 얼마나 민감한가? 이 작업부하에서 발생하는 실패는 3C 모델의 세 가지 실패 중 어느 것에 해당하는가?

**5.8.2** [5] 〈§§5.1, 5.8〉 캐시 블록의 크기가 16바이트일 경우, 64바이트일 경우, 128바이트일 경우 각각에 대하여 실패율을 다시 계산하라. 이 작업부하는 어떤 지역성을 이용하는가?

**5.8.3** [10] 〈§5.13〉 "선인출"이란 어떤 캐시 블록에 접근할 때, 예측 가능한 주소 패턴을 사용하여 투기적으로 캐시 블록 몇 개를 더 가져오는 기법이다. 어떤 캐시 블록을 가져올 때 순차적으로 인접한 캐시 블록들을 미리 가져와서 저장하는 스트림 버퍼가 선인출의 한 예이다. 선인출 버퍼에서 데이터를 찾게 되면 적중으로 간주하여 캐시로 옮기고, 다음 캐시 블록을 선인출한다. 두 엔트리를 저장할 수 있는 스트림 버퍼가 있고, 직전 캐시 블록에 대한 계산이 끝나기 전에 다음 캐시 블록을 채울 수 있을 정도로 캐시 속도가 빠르다고 가정하자. 위 주소 스트림에 대한 실패율은 얼마인가?

**5.9** 캐시 블록의 크기(B)는 실패율과 실패 지연 모두에 영향을 미친다. 실패율이 다음 표와 같고, 평균적으로 명령어당 1.35번(명령어와 데이터를 합쳐서) 메모리를 참조하는 1-CPI 컴퓨터가 있다고 가정하고 최적의 블록 크기를 구해 보자. 블록 크기에 따라 실패율이 다음과 같이 달라진다.

| 블록 크기(B) | 8 | 16 | 32 | 64 | 128 |
|---|---|---|---|---|---|
| 실패율 | 4% | 3% | 2% | 1.5% | 1% |

**5.9.1** [10] 〈§5.3〉 실패 지연이 20 × B 사이클인 경우 최적의 블록 크기는 얼마인가?

**5.9.2** [10] ⟨§5.3⟩ 실패 지연이 24 + B 사이클인 경우 최적의 블록 크기는 얼마인가?

**5.9.3** [10] ⟨§5.3⟩ 실패 지연이 일정한 경우 최적의 블록 크기는 얼마인가?

**5.10** 이 문제에서는 용량이 전체 성능에 영향을 미치는 다양한 방법을 볼 것이다. 일반적으로 캐시 접근시간은 용량에 비례한다. 메인 메모리에 접근하는 데 걸리는 시간이 70 ns이고 전체 명령어의 36%가 메모리 접근 명령어라고 가정하자. 아래 표는 두 프로세서 P1과 P2의 L1 캐시에 대한 값이다.

| | L1 크기 | L1 실패율 | L1 적중시간 |
|---|---|---|---|
| P1 | 2 KiB | 8.0% | 0.66 ns |
| P2 | 4 KiB | 6.0% | 0.90 ns |

**5.10.1** [5] ⟨§5.4⟩ L1의 적중시간이 P1과 P2의 사이클 시간을 결정한다고 하면, 각각의 클럭 속도는 얼마인가?

**5.10.2** [5] ⟨§5.4⟩ P1과 P2의 각각의 AMAT는 얼마인가?

**5.10.3** [5] ⟨§5.4⟩ 메모리 지연이 전혀 없을 때의 기본 CPI가 1.0이라 할 때, P1과 P2의 전체 CPI는 얼마인가? 어떤 프로세서가 더 빠른가? (기본 CPI가 1.0이라는 것은 명령어 접근이나 데이터 접근 시 캐시 실패가 발생하지 않는 경우에 명령어가 1사이클에 완료되는 것을 말한다.)

다음 세 문제에서는 L1 캐시 용량이 부족한 점을 보완하기 위해 P1에 L2 캐시를 추가하는 문제를 검토한다. 문제 풀이에 앞 표의 L1 캐시 용량과 적중시간을 사용하라. L2 실패율은 L2 캐시의 지역 실패율이다.

| L2 크기 | L2 실패율 | L2 적중시간 |
|---|---|---|
| 1 MiB | 95% | 5.62 ns |

**5.10.4** [10] ⟨§5.4⟩ L2 캐시가 추가된 P1의 AMAT는 얼마인가? L2 캐시의 추가로 AMAT는 더 좋아졌는가 아니면 나빠졌는가?

**5.10.5** [5] ⟨§5.4⟩ 메모리 지연이 전혀 없을 때의 기본 CPI가 1.0이라면 L2 캐시가 추가된 P1의 전체 CPI는 얼마인가?

**5.10.6** [10] ⟨§5.4⟩ L2 캐시가 있는 P1이 L2 캐시가 없는 P1보다 더 빠르려면 L2 실패율이 얼마이어야 하는가?

**5.10.7** [15] ⟨§5.4⟩ L2 캐시가 있는 P1이 L2 캐시가 없는 P2보다 더 빠르려면 L2 실패율이 얼마이어야 하는가?

**5.11** 이 문제는 다른 캐시 설계가 어떤 영향을 미치는지 살펴본다. 특히 5.4절의 직접 사상 캐시와 연관 캐시를 비교한다. 이 문제에서는 다음 워드 주소 시퀀스를 사용한다.

```
0x03, 0xb4, 0x2b, 0x02, 0xbe, 0x58, 0xbf, 0x0e, 0x1f, 0xb5,
0xbf, 0xba, 0x2e, 0xce
```

**5.11.1** [10] 〈§5.4〉 블록 크기 2워드, 전체 크기 48워드인 3-way 집합 연관 캐시의 구조를 그려라. 그림 5.18과 같은 형태로 그리되, 태그와 데이터 필드의 폭을 명확하게 표시하라.

**5.11.2** [10] 〈§5.4〉 문제 5.11.1 캐시의 행동을 추적하라. LRU 교체 알고리즘을 가정하고, 각 접근에 대해 다음을 보여라.

- 이진 워드 주소
- 태그
- 인덱스
- 변위
- 참조가 적중인지 실패인지
- 참조가 처리된 이후 해당 집합의 태그 3개의 값

**5.11.3** [5] 〈§5.4〉 블록 크기 1워드, 전체 크기 8워드인 완전 연관 캐시의 구조를 그려라. 그림 5.18과 같은 형태로 그리되, 태그와 데이터 필드의 폭을 명확하게 표시하라.

**5.11.4** [10] 〈§5.4〉 문제 5.11.3 캐시의 행동을 추적하라. LRU 교체 알고리즘을 가정하고, 각 접근에 대해 다음을 보여라.

- 이진 워드 주소
- 태그
- 인덱스
- 변위
- 참조가 적중인지 실패인지
- 각 참조가 처리된 이후 캐시의 내용

**5.11.5** [5] 〈§5.4〉 블록 크기 2워드, 전체 크기 8워드인 완전 연관 캐시의 구조를 그려라. 그림 5.18과 같은 형태로 그리되, 태그와 데이터 필드의 폭을 명확하게 표시하라.

**5.11.6** [10] 〈§5.4〉 문제 5.11.5 캐시의 행동을 추적하라. LRU 교체 알고리즘을

가정하고, 각 접근에 대해 다음을 보여라.

- 이진 워드 주소
- 태그
- 인덱스
- 변위
- 참조가 적중인지 실패인지
- 각 참조가 처리된 이후 캐시의 내용

**5.11.7** [10] 〈§5.4〉 MRU(most recently used) 교체 알고리즘을 사용하여 연습문제 5.11.6을 반복하라.

**5.11.8** [15] 〈§5.4〉 최적의 교체 알고리즘(실패율을 최소로 하는 교체 방법)을 이용하여 문제 5.11.6을 반복하라.

**5.12** 다단계 캐시는 1차 캐시의 속도를 나쁘게 하지 않으면서 용량의 제약을 극복할 수 있는 중요한 기술이다. 다음과 같은 프로세서를 가정하자.

| 메모리 지연이 없을 때의 기본 CPI | 프로세서 클럭 | 메인 메모리 접근 시간 | 1차 캐시의 명령어당 실패율** | 직접 사상 2차 캐시의 접근시간 | 직접 사상 2차 캐시의 전역 실패율 | 8-way 집합 연관 2차 캐시의 접근 시간 | 8-way 집합 연관 2차 캐시의 전역 실패율 |
|---|---|---|---|---|---|---|---|
| 1.5 | 2 GHz | 100 ns | 7% | 12사이클 | 3.5% | 28사이클 | 1.5% |

**1차 캐시의 실패율은 명령어 하나에 대한 값이다. L1 캐시 실패의 전체 횟수(명령어와 데이터를 합친)는 명령어 수의 7%라고 가정하라.

**5.12.1** [10] 〈§5.4〉 다음 각 경우에 프로세서의 CPI를 계산하라: 1) 1차 캐시만 사용하는 경우, 2) 직접 사상 2차 캐시를 사용하는 경우, 3) 8-way 집합 연관 2차 캐시를 사용하는 경우. 메인 메모리의 접근시간이 2배로 느려지면 CPI는 어떻게 되는가? (각 경우의 변화를 절대 CPI와 퍼센트 변화 두 가지로 제시하라.) 느린 메모리의 영향을 L2 캐시가 어디까지 감출 수 있는지에 유의하라.

**5.12.2** [10] 〈§5.4〉 3단계 이상의 계층구조도 가능하다. 직접 사상 2차 캐시에 접근시간 50사이클, 실패율 13%인 3차 캐시를 추가한다고 하자. 성능이 더 좋아지는가? 일반적으로 3차 캐시를 추가하였을 때의 장점과 단점은 무엇인가?

**5.12.3** [20] 〈§5.4〉 Intel Pentium이나 Alpha 21264와 같은 과거의 프로세서들은 프로세서와 1차 캐시 외부에(즉 다른 칩에) 2차 캐시를 갖고 있었다. 이 방식은 2차 캐시의 용량을 크게 할 수 있었지만, 캐시 접근시간이 매우 커지고 대역폭이 작아지

는 문제가 있었다. 그것은 2차 캐시가 느린 속도로 동작하기 때문이다. 512 KiB 외부 2차 캐시의 전역 실패율이 4%라고 가정하자. 이 캐시의 크기를 512 KiB 늘릴 때마다 전역 실패율이 0.7% 낮아진다. 전체 접근시간은 50사이클이라면, 이 외부 캐시의 성능이 표의 직접 사상 2차 캐시 성능과 같아지려면 얼마나 커야 하는가?

**5.13** 장애간 평균시간(MTBF), 평균 복구시간(MTTR), 평균 무장애시간(MTTF)들은 저장장치의 신뢰성과 가용성을 가늠하는 유용한 기준이다. 아래와 같은 값을 갖는 장치에 대한 문제를 풀면서 이 개념들을 생각해 보라.

| MTTF | MTTR |
|---|---|
| 3년 | 1일 |

**5.13.1** [5] 〈§5.5〉 이 장치의 MTBF를 계산하라.

**5.13.2** [5] 〈§5.5〉 이 장치의 가용성을 계산하라.

**5.13.3** [5] 〈§5.5〉 MTTR이 0에 근접하면 가용성은 어떻게 되는가? 실제로 있을 수 있는 상황인가?

**5.13.4** [5] 〈§5.5〉 MTTR 값이 매우 높다면, 다시 말해서 수리하기가 매우 어렵다면, 가용성은 어떻게 되는가? 수리가 어렵다는 것이 장치의 가용성이 낮다는 것을 의미하는가?

**5.14** 이 문제는 SEC/DED 해밍 코드에 관한 것이다.

**5.14.1** [5] 〈§5.5〉 SEC/DED 코드를 사용해서 128비트 데이터를 보호하기 위해서는 최소 몇 개의 패리티 비트가 필요한가?

**5.14.2** [5] 〈§5.5〉 5.5절에서 현대의 서버 메모리 모듈(DIMM)은 매 64비트마다 8개의 패리티 비트를 두는 SEC/DED ECC를 사용한다고 설명하였다. 이 코드의 비용 대 성능비를 문제 5.14.1의 코드와 비교하라. 여기서 비용은 필요한 패리티 비트의 상대적 개수, 성능은 정정할 수 있는 에러의 상대적 개수이다. 어느 쪽이 더 좋은가?

**5.14.3** [5] 〈§5.5〉 패리티 비트 4개로 8비트 워드를 보호하는 SEC 코드를 생각하자. 읽은 값이 0x375라면 여기에 에러가 있는 것인가? 만일 그렇다면 옳게 고쳐라.

**5.15** 데이터베이스의 B-트리 인덱스 같은 고성능 시스템에서, 페이지 크기는 데이터 크기와 디스크 성능에 의해 결정된다. 고정 크기 엔트리의 경우 B-트리 인덱스 페이지가 평균적으로 70% 정도 채워진다고 가정하자. 페이지 활용도는 B-트리

의 깊이로서, $\log_2$(엔트리)에 해당한다. 아래 표는 엔트리 크기가 16바이트일 때, 지연시간 10 ms, 전송률 10 MB/s인 10년 된 디스크를 사용하는 경우 최적의 페이지 크기가 16 KiB임을 보여 준다.

| 페이지 크기(KiB) | 페이지 활용도 또는 B-트리 깊이 (디스크 접근 횟수) | 인덱스 페이지 접근 비용(ms) | 활용도/비용 |
|---|---|---|---|
| 2 | 6.49 (또는 $\log_2(2048/16 \times 0.7)$) | 10.2 | 0.64 |
| 4 | 7.49 | 10.4 | 0.72 |
| 8 | 8.49 | 10.8 | 0.79 |
| 16 | 9.49 | 11.6 | 0.82 |
| 32 | 10.49 | 13.2 | 0.79 |
| 64 | 11.49 | 16.4 | 0.70 |
| 128 | 12.49 | 22.8 | 0.55 |
| 256 | 13.49 | 35.6 | 0.38 |

**5.15.1** [10] 〈§5.7〉 엔트리 크기가 128바이트가 된다면 가장 좋은 페이지 크기는 얼마인가?

**5.15.2** [10] 〈§5.7〉 문제 5.15.1을 이용하여, 페이지의 반이 찼을 경우 최적의 페이지 크기를 구하라.

**5.15.3** [20] 〈§5.7〉 문제 5.15.2를 이용하여, 지연시간 3 ms, 전송률 100 MB/s인 최신 디스크를 사용할 경우 최적의 페이지 크기를 구하라. 앞으로는 서버의 페이지 크기가 더 커질 것 같은데, 그 이유는 무엇일까?

"자주 사용되는(hot)" 페이지를 DRAM에 저장하면 디스크 접근시간을 줄일 수 있다. 하지만 주어진 시스템에서 "자주 사용되는"의 정확한 의미를 어떻게 정의할 수 있을까? 데이터 엔지니어들은 자주 사용되는 페이지의 재사용시간 한계값(threshold)을 정량화하기 위하여 DRAM 접근 비용과 디스크 접근 비용의 비를 사용한다. 디스크 접근 비용은 $Disk/access_per_sec이고, DRAM에 페이지를 유지하는 데 필요한 비용은 $DRAM_MiB/page_size이다. 일반적인 DRAM과 디스크의 비용, 그리고 일반적인 데이터베이스 페이지 크기는 다음과 같다.

| 연도 | DRAM 비용($/MiB) | 페이지 크기(KiB) | 디스크 비용($/디스크) | 디스크 접근 속도(접근/초) |
|---|---|---|---|---|
| 1987 | 5000 | 1 | 15,000 | 15 |
| 1997 | 15 | 8 | 2,000 | 64 |
| 2007 | 0.05 | 64 | 80 | 83 |

**5.15.4** [20] 〈§5.7〉 페이지 크기를 변경하지 않고 같게 유지하기 위하여(이러면 소프트웨어를 다시 만들 필요가 없어진다) 다른 인자들을 바꾼다면 어떤 것을 바꿀 수 있을까? 현재 기술과 비용의 추세를 고려하여 각 인자의 가능성을 검토하라.

**5.16** 5.7절에서 언급한 바와 같이 가상 메모리는 가상 주소를 실제 주소에 사상하기 위하여 페이지 테이블을 사용한다. 이번 문제는 메모리에 접근하면 이 테이블이 어떻게 갱신되어야 하는지를 보여 준다. 다음 표는 참조되는 가상 주소 스트림이다. 4 KiB 페이지와 4-엔트리 완전 연관 TLB, LRU 교체를 가정하자. 디스크에서 페이지를 읽어 와야 할 때는, 두 번째로 큰 페이지 번호를 증가시킨다.

| 주소 | | | | | | | |
|---|---|---|---|---|---|---|---|
| 십진수 | 4669 | 2227 | 13916 | 34587 | 48870 | 12608 | 49225 |
| 16진수 | 0x123d | 0x08b3 | 0x365c | 0x871b | 0xbee6 | 0x3140 | 0xc049 |

TLB

| 유효 비트 | 태그 | 실제 페이지 번호 | 마지막 접근 이후 경과시간 |
|---|---|---|---|
| 1 | 0xb | 12 | 4 |
| 1 | 0x7 | 4 | 1 |
| 1 | 0x3 | 6 | 3 |
| 0 | 0x4 | 9 | 7 |

페이지 테이블

| 인덱스 | 유효 비트 | 실제 페이지 또는 디스크 |
|---|---|---|
| 0 | 1 | 5 |
| 1 | 0 | 디스크 |
| 2 | 0 | 디스크 |
| 3 | 1 | 6 |
| 4 | 1 | 9 |
| 5 | 1 | 11 |
| 6 | 0 | 디스크 |
| 7 | 1 | 4 |
| 8 | 0 | 디스크 |
| 9 | 0 | 디스크 |
| a | 1 | 3 |
| b | 1 | 12 |

**5.16.1** [10] 〈§5.7〉 위의 각 접근에 대하여 다음을 보여라.

- TLB 적중인지 실패인지
- 페이지 테이블 적중인지 실패인지
- 페이지 실패 여부
- TLB의 갱신된 상태

**5.16.2** [15] 〈§5.7〉 문제 5.16.1을 다시 풀되, 페이지 크기를 4 KiB 대신 16 KiB

로 한다. 더 큰 페이지를 사용할 때 얻을 수 있는 장점은 무엇인가? 또 단점은 무엇인가?

**5.16.3** [15] 〈§5.7〉 4 KiB 페이지와 2-way 집합 연관 TLB를 사용하여 문제 5.16.1을 다시 풀어라.

**5.16.4** [15] 〈§5.7〉 4 KiB 페이지와 직접 사상 TLB를 사용하여 문제 5.16.1을 다시 풀어라.

**5.16.5** [10] 〈§§5.4, 5.7〉 좋은 성능을 위해서는 왜 TLB가 있어야 하는가? TLB가 없는 경우 가상 메모리 참조는 어떻게 처리되는가?

**5.17** 페이지 테이블의 전체 크기에 영향을 미치는 파라미터들이 몇 가지 있다. 다음은 핵심적인 페이지 테이블 파라미터들이다.

| 가상 주소 크기 | 페이지 크기 | 페이지 테이블 엔트리 크기 |
|---|---|---|
| 32비트 | 8 KiB | 4바이트 |

**5.17.1** [5] 〈§5.7〉 사용 가능한 메모리의 절반을 사용하는 응용 프로그램 5개가 실행되는 시스템의 전체 페이지 테이블 크기를 구하라.

**5.17.2** [10] 〈§5.7〉 1단계 테이블의 엔트리가 256개인 2단계 페이지 테이블이 있는 시스템에서, 사용 가능한 가상 메모리의 절반을 사용하는 응용 프로그램 5개가 실행될 때 전체 페이지 테이블의 크기를 구하라. 메인 페이지 테이블의 각 엔트리가 6바이트라고 가정할 때, 페이지 테이블에 필요한 메모리의 최대 및 최소 크기를 구하라.

**5.17.3** [10] 〈§5.7〉 가상 주소로 인덱스되고 실제 주소로 태그되는 4 KiB 캐시가 있는데, 이 캐시의 크기를 늘리고자 한다. 페이지 크기가 8 KiB이고 캐시 블록의 크기가 64비트 워드 2개라고 하면, 16 KiB 직접 사상 캐시를 만들 수 있는가? 캐시의 데이터 크기를 더 크게 하려면 어떻게 해야 하는가?

**5.18** 이 문제에서는 페이지 테이블의 공간/시간 최적화 문제를 살펴본다. 다음 표는 가상 메모리 시스템의 파라미터들을 보여 준다.

| 가상 주소 | 실제 장착된 DRAM | 페이지 크기 | PTE 크기 |
|---|---|---|---|
| 43비트 | 16 GiB | 4 KiB | 4바이트 |

**5.18.1** [10] 〈§5.7〉 단일 계층 페이지 테이블이라면 몇 개의 페이지 테이블 엔트리(PTE)가 필요한가? 페이지 테이블을 저장하기 위해 필요한 실제 메모리 크기는 얼마인가?

**5.18.2** [10] 〈§5.7〉 다단계 페이지 테이블을 사용하면 활성화된 PTE만을 실제 메모리에 둠으로써 페이지 테이블이 점유하는 실제 메모리의 크기를 줄일 수 있다. 세그먼트 테이블(상위 단계의 페이지 테이블)의 크기에 제한이 없다면, 몇 단계의 페이지 테이블이 필요한가? 그리고 TLB 실패가 발생하였을 경우 주소 변환을 위하여 몇 번의 메모리 참조가 필요한가?

**5.18.3** [10] 〈§5.7〉 세그먼트가 4 KiB 페이지 크기로 제한된다고(페이징을 적용할 수 있도록) 가정하자. 모든 페이지 테이블 엔트리(세그먼트 테이블도 포함)로 4바이트면 충분한가?

**5.18.4** [10] 〈§5.7〉 세그먼트가 4 KiB 페이지 크기로 제한된다면 몇 단계의 페이지 테이블이 필요한가?

**5.18.5** [15] 〈§5.7〉 공간과 시간을 더 최적화하기 위하여 역 페이지 테이블(inverted page table)을 사용할 수 있다. 페이지 테이블을 저장하기 위해 필요한 PTE는 몇 개인가? 해시 테이블을 사용한다면, TLB 실패를 처리하기 위해 필요한 메모리 참조 횟수는 일반적인 경우와 최악의 경우 각각 얼마인가?

**5.19** 다음 표는 4-엔트리 TLB의 내용이다.

| 엔트리 번호 | 유효 비트 | 가상 페이지 번호 | 갱신 비트 | 보호 비트 | 실제 페이지 번호 |
|---|---|---|---|---|---|
| 1 | 1 | 140 | 1 | RW | 30 |
| 2 | 0 | 40 | 0 | RX | 34 |
| 3 | 1 | 200 | 1 | RO | 32 |
| 4 | 1 | 280 | 0 | RW | 31 |

**5.19.1** [5] 〈§5.7〉 어떠한 경우에 엔트리 3의 유효 비트가 0이 되는가?

**5.19.2** [5] 〈§5.7〉 명령어가 가상 페이지 30에 쓰기를 하면 어떤 일이 발생하는가? 어떤 경우에 소프트웨어로 관리되는 TLB가 하드웨어로 관리되는 TLB보다 빠른가?

**5.19.3** [5] 〈§5.7〉 명령어가 가상 페이지 200에 쓰기를 하면 어떤 일이 발생하는가?

**5.20** 이 문제에서는 교체 정책이 실패율에 미치는 영향에 대해 살펴본다. 1워드 블록 4개가 있는 2-way 집합 연관 캐시에서 다음과 같은 워드 주소 시퀀스를 가정하자.

```
0, 1, 2, 3, 4, 2, 3, 4, 5, 6, 7, 0, 1, 2, 3, 4, 5, 6, 7, 0
```

**5.20.1** [5] 〈§§5.4, 5.8〉 LRU 교체 정책을 사용하면 어떤 접근이 적중인가?

**5.20.2** [5] 〈§§5.4, 5.8〉 MRU 교체 정책을 사용하면 어떤 접근이 적중인가?

**5.20.3** [5] 〈§§5.4, 5.8〉 동전 던지기를 이용한 무작위 교체 정책을 사용한다고 가정하자. 예를 들어 동전의 앞면이 나오면 집합의 첫 번째 블록을 교체하고 뒷면이면 집합의 두 번째 블록을 교체한다. 위 주소 시퀀스에 이 교체 정책을 사용하면 적중이 몇 번 발생하는가?

**5.20.4** [10] 〈§§5.4, 5.8〉 이 시퀀스를 위한 최적의 교체 방식을 기술하라. 이때 어떤 접근이 적중인가?

**5.20.5** [10] 〈§§5.4, 5.8〉 어떤 주소 시퀀스에도 최적인 교체 방식을 구현하기가 어려운 이유를 설명하라.

**5.20.6** [10] 〈§§5.4, 5.8〉 메모리를 참조할 때마다 이 주소를 캐시에 넣을지 말지 결정할 수 있다면 실패율에 어떤 영향을 미치겠는가?

**5.21** 가상 머신의 확산을 가로막는 가장 큰 장애 중 하나는 가상 머신 실행 때문에 생기는 오버헤드이다. 몇 가지 성능 파라미터와 응용의 특성이 다음과 같다고 가정하자.

| 기본 CPI | 10,000 명령어 당 특권 OS 접근 횟수 | 손님 OS 트랩이 성능에 미치는 영향 | VMM 트랩이 성능에 미치는 영향 | 10,000 명령어 당 입출력 접근 횟수 | 입출력 접근시간 (손님 OS 트랩시간 포함) |
|---|---|---|---|---|---|
| 1.5 | 120 | 15사이클 | 175사이클 | 30 | 1100사이클 |

**5.21.1** [10] 〈§5.6〉 입출력 접근이 없다고 가정하고 위 시스템의 CPI를 계산하라. VMM 트랩이 성능에 미치는 영향이 2배가 된다면 CPI는 어떻게 되겠는가? 절반으로 줄어든다면 어떻게 되겠는가? 가상 머신으로 인한 성능 저하가 10% 이내가 되게 하려면, VMM 트랩으로 인한 손실은 몇 사이클 이내라야 되는가?

**5.21.2** [15] 〈§5.6〉 입출력 접근이 전체 시스템 성능에 큰 영향을 끼치는 경우가 많다. 가상화를 하지 않는 시스템이라고 가정하고, 위와 같은 특성을 갖는 기계의 CPI를 계산하라. 가상화를 사용하는 시스템이라면 CPI는 어떻게 되는가? 입출력 접근이 절반으로 줄어든다면 가상화를 하지 않는 경우와 하는 경우 각각 CPI 값은 어떻게 변하는가?

**5.22** [31] 〈§§5.6, 5.7〉 가상 메모리와 가상 머신의 아이디어를 비교하라. 각각의 목적은 어떻게 다른가? 각각의 장점과 단점은 무엇인가? 가상 메모리가 적합한 경

우 몇 가지와 가상 머신이 적합한 경우 몇 가지의 예를 들어라.

**5.23** [10] 〈§5.6〉 5.6절에서는 가상화된 시스템이 하드웨어와 같은 ISA를 실행한다는 가정하에 가상화 문제를 논의하였다. 그러나 가상화는 다른 ISA를 에뮬레이션하는 데도 사용할 수 있다. 이러한 예로 QEMU가 있다. QEMU는 MIPS, SPARC, PowerPC 등 다양한 ISA를 에뮬레이션한다. 이러한 종류의 가상화와 관련된 어려움은 무엇인가? 에뮬레이션된 시스템이 고유 ISA에서 실행될 때보다 더 빠르게 실행되는 것이 가능한가?

**5.24** 이 문제에서는 쓰기 버퍼를 사용하는 프로세서의 캐시 제어기를 위한 제어 유닛에 대해 알아볼 것이다. 5.9절 그림 5.38의 유한상태기를 시작점으로 해서 새로운 유한상태기를 설계한다. 캐시 제어기는 그림 5.38처럼 단순한 직접 사상 캐시를 위한 것이지만, 이 캐시에 블록 1개를 저장할 수 있는 쓰기 버퍼가 추가되었다고 가정하라.

쓰기 버퍼의 목적은 갱신된 블록에 실패가 발생했을 때 프로세서가 메모리 접근을 두 번 할 동안 기다리지 않아도 되게 임시 저장 공간으로 사용하자는 것임을 상기하라. 새로운 데이터를 읽기 전에 갱신된 블록을 메모리에 쓰는 것이 아니라, 갱신 블록을 버퍼에 넣고 즉시 새로운 블록을 읽어 오는 것이다. 갱신 블록은 프로세서가 일하는 동안 메인 메모리에 써지게 된다.

**5.24.1** [10] 〈§§5.8, 5.9〉 어떤 블록이 쓰기 버퍼에서 메인 메모리로 써지는 동안, 프로세서가 캐시에서 **적중**하는 요청을 발생시킨다면 어떠한 일이 발생하는가?

**5.24.2** [10] 〈§§5.8, 5.9〉 어떤 블록이 쓰기 버퍼에서 메인 메모리로 써지는 동안, 프로세서가 캐시에서 **실패**하는 요청을 발생시킨다면 어떠한 일이 발생하는가?

**5.24.3** [30] 〈§§5.8, 5.9〉 쓰기 버퍼를 사용할 수 있게 하는 유한상태기를 설계하라.

**5.25** 캐시 일관성은 캐시 블록 하나에 대한 여러 프로세서의 관점을 생각하는 것이다. 아래 표는 캐시 블록 X의 두 워드(초기값은 X[0] = X[1] = 0)에 대한 두 프로세서의 읽기/쓰기 동작이다.

| P1 | P2 |
|---|---|
| X[0] ++; X[1] = 3; | X[0] = 5; X[1] +=2; |

**5.25.1** [15] 〈§5.10〉 올바른 캐시 일관성 프로토콜이 구현되었을 때, 이 캐시 블록이 가질 수 있는 값들을 모두 보여라. 또 프로토콜이 캐시 일관성을 보장하지 못

할 때, 이 값들 외에 이 블록이 가질 수 있는 값을 하나 이상 보여라.

**5.25.2** [15] 〈§5.10〉 스누핑 프로토콜이 위의 읽기/쓰기 작업을 처리하기 위하여 각 프로세서/캐시가 수행해야 하는 올바른 동작 순서를 나열하라.

**5.25.3** [10] 〈§5.10〉 나열된 읽기/쓰기 명령을 수행하기 위하여 필요한 캐시 실패 횟수의 최대값과 최소값은?

메모리 정합성은 여러 데이터 아이템의 관점을 생각하는 것이다. 아래 표는 서로 다른 캐시 블록에 대한 두 프로세서의 읽기/쓰기 동작이다. (A와 B의 초기값은 0이다.)

| P1 | P2 |
|---|---|
| A = 1; B = 2; A+=2; B++; | C = B; D = A; |

**5.25.4** [15] 〈§5.10〉 5.10절 첫 번째 "고난도"에서 정의한 두 가지 정합성 가정을 만족하는 구현에서 C와 D의 가능한 값을 나열하라.

**5.25.5** [15] 〈§5.10〉 그런 가정이 만족되지 않는 경우, 문제 5.25.4의 가능한 값 외에 C와 D가 가질 수 있는 값들을 하나 더 제시하라.

**5.25.6** [15] 〈§§5.3, 5.10〉 여러 가지 쓰기 정책과 쓰기 할당 정책의 조합 중에서, 어떤 조합이 프로토콜 구현을 간단하게 하는가?

**5.26** 칩 멀티프로세서(CMP)는 한 칩에 여러 개의 코어와 캐시를 넣은 것이다. CMP의 온칩 L2 캐시 설계에는 흥미로운 상호보완 관계가 있다. 아래 표는 2개의 벤치마크 프로그램에 대한 전용 L2 캐시와 공유 L2 캐시의 실패율과 적중시간을 보여 준다. L1 캐시는 3% 실패율과 1사이클의 접근시간을 갖는다고 가정하자.

| | 전용 | 공유 |
|---|---|---|
| 벤치마크 A에 대한 실패율 | 10% | 4% |
| 벤치마크 B에 대한 실패율 | 2% | 1% |

적중시간은 다음과 같다고 가정하자.

| 전용 캐시 | 공유 캐시 | 메모리 |
|---|---|---|
| 5 | 20 | 180 |

**5.26.1** [15] 〈§5.13〉 각 벤치마크에 대해 어떤 캐시가 더 나은 성능을 보이는가? 데이터를 이용하여 답의 당위성을 보여라.

**5.26.2** [15] 〈§5.13〉 CMP 코어가 많아지면 칩 외부 대역폭이 병목이 된다. 이 병목이 전용 캐시와 공유 캐시 시스템에 미치는 영향이 어떻게 다른가? 칩 외부 링크의 지연이 2배가 된다면 어떤 설계가 더 좋은가?

**5.26.3** [10] 〈§5.13〉 단일스레드, 멀티스레드, 멀티프로그램 작업부하 각각에 대한 전용 L2 캐시와 공유 L2 캐시의 장단점을 비교하라. 온칩 L3 캐시가 있을 때는 어떠한가?

**5.26.4** [15] 〈§5.13〉 공유 L2 캐시를 갖는 CMP의 L2 캐시를 비블로킹으로 하면 성능이 더 좋아지는가? 전용 L2 캐시일 때는 어떠한가? 그 이유는?

**5.26.5** [10] 〈§5.13〉 프로세서의 코어가 매 18개월마다 2배로 많아진다고 가정하자. 코어 하나의 성능을 같은 수준으로 유지하려면, 3년 후 출시할 프로세서의 칩 외부 메모리 대역폭은 얼마나 더 커져야 하는가?

**5.26.6** [15] 〈§5.13〉 전체 메모리 계층구조를 고려할 때, 더 많은 실패를 동시에 처리할 수 있게 하는 최적화에는 어떤 것들이 있는가?

**5.27** 이 문제에서는 웹 서버 로그의 정의를 보여 주고, 로그 처리 속도를 향상시키기 위한 코드 최적화에 대해 살펴본다. 로그의 자료구조는 다음과 같다.

```
struct entry {
 int srcIP; // remote IP address
 char URL[128]; // request URL (e.g., “GET index.html”)
 long long refTime; // reference time
 int status; // connection status
 char browser[64]; // client browser name
} log [NUM_ENTRIES];
```

다음 로그 처리 함수를 가정하자.

```
topK_sourceIP (int hour);
```

이 함수는 1시간 동안 가장 많이 나타나는 소스 IP를 찾아낸다.

**5.27.1** [5] 〈§5.15〉 위 로그 처리 함수는 로그 엔트리의 어떤 필드들을 접근하는가? 캐시 블록이 64바이트이고 선인출은 하지 않는다고 가정하면, 이 함수는 평균적으로 엔트리당 몇 번의 캐시 실패를 발생시키겠는가?

**5.27.2** [5] 〈§5.15〉 자료구조를 어떻게 재구성하면 캐시 이용률과 접근 지역성이 개선되겠는가?

**5.27.3** [10] 〈§5.15〉 다른 자료구조 레이아웃을 선호할 만한 다른 로그 처리 함수의 예를 보여라. 만일 두 함수가 모두 중요하다면, 전체 성능 향상을 위하여 프로그램을 어떻게 고칠 수 있는가? 데이터와 코드를 모두 제시하라.

**5.28** 다음 문제들은 "Cache Performance for SPEC CPU2000 Benchmarks" (http://www.cs.wisc.edu/multifacet/misc/spec2000cache-data/)의 데이터와 다음 표의 벤치마크 프로그램들을 사용한다.

| | |
|---|---|
| **a.** | Mesa/gcc |
| **b.** | mcf/swim |

**5.28.1** [10] 〈§5.15〉 64 KiB 직접 사상 데이터 캐시를 사용할 때, 각 벤치마크의 실패율을 실패 유형(cold, capacity, conflict miss)별로 분류하라. 2–way, 4–way, 8–way 집합 연관 캐시의 경우는 어떠한가?

**5.28.2** [10] 〈§5.15〉 64 KiB L1 데이터 캐시를 두 벤치마크가 함께 사용한다면 어떤 구성(직접 사상, 2–way, 3–way, 4–way, ...)이 가장 좋겠는가? L1 캐시가 직접 사상이어야 한다면, 1 MiB L2 캐시는 어떤 구성이 좋겠는가?

**5.28.3** [20] 〈§5.15〉 연관 정도를 높였을 때 실제 실패율이 증가되는 예를 보여라. 이런 경우에 해당하는 캐시 구성과 참조 스트림을 제시하라.

**5.29** 여러 가지 가상 머신을 지원하려면 2단계의 메모리 가상화가 필요하다. 가상 주소(VA)를 실제 주소(PA)로 사상하는 것은 여전히 각 가상 머신이 제어하지만, 각 가상 머신의 실제 주소를 기계 주소(machine address, MA)로 사상하는 것은 하이퍼바이저가 담당한다. 이러한 사상을 빨리 하기 위하여 "그림자 페이징(shadow paging)"이라고 불리는 소프트웨어 방식을 사용할 수 있다. 그림자 페이징은 각 가상 머신의 페이지 테이블 복사본을 하이퍼바이저 내에 두고, VA에서 PA로의 사상이 변경되면 이를 가로채서 복사본과 원본의 일관성을 유지시킨다. 그림자 페이지 테이블의 복잡함을 피하기 위하여, **중첩 페이지 테이블**(nested page table, NPT)이라고 불리는 하드웨어 방식을 사용할 수도 있다. 이 방법은 두 종류의 페이지 테이블(VA ⇒ PA, PA ⇒ MA)을 지원하며, 이 테이블들은 순전히 하드웨어로 처리할 수 있다.

다음과 같은 동작 순서를 생각해 보자: (1) 프로세스 생성 (2) TLB 실패 (3) 페이지 부재 (4) 문맥 전환.

**5.29.1** [10] 〈§§5.6, 5.7〉 그림자 페이지 테이블의 경우 주어진 동작 순서에 따라 어떤 일이 일어나는가? 중첩 페이지 테이블의 경우는 어떠한가?

**5.29.2** [10] 〈§§5.6, 5.7〉 손님 페이지 테이블과 중첩 페이지 테이블이 x86 기반의 4단계 페이지 테이블이라고 가정하자. 기본 페이지 테이블과 중첩 페이지 테이블의 경우, TLB 실패를 처리하려면 각각 몇 번씩의 메모리 참조가 필요한가?

**5.29.3** [15] 〈§§5.6, 5.7〉 TLB 실패율, TLB 실패 지연, 페이지 부재율, 페이지 부재 처리 지연 중에서 어떤 것이 그림자 페이지 테이블에서 더 중요한가? 중첩 페이지 테이블에서는 어떤 것이 더 중요한가?

그림자 페이징 시스템의 파라미터를 다음과 같이 가정한다.

| 1000 명령어당 TLB 실패 | NPT TLB 실패 지연 | 1000 명령어당 페이지 부재 | 그림자 페이지 부재 오버헤드 |
|---|---|---|---|
| 0.2 | 200사이클 | 0.001 | 30,000사이클 |

**5.29.4** [10] 〈§5.6〉 그림자 페이지 테이블을 사용하지 않는 경우 벤치마크의 CPI가 1이라면, 그림자 페이지 테이블을 사용할 경우 CPI는 얼마인가? NPT의 경우는 얼마인가? (페이지 테이블 가상화 오버헤드만 가정하라.)

**5.29.5** [10] 〈§5.6〉 그림자 페이지 테이블 때문에 생기는 오버헤드를 줄이기 위하여 어떤 기술을 사용할 수 있는가?

**5.29.6** [10] 〈§5.6〉 NPT 때문에 생기는 오버헤드를 줄이기 위하여 어떤 기술을 사용할 수 있는가?

**스스로 점검하기 해답**

§5.1(432쪽): 1과 4. (메모리 계층구조의 비용은 컴퓨터마다 다르기 때문에 3은 거짓이다. 하지만 2016년 현재 가장 비싼 것은 보통 DRAM이다.)

§5.3(454쪽): 1과 4. (실패 손실이 작아지면 보상해야 할 지연시간이 길지 않기 때문에 작은 블록을 사용할 수 있다. 그러나 메모리 대역폭이 커지면 보통 큰 블록을 쓰게 된다. 대역폭이 크면 블록이 커져도 실패 손실이 크게 늘어나지 않기 때문이다.)

§5.4(473쪽): 1.

§5.8(519쪽): 2. (큰 블록과 선인출은 필수 실패를 줄일 수 있다. 따라서 1번은 거짓이다.)

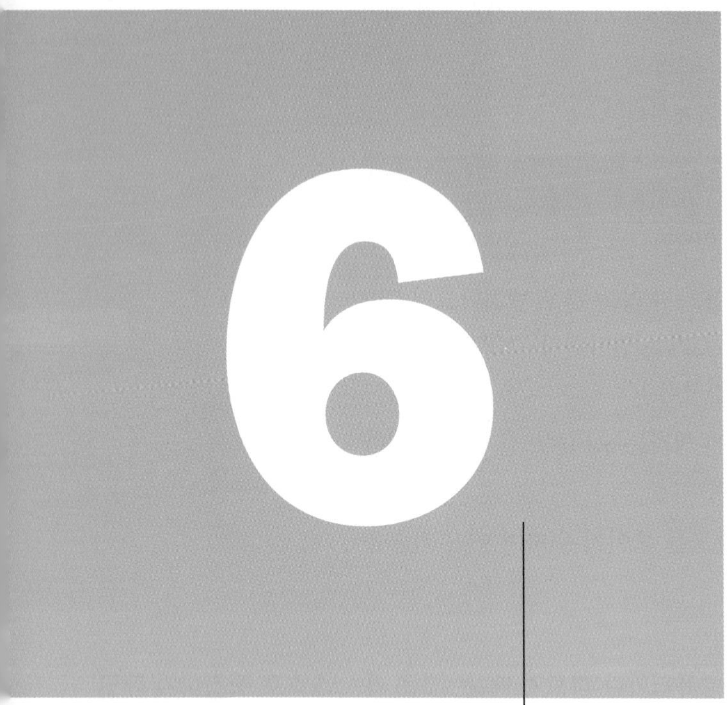

# 병렬 프로세서: 클라이언트에서 클라우드까지

*"I swing big, with everything I've got. I hit big or I miss big. I like to live as big as I can."*

**Babe Ruth,**
*American baseball player*

## 멀티프로세서 및 클러스터의 구조

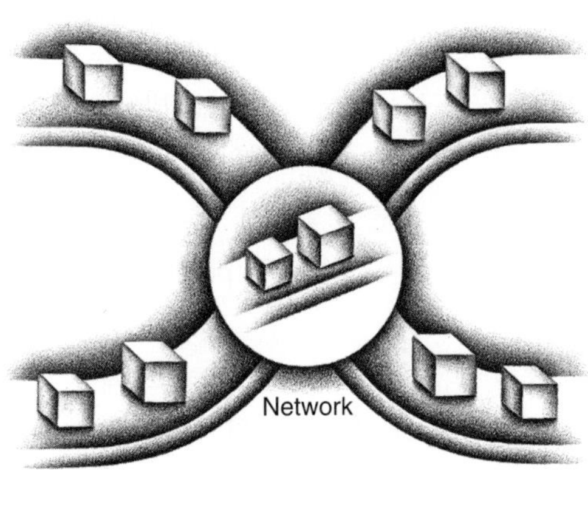

*Over the Mountains Of the Moon, Down the Valley of the Shadow, Ride, boldly ride the shade replied—If you seek for El Dorado!*

Edgar Allan Poe, "El Dorado," stanza 4, 1849

# 6.1 서론

컴퓨터 설계자들은 오랫동안 컴퓨터 설계의 엘도라도(역주: 16세기 스페인 사람들이 남아메리카 아마존 강가에 있다고 생각한 황금의 나라)를 찾으려고 애써 왔는바, 그 꿈은 기존의 작은 컴퓨터 여러 개를 연결만 하면 강력한 성능의 컴퓨터가 되는 것이었다. 이러한 금빛 환상이 멀티프로세서(multiprocessor)의 근원이다. 예산이 허용하는 만큼 프로세서를 사면 그에 비례하는 성능이 얻어지는 세상을 꿈꾸는 것이다. 이렇게 되려면 멀티프로세서 소프트웨어는 프로세서 개수가 몇 개든 상관없이 동작하도록 설계되어야 할 것이다. 1장에서 언급한 바와 같이 에너지 문제는 데이터센터와 마이크로프로세서 모두에게 가장 중요한 이슈가 되었다. 만약 소프트웨어가 프로세서들을 효율적으로 활용할 수 있다면, 크고 비효율적인 프로세서를 작으면서 효율적인 프로세서 여러 개로 대치함으로써 단위 에너지당 성능을 개선할 수 있다. 이처럼 멀티프로세서는 확장 가능한(scalable) 성능을 제공할 뿐 아니라 전력 효율도 개선할 수 있다.

멀티프로세서 최소한 2개 이상의 프로세서로 구성된 컴퓨터 시스템. 1개의 프로세서로 구성된 컴퓨터 시스템을 일컫는 단일프로세서에 대비되는 용어인데 단일프로세서는 오늘날 점차 찾기 어려워지고 있다.

멀티프로세서 소프트웨어에 확장성이 있으면 하드웨어가 일부 고장 나더라도 동작이 중지되지 않도록 설계할 수 있다. 즉 프로세서 $n$개 중에서 1개가 고장이 나면 남은 $n-1$개가 작업을 계속할 수 있게 하는 것이다. 이와 같이 멀티프로세서는 가용성(5장 참조)을 개선시킬 수도 있다.

고성능이 여러 독립적인 작업들에 대한 높은 처리량을 의미하는 경우도 있다. 이를 태스크 수준 병렬성(task-level parallelism) 혹은 프로세스 수준 병렬성(process-level parallelism)이라고 한다. 이때 병렬로 수행되는 작업 하나 하나는 독립적인 단일 스레드 응용 프로그램으로, 이런 방식은 흔하면서도 중요한 병렬 컴퓨터 사용 방법 중 하나이다. 이는 여러 개의 프로세서가 한 작업을 나누어서 수행하는 방식과 대조를 이룬다. 이를 구별하기 위해 1개의 프로그램이 여러 프로세서에서 동시에 수행될 때 병렬 처리 프로그램(parallel processing program)이라는 용어를 사용한다.

태스크 수준 병렬성 프로세스 수준 병렬성이라고도 한다. 다수의 프로세서를 이용하여 독립적인 프로그램 여러 개를 동시에 수행하는 것.

병렬 처리 프로그램 여러 개의 프로세서를 동시에 사용하는 프로그램.

항상 더 빠른 컴퓨터를 필요로 하는 과학 계산 문제들이 있었다. 이런 문제들 때문에 지난 수십 년 동안 여러 독창적인 병렬 컴퓨터들이 등장했다. 어떤 문제들은 독립적으로 동작하는 다수의 서버들로 구성된 클러스터를 사용하여 간단히 해결될 수도 있다(6.8절 참조). 클러스터(cluster)는 과학 분야뿐 아니라 검색 엔진, 웹 서버, 전자우편 서버, 데이터베이스같이 부하가 많은 응용에도 사용될 수 있다.

클러스터 근거리 네트워크(LAN)를 통하여 연결된 컴퓨터들이 하나의 대형 멀티프로세서로 동작을 하는 시스템.

1장에서 이미 설명한 바와 같이 멀티프로세서가 다시 큰 주목을 받게 된 것은 클럭 주파수를 올리거나 CPI를 올리는 것보다 다른 방식으로 성능을 올리는 것이 에너지 측면에서 더 유리하기 때문이다. 1장에서 언급한 바와 같이 "프로세서"가 두 번 나오는 "멀티프로세서 마이크로프로세서"라는 이름 대신 **멀티코어 마이크로프로세서**(multicore microprocessor)라는 용어를 사용한다. 멀티코어 칩에서는 프로세서를 **코어**(core)라고 부른다. 코어의 수는 하드웨어 기술의 개선에 따라 증가될 것으로 예상된다. 멀티코어는 대부분 실제 주소 공간을 공유하는 **공유 메모리 프로세서**(shared memory processor, SMP)이다. SMP는 6.5절에서 자세히 살펴보도록 하자.

**멀티코어 마이크로프로세서** 한 칩 안에 다수 개의 프로세서(코어)를 집적시킨 마이크로프로세서. 오늘날 데스크톱과 서버의 거의 모든 프로세서들은 멀티코어이다.

**공유 메모리 프로세서(SMP)** 단일 실제 주소 공간을 갖는 병렬 프로세서.

그러므로 오늘날 성능을 중시하는 프로그래머는 병렬 프로그래머가 될 수밖에 없다(6.13절 참조).

산업체가 직면한 큰 문제는 칩 안에 집적되는 코어의 수가 늘어남에 따라 성능과 에너지를 효율적으로 활용하는 병렬 프로그램을 정확하고 쉽게 작성하도록 하는 하드웨어와 소프트웨어를 발명하는 것이다.

마이크로프로세서 설계에서 변화가 급격하게 이루어지다 보니 신중하게 대처할 여유가 없었고, 이 때문에 용어의 사용과 그 의미에 심각한 혼란이 일어나고 있다. 그림 6.1에서 직렬적(serial), 병렬적(parallel), 순차적(sequential), 병행적(concurrent)이라는 용어들을 구별하려고 시도해 보았다. 이 그림에서 열은 소프트웨어를 나타내는데 소프트웨어는 근본적으로 순차적이든지 병행적이다. 행은 하드웨어를 나타내며 하드웨어는 직렬적이거나 병렬적이다. 예를 들어 컴파일러를 만드는 프로그래머는 컴파일러를 파싱, 코드 생성, 최적화 등이 단계적으로 진행되는 순차적인 프로그램으로 생각한다. 반면에 운영체제를 만드는 프로그래머는 운영체제를 컴퓨터에서 실행 중인 독립적 작업들의 입출력 이벤트를 처리하는 프로세스들로 구성된 병행적인 프로그램으로 생각한다.

그림 6.1에서 하드웨어와 소프트웨어를 다른 축으로 표시한 이유는 병행 소프트웨어가 직렬 하드웨어에서 수행될 수도 있고(예를 들어, Intel Pentium 4 단일프로

| | | 소프트웨어 | |
|---|---|---|---|
| | | 순차적 | 병행적 |
| 하드웨어 | 직렬적 | MATLAB으로 작성한 Matrix Multiply 프로그램을 Intel Pentium 4에서 실행 | Windows Vista 운영체제를 Intel Pentium 4에서 실행 |
| | 병렬적 | MATLAB으로 작성한 Matrix Multiply 프로그램을 Intel Core i7에서 실행 | Windows Vista 운영체제를 Intel Core i7에서 실행 |

**그림 6.1 하드웨어/소프트웨어의 분류 및 예. 응용의 병행성 특성과 하드웨어의 병렬성 특성을 대비시켰다.**

세서에서 실행되는 운영체제의 경우), 병렬 하드웨어에서 수행될 수도 있음을(예를 들어, Intel Core i7에서 실행되는 운영체제의 경우) 보여 주기 위해서이다. 순차 소프트웨어에 대해서도 마찬가지이다. 예를 들어 MATLAB 프로그래머가 행렬 곱셈 프로그램을 순차적으로 생각하고 작성하였더라도 그 프로그램은 Pentium 4 프로세서에서 직렬적으로 수행될 수도 있고 Intel Core i7 하드웨어에서 병렬적으로 수행될 수도 있다.

자연스럽게 순차적으로 작성된 프로그램을 어떻게 병렬 하드웨어에서 빠르게 실행할 수 있느냐가 병렬 혁명에서 해결해야 할 유일한 문제라고 생각할 수도 있겠다. 그러나 프로세서 수가 증가함에 따라 병행 소프트웨어의 성능이 계속해서 좋아지게 하는 것도 쉽지 않으며, 이 또한 해결해야 할 문제 중 하나이다. 앞으로는 순차적이거나 병행적이거나 병렬 하드웨어에서 수행되는 소프트웨어는 **병렬 처리 프로그램** 혹은 **병렬 소프트웨어**라고 부르도록 한다. 다음 절에서는 왜 효율적인 병렬 처리 프로그램을 개발하는 것이 어려운지를 설명한다.

병렬 처리에 대하여 더 깊이 들어가기 전에 이전 장들에서 다룬 병렬성과 관계된 내용들을 되짚어 보자.

- 2.11절: 병렬성과 명령어: 동기화
- 3.6절: 병렬성과 컴퓨터 연산: 서브워드 병렬성
- 4.11절: 명령어를 통한 병렬성
- 5.10절: 병렬성과 메모리 계층구조: 캐시 일관성

스스로 점검하기 참 또는 거짓: 멀티프로세서를 사용하여 이득을 얻기 위해서는 응용이 반드시 병행적이어야 한다.

## 6.2 병렬 처리 프로그램 개발의 어려움

병렬 처리의 도전적인 과제는 하드웨어가 아니다. 문제는 멀티프로세서에서 더 빨리 수행하도록 재작성된 응용 프로그램들의 수가 너무 적다는 것이다. 멀티프로세서를 사용하여 1개의 태스크를 더 빨리 수행하는 소프트웨어를 작성하는 것은 어려운 일이다. 프로세서의 개수가 증가하면 문제는 더 심각해진다.

왜 그런가? 왜 순차적인 프로그램을 개발하는 것보다 병렬 처리 프로그램을 개발하는 것이 훨씬 힘든가?

첫 번째 이유는 기왕 병렬 프로그램을 사용할 바에는 더 높은 성능과 에너지 효율을 얻을 수 있어야 하기 때문이다. 그렇지 못하다면 단일프로세서에서 프로그래밍하기 쉬운 순차 프로그램을 사용하는 편이 낫다. 실제로 프로그래머의 개입이 전혀 없이도 명령어 수준의 병렬성(instruction-level parallelism, ILP)을 활용하는 수퍼스칼라나 비순차 실행 같은 단일프로세서 설계 기술이 이미 개발되어 사용되고 있다(4장 참조). 이러한 혁신적인 기법 때문에 멀티프로세서를 위해 프로그램을 다시 작성할 필요가 크지 않았다. 왜냐하면 프로그래머가 아무 일도 하지 않아도 순차적인 프로그램이 새로운 컴퓨터에서 더 빠르게 돌아갈 수 있었기 때문이다.

빠르게 수행되는 병렬 처리 프로그램을 작성하기 힘든 이유가 무엇인가? 특히 프로세서 개수가 증가할수록 어려워지는 이유는 무엇일까? 1장에서 일을 8배 빠르게 할 목적으로 8명의 기자가 동시에 하나의 기사를 쓰는 비유를 사용한 바 있다. 이 방법이 성공하려면 한 작업이 동일한 크기의 8개 부분으로 나누어져야 한다. 크기가 동일하지 않다면 큰 부분을 담당하는 사람이 일을 끝낼 때까지 나머지 사람들이 기다려야 할 것이기 때문이다. 성능을 저하시킬 수 있는 또 다른 위험은 기자들이 자기가 맡은 기사 작성보다 다른 사람들과 의견을 교환하는 데 더 많은 시간을 보낼 수 있다는 것이다. 이 비유와 같이 병렬 프로그래밍에서 우리가 부닥치는 문제에는 작업의 스케줄링, 작업을 병렬 조각으로 나누는 일, 부하를 균등하게 하는 일, 동기화 시간을 줄이는 일, 그리고 서로 통신하는 오버헤드를 줄이는 일 등이 있다. 기사 하나를 만들기 위해서 더 많은 기자가 참여할수록, 마찬가지로 병렬 프로그래밍을 위해 더 많은 프로세서를 사용할수록, 이런 문제는 더욱 어려워진다.

1장에서 우리는 또 하나의 장애 요인인 Amdahl의 법칙에 대하여 살펴보았다. 이 법칙은 프로그램이 여러 프로세서를 효율적으로 사용하기 위해서는 프로그램의 작은 부분까지도 모두 병렬화되어야 한다는 사실을 환기시킨다.

### 속도 개선의 어려움

**예제**

100개의 프로세서를 가지고 90배의 속도 개선을 얻기를 원한다고 하자. 원 프로그램에서 최대 몇 %까지는 순차적으로 실행되도 좋을까?

**답**

1장의 Amdahl의 법칙은 다음과 같다.

개선 후 실행시간 =

$$\frac{\text{개선에 의해 영향을 받는 실행시간}}{\text{개선의 크기}} + \text{영향을 받지 않는 실행시간}$$

이 Amdahl의 법칙을 속도 개선과 원 실행시간 간의 관계식으로 다시 쓰면

$$\text{속도 개선} = \frac{\text{원 실행시간}}{(\text{원 실행시간} - \text{개선될 부분의 시간}) + \dfrac{\text{개선될 부분의 시간}}{\text{개선의 크기}}}$$

원 실행시간이 1이라고 가정하고 이 식을 다시 정리하면 개선될 부분의 시간이 원 실행시간에 대한 비율로 바뀐다.

$$\text{속도 개선} = \frac{1}{(1 - \text{개선될 부분의 비율}) + \dfrac{\text{개선될 부분의 비율}}{\text{개선의 크기}}}$$

기대하는 속도 개선 90을 식에 대입하고 개선의 크기에 100을 대입하면

$$90 = \frac{1}{(1 - \text{개선될 부분의 비율}) + \dfrac{\text{개선될 부분의 비율}}{100}}$$

이 식을 풀어서 개선될 부분의 비율을 구하면 다음과 같다.

$$90 \times (1 - 0.99 \times \text{개선될 부분의 비율}) = 1$$
$$90 - (90 \times 0.99 \times \text{개선될 부분의 비율}) = 1$$
$$90 - 1 = 90 \times 0.99 \times \text{개선될 부분의 비율}$$
$$\text{개선될 부분의 비율} = \frac{89}{89.1} = 0.999$$

따라서 100개의 프로세서를 이용하여 90배의 속도 개선을 얻기 위해서는 전체 프로그램에서 순차적인 부분의 비율이 0.1% 이하가 되어야 한다.

그러나 다음 예제와 같이 병렬성이 충분히 많은 응용들도 있다.

예제

## 속도 개선의 어려움: 큰 문제

다음 두 가지 덧셈을 수행한다고 하자. 하나는 10개의 스칼라 변수의 합을 구하는 것이고 다른 하나는 10 × 10 2차원 행렬의 합을 구하는 것이다. 스칼라 합 계산을 병렬화하는 방법도 곧 보겠지만, 지금 당장은 행렬의 합 계산을 병렬화할 수 있다고 가정하자. 10개의 프로세서를 사용하는 경우와 40개의 프로세서를 사용하는 경우 속도 개선을 얼마나 얻을 수 있을까? 또 행렬의 크기를 20 × 20으로 늘렸을 때의 속도 개선도 구하라.

**답**

덧셈 연산을 수행하는 시간을 $t$라고 하고 성능이 $t$의 함수라고 가정하자. 이때 스칼라 변수 10개의 덧셈은 병렬 프로세서를 사용해도 좋아지지 않지만, 100번의 덧셈은 병렬 프로세서를 사용하면 좋아질 수 있다. 단일프로세서에서의 실행시간은 $110t$이고 10개의 프로세서를 사용하는 경우의 실행시간은 다음과 같다.

$$\text{개선 후 실행시간} = \frac{\text{개선에 의해 영향을 받는 실행시간}}{\text{개선의 크기}} + \text{영향을 받지 않는 실행시간}$$

$$\text{개선 후 실행시간} = \frac{100t}{10} + 10t = 20t$$

따라서 10개의 프로세서를 사용하는 경우의 속도 개선은 $110t/20t = 5.5$이다. 40개의 프로세서를 사용하는 경우의 실행시간은 다음과 같이 구할 수 있다.

$$\text{개선 후 실행시간} = \frac{100t}{40} + 10t = 12.5t$$

그러므로 40개의 프로세서를 사용하는 경우의 속도 개선은 $110t/12.5t = 8.8$이다. 이 크기의 문제에 프로세서 10개를 사용하면 이상적인 경우의 55%에 해당되는 만큼의 속도 개선을 얻는 반면, 40개를 사용하면 이상적인 경우의 22%에 해당되는 만큼만 속도 개선을 얻을 뿐이다.

행렬의 크기를 키우면 어떻게 되는지 알아보자. 순차적으로 수행하는 경우의 실행시간은 $10t + 400t = 410t$이다. 프로세서 10개를 사용하는 경우의 실행시간은 다음과 같으며

$$\text{개선 후 실행시간} = \frac{400t}{40} + 10t = 50t$$

따라서 속도 개선은 $410t/50t = 8.2$이다. 프로세서 40개를 사용하는 경우에는

$$\text{개선 후 실행시간} = \frac{400t}{40} + 10t = 20t$$

이고 속도 개선은 $410t/20t = 20.5$이다. 이렇게 큰 프로그램의 경우 프로세서 10개를 사용할 때에는 이상적인 경우의 82%, 40개를 사용할 때에는 이상적인 경우의 51%의 속도 개선을 얻을 수 있다.

이 예제를 통하여 알 수 있는 바는 문제의 크기를 고정시킨 상태에서 속도 개선을 얻는 것이 문제의 크기를 증가시키면서 속도 개선을 얻는 것보다 어렵다는 것이다.

경성 스케일링 문제의 크기를 고정시킬 때 멀티프로세서에서 얻을 수 있는 속도 개선.

연성 스케일링 프로세서의 개수에 비례하여 문제의 크기를 증가시킬 때 멀티프로세서에서 얻을 수 있는 속도 개선.

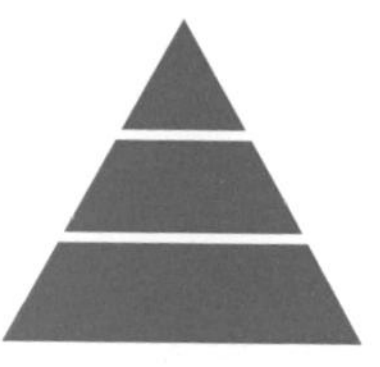


그 차이를 구별하기 위해 스케일링 방법을 표시하는 데 두 가지 용어를 사용한다.

경성 스케일링(strong scaling)은 문제의 크기를 고정시킨 상태에서 얻어지는 속도 개선이고, 연성 스케일링(weak scaling)은 프로세서의 수에 비례하여 문제 크기를 증가시키는 경우의 속도 개선이다. 문제의 크기 M이 메인 메모리 내의 워킹셋(working set)과 같고 프로세서는 P개가 있다고 가정하자. 경성 스케일링의 경우 프로세서당 메모리는 대략 M/P이고 연성 스케일링의 경우는 대략 M이다.

경성 스케일링보다 연성 스케일링이 더 쉽다는 것이 일반적인 통념이지만 **메모리 계층구조** 때문에 반대 현상이 생길 수도 있다. 예를 들어 연성 스케일링의 문제가 너무 커져서 멀티코어 마이크로프로세서의 마지막 단계 캐시에 다 들어가지 않으면, 경성 스케일링을 사용하는 경우보다 성능이 훨씬 더 나빠질 수 있다.

응용에 따라서 어떤 스케일링 방식이 좋은지가 달라질 수 있다. 예를 들어 TPC-C 차변-대변(debit-credit) 데이터베이스 벤치마크에서 분당 트랜잭션의 성능이 높아지면 이에 맞추어 고객의 계좌 수도 늘려야 한다. 은행이 빠른 컴퓨터를 장만했다고 해서 고객이 갑자기 ATM 사용을 100배 늘릴 것이라고 생각하는 것은 사리에 맞지 않는 일이므로, 트랜잭션 처리 용량이 100배 더 큰 시스템의 성능을 입증하려면 고객 수를 100배로 늘려서 실험하는 것이 타당할 것이다. 문제 크기를 키우려면 데이터의 양을 늘려야 하는데, 이런 경우가 연성 스케일링이 적합한 경우이다.

다음의 마지막 예제는 부하 균형(load balancing)의 중요성을 보여 준다.

### 속도 개선의 어려움: 부하 균형

**예제**

앞의 예제에서 40개의 프로세서를 사용하여 20.5배의 속도 개선을 얻기 위해서 우리는 부하가 완전히 균형을 이룬 것으로 가정하였다. 즉 각 프로세서가 2.5%씩 부하를 나누어 가졌다고 생각하였다. 이 예제에서는 어떤 프로세서의 부하가 나머지 프로세서들보다 더 크면 속도 개선에 어떤 영향을 미치는지를 살펴보고자 한다. 이를 위해 한 프로세서의 부하가 2배로 증가하는 경우(5%)와 5배로 증가하는 경우(12.5%)의 속도 개선을 계산하라. 나머지 프로세서들은 얼마나 잘 활용되고 있는가?

**답**

한 프로세서가 병렬로 수행될 부분의 5%를 담당하면 5% × 400 즉 20개의 덧셈을 수행하고 나머지 39개의 프로세서가 380개의 덧셈을 나누어 수행하게 된다. 이 연산들이 모두 동시에 수행되므로 실행시간이 가장 많이 걸리는 경우만 계산하면 된다.

$$\text{개선 후 실행시간} = \text{Max}\left(\frac{380t}{39}, \frac{20t}{1}\right) + 10t = 30t$$

속도 개선이 20.5에서 $410t/30t = 14$로 감소하였다. 한 프로세서가 $20t$ 동안 쉬지 않고 일을 수행하는 동안 나머지 39개의 프로세서는 $380t/39 = 9.7t$ 시간만 일하고 나머지 반 이상의 시간을 놀게 된다.

만약 한 프로세서가 12.5%의 부하를 갖는다면 이 프로세서는 50개의 덧셈을 수행하여야 한다.

$$\text{개선 후 실행시간} = \text{Max}\left(\frac{350t}{39}, \frac{50t}{1}\right) + 10t = 60t$$

속도 개선은 더 떨어져서 $410t/6t = 7$이 된다. 나머지 프로세서는 20% 이하($9t/50t$)만 활용된다. 이 예제는 부하 균형의 중요성을 보여 준다. 한 프로세서의 부하가 다른 프로세서들보다 2배 커지면 속도 개선이 1/3만큼 줄어들어 원래의 2/3 정도가 되고, 5배 커지면 속도 개선이 1/3 수준으로 떨어진다.

병렬 처리의 목표와 어려움에 대하여 더 잘 이해하게 되었으니, 이제 이 장의 나머지 부분을 개략적으로 살펴보자. 6.3절에서는 그림 6.1보다 훨씬 오래된 분류법을 설명한다. 또한 병렬 하드웨어상에서 순차 프로그램의 수행을 지원하는 두 종류의 명령어 집합 구조, **SIMD**와 **벡터**에 대하여도 설명한다. 6.4절에서는 **멀티스레딩**(multithreading)을 설명한다. 멀티스레딩도 프로그램의 병행성을 활용하는 것이므로 종종 멀티프로세싱과 혼동된다. 6.5절에서는 기본적인 병렬 하드웨어 두 가지 중 하나를 설명한다. 병렬 하드웨어는 시스템 내의 모든 프로세서가 단일 실제 주소(physical address)를 공유하는가 그렇지 않은가에 따라 두 가지로 구분된다. 앞에서 언급한 바와 같이 널리 알려진 예는 **공유 메모리 멀티프로세서**(shared memory multiprocessor, SMP)와 **클러스터**인데, 6.5절에서는 전자에 대하여 설명한다. 6.6절에서는 비교적 최근에 그래픽 하드웨어 커뮤니티로부터 제안된 컴퓨터 구조인 **그래픽 처리 유닛**(graphic processing unit, GPU)을 설명하는데, 이 또한 단일 실제 주소를 가정한다. (더 자세한 것은 🌐 부록 B에서 설명한다.) 6.7절에서는 도메인에 특화된 구조(domain specific architecture, DSA)를 소개하는데 이 구조에서는 프로세서가 어느 한 도메인의 응용을 잘 수행하도록 주문 제작되며 모든 프로그램을 잘 수행할 필요는 없다. 6.8절에서는 실제 주소 공간을 여러 개 갖는 컴퓨터 중에서 비교적 널리 알려진 클러스터를 설명한다. 6.9절에서는 여러 프로세서를 연결하는 전형적인 연결망 위상을 소개한다. 이 연결망은 클러스터의 서버 노드나 마이크로프로세서 내의 코어들을 연결하는 데 사용된다. 온라인 사이트에 있는 🌐 6.10절에서는 이더넷을 이용하여 클러스터의 노드 간 통신을 지원하는 하드웨어와 소프트웨어에 대하여 설명한다. 상용 소프트웨어와 하드웨어를 사용하여 어떻게 성능을 최적화할 수 있는지를 보여 줄 것이다. 그다음 6.11절에서는 병렬 벤치마크를 찾기 어려운 이유를 설명하고, 컴퓨터 구조뿐 아니라 응용 프로그램 설계에도 도움이 되는 단순하지만 통찰력 있는 새 성능 모델을 설명한다. 6.12절에서는 벤치마크와 성능 모델을 이용하여 DSA와 GPU를 비교한다. 6.13절에서는 행렬 곱셈의 성능을 개선하는 긴 여정의 마지막 단계이며 가장 큰 성능 개선이 이루어지는 단계를 제시한다. 연성 스케일링 방식으로 행렬의 크기를 키우면 48개의 코어로 병렬 처리하여 12~17배의 성능 개선을 얻을 수 있다. 그 후 오류와 함정을 설명하고 결론을 맺도록 한다.

다음 절에서는 여러 형태의 병렬 컴퓨터를 구별하기 위해서 이미 접한 적이 있을 수도 있는 약어들을 소개할 것이다.

**스스로 점검하기** 참 또는 거짓: 경성 스케일링에는 Amdahl의 법칙이 적용되지 않는다.

## 6.3 SISD, MIMD, SIMD, SPMD와 벡터

1960년대에 병렬 하드웨어를 분류하는 방법이 하나 제안되었는데, 이것이 오늘날에도 여전히 사용되고 있다. 이 분류는 명령어 스트림의 개수와 데이터 스트림의 개수에 기반을 두고 있다. 그림 6.2는 이 분류법을 보여 준다. 전통적인 단일프로세서는 1개의 명령어 스트림과 1개의 데이터 스트림을 가지며, 전통적인 멀티프로세서는 여러 개의 명령어 스트림과 여러 개의 데이터 스트림을 갖는다. 이 두 가지를 각각 SISD와 MIMD라 부른다.

**SISD** 단일 명령어 단일 데이터(single instruction single data) 스트림. 단일프로세서.

**MIMD** 복수 명령어 복수 데이터(multiple instruction multiple data) 스트림. 멀티프로세서.

**SPMD** 단일 프로그램 복수 데이터(single program multiple data) 스트림. 모든 프로세서가 같은 프로그램을 수행하는 MIMD의 전통적 프로그래밍 모델.

MIMD 컴퓨터의 각 프로세서가 서로 다른 프로그램을 수행하면서도 모든 프로그램이 협력하여 큰, 통합된 목적을 달성하도록 프로그래밍하는 것이 가능하다. 하지만 보통은 모든 프로세서가 같은 프로그램을 수행하되, 조건문을 사용하여 각 프로세서가 코드의 서로 다른 부분을 수행하도록 하는 방법을 사용한다. 이런 방식을 SPMD라고 하는데, 새로운 범주는 아니고 MIMD 컴퓨터를 프로그래밍하는 보통 방법일 뿐이다.

여러 개의 명령어 스트림을 가지면서 단일 데이터 스트림을 갖는 MISD로 분류될 수 있는 컴퓨터와 가장 유사한 것은 단일 데이터 스트림에 대하여 파이프라인 방식으로 일련의 계산을 수행하는 "스트림 프로세서(stream processor)"일 것이다. 예

| | | Data Streams | |
|---|---|---|---|
| | | Single | Multiple |
| Instruction Streams | Single | SISD: Intel Pentium 4 | SIMD: SSE instructions of x86 |
| | Multiple | MISD: No examples today | MIMD: Intel Core i7 |

그림 6.2 명령어 스트림과 데이터 스트림을 기반으로 한 하드웨어 분류법: SISD, SIMD, MISD, MIMD.

를 들어 네트워크로 받은 입력을 구문 분석하고, 암호를 풀고, 압축을 푼 다음, 매칭되는 것을 찾는 등의 일련의 작업을 파이프라인 방식으로 수행하는 것이다. MISD의 반대인 SIMD의 예는 많이 있다. **SIMD** 컴퓨터는 벡터 데이터에 대한 연산을 실행한다. 예를 들어, SIMD 명령어 하나는 64개의 데이터 스트림을 64개의 ALU로 보내서 한 클럭 사이클에 64개의 합을 계산할 수 있다. 3.6절과 3.7절에서 살펴본 서브워드 병렬 명령어는 SIMD의 한 예이다. 실제로 Intel SSE 약어의 두 번째 글자가 SIMD를 의미한다.

SIMD 단일 명령어 복수 데이터(single instruction multiple data) 스트림. 벡터 프로세서처럼 동일한 명령어를 여러 데이터 스트림에 적용하는 방식.

SIMD의 장점은 병렬 실행 유닛들이 모두 동기화되어 있어서 한 **프로그램 카운터**(PC)로 인출한 명령어 하나를 일제히 수행한다는 것이다. 프로그래머의 관점에서 보면 이것은 이미 익숙한 SISD와 거의 비슷하다. 모든 유닛들이 동일한 명령어를 수행하는 것은 같은데, 실행 유닛마다 별도의 주소 레지스터를 가지고 있어서 다른 데이터 주소를 사용할 수 있다는 점이 다를 뿐이다. 6.1절에서 소개한 용어를 사용하여 설명한다면, 순차적인 프로그램을 직렬 하드웨어인 SISD에서 실행되도록 컴파일할 수도 있고, 병렬 하드웨어인 SIMD에서 실행되도록 컴파일할 수도 있다.

원래 SIMD를 개발하게 된 동기는 여러 실행 유닛들을 제어하는 제어 유닛을 하나로 통합해서 비용을 절약하자는 것이었다. 그 외에 프로그램 메모리의 크기가 작아도 된다는 장점이 있다. 메시지 전달 MIMD는 프로세서마다 별도의 프로그램을 가지고 있어야 하고, 공유 메모리 MIMD는 여러 개의 명령어 캐시를 가지고 있어야 하지만, SIMD는 동시에 수행할 프로그램 하나만 있으면 된다.

SIMD는 *for* 순환문에서 배열을 처리할 때에 가장 효율적이다. 그러므로 SIMD의 병렬성을 잘 활용하려면 동일한 구조를 갖는 데이터가 매우 많이 있어야 하는데, 이를 **데이터 수준 병렬성**(data-level parallelism)이라고 부른다. SIMD는 *case*나 *switch* 문장을 실행할 때 약점을 보인다. 이때는 각 실행 유닛이 자신이 가진 데이터가 무엇인가에 따라 다른 동작을 수행하여야 하기 때문이다. 부적합한 데이터를 가진 실행 유닛들은 동작을 억제시키고 적합한 데이터를 가진 유닛들만 동작하도록 해야 한다. *case*나 *switch* 경우의 수가 $n$이라면, 성능은 $1/n$로 떨어진다.

데이터 수준 병렬성 독립적인 데이터에 같은 연산을 수행함으로써 얻어지는 병렬성.

SIMD의 효시라고 할 수 있는 소위 어레이 프로세서들은 이미 역사 속으로 사라져 갔다(6.7절과 온라인 사이트에 있는 6.16절 참조). 그러나 두 종류의 SIMD는 여전히 널리 사용되고 있다.

## x86의 SIMD: 멀티미디어 확장 명령어

3장에 설명한 바와 같이 크기가 작은 정수형 데이터에 대한 서브워드 병렬성은 1996년에 소개된 x86 마이크로프로세서의 **멀티미디어 확장** 명령어 MMX가 나온 동기가 되었다. Moore의 법칙대로 더 많은 명령어들이 추가되어 **스트리밍 SIMD 확장**(streaming SIMD extension, SSE)으로, 최근에는 **개선된 벡터 확장**(advanced vector extension, AVX)으로 발전되었다. AVX는 64비트 부동 소수점 연산 8개를 동시에 처리할 수 있다. 연산과 레지스터의 데이터 크기는 멀티미디어 명령어의 opcode에 표시된다. 레지스터와 연산의 데이터 크기가 커지면서 멀티미디어 명령어 개수도 폭발적으로 증가하여 현재는 수백 개의 SSE 명령어와 AVX 명령어들이 제공되고 있다(3장 참조).

## 벡터

더 오래되었지만 더 우아한 SIMD로 **벡터 구조**가 있는데, 사람들은 이것을 1970년대부터 Seymour Cray가 설계한 컴퓨터와 동일시해 왔다. 이 구조는 데이터 수준 병렬성을 많이 갖고 있는 문제에 딱 맞는다. 예전의 어레이 프로세서가 64개의 ALU로 동시에 64개의 덧셈을 수행했던 것과는 달리, 벡터 구조는 ALU를 파이프라인으로 구성하여서 낮은 비용으로 좋은 성능을 얻는다. 벡터 구조의 기본 원리는 메모리에서 데이터 원소들을 꺼내서 큰 레지스터 집합에 넣은 다음, 레지스터에 있는 데이터에 대하여 **파이프라인 실행 유닛**을 사용하여 순차적으로 연산하고 그 결과를 다시 메모리에 저장하는 것이다. 벡터 구조의 핵심적인 특징은 벡터 레지스터 집합이다. 예를 들면 64비트 원소 64개를 저장할 수 있는 벡터 레지스터 32개를 가질 수 있다.

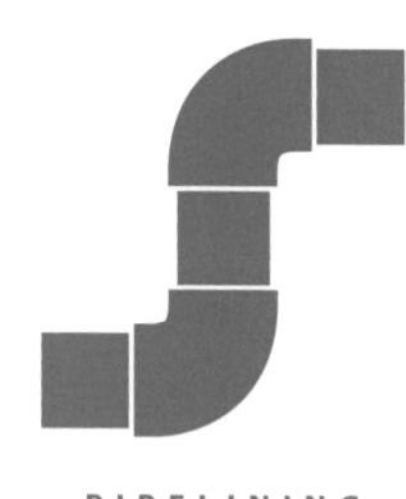


**예제**

### 벡터 코드와 일반 코드의 비교

RISC-V는 벡터 명령어와 벡터 레지스터에 벡터 확장을 뜻하는 V를 사용한다. 벡터 연산은 RISC-V 연산과 같은 이름을 사용하되 앞에 "v"자를 덧붙인다. 예를 들어 `vfadd.vv`는 부동 소수점 벡터 2개를 더하는 명령이다. 벡터 피연산자의 원소 크기는 별도의 명령을 통해 지정된다. 명령어 `vsetvli x0, x0, e64`를 먼저 실행하면 벡터 원소의 크기가 64비트가 되어서, `vfadd.vv`는 2배 정밀도 부동 소수점 벡터 2개를 더하게 된다. 접미사는 명령어가 벡터–벡터 연산(.vv)인지 혹은 벡터–스칼라 연산(.vf)인지를 결정한다. 그래서 vfmul.vf 명령은 벡터와 스칼라 부동 소수점 곱셈이다. vle.v와 vse.v는 vector load와 vector store를 의미하므로, vsetvli로 원소의 크기를 64비트로 지정한 경우 2배 정밀도 벡터 전체를 적재하거나 저장한다. 한 피연산자는 적재될 혹은 저장할 벡터 레지스터이고, 다른 피연산자는 RISC-V의 범용 레지스터로서 벡터가 저장된(또는 저장될) 메모리의 시작 주소를 가지고 있다.

이상의 짧은 설명을 바탕으로 다음 연산에 해당하는 일반적인 RISC-V 코드와 벡터 RISC-V 코드를 보여라.

$$Y = a \times X + Y$$

여기에서 $a$는 2배 정밀도의 스칼라 변수이고, $X$와 $Y$는 64개의 2배 정밀도 부동 소수점 숫자의 벡터로서 메모리에 있다. (이 예제는 DAXPY 순환문이라고 불리는 Linpack 벤치마크의 내부 순환문이다. DAXPY는 "double precision $a$ × $X$ plus $Y$"에서 따온 말이다.) $X$와 $Y$의 시작 주소가 x19와 x20에 있다고 가정한다.

**답**

DAXPY의 일반(순차적인) RISC-V 코드는 다음과 같다.

```
      fld    f0, a(x3)       // load scalar a
      addi   x5, x19, 512    // end of array X
loop: fld    f1, 0(x19)      // load x[i]
      fmul.d f1, f1, f0      // a * x[i]
      fld    f2, 0(x20)      // load y[i]
      fadd.d f2, f2, f1      // a * x[i] + y[i]
      fsd    f2, 0(x20)      // store y[i]
      addi   x19, x19, 8     // increment index to x
      addi   x20, x20, 8     // increment index to y
      bltu   x19, x5, loop   // repeat if not done
```

벡터당 원소의 개수가 64라고 가정할 때, DAXPY의 벡터 RISC-V 코드는 다음과 같다.

```
fld        f0, a(x3)     // load scalar a
vsetvli    x0, x0, e64   // 64-bit-wide element
vle.v      v0, 0(x19)    // load vector x
vfmul.vf   v0, v0, f0    // vector-scalar multiply
vle.v      v1, 0(x20)    // load vector y
vfadd.vv   v1, v1, v0    // vector-vector add
vse.v      v1, 0(x20)    // store vector y
```

이 예제의 두 코드 사이에는 재미있는 비교할 거리가 있다. 가장 극적인 것은 벡터 프로세서가 동적 명령어 대역폭을 획기적으로 줄였다는 것이다. 기본 RISC-V 구조에서는 500개가 넘던 실행 명령어를 겨우 7개로 줄였다. 이렇게 줄일 수 있었던 것은 벡터 연산 하나가 64개의 원소를 처리하기 때문이고, RISC-V에서 거의 반 정도를 차지하던 오버헤드 명령어들이 벡터 코드에는 하나도 없기 때문이다. 예상할 수 있듯이 인출되는 명령어가 적어지면 에너지 소모도 줄어든다.

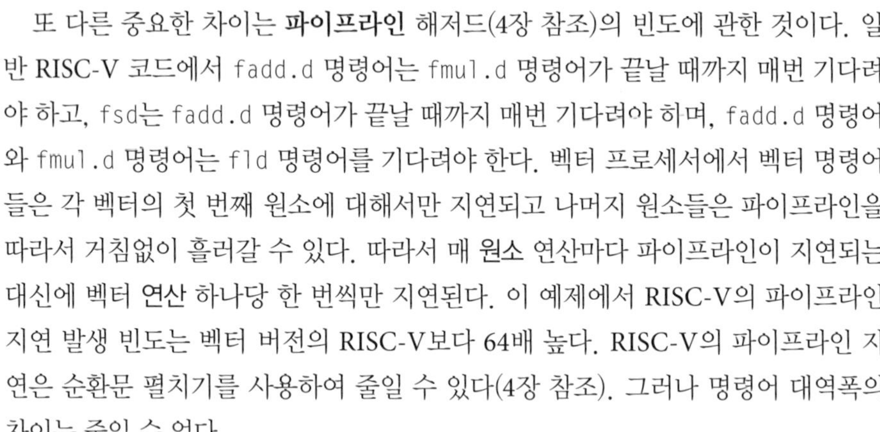

또 다른 중요한 차이는 **파이프라인** 해저드(4장 참조)의 빈도에 관한 것이다. 일반 RISC-V 코드에서 `fadd.d` 명령어는 `fmul.d` 명령어가 끝날 때까지 매번 기다려야 하고, `fsd`는 `fadd.d` 명령어가 끝날 때까지 매번 기다려야 하며, `fadd.d` 명령어와 `fmul.d` 명령어는 `fld` 명령어를 기다려야 한다. 벡터 프로세서에서 벡터 명령어들은 각 벡터의 첫 번째 원소에 대해서만 지연되고 나머지 원소들은 파이프라인을 따라서 거침없이 흘러갈 수 있다. 따라서 매 **원소** 연산마다 파이프라인이 지연되는 대신에 벡터 **연산** 하나당 한 번씩만 지연된다. 이 예제에서 RISC-V의 파이프라인 지연 발생 빈도는 벡터 버전의 RISC-V보다 64배 높다. RISC-V의 파이프라인 지연은 순환문 펼치기를 사용하여 줄일 수 있다(4장 참조). 그러나 명령어 대역폭의 차이는 줄일 수 없다.

Intel x86 AVX 명령어에서 서브워드 병렬성과 같이 벡터의 각 원소는 서로 독립적이기 때문에 병렬로 연산을 수행할 수 있다. 오늘날의 모든 벡터 컴퓨터는 여러 개의 병렬 파이프라인(**벡터 레인**이라고 한다; 그림 6.3과 6.4 참조)을 갖는 벡터 기능 유닛이 있어서 클럭 사이클당 2개 이상의 연산 결과를 생성한다.

**고난도:** 앞의 예제에서는 벡터 길이가 순환문의 반복 횟수와 정확하게 일치하였다. 순환문의 반복 횟수가 벡터 길이보다 짧을 때 벡터 구조는 벡터 연산의 크기를 축소시키는 레지스터를 사용한다. 반대로 반복 횟수가 더 크면, 벡터 연산을 반복시키고 반복으로 처리하고 남은 나머지를 계산하기 위한 관리 코드를 추가해야 한다. 이 과정을 **스트립 마이닝**(strip mining)이라고 한다.

## 벡터와 스칼라의 비교

벡터 명령어는 일반적인 명령어 집합 구조(**스칼라 구조**라고 불리는)와 비교할 때 몇 가지 중요한 특징이 있다.

- 벡터 명령어는 많은 양의 작업을 지정하므로, 벡터 명령어 하나가 순환문 전체 수행과 같다. 그러므로 명령어 인출과 해독의 대역폭이 획기적으로 줄어든다.
- 벡터 명령어를 사용하면 벡터를 구성하는 각 원소들의 계산이 벡터 내의 다른

원소들의 계산과 독립적이 되므로, 한 벡터 명령어 내의 데이터 해저드를 점검할 필요가 없다.

- 데이터 수준 병렬성을 가지고 있는 응용에 대해서는 벡터 구조와 벡터 컴파일러를 이용하는 것이 MIMD 멀티프로세서에서 프로그래밍하는 것보다 훨씬 쉽다고 알려져 있다.
- 모든 벡터 원소 하나 하나에 대해 데이터 해저드를 점검하는 대신, 벡터 피연산자 하나당 한 번씩만 점검하면 된다. 따라서 시간뿐 아니라 에너지 소비도 줄어든다.
- 메모리에 접근하는 벡터 명령어의 경우 메모리 접근 패턴을 미리 알 수 있다. 벡터의 원소들이 모두 인접해 있다면 인터리빙의 정도가 큰 인터리브 메모리에서 벡터를 인출하는 것이 매우 효율적이다. 메인 메모리에서 매 워드를 인출할 때마다 메모리 지연을 겪는 것이 아니라 전체 벡터에 대하여 단 한 번만 지연을 겪기 때문이다.
- 순환문 전체가 행동이 이미 정해진 벡터 명령어 하나로 치환되기 때문에 순환문의 분기로 인한 제어 해저드가 발생하지 않는다.
- 이와 같이 명령어 대역폭과 해저드 점검 빈도수가 줄고 메모리 대역폭이 효율적으로 사용되기 때문에, 벡터 구조가 스칼라 구조보다 전력과 에너지 면에서 유리하다.

위와 같은 이유로 동일한 개수의 데이터에 대하여 스칼라 연산을 수행하는 것보다 벡터 연산을 이용하면 더 빠르게 수행할 수 있다. 따라서 컴퓨터 설계자들은 벡터 연산을 자주 사용할 수 있는 응용이 있다면 벡터 유닛을 포함시키는 방향으로 가게 된다.

## 벡터와 멀티미디어 확장의 비교

x86 AVX 명령어의 멀티미디어 확장과 같이 벡터 명령어도 여러 연산을 지정한다. 그러나 멀티미디어 확장이 서너 개의 연산을 지정한다면 벡터는 수십 개의 연산을 지정하는 것이 다르다. 또 멀티미디어 확장과 달리 벡터 연산에 사용되는 원소의 수는 연산자(opcode)에 표시하지 않고 별도의 레지스터로 지정한다. 따라서 벡터 구조의 버전이 바뀌면서 원소의 수를 바꾸어야 할 경우, 벡터 구조에서는 해당 레지스터의 값만 바꾸면 되므로 기계어 수준의 호환성을 유지할 수 있다. 하지만 MMX, SSE, SSE2, AVX, AVX2 등과 같은 x86 멀티미디어 확장에서는 "벡터"의 크기가 바뀔 때마다 많은 연산자를 새로 추가해야 한다.

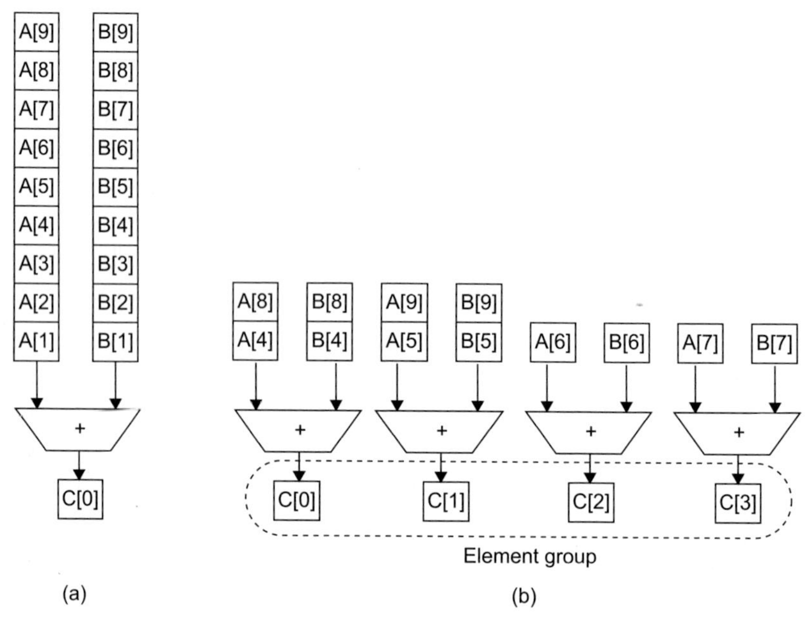


**그림 6.3 기능 유닛을 여러 개 사용하여 C = A + B를 수행하는 벡터 덧셈 명령어 하나의 성능을 개선하는 방법.** 왼쪽(a)의 벡터 프로세서는 덧셈 파이프라인 하나를 사용하여 사이클당 하나의 덧셈을 완료할 수 있다. 오른쪽(b)의 벡터 프로세서는 4개의 덧셈 파이프라인 즉 레인을 사용하여 사이클당 4개의 덧셈을 완료할 수 있다. 벡터의 원소들은 4개의 레인에 인터리빙 방식으로 배분된다.

또한 멀티미디어 확장과 달리, 꼭 인접한 데이터를 사용해야 한다는 제약이 없다. 벡터는 하드웨어적으로 매 *n*번째의 데이터를 적재하도록 하는 일정한 간격의 접근(strided access)과 아울러 벡터 레지스터에 적재할 원소의 주소를 하드웨어적으로 계산하는 인덱스 접근(indexed access)을 지원한다. 인덱스를 이용하여 메모리에 산재된 데이터를 인접한 벡터 원소에 적재하고, 인덱스를 이용하여 벡터 원소를 메모리에 분산시키기 때문에 인덱스 접근을 "수집–분산(gather-scatter)"이라고 부르기도 한다.

멀티미디어 확장처럼 벡터도 데이터의 폭을 쉽게 바꿀 수 있다. 즉 64비트 데이터 32개, 32비트 데이터 64개, 16비트 데이터 128개, 8비트 데이터 256개를 동일한 벡터 연산으로 처리할 수 있다. 벡터 명령어의 병렬성은 깊이가 깊은 **파이프라인** 기능 유닛을 사용하든지, 여러 개의 병렬 기능 유닛을 사용하든지, 혹은 파이프라인 기능 유닛과 병렬 기능 유닛을 조합해서 사용함으로써 구현할 수 있다. 그림 6.3은 벡터 덧셈 명령어를 수행하는 데 병렬 파이프라인을 이용하면 어떻게 벡터 성능을 높일 수 있는지를 보여 준다.

벡터 산술 명령어는 일반적으로 한 벡터 레지스터의 N번째 원소와 다른 벡터 레

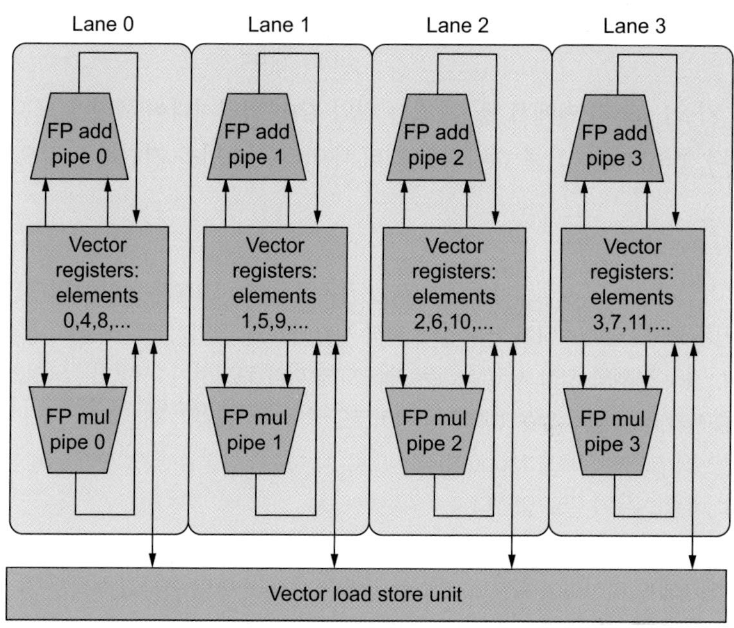


**그림 6.4 4개의 레인을 갖는 벡터 유닛의 구조.** 벡터 레지스터 저장소는 4개의 레인에 나뉘어 배치되는데 각 레인은 벡터 레지스터 중에서 매 4번째 원소를 가지고 있다. 그림은 부동 소수점 덧셈과 부동 소수점 곱셈, 그리고 적재-저장 유닛의 세 가지 벡터 기능 유닛을 보여 주고 있다. 각각의 벡터 산술 연산 유닛은 레인당 하나씩 4개의 실행 파이프라인을 가지고 있으며, 4개가 협력하여 벡터 명령어 하나를 실행한다. 벡터 레지스터 파일의 각 섹션은 레인에 속한 기능 유닛에 필요한 입력과 출력 포트만 충분히 제공하면 된다는 점에 유의하자(4장 참조).

지스터의 N번째 원소끼리의 연산만을 허용한다. 그렇기 때문에 병렬성이 큰 벡터 유닛을 만드는 일이 아주 간단해져서, 병렬 벡터 레인(vector lane) 여러 개로 쉽게 만들 수 있다. 고속도로에서와 같이 레인을 늘리면 벡터 유닛의 최대 처리량을 증가시킬 수 있다. 그림 6.4는 4개의 레인을 갖는 벡터 유닛의 구조를 보여 준다. 1개의 레인을 4개로 늘리면 벡터 명령어 하나당 클럭 사이클 수가 대략 1/4로 줄어든다. 레인이 많은 것이 성능 개선에 도움이 되려면 응용과 컴퓨터 구조가 모두 긴 벡터를 지원해야 한다. 그렇지 않다면 명령어 실행이 너무 빨리 끝나서 더 이상 실행할 명령어가 없는 상황이 될 수 있으므로, 4장의 명령어 수준 **병렬** 기술을 사용해서 충분한 수의 벡터 명령어를 공급해야 할 것이다.

벡터 레인 하나 이상의 벡터 기능 유닛과 벡터 레지스터 파일의 일부. 고속도로에서 레인(차선)을 증가시켜 교통 속도를 개선하는 것처럼 다수의 레인이 벡터 연산을 동시에 실행하여 성능을 개선한다.

일반적으로 벡터 구조는 데이터 병렬 처리 프로그램의 수행에 매우 효율적이며, 멀티미디어 확장보다 벡터 구조가 컴파일러 기술과도 더 잘 맞는다. 또한 x86 구조에 멀티미디어 확장을 하는 것보다 시간에 따라 점진적으로 발전시키기가 더 쉽다.

다음에는 명령어의 병렬 스트림을 단일프로세서의 성능 향상에 이용하는 방법에 대하여 알아볼 것이다. 이 기술은 프로세서가 여러 개일 때도 사용할 수 있다.

**스스로 점검하기** 참 또는 거짓: x86의 예에서 볼 수 있는 바와 같이 멀티미디어 확장은 벡터 크기가 작은 벡터 구조의 일종으로 순차적인 벡터 데이터 전송만을 지원하는 것으로 볼 수 있다.

**고난도:** 이렇게 벡터의 장점이 많은데 고성능 컴퓨터 외에는 그렇게 많이 쓰이지 않는 이유가 무엇인가? 벡터 레지스터가 커서 상태 저장 시간이 오래 걸리기 때문에 문맥 전환 시간이 길어지며, 벡터 적재와 저장 시 발생하는 페이지 부재가 처리하기 어렵다는 우려가 있었고, 벡터 명령어의 장점 중 일부는 SIMD 명령어로도 얻을 수 있었기 때문이다. 게다가 명령어 수준 병렬성의 발전만으로도 Moore의 법칙대로 성능을 개선할 수 있었기 때문에, 다른 형태의 구조로 바꿀 이유가 별로 없었다.

**고난도:** 벡터와 멀티미디어 확장의 또 다른 장점은 데이터 병렬 연산의 성능을 개선하기 위하여 스칼라 명령어 집합 구조에 이 명령어들을 추가하는 것이 비교적 쉽다는 것이다.

**고난도:** Haswell 세대의 Intel x86 프로세서는 AVX2를 지원하는데, 여기에 수집(gather) 연산은 있지만 분산(scatter) 연산은 없다. 하지만 Skylake와 이후 세대의 프로세서들은 분산 연산이 포함된 AVX512를 지원한다.

## 6.4 하드웨어 멀티스레딩

하드웨어 멀티스레딩 한 스레드가 실행할 수 없게 되면 다른 스레드로 전환하도록 하여 프로세서의 이용률을 높이는 기법.

프로세스 프로세스는 1개 이상의 스레드와 주소 공간, 운영체제 상태를 갖는다. 그러므로 프로세스 전환은 보통 운영체제를 호출하지만, 스레드 전환은 운영체제를 부르지 않는다.

스레드 스레드는 프로그램 카운터와 레지스터 상태, 스택을 갖는다. 경량 프로세스이므로 주소 공간을 공유하지만, 프로세스는 그렇지 않다.

프로그래머의 관점에서 특별히 MIMD와 관련이 깊은 개념으로 하드웨어 멀티스레딩(hardware multithreading)이 있다. MIMD가 여러 프로세서들을 바쁘게 만들기 위해서 여러 개의 프로세스(process) 또는 스레드(thread)를 사용하는 반면, 하드웨어 멀티스레딩은 여러 스레드가 단일프로세서의 기능 유닛들을 겹쳐서 사용함으로써 하드웨어 자원을 효율적으로 사용한다. 이와 같은 방식의 공유를 위해서 프로세서는 각 스레드의 독립적인 상태를 복제해야 한다. 예를 들어 모든 스레드는 레지스터 파일과 프로그램 카운터의 복사본을 따로 가지고 있다. 메모리는 가상 메모리 메커니즘을 통하여 공유되는데 이것은 이미 멀티프로그래밍 지원을 위해 쓰이고 있는 기능이다. 이 외에도 하드웨어는 스레드를 빨리 전환하는 기능을 지원해야 한다. 특히 스레드 전환은 수백, 수천 사이클이 소모되는 프로세스 전환보다 훨씬 효율적으로 수행되어 순식간에 이루어져야 한다.

하드웨어 멀티스레딩에는 두 가지 주요 방식이 있다. **작은 단위 멀티스레딩**(fine-grained multithreading)은 매 명령어마다 스레드를 전환하여 여러 개의 스레드를 인터리빙하는 방식이다. 지연 상태에 있는 스레드는 건너뛰면서 라운드 로빈(round-robin) 방식으로 인터리빙하는 것이 일반적이다. 작은 단위 멀티스레딩이 실용성을 가지려면 매 클럭 사이클마다 스레드를 전환할 수 있어야 한다. 작은 단위 멀티스레딩의 핵심적인 장점은 한 스레드가 지연되고 있는 동안 다른 스레드의 명령어를 수행함으로써 짧은 지연, 혹은 긴 지연으로 인한 처리량의 손실을 감출 수 있다는 점이다. 반면에 가장 큰 단점은 개별 스레드의 수행이 느려진다는 점이다. 지연 없이 바로 수행될 수 있는 스레드라 할지라도 다른 스레드의 명령어 수행 때문에 지체되기 때문이다.

**작은 단위 멀티스레딩** 한 명령어를 실행하고 난 후에는 다른 스레드로 전환하는 하드웨어 멀티스레딩의 한 방식.

**큰 단위 멀티스레딩**(coarse-grained multithreading)은 작은 단위 멀티스레딩의 대안으로 고안되었다. 큰 단위 멀티스레딩에서는 마지막 단계 캐시의 실패와 같이 긴 지연이 생길 때만 스레드 전환을 수행한다. 이렇게 하면 스레드 전환 비용이 매우 작아야 할 필요가 없으며, 긴 지연이 발생하는 경우에만 다른 스레드의 명령어를 실행하기 때문에 개별 스레드의 수행이 느려지는 문제도 크게 완화된다. 그러나 큰 단위 멀티스레딩은 작은 지연들로 인한 처리량의 손실을 극복하는 데 한계가 있다는 단점이 있다. 이 문제는 큰 단위 멀티스레딩의 **파이프라인** 초기화 비용 때문에 생긴다. 큰 단위 멀티스레딩은 한 스레드에 속한 명령어들만 내보내기 때문에, 지연이 발생하면 파이프라인을 비우거나 멈추어야 한다. 지연 이후에 수행되는 새로운 스레드는 파이프라인을 새로 채워야 한다. 이와 같은 초기화 비용 때문에 파이프라인을 채우는 시간을 무시할 수 있을 만큼 지연시간이 긴 경우에 더 유용하다.

**큰 단위 멀티스레딩** 마지막 단계 캐시 실패와 같은 심각한 사건이 일어날 때에만 스레드를 전환하는 하드웨어 멀티스레딩의 한 방식.

**동시 멀티스레딩**(simultaneous multithreading, SMT)은 하드웨어 멀티스레딩의 변형으로, 다중 내보내기(multiple-issue)와 동적 스케줄링을 지원하는 **파이프라인** 프로세서의 자원을 이용하여 명령어 수준의 병렬성뿐 아니라 스레드 수준 병렬성도 함께 이용한다(4장 참조). 다중 내보내기 프로세서들은 일반적으로 한 스레드가 효과적으로 사용할 수 있는 것보다 더 많은 기능 유닛 병렬성을 가지고 있다는 점에 착안하여 SMT가 등장하게 되었다. 더욱이, 레지스터 재명명과 동적 스케줄링(4장 참조)을 사용하면 서로 다른 스레드에서 가져온 명령어 여러 개를 그들 간의 종속성에 신경 쓰지 않고 내보낼 수 있다. 종속성은 동적 스케줄링 기능이 해결할 수 있기 때문이다.

**동시 멀티스레딩(SMT)** 다중 내보내기와 동적 스케줄링을 지원하는 마이크로구조의 자원을 활용하여 멀티스레딩 비용을 줄이는 멀티스레딩의 한 방식.

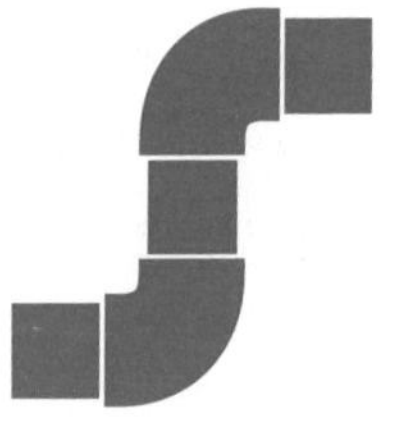


SMT는 기존의 동적 메커니즘을 사용하기 때문에 매 사이클마다 자원을 바꾸지 않는다. 대신 늘 여러 스레드의 명령어들을 함께 실행하고, 명령어 슬롯이나 재명명

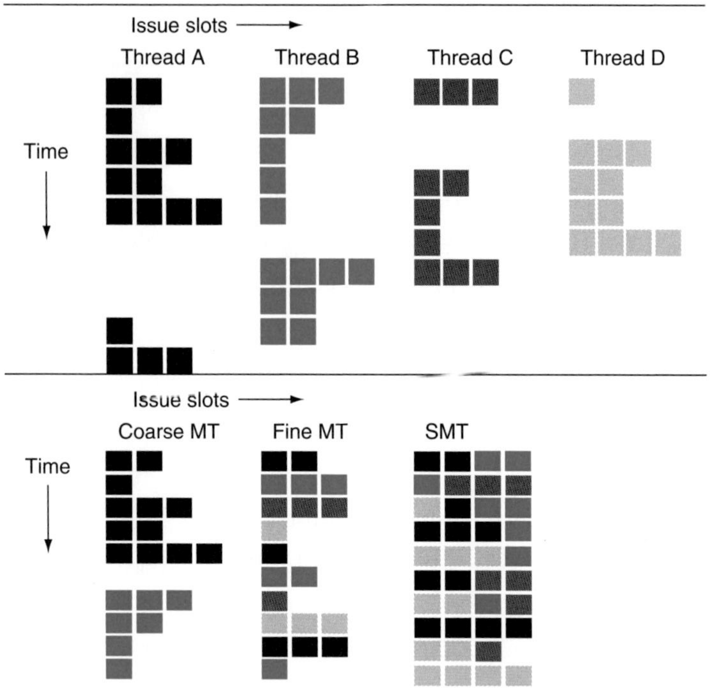


**그림 6.5 서로 다른 방식에서 4개의 스레드가 어떻게 수퍼스칼라 프로세서의 내보내기 슬롯을 사용하는지를 보여 준다.** 그림 상단은 멀티스레딩을 지원하지 않는 일반 수퍼스칼라 프로세서에서 4개의 스레드가 한 번에 하나씩 수행되는 경우를 보여 준다. 하단의 세 가지 예는 세 종류의 멀티스레딩 방식에서 4개의 스레드가 어떻게 동시에 수행되는지를 보여 준다. 수평축은 매 클럭 사이클마다 명령어를 몇 개나 내보낼 수 있는지를 나타낸다. 수직축은 클럭 사이클의 진행을 표현한다. 빈(흰색) 상자는 해당되는 내보내기 슬롯이 해당 클럭 사이클에 사용되지 않고 있음을 나타낸다. 네 가지 색깔의 상자는 각각 다른 스레드를 표시한다. 큰 단위 멀티스레딩의 경우 그림에는 나타나지 않았지만 파이프라인 초기화의 영향이 있으므로 처리량 손실이 더 커질 것이다.

된 레지스터를 적절한 스레드에 할당하는 일은 하드웨어에게 맡긴다.

그림 6.5는 프로세서 구성에 따라 수퍼스칼라 자원을 활용하는 능력이 어떻게 다른지를 개념적으로 보여 준다. 그림의 상단부는 멀티스레딩을 지원하지 않는 수퍼스칼라 프로세서에서 4개의 스레드가 따로따로 수행되는 것을 보여 준다. 하단부는 다음 세 가지 멀티스레딩 방식이 4개의 스레드를 어떻게 더 효율적으로 실행할 수 있는지를 보여 준다.

- 큰 단위 멀티스레딩을 지원하는 수퍼스칼라
- 작은 단위 멀티스레딩을 지원하는 수퍼스칼라
- 동시 멀티스레딩을 지원하는 수퍼스칼라

하드웨어 멀티스레딩을 지원하지 않는 수퍼스칼라는 **명령어 수준 병렬성**이 부족하기 때문에 내보내기 슬롯의 이용률이 낮아진다. 게다가 명령어 캐시 실패같이 큰 지연이 발생하면 전체 프로세서가 아무 일도 하지 않고 놀게 된다.

큰 단위 멀티스레딩 수퍼스칼라에서 긴 지연이 발생하면 다른 스레드로 전환하여 이를 일부 감출 수 있다. 이렇게 하면 아무 일도 하지 않는 클럭 사이클 수를 줄일 수는 있지만, 파이프라인의 초기화 오버헤드 때문에 여전히 아무 일도 하지 않는 사이클이 생기며, 명령어 수준 병렬성이 부족하므로 모든 내보내기 슬롯을 사용하는 것이 불가능하게 된다. 작은 단위 멀티스레딩의 경우는 스레드의 인터리빙을 통하여 아무 일도 하지 않는 사이클을 대부분 없앨 수 있다. 그러나 한 클럭 사이클에서는 한 스레드의 명령어만 내보내기 때문에 명령어 수준의 병렬성이 부족하여 여전히 일부 클럭 사이클에서는 노는 슬롯이 생기게 된다.

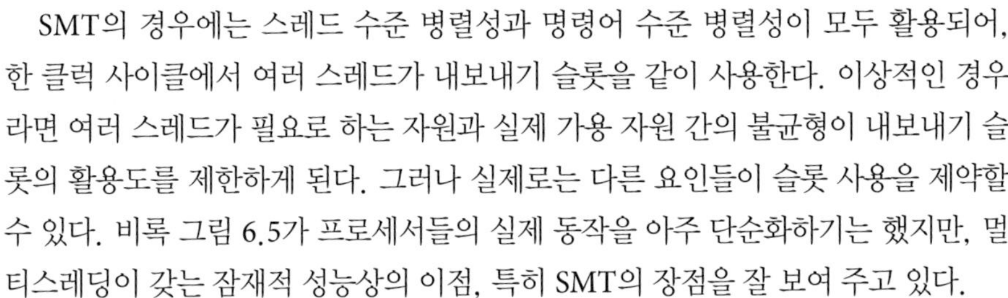

SMT의 경우에는 스레드 수준 병렬성과 명령어 수준 병렬성이 모두 활용되어, 한 클럭 사이클에서 여러 스레드가 내보내기 슬롯을 같이 사용한다. 이상적인 경우라면 여러 스레드가 필요로 하는 자원과 실제 가용 자원 간의 불균형이 내보내기 슬롯의 활용도를 제한하게 된다. 그러나 실제로는 다른 요인들이 슬롯 사용을 제약할 수 있다. 비록 그림 6.5가 프로세서들의 실제 동작을 아주 단순화하기는 했지만, 멀티스레딩이 갖는 잠재적 성능상의 이점, 특히 SMT의 장점을 잘 보여 주고 있다.

그림 6.6은 2개의 스레드를 하드웨어적으로 지원하는 Intel Core i7 960의 한 프로세서에서 멀티스레딩을 이용하는 경우의 성능과 에너지 측면에서의 이득을 도시하고 있다. 더 최신 코어인 i7 6700도 2개의 스레드를 하드웨어로 지원하고 i7 960과 비교해서 바뀐 것이 별로 없기 때문에 이와 크게 다르지 않을 것 같다. 평균 1.31배의 속도 개선을 얻었는데 하드웨어 멀티스레딩을 위한 추가 자원의 규모가 크지 않음을 고려하면 나쁘지 않은 결과이다. 평균 에너지 효율은 1.07이며 이는 아주 뛰어난 결과이다. 일반적으로 에너지 소모를 늘리지 않으면서 성능을 높일 수 있으면 매우 만족스럽다.

이제 여러 개의 스레드를 사용하면 단일프로세서의 자원을 더 효율적으로 사용할 수 있음을 알았다. 다음에는 어떻게 여러 프로세서를 활용할 수 있을지를 알아보도록 하자.

**스스로 점검하기**

1. 참 또는 거짓: 멀티스레딩과 멀티코어는 병렬성을 이용하여 한 칩에서 더 높은 효율성을 얻고자 하는 것이다.
2. 참 또는 거짓: **동시 멀티스레딩**은 동적 스케줄링과 비순차 실행을 지원하는 프로세서의 자원 활용도를 개선하기 위해서 스레드를 사용한다.

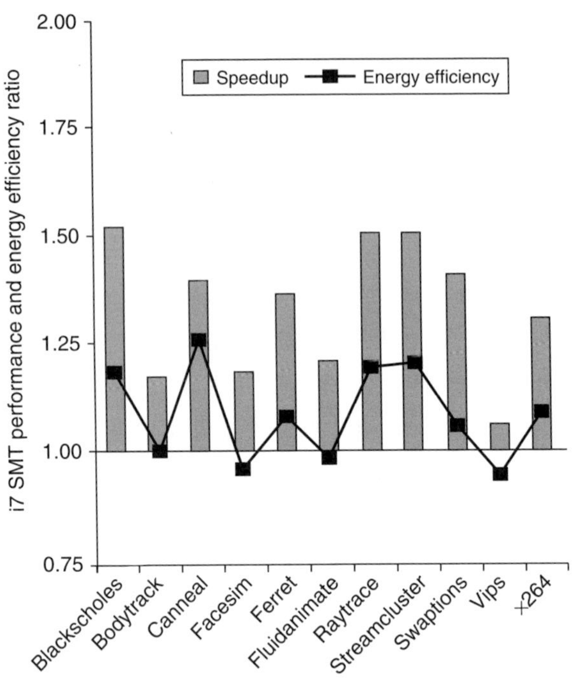


**그림 6.6 i7 프로세서의 한 코어에서 멀티스레딩을 사용하면 PARSEC 벤치마크(6.11절 참조)에 대하여 평균 1.31배의 속도 개선과 1.07배의 에너지 효율 개선을 얻을 수 있다.** 이 데이터는 Esmaeilzadeh 등 [2011]에 의해 수집되고 분석되었다.

## 6.5 멀티코어와 기타 공유 메모리 멀티프로세서

하드웨어 멀티스레딩이 추가 비용을 크게 들이지 않고 프로세서의 효율을 높이기는 했지만, 칩에 집적되는 프로세서의 수가 많아지면서 이 많은 프로세서를 어떻게 효율적으로 프로그래밍해서 Moore의 법칙대로 성능 개선을 이룰 수 있을까 하는 것이 지난 10년간의 큰 문제였다.

기존 프로그램이 병렬 하드웨어에서 잘 수행되게 고치는 것이 어렵기 때문에, 자연스럽게 "컴퓨터 설계자들이 이 작업을 쉽게 만들기 위해 할 수 있는 일이 없을까?"라는 생각을 하게 되었다. 한 가지 답은 모든 프로세서들이 공유하는 단일 실제 주소 공간을 제공하는 것이었다. 이렇게 되면 프로그램들은 자신들이 사용할 데이터가 어디에 있는지 신경 쓸 필요가 없이 병렬적으로 수행될 수 있다. 이 방식에서는 언제나 또 어느 프로세서나 프로그램의 모든 변수에 접근할 수 있다. 다른 방식은 프로세서마다 별도의 주소 공간을 갖고 공유할 것이 있으면 명시적으로 표시하는 방식인데, 이에 대해서는 6.8절에서 살펴볼 것이다. 실제 주소 공간이 공유될 때는 하드웨어가 캐시 일관성을 보장하여 모든 프로세서가 공유 메모리에 대해 일치된 관점(consistent view)을 가지도록 하는 것이 일반적이다(5.10절 참조).

앞서 말한 바와 같이 **공유 메모리 멀티프로세서**(shared memory multiprocessor, SMP)에서는 모든 프로세서가 **단일 실제 주소 공간**을 가지며 멀티코어 칩은 거의 다 이런 방식으로 구현된다. 어쩌면 공유 **주소** 멀티프로세서라고 부르는 것이 더 정확한 표현일지도 모르겠다. 프로세서들은 어느 메모리 주소든지 적재와 저장 명령어를 사용하여 접근할 수 있으며 프로세서 간의 통신은 메모리에 있는 공유변수를 통하여 이루어진다. 그림 6.7은 SMP의 전형적인 구조를 보여 준다. 프로세서들이 실제 주소 공간을 공유하더라도 작업들은 각각 별개의 가상 주소 공간에서 독립적으로 수행될 수 있음에 유의하자.

단일 주소 공간 멀티프로세서에는 두 가지 스타일이 있다. 한 가지는 어느 프로세서가 어느 워드에 접근하든지 간에 동일한 시간이 걸리는 스타일인데 이와 같은 것을 **균일 메모리 접근**(uniform memory access, UMA) 멀티프로세서라고 한다. 두 번째 스타일에서는 어떤 프로세서가 어떤 워드를 접근하는지에 따라 메모리 접근시간이 달라진다. 이것은 메인 메모리가 여러 조각으로 분할되어서 각각이 다른 마이크로프로세서 또는 동일 칩 내의 다른 메모리 제어기에 붙어 있기 때문이다. 이러한 기계를 **비균일 메모리 접근**(nonuniform memory access, NUMA) 멀티프로세서라고 한다. NUMA 멀티프로세서가 UMA 멀티프로세서보다 프로그래밍하기 어렵다는 것은 예상할 수 있을 것이다. 그러나 NUMA 멀티프로세서는 가까운 메모리를 빨리 접근할 수 있고 규모를 크게 만들 수 있다는 장점이 있다.

균일 메모리 접근(UMA) 어떤 프로세서가 메모리에 있는 어떤 워드를 접근하든지 균일한 시간이 걸리는 멀티프로세서.

비균일 메모리 접근(NUMA) 단일 주소 공간 멀티프로세서의 일종으로 어떤 프로세서가 어떤 워드를 접근하는지에 따라 일부 메모리 접근이 다른 경우보다 훨씬 빠른 멀티프로세서.

동시에 동작하는 프로세서들끼리는 데이터를 공유하는 것이 일반적이므로 공유

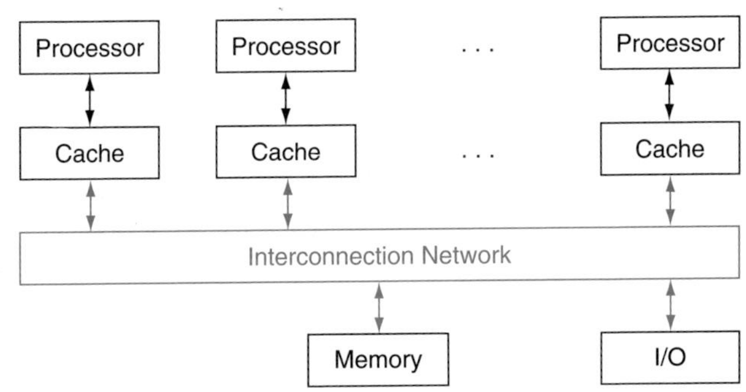


그림 6.7 공유 메모리 멀티프로세서의 고전적 구성.

데이터에 대한 작업을 할 때는 조정이 필요하다. 조정이 이루어지지 않으면 한 프로세서가 공유 데이터에 대한 작업을 끝내기도 전에 다른 프로세서가 같은 데이터에 대한 작업을 시작할 수 있을 것이다. 이 조정 작업을 동기화(synchronization)라고 하며 단일 주소 공간에서 공유가 허용되는 경우에는 동기화를 위한 별도의 메커니즘이 필요하다. 한 가지 방법은 공유변수에 대한 잠금변수(lock)를 이용하는 것이다. 한 번에 한 프로세서만 잠금변수를 얻을 수 있고, 공유변수를 사용하고자 하는 다른 프로세서들은 그 프로세서가 잠금을 풀 때까지 기다려야만 한다. 2.11절에서 잠금에 사용할 수 있는 RISC-V 명령어들을 소개한 바 있다.

동기화 둘 이상의 프로세스들의 동작을 조정하는 작업. 이 프로세스들은 서로 다른 프로세서에서 실행되고 있을 수도 있다.

잠금변수 한 번에 한 프로세서만 데이터에 접근할 수 있게 하는 동기화 장치.

## 공유 주소 공간에서의 단순한 병렬 처리 프로그램

**예제**

UMA 구조의 공유 메모리 멀티프로세서 컴퓨터에서 64,000개의 숫자를 더하는 프로그램을 작성하라. 프로세서의 수는 64개라고 가정한다.

**답**

첫 번째 단계는 숫자들을 동일한 크기의 묶음으로 나누어서 프로세서 간의 부하를 균등하게 만드는 것이다. 이 컴퓨터는 단일 주소 공간을 갖고 있으므로 나눈 묶음들을 다른 메모리 공간에 할당할 필요는 없다. 각 프로세서마다 서로 다른 시작 주소를 지정해 주기만 하면 된다. Pn이 0부터 63까지의 프로세서 번호라고 하자. 모든 프로세서는 자기에게 할당된 숫자들을 더하는 순환문으로 프로그램 수행을 시작한다.

```
sum[Pn] = 0;
for (i = 1000*Pn; i < 1000*(Pn+1); i += 1)
  sum[Pn] += A[i]; /* sum the assigned areas */
```

(C 코드에서 `i += 1`은 `i = i + 1`을 줄여 쓰는 것임에 유의하자.)

그다음 단계는 64개의 부분합들을 더하는 것이다. 이 단계를 리덕션(reduction)이라고 한다. 여기서는 분할정복(divide-and-conquer) 방법을 사용한다. 프로세서들의 절반이 부분합 2개씩을 더하고, 다시 프로세서의 1/4이 새롭게 얻은 부분합 2개씩을 더한다. 합이 하나가 될 때까지 이 과정을 반복한다. 그림 6.8이 이러한 리덕션 과정을 보여 준다.

리덕션 자료구조에 연산을 수행하여 한 숫자로 결과를 얻는 함수.

이 예제에서, "생산자" 프로세서가 메모리 위치에 값을 쓴 이후에 "소비자" 프로세서가 그 값을 읽어 가도록 두 프로세서 간에 동기화가 이루어져야 한다. 그렇지 않다면 소비자가 데이터의 이전 값을 읽을 수도 있기 때문이다. 그리고 각

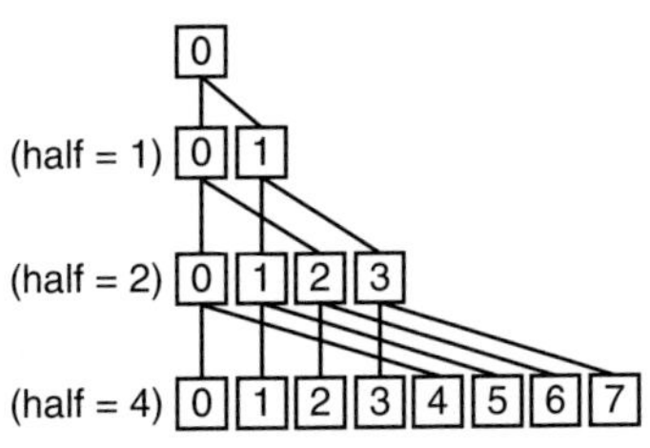


**그림 6.8 각 프로세서에서 계산한 결과를 합하는 리덕션 과정의 최종 4단계. 아래에서 위쪽 방향으로 진행.** 프로세서 번호 i가 half보다 작은 프로세서는 프로세서 (i + half)가 구한 합과 자신의 합을 더한다.

프로세서는 반복 제어 변수 `i`를 자신만 사용하도록 하기 위해 사적 변수(private variable)로 지정하여야 한다. 프로그램은 다음과 같다. (`half`도 사적 변수이다.)

```
half = 64; /* 64 processors in multiprocessor */
do
    synch(); /* wait for partial sum completion */
    if (half%2 != 0 && Pn == 0)
      sum[0] += sum[half - 1];
      /* Conditional sum needed when half is
      odd; Processor0 gets missing elements */
      half = half/2; /* dividing line on two sums */
      if (Pn < half) sum[Pn] += sum[Pn+half];
while (half > 1); /* exit with final sum in sum[0] */
```

병렬 프로그래밍에 대한 관심이 오래된 만큼, 병렬 프로그래밍 시스템을 만들기 위한 시도도 수백 번이나 있었다. 용도가 제한적이기는 하지만 널리 알려진 예로 OpenMP가 있다. 이것은 컴파일러 지시어, 환경 변수 그리고 표준 프로그래밍 언어를 확장할 수 있는 런타임 라이브러리 루틴이 붙은 API(application programmer interface)이다. OpenMP는 공유 메모리 멀티프로세서를 위한 이식성 있고, 확장성 있는 단순한 프로그래밍 모델을 제공한다. 주된 목적은 순환문을 병렬화하고 리덕션을 수행하는 것이다.

### 하드웨어/소프트웨어 인터페이스

**OpenMP** UNIX나 Microsoft 플랫폼에서 수행되는 공유 메모리 멀티프로세싱을 위한 API로 C, C++, Fortran을 지원한다. 여기에는 컴파일러 지시어와 라이브러리, 런타임 지시어가 포함된다.

대부분의 C 컴파일러는 이미 OpenMP를 지원하고 있다. UNIX C에서 OpenMP API를 사용하기 위한 명령어는 다음과 같다.

```
cc -fopenmp foo.c
```

OpenMP는 `pragma`를 이용하여 C 언어를 확장하는데, 이것은 `#define`이나

#include처럼 C 매크로 전처리기를 위한 명령이다. 위 예제와 같이 프로세서 개수를 64개로 정해 주려면 다음 명령을 사용하면 된다.

```
#define P 64 /* define a constant that we'll use a few times */
#pragma omp parallel num_threads(P)
```

이 말은 런타임 라이브러리가 64개의 병렬 스레드를 사용할 것이라는 뜻이다.

순차적인 *for* 순환문을 병렬 *for* 순환문으로 바꾸기 위해서 우리가 지정한 개수의 스레드 수만큼 작업을 나누어야 하며, 이는 다음과 같이 작성하면 된다. (sum은 0으로 초기화되어 있다고 가정한다.)

```
#pragma omp parallel for
for (Pn = 0; Pn < P; Pn += 1)
  for (i = 0; 1000*Pn; i < 1000*(Pn + 1); i += 1)
    sum[Pn] += A[i];  /* sum the assigned areas */
```

리덕션을 수행하기 위해서 리덕션 연산의 종류와 리덕션 결과를 넣을 변수를 OpenMP에게 알려 주는 명령을 사용할 수 있다.

```
#pragma omp parallel for reduction(+ : FinalSum)
for (i = 0; i < P; i += 1)
    FinalSum += sum[i]; /* Reduce to a single number */
```

64개의 프로세서를 이용하여 64개의 숫자를 더하는 효율적인 코드를 찾는 것은 OpenMP 라이브러리에게 달린 문제임에 유의하라.

OpenMP가 간단한 병렬 코드 작성을 쉽게 해 주기는 하지만 디버깅에는 큰 도움이 되지 않는다. 그래서 OpenMP보다 더 정교한 병렬 프로그래밍 시스템을 사용하는 프로그래머들이 많아지고 있다. 이것은 오늘날 많은 프로그래머들이 C보다 생산성이 더 좋은 다른 언어를 사용하는 것과 마찬가지이다.

---

고전적인 MIMD 하드웨어와 소프트웨어를 살펴보는 우리의 여정에서, 다음 단계는 좀 더 이국적인 구조이다. 이 구조는 다른 MIMD들과는 혈통이 전혀 달라서 병렬 프로그래밍의 복잡한 문제들을 아주 다른 시각에서 바라보고 있다.

**스스로 점검하기** 참 또는 거짓: 공유 메모리 멀티프로세서는 작업 수준 병렬성을 활용할 수 없다.

**고난도:** SMP를 **대칭적 멀티프로세서**(symmetric multiprocessor)의 약어라고 하는 사람들도 있다. 그 의미는 모든 프로세서로부터 메모리까지의 지연시간이 거의 같다는 것이다. 이

렇게 하는 이유는 SMP처럼 단일 주소 공간을 사용하는 대규모 NUMA 멀티프로세서와 구별하기 위함이다. 하지만 대규모 NUMA 멀티프로세서보다 클러스터가 훨씬 많이 사용되고 있으므로, 이 책에서는 SMP를 원래의 뜻대로 사용해서 클러스터처럼 여러 개의 주소 공간을 사용하는 것들과 대비하고자 한다.

**고난도:** 실제 주소 공간을 공유하는 대신 각각 별도의 실제 주소 공간을 갖되 가상 주소 공간을 공유하게 할 수도 있다. 이때 통신 문제는 운영체제가 담당하게 된다. 실제로 이런 방법을 시도해 보았으나, 오버헤드가 너무 커서 좋은 성능을 원하는 프로그래머에게 공유 메모리처럼 보이게 하기는 어려웠다.

## 6.6 그래픽 처리 유닛의 기초

기존 구조에 SIMD 명령어를 추가하는 것이 타당하다고 생각하게 된 초창기의 이유는 PC와 워크스테이션에 있는 많은 마이크로프로세서들이 그래픽 디스플레이와 연결되어 있어서 그래픽을 처리하는 시간의 비중이 점점 늘어난다는 것이었다. Moore의 법칙대로 마이크로프로세서에 사용 가능한 트랜지스터 수가 늘어나면서, 그래픽 처리 성능을 개선하는 것이 타당한 일이 되었다.

그래픽 처리 성능을 끌어올리는 주 동력은 컴퓨터 게임 산업이었다. 여기에는 PC와 Sony PlayStation과 같은 전용 게임기가 모두 포함된다. 빠르게 성장하는 게임 시장은 많은 회사들로 하여금 더 빠른 그래픽 하드웨어 개발에 더 많은 투자를 하도록 하였다. 이와 같은 선순환 구조는 주류 마이크로프로세서의 범용 처리 성능보다 더 빠른 속도로 그래픽 처리 성능이 개선되도록 하였다.

그래픽과 게임 커뮤니티는 마이크로프로세서를 개발하는 커뮤니티와 다른 목표를 가지고 있기 때문에 독특한 스타일의 처리 기술과 용어들을 발전시켰다. 그래픽 프로세서가 점점 더 큰 세력을 얻게 됨에 따라 CPU와 구별하기 위해서 **그래픽 처리 유닛(GPU)**이라는 이름을 사용하게 되었다.

오늘날 200~300달러만 있으면 수백 개의 병렬 부동 소수점 유닛을 장착한 GPU를 구매할 수 있는데, 그 덕분에 고성능 컴퓨팅을 쉽게 접할 수 있게 되었다. 이런 잠재적인 성능이 GPU를 쉽게 프로그래밍하도록 하는 프로그래밍 언어와 접목되면서 GPU에 대한 관심이 커지게 되었다. 그래서 오늘날 과학 계산이나 멀티미디어 응용 프로그램을 작성하는 사람 중에는 GPU를 사용할지 CPU를 사용할지 고민하는 사람이 많다.

(이 절은 계산을 위해 GPU를 사용하는 면에 초점을 맞추고 있다. GPU 컴퓨팅이 전통적인 그래픽 가속 기능과 어떻게 접목되는지를 보려면 부록 B를 참조하라.)

GPU와 CPU의 주요 차이점은 다음과 같다.

- GPU는 CPU를 돕는 가속기이다. 따라서 CPU가 수행하는 모든 작업을 다 수행할 필요가 없다. 그렇기 때문에 모든 자원을 그래픽만을 위해 사용할 수 있다. GPU가 어떤 작업을 전혀 수행할 수 없거나 느리게 수행한다고 해도 그 시스템이 CPU와 GPU를 모두 가지고 있다면 문제되지 않는다. CPU가 그 일을 담당하면 되기 때문이다.
- GPU 문제의 크기는 보통 수백 MB에서 GB 수준이지 수백 GB나 TB까지 가지는 않는다.

이러한 차이점 때문에 다른 스타일의 구조를 갖게 되었다.

- 아마 가장 큰 차이점은 GPU는 긴 메모리 지연시간을 극복하기 위해서 CPU처럼 다단계 캐시를 사용하지 않는다는 점일 것이다. 그 대신 GPU는 메모리 지연을 감추기 위해서 하드웨어 멀티스레딩(6.4절 참조)을 사용한다. 즉, 메모리 접근을 요청한 후 그 데이터가 도착할 때까지 GPU는 그 요청과 무관한 스레드를 수백, 수천 개 수행한다.
- 그러므로 GPU 메모리는 지연시간보다는 처리율을 높이는 데 초점을 맞춘다. CPU용 DRAM 칩보다 폭이 더 넓고 처리량이 더 큰 GPU용 특수 그래픽 DRAM 칩도 있다. 그리고 GPU 메모리는 통상 마이크로프로세서의 메인 메모리보다 더 작다. 2020년 기준으로 CPU가 64~512 GiB나 그 이상의 메모리를 사용하는 반면, GPU는 통상 4~16 GiB나 그 이하의 메모리를 갖는다. 끝으로 GPU는 코프로세서이므로, 범용 연산을 할 때는 CPU 메모리와 GPU 메모리 간의 전송시간이 추가된다는 점을 명심해야 한다.
- 큰 메모리 대역폭을 얻기 위해서 많은 수의 스레드를 활용하기 때문에 GPU는 많은 스레드뿐 아니라 많은 병렬 프로세서(MIMD)도 수용할 수 있다. 따라서 전형적인 CPU와 비교할 때 GPU는 훨씬 고도로 멀티스레딩되어 있고 프로세서도 더 많다.

---

**하드웨어/소프트웨어 인터페이스**

GPU는 좁은 응용 범위를 대상으로 설계되었지만, 일부 프로그래머들은 GPU의 높은 잠재 성능을 이용할 수 있도록 응용 프로그램을 작성할 수 있는지가 궁금하였다. 처음에는 그래픽 API와 언어를 사용하여 문제를 서술하려고 해 보다가, 여기에 지친 사람들이 직접 GPU 프로그램을 작성할 수 있도록 C 언어에 근간을 둔 프로그램 언어를 개발하였다. NVIDIA사의 CUDA(Compute Unified Device Architecture)가 한 예인데, 일부 제약이 있기는 하지만 프로그래머가 GPU에서 수행될 C 프로그램을 직접 작성할 수 있게 해 준다. 부록 B에는 CUDA 코드의 예제가 수록되어 있다. (OpenCL은 CUDA가 가진 많은 장점을 제공하면서도 이식성 있는 프로그래밍 언어를 개발하기 위해 여러 기업이 함께 추진하고 있는 사업이다.)

NVIDIA는 이 모든 형태의 병렬성을 통합하는 주제를 CUDA 스레드로 정하였다. 가장 낮은 수준의 이 병렬성을 프로그래밍 프리미티브로 사용하여, 컴파일러와 하드웨어가 수천 개의 CUDA 스레드를 함께 묶어서 멀티스레딩, MIMD, SIMD, 명령어 수준의 병렬성 등 GPU 내의 다양한 병렬성을 활용할 수 있다. 이 스레드들은 32개씩 묶여져서 블록을 이루고 한꺼번에 수행된다. GPU 안에 있는 멀티스레드 프로세서는 이 스레드 블록들을 실행하는데, GPU는 8~128개의 멀티스레드 프로세서로 구성된다.

## NVIDIA GPU 구조의 기초

NVIDIA 시스템이 대표적인 GPU 구조이므로 이것을 예로 사용하려고 한다. 그중에서도 Fermi 구조를 사용하고, 용어는 CUDA 병렬 프로그래밍 언어의 용어를 그대로 따를 것이다.

벡터 구조처럼 GPU는 데이터 수준 병렬 문제를 잘 처리한다. 두 방식 모두 수집-분산 방식의 데이터 이동을 지원하는데 GPU 프로세서가 벡터 프로세서보다 더 많은 레지스터를 갖고 있다. 대부분의 벡터 프로세서와 달리 GPU는 메모리 지연을 감추기 위해서 한 멀티스레드 SIMD 프로세서 내의 하드웨어 멀티스레딩도 사용한다(6.4절 참조).

멀티스레딩 SIMD 프로세서는 벡터 프로세서와 비슷하다. 그러나 깊게 파이프라이닝되어 있는 기능 유닛을 몇 개 가지고 있는 벡터 프로세서와 달리 GPU는 많은 수의 병렬 기능 유닛을 갖고 있다.

앞서 언급한 바와 같이 GPU는 멀티스레드 SIMD 프로세서들을 가지고 있다. 즉, GPU는 멀티스레드 SIMD들로 구성된 MIMD이다. 예를 들어 NVIDIA는 Tesla 구조의 구현을 가격대별로 네 가지 제공하고 있는데, 각각 15, 24, 56, 80개의 멀티스레드 SIMD를 갖고 있다. 멀티스레드 SIMD 프로세서 수가 다른 GPU 모델 간에도 투명한 확장성이 유지되도록 스레드 블록 스케줄러 하드웨어가 스레드 블록을

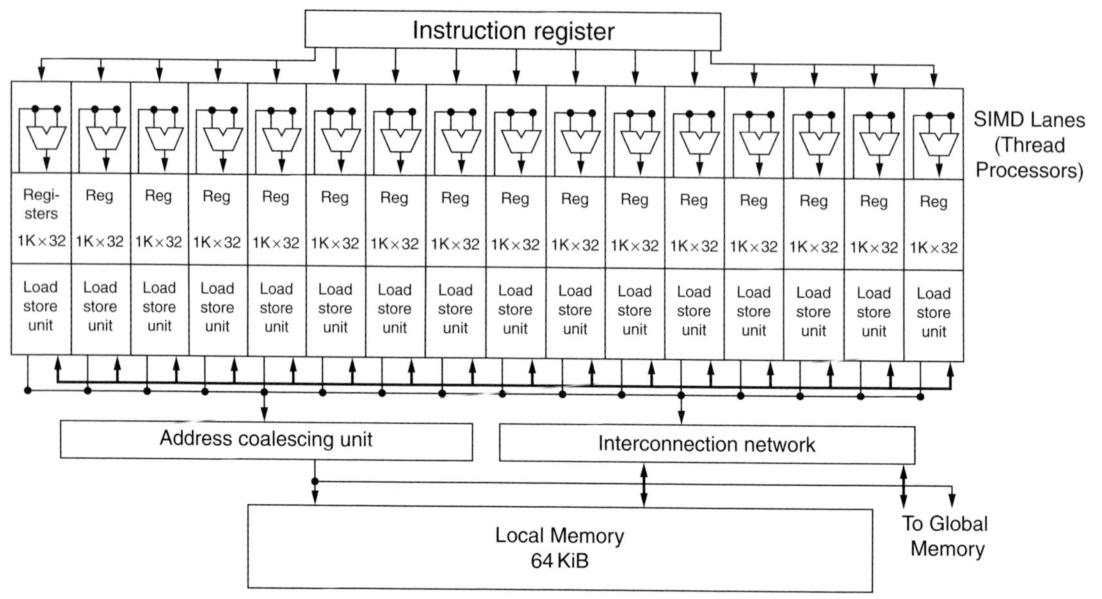


**그림 6.9 멀티스레드 SIMD 프로세서의 데이터패스를 보여 주는 간략화된 블록 다이어그램.** 이 프로세서는 16개의 SIMD 레인을 가지고 있다. 독립적인 SIMD 스레드가 많이 있어서 SIMD 스레드 스케줄러는 이 중에서 프로세서에서 실행할 스레드를 고른다.

멀티스레드 SIMD 프로세서에 할당한다. 그림 6.9는 멀티스레드 SIMD 프로세서의 간략화된 블록 다이어그램을 보여 준다.

한 단계 더 들어가서 상세히 설명하자면, 하드웨어가 생성하고 관리하며 스케줄링하고 실행하는 객체는 **SIMD 명령어들의 스레드**이다. 이를 **SIMD 스레드**라고도 부른다. SIMD 스레드는 전통적인 스레드의 일종이지만 SIMD 명령어로만 구성되어 있다. 이 SIMD 스레드들은 독자적인 프로그램 카운터를 가지고 있으며 멀티스레드 SIMD 프로세서에서 수행된다. **SIMD 스레드 스케줄러**는 어떤 SIMD 스레드가 실행할 준비가 되어 있는지를 알려 주는 제어기를 포함하고 있으며, 실행할 SIMD 스레드를 디스패치 유닛에 전달하여 멀티스레드 SIMD 프로세서에서 실행되도록 한다. SIMD 명령어로 구성된 스레드를 스케줄링한다는 점을 제외하면 전통적인 멀티스레드 프로세서의 하드웨어 스레드 스케줄러와 같다(6.4절 참조). 그러므로 GPU 하드웨어는 두 단계의 하드웨어 스케줄러를 갖는다.

1. 스레드 블록을 멀티스레드 SIMD 프로세서에 할당하는 **스레드 블록 스케줄러**
2. SIMD 프로세서 내에서 SIMD 스레드를 스케줄링하는 SIMD 스레드 스케줄러

이 스레드의 SIMD 명령어는 폭이 32이어서 SIMD 명령어의 각 스레드는 32개의 원소에 대하여 계산을 수행한다. 스레드가 SIMD 명령어로 구성되어 있으므로

SIMD 프로세서는 연산을 수행하기 위해서 병렬 기능 유닛을 가져야 한다. 우리는 이것을 SIMD 레인이라고 하며 6.3절에서 본 벡터 레인과 매우 유사하다.

**고난도:** 폭이 32인 SIMD 명령어는 16개의 SIMD 레인에 매핑되고, SIMD 스레드의 각 SIMD 명령어는 두 클럭 사이클에 걸쳐서 수행된다. SIMD 명령어의 각 스레드는 락-스텝(lock-step) 방식으로 진행된다. SIMD 프로세서를 벡터 프로세서에 비유하면 레인이 16개, 벡터 길이는 32인 것에 해당한다. 레인의 수는 많은데 벡터의 길이는 짧은 특성 때문에 우리는 벡터 프로세서라는 용어 대신 SIMD라는 용어를 사용하는데 이것이 더 직관적으로 보인다.

정의상 SIMD 명령어들의 스레드는 독립적이기 때문에 SIMD 스레드 스케줄러는 실행 준비가 된 SIMD 명령어 스레드 중 아무것이나 선택할 수 있어서, 꼭 같은 스레드 내의 다음 SIMD 명령어를 순차적으로 실행해야 되는 것은 아니다. 6.4절의 용어를 사용한다면 작은 단위 멀티스레딩에 해당된다.

이런 메모리 원소들을 저장하기 위해서 SIMD 프로세서는 무려 32,768개의 32비트 레지스터를 갖고 있다. 벡터 프로세서에서 레지스터들이 논리적으로 벡터 레인에 나누어지듯이 여기서는 SIMD 레인에 나누어진다. 각 SIMD 스레드가 사용할 수 있는 레지스터는 64개 이내로 제한되어 있으므로, SIMD 스레드 하나가 최대 64개의 벡터 레지스터를 갖고, 각 벡터 레지스터는 32개의 원소를 가지며, 각 원소는 32비트의 폭을 갖는 것으로 생각할 수 있다.

SIMD 프로세서에는 16개의 SIMD 레인이 있고 각 레인에는 2048개의 레지스터가 있다. CUDA 스레드는 각 벡터 레지스터에서 한 원소를 가져온다. CUDA 스레드는 SIMD 명령어의 스레드를 수직으로 자른 것과 같아서, 한 SIMD 레인이 수행하는 원소 하나에 해당한다. CUDA 스레드는 POSIX 스레드와 전혀 다름에 주의하자. CUDA 스레드 내에서 아무 시스템 호출이나 할 수 있는 것은 아니며, 마음대로 동기화를 할 수도 없다.

## NVIDIA GPU 메모리 구조

그림 6.10은 NVIDIA GPU의 메모리 구조를 보여 준다. 멀티스레드 SIMD 프로세서 내에 존재하는 온칩 메모리를 **지역 메모리**(local memory)라고 부른다. 멀티스레드 SIMD 프로세서 내에 있는 SIMD 레인은 지역 메모리를 서로 공유하지만 다른 멀티스레드 SIMD 프로세서와는 공유하지 않는다. 전체 GPU와 모든 스레드 블록이 공유하는 DRAM은 칩 외부에 존재하며 **GPU 메모리**(GPU memory)라고 부른다.

응용 프로그램의 워킹셋(working set)을 모두 담을 수 있는 큰 캐시 대신에 GPU는 전통적으로 작은 크기의 스트리밍 캐시를 사용하고, DRAM의 긴 지연시간을 감추기 위해서 SIMD 명령어 스레드들의 멀티스레딩을 대대적으로 사용한다. 그 이유는 워킹셋의 크기가 수백 MB나 되어서, 멀티코어 마이크로프로세서의 마지막 단계 캐시에 들어가지 않기 때문이다. DRAM 메모리 지연시간을 감추기 위해서 하드웨

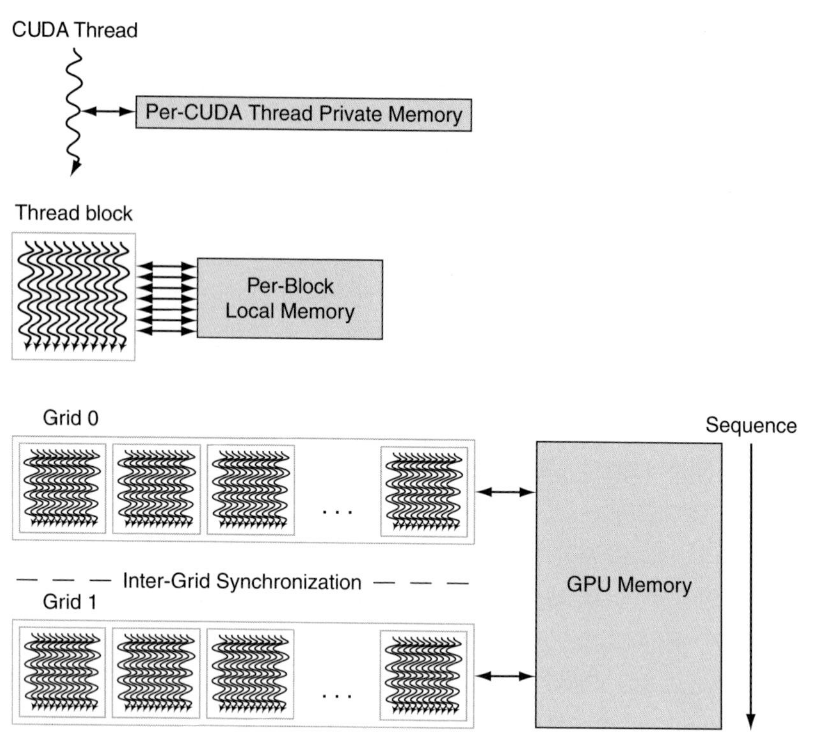


**그림 6.10 GPU 메모리 구조.** GPU 메모리는 벡터화된 순환문들이 공유한다. 한 스레드 블록 내의 모든 SIMD 스레드는 지역 메모리를 공유한다.

어 멀티스레딩을 사용하므로, 시스템 프로세서에서 캐시에 사용되던 칩 영역을 컴퓨팅 자원과 많은 레지스터 구현에 사용하였다. 많은 SIMD 스레드의 상태를 저장하려면 레지스터가 많이 필요하다.

**고난도:** 메모리 지연시간을 감추자는 것이 GPU의 기본 철학이지만, 최신 GPU와 벡터 프로세서는 캐시를 추가하고 있다. 하지만 이 캐시는 전통적인 캐시라기보다는 GPU 메모리에 대한 접근 요구를 줄여 주는 대역폭 필터(bandwidth filter)나 멀티스레딩으로 지연을 감출 수 없는 소수의 변수를 위한 가속기로 볼 수 있다. 함수를 호출할 때는 지연이 중요하기 때문에 스택 프레임이나 함수 호출, 레지스터 스필(register spill)을 위한 지역 메모리가 캐시와 잘 어울린다. 온칩 캐시에 접근하면 외부의 여러 DRAM 칩을 접근하는 것보다 훨씬 에너지 소비가 작기 때문에, 캐시는 에너지도 절약한다.

## 한 발짝 떨어져서 본 GPU

상위 수준에서 GPU는 SIMD 명령어를 확장한 멀티코어 컴퓨터와 유사한 면이 많다. 그림 6.11에 유사점과 차이점이 정리되어 있다. GPU가 더 많은 프로세서와 훨씬 더 많은 수의 SIMD 레인을 가지고 있지만, 둘 다 여러 개의 SIMD 레인을 갖는 프로세서로 구성된 MIMD이다. GPU가 훨씬 더 많은 스레드를 지원하지만 둘 다 프로세서의 효율을 높이기 위해서 하드웨어 멀티스레딩을 사용한다. 두 가지 모두 캐시를 사용하는데, GPU는 작은 크기의 스트리밍 캐시를 사용하는 반면, 멀티코어 컴퓨터는 되도록 워킹셋 전체를 담을 수 있을 만큼 큰 다단계 캐시를 사용한다. 실제 메인 메모리의 크기는 GPU가 훨씬 작다. GPU는 페이지 계층에서 메모리 보호를 지원하지만 아직 요구 페이징(demand paging)은 지원하지 않는다.

SIMD 프로세서도 벡터 프로세서와 비슷하다. GPU의 SIMD 프로세서들은 독립적인 MIMD 코어처럼 동작하는데 이것은 벡터 컴퓨터들이 여러 벡터 프로세서를 가지고 있는 것과 같다. 이 관점에서 보면 Volta V100은 하드웨어 멀티스레딩을 지원하는 80-코어 기계로 볼 수 있는데, 각 코어에는 16개의 레인이 있다. 가장 큰 차이점은 멀티스레딩으로, GPU에서는 기본적인 기능이지만 대부분의 벡터 프로세서에는 없다.

컴퓨터 구조의 계보를 따라 올라가도 CPU와 GPU의 공통 조상은 찾을 수 없다. 다시 말하면 이 둘 간의 잃어버린 고리(missing link)가 존재하지 않는 것이다. 이렇게 혈통이 다르기 때문에 GPU는 컴퓨터 구조 커뮤니티에서 사용하는 용어를 사용하지 않는데, 이로 인해 GPU가 어떤 것이고 어떻게 동작을 하는지를 이해하는 데 혼란이 생겼다. 이런 혼란을 줄이기 위해 이 절에서 사용한 서술적 용어, 주류 컴퓨팅 용어에 가장 근접한 용어, NVIDIA GPU에서 공식적으로 사용하는 용어를 그림 6.12에 왼쪽에서 오른쪽 순서로 보였다. 이 "GPU 로제타 스톤"은 이 절의 내용과 아이디어를 부록 B에 기술되어 있는 GPU에 대한 보다 전통적인 설명과 연관시

| 특성 | SIMD 기능이 있는 멀티코어 | GPU |
|---|---|---|
| SIMD 프로세서 | 8~32 | 15~128 |
| SIMD 레인/프로세서 | 2~4 | 8~16 |
| SIMD 스레드를 위한 멀티스레딩 하드웨어 지원 | 2~4 | 16~32 |
| 가장 큰 캐시 크기 | 48 MiB | 6 MiB |
| 메모리 주소 크기 | 64비트 | 64비트 |
| 메인 메모리 크기 | 64~1024 GiB | 4~16 GiB |
| 페이지 계층에서 메모리 보호 | 있다 | 있다 |
| 요구 페이징 | 있다 | 없다 |
| 캐시 일관성 | 있다 | 없다 |

**그림 6.11** 멀티미디어 SIMD 확장이 있는 멀티코어와 최신 GPU의 유사점과 차이점.

| Type | More descriptive name | Closest old term outside of GPUs | Official CUDA/ NVIDIA GPU term | Book definition |
|---|---|---|---|---|
| Program Abstractions | Vectorizable Loop | Vectorizable Loop | Grid | A vectorizable loop, executed on the GPU, made up of one or more Thread Blocks (bodies of vectorized loop) that can execute in parallel. |
| | Body of Vectorized Loop | Body of a (Strip-Mined) Vectorized Loop | Thread Block | A vectorized loop executed on a multithreaded SIMD Processor, made up of one or more threads of SIMD instructions. They can communicate via Local Memory. |
| | Sequence of SIMD Lane Operations | One iteration of a Scalar Loop | CUDA Thread | A vertical cut of a thread of SIMD instructions corresponding to one element executed by one SIMD Lane. Result is stored depending on mask and predicate register. |
| Machine Object | A Thread of SIMD Instructions | Thread of Vector Instructions | Warp | A traditional thread, but it contains just SIMD instructions that are executed on a multithreaded SIMD Processor. Results stored depending on a per-element mask. |
| | SIMD Instruction | Vector Instruction | PTX Instruction | A single SIMD instruction executed across SIMD Lanes. |
| Processing Hardware | Multithreaded SIMD Processor | (Multithreaded) Vector Processor | Streaming Multiprocessor | A multithreaded SIMD Processor executes threads of SIMD instructions, independent of other SIMD Processors. |
| | Thread Block Scheduler | Scalar Processor | Giga Thread Engine | Assigns multiple Thread Blocks (bodies of vectorized loop) to multithreaded SIMD Processors. |
| | SIMD Thread Scheduler | Thread scheduler in a Multithreaded CPU | Warp Scheduler | Hardware unit that schedules and issues threads of SIMD instructions when they are ready to execute; includes a scoreboard to track SIMD Thread execution. |
| | SIMD Lane | Vector lane | Thread Processor | A SIMD Lane executes the operations in a thread of SIMD instructions on a single element. Results stored depending on mask. |
| Memory Hardware | GPU Memory | Main Memory | Global Memory | DRAM memory accessible by all multithreaded SIMD Processors in a GPU. |
| | Local Memory | Local Memory | Shared Memory | Fast local SRAM for one multithreaded SIMD Processor, unavailable to other SIMD Processors. |
| | SIMD Lane Registers | Vector Lane Registers | Thread Processor Registers | Registers in a single SIMD Lane allocated across a full thread block (body of vectorized loop). |

**그림 6.12 GPU 용어의 간단한 비교.** 둘째 열은 하드웨어 용어이다. 12개의 용어를 위로부터 프로그램 추상화(program abstraction), 기계와 관련된 객체(machine object), 프로세싱 하드웨어(processing hardware), 메모리 하드웨어(memory hardware) 4개의 그룹으로 나누었다.

키는 데 도움을 줄 수 있을 것이다.

GPU가 주류 컴퓨팅으로 이동을 하고 있지만, 그래픽을 처리하는 데 뛰어난 성능을 보여야 한다는 책임을 포기할 수는 없다. 그러므로 "그래픽을 잘 처리하기 위해서 하드웨어를 투자했다. 그럼 어떻게 보완을 하면 더 넓은 분야의 응용에서도 성능이 개선될 수 있을까?"라는 관점에서 GPU를 설계해야 사리에 맞을 것이다.

GPU는 한 도메인—이 경우는 컴퓨터 그래픽스—에서의 성능을 개선하기 위한 가속기의 첫 번째 예이다. 다음 절에서 더 많은 예를 보일 것인데, 특히 기계학습 도메인에 중점을 둔다.

참 또는 거짓: GPU는 그래픽 DRAM 칩을 이용하여 메모리 지연시간을 줄이고 그래픽 응용의 성능을 증가시킨다.

**스스로 점검하기**

## 6.7 도메인에 특화된 구조

Moore의 법칙이 둔화되고, Dennard 스케일링이 멈추고, Amdahl의 법칙으로 멀티코어 성능에 실제적인 한계가 있는 등의 복합적인 이유로 인해 성능을 개선하고 에너지 효율을 높이기 위한 유일한 방법은 **도메인에 특화된 구조**(domain specific architectures, DSA)라는 것이 널리 받아들여지고 있다. GPU와 마찬가지로 DSA는 협소한 범위의 작업만 수행하지만 작업을 수행하는 성능은 매우 뛰어나다. 지난 10년간 설계자들이 필요에 의하여 단일프로세서에서 멀티프로세서로 전환을 했던 것처럼 절박한 필요에 의하여 DSA가 연구되고 있다.

**도메인에 특화된 구조(DSA)** 범용 컴퓨터와 달리 응용 도메인 하나에 맞추어 만들어진 특수 목적용 컴퓨터.

새로운 기준은 컴퓨터가 운영체제와 같은 통상적인 큰 프로그램을 수행하는 표준 프로세서와 도메인에 특화된 프로세서로 구성되리라는 것이다. 앞으로의 컴퓨터는 예전과 같이 동종 멀티코어 칩으로 구성되기보다는 훨씬 더 다양한 이종 프로세서들로 구성될 것이라고 예상된다. 이 책에 처음 수록된 이 절은 80쪽에 걸쳐 DSA를 설명하고 있는 *Computer Architecture: A Quantitative Approach* 6판의 7장을 기반으로 쓴 것이다. 더 깊게 공부하고 싶은 사람은 그 책을 참조하라.

DSA는 다음의 다섯 가지 원리를 따른다.

1. **데이터 이송 거리를 최소화하기 위해 전용 메모리를 사용한다.** 범용 마이크로프로세서의 다단계 캐시는 프로그램의 데이터를 최적으로 전송하기 위해 많은 면적과 에너지를 사용한다. 예를 들어 2-way 집합 연관 캐시는 소프트웨어로 제어되는 같은 크기의 스크래치패드 메모리보다 2.5배나 더 많은 에너지를 사용한다. DSA의 정의에 의하면 DSA를 위한 컴파일러 작성자와 프로그래머는 도메인을 잘 이해하고 있기 때문에 하드웨어적인 방법으로 데이터를 이동하려고 애쓸 필요가 없다. 대신 소프트웨어로 제어하는 메모리를 사용하여 데이터 이동을 줄인다. 이 메모리는 도메인의 특정 함수들에 맞추어진 전용 메모리이다.
2. **고급 마이크로구조 최적화 기법을 포기함으로써 절약되는 자원을 더 많은 연산 유닛과 더 큰 메모리에 사용한다.** Moore의 법칙에 의하여 얻어지는 추가 공간을 CPU와 GPU는 비순차 실행, 추정, 멀티스레딩, 멀티프로세싱, 선인출, 다단계 캐시 등과 같이 자원을 많이 사용하는 최적화에 사용하였다. 하지만 도메

인이 협소한 DSA는 프로그램의 실행 특성을 잘 이해할 수 있기 때문에 이런 자원을 많은 처리 장치나 큰 온칩 메모리에 더 잘 활용할 수 있다.

3. **도메인에 적합한 가장 쉬운 형태의 병렬성을 활용한다.** DSA의 대상 도메인은 거의 항상 내재된 병렬성을 가지고 있다. DSA가 결정해야 할 핵심은 어떻게 이 병렬성을 이용할 것인가와 어떻게 이 병렬성을 소프트웨어가 볼 수 있게 할 것인가이다. 목표는 도메인 병렬성의 자연스러운 크기를 기준으로 DSA를 설계하고 프로그래밍 모델에 병렬성이 보이게 하는 것이다. 예를 들어 SIMD 방식으로 데이터 수준 병렬성을 활용하는 것이 도메인에 적합하다면 MIMD보다 SIMD가 프로그래머나 컴파일러 작성자에게 더 쉬울 것이다. 만약 VLIW로 명령어 수준 병렬성을 잘 표현할 수 있는 도메인이 있다면 비순차 실행보다 더 작고 에너지 효율이 좋은 DSA를 설계할 수 있을 것이다.
4. **도메인에 필요한 최소 크기로 데이터 크기와 데이터형을 줄인다.** 많은 도메인의 응용에서 메모리가 병목이기 때문에, 더 작은 데이터형을 이용하면 실효 메모리 대역폭을 증가시키고 온칩 메모리의 활용도를 높일 수 있다. 작고 단순한 데이터를 사용하면 동일한 칩 면적과 에너지 예산으로 더 많은 산술 유닛을 집적시킬 수 있다.
5. **도메인에 특화된 프로그래밍 언어를 사용하여 DSA에 코드를 이식한다.** 특수 목적용 구조를 사용할 때 항상 문제가 되는 부분은 이 새로운 구조에서 실행할 응용을 만드는 일이다. 다행히 컴퓨터 구조 설계자가 DSA에 관심을 갖기도 전에 이미 도메인에 특화된 프로그래밍 언어가 많이 나왔다. 비전 처리를 위한 Halide나 **기계학습**(machine learning, ML)을 위한 TensorFlow가 그 예이다. 프로그래밍의 추상화 수준을 높이면 응용을 DSA에 이식하는 것이 훨씬 용이해진다.

그래픽스 외에 가속기를 필요로 하는 도메인의 예로는 생물정보학, 이미지 처리, 시뮬레이션 등이 있지만 가장 널리 알려진 예는 **인공지능**(artificial intelligence, AI)이다. 과거에는 논리적 규칙의 대규모 집합으로 인공지능을 구현하였는데, 지난 10년 동안 예제 데이터를 이용한 기계학습으로 초점이 옮겨져서 이제는 기계학습이 인공지능으로 가는 가장 유망한 경로로 여겨지고 있다. 그러나 이를 위해 학습해야 할 데이터와 계산의 양은 생각보다 훨씬 많았다. 수십억 명의 사용자와 그들의 스마트폰에서 나온 수천 조 바이트의 정보를 인터넷상에서 취합하고 저장하는 현세대 창고 규모의 컴퓨터(warehouse-scale computers, WSC)는 방대한 양의 데이터를 공급한다. 우리는 엄청난 양의 데이터를 가지고 학습하는 데 필요한 계산량을 과

소평가하고 있었다. 하지만 창고 규모의 컴퓨터는 단일 정밀도 부동 소수점 연산에 뛰어난 가성비를 가진 GPU가 내장된 서버 수천 개를 가지고 있으므로 충분한 계산 능력을 제공한다.

2012년 이후 심층신경망(deep neural network, DNN)은 기계학습의 스타가 되었다. 객체 인식과 언어 번역 등의 영역에서 거의 매달 DNN에 기반한 새로운 혁신이 발표되고 있으며 DNN에 기반한 컴퓨터 프로그램이 바둑에서 처음으로 인간 챔피언을 이길 수 있었다.

DNN을 위한 DSA로 유명한 예가 Google사의 TPU(Tensor Processing Unit), TPUv1이다. 거슬러 올라가면 2006년부터 Google 엔지니어들은 데이터센터에 GPU, FPGA나 전용 칩을 배치하는 문제를 논의해 왔다. 특수 하드웨어에서 실행할 수 있는 몇몇 응용은 대규모 데이터센터의 남아도는 역량을 이용하여 거의 공짜로 수행할 수 있지만, 이런 방식으로 하드웨어를 개선하는 것은 공짜가 아니라는 결론을 내렸다. 그러다가 2013년에 사람들이 음성 인식 DNN을 이용하여 하루에 3분씩 음성으로 검색하는 경우의 계산 요구량을 만족시키기 위해서는 Google 데이터센터를 2배로 늘려야 한다는 예측이 나온 뒤에는 얘기가 달라졌다. 기존의 CPU로 이 요구를 만족시키려면 비용도 많이 들고 시간도 오래 걸릴 것이기 때문이다. Google은 DNN을 위한 전용 칩을 신속히 개발하기 위한 최우선순위 프로젝트에 착수하였다. 목표는 CPU나 GPU 대비 10배 이상의 가성비 개선이었다. 이런 절박한 요구가 있었기 때문에 TPU를 설계하고 검증하고 구현한 다음 데이터센터에 설치하기까지 고작 15개월밖에 걸리지 않았다. 2015년에 TPUv1이 설치되었으므로, 당신이 Google 응용을 사용한다면 이미 TPUv1을 사용하고 있는 것이다.

그림 6.13은 TPUv1의 블록 다이어그램이다. 내부 블록들은 대개 256바이트 폭의 경로로 연결되어 있다. 오른쪽 위에 있는 행렬 곱셈 유닛(matrix multiply unit, MXU)이 TPU의 핵심이다. CPU 기능을 포기함으로써 절약되는 자원을 더 많은 연산 유닛에 투자하라는 DSA 지침에 따라 이 유닛은 256 × 256 ALU 배열을 가지고 있어서, 최신 서버 CPU보다 250배, 최신 GPU보다도 25배 더 많다. 65,536개의 ALU에 SIMD 병렬성을 사용하는 것은 도메인에 적합한 가장 간단한 형태의 병렬성을 활용하라는 지침에 따른 것이다. 또한 TPUv1은 최신 GPU에서 사용하는 32비트 부동 소수점 대신 8비트나 16비트 정수를 사용하는데, 이 정도면 DNN 도메인에 충분하다. 전용 메모리를 사용하라는 지침에 따라 행렬 유닛의 곱셈 결과는 4 MiB 누산기에 모으고, 중간 결과 값은 24 MiB 통합버퍼에 저장하는데, 이 버퍼는 행렬 곱셈 유닛의 입력이 될 수 있다. TPUv1은 대등한 수준의 GPU에 비해 거의 4배나 더 큰 온칩 메모리를 가지고 있다. 끝으로 TensorFlow를 이용하여 프로그래밍

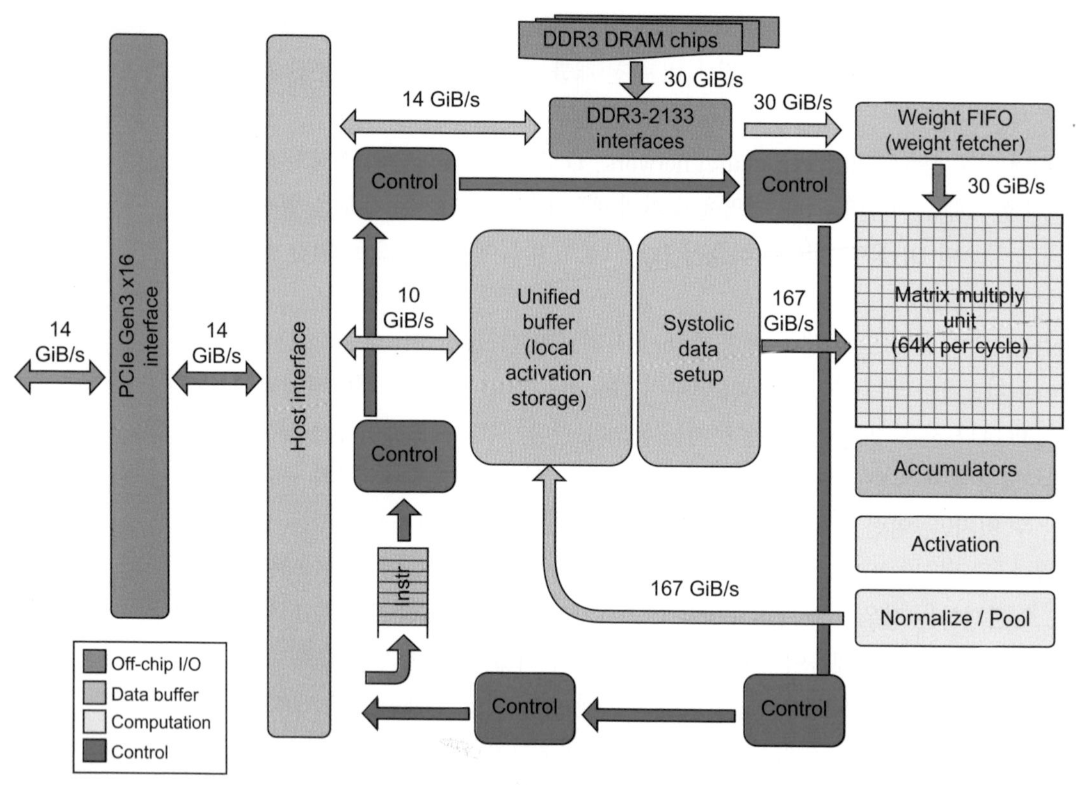


**그림 6.13 TPUv1 블록 다이어그램.** 주 계산 부분은 오른쪽 위편에 있는 행렬 곱셈 유닛(Matrix multiply unit, MXU)이다. 이 유닛의 입력은 가중치 FIFO(Weight FIFO)와 통합버퍼(Unified buffer)이고 출력은 누산기(Accumulators)에 연결된다. 24 MiB의 통합버퍼가 TPUv1 다이 면적의 거의 1/3을 차지하고, 65,536개의 곱셈-누적 ALU가 있는 행렬 곱셈 유닛이 1/4을 차지해서, 데이터패스가 TPUv1 다이 면적의 약 2/3를 차지한다. CPU의 경우는 다단계 캐시가 다이의 2/3를 차지하는 경우가 많다. (그림출처: Hennessy JL, Patterson DA. *Computer Architecture: A Quantitative Approach*, ed. 6, Cambridge Ma, Elsevier Inc., 2019)

하므로 DNN 응용을 이 DSA에 이식하기가 쉽다.

TPUv1의 클럭 속도는 700 MHz인데, 이렇게 높지 않은 클럭 속도를 가지고도 65,536개의 ALU를 사용하여 90 TOPS(tera-operations per second)의 최고 성능을 얻는다. 다이의 크기는 최신 CPU나 GPU의 반도 안되며 전력 소모도 75 W밖에 안 되어 CPU나 GPU의 반도 안된다.

6개 상용 DNN 응용의 평균을 가지고 비교하면 TPUv1은 최신 CPU보다 29.2배, 그리고 최신 GPU보다 15.3배 빠르다. 데이터센터는 성능뿐 아니라 가성비도 중요하게 생각한다. 데이터센터 비용의 가장 좋은 척도는 총 소유 비용(total cost of ownership, TCO)인데 이는 구매 비용에 수년간의 전력, 냉각, 공간 사용료 등의 운영 비용을 더한 것이다. TPUv1의 원래 목표는 CPU나 GPU에 비해 TCO 기준 10

배 좋은 가성비를 갖는 것이었으나, 안타깝게도 TCO 값은 회사의 비밀로 감추어져 있어서 직접 비교할 수 없었다. 좋은 소식은 TCO가 전력과 상관관계가 있고 전력에 대하여는 알 수 있다는 것이다. 전력당 성능에서 TPUv1은 최신 GPU보다 29배, 최신 CPU보다 83배 더 좋으며 이는 원래 목표를 초과한 것이다.

다음 절에서 우리는 더 전통적인 구조로 돌아가서, 개별 프로세서가 고유의 주소 공간을 갖기 때문에 큰 시스템으로 구성하기가 훨씬 쉬운 병렬 프로세서를 소개할 것이다. 당신이 매일 사용하는 인터넷 서비스도 이런 대규모 시스템에 의지하고 있으며, Google도 이런 시스템을 이용하여 TPUv1을 배치하고 있다.

**스스로 점검하기**

참 또는 거짓: DSA는 자신의 도메인에서 CPU나 GPU보다 더 효과적인데 그 주된 이유는 도메인을 위해 더 큰 다이를 사용하는 것을 정당화할 수 있기 때문이다.

# 6.8 클러스터, 창고 규모의 컴퓨터와 기타 메시지 전달 멀티프로세서

주소 공간을 공유하는 대신 프로세서들이 자신만의 실제 주소 공간을 갖도록 하는 방법이 있다. 그림 6.14는 다수의 전용 주소 공간(private address space)을 사용하는 멀티프로세서의 전형적인 구성을 보여 준다. 이 방식의 멀티프로세서는 명시적인 **메시지 전달**(message passing) 방식으로 프로세서 간 통신이 이루어지므로 메시지 전달 컴퓨터라고 부른다. 시스템이 **메시지 전송 루틴**(send message routine)과 **메시지 수신 루틴**(receive message routine)을 가지고 있는 경우, 송신 프로세서는 메시

**메시지 전달** 명시적으로 정보를 보내고 받음으로써 프로세서 간의 통신을 수행하는 방식.

**메시지 전송 루틴** 전용 메모리 컴퓨터에서 한 프로세서가 다른 프로세서로 메시지를 전송하는 루틴.

**메시지 수신 루틴** 전용 메모리 컴퓨터에서 한 프로세서가 다른 프로세서로부터 메시지를 수신하는 루틴.

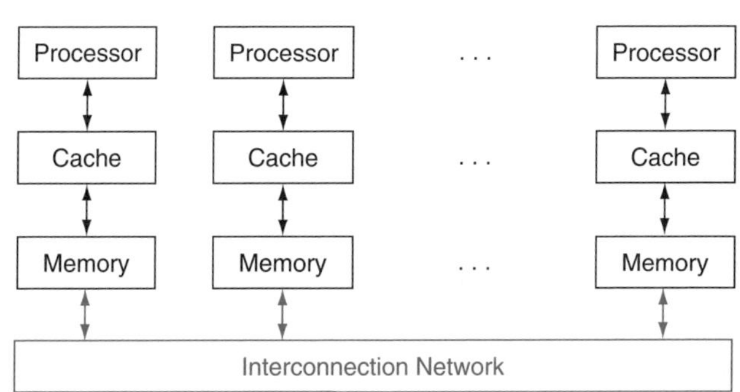


**그림 6.14 전통적으로 메시지 전달 멀티프로세서라고 알려진, 다수의 전용 주소 공간을 갖고 있는 멀티프로세서의 전형적인 구성.** 그림 6.7의 SMP와 달리, 상호 연결망이 캐시와 메모리 사이에 존재하지 않고 프로세서-메모리 노드들 사이에 존재하는 것에 유의하라.

지 전송 시점을 알고 수신 프로세서는 메시지 도착 시점을 알기 때문에 프로세서 간의 조정이 메시지 전달 자체로 이루어진다. 송신측이 메시지 도착 여부를 확인할 필요가 있을 때는 수신 프로세서가 송신 프로세서에게 확인 메시지를 보낼 수 있다.

고성능의 메시지 전달 연결망을 기반으로 대규모 컴퓨터를 구성하려는 시도가 여러 번 있었다. 이들은 근거리 네트워크(LAN)를 사용하여 구성한 클러스터보다 통신 성능이 절대적으로 우수하다. 실제로 오늘날의 많은 수퍼컴퓨터가 특화된 연결망을 사용한다. 그러나 문제는 이런 특화된 연결망이 이더넷과 같은 LAN보다 훨씬 비싸다는 것이다. 실제로 그렇게 많은 돈을 들여서 통신 성능을 좋게 하는 것을 정당화할 만한 응용은 고성능 컴퓨팅 분야 외에는 거의 없다.

---

**하드웨어/소프트웨어 인터페이스**

하드웨어 설계자에게는 캐시 일관적 공유 메모리(cache-coherent shared memory) 컴퓨터보다 메시지 전달을 이용하여 통신하는 컴퓨터를 만드는 것이 훨씬 쉽다(5.10절 참조). 또한 프로그래머의 입장에서는 통신이 명시적으로 표현되기 때문에 공유 메모리 컴퓨터의 암묵적 통신과 달리 성능을 어느 정도 예측할 수 있다는 장점이 있다. 반면에 단점은 순차적인 프로그램을 메시지 전달 컴퓨터에 이식시키는 것이 힘들다는 점이다. 통신이 일어나야 할 부분을 사전에 모두 표시하지 않으면 프로그램이 동작을 하지 않을 것이기 때문이다. 캐시 일관적 공유 메모리에서는 하드웨어가 통신이 필요한 데이터를 파악하기 때문에 이식이 쉽다. 암묵적 통신이 장점도 있고 단점도 있기 때문에, 고성능을 얻기 위한 가장 빠른 길이 무엇인지에 대해서는 이견이 많다. 하지만 시장에서는 그러한 혼란이 없다. 멀티코어 마이크로프로세서는 공유 메모리를 사용하는 반면 클러스터의 노드들은 메시지 전달을 이용하여 서로 통신한다.

---

어떤 병행 응용은 공유 메모리 구조이든 메시지 전달 구조이든 관계없이 병렬 하드웨어에서 잘 수행된다. 특히 태스크 수준 병렬성이나 웹 검색, 메일 서버, 파일 서버같이 통신이 거의 없는 응용은 공유 주소를 사용해야만 잘 수행되는 것은 아니다. 그래서 메시지 전달 병렬 컴퓨터 중에서 **클러스터**(cluster)가 오늘날 가장 널리 쓰이고 있다. 클러스터의 각 노드는 독자적인 메모리와 운영체제를 가지고 있다. 반면에 마이크로프로세서 내의 코어들은 하나의 운영체제를 사용하면서 칩 내의 고성능 연결망으로 연결되어 있으며, 멀티칩 공유 메모리 시스템은 메모리 연결망으로 연결되어 있다. 메모리 연결망은 대역폭이 더 크고 지연시간은 작기 때문에, 공유 메모리 멀티프로세서의 통신 성능이 훨씬 좋다.

**클러스터** 메시지 전달 멀티프로세서를 구성하기 위하여 표준 네트워크 스위치를 통해 입출력으로 연결된 컴퓨터들의 집합.

병렬 프로그래밍의 관점에서는 사용자 메모리를 따로따로 갖고 있다는 것이 약점이기도 하지만 시스템 신용도 측면에서는 오히려 강점이 된다(5.5절 참조). 클러스터는 근거리 네트워크로 연결된 독립적인 컴퓨터로 구성되므로 시스템 전체를 중단시키지 않고 컴퓨터 하나를 대체하는 것이 공유 메모리 멀티프로세서의 경우에 비해 훨씬 쉽다. 본래 공유 주소를 사용하는 경우, 프로세서 하나를 분리하고 대체하는 것은 운영체제가 엄청난 일을 하고 서버의 물리적 설계가 기가 막히게 잘 되어 있지 않는 한 아주 어려운 일이다. 클러스터의 경우 서버가 하나 고장 나면 부드럽게 성능을 떨어뜨릴 수 있으므로 **신용도**가 좋아진다. 클러스터 소프트웨어는 각 컴퓨터에서 돌아가는 운영체제 위에서 수행되기 때문에 고장 난 컴퓨터를 분리하고 대체하는 것이 훨씬 쉽다. 클러스터는 완전한 컴퓨터와 독립적이면서도 확장 가능한 네트워크로 구성되기 때문에 클러스터 위에서 돌아가는 응용들을 중단시키지 않고 시스템을 확장하는 것도 쉽다.

DEPENDABILITY

낮은 비용, 높은 가용성, 개선된 전력 효율성, 빠르면서도 점진적으로 확장할 수 있는 특성 때문에 대규모 공유 메모리 멀티프로세서와 비교했을 때 통신 성능이 나쁨에도 불구하고 웹 서비스를 제공하는 사업자에게 클러스터는 매력적이다. 매일 수백만 명이 사용하는 검색 엔진들이 이 기술을 사용하고 있다. Amazon, Facebook, Google, Microsoft 등 많은 회사들이 수만 개의 프로세서로 구성된 클러스터들을 가지고 있는 데이터센터 여러 개를 운영하고 있다. 분명한 것은 인터넷 서비스 기업들이 다수의 프로세서를 사용하여 큰 성공을 거두고 있다는 점이다.

## 창고 규모의 컴퓨터

앞에서 언급한 것과 같은 인터넷 서비스를 하려면 50,000대의 서버를 설치하여 전력을 공급하고 냉각시킬 수 있는 건물의 신축이 필요하다. 이들을 단순히 큰 규모의 클러스터로 분류할 수도 있겠지만, 그 구조와 동작은 훨씬 복잡하다. 건물 자체가 하나의 거대한 컴퓨터처럼 동작하며, 건물, 전력, 냉각 시설, 서버, 50,000대의 서버를 연결하는 네트워크 장비의 비용은 1억 5천만 달러를 상회한다. 우리는 이것을 새로운 종류의 컴퓨터로 간주하고 **창고 규모의 컴퓨터**(warehouse-scale computers, WSC)라고 명명한다.

*Anyone can build a fast CPU. The trick is to build a fast system.*

Seymour Cray, considered the father of the supercomputer.

---

**하드웨어/소프트웨어 인터페이스**

WSC에서 일괄 처리(batch processing)를 위해 널리 알려진 프레임워크로 MapReduce[Dean, 2008]와 공개 소프트웨어인 Hadoop이 있다. 같은 이름을 가진 Lisp 함수에 착안해서 만든 Map은 프로그래머가 작성한 함수를 각각의 논리적인 입력

레코드에 적용한다. Map은 수천 개의 서버를 사용하여 키-값(key-value) 쌍 형태의 중간 결과를 생성한다. Reduce는 이렇게 분산 수행된 태스크의 결과값을 모아 프로그래머가 정의한 또 다른 함수를 사용하여 통합된 결과를 산출한다. 적절한 소프트웨어의 지원을 받으면, Map과 Reduce는 이해하기 쉽고, 사용하기 쉬우면서도 매우 병렬적이다. 초보 프로그래머라 하여도 30분 안에 MapReduce 태스크를 수천 개의 서버에서 실행시킬 수 있다.

한 예로 많은 문서의 모음에서 각 영어 단어가 등장하는 빈도수를 계산하는 MapReduce 프로그램을 생각해 보자. 아래의 간단한 프로그램은 어떤 한 문서에서 모든 영어 단어가 딱 한 번씩 등장한다는 것을 가정하고 작성한 프로그램의 내부 순환문이다.

```
map(String key, String value):
     // key: document name
     // value: document contents
     for each word w in value:
     EmitIntermediate(w, "1"); // Produce list of all words
reduce(String key, Iterator values):
     // key: a word
     // values: a list of counts
     int result = 0;
     for each v in values:
       result += ParseInt(v); // get integer value from key-value pair
     // value represents number of occurrences in all documents
     Emit(AsString(result));
```

Map 함수에서 사용하는 `EmitIntermediate` 함수는 문서에 등장하는 각 단어와 1을 출력한다. 그리고 Reduce 함수는 `ParseInt` 함수를 이용하여 문서 내 각 단어의 값을 모두 더해서 모든 단어의 출현 빈도수를 구한다. MapReduce 런타임 환경이 map 태스크와 reduce 태스크를 WSC의 서버에 스케줄한다.

---

WSC는 1970년대의 수퍼컴퓨터를 극단적으로 크게 만들어서 전력 공급과 냉각, 모니터링, 운영 면에서 혁신을 불러온 현대판 후손이라고 볼 수 있다. 그런 면에서 Seymour Cray는 오늘날 WSC 설계자의 대부라 할 수 있다. 그의 극단적인 컴퓨터는 다른 어디서도 할 수 없는 계산을 처리할 수 있었으나, 가격이 너무 비싸서 소수의 회사만 구입할 수 있었다. 오늘날 WSC는 과학자와 공학자에게 고성능 컴퓨팅 능력을 제공하는 것이 아니라 세상 모든 사람에게 정보 기술을 제공하는 것을 목적

으로 한다. 그러므로 Cray의 수퍼컴퓨터가 과거에 사회에 끼친 영향보다 WSC가 오늘날 사회에 끼치는 영향이 더 막중함에 틀림이 없다.

WSC는 서버와 공통적인 목표를 몇 개 가지고 있지만, 다음 세 가지 면에서 서버와 다르다.

1. **대규모이면서 쉬운 병렬성**: 서버 설계자의 고민은 대상으로 하는 실제 응용이 병렬 하드웨어의 규모를 정당화시킬 정도로 충분한 병렬성을 가지고 있는지, 그리고 이 병렬성 활용에 충분한 성능을 갖춘 통신 하드웨어가 너무 비싼 것은 아닌지에 관한 것이다. WSC 설계자는 그런 고민을 하지 않는다. 첫째 MapReduce와 같은 일괄 처리 응용은 웹 크롤(web crawl) 응용에서 수십억 개의 페이지를 탐색하는 것처럼, 독립적인 처리가 필요한 대량의 독립적인 데이터가 있을 때 유리하다. 둘째로 서비스로서의 소프트웨어, 즉 **SaaS(Software as a Service)**로 알려진 쌍방식 인터넷 서비스 응용은 수백만 명의 독립적인 사용자가 쌍방식 인터넷 서비스를 사용하는 특징이 있다. SaaS에서는 읽기와 쓰기가 의존적인 경우가 거의 없으므로 동기화가 거의 필요 없다. 예를 들어 검색은 읽기 전용의 인덱스를 사용하며, 이메일은 서로 독립적인 정보를 읽고 쓰는 것이 보통이다. 이렇게 쉬운 병렬성의 형태를 **요구 수준 병렬성**(request level parallelism)이라고 칭하는데, 통신과 동기화의 필요성이 거의 없이 자연스럽게 병렬적으로 처리할 수 있는 다수의 독립적인 작업들의 행동을 의미한다.

**SaaS(Software as a Service)** 고객의 컴퓨터에 장착되어 수행되는 소프트웨어를 판매하는 것이 아니라, 소프트웨어는 원격지에서 실행되고 고객은 웹 인터페이스를 통해 인터넷으로 사용한다. SaaS 고객은 소유가 아닌 사용에 근거해서 비용을 지불한다.

PARALLELISM

2. **가동 비용의 중요성**: 전통적으로 서버 설계자는 시스템을 설계할 때 예산의 한도 내에서 최고 성능을 얻도록 설계를 하고 에너지에 대해서는 주어진 공간의 냉각 용량을 초과하지 않는 것을 보장하는 수준까지만 신경을 썼다. 서버의 구매 비용에 비해서 가동 비용은 미미한 것으로 가정을 했다. 그러나 WSC는 수명이 길어서 건물과 전력 및 냉각 설비가 보통 10년 혹은 20년에 걸쳐 감가상각 된다. 그래서 10년의 기간을 따져 보면 에너지, 전력, 냉각의 가동 비용이 전체 WSC 비용의 30% 이상이 된다.

3. **확장성과 확장에 따른 기회/문제들**: WSC 하나를 구축하기 위해서 50,000대 이상의 서버와 아울러 이를 지원하는 기반 설비를 구매해야 하므로, 대량 구매에 따르는 할인을 받을 수 있다. 그러므로 WSC의 수는 적지만, WSC 자체의 규모가 상당하므로 "규모의 경제"를 누릴 수 있다. 규모의 경제 덕택에 **클라우드 컴퓨팅**이 탄생하였다. WSC의 유닛당 단가가 낮기 때문에, 클라우드 업체들이 적절한 이윤이 날 만큼 서버 임대료를 책정해도 사용자들이 직접 서버를 구매하는 것보다는 저렴하게 할 수 있다. 규모의 경제 이면에는 규모에 따라

고장 확률이 높아지는 문제가 있다. 서버 1대의 MTTF는 25년(200,000시간)이나 되지만, WSC 설계자가 설계할 때는 매일 5대 정도의 서버가 고장 난다고 생각해야 한다. 5.15절에서 Google의 측정 결과 1년 동안 발생하는 디스크의 오류율(AFR)은 2% 내지 4%라고 하였다. 서버당 4개의 디스크가 장착된다고 하고 AFR이 4%라고 가정할 때, WSC 설계자는 디스크가 매 시간 1개씩 고장 난다고 예상해야 한다. 따라서 고장 감내는 서버 설계자보다 WSC 설계자에게 더 중요한 이슈이다.

WSC가 드러낸 규모의 경제는 컴퓨팅이 전기, 수도와 같은 유틸리티가 되는 사람들의 오랜 꿈을 실현하고 있다. 클라우드 컴퓨팅은 누구든지 어디서든 좋은 아이디어와 비즈니스 모델, 그리고 신용카드만 있으면 수천 개의 서버를 이용해서 전 세계로 자신들의 비전을 거의 순식간에 전달하는 것을 가능하게 한다.

다음 예를 보면 클라우드 컴퓨팅의 성장 속도를 짐작할 수 있을 것이다. 2012년에 Amazon Web Services(AWS)는 Amazon이 2003년에 전 세계에 가지고 있던 인프라를 다 지원할 만한 용량의 서버를 매일 새로 추가하고 있다고 발표하였다. 2003년 당시에도 Amazon은 연매출 52억 달러, 직원 6000명의 거대한 회사이었다. 2020년에 Amazon 전체 매출에서 클라우드 컴퓨팅이 차지하는 비율은 10%에 불과했지만, 순익의 대부분이 AWS에서 나왔다. AWS는 현재 매년 40%씩 성장하고 있다.

이제 메시지 전달 멀티프로세서의 중요성을 잘 이해하게 되었고, 특히 클라우드 컴퓨팅에 대하여 잘 알게 되었다. 다음에는 WSC의 각 노드를 연결하는 방법에 대하여 살펴보도록 한다. Moore의 법칙과 칩에 집적되는 코어 수의 증가 때문에 칩 안에서도 네트워크가 필요하게 되었으니 이제는 규모가 크든 작든 간에 네트워크의 위상이 중요하게 되었다.

**고난도:** MapReduce 프레임워크는 Map 단계의 끝부분에서 키-값 쌍을 뒤섞은 후 정렬해서 같은 키를 갖는 것들을 모아 그룹을 만들고 이 그룹들을 Reduce 단계로 보낸다.

**고난도:** 대규모 컴퓨팅의 또 다른 형태는 **그리드 컴퓨팅**(grid computing)이다. 그리드 컴퓨팅에서는 지리적으로 멀리 떨어진 컴퓨터들이 장거리 통신망을 이용하여 서로 통신하며 프로그램을 수행한다. SETI@home 프로젝트는 가장 널리 알려져 있으면서 독창적인 형태의 그리드 컴퓨팅을 선도하였다. 수백만 개의 PC들이 아무 일도 하지 않고 놀고 있을 때, 누군가가 이들 PC 위에서 돌아가는 소프트웨어를 만들어서 각각의 PC에게 독립적으로 수행할 수 있는 작은 일들을 나누어 준다면 놀고 있는 PC들을 잘 활용할 수 있겠다는 점에 착안을 한 것이다. 첫 번째 예가 1999년에 UC Berkeley에서 시작한 **SETI**(Search for ExtraTerrestrial Intelligence)이다. 200개 이상의 나라에서 500만 개 이상의 컴퓨터가 SETI@home에 등록하였는데 50% 이상이 미국 밖에 있는 컴퓨터였다. 2013년 6월 SETI@home 그리드의 평균 성능은 668 PetaFLOPS로서 당시 가장 빠른 수퍼컴퓨터보다 50배 더 빨랐다.

**스스로 점검하기**

1. 참 또는 거짓: SMP와 같이 메시지 전달 컴퓨터도 동기화를 위하여 잠금장치를 사용한다.
2. 참 또는 거짓: 클러스터는 독자적인 메모리를 가지고 있으며 따라서 운영체제가 여러 벌 있어야 한다.

# 6.9 멀티프로세서 네트워크 위상의 기초

멀티코어 칩은 코어들을 연결하기 위해 칩 내에 네트워크가 필요하고 클러스터는 서버를 연결하기 위해 근거리 네트워크가 필요하다. 이 절에서는 여러 상호 연결망 위상의 장단점을 살펴본다.

네트워크 가격은 스위치 개수, 스위치 하나당 필요한 링크의 수, 링크의 폭(즉 비트 수), 실제 칩에 적용했을 때 링크의 길이 등에 의해 결정된다. 예를 들어 어떤 코어나 서버들은 인접해 있는 반면 어떤 코어들은 칩의 반대편, 혹은 데이터센터의 반대편에 위치할 수도 있다. 마찬가지로 네트워크 성능도 여러 측면이 있어서, 부하가 없는 네트워크에서 메시지 하나를 보내고 받는 데 걸리는 시간, 주어진 시간 동안 전송할 수 있는 최대 메시지 개수로 표현되는 처리량, 네트워크 내에서 생기는 충돌에 의한 지연, 통신 패턴에 따라 달라지는 성능 등 다양한 요소를 포함한다. 또 어떤 시스템은 일부 요소가 고장 나더라도 계속 작동할 수 있어야 하기 때문에 네트워크에 고장 감내 기능이 있어야 한다. 끝으로 요즈음에는 칩에 에너지 제한이 있기 때문에 네트워크 구조의 에너지 효율이 다른 요소보다 더 중요할 수도 있다.

네트워크는 보통 그래프로 표현한다. 그래프의 간선은 통신 네트워크의 링크를 나타낸다. 본서에서 프로세서-메모리 노드는 검은 사각형으로, 스위치는 파란색 원으로 표시한다. 이 절의 링크는 모두 **양방향성**이다. 모든 네트워크는 **스위치**들로 구성되며, 스위치에는 프로세서-메모리 노드로 가는 링크와 다른 스위치로 가는 링크가 있다. 첫 번째 네트워크는 모든 노드를 순서대로 연결하는 네트워크이다.

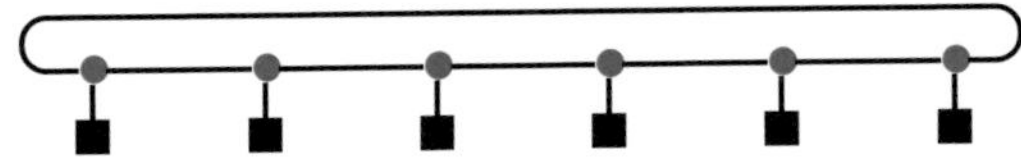

이러한 연결 구조를 링(ring)이라 한다. 직접 연결되지 않는 노드들도 있으므로 어떤 메시지들은 중간 노드들을 거쳐서 최종 목적지에 도달하게 된다.

버스—연결된 모든 장치들에게 정보를 브로드캐스팅할 수 있는 한 무리의 공유 신호선—와는 달리 링은 여러 개의 전송을 동시에 수행할 수 있다.

**네트워크 대역폭** 비공식적으로 네트워크의 최대 전송률을 나타냄. 한 링크의 속도를 나타낼 때도 있고 네트워크 전체 링크의 전송 속도의 합을 나타낼 때도 있다.

위상의 종류가 다양하기 때문에 구별하기 위한 성능 척도가 필요한데 보통 많이 쓰이는 것은 두 가지이다. 첫째는 **총 네트워크 대역폭**(network bandwidth)으로서 각 링크의 대역폭에 링크 수를 곱한 값이다. 이 척도는 최선의 경우에 얻을 수 있는 성능에 해당된다. 앞에서 본 링 네트워크의 경우, 프로세서가 *P*개라면 한 링크의 대역폭에 *P*를 곱한 값이 된다. 반면에 버스의 경우는 버스 대역폭이 전체 대역폭이 된다.

**양분 대역폭** 멀티프로세서에서 균등하게 분할된 두 부분 간의 대역폭. 최악의 양분에 대한 값을 사용한다.

이 최선의 경우 대역폭과 균형을 맞추기 위해서 최악의 경우 성능에 근사하는 또 다른 척도를 사용하는데 그것은 **양분 대역폭**(bisection bandwidth)이다. 양분 대역폭은 전체 네트워크를 같은 크기로 양분하여 그 경계선을 통과하는 링크의 대역폭을 모두 합한 값이다. 링의 양분 대역폭은 링크 대역폭의 2배이고, 버스의 양분 대역폭은 버스 대역폭과 같다. 링의 링크 속도와 버스의 속도가 같다면 최선의 경우 링이 *P*배 빠르지만 최악의 경우에는 2배밖에 빠르지 않다.

비대칭형인 네트워크도 있으므로 어떻게 2개로 가르느냐 하는 것이 문제가 된다. 양분 대역폭은 최악의 성능을 표시하는 것이므로 가장 성능이 나쁜 분할을 택해야 한다. 즉 모든 가능한 경우를 계산해서 그중에 가장 나쁜 값을 취해야 한다. 가장 나쁜 값을 취하는 이유는 통신 경로에서 가장 취약한 링크에 의해 병렬 프로그램의 성능이 제한되는 경우가 많기 때문이다.

**완전 연결 네트워크** 모든 프로세서-메모리 노드들을 전용 통신 링크로 연결하는 네트워크.

링과 반대쪽 극단에 **완전 연결 네트워크**(fully connected network)가 있다. 완전 연결 네트워크는 모든 프로세서를 양방향 링크로 직접 연결하므로, 네트워크 전체 대역폭은 $P \times (P - 1)/2$이고 양분 대역폭은 $(P/2)^2$이다.

완전 연결 네트워크의 엄청난 성능은 그만큼 비싼 가격을 지불하고 얻어지는 것이다. 그러므로 링의 가격과 완전 연결 네트워크의 성능을 절충한 여러 가지 네트워크가 제안되었다. 그중에서 어떤 네트워크를 사용하는 것이 좋은가는 그 컴퓨터에서 수행될 병렬 프로그램의 통신 특성에 따라 달라진다.

이제까지 발표된 네트워크 위상은 그 수를 헤아리기 어려울 정도로 많지만, 그중 상용 병렬 컴퓨터에서 실제로 사용된 것은 몇 가지 안된다. 많이 사용된 위상 중 두 가지를 그림 6.15에 보였다.

네트워크 노드마다 프로세서를 하나씩 두는 대신에 일부 노드에는 스위치만 두는 방법도 있다. 이 경우 스위치들은 프로세서-메모리-스위치 노드보다 훨씬 작기

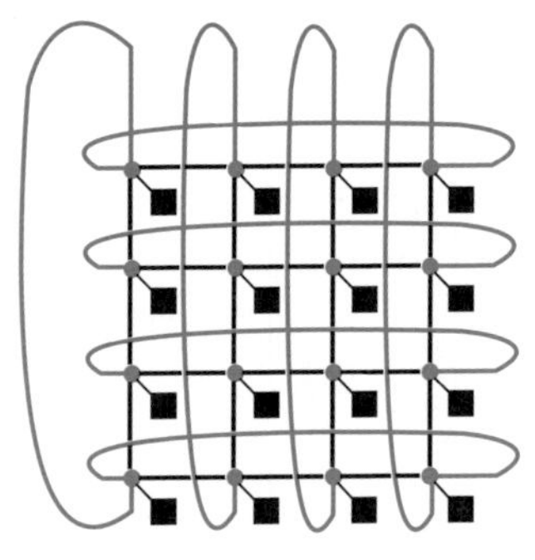

(a) 2D grid or torus of 16 nodes

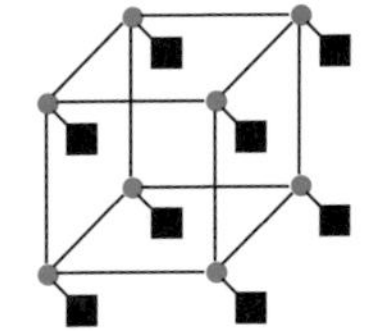

(b) *n*-cube tree of 8 nodes ($8 = 2^3$ so $n = 3$)

그림 6.15 **상용 병렬 컴퓨터에서 사용된 네트워크 위상.** 파란색 원은 스위치를 나타내고 검은 사각형은 프로세서-메모리 노드를 나타낸다. 각 스위치는 여러 개의 링크를 가지고 있으나 보통 그중 하나만이 프로세서에 연결된다. 불린(Boolean) $n$-큐브 위상은 $2^n$개의 노드를 $n$차원으로 연결하므로 스위치당 $n$개(프로세서와 연결하는 링크까지 생각하면 $n + 1$개)의 링크가 필요하고 따라서 이웃 노드가 $n$개 있다. 성능과 신뢰도를 개선하기 위해 이러한 기본 위상에 링크를 추가하기도 한다.

때문에 더 촘촘하게 설치할 수 있어서 연결 거리를 단축하고 따라서 성능을 개선시킬 수 있다. 이런 네트워크에서는 보통 메시지가 여러 단계를 거쳐서 전달되기 때문에 다단계 네트워크(multistage network)라 부른다. 다단계 네트워크의 종류 또한 매우 다양한데 그림 6.16에 많이 쓰이는 것 두 가지를 보였다. 완전 연결 또는 크로스바 네트워크(crossbar network)라고 불리는 것은 어떤 노드 간의 통신도 한 번에 이루어 준다. 오메가 네트워크(Omega network)는 크로스바 네트워크보다 더 적은 하드웨어를 사용하는 대신 ($2n \log_2 n$ 대 $n^2$ 스위치) 통신 패턴에 따라 메시지들 간의 충돌이 발생할 수 있다. 예를 들어 그림 6.16의 오메가 네트워크에서 $P_0$에서 $P_6$로 가는 메시지와 $P_1$에서 $P_4$로 가는 메시지는 동시에 전송할 수 없다.

다단계 네트워크 작은 스위치들을 여러 단계로 배치해서 노드를 연결하는 네트워크.

크로스바 네트워크 임의의 노드가 다른 어떤 노드와 통신을 하든지 네트워크를 한 번만 통과하면 가능한 네트워크.

## 네트워크 위상의 구현

네트워크를 실제로 구현하려면 지금까지 설명한 기본적인 사항 외에도 고려해야 할 점이 많이 있다. 링크 길이는 통신 속도를 빠르게 하는 데 드는 비용에 영향을 미친다. 일반적으로 길이가 길수록 고속 통신에 더 많은 비용이 든다. 선이 짧아지면 필요한 구동 전력이 작아도 되므로 길이가 짧을수록 한 링크에 더 많은 전선을 할당할 수 있다. 선의 길이가 짧으면 당연히 가격도 싸진다. 또 다른 현실적인 제약은 칩이 2차원 구조이기 때문에 3차원 위상을 2차원으로 변환해야 한다는 점이다. 마지막으로 에너지도 고려를 해야 한다. 예를 들어 멀티코어 칩이 단순한 격자 위상을 갖는 이유가 에너지를 고려한 결과일 수 있다. 그냥 그림으로 그려 놓았을 때는 좋아 보

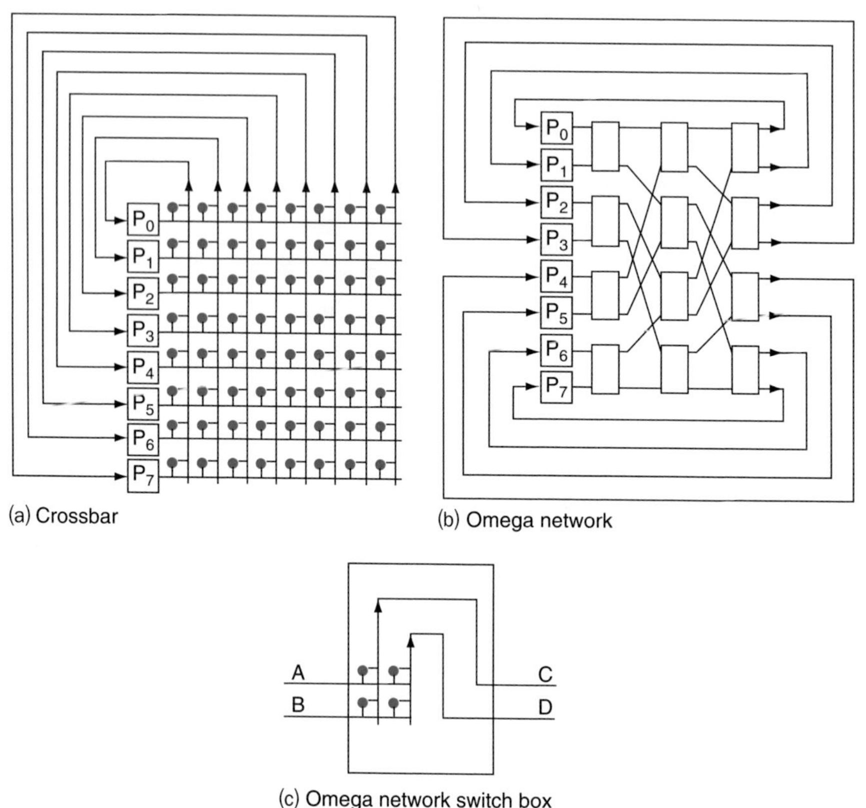


**그림 6.16 많이 쓰이는 다단계 네트워크 위상(8노드의 경우).** 이 그림의 링크는 단방향성이므로 스위치 구조가 앞의 그림에서 사용한 것들보다 단순하다. 데이터는 왼쪽에서 들어와서 오른쪽으로 나간다. (c)의 스위치 박스는 A→C, B→D로 연결하거나 A→D, B→C로 연결할 수 있다. 프로세서가 $n$개일 때 크로스바는 스위치가 $n^2$개 필요하고 오메가 네트워크는 큰 스위치 박스로 표시된 스위치 $2n \log_2 n$개가 필요하다. 큰 스위치 박스 하나는 작은 스위치 4개로 구성된다. $n = 8$일 때 크로스바는 스위치 64개가 필요하고, 오메가 네트워크는 스위치 박스 12개, 즉 스위치 48개가 필요하다. 대신 크로스바는 모든 조합의 메시지 전송을 지원할 수 있지만 오메가 네트워크는 그렇지 못하다.

이런 구조가 칩으로 구현하거나 데이터센터에 적용하면 실용적이지 않을 수 있다는 점에도 주의를 기울여야 한다.

클러스터의 중요성과 노드들을 연결하는 위상을 살펴보았으므로 다음에는 네트워크와 프로세서 간 인터페이스를 위한 하드웨어와 소프트웨어를 살펴보도록 한다.

**스스로 점검하기** 참 또는 거짓: $P$개의 노드를 가지는 링 구조에서 총 네트워크 대역폭과 양분 대역폭의 비는 $P/2$이다.

# 외부 세계와의 통신: 클러스터 네트워킹

온라인 사이트에 있는 이 절은 클러스터의 노드들을 연결하는 데 사용되는 네트워킹 하드웨어와 소프트웨어를 설명한다. PCIe(Peripheral Component Interconnect Express)를 이용하여 10 Gbps 이더넷을 컴퓨터에 연결하는 것이 한 예이다. 이 절에서는 소프트웨어와 하드웨어 최적화를 통해서 어떻게 네트워크의 성능을 개선할 수 있는가를 살펴본다. 무복사 메시징(zero copy messaging), 사용자 영역(user space) 통신, I/O 인터럽트 대신 폴링을 사용하기, 하드웨어를 이용한 체크섬(checksum) 계산 등이 최적화 기법에 포함된다. 네트워크를 예로 들어 설명하기는 하지만 이런 기법들은 저장장치 제어기와 다른 입출력장치들에도 적용된다.

이 절에서 네트워크의 성능을 하위 수준에서 상세하게 살펴본 후, 다음 절에서는 모든 종류의 멀티프로세서를 훨씬 상위 수준의 프로그램으로 비교 평가하는 방법을 살펴보도록 한다.

# 6.11 멀티프로세서 벤치마크와 성능 모델

1장에서 살펴본 바와 같이 시스템 벤치마킹은 늘 민감한 주제이다. 이는 어느 시스템이 더 좋은가를 명확히 드러내는 방법이기 때문이다. 그 결과는 상용 시스템의 판매량뿐 아니라 그 시스템을 만든 설계자의 명성에도 영향을 끼친다. 따라서 이에 참여하는 사람들은 경쟁에서 이기기를 원한다. 그리고 만약 다른 사람이 이긴다면 그들이 기술적으로 이길 만한 이유가 있었음을 확인하고 싶어 한다. 따라서 벤치마크 결과가 단순히 벤치마크만을 위한 어떤 잔꾀를 써서 얻을 수 있는 것이 아니고 실제 응용의 성능을 높이는 진보의 산물이 될 수 있도록 규칙을 만들어야 한다.

잔꾀를 부리지 못하도록 하는 전형적인 규칙은 벤치마크를 변경하지 못하도록 하는 것이다. 소스 코드와 데이터 집합을 고정시키고 맞는 답은 하나로 정한다. 이 규정을 어기면 그 결과는 무효가 된다.

많은 멀티프로세서 벤치마크도 이러한 전통을 따른다. 공통적인 예외가 하나 있는데, 그것은 문제의 크기를 키울 수 있도록 하여 동일한 벤치마크 프로그램을 프로세서 개수가 다른 시스템에서 수행할 수 있도록 한 것이다. 즉, 많은 벤치마크가 경성 스케일링을 요구하는 대신 연성 스케일링을 허용한다. 따라서 문제 크기가 다른 프로그램의 결과를 비교할 때는 주의해야 한다.

그림 6.17은 여러 병렬 벤치마크를 요약한 것이다. 이들을 간략히 설명하면 다음과 같다.

- Linpack은 선형대수 루틴의 집합으로, 가우스 소거법을 수행하는 루틴들이 Linpack 벤치마크를 구성한다. 3.5절 예제의 DGEMM 루틴은 Linpack 벤치마크 소스 코드의 아주 작은 부분을 발췌한 것이지만, 벤치마크 실행시간의 대부분을 차지한다. Linpack은 연성 스케일링을 허용하여 사용자가 문제 크기를 임의로 선택할 수 있게 한다. 예를 들어 이떤 수퍼컴퓨터는 10,000,000

| Benchmark | Scaling? | Reprogram? | Description |
|---|---|---|---|
| Linpack | Weak | Yes | Dense matrix linear algebra [Dongarra, 1979] |
| SPECrate | Weak | No | Independent job parallelism [Henning, 2007] |
| Stanford Parallel Applications for Shared Memory SPLASH 2 [Woo et al., 1995] | Strong (although offers two problem sizes) | No | Complex 1D FFT<br>Blocked LU Decomposition<br>Blocked Sparse Cholesky Factorization<br>Integer Radix Sort<br>Barnes-Hut<br>Adaptive Fast Multipole<br>Ocean Simulation<br>Hierarchical Radiosity<br>Ray Tracer<br>Volume Renderer<br>Water Simulation with Spatial Data Structure<br>Water Simulation without Spatial Data Structure |
| NAS Parallel Benchmarks [Bailey et al., 1991] | Weak | Yes (C or Fortran only) | EP: embarrassingly parallel<br>MG: simplified multigrid<br>CG: unstructured grid for a conjugate gradient method<br>FT: 3-D partial differential equation solution using FFTs<br>IS: large integer sort |
| PARSEC Benchmark Suite [Bienia et al., 2008] | Weak | No | Blackscholes—Option pricing with Black-Scholes PDE<br>Bodytrack—Body tracking of a person<br>Canneal—Simulated cache-aware annealing to optimize routing<br>Dedup—Next-generation compression with data deduplication<br>Facesim—Simulates the motions of a human face<br>Ferret—Content similarity search server<br>Fluidanimate—Fluid dynamics for animation with SPH method<br>Freqmine—Frequent itemset mining<br>Streamcluster—Online clustering of an input stream<br>Swaptions—Pricing of a portfolio of swaptions<br>Vips—Image processing<br>x264—H.264 video encoding |
| Berkeley Design Patterns [Asanovic et al., 2006] | Strong or Weak | Yes | Finite-State Machine<br>Combinational Logic<br>Graph Traversal<br>Structured Grid<br>Dense Matrix<br>Sparse Matrix<br>Spectral Methods (FFT)<br>Dynamic Programming<br>N-Body<br>MapReduce<br>Backtrack/Branch and Bound<br>Graphical Model Inference<br>Unstructured Grid |

그림 6.17 병렬 벤치마크의 예.

× 10,000,000 크기의 밀집 행렬을 풀 수도 있다. 나아가 옳은 결과를 얻고 주어진 문제 크기에 대하여 동일한 수의 부동 소수점 연산을 수행하기만 한다면 사용자가 프로그램의 형태를 바꿀 수도 있고, 프로그래밍 언어를 바꿀 수도 있다. 매년 2회씩 가장 빠른 Linpack 성능을 가지는 500대 컴퓨터가 www.top500.org 사이트에 공개된다. 언론 매체는 이 리스트의 첫 번째에 오른 컴퓨터를 전 세계에서 가장 빠른 컴퓨터로 간주한다. 오늘날에는 에너지 효율성이 중요하기 때문에 같은 기관에서 Green500 리스트를 공개하는데 이 리스트는 가장 효율적인 수퍼컴퓨터를 기리기 위해 Linpack을 수행할 때 Watt당 성능이 큰 순서대로 나열한 Top500 리스트이다.

- SPECrate는 SPEC CPU 2017(1장 참조)과 같은 SPEC CPU 벤치마크를 기반으로 하는 처리량의 척도이다. SPECrate는 한 프로그램 실행에 대한 성능이 아니라, 같은 프로그램을 여러 개 동시에 실행시켰을 때의 성능을 측정한다. 프로그램 사이에 통신이 없기 때문에 태스크 수준 병렬성을 측정하는 것으로 볼 수 있다. 동시에 실행되는 프로그램 개수를 사용자가 정할 수 있으므로 이것도 연성 스케일링의 하나이다.
- SPLASH와 SPLASH2(Stanford Parallel Applications for Shared Memory)는 1990년대에 Stanford 대학의 연구진들이 SPEC CPU 벤치마크 모음과 같은 목적의 병렬 벤치마크 모음을 만들려고 노력한 결과로 개발된 것이다. 커널 벤치마크와 응용 벤치마크를 다 포함하고 있으며, 고성능 컴퓨팅 분야에서 가져온 것이 많다. 이 벤치마크는 두 종류의 데이터 집합을 사용할 수 있지만 기본적으로 경성 스케일링을 요구한다.
- NAS(NASA Advanced Supercomputing) **병렬 벤치마크**는 1990년대에 멀티프로세서를 벤치마킹하려는 노력의 또 다른 산물이다. 이것은 계산유체역학에서 가져온 5개의 커널로 구성되어 있다. NAS는 몇 개의 데이터 집합을 정의함으로써 연성 스케일링을 허용한다. Linpack과 마찬가지로 벤치마크 프로그램을 고치는 것을 허용하지만 프로그래밍 언어는 C와 Fortran으로 제한한다.
- PARSEC(Princeton Application Repository for Shared Memory Computers) 벤치마크 모음은 **Pthreads**(POSIX threads)와 OpenMP(Open MultiProcessing, 6.5절 참조)를 사용하는 멀티스레드 프로그램들로 구성되어 있다. 이것은 새로 떠오르는 계산 분야에 초점을 맞추고 있으며, 9개의 응용 프로그램과 3개의 커널로 되어 있다. 그중 8개는 데이터 병렬성, 3개는 파이프라인 병렬성, 그리고 나머지 하나는 불규칙적인 병렬성을 이용하고 있다.

**Pthreads** 스레드를 생성하고 조작하는 UNIX API. 라이브러리 형태로 되어 있다.

- 클라우드 영역에서 YCSB(Yahoo! Cloud Serving Benchmark)의 목적은 클라

우드 데이터 서비스의 성능을 비교하기 위한 것이다. YCSB는 클라이언트가 새로운 데이터 서비스—대표적인 예로 Cassandra나 HBase를 사용하는—를 쉽게 벤치마킹할 수 있는 프레임워크를 제공한다[Cooper, 2010].

벤치마크에 제약을 가하는 이러한 전통의 나쁜 점은 기술 혁신이 주로 컴퓨터 구조와 컴파일러에만 제한되게 한다는 것이다. 더 나은 자료구조, 알고리즘, 프로그래밍 언어 등은 사용할 수 없다. 왜냐하면 이러한 것들이 결과를 왜곡할 수 있기 때문이다. 어떤 시스템이 하드웨어와 컴파일러가 우수해서가 아니고 알고리즘이 좋아서 더 좋은 결과를 낼 수도 있다.

컴퓨팅의 기초가 비교적 안정적인 시기에는 이러한 지침들이 의미가 있었다. 1990년대와 2000년대의 전반 5년은 이런 시기로 볼 수 있다. 그러나 프로그래밍이 혁명적으로 발전하는 시기에는 바람직하지 않다. 혁명이 성공하기 위해서는 모든 계층의 기술 혁신을 독려해야 하기 때문이다.

최근에 UC Berkeley의 연구진들이 새로운 방법을 주창하였다. 그들은 미래 응용의 일부가 될 것이라고 주장하는 13개의 설계 패턴(design pattern)을 제시하였다. 이 설계 패턴들은 프레임워크나 커널로 구현한다. 예를 들면 희소 행렬(sparse matrix), 정렬 격자(structured grid), 유한상태기계(finite-state-machines), map reduce, 그래프 순회(graph traversal) 등이다. 높은 수준에서 문제를 정의해서 시스템 전 계층의 기술 혁신을 독려하자는 것이다. 예를 들어 희소 행렬 문제를 가장 빨리 해결하는 시스템은 독창적인 구조와 컴파일러뿐 아니라, 어떤 자료구조, 알고리즘, 프로그래밍 언어를 사용하여도 괜찮다.

병렬 컴퓨팅의 주요 벤치마크는 아니지만 MLPerf는 일반적으로 병렬 컴퓨터에서 수행되는 ML에 대한 최신 벤치마크이다. 이 벤치마크는 프로그램과 데이터 집합과 기본 규칙을 포함한다. ML 분야의 급속한 발전을 따라잡기 위해 3개월마다 새로운 버전의 MLPerf가 만들어진다. 다른 크기의 컴퓨터에 대한 정규화를 위해 MLPerf는 벤치마크를 수행하는 데 필요한 전력을 포함한다. 벤치마킹의 새로운 특징은 벤치마크를 폐쇄형과 개방형으로 구분하여 제공하는 것이다. 폐쇄형은 시스템 간의 공정한 비교를 보장하기 위하여 제출에 대한 규칙을 엄격하게 제어하고 있다. 개방형은 개선된 자료구조나 알고리즘, 그리고 프로그래밍 시스템 등과 같은 혁신을 장려한다. 개방형으로 제출하는 경우 동일한 데이터 집합을 가지고 동일한 작업을 수행하기만 하면 된다. 다음 절에서는 MLPerf를 이용하여 DSA를 평가한다.

## 성능 모델

벤치마크와 관련된 주제로 성능 모델이 있다. 멀티스레딩, SIMD, GPU 등 컴퓨터 구조의 다양성이 계속 증가하고 있는 현실에서, 서로 다른 구조들의 성능을 파악할 수 있는 단순한 모델이 있다면 큰 도움이 될 것이다. 모델이 완전할 필요는 없고 단지 어느 정도의 통찰력만 제공할 수 있으면 족하다.

5장의 캐시 성능에 대한 3C도 성능 모델의 한 예이지만, 3C는 블록의 크기, 블록 할당 정책, 블록 교체 정책 등과 같이 중요할 수도 있는 요소들을 무시하였다는 점에서 완전한 모델로 볼 수는 없다. 게다가 어떤 설계에서는 용량 때문에 캐시 실패가 발생하지만 동일한 크기의 다른 캐시에서는 대립 실패가 발생하는 등 일관성 없는 경우도 존재한다. 그럼에도 3C 모델은 지난 25년 동안 널리 사용되어 왔다. 이것은 이 모델이 프로그램 행동을 파악할 수 있게 함으로써 컴퓨터 구조 설계자들이나 프로그래머들이 자신이 만든 것을 개선할 수 있도록 도와주었기 때문이다.

병렬 컴퓨터를 위한 이러한 모델을 찾기 위하여 그림 6.17의 버클리(Berkeley) 설계 패턴 13개 같은 작은 커널을 먼저 살펴보자. 이 커널들은 사용하는 데이터형에 따라 여러 가지 버전이 있지만, 그중에서도 부동 소수점 버전이 널리 사용되고 있다. 따라서 그 컴퓨터의 최고 부동 소수점 성능이 이 컴퓨터에서 수행되는 커널 속도의 한계가 된다. 멀티코어 칩의 최고 부동 소수점 성능은 칩 안의 코어들이 갖고 있는 최고 성능을 모두 합한 값이다. 시스템에 여러 개의 마이크로프로세서가 있다면 칩의 최고 성능을 칩의 개수와 곱한 것이 전체 성능이다.

이 최고 부동 소수점 성능을 메모리에 한 바이트 접근할 때마다 수행하는 평균 부동 소수점 연산 개수로 나눈 값으로 메모리 시스템에 대한 요구를 예측할 수 있다.

$$\frac{\text{부동 소수점 연산/초}}{\text{부동 소수점 연산/바이트}} = \text{바이트/초}$$

부동 소수점 연산 횟수를 메모리에서 읽거나 쓴 바이트 수로 나눈 값을 **연산 강도**(arithmetic intensity)라고 한다. 이것은 프로그램의 부동 소수점 연산 총수를 프로그램 실행 중에 메인 메모리로 전송된 데이터의 총 바이트 수로 나누어서 구할 수 있다. 그림 6.18은 그림 6.17의 버클리 설계 패턴 중 몇 개의 연산 강도를 보여 준다.

**연산 강도** 프로그램의 부동 소수점 연산 횟수와 프로그램에서 메모리에 접근하는 데이터 바이트 수의 비.

## 루프라인 모델

여기서 제안하는 간단한 모델은 부동 소수점 성능, 연산 강도, 메모리 성능을 2차원 그래프로 엮은 것이다[Williams, Waterman, Patterson, 2009]. 최고 부동 소수점 성능은 앞에서 언급한 하드웨어 명세로부터 얻을 수 있다. 여기서 고려하는 커널의 워킹셋은 온칩 캐시보다 크기 때문에 최고 메모리 성능은 캐시 뒤편의 메모리 시스템에 대하여 정의된다. 최대 메모리 성능을 구하는 방법의 하나는 Stream 벤치마크

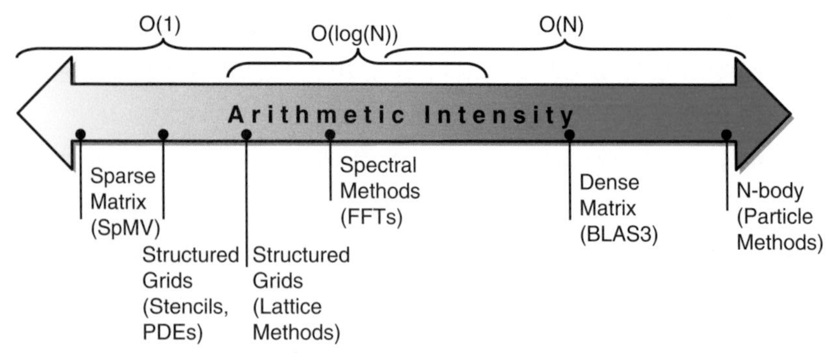


**그림 6.18 연산 강도. 프로그램이 실행하는 부동 소수점 연산 횟수를 메인 메모리에 접근한 바이트 수로 나눈 값이다[Williams, Waterman, Patterson, 2009].** 밀집 행렬(Dense Matrix)처럼 문제가 커지면 연산 강도도 따라서 커지는 커널도 있지만, 문제 크기와 상관없이 연산 강도가 일정한 커널도 많다. 전자의 경우는 연성 스케일링을 하면 메모리 시스템에 대한 요구가 훨씬 작아지기 때문에 다른 결과가 나올 수도 있다.

를 사용하는 것이다(5.2절의 "고난도" 참조).

그림 6.19가 이 모델을 보여 주는데 이것은 커널 각각에 대한 것이 아니라 컴퓨터 1대에 대한 모델이다. 수직 Y축은 0.5부터 64.0 GFLOPS(Giga Floating Point Operations Per Second)까지 표시한 부동 소수점 성능이다. 수평 X축은 1/8 FLOPs/DRAM 접근 바이트부터 16 FLOPs/DRAM 접근 바이트까지의 구간을 표시한 연산 강도이다. 그래프가 로그-로그 눈금인 것에 유의하라.

어떤 커널이 주어지면 연산 강도를 보고 X축의 한 점을 정할 수 있다. 그 점에서 수직선을 그으면 그 선 어딘가에 커널의 성능에 해당되는 점이 있을 것이다. 또 컴퓨터의 최고 부동 소수점 성능에 해당하는 수평선을 그릴 수 있다. 이 선은 하드웨어의 한계를 표시하므로 실제 부동 소수점 성능이 그보다 더 높을 수는 없다.

최대 메모리 성능은 어떻게 그리는가? X축이 FLOPs/바이트이고 Y축이 FLOPS(Floating Point Operations Per Second)이기 때문에, 바이트/초는 그림에서 대각선이 된다. 따라서 주어진 연산 강도에서 컴퓨터의 메모리 시스템이 지원할 수 있는 최고 부동 소수점 성능을 표시하는 세 번째 선을 그릴 수 있다. 그림 6.19의 그래프에 이 선을 그리기 위한 식을 다음과 같이 표현할 수 있다.

얻을 수 있는 GFLOPS = Min(최대 메모리 대역폭 × 연산 강도,
최고 부동 소수점 성능)

그림의 수평선과 대각선 모양 때문에 이 모델의 이름이 "루프라인(roofline)"이 되었다. 루프라인은 연산 강도에 따라 정해지는 커널 성능의 상한치를 결정한다. 컴

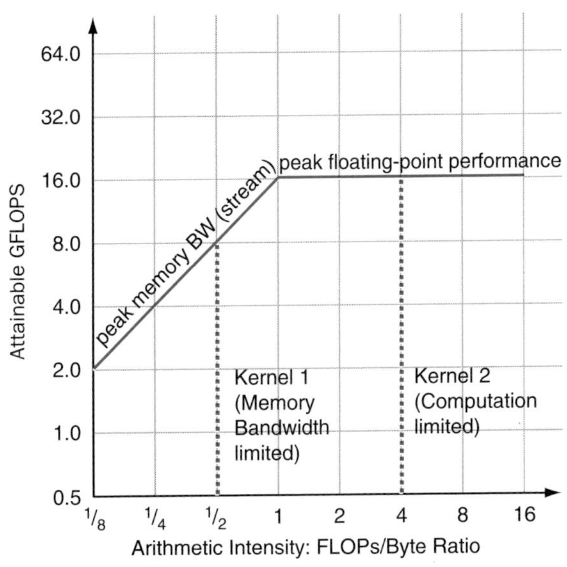


**그림 6.19 루프라인 모델[Williams, Waterman, Patterson, 2009].** 이 예는 최고 부동 소수점 성능이 16 GFLOPS이고, Stream 벤치마크로부터 얻은 최대 메모리 대역폭이 16 GB/초인 경우이다. (Stream은 실제로는 네 번 측정하는데 그림의 선은 네 번의 값을 평균한 것이다.) 점선으로 표시된 수선 중에서 왼쪽의 것은 커널 1을 나타내며 연산 강도가 0.5 FLOPs/바이트이다. 이 경우의 성능은 메모리 대역폭의 제한 때문에 Opteron X2에서 8 GFLOPS 이하의 성능을 보인다. 오른편의 수선은 커널 2를 나타내며 연산 강도가 4 FLOPs/바이트이다. 이것은 계산 성능에 의해서만 제한을 받으므로 16 GFLOPS의 성능을 보인다. 이 데이터는 2개의 코어를 갖는 듀얼 소켓 AMD Opteron X2(Revision F) 2 GHz에서 얻은 값이다.

퓨터의 루프라인은 커널에 따라 변하는 것이 아니기 때문에 한번 그리면 반복해서 사용할 수 있다.

연산 강도를 지붕까지 다다른 장대로 생각을 한다면, 장대가 지붕의 평평한 부분에 닿는 경우는 성능이 계산에 의하여 제한을 받는 것을 의미하며, 장대가 지붕의 경사진 부분에 닿는다면 메모리 대역폭에 의하여 성능이 제한된다는 것을 의미한다. 그림 6.19에서 커널 2는 전자의 예이며, 커널 1은 후자의 예이다.

수평 지붕선과 대각선이 만나는 마룻점(ridge point)은 컴퓨터에 대한 흥미로운 점을 시사한다. 이 점이 오른쪽으로 치우친다면 연산 강도가 매우 큰 커널만 컴퓨터의 최고 성능을 향유할 수 있을 것이다. 반면에 이 점이 왼쪽에 있다면 거의 모든 커널이 최고 성능을 누릴 것이다. 이 두 가지 경우의 예를 곧 살펴보겠다.

## 두 세대 Opteron의 비교

4개의 코어를 가지는 AMD사의 Opteron X4(Barcelona)는 2개의 코어를 가지는

Opteron X2의 후속 제품이다. 보드 설계를 간단하게 하기 위해서 같은 소켓을 사용하였다. 따라서 이 둘은 동일한 DRAM 채널을 가지고 동일한 최대 메모리 대역폭을 가진다. Opteron X4는 코어의 수를 2배로 증가시켰을 뿐 아니라 코어당 부동 소수점 성능을 2배로 개선하였다. Opteron X4는 매 클럭 사이클당 2개의 부동 소수점 SSE2 명령어를 내보낼 수 있다. 반면에 Opteron X2는 기껏해야 1개를 내보낼 수 있을 뿐이다. Opteron X2는 2.2 GHz, Opteron X4는 2.3 GHz로 비슷한 클럭 속도를 갖기 때문에, DRAM 대역폭이 같다면 최고 부동 소수점 성능은 Opteron X4가 Opteron X2보다 4배 더 높다. 또 Opteron X4는 Opteron X2에는 없는 2 MiB의 L3 캐시가 있다.

그림 6.20은 두 시스템의 루프라인 모델을 비교한 것이다. 예상할 수 있듯이 Opteron X2의 마룻점은 1인데 Opteron X4는 5로 이동하였다. 따라서 Opteron X4가 X2보다 더 좋은 성능을 내기 위해서는 프로그램의 연산 강도가 1보다 크거나 Opteron X4의 캐시보다 워킹셋이 작아야 한다.

루프라인 모델은 성능의 상한치를 제시한다. 만약 당신의 프로그램이 이 상한치보다 매우 낮은 성능을 보인다면, 어떤 최적화를 어떤 순서로 진행해야 할까?

다음 두 가지 최적화는 거의 모든 커널의 계산 병목을 줄이는 데 도움이 된다.

1. **부동 소수점 연산의 혼합.** 컴퓨터의 최고 부동 소수점 성능을 얻기 위해서는 일

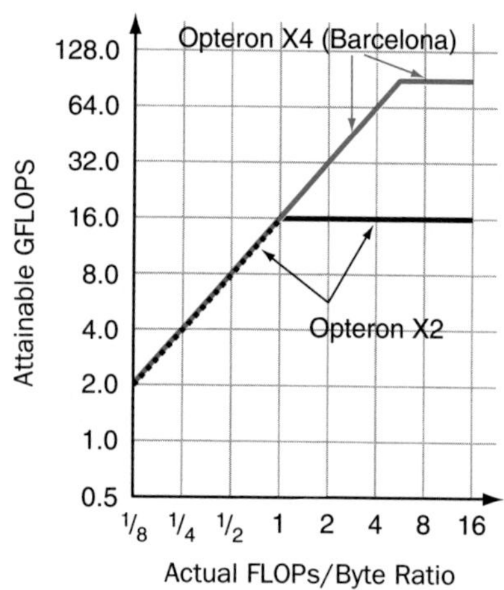


**그림 6.20 Opteron 두 세대의 루프라인 모델.** 그림 6.19와 같은 Opteron X2의 루프라인은 검은색으로 도시하였고 Opteron X4의 루프라인은 파란색으로 도시하였다. Opteron X4의 마룻점이 더 크다는 것은 Opteron X2에서는 계산 성능에 제약을 받았던 커널이 Opteron X4에서는 메모리 성능에 의해 제약받을 수 있음을 의미한다.

반적으로 동일한 수의 덧셈과 곱셈을 거의 동시에 수행하는 것이 필요하다. 이러한 균형이 필요한 이유는 컴퓨터가 곱셈-덧셈 융합(fused multiply-add) 명령어(3.5절의 "**고난도**" 참조)를 지원하거나, 부동 소수점 유닛이 같은 수의 부동 소수점 덧셈기와 부동 소수점 곱셈기를 가지고 있기 때문이다. 또한 최고 성능을 얻기 위해서는 명령어의 대부분이 부동 소수점 연산이고 정수 연산 명령어가 아니어야 한다.

2. **명령어 수준 병렬성**의 개선 및 SIMD의 적용. 최신 구조에서는 매 클럭 사이클당 3개 또는 4개의 명령어를 인출, 실행, 완료할 때 최고 성능을 얻게 된다(4.11절 참조). 이를 위해서는 컴파일러가 생성하는 코드의 ILP가 증가하도록 코드를 개선하는 것이 중요하다. 한 가지 방법은 4.13절에서 살펴본 바와 같이 순환문 펼치기를 하는 것이다. x86 구조에서 AVX 명령어 하나는 2배 정밀도 피연산자 8개를 연산할 수 있으므로 가능한 한 이런 명령어를 많이 사용하도록 한다(3.7절과 3.8절 참조).

메모리 병목을 줄이기 위해서는 다음 두 가지 최적화가 도움이 된다.

1. 소프트웨어 선인출(software prefetching). 성능이 최고 수준이 되려면 많은 메모리 작업들이 계속 진행되어야 한다. 이렇게 하려면 데이터가 필요할 때까지 기다리지 말고, 소프트웨어 선인출 명령을 이용한 **예측** 접근을 수행하는 것이 좋다.

2. 메모리 친화도(memory affinity). 오늘날 대부분의 마이크로프로세서는 같은 칩에 메모리 제어기를 포함하고 있는데, 이것이 **메모리 계층구조**의 성능을 개선한다. 시스템이 여러 칩으로 구성되어 있는 경우, 어떤 주소들은 같은 칩에 있는 DRAM으로 가겠지만 나머지 다른 주소들은 칩 간 연결선을 통해서 다른 칩의 DRAM으로 보내져야 한다. 이렇게 나누어지면 6.5절에서 설명한 비균일 메모리 접근이 되어, 다른 칩에 있는 메모리 접근 때문에 성능이 떨어진다. 이 최적화 기법은 프로세서가 다른 칩의 메모리를 접근하는 일이 거의 없도록 데이터와 그 데이터를 사용하는 스레드를 같은 메모리-프로세서 쌍에 할당하는 것이다.

루프라인 모델은 이 두 가지 최적화 중에서 어떤 것을 어떤 순서로 적용할 것인지를 결정하는 데 도움을 준다. 앞의 각 최적화 기법들은 루프라인 아래에 있는 어떤 "상한선(ceiling)"과 연관 지어 생각할 수 있는데, 해당 최적화를 실행하지 않고는 이 상한선을 뚫고 나갈 수 없다.

계산 루프라인은 설명서로부터 얻을 수 있고, 메모리 루프라인은 Stream 벤치마크를 돌려서 얻을 수 있다. 부동 소수점 균형과 같은 계산 상한선도 컴퓨터의 설명서로부터 얻을 수 있다. 메모리 친화도와 같은 메모리 상한선을 알려면 각 컴퓨터에서 실험하여 그 차이를 측정해야 한다. 다행히도 이와 같은 과정은 컴퓨터마다 한 번씩만 수행하면 된다. 그러므로 일단 누군가가 어떤 컴퓨터의 상한선 특성을 파악하면, 다른 모든 사람들은 이를 이용하여 그 컴퓨터에서 수행할 최적화의 우선순위를 결정할 수 있다.

그림 6.21은 그림 6.19의 루프라인 모델에 상한선을 추가한 것이다. 위의 그래프는 계산 상한선을 보여 주고 아래 그래프는 메모리 대역폭 상한선을 보여 주고 있다. 위쪽 상한선에 두 최적화의 이름을 다 쓰지는 않았지만, 위쪽 상한선을 돌파하려면 당연히 그 아래의 상한선을 통과해야 하기 때문에 두 최적화를 모두 함축하고 있다.

상한선과 그다음 상한선 간의 간격은 이 최적화를 수행함으로써 얻는 이득을 의미한다. 그림 6.21을 보면 이 컴퓨터에서는 ILP를 개선하는 2번 최적화가 계산 성능을 더 크게 개선하며 메모리 친화도를 개선하는 4번 최적화가 메모리 대역폭을 더 크게 개선함을 알 수 있다.

그림 6.22는 그림 6.21의 상한선들을 모아서 하나의 그래프로 만든 것이다. 커널의 연산 강도가 최적화 영역을 결정하고, 그것이 어떤 최적화를 수행할지를 알려 준다. 계산 최적화와 메모리 대역폭 최적화가 중첩되는 연산 강도가 많음에 유의하라. 그림 6.22에서 다른 최적화 전략이 필요한 세 영역을 구별하여 음영처리 하였다. 예를 들어 커널 2는 오른쪽의 파란 사다리꼴 영역에 해당되기 때문에 계산 최적화만을 수행하면 된다. 하지만 커널 1은 가운데의 파란색과 회색이 겹쳐진 평행사변형 영역에 위치하므로 두 가지 최적화를 다 수행하여야 한다. 그뿐만 아니라 최적화 2번과 4번을 먼저 해야 한다는 것을 알 수 있다. 커널 1의 수직선이 부동 소수점 불균형 최적화의 아래에 위치하기 때문에 1번 최적화는 필요 없는 것으로 판단된다. 만약 커널이 왼편 아래쪽에 있는 회색 삼각형 영역에 들어 있다면 메모리 최적화만 필요한 것으로 판단할 수 있다.

지금까지는 연산 강도가 고정되어 있다고 가정하였으나 실제는 그렇지 않을 수도 있다. 첫째, 밀집 행렬이나 N-body 문제와 같이(그림 6.18 참조) 문제 크기가 커짐에 따라 연산 강도가 커지는 커널들도 있다. 실제로 이것이 경성 스케일링보다 연성 스케일링을 통해서 더 큰 성과를 거두는 이유일 수 있다. 둘째, **메모리 계층구조**의 효율성이 메모리에 접근하는 빈도수에 영향을 끼치기 때문에 캐시 성능을 높여서 연산 강도를 개선할 수 있다. 순환문 펼치기를 수행한 후에 비슷한 주소의 문장

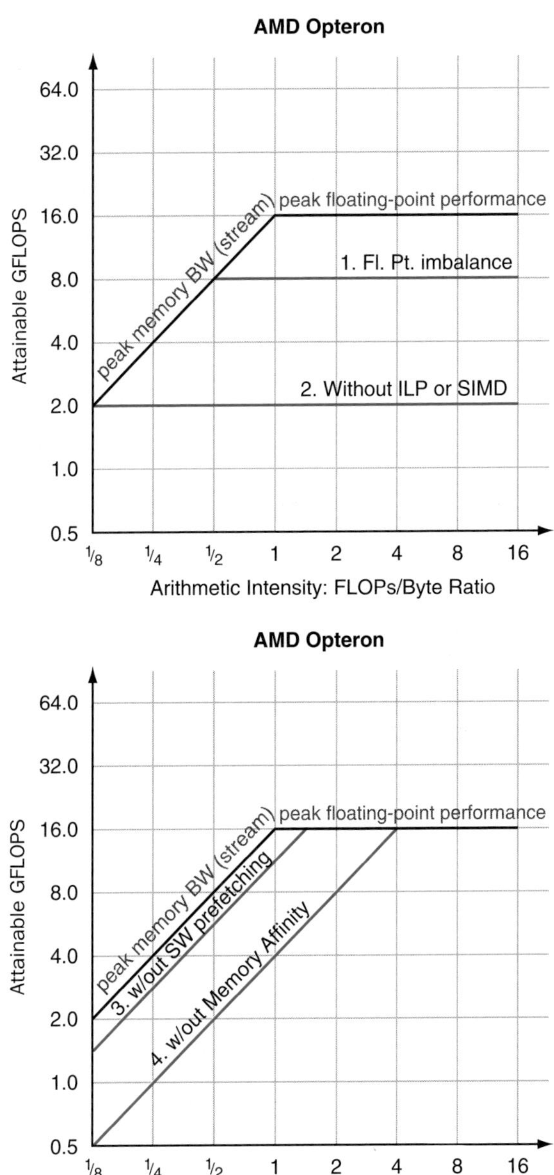


**그림 6.21 상한선이 추가된 루프라인 모델.** 위쪽 그래프는 부동 소수점 연산의 균형이 맞지 않으면 계산 상한선이 8 GFLOPS로 제한되고, ILP 증가와 SIMD 최적화를 사용하지 않으면 상한선이 2 GFLOPS로 제한된다는 것을 보여 준다. 아래쪽의 그래프는 소프트웨어 선인출을 사용하지 않으면 메모리 대역폭의 상한선이 11 GB/초로 제한되고, 메모리 친화도 최적화를 적용하지 않으면 4.8 GB/초로 제한된다는 것을 보여 준다.

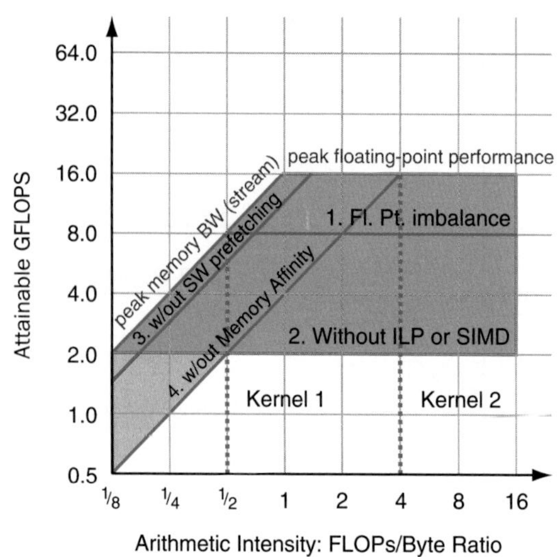


**그림 6.22 상한선이 추가된 루프라인 모델과 그림 6.19의 두 커널. 중첩된 영역을 음영으로 표시하였다.** 연산 강도가 오른쪽의 파란 사다리꼴 영역에 위치하는 커널의 경우는 계산 최적화에 초점을 맞추어야 하고, 왼편 아래쪽의 회색 삼각형 영역에 위치하는 커널은 메모리 대역폭 최적화에 초점을 맞추어야 한다. 가운데 파란색과 회색이 겹치는 평행사변형에 위치하는 커널의 경우에는 두 최적화를 다 고려하여야 한다. 커널 1은 가운데 평행사변형에 위치하기 때문에 ILP 및 SIMD 최적화, 메모리 친화도 최적화, 소프트웨어 선인출 최적화를 수행하여야 한다. 커널 2는 오른쪽은 사다리꼴 영역에 놓여 있으므로 ILP 및 SIMD 최적화와 부동 소수점 연산의 균형을 맞추는 최적화를 수행하여야 한다.

들을 묶어서 시간적 지역성을 높이는 것이 한 예이다. 캐시에 데이터가 들어갈 자리는 할당하지만 곧 덮어 쓰일 것이기 때문에 메모리에서 데이터의 초기값을 읽어 오지는 않도록 하는 특별한 캐시 명령어를 가지고 있는 컴퓨터들이 많이 있다. 이 두 가지 최적화는 메모리 통신량을 줄여서 연산 강도 장대를 오른쪽으로 일정 비율(예를 들면 1.5)만큼 이동시킨다. 이렇게 오른쪽으로 이동시키면 커널이 다른 최적화 영역에 들어갈 수도 있다.

앞에서는 어떻게 프로그래머가 성능을 개선할 수 있는지를 살펴보았지만, 루프라인 모델은 하드웨어 설계자가 중요하다고 생각하는 커널의 성능을 높이기 위해 하드웨어의 어떤 부분을 최적화하는 것이 좋은지를 결정하는 데도 사용할 수 있다.

다음 절에서는 루프라인 모델을 이용하여 DSA와 GPU의 성능 차이를 비교하고 실제 응용의 성능에 어떻게 반영되는지를 살펴볼 것이다.

**고난도:** 최적화하기 쉬운 상한이 먼저 나오도록 상한의 순서를 정한다. 물론 프로그래머가 최적화의 순서를 자기 마음대로 정할 수도 있다. 그러나 이 순서를 따르는 것이 다른 제약들 때문에 결국 아무 이득도 얻지 못할 최적화를 하느라고 애쓰는 낭비를 줄일 수 있다. 3C 모델처

럼 루프라인 모델도 제대로 된 관점만 제공한다면 다소 낙관적인 가정을 하는 것도 용인된다. 예를 들어 루프라인 모델은 모든 프로세서 간에 부하 균형이 잘 이루어진 것을 가정하고 있다.

**고난도:** Stream 벤치마크를 사용하는 대신 DRAM의 대역폭 자체를 가공하지 않고 루프라인으로 사용하는 방법을 생각할 수도 있다. 이것이 DRAM이 넘어설 수 없는 한계를 결정하는 것은 분명하지만, 실제 메모리 성능은 이 한계에 훨씬 못 미치는 경우가 많으므로 이 한계를 대역폭의 상한선으로 사용하는 것은 적절치 못하다. 그 어떤 프로그램도 이 한계에 근접할 수 없기 때문이다. 반면에 Stream을 사용하는 것의 부정적인 면은, 프로그래밍을 아주 잘하면 Stream보다 더 좋은 결과를 얻을 수도 있다는 점이다. 그러므로 메모리 루프라인은 계산 루프라인만큼 뛰어넘기 어려운 한계는 아니다. 그럼에도 불구하고 Stream의 사용을 견지하는 이유는 Stream보다 더 좋은 메모리 대역폭을 얻도록 프로그램할 수 있는 사람이 매우 드물기 때문이다.

**고난도:** 앞에서 살펴본 루프라인 모델은 멀티코어 프로세서를 위한 것이지만, 단일프로세서에도 적용할 수 있다.

**스스로 점검하기**

참 또는 거짓: 병렬 컴퓨터에 대한 전통적인 벤치마크 방법의 주된 단점은 공정성을 기하기 위한 규칙들이 소프트웨어 기술 혁신을 막는다는 점이다.

# 6.12 실례: Google TPUv3 수퍼컴퓨터와 NVIDIA Volta GPU 클러스터의 벤치마킹

6.7절에서 소개한 DNN은 정확한 모델을 생성하는 **학습**(training)과 모델을 수행하는 **추론**(inference)의 두 단계를 가진다. 추론은 수 밀리초 내에 수행되는 경우가 많은 반면, 학습은 수일에서 수 주일의 계산이 필요하다. TPUv1은 추론을 위해 설계되었다. 이 절에서는 Google이 훨씬 힘든 학습 문제를 풀기 위해 어떻게 DSA를 만들었는지를 다음 논문을 기반으로 살펴본다. "A Domain-Specific Supercomputer for Training Deep Neural Networks," *Communications of the ACM*, 2020 by N. P. Jouppi, D. Yoon, G. Kurian, S. Li, N. Patil, J. Laudon, C. Young, and D. A. Patterson.

## 심층신경망(DNN) 학습과 추론

DNN을 간략히 살펴보도록 하자. 학습은 옳다고 알려진 (입력, 결과) 쌍으로 구성된 방대한 양의 학습 데이터 집합을 가지고 시작한다. 쌍은 이미지와 이미지가 묘사하는 대상이 될 수 있다. 학습은 또한 고강도 **가중치** 계산을 통해 입력을 결과로 변환하는 신경망 **모델**로부터 시작되는데 그 가중치가 초기에는 임의로 정해진다. 모델은 여러 층(layer)의 그래프로 정의되는 것이 보통인데, 한 층은 선형대수 부분(행렬 곱셈이나 가중치를 이용한 콘볼루션인 경우가 많다)과 그 뒤의 비선형 **활성화 함수**(요소 단위별로 적용되는 스칼라 함수로, 결과를 **활성값**이라고 한다)로 구성된다. 학습은 입력을 결과로 올바르게 매핑하는 가능성을 높이도록 가중치를 "학습"한다.

처음에 임의로 정해진 가중치로부터 어떻게 학습된 가중치를 얻을 수 있을까? 현재 사용되고 있는 가장 좋은 방법은 변형된 형태의 **확률적 경사 하강법**(stochastic gradient descent, SGD)이다. SGD는 순전파(forward propagation), 역전파(backward propagation), 가중치 갱신이라는 세 단계를 많이 반복함으로써 이루어진다.

1. **순전파**는 학습 예제 하나를 임의로 골라서 그 입력을 모델에 인가하고, 여러 층을 거치면서 계산을 수행하여 결과값을 얻는다. (임의의 값인 초기 가중치를 가지고 계산한 맨 처음 결과는 쓰레기이다.) 순전파는 DNN 추론과 기능적으로 비슷해서, 추론 가속기를 만드는 것이 목표라면 이것으로 충분하다. 그러나 학습 과정에서는 이 부분이 전체의 1/3도 되지 않는다. SGD는 **손실 함수**(loss function)를 사용하여 모델에서 얻은 결과와 학습 데이터 집합의 이미 알고 있는 좋은 결과 사이의 차이, 즉 오차(error)를 측정한다.
2. 다음 **역전파**는 모델을 역방향으로 한 층씩 실행하여 각 층의 출력에 대한 오차/손실 값을 산출한다. 이 손실값은 원하는 출력과의 차이를 측정한 것이다.
3. 끝으로 **가중치 갱신**은 각 층의 입력과 손실값을 조합해서 델타(delta)—가중치를 변경할 값—의 집합을 계산한다. 델타가 가중치에 더해지면 손실이 거의 없는 결과가 나올 것이다. 갱신의 크기는 작은 값일 수 있다.

SGD는 매 단계마다 가중치를 미세하게 조정하여 개별 (입력, 결과) 쌍에 대하여 모델을 개선시킨다. SGD는 처음에 임의로 정해진 가중치를 점진적으로 학습된 모델로 변화시키는데, 때로 신문 기사로 접하는 것처럼 사람보다 뛰어난 정확도를 얻을 수 있다.

## DSA 수퍼컴퓨터 네트워크

DNN 학습의 계산 요구는 본질적으로 제한이 없기 때문에 Google은 TPUv1에서처럼 DSA 칩을 장착한 CPU 호스트의 클러스터를 사용하는 대신 DSA 수퍼컴퓨터를 만들기로 하였다. 첫 번째 이유는 학습 시간이 매우 길다는 것이다. TPUv3 칩 하나를 사용한다면 Google의 상용 응용 하나를 학습하는 데 수개월이 걸리므로, 전형적인 응용에는 수백 개의 칩이 필요할 것이다. 둘째는 더 큰 데이터 세트와 더 큰 기계를 사용하면 더 획기적인 결과를 얻을 수 있다는 것이 DNN의 교훈이기 때문이다.

최근 수퍼컴퓨터의 중요한 구조적 특징은 칩 간의 통신을 어떻게 하는가이다. 링크의 속도는 얼마이고, 네트워크의 위상은 무엇이며, 중앙 집중적인 스위치를 쓰는지 분산형 스위치를 쓰는지 등에 관한 것이다. DSA 수퍼컴퓨터에서는 통신 패턴이 제한적이며 잘 알려져 있기 때문에 통신 방식의 선택이 훨씬 쉽다. 학습의 경우 대부분의 통신은 기계의 모든 노드로부터 가중치 갱신값을 전부-취합(all-reduce)하는 방식이다. 전부-취합은 2D 토러스(torus) 위상에 효율적으로 매핑될 수 있다고 알려져 있다[그림 6.15(a) 참조]. 온칩 스위치가 메시지 라우팅을 수행한다. 2D 토러스를 구성하기 위해 TPUv3 칩은 전용 ICI(Inter-Core Interconnect) 링크 4개를 가지고 있는데 각 링크는 656 Gbps의 속도로 동작한다. ICI는 칩의 작은 부분만 차지하면서도 칩 간의 직접 통신을 가능하게 해서 수퍼컴퓨터를 구성하도록 한다.

TPUv3 수퍼컴퓨터는 32 × 32 2D 토러스(1024개의 칩)를 사용하며, 이 토러스의 양분 대역폭은 64개의 링크 × 656 Gbps = 42.3 Terabps이다. 이와 비교해서 64개의 호스트(각 호스트에는 16개의 DSA 칩이 있다)를 연결하는 InfiniBand 스위치(CPU 클러스터에 사용되는)는 겨우 100 Gbps 속도를 가진 링크를 사용하는 포트 64개를 가지고 있으며 양분 대역폭은 6.4 Terabps이다. TPUv3 수퍼컴퓨터는 InfiniBand 네트워크 카드와 InfiniBand 스위치, 클러스터의 CPU 호스트를 통해야 하는 통신 지연 등의 비용을 지불하지 않고도 일반적인 클러스터 스위치보다 6.6배 더 큰 양분 대역폭을 갖고 있다.

## DSA 수퍼컴퓨터 노드

TPUv3 수퍼컴퓨터의 노드는 TPUv1의 주요 아이디어를 그대로 이어받아서, 대규모 2차원 행렬 곱셈 유닛(matrix multiply unit, MXU)을 가지고 있고 소프트웨어로 제어하는 온칩 메모리로 캐시를 대신하고 있다. 하지만 TPUv3는 TPUv1과 달리 칩에 2개의 코어가 있다. 칩 내부의 전역 선로는 최소 선폭이 줄어든다고 같이 줄어드는 것이 아니기 때문에 전역 선로의 상대적 지연시간은 증가한다. 학습은 많은 프로세서를 이용할 수 있기 때문에, 칩 하나에 작은 텐서코어(TensorCore) 2개를 두면 칩 전체를 다 차지하는 큰 코어 하나를 사용할 때 생기는 과도한 지연을 피할 수 있다. Google이 코어를 더 늘리지 않고 2개만 둔 이유는 "허술한" 코어 여러 개가 있는 칩보다 "강력한" 코어 2개만 있는 칩이 효율적으로 프로그램하기 쉽기 때문이다.

그림 6.23은 텐서코어의 주요 블록 6개를 보여 준다.

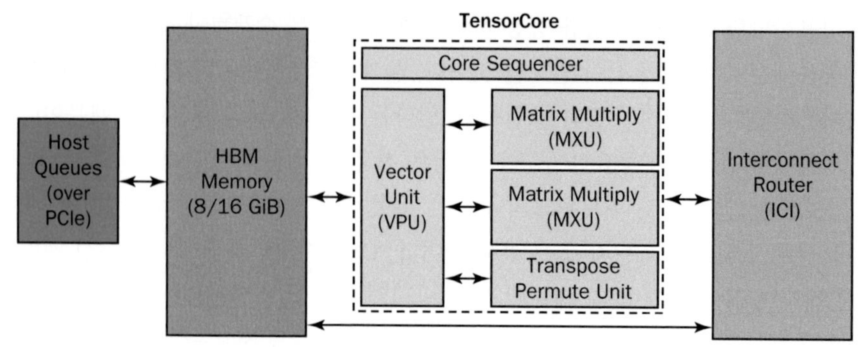


그림 6.23 TPUv3 텐서코어의 블록 다이어그램.

1. ICI는 앞에서 이미 설명한 바 있다.
2. HBM(high-bandwidth memory). TPUv1은 대부분의 응용에서 메모리가 병목이었다[Jouppi, 2018]. Google은 HBM DRAM을 이용하여 TPUv1의 메모리 병목을 해결하였다. 64개의 64비트 버스를 통해 TPUv3 칩을 4개의 짧은 DRAM 칩 스택에 연결하는 인터포저(interposer) 기판을 사용하여 TPUv1 DRAM보다 25배나 큰 대역폭을 제공한다. 일반적인 CPU 서버는 훨씬 더 많은 DRAM 칩을 지원하지만 기껏해야 64비트 버스 8개를 사용하기 때문에 대역폭은 훨씬 더 낮다.
3. 코어 시퀀서(core sequencer)는 소프트웨어로 제어되는 온칩 명령어 메모리(Imem)로부터 VLIW 명령어를 실행하고, 4 K 32비트 스칼라 데이터 메모리(Smem)와 32개의 32비트 스칼라 레지스터(Sreg)를 사용하는 스칼라 명령어를 실행하며, 벡터 명령어를 VPU(vector processing unit)로 전달한다. 322비트 VLIW 명령어는 8개의 연산을 동시에 내보낼 수 있다. 이 명령어는 2개의 스칼라 ALU 연산, 2개의 벡터 ALU 연산, 벡터 적재와 저장 연산, 행렬 곱셈 및 전치(transpose) 유닛과 주고받는 데이터를 저장하는 슬롯 한 쌍으로 구성된다.
4. VPU는 32 K 128 × 32비트 원소(16 MiB)를 가진 큰 온칩 벡터 메모리(Vmem)와 128 × 8개의 32비트 원소(4 KiB)를 가진 32개의 2D 벡터 레지스터(Vreg)를 사용하는 벡터 연산을 수행한다. VPU는 데이터 수준 병렬성(2D 행렬과 벡터 연산 유닛)과 명령어 수준 병렬성(명령어 하나당 8개의 연산)을 이용하여 데이터를 모으고 Vmem으로 분산시킨다.
5. MXU는 16비트 FP 입력을 받아서 32비트 FP 출력을 산출한 후 32비트로 누적한다. 다른 연산들은 모두 32비트 FP로 이루어지는데, 단 결과가 MXU 입

력으로 바로 보내지는 경우는 16비트 FP로 변환된다. TPUv3에는 텐서코어마다 2개의 MXU가 있다.

6. 전치-취합-순열 유닛(transpose reduction permute unit)은 128 × 128 행렬을 전치하고 취합하며 VPU 레인의 순서를 바꾼다.

그림 6.24는 TPUv3 수퍼컴퓨터와 TPUv3 노드 보드를 보여 주고, 그림 6.25는 TPUv1과 TPUv3, 그리고 비교 대상으로 사용할 NVIDIA Volta GPU의 사양을 보여 준다. 그림 6.26은 루프라인을 보여 주는데 2개가 거의 비슷하다. 메모리 대역폭은 같으며(900 Gbyte/s), TPUv3와 Volta의 16비트 부동 소수점 루프라인은 거의 구별할 수 없다(123 대 125 TeraFLOPS). 32비트 부동 소수점에서는 작은 차이가 있다(14 대 16 TeraFLOPS). 두 칩 모두 16비트와 32비트 부동 소수점 연산 성능은 큰 차이가 있음에 주목하자.

## DSA 연산

32비트 부동 소수점 대신 16비트 부동 소수점을 사용하면 행렬 곱셈의 최고 성능은 8배 더 높아진다(그림 6.25 참조). 따라서 최고의 성능을 얻기 위해서는 16비트를 사용하는 것이 필수적이다. Google은 IEEE 표준 반 정밀도(fp16)나 단일 정밀도(fp32) 부동 소수점 형식(3.5절 참조)을 사용하여 MXU를 만들 수도 있었지만, DNN에 대한 16비트 부동 소수점 연산의 정확도를 먼저 점검해 보았다. 그 결과 다음과 같은 사실을 알게 되었다.

- 행렬 곱셈의 출력과 내부 합산 결과는 fp32를 계속 사용해야 한다.
- 행렬 곱셈 입력을 fp16으로 하면 지수가 5비트가 되어 표현 범위가 좁아지기 때문에 이 범위를 넘어가는 계산으로 인해 문제가 발생한다. fp32를 사용해서

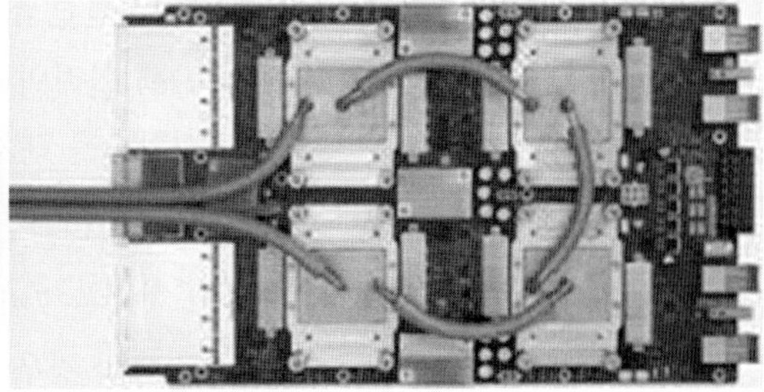

**그림 6.24 최대 1024개의 칩으로 구성된 TPUv3 수퍼컴퓨터(왼쪽).** 높이는 6피트, 길이는 40피트이다. TPUv3 보드(오른쪽)에는 4개의 칩이 있고 액체 냉각을 사용한다.

| Feature | TPUv1 | TPUv3 | Volta |
|---|---|---|---|
| Peak TeraFLOPS / Chip | 92 (8b int) | 123 (16b), 14 (32b) | 125 (16b), 16 (32b) |
| Network links x Gbits/s / Chip | – | 4 x 656 | 6 x 200 |
| Max chips / supercomputer | – | 1024 | Varies |
| Clock Rate (MHz) | 700 | 940 | 1530 |
| TDP (Watts) / Chip | 75 | 450 | 450 |
| Die Size (mm2) | <331 | <648 | 815 |
| Chip Technology | 28 nm | >12 nm | 12 nm |
| Memory size (on-/off-chip) | 28 MiB / 8 GiB | 37 MiB /32 GiB | 36 MiB / 32 GiB |
| Memory GB/s/Chip | 34 | 900 | 900 |
| MXUs / Core, MXU Size | 1 256 x 256 | 2 128 x 128 | 8 4 x 4 |
| Cores / Chip | 1 | 2 | 80 |
| Chips / CPU Host | 4 | 8 | 8 or 16 |

**그림 6.25** TPUv1, TPUv3, NVIDIA Volta GPU 프로세서의 주요 특징.

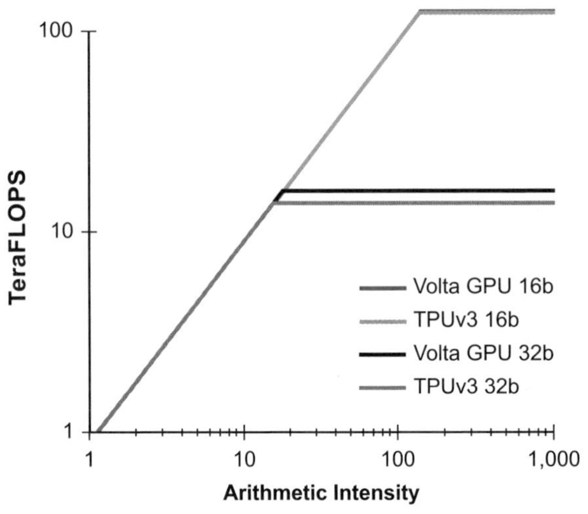


**그림 6.26** TPUv3와 Volta의 루프라인.

지수를 8비트로 하면 이 문제를 피할 수 있다.

- 행렬 곱셈 입력의 가수(mantissa) 크기를 fp32 형식의 23비트에서 7비트로 줄여도 정확도를 해치지 않는다.

관찰 결과를 바탕으로 새로 고안한 Brain floating 형식(bf16)은 fp32처럼 8비트 지수를 갖고 가수는 7비트로 줄였다. fp32와 동일한 크기의 지수를 사용하기 때문에 더 작은 지수의 경우에 발생할 수 있는 언더플로로 인해 작은 갱신값을 잃어버릴 위험이 없다. 이 절의 모든 프로그램은 TPUv3에서 별 어려움 없이 bf16을 사용하였다. 그러나 fp16은 학습 소프트웨어가 효율적으로 잘 수렴하도록 조정이 필요하다. Micikevicius 등은 GPU에서 손실 스케일링(loss scaling)을 사용하였는데 이 기법은 fp16의 작은 지수 함수에 적합하도록 손실값을 스케일링함으로써 작은 경사값의 효과를 보존하는 것이다[Micikevicius et al., 2017; Kalamkar et al., 2019].

FP 곱셈기의 크기는 가수 크기의 제곱에 비례하기 때문에 bf16 곱셈기의 크기와 에너지는 fp16 곱셈기의 절반 정도가 된다. bf16은 손실 스케일링을 안 해도 되게 해서 소프트웨어를 간단하게 하면서 하드웨어의 크기와 에너지 소모를 줄인 흔치 않은 조합을 이루었다.

## TPUv3 DSA와 Volta GPU의 비교

성능을 비교하기 전에 먼저 TPUv3와 Volta GPU의 구조를 비교하자.

TPUv3에서 멀티칩 병렬화는 ICI로 구현되고, TPUv3 컴파일러가 지원하는 전부-취합 연산을 통해서 지원된다. 비슷한 크기의 멀티칩 GPU 시스템은 계층형 네트워크(tiered network) 방식을 사용한다. 샤시 안에 있는 NVIDIA NVLink와 호스트에 의해 제어되는 InfiniBand 네트워크, 그리고 여러 샤시들을 연결해 주는 스위치가 계층을 이룬다.

TPUv3는 128 × 128 어레이 내부에 DNN을 위해 설계된 bf16 연산을 제공하는데, 하드웨어와 에너지가 IEEE fp16 곱셈기의 절반이면 된다. Volta GPU에도 어레이가 있다. 어레이의 단위는 TPUv3보다 작으며, 하드웨어나 소프트웨어 명세에 따라 4 × 4 또는 16 × 16 구성이 된다. bf16이 아니고 fp16을 사용하기 때문에 손실 스케일링을 수행하는 소프트웨어가 필요하고 다이 면적과 에너지도 추가로 필요하다.

TPUv3는 컴파일러가 연산과 메모리 접근, 네트워크 작업을 중첩시키는 듀얼코어 순차 실행(in-order) 기계이다. Volta GPU는 지연시간 감내형 80코어 기계이고, 각 코어에는 많은 수의 스레드가 있으므로 매우 큰(20 MiB) 레지스터 파일을 갖는다. 스레딩 하드웨어와 CUDA 코딩 규약을 이용하여 연산이 중첩되도록 한다.

TPUv3는 소프트웨어로 제어되는 32 MiB의 스크래치패드 메모리를 사용하며 이 메모리는 컴파일러가 스케줄한다. 반면 Volta에는 하드웨어가 관리하는 6 MiB 캐시와 소프트웨어가 관리하는 7.5 MiB 스크래치패드 메모리가 있다. TPUv3 컴파일러는 DMA 제어기를 통해 DNN에서 흔한 순차적인 DRAM 접근을 총괄하지만, GPU는 멀티스레딩과 아울러 합병(coalescing) 하드웨어를 사용한다.

TPU와 GPU 칩은 구조적으로 대비될 뿐만 아니라 공정 기술, 다이 크기, 클럭 속도, 전력도 다르다. 그림 6.27은 공정 기술에 맞게 조정된 대략적인 다이 크기, 16칩 시스템의 전력, 칩당 클라우드 가격의 세 가지 연관된 비용 척도를 보여 주고 있다. GPU의 조정된 다이 크기는 TPU의 거의 2배이므로 웨이퍼 하나에 TPU 다이가

| | Die size | Adjusted die size | TDP (kw) | Cloud price |
|---|---|---|---|---|
| Volta | 815 | 815 | 12.0 | $3.24 |
| TPUv3 | <685 | <438 | 9.3 | $2.00 |

**그림 6.27 GPU와 TPUv3의 조정된 비교.** TPU들의 반도체 기술은 서로 비슷하지만 GPU 기술보다는 크고 낡았기 때문에 다이 크기를 공정 기술의 제곱으로 조정하였다. Google은 그림 6.25의 정보를 근거로 TPU에 15 nm 공정을 선택하였다. 열 설계 전력(thermal design power, TDP)은 16칩 시스템에 대한 값이다.

2배 더 많이 들어간다. 따라서 GPU 칩의 자본 비용이 2배가 된다. GPU의 전력 소모가 1.3배 높고 TCO는 전력과 상관이 있으므로 운영 비용이 그만큼 높아짐을 의미한다. 끝으로 Google 클라우드 엔진의 시간당 임대료가 GPU의 경우 1.6배 더 비싸다. 이 세 가지 비교 척도는 일관되게 TPUv3가 Volta GPU보다 1/2에서 3/4 정도로 싸다는 것을 보여 준다.

## 성능

TPUv3 수퍼컴퓨터의 성능을 보이기 전에 단일 칩의 장점을 먼저 살펴보도록 하자. 1024개의 허술한 칩을 사용해서 1024배의 성능을 얻는 것은 흥미로운 일이 아니다. 그림 6.28은 두 프로그램 집합에 대한 TPUv3와 Volta GPU 칩의 상대적인 성능이다. 처음 집합은 Google과 NVIDIA가 MLPerf 0.6에 제출한 5개의 프로그램이다. 두 칩 모두 16비트 연산을 사용하였고 NVIDIA 소프트웨어는 손실 스케일링

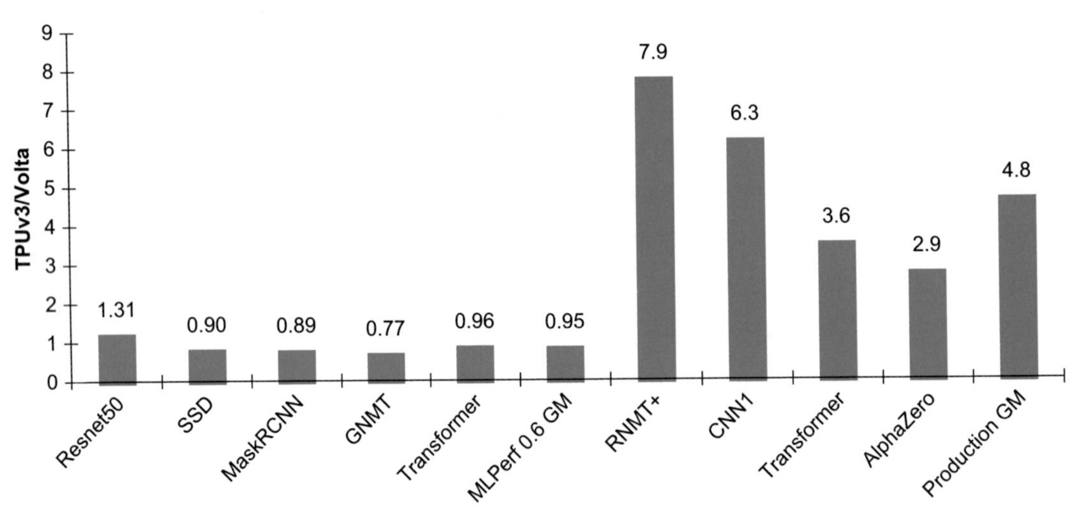


**그림 6.28 5개의 MLPerf 0.6 벤치마크와 4개의 상용 응용에 대한 TPUv3 칩의 Volta 대비 상대 성능.**

을 수행하였다. 이들 프로그램에 대한 TPUv3의 기하 평균은 Volta의 0.95이므로 두 기계의 성능은 거의 같다고 볼 수 있다. Google은 6.7절에서 TPUv1을 위해 사용한 것과 같은 상용 작업부하에 대한 성능도 측정하기를 원했다. 상용 응용에 대한 TPUv3 기하 평균 속도는 Volta보다 4.8배 컸다. 주된 이유는 GPU에서 fp16을 사용하지 않고 8배 느린 fp32를 사용하였기 때문이다(그림 6.26 참조). 이 프로그램들은 간단한 벤치마크가 아니고 지속적으로 개선되고 있는 큰 상용 프로그램이기 때문에, 일단 실행이 되게 하는 것만도 많은 작업이 필요하고 더구나 효율적으로 실행하려면 더 많은 작업이 필요하다. 응용 프로그래머들은 매일 매일 사용되는 TPUv3에 집중하기 때문에, fp16에 필요한 손실 스케일링을 포함시킬 만큼의 열정이 없다.

안타깝게도 MLPerf 0.6에 있는 ResNet−50만이 1000개 이상의 TPU와 GPU를 사용하도록 문제를 키울 수 있다. 그림 6.29는 MLPerf 0.6의 ResNet−50을 실행한 결과이다. NVIDIA는 16개의 Volta가 InfiniBand 스위치로 연결된 DGX−2H 96개로 구성된 클러스터에서 ResNet−50을 실행한 결과 1536개의 칩으로 41%의 선형적 성능 증대를 얻었다. MLPerf 0.6 벤치마크는 상용 응용보다 훨씬 작아서 학습하는 데 걸리는 시간이 상용 응용보다 10배 가까이 짧다. 그래서 수퍼컴퓨터 크기까지 문제를 키울 수 있는 현실적인 프로그램을 보여 주기 위해서 Google이 상용 프로그램을 포함시킨 것이다. 그 결과 1024개의 칩에 대하여 한 응용은 96%, 나머지 3개는 99%의 완벽히 선형적인 개선을 보였다!

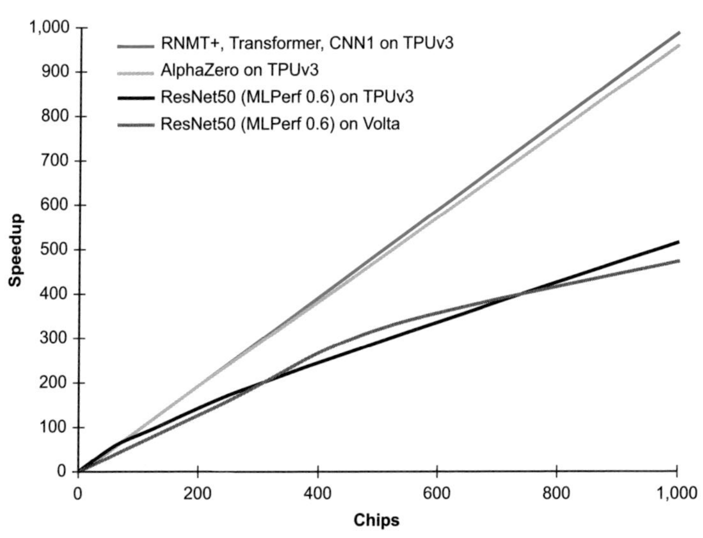


그림 6.29 수퍼컴퓨터 스케일링: TPUv3와 Volta.

| Name | Cores | Benchmark | PetaFlop/s | % of Peak | Megawatts | GFlops/Watt | Top500 | Green500 |
|---|---|---|---|---|---|---|---|---|
| Tianhe | 4865k | Linpack | 61.4 | 61% | 18.48 | 3.3 | 4 | 57 |
| SaturnV | 22k | Linpack | 1.1 | 59% | 0.97 | 15.1 | 469 | 1 |
| TPUv3 | 2k | AlphaZero | 86.9 | 70% | 0.59 | 146.3 | 4 | 1 |

그림 6.30 **Linpack을 실행한 전통적인 수퍼컴퓨터와 AlphaZero를 실행한 TPUv3 수퍼컴퓨터의 Top500과 Green500 순위(2019년 6월).**

그림 6.30은 TPUv3에서 AlphaZero를 수행한 경우의 PetaFLOPS와 FLOPs/Watt가 Top500과 Green500 리스트의 어디에 해당하는지를 보여 준다. 16비트와 32비트 데이터를 사용하는 TPU와 달리 일반적인 수퍼컴퓨터는 32비트와 64비트 계산을 수행하므로 비교가 완전한 것은 아니다. 그러나 TPU는 합성 데이터에 대해 연성 스케일링한 Linpack 벤치마크가 아니고, 실제 데이터를 가지고 실제 응용을 실행하였다. 놀랍게도 TPUv3 수퍼컴퓨터는 실제 데이터를 가지고 실제 상용 프로그램을 실행하더라도 최고 성능의 70%가 나온다. 이는 Linpack 벤치마크를 실행하는 범용 수퍼컴퓨터보다도 더 좋은 성능이다. 게다가 상용 응용을 실행하는 TPUv3 수퍼컴퓨터의 성능/Watt는 Linpack을 실행하는 Green500 리스트에서 1등인 수퍼컴퓨터의 10배, Top500 리스트에서 4등인 수퍼컴퓨터의 44배나 된다.

TPUv3가 성공한 이유에는 내장된 ICI 네트워크와 대규모 곱셈기 어레이, 그리고 bf16 산술이 포함된다. TPUv3는 CPU와 GPU보다 하드웨어/소프트웨어 시스템 스택의 여러 단계가 미숙함에도 불구하고, 구식 반도체 공정으로 만든 더 작은 다이로 더 낮은 클라우드 가격을 실현하였다. 이 결과는 TPU DSA 접근 방법이 기술적인 단점에도 불구하고 비용 효율이 높으며 미래에 높은 구조적 효율성을 제공할 수 있음을 암시한다.

우리는 지금까지 다른 구조의 벤치마킹 결과를 광범위하게 살펴보았다. 이제 다시 DGEMM 예제로 돌아가서 C 코드를 얼마나 바꾸어야 복수의 프로세서를 잘 활용할 수 있는지를 자세히 살펴보도록 하자.

**고난도:** TPUv3에 대한 원 논문에는 MLP0와 MLP1 2개의 상용 응용이 더 있다. 이 응용들은 임베딩을 사용한다. DNN 모델의 시작 부분에 있는 임베딩은 선형대수에 적합하도록 희소 표현을 밀집 표현으로 변환하는데, 가중치도 포함한다. 임베딩은 벡터를 사용하여 특성(feature)을 벡터 간 거리 개념으로 표현할 수 있다. 임베딩은 테이블 참조, 링크 순회 및 가변 길이의 데이터 필드를 포함하므로 불규칙적이고 메모리 집약적이다. 임베딩을 위한 GPU용 TensorFlow 커널이 아직 개발되지 않았기 때문에 Google은 MLP를 제외하였다. 이 두 응용은 임베딩에 의한 제약으로 인하여 TPUv3에서 1024개의 칩을 사용해도 각각 14%와 40%밖에 성능이 개선되지 않았다.

# 6.13 더 빠르게: 복수의 프로세서와 행렬 곱셈

이 절에서는 Intel Core i7(Skylake) 하드웨어에 적합하도록 DGEMM을 변환하여 점진적으로 성능을 개선시키는 여정의 마지막이면서 가장 효과가 큰 단계를 설명한다. 우리가 사용하는 컴퓨터는 2개의 Core i7을 가지고 있는데, 각 Core i7은 8개의 코어를 가지고 있다. 따라서 우리는 16개의 코어를 사용하여 DGEMM을 수행한다.

그림 6.31은 이러한 멀티코어를 활용해서 DGEMM을 실행하는 OpenMP 버전의 코드를 보여 준다. 27번째 줄은 이 코드가 복수의 프로세서에서 수행될 수 있도록 그림 5.48에 유일하게 추가된 줄로서, 컴파일러에게 최외곽 순환문이 다수의 스레드를 이용하도록 만들라는 OpenMP pragma이다. 이 pragma는 최외곽 순환문의 작업을 모든 스레드로 펼치라고 컴퓨터에게 지시하는 것이다.

그림 6.32는 스레드의 숫자가 증가함에 따라 성능이 어떻게 개선되는지를 단일 스레드와 대비해서 보여 주는 전통적인 멀티프로세서 속도 개선 그래프이다. 이 그래프는 연성 스케일링에 비해 경성 스케일링이 더 어려움을 분명히 드러낸다. 64 × 64 행렬의 경우와 같이 모든 것이 1차 데이터 캐시에 다 적재된다면 스레드 개수를 늘리는 것이 실제로는 성능을 떨어뜨린다. 이 경우 48개의 스레드를 이용한 DGEMM 버전의 성능은 단일 스레드 버전의 반 정도이다. 이와 반대로 가장 큰 행렬은 48개의 스레드를 사용할 때 성능이 15배 좋아지는데, 그림 6.32의 전형적인 "우상향" 증가선에 해당된다.

그림 6.33은 스레드의 개수가 1에서 48로 증가될 때 성능의 절대치가 어떻게 변하는지를 보여 준다. 960 × 960 행렬에 대한 DGEMM의 최고 성능은 306 GFLOPS이다. 그림 2.43의 최적화되지 않은 DGEMM의 원래 C 코드 성능은 겨우 2 GFLOPS 이었으므로, 3장에서 6장까지 하드웨어에 맞추어 최적화한 결과 150배 이상의 속도 개선을 얻게 된 것이다! 만약 Python 버전으로부터 시작한다면 데이터 수준 병렬성, 메모리 계층구조, 스레드 수준 병렬성을 위해 최적화된 C버전 DGEMM의 속도 개선은 거의 50,000배에 달한다.

다음 절은 멀티프로세싱의 오류와 함정에 대한 경고이다. 이러한 경고를 무시해서 폐기된 병렬 프로세싱 프로젝트가 컴퓨터 구조의 무덤에 가득하다.

**고난도:** Skylake는 코어당 2개의 스레드를 지원할 수 있지만, 96개의 스레드를 사용할 때 더 성능이 좋아지는 것은 4096 × 4096 행렬뿐이다. 최고 성능은 64개의 스레드를 사용할

```
1   #include <x86intrin.h>
2   #define UNROLL (4)
3   #define BLOCKSIZE 32
4   void do_block (int n, int si, int sj, int sk,
5                  double *A, double *B, double *C)
6   {
7     for ( int i = si; i < si+BLOCKSIZE; i+=UNROLL*8 )
8       for ( int j = sj; j < sj+BLOCKSIZE; j++ ) {
9         __m512d c[UNROLL];
10        for (int r=0;r<UNROLL;r++)
11          c[r] =  _mm512_load_pd(C+i+r*8+j*n); //[ UNROLL];
12
13        for( int k = sk; k < sk+BLOCKSIZE; k++ )
14        {
15          __m512d bb = _mm512_broadcastsd_pd(_mm_load_sd(B+j*n+k));
16          for (int r=0;r<UNROLL;r++)
17            c[r] = _mm512_fmadd_pd(_mm512_load_pd(A+n*k+r*8+i), bb, c[r]);
18         }
19
20       for (int r=0;r<UNROLL;r++)
21         _mm512_store_pd(C+i+r*8+j*n, c[r]);
22       }
23    }
24
25  void dgemm (int n, double* A, double* B, double* C)
26  {
27  #pragma omp parallel for
28    for ( int sj = 0; sj < n; sj += BLOCKSIZE )
29      for ( int si = 0; si < n; si += BLOCKSIZE )
30        for ( int sk = 0; sk < n; sk += BLOCKSIZE )
31          do_block(n, si, sj, sk, A, B, C);
32  }
```

**그림 6.31 그림 5.48 DGEMM의 OpenMP 버전.** 27번째 줄이 유일한 OpenMP 코드인데 최외곽 *for* 순환문을 병렬로 수행하도록 한다. 이 줄이 그림 5.48과 다른 유일한 부분이다.

때의 364 GFLOPS이고, 스레드를 96개로 늘리면 344 GFLOPS로 성능이 떨어진다. 그 이유는 한 코어에 1개밖에 없는 AVX 하드웨어를 두 스레드가 다중화(multiplexing)하여 공유하는 경우, 모든 스레드가 쉬지 않고 수행될 만큼 데이터가 충분하지 않으면 다중화 오버헤드 때문에 오히려 실제 성능이 떨어지기 때문이다.

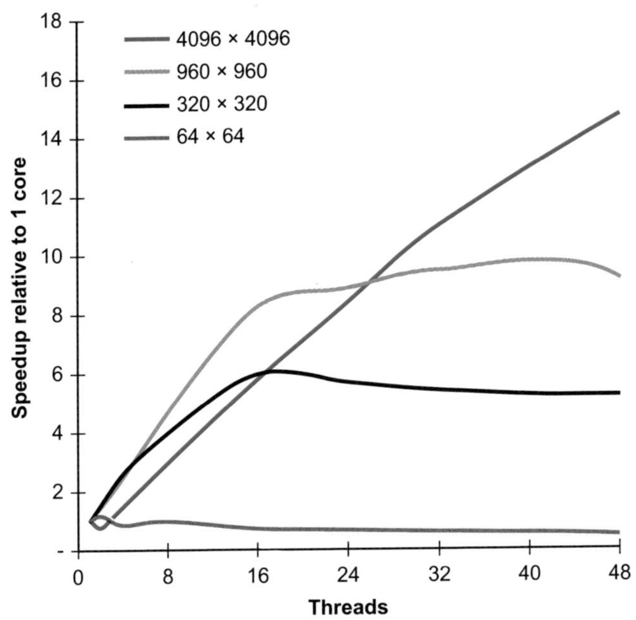


**그림 6.32 스레드 수 증가에 따른 성능 개선을 단일 스레드 성능과 대비한 그래프.** 이런 그래프를 그리는 가장 정직한 방법은 단일프로세서 프로그램의 가장 좋은 버전과 비교하는 것인데, 실제로 우리는 그렇게 하였다. 이 그래프는 OpenMP pragma를 포함하지 않는 그림 5.48의 코드의 성능을 기준으로 한 것이다.

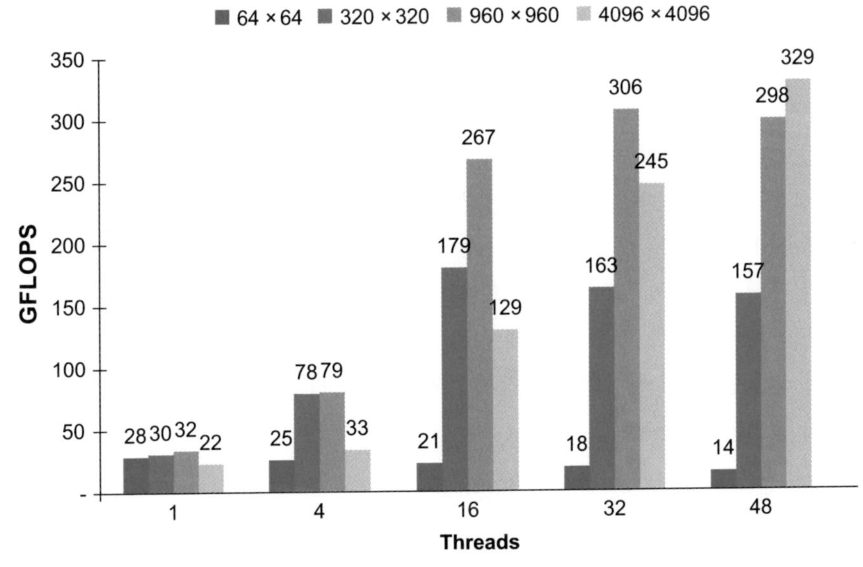


**그림 6.33 네 가지 크기의 행렬에 대한 DGEMM의 성능을 스레드 개수별로 보여 주는 그래프.** 960 × 960 행렬에 32개의 스레드를 사용하면 놀랍게도 그림 2.43의 원래 C 코드보다 150배나 빨라진다.

*What I was really frustrated about was the fact, with Illiac IV, programming the machine was very difficult and the architecture probably was not very well suited to some of the applications we were trying to run.*

David Kuck, the sole software architect of the Illiac IV SIMD computer, circa 1975

## 6.14 오류 및 함정

병렬 처리에 대한 수많은 공격은 여러 가지 오류와 함정을 밝혀냈다. 여기서는 그중 네 가지만 소개한다.

오류: 병렬 컴퓨터에 Amdahl의 법칙은 적용되지 않는다.

1987년에 한 연구소 소장이 어떤 멀티프로세서로 Amdahl의 법칙을 깨뜨렸다고 주장하였다. 이 언론 기사가 어떤 기반 위에 이루어진 것인지에 대한 이해를 돕기 위해 Amdahl의 법칙의 원전을 인용한다[1967, p.483].

> 이 시점에서 명백한 결론은 높은 병렬 처리율을 얻기 위한 노력은 같은 정도의 순차 처리 성능 개선이 동반되지 않는 한 무위에 그칠 것이라는 사실이다.

이 진술은 아직도 유효하다. 즉 무시된 프로그램 부분이 궁극적인 성능을 제한한다. 이 법칙에서 다음과 같은 보조 정리를 도출할 수 있다. 어떤 프로그램이든지 순차적인 부분이 있기 마련이고, 따라서 경제적인 측면에서 볼 때 프로세서 개수의 상한선(일단 100개라고 가정하자)이 존재한다. 이 상한선을 넘어서 프로세서 1000개까지 선형으로 속도가 개선됨을 보여서, 이 보조 정리가 틀렸음을 증명하고 Amdahl의 법칙이 깨졌다고 주장한 것이다.

이 사람은 단지 연성 스케일링 방법을 사용하였을 뿐이다. 즉 같은 데이터 집합에 대하여 1000배 빨라진 것이 아니라, 같은 시간에 1000배 많은 일을 처리한 것이다. 여기서 사용된 알고리즘에서 순차적 부분은 입력의 크기에 관계없이 일정한 비율이었으며 나머지 부분은 완전히 병렬로 처리되었다. 따라서 프로세서가 1000개라도 선형적인 속도 개선이 가능하였던 것이다.

Amdahl의 법칙은 병렬 프로세서에 분명히 적용된다. 이 연구가 지적한 사실은 빠른 컴퓨터를 사용하는 주된 용도의 하나가 더 큰 문제를 수행하는 것이라는 점이다. 사용자가 정말로 그런 큰 문제에 관심이 있는 것인지 단순히 많은 프로세서를 바쁘게 만드는 문제 하나를 발견해서 비싼 컴퓨터의 구입을 정당화하려는 것인지 확실히 알아야 할 것이다.

오류: 최고 성능은 실제 성능을 반영한다.

한때 수퍼컴퓨터 회사들이 최고 성능을 마케팅에 사용했었다. 최고 성능 사용의 폐해는 병렬 컴퓨터의 경우에 더욱 심각하다. 실제로는 얻을 수 없는 단일 프로세서 노드의 최고 성능을 사용하는 선에서 그치지 않고, 완벽한 성능 개선을 가정하고 그 것을 전체 프로세서 개수와 곱해서 최고 성능이라고 주장한다. 슬프게도 신경망을 위한 DSA의 개발자들이 최근에도 비슷한 주장을 하는 것을 볼 수 있다. Amdahl의 법칙은 둘 중 하나의 최고치에 도달하는 것만도 얼마나 어려운 일인가를 말해 주고 있는데, 이 둘을 곱하다니 이것은 그들이 저지르는 죄의 크기를 곱하는 일이다. 루프라인 모델은 최고 성능을 어떻게 이해할 것인지를 도와준다.

**함정: 새로운 구조의 장점을 활용하는 소프트웨어 혹은 새로운 구조에 최적화된 소프트웨어를 개발하지 않는 것.**

병렬 소프트웨어가 병렬 프로세서보다 뒤처진다는 것은 오래된 이야기인데 소프트웨어 문제가 훨씬 어렵다는 것이 이유가 될 수 있다. 이에 대한 수많은 예가 있다.

종종 직면하는 문제는 단일프로세서를 위해 개발된 소프트웨어를 멀티프로세서용으로 변경할 때에 발생한다. 예를 들어 SGI 운영체제는 페이지 할당이 드물게 일어난다는 것을 가정하고 1개의 잠금변수를 사용하여 페이지 테이블을 보호하도록 처음에 설계되었다. 단일프로세서에서는 이로 인한 성능상의 문제가 없었다. 하지만 멀티프로세서에서는 이것이 어떤 프로그램에 대해 심각한 성능 병목이 되었다. 시동할 때에 초기화되는 페이지의 숫자가 많은 프로그램이 있다고 하자. UNIX는 정적으로 할당되는 페이지를 이런 방식으로 초기화한다. 이 프로그램이 병렬화되어 여러 프로세스가 페이지를 할당한다고 가정하자. 페이지를 할당하려면 페이지 테이블을 사용해야 하는데, 페이지 테이블은 사용 중일 때마다 잠겨 있게 될 것이다. 그러므로 모든 프로세스가 페이지들을 동시에 할당하려고 하면 운영체제 커널은 멀티스레드를 지원한다고 해도 어쩔 수 없이 직렬적으로 수행할 수밖에 없다. 우리가 예상할 수 있는 바와 같이 프로그램을 시동할 때에 이 문제가 바로 발생할 것이다.

이 페이지 테이블 직렬화는 초기화 과정에서 병렬성을 죽이기 때문에 전체 병렬 성능에 큰 영향을 미치게 된다. 이와 같은 성능 병목은 태스크 수준 병렬성에도 존재한다. 예를 들어 병렬 처리 프로그램을 작업들 사이에 공유되는 것이 하나도 없는 개별적인 작업으로 분할하고 각 프로세서가 한 작업씩 수행하도록 한다고 하자. (실제로 어떤 사용자가 이렇게 했었는데, 그는 응용 프로그램에서 의도하지 않은 공유나 간섭이 발생하여 성능에 문제가 일어난 것으로 추측하였다.) 불행히도 잠금변수는 여전히 모든 작업들을 직렬화한다. 따라서 독립적인 작업의 성능도 좋지 않다.

이 함정은 소프트웨어를 멀티프로세서에서 수행할 때 발생할 수 있는 미묘하면서도 중대한 성능상의 결함을 보여 준다. 다른 많은 주요 소프트웨어 구성 요소들처럼 운영체제, 알고리즘과 자료구조도 멀티프로세서 환경에서 재검토되어야 한다.

페이지 테이블을 작은 부분으로 나누고 각 부분마다 잠금변수를 두도록 하면 앞의 문제가 효과적으로 해결된다.

이 함정의 더 최신 사례는 DNN을 위한 DSA에서 발견된다. 100개가 넘는 회사가 2020년 현재 이런 DSA를 개발하고 있으며, MLPerf 벤치마크가 그들의 상대적인 성공 여부를 결정한다. 일반적인 실패 유형은 참신한 하드웨어를 개발하고 하드웨어의 장점을 극대화하는 소프트웨어 스택을 개발하지 않는 것이었다. 이 문제로 여러 스타트업 회사들이 설립한 지 몇 년 되지 않아 사업을 접었었다.

**오류: 메모리 대역폭을 제공하지 않고도 좋은 벡터 성능을 얻을 수 있다.**

루프라인 모델에서 살펴본 바와 같이 메모리 대역폭은 모든 구조에서 상당히 중요하다. DAXPY는 부동 소수점 연산 하나당 1.5번의 메모리 참조를 요구하는데, 이 수치는 많은 과학 계산용 코드에 일반적으로 해당된다. 부동 소수점 연산을 수행하는 데 시간이 전혀 걸리지 않는다고 하여도 Cray-1은 벡터열의 성능을 증가시킬 수 없는데 이는 성능이 메모리에 의하여 제한되기 때문이다. Cray-1은 컴파일러가 블로킹을 이용하여 계산값이 모두 벡터 레지스터에 남도록 변경을 함으로써 Linpack의 성능을 한 단계 도약시킬 수 있었다. 이 방법을 사용하여 FLOP당 메모리 접근 빈도수를 줄임으로써 거의 2배의 성능 개선을 얻을 수 있었다. 이 방법을 통하여 전에 더 큰 대역폭을 요구했던 순환문을 Cray-1의 메모리 대역폭으로 충분하게 바꾼 것이며 이것이 바로 루프라인 모델이 예상한 바이다.

**함정: 명령어 집합 구조(ISA)가 실제 구현의 특성들을 완전히 감출 수 있다고 가정하는 것.**

타이밍 채널은 적어도 1980년대부터 취약점(vulnerability)으로 알려졌지만 대부분의 설계자들은 이것이 실질적으로 중요하지 않다고 잘못 생각하였다.[1] 그러나 구현 특성—예를 들면 타이밍과 같은—이 기능에 영향을 미칠 수 있다. 2018년에 마이크로구조의 추정을 사용하여 사용자 수준 샌드박스(sandbox)나 커널, 혹은 하이퍼바이저(hypervisor)로부터 사용자 수준 공격자 코드에게 개인 정보를 유출시키는 Spectre의 존재가 알려지면서 이 함정이 선명하게 드러났다. Spectre는 다음 세 가지 마이크로구조 기술을 활용하였다.

PREDICTION

1. **명령어 추정**: 프로세서 코어는 지나간 분기 명령을 추정함으로써 수십 개의 명령어를 동시에 실행하려고 한다. 추정이 맞았을 때에만 명령어의 쓰기를 완

[1]이 함정은 Mark Hill이 *Communications of the ACM*, 2020, "Why 'Correct' Computers Can Leak Your Information"에서 제시한 관점에 기인한 것이며 그의 도움을 받아 작성하였다.

료하고, 추정이 틀리면 명령어 실행을 취소한다. Spectre는 취소될 것이 확실한 명령어들을 악의적으로 추정 실행한다. 교묘한 목적은 프로그래머가 감추어진 비밀이라고 생각하는 것에 대한 마이크로구조의 "부스러기 정보"를 남기는 것이다.

2. **캐싱:** ISA에게 캐싱은 보이지 않는다. 특히 전통적인 컴퓨터 구조의 지혜에 의하면 집합 연관 캐시에서 어느 블록이 가장 오래전에 사용된 것인지는 프로그램의 올바른 실행과 관련이 없기 때문에 추정이 틀렸어도 원상태로 복원할 필요가 없다. Spectre는 이 놀라운 취약점을 활용하여 비밀을 누출할 "부스러기 정보"를 캐시에 넣고 나중에 찾아간다. 캐시의 내용을 (비밀) 데이터 값을 전송하는 부채널(side channel)로 활용하는 것이다.

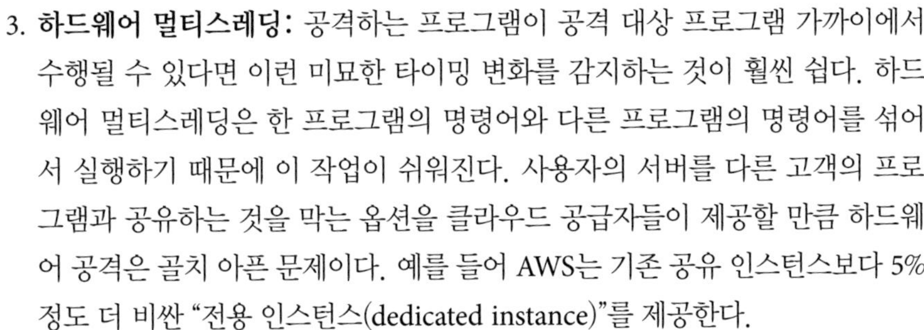

3. **하드웨어 멀티스레딩:** 공격하는 프로그램이 공격 대상 프로그램 가까이에서 수행될 수 있다면 이런 미묘한 타이밍 변화를 감지하는 것이 훨씬 쉽다. 하드웨어 멀티스레딩은 한 프로그램의 명령어와 다른 프로그램의 명령어를 섞어서 실행하기 때문에 이 작업이 쉬워진다. 사용자의 서버를 다른 고객의 프로그램과 공유하는 것을 막는 옵션을 클라우드 공급자들이 제공할 만큼 하드웨어 공격은 골치 아픈 문제이다. 예를 들어 AWS는 기존 공유 인스턴스보다 5% 정도 더 비싼 "전용 인스턴스(dedicated instance)"를 제공한다.

## 6.15 결론

*We are dedicating all of our future product development to multicore designs. We believe this is a key inflection point for the industry. … This is not a race. This is a sea change in computing…"*

Paul Otellini, Intel President, Intel Developers Forum, 2004

단순히 프로세서를 한데 모아서 컴퓨터를 구성하려는 꿈은 컴퓨터의 초창기부터 항상 있어 왔다. 그러나 효과적이면서 효율적으로 병렬 프로세서를 구성하고 사용하는 것은 느리게 진척되었다. 유용성과 효율성을 개선하기 위해서 멀티프로세서 구조가 오랜 시간 진화한 것과 더불어, 어려운 소프트웨어 문제가 발전의 속도를 제한한 것이다. 이 장에서 우리는 Amdahl의 법칙 때문에 좋은 속도 개선을 얻는 프로그램을 작성하기 어렵다는 점을 비롯하여 많은 소프트웨어의 어려움들을 살펴보았다. 아주 다양한 방식의 구조가 존재한다는 점과 과거의 많은 병렬 구조들이 오래지 않아 사라졌다는 사실이 소프트웨어의 어려움을 가중시켜 왔다. 온라인 사이트에 있는 6.16절에서 이런 멀티프로세서의 역사에 대하여 설명한다. GPU에 대하여 더 알고 싶거나 GPU와 CPU에 대한 비교를 더 알고 싶으면 *Computer Architecture: A Quantitative Approach* 6판의 4장을, WSC에 대하여 더 알고 싶으면 6장을, DSA에 대하여는 7장을 보기 바란다.

1장에서 살펴본 바와 같이, 이렇게 가지각색이면서도 오랜 역사에도 불구하고 IT 업계는 현재 병렬 컴퓨팅과 밀접하게 연관되어 있다. 이것이 과거와 다른 몇 가지 이유를 열거해 본다.

- 서비스로서의 소프트웨어(SaaS)의 중요성이 커지고 있으며 이러한 서비스를 제공해 주는 데 클러스터가 매우 성공적인 방법이라는 것이 증명되었다. 지리적으로 분산된 데이터센터를 비롯한 상위 계층의 여유분 제공이 이러한 서비스를 1년 365일 하루 24시간 전 세계의 고객에게 제공할 수 있게 하였다.
- 창고 규모의 컴퓨터(WSC)가 서버 설계의 목표와 원칙들을 바꾸고 있다. 이것은 휴대용 클라이언트가 마이크로프로세서를 설계하는 목표와 원칙을 바꾸고 있는 것과 마찬가지이다. 또한 이 둘은 소프트웨어 산업에 혁명을 일으키고 있다. 달러당 성능과 단위 에너지당 성능이 휴대용 클라이언트 하드웨어와 WSC 하드웨어의 발전을 이끌고 있으며, 이들 목표를 달성하는 데 병렬성이 핵심적인 역할을 하고 있다.
- 기계학습의 급속한 인기는 응용의 본질을 변화시키고 있으며 기계학습을 주도하는 신경망 모델은 자연스럽게 병렬적이다. 또한 PyTorch나 TensorFlow와 같은 도메인에 특화된 소프트웨어 플랫폼은 어레이상에서 작동하기 때문에 C++로 작성된 프로그램보다 데이터 수준 병렬성을 훨씬 쉽게 표현하고 활용할 수 있다.
- SIMD와 벡터 연산은 포스트 PC 시대에 큰 역할을 담당하고 있는 멀티미디어 응용과 잘 어울린다. 이들은 전통적인 병렬 MIMD 프로그래밍보다 프로그램하기가 더 쉽다는 이점이 있고 에너지 측면에서도 MIMD보다 더 효율적이다.
- 모든 데스크톱과 서버 마이크로프로세서 제작사들은 고성능을 얻기 위해 멀티프로세서를 만들고 있다. 과거와 달리 순차 응용들로부터 고성능을 얻는 쉬운 길은 없다.
- 과거에 마이크로프로세서와 멀티프로세서는 성공에 대한 정의를 서로 다르게 하였다. 단일프로세서 성능의 확장성을 이야기할 때에 마이크로프로세서 설계자들은 단일 스레드의 성능이 증가된 실리콘 면적의 제곱근에 비례하여 증가하는 것으로 만족하였다. 그래서 그들은 사용하는 자원에 대한 **준선형적**(sublinear)인 성능 개선에 만족하였다. 멀티프로세서의 경우는 프로세서 개수에 선형적으로 비례하는 속도 개선을 성공으로 정의하였다. 이는 $n$개의 프로세서를 구매하거나 유지하는 비용이 프로세서 하나의 $n$배라고 가정한 것이다. 이제 멀티코어를 통해 칩 안에서 병렬성이 구현되고 있으므로, 전통적인

마이크로프로세서의 정의에 따라 준선형적인 성능 개선을 성공으로 정의할 수 있다.

- 과거와 달리 오픈 소스(open source) 운동은 소프트웨어 산업계에 중요한 부분을 차지하고 있다. 이 운동은 능력 중심의 문화를 만들어서 뛰어난 공학적인 해법들이 전통적 방식보다 개발자들의 마음을 더 사로잡을 수 있다. 동시에 과거의 소프트웨어를 버리고 새로운 언어와 소프트웨어 제품을 수용하는 혁신을 받아들이게 한다. 이와 같은 열린 문화는 요즈음과 같은 변화의 시대에 큰 도움이 된다.

독자들이 이러한 혁명을 반갑게 맞이하도록 동기를 부여하기 위해 우리는 3장부터 6장까지 "더 빠르게"라는 절을 두었다. 이 절들에서, Intel Core i7(Skylake)에서 행렬 곱셈이 가지고 있는 잠재적인 병렬성을 구체적으로 살펴보았다.

- 3장에서 데이터 수준 병렬성은 512비트의 피연산자를 갖는 AVX 명령어를 사용하여 8개의 64비트 부동 소수점 연산을 병렬로 수행함으로써 7.8배의 성능 개선을 보였는데, 이것은 SIMD의 가치를 증명하는 것이다.
- 4장에서 명령어 수준 병렬성은 비순차 실행 하드웨어가 더 많은 수의 명령어를 스케줄할 수 있도록 순환문 펼치기를 4회 사용하여 추가로 1.8배의 성능 개선을 보였다.
- 5장에서 캐시 최적화는 L1 데이터 캐시에 다 적재할 수 없는 행렬에 대하여 캐시 실패를 줄이기 위한 캐시 블로킹(cache blocking)을 이용하여 1.5배의 추가 성능 개선을 보였다.
- 6장에서 스레드 수준 병렬성은 L1 데이터 캐시에 다 적재할 수 없는 행렬에 대하여 멀티코어 칩에 있는 48개의 코어를 활용함으로써 추가로 12~17배의 성능 개선을 얻었는데 이것은 MIMD의 가치를 증명하는 것이다. 이 일은 OpenMP pragma 단 한 줄을 추가함으로써 이루어졌다.

이 책에서 소개한 아이디어를 사용하고 이 컴퓨터에 맞도록 소프트웨어를 특화시키기 위해서 21줄의 코드가 DGEMM에 추가되었다. 겨우 20여 줄의 코드로 실현한 아이디어가 150배 이상의 성능 개선을 이루었다!

Dennard 스케일링이 멈추고, Moore의 법칙은 둔화되고, Amdahl의 법칙만이 전적으로 유효한 시대가 되어 이제 범용 코어의 성능은 매년 겨우 수 퍼센트씩만 좋아질 것이다. 대략 2005년부터 10년간 기업체가 병렬 처리의 기회를 활용하려고 노력한 것과 같이 향후 10년간의 과제는 DSA를 개발하고 프로그램하는 것이 될 것으로 예상한다.

이런 현저한 변화는 IT 분야의 안팎에서 많은 새로운 연구와 사업의 기회를 제공할 것이다. 앞으로 DSA 시대를 지배할 회사는 아마도 오늘날의 지배적 회사는 아닐 것이다. 이 책에서 배운 바대로 하드웨어의 추세를 잘 이해하고 소프트웨어를 새로운 하드웨어에 맞추는 법을 익힌다면, 미래의 어느 시점에 분명히 나타날 결정적 기회를 잡는 혁신가 중 한 사람이 바로 당신이 될 수도 있다. 당신의 발명이 우리의 삶을 풍요롭게 해 줄 그날을 기대한다!

## 역사적 고찰 및 참고문헌

온라인 사이트에 있는 이 절은 풍성하면서도 때로는 끔찍했던 지난 50년간의 멀티프로세서의 역사를 담고 있다.

### 참고문헌

B. F. Cooper, A. Silberstein, E. Tam, R. Ramakrishnan, R. Sears. Benchmarking cloud serving systems with YCSB, In: Proceedings of the 1st ACM Symposium on Cloud computing, June 10−11, 2010, Indianapolis, Indiana, USA, doi:10.1145/1807128.1807152.

G. Regnier, S. Makineni, R. Illikkal, R. Iyer, D. Minturn, R. Huggahalli, D. Newell, L. Cline, and A. Foong. TCP onloading for data center servers. IEEE Computer, 37(11):48−58, 2004.

## 6.17 자습

DSA는 더 많은 컴퓨팅 옵션을 가지고, 여러 대안들의 비용을 비교할 필요가 있게 만든다. 예를 들어 범용 CPU와 GPU, FPGA에서 프로그램을 실행하는 것의 비용을 어떻게 비교할 수 있을까? 상품의 정가는 고객이 실제로 지불하는 비용과 다를 수 있기 때문에, 특히 대량 구매를 할 때는 더, 비용을 측정하는 것은 옛날부터 어려운 일이었다.

**클라우드 가격.** 가격이 정해져 있고 모든 사람에게 공개적인 시장 중 하나가 클라우드이다. 선호하는 클라우드 공급자에게 가서 CPU나 FPGA, GPU의 현재 시간당 임대료를 알아보라. 2020년 AWS의 사례는 아래와 같다.

- CPU: r5.2xlarge
- FPGA: f1.2xlarge
- GPU: p3.2xlarge

FPGA와 GPU를 임대하는 비용을 CPU를 빌리는 비용과 대비해서 말하라.

**개선된 게놈 분석.** 어떤 추정에 의하면 2020년 현재 게놈 염기 서열을 분석한 사람은 약 100만 명 정도이다. 게놈 염기 서열 분석 비용이 떨어지면 염기 서열 데이터를 분석하는 수요가 늘어날 것이다. Wu 등[2019]은 게놈 분석의 핵심 부분을 FPGA로 구현한 DSA로 가속하여 CPU에서 42시간 소요되던 작업을 31분 만에 끝냈다. 저자들은 스레드 간의 부하 불균형으로 인해 프로그램이 GPU에서 더 빠르게 실행될 것이라는 데 회의적이었지만, 논쟁을 위해 CPU보다 GPU에서 3배 빠르게 실행할 수 있다고 가정하자. 앞에서 구한 클라우드 비용을 사용해서 각 플랫폼에서 게놈 염기 서열 분석 비용을 보여라. CPU 대비 FPGA와 GPU의 비용은 얼마인가?

**더욱 개선된 게놈 분석.** 대략적인 경험에 의하면 주문 제작한 칩은 FPGA로 설계한 것보다 최소 10배 이상 빠르다. 문제는 FPGA보다 칩의 주문 제작에 훨씬 높은 개발 비용(non-recurring costs, NRE)이 든다는 것이다. Michael Taylor와 그의 학생들은 이 비용을 계산하기 위해 새로운 연구를 하였다[Mag16, Kha17]. ASIC NRE는 마스크 제작 비용을 포함해야 하는데 이 비용은 전체 비용에서 상당 부분을 차지한다. 2017년 설계의 예[Kha17]를 아래 표에 보였다. 저자들은 ASIC이 다른 대안들보다 훨씬 빠르다는 것과 문제는 어떻게 NRE를 지불할 것인가라는 점을 지적하였다.

| Technology (nm) | 40 | 28 | 16 |
|---|---|---|---|
| Mask cost ($) | 1,250,000 | 2,250,000 | 5,700,000 |
| Percentage of overall NRE | 38 | 52 | 66 |
| Total NRE ($) | 3,259,000 | 4,301,000 | 8,616,000 |

각 ASIC 설계에 대한 NRE 비용을 회수하려면 얼마나 많은 게놈을 분석해야 하는가? 게놈 염기 서열 분석을 위한 실험 비용이 2020년 현재 게놈당 약 $700이다. 데이터 처리를 위해 당신은 FPGA를 사용하겠는가 아니면 주문 제작한 ASIC을 사용하겠는가?

## 자습 해답

2020년 AWS US East에 대한 **클라우드 가격**

- CPU r5.2xlarge: 시간당 $0.504.
- FPGA f1.2xlarge: 시간당 $1.65. CPU보다 3.3배 비쌈.
- GPU p3.2xlarge: 시간당 $3.06. CPU보다 6.1배 비쌈.

**개선된 게놈 분석**

- CPU에서 게놈 하나를 분석: 42시간 × $0.504/시간 = $21.17
- FPGA: 31분/60분 × $1.65/시간 = $0.85. CPU 비용의 0.04(1/25)배
- GPU: 42/3시간 × $3.06/시간 = $42.84. CPU 비용의 2배

**더욱 개선된 게놈 분석**

| Technology (nm) | 40 | 28 | 16 |
|---|---|---|---|
| Total NRE ($) | 3,259,000 | 4,301,000 | 8,616,000 |
| Cost per genome on FPGA ($) | 0.85 | 0.85 | 0.85 |
| Number of genomes to recover NRE | 3,834,118 | 5,060,000 | 10,136,471 |

주어진 가정에 의하면 게놈당 데이터 처리 비용은 실제 실험 비용과 비교해서 이미 너무 싸기 때문에 사이트당 매년 수천만 개의 게놈을 분석할 수요가 있기 전까지는 ASIC을 정당화하기 어려울 것이다.

## 6.18 연습문제

**6.1** 먼저 평일에 당신이 일상적으로 수행하는 하루 일과들의 리스트를 써라. 예를 들어, 침대에서 일어나, 샤워를 하고, 옷을 입고, 아침을 먹고, 머리를 말리고, 이를 닦는 등의 활동을 나열하라. 최소한 10개의 활동을 갖는 리스트를 만들도록 한다.

**6.1.1** [5] 〈§6.2〉 이 활동 중에서 이미 어떤 형태로든 병렬성을 활용하고 있는 것을 찾아라(예를 들면 이를 한 개씩 닦는 것이 아니라 여러 개를 동시에 닦는 것, 책을 하나씩 학교로 가지고 가는 것이 아니라 가방에 여러 책을 한꺼번에 가지고 가는 것 등). 각 활동에 대하여 그것이 병렬적으로 일어나고 있는지의 여부를 논하고, 만약 그렇지 않다면 왜 그렇지 않은지를 설명하라.

**6.1.2** [5] 〈§6.2〉 어떤 활동들을 병행적으로 수행할 수 있는지 생각해 보라(예를 들면 아침을 먹으면서 뉴스를 청취하는 것). 각 활동에 대하여 동시에 수행할 수 있는 다른 활동들을 열거하라.

**6.1.3** [5] 〈§6.2〉 문제 6.1.2에서, 지금의 시스템(예를 들면 샤워, 옷, TV, 차)을 어떻게 바꾸면 더 많은 일을 병렬적으로 수행할 수 있을 것인가?

**6.1.4** [5] 〈§6.2〉 가능한 한 많은 일들을 병렬적으로 수행한다고 하면, 그 일들을 다 수행하는 데 걸리는 시간이 얼마나 단축될지 어림잡아 보라.

**6.2** 블루베리 파운드 케이크 3개를 구우려고 한다. 케이크의 재료는 다음과 같다.

버터 1컵(부드럽게 한)
설탕 1컵
큰 달걀 4개
바닐라 농축액 1티스푼
소금 1/2티스푼
육두구 1/4티스푼
밀가루 1과 1/2컵
블루베리 1컵

케이크 하나를 만드는 조리법은 다음과 같다.

1단계: 오븐을 160°C로 예열하고, 빵 굽는 팬에 기름을 칠한 뒤에 밀가루를 뿌린다.

2단계: 큰 볼에 버터와 설탕을 넣고 중간 속도의 믹서로 섞어서 거품같이 되도록 한다. 달걀, 바닐라, 소금, 육두구를 넣는다. 완전히 섞일 때까지 반죽한다. 믹서의 속도를 낮추고 밀가루를 한 번에 1/2컵씩 넣는다. 섞일 만큼만 반죽한다.

3단계: 블루베리를 천천히 섞는다. 준비된 팬에 골고루 펼친다. 그리고 60분간 굽는다.

**6.2.1** [5] 〈§6.2〉 당신이 해야 할 일은 케이크 3개를 최대한 효율적으로 만드는 것이다. 케이크 하나를 구울 수 있는 오븐 하나, 큰 볼 하나, 빵 굽는 팬 하나, 믹서 하나가 있다고 가정하자. 케이크 3개를 가장 빨리 구울 수 있는 스케줄을 만들어라. 이 작업의 병목은 어디인지 찾아라.

**6.2.2** [5] 〈§6.2〉 볼도 3개, 빵 굽는 팬도 3개, 믹서도 3개가 있다고 가정하자. 이렇게 추가된 자원이 있으면 작업을 얼마나 빨리 수행할 수 있는가?

**6.2.3** [5] 〈§6.2〉 당신을 도울 친구가 2명 생겼고 케이크 3개를 다 넣을 수 있는 큰 오븐도 있다면, 문제 6.2.1에서 만든 스케줄을 어떻게 바꾸어야 하는가?

**6.2.4** [5] 〈§6.2〉 케이크를 만드는 작업을 병렬 컴퓨터에서 순환문을 세 번 반복하

는 작업에 비유하자. 케이크 만드는 순환문에서 데이터 수준 병렬성과 태스크 수준 병렬성을 찾아라.

**6.3** 많은 컴퓨터 응용에는 데이터 집합들을 탐색하고 데이터를 정렬하는 작업이 포함된다. 이런 지루한 작업의 실행시간을 줄이기 위해 탐색과 정렬을 효율적으로 하는 많은 알고리즘들이 개발되었다. 이 문제에서는 이러한 작업을 어떻게 병렬화하는 것이 가장 좋은지를 생각해 볼 것이다.

**6.3.1** [10] 〈§6.2〉 다음의 이진 탐색 알고리즘(고전적인 분할정복 알고리즘)은 N개의 정렬된 배열 A에서 X값을 찾아서 그 인덱스를 출력한다.

```
BinarySearch(A[0..N-1], X) {
   low = 0
   high = N - 1
   while (low <= high) {
       mid = (low + high) / 2
       if (A[mid] > X)
          high = mid - 1
       else if (A[mid] < X)
          low = mid + 1
       else
          return mid // found
   }
   return -1 // not found
}
```

Y개의 코어를 가진 멀티코어 프로세서를 사용하여 BinarySearch를 수행한다고 가정하자. Y가 N보다 훨씬 작다고 할 때에 기대할 수 있는 속도 개선을 Y와 N의 함수로 표현하라. 이를 그래프로 그려라.

**6.3.2** [5] 〈§6.2〉 이제 Y와 N이 같다고 가정하자. 이런 가정이 앞의 문제의 답에 어떤 영향을 주는가? 얻을 수 있는 최선의 속도 개선 비율을 얻으려 한다면(경성 스케일링), 이 코드를 어떻게 변환하여야 하는지 설명하라.

**6.4** 다음 C 코드를 살펴보자.

```
for (j = 2;j<=1000;j++)
  D[j] = D[j - 1]+D[j - 2];
```

이 코드에 대한 RISC-V 코드는 다음과 같다.

```
        addi   x5, x0, 8000
        add    x12, x10, x5
        addi   x11, x10, 16
LOOP:   fld    f0, -16(x11)
        fld    f1, -8(x11)

        fadd.d f2, f0, f1
        fsd    f2, 0(x11)
        addi   x11, x11, 8
        ble    x11, x12, LOOP
```

한 명령어의 지연시간은 그 명령어와 이 명령어의 결과를 사용하는 명령어 사이에 있어야 하는 사이클 수이다. 부동 소수점 명령어들의 지연시간은 다음과 같다고 가정한다(단위: 사이클).

| fadd.d | fld | fsd |
|---|---|---|
| 4 | 6 | 1 |

**6.4.1** [10] 〈§6.2〉 이 코드를 실행하는 데 몇 사이클이 필요한가?

**6.4.2** [10] 〈§6.2〉 지연을 줄이기 위해서 코드의 순서를 바꾸어라. 이 코드를 실행하는 데 몇 사이클이 필요한가? 힌트: `s.d` 명령어의 변위를 바꾸면 추가 지연을 없앨 수 있다.

**6.4.3** [10] 〈§6.2〉 순환문의 한 명령어가 같은 순환문의 이전 반복에서 생성된 데이터를 필요로 하는 경우 순환문의 반복 간에 **순환문간 종속성**(loop-carried dependence)이 존재한다고 말한다. 위의 코드에서 순환문간 종속성을 찾아라. 종속 관계가 있는 프로그램 변수와 어셈블리 수준의 레지스터를 찾아라. 순환문 유도 변수(induction variable)인 `j`는 무시할 수 있다.

**6.4.4** [15] 〈§6.2〉 순환문의 반복 간 데이터를 전달하기 위해 레지스터를 사용하도록(메모리에 데이터를 저장하고 다시 적재하지 않고) 코드를 재작성하라. 이 코드가 어디서 지연이 발생하는지 보이고 실행하는 데 필요한 사이클의 수를 계산하라. 이 문제를 풀기 위해서는 어셈블러 의사명령어 "`fmv.d rd, rs1`"을 사용할 필요가 있을 것이다. 이 명령어는 부동 소수점 레지스터 `rs1`의 값을 부동 소수점 레지스터 `rd`에 쓴다. `fmv.d` 명령어가 한 사이클에 수행된다고 가정하라.

**6.4.5** [10] 〈§6.2〉 4장에서 순환문 펼치기를 설명하였다. 이 순환문에 순환문 펼치기를 적용하여 원 순환문의 반복 3개를 펼치고 최적화하라. 이 코드의 어디에서 지연이 발생하는지를 보이고, 실행하는 데 필요한 사이클의 수를 계산하라.

**6.4.6** [10] 〈§6.2〉 문제 6.4.5의 순환문 펼치기는 3의 배수만큼 반복하기 때문에 멋지게 동작을 한다. 만약 컴파일 시간에 반복 횟수를 모르면 어떻게 될까? 반복 횟수가 펼쳐진 순환문의 반복 횟수의 배수가 아닌 경우 어떻게 처리해야 효율적일까?

**6.4.7** [15] 〈§6.2〉 두 노드가 있는 분산 메모리 메시지 전달 시스템에서 이 코드를 수행하는 것에 대하여 생각해 보자. 6.8절에서와 같이 메시지 전달을 사용한다고 가정한다. 그 절에서 노드 x로 y값을 전송하는 연산 `send(x,y)`와 전송되는 값을 기다리는 `receive( )`를 새롭게 소개하였다. `send` 연산을 내보내는 데 한 사이클이 소요되고(즉 같은 노드의 다음 명령어를 다음 사이클에 수행할 수 있다) 수신 노드에서 수신하는 데 여러 사이클이 걸린다고 가정한다. 이 시스템에서 문제 코드의 수행 속도를 개선할 수 있는가? 만약 그렇다면 정보를 수신하기까지 감내할 수 있는 최대 지연시간은 얼마인가? 만약 그렇지 않다면 이유는 무엇인가?

**6.5** 재귀적 mergesort 알고리즘(또 하나의 대표적인 분할정복 알고리즘이다)을 생각하자. mergesort는 1945년에 John von Neumann이 처음 기술하였다. 기본 아이디어는 *m*개의 원소로 되어 있는 리스트 *x*를 원 리스트의 반 정도 길이인 서브리스트 2개로 나누는 것이다. 각 서브리스트에 대하여 이 작업을 반복하여 길이가 1인 리스트들을 만든 다음, 서브리스트를 2개씩 묶어서 정렬된 리스트 하나로 "병합(merge)"하는 과정을 반복한다.

```
Mergesort(m)
     var list left, right, result
     if length(m) ≤ 1
        return m
     else
        var middle = length(m) / 2
        for each x in m up to middle
           add x to left
        for each x in m after middle
           add x to right
        left = Mergesort(left)
        right = Mergesort(right)
        result = Merge(left, right)
        return result
```

merge 단계는 다음 코드와 같이 수행된다.

```
Merge(left,right)
  var list result
  while length(left) >0 and length(right) > 0
       if first(left) ≤ first(right)
          append first(left) to result
          left = rest(left)
       else
          append first(right) to result
          right = rest(right)
   if length(left) >0
       append rest(left) to result
   if length(right) >0
       append rest(right) to result
   return result
```

**6.5.1** [10] 〈§6.2〉 Y개의 코어를 가진 멀티코어 프로세서로 mergesort를 수행한다고 가정하자. Y가 length(m)보다 훨씬 작을 때, 기대할 수 있는 속도 개선을 Y와 length(m)으로 나타내고 이를 그래프로 그려라.

**6.5.2** [10] 〈§6.2〉 이제 Y와 length(m)이 같다고 가정하자. 이런 가정이 앞 문제의 답에 어떤 영향을 주는가? 가능한 최대의 속도 개선을 얻으려 한다면(경성 스케일링), 이 코드를 어떻게 변환하여야 하는지 설명하라.

**6.6** 행렬 곱셈은 많은 응용에서 중요한 역할을 한다. 첫째 행렬의 열의 수와 둘째 행렬의 행의 수가 같을 때만 두 행렬을 곱할 수 있다.

$m \times n$ 행렬 $A$를 $n \times p$ 행렬 $B$와 곱한다고 가정하자. 이들의 곱인 $m \times p$ 행렬을 $AB$(또는 $A \cdot B$)로 표시한다. $C = AB$라고 하고 $c_{i,j}$가 $C$의 $(i, j)$번째 원소를 가리킨다고 하면 $1 \leq i \leq m$, $1 \leq j \leq p$인 $i, j$에 대하여

$$c_{i,j} = \sum_{k=1}^{n} a_{i,k} \times b_{k,j}$$

가 된다. $C$의 계산을 병렬화할 수 있는지 알아보자. 행렬은 메모리에 $a_{1,1}$, $a_{2,1}$, $a_{3,1}$, $a_{4,1}$, …과 같은 순서로 저장된다고 가정한다.

**6.6.1** [10] 〈§6.5〉 단일 코어 공유 메모리 기계와 4코어 공유 메모리 기계에서 $C$를 계산한다고 가정한다. 4코어 기계를 이용하여 얻을 수 있는 속도 개선이 얼마인지 계산하라. 단, 메모리와 관련된 문제는 무시한다.

**6.6.2** [10] 〈§6.5〉 *C*의 같은 행(즉 인덱스 *i*)의 연속되는 원소를 갱신할 때에 거짓 공유(false sharing) 문제로 인하여 캐시 실패가 발생한다고 가정하고 문제 6.6.1을 다시 풀어라.

**6.6.3** [10] 〈§6.5〉 거짓 공유 문제를 어떻게 해결할 수 있는가?

**6.7** SMP의 네 프로세서에서 다른 두 프로그램의 다음 부분이 동시에 수행되는 경우를 생각해 보자. 이 코드가 수행되기 전에 x와 y 값은 모두 0이었다고 가정한다.

코어 1: `x = 2;`

코어 2: `y = 2;`

코어 3: `w = x + y + 1;`

코어 4: `z = x + y;`

**6.7.1** [10] 〈§6.5〉 w, x, y, z가 가질 수 있는 모든 가능한 값을 구하라. 각 경우에 대하여 그 값을 어떻게 얻게 되었는지 설명하라. 명령어들의 모든 가능한 인터리빙을 조사해야 될 것이다.

**6.7.2** [5] 〈§6.5〉 실행을 더 결정적으로 만들어서 결과값이 하나만 나올 수 있게 하려면 어떻게 해야 되는가?

**6.8** 식사하는 철학자 문제는 동기화와 병행성에 관한 고전적인 문제이다. 이 문제는 대체로 다음과 같이 기술된다. 원탁에 둘러앉은 철학자들은 먹는 일과 생각하는 일, 둘 중의 하나만 한다. 먹을 때에는 생각을 하지 않고, 생각할 때는 먹지 않는다. 식탁 가운데에는 파스타가 한 접시 있다. 철학자들 사이에는 포크가 하나씩 놓여 있어서, 결과적으로 각 철학자의 왼쪽과 오른쪽에 포크가 하나 있게 된다. 파스타를 먹기 위해서는 양손에 포크를 하나씩 들어야 하는데 자신의 바로 옆에 놓인 포크만 사용할 수 있다. 철학자들은 서로 이야기를 하지 않는다.

**6.8.1** [10] 〈§6.8〉 철학자 모두가 먹지 못하는[기아 상태(starvation)] 시나리오를 제시하라. 사건들이 어떤 순서로 일어날 때 이런 문제가 생기는가?

**6.8.2** [10] 〈§6.8〉 우선순위 개념을 도입하여 이 문제를 해결하는 방법을 설명하라. 그러나 우리가 모든 철학자를 공평히 대접하는 것을 보장할 수 있는가? 이에 대하여 설명하라.

철학자에게 포크를 할당하는 일을 하는 종업원을 고용한다고 가정하자. 종업원이 허용하기 전에는 아무도 포크를 집어들 수 없다. 종업원은 모든 포크에 대한 정보를 가지고 있다. 또한 오른쪽 포크를 요청하기 전에 왼쪽 포크를 늘 먼저 요청하도록 하는 정책을 사용하면 교착상태를 피하는 것을 보장할 수 있다.

**6.8.3** [10] 〈§6.8〉 종업원에게 요청하는 것은 요청 큐를 사용하든지 아니면 주기적으로 요청하는 방식으로 구현할 수 있다. 큐를 사용하는 경우, 요청은 접수된 순서대로 처리된다. 큐를 사용하는 경우의 문제는 큐의 맨 앞에 있는 요청일지라도 요청하는 자원(포크)이 없기 때문에 처리하지 못하는 경우가 생긴다는 점이다. 철학자가 5명이고 큐를 사용할 때, 큐의 뒤쪽에 있는 요청은 처리할 수 있지만 맨 앞에 있는 요청을 처리하지 못하는 시나리오를 제시하라.

**6.8.4** [10] 〈§6.8〉 요청하는 자원을 받을 때까지 주기적으로 종업원에게 요청을 반복하는 방식으로 구현하면 문제 6.8.3의 문제가 해결되는가? 설명하라.

**6.9** 다음 세 가지 CPU 구성을 생각해 보자.

CPU SS: 2코어 수퍼스칼라 마이크로프로세서로 비순차 내보내기를 지원하고 2개의 기능 유닛을 갖는다. 각 코어는 한 번에 스레드 1개만 실행할 수 있다.

CPU MT: 작은 단위 멀티스레드 프로세서로 기능 유닛이 2개 있어서 두 스레드의 명령어를 병행적으로 실행할 수 있다. 그러나 한 사이클에서는 한 스레드에 속한 명령어만 내보낼 수 있다.

CPU SMT: 기능 유닛이 2개 있어서 두 스레드의 명령어를 병행적으로 실행할 수 있는 SMT 프로세서이고, 매 사이클 한 스레드 혹은 두 스레드에 속한 명령어를 내보낼 수 있다.

이 CPU에서 수행할 X, Y 2개의 스레드가 다음과 같은 연산을 수행한다고 가정하자.

| 스레드 X | 스레드 Y |
|---|---|
| A1 – 실행에 세 사이클 소요 | B1 – 실행에 두 사이클 소요 |
| A2 – 종속성이 없음 | B2 – B1과 기능 유닛 충돌 발생 |
| A3 – A1과 기능 유닛 충돌 발생 | B3 – B2 결과에 의존 |
| A4 – A3 결과에 의존 | B4 – 종속성은 없고 실행에 두 사이클 소요 |

해저드가 발생하거나 따로 명시된 경우가 아니면 각 명령어는 한 사이클에 실행된다고 가정한다.

**6.9.1** [10] 〈§6.4〉 SS CPU 하나로 두 스레드를 실행하려면 얼마나 많은 사이클이 소요되는가? 해저드 때문에 낭비되는 내보내기 슬롯의 개수는 몇 개인가?

**6.9.2** [10] 〈§6.4〉 SS CPU 2개로 두 스레드를 실행하려면 얼마나 많은 사이클이 소요되는가? 해저드 때문에 낭비되는 내보내기 슬롯의 개수는 몇 개인가?

**6.9.3** [10] 〈§6.4〉 MT CPU 하나로 두 스레드를 실행하려면 얼마나 많은 사이클

이 소요되는가? 해저드 때문에 낭비되는 내보내기 슬롯의 개수는 몇 개인가?

**6.9.4** [10] 〈§6.4〉 SMT CPU 하나로 두 스레드를 실행하려면 얼마나 많은 사이클이 소요되는가? 해저드 때문에 낭비되는 내보내기 슬롯의 개수는 몇 개인가?

**6.10** 고성능 서버의 관리 비용을 절감하기 위해서 가상화 소프트웨어가 적극적으로 활용되고 있다. VMWare, Microsoft, IBM 같은 회사들은 여러 가상화 제품들을 개발하였다. 5장에서 기술한 바와 같이 개략적인 개념은 하드웨어와 운영체제 사이에 하이퍼바이저(hypervisor) 계층을 두어서 한 하드웨어를 여러 운영체제가 공유할 수 있게 하는 것이다. 하이퍼바이저 계층은 운영체제가 담당하는 서비스(예를 들면 입출력)를 처리하는 것 외에 CPU와 메모리 자원을 할당하는 일을 책임진다.

가상화는 운영체제와 응용 소프트웨어에게 아래 계층에 있는 하드웨어에 대한 추상적 관점을 제공한다. 이 점은 여러 운영체제가 CPU와 메모리를 동시에 공유할 수 있게 지원하려면 장차 멀티코어와 멀티프로세서 시스템을 어떻게 설계해야 할 것인가를 다시 생각하게 한다.

**6.10.1** [30] 〈§6.4〉 오늘날 시장에 나와 있는 하이퍼바이저 중에서 두 가지를 선택해서, 이들이 CPU와 메모리와 같은 하드웨어를 어떻게 가상화하고 관리하는지 비교, 대조하라.

**6.10.2** [15] 〈§6.4〉 자원 요구에 적절히 대응하기 위해서 미래의 멀티코어 CPU 플랫폼에 어떤 변화가 필요할지에 대하여 논하라. 예를 들어 멀티스레딩이 컴퓨팅 자원에 대한 경쟁 문제를 완화하는 데 효율적인 역할을 할 수 있을 것인가?

**6.11** 아래의 순환문을 가능한 한 효율적으로 수행하려고 한다. MIMD 기계와 SIMD 기계가 있다고 가정하자.

```
for (i = 0; i < 2000; i+ + )
  for (j = 0; j < 3000; j+ + )
       X_array[i][j] = Y_array[j][i] + 200;
```

**6.11.1** [10] 〈§6.3〉 4개의 CPU를 갖는 MIMD 기계에서 각 CPU가 실행할 RISC-V 명령어 스트림을 보여라. 이 MIMD 기계에서의 속도 개선은 얼마인가?

**6.11.2** [20] 〈§6.3〉 폭이 8인 SIMD 기계(즉, 8개의 병렬 SIMD 기능 유닛이 있는 기계)에서 순환문을 수행하기 위해 필요한 SIMD 확장을 정의하고 이를 사용한 RISC-V 어셈블리 프로그램을 작성하라. MIMD 기계와 SIMD 기계에서 실행될 명령어의 수를 비교하라.

**6.12** 시스톨릭 어레이(systolic array)는 MISD의 한 예로 볼 수 있다. 시스톨릭 어레이는 데이터 처리 소자들의 파이프라인 네트워크로 "파면(wavefront)"이 밀려오는 것처럼 동작한다. 각 데이터 처리 소자들은 데이터가 도착하면 바로 실행을 시작하므로 프로그램 카운터가 필요 없다. 클럭으로 동기화되는 시스톨릭 어레이는 연산과 통신 단계를 반복하면서 "락-스텝(lock-step)" 방식으로 계산을 수행한다.

**6.12.1** [10] 〈§6.3〉 제안되어 있는 시스톨릭 어레이의 구현을 고려하자. (인터넷이나 학술 논문에서 찾을 수 있다.) 이 MISD 모델을 이용하여 문제 6.11에서 제시된 순환문을 프로그래밍하라. 이 과정에서 직면한 어려움에 대하여 논하라.

**6.12.2** [10] 〈§6.3〉 MISD와 SIMD 기계의 유사점과 차이점에 대하여 논하라. 데이터 수준 병렬성의 관점에서 이 질문에 답하라.

**6.13** 6.3절에서 RISC-V 어셈블리로 작성한 DAXPY 순환문을 NIVIDIA 8800 GTX GPU에서 수행하려고 한다. 이 문제에서 모든 산술 연산은 단일 정밀도 실수를 사용한다고 가정한다. (그래서 순환문의 이름을 SAXPY로 바꾼다.) 각 명령어 실행에 필요한 사이클 수는 다음과 같다.

| Loads | Stores | Add.S | Mult.S |
|---|---|---|---|
| 5 | 2 | 3 | 4 |

**6.13.1** [20] 〈§6.6〉 단일 멀티프로세서에 있는 8개의 코어를 활용하기 위하여 SAXPY 순환문을 위한 워프(warp)를 어떻게 구성할지 설명하라.

**6.14** https://developer.nvidia.com/cuda-toolkit에서 CUDA 툴킷과 SDK를 다운로드하라. 실제 NVIDIA 하드웨어를 사용하는 대신 "emurelease"(에뮬레이션 모드)를 사용하도록 한다. SDK가 제공하는 예제 프로그램을 만들어서 에뮬레이터 위에서 실행되는지 확인하라.

**6.14.1** [90] 〈§6.6〉 "template" SDK 샘플을 시작점으로 하여 다음 벡터 연산을 하는 CUDA 프로그램을 작성하라.

1) $a - b$ (벡터-벡터 뺄셈)

2) $a \cdot b$ (벡터 내적)

두 벡터 $a = [a_1, a_2, \ldots, a_n]$과 $b = [b_1, b_2, \ldots, b_n]$의 내적은 다음과 같이 정의된다.

$$a \cdot b = \sum_{i=1}^{n} a_i b_i = a_1 b_1 + a_2 b_2 + \ldots + a_n b_n$$

각 연산을 수행하는 코드를 작성하고 실행 결과가 정확한지 확인하라.

**6.14.2** [90] 〈§6.6〉 가용한 GPU 하드웨어가 있는 경우, CPU 버전 프로그램과 GPU 버전 프로그램의 실행시간을 벡터의 크기를 변화시키면서 조사하여 프로그램의 성능을 분석하고, 그 결과를 설명하라.

**6.15** AMD는 서로 다른 클럭을 사용하는 x86 코어와 그래픽 처리 유닛을 한 패키지에 집적할 것이라고 최근에 발표하였다. 이것은 가까운 미래에 상용화될 것으로 예상되는 이종 멀티프로세서 시스템의 한 예이다. 핵심 설계 요소 중 하나는 CPU와 GPU 간에 빠른 데이터 통신을 가능하게 하는 것이다. AMD의 Fusion 구조 이전에는 별개의 CPU 칩과 GPU 칩 사이에서 통신이 필요하였다. 현재의 계획은 여러 개(최소한 16개)의 PCI Express 채널을 사용하여 상호 통신을 용이하게 하는 것이다.

**6.15.1** [25] 〈§6.6〉 이 두 가지 연결망 기술의 대역폭과 지연시간을 비교하라.

**6.16** 그림 6.15(b)에서 8개의 노드를 연결하는 3차원 n-큐브 상호 연결망을 보였다. n-큐브 상호 연결망 위상의 매력적인 특성 한 가지는 링크가 고장 나더라도 접속 가능성이 유지된다는 점이다.

**6.16.1** [10] 〈§6.9〉 n-큐브에서 링크가 최대 몇 개까지 고장 나더라도, 모든 노드 간의 연결이 보장되는가?

**6.16.2** [10] 〈§6.9〉 완전 연결망과 n-큐브의 고장에 대한 복원력(resiliency)을 비교하라. 두 위상의 신뢰성을 추가된 링크 수의 함수로 도시하여 비교하라.

**6.17** 벤치마킹은 시스템의 성능을 객관적으로 비교하기 위하여 특정 컴퓨팅 플랫폼에서 실행될 대표적인 작업부하를 찾아내는 것과 관련된 연구 분야이다. 이 문제에서는 Whetstone CPU 벤치마크와 PARSEC 벤치마크 모음을 비교하려고 한다. PARSEC에서 프로그램 하나를 선택하라. 모든 프로그램은 인터넷에서 구할 수 있다. 6.11절에서 설명한 시스템 중 하나를 선정하여, 여러 벌의 Whetstone을 실행하는 경우와 PARSEC 벤치마크를 실행하는 경우를 비교한다.

**6.17.1** [60] 〈§6.11〉 멀티코어 시스템에서 위의 두 종류 작업부하를 실행할 때, 어떤 근본적인 차이점이 있는가?

**6.17.2** [60] 〈§6.11〉 이 벤치마크를 실행할 때 얻을 수 있는 결과가 작업부하가 가지고 있는 공유와 동기화의 양에 따라 어떻게 달라지는지를 루프라인 모델의 관점에서 설명하라.

**6.18** 희소 행렬에 대한 연산을 수행할 때 메모리 계층구조에서의 지연시간이 매우 중요한 요소가 된다. 희소 행렬은 행렬 연산에서 흔히 발견되는 데이터 스트림의 공간 지역성이 없다. 따라서 새로운 행렬 표현법이 제안되었다.

초창기 희소 행렬 표현법의 하나는 Yale 희소 행렬 포맷이다. $m \times n$ 희소 행렬 $M$을 3개의 1차원 배열을 사용하여 행의 형태로 저장한다. $M$에 있는 0이 아닌 원소들의 개수를 $R$이라고 하자. 크기가 $R$인 배열 $A$는 $M$에 있는 0이 아닌 원소들을 왼쪽에서 오른쪽, 그리고 위에서 아래의 순서로 저장한다. 두 번째 배열 $IA$는 크기가 $m + 1$이다. $IA(i)$는 $i$행에서 0이 아닌 첫 번째 원소의 인덱스를 저장한다. 원 행렬의 $i$행은 $A(IA(i))$부터 $A(IA(i+1)-1)$까지에 해당된다. 세 번째 배열 $JA$는 $A$의 각 원소의 열 인덱스를 저장하고 있으며 크기는 $R$이다.

**6.18.1** [15] 〈§6.11〉 아래의 희소 행렬 $X$를 Yale 희소 행렬 포맷으로 저장하는 C 코드를 작성하라.

```
Row 1 [1, 2, 0, 0, 0, 0]
Row 2 [0, 0, 1, 1, 0, 0]
Row 3 [0, 0, 0, 0, 9, 0]
Row 4 [2, 0, 0, 0, 0, 2]
Row 5 [0, 0, 3, 3, 0, 7]
Row 6 [1, 3, 0, 0, 0, 1]
```

**6.18.2** [10] 〈§6.11〉 행렬 $X$의 각 원소가 단일 정밀도 부동 소수점 수라고 가정할 때, Yale 희소 행렬 포맷으로 위의 행렬을 저장하기 위해 필요한 저장 공간의 크기를 계산하라.

**6.18.3** [15] 〈§6.11〉 행렬 $X$와 아래 행렬 $Y$의 곱하기를 수행하라.

```
[2, 4, 1, 99, 7, 2]
```

이 연산을 순환문 안에 넣어서 실행시간을 측정하라. 순환문의 반복 실행 횟수를 크게 하여 실행시간 측정이 충분히 정확하도록 하라. 행렬을 그대로 표현했을 때의 실행시간과 Yale 희소 행렬 포맷을 사용했을 때의 실행시간을 비교하라.

**6.18.4** [15] 〈§6.11〉 저장 공간과 계산 오버헤드의 측면에서 더 효율적인 희소 행렬 표현법을 발견할 수 있겠는가?

**6.19** 장차 우리는 이종의 CPU들로 구성된 이종 컴퓨팅 플랫폼을 만나게 될 것이다. 임베디드 컴퓨팅 시장에는 이미 부동 소수점 DSP와 마이크로컨트롤러 CPU를 멀티칩 모듈 패키지에 통합한 시스템이 나오기 시작하였다.

다음과 같은 세 종류의 CPU가 있다고 가정하자.

CPU A—한 사이클에 여러 명령어를 실행할 수 있는 중간 속도의 멀티코어 CPU (부동 소수점 유닛이 있다)

CPU B—한 사이클에 1개의 명령어를 실행하는 고속의 단일 코어 정수형 CPU(부동 소수점 유닛이 없다)

CPU C—한 사이클에 동일한 명령어 여러 개를 실행할 수 있는 저속의 벡터 CPU (부동 소수점 기능이 있다)

클럭 속도는 다음과 같다고 가정한다.

| CPU A | CPU B | CPU C |
|---|---|---|
| 1GHz | 3GHz | 250MHz |

CPU A는 사이클당 2개의 명령어를 수행할 수 있고, CPU B는 1개, CPU C는 8개(같은 명령어)를 수행할 수 있다. 해저드가 없다면 모든 연산이 한 사이클에 수행된다고 가정한다.

3개의 CPU는 모두 정수형 연산을 수행할 수 있으나, CPU B는 부동 소수점 연산을 직접 수행할 수 없다. CPU A와 B는 RISC-V와 비슷한 명령어 집합을 가지고 있다. CPU C는 메모리 적재와 저장, 부동 소수점 덧셈과 뺄셈만 수행할 수 있다. 모든 CPU들은 공유 메모리에 접근할 수 있으며 동기화 비용은 0이라고 가정한다.

수행할 작업은 1024 × 1024 부동 소수점 원소를 갖는 두 행렬 X와 Y를 비교하여, 같은 위치의 X 원소 값이 Y 원소보다 크거나 같은 경우가 몇 번인지 계산하는 것이다.

**6.19.1** [10] 〈§6.12〉 각 CPU에서 최고의 성능을 얻으려면 이 문제를 어떻게 분할하여야 하는가?

**6.19.2** [10] 〈§6.12〉 벡터 CPU C의 성능을 더 좋게 하려면 어떤 종류의 명령어를 추가하면 되겠는가?

**6.20** 이 문제는 최대 트랜잭션 처리속도와 트랜잭션 하나를 처리하는 평균 지연시간이 주어진 시스템에서 발생하는 대기시간을 살펴보는 것이다. 지연시간에는 서비스 시간(최고속도를 가지고 계산되는)과 대기시간이 포함된다.

4코어 컴퓨터 시스템이 일정한 최고속도로 데이터베이스 쿼리를 처리할 수 있다고 가정하자. 또 모든 트랜잭션은 평균적으로 같은 처리시간이 필요하다고 가정한다.

| 트랜잭션의 평균 지연시간 | 트랜잭션의 최대 처리속도 |
|---|---|
| 1 ms | 5000/sec |
| 2 ms | 5000/sec |
| 1 ms | 10,000/sec |
| 2 ms | 10,000/sec |

표의 각 쌍에 대하여 다음 물음에 답하라.

**6.20.1** [10] ⟨§6.12⟩ 임의의 시점에서 관찰했을 때 평균적으로 몇 개의 요청이 처리되고 있는가?

**6.20.2** [10] ⟨§6.12⟩ 8코어 시스템으로 바꾼다면, 이상적으로 생각해서 시스템의 처리량이 어떻게 되는가? (즉, 초당 몇 개의 트랜잭션을 처리할 수 있는가?)

**6.20.3** [10] ⟨§6.12⟩ 단순히 코어 개수를 늘리는 것만으로는 이런 속도 개선을 얻기가 힘든 이유가 무엇인지 설명하라.

**스스로 점검하기 해답**

§6.1(574쪽): 거짓. 태스크 수준 병렬성은 순차적인 응용에 도움을 주며, 쉬운 일은 아니지만 순차적인 응용들이 병렬 하드웨어에서 수행되도록 할 수 있다.

§6.2(580쪽): 거짓. 연성 스케일링은 확장성에 제약을 주는 프로그램의 직렬적인 부분을 보상할 수 있다. 하지만 경성 스케일링은 그럴 수 없다.

§6.3(588쪽): 참. 그러나 벡터 구조의 효용성을 증가시키는 수집-분산이나 벡터 길이 레지스터 같은 유용한 벡터의 특징을 가지고 있지 않다. (이 절의 "고난도"에서 설명했듯이 AVX2 SIMD 확장은 수집 연산을 통해 인덱스를 이용한 적재를 제공하지만 인덱스를 이용한 저장을 위한 분산은 제공하지 않는다. Haswell 세대의 x86 마이크로프로세서가 AVX2를 지원하는 첫 번째 마이크로프로세서이다.)

§6.4(591쪽): 1. 참. 2. 참.

§6.5(596쪽): 거짓. 공유 주소는 실제 주소이기 때문에 자신의 가상 주소 공간에서 수행되는 여러 작업들은 공유 메모리 멀티프로세서에서 잘 수행될 수 있다.

§6.6(605쪽): 거짓. 그래픽 DRAM 칩은 대역폭이 더 높기 때문에 좋은 것이다.

§6.7(609쪽): 거짓. GPU와 CPU 모두 수율을 높이기 위해 여유분의 특성을 갖는데 이는 DSA와 달리 판매량이 많기 때문에 다이를 크게 만드는 것을 감당할 수 있기 때문이다. DSA의 장점은 도메인에 필요 없는 CPU와 GPU의 특성을 뺄 수 있다는 것이고, 이로 인해 절약된 자원을 이용해서 문제 도메인에 적합하도록 더 많은 연산 유닛과 더 큰 메모리를 칩에 넣을 수 있다는 것이다.

§6.8(615쪽): 1. 거짓. 메시지를 송신하고 수신하는 것은 데이터를 공유하는 것 외에 묵시적으로 동기화를 수행하는 것이다. 2. 참.

§6.9(618쪽): 참.

§6.11(631쪽): 참. 병렬 컴퓨팅에서 성공하기 위해서는 하드웨어부터 소프트웨어 스택에 이르는 모든 단계에서의 혁신이 필요할 것이다.

# 찾아보기

## 번호



## 영문

## 국문

### ㄱ

ㅅ

**ㅇ**

ㅈ